抗美援朝战争史

（修订版）

上　卷

军事科学院军事历史研究所　著

军事科学出版社
·北京·

图书在版编目（CIP）数据

抗美援朝战争史／军事科学院军事历史研究所著．—修订版．—北京：军事科学出版社，2011.2（2025.6重印）

ISBN 978-7-80237-404-1

Ⅰ．①抗… Ⅱ．①军… Ⅲ．①抗美援朝战争—战争史 Ⅳ．①E297.5

中国版本图书馆CIP数据核字（2011）第009669号

书　　名：抗美援朝战争史（修订版）
作　　者：军事科学院军事历史研究所
责任编辑：张大禾
封面设计：刘　丹
出版发行：军事科学出版社（北京市海淀区青龙桥　100091）
标准书号：ISBN 978-7-80237-404-1
经 销 者：全国新华书店
印 刷 者：中煤（北京）印务有限公司
开　　本：700毫米×1000毫米　1/16
印　　张：82　照片48面　彩图24张
字　　数：1476千字
版　　次：2011年2月北京第1版
印　　次：2025年6月第11次印刷
印　　数：32001～35000套
定　　价：265.00元（上下卷）
销售热线：（010）62882626　55475305（兼传）
网　　址：http://www.jskxcbs.top
电子邮箱：jskxcbs@163.com

波茨坦会议会场

1945年12月，苏联外长莫洛托夫（中）、美国国务卿贝尔纳斯（右）和英国外交大臣贝文在莫斯科会谈

1946年3月，驻朝鲜苏军、美军部队联合委员会第一次会议会场

1950年2月，中国政府和苏联政府签订友好同盟互助条约。毛泽东、斯大林出席签约仪式，周恩来代表中国政府在条约上签字

1950年6月27日，美国操纵联合国安理会通过关于朝鲜问题的非法决议

侵入台湾海峡的美军航母编队

首批踏上朝鲜国土的美军地面部队

美军轰炸朝鲜城市

被美军炸毁的工厂

被美军屠杀的朝鲜平民

失去家园的朝鲜百姓

朝鲜民主主义共和国内阁首相金日成发表演说，号召朝鲜人民奋起抗击侵略者

顺利发展进攻的人民军部队

朝鲜人民军与侵朝美军展开激战

1950 年 6 月 28 日，毛泽东主席发表讲话，号召全国、全世界人民团结起来，打败美帝国主义的任何挑衅

上海举行 10 万人大游行，抗议美国入侵朝鲜、台湾

北京大学学生在东单广场，进行抗美援朝宣传活动

北上途中的东北边防军部队

河南安阳群众慰问北上的边防军部队

战火烧到鸭绿江边

东北边防军部队在进行政治教育

美军飞机轰炸中国安东市后留下的废墟

安东市民李庆山的妻儿被美军飞机炸死，他欲哭无泪

麦克阿瑟在指挥美军从仁川登陆

美军在仁川实施登陆

美军参谋长联席会议成员。左起：海军作战部长谢尔曼、主席布莱德雷、空军参谋长范登堡、陆军参谋长柯林斯

美军攻占汉城

麦克阿瑟与李承晚

南朝鲜军第3师越过三八线

中共中央政治局决策：抗美援朝，保家卫国

1950年9月30日，周恩来总理发表讲话，阐明中国人民反抗侵略，援助朝鲜的决心

周恩来总理会见印度驻联合国代表潘迪特夫人。左为印度驻华大使潘尼迦

中国人民志愿军司令员兼政治委员彭德怀

中央军委代总参谋长聂荣臻

解放军官兵踊跃报名，参加志愿军

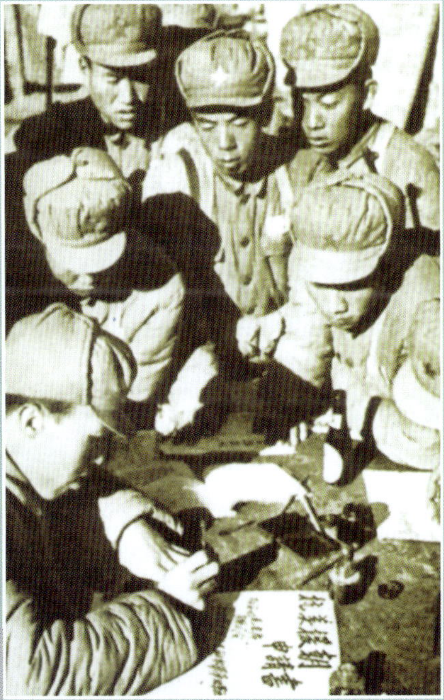

东北边防军官兵在起草抗美援朝申请书

志愿军部队举行出国作战誓师大会

从安东渡过鸭绿江的志愿军部队

从辑安渡江的志愿军部队在向渡江点开进

从长甸河口渡过鸭绿江的志愿军部队

毛泽东会见金日成

1951 年 2 月下旬，彭德怀回国述职，在京郊玉泉山向毛泽东汇报朝鲜战局情况

彭德怀在朝鲜前线

彭德怀与金日成商议作战事宜

跨过鸭绿江，踏上朝鲜国土的志愿军部队向前线开进

杜鲁门（右）与麦克阿瑟在威克岛会谈

“联合国军”总司令李奇微（左）与美第8集团军司令范佛里特（中）在研究进攻计划

美军部队越过清川江，向中朝边境地区推进

志愿军部队向云山地区美军发起猛烈进攻

云山战斗中，志愿军俘虏美军士兵

坚守黄草岭的志愿军部队

第二次战役中，志愿军部队对美军展开猛烈进攻

麦克阿瑟在朝鲜视察，声称要在1950年圣诞节前结束战争

美军在鸭绿江边，观察对岸中国境内情况

德川战斗中，志愿军官兵攻占南朝鲜军阵地

担负迂回任务的志愿军部队，正向敌后开进

志愿军部队在三所里地区阻击南撤的美军

坚守龙源里的志愿军部队对南撤的美军实施反击

志愿军部队奋勇截击南逃的美军车队

志愿军主力沿清川江对南撤之敌展开追击作战

志愿军第9兵团开赴朝鲜战场前夕，朱德总司令到部队进行动员。图为他与第9兵团司令员兼政委宋时轮的合影

志愿军特级英雄、特等功臣杨根思

志愿军部队攻入平壤市区

被俘的美军士兵被押下战场

志愿军第9兵团部队正向长津湖地区开进

东线志愿军部队对美军实施进攻

美军在第二次战役中伤亡惨重。图为美军在运送尸体

苏联群众举行集会，声援中朝人民抗击美国侵略的正义行动

中国青年学生踊跃报名参军

中国人民支持“抗美援朝，保家卫国”

东北群众组成的随军担架队开赴朝鲜

国内群众为志愿军赶制炒面

朝鲜妇女踊跃支前，为志愿军运送物资

以廖承志（右三）为团长的第一届赴朝慰问团到达朝鲜，受到彭德怀司令员的欢迎

1951 年元旦来临，前线的志愿军战士以雪水代酒，预祝胜利

志愿军战士冒着敌军炮火，强渡江河，冲向敌阵

志愿军部队在高阳地区全歼英皇家重坦克营 1 个中队。图为被击毁的英军重型坦克

志愿军战士在汉江南岸地区顽强阻击美军的反扑

中朝官兵在汉城国会大厦前共庆胜利

志愿军部队模范执行群众纪律，爱护朝鲜的一山一水，一草一木

横城反击战战场

向敌机射击中的志愿军轻机枪手

参加横城反击作战的志愿军官兵宣誓：“坚决消灭敌人”

实施机动防御的志愿军部队正在阻击进攻之敌

志愿军医务人员在火线为伤员包扎

彭德怀在部署第五次战役作战任务

第五次战役中，志愿军第19兵团司令员杨得志（右一）、政委李志民（左一）正在部署作战

向敌军坦克攻击中的志愿军反坦克小组

县里围歼战战场

《抗美援朝战争史》编写领导小组

组　长：徐惠滋（前）　王祖训
副组长：李际均（前）　马凤桐（前）　李运之（前）
田书根
成　员：林登泉　李大伦　孟照辉　支绍曾
齐德学

《抗美援朝战争史》编写组

主　　编：齐德学
副 主 编：曲爱国
编写人员：齐德学　曲爱国　邓礼峰　鲍明荣
王成志　郭志刚　丁　伟　徐金洲
姚莲瑞

《抗美援朝战争史》总目录

上　卷

下　卷

上卷目录

第一章

新中国成立后的形势和任务

新中国成立时的国内形势和人民政府的任务

中国人民在中国共产党的领导下，经历了28年的艰苦奋斗，特别是经历了22年的革命战争，终于推翻了帝国主义、封建主义、官僚资本主义在中国的反动统治，取得了新民主主义革命的伟大胜利，于1949年10月1日，建立了中华人民共和国。

中华人民共和国的成立，开辟了中国历史的新纪元，标志着中国历史进入了一个新时代。中国人民从此站起来了，成为国家的主人，社会的主人，自己命运的主宰者，百余年来备受欺凌和屈辱的中华民族，从此昂然屹立于世界的东方。

中华人民共和国的成立，是第二次世界大战反法西斯战争胜利后，世界历史上最重大的政治事件。它在一个占世界人口1/4的国家，冲破了帝国主义的东方战线，壮大了世界和平、民主和社会主义的力量，极大地改变了世界政治格局。同时，极大地鼓舞了世界上被压迫民族和被压迫人民争取解放的斗争，受到了世界人民的欢迎和支持。

然而，中华人民共和国的成立，只是万里长征走完了第一步。毛泽东在1949年3月中国共产党的七届二中全会的报告中即指出："中国的革命是伟大的，但革命以后的路程更长，工作更伟大，更艰苦。"[①]确实，中华人民共

① 《毛泽东选集》，第4卷，1438页，北京，人民出版社，1991。

和国成立后，摆在中国共产党和中国人民面前的形势依然相当严峻，任务依然相当艰巨。由于长期遭受帝国主义列强的侵略和掠夺，由于遭受长期战争的破坏，整个中国几乎是一片废墟，千疮百孔，百废待兴，一切均须从头做起。

在经济方面，许多工厂停工，本来就不发达的铁路交通约有 1/2 处于瘫痪状态，农业自然灾害严重。到 1949 年底，虽然人民政府已先后没收了占全国固定资产 80% 的 2858 个官僚资本主义企业，建立了社会主义性质的国营经济，控制了国家的经济命脉；农村已在东北、华北有 1.2 亿人口的老解放区，进行了土地改革。但是，工农业生产水平都很低。年人均收入不但与西方发达的资本主义国家无法相比，而且远远低于亚洲国家的平均水平。1949 年工农业总产值，只有 466 亿元人民币（1955 年新币值），主要产品的年产量普遍低于历史最高水平。在历史上，钢、粮食和棉花的最高年产量，分别是 92 万余吨、2774 亿斤和 1698 万担，而 1949 年的钢产量只有 15.8 万吨，粮食产量只有 2162 亿斤，棉花产量只有 889 万担，分别相当于历史最高年产量的 17.1%、77.9%、52.3%。工业水平相当落后，没有像样的加工工业，更没有机械制造业，工业产值仅占工农业总产值的 10% 左右，占全国农村总人口 2/3 的地区有的尚未解放，解放了的土地改革尚未开始。全国的城乡交流和对外贸易基本上处于停顿状态，市场萧条，物资奇缺，人民生活十分困难。上海解放时，人民政府接管的大米仅够全市人民吃半个月，棉花只能维持纱厂开工 1 个月，煤只够烧 7 天。国家财政面临严重困难，1949 年，国家财政赤字达全部支出的 2/3。通货膨胀，货币贬值，物价飞涨，市场动荡，不法资本家趁机囤积居奇，扰乱市场。从 1949 年 4 月至 1950 年 2 月，国内连续出现了 4 次大规模的涨价风波，以上海为例，批发物价指数以解放后的第 1 个月为 100，到 1950 年 2 月已经达到 2097.90，上涨了近 20 倍。物价的剧烈动荡和混乱，破坏了正常的商品流通和工农业生产的秩序，给国民经济和人民生活造成了极大困难，进一步加重了国家财政的困难。

在政治方面，人民解放战争还没有完全结束，大陆的广东、广西、四川、贵州、云南、西康①、西藏的全部或大部，陕西、湖南、湖北各一部，台湾、海南岛等沿海岛屿，约占全国总面积 1/3 的地区，仍在国民党反动派的控制之下，尚有白崇禧、胡宗南两股主力等残存的 140 余万国民党军部队，在上述地区负隅顽抗。在新解放区，匪患相当严重，国民党军队溃逃时留下的残余

① 西康省包括今四川省西部和西藏自治区东部地区，1955 年撤销西康省。

力量以及潜伏的特务和反革命分子,同土匪和各种反动势力相勾结,进行各种破坏活动。新解放区的基层政权尚未健全,已经建立的也还未巩固。还有数百万的工人和知识分子失业等等。政治上还存在着许多动荡不安的因素。

此外,帝国主义不甘心在中国的失败,采取经济上封锁、军事上包围、外交上孤立、政治上颠覆等种种手段,企图把新中国扼杀在摇篮里。

毛泽东当时曾指出,我们面前还有困难,而且困难是很多的。[①] 面对这种严峻的经济、政治形势,中国人民需要完成祖国统一大业,并非常需要一个和平的国际环境,以治理战争创伤,恢复和发展国家的经济、文化和科学、教育事业,巩固新生的人民民主政权。同时饱尝了长期战争灾难的中国人民,深知和平来之不易,非常珍惜和热爱和平。1949 年 9 月 29 日,中国人民政治协商会议通过的《共同纲领》中,代表中国人民的意志,明确规定:"中华人民共和国外交政策的原则,为保障本国独立、自由和领土主权的完整,拥护国际的持久和平和各国人民间的友好合作,反对帝国主义的侵略政策和战争政策。""中华人民共和国联合世界上一切爱好和平、自由的国家和人民,首先是苏联,各人民民主国家和各被压迫民族,站在国际和平民主阵营方面,共同反对帝国主义侵略,以保障世界的持久和平。"1949 年底,毛泽东访问苏联,在 12 月 16 日同斯大林等苏联领导人会谈时,毛泽东一开始就说,现在最重要的问题是保卫和平。中国需要三至五年的和平喘息时间,用这段时间来恢复到战前的经济水平和稳定全国的局势。解决中国最重要的问题,取决于和平前景。[②]

根据《中国人民政治协商会议共同纲领》的规定,中央人民政府的任务是:"在全中国境内实施人民民主专政。它将指挥人民解放军将革命战争进行到底,消灭残余敌军,解放全国领土,完成统一中国的伟大事业。它将领导全国人民克服一切困难,进行大规模的经济建设和文化建设,扫除旧中国所留下来的贫困和愚昧,逐步地改善人民的物质生活和提高人民的文化生活。它将保卫人民的利益,镇压一切反革命分子的阴谋活动。它将加强

① 参见《建国以来毛泽东军事文稿》,上卷,3 页,北京,军事科学出版社、中央文献出版社,2010。

② 毛泽东与斯大林会谈记录,1949 年 12 月 16 日。参见军事科学院军事图书馆藏,军事科学院军事历史研究部第二研究室编印:《关于朝鲜战争的俄国档案文件》,56 页,1996。

人民的陆海空军，巩固国防，保卫领土主权完整，反对任何帝国主义国家的侵略。它将联合一切爱好和平自由的国家、民族和人民，首先是联合苏联和各新民主国家，以为自己的盟友，共同反对帝国主义者挑拨战争的阴谋，争取世界的持久和平。”①

中共七届三中全会确定以三年左右时间实现财政经济状况根本好转

中央人民政府一成立，就按《共同纲领》的规定，领导中国人民展开了各项工作。

《共同纲领》规定：“中华人民共和国中央人民政府必须负责将人民解放战争进行到底，解放中国全部领土，完成统一中国的事业。”1949 年 10 月 1 日，在首都北京庆祝中华人民共和国成立的大会上，中国人民解放军总司令朱德代表中国人民解放军总部发布命令，“命令中国人民解放军全体指战员、工作员：坚决执行中央人民政府和伟大的人民领袖毛主席的一切命令，迅速肃清国民党反动军队的残余，解放一切尚未解放的国土，同时肃清土匪和其他一切反革命匪徒，镇压他们的一切反抗和捣乱行为。”②从 1949 年 10 月至 1950 年 4 月，人民解放军继续完成解放战争的任务。第四野战军先后解放了广东、广西、海南岛等中南全境；第二野战军先后解放了四川、云南、贵州、西康省全部，并进行进军西藏的准备；第三野战军解放了厦门、舟山群岛等沿海大部岛屿，并进行解放台湾的准备。从 1949 年 10 月至 1950 年 5 月，8 个月时间，人民解放军共计歼灭国民党正规军 88 万余人，全国除大陆的西藏和沿海的台湾等少数岛屿外，其他地区已全部解放。新解放区剿匪和全国镇压反革命工作，也已展开并取得了重要成绩。

根据《共同纲领》规定，在新解放的地区一律实行军事管制，取消国民党反动政权机关，由中央人民政府或前线军政机关委任人员组织军事管制委员会和地方人民政府，领导人民建立革命秩序。至 1950 年 5 月底，已先后建立了东北人民政府和华东、中南、西南、西北 4 个军政委员会，③已解放

① 《毛泽东文集》，第 5 卷，348 页，北京，人民出版社，1996。

② 《朱德军事文选》，702 页，北京，解放军出版社，1997。

③ 当时华北地区归中央人民政府直接管辖。

了的地区各级政权已基本建立。

在全国范围实现了财政经济工作的统一管理和统一领导，争取了财政收支的基本平衡，基本制止了通货膨胀，稳定了物价；对合理调整工商业，改善公私关系和劳资关系，也做了一些工作。

《共同纲领》规定："凡与国民党反动派断绝关系、并对中华人民共和国采取友好态度的外国政府，中华人民共和国中央人民政府可在平等、互利及相互尊重领土主权的基础上，与之谈判，建立外交关系。"本着这一原则，自1949年10月至1950年6月，中华人民共和国先后与苏联、保加利亚、罗马尼亚、匈牙利、捷克斯洛伐克、朝鲜、波兰、蒙古、越南、德意志民主共和国、阿尔巴尼亚、印度、瑞典、缅甸等十几个国家建立了外交关系，并得到英国、瑞士、丹麦、南斯拉夫、巴基斯坦，印度尼西亚、锡兰等国家的承认。1949年12月至1950年2月，中华人民共和国中央人民政府主席毛泽东率中国政府代表团访问苏联。2月14日，同苏联缔结了有效期为30年的《中苏友好同盟互助条约》。《条约》规定："缔约国双方保证共同尽力采取一切必要的措施，以期制止日本或其他直接间接在侵略行为上与日本相勾结的任何国家之重新侵略与破坏和平。一旦缔约国任何一方受到日本或与日本同盟的国家之侵袭因而处于战争状态时，缔约国另一方即尽其全力给予军事及其他援助。""双方并宣布愿以忠诚的合作精神，参加所有以确保世界和平与安全为目的之国际活动，并为此目的之实现充分贡献其力量。""缔约国双方保证以友好合作的精神，并遵照平等、互利、互相尊重国家主权与领土完整及不干涉对方内政的原则，发展和巩固中苏两国之间的经济与文化关系，彼此给予一切可能的经济援助，并进行必要的经济合作。"在缔结这一条约的同时，中苏两国还签订了《关于苏联贷款给中华人民共和国的协定》等。

这些为中国集中精力恢复国家建设奠定了重要基础，但还没有获得进行大规模经济建设的条件。

在这种形势下，中国共产党于1950年6月6日至9日，在北京召开了第七届中央委员会第三次全体会议。毛泽东在会上作了重要讲话和《关于争取国家财政经济状况根本好转而斗争》的书面报告，刘少奇、陈云、周恩来、聂荣臻分别作了土地改革、财经工作、外交工作、军事工作的报告。

会议着重讨论了实现国家财政经济状况根本好转的问题，确定党的中心任务，是以三年左右的时间，争取实现国家财政经济状况的根本好转，为有计划进行经济建设创造条件。会议认为，"要获得财政经济状况的根本好转，需要三个条件，即：(一)土地改革的完成；(二)现有工商业的合理调整;(三)国家机构所需经费的大量节减。”

为此,会议要求做好八个方面的工作:1.有步骤有秩序地进行土地改革工作,尽快解放农村生产力,以促进整个国民经济的恢复和发展,并为工业化创造条件;2.在坚持统一财经管理,巩固财政收支平衡和平稳物价的条件下,按照统筹兼顾的方针合理调整现有工商业,切实而妥善地解决公私关系和劳资关系,使各种经济成分在具有社会主义性质的国营经济的领导之下,分工合作,各得其所,以促进整个社会经济的恢复和发展;3.在保证有足够力量用于解放台湾、西藏和巩固国防的条件下,对人民解放军和国家机关进行整编和精简,以节省军事行政费用,加强经济事业;4.有步骤地谨慎地进行旧有学校教育事业和旧有社会文化事业的改革工作,争取一切爱国知识分子为人民服务;5.认真做好对失业工人、失业知识分子和灾民的救济和安置工作;6.认真团结各界民主人士,克服统一战线关门主义倾向,开好各界人民代表会议,人民政府的一切工作都应交人民代表会议讨论,并作出决定;7.坚决肃清一切危害人民的土匪、特务、恶霸及其他反革命分子,以保证争取国家经济建设事业的正常进行;8.坚决执行中央有关加强党的建设的指示,巩固和发展党的组织。做好整风工作,克服骄傲自满情绪、官僚主义、命令主义,密切党和人民群众之间的联系。①

全会同时制定了国民经济恢复时期的战略策略方针——“不要四面出击”。毛泽东指出:我们当前总的方针,就是肃清国民党残余、特务、土匪,推翻地主阶级,解放台湾、西藏,跟帝国主义斗争到底。他指出,尽管我们取得了空前的伟大胜利,但我们面前还有很多困难,我们面临的敌人是够大够多的。因此,我们必须处理好国内各阶级、政党、民族等各方面的关系,以便孤立和打击当前的主要敌人,这就必须采取“不要四面出击”的方针。四面出击,树敌太多,全国紧张,很不好。必须在一个方面有所让步,有所缓和,集中力量向另一方面进攻,孤立和打击国民党残余、地主阶级和帝国主义。②

为贯彻这次会议精神,6月14日至23日,中国人民政治协商会议第一届全国委员会召开了第二次会议,重点讨论了土地改革问题。决定按照《共同纲领》的规定,对新解放区有步骤地进行土地改革,1950年冬至1951年春,在华北、西北、华东、中南共300多个县,1亿多农业人口的地区,完成

① 参见《毛泽东文集》,第6卷,70~72页,北京,人民出版社,1999。
② 参见《毛泽东文集》,第6卷,74~76页,北京,人民出版社,1999。

土地改革，其余尚未进行土地改革的地区，大部分于 1951 年冬完成，一部分 1952 年冬完成，还有一小部分少数民族聚居地区的土地改革，留待以后再说。6 月 28 日，中华人民共和国中央人民政府委员会通过《中华人民共和国土地改革法》，6 月 30 日，中央人民政府主席毛泽东发布命令公布实施。

在此前后，中共中央还对稳定物价、调整工商业、调整税收、手工业政策、教育科学工作、军队复员、镇压反革命、整党及治理淮河等作出决定、指示和部署。

中国人民解放军的任务

随着大规模战争的结束，适应新中国建立初期的形势，中国人民解放军的职能和任务也发生了重要变化。按《共同纲领》的规定，人民解放军的职能是，保卫中国的独立和领土主权的完整，保卫中国人民的革命成果和一切合法权益。其任务是，在中央人民政府的领导下，将解放战争进行到底，解放中国全部领土，完成统一中国的事业；建设强大国防军，加强现代化的陆军，并建设空军和海军，以巩固国防；在不妨碍军事任务的条件下，有计划地参加农业和工业生产，帮助国家的建设工作。

为实现《共同纲领》规定的任务和保证国民经济恢复，中共七届三中全会和政协第一届全国委员会第二次会议，为人民解放军确定了如下具体任务：

“第一是准备进军台湾、西藏，解放全部国土。”解放台湾和西藏等全部国土，完成统一祖国大业，是中国人民的意志，也是人民解放军的意志。人民解放军仍然具有重大作战任务，并且解放台湾是全国军事工作的重点，必须完成一切必要准备，克服一切可能遇到的困难，再接再厉，以竟全功。

“第二是消灭残余土匪，安定地方秩序。”虽然新中国成立 8 个月以来，人民解放军在新解放区歼灭土匪和国民党非正规部队 58 万余人，但在西南、中南、华东和西北地区尚有大量土匪散在偏远地方危害人民。剿灭这些土匪仍是人民解放军的重大任务之一。人民解放军的各个分散剿匪的部队必须执行毛泽东主席的既是战斗队、又是工作队的指示，深入农村，发动群众，和人民政府领导的减租、反霸和土地改革运动相结合，根绝土匪依据的封建势力，最后消灭一切土匪，安定社会秩序。同时，帮助地方搞好人民政权建设和土地改革工作。根据中央的统一部署，人民解放军并抽调一批干部战士，参加了农村的土地改革工作。

“第三是参加生产建设工作。”1949 年 12 月 5 日，中央军委就发出了《关于一九五〇年军队参加生产建设工作的指示》，号召全军“除继续作战和服勤务者外，应当担负一部分生产任务，使人民解放军不仅是一支国防军，而且是一支生产军，借以协同全国人民克服长期战争所遗留下来的困难，加速新民主主义的经济建设。”指示“各军区首长，必须指导所属，从一九五〇年春季起，实行参加生产建设工作，借以改善自己的生活，并节省一部分国家的开支”。《指示》对执行生产任务作了具体规定。① 执行这一指示，人民解放军除担负作战和执勤任务的部队外，均担负了一定的生产任务。仅东北、华北和西北军区的部队，即开垦土地 213 万余亩，同时，解放军部队还承担了成渝铁路建设、陇海铁路修复等大型工程和华北、西北地区水利设施建设等任务。就连调到中原地区集中整训、作为国防机动部队的第 13 兵团，也参加了生产建设。该兵团所辖 3 个军，第 38 军、第 39 军两军主力，1950 年初集中后，即投入了生产建设，第 40 军完成海南岛战役后，正在广东休整，也准备北调中原地区，担负生产任务。

“第四是加强教育工作，提高部队的文化水平。”人民解放军的指挥员和战斗员，一般文化水平较低，许多还处于文盲状态。随着大规模战争的结束，为建设强大国防军，完成保卫祖国和建设祖国的伟大任务，必须提高全体指挥员和战斗员的文化水平。1950 年 8 月 1 日，中央军委专门发出了《关于在部队中实施文化教育的指示》，指出：“中央决定，全军除执行规定的作战任务和生产任务外，必须在今后一个相当时期内着重学习文化，以提高文化为首要任务，使军队形成为一个巨大的学校，组织广大指挥员和战斗员，尤其是文化水平低的干部，参加文化学习。”规定全军规模的文化教育，自 1951 年 1 月 1 日正式开始，务求在 3 年内，使一般战士及初级小学程度以下的干部达到高级小学的水平，使一般相当于高级小学程度的干部达到初级中学的水平。规定连队以 60%的时间进行文化教育，以 30%的时间进行军事教育，以 10%的时间进行政治教育。②

“第五是整编和复员工作。”到 1950 年 6 月，人民解放军已达到 550 万

① 参见《建国以来毛泽东军事文稿》，上卷，96、97 页，军事科学出版社、中央文献出版社，2010。

② 参见《建国以来毛泽东军事文稿》，上卷，174 ~ 175 页，军事科学出版社、中央文献出版社，2010。

的庞大数额。随着大规模战争的结束和恢复国家经济建设的形势，如此庞大的军队已没有必要，并且是国家财政上一个很大的负担。因此，在保证有足够力量用于解放台湾、西藏，巩固国防和镇压反革命活动需要的条件下，有必要对部队进行整编复员。中央军委决定，1950 年下半年，复员 150 万人回乡参加生产，使部队保留 400 万人。5 月，全军参谋会议对此进行了动员部署。6 月 24 日下午，中央人民政府人民革命军事委员会和政务院举行联席会议，通过了《关于人民解放军一九五〇年复员工作的决定》，并于 6 月 30 日公布实施，规定东北、西北、华北军区的复员工作于 9 月底前基本完毕，华东、中南、西南军区则在年底前完成复员工作。为保证复员工作顺利进行，成立了以周恩来为主任、聂荣臻为副主任的中央复员委员会，该委员会于 7 月 4 日起正式办公。各军区也作了复员计划，开始了全国第一次大规模复员工作。在大规模复员的同时，按国防军建设的要求整编部队，特别是加强海军、空军和各特种兵部队的建设。①

总之，中国人民根据中共中央七届三中全会的决定和中国人民政治协商会议第一届全国委员会第二次全体会议的部署，从 1950 年 6 月开始，已集中精力致力于医治长期战争遗留的创伤，以争取财政经济状况根本好转为中心任务，展开了恢复国家建设的各项工作。

然而，就在这时，朝鲜内战爆发，美国立即对朝鲜内战实行武装干涉，同时侵占中国领土台湾，给中国人民提出了必须作出战略抉择的新课题。

---

① 人民解放军五个方面的任务，参见《聂荣臻军事文选》，335～339 页，北京，解放军出版社，1992。

第二章

朝鲜内战爆发

三八线的由来

朝鲜，在中国古代典籍中，也被称作高丽。朝鲜的国名释义，为“朝日鲜明”，意即“晨曦清亮之国”。朝鲜半岛是亚洲大陆东北部伸向太平洋中的一个半岛，面积约22.7万平方公里，三面环海，北与中国接壤，东北角与俄罗斯相连，西隔渤海、黄海与中国大陆相望，东隔日本海与日本列岛相邻。

朝鲜半岛地幅狭长，南北直线距离840多公里，东西直线距离最宽处约360公里，最狭窄处的平壤至元山峰腰部地带只有170多公里。全境除西部海岸的小块平原之外，基本为山地，长白山脉南端耸立于北部，太白山脉绵亘于东部，小白山脉曼延于南部。半岛的北部多高山峻岭，丛林密布，东北部的盖马高原海拔在2600多米，山势险峻。南部多为丘陵，地势起伏不平。整个地势北高南低，东起西落。

半岛河流众多，与中国的边界有鸭绿江，与中国和苏联的边界有图们江。半岛内部由北向南有清川江、大同江、大宁江、沸流江、临津江、汉滩川、汉江、锦江、洛东江等江河，且多从山谷中穿越，水流湍急，在夏季，时有山洪暴发。

半岛的海岸线漫长，达17296公里，沿岸岛屿众多，星罗棋布。东部海岸比较平直且水深，但港口不多。西部和南部海岸线蜿蜒曲折，港口较多，并多泥滩，受潮汐影响严重，其中仁川港的潮汐落差达32英尺，位居世界第二。

朝鲜半岛属温带季风气候，春季多雾，夏季多雨湿热，冬季干冷。四季昼夜时差变化明显，冬季最长夜间时间达13个小时，夏季最短夜间时间只有7个小时。南北温差较大，南方气候较热，水量充足，耕地面积占全国的60%以上，是半岛的主要农业区，居民70%以上从事水稻种植；北方冬季寒冷，其东北部最低气温可达零下40多摄氏度，是半岛的主要工矿区，占有大部分的金、铁、钨、锰、铜、石墨、煤、木材等工业资源，钨、锰储量在世界名列前茅，兴南化工厂是当时远东最大的化工企业之一，几个大型水电站规模很大，但北方山地较多，粮食无法自给。北方向南方提供必需的电力、木材、纸张、化工产品和化肥等，南方则供应北方粮食和手工业产品等。

朝鲜民族就生息繁衍于这样一个空间之中，并建立发展成为一个有着几千年历史的文明古国。14世纪定国号为朝鲜，19世纪末至20世纪初，曾改国号为韩国或大韩。在历史上，朝鲜受半岛地理条件的限制，除与中国保持着密切的政治、经济、文化联系之外，基本处于封闭状态，在很大程度上过着与世隔绝的生活，保持着独特的民族发展轨迹。因此在西方国家，朝鲜又被称作“隐士的王国”。

然而，由于朝鲜半岛具有丰富的矿产资源和其所处地理位置具有重要的战略作用，近代以来多遭劫难。与朝鲜隔海相望的日本把朝鲜视为通往亚洲大陆的一块跳板，于1876年用武力迫使朝鲜签订了第一个丧权辱国的条约——《江华条约》，攫取了在朝鲜的自由经商、兴办实业和治外法权等特权。北方的俄国也把朝鲜视为南下的前进基地，把魔掌伸入了朝鲜。而美国、英国、法国等西方强国则把朝鲜视为控制东北亚交通要道和出入太平洋的咽喉，先后迫使朝鲜签订了一系列关于最惠国待遇和治外法权的不平等条约。列强利益的碰撞，使得朝鲜成为帝国主义殖民扩张的牺牲品。朝鲜因此陷入了屈辱的近代历程。

1895年，中日甲午战争后，日本逐步控制了朝鲜半岛政治、经济大权。1904年，日俄战争爆发，日本打败俄国，取得东北亚地区的霸主地位，占领了全朝鲜，并于1905年11月17日胁迫朝鲜政府签订《乙巳保护条约》，在朝鲜实行“统监政治”，将朝鲜的政治、经济、文化纳入了日本殖民统治的轨道。1907年，日本强迫朝鲜皇帝退位，解散朝鲜军队。至此，朝鲜名存实亡，变成了日本的附属国。1910年8月22日，日本更是强行将朝鲜并入日本。从此，朝鲜长期遭受日本帝国主义的蹂躏和践踏。

第二次世界大战中后期，随着世界反法西斯战争的胜利进行，朝鲜问题也引起了反法西斯盟国的关注。1943 年 12 月 1 日，在美国、英国、中国联合发表的《开罗宣言》中，对朝鲜问题表示了这样的态度："我三大盟国轸念朝鲜人民所受之奴役待遇，决定在相当的时期，使朝鲜自由独立"。

1945 年 2 月，德国法西斯被战败的前夕，反法西斯同盟的苏联、美国、英国三国首脑，约瑟夫·斯大林、富兰克林·罗斯福和温斯顿·丘吉尔，在苏联克里木半岛南岸的雅尔塔举行会议，商议分区占领德国和柏林、苏联对日参战和战后世界的安排等问题，并签订了雅尔塔协定。协定规定了苏联对日作战条件，背着中国政府（当时是国民党政府）践踏中国主权，确定了包括外蒙古独立、苏联使用中国大连港和苏联通往大连铁路的优越权益、租用旅顺为海军基地等条款。

实际上，这次会议是三国划分战后势力范围的会议。战后世界政治格局的形成和许多国际问题的出现，都与这次会议有着直接的关系。朝鲜问题也不例外。会议期间，罗斯福同斯大林私下谈及朝鲜问题。这是美苏首脑首次就日本投降后朝鲜如何安排问题进行商谈。罗斯福认为，朝鲜不具备自治能力，需由苏、中、美三国共同托管 20～30 年。斯大林提出：托管时间越短越好，并应有英国参加。两人就这个问题私下达成了谅解。4 月中旬，美国总统罗斯福突然病逝，由当时的副总统哈里·杜鲁门接任总统。5 月下旬杜鲁门派特使去莫斯科商谈有关问题。该特使在谈到朝鲜问题时，斯大林告诉他，苏联允诺执行四国托管朝鲜的政策。

德国法西斯战败投降后，1945 年 7 月 17 日至 8 月 2 日，苏联部长会议主席斯大林、美国总统杜鲁门、英国首相丘吉尔（后为克莱门特·艾德礼）及三国外长，在柏林西南的波茨坦再次举行会议。这次会议是盟国在第二次世界大战中举行的最后一次会议。会议发表了《波茨坦协定》和《促令日本投降的波茨坦公告》。公告中，对朝鲜问题重申了《开罗宣言》中的内容。会间，苏联通报准备于 8 月 8 日对日宣战，并探询美国是否有同苏联在朝鲜联合登陆的意向。而美国的愿望，最好是独占朝鲜。杜鲁门曾说，"国务院极力主张在整个朝鲜的日本部队应由美国受降，但是我们要是以必要的速度把军队运送到朝鲜北部，那就无法保证我们在日本抢先登陆。"此外，美国估计攻占朝鲜将付出重大代价，因而想把攻占朝鲜的战役连同"可能遭到的重大伤亡"留给苏联去承担，自己坐收渔利。① 因此，美国虽然知道苏

① 参见［美］哈里·杜鲁门：《杜鲁门回忆录》，第 2 卷，376 页，北京，生活·读书·新知三联书店，1974。

联将于8月8日对日宣战,但并未准备美军近期内在朝鲜实施登陆作战。会议期间,美苏两国只划定了空中和海上对日作战的分界线,而没有划定地面部队作战的分界线。

1945年8月6日和9日,美军在日本广岛和长崎先后投掷两颗原子弹。8月8日,苏联对日宣战。美国万万没有料到,苏联对日宣战后,立即于9日对日本关东军发起了进攻,并且进展很快。苏联第25集团军由契斯季亚科夫上将指挥,突入朝鲜,对驻朝鲜的日军部队展开进攻,于8月10日占领雄基,12日和13日又连续实施登陆作战,解放了罗津和清津。

此时,日本法西斯穷途末路,于8月10日决定投降。消息传到华盛顿,美国决策者慌乱不已,因为当时距朝鲜最近的美军部队尚位于几百公里以外的冲绳岛,而苏联红军已经进入朝鲜,随时可以席卷整个半岛。只要苏联红军全力以赴,美军根本无法在朝鲜获取立足之地。惟一的办法,是限制苏军的进攻行动,争取实现美苏军队共同占领朝鲜,同苏联在朝鲜划出一条接受日军投降的分界线。

8月10日,美国国务院、陆军部、海军部协调委员会举行会议,研究对策。在地图上,北纬38度线(下称"三八线")恰好位于朝鲜半岛南北中央,西起黄海岸边瓮津半岛上的闲洞里,东至襄阳以南的日本海边北盆里,在朝鲜半岛上的直线距离约为305公里。于是美国陆军部建议以三八线为界,该线以北为苏军对日受降区,该线以南为美军对日受降区。这个建议立即得到协调委员会的同意,8月14日,杜鲁门正式批准了这一方案,并将其写入了8月15日就战后接受日军投降安排问题给斯大林的信中。斯大林同意这个提议,同美国作了妥协。8月16日,斯大林回信,对以三八线作为在朝鲜的美苏军队受降分界线,没有提出任何异议。

1945年9月2日,远东盟军总司令、美国陆军五星上将道格拉斯·麦克阿瑟发布第一号总命令,其中规定:"……在满洲、北纬38度线以北的朝鲜和桦太岛的日本高级指挥员以及一切海陆空部队和辅助部队,应向苏联远东军总司令部投降……帝国总部,它在日本本岛、与本岛毗邻的小岛,北纬38度线以南的朝鲜和菲律宾的高级指挥员以及一切海陆空部队和辅助部队,应当向太平洋美国陆军司令部投降。"

麦克阿瑟的第一号总命令首次公开宣布以三八线作为美苏军队在朝鲜接受日军投降的分界线。同时表明三八线不仅是受降区的分界线,也是美苏军队在朝鲜占领区的分界线。

第一号总命令发布之前,苏联军队正席卷朝鲜半岛,迅速南下,于8月

16日占领元山，8月19日进入平壤，解放了朝鲜北半部，并于8月23日越过三八线，进入开城地区，逼近汉城。第一号总命令发布后，苏联红军根据美苏双方的默契撤出开城，北撤到三八线以北地区。

日本于8月15日宣布投降后，9月8日，美第24军军长约翰·霍奇少将才率第6、第7、第40步兵师开始在朝鲜南部的仁川、釜山登陆，进驻朝鲜南半部。美国对朝鲜的解放没有任何贡献。

朝鲜人民在经历了35年的日本殖民统治之后，终于迎来了解放的时日，在庆祝解放的欢呼声中，成千上万的朝鲜人涌上街头，迎接南下、北进的苏美军队。但是美苏军队进入朝鲜半岛后，以三八线为界，切断了半岛南北地区的铁路、公路交通和电信联系，随后又封锁了三八线，朝鲜半岛被一分为二形成了美军和苏军两个占领区。

此时，朝鲜半岛的总人口约为3000万人。三八线以南的美军占领区，人口约2100万人，占半岛总人口的70%，面积9万多平方公里，占半岛总面积的44%。三八线以北的苏军占领区人口约900万人，占半岛总人口的30%，面积12万多平方公里，占半岛总面积的56%。朝鲜半岛行政区划中的16个道，有6个在美军占领区，7个在苏军占领区，还有3个道被两个占领区所分割。

三八线本来是美苏两国为接受日军投降而临时划分的界线，但由于美苏两国社会制度和意识形态不同，两国军队占领朝鲜后推行各自的政策，按照自己的意识形态管理所占领的朝鲜南方或北方，使得朝鲜南方和北方分别走上不同的发展道路，导致了国家和民族的分裂。

美苏两国在朝鲜问题上的不同政策和朝鲜南北两个政府的成立

美苏两国本来就是社会制度和意识形态完全不同的国家，第二次世界大战中为了反法西斯的共同利益，临时结成了同盟。反法西斯战争胜利后，共同利益消失，两国在国际事务上便立即转为尖锐的对立和斗争，并在国际上形成了以苏联为首的民主阵营和以美国为首的资本主义阵营。两大阵营的对立和斗争左右着世界政治形势的发展变化。朝鲜是这两大阵营在东方对立斗争的重要阵地。

1946年6月，美国总统特使埃德温·保莱在巡视朝鲜之后，于22日在给杜鲁门的报告中曾说，“尽管朝鲜是一个小国，从我们的整个军事力量来看，我们在这里担负的责任并不大，但是，这个地方却是一个进行思想斗争的战场，而我们在亚洲的整个胜利就决定于这场斗争。就在这个地方将测验出来，究竟民主竞争制度是不是适宜于用来代替失败了的封建主义，或者其他某种制度——共产主义，还更强些”①。这段话反映了苏美两国军队占领朝鲜后，在朝鲜问题上斗争的性质。

美国是资本主义国家，是资本主义世界(自由世界)的“领袖”。苏联是社会主义国家，是当时社会主义国家的核心和主要代表。美苏两国军队以三八线为界，在朝鲜南方和北方分别接受日军投降和占领朝鲜后，在各自的占领区采取了不同的政策。

美国占领军不顾朝鲜人民的意愿，更不考虑朝鲜人民多年来备受日本帝国主义欺凌的情感，而在朝鲜半岛南半部决然采取了维持现状的政策。在美军登陆朝鲜半岛的前一天，1945 年 9 月 7 日，美国远东总司令麦克阿瑟广播了一项布告，其中第一条说：对朝鲜北纬 38 度线以南地区以及该地区居民的一切政府权力，目前暂由本人行使；第二条规定：原日本殖民政府人员继续留职履行公务。美军进入南朝鲜接受日军投降后，立即取缔在那里已经建立的人民政权——各级人民委员会，复活了日本帝国主义的殖民统治机构。9 月 19 日，美国占领军在原日本总督府的基础上成立了南朝鲜“美国军政府”，各级官员由美军军官担任，利用压迫朝鲜人民的日本殖民机器来维护美国的新的殖民统治。原日本驻朝鲜总督阿部信行等官员继续留任原职，朝鲜人民最为痛恨的日本警察居然也戴上了“美国军政府”的臂章，照旧横行霸道。美国军政府变成了日本总督府的延续。

美国军政府并纠合地主、买办资本家等反动势力，镇压爱国人士，竭力阻挠朝鲜人民建立独立统一的国家。美国的这种倒行逆施激起了朝鲜人民的无比愤怒，反美的情绪不断高涨。美国占领军司令官约翰·霍奇在占领南朝鲜 3 个月后，给参谋长联席会议的报告中说：“在南朝鲜，人们把分裂的局面归罪于美国，这个地区的人民越来越憎恨一切美国人。”②在这种情况下，美国政府急于在朝鲜人中找到代理人。经过一番周折，他们最终选择

---

① ［美］哈里·杜鲁门：《杜鲁门回忆录》，第 2 卷，380 页，北京，生活·读书·新知三联书店，1974。

② ［美］哈里·杜鲁门：《杜鲁门回忆录》，第 2 卷，376 页，北京，生活·读书·新知三联书店，1974。

了流亡美国30多年的李承晚,并纠集一批亲美、亲日派人士组成了所谓的军政府“顾问会议”。

1946年2月,美国军政府在“顾问会议”的基础上,汇集右派分子,组成了所谓的“民主议院”,任命李承晚为议长。同年12月,军政府又下令组成“立法议院”,作为朝鲜所谓的过渡性民事行政机构和美国军政府的政治点缀品,并为建立亲美的南朝鲜政府做准备。南朝鲜的局势因此动荡不安,政治纠纷接连不断。

1946年9月,南朝鲜30多万产业工人举行总罢工,在共产党、人民党和新民党等的领导下,很快席卷整个南部地区,共有230多万群众参加了斗争,汇成了全民性的反美运动,提出了“反对美国殖民奴役政策”、“政权归人民委员会”等口号。美国军政府出动军队,协同武装警察队,对反美斗争进行血腥镇压,大肆逮捕、监禁和屠杀朝鲜民众,实行白色恐怖统治。杜鲁门在回忆录中也承认说:“大多数朝鲜人既不希望美国士兵,也不希望俄国士兵留在自己的国土上……1946年秋季,在我们占领的地区,曾发生过几起骚乱和示威运动,在少数情况下,我们的军队还不能不向进行示威的群众开枪射击。”①

与此相反,苏军进入朝鲜北半部后,于1945年8月15日便向朝鲜人民宣告:“朝鲜已成为自由的国家”,“苏军将在和朝鲜的一切反日的民主政党广泛合作的基础上帮助朝鲜人民建立自己的民主政府”。苏联占领军在朝鲜北部除了设立军事管制机构——警备司令部之外,没有建立军政府,只是在第25集团军司令部中建立一个负责民政事务的机构——民政府。苏联占领军没有取缔朝鲜人自己建立的临时政权机构,而是承认各地已经存在的人民委员会,并采取措施将人民委员会不断完善,使之成为朝鲜北部的正式政权机构。这一政策措施得到了朝鲜人民的积极拥护。

1945年10月8日至10日,朝鲜北部平南、平北、黄海、咸南、咸北五道的人民委员会在平壤召开联席会议,根据朝鲜北部的形势发展需要,决定健全和统一各地政权机构,成立五道临时人民委员会,作为朝鲜北部的统一政权机构,并规定了朝鲜北部各镇、市、郡、道人民委员会和临时人民委员会代表的选举方式。随后,又于11月19日,在平壤设立了五道行政局,作为领导朝鲜北部各经济部门工作的中央行政管理机构。苏联占领军对五道临时

---

① [美]哈里·杜鲁门:《杜鲁门回忆录》,第2卷,382页,北京,生活·读书·新知三联书店,1974。

人民委员会和五道行政局的成立，给予了大力帮助，并给予完全承认。朝鲜北部的自治政府由此初具规模。

在日本占领期间，金日成建立并领导的祖国光复会和朝鲜人民革命军，长期在朝鲜北部和中国的东北地区坚持抗日游击战争。1945年8月，苏军发起远东战役，金日成率领朝鲜人民革命军配合苏军作战，返回朝鲜，深得朝鲜人民的拥护，在朝鲜人民中具有很高的威信。8月20日，金日成提出了建党、建国、建军三大任务，提出："以在抗日革命斗争的烈火中锻炼和培育出来的共产主义者为核心，建立统一的工人阶级政党"，在结成工人阶级领导的民主主义民族统一战线的基础上，建立一个代表全朝鲜人民利益的民主主义人民共和国，以抗日革命老战士为骨干，吸收工人、农民等劳动人民的儿女参加，把朝鲜人民革命军加强和发展为正规的革命军队。把北朝鲜变成建设一个民主自主独立国家的民主基地。[①]

10月10日，北朝鲜共产党正式建立，选举产生了以金日成为首的北朝鲜共产党中央委员会。1946年2月8日，朝鲜北部各政党社会团体和各道、郡人民委员会代表举行会议，决定撤销五道行政局，成立"北朝鲜临时人民委员会"，选举金日成为临时人民委员会委员长。下设13个业务部、局，对北朝鲜的政治经济文化生活进行有计划的统一领导。1946年7月，北朝鲜共产党与朝鲜新民党决定合并，组成朝鲜劳动党，金日成出任朝鲜劳动党中央委员会委员长。

在苏联占领军的支持下，在朝鲜劳动党和北朝鲜临时人民委员会的领导下，北朝鲜的民主改革迅速展开。1946年3月，临时人民委员会颁布了《北朝鲜土地改革法令》，确定了"土地归种田的农民"的准则，在北朝鲜完成了土地改革的工作。接着，临时人民委员会又于1946年8月颁布了《工业、交通运输、邮电、银行等国有化的法令》，将占整个产业90%以上的1034个重要产业设施收归全民所有，使得社会主义的生产关系在产业部门占据了统治地位，为有计划地发展国民经济创造了条件。此外，临时人民委员会还颁布了《工人、职员的劳动法令》、《男女平等权法令》和实行司法、检查、教育、文化的民主化的各项政策。所有这一切，使得朝鲜北部在短时期内基本完成了社会经济的民主改革，经济得到恢复，人民生活得到保证，社会秩序稳定。

---

① 参见朝鲜劳动党中央委员会党史研究所：《伟大领袖金日成同志革命历史》，196～199页，平壤，朝鲜外国文出版社，1983。

在朝鲜南方和北方开始走上不同的发展道路的同时,美苏两国围绕朝鲜的统一问题,形成了尖锐的对立和斗争。

1945 年 12 月 16 日至 26 日,在莫斯科召开的苏、美、英三国外长会议上,以苏联所提方案为基础达成了对朝鲜进行“托管”的协议,后来中国国民党政府也参加了这个协议。这个协议的主要内容是,为重建朝鲜成为一个独立的国家创造条件,特设立一个临时的朝鲜政府;为协助成立这一临时政府,由驻朝鲜南部的美军司令部和驻朝鲜北部的苏军司令部的代表,组成联合委员会,该委员会在咨商朝鲜各民主党派、社会组织,以及美、苏、英、中四国政府后,提出各项建议,然后,由该委员会的两国政府作最后决定;四强在朝鲜的托管以五年为限。

根据莫斯科外长会议达成的“托管”协议,美苏驻朝鲜占领军联合委员会于 1946 年 3 月开始在汉城开会,讨论建立朝鲜临时民主政府和实行国际托管制度的有关细节。双方代表从会谈一开始就针锋相对,24 天的会议毫无成果,最后只能无限期休会。1947 年 5 月 21 日复会之后,双方虽然就同南北朝鲜各政党及社会组织咨商的程序和内容等问题达成协议,但美国主张首先废除三八线,在行政、经济各领域实现南北统一,再建立临时政府。而苏联则坚持先建立临时政府,认为只要临时政府成立,国家的统一自然会实现;美国主张按照南北朝鲜的人口比例确定代表名额,而苏联则坚持南北代表对等。双方在重要的问题上唇枪舌剑,会谈再次陷入僵局。

其实,双方争论的焦点在于:朝鲜到底应该建立一个什么样的政权。苏联希望朝鲜成为一个真正民主、独立和对苏联友好的国家,从而使之在将来不会成为进攻苏联的基地。而美国则要求在朝鲜建立亲美政权,使朝鲜成为资本主义阵营的成员,作为在远东遏制共产主义的前哨基地。由于美苏两国尖锐的政治对立,在建立一个什么样的朝鲜统一政府问题上不可能形成一致的意见,当然也使得美苏联合委员会的工作根本不可能取得成效。

在这种情况下,苏军代表在联合委员会上提出:苏美两国军队在 1948 年初同时撤出朝鲜,给朝鲜人民以自己组织政府的机会。苏联外长莫洛托夫也向美国国务卿马歇尔正式提出了同样的建议。

但美国政府拒绝讨论苏联的提议,因为它很清楚,南朝鲜的局面完全靠美军的刺刀和坦克维持,如果美军撤出,允许朝鲜全境进行自由选举,由劳动党领导的北朝鲜人民委员会肯定将在选举中获胜,朝鲜将进入社会主义阵营之中。但是,苏联的建议又是符合朝鲜人民愿望的,并得到了世界舆论的支持。为了挽回颓势,美国政府决定中断美苏之间就朝鲜统一问题的协商,把朝鲜问题提交联合国,借助自己对联合国大会的影响力,寻求对美国有利的结局。根据美国政府的指示,美军代表于 1947 年 10 月 18 日提议美苏占领军联合委员会无限期休会。至此,联合委员会会议在没有取得任何成果的情况下,宣告破裂。

与此同时,美国国务卿马歇尔于 1947 年 9 月 17 日,违反莫斯科三国外长会议的协议,抛开“托管”,单方面向第二届联合国大会提出议案,要求将朝鲜问题列入大会议程。苏联等民主国家强烈反对美国的提案。苏联向联合国大会提出提案,再次建议美苏军队同时撤出朝鲜,同时建议邀请南北朝鲜的朝鲜人代表参加联合国关于朝鲜问题的讨论。

在美国政府的操纵下,联合国大会否决了苏联的提案,于 1947 年 11 月 14 日通过决议,决定设立“联合国朝鲜临时委员会”,派驻朝鲜,监督朝鲜举行议会选举,成立朝鲜全国政府和建立武装力量。这个委员会由澳大利亚、加拿大、中国(国民党政府)、萨尔瓦多、法国、印度、菲律宾、叙利亚以及乌克兰等 9 国的代表组成。表决时,苏联、乌克兰、白俄罗斯、波兰、捷克斯洛伐克、南斯拉夫的代表拒绝投票。乌克兰宣布不参加这个委员会。

联合国大会通过的这个决议,遭到朝鲜南北方人民的普遍反对。1948 年 1 月 8 日,由印度人梅农率领的联合国朝鲜临时委员会进入朝鲜。北朝鲜人民委员会拒绝临时委员会进入朝鲜北部,朝鲜南部的汉城、水原、大邱等城市的工人举行罢工,要求临时委员会马上离开朝鲜。临时委员会难以在朝鲜全境进行工作,只好与李承晚等人进行了商谈后,即向联合国复命。

于是,美国不顾参加“联合国朝鲜临时委员会”的加拿大和澳大利亚代表的激烈反对,于 1948 年 2 月 26 日操纵“联合国大会临时委员会”(又称“小型联大”)[①],通过在南朝鲜举行单独选举的决议。“联合国朝鲜临时委员会”对执行这一决议意见分歧,8 个国家的代表中只有 4 个国家的代表赞成,在美国的压力下,才被迫同意执行该决议。

“小型联大”的决议,遭到朝鲜人民的强烈反对。金日成指出:“朝鲜问题只有沿着使一切外国军队撤出朝鲜,我们民族用自己的双手来建设完全的自主独立国家的这样一条道路前进,才能得到解决”。朝鲜的统一,必须

① 在第二次联合国大会上由美国动议,于 1947 年 11 月 13 日联合国大会通过设立了“联合国大会临时委员会”。其职责是第二届联大闭幕到第三届联大开会期间执行联大授权的有关任务,规定每个成员国派一名代表组成,目的是绕过联合国安全理事会,免受苏联否决权的牵制。苏联反对设立该组织。该组织有“小型联大”之称。

在没有任何外来干涉的情况下，完全按照朝鲜人民的意志，由朝鲜人民自己来解决。除了朝鲜人民，谁也没有权利解决这一问题[①]。为了粉碎美国在南方制造分裂政权的阴谋，1948 年 3 月，金日成在朝鲜劳动党第二次代表大会上提出："为了实现祖国的自主和和平统一的方针，就应当团结南北朝鲜的一切爱国民主力量"，建议"召开南北朝鲜所有民主政党、社会团体代表的联席会议，作为实现祖国统一的当前措施之一"。[②]根据这一建议，4 月，朝鲜南北 56 个政党和社会团体的代表共 545 人（其中南朝鲜代表 240 人，包括曾激烈反共的右翼民主主义者金九和金奎植等人），代表 1000 万以上的成员在平壤召开联席会议。会议通过决议，反对南朝鲜进行单独"选举"，致电苏美两国政府，要求撤走其驻在朝鲜的军队，以使朝鲜自由地在不受外来干涉的情况下选举朝鲜全国民主政府，建立统一独立的民主国家。4 月 30 日，朝鲜南北 43 个政党和社会组织发表一项联合声明，宣布"绝不承认南朝鲜单独选举的结果，也绝不承认和支持这一选举所产生的单独政府"。

朝鲜南部的各基层人民也开展了各种抗议斗争。在汉城等主要城市，组成了"反对单独选举救国总罢工委员会"，举行了总罢工。在济州岛等地还爆发了武装起义。

然而，美国不顾朝鲜人民的激烈反对一意孤行。1948 年 5 月 10 日，在美国导演下，在美军刺刀的威逼下，朝鲜南部举行单独选举。美国占领军当局在投票前，逮捕了 3 万多名所谓的"政治犯"，并在选举日实行全境戒严，出动几万名军警胁迫群众到投票站投票。尽管如此，投票的人数仍然只占朝鲜南部选民人数的不到 30%，并且只有李承晚集团和亲日派人士组成的金性洙集团出面竞选，其他几十个政党和社会团体全部抵制选举。在投票日，愤怒的群众捣毁多个投票站，并发生了袭击警察机构、截断电话线和破坏铁路等事件。朝鲜南部的"国民议会"选举后，通过了"大韩民国宪法"，并选举李承晚为大韩民国总统。

李承晚（1875～1965），生于朝鲜黄海道平山郡一个自称为统治朝鲜最后一个王朝李氏王朝后裔的家庭里。幼年在私塾里受封建思想教育，青年时期进美国教会学校，成为基督徒，当了教员。后曾就读于美国乔治·华盛

---

① 参见朝鲜劳动党中央委员会党史研究所：《伟大领袖金日成同志革命历史》，287～288 页，平壤，朝鲜外国文出版社，1983。

② 《金日成传略》，381～383 页，平壤，朝鲜外国文出版社，1973。

顿大学、哈佛大学和普林斯顿大学,获博士学位。1919 年朝鲜爆发“三一”反日运动,李承晚从美国跑到中国上海,组织一些朝鲜人,成立了临时政府,任临时政府“总统”。当“三一”运动失败后,李承晚提出“把朝鲜交给美国委任统治”的主张,并以“朝鲜临时政府”代表名义流亡美国。日本投降后,1945 年 10 月被美国送回汉城,成为美国在朝鲜的头号代理人。1948 年 8 月 15 日,大韩民国政府在汉城正式成立。1948 年 12 月 12 日,美国操纵联合国大会通过决议,承认大韩民国政府是“合法的政府”。

南朝鲜政府成立后,李承晚集团于 1948 年 8 月下旬至 12 月上旬,同美国先后签订了《韩美暂行军事协定》、《韩美移交财政和财产协定》和《韩美经济援助协定》。这些协定规定:允许美国顾问完全控制南朝鲜军队、警察及一切重要地区的建筑;李承晚政府承担美国占领军的一切费用,美国有权在南朝鲜取得和处置任何财产;美国控制南朝鲜的对外贸易,鼓励美国私人在南朝鲜投资,掌握南朝鲜的经济命脉。从而把南朝鲜所有军事、政治、经济等都置于美国控制之下,加速了南朝鲜的殖民化和军事化。

朝鲜南部的单独选举和大韩民国政府的成立,使得朝鲜半岛的局势更加紧张,也使朝鲜的统一更加困难。在这种情况下,朝鲜北方采取了针锋相对的措施,把建立全国性政权的工作提到了议事日程。

1948 年 6 月,金日成主持召开南北朝鲜各政党、社会团体领导人协议会,提出毫不迟延地举行南北朝鲜普选,建立统一的中央政府,实现祖国统一的方针。接着,北朝鲜人民会议于 7 月通过决议,决定举行全朝鲜立法机关——最高人民会议议员选举,建立统一的自主独立国家。

1948 年 8 月 25 日,朝鲜举行最高人民会议选举。除北部全体选民参加了投票外,在南部还有众多的选民采取秘密签名的方式选出人民代表,然后由被选出的代表到北部参加最高人民会议议员选举的方法,参加了选举。

在普选的基础上,朝鲜最高人民会议第一次会议在平壤召开,通过了宪法,决定成立朝鲜民主主义人民共和国政府,并选举金日成为朝鲜民主主义人民共和国内阁首相,确定平壤为临时首都。

金日成(1912～1994),生于朝鲜平壤市万景台一个农民家庭。1925 年随父到中国吉林,曾就读于吉林市毓文中学,其间组织朝鲜共产主义青年同盟。1931 年加入朝鲜共产党。1932 年创建反日游击队(后发展为朝鲜人民革命军),在中国东北和朝鲜北部地区坚持抗日武装斗争。1936 年创建朝鲜祖国光复会。同年,率队参加中国东北抗日联军。东北抗日联军失败后,转到苏联,任苏军朝鲜支队支队长。1945 年 8 月率队返回朝鲜,配合苏军解放朝鲜北部地区。1946年任朝鲜劳动党中央委员会委员长和朝鲜临时人民委员会委员长。

1948年9月9日,朝鲜民主主义人民共和国正式成立。

朝鲜南北两个政府都宣布自己是朝鲜惟一合法的政府,都不承认对方的合法性。朝鲜南北双方的对抗和冲突也日益加剧。

朝鲜南北双方围绕统一问题的斗争和军事准备

朝鲜民主主义人民共和国政府成立后,立即致函美苏两国政府,要求美苏两国占领军撤出朝鲜。

苏联外交部于1948年9月19日通知美国驻苏联大使馆:苏联驻朝鲜占领军将于1948年12月底之前全部从朝鲜撤出。建议驻朝鲜的美国占领军也采取同样的步骤,如期撤离朝鲜。

美国政府则对是否撤出驻朝鲜的占领军踌躇不定。从朝鲜在远东地区的战略地位讲,美国为实现其在亚洲和太平洋地区的扩张政策,需要保持在朝鲜的军事存在,以遏制所谓的“共产主义扩张”,保持战略进攻的有利态势。但是,第二次世界大战后裁减军队数量和军费的要求,却使得美国政府必须从全球战略的要求出发,确定在朝鲜驻军的价值。

1947年9月,美国陆军副参谋长魏德迈中将曾受杜鲁门总统的委托赴朝鲜视察,提出报告称:在朝鲜的美国占领军有三条路可走:一是立即撤退,二是无限期地留下去,三是与苏联占领军同时撤出。他认为,美国军队应该选择第三条路,在朝鲜建立并训练一支忠于反共政府的国防军部队,然后再与苏军协商撤离。参谋长联席会议则从全面战争和全球战略的角度出发,认为:“从军事安全的观点来看,美国保持目前在朝鲜的军队和基地,并无战略价值”。一旦远东发生战事的时候,“我们目前在朝鲜的部队将成为在军事上的一个负担,而且在战事发生以前,如果不大量地增加援军,那是不可能保持住的。而且,美国所可能希望在亚洲大陆进行的任何进攻,多半会绕过朝鲜半岛”。他们认为,尽管如果朝鲜被苏联控制会对美国在远东地区的军事行动构成很大威胁,但依靠空中打击,美国可以抵消这种威胁,并且空中打击比地面作战更容易做到,费用也更少。所以,参谋长联席会议建议,将驻朝鲜的美军部队撤往“别的地方”,但不能“慌慌忙忙地来撤退”,以免降低美国的军事威信。[①]

杜鲁门最后决定：从朝鲜南部逐次撤军，同时扩大美国对南朝鲜的军事援助，组建并装备、训练南朝鲜军队，以维持南朝鲜李承晚政府存在。

1948 年 12 月底，驻朝鲜的苏联军队全部撤离朝鲜。美国占领军虽于 1948 年 12 月开始撤离朝鲜，但宣布应南朝鲜政府的请求，在南朝鲜保留一个 7500 人的团级战斗队。直到 1949 年 6 月 29 日，这个美军团级战斗队才在国际舆论的压力下，最后撤离朝鲜南部。

美苏两国军队撤出朝鲜后，朝鲜内部南北两个政府、两种制度之间，围绕如何实现南北统一问题的对立和斗争日趋尖锐。这个斗争是导致后来朝鲜战争爆发的根本原因。

以金日成为首的朝鲜民主主义人民共和国政府，代表朝鲜的进步力量，推行民主政策，主张和平统一朝鲜，并为之作了不懈的努力。1949 年 6 月，在朝鲜劳动党的积极倡议下，由南北朝鲜 72 个政党和社会团体组成了祖国统一民主主义战线，并通过关于和平统一的宣言，号召南北朝鲜的全体民主政党及社会组织与全体朝鲜人民“为实现祖国的和平统一而斗争”，并提出了具体的和平统一方案，其中包括在没有外来干涉的条件下“南北朝鲜同时实行选举统一立法机关”，“总选举的结果建立的最高立法机关制定朝鲜共和国宪法，并在该宪法的基础上组成政府，该政府将接收现存南北朝鲜的政府的政权并将其解散”。“现存于南北朝鲜的军队，在民主的基础上，由朝鲜共和国政府将其合编”。[②] 朝鲜北方还大力发展经济建设，朝鲜民主主义人民共和国成立后，制定并胜利完成了 1949 ~ 1950 年两年经济发展计划。

在南方，李承晚集团代表朝鲜的反动势力，投靠帝国主义，建立恐怖统治，大肆逮捕和屠杀民主爱国人士。在美国的支持下，李承晚集团竭力主张武力统一朝鲜，1949 年以后一再进行战争叫嚣。1949 年 1 月 21 日，李承晚在记者招待会上宣称：我希望“国军北进”。2 月 7 日，他又在南朝鲜国会发表演说称：如果在联合国朝鲜委员会的帮助下不能和平地统一朝鲜，那么“国军就必须向北韩进军”。“南北分裂是必须用战争来解决的”，并声称在 1950 年实现南北统一。南朝鲜国防部长申性模 7 月 17 日在仁川发表演说

① 参见［美］哈里·杜鲁门：《杜鲁门回忆录》，第 2 卷，380 ~ 382 页，北京，生活·读书·新知三联书店，1974。

② 《朝鲜问题文件汇编》，第 1 集，120 页，北京，世界知识出版社，1954。

称:“我们的军队正在等着我们总统的命令。只要他一下令,我们就会在一天之内占领平壤和元山。”9 月 30 日,李承晚在给美国教授罗伯特·奥利弗的信中写道:“我坚信,现在是在心理上采取措施同北方忠诚于我们的共产党军队结合,以便消灭他的其余部分的最佳时机。我们将把金日成的部队挤压到山区,在那里将他们饿死,那时我们的防线便可以建在图们江口和鸭绿江上。我们的处境将变得更好。”“我们不管外国是否可能反对我们,而要独立地采取行动。”①李承晚在 1950 年《新年祝词》中宣称:“在新的一年中,我们大家都要努力恢复失地。……但是,联系到国际形势的变化,我们应该记住:在新的一年中,我们用自己的力量必须统一南韩和北韩”。

与此同时,美国加快组建南朝鲜军队。早在美军对朝鲜实施军事占领之初,美国军政府就于 1946 年 1 月 15 日以原日本统治朝鲜时期的军官和警察为骨干,成立了南朝鲜“国防警备队”。到 1948 年 8 月,南朝鲜“国防警备队”已经形成 5 个旅 15 个团共 5 万多人的规模。南朝鲜政府成立后,于 1948 年 8 月 24 日与美国签订了《韩美临时军事协定》,美军向南朝鲜派遣由 500 人组成的军事顾问团,并向南朝鲜军队移交了价值 1.1 亿美元的军事装备,其中包括 10 万件轻武器、5000 万发子弹、2000 具火箭筒、4 万多辆各种运载工具以及各种火炮。②

1949 年 5 月,南朝鲜军队将旅升格为师,大量扩编部队,使陆军的总兵力达到了 8 个师共 10 万余人。同时颁布《兵役法》,实行所谓的“国民皆兵”原则,并以“大韩青年团”为基础,组成 20 万人的后备部队“青年防卫队”。

朝鲜北方在进行和平统一努力的同时,也准备了必要的军事力量。

1948 年 2 月 8 日,朝鲜劳动党以朝鲜人民革命军为基础,正式建立朝鲜人民军。

朝鲜民主主义人民共和国成立后,朝鲜劳动党和政府不断加快人民军部队的建设步伐,先后从苏联进口了大批新式武器装备,组建了各军种、兵种部队,同时加紧了部队的军事、政治训练,使得人民军的规模和战斗力有了很大的提高。

---

① 这封信,是 1950 年 9 月朝鲜人民军从缴获的李承晚政府秘密档案中发现的。见史蒂可夫致维辛斯基电,1950 年 9 月 2 日。

② 参见[美]詹姆斯·F. 施纳贝尔:《朝鲜战争中的美国陆军——战争爆发前后》,34～36 页,北京,国防大学出版社,1990。

根据朝鲜政府的请求,苏联政府向朝鲜人民军派出了以斯米尔诺夫将军为团长的军事顾问团,1949 年 4 月 21 日,苏联政府又任命苏联驻朝鲜大使史蒂可夫将军兼任朝鲜人民军总军事顾问。

1949 年 5 月,朝鲜人民军总政治局主任金一访问中国,与毛泽东等中国共产党领导人进行了会谈,代表朝鲜劳动党中央请求中共中央允许中国人民解放军中由朝鲜人组成的部队返回朝鲜。毛泽东主席同意了朝鲜同志的请求,说:驻中国东北地区有 2 个由朝鲜人组成的师,可随时根据朝鲜方面的要求让他们返回朝鲜。另一个师现正在南方作战,待完成作战任务后,即可返回朝鲜。此后,根据中朝两党的协议,驻中国东北的人民解放军部队中由朝鲜人组成的 2 个师,于 1949 年 7 月返回朝鲜,编入了人民军。另一个师于 1950 年春返回朝鲜,编入人民军。

到 1949 年 8 月,朝鲜人民军总兵力为 8 万余人,其中陆军拥有 5 个步兵师、1 个步兵旅、1 个机械化旅、2 个炮兵团,空军拥有各种飞机 74 架。除由中国返回的 2 个师之外,陆军部队全部装备苏式武器,执行苏军编制。另有警备部队 4.1 万余人。

朝鲜内战爆发

从 1949 年年初开始,南朝鲜军队即不断在三八线地区制造军事磨擦事件,挑起军事冲突。自 1949 年 1 月 1 日至 4 月 15 日,即动用连至营规模的兵力,沿三八线向北进犯 37 次。① 5 月,南朝鲜军队出动 4100 余人,在火炮的支援下,猛攻三八线以北开城附近松岳山上的人民军警备部队阵地。7 月,南朝鲜军队再次出动旅级规模的部队,进攻朝鲜北部的松岳山阵地。三八线以北的高山峰、银波山、国寺峰等要点,也多次遭到南朝鲜军队的进攻。据朝鲜北方的统计,1949 年 1 至 12 月,南朝鲜在三八线上进行军事挑衅共计 1836 次。② 同时,南朝鲜方面派遣了大量间谍潜入北方,从事情报和各

---

① 参见华西列夫斯基和什捷缅科关于三八线的形势给斯大林的报告,1949 年 4 月 20 日。军事科学院军事图书馆藏,军事科学院军事历史研究部第二研究室编印:《关于朝鲜战争的俄国档案文件》,17 页,1996。

② 参见《朝鲜人民正义的祖国解放战争史》,18～19 页,平壤,朝鲜外国文出版社,1961。

种破坏活动。进入1950年,朝鲜半岛的局势更加紧张,1950年年初南朝鲜开始向三八线地区大规模集结武装部队。火药味越来越浓,一场内战已不可避免。

美国政府也加快了对南朝鲜的军事援助。1950年1月,美国与南朝鲜政府再次签订军事援助协定,确定美国向南朝鲜提供价值1097万美元的军事援助。另外,美国还提供了1.1亿美元的经济援助。

到1950年6月,南朝鲜军队形成了15万多人的规模,其中包括陆军9.8万余人,编为8个步兵师,另有海岸警卫队6145人,空军1965人,警察4.8万余人。装备27辆装甲车,700余门各种火炮,140门反坦克炮,1900余具2.36英寸火箭筒,2100余辆军用车辆,71艘作战舰船,22架各种飞机。

美国驻南朝鲜军事顾问团团长威廉·罗伯茨准将,称南朝鲜军为"亚洲之雄",1950年6月20日,他向美国参谋长联席会议主席布莱德雷汇报朝鲜局势时断言:"南朝鲜军队完全经得住北朝鲜人施加的任何压力。"布莱德雷说:"我对他的话深信不疑,对我们没有必要为朝鲜担忧而感到如释重负。"①

南朝鲜政府更是踌躇满志,对"北进"的胜利充满信心。美国和南朝鲜双方曾多次召开"高级将校会议",详细地讨论了"有关完成战斗准备的问题"和"北伐计划",并调整部署,将陆军部队8个师分为两个梯队,第一梯队在三八线沿线展开5个师,组成两个战斗司令部,并配备了陆军总部直属的炮兵部队和技术兵种部队,主力集中于开城、汉城和议政府地区。第二梯队展开3个师,集中于汉城附近。

面对日趋紧张的局势,朝鲜北方进一步加强了军事准备。1949年8月,朝鲜劳动党中央发出致全体党员信,要求保持高度警惕,大力开展同反革命分子、敌间谍和破坏分子的斗争。同时,命令人民军部队严惩对北方进行武装挑衅的南朝鲜军队,保卫胜利果实。

1950年1月,朝鲜党和政府根据变化着的半岛局势,开始考虑如何尽快实现国家统一的方式问题,并要求苏联政府给予支持。1950年4月,金日成、朴宪永等朝鲜领导人访问苏联,与斯大林等苏联领导人讨论朝鲜半岛的局势和朝鲜统一的方式问题。在会谈中,斯大林同意朝鲜领导人对局势的分析和准备以军事方式实现国家统一的设想。随后,金日成、朴宪永等又

---

① ［美］奥马尔·布莱德雷:《将军百战归》,687页,北京,军事译文出版社,1985。

于5月中旬访问中国,向毛泽东和周恩来等中国领导人通报了与斯大林会谈的情况。

在此期间,朝鲜政府加快了人民军的扩编速度。苏联政府应朝鲜的请求,继续向朝鲜人民军提供武器装备援助,并任命瓦西里耶夫任人民军总顾问。

1950年6月7日,在朝鲜劳动党的建议下,朝鲜祖国统一民主主义战线中央委员会发表《关于促进和平统一祖国的方针的呼吁书》,建议1950年8月15日朝鲜解放5周年时,根据民主的原则,在南北朝鲜进行普选,建立统一的最高立法机关。同时建议在6月中旬于海州或开城召开朝鲜各政党、社会团体代表会议,具体商讨和平统一的条件、普选的程序、建立指导普选中央委员会等问题。为和平统一再次进行了努力。

然而,这一呼吁不仅遭到了南朝鲜政府的拒绝,而且祖国统一民主主义战线派往汉城向南朝鲜方面递交呼吁书的三名代表,也遭南朝鲜方面的逮捕。南朝鲜政府并下令在三八线地区和南朝鲜全境实施"非常警戒",禁止一切南朝鲜政党和社会团体代表前往北方。

6月中旬,朝鲜最高人民会议常任委员会考虑到南朝鲜方面害怕普选的情况,再次提出建议:把朝鲜民主主义人民共和国最高人民会议和南朝鲜国会联合起来,以建立全朝鲜的立法机关的方式,实现朝鲜的和平统一。但这一建议再次被南朝鲜政府拒绝。朝鲜和平统一的大门因此而关闭。

美国积极支持李承晚集团的活动,并进行战争挑唆。1950年6月中旬,美国国务院顾问约翰·福斯特·杜勒斯,到南朝鲜活动,视察了三八线,并鼓动说:"没有任何敌人,能够挡得住你们,不论它多么强大。可是我希望你们将作进一步的努力,因为你们显示出你们巨大力量的时候已经不远了。""如果与共产主义妥协,那就等于选择导致灾难的道路。""美国准备给予正在如此英勇与共产主义作斗争的南朝鲜以一切必要的精神上和物质上的援助。"①连美国国务院的高级官员也承认:杜勒斯的这次南朝鲜之行和在三八线的活动,肯定使朝鲜北方感到极为不安。② 与此同时,美国国防部长路易斯·约翰逊和参谋长联席会议主席奥马尔·布莱德雷也在日本活

---

① 柴成文、赵勇田:《抗美援朝纪实》,31～35、40页,北京,中共党史资料出版社,1987。

② 参见迪安·艾奇逊在普林斯顿召集国务院原有关高级官员会议记录,1954年2月13日。

动,并同麦克阿瑟讨论了朝鲜问题,6 月 24 日才离开日本返回美国。

1950 年 6 月 25 日早晨,三八线上长期小规模的武装冲突和磨擦,终于发生了质变,朝鲜大规模内战全面爆发。

此时,朝鲜人民军共拥有 10 个步兵师、1 个坦克旅及若干空军、海军和警备部队,总兵力约 13.5 万余人,装备有 T-34 型中型坦克、雅克式战斗机、122 毫米榴弹炮等重型武器。

6 月 25 日上午,金日成主持召开了内阁紧急会议,讨论战争局势。金日成在会议上要求人民军"立即发动决定性的反击,去消灭侵略者",全国转入战时体制,组织和动员一切力量夺取战争的胜利。

6 月 26 日,金日成发表广播演说,号召全体朝鲜人民"坚决保卫朝鲜民主主义人民共和国及其宪法,推翻南半部反人民的李承晚傀儡政权,将我祖国的南半部从李承晚匪帮的统治下解放出来,并恢复南半部真正的人民政权——人民委员会。在朝鲜民主主义人民共和国的领导下,完成祖国统一以建设强大的民主独立国家。我们为反对李承晚卖国匪帮所发动的内战而进行的战争,乃是争取祖国统一独立自由与民主的正义战争"。

同一天,朝鲜民主主义人民共和国最高人民会议常任委员会发布命令,任命金日成、朴宪永、洪命熹、金策、崔庸健、朴一禹、郑准泽等 7 人组成军事委员会,金日成为委员长,国家一切权力集中于军事委员会。随后又颁布了战时动员令,任命金日成为人民军最高司令官。

朝鲜人民军迅速发起汉城战役(第一次战役)。被美国军方称为"亚洲之雄"的南朝鲜军,在朝鲜人民军的猛烈攻击下,迅速土崩瓦解。大肆叫嚣"武力统一"的李承晚也惊慌失措,于 26 日,带上几名高级幕僚仓皇逃离汉城,在大田设立了临时政府。南朝鲜陆军总部也丢下部队,撤往始兴。失去统一指挥的南朝鲜军队各自为战,毫无斗志,纷纷南逃。朝鲜人民军发展迅速,至 28 日,解放汉城,第一次战役结束。

人民军的胜利,大大振奋了民心和士气。金日成于 6 月 28 日发表演说,就汉城解放向朝鲜人民、人民军官兵致以热烈的祝贺,并号召全体人民支援人民军部队,早日结束李承晚政府发动的"同族相残"的战争。人民军最高司令部决定,继续南进,迅速解放整个南朝鲜,取得祖国解放战争的最后胜利。南朝鲜方面此时则完全丧失了斗志,政府官员手足无措,部队官兵溃不成军。

第三章

美国武装入侵朝鲜、台湾，朝鲜战争国际化

朝鲜内战爆发前美国对朝鲜和台湾的政策

朝鲜内战爆发，是朝鲜民族的内部事务，不容外国势力干预。《联合国宪章》对此作了明确的规定，指出："不得干预本质上属于任何国家内部管辖之事件。"然而，朝鲜内战爆发后，美国当局公然违反联合国宪章，立即派出武装部队，干涉朝鲜内战。同时派出海军部队和空军部队侵占中国的台湾和台湾海峡。

中华人民共和国成立后，特别是由美国出枪、出钱支持的蒋介石国民党"政府"，于1949年12月8日撤往台湾后，美国在中国大陆建立一个由美国控制的亲美政权进而控制远东地区的政策已彻底破产。尽管美国不甘心在中国的失败，但美国当局认为美国已无法挽回在中国大陆的失败。同时认为，即使美国再给蒋介石集团以军事援助，蒋介石也难以保住台湾，台湾落入共产党之手只是个时间问题。此时，美国当局只好无可奈何地面对中国的现实。

在这种情况下，美国当局调整了远东战略，确定了美国在远东和太平洋地区的岛屿防御圈。1950年1月12日，国务卿迪安·艾奇逊在美国新闻俱乐部发表的演说中，宣布了这个岛屿防御圈的范围。他说：我们的"防御半径沿阿留申群岛至日本，然后延续到琉球群岛。……从琉球群岛延至菲律宾群岛。"在此之前，美国远东军总司令麦克阿瑟就已经划出了这个"防

御"圈,只不过他所划的顺序与艾奇逊的相反罢了。

美国将朝鲜和台湾都划在了这个防御圈之外。此外,美国还在1949年底制定的内部宣传文件和1950年初的公开声明中,曾明确了台湾是中国的一部分的立场。

1949年12月23日,美国国务院在关于台湾政策的内部宣传指示中指出:"台湾完全是中国政府的责任。在历史上地理上来看,它是中国的一部分。……美国没有承担过实际的或道义的责任或义务。"1950年1月5日,美国总统杜鲁门在关于台湾问题的声明中,再次明确了这一立场,他指出:1943年12月1日的开罗宣言申明,日本窃取的中国领土,如台湾,归还中国。1945年7月26日的波茨坦公告宣称,开罗宣言条款应立即执行。美国是这一公告的签字国。日本投降时,台湾已归还中国。"美国对台湾或中国其他领土从无掠夺的野心。现在美国无意在台湾获取特别权利或特权或建立军事基地。美国亦不拟使用武装部队干预其现在的局势。"同日,美国国务卿艾奇逊在解释杜鲁门这一声明时说:"当台湾被当做中国的一个省份的时候,没有任何人曾对此提出过任何法律上的疑难。此举经认为是符合各项约定的。"

但是美国在第一、第二两次世界大战中发了战争财,第二次世界大战后一跃而成为资本主义世界的最强国,充当资本主义世界的"领袖",推行霸权主义的全球侵略扩张政策,在国际上称王称霸,不可一世,把苏联为首的社会主义(共产主义)看成是世界安全的主要威胁,对共产主义采取全球遏制战略。因此,美国虽然将朝鲜半岛和台湾划在了其军事战略范围的圈外。但是,作为资本主义世界的"领袖"和霸主,美国并不是也没有抛弃南朝鲜和台湾的国民党当局而放任不管。

1949年12月30日,杜鲁门批准的美国国家安全委员会第48/2号文件——《美国在亚洲的地位》中规定:岛屿防御圈,是"美国在亚洲必须保持的最低限度的最起码的地位"。它"将使美国能够控制一些交通要道,那是战略开发亚洲的重要地区所必须的"。这条岛屿防御圈,不仅要作为美国的"第一道防御线,而且要成为第一道进攻线,(美国)将从这条线寻求缩小共产主义控制的地区"①。艾奇逊1950年1月12日在美国新闻俱乐部发

① Thomas H. Etzold and John L. Gaddis, eds: Containment: Document on American Policy and Strategy, 1945 ~ 1950(埃佐尔德、加迪斯编:《遏制:美国政策和战略文件,1945 ~ 1950》),264页,纽约,哥伦比亚大学出版社,1978。

表的演说中，对他所划到圈外地区的安全，特意作了说明，他说："就太平洋其他地区的军事安全而言，必须讲明，谁也表示不能担保这些地区不受军事进攻。……如果发生这种进攻……开始一定要依靠受到进攻的人民起来抵抗，然后依靠整个文明世界根据联合国宪章所承担的义务。到目前为止，决心保护自己独立、抵抗外来侵略的人民所依赖的联合国，一直表明它并不是一根脆弱的芦苇。"

这说明，美国的岛屿防御圈战略，并不意味着放弃朝鲜和台湾，而是等待时机，随时准备寻找借口，实施直接军事入侵。

根据《开罗宣言》和《波茨坦公告》，1945 年 10 月台湾在事实上归还中国后，美国当局一直觊觎台湾，并为干涉台湾制造"法律"根据，即在对日和约签订以前，"在法律上日本目前仍对台湾拥有主权。"①这就是所谓"台湾地位未定"论。到 1949 年 10 月中华人民共和国成立之前，美国已先后制定了台湾由国际"托管"、"分离台湾"的预案，为日后直接插手台湾问题埋下了伏笔。

对于台湾，无论美国国务院 1949 年 12 月 23 日关于台湾的政策宣传指示中，还是美国总统杜鲁门 1950 年 1 月 5 日关于台湾问题的声明中，以及同日艾奇逊对杜鲁门声明所作的解释中，都为美国日后在台湾采取军事行动留下了伏笔：一是，继续给蒋介石集团以经济援助；二是，对台湾的政策宣传指示中明确规定，对台湾"应称为'福摩萨'"；三是，杜鲁门在声明中，讲到"美国无意在台湾获取特别权利或特权或建立军事基地。美国亦不拟使用武装部队干预其现在的局势"时，根据军方的要求，特别在此句的前边加了"现在"一词作为限制；四是艾奇逊在对杜鲁门声明所作的解释中说，"现在"一词，"只不过是有鉴于一种事实，即万一不幸我们在远东的部队遭到攻击，美国必须完全有自由在任何地区采取任何必要的行动以保它自己的安全"。

在中国和苏联于 1950 年 2 月签订了《中苏友好同盟互助条约》之后，美国军方和国务院均有人主张，对杜鲁门 1 月 5 日关于台湾问题所作的声明进行修改。参谋长联席会议一直主张给予台湾的蒋介石集团以必要的军事援助。麦克阿瑟在 6 月 14 日给国防部长和参谋长联席会议主席的备忘录中，更把台湾看成是美国的一艘"永不沉没的航空母舰"。麦克阿瑟认为，如果台湾落在共产党手里并能为苏联所用，那就等于给了敌人相当于数

① 《美国对外关系文件》(FRUS 1947, vol. VII)，433 页。

十艘航空母舰组成的舰队，就是给美国在冲绳和菲律宾的基地“将上一军”。因此，他主张“绝不能让台湾落入共产党手中”①。美国国务院的迪安·腊斯克和约翰·杜勒斯等，也主张在台湾迅速采取“激烈而强硬的立场”，建议美国政府以宣布台湾“中立化”的形式，出动军队阻止中国人民解放台湾，使之不落入共产党人之手。

到1950年6月，美国武装阻止中国人民解放台湾和对台湾实施军事占领，决心已定，只是在等待时机。麦克阿瑟声称：如果人民解放军发起解放台湾的作战，他将火速赶赴战地指挥反击作战，“使他们遭到惨败，从而使这场战斗成为世界上决定性的战斗之一”。他说：“我每个夜晚都祈祷红色中国能这样做——我常常是跪下来在那里祈祷。”②

此外，1949年9月3日，苏联第一颗原子弹爆炸成功，打破了美国的核垄断。10月1日，中华人民共和国成立，极大地增强了社会主义阵营的力量，改变了国际社会上两大阵营力量的对比。这促使美国调整了安全战略。根据美国总统杜鲁门的指令，由美国国务院和国防部共同组成了联合小组，分析了新的国际政治、军事局势，从外交和军事方面重新审议了美国的安全战略，于1950年4月7日向杜鲁门提交了一个报告。这就是美国《国家安全委员会第68号文件》。

《第68号文件》指出：在美国领导的“自由世界”和苏联领导的社会主义阵营之间将存在着长期对抗。美国所要面对的“不仅仅是苏联的直接挑战，而且还有那些动摇新老殖民主义政权的、土生土长的民族主义运动”，“共产主义在（世界）任何地方的胜利，都意味着美国的相应失败”。认为，美国作为“自由世界”的力量中心和反对“苏联扩张”的堡垒，拥有“世界上任何单独一国所没有的最大军事潜力。然而对照苏联，美国的军事弱点在于现有的力量和人员在数量上处于劣势”。苏联的武装部队数量已经远远超过美国，原子弹储备也在迅速增加，如果再加上热核武器，将大大加重对美国的损害，“为了保证美国任何报复性打击的有效性，进一步增强我们原子武器的数量和威力是必要的”，而且“大幅度增强常规空中、地面和海上

① 麦克阿瑟给美国国防部长詹姆斯·约翰逊和参谋长联席会议主席奥马尔·布莱德雷关于台湾问题的备忘录，1950年6月14日。Foreign Relations of the United States, Diplomatic Papers, 1950 Vol VII, Korea（《美国对外关系》，1950年，第7卷，朝鲜），161～165页。

② ［美］马修·李奇微：《朝鲜战争》，51页，北京，军事科学出版社，1983。

的力量，以及加强防空和民防力量计划，也是很有必要的”。美国及其盟国“如果没有占优势的、随时都能动员的联合军事力量，‘遏制’政策就只不过是一个唬人的讹诈政策”。

这个文件的基本的含义，就是以军事实力支持“遏制”政策，并强调进攻性。把殖民地和半殖民地国家争取民族解放和独立的斗争，把纯属内政事务的国家、民族统一运动，把代表社会进步的民族民主革命，都视为对美国全球霸主地位的挑战，对自由世界的“侵犯”，美国都要迅速做出最激烈的反应，直至进行武装干预。美国参谋长联席会议主席奥马尔·布莱德雷称：“从本质上讲，《第 68 号文件》是一个‘号召武装起来’的响亮的动员令，目的是剔除我们冷战方针中顾此失彼的矛盾现象。从此以后，我们将以军事实力来支持遏制政策。”①

杜鲁门完全接受了《第 68 号文件》的逻辑推理方式与所确定的安全战略，但暂时没有批准这一文件，因为要实现这一文件所确定的战略目标和扩军备战计划，据估计将需要把每年的国防预算至少增加到 400 亿美元，而当时美国政府向国会提出的国防预算只有 100 亿～130 亿美元，还无法得到国会的批准，国会根本就不会接受这项新的费用如此高昂的扩军备战计划。杜鲁门及其高级幕僚们因而断定，只有发生一场危机，才能欺骗舆论，制造声势，说服美国国会和公众支持大幅度增加军事预算。

恰好在这时，在远东，在距美国本土几千英里以外的地方，朝鲜战争爆发了。杜鲁门政府立即抓住这个机会，迅速将《第 68 号文件》中所规划的战略方针和扩军备战计划全部付诸实施。正如杜鲁门的一位顾问后来所说的那样：“1950 年 6 月，我们正为这项计划——国家安全委员会第 68 号文件——焦虑万分。接着，感谢上帝，朝鲜战争正当其时地爆发了。”②

此时，尽管美国由于削减军费而大幅度地裁减了军队数量，但在远东地区仍然保持着强大的军事力量。1950 年 6 月，美国在远东的军事力量计有：陆军 4 个师（第 7 步兵师、第 24 步兵师、第 25 步兵师、第 1 骑兵师）又 1 个步兵团（第 29 步兵团），以及部分野战炮兵、坦克等作战支援部队；海军包括远东海军司令部所属 1 艘巡洋舰、4 艘驱逐舰和一些两栖及运输舰船，另外，以菲律宾为基地的美国海军第 7 舰队也在远东地区活动；空军包括

① ［美］奥马尔·布莱德雷：《将军百战归》，676 页，北京，军事译文出版社，1985。

② ［美］迈克尔·谢勒：《二十世纪的美国与中国》，186 页，北京，生活·读书·新知三联书店，1985。

远东空军司令部所属的第5航空队和1个轻型轰炸机联队、1个运输机联队,以及战略轰炸机司令部所属的轰炸机部队,共有各种作战飞机1172架。①

这些部队的任务是:确保琉球群岛和日本;确保在远东地区的制空权和制海权;不使台湾落入敌方;支援太平洋战区、阿拉斯加和战略空军作战地区;确保菲律宾群岛;保护美国在朝鲜人员的安全。②

美国武装干涉朝鲜内战和侵略中国台湾

朝鲜战争爆发后,在美国的决策者中,无论总统杜鲁门,还是国务卿艾奇逊,他们的第一个反应,就是荒谬地认为,朝鲜的事件是苏联为首的社会主义阵营向"自由世界"的挑战,苏联显然是在冒发动第三次世界大战的风险,至少是苏联对美国抵御共产党阵营"扩张决心"的一个试探,或是挑起一场全面战争的前奏。③ 作为"自由世界"的"领袖"——美国,对此不能视而不见,美国必须在朝鲜采取行动。

杜鲁门在回忆录中竭力为美国干涉朝鲜内战寻找"理由"进行辩解,他说:当时"我深切地感觉到,如果听任南朝鲜沦丧,那么共产党的领袖们就会越发狂妄地向更靠近我们海岸的国家进行侵略。如果容忍共产党人以武力侵入大韩民国,而不遭到自由世界的反对,那么,就没有哪一个小国会有勇气来抵抗来自较为强大的共产主义邻邦的威胁和侵略。如果对这种侵略行动不加以制止,那就会爆发第三次世界大战,正如由于类似的事件而引起了第二次世界大战一样。我还清楚地认识到,除非这次对朝鲜的攻击得到制止,联合国的基础和原则将受到威胁。"④

然而,美国如何采取行动和以何种形式采取行动,也是美国当局必须要考虑的。杜鲁门后来在回忆录中说:"我们当时的心情是:我们向大家宣

---

① 参见罗伊·E.阿普尔曼:《朝鲜战争中的美国陆军——南至洛东江北至鸭绿江》,中译名《美国兵在朝鲜》,第3卷,54~56页,北京,国防大学出版社,1994。

② 参见詹姆斯·F.斯纳贝尔:《朝鲜战争中的美国陆军——战争爆发前后》,50页,北京,国防大学出版社,1990。

③ 参见《艾奇逊回忆录》,上册,265页,上海译文出版社,1978;约瑟夫·格登:《朝鲜战争——未透露的内情》,52~56、99页,北京,解放军出版社,1990。

④ 《杜鲁门回忆录》,第2卷,394页,北京,生活·读书·新知三联书店,1974。

告，我们认为朝鲜局势关系很大，因为从这种局势中可以看出西方的力量和决心。目前，要想制止世界其他地方的新的行动，惟一的办法是采取坚决的行动。根据我们的看法，如果我们不能采取行动保护一个在我们的支持下建立起来，并且是由联合国采取行动来保障它的自由的国家，那么不但在亚洲，而且在欧洲、中东和其他地方，靠近苏联的各国人民对我们的信心都会受到极不好的影响。”①

美国陆军官方史书《朝鲜战争中的美国陆军》中，有这样一段话：“美国的每一个选择都有使其他国家疏远的可能性，而美国的政策正是基于与他们持久的友谊和支持的基础之上的。行动迟缓、无所事事将被一些国家指责为对大韩民国政府的背叛。它将严重损害美国维护在亚洲以及在其他地区特权的努力，并将导致一些国家诸如英国、意大利、日本等重新估计支持美国是否明智。另一方面，如果美国采取单方面军事措施反击北朝鲜袭击者，那么对许多国家来说，苏联关于帝国主义行动的指责和对联合国的蔑视将成为正当的、合法的。其作用是恐吓这些国家，使他们更易于接受俄国的观点。”“最有意义的事大概是联合国成员国之间制止侵略的共同合作努力。但是南朝鲜需要立即援助，可联合国不能很迅速地行动。进而言之，联合国中的共产主义成员国正处心积虑地反对联合行动。”②这段话，更表明了美国当局决策者们在干涉朝鲜内战问题上的良苦用心。

美国军方对入侵朝鲜早有预案。1949 年 6 月 20 日，在美国占领军从朝鲜撤军的前 10 天，参谋长联席会议主席奥马尔·布莱德雷，曾在致参谋长联席会议的一份备忘录中，陈述了他对从朝鲜撤军可能导致来自北方“入侵”的担心，他建议：如果发生北方进攻的事件，美国应首先撤退侨民，然后将“侵略”行动作为对国际和平的威胁，提交联合国安理会，促使联合国安理会通过决议，并组建联合国部队来制止“侵略”。

同年 6 月 27 日，美国陆军参谋部拟制了一份绝密的关于在朝鲜的作战预案，确定一旦朝鲜半岛爆发战争，美国军队将迅速在朝鲜采取军事行动。其所开列的行动方案包括：A. 紧急撤离在朝鲜的美国侨民；B. 将“入侵问题”提交联合国讨论；C. “经联合国准许，由美国部队和联合国其他成员国部队组成

① 哈里·杜鲁门：《杜鲁门回忆录》，第 2 卷，395 ~ 396 页，北京，生活·读书·新知三联书店，1974。

② ［美］詹姆斯·F. 施纳贝尔：《朝鲜战争中的美国陆军——战争爆发前后》，68 页，北京，国防大学出版社，1990。

军事特遣部队进入朝鲜，实施警察行动，旨在恢复法律与秩序，恢复不可侵犯的三八线边界”。陆军参谋部建议以方案A和B作为美国的对朝基本方案，而方案C被认为是“不可靠的军事行动”，只有在“所有其他办法均告失败”的情况下才予以考虑。参谋长联席会议亦表示同意这些判断。①

因此，朝鲜内战一爆发，美国政府立即作出了武装干预的决定。与此同时，美国借此机会实现其对台湾既定的政策，派出海军舰队和空军飞机侵入台湾和台湾海峡。

美国华盛顿时间② 1950年6月24日晚上21时26分，美国国务院收到了驻南朝鲜大使约翰·穆乔报告战争爆发消息的第一封电报。随后穆乔发电报要求紧急向南朝鲜军队提供弹药援助。

当时正值周末，美国总统杜鲁门、国务卿艾奇逊、国防部长约翰逊等人均在外地或家中。22时30分，助理国务卿腊斯克和陆军部长弗朗克·佩斯在国务院召集会议，研究对策。会议根据作战预案，建议马上把朝鲜所发生的冲突提交联合国安理会讨论，以便得到联合国对美国而后所采取行动的支持，使美国能够以联合国的名义采取行动。同时，建议批准穆乔的要求，命令远东军向南朝鲜运送弹药。杜鲁门、艾奇逊批准了这一建议。

在战争爆发的最初20个小时中，美国军方及远东军总部尽管对朝鲜的战局极为关注，可并没有过分担心，认为由美国装备并训练的南朝鲜军队可以稳住阵脚。布莱德雷在得知朝鲜内战爆发后起草的一份备忘录中写道：“我认为，除非俄国人积极插手这一作战行动，否则南朝鲜在目前的进攻下是不会陷落的。”③

但是，6月25日，来自驻南朝鲜使团和军事顾问团的电报内容越来越悲观，他们断言：南朝鲜军队正处于败退之中，根本抵挡不住朝鲜人民军的进攻。如果美国不马上采取行动，南朝鲜政府将很快垮台。

正在东京加紧片面对日和约准备活动的美国国务院顾问杜勒斯等人，于6月25日上午10时35分给国务院发电报，首次提出了美国武装干预的

---

① 参见 Foreign Relations of the United States, Diplomatic Papers, 1949, Vol VII, Korea, Part II（《美国对外关系》，1949年，第7卷，朝鲜，第2册），GPO，Washington，D. C，1974，1046～1057页。

② 根据国际时区划分，朝鲜位于东8区，美国华盛顿位于西5区，两地时差为13小时。朝鲜时间1950年6月25日8时，华盛顿时间为1950年6月24日下午5时。本书所出现的时间，均为当地时间。

③ ［美］奥马尔·布莱德雷：《将军百战归》，689页，北京，军事谊文出版社，1985。

建议。电报称："南朝鲜人也许有能力自己制止并击退进攻，如果是这样的话，当然最好。但如果他们显然做不到这一点，那么我们相信，应该动用美国部队，即使这样做要冒俄国人作出反击行动的风险。坐视朝鲜在一场无端进攻中陷落，将引发一连串灾难性事件，并很有可能导致第三次世界大战。"①

杜勒斯等人的建议，与美国政府的愿望正相契合。6 月 25 日 11 时 30 分，国务卿艾奇逊在国务院主持召开了国务院和军方首脑的联席会议，建议：立即出动美国海军和空军部队，在朝鲜汉城、金浦、仁川地区建立警戒圈，为美国侨民和外交官家属撤离朝鲜进行空中掩护和海上支援，攻击妨碍这一行动的北朝鲜飞机和坦克；授权麦克阿瑟根据美国驻朝军事顾问团的要求，向南朝鲜军队提供所需要的一切装备，不受任何计划限制；美国军事顾问继续留在南朝鲜军队中，指挥作战；授权麦克阿瑟指挥美国在朝鲜的一切军事行动；准备授权麦克阿瑟动用包括第 7 舰队在内的一切力量。会议结束后，这些方案通过电传会议②传达给了麦克阿瑟。美国武装入侵朝鲜的第一步由此开始迈出。

当晚，美国总统杜鲁门主持召开国家安全委员会会议，讨论对朝鲜内战应该采取的行动。艾奇逊首先汇报了与军方首脑联席会议所形成的方案，并建议：应该立即考虑给予南朝鲜方面比这些措施更多的援助。同时建议，立即令第 7 舰队从菲律宾苏比克湾基地北上，进入台湾海峡，制止中国人民解放军可能发动的对台湾进攻作战；立即对法国在印度支那的殖民战争提供援助。杜鲁门随即批准采取艾奇逊所建议的措施，并要求三军参谋长做好在朝鲜投入美国部队必要的准备。

6 月 26 日，来自驻朝鲜美国外交和军事使团的电报内容更加沮丧，尽管有美国的全力援助，但南朝鲜军队的士气并没有像预计的那样重新高涨，相反整个军队已经陷入了崩溃的境地。当晚，杜鲁门再次召开会议，决定马上实施 6 月 25 日会议所决定的事项，同时决定，马上命令美国海军和空军部队向朝鲜出动，"毫无限制"地攻击三八线以南的朝鲜人民军部队，支援南朝鲜军作战。也是在这次会议上，杜鲁门正式批准了派遣第 7 舰队入侵

---

① Foreign Relations of the United States, 1950, Vol VII, Korea(《美国对外关系》，1950 年，第 7 卷，朝鲜），140 页。

② 电传会议，是朝鲜战争期间美军参谋长联席会议与远东军总部的一种通信方式。双方通过电传机举行会议，直接交换战场情报，传达命令。

台湾海峡,武装阻止中国人民解放军解放台湾,在台湾海峡实行所谓“隔离”政策的决定,并背弃有美国参加的有关台湾归属中国的开罗宣言和波茨坦公告,声称“台湾未来地位”未定,准备将纯属中国内政的台湾问题提交联合国决定,制造中国的分裂。除此之外,杜鲁门还作出了几项在远东扩大美国侵略行动的决定:增加在菲律宾的美国军队;向越南派出美国军事顾问团,并马上向法国提供2000万美元的军事援助,支持法国在印度支那的殖民战争。会后,立即通过美国驻台湾“代办”向蒋介石转达关于在台湾海峡实行“隔离”政策的决定。此时,美国海军第7舰队的作战舰船已经从菲律宾起锚,驶向了台湾海峡。

与此同时,关于出动海空军进入朝鲜作战的决定,也通过电传会议下达给了麦克阿瑟。麦克阿瑟就在电传会议现场给美国远东空军司令厄尔·帕特里奇下达了出动作战飞机的命令,要求远东空军“动用一切可供支配的手段”,显示美国空军的力量,将“北朝鲜人狼狈地赶回自己的领土”。

美国当局的这一决策,确定了武装干涉朝鲜内战的决心和实施办法,同时,决定把侵略行动的范围扩大到中国的台湾,武装干涉中国内政,并将侵略行动扩大到整个远东地区,将其既定的远东侵略扩张计划,利用朝鲜内战的时机,全面予以实施。

朝鲜时间6月27日晚间,第一批美国作战飞机飞临朝鲜上空。6月28日上午,更多的美国飞机蜂拥而至,对朝鲜三八线以南地区的目标狂轰滥炸,甚至动用了B-29型战略轰炸机执行战术攻击任务,不管发现军用目标还是民用目标一律予以攻击。同时,第7舰队的舰船也已开进台湾海峡。

6月27日上午,杜鲁门在与美国国会领袖会晤之后,根据26日晚的决定发表了总统声明,宣称:“我已命令美国的空海军部队给予朝鲜政府部队以掩护及支持。”并称:“我已命令第7舰队阻止对福摩萨①的任何进攻。……福摩萨地位的决定,必须等待太平洋安全的恢复、对日本的和平解决、或联合国的审议”。

从此,美国公然武装介入了朝鲜内战。由于美国军队的武装介入,朝鲜战争的性质即由内战转变为美国侵略、朝鲜人民反侵略的战争。而美国侵略中国台湾的行径,则使得美国在武装干涉朝鲜内战一开始就将朝鲜问题与中国的主权尊严联到一起。

朝鲜时间6月27日晚上,美国远东军司令部派出的军事调查组到达水

① 美国称中国台湾为福摩萨。

原机场，随即在与南朝鲜陆军总参谋长蔡秉德协商后，成立了美军与南朝鲜军联合指挥部，实际接管了南朝鲜军队的指挥权。

随着汉城于6月28日的陷落，美军调查组组长丘奇在部署了汉江南岸防线之后，给麦克阿瑟发电报，声称：依靠南朝鲜军的力量，不可能重新恢复三八线的界限，要做到这一点，只有动用美国地面部队。①

麦克阿瑟于朝鲜时间6月29日上午，亲自到朝鲜战地视察。在飞往朝鲜的途中，他下达命令，采取了美国武装侵略朝鲜的第三个重要步骤：轰炸三八线以北地区的军事目标。这意味着此前所确定的三八线界限已经被彻底打破，美国军队又向全面入侵朝鲜的目标前进了一步。

麦克阿瑟后来在回忆录中写道，当他在汉江南岸的一个土丘上伫立观察战场情况时，得出一个结论就是：南朝鲜人即使获得美国空军和海军的支援，也不可能阻止敌人向南的迅猛攻势。只有立即把美国地面部队投入战斗，或许可以挡住他们。我到这里来所要寻求的解答就在于此。我必须将我的占领军投入到这个突破口中去。②

与此同时，美国五角大楼的官员们也在研究在朝鲜进一步扩大侵略行动的具体措施，并得出了和麦克阿瑟同样的结论：仅靠海空军根本无法挽救南朝鲜军失败的命运，因而训令所属的联合战略委员会从军事角度对在三八线以北地区使用空中部队和在朝鲜动用地面部队等措施，在48小时内提出研究报告。

可联合战略委员会的研究报告尚未完成，朝鲜战局已经不可收拾，报告南朝鲜军队溃退的电报如雪片般飞到华盛顿。因此，参谋长联席会议认为，仅仅批准在朝鲜三八线以北地区采取空中攻击行动是不够的，应该考虑向朝鲜投入地面部队，至少应该在朝鲜保持一个“立足点”，以便今后可以采取更有效的行动。

杜鲁门随即主持召开国家安全委员会会议，批准了参谋长联席会议提出的在朝鲜全境实施轰炸和向朝鲜派遣一支小规模的地面部队的建议。

6月29日下午6时59分，参谋长联席会议向麦克阿瑟发出新的指令：1. 以远东军总部所属的一切海空军部队对南朝鲜部队实施充分的支援，肃

---

① 参见［美］詹姆斯·F. 施纳贝尔：《朝鲜战争中的美国陆军——战争爆发前后》，73页，北京，国防大学出版社，1990。

② 参见［美］《麦克阿瑟回忆录》，中文1版，231、233页，上海，上海译文出版社，1984。

清在南朝鲜的北朝鲜军队;2. 派遣有限的陆军部队保护南朝鲜的交通线和其他基础设施,并授权麦克阿瑟派遣一支团级战斗队保护釜山和镇海地区的港口和空军基地;3. 将第 7 舰队的作战指挥权转归麦克阿瑟;4. 授权麦克阿瑟将空中行动扩大到北朝鲜。①

参谋长联席会议的电报还没到达东京,6 月 30 日凌晨 1 时 31 分,就收到了麦克阿瑟的一封急电,声称:"韩国军队已经完全没有能力采取反击行动,并且有进一步崩溃的严重危险。假如敌人的进攻继续下去,大韩民国的生存将面临严重威胁。守住目前防线和而后收复失地的惟一保证,是向朝鲜作战地区投入美国地面作战部队。没有一支具有战斗力的地面部队,仅靠使用我们的空军和海军部队,是无法取得决定性战果的。"他建议:"如果得到授权,我打算立即派遣一支美国团级战斗队加强商议中的地区②,并可能从驻日本的部队中调集 2 个师,进行尽早反攻的准备。"③杜鲁门批准先派出 1 个团。

此时,台湾的蒋介石集团受美国侵略朝鲜和台湾行动的鼓舞,于 29 日向美国政府提出:派遣 2 个装甲师,共 3.3 万人,到朝鲜协助美军作战。30 日,蒋介石集团向美国递交备忘录,声称:所有赴朝鲜作战的国民党军队将携带最好的装备,并可在"五天内完成一切出发准备"。

6 月 30 日上午,杜鲁门在白宫召开国家安全委员会会议。首先讨论了是否接受蒋介石军队参战的问题。尽管杜鲁门本人对此持积极态度,认为:既然准备使用联合国的名义参战,并准备接受英国、澳大利亚等国的军队,美国大概也应该使用蒋介石地面部队。但是,艾奇逊和参谋长联席会议反对在朝鲜使用蒋介石的军队,理由是这样做势必会引起中国共产党军队"在朝鲜或福摩萨的干预,甚至两面都来",而且蒋介石军队同样挡不住朝鲜人民军的装甲部队,并且要动用美国的运输工具,还不如用这些运输工具来运送美国部队。④ 杜鲁门遂打消了在朝鲜使用蒋介石军队的念头。

杜鲁门在会议上通报了关于派遣 1 个团级战斗队到朝鲜作战的决定,

---

① 参见 Foreign Relations of the United States, 1950, Vol VII, Korea(《美国对外关系》,1950 年,第 7 卷,朝鲜),240 页。

② 指水原—泽城地区。

③ Foreign Relations of the United States, 1950, Vol VII, Korea(《美国对外关系》,1950 年,第 7 卷,朝鲜),249 页。

④ 参见[美]艾奇逊:《艾奇逊回忆录》,上册,277 页,上海,上海译文出版社,1978。

并宣布：根据麦克阿瑟的要求，马上向朝鲜再派出两个美军师，同时向麦克阿瑟授予全权，由他根据战场需要，自由支配所统辖的部队，派往朝鲜的美军师数量不限。会议还根据海军作战部长福雷斯特·谢尔曼的要求，决定对朝鲜实施全面海上封锁。会议结束后，杜鲁门召开新闻发布会，宣布了这些决定。

朝鲜时间1950年7月1日上午11时，第一批美国地面部队——第24师第21团第2营（后来以其营长的名字被称作"史密斯特遣队"）乘坐的飞机在朝鲜南部的釜山空军基地降落，并随即被车运至汉城以南的乌山。美国全面入侵朝鲜的行动由此展开。

美国历史学家约瑟夫·格登曾把美国入侵朝鲜的步骤划分为四个阶段：

1. 出动海空军部队建立警戒区，掩护美国侨民撤退；

2. 在三八线以南地区对北朝鲜军队实施海空军打击，支援南朝鲜军的作战；

3. 把海空军的作战范围扩大到三八线以北地区，攻击北朝鲜境内的目标；

4. 派遣地面部队参战，封锁朝鲜海岸。①

美国侵略朝鲜的行动由点到面，规模不断扩大。随着美军地面作战部队入侵朝鲜，美国迈出了武装侵略朝鲜最重要的一步，全面发动了侵朝战争。

实际上，美国在朝鲜战争爆发后所采取的一系列行动，都是在把国家安全委员会第68号文件和其他既定的军事战略付诸实施。朝鲜战争从某种程度上，只是为美国政府提供了一个把政策化作行动的时机。美国政府从维护美国世界霸主地位和在远东扩张侵略的战略利益出发，作出了必须保护美国支持的南朝鲜李承晚政权的政治决定。

美国在不到一个星期的时间内，即在远东完成了以侵略朝鲜为中心的军事部署，把以岛屿防御圈为基点的部署改变为以大陆边缘地带为据点的部署，将其军事基地一下前推了几百公里，推至了亚洲大陆，从而形成了遏制苏联、包围中国的新的军事部署。

在美国政府的侵朝决策中，有两点引人注目：

---

① 参见[美]约瑟夫·格登：《朝鲜战争——未透露的内情》，114页，北京，解放军出版社，1990。

第一,杜鲁门政府在作出武装入侵朝鲜的决定时,并没有按照美国宪法,获得美国国会的批准,甚至没有向国会正式提交战争提案,只是向国会的几位领袖通报了情况,而国会在整个战争期间也始终没有通过任何正式的战争宣言。艾奇逊对此有过绝妙的解释:“现在要干的事是立即行动起来,并以最迅速而有效的方式完成之。如果停下来分析研究自己的行动,那么就是作茧自缚。……这一切只会削弱你的意志,弄得你举足无措。”[①]因此,艾奇逊建议杜鲁门不要向国会提出战争提案,而是将美国在朝鲜的侵略行动冠以联合国的名义,引用美国宪法所赋予总统作为武装部队最高统帅的规定,放手行事。杜鲁门欣然采纳了艾奇逊的“忠告”。于是,历时三年多的美国侵朝战争,成为美国历史上第一场不宣而战的战争。

第二,美国政府尽管在作出侵朝战争决策过程中,一再强调要在联合国的决议下行动,但实际上,其所采取的每一项侵略行动都是在没有联合国的授权下进行的。尽管美国的确曾操纵联合国通过了一系列关于朝鲜的非法决议,但从6月26日到6月30日,美国都是在采取行动之后再寻求联合国决议的“承认”。联合国关于朝鲜问题的一系列所谓的“决议”的真正含义因此而昭然若揭,美国侵朝行动是所谓“根据联合国决议”的说法也因此而毫无价值。

这一切,使得杜鲁门政府在公众舆论面前,根本无法为自己作出的侵朝战争决策提供合理的解释。在战争爆发后举行的第一次记者招待会上,杜鲁门用了一个隐晦的名词来称呼美国在朝鲜的侵略行动——“警察行动”。这个名词,后来成为美国当局对在朝鲜侵略行动约定俗成的代名词。

然而,毕竟这是一场赤裸裸的侵略行动,美国政府为给美国军队在朝鲜的侵略行动一个名分,需要操纵联合国再为美国的侵略行动贴上一块金字招牌。

以美国为首的侵朝“联合国军”组成,朝鲜战争国际化

朝鲜战争爆发之后,美国政府在所作出的第一批侵朝决策中即包括了

① [美]约瑟夫·格登:《朝鲜战争——未透露的内情》,113页,北京,解放军出版社,1990。

要求联合国安理会通过相应决议，为美国军队的侵略行动提供依据的内容。从此，利用联合国为美国的侵朝行动服务，为美国的侵略行动披上合法外衣，即成为美国侵朝决策的一个重要组成部分。

华盛顿时间6月24日晚，美国国务院向美国驻联合国使团下达了提议召开联合国安理会紧急会议的指示。由于当晚无法与美国使团的负责官员取得联系，负责联合国事务的助理国务卿约翰·希克森不顾外交礼仪，直接打电话给联合国秘书长特里格夫·赖伊，提出了召开安理会紧急会议的要求。

6月25日凌晨，国务院完成了美国提案的起草工作，由希克森用电话传给了美国使团。同时，国务院指示驻联合国安理会的美国使团，立即与安理会成员国代表进行接触，争取其所在国政府对美国提案的支持。

在美国提案中，把朝鲜内战称作"北朝鲜对大韩民国的无端侵略行为"。尽管美国政府已经作出了各种外交努力，但当美国驻联合国使团代表25日上午与有关国家驻联合国代表会晤时，这一武断的结论还是遭到了激烈的反对。

挪威代表斯塔贝尔和埃及代表法齐·贝说："我们没有足够的证据作出判断"，在没有得到本国政府的指令之前，无法对此作出答复。他们并指出："这是一场朝鲜人之间的战斗，所以从根本上讲是内战的性质，'侵略'只能是一个国家对另一个国家采取的行动"，所以他们反对使用"侵略"的名词。法齐·贝明确表示：如果美国要使用"无端"和"侵略行为"的词句，他们很难支持美国提案。法国代表让·肖尔则提出，既然要求在朝鲜实现停火，那么就应该要求交战双方都停火，不能只要求北朝鲜停火。只有英国、澳大利亚等国完全支持美国的提案。[①] 在这种情况下，美国政府只得修改提案，将"无端侵略行为"改为了"构成对和平的破坏"。

6月25日下午2时，联合国安理会举行会议，讨论朝鲜问题。按照联合国宪章规定，只有5个常任理事国代表同意，安理会关于程序问题的决定方可通过。苏联代表由于美国操纵西方国家拒绝恢复中华人民共和国在联合国的合法席位，驱逐蒋介石集团的代表，已从1950年1月10日起拒绝出席安理会会议以示抗议。而中华人民共和国的合法席位尚未得到恢复，这样，这次安理会会议是在苏联代表缺席，中华人民共和国的合法代表无法参

---

① 参见 Foreign Relations of the United States, 1950, Vol VII, Korea(《美国对外关系》,1950年,第7卷,朝鲜),144～145页。

加的情况下举行的，会议关于朝鲜问题的讨论和所作出的任何决议，都缺乏法律依据。

但苏联代表缺席会议，正是美国政府所期望出现的局面。苏联作为常任理事国具有最终否决权，如果出席会议，美国将无法通过对自己有利的有关朝鲜的决议。而中国的代表席位由国民党的非法代表占据，则可以掩人耳目。尽管如此，为了他自己的提案得到通过，美国还特别提议，邀请不是联合国成员的南朝鲜政府代表"列席"会议。

南斯拉夫代表在会议上首先提出了"呼吁立即实现停火；邀请北朝鲜政府向安理会陈述自己的理由"的提案，但在美国的操纵下，会议否决了南斯拉夫提案。

会议随即讨论美国的提案，最后以 9 票赞成、0 票反对、1 票弃权（南斯拉夫）的结果予以非法通过。该决议声称：对"北朝鲜部队对大韩民国的武装进攻表示严重关注，断定这一行动对和平构成了破坏"，并要求立即停火，北朝鲜军队撤至三八线以北地区，"所有成员国为联合国执行这一决议提供一切援助，并中止向北朝鲜当局提供援助"。

不过，这一非法决议虽然把战争的责任全部归到了朝鲜民主主义人民共和国头上，却并不足以为美国武装干预朝鲜提供依据。当杜鲁门政府于 6 月 26 日下令海空军部队入侵朝鲜后，即需要联合国通过一个新的决议，来为自己的行动进行辩护。杜鲁门在 6 月 26 日的国家安全委员会会议结束后，称："如果联合国的合作体制可行的话，那么必须促使它运转。现在该由联合国出牌了。"①

6 月 27 日下午，在美国的要求下，联合国安理会再次举行会议，讨论美国提出的新提案。在此之前，杜鲁门已经在公开演说中宣称：美国根据联合国的决议，向朝鲜派出了海空军部队。而事实上安理会根本没有讨论更没有给予过美国这种授权。所以，召开这次安理会会议，不过是事后为美国的侵略行动提供一块遮羞布。

在安理会会议上，南斯拉夫代表再次首先提出提案，重申安理会应该呼吁朝鲜交战双方停火，并在双方进行调停活动。但是，这一提案照例在美国的操纵下遭到了否决。会议经过激烈辩论，中间又经过几个小时的休会，以便与会代表向本国政府请示，最终于 6 月 27 日深夜 23 时 50 分，以 7 票赞

---

① ［美］约瑟夫·格登：《朝鲜战争——未透露的内情》，63 页，北京，解放军出版社，1990。

成,1 票(南斯拉夫)反对,2 票(埃及和印度)弃权的结果,通过了美国的提案。

这个在苏联代表和中国合法代表缺席情况下通过的提案宣称:安理会“注意到联合国朝鲜委员会关于北朝鲜当局既没有停火也没有把他们的武装部队撤回三八线的报告和关于采取军事措施恢复国际和平安全的紧急请求;同时注意到大韩民国向联合国提出的采取立即和有效的步骤保护和平和安全的请求,建议:联合国成员国向大韩民国提供此类必要的援助,以制止武装进攻,恢复该地区的和平和安全”。这一非法决议的通过,使美国在朝鲜的武装侵略被披上联合国的外衣。

这一为美国侵略行径辩护的非法决议,理所当然地遭到了朝鲜民主主义人民共和国政府的拒绝。朝鲜民主主义人民共和国政府发表声明,认定安理会关于朝鲜问题的“讨论与决定是非法的”。

苏联政府也致函联合国秘书长赖伊,指出:按照联合国宪章,安理会要有 7 票赞成才能通过决议,而且必须有 5 个常任理事国出席,安理会在通过 6 月 27 日的决议时,虽有 7 票赞成,但其中包括了没有合法代表资格的台湾国民党代表。同时,“两个常任理事国苏联和中国没有出席,这一点也是人所共知的,按照联合国宪章,安理会只有在 5 个常任理事国,即美、英、法、苏、中意见完全一致时,才能对重大问题采取决定,鉴于上述种种,安理会关于朝鲜问题的决议之毫无法律效力,乃是至为明显的”①。波兰、捷克斯洛伐克等国家也发表声明,宣布安理会 6 月 27 日决议为非法决议。

6 月 29 日,赖伊致函联合国各成员国政府,询问能够向南朝鲜提供何种援助,但应者寥寥,只有英国和澳大利亚表示将提供部队。英国国防会议于 28 日决定,把在亚洲海域活动的海军部队(包括 1 艘轻型航空母舰、2 艘巡洋舰、5 艘驱逐舰)转归麦克阿瑟指挥。澳大利亚则表示将以驻扎在日本的 1 艘驱逐舰、1 艘护卫舰和 1 个战斗机中队参加在朝鲜的作战。其他国家只表示将提供物资援助。

这显然令美国政府失望,而且随着美国政府于 6 月 30 日作出美军地面部队入侵朝鲜的决定,侵朝战争的规模已超出了海空作战的范围,进入了在朝鲜进行全面侵略战争的阶段。搜罗盟国军队,组建归美国统一指挥的侵略军参加侵朝作战,使朝鲜行动按照美国政府规定的步骤进行,已经被提到了议事日程。联合国安理会 6 月 27 日的决议,显然无法满足这一要求。

① 《新华月报》,1950 年 6 月,527 页。

因此,美国国务院和国防部联合向杜鲁门提出了一项新的建议,要求促成联合国安理会通过一个新的决议,明确规定由美国代替联合国在朝鲜行使军事指挥权,并建立联合司令部,任命美国指挥官为总司令,并授权在朝鲜作战的美军及其他国家部队使用联合国的旗帜。

7 月 3 日,美国代表正式向安理会提出这一提案。赖伊接到提案后,感到其内容过于露骨,简直是完全把联合国变成了美国政府的一个工具,遂向美国、英国、法国驻联合国使团提出了另一个解决指挥问题的方案,建议由美国指挥在朝鲜的各国部队,但成立一个联合国援助协调委员会,负责协调并促使所有成员国提供源源不断的各种援助,美国在朝鲜的军事指挥机构要置于援助协调委员会的领导之下,同时美国政府要随时向委员会报告战争进展情况。

赖伊的建议立即遭到了美国军方的拒绝。美国在侵朝行动中利用联合国的名义,不过是一种欺骗舆论的行为,决不会允许联合国真正控制其在朝鲜的侵略行动,干预作战指挥。参谋长联席会议称:“联合国援助协调委员会”的成立,将在美国政府和美国战地司令官中间插进一个中间环节,严重影响美军的行动自由。即使这个委员会不干预军事行动,参谋长联席会议也不同意赖伊的建议。他们对国防部长约翰逊说:如果成立这个委员会是出于政治上的考虑,那么必须对该委员会的权力作出严格的限制。①

参谋长联席会议提出的方案是,以美国政府作为联合国的执行代表,直接指导在朝鲜的作战,战地司令官只对美国政府负责,不对联合国负责。战争中的主要决策,只能由美国政府作出。驻朝鲜的军事指挥官不得以任何方式直接接受来自联合国的指令,联合国成员国所提供的部队和其他援助只能通过美国政府转交战地司令官指挥或使用。

根据美国政府的指示,美国驻联合国使团与其盟国代表经过协商,争取到了包括台湾国民党集团非法代表在内的 7 个安理会成员国的赞成。

于是,7 月 7 日,安理会正式开会讨论由英国和法国代表向安理会正式提出由美国政府拟定的提案,并在苏联代表和中国合法代表仍然缺席的情况下,以 7 票赞成,0 票反对,3 票(印度、埃及、南斯拉夫)弃权的结果通过了这项非法决议。

该决议规定:

---

① 参见[美]詹姆斯 · F. 施纳贝尔:《朝鲜战争中的美国陆军——战争爆发前后》,107 页,北京,国防大学出版社,1990。

（一）欢迎联合国各会员国政府与人民对安全理事会1950年6月25日及27日关于援助大韩民国防御武装进攻，借以恢复该地区的和平与安全的决议所给予的迅速而有力的支持。

（二）……

（三）建议所有按照前述决议提供军事部队和其他援助的国家将该项部队和其他援助交由美国指挥下的统一司令部使用。

（四）请求美国派该项部队的司令官。

（五）授权统一司令部在对北朝鲜部队作战时除使用参加各国的旗帜外同时斟酌使用联合国旗帜。

（六）请求美国向安全理事会提出关于在统一司令部指挥下所采取行动的适当报告。

至此，美国操纵联合国通过的一系列非法决议，最终完成了盗用联合国名义为自身侵略行动服务的目的。侵朝美军及其仆从国军队，随即被冠上了"联合国军"的名称。

根据美国政府的规定，向"联合国军"提供作战部队和其他保障分队的国家，首先要告知美国国务院，由国务院与其进行会谈，同时征求国防部的意见，由参谋长联席会议提出方案，最后决定是否接受。参谋长联席会议曾就接受其他国家军队的标准专门征求麦克阿瑟的意见。麦克阿瑟表示，如果提供的是作战部队，那么最少应该具备1000人加强营的规模，他将把所有的非美军部队全部配属美军师指挥。如果提供的是后勤保障部队，那么应该达到能够立即投入使用的标准。

美国政府同时确定了侵朝战争的指挥关系。杜鲁门作为总统是侵朝战争的最高决策者，国家安全委员会、国务院、国防部等美国国家主要安全部门是总统决策的首要咨询机构。参谋长联席会议作为美国军事最高统帅机构，被杜鲁门指定为指导侵朝战争的执行机构。陆军参谋长担任参谋长联席会议指导在朝鲜军事行动的执行代表，陆军参谋部负责具体计划和指导所有参加"联合国军"的部队在朝鲜的军事行动。

在战区指挥方面，杜鲁门于7月10日正式任命美国远东军总司令麦克阿瑟为侵朝"联合国军"总司令。"联合国军"总部设在日本的美国远东军总部内，由远东军总部行使"联合国军"总部的权力。

7月12日，麦克阿瑟任命美国第8集团军司令沃尔顿·沃克中将为侵朝美军司令，兼任"联合国军"地面部队总指挥。美国远东军属下的美国远东空军司令兼任“联合国军”空军司令官，美国远东海军司令兼任“联合国军”海军司令官。

麦克阿瑟后来称：“我与联合国的联系在很大程度上是形同虚设……对我的控制与此别无二致，仿佛我统率下的部队都是清一色的美国人。我的所有通信系统都通向美国的最高统帅部。”①

在朝鲜战争期间，先后派兵参加“联合国军”侵朝行动的国家有：美国、英国、法国、土耳其、加拿大、荷兰、澳大利亚、新西兰、泰国、菲律宾、希腊、比利时、哥伦比亚、埃塞俄比亚、南非、卢森堡共16个国家。其中美军占90%以上，英国为两个旅、加拿大和土耳其各1个旅，泰国1个团，法国、澳大利亚、新西兰、菲律宾、荷兰、希腊、比利时、哥伦比亚、埃塞俄比亚各1个营，南非联邦1个空军中队，卢森堡1个排。除美国军队之外，其他国家为“联合国军”提供的兵力最多时为36769人，另外还有3个战斗机中队、36艘各种舰船。大多数国家只是象征性地出兵。另瑞典、印度、丹麦、挪威、意大利为“联合国军”派出了医院或医疗船。除美国军队在朝鲜战争爆发后立即侵入朝鲜，支援南朝鲜军作战外，参加“联合国军”行动的其他国家海军和空军于7月上旬和中旬陆续参加了侵略朝鲜的作战，地面部队最早的于1950年8月开始入朝，最迟的于1951年5月才到达朝鲜。

南朝鲜不是联合国成员国，7月14日，南朝鲜总统李承晚致函麦克阿瑟，称：“我至为荣幸地通知你，在目前持续的敌对行动中，你可拥有对大韩民国所有陆军、海军、空军部队的指挥权。不仅你个人可以行使这种权力，而且可以将这种权力委托给其他在朝鲜境内及其邻近海域的指挥官”，将南朝鲜军队的指挥权完全交给了美国为首的“联合国军”。

侵朝“联合国军”的组成，使美国将其一国对朝鲜的侵略行动，披上了“联合国”的外衣。朝鲜战争由此而国际化和进一步扩大化，使本来是为解决统一问题的朝鲜内战，演变为第二次世界大战之后第一场大规模的国际性局部战争。

---

① ［美］詹姆斯·F.施纳贝尔：《朝鲜战争中的美国陆军——战争爆发前后》，110页，北京，国防大学出版社，1990。

第四章

中国人民抗议美国侵略台湾和朝鲜及和平解决朝鲜问题的外交努力

朝鲜战争爆发后中国政府的立场

中朝两国山水相连，唇齿相依，两国人民的友谊源远流长。在抗击外来侵略和争取民族解放的斗争中，中朝两国人民相互支持、相互帮助，建立了密切合作的关系。在中国革命的过程中，从大革命时期到解放战争，曾经有众多的朝鲜同志与中国共产党和中国人民并肩战斗，为中国革命的胜利建立了不可磨灭的功勋。

中国共产党和中国政府理解并支持朝鲜劳动党和朝鲜政府为统一祖国而作出的努力，同时主张，朝鲜统一问题属于朝鲜民族的内部事务，采取何种方式、在何时实现统一，应由朝鲜人民自己作出选择，外部势力不应干涉朝鲜内政。因此，朝鲜战争爆发后，中共中央和中国政府首先肯定朝鲜战争的性质是内战，继而旗帜鲜明地采取了支持朝鲜民主主义人民共和国的立场。

1950 年 6 月 26 日，中国共产党机关报《人民日报》在第一版显著位置刊登了朝鲜战争爆发的消息，随即于 27 日发表题为《朝鲜人民为击退进犯者而奋斗》的社论，阐明了中国人民对战争的看法和立场。社论说："朝鲜的全面内战爆发了。"对于朝鲜人民今天的处境，中国人民是特别容易了解的,“正义是完全属于朝鲜民主主义人民共和国方面”。

然而,由于美国政府迅即进行武装干涉,派遣军队入侵朝鲜和中国领土台湾,不仅朝鲜战争的性质发生了根本性的变化,由内战转变为一场侵略与反侵略的战争,而且美国入侵台湾、加强其在日本、菲律宾的军事力量以及扩大援助法国在印度支那的殖民战争,将其在太平洋地区的军事前哨推进至亚洲大陆,亚洲局势骤然紧张,朝鲜战火开始向周边地区蔓延,新的战争随时可能爆发,中华人民共和国的安全受到极大的威胁。中国政府不能不作出迅速而强烈的反应。

1950 年 6 月 28 日下午 5 时,中央人民政府委员会紧急举行第八次会议。周恩来总理兼外交部长向会议作国际形势的最新发展的报告。他首先宣读了美国总统杜鲁门 6 月 27 日的声明全文,指出:“杜鲁门的声明中还联系到了台湾、越南、菲律宾。朝鲜问题,只是美国整套强盗性计划中的一个问题而已。”他强烈谴责美国侵略中国的罪行,强调:“台湾属于中国的事实,永远不能改变。这不仅是历史事实,且已为开罗宣言、波茨坦宣言及日本投降后的现状所肯定。杜鲁门这种意图和声明,再一次让世界人民了解谁要发动战争,再一次的提高了中国人民的警惕”,“对于这种非法的行为,我们不能不表示态度。”

会议就周恩来的报告进行了讨论。张治中、黄炎培、章伯钧、李济深等作了发言一致认为:杜鲁门的声明彻底暴露了美帝国主义的真面目,并认为人民政府和全国人民将胜利地击退美帝国主义的任何挑衅,解放台湾和其他属于中国的全部领土。

在热烈的讨论之后,毛泽东主席发表讲话,他指出:

中国人民早已声明,全世界各国的事务应由各国人民自己来管,亚洲的事务应由亚洲人民自己来管,而不应由美国来管。美国对亚洲的侵略,只能引起亚洲人民广泛的和坚决的反抗。杜鲁门在今年一月五日还声明说美国不干涉台湾,现在他自己证明了那是假的,并且同时撕毁了美国关于不干涉中国内政的一切国际协议,美国这样地暴露了自己的帝国主义面目,这对于中国和亚洲人民很有利益。美国对朝鲜、菲律宾、越南等国内政的干涉,是完全没有道理的,全中国人民的同情和全世界广大人民的同情都将站在被侵略者方面,而决不会站在美帝国主义方面。他们将既不受帝国主义的利诱,也不怕帝国主义的威胁。帝国主义是外强中干的,因为它没有人民的支持。全国和全世界的人民团结起来,进行充分的准备,打败美帝国主义的任何挑衅。[①]

6月28日，周恩来外长发表严正声明，指出："我国全体人民，必将万众一心，为从美国侵略者手中解放台湾而奋斗到底。战胜了日本帝国主义和美国帝国主义走狗蒋介石的中国人民，必能胜利地驱逐美国侵略者，收复台湾和一切属于中国的领土。"周恩来的声明最后宣布："中华人民共和国中央人民政府号召全世界一切爱好和平正义和自由的人类，尤其是东方各被压迫民族和人民，一致奋起，制止美国帝国主义在东方的新侵略。只要我们不受恫吓，坚决地动员广大人民参加反对战争制造者的斗争，这种侵略是完全可以击败的。中国人民对于同受美国侵略并同样进行反抗斗争的朝鲜、越南、菲律宾和日本人民表示同情和敬意，并坚信全东方被压迫民族和人民，必能把穷凶极恶的美国帝国主义的战争制造者，最后埋葬在伟大的民族独立斗争的怒火中。"[②]

美国政府操纵联合国安理会通过的有关朝鲜问题非法决议之后，中国政府再次作出强烈反应。7月6日，周恩来致电联合国秘书长赖伊，代表中国政府向安理会发表重要声明：联合国安全理事会"所通过的关于要求联合国会员国协助南朝鲜当局的决议，是支持美国武装侵略、干涉朝鲜内政和破坏世界和平的，并且这一决议是在没有中华人民共和国和苏联两个常任理事国参加下通过的，显然是非法的。联合国宪章规定不得授权联合国干涉在本质上属于任何国家国内管辖之事件，而安全理事会六月二十七日的决议正违反了联合国宪章这一重要原则。因此，安全理事会关于朝鲜问题的决议，不仅毫无法律效力，并且大大破坏了联合国宪章。"美国总统杜鲁门关于以武力阻止我解放台湾和美国海军侵入我台湾沿海的行动，"是彻底破坏联合国关于任何会员国不得使用武力侵害任何其他国家之领土完整或政治独立的原则的公开侵略行为。台湾是中国不可分割的一部分。""不管美国政府采取任何军事阻挠，中国人民抱定决心，必将要解放台湾。"

8月24日，周恩来外长向联合国安全理事会主席及秘书长控诉美国侵略中国领土的罪行，要求制裁美国的侵略行径。周恩来说："美国总统杜鲁

① 《人民日报》，1950年6月29日。见《建国以来毛泽东军事文稿》，上卷，154页，北京，军事科学出版社、中央文献出版社，2010。

② 《人民日报》，1950年6月29日。见《周恩来军事文选》，第4卷，30页，北京，人民出版社，1997。

门于今年六月二十七日宣布美国政府决定以武力阻止我中国人民解放军解放台湾；同时，美国第七舰队便向我台湾海峡出动，美国空军亦随着进入台湾，公然侵占我中华人民共和国的领土，美国政府这一行动乃是对于中国领土的直接武装侵略，对于联合国宪章的彻底破坏。”“我现在代表中华人民共和国中央人民政府向联合国安全理事会提出控诉和建议：为了维持国际和平与安全，为了维护联合国宪章的尊严，联合国安全理事会有义不容辞的责任，来制止美国政府武装侵略中国领土的罪行，并应立即采取措施，使美国政府自台湾及其他属于中国的领土完全撤出它的武装侵略部队。”

中国政府反对侵略的正义立场和态度，得到了全国人民的坚决支持。中国国民党革命委员会、中国民主同盟、中国民主建国会、中国农工民主党、中国致公党、中国民主促进会、台湾民主自治同盟、九三学社、中国新民主主义青年团中央委员会、中华全国总工会、中华全国民主妇女联合会、中华全国民主青年联合总会、中华全国学生联合会、中华全国文学艺术界联合会等政党和人民团体纷纷发表声明，中国民主促进会主席马叙伦、台湾民主自治同盟主席谢雪红发表谈话，坚决拥护周恩来外长的声明，强烈抗议美国对我国领土台湾和朝鲜的侵略，号召亚洲和全世界人民团结起来，制止美国的侵略罪行。

中国保卫世界和平大会委员会主席郭沫若于7月1日在中央人民广播电台发表讲话，指出：朝鲜人民要解放朝鲜。杜鲁门说这是朝鲜人侵略“朝鲜”，而命令美国的海空军去“保护”。台湾是中国的台湾，美国的第七舰队竟“在该地区执行合法而必要的职务”，杜鲁门竟公然“命令第七舰队阻止对台湾的任何攻击”，除掉法西斯者之外，天地间有这样的逻辑吗？

中国人民外交学会7月2日举行座谈会，讨论“美帝在东方武装侵略的新形势”。张奚若、乔冠华、雷洁琼、邵力子、钱端升、胡愈之、罗隆基、张友渔、吴晗、连贯、黄琪翔、萨空了、宦乡、梅汝璈、冀朝鼎、王铁崖等学会领导和会员以及人民政协全国委员会外交组委员陈叔通、钱昌照、谢邦定等共90余人出席了座谈会。会议一致通过了反对美帝在东方的武装侵略的声明。

全国各地报刊纷纷发表社论、评论，指斥美国的侵略行径，指出美国的武装干涉不能阻止朝鲜人民的统一和中国人民解放台湾。6月29日，《人民日报》发表《斥帝国主义强盗杜鲁门的非法声明》的社论，指出：杜鲁门的声明是“横暴地违反联合国宪章、干涉他国内政、破坏他国领土完整主权独立的帝国主义侵略行为。”“美国的侵略已经在破坏着远东的和平，并且在威胁着世界的和平。但是美国的侵略是必须击退和可以击退的。”“中国人民绝不认为杜鲁门和其他美国强盗对于台湾的任何声明和任何行动为有效。台湾过去是、现在是、将来仍然是中华人民共和国的合法领土，中国人民必将继续努力以解放台湾，并且必能驱逐美国侵略者而解放台湾。”

中国政府的正义立场，得到了世界爱好和平的人民的理解和支持，也遭到美国等西方国家的嫉恨。美国政府无法掩饰其侵略台湾和朝鲜的罪行，遂横生枝节，制造谣言。9 月 18 日，美国驻联合国代表沃伦·奥斯汀在联合国安全理事会发言，引用麦克阿瑟的报告，指责中国向朝鲜派遣了“大批原籍朝鲜的久经战斗的军队”。

中国外交部发言人于 9 月 22 日发表声明，驳斥美国政府制造的谣言，说明事情真相，重申中国政府的立场。外交部发言人的声明指出：在中国革命的各个时期中，居留中国的朝鲜人民曾参加了中国革命战争，“站在中国人民一起，为打倒帝国主义和封建主义的反动势力而斗争，中国人民对他们这种侠义行为，永远感念不忘。现在中国胜利了，这些居留中国境内的朝鲜人民，回去保卫自己的祖国，参加祖国的建设事业，这是他们的正当权利和神圣责任，任何国家都找不到借口可以妄加干涉。而中国人民对于他们参加保卫祖国、反对美帝国主义侵略战争的英勇斗争，只有同情，只有拥护”。声明最后指出：“美帝国主义者对中华人民共和国的指责，不仅是一种蛮横无理的行为，也正是一种怯弱无耻的表现。中国人民既不接受这种指责，也不畏惧这种指责。同时，我们再一次明确表示：我们将永远站在朝鲜人民方面，正如数十年来朝鲜人民站在中国人民方面一样，坚决地反对美帝国主义侵略朝鲜的罪行，坚决地反对美帝国主义扩大战争的阴谋。”①

中国人民强烈抗议美国侵略台湾、朝鲜

中国人民爱好和平，希望各国人民和睦相处。美国悍然侵略中国领土台湾和邻邦朝鲜，激起全中国人民极大的愤慨。全国人民响应中国共产党和中国政府的号召，以各种形式抗议美国的武装侵略，声援英勇反抗侵略的朝鲜人民。

美国武装干涉朝鲜内战、侵略中国领土台湾后，中国人民政治协商会议全国委员会决定，把中国人民正在开展的响应世界和平大会常设委员会于

① 新华社 1950 年 9 月 22 日电，见《新华月报》，1950 年 10 月，1301 页。

3月通过的斯德哥尔摩和平宣言的签名活动，与反对美国侵略台湾、朝鲜斗争结合起来，定7月1日至7日作为和平宣言签名运动周。

据不完全统计，至8月初，全国在和平宣言上签字的人数达近6000万人。8月13日，中国保卫世界和平大会发出《关于扩大征集和平签名工作给各人民团体的通知》。《通知》指出：为了更加扩大和平签名运动，把全国几万万中小城镇和农村的广大人民吸引到保卫世界和平反对侵略战争的斗争中来，这一运动必须继续加以扩大。"现在美帝国主义已对我国邻邦朝鲜和我国领土台湾实行武装侵略，在这种情况下，加强中国人民反对侵略战争和保卫世界和平的斗争尤为必要。因此，我们应当在现有的基础上，进一步在全国城乡男女老少的人口中展开深入的宣传工作，把和平签名运动和反对美国侵略的斗争密切地结合起来，争取一万万五千万至两万万人在保卫和平宣言上签名"。

和平签名运动是全体中国人民所上的一堂生动的政治课，是中国人民力量的一次大检阅，又是对侵略者的一次大示威。中国保卫世界和平大会委员会主席郭沫若说："保卫和平的意义就是反对帝国主义的侵略战争。禁止使用原子武器，事实上也就是禁止使用任何武器从事侵略。因此，我们的签名运动，并不是向帝国主义者求和，而是向帝国主义者示威。我们是宣誓：要动员广大的群众来反对侵略。……和平运动的动员在我们手里的确是有效的武器。"①

美国的侵略行径引起世界爱好和平人民的愤慨，世界工会联合会号召全世界工人阶级支援朝鲜人民解放战争，决定自7月10日起举行"支援朝鲜人民周"，中国人民坚决拥护和支持世界工会联合会的这一决定。

中华全国总工会于7月10日邀请全国各人民团体领导机关代表开会，讨论响应世界工联的号召，在全国展开反对美国侵略台湾、朝鲜运动，决定从17日起在全国举行"反对美国侵略台湾朝鲜运动周"，使全国人民能更清楚地认识美国帝国主义者侵略远东的阴谋与事实，以积极的行动反对美国侵略台湾，并支援朝鲜人民解放战争。

会议决定组织中国人民反对美国侵略台湾朝鲜运动委员会，负责领导这一运动。被推举组织中国人民反对美国侵略台湾朝鲜运动委员会的团体有：中华全国总工会、中国保卫世界和平大会委员会、中华全国民主青年联

① 郭沫若：《由美帝国主义的侵略罪行说到和平宣言签名运动》，见《新华月报》，1950年8月，757页。

合会、中国新民主主义青年团、中华全国民主妇女联合会、中华全国学生联合会、中华全国文学艺术界联合会、中苏友好协会总会、中国人民救济总会、中国人民外交学会和台湾民主自治同盟等 11 个单位。中国人民反对美国侵略台湾朝鲜运动委员会在北京正式成立，刘宁一任委员会主任。随后，在全国许多地方建立了分会。

7 月 14 日，中国人民反对美国侵略台湾朝鲜运动委员会发出通知，号召全国各地自 7 月 17 日起（在筹备不及的地方可改为自 7 月 23 日起）举行"反对美国侵略台湾朝鲜运动周"活动。通知指出：这一运动的主要目的，就是对全国人民进行深入的宣传教育，使全国人民彻底了解美国帝国主义侵略亚洲人民和破坏世界和平的罪恶，彻底了解美国帝国主义不但不可怕，而且是完全可以战胜的。通过开展这一运动使全国人民在以下四个方面统一认识：

一、我们坚决反对美国帝国主义对中国领土台湾省的侵略。已经战胜日本帝国主义和美国帝国主义所支持的国民党反动派的中国人民，完全有力量去解放自己的领土台湾，驱逐美国侵略者，彻底消灭蒋介石残余匪帮。我们要努力地为解放台湾进行一切准备工作，并在运动周中揭露美蒋特务分子关于台湾朝鲜问题所散布的谣言，加紧扑灭特务土匪的工作。

二、美国帝国主义对朝鲜的武装干涉，是对于朝鲜人民的直接侵略行为。联合国安全理事会在美国操纵下所通过的反对朝鲜人民的决议是完全非法的。朝鲜人民所进行的反对美国帝国主义及其走狗的战争，是争取自己民族解放和统一的正义战争。援助朝鲜人民解放战争获得最后胜利，是目前保卫世界和平和打击帝国主义战争计划的一个最有效的方法。我们中国人民应当同情和援助朝鲜人民的解放战争。

三、朝鲜人民解放战争一定会取得最后的胜利。美国帝国主义是纸老虎。半个多月来朝鲜战事的发展，证明了美国帝国主义十分脆弱。美国虽然动员了它在远东的大量海空军和几万陆军，并且动员了它的许多仆从国家的海空军，却仍然不能阻止朝鲜人民军的胜利前进。美国帝国主义已因自己在朝鲜的失败而十分慌张，现正准备继续增兵扩大对朝鲜的侵略。但是，美国帝国主义扩大侵略的后果，只会是愈陷愈深和受到更悲惨的失败。

四、越南、菲律宾、日本和亚洲其他被压迫民族，现在也都在展开反对美国和其他帝国主义侵略的伟大斗争。亚洲人民的反帝国主义斗争是不能够压迫下去的，是一定会胜利的。中国是亚洲的主要国家之一，和亚洲各国有密切关系。中国人民应当了解和关心亚洲人民的斗争。全亚洲人民应当团结在以苏联为首的世界和平民主阵营中间，万众一心，击败帝国主义的侵略和新世界战争阴谋。

随后,中国人民反对美国侵略台湾朝鲜运动委员会又于7月22日发出《告台湾同胞书》,指出:“第二次世界大战结束后,美帝国主义就开始支持东方各国的反动派——中国的蒋介石、朝鲜的李承晚等,并扶持日本的法西斯残余势力,通过他们来反对与奴役东方人民,企图使中国、朝鲜、日本和整个东南亚变做它的殖民地。但是它的一切努力和阴谋都失败了。因此,美帝国主义者就进一步地直接用武装力量来对东方人民进行侵略。美帝国主义的这种行为,证明了它已经走上了日本帝国主义所走过的绝路”。“中央人民政府和中国人民解放军决心粉碎美帝国主义的阻挠而解放台湾,这是全国人民一致拥护的。台湾是中国的领土,台湾人民是中华民族大家庭中的一员。美帝国主义的任何阴谋,决不能改变这种事实。”

全国人民迅速行动起来,掀起群众性的反对美国侵略台湾、朝鲜运动,开展了多种形式的宣传活动。许多城市组织宣传队、工作队走上街头,深入工厂进行宣传。在广州,万余名教师、学生,分批到街头宣传;在保定市,街道剧团、文化馆、业余文工团、部队指战员、师生组成的宣传队,活跃在大街小巷;在北京,各界代表纷纷接受报社记者采访或给报社写信、发表谈话,一致斥责美国侵略罪行;在武汉,各界发起一封信运动,慰问和庆祝朝鲜人民军的胜利。邮电部邮政总局为响应“反对美国侵略台湾朝鲜运动周”的号召,扩大宣传,使群众更深入了解运动周的重大意义,特电通知各地一等以上邮局,将总局统一规定的宣传口号印成小条,从7月17日起7天内发给寄件人,将口号和邮票一同贴在信件上。《人民日报》用专版刊出“反对美国侵略台湾朝鲜运动专刊”,加大宣传力度。

许多城市召开了反对美国侵略的各界代表大会,并举行了反对美国侵略朝鲜和台湾的大规模示威游行。1950年8月1日,是中国人民解放军建军23周年纪念日。这一天,全国许多城市举行了庆祝八一建军节和反对美国侵略台湾、朝鲜的大会,并进行游行示威,显示了中国人民的强大力量和反对美国侵略的决心,将反对美国侵略台湾、朝鲜运动推向一个高潮。

在北京,陆海空部队和公安部队,以及首都工人、学生、机关工作人员代表共4万余人齐集故宫太和殿前,庆祝中国人民解放军建军节,抗议美国对台湾和朝鲜的侵略。大会由北京市市长聂荣臻主持,朱德、李济深、张澜、黄炎培、郭沫若、林铿生发表了演讲,马叙伦、彭泽民、许德珩、刘宁一、蔡畅、廖承志等作了书面发言。朝鲜驻华大使李周渊出席了大会。会后,举行了反对美国侵略示威大游行。

上海、福州、济南、青岛、沈阳、武汉、广州、长沙、南昌、重庆、西安、兰州、乌鲁木齐等地也举行了大会和游行，并通电人民解放军和朝鲜人民军，表示坚决支援解放台湾和声援朝鲜人民解放战争。

8月15日，是朝鲜人民解放5周年纪念日。根据全国人民的愿望，中国派出了以郭沫若为团长、李立三为副团长的中国人民代表团，赴朝鲜慰问正在抗击美国侵略、争取国家统一战争的朝鲜军民。

代表团离京时，首都各界举行了盛大的欢送会，政务院副总理黄炎培在会上讲话，他说："中朝两国人民有着几千年的友谊。今天，在抵抗美帝国主义侵略的斗争中，全中国人民每天都在关心朝鲜人民的胜利。"政协全国委员会代表史良说："美帝在侵略朝鲜的同时，又公开侵略我国的领土台湾，这说明美帝是中国人民和朝鲜人民共同的敌人。"①

代表团到达朝鲜后，受到朝鲜人民的热烈欢迎。代表团向朝鲜军民转达了中国人民对朝鲜军民的敬意，并代表中国人民表示："不管穷凶极恶的美帝国主义的任何阻挠，我们一定要解放台湾和中国的全部领土，我们一定要支持朝鲜人民的正义战争，支持全亚洲人民争取独立解放的革命运动。"

代表团返回中国后，政务院第47次会议专门听取了郭沫若团长关于代表团在朝鲜期间活动的报告，周恩来总理发言指出：朝鲜民族是勤劳而勇敢的民族，与中华民族有着血肉关系。朝鲜人民帮助过中国人民。现在朝鲜人民正抵抗着帝国主义阵营的侵略，这是替亚洲人民打头阵、当先锋。朝鲜战争拖长的可能性增加了，朝鲜人民将要长期作战。我们应支持他们，坚决帮助他们。②

声势浩大的抗议美国侵略台湾、朝鲜的活动，极大地激发了全国人民的爱国热情，是对全国人民的一次政治动员，为不久以后开展的抗美援朝运动打下了思想基础。

中国政府为和平解决朝鲜问题所进行的外交努力

和平解决朝鲜问题，是中国政府的一贯主张。美国武装干涉朝鲜后，中

① 新华社北京1950年8月14日电。

② 参见中共中央文献研究室编：《周恩来年谱，(1949～1976)》上卷，69页，北京，中央文献出版社，1997。

国政府和人民在政治上和外交上开展了一系列斗争，为和平解决朝鲜问题作了不懈的努力。

7月12日，周恩来总理开列了停止朝鲜战争和平解决有关远东问题的五个基本条件：1. 从朝鲜撤出一切外国军队；2. 美军撤离台湾海峡和台湾；3. 朝鲜问题由朝鲜人民自己解决；4. 恢复中华人民共和国在联合国的合法席位并驱除蒋介石的代表；5. 由苏、美、英、法四国外长开会筹备对日和约。[①] 这五个条件，反映了中国政府在朝鲜战争和远东问题上的基本立场，也是和平解决朝鲜问题、缓和远东紧张局势的惟一途径。

朝鲜战争性质的转变和远东局势的紧张，也引起了世界各国的关注。7月6日，苏联外交部副部长葛罗米柯在会见英国驻苏联大使凯利时表示：苏联政府“希望和平解决”朝鲜问题。这一消息传出后，英国和印度进行了调停活动。

英国政府决定与苏联政府接触，争取和平解决朝鲜问题，并向美国政府通报了其计划。美国政府对此非常恼火，国务卿艾奇逊于7月7日召见英国大使，称：美国同意英国就朝鲜问题与苏联接触，但必须按照联合国安理会6月25日和27日通过的决议精神行事，同时决不能涉及中国在联合国的席位问题。

英国对美国的蛮横态度极为不满，外交大臣贝文于7月8日致电艾奇逊，说：英国政府可以支持美国在朝鲜问题上的立场，但正是美国总统杜鲁门在6月27日的声明中扯上了台湾问题，而英国和大多数亚洲国家都不愿意因台湾问题和中国政府对抗，因为中国“中央人民政府现已控制了全中国，根据开罗宣言，任何有损于归还该国领土的做法都是不正当的”。

艾奇逊恼羞成怒，马上要英国驻美国大使向贝文转交备忘录，声称：美国决不从杜鲁门6月27日声明所阐明的立场后退，后退就是“姑息”。他宣称：美国决不承认中华人民共和国中央人民政府，坚决反对恢复中国在联合国的席位，至于台湾问题，“那是个近期的军事问题和长期的政治问题”，把台湾交给国民党政府是一回事情，而把它交给中共政权则是另一回事情。艾奇逊要求英国在与苏联商谈和平解决朝鲜问题的方案时，不得在这些问题上作出任何让步。

在美国的压力之下，英国政府不得不调整立场。7月10日，英国驻苏

---

① 参见柴成文、赵勇田：《抗美援朝纪实》，47页，北京，中共党史资料出版社，1987。

联大使凯利在会晤葛罗米柯时称：英国政府必须遵守安理会的决议，因此暂时不能提出可凭调解朝鲜问题的建议。但是如果北朝鲜政府将自己的军队撤回三八线，那将可能加速朝鲜问题的和平解决。

葛罗米柯在与中国政府和朝鲜政府协商之后答复凯利：拒绝英国的建议，同时表示，朝鲜问题在外国武装干涉之后已经变得十分复杂。这样复杂的问题只能在苏联和中国的参与下，由联合国安理会加以解决，并召朝鲜代表参加会议，听取他们的意见。

印度政府也进行了外交调解活动。7 月 1 日，印度驻华大使潘尼迦向中国政府转达印度政府准备调停朝鲜冲突的意向，称：印度政府认为，朝鲜的事态发展将会演变为国际争端，印度愿意调解朝鲜冲突，使朝鲜战争局部化，并使之尽快结束。应采取的第一个步骤是，消除联合国安理会中目前的障碍，而这一障碍的消除，只能由准允中国中央人民政府加入联合国各组织来完成。因此中国有必要回到联合国，苏联也有必要回到联合国。潘尼迦最后说："希望中国人民政府重视已发展的形势的极端严重性，并利用其影响使朝鲜冲突局部化，而使问题得到和平解决成为可能。"

中国政府对印度出面调处朝鲜冲突表示赞成，但明确答复印度方面："中华人民共和国中央人民政府认为：中华人民共和国代表加入联合国各级组织问题，必须与朝鲜问题区别开来解决。"①中国政府坚决主张，联合国必须驱逐占据中国代表席位的国民党代表，恢复中国人民的合法代表在联合国的席位并参加安全理事会，同时苏联代表也回到安全理事会，只有这样，在安全理事会讨论朝鲜问题才是适当的。

与此同时，印度驻苏联大使也向苏联政府转告了印度政府的调停意见：1. 恢复中华人民共和国在联合国和安理会的席位；2. 由安理会主持立即在朝鲜停火，北朝鲜撤走位于三八线以南的部队，然后在联合国的调停下，建立独立、统一的朝鲜。

苏联政府对印度建议的第一条表示同意，但拒绝了第二条建议。印度政府感到苏联的答复是留有余地，遂向美国政府建议：希望美国能够接受这两条意见，因为这样做，对美国没有什么损害，相反却可以在宣传上大有好处。

7 月 13 日，印度总理尼赫鲁致电苏联部长会议主席斯大林和美国国务卿艾奇逊，并指示印度驻苏联和美国大使分别向两国政府阐述了印度对朝

① 外交部副部长章汉夫与潘尼迦谈话记录，1950 年 7 月 10 日。

鲜战争的态度。尼赫鲁在电报中说:“印度的目的在于使冲突局部化,并协助迅速地和平解决。其办法为消除安全理事会中目前的僵局,一边使中国人民政府的代表能够在安全理事会占有其地位,苏联能回到安全理事会来,并使苏联、美国和中国的代表能在安全理事会机构以内,或者在安全理事会以外,经由非正式的接触,在其他爱好和平国家协助和合作之下,为停止冲突,并为朝鲜问题的最后解决寻求基础。”

7月15日,斯大林复电说:“我欢迎你的和平创议。你认为宜经由包括中国人民政府在内的五大国的代表必须参加的安全理事会,来使朝鲜问题得到和平处理,这一观点,我完全赞同。我相信,为了朝鲜问题的迅速解决,在安全理事会上听取朝鲜人民代表陈述意见,是适宜的。”

尼赫鲁接到斯大林的电报后,马上将电报内容转告艾奇逊,称“斯大林元帅的复函非常令人鼓舞”。他说:要苏联和中国担保北朝鲜军队全部撤回三八线以北是不合适的,世界舆论将认为这样做是“西方对和平解决缺乏诚意”。

但美国军队此时已经全面展开侵略朝鲜的战争,根本不愿意考虑任何和平解决朝鲜问题的建议,因此,美国国务院于7月17日通知印度政府:美国不能同意印度向苏联提出的和平解决朝鲜问题的建议。7月19日,艾奇逊正式回复尼赫鲁,拒绝印度政府的建议。

印度政府和平调停朝鲜问题的努力失败了,但中国政府对一切和平解决朝鲜问题的建议与努力都欢迎和支持,继续为和平解决朝鲜问题而努力。

8月初,根据苏联政府的指示,苏联驻联合国代表马立克重新参加联合国安全理事会会议,并在8月出任安全理事会轮值主席。8月4日,马立克代表苏联政府提出了和平解决朝鲜问题的提案,要求停止朝鲜境内的敌对行为,同时自朝鲜撤退一切外国军队。马立克的提案还提出在讨论朝鲜问题时,应邀请中华人民共和国代表参加,并听取朝鲜人民代表的意见。

苏联的提案,与中国政府的一贯立场是相符的,因此中国政府赞成苏联的提案。《人民日报》于8月7日发表题为“拥护和平解决朝鲜问题的提议”的社论,指出:“中国人民由衷地赞成苏联代表所提的和平解决朝鲜问题的议案。”社论指出:“从几天以来安理会的激烈辩论中,人民可以很清楚地看出,有两种不同的政策正在尖锐地斗争着。是和平解决朝鲜问题呢,还是以扩大战争来解决朝鲜问题?是加强联合国这个机构,使它成为合法的有效的国际组织呢,还是继续听任联合国的被削弱、被改变性质?是把联合国及安全理事会从美国的战车上解救下来,恢复其根据联合国宪章所应有的崇高职权，成为维持世界和平、解决国际纠纷的一个权威性机构呢，还是听任联合国及安全理事会继续为美帝国主义所霸占，成为美国国务院的分支机构和侵略工具，来帮助美帝国主义者有计划地推进其侵略世界的战争阴谋？前一个政策导向和平，后一个政策导向战争。”“世界人民拥护和平，反对战争，所以要选择前一个政策，美帝国主义者及其仆从国家的统治集团则畏惧和平，制造战争，所以他们选择了后一个政策。”

社论提出：“现在战争与和平的两种前途，都摆到了联合国安全理事会的面前了”，并表示：“我们中国人民愿与全世界一切正直的政府和正直的人士联合一致，共同支持苏联关于和平解决朝鲜问题的提案，并且使联合国及其安全理事会从美国侵略者的魔掌下获得自由，使它恢复原来的和平保卫者的光辉地位！”

8 月 20 日，周恩来外长致电联合国安全理事会主席马立克及联合国秘书长赖伊，代表中国政府正式表明中国对苏联政府提案的态度。电报指出：“全亚洲及全世界爱好和平的人民迫切地希望联合国负起维持世界和平与安全的责任，并以有效的方法迅速和平调处朝鲜问题。朝鲜乃中国邻邦，中国人民不能不更关心朝鲜问题的解决。朝鲜问题是必须而且能够得到和平解决的，但由于美国政府代表百般阻挠和拖延安全理事会的会议，致使为全世界所关心的朝鲜问题不能得到合理的和平解决。美国政府应负有对朝鲜问题不能和平解决的全部责任。”

周恩来在电报中宣布：

“中华人民共和国中央人民政府完全支持马立克先生代表苏联政府于 8 月 4 日在联合国安全理事会所提出关于和平调处朝鲜问题的全部提案，这提案是完全符合联合国宪章精神和亚洲及世界人民愿望的。”

“中华人民共和国中央人民政府坚决主张：安全理事会在讨论朝鲜问题时，必需有四亿七千五百万人口的中华人民共和国的代表参加，必须邀请朝鲜人民代表出席陈述意见，并且在朝鲜应停止军事行动，同时自朝鲜撤退外国军队。否则即不可能合理地和平解决朝鲜问题。”

“中华人民共和国中央人民政府坚决反对美国空军对朝鲜城市及和平居民的野蛮轰炸，完全支持朝鲜民主主义人民共和国外交部部长[①]朴宪永先生于 8 月 5 日向联合国安全理事会提出的严重抗议，要求安全理事会立即采取措施，迅速制止美军违反国际法与人类道德常规的暴行。这是负担

① 原文如此。应为外务相。

维持国际和平与安全的安全理事会理事国所不容推卸的责任”。

8 月 27 日,周恩来在致联合国安全理事会主席马立克和联合国秘书长赖伊的电报中,再次提出:联合国安全理事会有“义不容辞的责任”,立即采取措施,“使美国政府完全撤退其在朝鲜的侵略军队,以免事态扩大,并有利于联合国和平调处朝鲜问题。”

但是,由于美国政府顽固坚持其侵略立场,不断扩大在朝鲜的侵略战争,并竭力阻挠所有和平解决朝鲜冲突的努力,中国和其他国家政府和平解决朝鲜问题的努力最终难以实现。

第五章

中国未雨绸缪，组建东北边防军

中共中央对国家安全形势的分析和决策

周恩来后来曾经说："朝鲜战争不是我们预料的，可是也不应该看成完全不是我们预料的。因为我们中国的胜利，是出乎美帝国主义所预料的。它信任蒋介石，援助蒋介石，虽不能把共产党完全消灭，至少可以打到一个更缩小的地区。就是到1948年或1949年，它们还有幻想，至少可以平分中国嘛！后来这些幻想都破灭了，蒋介石逃出大陆，美帝国主义侵略势力被赶出大陆，那真是出乎他们的预料之外。六万万人民①站起来了，胜利了，再也不愿作帝国主义的奴隶了，真使它不甘心。所以，美帝国主义退出中国大陆，被赶出中国大陆，它是不会就此甘心的，必然要和我们较量，这一点我们是看到的。"较量的地点可能在台湾海峡，也可能在朝鲜或印度支那。总之，较量是不可避免的。② 美国侵略朝鲜和台湾后，周恩来在1950年6月28日发表的声明中指出："美国政府这种暴力掠夺的行为，并未出乎中国人民的意料。"③

---

① 周恩来这段话是1958年讲的，这里指的是1958年中国的人口。1950年的人口为4.5亿。

② 参见周恩来在志愿军干部大会上的讲话，1958年2月17日。

③ 《周恩来军事文选》，第4卷，29页，北京，人民出版社，1997。

毛泽东在1949年6月新政治协商会议筹备会上即指出：中国革命的胜利已经为期不远了，"在这里，我认为有必要唤起人们的注意，这即是：帝国主义者及其走狗中国反动派对于他们在中国这块土地上的失败，是不会甘心的。他们还会要互相勾结在一起，用各种可能的方法，反对中国人民。……例如，唆使中国反动派，甚至加上他们自己的力量，封锁中国的海港。只要还有可能，他们就会这样做。再则，假如他们还想冒险的话，派出一部分兵力侵扰中国的边境，也不是不可能的。所有这些，我们都必须充分地估计到。我们决不可因为胜利，而放松对于帝国主义分子及其走狗们的疯狂的报复阴谋的警惕性，谁要是放松这一项警惕性，谁就将在政治上解除武装，而使自己处于被动的地位。"[①]同年8月，他再次指出："帝国主义者的逻辑和人民的逻辑是这样的不同。捣乱，失败，再捣乱，再失败，直至灭亡——这就是帝国主义和世界上一切反动派对待人民事业的逻辑，他们决不会违背这个逻辑的。这是一条马克思主义的定律。我们说'帝国主义是很凶恶的'，就是说它的本性是不能改变的，帝国主义分子决不肯放下屠刀，他们也决不能成佛，直至他们的灭亡。"他号召全党、全国人民要"丢掉幻想，准备斗争"。[②]

毛泽东在新中国建立之初曾对国际形势有过精辟的分析，他认为：第二次世界大战后，帝国主义集团的力量分布好比一头狮子，头在西方，尤其在柏林，尾巴和脚在东方。东方一度是帝国主义力量最薄弱的地方。中国胜利的特点，是我们当帝国主义把主要力量集中在西方之时，在东方冲破了它最薄弱的一环。但当中国革命胜利之后，帝国主义集团大吃一惊，开始回头注意东方了。[③]

朝鲜内战爆发后，美国侵略中国台湾，是对中国主权的严重侵犯。美国武装干涉朝鲜内战，并加强在菲律宾的驻军及加速援助菲律宾的军队，增加对占领印度支那法国军队的援助，制造了亚洲的紧张局势，直接威胁到中国大陆的安全，因此，不能不引起中国领导人的高度关注。

美国武装侵略朝鲜和台湾，使中国领导人想到，日本侵略者曾经说过：要征服世界，必先征服亚洲；要征服亚洲，必先征服中国；要征服中国，必先

---

① 《毛泽东选集》，第4卷，1465页，北京，人民出版社，1991。

② 《毛泽东选集》，第4卷，1486、1488页，北京，人民出版社，1991。

③ 周恩来1950年3月20日在外交部全体干部大会上的讲话，参见外交部、中央文献研究室编：《周恩来外交文选》，15～16页，北京，中央文献出版社，1990。

征服满蒙；要征服满蒙，必先征服朝鲜与台湾。日本侵略者是这样说的，也是按这样的步骤进行侵略的。1895 年，日本侵略了朝鲜与台湾；1931 年，日本侵占了中国的东北地区；1937 年，日本发动了全面侵华战争；1941 年，日本发动了征服亚洲的战争。中共中央判断：美国是要"利用日本的基地，继承日本军国主义的衣钵，沿袭着甲午战争以来的历史，走吞并中国必先占领东北、占领东北必先占领朝鲜的老路。不过日本帝国主义是用四十多年的时间逐步进行的，而美帝国主义则要在四五年内来完成"①。

1950 年 6 月 28 日，周恩来在声明中指出，美国在朝鲜的侵略，"乃是美国的一个预定步骤，其目的是为美国侵略台湾、朝鲜、越南和菲律宾制造借口，也正是美帝国主义干涉亚洲事务的进一步行动"②。

朝鲜、越南、台湾，是美国杜鲁门政府侵略亚洲大陆的三个支撑点，是美国对中国大陆构成直接军事威胁的三个前哨基地。只要打开一幅亚洲地图，就可以清楚地看出美国在亚洲的侵略行动所指向的最终目标是中国大陆。

中国的安全面临着来自三个方向的威胁。面对如此严峻的形势，中共中央当然不能漠然视之。毛泽东在美国侵略朝鲜与台湾后，曾经作过各种可能的设想，也打算到了最坏的方面。但他坚信：无论发生什么情况，"有二十三年经验的党和军队是不怕的"③。他指出："杜鲁门下了命令，要朝鲜、台湾、越南、菲律宾，均照他的命令办事。我们当然不能执行（除菲律宾在外），即是说，要打破他的命令。台湾是一定要收回的，对越南、朝鲜则不能坐视。"④周恩来把中共中央的态度概括为八个字："惧无根据，喜不麻木。"⑤

在越南，当时越南军民正进行着抗击法国侵略的战争。尽管越南人民军处于劣势，但法军战斗力不强。美国向法国占领军提供了大量军事援助，支援法国在印度支那的殖民战争，但没有直接派军队介入战争。根据越南党和政府的请求，中国已经向越南派遣了政治顾问团和军事顾问团，并向越南军民提供了物资装备援助。在中国的援助下，越南军民完全有能力扭转

---

① 《周恩来外交文选》，31 页，北京，中央文献出版社，1990。

② 《人民日报》，1950 年 6 月 29 日。见《周恩来军事文选》，第 4 卷，29 页，北京，人民出版社，1997。

③ 周恩来在 1950 年 8 月 4 日中央政治局会议上的发言。

④ 毛泽东在 1950 年 8 月 4 日中央政治局会议上的讲话。

⑤ 《周恩来年谱（1949～1976）》，上卷，52 页，北京，中央文献出版社，1997。

战局,占据战场主动权。中国的南部边境地区存在着外来的威胁,但危机尚不紧迫,可以保持安定。

中共中央决定:在美国不派遣军队直接入侵越南的情况下,继续采取派遣顾问和提供装备、物资援助的方式,支援越南人民的抗法战争。1950 年 6 月 27 日,毛泽东、刘少奇、朱德接见了即将赴越工作的中国军事顾问团,指示任务、方针与政策。随后,中共中央代表陈赓和中国军事顾问团奔赴越南,协助越共中央和越南人民军各级指挥机构,筹划指挥了边界战役,一举打破法军对中越边境地区的封锁,扭转了越南抗法战争被动的局面。

中共中央最为关注的是朝鲜和台湾。台湾,是中国领土不可分割的一部分。解放台湾,是中国人民不可动摇的信念,也是祖国大陆解放后人民解放军的首要作战任务,解放台湾的准备工作,当时正在加紧进行之中。根据中共中央和中央军委的决定,解放台湾作战任务,由第三野战军承担,海、空军全力配合。

从 1949 年 7 月起,第三野战军前委即令第 9 兵团所属第 20、第 26、第 27 军及第 23 军转入渡海登陆训练,随后又制定了以 8 个军攻台作战的计划。1949 年末,第三野战军决定,增加攻台作战的兵力,野战军所属部队除担负剿匪和地方警备任务者外,主力 12 个军共 50 余万人全部参加攻台作战。1950 年 3 月 11 日,第三野战军副司令员粟裕和海军司令员萧劲光会商攻台作战准备的意见,设想以 50 万部队用于渡海攻台作战,分两次运送。方案设想上报后,中央军委予以同意。①

1950 年 6 月,粟裕在京参加中共七届三中全会期间,向中央汇报了攻台作战的基本设想,并建议中央军委直接指挥或派刘伯承、林彪主持攻台作战,自己作为华东地区的军事领导人全力协助战役的组织指挥。毛泽东出于对粟裕的信任,明确指示:攻台战役,仍由粟裕负责指挥。②

5 月 17 日,第三野战军前委下达《保证攻台作战胜利的几个意见》,确定部队转入渡海登陆作战准备。海军和空军部队也全力进行人员培训、部队组建和装备购置工作。根据华东军区颁发的训练大纲:1950 年 7 月至 1951 年 3 月,各军兵种部队分别训练;1951 年 4 月至 5 月,进行陆海空协同登陆进攻合练,然后三军协同解放台湾。

然而,朝鲜战争爆发后,美国海军第 7 舰队入侵台湾海峡,公然宣称将

---

① 参见《萧劲光回忆录》(续集),8 页,北京,解放军出版社,1988。

② 参见《中共党史研究》1991 年,第 1 期;《中共党史资料》,1992 年,第 4 期。

制止中国人民解放军解放台湾的作战行动,这使得人民解放军正在准备的攻台作战面临巨大的困难。中国的海军、空军部队刚刚组建,远不具备与拥有最现代化装备和丰富作战经验的美国海军、空军抗衡的力量。而渡海登陆作战,夺取制空权、制海权,是基本的前提条件。在缺乏充足的海、空力量掩护下进行渡海作战,很可能变成一场灾难。在这种情况下,中共中央必须重新考虑攻台作战的时机和准备工作。

美国侵略朝鲜不仅对中国的安全构成了直接威胁,而且具有重大的国际影响,是新中国所面临的最大、最直接的威胁。

中共中央认为,美国侵略朝鲜,是企图在朝鲜打开一个缺口,准备世界大战的东方基地。因此,"朝鲜确实已经成为目前世界斗争的焦点"。"朝鲜战争至少是东方斗争的焦点"。美国利用朝鲜战争,"将联合国旗帜拿到手,以对付和平阵线",并大肆扩充军备,动员欧洲盟国,重新武装日本、西德。美国如果压服朝鲜,"下一步必然对越南及其他原殖民地国家进行压服。……它是企图从此一步一步地发展为世界大战"。因此,"我们对于朝鲜不仅看作兄弟国家问题,不仅看作与我东北相连接而有利害关系问题,而且应该看作重要的国际斗争问题。只要利用朝鲜战争把美国的阴谋揭破,就可以使美帝国主义动员国内人民和动员它的盟国更加困难;如果朝鲜能够获得胜利,我们的台湾问题也就容易解决了。"①

朝鲜战争爆发后,朝鲜人民军势如破竹,发展顺利。但美国出兵侵略朝鲜以后,中共中央判断:朝鲜战局的发展有两种可能,一种可能是人民军一鼓作气,驱逐已经投入朝鲜战场的美军,歼灭南朝鲜军队,解放全朝鲜,结束战争,至少是告一段落。这样即使美国要大规模出兵干涉,扭转败局,也需要进行长时间的准备和调动很大的兵力,才能重新在朝鲜登陆。战争发展的这种前途对朝鲜最为有利,朝鲜人民也是向这个方向努力的。另一种可能是美国迅速大量向朝鲜投入部队,守住滩头阵地,人民军进攻受阻,战局呈僵持状态。在这种情况下,朝鲜的局势更加复杂化,战争将会长期化,必须准备在长期战争中逐步消灭敌人。美国如果继续增兵,甚至朝鲜的局势有可能逆转,朝鲜国家有可能不保,美国还有可能直接进攻中国大陆。

中共中央认为,无论哪种情况,中国都应有所准备。如果出现第一种情况,则中国是备而不用。而如果出现第二种情况,则"是加重了我们的责

① 《周恩来军事文选》,第4卷,43~44页,北京,人民出版社,1997。

任,并且应该很快地积极准备"[1]。

这样,朝鲜战争爆发伊始,中共中央在全面分析国际国内形势,全面衡量各种利弊之后,作出了一个意义深远的重大战略决策:"支援朝鲜人民,推迟解放台湾。"[2]

6 月 28 日,周恩来在召见海军司令员萧劲光时,传达了中央的新方针:"目前,我们在外交上要谴责美帝国主义侵略台湾,干涉中国内政;在军事上陆军继续复员,加强海军、空军建设,推迟解放台湾的时间。"[3]

7 月中旬,粟裕向华东军区部队传达中共中央的指示:为支援朝鲜,抗击美帝,并根据美帝国主义海军侵驻台湾海峡的情况,中央决定将解放台湾的任务推迟。[4] 此后,中央军委又于 8 月 11 日电示华东军区司令员陈毅:决定 1951 年不打台湾,待 1952 年看情况再作决定。

为与朝鲜劳动党中央和朝鲜政府取得直接的联系,中国政府决定向朝鲜派出使馆人员[5]。6 月 30 日,周恩来约见原定派驻德意志民主共和国使馆工作的柴军武(柴成文)时说:朝鲜打起来了,杜鲁门政府不仅宣布派兵入侵朝鲜,侵略台湾,而且对进一步侵略亚洲作了全面部署。他们把朝鲜问题同台湾问题和远东问题连结在一起,所以我们需要派人同金日成同志保持联系。周恩来指示柴军武立即率部分干部前往朝鲜,建立中国驻朝鲜大使馆,并指出:美国入侵朝鲜,带来了影响全局的一系列复杂问题。现在朝鲜人民处在斗争的第一线,我们要向朝鲜同志表示支持,看有什么事需要我们做,请他们提出来,我们一定尽力去做。当前使馆的主要任务是保持两党两军之间的联系并及时了解战场的变化。[6]

7 月 10 日,柴军武一行到达朝鲜平壤,受到朝鲜党和政府的热烈欢迎。中国驻朝鲜大使馆随即正式建立。

在军事方面,中共中央审时度势,高瞻远瞩,未雨绸缪,作出了一个具有重大战略意义的决定:组建东北边防军。

---

① 《周恩来军事文选》,第 4 卷,45 页,北京,人民出版社,1997。

② 《周恩来军事文选》,第 4 卷,43 页,北京,人民出版社,1997。

③ 《周恩来年谱(1949 ~ 1976)》上卷,52 页,北京,中央文献出版社,1997。

④ 参见《当代中国海军》,41 页,北京,中国社会科学出版社,1987。

⑤ 中华人民共和国成立后,朝鲜民主主义人民共和国于 1949 年 10 月 6 日即与中国建立了外交关系,但双方尚未相互派出大使。

⑥ 参见《周恩来年谱(1949 ~ 1976)》,上卷,51 页,北京,中央文献出版社,1997。

调整国防部署,组建东北边防军

新中国建立之初,人民解放军主力部队主要分布在中南、华东、西南、西北地区,遂行追歼国民党军残余部队、剿匪肃特、巩固新生人民政权,以及解放台湾、西藏的准备等任务,在东北和华北老解放区,主要是地方部队和留守部队,主力很少。

毛泽东在新中国一成立,就已经开始筹划新中国的国防部署。1949 年 10 月 31 日,毛泽东在给第四野战军司令员林彪的电报中,曾对新中国国防部署的基本设想作了说明:

> 全国国防重点是以天津、上海、广州三点为中心的三个区域。二野入云、贵、川、康①后,三野只能防守华东,置重点于沪、杭、宁②区域,以有力一部准备取台湾,没有余力兼顾华北。现在华北只有杨成武三个军③及其他六个二等师位于京、津、山海关一线,一旦有事,颇感兵力不足。除令一野以杨得志兵团④(三个军十万人)位于宝鸡、天水、平凉区域,有事可随时调动外,四野在广西问题解决后,拟以五个军位于两广,担任广州为中心之两广国防;以三个军位于河南,准备随时增援华北;其余各军,位于湘鄂赣三省并以主力位于铁道线上,可以向南北机动。⑤

在这一部署中,北京、天津、山海关,上海、杭州、南京和广东、广西地区,被列为国防部署的重点区域。而将战略预备队置于陕西、河南等地区,南北机动,呈南重北轻的态势。1950 年上半年,随着第 19 兵团和第 13 兵团两支国防预备队先后到达指定位置,国防部署的调整工作基本完成。

在中国的国防部署中,东北处于战略大后方的地位。1950 年 5 月,东

---

① 指云南、贵州、四川、西康。

② 指上海、杭州、南京。

③ 指以杨成武为司令员的中国人民解放军第 20 兵团。

④ 指中国人民解放军第 19 兵团。

⑤ 《建国以来毛泽东军事文稿》,上卷,6 页,北京,军事科学出版社、中央文献出版社,2010。

北军区辖属的建制部队只有6个警备师和部分地方部队，此外还有第四野战军北调从事农业生产的第42军和进行整训工作的部分炮兵、骑兵部队，共22.8万余人。根据人民解放军1950年精简整编方案，第42军将集体转业编为农垦部队，6个警备师将缩编为2个。东北军区部队总额定编为10万人，在当时的6个大军区中，兵员数额最少。

国防部署南重北轻的格局，与当时形势是相适应的。在中国的六大行政区中，东北解放最早，并已完成土地改革，工业恢复也接近尾声，工作重点已经全部转移到了经济建设上。从国防上讲，东北背倚苏联，毗邻朝鲜，中苏结盟和中朝友好关系使得东北地区的安危暂无忧虑。

但是朝鲜战争爆发后，中国的周边环境发生了重大的变化。特别是美国军队入侵朝鲜之后，中国东北由战略后方变成了国防前哨。为了适应变化了的国际形势，中国不得不采取紧急措施，调整国防部署，增强东北地区的国防力量，以巩固国防，预防突发事件。

准备在必要时援助朝鲜人民抗击美国侵略的战争，也是促使中国领导人迅即调整国防部署的重要原因。美国军队入侵朝鲜后，中共中央密切注视着朝鲜战局，冷静地分析了各种复杂的因素，并在作出国防部署调整之前，与苏共中央交换了意见。

7月2日，周恩来召见苏联驻华大使罗申。在会谈中，周恩来要罗申将中共中央对朝鲜半岛政治、军事形势的估计和对美军行动的判断转告苏共中央：美国在日本的12万驻军中，大约有6万兵力能够投入到朝鲜。这些兵力可能在釜山、木浦、马山等港口登陆，然后沿铁路线向北进军。因此，朝鲜人民军则应迅速向南推进，以便占领这些港口。

周恩来同时告诉罗申，如果美军突破三八线，中国可以派遣部队支援朝鲜人民军作战，抵抗美军。为此，中国将在东北地区集结3个军的兵力。

苏共中央同意中共中央的分析和所作出的应变部署。7月5日，斯大林电示罗申，要他转告周恩来："我们认为，在敌人越过三八线时，集中9个中国师于中朝边境以便志愿军入朝作战是正确的。我们将尽力为这些部队提供空中掩护。"①

此后，斯大林又电示罗申，要求他向周恩来或毛泽东转告苏共中央的决定：如果中国已经决定在中朝边境上部署9个师，"我们准备给您派去一个

---

① 斯大林致罗申电，1950年7月5日。军事科学院军事图书馆藏，军事科学院军事历史研究部第二研究室编印：《关于朝鲜战争的俄国档案文件》，79页，1996。

喷气式歼击机师——124 架飞机，用于掩护这些部队”[①]。

1950 年 7 月 7 日，联合国安全理事会在美国的操纵下，通过了组建“联合国军”的非法决议。就在这个非法决议通过的十几个小时之前，在北京，中央军委召开了一次重要会议，讨论保卫东北边防问题。

7 日下午，根据毛泽东的指示，中央军委副主席周恩来主持召开了保卫国防问题第一次会议。朱德总司令、聂荣臻代总参谋长、第四野战军兼中南军区司令员林彪、总政治部主任罗荣桓、总后勤部部长杨立三、总政治部副主任萧华、军委铁道部部长滕代远、军委作战部部长李涛、海军司令员萧劲光、空军司令员刘亚楼、摩托装甲兵司令员许光达、炮兵副司令员苏进参加会议。

会议决定，立即抽调位于中原地区的国防机动部队第 13 兵团等部队北上，在中朝边境地区集结，组成东北边防军，担负保卫东北边防和在必要时援助朝鲜人民的任务，并规定：一旦边防军参战，则“改穿志愿军服装，使用志愿军旗帜”[②]。

会议对东北边防军的组成与部署、指挥机构的设立和领导人选、政治动员、后勤保障、车运计划和兵员补充等问题也进行了详细讨论。

7 月 8 日，毛泽东在周恩来呈送的会议记录上批示：“同意，照此实行。”

第一次保卫国防会议结束后，第四野战军兼中南军区第三政治委员谭政、参谋长赵尔陆、特种兵司令员万毅和东北军区副司令员兼参谋长贺晋年先后到达北京，周恩来遂于 10 日主持召开保卫国防第二次会议。第一次到会人员除罗荣桓、许光达未出席，滕代远由军委运输司令员吕正操代替、杨立三由总后勤部副部长张令彬代替外全部到会，谭政、赵尔陆、万毅、贺晋年和中央人民政府卫生部副部长兼中央军委卫生部部长贺诚等也参加了会议，对第一次会议草成的决定详加讨论，最后确定了组成东北边防军的各项事宜。

7 月 13 日，中央军委正式作出《关于保卫东北边防的决定》，决定了如下事项：

一、部队调动部署：决定以部署在中原地区，作为国防机动部队的第 13

---

① 斯大林致罗申电，1950 年 7 月 13 日。军事科学院军事图书馆藏，军事科学院军事历史研究部第二研究室编印：《关于朝鲜战争的俄国档案文件》，82 页，1996。

② 周恩来呈送给毛泽东：《讨论保卫国防问题的第一次会议记录》，1950 年 7 月 7 日。

兵团（辖第38、第39、第40军）和在东北齐齐哈尔等地区的第42军以及炮兵第1、第2、第8师等部，共25.5万余人组成东北边防军。第40军7月10日开始，已由广州车运出发，直接开到辽东的安东（今丹东），限24日全部到达；第38、第39军两军主力，7月15日，分由河南的信阳、漯河出发，限8月1日以前，集结于辽东的辽阳、凤城、安东地区，第38军在湘西桃源地区剿匪的第114师和第39军在广西宜山地区剿匪的第115师，解除剿匪任务，限8月4日前到达辽阳集结；第42军解除农业生产任务，7月30日从齐齐哈尔地区出发，限8月1日到达吉林的通化、辑安（今集安）集结；炮兵的3个师于7月31日，分别集结于本溪至安东、通化至辑安两线；另调在上海和广州的共4个高射炮团，到安东、水丰、辑安地区集结，调工兵2个团到安东集结等。所有上述部队，限8月5日前全部到达指定地区。除第40军已开始车运外，其余部队的车运计划，责成军委作战部、铁道部和总后勤部拟制，经军委批准后实施。此外，从苏联购买已抵达哈尔滨的飞机，编成3个团，原计划置于南京、徐州，改为置于沈阳、安东和吉林的敦化训练。

二、东北边防军的组织指挥机构：决定以主抓攻台准备的粟裕为东北边防军司令员兼政治委员、萧劲光为副司令员，另以萧华为副政治委员，李聚奎为东北边防军后勤司令员；林彪、罗荣桓、刘亚楼均认为第15兵团司令员邓华，各方面综合素质比第13兵团司令员黄永胜更强，因此决定以第15兵团部与第13兵团部对调，以第15兵团部为基础组成新的第13兵团部，以邓华为司令员、赖传珠为政治委员、解沛然（解方）为参谋长、杜平为政治部主任。由第四野战军特种兵司令员万毅负责指挥边防军特种兵部队；以东北军区副参谋长段苏权为司令员组成东北空军司令部。

三、后勤工作准备：步机枪弹药按5个基数，炮弹按20个基数准备，各先行运抵集中地区2个基数和5个基数，每团携带炸药2000斤；从第四野战军和东北地区共抽调汽车1000辆，从东北地区动员大车4000辆，担任运输；按31万人员、3万牲口、1000辆汽车、4000辆大车，准备3个月的粮草、汽油，在部队完成集结前，先运1个月的粮草、汽油；由总后勤部按朝鲜人民军军服式样赶制服装，每人单衣、棉衣各1套，另准备其他装具；接收容本军和人民军共4万伤员准备医院；准备5000副担架，等等。

四、兵员补充准备：拟由中南军区减少10万人的复员，准备补充。如再需要，东北尚有参加生产的地方师，可以补充。

五、政治动员工作：在保卫国防安全的口号下进行政治动员，由总政治部拟定动员令，核定后实施。

东北边防军部队编制实力统计表①1950年7月

<table>
<tr><th colspan="2">部　别</th><th>编制人数</th></tr>
<tr><td rowspan="5">第十三兵团</td><td>兵团部</td><td>1400</td></tr>
<tr><td>第38军</td><td>49015</td></tr>
<tr><td>第39军</td><td>57907</td></tr>
<tr><td>第40军</td><td>50916</td></tr>
<tr><td>小　计</td><td>159238</td></tr>
<tr><td colspan="2">第42军</td><td>47857</td></tr>
<tr><td rowspan="6">炮兵司令部</td><td>炮兵司令部</td><td>1000</td></tr>
<tr><td>炮兵第1师</td><td>9487</td></tr>
<tr><td>炮兵第2师</td><td>9233</td></tr>
<tr><td>炮兵第8师</td><td>9499</td></tr>
<tr><td>高射炮兵4个团</td><td>8134</td></tr>
<tr><td>小　计</td><td>37353</td></tr>
<tr><td colspan="2">骑兵1个团</td><td>1100</td></tr>
<tr><td colspan="2">工兵第6团</td><td>2200</td></tr>
<tr><td colspan="2">汽车兵3个团</td><td>3000</td></tr>
<tr><td colspan="2">合　计</td><td>250748</td></tr>
</table>

组建东北边防军，是中共中央未雨绸缪、深谋远虑的举措。它不仅巩固了东北边防，而且使中国在战略上处于主动地位，避免了临急应战，为此后组建中国人民志愿军开赴朝鲜、抗击美国的侵略进行了极其重要的准备，也为后来进行的抗美援朝战争奠定了充实的基础。

后来彭德怀在总结抗美援朝战争胜利的经验时，曾指出：抗美援朝战争所以能取得伟大的胜利，“最重要的则是由于党中央和毛主席英明的决策，坚定的意志和正确的领导。当美帝国主义发动侵略战争时，我们即调了五个军置于鸭绿江北岸，待敌越过三八线向我国边境逼近时，出敌不意地给以痛击，取得第一个战役的胜利。这不仅挽救了当时朝鲜人民军败退的局面，

① 根据军委作战部1950年7月8日统计绘制。后来，工兵第6团确定由炮兵司令部指挥，骑兵团直属第13兵团执行侦察任务，3个汽车团分别配属各军。

而且取得了战争的主动权。如果预先无此准备,想要凭空扭转当时极不利极严重的局面,那是不可设想的”①

东北边防军的集结和指挥关系的调整

中央军委作出《关于保卫东北边防的决定》时,规定编入东北边防军的各部队正驻扎在东北、华北、华东、中南和西南地区的广阔地域中,担负着生产和剿匪作战任务。

新的第 13 兵团部(原第 15 兵团部,下均称第 13 兵团部)位于广州,辖属的 3 个军,第 38 军主力位于河南信阳、横川地区整训和生产,第 114 师位于湖南桃源地区剿匪;第 39 军主力位于河南漯河、周口地区整训和生产,第 115 师位于广西宜山地区剿匪;第 40 军位于广州、台山地区,原准备北调河南集中整训和参加生产。

其他部队的分布情况是:第 42 军位于黑龙江齐齐哈尔、北安地区从事生产任务;第四野战军炮兵司令部位于哈尔滨,第 1 炮兵师位于佳木斯,第 2 炮兵师主力位于许昌(1 个团位于秦皇岛),第 8 炮兵师位于安东(今丹东);高射炮兵第 1 团位于广州,第 4、第 17、第 18 团位于上海;工兵第 6 团位于湖北黄陂;汽车第 1 团位于河南南阳、第 5 团位于武昌、第 4 团位于衡阳。

当时,由于国内战争的破坏,国内的铁路干线受损严重,恢复工作尚在进行之中。要按中央军委规定的 20 多天的时限完成大规模的部队运送任务,将全部部队集结于指定位置难度很大。

根据中央军第一次国防会议的决定,军委作战部会同铁道部、总后勤部在 7 月 8 日拟出了详尽的部队车运计划。7 月 10 日,中央军委保卫国防第二次会议审查批准了这个计划,并决定:部队的车运工作,从 7 月 10 日开始,到 8 月 4 日全部结束。车运工作由中央军委直接领导,军委作战部、总后勤部和军委铁道部具体组织实施,各有关大军区和各铁路局分段负责。

车运计划规定:部队在车运途中全部采取封闭式管理,只在规定的车站停车,所有的生活物资均由总后勤部协同车站所在地的大军区保障。由于车运期间正值炎热季节,为了消除部队的疲劳,决定行车时间为下午 4 时至

① 《彭德怀军事文选》,466 页,北京,中央文献出版社,1988。

第二天上午10时，由总后勤部和各大军区在铁路沿线设立补给站，保障部队的生活和休息。

铁道部门根据中央军委的指示，“一切服从军运一切保障军运”，为保证军运的顺利进行，克服困难，科学调度，紧急调整了车运计划，所有的客车和货车一律服从军运，为军列让路。

编入东北边防军的部队严格执行中央军委的命令，采取了边收拢、边集合登车等措施，迅速收拢部队登车北上，一切善后工作则全部交给留守人员或上级指定部门负责处理，保证了部队及时启运。

首批车运北上的部队是第40军。该军在胜利结束解放海南岛战役之后，刚刚返回广州地区，正准备车运河南洛阳整训。接到中央军委的命令后，中南军区立即改变计划，通知该军由广州直开安东。7月12日，第40军部队乘坐的第一列军列由广州发出，由此拉开了东北边防军部队车运北上的帷幕。

第42军虽然是当时东北地区惟一的野战军部队，但此时正在执行屯垦任务。接到在中朝边境地区集结的命令后，该军立即将即将收获的庄稼连同已开垦的田地全部移交地方，在4天之内完成了部队收拢工作，并在7天之后全部车运到吉林省通化、梅河口地区集结完毕。

第38军主力和第39军主力此时也在从事生产任务，部队分散在中原各地垦荒种地、兴修水利。接到命令之后，部队星夜赶往集结地点，集中起一个营，就出发一个营，整个部队的集结在车站完成，动员和教育工作都在车运途中进行。一些已经复员的干部和战士闻讯后，也纷纷返回部队，随部队一起北上。

第40军北上过程中，发生了铁路损坏的情况。为了不中断运输部队，中南军区紧急调整计划，将该军部分部队首先车运至汉口，然后再转车直开安东。第39军第115师远在广西宜山，中南军区科学安排运力，首先将第115师车运汉口，同时将前往接防的第174师也车运汉口，两个师分别在汉口乘船过江，搭乘对方的列车，整个换乘工作一天内即完成，保证了第115师按时到东北集结。在车运最紧张的时刻，河南驻马店地区的一座铁路桥发生了严重损坏事件，工兵部队紧急开赴出事地点，仅用一天的时间即抢修完毕，铁路调度则指挥军列绕道行驶，保证了车运工作的不中断。

第13兵团部最后启程北上。7月17日，兵团部召开干部大会，赖传珠政委传达中央军委的命令和新任务。北上人员和大量的物资、车辆很快即准备完毕。按照兵团党委的部署，整个准备工作分作收摊子和车运两部分。

收摊子包括停止生产、收拢人员、结算账目、检查群众纪律和交接工作等事宜。车运准备包括组织动员、拟定计划、人员编组、途中组织指挥等事宜。兵团部还专门向沿途主要车站派出先遣组，并成立了车运指挥所，在登车点和轮渡点设立指挥组，保证车运的顺利进行。

7月27日，第13兵团部的军列由广州站发出，经一天半时间的运行，于29日到达武昌车站。武汉，是部队北上的重要转运站，京广铁路在此需轮渡长江才能接通。第13兵团部派出的先遣组与车站、轮渡码头事先对转运工作进行了安排。随兵团部车运的2000多人、50余部车辆、49匹马和26.2万斤物资，全部在一天之内渡江完毕。经短暂休整，于8月1日上午登车继续北上，8月4日抵达安东。

至此，东北边防军部队的北上集结基本完成。其中车运任务最繁重的中南军区共动用了144列列车，包括客车169节、平板车1149节、厂车601节、棚车3498节，共计各种车辆5417节。①

此次东北边防军的集结，是在十分仓促的情况下进行的，部队高度分散，且担负着剿匪、生产和地方工作的繁重任务，部队是在边集中、边动员、边车运的状况下完成北上任务的。这充分表现出了经过中国革命战争严峻考验的人民军队，具有高度的军事、政治素质，各级指挥机关拥有良好的指挥调度能力。

这次车运，是新中国成立之后人民解放军首次进行的大范围车运调防。其规模之大前所未有，而且时间只有20余天，困难之大可以想象。但在中央军委的组织指挥下，铁道部、沿途各大军区和有关部队密切配合，车运任务得到圆满完成。

同时，这次车运工作，也是在国内全面展开经济恢复工作，铁路修复尚在进行，路况较差，运力没有恢复的状况下进行的。在这种情况下，广大铁路员工与各部队密切配合，全力以赴，保证了边防军部队能在短时间内完成如此大规模的北上集结，为保卫国防作出了巨大贡献。

到1950年8月上旬，除高炮团未全部到位外，东北边防军部队全部进入了指定集结位置完成集结。其中：

第13兵团部位于安东；

第38军军直位于铁岭，所属第112、第113、第114师分别位于铁岭、新开原、老开原；

① 参见邓子恢、谭政等致中央军委电，1950年8月8日。

第 39 军军直位于辽阳，所属第 115、第 116、第 117 师分别位于辽阳、土佳屯、海城；

第 40 军军直位于安东，所属第 118、第 119、第 120 师也全部位于安东；

第 42 军军直位于通化，所属第 124、第 125、第 126 师分别位于通化、三源浦、柳河；

特种兵司令部位于凤城，所辖野战炮兵第 1、第 2、第 8 师分别位于凤城、本溪、通化；高射炮兵团位于安东、拉古哨；1 个工兵团位于安东；

配属第 13 兵团的骑兵第 13 团位于安东；担任战勤任务的第 169 师位于大东沟。①

在东北边防军部队集结的过程中，中央军委根据实际情况的需要，对东北边防军的指挥关系作了调整，并对第 13 兵团的指挥班子作了充实。

组建东北边防军时，中央军委确定的边防军指挥机构从作战上说较为有利，但被任命为东北边防军司令员兼政委的粟裕因病仍在青岛休养，副司令员萧劲光正在进行组建海军领导机构的工作，副政委萧华则主持总政治部的日常工作，边防军的三位领导都无法马上到东北就职。因此，东北边防军的指挥机构难以马上成立。

同时，编入东北边防军的部队原来基本隶属于第四野战军，虽然北上进入东北，但由于边防军指挥机构没有成立，在建制关系上仍然归第四野战军和中南军区指挥，而部队在东北军区的辖区内集结、整训，必须与东北军区发生关系，不免形成了层次太多、指挥不便的问题。

此外，边防军的后勤供应，任务繁重，需要有强有力的后勤组织保障。东北军区担负着为边防军部队筹措物资和其他保障的任务。但东北军区后勤部是在中央军委决定组建东北边防军之后于 7 月 17 日紧急组建的，机构不全，人员较新，骤然接手如此艰巨的任务，显得力不从心。而担负组建边防军后勤司令部的中南军区，虽组成了轻便的后勤指挥机构北上，也是力量太弱，且初到东北，理顺各方面关系需要一个过渡时期。所以，东北军区后勤部和边防军后勤司令部实际上都难以独自胜任边防军部队的保障任务。

因此，在边防军开始集结后的指挥问题和后勤保障问题，均是必须解决的重要问题。中央军委对此高度重视，在边防军部队开始集结行动后，马上采取措施，对部队到达东北后的指挥关系确定和后勤保障等问题，作出了新的调整和规定。

---

① 参见高岗致中央军委电，1950 年 8 月 12 日。

7月22日，周恩来与聂荣臻、刘亚楼研究后，与聂荣臻联名向毛泽东提出建议："请主席考虑边防军目前是否先归东北军区高岗司令员兼政治委员指挥并统一一切供应，将来粟、萧、萧去后，再成立边防军司令部。中南李聚奎到东北后，即兼任军区后勤部长，所带之后勤机构，即合并到东北后勤部中，因东北军区后勤部太弱，不能胜目前的大任。这样，部队指挥既可免生脱节现象，供应问题也较容易解决。是否可行，请主席批示，以便及早布置。"[①]毛泽东于23日批示："同意。"随后赋予了东北军区司令员兼政委高岗对边防军部队"负主责"的职责。

7月26日，中央军委正式下达命令，成立东北军区后勤部，统一组织东北军区和边防军的后勤工作，任命李聚奎为东北军区后勤部长。

东北边防军部队集结之后，中南军区也根据部队的实际情况，向中央军委提出了关于东北边防军部队的指挥关系的意见：有关部队的行政与建设事项及干部升迁配备，报第四野战军处理；行动、作战及战时政治工作，由边防军负责，受军委直接指挥；各种统计报告，由边防军报军委并第四野战军。

中央军委认为这些建议很好，于8月23日予以批准。同时为统一边防军部队的领导，保证整训工作的正常进行，中央军委于8月26日决定，东北边防军部队，包括第42军和特种兵部队，以第13兵团为统一训练机构，特种兵司令部辅助。第42军归第13兵团建制指挥，万毅为第13兵团副司令员。东北军区负责后勤保障。边防军的统帅，待部队出动作战时再去。[②]

事实上，直至东北边防军改编为中国人民志愿军，东北边防军指挥机构始终没有成立，边防军由中央军委直接指挥、东北军区负主责，第四野战军予以协助，第13兵团分管军事整训，东北军区负责后勤保障。

与此同时，中央军委对第13兵团的领导力量也作了充实。保卫国防第二次会议结束后，第四野战军第三政治委员谭政返回汉口，召集原第13兵团和第15兵团主官开会，传达军委决定，并商定：调整后的第13兵团部，司令部由原第15兵团司令部组成，政治部由原第15兵团宣传部、保卫部、秘书处和原第13兵团组织部组成。原第15兵团后勤部除供给部和卫生部之外，全部北上东北。

赖传珠在武汉开会回到广州后，向中共华南分局第一书记、广东军区司令员兼政治委员叶剑英，中共华南分局第三书记方方和第15兵团司令员邓

① 《周恩来军事文选》，第4卷，38～39页，北京，人民出版社，1997。

② 参见《周恩来军事文选》，第4卷，47页，北京，人民出版社，1997。

华等人传达了军委的决定和中南军区的指示。经过研究，邓华、赖传珠等人联名致电军委，提出：为便于掌握部队和尔后作战，可否考虑第 15 兵团“全体指挥干部和机构”全部北上，这样“彼此互相了解熟悉，马上作战较为有利”①。

中共华南分局也致电中央军委，从加强华南防务需要出发，认为第 15 兵团指挥机构在广东作战、剿匪已经 10 个多月，情况较熟，与地方政府配合默契，希望将邓华等人和第 15 兵团部继续留在广东。②

中央军委对华南分局和第 15 兵团的意见进行了考虑，决定维持原议不变，并于 7 月 17 日正式下达命令：第 38、第 39、第 40 军从 7 月起，归新组建的第 13 兵团建制指挥。

7 月 19 日，中央军委再次颁布命令，正式任命邓华为第 13 兵团司令员，赖传珠为政治委员，解方（解沛然）为参谋长，杜平为政治部主任。

25 日，中央军委决定，北上兵团仍然使用第 13 兵团番号，并升任第 40 军军长韩先楚为第 13 兵团副司令员。8 月，根据邓华的请求和第四野战军司令员林彪的建议，中央军委任命洪学智为第 13 兵团第一副司令员。

至此，第 13 兵团的主官和指挥机构配备宣告完成（9 月 25 日，中央军委根据赖传珠的身体状况，批准其离职休养一个时期，决定由邓华兼任第 13 兵团政治委员）。从第 13 兵团领导干部配备和指挥机构的组建情况看，一方面充分考虑到了作战的要求，以作战经验丰富、指挥才能出众的邓华担任新组建的第 13 兵团司令，以第 15 兵团部为基础组成了新的第 13 兵团部，并抽调了洪学智、韩先楚、解方等能力很强的干部充实兵团领导集体，同时也充分考虑到部队的情况，保留了原第 13 兵团政治部主任杜平和组织部机构，从而组成了一个汇集精兵强将的北上兵团指挥机构。这不仅使边防军部队的战前准备得到了切实保证，而且为志愿军出国作战后，在紧急情况下，以第 13 兵团部为基础组建志愿军总部奠定了基础。

加强边防军力量和部署边防军二线三线部队

8 月中旬以后，朝鲜的形势已经变得不可乐观，战争双方在朝鲜东南隅

① 邓华、赖传珠、洪学智、李作鹏、萧向荣、孔石泉致中央军委电，1950 年 7 月 16 日。

② 参见叶剑英、方方致中央军委电，1950 年 7 月 17 日。

的洛东江一线形成了僵持局面,朝鲜人民军的作战已经没有后劲。朝鲜战争长期化的趋势已经十分明显。在这种情况下,中央军委根据朝鲜战场局势的状况和发展趋势,开始增调部队加强边防军的力量,并部署边防军的二线、三线部队。

鉴于东北已经成为国防前线,而东北军区直辖部队中没有野战军部队,8月16日,东北军区首长致电中央军委,请求从中南地区调一个军到东北,划归东北军区序列,以备不虞。

中央军委同意这一请求,电示第四野战军,决定调位于赣南、粤北地区的第48军北上,归东北军区建制。

但第48军此时正高度分散在30多个县之中担负剿匪和新区建设任务,大部分干部还兼任地方工作,如部队立即集中北上,不仅会影响江西和广东的剿匪,也将对新区工作造成较大的影响。因此,第四野战军经研究后,于9月1日回电中央军委,建议免调第48军,改调未担负剿匪和地方工作的第50军北上。

中央军委接受了第四野战军的建议,并于9月6日下达命令:"为增强边防军的力量,决定从中南抽调第50军开赴东北,编入边防军序列。"

第50军的前身是1948年10月辽沈战役期间在长春起义的原国民党第60军,1949年1月正式改编为中国人民解放军第50军。经过一年多的整训和作战,部队面貌发生了根本性的变化,已经成为一支坚强的革命军队。1950年9月,第50军下辖第148、第149、第150师和第167师,位于湖北沙市地区整训,并担负水利建设和生产任务,全军共3.6万余人。

接到中央军委的命令后,第50军部队迅速于河南驻马店和湖北孝感地区集结,车运东北,在10月中旬到达吉林省西丰、辽源、海龙、磐石地区,编入边防军序列,转入临战准备。在整训期间,第167师番号撤销,部队分别编入了该军其他各师。

在考虑为东北增调一个军的同时,中央军委开始考虑边防军的二线部队问题。

8月中旬,中央军委代总参谋长聂荣臻在给毛泽东主席的报告中指出:从东北军区要求增调部队的要求,"我们联想到今天整个(国防)部署,似有加以考虑之必要;如美帝对朝鲜的侵略战争继续打下去的话,虽然我们有了第一步的部署,已将十三兵团调至辽南,但仍恐不足以应付事变。因此建议:应于关内机动地区,再行配备第二线兵力,以为未雨绸缪之计"。

他认为,从全国部队的部署情况看,中南、西南地区的部队很分散,军以上部队马上集结有困难，而华东军区所属的第9兵团4个军正位于上海地区整训，可以作为战略机动力量。除第9兵团之外，还可以考虑将西北地区的第19兵团在适当的时机调至机动位置整训，与第9兵团共同担负战略机动部队。[①]

根据毛泽东主席的指示，周恩来多次主持召开军委有关部门会议，初步研究确定了边防军二线和三线部队的部署：首先调第9兵团北上至山东津浦铁路沿线地区整训，作为边防军的二线部队；同时将第19兵团部队集结于陇海铁路沿线地区机动位置，作为三线部队与第9兵团相策应。

8月31日，周恩来根据与中央军委有关部门协商的结果，拟定了关于加强东北边防军的计划，并于9月3日向毛泽东并刘少奇呈送报告，择要汇报了计划的内容：关于加强边防军和二线、三线部队的部署，准备共动员部署11个军36个师，连同特种兵和后勤部队，共约70万人："第一线五个军十五个师（除东北已集中四个军[②]外，再调中南现在广州一个军集中东北[③]）；第二线三个军十二个师[④]，从华东调出，十月底可集中济徐之线；第三线三个军九个师[⑤]，拟从西北调出，集中时间约在年底。"[⑥]此外，周恩来还提出了东北边防军和二线及三线的兵员补充、步兵武器调整、弹药补充、增配火炮、后勤保障等方面的建议。毛泽东批准了这一计划。

第9兵团，下辖第20、第26、第27军，为华东野战军的主力部队，装备好，素质高，具有很强的战斗力。祖国大陆解放之后，一直位于上海、杭州地区整训，准备执行解放台湾的作战任务。朝鲜战争爆发后，解放台湾任务推迟，该兵团部队继续整训，并兼任上海、杭州地区的警备任务。

9月初，华东军区司令员陈毅奉命进京，受领任务。回到上海后，陈毅于9月7日主持召开第9兵团军以上干部会议，传达了新的任务，要求部队适应新的作战任务，立即集中，突击进行人员补充，待命北上。

随后，华东军区确定了第9兵团的北上计划，决定将第32军第94师由福建厦门地区北调，编入第27军，使第9兵团每个军均辖4个师，每师1万

① 参见1950年8月20日毛泽东致彭德怀电报中所附聂荣臻的报告。

② 指第13兵团所属3个军和第42军。

③ 指第48军，后改调第50军。

④ 指第9兵团及所辖的第20、第26、第27军，每军各辖4个师。

⑤ 指第19兵团及所辖的第63、第64、第65军。

⑥ 《周恩来军事文选》，第4卷，51页，北京，人民出版社，1997。

人左右，兵团总兵力达到15万余人。北调时间，拟采取分批出动的方式，在10月底全部调动完毕，11月中旬转入出国作战整训①。

毛泽东在华东军区上报的第9兵团北调计划上批示："九兵团全部可以统于十月底开到徐济线，十一月中旬开始整训。"②

据此，第9兵团于9月20日正式下达部队北上命令，决定：从10月1日起，按第27军、第20军、兵团部、第26军的顺序，依次北上，进入津浦铁路山东段的泰安（第27军）、兖州（第20军）、曲阜（兵团部）、滕县（第26军）地区集结。

10月下旬，第9兵团部队基本进入指定地区，并先后转入了整训。编入第27军的原第32军94师部队也在北上途中。此外，为增强第9兵团的力量，华东军区又将由原国民党起义部队组成的第16兵团番号撤销，兵员分别补入了第9兵团各部队。

第19兵团部队的集结也在进行之中。当时，该兵团所属3个军，有两个军在从事生产，并兼任地方警备任务。一个军正担负陇海铁路天水至宝鸡段的修复任务。接到中央军委的命令之后，西北军区将第19兵团所属部队陆续解除生产和其他任务，调至陇海铁路沿线地区集结。兵团部位于西安，所辖第63军位于三原地区，第64军位于宝鸡地区，第65军位于宁夏境内。

这样，到边防军部队改编为志愿军向朝鲜出动时，二线、三线部队的部署已经基本完成。中央军委的基本意图是，在第13兵团等第一批出国作战部队出动后，即以第9兵团由山东北上，进入位于东北的边防军原驻地，作为第13兵团的二线部队，随时准备入朝作战；同时以第19兵团东进，进入第9兵团在山东的原驻地整训，作为三线部队，准备入朝参战。

二线和三线部队的部署，是一项未雨绸缪的工作，也是一项重大的战略行动。它的完成，既稳固了国防，保持了充裕的战略机动力量，又保证了边防军部队在出动作战后能够拥有源源不断的后续支援力量，占据了战略上的主动权。特别是第9兵团的集结，使得志愿军部队在尔后作战行动中，得以在战局紧急的情况下，能够迅速入朝，担负朝鲜东线的作战任务，为彻底扭转朝鲜战局，奠定战争胜利的基础，创造了有利的条件。

---

① 参见陈毅、饶漱石、唐亮等致毛泽东、军委电，1950年9月15日。

② 《建国以来毛泽东军事文稿》，上卷，204页，北京，军事科学出版社、中央文献出版社，2010。

第六章

朝鲜战局陷入僵持。美国飞机悍然袭击中国东北边境城镇

朝鲜人民军挥师南进，迅速解放南朝鲜大片地区

朝鲜人民军解放汉城之后，主力继续南下，至6月29日，解放500余个村庄，各战线又向前推进了10至15公里，全面进至汉江北岸地区，处于战略上的有利地位。

为阻止人民军继续南进，实际接管了南朝鲜军队指挥权的美军调查组组长丘奇准将，就任南朝鲜军的整编司令。在他的督促下，南朝鲜军总参谋部收集后撤的部队和溃逃的散兵，重新编组。西线，在汉江南岸的金浦半岛至骊州一线布防，重点防御汉江南岸的交通枢纽——永登浦和鹭梁津地区，同时美军加强空中打击，炸毁汉江上的桥梁，企图凭借汉江天险，阻止朝鲜人民军南进。中线和东线，则在横城地区和大关领（江陵西南）地区集结，构筑防线。

与此同时，丘奇和已飞到朝鲜汉江南岸视察战况的麦克阿瑟，要求美国当局迅速批准在朝鲜使用美军地面部队。

朝鲜人民军最高司令部为不使南朝鲜军建立新的防线，迅速向南发展，决定立即发动第二次战役（又称汉江战役），突破汉江，进占北纬37度线

地区。

人民军调整了指挥体制，设立前线指挥部，任命金策为前线指挥部司令官，金一为前线指挥部军事委员，姜健为前线指挥部参谋长，统一指挥人民军前线作战部队。

在前线指挥部之下，设立两个方面军司令部，任命金雄为西线第1方面军司令员，武亭为东线第2方面军司令员，每个方面军分别辖属4~6个师。

6月30日，人民军发起第二次战役。西线担任主攻的部队，在炮兵和坦克的火力支援下，强渡汉江，至7月1日清晨，先头部队在汉江南岸建立了桥头堡阵地，并击退了南朝鲜军的反扑。主力随即渡江，以猛烈的攻击于7月3日占领汉江南岸南朝鲜军的防御核心永登浦。担负助攻任务的部队也在纛岛、两水里地区突破汉江，进至水原东北地区，切断了南朝鲜军西线和中线的联系，威胁南朝鲜军主力的后方安全。

此时，美军首批参战部队——第24步兵师第21团“史密斯特遣队”于7月1日已运抵釜山，并被紧急运送至水原以南的乌山地区布防。美第24师主力也从空中和海上紧急向朝鲜运输中。麦克阿瑟的意图是：尽速增加在朝鲜的美军部队，并逐次投入战斗，通过美国军队参战，制造声势，使南朝鲜军队恢复信心，同时也使朝鲜人民军停止进攻，进而稳住阵脚，在水原一线建立稳固的防线，待美军地面部队全部集结完毕后，实施反攻。

南朝鲜军汉江南岸的防线崩溃后，主力收缩至水原、长湖院里、堤川一线，美第24师部队在南朝鲜军的掩护下，迅速向平泽、安城北部地区开进，企图在车岭山脉一线建立新的防线，阻止人民军的进攻。

人民军乘胜继续南进，于7月4日解放水原，于7月5日与美第24师先头部队“史密斯特遣队”在乌山以北遭遇。人民军官兵士气如虹，激战两小时，几乎将由1个步兵营和1个炮兵营组成的美军“史密斯特遣队”全部歼灭。朝鲜人民军部队取得了与美国军队首次交战的胜利。随后，击溃陆续到达的美军第24师各部，于7月6日解放平泽。

在中部地区进攻的人民军第2方面军部队抢渡南汉江后，先后解放杨平、骊州、原州、长湖院里、堤川等地，于7月6日挺进到阴城、忠州以北和堤川东南一线；沿着东海岸挺进的人民军部队进占江陵后，兵分两路，向平昌、宁越方向和玉溪、三陟方面推进，于7月6日进至宁越和三陟以南地区。

至7月6日为止，人民军全线进至北纬37度线地区，解放了南朝鲜1/3的土地，胜利地结束第二次战役。

美军地面部队侵入朝鲜后，朝鲜党和政府的决心是加速消灭南朝鲜军和已上陆的美军,迅速解放南朝鲜全部地区。金日成指出:“我们的战略计划是:在美帝国主义者动员大批兵力之前,在短时间内消灭李承晚傀儡军和已侵入我国疆土的美军,使人民军挺进到釜山、马山、木浦、丽水和南海一线,完全解放我们的疆土,并在全国各地有机动性地部署我们的武装力量,以阻止美帝国主义增援部队登陆。”①

为增强人民军的力量和加强后方海岸地区的防御,朝鲜党和政府决定将内务省所属的警备旅改编为人民军师,并全力进行组建新的预备部队和海防部队的工作。

7月8日,金日成发表广播演说,指出:无论美国怎样侵略朝鲜,都不能挫败朝鲜人民维护祖国自由和独立的战斗精神,“我国人民决不能再作殖民地奴隶。珍视祖国的荣誉、自由和独立的人,不论是谁,都要像一个人似地动员起来,参加为反对美帝国主义的武装侵略和解放祖国神圣的战争”②。

7月初,美国加快了向朝鲜战场增兵的速度。7月5日,麦克阿瑟训令美第25师开赴朝鲜参战,随后又命令第1骑兵师准备开赴朝鲜。7月9日,美第25师先头部队在朝鲜登陆,并立即投入作战。第1骑兵师也于7月11日开始船运朝鲜。此外,驻美国本土的美军第2步兵师也于7月初开始启运朝鲜。

7月12日,美第8集团军司令沃尔顿·沃克中将抵达朝鲜大邱,并在大邱设立了集团军指挥部,全面接管了侵朝美军和南朝鲜军地面作战的指挥权。此时美军已经投入作战的地面部队达1.8万余人,南朝鲜地面部队为5.8万余人,美军的后续部队仍在源源不断地向朝鲜开进。

根据麦克阿瑟的请求,美国参谋长联席会议从国内总预备队和驻世界各国的部队中,紧急向朝鲜战场调遣补充兵员和支援分队,美国总统杜鲁门并下令征召预备役人员。1950年7月间,共有7350名补充兵员补入了远东军③,另有1个特种工程旅、1个建制步兵团、1个空降团、11个建制步兵

① 《伟大领袖金日成同志革命历史》,中文本,313页,平壤,朝鲜外国文出版社,1983。

② 《朝鲜人民正义的祖国解放战争史》,中文本,54页,平壤,朝鲜外国文出版社,1961。

③ 参见[美]詹姆斯·F.施纳贝尔:《朝鲜战争中的美国陆军——战争爆发前后》,91页,北京,国防大学出版社,1990。

营、5 个野战炮兵营、4 个高炮营、3 个坦克营和 11 个师属炮兵连等，陆续到达朝鲜编入部队，加上从南朝鲜征召的朝鲜籍兵员，美军在朝鲜作战的部队，基本上达到了三三制的建制，做到了齐装满员。

编入“联合国军”的其他国家侵朝部队也开始进入朝鲜战场。7 月 7 日，英国的海、空军部队开始参战，澳大利亚的海、空军部队亦随即入朝。7 月 15 日，荷兰海军部队入朝。7 月 19 日，新西兰海军部队入朝。

沃克确定，第 8 集团军的首要任务是：阻滞朝鲜人民军的南进，巩固现有防线，稳定战局，积蓄力量，以便转入反攻。① 为此，他重新调整了部署，以美第 24 师在西线，沿锦江南岸部署于天安、全义、鸟致院、大田一线，构成以大田为中心的防御阵地，阻挡朝鲜人民军在西线的主要进攻；在中线，以重新组编成的南朝鲜第 1、第 2 方面军展开于镇川、阴城、忠州、丹阳等地区，凭借小白山天险进行固守，同时将美第 25 师展开于南朝鲜军的侧后，控制交通干线和要点，并以一部兵力守备东海岸的浦项。美军和南朝鲜军的基本意图是：依托锦江、小白山天险，争取时间，掩护后续部队登陆，完成战役展开。

朝鲜人民军在第一、第二次战役中，虽然给予南朝鲜军沉重打击，并击溃了美军先头部队，但并没有大量歼灭美军和南朝鲜军的有生力量，在整个战线上形成了平推的状况。在美军地面部队大批投入战斗的情况下，朝鲜人民军最高司令部决定：“不许敌人有占据新防线的时间，以神速行动猛烈打击敌人，迅速突破锦江和小白山山脉一线，在大田地区和小白山山脉一线上，围歼敌人的基本主力，以解放全州、论山、闻庆地区和蔚珍及蔚珍以南地区”②，打开迅速解放朝鲜南半部广大地区的有利局面。

朝鲜人民军前线司令部决定立即发起第三次战役（又称大田战役），以西线的天安、鸟致院、大田为主要突击方向，同时在中线、东线地区展开多路攻击。人民军投入了全部的主力部队，在各个方向同时出击。金日成亲自发布作战命令，要求部队必须采取一切方式，迂回插入敌军的后方。在任何情况下，都要力争围歼敌军。同时，要加强夜间作战行动，进一步提高部队的进攻速度。

7 月 7 日，人民军全线发起进攻。在西线，担负正面主攻任务的部队，

① 参见[美]罗伊 · 阿普尔曼：《美国兵在朝鲜》，第 3 卷，119 页，北京，国防大学出版社，1994。

② 《朝鲜人民正义的祖国解放战争史》，58 页，平壤，朝鲜外国文出版社，1961。

以坦克为先导,沿汉城通往釜山的公路,向大田发起猛烈进攻,冲破美第24师第21团和第34团的阻击,于7月8日解放天安,7月10日进至全义地区。担负助攻任务的部队也解放了镇川。美第24师部队在人民军的猛烈攻击下,后撤至锦江基本防线。至13日,西线人民军全线进至锦江北岸地区。

在中部战线,人民军从7月7日至7月10日,与阴城、忠州、丹阳等地区抵抗的敌人进行了激战。南朝鲜军依托车岭山脉的有利地形,在美军飞机的支援下,拼死固守,不断反击,双方形成了拉锯战状态。

美军和南朝鲜军退守锦江和小白山山脉基本防线后,沃克决定凭借天险,最大限度地迟滞人民军的南进速度,掩护美军后续部队登陆和展开。为此,他训令美第24师放弃"线式防御",改取"点式防御",沿汉城通往釜山的锦江以南交通线上,固守要点,尤其是坚守大田,以大田为中心,公州、鸟致院等为要点,全部展开于锦江南岸地区,防御南下的交通干线;南朝鲜军首都师、第1师、第6师、第8师和第3师展开于小白山山脉的各要点。美第25师部队则展开于纵深地域,担负战役预备队。屏护大邱的安全。同时,美空军和舰载航空兵部队昼夜出动,不停地在战场上空盘旋侦察,狂轰滥炸,严密封锁道路,支援地面部队作战。7月13日,美军和南朝鲜军的部署基本调整完毕。

人民军最高司令部向前线投入了预备队,决心趁美军和南朝鲜军立足未稳,以大田为主要攻击目标,突破锦江、小白山防线。以西线为主要突击方向,兵分数路,合击大田地区的美第24师;同时在中部战线上,继续进攻,力争尽快突破小白山天险,威胁敌军战线的侧后。

人民军西线主力于7月14日拂晓从公州和太平里同时发起强渡锦江作战。至7月16日,全部突破美军和南朝鲜锦江防线,并歼美第24师第19团主力,毙伤俘敌1700多人,重创美第24师第34团,取得了攻击大田的有利态势。

大田,是朝鲜中部的交通枢纽,地理位置极为重要。美第8集团军将美第24师全部撤至大田设防,同时将美第25师主力前出至大田侧后,并令南朝鲜军继续坚守清州地区,牵制人民军部队,保护美军的翼侧安全。

7月18日,西线人民军开始向大田发起进攻。至19日下午,人民军3个师完成了对大田地区美第24师的合围。战至20日12时,人民军解放大田。美第24师师长威廉·迪安少将逃出大田后,于8月25日被人民军俘虏。迪安是美国在侵朝战争中被俘的军衔级别最高的美军战俘。

至20日，中部战线的人民军翻越小白山山脉的高山峻岭，突破了南朝鲜军的中部防线。

7月20日，朝鲜人民军胜利结束了第三次战役。此次战役，人民军突破美军和南朝鲜军的锦江、小白山山脉防线，重创美第24师[1]，并给予南朝鲜军以沉重打击，解放了大田、清州、闻庆等重要城市，忠清南道、忠清北道几乎全部获得解放，全罗北道、庆尚北道的部分地区也获得解放。

美军固守釜山环形防御阵地。朝鲜战局陷入僵持

美军和南朝鲜军由锦江、小白山山脉防线南撤后，为阻止人民军迅速南下，沿洛东江设防。在洛东江北岸的咸昌、醴泉、安东等地区，集中了南朝鲜军几乎所有部队，担负中部和东部战线的防御；在西线，美军第1骑兵师、第25师和第24师残部在洛东江西岸地区展开，扼守永同、金泉、晋州等要点。在这条防线的背后，美军和南朝鲜军加紧构筑洛东江主防线，以期依托洛东江天险，固守大邱、釜山地区，最后制止朝鲜人民军的进攻，争取时间，实施反攻。

大田战役结束后，朝鲜人民军士气更旺，不停顿地发起第四次战役，向南推进，追击敌军，力图以快速的推进，打乱美军和南朝鲜军的部署，抢渡洛东江，解放全部国土。

人民军最高司令部提出的第四次战役的方针是："击溃永同、咸昌、安东地区的敌军防御部队，解放洛东江以北和以西的广大地区，并且迅速抢渡洛东江，为最后消灭敌人而创造有利的条件。"[2]

7月21日，朝鲜人民军发起第四次战役。在前线司令部的统一指挥下，第1方面军和第2方面军各师全线展开，以西线大田、金泉、大邱方向为

① 据[美]罗伊·阿普尔曼《美国兵在朝鲜》第3卷199页记述：美第24师自7月5日投入战斗后，至7月20日大田战役结束，共有2400余人在战斗中失踪，伤亡达30%以上，部分连、营的伤亡率达70%，校级以上高级军官的伤亡尤其严重，损失的装备足以重新装备1个师。

② 《朝鲜人民正义的祖国解放战争史》，中文本，75页，平壤，朝鲜外国文出版社，1961。

主要进攻方向，利用一切可以利用的道路，从南、西、北三个方向多路向东攻击前进。

担负战略迂回任务的人民军第6师，沿着西海岸南下，以平均每天30～35公里的速度挺进，横扫湖南地区（全罗南道、全罗北道），仅用1个星期的时间，即解放了广大的南部地区，突然出现在美第8集团军防线侧后，至7月31日占领晋州，直逼釜山的门户马山，从战略上威胁了美军和南朝鲜军在洛东江的防御。其间，歼灭美军1个营，并击毙南朝鲜军总参谋长蔡秉德。

西线主攻部队，于7月24日至29日在永同、黄涧一带击溃美骑兵第1师和美第25师阻击，进至金泉一线。于8月2日解放金泉，8月3日解放陕川。至此，人民军第1方面军部队全线进至洛东江西岸地区。

在中部战线，人民军第2方面军经过激烈战斗，粉碎了南朝鲜军的顽强防御，从7月24日至8月3日，先后解放了荣州、醴泉、咸昌、安东、尚州等城及广大地区。其中，解放安东的作战，经过两天激战，歼敌2000余人。至8月3日，中部战线的人民军第2方面军已经全面进至洛东江北岸地区。

美军和南朝鲜军在丧失了广大的南部地区和洛东江右岸防线之后，麦克阿瑟和其总部的参谋长爱德华·阿尔蒙德飞赴大邱，对第8集团军司令沃克下达命令："不管损失多少人，发生任何情况，第8方面军必须就地死守——或是说与阵地共存亡。"①沃克向他的部队指出："我们进行的是一场争取时间的战争。……我们已经无路可退。各部队必须反击，使北朝鲜人陷于混乱，失掉均衡。不能有敦刻尔克再版，也不能有巴丹的再版。向釜山撤退，将意味着历史上最大的杀戮。"②

沃克重新调整部署，依托洛东江建立了最后防线。这条后来被称作"釜山环形防御阵地"的防线，东起朝鲜东海岸的盈德，向西至倭馆，然后折向南，直至洛东江与南江的汇合处南旨里。南北长160多公里，东西宽80多公里。环形防御阵地的东侧、南侧是大海，西侧是洛东江，北侧是庆尚山脉横向的高地群，整个地势易守难攻。

8月初，美军和南朝鲜军炸毁洛东江上的所有桥梁，全部撤至釜山环形

① ［美］约瑟夫·格登：《朝鲜战争——未透露的内情》，中译本，第189页，北京，解放军出版社，1990。

② ［美］约瑟夫·格登：《朝鲜战争——未透露的内情》，中译本，第190页，北京，解放军出版社，1990。

防御阵地。此时,美军的增援部队正源源到达朝鲜。美第2师和第5团级战斗队于8月1日在釜山登陆,投入战斗。8月2日,第1暂编陆战旅也到达朝鲜。南朝鲜军部队经过补充和整编之后,尚有5个师的作战部队。在防御圈内,美军和南朝鲜军共集结地面部队14.15万余人,其中美军4个步兵师、1个陆战旅,计5.9万余人;南朝鲜军5个步兵师及警备部队,计8.25万余人。沃克将南朝鲜军部署于防御圈北部盈德至倭馆一线,将美军部署于防御圈西部倭馆至马山一线,形成首尾相顾、纵深配置的连贯防线,兵力、火力趋于集中。防御圈内拥有便利的交通网,以釜山为中心,公路呈放射状展开,非常便于部队快速机动。同时,战线靠近海岸线,美军拥有制海权,在许多地方地面部队可以直接得到舰炮火力的支援,加上美军拥有绝对的制空权和地面火力优势,占有内线作战的有利条件。

此时,朝鲜战局对于人民军已进入了关键的时刻。8月1日,金日成来到位于忠州以南水安堡的人民军前线司令部,主持召开高级指挥员会议,部署作战任务。要求人民军必须不停顿地继续进攻,迅速突破美军和南朝鲜军的洛东江防线,夺取战争的最后胜利,并具体确定了各部队的进攻方向和作战地区,命令大胆地投入预备队,加强突击力量。指出:不应当只沿着公路追击敌人,而应当同时大胆地利用山路和山脊,迂回到敌人的侧翼和后方,围歼敌人,进而加快进攻速度,不给敌人以喘息的机会,猛烈地追击敌人。①

8月2日,朝鲜人民军第12师首先强渡洛东江,向浦项方向发起攻击,第1方面军和第2方面军随后全线发起进攻,开始了洛东江之战。

在东线,人民军第2方面军至8月4日已全部渡过洛东江。第12师冲破美军的空中和地面炮火拦阻及南朝鲜军的顽强抵抗,于8月11日解放东海岸重要港口城市浦项,切断了盈德南朝鲜第3师的后路,人民军第5师趁势从正面向南朝鲜第3师发动进攻,重创南朝鲜第3师,进至浦项地区,与第12师会合,从而在美军和南朝鲜军釜山环形防御圈的最东端打开了缺口。

在战线的最南端,人民军第6师占领晋州后,继续向东猛攻,击溃美第25师部队,于8月7日进至距釜山只有几十公里的马山。从陕川地区进攻的人民军第4师于6日强渡洛东江,突破美第2师的防御,于8月11日进

① 参见《朝鲜人民正义的祖国解放战争史》,中文本,76页,1961;《伟大领袖金日成同志革命历史》,中文本,316页,平壤,朝鲜外国文出版社,1983。

至灵山。两支部队并肩突击，形成了直捣美军指挥中枢釜山的态势。沃克急忙把最后一支预备队——第1暂编陆战旅投入该方向，协同美第25师，在空军和海军火力的全力支援下实施反击，以图稳住战线。

最激烈的战斗发生在大邱地区。人民军第1方面军主力和第2方面军主力相互配合，于8月3日至11日先后强渡洛东江，从几个方向对大邱展开向心攻击。至8月15日，各路攻击部队击溃美军和南朝鲜军的抵抗，进至义城、军威、善山、倭馆、玄风一线，对大邱构成三面包围之势。

至此，朝鲜人民军在不到一个半月的时间内，连续进攻，解放了朝鲜南部90%以上的地区和92%以上的人口，美军和南朝鲜军被压缩至仅有约1万平方公里的地域。

美军和南朝鲜军立即展开凶猛的反扑。沃克再次调整部署，首先以部分兵力扼守北部地区的要点，集中美军部队在密集的空中和地面火力支援下，对西部地区的人民军展开反击。8月7日，美军首先对马山地区的人民军第6师实施反扑，随后由南向北，先后对灵山、玄风、倭馆、浦项地区的人民军进行反击。8月16日，根据麦克阿瑟的命令，美国远东空军出动5个B－29型轰炸机大队，对倭馆地区一块27平方公里的地区实施地毯式轰炸，共投下960吨重磅炸弹和大量凝固汽油弹，将洛东江岸的高地炸成一片焦土。

人民军与反扑的美军展开了激烈的拉锯作战。阵地得而复失，失而复得，战线变动甚微。经过10余天的激战，人民军在给予美军和南朝鲜军大量杀伤后，放弃洛东江左岸阵地，全线撤至洛东江右岸和倭馆、浦项以北地区，于8月20日结束第四次战役。朝鲜战局由此进入了僵持状态。

但是，美军和南朝鲜军毕竟已经龟缩至朝鲜半岛东南端一隅。朝鲜劳动党中央和朝鲜政府号召全体人民和人民军官兵，为彻底消灭敌人，把侵略者从朝鲜土地上完全驱赶出去，发挥高度的忍耐性和顽强性，加倍努力，进行最后的决战。

8月15日，朝鲜人民军最高司令官金日成发布命令："全朝鲜人民军和海军要最后扫荡美国干涉者的军队和李承晚残余伪军，要使8月成为完全解放朝鲜的月份。"①

朝鲜人民军最高司令部决心分割消灭洛东江地区美军和南朝鲜军，并向前线紧急补充兵员，运送物资，投入了新的作战预备队。

---

① 1950年8月19日，《人民日报》，第1版。

人民军前线司令部下达了进行第五次战役的作战命令，决定：以一部兵力牵制洛东江右岸从玄风到倭馆地区的敌军，集中主力，从西线和北线两个方向发起进攻，进行最后的决战，力争在大邱、永川地区围歼美军和南朝鲜军主力，解放釜山，夺取战争的最后胜利。

但朝鲜人民军经过近两个月的连续作战，主力部队损耗很大，人员和装备都没有得到充分的补充，加上战线迅速南移，后方交通线在美国飞机的严密封锁下，难以及时前运物资，后勤补给出现严重困难。前线部队已显疲惫，无法保持持续的突击力量。此外，美军和南朝鲜军的釜山防御圈易守难攻，并且美军和南朝鲜军兵力、火力已集中，8 月底，参加侵朝"联合国军"行动的英军第 27 步兵旅进入釜山防御圈（这是继美军之后，侵朝"联合国军"中进入朝鲜最早的地面部队）。因此，朝鲜人民军虽然可以突破美军和南朝鲜军前沿阵地，但难以扩大战果，向纵深发展进攻。

8 月 31 日，人民军在全线发起进攻。在西部战线，人民军第 1 方面军再次强渡洛东江，突破美军在洛东江沿岸地区设置的防线，深入美军防线纵深 10 ~ 15 公里，于 9 月 3 日进至灵山、昌宁、玄风一线。

在北部战线，人民军第 2 方面军突破南朝鲜军在庆尚山脉设置的防线，经数日激战，于 9 月 10 日进至倭馆、多富洞以南地区和八公山地区，先头部队逼近大邱北侧琴湖江右岸，对大邱市区实施炮击。大邱告急，美第 8 集团军司令部被迫转移至釜山。

与此同时，在南海岸地区，人民军第 1 方面军所属第 5、第 7 师也发起进攻，突破美军的防线，进至咸安以东地区，再次逼近马山，威胁美军和南朝鲜军的防御核心。

美军和南朝鲜军的釜山环形防御阵地岌岌可危。沃克训令部队就地死守，美军和南朝鲜军在密集的空军和地面炮火支援下，以坦克为先导，从 9 月 10 日开始，对人民军发起了大规模的反击。此时，在釜山环形防御阵地内的美军、英军和南朝鲜军兵力已达 17.9 万余人①，且占据着绝对的制空权、制海权，地面部队的火力和机动力也拥有优势。

战争双方在洛东江以东地区展开了激烈的拉锯作战，每一个阵地都处于反复争夺之中。美军飞机不分昼夜地对人民军阵地实施狂轰滥炸，并切断了人民军前线部队与后方的联系，洛东江附近变成了一片火海。

---

① 参见［美］罗伊·阿普尔曼：《美国兵在朝鲜》，第 3 卷，427 页，国防大学出版社，1994。

在美军和南朝鲜军的猛烈反击之下，人民军进攻受阻，被迫再次撤至洛东江西岸，结束第五次战役。至此，朝鲜人民军的进攻被完全扼制。美军和南朝鲜军在固守釜山环形防御阵地的同时，开始进行反攻的准备。

美国飞机侵犯中国领空，袭击中国东北边境城镇乡村

美国军队侵略朝鲜以后，其空军不但对朝鲜滥施轰炸，而且于1950年8月27日开始，不断侵入中国的领空，对中国东北边境地区的城镇、乡村进行侦察、轰炸和扫射，摧残中国人民的生命财产，向中国进行战争挑衅。

1950年8月27日上午10时零4分，2架侵朝美军B－29型飞机飞越中朝两国界河鸭绿江，侵入中国东北辑安县城及其附近上空，盘旋10余分钟方离去。

同日上午10时零5分，3架美国F－51型飞机和1架蚊式飞机，侵入中国临江县城及其附近大栗子车站上空，先在大栗子车站扫射2分钟，继在铁路线上扫射2分钟，击坏机车1辆。11时零4分，4架美国飞机再次入侵同一地区，对鸭绿江江桥附近地区扫射11分钟，击坏机车2辆、客车1辆、守护车1辆，击伤司机1人、居民1人。

下午14时30分，1架美国B－29型飞机，侵入鸭绿江下游中国安东市上空盘旋。16时40分，2架美国F－51型飞机侵入安东机场上空，进行扫射，击坏卡车2辆，机场工作人员伤19名、死3名。

这是朝鲜战争爆发后，美国飞机首次侵入中国领土，对中国境内目标进行攻击，也是美国侵朝战争扩大化的一个信号。因此，立即引起了中国政府的高度重视和强烈反应。

中国政府认为：美国在侵略台湾、朝鲜之后，又入侵中国领空，射杀中国人民，目的不外是想对中国边境的防备力量进行试探和侦察。我们必须充分揭露美帝国主义的侵略罪行。

事件发生的当天，周恩来致电东北军区司令员高岗、副司令员贺晋年，指示："请令东北各地尤其是沿朝鲜边境各地及各空军基地，严格防空，严格监视美机越境事件，按日分别次数、时间、种类、数目及有无扫射乃至轰炸等行为，并其损害结果，经东北军区电告军委。"

在查明情况后，28日，周恩来以中华人民共和国外交部部长的名义致

电美国国务卿艾奇逊,就美国飞机侵入中国领空挑衅和残暴行为向美国政府提出了严正抗议,指出:美国政府应对美军此次侵犯中国主权及残杀中国人民的行为,担负全部责任及其后果。美国政府必须立即惩办美国空军此次侵入中国领空,杀伤中国人民及击毁中国车辆的挑衅和残暴行为;负责赔偿中国方面所受的一切损失。

同日,周恩来又代表中国政府致电联合国安全理事会轮值主席马立克及联合国秘书长赖伊,要求制裁美国空军侵入中国领空的挑衅和残暴行为。周恩来在电文中指出:美国侵略朝鲜军队此种侵入中国领土上空的挑衅和残暴行为,是侵犯中国主权,残杀中国人民,并企图扩大战争破坏和平的严重罪行,是中国人民所决不能容忍的。为了亚洲和世界的和平与安全,联合国安全理事会有义不容辞的责任,来制裁美国侵略朝鲜军队的这种侵入中国领空的挑衅和残暴行为,并应立即采取措施,使美国政府完全撤退其在朝鲜的侵略军队,以免事态扩大,并有利于联合国和平调处朝鲜问题。

对周恩来外长的抗议和要求,美国政府置若罔闻。侵朝美军飞机继续入侵中国领空。8 月 29 日 17 时 45 分,4 架美国战斗机再次侵入鸭绿江右岸中国宽甸县属之拉古哨上空侦察,沿鸭绿江右岸飞至长甸河口,向中国民船射击,杀死中国渔夫 1 人,伤渔夫 2 人;17 时 50 分,再度在安东东北之古楼子上空,向中国民船射击,又杀死中国渔夫 3 人,重伤 2 人,轻伤 3 人。

8 月 30 日,中华人民共和国外交部长周恩来再次致电联合国安全理事会轮值主席马立克及联合国秘书长赖伊,要求制裁美国侵朝空军继续侵入中国领空并杀伤中国人民的罪行。周恩来指出:美国侵朝军队这种继续挑衅和残杀的行为,证明美国政府扩大战争和破坏世界和平的意图已昭然若揭,并再次要求联合国安理会制止美国侵朝军队扩大侵略的行为。

在中国政府的一再要求和控诉下及苏联等民主国家代表的努力,8 月 31 日,联合国安全理事会通过决议,决定将中国政府控诉侵朝美军飞机侵入中国领空扫射,杀伤中国人民,损坏中国财产一案列入议程。

周恩来外长于 9 月 10 日致电联合国安理会轮值主席杰伯和联合国秘书长赖伊,指出:中华人民共和国中央人民政府是代表中国人民的惟一合法政府,同时又是这一控诉案的提案者和控诉者。因此,安理会在进行这一议程讨论时,必须有中华人民共和国的代表出席陈述意见和参加讨论,否则安理会所作的一切决议都是非法和无效的。

然而面对中国政府的一再抗议和要求,美国军队不仅不收敛其挑衅行径,而且竟制造了轰炸中国城市安东的严重事件。9 月 22 日 22 时零 1 分,侵朝美军飞机1架侵入中国辽东省宽甸县拉古哨上空，进行侦察，在中国防空部队予以警告后，始向南逸去。同日22时15分，侵朝美军的B－29型轰炸机1架，侵入安东市上空，向镇安路东南一带投掷重磅炸弹12枚，炸伤2人，炸坏房屋28间，炸坏菜园5亩多。中国人民的生命、财产受到严重损失。

与此同时，美国海军则在公海上武装截击中国商船。9月20日，中国安东市港湾管理局所属“安海21”号商船，由胶东半岛东南角石岛运载旅客、货物开返安东。21日22时45分，当该船行至成山角附近（北纬38度11分30秒，东经123度6分）时，1艘美国驱逐舰突然出现在中国商船西南后方，向商船发炮达25分钟，迫令停航。同时美机1架在商船上空盘旋。23时10分，美国军舰迫近中国商船，用探照灯照射，强迫进行盘查，并令全部旅客排列舱面，加以盘问，20余分钟后离去。

9月24日，中华人民共和国周恩来外交部长致电联合国秘书长赖伊并转联合国第五届大会主席安迪让及安全理事会主席杰伯，严重抗议美国侵朝空军再次侵入中国领空轰炸安东市区的事件。9月27日，周恩来外长再次致电联合国秘书长赖伊并转联合国第五届大会主席安迪让及安全理事会主席杰伯，代表中华人民共和国中央人民政府，向联合国控诉美国军舰袭击中国商船，破坏中国航行权利这一新的侵略暴行，并要求联合国大会立即将美国侵朝军舰炮击和非法盘查中华人民共和国商船一案，与中华人民共和国控诉美国侵朝军队军用飞机侵入中国领空、肆行扫射轰炸、杀伤中国人民并损害中国财产的提案一并列入大会议事日程讨论。

9月29日，联合国安理会通过决议，决定邀请中国政府派代表出席关于中国政府控诉美国飞机入侵中国领空议案的讨论。这是中国政府外交斗争的一次重大胜利。

美国政府对于中国政府的抗议和控诉，先是矢口否认，后来则表示这些行动只是部分飞行员在执行任务时的“失误”。9月26日，美国驻联合国副代表格罗斯致函联合国秘书长赖伊，称他收到美国空军一份报告，表明美国空军“一架为联合国服务的飞机可能在9月22日夜不慎侵犯了中国领空并在安东附近投掷了炸弹”。他宣称：在联合国军指挥下作战的所有美国飞机都奉有命令，“严格禁止越过朝鲜边界进入邻国领空”，美国政府对于“任何侵犯中国领空事件以及所造成的损害表示深切的遗憾。现在已尽力并继续尽力避免属于指责性质的不幸事件发生。”他还称：美国政府“愿就此次指责以及过去的指责，负担责任并通过联合国对公正的现场调查所证明的联合国飞机造成的损害付给赔偿。”

此后，美国政府又通过外交渠道，向中国政府间接表达了同样的说法。10月初，英国外交大臣贝文通知印度总理尼赫鲁，美国国务卿艾奇逊最近对他说：美国首先对中国遭受的无意损失表示遗憾。美国政府愿意由中立国家到中国调查损失情况，并对损失作出估价。10月5日，印度驻华大使潘尼迦在会见中国外交部副部长章汉夫时转达了美国政府的上述表示。

中国政府当然不能接收美国政府这种解释。章汉夫副部长答复潘尼迦说：美帝国主义不断在中国东北侵入中国领空，杀伤我人民，损坏我财产，中国外交部已屡次提出抗议，并向联合国安全理事会提出控诉。美国的暴行是美国侵朝军用飞机所为，意图在扩大战争，破坏和平，最终的处理办法是美国侵略军队撤出朝鲜。中国政府已经向安理会提出，把美机侵犯中国领空，杀伤我人民，损害我财产一案列入议程，并提出必须有中国代表出席参加讨论。中国的立场是不可改变的。

从此，美国政府遂不再提起道歉和赔偿的事情，而按照既定计划，继续扩大侵朝战争。侵朝美军的作战行动不断扩大，逼近中国东北边境，美国飞机仍不断入侵中国领空和袭击中国境内目标。

美国侵朝战火已经越出了半岛，开始向中国东北地区蔓延。中国的安全受到越来越严重的威胁。

第七章

东北边防军的战前准备

沈阳军事会议的动员和部署

东北边防军组成之后,1950 年 8 月 4 日,中共中央政治局召开会议,分析朝鲜战争形势,明确了中国对朝鲜要给予帮助的思想。

周恩来在会上指出:如果美帝将北朝鲜压下去,则对和平不利,其气焰就会高涨起来。要争取胜利一定要加上中国的因素,中国的因素加上去后,可能引起国际上的变化。我们不能不有此远大设想。毛泽东指出:对朝鲜,不能不帮。如果美帝得胜,就会得意,就会威胁我们,甚至挑衅。因此,对朝鲜不能不帮,必须帮助,用志愿军的形式,时机当然还须选择,我们不能不有所准备。

政治局会议结束后,毛泽东于 8 月 5 日以中央军委名义致电东北军区司令员兼政治委员高岗,指出:"边防军各部现已集中,八月内可能没有作战任务,但应准备于九月上旬能作战。请高岗同志负主责,于八月中旬召集各军师干部开会一次,指示作战的目的意义和大略方向,叫各部于本月内完成一切准备工作,待命出动作战。务使士气旺盛,准备充分,部队中的思想问题必须予以解答。"①

① 《建国以来毛泽东军事文稿》,上卷,179 页,北京,军事科学出版社、中央文献出版社,2010。

编入东北边防军的部队在集中之前，除少数部队担负剿匪作战任务外，大部分部队均承担了繁重的生产建设任务。随着全国解放战争结束，国内和平环境的出现，以及部队大部分担负了生产建设任务，部队官兵的思想也发生了变化，战斗队的观念淡化，战备松弛，尽管不能说是“刀枪入库，马放南山”，但从此天下太平的情绪的确存在，希望过和平安逸日子，成家立业，“两亩地一头牛，老婆孩子热炕头”的想法，在部队中颇为流行，而对待命出国作战缺乏精神准备。从和平生活转入战时状态，对边防军来说是一个重大转折。

根据毛泽东的指示，边防军完成集中后，召开会议进行传达部署。第13兵团于8月11日召开所属各军、师干部会议，听取部队情况汇报。专程从北京赶来参加会议的萧劲光（已任命为东北边防军副司令员，尚未到职）宣布了边防军的未来作战任务：准备赴朝鲜作战，支援朝鲜人民抗击美国的侵略。部队出国作战时将使用“志愿军”的名称，同时中国不准备对美国公开宣战。[①] 随后，高岗于8月13日至14日主持召开了边防军高级干部会议，对边防军的任务、出国作战的目的意义、军事准备的要求等进行了动员和部署。这两次会议连续举行，通常被合称为“沈阳军事会议”。东北边防军师以上主要领导均参加了会议，高岗受中央委托在会上作了报告，萧劲光、萧华和邓华均在会上作了讲话。

高岗在报告中充分阐述了边防军准备出国作战的目的和意义。他在报告中指出：

美国帝国主义已经直接发动了对东方各民族的武装侵略。进攻朝鲜，占领台湾，和组织亚洲的一切反动力量来镇压亚洲各国人民的民族民主解放运动。

美国侵略朝鲜的战争，是它的整个侵略计划的一部分。美国帝国主义念念不忘侵略中国，霸占亚洲。因之，它企图占领朝鲜作为进攻东北华北、进攻中国的跳板，并正在积极武装日本和（南）朝鲜，利用日本和朝鲜的人力物力，为美国帝国主义者的侵略计划而作战。

报告指出：美国没有料到，朝鲜人民军作战英勇，由美国武装起来的南朝鲜军几乎被打崩溃，美国侵略军也遭受了重大打击。朝鲜战争一个半月

---

① 参见萧劲光在沈阳军事会议上的讲话，1950年8月11日。

来，人民军已自三八线向前推进了数百公里，把美军和南朝鲜军打到大邱、釜山的狭小地区内，弄得美国这个世界反动阵营的“主帅”不好下台。“但是，美国帝国主义者是决不愿意朝鲜人民革命胜利的，并且也还不甘心失败，正在继续运兵到朝鲜去扩大战争。”

报告特别说明了边防军为什么要准备到朝鲜去作战，指出：

如果美国侵略者占领了朝鲜，毫无疑问一定会准备力量，来进攻我们的东北与华北，进攻我们的祖国。那么我们究竟是让它打下朝鲜，让它准备力量，增长气焰，等它打到中国来的时候再去消灭它好呢？还是现在争取主动，配合朝鲜人民军，在国土以外，消灭敌人，保卫自己好呢？显然地，在国土以外消灭敌人，是有利于我们，有利于我们的朋友，有利于世界人民反对帝国主义争取和平民主的事业的。所以为着保卫祖国，巩固胜利，粉碎帝国主义的侵略计划，我们必须主动地、积极地援助朝鲜人民，帮助朝鲜人民解放，使朝鲜成为独立民主统一的国家。也就是说，朝鲜人民的敌人，就是我们的敌人。朝鲜人民的胜利，就是我们的胜利。支援朝鲜和保卫我们祖国与保卫世界和平是一致的。因此，这样的战争是正义的。

一个半月的事实证明，美国帝国主义者虽然发动了侵略战争，但是美国的战争动员和战争准备还没有完全做好……所以这一战争只能是局部性的。

报告还提出了与美军作战的指导原则，对与美国军队作战胜利的条件和存在的困难进行了分析，针对部队中有人恐惧原子弹，指出：“有些人怕原子弹，但实际上也不必害怕。1. 原子弹不光美国有，苏联也有。2. 原子弹使用于战场上，不光损伤对方，连自己也要损伤。3. 全世界人民反对原子弹，揭露帝国主义的罪恶，使美国不得不有所顾忌。”

报告对边防军的准备提出了具体要求，主要是充分的政治动员、积极的军事准备和具体的物资准备。报告还指出，边防军出动时“到朝鲜去是以志愿军的名义出现，穿朝鲜服装，用朝鲜番号，打朝鲜人民军的旗帜，主要干部改用朝鲜名字。这样的处置，可以使朝鲜人民喜欢，又很策略”。

报告最后说：“我们曾经战胜了日本帝国主义，曾经消灭了八百万美蒋军队。现在党和人民要求我们去消灭美帝国主义的侵略军队”，我们应该“勇敢地担负起这一光荣的战斗任务”。他要求“各个部门与各个部分都应迅速地、仔细地进行充分的准备工作，充分的准备是争取胜利的先决条件。"政治教育一定要深入人心,军事技术和战术要拼命地练,各项准备均应专人负责,严格检查,防止落空,限期完成。[①]

邓华在会议上,对边防军的准备作了具体部署。

尽管第13兵团作为国防机动部队于1950年初集中时,中央军委要求要一手抓战备训练,一手抓生产,但各级领导机关在执行过程中,怕生产搞不起来,而一再给部队生产任务加码,"从而出现了拼命搞生产而忽视战备训练的现象"[②],军事技术和战术水平普遍不高。为了完成生产任务,部队不得不大量动用在编的马匹和车辆,结果造成了在编马匹瘦弱,车辆损坏严重。编制、装备也无法适应新的作战任务的要求。以炮兵部队为例,按照规定,在执行作战任务时,至少要携带1个基数的弹药,即野炮炮弹100发,100毫米榴弹炮炮弹80发,105毫米榴弹炮炮弹50发。但以部队当时的运输力量,却只能携带105毫米榴弹炮炮弹5发,100毫米榴弹炮炮弹20发,野炮炮弹75发。

除车辆和马匹之外,各种装具的损坏也很严重。第38军的马鞍具大多丢失或损坏,连1个基数的弹药都带不走,第112师有少数班全班只有1把小锹。第39军全军小镐坏了3000把,小锹需补4000把。干部、战士的水壶、雨衣、米袋、干粮袋、挂包、手榴弹袋和子弹袋的补充量也很大。

武器的状况同样令人担忧。由于储存、保养不力,武器锈蚀损坏严重。据统计,至9月25日,边防军共送修火炮497门,占全部在编火炮的35%,其中因保养不好,致使生锈损坏的火炮,占送修火炮的21%以上,甚至发现麻雀已经在火炮炮筒中做了窝。[③]

据统计,边防军共需补充步枪2000枝,轻、重机枪535挺,60迫击炮175门,81迫击炮234门,化学迫击炮4门,92步兵炮78门,山炮10门,57战防炮24门,火箭筒24具,榴弹炮15门。各种鞍具3301件,车辆苫布5265块,伪装网5265张,汽车3550辆,马匹4428匹。[④]

周恩来后来在听取边防军工作汇报时,曾尖锐地批评说:"我们的部队有些不是战斗队而只是生产队了。武器损坏或生锈,许多装具器材用去生

---

① 参见高岗在沈阳军事会议上的讲话,1950年8月13日。

② 杜平:《在志愿军总部》,16页,北京,解放军出版社,1989。

③ 参见东北军区后勤部:《八月份后勤工作综合报告》,1950年9月。

④ 参见东北军区后勤部:《七、八、九三个月后勤工作综合报告》,1950年10月21日。

产，现在要拿去作战，什么都要修理或补充。”①

沈阳军事会议详细分析了边防军部队的状况，结合新的作战任务，确定了迅速改变部队状况，在短期内完成战前准备的具体措施。决定：8月19日之前，各部队进行政治动员和教育；从8月20日开始，转入军事训练。装备和编制的调整工作，与政治动员和军事训练同时进行。

军事训练时间暂定为20天，以基本的战术动作和技术训练为重点。战士主要进行射击、爆破、投弹、土工作业和基本战术队形的训练。干部主要进行夜战和协同作战战术教育，团以下干部主要学习在各种情况下如何组织兵力、火力，师以上干部主要学习兵力、火力的组织指挥和陆空协同、各兵种协同作战战术。会议要求：一切军事训练的目标，集中于消灭敌人的地面部队，以陆空协同、反坦克战术和技术、消灭敌人炮兵的战术、对空射击与防空教育为基本环节。

会议认为，部队出国作战初期，主要是争取在敌人运动中或立足未稳的情况下来歼灭敌人，以后则会逐渐转为攻坚战斗。要在动的中间寻找敌人的弱点，创造战机，“在战术上，则采取速战速决的原则”②。要集中优势兵力，打歼灭战，不打击溃战、消耗战或相持战。在有利的条件下，有把握地一部分、一部分地消灭敌人。③ 为此，在战术指导思想上，要求：

1. 掌握四快一慢，④打有把握的仗，不打主观的莽撞仗，尤其要慎重初战，一开始就打出一股劲。

2. 集中优势兵力，抓好一点两面。⑤ 根据具体情况，每战至少集中于敌人四倍以上的兵力于主要方向，形成锋利的尖刀和连续不断的突击力量，不分散，不贪多，打则必歼。

3. 根据美军防御正面部署较严、火力组织较好和最怕截断后路的特点，强调要大胆、勇敢地渗透、迂回，特别是选择敌人的弱点，从敌人的翼侧和侧后发起攻击，直插腹心，首先切断敌军后路，打乱敌军部署，而后分割包围敌人，各个歼灭。

---

① 《周恩来军事文选》，第4卷，45页，北京，人民出版社，1997。

② 萧劲光在沈阳军事会议上的讲话，1950年8月11日。

③ 参见高岗在沈阳军事会议上的讲话，1950年8月13日。

④ 四快一慢，四快指接敌要快，攻击准备要快，扩展战果要快，追击要快。一慢，指总攻击一定要在准备充分的情况下才发起，如果尚未准备就绪，宁可慢一些。

⑤ 一点两面，一点指集中优势兵力、火力于主要攻击点上，保证打垮敌人；两面指至少要从两面，兵力充裕时可以从三面或四面包围攻击敌人。

4. 充分发扬我军的优良传统和发挥战术特长，尽量缩短火力战的时间，一切求得突然，迅速靠近敌人，大胆地与敌进行近战，特别是发挥手榴弹、炸药包和近战火器的威力，准备与敌人拼刺刀，以勇猛的近战削弱敌人远战兵器的作用。

5. 美军有制空权，坦克多，火炮多。为减少敌人火力的杀伤，部队的一切行动应尽量争取在夜间进行，充分发挥夜战的特长，昼间注意伪装和隐蔽。同时注重土工作业，减少接敌过程中的损失。另外，要组织步兵火器打击敌机，并勇敢地与敌坦克作战，打掉敌坦克的威风。①

15 日，高岗将会议情况向毛泽东作了报告，萧劲光回京后也将会议情况向毛泽东作了报告，并说明边防军于 8 月底前完成一切作战准备，困难很大。14 日，邓华、洪学智、解方联名致电高岗、贺晋年、萧劲光、萧华并报军委，根据边防军编制、装备需补充等情况，认为"如限八月底完成准备实来不及"，建议将完成准备时间延至 9 月底，最早也需 9 月中旬。18 日，毛泽东致电高岗指出："八月十五日送来你在边防军干部会议的报告收到了。这个报告是正确的。"并决定"边防军完成训练及其他准备工作的时间可延长至九月底，请你加紧督促，务在九月卅日以前完成一切准备工作。"②

8 月 26 日，周恩来主持国防会议，检查边防军的战前准备工作，并对准备工作中存在的问题进行了讨论，提出了解决的方案。周恩来在会上强调：一定要"加紧和加强准备工作。一切都要准备好，不要成为'临急应战'，而要有充分准备，出手就胜"③。

根据中央军委和毛泽东主席的指示，及边防军沈阳会议的部署，边防军进行了各种战前准备。

政治思想动员和教育

新的任务在边防军部队传达后，在干部战士中产生了强烈的反响。绝大多数官兵态度明确，坚决响应上级的号召，情绪高昂，积极要求参战，消灭

① 参见邓华在沈阳军事会议上的讲话，1950 年 8 月 13 日。

② 《建国以来毛泽东军事文稿》，上卷，184 页，军事科学出版社、中央文献出版社，2010。

③ 《周恩来军事文集》，第 4 卷，45 页，北京，人民出版社，1997。

美国侵略军。但也有少部分官兵在不同程度上存在着思想问题，主要表现在：

1. 不愿打仗的和平思想。特别是边防军部队的基层官兵，许多是东北人，国内战争结束后，很想回家过安逸的生活，认为：打了多年仗，好不容易打出一个新中国，“革命胜利，得来不易，应该休息休息了”。

2. 与美军作战的恐惧心理。少数官兵觉得敌我装备强弱悬殊，对美军的飞机、坦克感到束手无策，因而对与美军作战的残酷性看得很重，形成了思想负担，认为“鸭绿江是鬼门关，有去无回”。

3. 消极观望的态度。有些官兵精神不振，认为当兵的职责就是打仗，上级叫打就打，打的结果怎样由上级负责。同时认为“美国鬼子不会打到中国来”，“何必多管闲事，不要惹祸上身”，主张守住鸭绿江，美国军队“来了就打，不来就算”。①

坚决要求参战的干部战士，代表着部队的主流，他们长期接受革命教育，经受过革命战争的考验，政治觉悟高，是稳定部队的中坚力量，但在高昂的士气背后也隐藏着某种急躁和轻敌的情绪。有人认为：美国兵都是“少爷兵”，娇气、怕死，打仗要“铺毯子才卧倒”，所以感到没有必要进行什么认真准备，最好是马上出动，“早打完早回国”，省得浪费时间。

这些情绪表明，边防军官兵对未来作战任务的性质、意义和艰巨性还缺乏正确的认识，对与美国侵略军作战缺乏充分的思想准备。要保证边防军战前准备的顺利进行，必须对部队进行深入、细致的思想动员和教育。

针对这种情况，东北边防军决定：部队的政治动员和教育，根据沈阳军事会议的精神，主要解决“该不该打”、“愿不愿打”、“能不能打”的问题，采取自上而下的方法，首先解决干部的思想问题，而后在部队中普遍进行教育。要求各军都要召开团、营干部大会，各师要召开连、排干部大会。

第13兵团根据边防军的统一部署，召开兵团政治工作会议，研究部署了政治思想动员和教育的具体步骤和内容，确定：对干部直接进行出国作战教育，对战士则首先进行时事教育，然后再转为出国作战教育，主要是进行仇视、鄙视、蔑视美帝国主义的“三视”教育和爱国主义、国际主义、革命英雄主义的教育。

政治思想动员和教育的内容有如下四个方面：1. 讲清未来作战任务的

---

① 中国人民志愿军抗美援朝战争政治工作经验总结编委会：《中国人民志愿军抗美援朝战争政治工作》，22页，北京，解放军出版社，1985。

目的、意义，提高全体指战员的阶级觉悟，加深对美帝国主义的仇恨，发扬爱国主义和国际主义的精神，清除部队中的和平情绪，树立战争观念和坚强的战斗意志。2. 以历史与现实的战例教育部队，对敌我双方的强弱对比进行辩证分析，说明我军在未来作战中的有利条件和胜利基础，增强指战员的战斗勇气和胜利信心，提高部队的战斗情绪。同时，在部队中开展捉俘虏、缴武器、立大功的活动，使部队保持旺盛的士气与强烈的求战欲望。3. 充分说明未来作战的艰巨性和困难，认真地研究敌人，科学地认识敌人，既要在战略上藐视敌人，又要在战术上重视敌人，坚决消除部队中的轻敌、急躁情绪。4. 普遍进行尊重朝鲜人民、尊重朝鲜人民军和朝鲜人民领袖的教育，保持和发扬我军的优良传统，"爱护朝鲜的一草一木，犹如爱护自己的祖国一样"①，培养维护祖国和军队声誉的强烈荣誉感。

会议结束后，各军、师立即展开全面的政治思想动员和教育，先后召开了营以上和排以上干部会议，传达任务。各级政工干部都深入基层，组织部队学习，参加部队的教育，及时发现问题，解答官兵的思想疑难，并总结经验，迅速推广，保证了政治动员和教育富有针对性和具有强大的说服力。

政治思想动员和教育的方式也多种多样，不拘一格，或召开官兵大会，或进行小组和班排的讨论，或搞墙报和黑板报宣传，或到美国飞机轰炸现场参观，或请朝鲜同志介绍情况，或听朝鲜难民控诉美军罪行。部队还普遍进行了诉苦教育，开展"邻居失火我们该怎么办"的讨论。9 月初，又结合评选全国战斗英雄，召开英模大会，开展了争立大功，争当英模的动员，使得政治动员和教育贯穿战前准备的始终，生动活泼，深入人心。

"该不该打"的教育，主要在干部中进行，通过对美国侵略朝鲜、台湾行动的分析，阐明美国侵略行动的真实意图，说明组建边防军和援助朝鲜人民抗击美国侵略的重大意义，强调为了保卫祖国，巩固中国革命的胜利，粉碎美帝国主义的侵略计划，中国人民必须主动地、积极地援助朝鲜人民，帮助朝鲜人民实现民族解放、独立。朝鲜人民的敌人，就是中国人民的敌人。支援朝鲜与保卫祖国、与保卫世界和平是一致的。支援朝鲜人民抗击美国侵略的行动，是正义的战争。着重说明援助朝鲜的必要性，并随着国内反对美国侵略台湾、朝鲜宣传运动的兴起和发展，在部队中逐步提出了"抗美援朝，保家卫国"的口号。向部队讲述中朝两党的传统友谊和两国人民的友好关系，阐明中朝两国山水相连，唇齿相依，唇亡则齿寒，户破则堂危，救邻

① 高岗在沈阳军事会议上的讲话，1950 年 8 月 13 日。

就是自救,援助朝鲜就是保卫中国的道理。

"愿不愿打"的教育,直接面向广大官兵,主要是转变部队中的和平观念,树立准备作战的思想。在部队中重温美帝国主义侵华史,强调侵略中国是美国在远东发动和扩大侵略战争的最终目的。第13兵团政治部为配合部队教育,专门编写了介绍美国侵华历史手册,从美国海军1839年入侵中国谈起,历数美国在中国近代史上胁迫清政府签订的不平等条约,特别是抗日战争胜利后美国支持蒋介石发动全国内战,与中国人民为敌的史实,并结合日本帝国主义侵略中国的历史,说明美国是在走日本帝国主义的老路,即占领中国,必先占领东北,占领东北,必先占领朝鲜,从而激发干部战士对美国侵略的仇恨,对美国侵略行径有深刻的理解。还利用朝鲜战争爆发后,美国侵略中国领土、领海、领空的事例和朝鲜人民的悲惨遭遇,提高干部战士对抗击美国侵略紧迫性的认识。边防军驻扎在中朝边境地区的一些部队目睹了美国飞机对中国东北边境城镇和目标的轰炸、扫射,美国飞机对朝鲜的狂轰滥炸,看到了鸭绿江彼岸的朝鲜百姓扶老携幼、背井离乡逃亡中国避难的悲惨景象。各级政工机关,利用这些活生生的教材,向部队说明美帝国主义已经在向中国挑衅,已经把战争强加给了中国人民,抗美援朝是势在必行,从而激起了广大指战员的求战热情。

"能不能打"的教育,主要通过比较敌我双方的优劣短长,首先,说明美国进行的是非正义的侵略战争,美军虽然在武器装备上占据优势,但兵力匮乏,士气不振,且是越洋作战,困难很多。而我军出国作战是支援朝鲜人民反抗侵略和保卫中国的安全,进行的是反侵略的正义战争,战争的性质决定了人心所向,我军必将得到全世界爱好和平人民的支持。其次,我军虽然在武器装备上处于劣势,但战争胜负的决定因素从来不是武器装备,而是人。我军在数量、质量上均占有优势,有中朝人民的全力支援,有世界爱好和平人民的支持,而且我军从来都是以劣势装备战胜优势装备敌人的。一些曾经与美军打过交道的干部和部分曾经在抗日战争时期在滇缅战场与美国军队共同作战的解放战士,还以亲身经历介绍了美军的情况,说明美军装备优势并不像传说中的那样厉害,在战斗意志和战斗力上还不如日本军队。我军能够打败日本军队,也一定能够打败美国军队。[①] 从而迅速打消了部分官兵对美国装备优势的恐惧心理,稳定了情绪,振奋了精神,鼓舞了斗志,大大增强了战胜美国侵略军的勇气和信心,保证了部队以高昂的士气投入战

① 参见杜平:《在志愿军总部》,25页,北京,解放军出版社,1989。

前准备工作。

除了"该不该打"、"愿不愿打"、"能不能打"的教育之外,边防军部队还进行了另外两项教育。

第一,克服困难的教育。强调未来作战是我军第一次与美国军队作战,对美军的作战特点不很了解,而美军具有现代化的装备,进行的是陆、海、空军联合作战,这是我军以往所没有经历过的战争考验,在作战中会遇到许多意想不到的困难和挫折。因此,要求全体官兵应团结一致,做好克服各种困难的充分准备,坚决防止在任何情况下的情绪波动,决不能有丝毫轻敌思想,要在战争中学习现代战争,逐步认识和适应战区环境与对手,并不断总结经验,找到在现代战争中战胜强大敌人的有效战法。

第二,强调未来作战是我军第一次出国作战,朝鲜人民对我军也不了解,且有语言障碍,彼此之间难以沟通,可能会产生某些隔阂和误会,部队面临与国内战争迥然不同的环境。第13兵团政治部专门编印了题为《团结友邦人民》的宣传手册,下发部队,在详细介绍朝鲜的历史、风俗之外,着重介绍了金日成首相的革命生涯和人民军的光荣历史,要求全体官兵入朝之后一定要尊重朝鲜人民的领袖,尊重朝鲜各级政府,尊重朝鲜人民军,尊重朝鲜民族的风俗习惯,与朝鲜人民搞好团结,坚决制止骄傲自大的情绪和行为,强调中朝军队和人民的团结是胜利的政治基础,训令部队一定要发扬人民军队的光荣传统,比在国内更模范地遵守纪律,以国际主义的精神完成出国作战任务。①

政治思想动员和教育工作取得了巨大的成效。深入的思想发动,激发了干部战士强烈的阶级觉悟,认清了美帝国主义的侵略本质,懂得了中朝两国人民唇齿相依的关系,明确了支援朝鲜人民的解放战争就是保家卫国的正义行动,树立了敢打必胜的信心。部队的和平思想经过教育得到了纠正,积极求战在部队形成了风尚,其中最突出的是对抗美援朝和保卫国防的关系有了正确的认识。第40军一位战士创作的一首快板诗在部队中广为流传:"美帝好比一把火,烧了朝鲜就要烧中国,中国邻居快救火,救了朝鲜就是救中国。"②这首诗的内容,充分反映了部队官兵认识的提高。官兵们纷纷宣誓要为保卫祖国立功,为祖国、为毛主席争光,援助在苦难中的朝鲜

① 参见第13兵团政治部编:《团结友邦人民》,1950。

② 《中国人民志愿军抗美援朝战争的政治工作》,22页,北京,解放军出版社,1985。

兄弟。

深入的政治思想动员和教育，不仅保证了部队情绪的稳定，也为边防军战前准备工作的顺利进行，以及后来边防军改编为中国人民志愿军，向朝鲜境内出动，夺取抗美援朝战争的胜利，奠定了坚实的思想基础。

军事训练

编入东北边防军的部队，基本为第四野战军的主力部队，作战经验丰富，战斗力很强。但是，全国解放之后，由于参加地方建政工作，干部队伍，特别是团、营指挥干部变动很大，有作战经验的干部许多参加了地方工作，新提拔的干部比较缺乏组织的经验。据统计，第 38 军原来的团级主官 90% 已经调动了工作，营以上干部调动达 420 人。第 39 军原来的团级主官只有 3 人留任原职，营级主官全部进行了调整，基层的干部、战士成分变化更大，同时执行生产任务，也造成了部队的训练中断，战士的技战术水平普遍下降。这些新情况，大大增加了边防军部队军事训练的难度。

此外，边防军未来作战的战场在朝鲜，主要对手是美军，所进行的现代化战争，与国内战争有很大的不同。新的任务、新的作战对手，对边防军部队提出了比国内作战更高的战斗力要求。边防军集结之初，部队的状况距未来作战要求有比较大的差距。

沈阳军事会议结束后，高岗在给毛泽东的报告中指出："现在军队中有些干部，以过去打日本、打国民党军队的眼光来看今天的敌人。对敌人的技术、空军、炮火的特点没有足够的认识。另外又有少数干部，对美帝空军感到棘手。所以须有专人来研究敌人特点，以之教育部队，便于作战时有把握地消灭敌人。"①

毛泽东同意高岗的分析和建议，指示："必须以现代战争观点教育部队，切记不可轻敌。你的意见是正确的。"②

遵照毛泽东主席的指示，根据沈阳军事会议确定的作战指导方针和战

① 高岗呈毛泽东报告，1950 年 8 月 30 日。参见《建国以来毛泽东军事文稿》，上卷，200 页注释[4]，北京，军事科学出版社、中央文献出版社，2010。

② 毛泽东致高岗电，1950 年 9 月 3 日。《建国以来毛泽东军事文稿》，上卷，199 页，北京，军事科学出版社、中央文献出版社，2010。

术原则，边防军在战前准备的军事训练中，适应时间紧迫的特点，强调采取“多用老办法、多想新办法”训练方式，以“宁可备而不用，不能用而不备”为训练原则，从部队实际出发，既强调熟练掌握传统战法，又要求结合未来作战任务的特点，学习现代战争和诸兵种协同作战的知识，一切训练工作着眼于提高部队战斗力。

作战指导方针与原则的确定，直接决定着部队训练的内容和思路。沈阳军事会议结束之后，第13兵团进一步研究了部队未来作战任务，认为部队赴朝鲜作战，主要应该抓住美军怕截断退路和过分依赖技术装备的弱点，根据朝鲜多山地、河流的特点来确定部队的作战样式。根据敌我力量对比等主客观条件，部队未来的作战行动，将主要是山地进攻作战。因此一切装备、编制都要适应这一要求，军事训练也应突出这方面的内容。

关于作战指导，他们认为：在朝鲜对美军作战，如正面进攻，则非常容易打成消耗战或击溃战。所以一定要强调实施广泛地机动，同时迅速展开优势兵力一下压倒敌人，尤其要突出迂回、渗透、切断和包围。万一受到地形的限制，兵力无法充分展开，则要强调梯次和纵深配备，保持充足的连续突破力。①

根据这一分析和结论，第13兵团在部队训练中非常强调进行山地作战的教育和训练，要求干部研究和掌握山地作战的战法，部队每天都要进行爬山训练。

确定作战原则和训练重点后，第13兵团对训练内容科学计划，周密安排，区分不同情况，采用不同的方法，指导部队紧张而秩序地投入战前训练，使整个边防军部队的军事训练做到了忙而不乱，多而不杂。

干部的教育和训练，是战前军事训练的重点。8月24日，邓华等人曾在给东北军区的电报中报告说：“各级干部多为新提拔者，感觉火器多、摆不开，特别是对联合兵种作战无经验。……机关干部对现代作战，老一套已不管用，新的无经验（通信、侦察等），正普遍[开展]想办法运动，以提高业务工作。”

边防军师以上干部和机关干部的教育，以学习和讨论为主，主要内容是联合兵种协同作战一般原则和知识的学习。请苏联军事顾问郭比夫中将向边防军高级干部讲授了苏军诸军兵种部队协同进攻作战的组织与实施方法。

① 参见邓华、洪学智、解方呈林彪的报告，1950年8月31日。

在学习的基础上,边防军师以上干部和机关人员分别组织了研究和讨论,内容与既定的作战原则相适应,主要研究山地进攻作战的协同战术,此外还对进攻与追击阶段的司令部工作细则,以及步炮、步坦、陆空协同作战进行了研究。以第13兵团司令部为例,研究的主要内容是协同动作的基本原则,内容包括:"协同作战目的是为了保证同时向纵深打击敌人;一切以步兵的利益为主;各兵种相互支援、相互了解;确实检查、不间断的通信联络;进攻中的保障工作;指挥所的组织与开进;警戒与结合部的保障;后勤"①等。此外,各级司令部还普遍举办了参谋业务训练班。

团以下干部的教育采取轮流集训的方法进行,从9月1日开始。分作两个部分:团、营干部集训由军组织,连、排干部集训由师组织。如第40军,团、营干部集训班和连排干部集训班均开办了两期,第1期6天,第2期9天,共集训团、营干部177名,连、排干部1201名。②

团以下干部集训的重点内容,是如何组织队属和配属的兵力、火力,其中连、排干部侧重于对一点两面、四快一慢、四组一队、③三猛战术、④三三制⑤等第四野战军传统战法的学习和研究,团、营干部则侧重于三种情况三种打法⑥和合同战术,主要是步炮协同战术。

各军的教学方法也灵活多样,不拘一格。根据干部的实际水平,各军把集训的重点放在使干部真正领悟内容、掌握要领上。

第39军采取了沙盘作业的方法,在沙盘上设置情况,组织干部展开研

① 引自第13兵团作战处长杨迪的工作笔记。

② 参见第40军参谋长宁贤文在第13兵团军事会议上的发言,1950年9月21日。

③ 四组一队:一队指进攻作战中的突击队,四组指突击队编成中的爆破组、火力组、突击组、预备组。

④ 三猛战术,即猛打、猛冲、猛追。猛打,指集中火力对攻击的主要目标实施突然猛烈的火力突击;猛冲,指利用火力突击效果勇猛突击,以近战火力和白刃战消灭敌人;猛追,指发现敌人退却时,穷追猛打,直至消灭敌人。

⑤ 三三制,为第四野战军在解放战争中普遍采取的一种班战术,其要求把1个战斗班按照战斗任务分编为三个小组,每组3~4人,在班长统一指挥下,各小组灵活机动,相互支援。

⑥ 三种情况三种打法,为对敌进攻时的战术指导思想。第一种情况是对预有防御之敌进攻,强调要查明情况,周密准备,不能莽撞进攻;第二种情况是对退却之敌进攻,强调要以战斗姿态接敌,迅速发起战斗,歼灭敌人;第三种情况是对欲退未退之敌进攻,强调既不可莽撞行事,又不可拖沓缓慢,要以一部分兵力首先抓住敌人并断其退路,主力随后赶到,经周密准备后再发起进攻歼灭之。

究,收效很大。在集训过程中,该军不断穿插进行测验,让干部结合以往经历过的战斗,对学习的内容进行讨论,完成答卷,加深干部的认识。

第 40 军的团营干部集训,基本采取研究讨论的方法,即先集体授课,然后让干部结合具体战例有重点地进行研究。连排干部集训,则以演习的方法为主,如第 118 师先以两天对干部授课,然后以一天时间看地形,现地拟定作战想定,以两至三天的时间,由受训干部担任指挥员,进行连排进攻实兵演习,最后一天再集体作讲评。

第 42 军根据干部对炮火支援存在依赖心理的情况,由军炮兵主任详细讲解了炮兵使用的知识,使干部认识到组织战斗的复杂性、炮兵的地位和作用,发挥自身火力作用的重要性。

在集训中,各级干部对美军作战的特点有了基本的认识,改变了以往无根据的轻敌和惧敌的观念,并初步确定了战胜敌人的战法。同时对人民解放军的传统战法有了更深入的认识,对一点两面与三三制、四快一慢的关系有了明确的认识,对三种情况下的三种打法从认识到运用都形成了正确的概念,对集中火力的认识与方法有了明显的进步,对集中优势兵力、争取主动是胜利的关键有了进一步的体会,并在统一认识的基础上,研究确定了集中优势兵力的方法,同时明确了各兵种协同作战以步兵为主的原则。

此外,各部队还对进攻作战中各阶段指挥方法作了基本规定。如第 38 军规定:战前侦察地形要区分层次,首先由军集中组织师团指挥员看地形,确定攻击点,然后由师或团指挥员组织营以下干部现地确定突破口、进攻路线及火力阵地、步兵进攻出发地等。至于纵深配备,为防止敌火力对我后续梯队的杀伤,规定纵深一般不宜拉得太长,应缩短作二线横宽面配备。第 40 军则对战前准备、各级战斗队的编成与运用以及点与面形成等问题,作了逐一研究和规定。在集训中,各部队还专门研究了迂回、渗透、穿插、分割、包围的战术。①

通过集训,受训干部的指挥水平普遍得到了提高,特别是由政工干部改任军事主官的干部收获最大。其他干部则对指挥作战有了新的认识,澄清了许多战术思想的模糊认识,进一步增强了夺取胜利的信心。

---

① 参见干部集训情况,见 1950 年 9 月 21 日,第 38 军参谋长江拥辉、第 39 军参谋长沈启贤、第 40 军参谋长宁贤文、第 42 军参谋长廖仲符在第 13 兵团军事会议上的发言。

部队训练包括技术训练、战术训练和防空、反坦克教育四个部分。分作两期进行,第一期从8月20日到9月10日,主要进行班以下战术训练和单兵射击、投弹、爆破、土工作业基本技术训练,以及反坦克、防空教育,重点是班长和单兵的训练。

9月上旬,第13兵团确定从9月18日开始转入第二期军事教育。总参谋部接到第13兵团的报告后,批准了第二期军事教育计划的训练内容,但指出:"惟教育时间自申巧至申陷①仅两个星期似太短,根据目前部队情况和干部水平,将以上三个科目(指排、连、营进攻战术)学好,最低需一个月。因此,第二期教育时间以延至十月十八日为宜。"毛泽东主席亲自审阅了总参谋部的回电,并在电文最后加上了一句话:"届时如情况许可,可再行延长。"②

实际上,第二期训练从9月11日开始,到10月2日结束,以排、连、营进攻战术训练为主要内容,其中以排、连战术为重点,同时利用早晚的时间继续复习和巩固各种技术。

在技术、战术训练中,各部队为保证训练的顺利进行,均在训练前进行了周密准备,首先召开营以上干部会议,传达任务,然后根据训练内容,结合部队的实际情况,分门别类地研究制定详尽的训练计划。在组织方面,主要抓了四项工作,一是自上而下地建立了训练指导委员会,二是普遍建立了干部训练队,三是对各技术兵种分队分别组织了集训,四是建立了严格的训练检查机构和制度。

在技术训练中,针对部队新老兵参差不齐、对技术的掌握程度相差悬殊的情况,第13兵团要求各部队要从最基本的要领和动作练起,做到会者熟练、差者学会,使每位战士都能够熟练掌握手中的武器,战斗骨干则可掌握几种武器的使用。在训练方法上,各部队普遍贯彻了因人施教的原则,分类指导。如第38军在射击训练中,将优秀射手、一般射手和较差的射手分别编组,分别训练。第42军则强调在射击训练中要普遍利用瞄准镜进行辅助训练,使新战士很快掌握了三点一线的瞄准要领,并利用振荡器帮助战士寻找击发动作的毛病,纠正动作,另外还在战士中组成互助小组,随时学,随时教,互帮互学,共同提高。

灵活的训练方法,使得部队的技术水平很快得到恢复和提高。第一期

---

① 申巧至申陷,指9月18日至9月30日。

② 总参谋部致第13兵团电,1950年9月14日。

训练结束时,新战士成分较多的第42军,步枪对100米固定靶射击成绩,达到了83.6%以上命中。第40军第357团的投弹成绩,原来有335人不过30米,经过训练后这些人大部分达到了30～40米的成绩。第38军第112师的熟练爆破手达到了40%～50%。

在战术训练方面,单兵动作主要通过实地教学,解决有效利用地形、地物和在不同情况下通过不同地形时的动作与速度问题,使战士熟练掌握规范的动作,明确隐蔽自己与发扬火力的关系。战斗小组和班进攻战术训练,则以三三制为要点,集中进行战斗队形的展开、班长的组织指挥和配属火器的使用等内容的教育与训练,并强调班长要充分利用简单易记的联络信号和各种手势、喇叭声响协调全班的动作。

在训练过程中,各级对单兵、小组和班的战术动作抓得很严。军、师干部直接下到连,团级干部下到排,营级干部下到班进行指导和帮助,并注意在战士中发现人才作为训练标兵,让战士自己教育自己。根据不同地形,不断变换训练地点,先讲后做,边讲边做,少讲多做,边做边评,对战术动作进行分解,讲一段,练一段,评一段,再练一段,直至熟练掌握。

由于组织严密,战士们的训练热情很高,摸爬滚打,对各种战术动作一丝不苟,一切从实战要求出发,战术水平很快有了提高。特别是班战术的训练,成绩显著,队形散得开,收得拢,能够较好利用地形地物。战士们对三三制的战术原则都能够熟练掌握,作战信心大大提高。

转入第二期军事训练之后,以连进攻战术训练为重点,训练内容为队形、火力与步兵的协同,训练方式也转为实兵演练为主。第13兵团要求,要切实打好连一级的战术基础,突出进行山地进攻和进攻作战中连续突破的训练,突出近战和短促火力战的训练,突出火器疏散配置、火力集中使用的训练,着重进行夜战的训练,因为未来作战在敌人拥有制空权的情况下,部队将主要依靠夜间运动和作战。因此,部队的演练一般开始在白天进行,随后即转入夜间进行,使部队熟练夜间作战的要领和动作。

反坦克训练,以第42军进行得最好。该部队从通化找到了几辆日本关东军留下的旧坦克作为训练道具,首先组织各级干部举办反坦克训练班,实地进行研究训练,找到坦克的弱点,确定了反坦克的方法,规定:在缺乏反坦克武器的情况下,必须把部队现有的各种武器,如战防炮、无后坐力炮和火箭筒等集中使用,同时组织部队利用简易器材与敌坦克作战,爆破筒、小包炸药和集束手榴弹炸敌坦克效果很好。另外还可以采取在山冈和路旁陡壁处预埋炸药,搞定向爆破,对付敌军的集群坦克,在公路上埋地雷炸敌坦克。[1] 这些方法在部队训练中应用之后，打消了官兵对美军坦克的顾虑，树立了打美军坦克的信心。

其他各军没有坦克，主要通过理论教学来进行反坦克教育。如第39军主要讲授坦克的弱点和对付坦克的基本办法，然后发动群众讨论研究。该军第116师研究后认为：在600米的距离上，集中师属山炮对坦克射击，命中的概算为50%。另外可采取挖三角沟、陷阱等方法限制坦克的行动，为攻击坦克创造条件。但从总体上讲，由于没有坦克和缺乏有效的反坦克武器，部队的反坦克教育虽然学到一些理论知识，但多为抽象的东西，没有感性的认识。

在防空作战教育中，首先是强调不要惧怕美军飞机，同时强调要敢于和敌机作斗争。第42军在训练中教育部队，一定要善于利用地形地物疏散隐蔽，挖交通壕和掩体，以减少伤亡，这是消极防的一面。还有积极的一面，就是组织各种火器对空射击。同时，要尽量使阵地靠近敌人，与敌人展开近战，让敌机分不清界限，难以进行攻击。

除了规定的训练内容之外，各部队在战术训练中普遍自始至终非常强调战斗作风的培养，要求部队做好独立作战的准备，特别是营以下分队要充分具备各自为战的能力。提倡三猛战术，全体人员都要准备打恶仗、打大仗，具备勇猛、顽强的战斗作风，凶狠灵活的战斗风格，一往无前的战斗精神和百折不挠、刺刀见红的战斗意志。

到10月2日，边防军的连一级战术训练已基本结束，有的部队还进行了营一级的实兵演练。在转入出国作战准备后，有的部队又利用出动前的时间，集中营以上军事主官突击进行了营一级的实兵示范演习。

从总体上讲，边防军部队的军事训练基本达到了要求。在技术方面，对已配备的武器基本可以做到熟练使用，技术普遍提高了一步，土工作业的训练成绩最大。在战术方面，营团干部明确了战术思想，连以下分队的战术动作比较熟练，能结合地形灵活变换队形。部队的反坦克教育初见成效，与敌坦克作战的信心普遍有所提高。

军事训练的不足在于，火器的应用射击技术不尽如人意，特别是步炮协同战术较差，各级指挥员的能力和水平也有待提高。防空作战的教育和训练与实战的要求差距较远，除了强调隐蔽外，几乎没有找到有效对付敌机的方法。

---

① 参见吴瑞林：《抗美援朝战争中的第42军》，29页，北京，金城出版社，1995。

编制和装备调整

东北边防军集结后，部队的编制、装备调整成为各级共同关注的问题。新的任务、新的对手和战区地理条件，已使得边防军部队在国内战争时所采用的编制装备规定，无法适应未来的作战需要。

在沈阳军事会议上，经过充分讨论，边防军首先明确了部队编制装备调整的基本要素。会议认为，鉴于：1.未来作战的对手是装备高度现代化的美国军队，在充分发挥我军作战优长和现有装备威力的前提下，必须尽一切可能加强部队的装备，以尽量缩小与对手在装备上的悬殊差距，这样可以使夺取胜利更有保证；2.朝鲜地形复杂，丛林山地众多，河流纵横，还有水网稻田地，部队的装备必须适应山地水田地形中的作战要求，以便于高度机动地作战。所以，编制装备调整，一方面要加强火器，另一方面一定要保障部队高度的机动性。

从另一方面讲，边防军编制的调整，特别是装备的调整，又受到现实条件的限制：1.国家经济还很困难，不可能大批进口武器装备，对部队进行全面改装，就是进口也有个过程，不能马上装备部队。所以装备编制调整必须立足于部队现有装备；2.部队现有装备型号繁多，性能陈旧，许多属于淘汰的品种，国家已经停止生产弹药及配件，而且库存量也不多，因此装备的调整必须考虑到以后补充的可能性，且尽量做到每个军或师装备型号、制式相对统一。

根据这些要素，沈阳军事会议最后确定了边防军部队装备编制调整的基本原则：参照中央军委确定的国防军作战部队的编制规定，立足于部队现有编制装备，适应未来作战的要求，着重加强和充实师以下部队的火力，重点是连、营两级的迫击炮火和军一级的反坦克炮火，并切实保证师的高度机动作战能力，重装备尽量放到军一级。调整的步骤是，先把现有装备修好、配好，然后再视情予以加强。①

沈阳军事会议结束后，第13兵团根据部队作战需要，经过研究后，建议：1.为保证战时道路畅通，建议除特种兵司令部所属的1个工兵团之外，再调1个工兵团归第13兵团指挥；2.鉴于美军占有空中优势，现有的1个

① 参见邓华在沈阳军事会议上的讲话，1950年8月13日。

高炮团不足以保障部队行动,建议除使用空军部队参战之外,至少再增调1～2个高炮团给第13兵团;3.坦克对掩护步兵进攻作战作用很大,同时部队训练也需要坦克配合,建议给第13兵团配属1～2个坦克团;4.考虑到部队编制调整和未来作战中的战斗减员,建议给部队进一步补充兵员。①

中央军委对第13兵团的建议高度重视,决定立即增调工兵第4团北上,归第13兵团指挥。② 关于补充兵员,中央军委认为,按照规定国防军部队每军编制3.5万人,现在边防军各军均超过了4万人,因此部队缺编人数,可在各军范围内进行调整,如有困难,可由东北军区补充。另外,中央军委决定,从各大军区抽调10万老兵作为补充兵员,准备在边防军部队出国作战后不断补充部队。③ 坦克和高炮部队暂时无法调动。

东北军区为增强边防军部队的保障力量,决定将第169、第171师划归第13兵团指挥,担负战勤任务。

边防军部队编制的调整工作,主要包括三项内容:

1.精简机关人员和司令部直属分队,充实作战部队。各军师警卫营普遍进行了缩减,其中师警卫营缩编为警卫连,其余人员全部加强新编炮兵分队。军警卫营则准备改编为战防炮营。

2.加强师以下部队的特种兵分队。除了将部分原军、师属炮兵分队下放之外,并撤销了原军属工兵营,以连为单位下放到各师,扩编为1个工兵营。各团组编1个工兵排。

3.部队连以上单位,均配备朝鲜语联络员,作为随军翻译和从事民运工作。联络员的来源主要是东北地区的朝鲜族青年。据统计,东北军区和东北人民政府共动员了2000多名朝鲜族青年参军,其中大部分为地方干部,党团员占50%以上,政治素质较高。另外,各军也分别招收了一批朝鲜族青年入伍。联络员到部队后,先由保卫部门和民运部门进行集训,明确职责和任务,然后分配到部队,首先保证各级领导机关的需要,部队每个连配备2名联络员。

9月中旬,部队的编制调整工作初步告一段落。但由于种种原因,整个边防军部队的编制此时并不统一。鉴于此,东北边防军根据部队的任务和实际情况,对部队编制体制和武器配置作了统一规定:

---

① 参见第13兵团致东北军区并军委电,1950年8月14日。

② 参见军委致中南军区电,1950年9月9日。

③ 参见《周恩来军事文选》,第4卷,45页,北京,人民出版社,1997。

战士:每人手榴弹3枚,步枪或冲锋枪1枝,携弹50发,另每人帮助携带轻机枪子弹30发,2人1个水壶,2人1把小锹,3人1把小镐。干粮袋、米袋每人1条,携带3天的用粮,包括1天的干粮。每位战士的负重以36公斤为标准,最多不超过40公斤。

班:轻机枪1挺,编制4名射手,携弹800发。步枪、冲锋枪至少8枝。

连:60毫米迫击炮3门,每门编制10人,携弹36~40发,编成1个排。掷弹筒有弹者保留,无弹者取消。

营:编制1个机炮连,包括2个重机枪排,每排3个班,共配备重机枪6挺,每挺编1个班,携弹2000发;1个迫击炮排,配备81毫米或82毫米迫击炮3门,每门编1个班;火箭筒在编者暂时保留,缺编的营不予补充。

团:编制1个92步兵炮连,配备4门炮;1个重迫击炮连,配备4门炮。各军、师原有的重迫击炮或化学迫击炮,凡是以用马匹驮载的全部下放到团。缺编者由上级补充,或按照每连6门81毫米或82毫米迫击炮代替。

师:编制1个山炮营,3个连,配备41式、94式或美式山炮12门,每门炮携带炮弹40发,以马匹驮载;1个工兵营,编3个连,600人;1个警卫连,由原师属警卫营缩编而成;1个57毫米战防炮连,暂不定编。

军:编制1个火箭炮营,3个连,配备6管火箭炮9门,单管火箭炮9门,以汽车运载;1个野榴炮团,由特种兵司令部从野战炮兵师中拨给骡马驮载炮兵团;1个高炮营,准备组建,高炮由上级拨给,人员由各军从机关、部队中自行抽调;1个警卫营,编3个连。

此外,各军师应普遍加强侦察分队的建设。干部、战士要好中选优,并配备最好的武器。每个侦察班除配备1个建制步兵班的武器之外,另配1具掷弹筒。每个侦察排增配2挺轻机枪、1具火箭筒。每个侦察连,增配3门60毫米炮,要求每个侦察连具有完全独立歼灭美军1个排的能力。①

根据新的编制,边防军进一步进行了人员和武器的编制调整。到10月中旬边防军部队改编为志愿军时,编制的调整工作基本完成。按照新编制,各军所缺编者为各师的战防炮营、各军的高炮营。另外,各军的火箭炮营,因为火箭弹质量不过关,且牵引车辆缺乏,只有第39军配备了1个火箭炮连。

装备的配备和调整与编制的调整相适应,同步进行,包括四个方面的内容:

---

① 参见洪学智:《关于武器弹药车马调整意见》,1950年9月21日。

一是武器的补充。沈阳军事会议确定：部队所需补充的步枪、轻重机枪、60毫米炮、92毫米步兵炮、火箭炮和部分迫击炮，从部队现有装备中调整或由东北军区解决，其余的补充装备由中央军委和中南军区统一调配。

东北军区全力以赴保障边防军的需要。所需补充的装备，军区仓库中有的立即下发部队；仓库中无存货的，即由军区所属部队中抽调。依然解决不了的，则及时请求中央军委解决。

8月28日，经周恩来修改，毛泽东批准，代总参谋长聂荣臻和总后勤部部长杨立三联合签发了《边防军几个补充问题解决方法》，决定：由东北军区为边防军部队补充步枪2000枝，轻机枪459挺，重机枪69挺、60毫米炮179门，81毫米迫击炮45门，92毫米步兵炮55门；由总后勤部为边防军调拨补充重机枪28挺、82毫米迫击炮71门、山炮17门。

到9月下旬，边防军的武器补充工作基本结束，共补充步枪2000枝、轻机枪540挺，重机枪76挺，60毫米炮179门、各种迫击炮138门、92毫米步兵炮68门、火箭炮48门、火箭筒80具。[①] 另外，为增强边防军的反坦克力量，总后勤部给边防军拨发了2000枚反坦克地雷，东北军区为部队订制了2000个燃烧瓶。

二是维修武器。为保证边防军的武器装备维修工作顺利进行，东北人民政府决定部分工厂停止正常生产任务，全力抢修边防军送厂维修的武器。据统计，仅东北军区所属第51、第54兵工厂，即抢修步枪358枝，轻重机枪763挺，各种火炮494门。另外，边防军各部队所属的军械修理所也昼夜加班，维修武器。到9月底，边防军的武器、装备维修工作基本结束。

三是补充部队的装具。边防军集结时，部队装具缺额很大。根据中央军委的统一部署，部队所需补充的个人装具，水壶、小锹、小镐、子弹带、手榴弹袋由中南军区组织制作补充；雨衣、鞋袜、被装、毛毯由总后勤部和东北军区组织生产或调拨。火炮和车辆的装具，由东北军区负责解决，其中马匹的鞍具采取清理库存的方法予以解决，挽具由装具厂突击制作，车辆的装具则采取军区拨款，各军自行购买或统领的办法解决。

四是进行弹药补充和储备。东北军区按照中央军委的指示，为边防军各部队补充了所携带的2个基数的弹药。同时在安东、凤城、本溪、苏家屯、哈福、通化、梅河口、辑安分别设置了军火仓库，储备了6个基数的子弹、20

---

① 参见东北军区后勤部：《七、八、九三个月后勤工作综合报告》，1950年10月21日。

个基数的各种炮弹。

此外,边防军还组织对部队的武器进行了普查,严肃批评了保养不力的现象,规定了严格的武器保养细则。

到10月中旬,边防军的编制和装备调整、补充工作基本结束。在中央军委的统一组织下,总后勤部、东北军区、中南军区和边防军为加强部队的装备,提高部队的战斗力,想尽了一切办法,尽了最大的努力,使部队的装备在原有的基础上提高了一步。从当时人民解放军部队的编制装备来看,边防军的武器配备可以说是最强的,远远超出了其他部队,这就为边防军未来作战的胜利打下了一个良好的基础。

据第13兵团估计,边防军与美军相比,就火力而言,边防军团以下部队除了没有坦克之外,其他火力与同建制美军部队差距不是太大。但师以上部队的火力则有悬殊差距。最大的缺陷是缺乏有效的反坦克和防空兵器,已经确定列编的师属战防炮营和军属高炮营,均因缺乏武器而没有正式组建,主要原因是当时中国的工业落后,经济困难,无法满足部队对装备的要求。这两个缺陷也是部队后来在朝鲜作战期间,影响部队作战的重要因素。

后勤保障和物资准备

边防军的后勤保障工作,是在总后勤部的统一调度组织下,由东北军区后勤部具体负责实施的。根据中央军委的指示,原东北军区后勤部与边防军后勤司令部合并,于7月下旬正式组建了新的东北军区后勤部。东北军区为保障边防军部队的训练和出国作战,进行了大量卓有成效的工作。

边防军集结之初,各部队的后勤机构已经撤销,只保留了供给、卫生、生产等业务部门。为适应新的任务要求,经中央军委批准,沈阳军事会议决定,立即恢复与建立各级后勤机构。军设立后勤部,下辖兵站、医院、运输辎重营和担架营;师设立后勤处,下辖供应站、医疗所、运输辎重连、担架连。

8月31日,中央军委又决定由东北军区后勤部组建3个后勤分部,每个分部编制2600人,人员从各大军区抽调(至10月19日,志愿军入朝时,组建完成1个分部)。此后,各级后勤机构陆续组建,并不断加强,为保障部队的后勤补给奠定了基础。

边防军全面转入战前准备工作之后,后勤部门根据部队训练、编制、装备调整和战时要求,进行了繁重的物资筹措、调运和储备工作。

物资的筹措,是后勤部门所进行的第一项工作。中央军委在决定组建东北边防军时,即训令总后勤部对部队所需的各种物资作出具体计划,加紧调拨准备。到1950年10月,总后勤部在地方各级政府和各大军区的大力协助下,共从东北、华北、华东、中南等地为边防军制作调拨棉衣34万套,棉皮鞋36万双,棉帽、棉背心、绒裤、棉大衣各40万件,棉手套、棉袜各70万双。调拨各种枪弹54种,各2个弹药基数,共1600多吨。

东北军区后勤部根据中央军委的指示和边防军未来出国作战的需要,建立和完善了边境地区的物资储备体系。在安东至辑安、凤城至通化、本溪至梅河口、沈阳至四平等"四线八点"上,储存了各种枪弹22种,各5个弹药基数;各种炮弹28种,各20个弹药基数;粮食1.67万吨,食油400吨,各种干菜9200吨,随时准备启运过江,前送至预定作战地区。

东北军区后勤部并确定和部署了通往战区的3条兵站运输线,即安东至朝鲜龟城和长甸河口至朝鲜新仓、北镇线,辑安至朝鲜别河里、武坪里线,临江至朝鲜周波、长津线。同时确定,物资沿兵站线作纵深梯次配置,龟城、新仓、别河里、长津为第一线,安东、长甸河口、辑安、临江为第二线,凤城、灌水、宽甸、通化为第三线。每线各囤积1个弹药基数、汽油3000~4000桶和1个月的粮食、食油、蔬菜储备。

此外,对边防军未来作战的卫勤保障,东北军区后勤部也作了精心的部署。在总后勤部的统一调度下,有关大军区和东北人民政府计划组建10万张床位的伤病救治医院,到10月中旬落实4.55万张床位,可立即接受伤员。东北军区后勤部对伤员的救治与转运工作作了三线部署,一线由连、营、团进行战场救护,二线由军属野战医院和师属医疗所进行急救手术,三线由后方医院进行手术医治,形成了阶梯式的战救体系。

到9月底,东北军区共向边防军部队发放战伤药品、急救材料各1万份,担架5000副,血被2.8万床,血衣3.2万套,[①]其中每个军配备民工担架600副,部队90%以上的人员注射了破伤风疫苗,军属野战医院、师属医疗所均充实和完善了战场救治设施与力量。

到边防军改编为志愿军时,部队的物资储备和补充、后勤体系的充实与调整工作基本结束,基本可以保证部队的作战需要。但是,运输力量的调整与充实工作则遇到了巨大困难。

① "血衣"、"血被",是为牺牲的烈士准备的衣被。

边防军部队集结后,根据部队的统计,共需补充马匹 4428 匹。[①] 沈阳军事会议确定,从三个途径为边防军补充马匹:一是由东北人民政府统一购买一批马匹,二是从第四野战军后勤部所属的大车团中抽调一批骡马,三是从东北军区骑兵师和军区所属部队、机关中抽调马匹补充边防军部队。

到 9 月下旬,由东北人民政府购买的 2000 匹军马、第四野战军后勤部抽调的 851 匹骡马和从东北军区抽调的 578 匹马匹均已补充部队。第 13 兵团所属部队实际拥有马匹 13089 匹,基本满足了需要。但是,汽车的补充却不尽如人意。

沈阳军事会议结束后,第 13 兵团曾致电东北军区,指出:部队现有车辆质量较差,长期缺乏维修保养,难以保证部队的各种弹药和其他物资的运输任务,请求迅速为部队补充汽车。[②]

东北军区接到电报后,马上决定:从军区所属机关和部队中抽调汽车,支援边防军,共为边防军补充汽车 500 辆。与此同时,总后勤部也根据边防军的要求,将库存的 200 辆汽车全部调拨给了边防军。

这样,到 9 月底,边防军共补充汽车 700 台。另外东北军区突击为边防军抢修汽车 354 台。但是,部队已有的车辆数字与需要数字之间依然差距很大。

据东北军区估计,边防军部队出动后,每天需消耗各种物资 6140 吨。为保证部队需要,各军师后勤应携带物资 3396 吨,各后勤分部应携带物资 18336 吨,这样才能保证部队物资供应的源源不断。根据这种要求,在作战的情况下,为保证部队的物资供应和运输,边防军的汽车配备量为:

1. 根据敌机轰炸和战场地理条件,军、师后勤无法建立野战仓库,需携带储备物资随军行动。按 4 天的粮食、7 天的油盐蔬菜、1 天的马草、2 天的马料、1 个基数的弹药计算,即为 12396 吨,这样各军师后勤共需要配备 1688 台汽车才能完成任务。

2. 在朝鲜作战,各种物资均要由国内供应。除军师后勤有足够的携带量外,后勤分部要完成由铁路终点站到前线的物资运输任务,需要配备 386 台车。在敌机轰炸的条件下,只能夜间行车,加上路况不佳,每台车每天的行程最多可能只有 75 公里。按到前线的距离为 150 公里计算,往返一次需要 4 天,因此后勤分部共需配备汽车 1544 台。

---

① 参见邓华在沈阳军事会议上的讲话,1950 年 8 月 13 日。

② 参见邓华、洪学智、解方致高岗、贺晋年电,1950 年 8 月 24 日。

3. 除保证按时前运物资外，后勤分部还需要在战场后方囤积15天的物资。在敌机的威胁下，白天难以卸车，只能在夜间突击装卸。为保证物资装卸的顺利进行，按每晚装卸四次并将物资疏散完毕计算，各后勤分部又需要配备汽车57台。

4. 后勤分部负责保证各军师的弹药供应和工兵器材、医疗器材、药品供应，如按总量为7087吨计算，分批前送，按以往的经验，各后勤分部需要配备汽车1155台才能保证及时前运物资。

这样，为保障边防军物资运输，即需要配备汽车4444台，若加上战争情况下汽车的损坏以及抢修所需的工程车与预备车，以20%计算，又需要889台，合计需要5333台汽车。①

这样大的汽车配备数目，在当时无疑是一个天文数字，不仅东北军区，而且总后勤部也根本无法满足要求。中央军委为解决边防军的运输车辆保障问题，曾决定在向苏联订购的1万辆汽车中，优先调拨给边防军部队1000台汽车，给东北军区后勤部调拨2000台汽车。但是，向苏联订购的汽车要到1951年初才能到货，所以仍然解决不了边防军的燃眉之急。

在这种情况下，边防军经与东北军区协商，决定优先保证部队的运输车辆。10月中旬，东北军区将军区后勤部所属后勤分部的3个汽车团的400台汽车，连同司机全部分配给边防军部队，每军100台车。

到边防军改编为志愿军向朝鲜出动时，整个志愿军部队和东北军区后勤部只有1000多台汽车担负物资运输任务，其中参战的4个军拥有400台汽车，东北军区后勤部拥有700余台车。除去正在修理的汽车外，整个志愿军实际担负物资运输的车辆只有700多台，远远无法满足部队的需要。

总之，边防军后勤准备工作，在中央军委的直接领导下，在全国、全军的大力支持下，特别是总后勤部和东北人民政府的全力支援下，在东北军区后勤部的具体组织下，完成了繁重艰巨的物资器材筹备和补充工作，保证了部队在改编为志愿军后能够按时向朝鲜战场出动，保证了边防军出动作战的最低补给需要，并为尔后志愿军在朝鲜战场的胜利奠定了必要的保障基础。但是，由于种种主客观因素的限制，特别是国家工业力量薄弱和经济落后等因素，加上对敌我双方武器装备优劣悬殊给我军后勤保障带来的困难认识不足，和缺乏现代战争的后勤保障经验，因而后勤准备显得很不充分。这在志愿军入朝作战后暴露得更为明显，特别是在志愿军的前期作战中，尽管后

① 参见东北军区后勤部致聂荣臻报告，1950年9月5日。

勤部门和后勤工作人员尽了最大的努力，但后勤保障特别是物资运输仍遇到了极大的困难，严重地制约了志愿军的作战行动。

然而，中共中央和中央军委未雨绸缪，及时组建东北边防军和东北边防军抓紧时间进行作战的各种准备，为边防军改为志愿军及时出动作战和出手即胜，取得战略上的主动，创造了重要的条件。

第八章

美军实施仁川登陆，朝鲜战局发生逆转

美军实施仁川登陆

朝鲜战争爆发的第五天,1950 年 6 月 29 日,麦克阿瑟飞往南朝鲜战地视察,在汉江桥头上目睹了南朝鲜军狼狈溃退的场面。此时,美国海、空军已直接出动支援南朝鲜军作战,但他认为,能够扭转战局,改变这种绝望情况的惟一方法,就是投入美国地面部队,而实现转败为胜的惟一出路,就是在人民军侧后实施登陆。

在第二次世界大战的太平洋战场上,麦克阿瑟曾多次组织美军在日军后方实施登陆作战,并取得成功,对歼灭日军有生力量,推进太平洋战争的进程产生了积极的影响。在朝鲜战场上他想再次运用这一做法,以挽救南朝鲜军的败退局势。

麦克阿瑟从朝鲜战地回到东京后,即于 7 月初指定参谋人员拟制代号为"蓝心行动"的登陆计划。在 7 月 10 日完成的这份计划中,预定 7 月 22 日,以美军第 1 骑兵师和暂编第 1 海军陆战旅(第 1 海军陆战师开往朝鲜的先遣部队)在汉城以西的仁川港,发起登陆进攻。配合已经投入战场的第 24 步兵师的正面反攻,南北夹击,重占汉城,并最终进至三八线。

但由于第 1 骑兵师部队没有登陆作战经验,其训练准备和海军为登陆所需的船只准备均来不及，并且仁川海潮落差太大，“蓝心行动”计划遭到第1海军陆战旅和第1骑兵师军官的一致反对。加之朝鲜人民军攻势凌厉，美军节节败退，麦克阿瑟不得不把准备用于“蓝心行动”的部队投入地面作战，阻止人民军的进攻。“蓝心行动”计划只好作罢。

但是，麦克阿瑟在仁川实施登陆的决心并没有改变，而且由于美军在朝鲜战场迭遭败绩，他的决定更加坚定。7月23日，麦克阿瑟首次向美国参谋长联席会议呈报了反攻的设想，计划以海军陆战队、步兵和空降部队协同，于9月中旬在朝鲜人民军战线后方实施登陆进攻。他虽然没有具体说明登陆进攻的地点，但说明了登陆进攻的基本设想：以一个空降团首先实施空降突击，抢占交通枢纽，而后以一个海军陆战队团和一个步兵师实施登陆，切断人民军的后方交通线，美第8集团军则同时由南向北发动反攻。他宣称：这样一次反攻行动“将使我们能进行一次决定性的毁灭打击”。而如果仅仅进行正面反攻，则“只能通过持久的、代价高昂的作战，才能将敌人赶回‘三八线’以北”。①

8月12日，“联合国军”总司令部正式完成仁川登陆的作战计划，确定登陆进攻的时间为9月15日，登陆地点在朝鲜西海岸的港口城市仁川，使用的部队为第1陆战师和“联合国军”总部预备队，海军和空军部队执行运送部队、开辟通路、火力掩护、空中轰炸等任务，海军陆战队第1航空联队为登陆进攻提供直接空中火力支援。

计划同时规定：登陆部队的任务是占领仁川，并夺取汉城，切断朝鲜人民军的主要交通补给线。登陆部队上岸后，釜山环形防御圈内的美第8集团军和南朝鲜军即发动反攻，沿大邱—大田—水原轴线向北进攻，与登陆部队会合，合围洛东江前线的人民军主力部队。②

麦克阿瑟的计划提出后，遭到陆军参谋长柯林斯和海军方面的坚决反对。他们同意在人民军侧后实施登陆作战，但反对把登陆点选在仁川，原因是：从潮汐、港湾和堤岸的因素分析，仁川是朝鲜海岸最不适宜实施登陆作战的港口。仁川港的潮汐落差达30多英尺，在港湾形成了巨大的泥滩，延伸3.2公里，不仅车辆无法通行，人员也难以行走，而且仁川港被众多的岛

① 参见[美]詹姆斯·F.施纳贝尔：《朝鲜战争中的美国陆军——战争爆发前后》，154页，北京，国防大学出版社，1990。

② 参见[美]詹姆斯·F.施纳贝尔：《朝鲜战争中的美国陆军——战争爆发前后》，158页，北京，国防大学出版社，1990。

屿所环绕，出入港湾的通道只有一道狭窄弯曲的飞鱼海峡，而该航道便于布设水雷，人民军在飞鱼海峡入口处的月尾岛部署了岸防部队，美军登陆部队只要有一艘舰船被击沉，就足以封闭整个航道。此外，仁川港每月只有3天的满潮日，且满潮的时间只有3个小时，其他时间则潮水很低，海军小型登陆艇的吃水深度为23英尺，登陆舰的吃水深度为29英尺，仁川港只有在满潮时方能满足登陆舰艇的行驶需要，而美军的登陆，则难以在仁川港的3个小时满潮时间内结束，即使登陆成功，要保障部队向纵深发展，运送物资装备也将非常困难。登陆部队得不到增援，则难以顶住人民军守备部队的反击。即使所有的障碍都被克服，登陆部队在上岸时，还必须攀越高达12~15英尺的防波堤，同时在港口处还有许多坚固的建筑物，便于人民军坚守，美军登陆将面临严重困难。

在美军退守釜山防御圈后，8月23日，柯林斯和美国海军作战部长福雷斯特·谢尔曼受参谋长联席会议的委托，到达东京与麦克阿瑟就仁川登陆的可行性进行最后的磋商。柯林斯主张在人民军战线后方浅近纵深的群山港登陆，这样，成功的把握较大，并且靠近第8集团军。而海军方面提出了在仁川以南20英里处的海岸登陆。但麦克阿瑟不为所动，认为必须而且只能在仁川实施登陆。

麦克阿瑟认为，所有不能在仁川实施登陆的论点，“恰恰有助于保证出奇制胜的效果”。他断定，人民军的所有主力部队都已投入于洛东江前线，在仁川肯定没有进行充分的防御准备。尽管在仁川登陆存在众多地理上的困难，但依靠美国海军的装备和经验，均能予以克服。

他反对在群山登陆，认为在群山登陆虽然成功的把握更大，可只是一次“翼侧行动”，会迫使人民军稍微向后撤退，缓解一下第8集团军的压力，但不足以切断朝鲜人民军整个后方供应线，战略价值不大。而在仁川登陆则不同，因为朝鲜人民军的几条后方补给干线是在汉城会合，然后再向前线延伸。夺取了仁川和汉城，就等于使人民军的整个补给系统彻底瘫痪。这样，位于洛东江前线的人民军主力“没有军火和粮食，将很快陷入孤立无援和分崩离析的状态，并且很容易被打败”。美军就可从根本上改变战场上的不利局面。他认为，如果不实施仁川登陆作战，美军在朝鲜战场只能像“屠宰场里的牛群一样在血腥的环形防御圈里束手待毙”，而没有人愿意为这样的悲剧负责。①

---

① 参见格登：《朝鲜战争——未透露的内情》，217页，北京，解放军出版社，1990。

他把仁川登陆看做一场赌博。他说，投下一个5美元的赌注，我会赢得5万美元。[1] 麦克阿瑟的陈述，使谢尔曼也转而与他同样有信心。与此同时，麦克阿瑟的仁川登陆计划，得到了杜鲁门的赞许。尽管参谋长联席会议对仁川登陆计划仍有保留，但8月28日，还是批准了这一计划。

为实施仁川登陆，美国陆军当局批准麦克阿瑟以海军陆战队第1师和步兵第7师组成美第10军，麦克阿瑟任命他的参谋长阿尔蒙德为该军军长。为解决美军兵力不足的问题，从南朝鲜征召8600余名新兵补入美第7师，第10军集结时，兵力约7万人，其中陆战第1师2.5万余人，步兵第7师2.48万余人，还有南朝鲜海军陆战队1个团等。美国海军第7舰队司令斯特鲁布尔任第7特遣舰队司令，下辖6个特混编队，计各种舰船230余艘。此外还抽调近500架飞机支援配合。

8月30日，麦克阿瑟下达代号为"铬铁行动"的仁川登陆作战部署，确定：以海军"遣送第10军在D日H时于朝鲜西海岸仁川登陆，夺取并固守仁川、金浦机场和汉城，并同时以第8集团军及可动用之陆海空军部队发动持续攻势，切断北朝鲜军队在上述地区的所有交通线，进而歼灭仁川—汉城—蔚珍一线以南之北朝鲜部队"。

仁川登陆作战行动由麦克阿瑟亲自指挥。海军第7特遣舰队担负夺取、占领和巩固仁川登陆场，并输送陆军第10军在仁川登陆和给予支援的任务；第10军在海军的掩护下于仁川登陆，并向汉城、水原地区发展进攻；美国远东空军部队负责全面的空中支援任务，孤立登陆作战地区，提供必要的近距离空中火力支援，并准备运送、投放和掩护1个空降团夺取金浦机场，但应以主要力量支援第8集团军的反攻作战。

但是，就在美军仁川登陆进入最后准备的时候，人民军于9月上旬发动了釜山战役，美军的釜山环形防御阵地再次告急。美国参谋长联席会议认为，朝鲜人民军在进攻中表现出了强大的战斗力，美军是否能守住釜山环形防御阵地并转入反攻值得怀疑，遂于9月7日再次电示麦克阿瑟：为了准备仁川登陆，他已经动用了远东军所有的预备队，而且在短期内，远东军不可能得到新的预备队。一旦仁川登陆失败，后果不堪设想，因此要其重新考虑仁川登陆的可行性。

参谋长联席会议的电报引起麦克阿瑟不满。他于9月8日回电，坚持对仁川登陆计划不作任何变动。回电称他对登陆的可行性深信不疑，而且

① 参见格登：《朝鲜战争——未透露的内情》，218页，北京，解放军出版社，1990。

这是美军夺取战场主动权的惟一希望，否则美军将会“深陷一场无休止的战争，一场旷日持久的消耗战，一场后果不堪设想的战争”。他断定：美军将会守住釜山环形防御阵地，同时仁川登陆作战将即刻化解朝鲜人民军对釜山环形阵地的压力。宣称，他自己不打算对仁川登陆计划作任何变动，而且陆军部队和海军、空军的登陆作战准备都在进行之中。①

参谋长联席会议报经美国总统杜鲁门批准后，于9月9日电示麦克阿瑟：“我们批准你的计划，并已向总统作了详细报告。”②

朝鲜人民军解放汉城后，人民军最高司令部即下令设置京畿道地区防御军事委员会，并在汉城—仁川地区部署了守备部队和内务部队。

1950年7月初，人民军顺利向南挺进时，中国领导人毛泽东和周恩来曾判断美军将来反攻有两种可能，一是在釜山、木浦、马山等港口登陆，然后，集中力量沿铁路线向北进攻；另一种可能是在仁川登陆。建议人民军一方面迅速南进，占领釜山、木浦、马山等港口；另一方面应在仁川地区构筑坚固的防守阵地，以便防守汉城。当时，中朝两国尚未互派大使，尚未建立直接的通信联络。毛泽东和周恩来的这些判断，通过苏联政府转告了朝鲜领导人。8月和9月，毛泽东和周恩来曾两次会见朝鲜代表，指出，朝鲜战争的发展形势可能会出现两种情况：一种是人民军全歼美军，或把他们赶下海去；另一种是战争的持久化。如果是后一种情况，美军将会加强在大邱、釜山地区的防御，把人民军的主要兵力牵制在这个地区，同时抽调兵力从其他地方登陆。人民军应该注意应付后一种可能，确保充分的后备兵力，特别应注意加强仁川—汉城地区和镇南浦—平壤地区的守备。

对后一种情况，东北军区司令员兼政治委员高岗、边防军第13兵团首长、中国驻朝鲜大使馆，在8月底和9月上旬，也都有判断。

8月30日，东北军区司令员高岗在给毛泽东的报告中，综合朝鲜战场各方面情况，认为：人民军以现有力量，希望在大邱、釜山地区消灭敌人已不可能。如不主动转移作战地区，分散敌人，在有利条件之下消灭敌人，而仍在原地，相持日久，消耗日增，美军增援后势必出击，则可能遭受损失，影响士气。③

① 参见［美］罗伊·阿普尔曼：《美国兵在朝鲜》，562页，北京，国防大学出版社，1994。

② 转引自［美］罗伊·阿普尔曼：《美国兵在朝鲜》，562页，北京，国防大学出版社，1994。

③ 参见高岗致毛泽东报告，1950年8月30日。

8月31日，第13兵团首长邓华、洪学智、解方在给第四野战军司令员林彪的报告中，也指出：朝鲜战局已日益走向相持局面，美帝正努力坚守大邱、釜山地区，并以局部反击来巩固其滩头阵地，争取时间，等待援兵到来再行反攻。另一方面朝鲜人民军各个击破和歼灭敌人的机会已经过去。“战争已走向长期性，现在人民军虽然仍占主动，但经两个月之消耗，今天地面上的优势已经不大。目前要大量歼灭敌人，改变此种局面，恐很困难。”报告指出：估计美军将来反攻的方式，可能有两种：一种是以一部兵力在北朝鲜沿海侧后各处登陆，作扰乱牵制，其主力则于现地由南向北沿主要交通线逐步推进。另一种则是“以一小部兵力于现地与我[①]周旋，抓住人民军，其主力则在我侧后（平壤或汉城地区）大举登陆，前后夹击，如此人民军的处境会很困难”[②]。

中国驻朝鲜大使馆也得出了与第13兵团同样的结论。他们认为：人民军部队在洛东江前线的进攻，因美军和南朝鲜军的顽强防御已经停止，双方开始形成相持状态。美军除大力阻止人民军的前进之外，正积极准备反攻。从各种迹象分析，“估计可能在仁川或其他地区登陆”，敌军正在仁川港外进行的种种活动，是在为登陆准备有利的条件。[③]

当战局在洛东江地区陷入僵持之后，人民军最高司令部决定进一步加强后方海岸的防御，计划在每个较大的港口各配备1个步兵团、1个炮兵团、1个坦克团。仁川—汉城地区是人民军在后方海岸设防的重点之一。根据最高司令部的命令，组成了以崔庸健为司令官的西海岸防御司令部，负责群山以北，以仁川—汉城为中心的西海岸防御。在仁川地区，部署了两个步兵团及部分海岸炮中队和守备部队，并在纵深地区配备了1个炮兵团、1个坦克团，但大多为新编部队。在仁川的各要点配备了守备分队，在仁川港外的飞鱼海峡敷设了水雷，封锁航道。

然而，自8月中旬以来，人民军正按着最高司令部的命令，集中全力于洛东江前线，力图全部解放南朝鲜，在前方力量已显不足，无更多力量顾及后方。因此，在后方海岸虽加强了兵力部署，但力量仍显空虚。加之，人民

---

① 这里指朝鲜人民军。

② 邓华等给林彪的这个报告，林彪阅后，于9月8日转呈毛泽东主席。

③ 参见中国驻朝鲜大使馆：《目前朝鲜战争局势报告提纲》。这份报告提纲由大使馆政务参赞柴军武（柴成文）于1950年9月7日携带回北京，8日向聂荣臻代总参谋长汇报，并于当日由聂荣臻呈报毛泽东主席。

军判断美军的反攻，将主要在洛东江前线发起，认为除非美军得到大量的增援部队，否则很难在短期内从人民军战线后方实施大规模的登陆。因此，人民军仍以主力置于洛东江前线，固守要点，相互衔接，保护翼侧，以顽强的防御迎击美军和南朝鲜军的反攻。在后方地域和各重要港口城市，配备的基本上是由没有受过训练的新兵组成的部队。

9 月 13 日，美军开始对仁川实施火力准备，攻击的重点是仁川港外人民军要塞月尾岛。美军舰艇在压制月尾岛火力的同时，清扫了飞鱼海峡的水雷，扫清了通往仁川的航道。

9 月 15 日凌晨6 点 30 分，在麦克阿瑟的亲自指挥下，美第 10 军部队在飞机和舰艇密集火力的支援下，开始实施仁川登陆作战。美第 1 陆战师所属第 5 陆战团首先在月尾岛登陆，人民军担任月尾岛守备任务的是 1 个海防炮中队(5 门 75 毫米海防炮)、1 个海防步兵中队。人民军英勇地战斗到了最后一刻。上午 10 时，美军攻陷月尾岛。

下午 5 时，仁川港满潮。美第 1 陆战师主力在舰炮和飞机火力支援下，从仁川港南北两翼突击上岸。人民军守备部队凭借岸边的防波堤进行顽强的抵抗，并对上岸的美军进行了英勇的反击。美军以密集火力压制人民军阵地，掩护工兵炸开防波堤，在坦克和两栖战斗车的引导下，突入人民军阵地。人民军守备部队被迫退至仁川城内，与美军展开巷战。

美军建立起滩头阵地后，后续部队源源上岸，至 9 月 16 日清晨，美军登陆部队已达 1.8 万余人，攻占仁川市。

美军全面反攻，朝鲜人民军实施战略退却

以美军仁川登陆为开端，美军和南朝鲜军转入全面反攻。

在仁川—汉城地区，登陆的美第 10 军兵分两路，第 1 陆战师沿仁川—永登浦—汉城干线公路向汉城推进，第 7 步兵师则在陆战师的右翼展开，向水原方向进攻，以切断洛东江前线人民军的退路，接应北上的第 8 集团军。

在洛东江前线，美第 8 集团军指挥 4 个美军师和 5 个南朝鲜军师，于 9 月 16 日开始实施反攻，但遭到朝鲜人民军的坚决反击，不仅未能突破人民军的洛东江防线，反而损失惨重，被迫转入防御。

美军在仁川登陆之后，朝鲜人民军最高司令部紧急调整作战部署，一方面迅速向仁川方向投入预备队，对登陆之敌展开反击，并在汉江沿岸地区和

汉城建立防线，准备固守；另一方面则训令洛东江前线的主力部队收缩防线，转入防守，并从前线紧急抽调4个师驰援汉城地区。

人民军的作战方针是：在仁川—汉城方向，由崔庸健指挥西海岸防御部队，依托汉江天险，以反击和阻击迟滞美军的推进，固守汉城；在洛东江方向，由前线指挥部指挥第1、第2方面军实施战略退却，逐步退守锦江、小白山防线，与汉城方向防御部队相衔接，首先制止南下、北上之敌会合，然后集中兵力消灭仁川登陆之敌。

在汉城地区，担负仁川—汉城防御任务的人民军部队，于16日、17日对仁川登陆的美军进行反击，然而由于力量薄弱，且遭受美军空中火力的打击，未能制止美军的推进。18日，沿仁川至汉城方向突击的美军第1陆战师主力突破人民军第一道防线，进至汉江一线，另以一部占领金浦机场。人民军部队顽强防御，在永登浦方向挡住了美军的主要进攻。

19日，美军以一部兵力从幸州附近突破人民军防线，渡过汉江，沿开城至汉城公路向汉城推进。此时，人民军增援部队1个师正好赶到，立即发动反击，将美军驱后10多公里。美军稳住阵脚后，在空中火力的支援下，继续进攻。在永登浦方向突击的美军部队也突破汉江，人民军部队伤亡很大，被迫后撤。美军第1陆战师在突破人民军沿汉江设置的第二道防线后，从西北和西面两个方向进至汉城近郊。美第7师部队则占领水原，从东南方向逼近汉城。

9月21日，美军部队向汉城发起总攻，人民军部队在汉城郊区固守每一个要点，与美军展开激烈的战斗。奉命增援汉城地区的人民军3个师和一个坦克旅，由于美军飞机的严密封锁和当面之敌的攻势加强，至9月22日方进至新村、弘济院一线，加入保卫汉城的战斗。但部队刚刚到达，即与美军进攻部队接触，仓促投入战斗，加上前期连续作战，部队疲劳减员，未得休整补充，战斗力减弱。在美军的猛烈进攻下，许多部队相互失去联络，处于以团、营为单位分散作战的状态。

尽管如此，人民军部队仍然以顽强的防御，使美军进攻部队进展极为缓慢。美第1陆战师虽然有空军支援，但许多地点在人民军防御部队的反击下被迫后撤。麦克阿瑟下令在25日前攻占汉城，但直到23日美军仍未突入汉城市区。

9月24日，美第10军军长阿尔蒙德增调美第7师第32团、南朝鲜军第17团和部分炮兵、坦克分队，由美第32团指挥，从汉城南侧发起进攻，于25日突破人民军防线，攻入汉城。美第1陆战师也趁势从其他方向突入市区。

朝鲜人民军部队筑起街垒，与美军进行了殊死战斗，双方在汉城市内展开激烈的巷战。9月28日，美军付出了极大的代价后，占领汉城，至此，仁川登陆的美军部队已经切断人民军的主要后方交通线。

在洛东江前线，美第8集团军所属美军部队这时已经编为2个军，另有南朝鲜2个军团，总兵力为15万余人，在兵力、火力上均处于优势。第8集团军司令沃克的计划是：以美第1军指挥美第24师、第1骑兵师、英第27旅、南朝鲜第1师和美第5团，从大邱、倭馆、大田方向实施主要突击；以美第9军指挥美第25师、第2师，由晋州方向实施辅助突击；以南朝鲜第2军团指挥第6师、第8师在大邱以东地域向北进攻；以南朝鲜第1军团指挥第3师、首都师沿东海岸向北进攻。

朝鲜人民军进行了顽强的防御。美军和南朝鲜军进展迟缓，直到9月19日方在几个地点渡过洛东江，突破了人民军的防线。

美军和南朝鲜军在猛烈的空中和地面火力支援下，于9月22日开始沿咸安—昌宁—大田，大邱—大田，尚州—忠州—原州，永川—安东—原州，浦项—三陟—江陵等方向展开攻击，并以机械化部队组成特遣部队，沿公路迅速向人民军后方推进。美第1骑兵师19日攻占倭馆后，以主力沿大邱至汉城铁路沿线迅速前进，以图与永登浦南下之美步7师会合，切断大邱方面人民军的退路；美第24师以坦克部队为先导，一部向报恩进击，一部向大田方向进击；美第2师以主力向永川方向进攻，围攻洛东江以西陕川、晋州间的人民军，另以一部向全州进击；美第25师向晋州攻击；南朝鲜首都师和第3、第6、第8师等4个师自大邱、浦项一线向北推进。

人民军在各个方向与进攻之敌展开激战。但此时仁川登陆之敌已经站稳脚跟，并以一部南下。在主力腹背受敌的情况下，人民军最高司令部决定：以第1方面军边打边撤，逐步向锦江以北忠州至汉城、阴城至鸟致院一线转移，组成新的防线。以第2方面军退守小白山区，利用有利地形，迅速集结补充部队，寻机歼敌一部。

9月23日，洛东江前线的人民军部队开始向北转移阵地。但由于美空军飞机严密封锁每一条道路等原因，人民军无法按照预定计划完成战略转移任务，防线多处被美军和南朝鲜军突破，部队出现混乱。

9月25日，人民军最高司令部重新调整部署，最高司令官金日成下达命令：令洛东江北部战线的人民军第2方面军就地转入防御，坚决阻击美军和南朝鲜军北进；位于西部战线的人民军第1方面军迅速向西北方向转移，进至大田、堤川、抱恩地区，然后与汉城方向的部队相连接，在汉城、骊州、忠州、荣州、蔚珍一线建立防线。

然而，美军和南朝鲜部队进展极快，人民军的部署调整尚未完成，美军和南朝鲜军已经进至人民军的预定防御地区。9 月 26 日，美第 1 骑兵师先头部队与仁川登陆的美第 7 师先头部队在乌山会合，主力占领咸昌，彻底封闭了人民军主力后方的主要交通线；美第 24 师于 28 日攻占大田；美第 2 师 25 日占陕川，26 日占居昌，并以一部在安义与美第 25 师会合，余部 28 日占全州；美第 25 师于 26 日占晋州，随即向西北方向攻击，先后占领安义、金堤、群山。南朝鲜第 6 师占领军威，26 日进至咸昌地区，与美骑第 1 师会合，随后占领杨平、春川；南朝鲜第 8 师占领安东、荣州，继向春川推进。

在美军和南朝鲜军的攻击之下，人民军防线被割裂，部队与进攻的美军和南朝鲜军呈插花状，多数与总部失去联络。其中第 1 方面军所属各师已经被美军切断了退路，全部隔绝于南部地区。第 2 方面军各师被进攻之敌纠缠，无法进至指定地区集结，构成防线。

南下和北进的美军、南朝鲜军部队会合后，全线向三八线推进，9 月 29 日全线进逼三八线。此时，在朝鲜的“联合国军”地面部队，总数超过 33 万人，另美国远东空军的兵力已达 3.6 万余人，远东海军达 5.9 万余人。[①]

而人民军主力被阻隔于三八线以南地区。第 1 方面军第 3、第 13 师至 10 月 3 日方到达忠州以北山区，第 6 师至 10 月 4 日移至永同，第 10 师则仍被隔绝于洛东江地区，第 4 师、坦克师在天安附近转入山区活动。人民军第 2 方面军司令部至 10 月初撤至洪川、春川间，第 1 师位于原州、横城间，第 5 师返三八线以北，第 12 师约两个团返回三八线；第 8 师 2000 余人在洪川东北地区，第 15 师在忠州以北地区。

至 9 月底，人民军在三八线以北地区只有部分新组建的部队和警备部队，力量空虚，无力阻挡美军和南朝鲜军继续北进。朝鲜战局处于极其危急的状态。

美军仁川登陆后中国共产党向朝鲜的建议

中共中央一直密切注视着朝鲜战局的发展，适时对战局发展作出判断。

① 参见[美]詹姆斯·F. 施纳贝尔：《朝鲜战争中的美国陆军——战争爆发前后》，213 页，北京，国防大学出版社，1990。

美军武装侵略朝鲜后,中共中央就多次指出,朝鲜战局的发展有两种可能,一种可能是人民军一鼓作气,驱逐已经投入朝鲜战场的美军,歼灭南朝鲜军队,解放全朝鲜,结束战争;另一种可能是美国迅速大量向朝鲜投入部队,守住滩头阵地,人民军进攻受阻,战局呈僵持状态。在这种情况下,战争将会是长期的,必须准备在长期战争中逐步消灭敌人。但中共中央对朝鲜战局发展的第一种可能从来就不抱乐观态度,而对第二种可能则作了充分的估计,并做了必要的准备。及时组建东北边防军,就是基于这种估计的一个重要战略准备。

在人民军作战顺利发展的7月初,周恩来在一次谈话中指出:"不经过反复多次较量,不消灭美军的力量到不能支持的时候,朝鲜战争是不可能轻易结束的。这个战争将是一个持久复杂的斗争。至于到底持久到什么时候,是一年、两年、三年,甚至更长,要看各方面情况的发展变化才能确定。反正一两个月、一两个战役是不行的。我们宁可把情况估计得复杂一些。"①

8月中旬,朝鲜战局在洛东江地区出现僵局后,中共中央认为,原来估计的朝鲜战局的第一种可能,"大体上是不可能实现了",而第二种可能"即将成为现实"。② 进尔督令东北边防军加紧作战的准备。

美军仁川登陆之后,9月18日,金日成召见中国驻朝鲜大使倪志亮,介绍了美军仁川登陆以来三天的战况,估计美军仁川登陆部队有一个师,人民军只有两个新组建的团,无作战经验,战斗力弱,增援部队又未及时赶到,登陆美军已迫近汉城,人民军已准备长期作战,并已着手动员10~15个新兵师。倪志亮于当日致电周恩来、聂荣臻,转报了金日成介绍的情况。

在接到倪志亮的电报之后,周恩来起草了回电,并经毛泽东主席阅改后,以周恩来的名义站在朋友和同志的立场,就人民军作战指导问题,向金日成提出了参考建议,于9月20日发给倪志亮转告金日成。电报全文如下:

倪志亮同志:

九月十八日电悉。请转告金日成同志:我们认为你的长期作战思想是正确的。朝鲜军民的英勇是令人感佩的。估计敌人在仁川方面尚有增加可能,其目的在于向东延伸占领,切断朝鲜南北交通,并向三八线进逼。而人

① 《周恩来传(1949~1976)》,上卷,51页,北京,中央文献出版社,1997。

② 《周恩来军事文选》,第4卷,44、45页,北京,人民出版社,1997。

民军必须力争保住三八线以北,进行持久战方有可能。因此,请考虑在坚持自力更生长期奋斗的总方针下如何保存主力便于各个歼灭敌人的问题。在目前主力暴露于敌人阵前,相持不下,消耗必多,而敌人如果占领汉城则人民军后路有被切断的危险。因此,人民军主力似宜集结机动,寻敌弱点,分割歼灭敌人。在作战上,必须集中兵力,每一次作战以少数兵力及火力分路钳制多数敌人,而以多数兵力(三至五倍)及火力(二倍以上)的绝对优势,围歼被我分割的少数敌人(例如一个团)。作战最忌平分兵力,最忌只能击溃或阻止敌人而不能歼灭敌人有生力量。只要能歼灭敌人有生力量,哪怕每次只歼灭敌人一个团一个营也好,积少成多,就可逐步将敌人削弱下去,而利于长期作战。如果美军火力配备强,一时难于突入分割,则宜考虑先以李承晚伪军为对象,集中主力,每次歼灭其一二个团,每月歼灭其一二个师,半年后即可尽歼伪军,剪去美帝爪牙,使美帝陷于孤立,然后各个歼灭之。在持久战的原则下,必须充分地估计到困难方面。一切人力、物力、财力的动员和使用,必须处处作长期打算,防止下级发生孤注一掷的情绪。敌人要求速决害怕持久,而人民军则速决既不可能,唯有以持久战争取胜。以上所陈,系站在朋友和同志的立场提出,供你们参考。是否有当,尚祈考虑见复。

周恩来

九月二十日①

9月21日,倪志亮拜见金日成,转交了周恩来的电报。金日成对中国同志的建议表示感谢,并说:在眼下战局严重的情势之下,甚望中共中央能继续提供意见。

在向朝鲜劳动党中央提出建议的同时,中共中央也向苏共中央通报了对朝鲜战局的看法。9月18日,周恩来召见苏联驻华大使罗申和苏联驻华军事总顾问科托夫将军,指出:由于种种原因,中国对朝鲜战场的军事形势知之甚少,根据已经掌握的情况,我们认为,如果朝鲜人民军在汉城和平壤地区有充足的预备队,可以歼灭仁川登陆的敌军。如果没有充足的预备队,则目前在洛东江前线作战的人民军主力部队,除以一部继续与敌保持接触外,主力应迅速北撤,然后争取在运动中各个歼灭敌人。周恩来请罗申、科托夫向苏共中央转达中共中央的看法,并把苏共中央的看法通报中国。

① 《周恩来军事文选》,第4卷,56~57页,北京,人民出版社,1997。

斯大林接到罗申转报的周恩来谈话内容后，于9月22日致电罗申，要他向中共中央转告苏共中央对朝鲜战局的看法。苏共中央认为：朝鲜人民军不能只零散派遣部队到仁川、汉城地区作战，只有从洛东江前线抽调精锐的主力部队，至汉城东部和北部建立巩固的防线，方能解除美军对汉城的威胁。

罗申向周恩来转告了斯大林电报的内容后，周恩来也向罗申通报了中共中央9月20日就朝鲜战局向朝鲜劳动党中央提出的建议内容，认为中苏双方在朝鲜战局的分析上，意见是一致的。

随着釜山地区美军和南朝鲜军的全线反攻，人民军被迫转入战略撤退。9月26日，苏联驻朝鲜人民军军事顾问团团长马特维耶夫将军致电斯大林，报告朝鲜战场形势，称：朝鲜战场出现了对人民军部队严峻的形势，美军地面部队在空中支援下，正力图包围和消灭人民军主力。人民军部队正进行困难的阻击战，损失严重，几乎所有的坦克和火炮均已毁坏，部队缺少弹药、燃料和给养，通信保障困难，指挥陷入瘫痪。马特维耶夫同时报告了朝鲜劳动党中央关于组建新部队的决定，并称苏联军事顾问团正帮助朝鲜人民军最高司令部组织良好的部队指挥、整顿物资保障和运输秩序、建立新防线的工作。

9月27日，苏共中央政治局第78次会议讨论了朝鲜战场的形势，批准了斯大林给马特维耶夫与苏联驻朝鲜大使史蒂可夫的指示电。指示电指出：朝鲜战场的汉城地区、洛东江地区出现了严峻形势，造成这种状况的原因是由于战场指挥和部队使用方式的重大错误，而苏联军事顾问对这些错误负有很大的责任。苏联军事顾问对美军在仁川登陆的意图缺乏准确的判断，导致了对将人民军主力由洛东江前线调至汉城地区的必要性的怀疑，因而反应迟缓，延误撤退，把一个星期的时间留给了敌人。同时，仁川、汉城地区防御作战的战术和坦克使用问题也存在着严重错误。“在一些最重要的问题上，如通信联络、部队调动、组织侦察和实施作战指挥等，苏联军事顾问对朝鲜司令部的帮助甚少”。在前线形势复杂化的情况下，“这是绝对不能容忍的”。指示电对朝鲜人民军的后撤和建立新防线提出了一些具体建议，并强调在目前形势下，朝鲜人民军的主要任务是从南部地区有组织地撤出主力部队，迅速建立起新的防线，要求苏联军事顾问对此向人民军最高司令部提供帮助。

9月27日，金日成在劳动党道委员长会议上，发表《暂时的战略撤退与党组织的任务》讲话，指出：“现阶段，我们党的战略方针是：最大限度的阻缓敌人的进攻速度，争取时间营救出人民军主力部队，组建新的后备部队来组成强大的反攻力量,并进行有计划的撤退。”

为贯彻这一战略方针,金日成一方面要求参加汉城地区战斗的人民军部队,在三八线一带布下防线,牵制敌人,以保证人民军主力撤退,并以一部分主力扰乱敌人的后方;另一方面要求在短时间内组成后备部队,补充力量。他强调:要在广大人民群众中加强宣传工作和政治教育工作,使他们在任何艰苦环境中都仍然毫不动摇地进行坚决的斗争,在敌占区要积极展开游击战。①

然而,美军和南朝鲜军全线进至三八线之后,立即转入越过三八线向北进攻的准备。而朝鲜人民军主力依旧被割断于三八线以南。9 月 27 日中午,金日成召见中国驻朝大使倪志亮,介绍朝鲜战场最新情况和人民军的应对措施,告之三八线及以北地区,目前尚无部队驻守。

9 月 30 日,金日成再次召见倪志亮,称人民军主力第 1 方面军 8 个师已经被美军和南朝鲜军切断退路,第 2 方面军尚未到达指定位置,部队与敌军呈插花状。金日成要求倪志亮将此情况转告中国领导人。②

在接到倪志亮转告金日成谈话的内容后,经毛泽东阅改,周恩来于 10 月 1 日夜,致电倪志亮转金日成,对人民军的行动提出建议:“一方面军八个师既被割断,请考虑有无可能将该八个师分为两部分,以四个师将笨重武器破坏,分成许多小的支队从敌人间隙中分路撤至三八线以北,而以四个师在南朝鲜分散为许多小支队,依靠人民坚持敌后游击战争,牵制大股敌人使其不能北进。”电报同时对人民军第 2 方面军是否能在数日内全部撤至三八线以北表示关注。“总之,你们的军队必须迅速北撤,愈快愈好,如遇敌人拦阻,亦应破坏笨重武器,分路从敌人间隙中插过来,不能撤者则留在敌后坚持分散游击。以上建议,妥否,请立复,并盼以具体情况见告”。③ 10 月 2 日,周恩来再电倪志亮转金日成,强调:除照 1 日电报精神,“尽可能将被敌人切断的军队分路北撤外,凡无法撤退的军队,应在原地坚持打游击”,“如此就有希望,就会胜利”。④

倪志亮于 10 月 2 日中午向金日成当面转达了周恩来电报中所提出的建议,金日成表示完全同意。

---

① 参见《伟大领袖金日成同志革命历史》,320 页,平壤,朝鲜外国文出版社,1983。
② 参见倪志亮致周恩来电,1950 年 9 月 30 日。
③ 《周恩来军事文选》,第 4 卷,64 页,北京,人民出版社,1997。
④ 《周恩来年谱(1949~1976)》,上卷,83 页,北京,中央文献出版社,1997。

第九章

美国地面部队越过三八线北进，企图占领全朝鲜

美国政府决定越过三八线，占领全朝鲜

美国政府在确定派兵入侵朝鲜后不久，即开始研究美军地面部队是否应该越过三八线，占领全朝鲜的问题。7 月 10 日，国务卿艾奇逊在给国务院政策设计委员会主任尼采的备忘录中，提出在朝鲜半岛恢复战前状态的短期目标达成之后，美国应该考虑更长远的问题。艾奇逊没有明确地提出美国的战争目标，但表示如果在美国军队占领南朝鲜之后就撤出军队，结束战争，似乎很不合理。①

7 月 13 日，美国广播公司在新闻节目中报道：南朝鲜总统李承晚宣布，在消灭北朝鲜军队之后，军事行动将不会停止于三八线。但一位美国陆军发言人则宣称：在朝鲜的美军部队只为将北朝鲜军队赶过三八线而战，并将停止于三八线。如果南朝鲜军队越过三八线向北推进，美军将阻止之。

这则新闻引起了各方舆论的推测。美国国务院对这则报道非常恼火。东北亚司司长艾利森给助理国务卿腊斯克提交备忘录，称："我们是否越过三八线，是一个非常复杂的问题。在这个时候我们发表任何关于我们将不

① [美]迪安·艾奇逊：《艾奇逊回忆录》，上册，305 页，上海，上海译文出版社，1978。

会越过三八线的声明,都是非常愚蠢的。”①

此时,美国政府尚未对越过三八线,占领全朝鲜作出决策。主要原因是朝鲜战场形势对美军不利,美军地面部队节节败退,当务之急是阻挡朝鲜人民军的进攻,扭转战场态势问题,还不能确定美军转入反攻后美国在朝鲜所要达到的最终目标。同时,美国政府对苏联与中国对美国入侵朝鲜是否会作出军事上的反应,也无法确定。因此,还难以对战争的最终目标作出决断。然而,美国广播公司的报道,已经使得关于美军地面部队是否越过三八线,美国侵朝战争最终目标的讨论公开化。杜鲁门于7月17日召开国家安全委员会会议,讨论美军未来是否应该越过三八线的问题。

在这次会议上,杜鲁门的高级顾问们认为:美军是否越过三八线,本身并不是一个问题。因为只要拿出联合国安理会7月7日的决议,美军的行动就有依据。最大的问题是如果美军地面部队越过三八线,苏联和中国会作出什么反应,假如苏联或中国军队因此而介入战争,那么将导致一场新的战争,甚至是世界大战。② 杜鲁门没有作出最后结论,指示有关部门对美军地面部队一旦接近三八线,美国是否在三八线以北继续进行军事行动问题进行详细研究。

国务院政策设计委员会于7月22日提出一份政策研究报告。这份报告认为:“在联合国部队将北朝鲜军队赶回到三八线附近时,美国和支持安理会决议的其他联合国成员国以及克里姆林宫所采取的决定和行动,将决定这场冲突是限于朝鲜境内,还是继续扩大,甚至有导致第三次世界大战爆发的危险。”报告在对美军越过三八线的利弊得失进行分析后,得出结论:如果美军出于作战需要将地面军事行动扩大到三八线以北地区,那么与中国军队或苏联军队发生冲突的危险将大大增加,而这种冲突所冒的风险要远远超出所可能得到的政治利益,同时这样的军事行动也很难得到其他联合国成员国的支持。因此,从美国目前的军事实力考虑,美军应该尽一切可能将军事行动限制在三八线以南地区,并在可以接受的条件基础上,尽快停止冲突。③

---

① Foreign Relations of the United States, 1950, Vol. VII, Korea(《美国对外关系》,1950年,第7卷,朝鲜),373页。

② 参见[美]詹姆斯·F.施纳贝尔:《朝鲜战争中的美国陆军——战争爆发前后》,192页,北京,国防大学出版社,1990。

③ 参见Foreign Relations of the United States, 1950, Vol. VII, Korea(《美国对外关系》,1950年,第7卷,朝鲜),449~454页。

政策设计委员会报告的结论，遭到国务院负责远东事务官员的猛烈抨击。东北亚司司长艾利森在给政策设计委员会主任尼采的备忘录中写道："我仔细研究了政策委员会的报告，遗憾的是，从论点到结论我都不同意。"艾利森认为，"统一"朝鲜确实有与中苏发生冲突的可能性，应该权衡得失，"但我认为报告提出的或至少是暗示的答案却是错误的"。艾利森抨击政策设计委员会的报告企图用"绥靖政策"避免"刺激苏联"，他说："我们应当承认我们与中苏冲突的危险性一直存在着"，"也许这意味着一次全球战争"，"既然一切法律上和道义上的正当性都在我们一边，我们还有什么可犹豫的？"①

在这种情况下，政策设计委员会重新修改了研究报告的结论，提出：保持目前美国的行动方针不变，关于美军地面部队逼近三八线时美国的行动方针，应该视军事和政治形势的发展而确定，并把握三个原则：1. 与当时朝鲜和世界其他地区的形势相适应；2. 得到盟国在联合国的支持；3. 有利于保持美国军事力量与目标之间的平衡。②

美国军方则坚决主张美军地面部队越过三八线。7 月 31 日，美国国防部起草了题为"美国在朝鲜行动方针"的备忘录，声称："从目前正在进行的对北朝鲜军队的军事行动来看，三八线和任何经纬线毫无区别"，无论在什么地方，只要需要，美军可以采取任何方式与北朝鲜军队交战，而且美国的空军和海军实际上现在已经在攻击朝鲜任何地方的目标。在三八线以北的军事行动，惟一需要考虑的因素是中国或苏联军队可能介入阻拦美军部队的北进行动。但是，摧毁通往朝鲜的交通线将迟滞此类开进行动。此外，如果在北朝鲜的政治和军事行动协调一致，且把握时机，那么将会比苏联或中国军队的开进抢先一步。

国防部的文件提出：美军在朝鲜三八线以北的行动可采取两个方案，第一个方案是折中方案，即占领平壤和朝鲜东部、中部北纬 40 度至 39 度线之间的地区，然后沿着中朝和朝苏边境设置非军事区。第二个方案则是"肃清和占领整个朝鲜"。因此，三八线没有任何军事意义。美军"应该寻求占领朝鲜，消灭位于三八线以北和以南地区的所有北朝鲜武装部队"。为了

① Foreign Relations of the United States, 1950, Vol. VII, Korea(《美国对外关系》，1950 年，第 7 卷，朝鲜)，458 ~ 461 页。

② 参见 Foreign Relations of the United States, 1950, Vol. VII, Korea(《美国对外关系》，1950 年，第 7 卷，朝鲜)，473 页。

实现这一目标，应该授权麦克阿瑟不受三八线的限制，“在朝鲜采取一切必要的军事措施”。①

国防部和国务院均提出了研究报告，但杜鲁门此时无法作出最后决断。因为美军在朝鲜战场刚刚经历了大田战役的惨败，能否在朝鲜半岛守住一个桥头堡阵地尚存疑问，还难以设想未来美军的作战目标。

到了8月中旬，美军在朝鲜战场逐步站稳了脚跟，并建立起了釜山环形防御阵地。随着军事形势的好转，特别是侵朝美军反攻准备的全面展开，美国政府内部关于是否越过三八线，占领全朝鲜的讨论也进入了最后阶段。

8月10日，美国国家安全委员会第64次会议决定，责令国家安全委员会的参谋人员着手准备关于美国未来在北朝鲜行动方针的文件。应国家安全委员会参谋人员的要求，美国国务院在以往报告的基础上，起草了题为《美国未来在朝鲜的行动方针》文件初稿，经过多次修改讨论，于8月23日送交国家安全委员会。

国家安全委员会高级参谋人员和国务院、国防部的高级官员共同对文件进行了讨论，集中研究了万一中苏介入，美军是否越过三八线的问题。他们认为，麦克阿瑟有权在朝鲜北部实行两栖登陆作战，但联合国军应该与苏联边境保持明确距离。国防部已表过态，美海空军不得轰炸离苏境17英里的地区。美国地面部队不得越过39度线。会议建议国家安全委员会作出决定，授权联合国军总司令指挥地面部队越过三八线，但要和中苏边境保持一定明确的距离，如果有情报表明，中国或苏联进行了大规模有组织的抵抗，联合国军总司令在向华盛顿报告之前，不得下令继续前进。

9月1日，美国国家安全委员会参谋人员在国务院文件的基础上，最后形成了题为《美国对朝鲜的行动方针》的文件，分发国务院、国防部等部门征求意见。

参谋长联席会议认为：虽然苏联和中国军队有可能参战，但是如果麦克阿瑟出于战术上的需要决定越过三八线，就应该允许他这样做，任何与此相反的建议都是错误的。在征得麦克阿瑟同意之后，参谋长联席会议于9月7日向国防部长约翰逊呈送备忘录，称：在朝鲜的作战行动，“首要目标是消

① Foreign Relations of the United States, 1950, Vol. VII, Korea(《美国对外关系》，1950年，第7卷，朝鲜)，502~510页。

灭北朝鲜军队，但我们相信，北朝鲜军队可以预期将在三八线以南地区被打垮，在此之后，作战行动将在三八线南北地区同时进行。鉴于这种行动可能属于游击战的性质，因此地面作战应该由南朝鲜军队来实施”①。

9 月 9 日，国家安全委员会对文件最后定稿，正式编号为美国国家安全委员会第 81/1 号文件。这份文件的主要内容是：

（一）美军将越过三八线，消灭北朝鲜军队。授权联合国军司令官在朝鲜采取一切必要的军事行动，包括在三八线以北进行两栖、空降或地面作战，摧毁北朝鲜武装力量。实施这些行动的前提是，当进行这些行动时，苏联或中共未派遣大批军队进入或没有宣布准备派遣军队进入北朝鲜，也没有威胁对美军采取军事反击行动。鉴于在三八线以北的军事行动将冒与苏联或中国爆发大规模战争的风险，联合国军司令官在将作战计划付诸实施之前，必须得到总统的批准。作为一项政策，不得在与苏联接壤的朝鲜东北部各省或沿中朝边界地区使用非韩国部队。

（二）参谋长联席会议授权联合国军司令官制定占领北朝鲜的计划。但在该计划实施前，必须取得总统的批准，并与盟国协商。

（三）一旦发生苏联军队或中国军队进入北朝鲜的情况，联合国军司令官不得下令进入北朝鲜进行地面作战，但应指挥部队重新占领三八线，并可继续在北朝鲜的海空军行动。如果已经有美军部队在三八线以北地区作战，那么三八线以北的美国部队应根据华盛顿的进一步命令准备撤至三八线以南。

（四）如果苏联军队在三八线以南公开或秘密参战，麦克阿瑟应尽可能守住防线，但不得采取使局势进一步严重的行动，并迅速报告华盛顿。这种措施也适应于美军部队在三八线以北作战时苏联军队参战的情况。

（五）一旦中国的主力部队在三八线以南公开或秘密参战，美国不应使自已陷入同共产党中国的全面战争，但如果在朝鲜的美军部队有成功的机会，则应继续作战，同时可以考虑授权麦克阿瑟在朝鲜之外，对共产党中国采取适当的海空军事打击行动。与此同时，美国应向安理会提出“谴责中共为侵略者”的决议案。若在三八线以南出现苏联或中国企图使用小股部队，麦克阿瑟应继续目前的行动。

（六）在摧毁北朝鲜军队后，以韩国政府为朝鲜半岛的惟一政府。美国

① Foreign Relations of the United States, 1950, Vol. VII, Korea(《美国对外关系》，1950 年，第 7 卷，朝鲜），707 页。

军队也将继续留在朝鲜,执行占领任务。①

9月11日,杜鲁门批准了国家安全委员会第81/1号文件。至此,美国政府正式确定了占领全朝鲜的侵朝战争指导方针。

9月中旬,美军仁川登陆成功后,战争形势发生了有利于美方的变化,美军地面部队和南朝鲜军队全面逼近三八线。在这种情况下,9月25日,参谋长联席会议向新任国防部长乔治·马歇尔建议,应该毫不迟疑地向麦克阿瑟下达越过三八线的作战命令。9月27日,经过杜鲁门批准,参谋长联席会议根据国家安全委员会第81/1号文件的精神,向麦克阿瑟正式下达在三八线以北地区实施军事行动的第92801号指令:

> 你的军事目标是摧毁北朝鲜的军事力量。为实现这一目标,授权你在朝鲜三八线以北地区采取军事行动,包括两栖行动、空降作战或地面作战,只要在实施这些行动时,苏联军队或中共军队没有大批进入北朝鲜,没有发表将要进入的声明,也没有威胁要对抗我们在北朝鲜的军事行动。然而,在任何情况之下,都绝对不允许你的部队越过满洲或苏联与朝鲜的边境线。而且作为一项政策,在与苏联接壤的朝鲜东北部各道或与沿满洲边境的地区,不得使用非朝鲜人的地面部队。此外,对你在三八线以南或以北地区作战的支持,不包括对满洲或苏联领土的海空作战行动。②

美国政府关于美军越过三八线、占领全朝鲜的政策制定和计划拟制工作全部完成。为了掩饰其赤裸裸的侵略行径,美国政府在拟订越过三八线,占领全朝鲜的计划的同时,也在千方百计地寻求其盟国的支持,以便操纵联合国通过有关决议,为美国扩大侵朝战争披上合法的外衣。

9月19日,第5届联合国大会开幕。美国国务院在为美国代表团确定的立场文件中,声称:美国的目的是在联合国的领导下,帮助朝鲜实现"自由、独立和统一";美国代表应该避免讨论联合国地面部队到达三八线时美国的政策,这一问题应由联合国决定;联合国应该继续坚持建立"统一"的朝鲜。指示要求美国代表应向联合国大会强调执行联合国关于建立"独

① 参见 Foreign Relations of the United States, 1950, Vol. VII, Korea(《美国对外关系》,1950年,第7卷,朝鲜),712~721页。

② Foreign Relations of the United States, 1950, Vol. VII, Korea(《美国对外关系》,1950年,第7卷,朝鲜),781页。

立”和“统一”的朝鲜决议的必要性;向联合国提出南朝鲜现政府是朝鲜的惟一合法政府。[1]

根据杜鲁门的指示,艾奇逊指令美国驻联合国首席代表奥斯汀,要求其说服英国方面带头向联合国安理会提出关于“稳定和复兴朝鲜”的提案,为侵朝美军即将进行的军事行动开放绿灯。

英国政府对美国的要求进行了研究,并着重研究了一旦联合国军越过三八线,中国政府可能作出的反应,认为中国方面可能采取三种行动方案:1. 以公开的方式或“志愿者”的方式出兵朝鲜;2. 最大限度地施加政治压力,以影响联合国,特别是亚洲国家的立场,以便保持北朝鲜的“独立”或使之成为缓冲地带;3. 在中国东北靠近中朝边境地区集结军队,但不出兵朝鲜。英国政府的结论是:中国目前内部尚未“巩固”,正在全力进行“经济恢复”,且“军事实力也不足以应付大战”的需要,人心厌战,所以出兵朝鲜的可能性很小。[2]

据此分析,英国政府接受美国政府的要求,于 9 月 23 日向美国方面递交了英国准备向联合国安理会提交的议案草稿。议案草稿称:“根据联合国大会关于在朝鲜建立统一、独立和民主政府的决议所宣布的目标,建议(a)采取一切必要的步骤,在全朝鲜创造稳定和安全的条件;(b)一旦这一条件确立,即在朝鲜全境举行新的选举,建立一个全朝鲜的统一、独立和民主的政府。”[3]

9 月 25 日,美国出席联合国大会的代表团就英国提案进行讨论。迪安·腊斯克说:朝鲜的军事形势发展很快,需要联合国在几天内制定出关于朝鲜的全面政策。英国提案给联合国部队在军事指挥上提供了极大的灵活性,并重申建立独立、统一的朝鲜和成立关于朝鲜问题的特别委员会。腊斯克认为英国的提案需要在朝鲜复兴和管理方面精心计划,他还说:英国希望这一提案得到普遍的认可,在与印度和其他成员国商议后,能够有大多数的代表成为提案的共同倡议者,并尽快得到联合国第一委

① 参见 Foreign Relations of the United States, 1950, Vol. VII, Korea(《美国对外关系》,1950 年,第 7 卷,朝鲜),736 ~ 741 页。

② 参见 Foreign Relations of the United States, 1950, Vol. VII, Korea(《美国对外关系》,1950 年,第 7 卷,朝鲜),814 ~ 815 页。

③ Foreign Relations of the United States, 1950, Vol. VII, Korea(《美国对外关系》,1950 年,第 7 卷,朝鲜),764 页。

员会的通过。

此后,美国和英国政府四处活动,寻求联合国成员国支持英国提案。澳大利亚、巴西、荷兰、挪威、菲律宾等国在美国和英国的拉拢下,同意作为英国提案的提案国。但一些亚洲国家则反对英国提案,它们认为安理会以前的决议只说冲突双方的部队回到三八线上,怎么现在提议要联合国部队去"统一"和"复兴"朝鲜呢?印度政府明确表示反对英国提案,表示印度不会同意美军越过三八线的行动,希望美军停在三八线上,与北朝鲜进行公开谈判,说服北朝鲜同意在联合国的监督下举行全朝鲜的公民投票。

就在这时,在美国出现了一则令美国军政当局恼火的报道。报道说,美第8集团军司令沃克在回答记者提问时宣称:第8集团军指挥的南朝鲜师进至三八线后将停止前进,以便重新集结部署,等待联合国的决定。这一报道引起了有关方面的重视,也再次引发了关于美国军队是否应该越过三八线的争论。

五角大楼非常担心这种争论将使美国政府已经作出的越过三八线占领全朝鲜的决定节外生枝,把美军越过三八线的问题,交由联合国安理会讨论决定。他们希望先造成既成事实,然后再操纵联合国通过决议为美军的侵略行动披上合法的外衣,而不希望冒险先使联合国通过决议。

9月29日,马歇尔致电麦克阿瑟,指示:"日前有报道根据第8集团军的声明推测,南朝鲜师将在三八线停止前进重新集结。我们希望你清楚,当你向三八线以北推进时,无论在战术上还是战略上都不受限制。在联合国里,显然不愿意就必须越过三八线进行投票,因此上面所提到的声明可能会使联合国陷于进退维谷的境地。这倒不如由你来证明在军事上必须这样做。"①

麦克阿瑟于9月30日复电马歇尔,称他对沃克是否发表过上述声明表示怀疑,但他将提醒沃克不要再提有关三八线的问题。他宣称:"在我们的力量使用方面,三八线并不成其为问题。我们部队的后勤供给是主要问题,这使我们不能立即推进。为利用敌军的失败,我军在采取试探性行动或在战术上利用现地地形时,在任何时候都可能越过三八线。你了解我对北朝鲜的整个战略计划。除非并且直至敌人放下武器,我认为我们可以在朝鲜

① Foreign Relations of the United States, 1950, Vol. VII, Korea(《美国对外关系》,1950年,第7卷,朝鲜),826页。

全境采取军事行动。”①

9月29日，美国驻南朝鲜军事顾问团给位于朝鲜东海岸江陵的南朝鲜第3师下达命令，指示该师立即越过三八线，向元山推进。

9月30日，南朝鲜第3师率先越过三八线，进入三八线以北地区。10月1日，南朝鲜第1军团主力在朝鲜东海岸地区越过三八线，南朝鲜第3师于3日占领襄阳，继续北进，企图占领元山。首都师于10月1日进抵三八线，在注文津西北地区越过三八线。与此同时，美军和南朝鲜军队主力沿三八线全线展开，进入了北进的全面准备。

美国进一步扩大朝鲜战争，朝鲜民主主义人民共和国面临空前的危机。

中国政府严正警告美军不得越过三八线，扩大战争

如果美军地面部队越过三八线继续北进扩大战争，则朝鲜国家难保，中国大陆的安全将面临严重的威胁。中共中央对此高度关注，中国政府作出了强烈的反应，向美国当局提出了严正警告。

9月21日，周恩来在会见印度驻华大使潘尼迦时，明确指出：由于联合国不承认中国代表的合法地位，因此中国对联合国也不承担任何义务。几天之后，中央军委代理总参谋长聂荣臻在与潘尼迦会见的一次谈话中，又明确指出：鉴于美国飞机已经对中国东北进行轰炸，中国决不会忍气吞声，不作出反应。“如果帝国主义者果真要发动战争，那么，我们也只有起而抵抗。”当潘尼迦说如果中国作出强硬反应，将把中国拖入与美国的战争，而这种战争一旦爆发，中国的建设将拖后十年或八年时，聂荣臻回答：“我们已经考虑了一切问题，他们甚至会向我们扔原子弹。那又会怎么样呢？他们也许会杀死几百万人，但一个国家不付出牺牲是不能捍卫独立的。”②

潘尼迦马上向印度政府报告了与周恩来、聂荣臻谈话的内容，说：中国对联合国和美国军队可能采取的针对中国的行动非常气愤。如果联合国军

---

① 格登：《朝鲜战争——未透露的内情》，275页，北京，解放军出版社，1990。

② 聂荣臻与潘尼迦的谈话，见柴成文、赵勇田：《板门店谈判》，74页，北京，解放军出版社，1989。同时参见格登：《朝鲜战争——未透露的内情》，331页，北京，解放军出版社，1990。

进入北朝鲜，那么中国参战的可能性将极大增加。①

印度政府向英国和美国通报了潘尼迦电报的内容，印度国务秘书巴杰帕在与美国驻印度大使亨德森会晤时称：英国政府曾通知印度方面，9月14日举行的美国、英国、法国三国外长会议已经作出决定，在联合国作出正式决议之前，联合国军不会越过三八线。因此，联合国军在朝鲜应该停止于三八线，然后开始与北朝鲜进行谈判。如果联合国军特别是美国军队越过三八线，中国很可能将在朝鲜参战，这将极可能导致第三次世界大战，印度可能因此不支持联合国在三八线以北的军事行动。②

印度政府同时指示潘尼迦，要他请求中国政府保持“克制和冷静”③。根据印度政府的指示，潘尼迦向中国政府转告了所谓的美、英、法三国外长会议决定。

在此前后，荷兰、丹麦政府也向美国政府通报了本国驻北京外交机构提供的关于如果美军越过三八线，中国可能出兵朝鲜的消息。

美国和英国政府对这些消息，特别是印度方面的建议不屑一顾。9月27日，英国驻美国使馆参赞格雷夫斯与美国国务院负责远东事务的助理国务卿帮办麦钱特会晤，在讨论了潘尼迦报告的内容之后，格雷夫斯称：英国人“并不十分重视潘尼迦的忧虑，认为此人反复无常，是一个不甚可靠的报告者”④。而美国国务院则认为，中国方面的警告，不过是恫吓威胁的宣传。

但是，中国如果出兵朝鲜，毕竟会影响美国及其盟国军队占领全朝鲜的计划。在美国政府已经作出了美军地面部队越过三八线的决定，并正式下达了作战指示的时候，美国对来自中国方面的警告，虽然不以为然，但也决定采取措施，掩饰其侵略计划，并欺骗其他国家。

9月28日，美国国务卿艾奇逊与英国外交大臣贝文在纽约会谈。艾奇逊说，美国政府可以同意在联合国讨论关于朝鲜问题的提案时，听取中国政府的意见。但是决不能因此而延迟联合国的行动。

---

① 参见潘尼迦的报告，见 Foreign Relations of the United States, 1950, Vol. VII, Korea(《美国对外关系》,1950年,第7卷,朝鲜),794、809页。

② 参见 Foreign Relations of the United States, 1950, Vol. VII, Korea(《美国对外关系》,1950年,第7卷,朝鲜),809页。

③ Foreign Relations of the United States, 1950, Vol. VII, Korea(《美国对外关系》,1950年,第7卷,朝鲜),809～810页。

④ Foreign Relations of the United States, 1950, Vol. VII, Korea(《美国对外关系》,1950年,第7卷,朝鲜),794页。

贝文称：他希望美国方面能采取一些措施“安抚中共”。于是有了美国政府对美国飞机9月22日轰炸中国安东市区的事件，承认“误入”并作出遗憾和愿意赔偿的表示。美国政府通过贝文给印度总理尼赫鲁发信，由尼赫鲁转告了中国领导人。

9月29日，潘尼迦向中国政府转交了尼赫鲁的一封信函。尼赫鲁在信中就恢复中国在联合国的席位、台湾问题、朝鲜局势和印度政府的立场向中国政府作了说明，并再次说明美、英、法三国外长会议关于不经联合国同意，联合国军不会越过三八线的决定。

然而中国政府所得到的情报则与所谓的三国外长会议决定恰恰相反。9月29日，周恩来向毛泽东主席呈送报告，指出：“根据连日情报、外讯及倪志亮来电，美李敌军①已分路北进，按其所到位置，朝鲜西路军②似已被敌隔断，东路军③亦尚未集结到忠州以北。而美帝国主义已在公开表示将进军三八线以北。……三八线北已无防守部队，似此情况甚为严重，敌人有直趋平壤可能。”④

中共中央因此认为：所谓的三国外长会议决定以及美国愿意对轰炸中国所造成的损失进行“赔偿”等，不过是美国等国家为了“要稳住中国，过三八线，过了以后，再搞中国”⑤而采取的欺骗行为。

9月30日，周恩来总理在中国人民政治协商会议全国委员会庆祝中华人民共和国建国一周年大会上作报告时，谴责美国的侵略行动，指出：“美国的侵略武力已经侵入中华人民共和国的版图，并且随时有扩大这种侵略的可能。……中国人民密切地关心着朝鲜被美国侵略后的形势。”

周恩来再次阐明了中国政府的立场，对美国的侵略行动发出了严正警告：“中国人民在解放自己的全部国土以后，需要在和平而不受威胁的环境下来恢复和发展自己的工农业生产和文化教育工作。但是美国侵略者如果以为这是中国人民软弱的表示，那就要重犯与国民党反动派同样严重的错误了。中国人民热爱和平，但是为了保卫和平，从不也永不害怕反抗侵略战

① 美李军系指美军和南朝鲜军。当时中国和朝鲜也称南朝鲜军为“伪军”、“李伪军”。

② 指朝鲜人民军第1方面军。

③ 指朝鲜人民军第2方面军。

④《周恩来军事文选》，第4卷，58页，北京，人民出版社，1997。

⑤《周恩来军事文选》，第4卷，74页，北京，人民出版社，1997。

争。中国人民决不能容忍外国的侵略,也不能听任帝国主义者对自己的邻人肆行侵略而置之不理。谁要是企图把中国近五万万人口排除在联合国之外,谁要是抹煞和破坏这四分之一人类的利益而妄想独断地解决与中国有直接关系的任何东方问题,那么,谁就一定要碰得头破血流。”①

这是中国政府向美国政府发出的一个明确的警告。周恩来演说稿在大会召开之前,曾由毛泽东主席审阅。毛泽东主席亲笔加上了不能“听任帝国主义者对自己的邻人肆行侵略而置之不理”一句话。从此,不能“置之不理”这句话传诵人口,成为“新中国外交风格”②的体现,也是中国政府立场最清晰、简捷的说明。

但是,10月初,中国政府得到消息,在美国军队的默认下,南朝鲜军已经先越过三八线向北进攻,侵朝美军也已准备就绪,即将越过三八线。朝鲜局势已经到了十万火急的地步。在这种情况下,中国政府不得不再次通过外交途径,向美国政府发出更加明确的警告。

10月3日凌晨1时,周恩来总理紧急召见印度驻华大使潘尼迦,答复尼赫鲁9月29日来函,指出:“尼赫鲁总理所提的问题中,有一个是比较紧急的,那就是朝鲜问题。美国军队正企图越过三八线,扩大战争。美国军队果真如此做的话,我们不能坐视不顾,我们要管。”

周恩来说:“我们主张和平解决,使朝鲜事件地方化。我们至今仍主张如此。我在十月一日的报告③中也声明了我国政府的态度,我们要和平,我们要在和平中建设。过去一年中,我们在这方面已经作了极大的努力。美国政府是靠不住的。尽管在三外长会议中有了协议,不经联合国同意,不得越过三八线,但是美国政府不一定受其约束。”

潘尼迦要求周恩来对“朝鲜事件地方化”的含义进行解释。周恩来明确答复:“朝鲜战事应该即刻停止,外国军队应该撤退,这对于东方的和平是有利的。朝鲜事件地方化的意见,就是不使美军的侵略行动扩大成为世界性的事件。”

周恩来最后强调:“第一,美军企图越过三八线,以扩大战争,我们要管,这是美国政府造成的严重情况。第二,我们主张朝鲜事件应该和平解

① 《周恩来外交文选》,23~24页,北京,中央文献出版社,1990。

② 《周恩来传(1949~1976)》,上卷,59页,北京,中央文献出版社,1997。

③ 指9月30日,周恩来在中国人民政治协商会议全国委员会庆祝中华人民共和国建国一周年大会上作的报告。

决，不但朝鲜战事必须即刻停止，侵朝军队必须撤退，而且有关国家必须在联合国内会商和平解决的办法。"①

周恩来要求潘尼迦向尼赫鲁报告中国政府的立场和态度。在当时，中国和美国等西方国家没有建立外交关系，中国政府在朝鲜战争期间许多重要的立场和态度，是通过印度政府转告西方国家的。周恩来要求潘尼迦向尼赫鲁报告谈话的内容，就是要尼赫鲁把中国政府的态度转告美国方面。曾任印度驻美国大使的潘迪特夫人在1952年5月与周恩来的一次谈话中说："每次您与潘尼迦大使谈话后，我都从我们政府得到指示，并即刻与美国国务院联系。"②

周恩来9月30日报告中的声明和10月3日与潘尼迦的谈话，在国际上产生了巨大而深远的影响。它充分表达了中国人民爱好和平的愿望和不畏强权、反抗侵略、维护和平的决心，也充分展现了中国政府在重大军事行动上先礼后兵的决策风格，这就使中国在即将采取的抗美援朝军事行动中，在政治上立于主动的地位，得到了全世界爱好和平人民的支持和同情。同时，朝鲜战争的历史已经向世人证明，中国人说话是负责任的，是算数的，是不受任何欺骗和威胁的。

美国操纵联合国通过非法决议。美军地面部队大举越过三八线，入侵北朝鲜

华盛顿时间10月3日深夜，美国国务院收到美国驻印度大使亨德森发回的急电，报告了周恩来与潘尼迦10月3日凌晨谈话的内容，说：周恩来已经明白无误地表示，如果美军越过三八线，中国就会出兵朝鲜。并称：潘尼迦在给印度政府的报告中称，中国人的决定是"最终的"，美军越过三八线，就意味着朝鲜冲突的扩大化。③

与此同时，美国驻苏联、荷兰和中国香港的外交机构，也给国务院发回急电，报告了所得到的关于周恩来与潘尼迦谈话的内容。

---

① 《周恩来军事文选》，第4卷，66～68页，北京，人民出版社，1997。

② 《周恩来传（1949～1976）》，上卷，58页，北京，中央文献出版社，1997。

③ 参见 Foreign Relations of the United States, 1950, Vol. VII, Korea（《美国对外关系》，1950年，第7卷，朝鲜），850页。

英国政府在得知周恩来发出的警告之后，非常紧张。外交大臣贝文在由美国前往英联邦国家访问的途中，从所乘坐的“玛丽皇后”号轮船上给英国外交部发电报，指示立即与美国政府取得联系，要求美国与英国起草一份联合国声明，以阻止中国出兵朝鲜，同时表明将向中国提供出席联合国讨论朝鲜问题会议的机会。

但美国政府则再次将中国政府的严正警告视为“恫吓”，认为，中国政府是虚张声势，是“为挽救北朝鲜政权而进行的外交努力的一部分”。他们认定：“俄国人或中共干涉朝鲜，要冒世界大战的风险；俄国人尚未做好为了朝鲜而冒险发动世界大战的准备；中国在军事上不具备单独进行干涉的能力。”此外，中国如果单独出兵朝鲜，也将不会给战局造成决定性的变化，实际上反可能遭到惨重的失败。更不要说中国出兵的最好时机是美军退守釜山环形防御阵地的时候，而现在这种时机已经丧失。①

艾奇逊后来说：所有看过潘尼迦电报的人“都得出了这样的结论，即他们（指中国）更为可能的是不介入，而不是介入”。而杜鲁门则认为：“潘尼迦先生在过去却是经常同情中国共产党的家伙，因此他的话不能当做一个公正观察家的话来看待，充其量不过是一个共产党宣传的传声筒罢了。”②

美国政府因此对中国政府的严正警告置若罔闻，坚持其占领全朝鲜的政策不变。10月4日，美国驻印度大使亨德森在与印度国务秘书巴杰帕会晤时，傲慢地要印度政府转告中国政府：周恩来3日的谈话，“缺乏法律和道义依据”，并说，如果允许中国如此“讹诈”，那么后果严重，自由世界将面临灾难。现在，联合国军在朝鲜战场占据完全优势，在这样的时候只因为中国方面的一个谈话，就让联合国军停止于三八线，“无异于向侵略威胁屈膝投降”。③

同一天，美国助理国务卿腊斯克在与英国大使弗兰克斯会晤时，也直言不讳地告诉英国人：南朝鲜军队确实已经越过了三八线，而且是根据麦克阿瑟下达的追击命令采取的行动。三八线不应该成为一道障碍，只要北朝鲜

---

① 参见奥马尔·布莱德雷：《将军百战归》，739～740页，北京，军事谊文出版社，1985。

② ［美］哈里·杜鲁门：《杜鲁门回忆录》，第2卷，432页，北京，生活·读书·新知三联书店，1974。

③ Foreign Relations of the United States, 1950, Vol. VII, Korea（《美国对外关系》，1950年，第7卷，朝鲜），869～873页。

军队不停止抵抗,麦克阿瑟有权“在军事上以他认为适宜的任何方式进行作战”。腊斯克同时通知英国人,麦克阿瑟已经接到了在三八线以北地区进行作战行动的命令,杜鲁门已经批准了麦克阿瑟的作战计划。[①]

也是在10月4日,正在纽约出席联合国大会的美国国务卿艾奇逊会晤了英国驻联合国代表杨格。当杨格向艾奇逊转告贝文关于邀请中国代表参加联合国关于朝鲜问题的辩论,以便听取中国政府的意见时,艾奇逊宣称:让中国人参加辩论为时已晚,只会把事情搞糟。联合国军已经做好了进军北朝鲜的准备,现在绝对不可能停止行动。虽然越过三八线会有不可预知的危险,但目前“最大的危险是犹豫不决和胆小如鼠”。他断言:中国人决不会像他们告诉潘尼迦的那样进行“冒险”。他们之所以没有公开声明,而是采取密谈的方式表明态度,是因为这样做,他们“可以随时否认讲过的话”。如果中国打算“现在参与牌局的话,他们就必须亮出比现在点数更高的牌”。他最后狂妄地宣称:“我们不应该被中共一个可能是恫吓的东西搞得惊恐不安。”[②]

10月5日,美国参谋长联席会议主席布莱德雷与英国驻美首席军事代表特德会晤。特德说:英国军方对目前在朝鲜越过三八线是否明智表示怀疑。英国方面坚信:应该把冲突局限于朝鲜,并防止冲突的持久化,而联合国军如进入北朝鲜则有使冲突扩大化的危险。因此英国三军参谋长委员会认为:联合国军应该在三八线停止一段时间,待其他方式都无法奏效时,再考虑越过三八线。但布莱德雷一口拒绝英方的建议,称英国方面所担心的事情,“恰恰就是我们正在做的事情”。美国的决定是不可更改的。

在美国的拉拢和压迫下,英国政府最终收回自己的意见,按照美国的意见,与其他7个国家向联合国大会提出了所谓的朝鲜“稳定和复兴”的议案。

这一议案再次遭到了众多国家的反对。在联合国安理会第一委员会上,波兰、白俄罗斯和捷克斯洛伐克代表在发言中,坚决反对英国等提出的“八国提案”。苏联、波兰、捷克斯洛伐克、乌克兰、白俄罗斯5国共同向联合国大会提出了一份和平解决朝鲜问题的提案。该提案建议:在朝鲜的交

---

① 参见 Foreign Relations of the United States, 1950, Vol. VII, Korea(《美国对外关系》,1950年,第7卷,朝鲜),859~862页。

② Foreign Relations of the United States, 1950, Vol. VII, Korea(《美国对外关系》,1950年,第7卷,朝鲜),874~875页。

战双方立即停止敌对行为；美国政府及其他国政府立即撤退其在朝鲜的军队，从而建立条件使朝鲜人民有可能享受自由解决其自己的国内事务的不可割让的主权；在外国军队撤退后，并为建立统一和独立的朝鲜国家起见，在全朝鲜人民自由表示意志的基础上，尽早举行全朝鲜的选举以便选出一个国民议会；由朝鲜民主主义人民共和国最高人民会议和南朝鲜国民议会的议员举行联席会议，选出一个同北南朝鲜数目相等的代表组成的联合委员会，从事组织和主持全朝鲜国民议会的自由的全朝鲜选举；联席会议亦应选出一个全朝鲜临时委员会，在全朝鲜国民议会尚未选出和永久的全朝鲜政府尚未成立之前执行管理国家的义务；成立必须有与朝鲜接壤的各国代表参加的联合国委员会，以观察国民议会的全朝鲜自由选举事宜；为复兴遭受战争破坏的朝鲜国民经济起见，经济暨社会理事会应在朝鲜代表的参加下，迅速拟定通过联合国组织给予朝鲜人民以必要的经济与技术援助的计划；在全朝鲜政府成立以后，安全理事会应审议接纳朝鲜加入联合国组织为会员国的问题。

但是，在美国的操纵下，联合国大会最终于 10 月 7 日否决了苏联、波兰、捷克斯洛伐克、乌克兰、白俄罗斯提出的“五国提案”。以及印度提出的要求成立一个特别委员会以寻求五项折中方法的提案，非法通过了英国、澳大利亚、巴西、荷兰、古巴、挪威、巴基斯坦、菲律宾提出的“八国提案”。该提案的中心内容是要在联合国军的占领下和联合国机构的监督下，通过举行所谓选举来“统一”朝鲜，从而为以美国为首的“联合国军”部队在朝鲜越过三八线，占领全朝鲜大开绿灯。

麦克阿瑟在接到参谋长联席会议给他的“9·27”指令后，于 9 月 28 日，向参谋长联席会议报告他在三八线以北地区的作战计划设想：以第 8 集团军越过三八线，沿开城—沙里院—平壤轴线实施主攻，攻占平壤；以第 10 军在朝鲜东海岸元山实施两栖登陆，然后沿元山—平壤轴线向西进攻，与第 8 集团军会合，协同第 8 集团军攻击平壤；以第 3 步兵师位于日本，作为总部预备队。在占领平壤、元山一线之后，定州—宁远—咸兴一线以北的作战由南朝鲜军队实施。整个作战由麦克阿瑟直接指挥，第 8 集团军的进攻日期暂定为最早不超过 10 月 5 日，最迟不晚于 10 月 30 日。

9 月 29 日，参谋长联席会议正式批准了麦克阿瑟作战计划。10 月 2 日，麦克阿瑟以联合国军司令部第二号作战命令向第 8 集团军司令官沃克下达了越过三八线的命令。命令的主要内容是：第 8 集团军从陆地推进，占领平壤；在此期间，第 10 军在元山登陆；而后两支部队在平壤—元山蜂腰部会合，切断人民军退路，当联合国军到达定州—宁远—兴南一线后，这一线以北至边境线的作战，只由南朝鲜军担任。

沃克接到麦克阿瑟越过三八线的命令后，立即下令所辖美军第 1 军以不足 1 个师的兵力占领临津江以西一线，其主力在集结地域集中，然后按集团军命令，确保第 1 骑兵师为主要突击力量，遂行北进的作战任务。步兵第 24 师和南朝鲜第 1 师保障其翼侧，并担任预备队。美骑兵第 1 师奉命于 10 月 5 日进至汉城以北，确保美第 1 军在三八线附近集结地域的安全。骑兵第 1 师 3 个团，部署在开城附近的三八线南侧。南朝鲜第 2 军团所属第 6、第 7、第 8 师则在中线春川、原州、议政府集结。

10 月 1 日和 9 日，麦克阿瑟两次向朝鲜人民军发出最后通牒：要求朝鲜人民军部队“不管位于朝鲜什么地方，都放下武器，停止敌对行动”①。

10 月 7 日，在联合国非法决议尚未通过之时，美军骑兵第 1 师先头部队即越过了三八线。随后，美骑兵第 1 师主力、步兵第 2 师、步兵第 24 师、英国步兵第 27 旅、南朝鲜第 1 师和南朝鲜第 2 军团部队越过三八线，以平壤为主要攻击目标，兵分多路，大举北进。

当然，美国政府虽然对中国政府的警告置若罔闻，但毕竟还是有所顾忌。在操纵联合国通过非法决议和训令侵朝美军大举越过三八线的同时，美国参谋长联席会议于 10 月 7 日为国防部长马歇尔起草了给杜鲁门的信函，建议修改已经颁发给麦克阿瑟的命令，增加一旦中国出兵朝鲜，美军应采取的行动方针的内容。10 月 9 日，经杜鲁门批准，参谋长联席会议发出了给麦克阿瑟的命令：

> 今后，如果中国共产党人在不事先声明的情况下向朝鲜任何地方公开或秘密地投入大量部队，只要你所指挥的部队有获得胜利的确切机会，你可以根据自己的判断，继续进行作战行动。在任何情况下，如果要对中国境内的目标采取任何军事行动，你必须事先获得华盛顿的授权。②

与此同时，美国副国务卿詹姆斯·韦布电示美国驻印度大使亨德森，要

---

① ［美］詹姆斯·F. 施纳贝尔：《朝鲜战争中的美国陆军——战争爆发前后》，220 页，北京，国防大学出版社，1990。

② Foreign Relations of the United States, 1950, Vol. VII, Korea（《美国对外关系》，1950 年，第 7 卷，朝鲜），915 页。

他通过印度政府设法与中国驻印度大使直接接触，或请印度政府向中国转交信件，告诉中国方面：美国无意与中国发生冲突，联合国军占领朝鲜不会危及中国的安全，并再次表明美国愿意在“核实”的基础上赔偿美国飞机“误炸”中国东北所造成的损失。但是，电报同时也要求亨德森强调：中国绝对“不要低估了美国人民全力支持太平洋地区国际和平的决心”①。

此后，英国外交大臣贝文也根据与美国政府协商的内容，通过印度政府向中国政府转交了信函，称：“如果北朝鲜放下他们的武器，战斗就可以立即停止。如果北朝鲜不愿放下武器，那么联合国军队统帅就无它可循，只有继续进行这个战争。”②

这种“胡萝卜加大棒”的政策，当然吓不倒也骗不了中国人民。10 月 10 日，中华人民共和国外交部发言人发表声明，严正指出：10 月 7 日联合国大会在美国操纵下所通过的英、澳等八国提案，是“完全非法的”，是违反全世界绝大多数人民意志的，“其实质是授权美国及其帮凶国家的侵朝军队侵略和占领整个朝鲜，并进一步扩大侵朝战争”。

声明指出：“美国侵略朝鲜的战争，一开始就严重地威胁着中国的安全”，目前美国军队正积极部署着大规模越过三八线，企图把侵略战争的火焰燃烧到中国边境。中国人民对“这种严重状态和扩大战争的危险趋势，不能置之不理”。声明最后再次严正警告美国等侵略者：“所有侵略者必须对于他们自己扩大侵略的疯狂行为的一切后果负责。”

与此同时，中国驻印度大使明确答复印度方面，不愿与美国大使作任何接触。印度方面也通知美国：印度政府认为，没有必要向中国政府转交美国政府的信函。③

经过了一个燥热的夏季，朝鲜战争进入了一个新的阶段。由于美国不断扩大侵朝战争，不顾中国政府的严正警告，悍然越过三八线，企图占领全朝鲜，并严重威胁到了中国的安全，关于和平解决朝鲜问题的一切努力都未见效。为了维护东方和平，抗击侵略，中国人民此时不得不以另外一种语言——一种侵略者听得懂的语言与美国对话。

---

① Foreign Relations of the United States, 1950, Vol. VII, Korea(《美国对外关系》，1950 年，第 7 卷，朝鲜)，876 页。

② 贝文致周恩来信函，此信 1950 年 10 月 10 日由潘尼迦转交中国政府。

③ 参见 Foreign Relations of the United States, 1950, Vol. VII, Korea(《美国对外关系》，1950 年，第 7 卷，朝鲜)，921 页。

毛泽东主席后来说："我们的敌人认为：新生的中华人民共和国面前摆着重重的困难，他们又用侵略战争来反对我们，我们没有可能克服自己的困难，没有可能反击侵略者。出于敌人的意料之外，我们居然能够克服自己的困难，居然能够反击侵略者，并获得伟大的胜利。我们的敌人眼光短浅，他们看不到我们这种国内国际伟大团结的力量，他们看不到由外国帝国主义欺负中国人民的时代，已由中华人民共和国的成立而永远宣告结束了。他们也看不到帝国主义称霸世界的时代，已由社会主义苏联的成立，已由中华人民共和国的成立，已由各人民民主国家的成立，已由中苏两个伟大国家在友好互助同盟条约基础上的巩固团结，已由整个和平民主阵营的巩固团结以及世界各国广大和平人民对于这个伟大阵营的深厚同情，而永远宣告结束了。我们的敌人看不到这些，他们还想欺负中华人民共和国，他们还想称霸世界。……我可以断定，他们的想法是狂妄的，是徒然的，是不可能达到目的的。与此相反，中华人民共和国是不能欺负的，以苏联为首的伟大和平阵营是不能侵犯的，全世界和平人民是不能欺骗的。"①

① 毛泽东在全国政协一届三次会议上的开幕词，1951 年 10 月 23 日。见《毛泽东文集》，第 6 卷，185 页，北京，人民出版社，1999。

第十章

朝鲜请求中国出兵援助，中共中央决策：抗美援朝、保家卫国

朝鲜党和政府请求苏联、中国给予直接军事援助

美军仁川登陆以后，朝鲜战争形势逆转，特别是1950年9月下旬，仁川登陆的美军进占汉城，釜山防御圈的美第8集团军全线向三八线推进。朝鲜人民军主力被隔在敌后，腹背受敌，形势极为严峻。

为应付这种严峻的局面，朝鲜劳动党中央常务委员会决定，将人民军最高司令官和民族保卫相统由金日成兼任，在人民军中建立高度集中的统一指挥。同时决定，采取紧急措施，沿三八线地区建立新的防线，坚决抗击美军和南朝鲜军对三八线以北地区的进攻，并决定组建和训练新的师，动员全民，做持久作战的准备。

人民军沿三八线地区部署的防御，以高浪浦里为界，将三八线防线分为东线、西线两部分，以原西海岸防御司令部所属部队担任由高浪浦里至瓮津半岛的西部防线防御任务；以原人民军前线司令部指挥的部队担负由高浪浦里至杨口地区的东部防线防御任务，并将最高统帅部预备队全部调到了三八线地区，增强防御力量。

但是，此时人民军主力仍被隔断在三八线以南地区，正在向三八线撤退

途中，且遭受重大损失，部队的通信联络处于中断状态。已经回到三八线以北的部队不足两个师，并损失了全部的坦克及绝大部分火炮，而三八线以北地区大多为新组建的部队，无论兵力上还是装备上都处于绝对劣势，难以阻止美军和南朝鲜军的进攻。

在这种情况下，朝鲜劳动党和政府决定请求苏联和中国给予直接的军事援助。

在美军占领汉城的同一天，1950 年 9 月 28 日，金日成主持召开朝鲜劳动党中央政治局紧急会议，分析战争形势。政治局一致认为，军事形势是严峻的，汉城陷落后人民军已无力阻止美军越过三八线，也无力在三八线以北进行有效的抵抗。如此，美军将迅速占领整个朝鲜，北朝鲜将成为美国的殖民地和军事基地。为避免这种局面的出现，必须请求苏联和中国提供直接的军事援助。政治局会议一致通过了以金日成和朴宪永[①]名义于 9 月 29 日致斯大林的求援信。这封信在介绍了朝鲜战争的基本情况之后写道：

"形势对我们非常不利。敌人各种型号的近千架飞机，在未遭我方任何抵抗的情况下，完全夺取了制空权，对我前线和后方实行 24 小时不间断的空袭。在前线，敌机械化部队在数百架飞机的掩护下，无阻碍地进行机动作战，造成我方人员和物资的巨大损失。同时，敌机肆无忌惮地轰炸铁路、公路，摧毁电报电话线路、通信设施和其他目标，破坏我军给养供应，瓦解我军的作战意志，使我们无法适时展开反击作战。我们所遭受的困难是全面的。敌军在切断了我军各部队之间的所有联系之后，已使仁川登陆的和突破我南部防线的这两支部队会合，从而使汉城的失陷已不可避免。在这种情况下，在朝鲜南部作战的人民军各部队已被敌人从北面加以分割，散处于南部的人民军目前无法补充弹药、给养和干粮。此外一些部队已失去联系，有些已被包围。显然，敌人只要一攻占整个汉城，就将向北朝鲜继续进攻。因此，我们认为，如果今后还将继续存在上述对我们不利的条件，那末美国的侵略最终将获胜。为了保证军队能得到一切必需品和不断向前线运送给养，我们首先必须拥有相应的空中力量。然而，我们没有受过训练的干部"。

信函最后写道："为了人民的独立、民主和幸福，我们将斗争到流尽最后一滴血。……如果敌人不给我们时间来实现我们预定的措施，而且还利用我们极端严重的局面来加速对北朝鲜的进攻战役，那么我们将无法依靠

---

① 朴宪永，时任朝鲜劳动党中央副书记、朝鲜民主主义人民共和国政府副首相兼外务相。

自己的力量阻挡敌人。因而……我们不得不请求您给予特别的援助。换句话说,当敌军跨过三八线以北的时刻,我们非常需要苏联方面的直接军事援助。如果由于某些原因不能做到这一点,那么请帮助我们在中国和其他人民民主国家建立国际志愿部队,对我们的斗争给予军事援助。"①

9月30日,朴宪永向苏联驻朝鲜大使史蒂可夫面交了金日成、朴宪永的联名信。史蒂可夫于当日将此信译成俄文,发往莫斯科苏联外交部,转呈苏共中央。

与此同时,史蒂可夫向苏联外交部建议,撤退在朝鲜工作的部分苏联专家和驻朝鲜的苏联机构工作人员。

9月30日深夜23时30分,苏联武装部队总参谋部8局收到了朝鲜党和政府请求苏联给予直接军事援助的信函,经解密处理后,信函于10月1日2时50分送至斯大林住处。

朝鲜向苏联发出请求其出兵给予援助的信函后,10月1日,金日成发表广播演说,要求人民军官兵"捍卫祖国每一寸土地,勇敢奋斗到流尽最后一滴血";要求后方人民全力保障前方供应,在必须撤退时,"必须搬走所有物资和一切铁道运输器材,不给敌人留一辆机车、一辆车辆、一颗粮食";要求敌占区人民展开广泛的游击战。他号召全体朝鲜人民,"用鲜血捍卫每一寸土地,准备一切力量,来对敌人予以新的决定性的打击"②。

苏共中央接到史蒂可夫的电报和朝鲜请求军事援助的信后,同意撤退部分苏联专家和驻朝工作机构的人员,但没有接受朝鲜党和政府关于由苏联直接出动军队给予援助的请求,认为对朝鲜最适宜的军事援助方式,是组建并派出国际"志愿部队",而这支部队将由中国军队组成,需同中国商量。

当日,斯大林致电苏联驻中国大使转毛泽东或周恩来,建议中国派部队援助朝鲜。电报的内容如下:

我正在离莫斯科很远的地方休假,与朝鲜的事件多少有些隔绝。但是,据今天由莫斯科传给我的消息,我看,朝鲜同志们的情况变得令人绝望。

---

① 史蒂可夫致葛罗米柯电,1950年9月30日。军事科学院军事图书馆藏,军事科学院军事历史研究部第二研究室编印:《关于朝鲜战争的俄国档案文件》,95页,1996。

② 《朝鲜人民正义的祖国解放战争史》,107~108页,平壤,朝鲜外国文出版社,1961。

莫斯科在9月16日就已提醒过朝鲜同志，美国人在仁川登陆具有重大意义，其目的在于切断北朝鲜第1和第2方面军与北朝鲜后方的联系。莫斯科曾提醒，迅速从南方至少撤出4个师，在汉城以北和以东建立防线，然后逐步将大部分的南方部队撤到北方，并以此保住三八线。但第1和第2方面军司令部未能执行金日成关于将部队撤往北方的命令，从而使美国人得以切断了部队和包围他们。在汉城地区，朝鲜同志没有任何可以抵抗的部队，可以认为通往三八线的道路是不设防的。

我考虑，根据眼下的形势，你们如果认为能用部队给朝鲜人以帮助，那么至少应将五六个师迅速推进至三八线，以便朝鲜同志能在你们部队的掩护下，在三八线以北组织后备力量。中国师可以志愿者身份出现。当然，由中国的指挥员统率。

关于此事，我丝毫也未透露而且也不打算透露给朝鲜同志，但我并不怀疑，当他们得知此事时，他们将会高兴。

同一天，斯大林给苏联驻朝鲜大使史蒂可夫和苏联驻朝鲜人民军军事总顾问马特维耶夫发出电报，要求他们立即会见金日成和朴宪永，转述4条意见：

1. 对于敌军是否向三八线以北推进，有必要做最坏的设想，即敌人可能将占领全朝鲜。因此，朝鲜方面必须立即动员全部力量，不让敌人越过三八线，同时准备在三八线以北同敌人作战。

2. 在朝鲜南方敌占区广泛开展游击战争。

3. 建立强有力的领导，严格明确领导人的职责，为每一位指挥员指定专门的任务。

4. 关于朝鲜方面要求苏联进行直接军事援助的问题，“我们认为更可以接受的形式是组织人民志愿部队。关于这一问题，我们必须首先同中国同志商量”。

朝鲜劳动党根据9月28日政治局紧急会议的决定，在向苏联请求给予直接军事援助后，也向中国提出了同样的请求。

10月1日夜，金日成紧急召见中国驻朝鲜大使倪志亮和政务参赞柴军武，正式向中国方面提出关于中国紧急出兵援助朝鲜的请求。

随后，根据劳动党中央政治局的决定，劳动党中央常务委员、内务相朴一禹携带由金日成、朴宪永联合签名的求援信函，于10月3日到达北京，当面呈交毛泽东主席，请求中国出兵援助朝鲜。信函全文如下：

敬爱的毛泽东同志:

您对于为自己祖国的独立解放而斗争的朝鲜人民深切的关心,百方援助,我们谨代表朝鲜劳动党,衷心的感谢!

现在反对美帝国主义侵略者的我们朝鲜人民解放战争的今日战况是,在美国侵略军上陆仁川以前,我们的战况不能说不利于我们,敌人在连战连败的情况下,被我们挤入于朝鲜南端狭小的地区里,我们有可能争取最后决战的胜利,美帝军事威信极度地降低了。于是美帝国主义为挽回其威信,为实现其将朝鲜殖民地化与军事基地化之目的,即调动了驻太平洋方面陆海空军的差不多全部兵力,遂于九月十六日以优势兵力,在仁川登陆后继续占领了京城。①

目前战况是极端严重了,我们人民军虽然对于上陆的敌人,进行了极顽强的抵抗,但对于前线的人民军已经造成了很不利的情况。

战争以来,敌人利用约千架的各种航空机,每天不分昼夜的任意的轰炸我们的前方与后方,在对敌空军毫无抵抗力的我们的面前,敌人则充分发挥其空军威力了。各战线上的敌人在其空军掩护下,活动大量机械化部队,我们受到的兵力与物资方面的损失是非常严重的,后方的交通运输通信及其他设施大量的被破坏,同时我们的机动力,则更加减弱了。

敌人登陆部队与南部战线的部队已经连接一起,切断了我们的南北部队,结果使我们在南部战线的人民军处于被敌切断分割的不利情况里,得不到武器弹药,失去联系,甚至于有一部分部队,则已被敌人分散包围着。如果京城完全被敌占领,则我们估计敌人可能继续向三八线以北地区进攻。如果不能急速改善我们的各种不利条件,则敌人的企图是很可能会实现的。要保障我们的运输、供给以及部队之机动力,则必须具备必要的空军,但是我们又没有准备好的飞机师。

敬爱的毛泽东同志!我们一定要决心克服一切的困难,不让敌人把朝鲜殖民地化与军事基地化!我们一定要决心不惜流尽最后一滴血,为争取朝鲜人民的独立解放民主而斗争到底!

我们正在集中全力编训新的师团,集结在南部的十余万部队于作战上有利的地区,动员全体人民,准备长期作战。

在目前敌人趁着我们严重的危急,不予我们时间,如要继续进攻三八线以北地区,则只靠我们自己的力量,是难以克服此危急的。因此我们不得不

① 京城,即指汉城。

请求您给予我们以特别的援助，即在敌人进攻三八线以北地区的情况下，极盼中国人民解放军直接出动援助我军作战！

我们向您提出以上意见，盼望即予指教！

敬祝

健康！

金日成

朴宪永

一九五〇、十、一、于平壤

10月2日晚，金日成再次向中国驻朝鲜大使倪志亮介绍了朝鲜战场的情况，说：人民军主力仍基本隔绝于三八线以南地区，三八线和三八线以北目前多为新组建的部队，而南朝鲜军已经突入到三八线以北的襄阳。在人民军主力尚未北撤集结，防御部署没有完成之前，如果美军和南朝鲜军采取两翼伸展，强取元山、海州，同时正面向北进攻，则局势万分危急。在出现这种情况时，朝鲜劳动党中央和政府恐怕非向中国求援不可。①

朝鲜战局万分危急，朝鲜民主主义人民共和国已经到了生死存亡的严峻时刻。朝鲜已请求中国直接出动军队给予援助。

中共中央政治局决策：组成中国人民志愿军，抗美援朝、保家卫国

1950年10月1日，是中华人民共和国诞生一周年纪念日。这一天晚上，首都北京天安门广场举行了盛大的焰火晚会。毛泽东、刘少奇、周恩来等党和国家领导人与首都群众共庆共和国的生日。

也是在这一天，朝鲜党和政府关于中国出兵给予援助的请求传到了北京。同时斯大林关于建议中国组成志愿军援助朝鲜的电报也发到了北京。②

① 参见倪志亮致周恩来电，1950年10月2日。

② 军事科学院军事图书馆藏，军事科学院军事历史研究部第二研究室编印：《关于朝鲜战争的俄国档案文件》，96页，1996。

此时,新中国成立刚刚一周年。一年来,在以毛泽东为主席的中共中央和中央人民政府的领导下,解放了的中国人民以主人翁的姿态取得了良好的开端。

在军事方面,中国人民解放军除完成解放战争的战略追击任务外,在华东、中南、西南、西北等解放较晚地区的剿匪作战,也取得了重大成绩,一年来共剿灭土匪120万余人。① 国防军的建设,除已在陆军的基础上,组建了海军、空军外,还成立了炮兵、装甲兵、防空部队、公安部队领导机关。

在政治方面,除大陆的西藏和台湾等少数沿海岛屿尚未解放外,全国县以上各级人民政权已相继建立,多数的市、县召开了人民代表会议,还有少数的市、县召开了人民代表大会。已解放了的28个省中有12个省,79个市中有73个市和相当多数的县组织了政治协商会议。占全国人口总数2/3以上的新解放区的土地改革已经开始。

在经济上,对工农业生产采取了重点恢复的政策,一是重点恢复了交通,尤其是铁路交通,修复铁路8717公里,使全国原有铁路2.17万余公里全部恢复通车;二是重点恢复农业建设和兴修水利,完成水利工程3.6亿余立方米,开始有计划地治理淮河。一年来,工农业生产都有较大恢复,比1949年有明显增长,在东北和华北地区已经开始了有计划的经济建设。

此外,在恢复文化教育事业、解决工人和知识分子就业、救济灾民和防治疫病方面,也做出了重要成绩。

但是新中国仍然面临着严重的国内形势和种种困难。

第一,台湾等一些沿海岛屿和大陆的西藏还没有解放,统一祖国的任务尚未最后完成,战争还没有最后结束,人民解放军仍有重大的作战任务。

第二,在华东、中南、西南的新解放区土匪为害仍很严重,特别是福建、浙江、江西、湖南、广东、广西等地,匪患还相当严重,尚有大批股匪没有剿灭。在朝鲜战争爆发后,反革命的破坏活动也更加猖獗,1950年1至10月,全国共发生企图颠覆新生政权的武装暴乱816起。新解放区许多基层政权尚未建立,已经建立的也还不完全巩固。因此,整个社会秩序还不很安定。

第三,国民经济恢复刚刚开始,1950年工农业生产指标都还远未达到中国历史上最高的水平。1950年工农业总产值为574亿元人民币(新币值),钢产量为60.6万吨,粮食产量为2400亿斤,棉花产量为1420万担,分

① 参见《人民日报》,1950年10月1日。

别相当于历史最高水平的62%、63%、86.5%、83.6%。

此外，尚有三四百万失业工人和知识分子未得到妥善安置，教育科学文化事业也刚在恢复。

总之，新中国成立一年来，在政权建设和经济恢复等各方面虽然已经取得了显著的成就，但旧中国留下来的千疮百孔、百废待兴的局面刚刚在根治，还未得到根本改变，新中国的政治秩序、经济秩序、生活秩序都还没有完全步入正轨，再加上帝国主义和国民党反动派实行联合经济封锁，因此新中国面临的形势依然严峻，任务依然艰巨。中国人民非常希望有一个良好的和平环境，集中精力恢复国家建设。

然而，美国侵略者不允许新中国集中精力恢复国家建设，已将侵略朝鲜的战火烧到中国大门口。这就使得中共中央和中国领导人在国家各方面严重困难的情况下，不得不根据局势的变化做出重大的战略抉择。

中共中央和中央军委对于必要时出兵援助朝鲜，早有考虑和准备。

在美国武装侵略朝鲜之初，中共中央就已决定“支援朝鲜人民，推迟解放台湾”。

7月上旬即开始组建东北边防军进行必要的军事准备，并明确东北边防军的任务，就是准备必要时出动到朝鲜，支援朝鲜人民抗击美国侵略。

8月上旬，毛泽东和周恩来在中共中央政治局会议上，对中国共产党的高层领导明确了以志愿军的形式对朝鲜要帮的思想。

8月中旬，高岗受中央的委托，对这一思想也在边防军高级干部中作了明确。

朝鲜战局出现相持局面后，8月下旬，周恩来主持召开有军委各部门、各军兵种领导人参加的国防会议，专题检查和督促东北边防军的作战准备工作时，在军队的这些高层领导人中进一步明确了援助朝鲜的问题。周恩来指出：朝鲜战争长期化形势的出现，加重了我们的责任。尽管“朝鲜进行长期战争的基本条件是存在的。但最后将美军各个歼灭，看来这个任务势必落在我们肩上”。因此，必须“加紧和加强准备工作。一切都要准备好，不要成为‘临急应战’，而要有充分准备，出手就胜”。这种准备仍然秘而不宣，一方面不使朝鲜人民过早抱有希望，另一方面，不过早惊动敌人，使敌人有所警觉。会议不仅对边防军的参战准备工作作了新的要求和部署，而且对空军和各特种兵部队的参战准备也作了要求和部署。①

① 参见《周恩来军事文选》，第4卷，第43～49页，北京，人民出版社，1997。

这时，除中央高层领导人在考虑援朝的问题外，毛泽东也向各中央局负责人打招呼，请他们考虑应付时局的问题，准备中央开会研究。8月27日，毛泽东致电中央军委副主席、西北军区司令员彭德怀，告知："为了应付时局，现须集中十二个军以便机动（已经集中了四个军），但此事可于九月底再作决定，那时请你来京面商。"[①]同日，毛泽东还以中央名义致电东北、西北、西南、中南、华东各中央局负责人高岗、彭德怀、邓小平、邓子恢、饶漱石，通知他们："为了事先商量几个重要问题，以利应付时局及制定三年计划……请你们五位同志于九月二十五日来京开会。"

同时，中央军委决定，为早日熟悉美军装备和作战特点，熟悉朝鲜地形情况，以便利于边防军出动作战，"由边防军中选派三四团级（副团长）或师级（参谋长）干部，以大使馆武官面目出现"，到朝鲜战场现地考察。[②] 经金日成同意后，9月19日，由第13兵团侦察科长崔醒农、第40军第118师参谋长汤景仲、第39军参谋处长何凌登、军委炮兵司令部情报处副处长黎非和东北军区后勤部副部长张明远5人，以大使馆武官名义前往朝鲜收集美军情况。

9月5日，毛泽东主席在有各民主党派委员在内的中央人民政府委员会第9次会议上，明确阐述了对美帝国主义乱来，我们必须要有准备。他指出："现在美国在朝鲜已经增加了它的军队，因而战争持久的可能也就随之增加了。""朝鲜战争虽然持久不如速决的好，但持久了更可以教育朝鲜人民和世界人民。""美帝国主义在今天是有许多困难的，内部争吵，外部也不一致。……敌人是不可怕的，它的装腔作势和气势汹汹是吓唬人的。但是，美帝国主义也可能在今天要乱来，它是什么都可以干出来的。假如他要那样干，我们没有准备就不好了，我们准备了就好对付它。所谓那样干，无非是打第三次世界大战，而且打原子弹，长期地打，要比第一、第二次世界大战打得长。我们中国人民是打惯了仗的，我们的愿望是不要打仗，但你一定要打，就只好让你打。你打你的，我打我的，你打原子弹，我打手榴弹，抓住你的弱点，跟着你打，最后打败你。对战争打起来的时候，不是小打而是大打，不是短打而是长打，不是普通的打而是打原子弹，我们要有充分准备。"毛泽东特别指出，我们各方面的工作，都要考虑到"这个情况来讨论和决定"。[③]

① 《毛泽东军事文集》，第6卷，97页。

② 参见中央军委致高岗、贺晋年电，1950年8月24日。

③ 《建国以来毛泽东军事文稿》，上卷，201～203页，北京，军事科学出版社、中央文献出版社，2010。

尽管中共中央和中央军委对于必要时出兵援助朝鲜早有考虑和准备，但中共中央面对中国各方面的严重困难，尤其是中国军队的武器装备相当落后，最后作出出兵援朝同美国军队作战的决定，仍很不好下决心。

然而，朝鲜面临着被美国全部占领的危险，中国大陆的安全也面临着严重的威胁，朝鲜劳动党和政府已直接请求中国出兵给予援助。在这种情况下，1950 年 10 月上半月，在毛泽东的主持下，中共中央政治局多次举行会议，讨论是否出兵援助朝鲜的问题。

10 月 2 日凌晨 2 时，毛泽东起草电报，以中央军委名义发给东北军区司令员兼政治委员高岗和边防军第 13 兵团司令员兼政治委员邓华，电报要求："（一）请高岗同志接电后即行动身来京开会；（二）请邓华同志令边防军提前结束准备工作，随时待命出动，按原定计划与新的敌人作战；（三）请邓将准备情况及是否可以立即出动即行电告。"①

邓华接到电报后，立即召集边防军各军负责同志开会，传达中央军委的指示，并研究部队出动事宜。10 月 2 日 11 时，第 13 兵团电令：10 月 10 日前将一切准备工作结束，待命出动。同时，邓华复电军委：将准备情况作了报告，并告：部队可于 10 月 15 日之后出动，如情况紧急，先头军可在 10 日后出动。② 12 时，邓华又致电军委，提出了部队出动时需由军委明确或解决的具体问题。

同日，毛泽东起草了致斯大林的电报，主要内容如下：

一、我们决定用志愿军名义派一部分军队至朝鲜境内和美国及其走狗李承晚的军队作战，援助朝鲜同志。我们认为这样做是必要的。因为如果让整个朝鲜被美国人占去了，朝鲜革命力量受到根本的失败，则美国侵略者将更为猖獗，于整个东方都是不利的。

二、我们认为既然决定出动中国军队到朝鲜和美国人作战，第一，就要能解决问题，即要准备在朝鲜境内歼灭和驱逐美国及其他国家的侵略军；第二，既然中国军队在朝鲜境内和美国军队打起来（虽然我们用的是志愿军名义），就要准备美国宣布和中国进入战争状态，就要准备美国至少可能使用其空军轰炸中国许多大城市及工业基地，使用其海军攻击沿海地带。

① 《建国以来毛泽东军事文稿》，上卷，225 页，北京，军事科学出版社、中央文献出版社，2010。

② 参见邓华致中央军委电，1950 年 10 月 2 日 11 时。

三、这两个问题中,首先的问题是中国的军队能否在朝鲜境内歼灭美国军队,有效地解决朝鲜问题。只要我军能在朝鲜境内歼灭美国军队,主要地是歼灭其第八军①(美国的一个有战斗力的老军),则第二个问题(美国和中国宣战)的严重性虽然依然存在,但是,那时的形势就变为于革命阵线和中国都是有利的了。这就是说,朝鲜问题既以战胜美军的结果而在事实上结束了(在形式上可能还未结束,美国可能在一个相当长的时期内不承认朝鲜的胜利),那么,即使美国已和中国公开作战,这个战争也就可能规模不会很大,时间不会很长了。我们认为最不利的情况是中国军队在朝鲜境内不能大量歼灭美国军队,两军相持成为僵局,而美国又已和中国公开进入战争状态,使中国现在已经开始的经济建设计划归于破坏,并引起民族资产阶级及其他一部分人民对我们不满(他们很怕战争)。

四、在目前的情况下,我们决定将预先调至南满洲的十二个师(五六个不够)于十月十五日开始出动,位于北朝鲜的适当地区(不一定到三八线)一面和敢于进攻三八线以北的敌人作战,第一个时期只打防御战,歼灭小股敌人,弄清各方面情况;一面等候苏联武器到达,并将我军装备起来,然后配合朝鲜同志举行反攻,歼灭美国侵略军。

五、根据我们所知的材料,美国一个军(两个步兵师及一个机械化师)包括坦克炮及高射炮在内,共有七公分至二十四公分口径的各种炮一千五百门,而我们的一个军(三个师)只有这样的炮三十六门。敌有制空权,而我们开始训练的一批空军要到一九五一年二月才有三百多架飞机可以用于作战。因此,我军目前尚无一次歼灭一个美国军的把握。而既已决定和美国人作战,就应准备当着美国统帅部在一个战役作战的战场上集中它的一个军和我军作战的时候,我军能够有四倍于敌人的兵力(即用我们的四个军对付敌人的一个军)和一倍半至两倍于敌人的火力(即用二千二百门至三千门七公分口径以上的各种炮对付敌人同样口径的一千五百门炮),而有把握地干净地彻底地歼灭敌人的一个军。

六、除上述十二个师外,我们还正在从长江以南及陕甘区域调动二十四个师位于陇海、津浦、北宁诸线,作为援助朝鲜的第二批及第三批兵力,预计在明年的春季及夏季,按照当时的情况逐步使用上去。②

---

① 当时的翻译不统一,应为第8集团军。

② 《建国以来毛泽东军事文稿》,上卷,226~228页,北京,军事科学出版社、中央文献出版社,2010。

这个电报还请求苏联给予武器装备援助，特别提出在志愿军出动作战时，请苏联出动空军援助防御。

可以说，这个电报的内容就是中共中央关于出兵援朝设想的基本框架，后来志愿军出动以后，中共中央和中央军委就是按这个电报的精神进行指导和实施的。但是这个电报没有发出。“根据当时的情况来判断，毛泽东的这个电报，很有可能是在十月二日下午召开的书记处会议之前起草的，原准备在书记处会议作出出兵决定后发给斯大林。但在这次会议上，多数人不赞成出兵。毛泽东只能把这份电报搁置下来”①。这时在京外的中央政治局委员尚未到达北京，中央政治局也还未开会进行最后的讨论。

10月3日，朴一禹到达北京，当面向毛泽东递交了金日成、朴宪永联合署名请求中国出兵援助的信函，并与中共中央领导人就朝鲜战局和中国援助等问题交换了看法。在外地的各中央局负责同志先后到达北京。

10月4日，毛泽东在中南海颐年堂主持召开中共中央政治局扩大会议，讨论出兵援助朝鲜问题。出席会议的中央政治局委员及候补委员有：毛泽东、朱德、刘少奇、周恩来、任弼时、陈云、高岗、彭真、董必武、林伯渠、彭德怀（会议中间赶到）、张闻天、李富春等，林彪、罗荣桓、邓小平、饶漱石、薄一波、聂荣臻、邓子恢、杨尚昆、胡乔木等列席会议。

会议对朝鲜和中国的形势进行了全面分析。参加会议人员以对党和国家的高度责任感，坦陈己见，出现了两种意见。

一种意见主张暂不出兵。主要的顾虑是国内困难太多。根据彭德怀1950年10月16日在志愿军师以上干部会议上的讲话，这些困难主要是：1. 战争创伤还没有医治；2. 土地改革工作尚未完成；3. 国内的土匪、特务还没有彻底肃清；4. 军队的装备和训练尚不充分；5. 部分军民有厌战情绪。总之，一切准备不够。②

另一种意见则积极主张出兵援助朝鲜。理由是我们准备不够，帝国主义集团的准备也是不够的。他们想以打来巩固他们的内部，以打来扩大他们的影响，借以争取一些动摇的国家，这就是他们采取战争政策的真实内容。美国在朝鲜积极进攻，正是怕暴露它的弱点的表现。如果我们不及时给它以打击，一些动摇的国家和阶层就会倒向美帝国主义方面去。

---

① 逄先知、李捷：《毛泽东与抗美援朝》，18～19页，北京，中央文献出版社，2000。

② 参见《彭德怀军事文选》，320～321页，北京，中央文献出版社，1988。

如果我们不积极出兵支援朝鲜革命政府和人民,国内外的反动气焰就会高涨起来,亲美派就会更加活跃。如果让美帝侵占朝鲜,对我们就是一个直接威胁,他就会把兵力转向越南、缅甸,到处搞鬼,我国就将陷于被动,国防、边防都处于极不利的地位。对国外的影响也将不利于我们,有些国家就会更加倾向于美帝方面。

三五年以后再打,让我们松口气,当然好。但三五年以后还是要打,我们三五年辛辛苦苦建设起来的一点工业,到那时还要被打得稀烂。而且对三五年我们国防建设、工业建设也不可抱有过高的期望。那时美国可能把日本、西德都武装起来了,我们要制止侵略就更不容易。这样细算一下,目前就打也许更有利。所以迟打不如早打。①

实际上,在中央政治局会议上出现不同意见是十分正常的。这一方面是党内决策民主的体现,另一方面中国当时如果与美国发生战争,的确是困难重重,不但国内困难很多,而且中美两国经济力量和军队武器装备对比,强弱悬殊太大。

美国的资本主义发展已有175年的历史,并在两次世界大战中发了横财,第二次世界大战后,成为资本主义最强国,工业发达,经济实力雄厚,并且野心勃勃,推行全球霸权主义政策,企图由美国一统天下。就是当时比较强大的苏联也惧它三分,更何况积贫积弱、困难重重、刚刚成立一年的新中国。1840年以来,由于世界列强的侵略,严重抑制了中国民族工业的发展,加上长期战争的破坏,中国的工业基础和技术水平极为落后,没有像样的加工工业,更没有机械制造业,工业产值占整个国民经济产值比重很小,1950年工业产值,仅占整个国民经济产值的20%左右,国家的经济力量相当薄弱,综合经济力量无法与美国相比,年人均收入不但与美国无法相比,而且远远低于亚洲国家的平均水平。1950年美国的国民生产总值为2848亿美元,②钢产量为8772万吨。同期中国的工农业总产值为574亿元人民币,按人民币与美元2.5∶1的比值计算,仅相当于229亿美元,相当于美国的1/12;钢产量为60.6万吨,仅相当于美国的1/144。

美国军队是世界上装备最现代化的军队,参加过两次世界大战,训练有素,具有现代战争经验,并且是两次世界大战的胜利之师。而中国人民解放

① 参见《彭德怀军事文选》,321～322页,北京,中央文献出版社,1988。

② 参见《各国概况》,870页,北京,人民出版社,1972。另《中国人民志愿军抗美援朝战史》第3页说1507亿美元,北京,军事科学出版社,1990。

军的武器装备极为落后，海、空军刚刚组建，尚未形成作战能力，陆军的装备水平很差，虽然有国内作战的丰富经验，但没有经受过现代战争锻炼，1950年大部分部队投入了恢复国民经济的工农业生产建设，缺乏严格的训练。这些均无法与美国相比。因此，出兵朝鲜，同美国较量，没有胜利的充分把握。

据彭德怀后来回忆，毛泽东在4日的政治局会议上说："你们说的都有理由，但是别人处于国家危急时刻，我们站在旁边看，不论怎么说，心里也难过。"①

毛泽东说，我们可以提出几十条，几百条甚至几千条顾虑，这些顾虑都是揣测可能发生的。另外一条就是我们应该在朝鲜争取反美胜利，应该给美帝国主义这个世界各帝国主义侵略阵营的头子一个打击，把它的气焰压下去。他认为，尽管遇到那样多条的顾虑，但那是可以克服的困难，或者应该忍受的困难，也是我们为着争取这个伟大的胜利应该付与的代价。②

彭德怀坚决主张出兵援助朝鲜。他是4日到达北京参加政治局扩大会议的，他到达时会议已经开始，他到会后才清楚会议的议题，所以在当天的会议上没有发言。晚上，他仔细思索了会议出现的不同意见，特别是思考了毛泽东在会上说的话，他认为："美国占领朝鲜与我隔江相望，威胁我东北；又控制我台湾，威胁我上海、华东。它要发动侵华战争，随时都可以找到借口。老虎是要吃人的，什么时候吃，决定于它的肠胃，向它让步是不行的。它既要来侵略，我就要反侵略。不同美帝国主义见过高低，我们要建设社会主义是困难的。"不论从国家建设的前途考虑，还是从援助朝鲜考虑，以及从社会主义阵营的影响考虑，都应出兵援朝。如果美国决心同我们作战，我有全国政权，有苏联援助，比抗日战争时期的条件要有利得多。

在10月5日下午的政治局扩大会议上，彭德怀发言，认为："出兵援朝是必要的，打烂了，等于解放战争晚胜利几年。如美军摆在鸭绿江岸和台湾，它要发动侵略战争，随时都可以找到借口。"③

周恩来后来说："当着朝鲜正受到美帝国主义摧残的时候，美国侵略军越过了三八线迫近鸭绿江的时候，那时下这个决心，在我们革命的进展历史中是很不容易的。下这个决心，在当时的情况有许多顾虑，而且从过渡时期

① 《彭德怀自述》，257页，北京，人民出版社，1981。

② 参见《周恩来军事文选》，第4卷，137～138页，北京，人民出版社，1997。

③ 《彭德怀自述》，257～258页，北京，人民出版社，1981。

来看这些顾虑是合乎实际的。”①

他说:“对于这样一场战争,在我国人民内部思想也不是容易解决的。有些人说,我们自己刚刚解放,朝鲜虽是邻邦,我们应先顾自己。要下决心是不容易的。我们对付的是强大的美国,它打的又是联合国旗号。毛泽东认为如果在这个关键时刻不下决心,不仅朝鲜被占领,就是我们自己的建设也将成为不可能。”②

胡乔木后来也回忆说:我在毛主席身边工作20多年,记得有两件事是毛泽东很难下决心的,其中一件事就是1950年派志愿军入朝作战。③

会议经过充分讨论,意见逐渐趋于一致。

中央认为,美国已将战火烧到中国大门口,朝鲜危在旦夕,极盼中国出动军队援助。“中朝是唇齿之邦,唇亡则齿寒。朝鲜如果被美帝国主义压倒,我国东北就无法安定。我国的重工业半数在东北,东北的工业半数在南部,都在敌人轰炸威胁的范围之内。”美国飞机已经在不断地入侵中国领空,进行侦察、扫射和轰炸,“如果美帝打到鸭绿江边,我们怎么能安定生产?”

从另一方面讲,“朝鲜要胜利,也必须得到国际的援助。尤其是在困难的时候,更需要国际的援助。我们应该发扬革命的道义。只有朝鲜胜利了,和平阵营才不会被打开一个缺口。如果朝鲜这个缺口被打开,则其他方面要相继被打开。东方阵线门户洞开,敌人打进我们的大门来了,怎么还能谈建设?”

如果“我们采取消极防御的办法,那是不行的。消极防御也要花许多钱……工厂搬家,许多工业无法按计划生产下去。军事上,除装备之外,还有兵力问题,鸭绿江一千多里的防线,需要多少部队!而且年复一年,不知它哪一天打进来。……况且敌人如果将朝鲜侵占了,也不会就此罢手。所以,从朝鲜在东方的地位和前途的展望来说,我们不能不援助;从唇齿相依的关系来说,我们也不能不援助。这是敌人把火烧到了我们的大门口,并非我们惹火烧身”④。

如果美军在朝鲜越过三八线,扩大战争,中国决不能置之不理,“我们

---

① 《周恩来军事文选》,第4卷,137页,北京,人民出版社,1997。

② 周恩来总理访问坦桑尼亚时同尼雷尔总统的谈话记录,1965年6月4至8日。

③ 参见《胡乔木回忆毛泽东》,92页,北京,人民出版社,1994。

④ 《周恩来军事文选》,第4卷,73~74页,北京,人民出版社,1997。

要理，要管”。朝鲜战争爆发后，中国政府曾经多次发表声明，谴责美国入侵朝鲜，支持朝鲜人民的正义事业。同时强烈抗议美国军队侵略台湾和美国飞机入侵、轰炸中国东北边境城镇，并向联合国提出了控诉。“现在这样已经不够了，应有新的决策”。历史的教训是，对于帝国主义的侵略，如果退让更会助长他们的贪心，只有坚决反抗才是出路。“现在对美帝如果不抵抗一着输了，就会处处陷于被动，敌人将得寸进尺。反之，如果给以打击，让它在朝鲜陷入泥坑，敌人就无法再进攻中国，甚至会影响它派兵到西欧的计划。这样，敌人内部的矛盾也会发生。总之，如果我们让，只会缓和敌人内部的矛盾；管，则会促使敌人内部矛盾加深。只有管，力能使敌我力量的对比发生变化。不过，我们过去的管法现在已经无效，只有拿出力量来管，才能起作用。”①

中共中央政治局全面分析了战争双方的优劣条件，认为：与美国军队在朝鲜进行较量，美国虽强也有弱点，中国虽弱也有有利条件。美国在军事上是一长三短：一长是钢铁多。三短是战线太长，从欧洲的柏林到亚洲的朝鲜，首尾难以相顾；运输线太长，要横跨大西洋和太平洋；战斗力不如德国军队和日本军队。除此，美国的盟国西德和日本在第二次世界大战战败后尚未武装起来，英国和法国在第二次世界大战中已伤了元气；美国虽然握有原子弹，但苏联也有原子弹，并且原子弹不能轻易使用也不能决定胜负。因此，美国尽管在综合国力和军队武器装备上占有绝对优势，但并不是不可战胜的。

而中国困难虽多，但也有许多有利条件。东北边防军已做了必要准备，并已调集了二线三线部队；中国军队占有数量上的优势，并经受了20多年革命战争的锻炼，官兵团结，凝聚力强，特别能吃苦，特别能战斗，团以上指挥员都是身经百战的老红军、老八路，人民解放军向来有以劣势装备战胜优势装备之敌的经验；中国是反抗侵略，进行的是正义之战，有中国人民和朝鲜人民的全力支援，并且中国共产党和中央人民政府在中国人民中有极高的威信，具有强大的号召力和组织力：在朝鲜作战，中国军队拥有直接和雄厚的后方支援，利于持久作战；中国已同苏联签订了《中苏友好同盟互助条约》，有苏联为后盾，可获得苏联的物资支援，等等。

中央政治局会议全面分析权衡了利弊，全面分析研究了参战的困难和有利条件后，于10月5日，作出了抗美援朝、保家卫国的战略决策。

① 《周恩来军事文选》，第4卷，74～75页，北京，人民出版社，1997。

中共中央决定，立即组成中国人民志愿军，向朝鲜境内出动，协助朝鲜同志，抗击美国侵略，争取反侵略战争的胜利。

中央政治局会议同时讨论了志愿军统帅的人选。早在边防军组成后，中共中央和中央军委曾考虑在边防军出动时，由粟裕或林彪出任统帅，但林彪和粟裕均有病在身，不能挂帅出征，[①]所以中央决定由彭德怀出任中国人民志愿军司令员兼政治委员，挂帅出征。彭德怀临危受命，对此没有思想准备，但坚决服从中央的决定。

10月6日，周恩来受毛泽东委托，主持召开党政军高级干部会议，传达中共中央政治局的决定，对志愿军入朝作战事宜进行研究和部署。朱德、陈云、高岗、彭德怀、林彪、聂荣臻、杨尚昆，薄一波、滕代远以及军委各部门、各军兵种领导人参加了会议。周恩来在会上讲话，指出：现在不是我们要不要打的问题，而是敌人逼着我们非打不可。我们的自卫是正义的，正义的战争最后一定会胜利的。现在朝鲜政府一再要求我们出兵援助，我们怎能见死不救呢？党中央、毛主席决心已定，因此，现在不是考虑出不出兵的问题，而是考虑出兵后如何去争取胜利的问题。朱德也在会上作了讲话。[②]

根据中共中央政治局的决策，中央军委作战部起草了组成中国人民志愿军入朝参战的命令。毛泽东对命令进行修改、审定后，于10月8日，以中国人民革命军事委员会主席的名义签署了此命令。命令于10月8日24时前发至东北军区和第13兵团，随后加发各中央局、分局和各大军区。命令全文如下：

彭高贺、邓洪解[③]及中国人民志愿军各级领导同志们：

（一）为了援助朝鲜人民解放战争，反对美帝国主义及其走狗们的进攻，借以保卫朝鲜人民、中国人民及东方各国人民的利益，着将东北边防军改为中国人民志愿军，迅即向朝鲜境内出动，协同朝鲜同志向侵略者作战并争取光荣的胜利。

---

① 《建国以来毛泽东军事文稿》，上卷，199页，北京，军事科学出版社、中央文献出版社，2010。

② 参见《周恩来年谱（1949～1976）》，上卷，84页，北京，中央文献出版社，1997。

③ 彭，指中国人民志愿军司令员兼政治委员彭德怀；高，指东北军区司令员兼政治委员高岗；贺，指东北军区副司令员兼参谋长贺晋年；邓，指第13兵团司令员兼政治委员邓华；洪，指第13兵团副司令员洪学智；解，指第13兵团参谋长解方。

(二)中国人民志愿军辖十三兵团及所属之三十八军、三十九军、四十军、四十二军,及边防炮兵司令部与所属之炮兵一师、二师、八师。上述各部须立即准备完毕,待令出动。

(三)任命彭德怀同志为中国人民志愿军司令员兼政治委员。

(四)中国人民志愿军以东北行政区为总后方基地,所有一切后方工作供应事宜,以及有关援助朝鲜同志的事务,统由东北军区司令员兼政治委员高岗同志调度指挥并负责保证之。

(五)我中国人民志愿军进入朝鲜境内,必须对朝鲜人民、朝鲜人民军、朝鲜民主政府、朝鲜劳动党(即共产党)、其他民主党派及朝鲜人民的领袖金日成同志表示友爱和尊重,严格地遵守军事纪律和政治纪律,这是保证完成军事任务的一个极重要的政治基础。

(六)必须深刻地估计到各种可能遇到和必然会遇到的困难情况,并准备用高度的热情,勇气,细心和刻苦耐劳的精神去克服这些困难。目前总的国际形势和国内形势于我们有利,于侵略者不利,只要同志们坚决勇敢,善于团结当地人民,善于和侵略者作战,最后胜利就是我们的。

中国人民革命军事委员会主席 毛泽东

一九五〇年十月八日于北京①

毛泽东在签署组建中国人民志愿军命令的同一天,10月8日,致电倪志亮转金日成:"(一)根据目前形势我们决定派遣志愿军到朝鲜境内帮助你们反对侵略者;(二)彭德怀同志为中国人民志愿军的司令员兼政治委员;(三)中国人民志愿军的后方勤务工作及其他在满洲境内有关援助朝鲜的工作,由东北军区司令员兼政治委员高岗同志负责;(四)请你即派朴一禹同志到沈阳与彭德怀高岗二同志会商与中国人民志愿军进入朝鲜境内作战有关的诸项问题(彭高二同志本日由北京去沈阳)"②。

在此之前,朝鲜党和政府已经决定实施总退却,临时首都平壤的党政军机构向北疏散,最高军事指挥机构移驻德川,政府机构及外国使馆移至新义

① 《建国以来毛泽东军事文稿》,上卷,235~236页,北京,军事科学出版社、中央文献出版社,2010。

② 《建国以来毛泽东军事文稿》,上卷,237页,北京,军事科学出版社、中央文献出版社,2010。

州,总后方基地设在江界。

10月8日上午,中国驻朝大使倪志亮向金日成面交了毛泽东的电报。金日成得知中国派出志愿军援助朝鲜的消息后,非常高兴,立即下令人民军部队坚守三八线地区现有阵地,阻击北进的美军和南朝鲜军,为中国人民志愿军出动争取时间,同时希望中国人民志愿军出动越快越好。

"抗美援朝、保家卫国"的战略决策,是中共中央政治局根据当时的形势作出的,是基于支援朝鲜人民反抗美国侵略和保卫中国国家安全的共同需要作出的。这一决策,正确地把握了局部的当前的利益与根本的长远的利益的关系,是革命胆略和科学态度相结合的产物,是爱国主义和国际主义相结合的产物。形式上,不是以中国人民解放军名义,而是以中国人民志愿军的名义参战,不给美国对中国宣战以口实,更为策略,对中国更有利。周恩来曾说过:"毛泽东下这个伟大的决心,是根据他科学的预见、实际的分析。"①

这一决策充分体现了中国人民不畏强暴、反抗侵略的决心,展现了中华民族保卫和平、维护正义的气概。毛泽东后来说:"我们不要去侵犯任何国家,我们只是反对帝国主义者对于我国的侵略。大家都明白,如果不是美国军队占领我国的台湾、侵略朝鲜民主主义人民共和国和打到了我国的东北边疆,中国人民是不会和美国军队作战的。但是既然美国侵略者已经向我们进攻了,我们就不能不举起反侵略的旗帜,这是完全必要的和完全正义的,全国人民都已明白这种必要性和正义性。"②

周恩来后来也指出:"美国政府不甘心于它在干涉中国内战中所遭受的彻底失败,于一九五〇年六月二十五日发动了干涉朝鲜的战争,同时侵占了我国的台湾。这样,美国政府就赤裸裸地暴露了它一贯在执行威胁中国独立和破坏远东和平的战争政策。中国人民和中国政府曾经一再提出建议和警告,要求美国武装力量退出台湾,迅速停止侵略朝鲜战争,和平解决朝鲜和远东问题。可是,美国政府竟悍然拒绝了这些建议和警告,并大举越过三八线,直迫鸭绿江,同时还以它的空军不断轰炸和扫射我东北边境的城市和乡村,以它的海军攻击我海上的船只。中国人民忍无可忍,这才组织了抗

① 《周恩来军事文选》,第4卷,138页,北京,人民出版社,1997。

② 《建国以来毛泽东军事文稿》,上卷,555页,北京,军事科学出版社、中央文献出版社,2010。

美援朝保家卫国的志愿军,开往朝鲜,抵抗美帝国主义的侵略。”①

中国派遣志愿军抗美援朝、保家卫国的行动,也在世界反侵略战争史上留下了光辉的一页,得到了世界一切爱好和平人民的理解和支持。美国的公正政治家们在回顾这段历史时,也不得不承认中共中央和毛泽东定下抗美援朝决心的合理性。曾在 70 年代担任美国总统国家安全事务助理和国务卿的亨利·基辛格,在其 1994 年出版的《大外交》一书中说:“毛泽东有理由认为,如果他不在朝鲜阻挡美国,他或许将会在中国领土上和美国交战;最起码,他没有得到理由去做出相反的结论。”②

中国就出兵援朝问题与苏联党和政府的协商

中共中央在决策出兵援朝时,考虑到中国人民志愿军的武器装备同美军比较相差甚远,并且中国的空军作战部队刚刚组建,无力为志愿军作战提供空中掩护,需要苏联为中国人民志愿军支援武器装备和出动空军提供空中掩护。在中国组建东北边防军时,斯大林对此曾许诺,一旦中国军队以志愿军形式出动到朝鲜作战,苏联为其提供空中掩护。③ 同时,中国虽然以志愿军名义到朝鲜同美军作战,美国仍然可能对中国公开宣战,至少可能使用其空军轰炸中国许多大城市及工业基地,使用其海军攻击中国的沿海地带。这样,不但中国的空军无力保护这些目标,需要苏联空军协助,而且可能把苏联也拖进战争。对这些,苏联政府将是什么态度,中共中央不能不需要苏联方面有个明确的表示。

于是,中共中央在讨论出兵援助朝鲜的同时,也就有关问题与苏联党和政府进行了协商。

1950 年 10 月 2 日,毛泽东在给斯大林的电报中,谈了中国准备“用志愿军名义派一部分军队至朝鲜境内和美国及其走狗李承晚的军队作战”的设想。这个电报没有发出。而在同一天,毛泽东通过苏联驻中国大使罗申

① 《周恩来军事文选》,第 4 卷,238 ~ 239 页,北京,人民出版社,1997。

② ［美］亨利·基辛格:《大外交》,431 页,海口,海南出版社,1998。

③ 斯大林致罗申转告周恩来电报,1950 年 7 月 5 日。军事科学院军事图书馆藏,军事科学院军事历史研究部第二研究室编印:《关于朝鲜战争的俄国档案文件》,79 页,1996。

转发了致斯大林的另一份电报，重点强调了中国志愿军出动后可能会出现的严重后果和中国的困难，以了解苏联对此的态度。毛泽东在这个电报中指出：

我们原先打算，当敌人向三八线以北进攻时，调动几个师的志愿军到北朝鲜帮助朝鲜同志。但是，经过慎重考虑我们现在认为，这一举动会造成极为严重的后果。

第一，靠几个师很难解决朝鲜问题（我军装备极差，同美军作战无胜利把握），敌人会迫使我们退却。

第二，最大的可能是，这将引起美国和中国的公开对抗，结果苏联也可能被拖进战争中来，这样一来，问题就变得极其严重了。

中共中央的许多同志认为，对此必须谨慎行事。

当然，我们不派兵援助，这对于正处在如此困难境地的朝鲜同志来说，是十分不利的，我们自己也于心不忍；但如果我们出动几个师，随后又被敌人驱赶回来，并由此引起美国与中国的公开冲突，那么我们整个的和平建设计划将被全部打乱，国内许多的人将会对我们不满（战争给人民带来的创伤尚未医治，人民需要和平）。

因此，目前最好还是克制一下，暂不出兵，同时准备力量，这样做在把握与敌作战的时机上会比较有利。

由于暂时的失利，朝鲜应该换一种斗争方式，进行游击战。

我们将召开党中央会议，中央各部门的负责同志都将出席。对此问题尚未作出最后决定，我们是想同您商量一下。如果您同意，我们准备立刻让周恩来和林彪同志到您的休养地，同您讨论这件事，并报告中国和朝鲜的形势。

表面看来，毛泽东这份电报的意思与上一份电报的意思相反。实际上，毛泽东在这个电报里并没有说中国不出兵，而是强调了中国出兵援朝，可能会造成两个极为严重的后果：一个是靠中国出动几个师很难解决朝鲜问题；一个是最大的可能是苏联也将被拖进战争。因此提出，最好“暂不出兵”，“准备力量”，这样“在把握与敌作战的时机上会比较有利”。同时说明：中共中央对此“尚未作出最后决定”，中共中央还要开会研究，提出这个问题是想同苏联方面商量一下。因此，毛泽东这个电报的根本意图不是中国出不出兵的问题，而是了解苏联方面对电报中所提两个问题，尤其对第二个问题的态度。这个电报与同一天毛泽东起草给斯大林但没有发出的电报不但不矛盾，而且恰恰表明了毛泽东对中国出兵援朝可能带来严重后果这一问题上的深谋远虑。“兵者，国之大事也。死生之地，存亡之道”。这是关系到国家命运的大事。中国出兵援朝以后，一旦美国对中国公开宣战，甚至苏联也被拖进战争，斯大林和苏联政府将是什么态度，这一点中共中央必须有明确的了解。

然而，中共中央作出出兵决策并非是建立在苏联对这一问题的态度上的。毛泽东通过罗申转发给斯大林的电报，罗申于10月3日才发往莫斯科。毛泽东并未等斯大林作出明确的表示，即于10月4日主持召开了中共中央政治局会议，讨论出兵援朝的问题，并于5日作出了组成中国人民志愿军抗美援朝、保家卫国的决策。

而苏联方面，显然对毛泽东的这个电报发生了误解。苏联驻中国大使罗申向斯大林转发毛泽东这个电报的同时，附上了他自己对毛泽东这封电报的看法。他说：“在我看来，毛泽东的答复证明中国领导人改变了在朝鲜问题上最初的立场”，与中国政府以前表示的立场“是矛盾的”。他说：“中国政府无疑能向朝鲜派遣五六个甚至更多的有战斗力的师。自然，这些中国军队需要装备一些反坦克武器和部分火炮。”导致中国领导人改变立场的原因，可能是“当前的国际形势和朝鲜局势恶化，英美集团阴谋通过尼赫鲁呼吁中国人采取克制的态度，以免陷入灾难”[①]。

斯大林接到罗申转发的电报后，莫斯科时间10月5日[②]，苏共中央政治局举行会议进行了讨论。会后，斯大林给毛泽东回电。斯大林显然也对毛泽东的这个电报发生了误解，认为中国拒绝出兵援朝。因此，他在回电中一方面对毛泽东进行劝说，另一方面也对毛泽东所提问题表明了苏联政府的态度。斯大林回电内容如下：

我向您提出派五六个师志愿军的问题，是因为我清楚地了解中国领导同志多次声明，如果敌人越过三八线，就准备派几个军去援助朝鲜同志。因此，我理解中国同志之所以准备派兵去朝鲜，是为了防止朝鲜变为美国和未来军国主义日本反对中国的军事基地，这与中国是利害攸关的。

我向您提出向朝鲜派兵问题，而且至少而不是至多派五六个师，是出于以下几点对国际形势的考虑：

① 罗申致斯大林电，1950年10月3日。军事科学院军事图书馆藏，军事科学院军事历史研究部第二研究室编印：《关于朝鲜战争的俄国档案文件》，97～98页，1996。

② 莫斯科时间比北京时间晚5个小时。

1. 如朝鲜战事表明的那样，美国目前还没有为发动一场大规模战争做好准备；

2. 日本因其军国主义势力尚未复原，没有能力给美国以军事援助；

3. 有鉴于此，美国将被迫在朝鲜问题上向有苏联盟国为其后盾的中国作出让步，将不得不接受就朝鲜问题进行调停的条件，这些条件将有利于朝鲜而使敌人无法将朝鲜变为它的军事基地；

4. 基于以上同样的原因，美国最后将不仅被迫放弃台湾，而且还将拒绝与日本反动派单独缔结和约，放弃复活日本军国主义的活动及使日本成为他们在远东的跳板的计划。

由此我考虑到，如果中国只是消极等待，而不是进行一场认真的较量，再一次使人信服地显示自己的力量，那么中国就得不到这些让步。中国不仅得不到所有这些让步，甚至连台湾也得不到，美国人会把持台湾，把它当做基地。美国这样做，不是为了已没有取胜的希望的蒋介石，而是为了他自己或者是为了明天的军国主义日本。

当然，我也考虑过，美国尽管没有做好大战的准备，仍可能为了面子而被拖入大战，这样一来，自然中国将被拖入战争，苏联也将同时被拖入战争，因为它同中国签有互助条约。这需要害怕吗？我认为不需要，因为我们在一起将比美国和英国更有力量。德国现在不能给美国任何帮助，而欧洲其他资本主义国家更不成为重要的军事力量。如果战争不可避免，那就让它现在就打，而不要过几年以后。

斯大林同时同意就有关问题与周恩来和林彪进行会谈。①

其实，在斯大林的电报到达北京之前，中共中央政治局已经就组成中国人民志愿军，援助朝鲜作出了决策。中共中央的出兵决策是根据朝鲜战局形势的变化，从支援朝鲜，从中国的国家安全，从社会主义阵营的利益等多方面综合分析、权衡利弊后作出的。当然苏联对毛泽东所提问题的态度也并非无关紧要，了解了苏联的态度，中共中央能够在中国人民志愿军出动参战后，更好地根据各方面情况把握战争指导。

接到斯大林的电报后，毛泽东于7日复电斯大林，告诉他中共中央已经作出了出兵决策，并且决定第一批出动9个师而不是6个师。但当时组建

① 参见军事科学院军事图书馆藏，军事科学院军事历史研究部第二研究室编印：《关于朝鲜战争的俄国档案文件》，100～101页，1996。

志愿军的命令尚未颁布，刚刚任命为中国人民志愿军司令员兼政治委员的彭德怀尚未赴东北上任。毛泽东在电报中告诉斯大林，志愿军不是立即出动，需要准备一些时间。同时决定派周恩来和林彪就中国出兵援朝问题同斯大林等苏联领导人进行协商。

10月8日，毛泽东签署了组成中国人民志愿军的命令，同时通报给了金日成。同一天，周恩来与林彪离京，秘密前往苏联。

10月10日，周恩来和林彪抵达莫斯科，随后乘坐专机飞抵黑海海滨的克里米亚，与正在那里休养的斯大林和其他苏联领导人进行会谈。

周恩来向斯大林详细通报了中共中央对出兵朝鲜，援助朝鲜同志抗击美国侵略的考虑，介绍了中共中央讨论朝鲜局势和出兵援助朝鲜的情况，说明了中国出兵援助朝鲜将面临的巨大困难，通报了中共中央政治局讨论时对出兵和不出兵的两种意见，同时询问苏联方面在援助朝鲜问题上的计划。

斯大林表示，苏联虽然设想过帮助朝鲜，但苏联政府早已声明苏军从朝鲜全部撤出，所以现在不能再在朝鲜战场上出现，更不能与美国直接对抗，否则国际形势将更加复杂。①

周恩来指出：只要苏联同意出动空军给予空中掩护，中国就可以出兵援助朝鲜。同时要求苏联为中国抗美援朝的军事行动提供武器装备，并向中国提供各种类型的武器与弹药，首先是陆军轻武器的制造图纸。②

斯大林同意向中国提供武器装备和制造技术，但对于他曾许诺过的在中国志愿军出动时将提供空中掩护问题则表示，苏联空军没有准备好，两个月至两个半月不能出动掩护志愿军作战。

周恩来后来在谈到这次会谈时说：美国军队“逼近了鸭绿江，我们就下决心，去与斯（大林）讨论。两种意见：或者出兵，或者不出兵，这是斯（大林）说的。我们问：能否帮空军？他动摇了，说中国既困难，不出兵也可，说北朝鲜丢掉，我们还是社会主义，中国还在”③。

会谈结束后，11日，斯大林与周恩来联名致电毛泽东，说明了会谈的情况。中共中央没有料到的是苏联拒绝兑现已做过的许诺，两个月至两个半月不能出动空军为中国人民志愿军提供空中掩护。这就意味着中国人民志

① 参见《周恩来传（1949～1976）》，上卷，61页，北京，中央文献出版社，1997。

② 参见《党的文献》，1994年第3期。

③ 周恩来在中共中央工作会议上的报告记录，1960年7月31日。转引自《周恩来传（1949～1976）》，上卷，61页，北京，中央文献出版社，1997。

愿军进入朝鲜战场后,将在完全没有空中掩护和支援的状态下作战。志愿军在没有空中掩护的情况下能否与高度现代化的美国军队作战?事关重大,毛泽东主席不能不反复斟酌。

此时,志愿军司令员兼政治委员彭德怀已经赴东北就职,并确定了志愿军出动的计划,决定志愿军部队于10月15日出动,至10月20日至迟22日全部集结于朝鲜北部预定战场,待机歼敌。[①] 毛泽东于10月11日回电,批准了彭德怀的计划。但由于苏联方面暂时不能出动空军掩护,此事尚需再作商议。

毛泽东接到斯大林和周恩来的联名电报后,立即于10月12日20时急电彭德怀、高岗和第13兵团领导人:出兵命令"暂不实行,十三兵团各部仍就原地进行训练,不要出动"。同时指示高岗和即将赴朝鲜会晤金日成协商有关志愿军出动作战事宜的彭德怀,立即回北京。[②]

13日,毛泽东与政治局同志对出兵问题又进行了一次研究讨论。彭德怀后来回忆说:"周总理、林彪赴苏联,苏联答应出枪、炮、弹……但不出动飞机。毛主席这时就以此为由又问我,可不可以打,苏联是不是完全洗手?我说:'这是半洗手,也可以打。'最后是毛主席讲:'即令打不过也好,他[③]总是欠我们一笔账,我什么时候想打,就可以再打'。"[④]

中共中央政治局讨论一致认为,即使苏联两个月或两个半月不能出动空军掩护,中国人民志愿军也还是出动到朝鲜为有利。毛泽东将讨论结果于当日22时电告周恩来,同时要求周恩来再就有关问题与苏联方面进行协商。电报内容如下:

(一)与高岗、彭德怀二同志及其他政治局同志商量结果,一致认为我军还是出动到朝鲜为有利。在第一时期可以专打伪军,我军对付伪军是有把握的,可以在元山、平壤线以北大块山区打开朝鲜的根据地,可以振奋朝鲜人民重组人民军。两个月后,苏联志愿空军就可以到达。六个月后可以

---

① 参见彭德怀致毛泽东电,1950年10月10日。

② 参见《建国以来毛泽东军事文稿》,上卷,247页,北京,军事科学出版社、中央文献出版社,2010。

③ 指美国,本书作者注。

④ 彭德怀同身边工作人员谈话,1955年2月8日。《党的文献》,1995年第6期,87页。

收到苏联给我们的炮火及坦克装备，训练完毕即可攻击美军。在第一时期，只要能歼灭几个伪军的师团，朝鲜局势即可起一个对我们有利的变化。

（二）我们采取上述积极政策，对中国、对朝鲜、对东方、对世界都极为有利；而我们不出兵让敌人压至鸭绿江边，国内国际反动气焰增高，则对各方都不利，首先是对东北更不利，整个东北边防军将被吸住，南满电力将被控制。

（三）真日[①]菲里波夫[②]和你联名电上说，苏可以完全满足我们的飞机、大炮、坦克等项装备，不知它是用租借办法，还是用钱买，只要能用租借办法，保持二十万万美元预算用于经济、文化等项建设及一般军政费用，则我军可以放心进入朝鲜进行长期战争，并能保持国内大多数人的团结。

（四）只要苏联能于两个月或两个半月内除出动志愿空军帮助我们在朝鲜作战外，又能出动掩护空军到京、津、沈、沪、宁、青[③]等地，则我们也不怕整个的空袭，只是在两个月或两个半月内如遇美军空袭则要忍受一些损失。

（五）总之，我们认为应当参战，必须参战。参战利益极大，不参战损害极大。只对上述第三、第四两点没有把握，因此，请你留在莫斯科几天，和苏联同志重新商定上述问题，并电报速复为盼。[④]

周恩来此时已经由斯大林在黑海的疗养地回到莫斯科。接到毛泽东的电报后，紧急约见苏共中央政治局委员莫洛托夫，转告了毛泽东电报的内容，要他立即向斯大林报告。与此同时，毛泽东召见苏联驻华大使罗申，向他通报了中共中央政治局的决定。

彭德怀根据在东北研究的朝鲜战场情况，从军事角度说明志愿军有能力在朝鲜战场站稳脚跟。彭德怀、高岗均认为，志愿军与南朝鲜军作战，是有把握取得胜利的。即使没有苏联空军掩护，在美军大举北进，企图占领全朝鲜，朝鲜民主主义人民共和国处于生死存亡的严重时刻，中国也要克服千难万险，出兵援助朝鲜，抗击美国侵略。14 日 3 时，毛泽东再电周恩来，指

① 真日，即 11 日。

② 菲里波夫，指斯大林。

③ 指北京、天津、沈阳、上海、南京、青岛。

④ 《建国以来毛泽东军事文稿》，上卷，252～253 页，北京，军事科学出版社、中央文献出版社，2010。

出:“彭及高岗同志均认为打伪军有把握,他们和我一样,都认为参战为必需和有利。”同日,再电告周恩来,决定志愿军全部26万人,于10月19日开始出动。①

斯大林接到莫洛托夫的报告后,同意以信用贷款的方式向中国军队提供军事装备,并承诺将在两个月或两个半月后,出动由16个喷气式飞机团组成的志愿空军掩护中国人民志愿军在朝鲜作战。在得到斯大林的答复后,周恩来于10月14日再次致电斯大林,就苏联援助问题进一步协商,共提出8个问题,其中包括:苏联空军在出动16个团的喷气式飞机之后,可否继续出动轰炸机至朝鲜配合中国军队作战?苏联政府除派志愿空军参加朝鲜作战外,可否加派掩护空军驻扎中国近海各大城市?除飞机、坦克、火炮和海军装备外,苏联政府在汽车、重要工兵器材方面的援助,能否给予同样的信用贷款条件。周恩来并随电附上了中国政府军事装备订货清单。②

在此后的几天中,斯大林与莫洛托夫继续就苏联志愿空军出动和苏联向中国提供军事援助等问题进行了具体协商。苏联政府最后的意见是,同意在中国出兵的时候以信用贷款的方式提供军事装备。然而为避免与美国军队发生对抗,苏联政府表示,只派遣志愿空军部队在鸭绿江北岸中国境内驻防,帮助中国进行防空,但不越出中国国境,两个月或两个半月后,也不准备进入朝鲜境内掩护中国人民志愿军作战。③

10月18日,周恩来回到北京,鉴于与苏联方面协商的问题已经得到明确,中共中央决定志愿军向朝鲜境内出动计划不变。

在中国人民志愿军向朝鲜境内出动后,苏联空军从1950年11月1日开始,在中朝边境鸭绿江地区上空与美国空军作战。从1951年第二季度开始,苏联志愿空军秘密出动至朝鲜境内清川江以北地区上空,担负掩护铁路运输和掩护后方目标的作战任务,保持4~7个团的兵力,直到朝鲜战争结束。

---

① 参见《建国以来毛泽东军事文稿》,上卷,257~259页,北京,军事科学出版社、中央文献出版社,2010。

② 参见《周恩来年谱(1949~1976)》,上卷,86页,北京,中央文献出版社,1997。

③ 参见《周恩来年谱(1949~1976)》,上卷,87页,北京,中央文献出版社,1997。

第十一章

中国争取抗美援朝战争胜利的部署和准备

中共中央对志愿军参战后战局形势发展可能的判断

中共中央在作出组成中国人民志愿军抗美援朝、保家卫国的战略决策的同时,对中国人民志愿军参战后可能出现的战局形势,也作了几种估计。根据毛泽东有关电报和周恩来、陈云等中央其他领导人有关讲话,大体可将中共中央的判断归纳三种可能:

第一,志愿军在苏联志愿空军的掩护和支援下,协同朝鲜人民军,有可能在朝鲜境内歼灭和驱逐美国及其他国家的侵略军队,从而根本解决朝鲜问题。这是最理想的结果。

第二,尽管中国军队是以非官方的志愿军名义参战的,但美国仍可能对中国公开宣战,或至少以其空军轰炸中国许多大城市及工业基地,以其海军攻击中国沿海地带,并且支持台湾蒋介石军队或美蒋军队联合进攻大陆。同时,由于志愿军武器装备落后,在朝鲜不能大量歼灭美军,战争形成僵局,影响中国整个恢复和建设计划,引起国内许多人不满。这是最不利的结果。

第三,在苏联不能出动空军直接支援作战的情况下,志愿军实施灵活的作战指挥，充分发挥自己在作战上的战术特长，能够在朝鲜坚持作战，能够攻打除大、中城市以外的其他地区，那么，有可能迫使美国通过谈判解决问题。①

在周恩来与斯大林等苏联领导人会谈，得知苏联不准备出动空军到朝鲜境内掩护志愿军作战后，中共中央认为，出现第一种情况的可能性很小，而可能出现的情况主要是后两种，后两种情况又以第三种情况的出现可能性更大些。

中共中央认为，“如果美帝国主义真正进攻我们的大陆，那就不只是中国一个国家的战争问题，我们和苏联已签订了中苏友好同盟互助条约，一打起来，就是全面性的打”，那就是世界大战，而美国事实上还没有准备好。“追随美帝的国家毕竟是少数。在朝鲜战场，和美国在一起的虽然有十五个国家，可是万一战争发生在中国，是否也有那么多国家参加对中国作战呢？这是很值得怀疑的。敢于和我们敌对并走上战场的究竟还是少数。”如果美国使用原子弹，那美国自己也要考虑一下，因为苏联也有原子弹，双方都有，损害也是双方的。因此，美国铤而走险，把战争打到中国境内的可能性虽然存在，但从美国自身的准备和美国的盟国情况看，美国走出这一步是很困难的。而经过中国人民志愿军和朝鲜人民军并肩作战，使美国在朝鲜遭到严重打击和损失，使它碰得头破血流，知难而退。这种“可能性要大些，而这也是我们所要争取的。我们抗美援朝、保家卫国，就是要争取这种可能的实现，我们相信自己的力量是可以争取这种可能的实现的”。但是，美帝也有疯狂的一派，对于它铤而走险，我们也必须有所防备，我们不怕，“我们并不愿意战争扩大，它要扩大，也没有办法。我们这一代如果遇着第三次世界大战，为了我们的子孙，只好承担下来，让子孙永享和平。不过我们绝不挑起世界大战”。②

为此，中共中央和中央军委进行了各方面的部署和准备。尽管中共中央政治局扩大会议在讨论出兵决策时，参加会议的许多成员对出兵抗美援朝有顾虑，主张不出兵或缓出兵，但经过讨论达成一致，决策出兵抗美援朝后，中共中央、中央人民政府、中央军委均把抗美援朝作为党、政府和军队的中心任务，摆在了全国各项工作的首位，为争取抗美援朝战争的胜利展开了

---

① 中共中央对上述三种情况的估计，参见《建国以来毛泽东军事文稿》，上卷，226、278～279页，北京，军事科学出版社、中央文献出版社，2010。

② 《周恩来军事文选》，第4卷，75～76、92～95、107～109、116页，北京，人民出版社，1997；《周恩来外交文选》，53页，北京，中央文献出版社，1990。

全面部署和准备工作。

调整军队建设重点、筹备全国防空和部署沿海防御

在中共中央作出出兵抗美援朝的决策后，为保证志愿军在朝鲜战场的作战力量，10 月 10 日，中央军委召开了有军委各部门的负责人聂荣臻、罗荣桓、萧华、李涛、杨立三、萧克和西南军区政治委员邓小平、华东军区政治委员饶漱石、中南军区第三政治委员谭政等参加的工作会议。会议决定：1. 除已经改编为志愿军的部队和已经抽调的第 9 兵团、第 19 兵团外，再从西南军区抽调 3 个军 9 个师，组成 1 个兵团，准备于 1951 年 1 月开始出动；从中南军区抽调 2 个军 6 个师，准备于 1951 年 2 月出动；2. 立即抽调 17 个步兵师，改装为炮兵部队；3. 准备 1951 年在华东军区、西南军区、中南军区、华北军区增加 100 万武装，按照逐步升级、补充正规部队的方式实施；4. 从各军区抽调干部，成立中国人民志愿军司令部。会议并就军队建设的其他事宜提出了方案。[①]

10 月 12 日，毛泽东电令华东军区司令员陈毅：请令宋时轮兵团[②]提前北上，直开东北。[③] 根据毛泽东的电令，以宋时轮为司令员兼政治委员的第 9 兵团，于 10 月 1 日起从上海地区北上，于 10 月 29 日全部进入山东兖州地区。从 11 月 1 日起，由山东兖州地区北上东北，作为志愿军的预备队。先头第 27 军于 11 月 3 日进至安东地区。第 20、第 26 军也于 11 月上旬和中旬到达东北地区。

10 月 22 日，中央军委命令已在陕西陇海铁路沿线地区集结的第 19 兵团：兵团部及主力两个军在“一个月内即十一月二十四日以前，完成一切出发准备工作，待命开东北，另一个军则可于十二月内出发”[④]。此后根据朝

① 参见《军委工作会议决定事项记录》，1950 年 10 月 10 日。

② 即第 9 兵团，宋时轮时任第 9 兵团司令员兼政治委员。

③ 参见《建国以来毛泽东军事文稿》，上卷，246 页，北京，军事科学出版社、中央文献出版社，2010。

④《建国以来毛泽东军事文稿》，上卷，277 页，北京，军事科学出版社、中央文献出版社，2010。

鲜战场的情况，中央军委调整了第19兵团的开进计划，决定第19兵团在第9兵团出动后，进入山东兖州地区集结、整训。11月，第19兵团部队相继进入山东兖州地区。

在此前后，中共中央、中央军委还就国防和军队的一系列重大事宜，作出了决策。

1. 调整军队建设的重点。中央军委决定，人民解放军建设由原来重点加强海军、空军建设，转为重点加强空军、炮兵（含高射炮兵）和装甲兵的建设。1950年2月中旬，中国政府同苏联政府签订贸易协定，在苏联向中国提供的贷款3亿美元中，原计划以1.5亿美元用于购买海军装备，此时决定将这笔贷款大部分转为用于购买空军飞机和陆军武器装备，以保证抗美援朝战争的需要。

2. 调整部队军政训练时间比例，重点加强军事训练。继9月解除了全国野战军担负的生产建设任务，重点转为军事整训之后，12月3日，毛泽东以中央军委主席名义发布指示，指出："军委曾于本年八月一日颁布指示，自一九五一年开始，全军教育以提高文化为首要任务。现为适应目前形势的发展，需要加紧部队的军事训练，特将部队训练教育的时间重新规定如下：……各军区一般部队训练时间比重为：军事百分之六十，政治百分之三十，文化百分之十。"①同时，根据中央军委的决定，1950年下半年全面展开的军队复员工作，也于1950年底停止。

3. 部署筹备全国防空，防范美国飞机对中国大陆的空袭。10月31日，周恩来召集中央军委代总参谋长聂荣臻、中央财经委员会副主任兼财政部部长薄一波、劳动部部长李立三、公安部部长罗瑞卿、中共中央办公厅主任杨尚昆、北京市市长彭真（时患眼病，以北京市委副书记刘仁代）开会，研究了全国的防空问题。会议决定：(1)由周恩来、彭真、聂荣臻、薄一波、李立三5人组成全国防空筹委会，并以李立三兼秘书长，杨尚昆为副秘书长，负责研究和计划全国防空之各种准备。一旦发生美国飞机空袭中国大陆事件，即成立全国防空委员会，并吸收部分党外人士参加，同时按照预定计划进行教育、动员和采取各种必要措施。北京市的防空工作，责成彭真筹划。(2)立即进行防空的组织与训练，首先抽调全国主要城市负责干部约200人开办防空短训班，以便负责教育组织群众，做好各地的人民防空工作。

① 《建国以来毛泽东军事文稿》，上卷，383页，北京，军事科学出版社、中央文献出版社，2010。

(3)军事防空责成军委防空司令部拟出计划,报经军委批准后实施。(4)全国防空准备责成李立三会同罗瑞卿、杨尚昆以及中央人民政府办公厅主任齐燕铭、中央人民政府财经委员会计划局局长宋劭文、中央军委办公厅主任张经武开会研究,于11月初拟出计划,报经中央批准后实施。

会议同时确定了必要时进行人员与物资疏散的原则,即一般人员与物资不作大的远距离的疏散,特殊的少数人员和物资可作较远距离的疏散,在不影响生产的情况下,对贵重机器和物资作部分迁移。[①] 根据会议的决定,辽南地区的部分工厂向北作了迁移,共迁移到松江省[②]和黑龙江省 20 个工厂。[③]

11 月 22 日,毛泽东以中央军委名义指示各中央局、华南分局、各大军区并转各所属分局、大市委、省委、区党委及军区,指出:美国军队已向台湾派遣空军人员,图假以台湾蒋介石军队的名义轰炸大陆,“是完全可能的。你们应即加紧准备防空,特别是沪、宁、杭、榕、厦、穗、汕、青、济、京、津[④]等处要迅速准备妥当,战胜敌人的空袭,切勿麻痹疏忽,是为至要”[⑤]。

4. 部署和加强海岸防御。为防范美军和台湾国民党军队对沿海地区发动攻击,根据中央军委的指示,人民解放军海军将海岸炮兵建设作为当务之急,于10 月 21 日组建了第一个海岸炮兵营。与此同时,根据中央军委的统一部署,在沿海各军区的大力支援下,海军在沿海主要防御地段抢修了一批海岸炮阵地,其装备主要为向苏联购买的 130 毫米海岸炮,另暂时利用了部分陆炮。[⑥]

10 月下旬,周恩来指示海军司令部,制定了海岸炮和海岸防御布雷计划,从上海开始,北到长山列岛、营口、安东海岸,选择要点布置水雷。特别加强营口至安东沿海的布置。根据海军司令部制定的计划,整个沿海要地地段布防,共需 4500 枚水雷,而当时国内只有 1500 枚。周恩来指示,首先布置安东鸭绿江口的水雷防御,所缺的 3000 枚水雷从苏联订购。[⑦]

---

① 参见《周恩来军事文选》,第 4 卷,84 ~ 85 页,北京,人民出版社,1997。

② 1954 年松江省撤销,并入黑龙江省。

③ 参见《当代中国黑龙江》,76 页,北京,中国社会科学出版社,1990。

④ 即上海、南京、杭州、福州、厦门、广州、汕头、青岛、济南、北京、天津。

⑤ 《建国以来毛泽东军事文稿》,上卷,363 页,北京,军事科学出版社、中央文献出版社,2010。

⑥ 参见《当代中国海军》,56 页,北京,中国社会科学出版社,1987。

⑦ 参见《周恩来军事文选》,第 4 卷,80 页,北京,人民出版社,1997。

5. 部署防空作战力量。中央军委决定，将人民解放军空军当时惟一一支作战部队——第4混成旅，部署于上海担负防空任务。此外，还将国内仅有的高射炮兵部队部署于沈阳、鞍山、本溪、北京、天津、上海、南京、杭州、广州等沿海大中城市。鉴于中国人民解放军空军航空兵作战力量弱小，不足以担负沿海各主要城市和工业基地的防空任务，因此，中国政府商请苏联出动歼击机航空兵部队，协助中国担负防空任务。苏联先后派遣11个歼击机航空兵师，驻扎中国境内，协助中国担负了吉林、公主岭、安东、沈阳、辽阳、鞍山、唐山、青岛、广州等地的防空任务。中国人民解放军突击扩建了空军歼击机航空兵部队，分别部署于广州、青岛、天津、北京、唐山等城市，担负防空任务，并逐步独自承担起了国土防空任务。驻扎中国境内协助防空的苏联航空兵部队，从1951年7月起，陆续回国。

6. 部署部队，准备粉碎美国和台湾蒋介石集团的联合登陆进犯。在志愿军进入朝鲜境内抗击美国侵略之后，为了防范美国扩大战争，派遣军队与台湾蒋介石军队对中国大陆实施联合登陆进攻，中共中央和中央军委决定，以广东、广西和福建、江浙沿海为主要防御方向，进行抗击美蒋军队联合登陆进攻的准备。

11月17日，毛泽东连发3份电报，一份发给中共中央中南局、中南军区党委会并告中共华南分局，一份发给中共华南分局第一书记、广东军区司令员兼政治委员叶剑英和华南分局第三书记方方，一份发给华东军区司令员陈毅和政治委员饶漱石。

在给中南局和叶剑英、方方的电报中，毛泽东指出："你们必须统筹两广，将两广作为一个对付帝国主义和蒋介石登陆进犯的统一的单位"。"为了对付敌人可能在广东登陆进犯，必须准备使用五个至七个军。"[①]以5个军部署广东，另在湖南部署两个军作为机动。

在给陈毅、饶漱石的电报中，毛泽东要求："华东一切工作要以美国和蒋介石登陆进犯为假想的基础去作布置。"并指示，"目前军事工作极为重要"。[②]

根据毛泽东的指示，中南军区和华东军区对防范美蒋军队登陆进攻，做

---

① 《建国以来毛泽东军事文稿》，上卷，353、354页，北京，军事科学出版社、中央文献出版社，2010。

② 《建国以来毛泽东军事文稿》，上卷，356页，北京，军事科学出版社、中央文献出版社，2010。

了精心部署和周密准备。毛泽东同意他们的部署，于12月29日电告中南军区负责同志，对广东方向的军事部署作进一步指示，指出："广东有事须由四野负责独力应付，保证战胜可能入侵之台湾匪军，巩固广东防务"①。

1951年1月16日，毛泽东又电示陈毅："福建有四个军已很够了。厦门必须确保……厦门必须多储粮弹，布置积极防空（不是消极防空），对守军指战员进行深入的政治动员，加强纵深工事，务必长期确保厦门。""除福建首先是厦门为敌人进攻重点已有部署外，江浙两省沿海亦需准备对付敌人进袭……华东全军除剿匪者外，均须提高警惕，加强整训，准备对敌。""华东全军应完全自力担负歼灭蒋匪进攻部队，不要希望外援。"②

华东军区和中南军区根据中央军委和毛泽东主席的指示，在全力剿灭土匪，稳定秩序的同时，进行了部署调整，做了迎击美军和国民党军登陆进攻的充分准备。

中共中央和中央军委对这些的调整、筹备和部署，有力地保障了志愿军在朝鲜的作战，同时也有力地巩固了国防，使抗美援朝和国内防务在发生各种严重情况时，都可以从容应付，立于不败之地。

制定军兵种部队参战计划和三年发展计划。请求苏联援助武器装备

8月26日，周恩来在主持召开检查东北边防军准备工作情况的国防会议上，就部署了人民解放军各军兵种制定部队三年发展规划。周恩来在会上指出："我们这次作战是对付美帝国主义者，而不是单单对付李承晚伪军。美军是依靠大炮、飞机等火力……我们的装备对付国内敌人是够了，但对付美帝国主义是不够的。"③"美帝国主义总是想将世界大战一步步地推动起来，但现在还不能发动，主要原因是还没有准备好。……但其总企图是不断地由一个一个的局部战争推动为世界大战。在我们方面，就要将它发动

---

① 《建国以来毛泽东军事文稿》，上卷，425页，北京，军事科学出版社、中央文献出版社，2010。

② 《建国以来毛泽东军事文稿》，上卷，445页，北京，军事科学出版社、中央文献出版社，2010。

③ 《周恩来军事文选》，第4卷，45页，北京，人民出版社，1997。

起的战争一个一个地打下去,使它不能发展为大规模战争。”“在这种情况下,我们的军事建设应该有一个较长远的计划。如果今天订不出长远计划,也必须先订出一个短期的至少三年的建军计划,作为准备阶段的计划。”①

这次会议要求人民解放军各部门都要有深刻的战争观念,并确定:海军、空军、炮兵、装甲兵等军兵种立即着手拟订三年建设计划,9、10、11 月讨论决定,1951 年开始实施。

会议同时对各军兵种部队参战准备进行了讨论,决定:空军在已有 7 个航空兵团的基础上,到 1951 年 1 月底,再增编 3 个轰炸团和 1 个海军飞机团,1951 年下半年再增大编制。具体计划责成空军司令部拟制,空军要加紧训练准备,至迟到 1951 年 1 月底,要开始出动到朝鲜参战。

装甲兵在 1950 年编成 3 个旅 9 个坦克团,共 360 辆坦克,9 月底前编成,年底前完成训练,准备 1951 年出动参战。3 个旅 9 个团的编成及所需坦克、汽车、汽油、器材、人员编制、干部配备、部队训练、聘请顾问等,责成装甲兵司令部作出计划。

炮兵:高射炮编成 18 个团,中小口径高炮 428 门,3 个月内分两批完成训练;榴弹炮、野炮、火箭炮、战防炮等以配足 10 个军的队属炮兵计算,所需火炮、汽车、器材、弹药等责成炮兵副司令员苏进在 3 天内作出详细计划,这些部队组编后,1950 年年底前完成训练,1951 年开始参战。②

在此前后,海军领导机关也于 1950 年 8 月召开建军会议,开始制定海军 3 年建设计划。此后,随着军队建设重点的调整,为保证其他军兵种建设和抗美援朝战争的需要,海军建设计划多次调整修订。10 月下旬,周恩来、聂荣臻、萧劲光及苏联驻中国军事总顾问和海军顾问,经反复研究,制定了海军 1950 年及 1951 年建设计划和海军 3 年建设计划。

各军兵种建设计划均按期拟制完毕,付诸实施,除海军建设比较复杂,一时难以形成作战能力,未参加抗美援朝战争外,其他军兵种于 1950 年和 1951 年先后出动参战,对取得抗美援朝战争胜利起了重要作用。

由于中国工业基础薄弱,技术落后,人民解放军军兵种建设所需的装备、器材,国内绝大部分不能生产,需从苏联购买。

除 1950 年 10 月上中旬,周恩来和林彪访问苏联期间,与苏联领导人斯大林、莫洛托夫、布尔加宁等会谈,苏联政府同意以信用贷款的方式为中国

① 《周恩来军事文选》,第 4 卷,46 页,北京,人民出版社,1997。

② 参见《周恩来军事文选》,第 4 卷,45 ~ 48 页,北京,人民出版社,1997。

人民志愿军提供飞机、大炮、坦克等武器装备外，在志愿军出动之后，毛泽东于10月28日致电斯大林，决定派遣中国人民解放军海军司令员萧劲光、参谋长罗舜初在苏联驻中国海军顾问库次明陪同下，前往莫斯科，同苏联海军领导人商谈中国海军三年建设计划和订购海军装备问题。在苏联方面同意后，萧劲光一行于10月底和11月在莫斯科与苏联海军领导人就中国海军三年建设计划进行了讨论，并具体商谈了中国1950年至1951年向苏联订购海岸防御急需的远航鱼雷快艇、装甲艇、小型潜水艇、小型扫雷艇、水鱼雷飞机、海岸炮、水雷、深水炸弹等各种装备器材事宜。

11月7日，毛泽东再次致电斯大林，请求苏联于1951年1月至2月为中国计划用于朝鲜战场作战的12个军共36个师提供步兵武器装备，并随电开列需提供的武器装备清单，计苏式步枪14万枝，子弹5800万发；苏式自动步枪2.6万枝，子弹8000万发；苏式轻机枪7000挺，子弹3700万发；苏式重机枪2000挺，子弹2000万发；飞行员用手枪1000枝，子弹10万发；TNT炸药1000吨。获得了苏联政府的同意，后来并如期供货。

此后，中国政府为保证抗美援朝战争的胜利，还陆续向苏联政府提出了其他军事援助和装备订货的要求。

1951年2月，周恩来与苏联驻华军事总顾问扎哈罗夫分别代表中苏两国政府，在北京签订了关于苏联向中国政府提供军事贷款的协定。协定确定：苏联向中国提供12.35亿卢布的贷款，用以购买中国在抗美援朝战争中所需的军事装备、弹药和铁路器材。并规定：中国从苏联的军事订货，包括军事装备、弹药和铁路器材，以1950年10月19日中国出兵抗美援朝为界，在此以前的订货以全价付款；1950年10月19日中国出兵抗美援朝以后的军事装备与弹药订货以半价付款，铁路器材的订货则以七五折付款。①

东北行政区为抗美援朝战争总后方基地

东北行政区当时辖辽东、辽西、热河②、吉林、松江、黑龙江6省和沈阳、旅大（现大连）、抚顺、鞍山、本溪5市，总面积约为120万平方公里，人口近

① 参见《周恩来年谱（1949～1976）》，上卷，124页，北京，中央文献出版社，1997。

② 1954年原辽东省、辽西省除各有部分地区划归吉林省外，两省合并为辽宁省。热河省于1956年撤销，原所辖地区分别划归河北省、辽宁省和内蒙古自治区。

4000万。

东北行政区在地理上与朝鲜紧密相联，仅一江之隔，西南为鸭绿江，东北为图们江，与朝鲜接壤的国境线约1400公里。历史上，东北地区人民与朝鲜人民具有互相帮助、互相支援的传统友谊，中国几个人口比较多的少数民族之一朝鲜族，绝大部分居住在东北地区。1931年"九一八"事变后，日本帝国主义侵略东北，朝鲜以金日成、金策为代表的革命者，率队参加东北抗日联军，与中国军民共同抗击日本侵略。中国人民支援抗美援朝战争的人力、物资等都要从东北出境。东北行政区还与苏联接壤，苏联援助中国人民抗美援朝的装备和物资也主要从东北入境。

1945年，日本战败投降后，中国共产党集中精力经营东北地区，建立了巩固的东北根据地。在全国解放战争时期，东北地区解放最早（1948年底东北全境解放），最先建立了东北人民政府和各级人民政权，最先剿灭了匪患和完成了土地改革，为支援和保证全国解放战争的胜利做出了重大贡献。

1949年，东北地区开始全面经济重建工作，1950年开始转入有计划的经济建设，计划生产生铁72万吨（是1949年的418.6%）；钢锭54万吨（是1949年的110.2%）；钢材34万吨（是1949年的472.2%）；粮食产量1800万吨（是1949年的124.1%）。[①] 在1950年5月中央财经委员会编制的1950年国民经济计划概要中，国家经济建设投资总额共相当于154.6亿斤米，其中东北地区投资即为79.9亿斤米，占国家经济建设总投资额的51.7%。

无论就东北的地理位置，还是东北的经济条件或是东北的社会环境，都决定了只能由东北地区作为抗美援朝战争的总后方基地。

早在东北边防军组建不久，由于边防军领导人一时都不能到职，中央军委即于1950年7月下旬决定，东北边防军先归东北军区司令员兼政治委员高岗指挥，并统一供应。东北边防军的整训和出国作战的准备工作，是在东北军区的直接领导下组织进行的。东北人民政府、东北军区和东北各族广大人民，尽其所能为边防军补充装备和兵员，提供训练场地及各种物资。

1950年10月8日，在毛泽东签署的关于组成中国人民志愿军的命令中，规定："中国人民志愿军以东北行政区为总后方基地，所有一切后方工

① 参见高岗在中共东北区第一次代表大会上的报告，1950年3月13日。载《人民日报》，1950年6月5日。

作供应事宜，以及有关援助朝鲜同志的事务，统由东北军区司令员兼政治委员高岗同志调度指挥并负责保证之。”同日，毛泽东将这一情况通报给了金日成。10 月 9 日，毛泽东又在给中国驻朝鲜大使倪志亮的电报中指示：“中央已委托高岗同志负责处理一切有关援助朝鲜同志的问题，嗣后关于此类事务均向高岗同志直接接洽，由高岗同志答复。”①

中共中央、中央人民政府、中央军委和军委各部门，对东北总后方基地的工作给予全力支持。10 月 18 日，军委总后勤部部长杨立三会同中央财政部副部长戎子和、东北人民政府财政部副部长倪伟、东北军区后勤部副政治委员张济民研究后，由杨立三、戎子和联名向中央军委和中央财经委员会写出报告，建议：“凡部队供给标准范围以内的经常费由东北政府审查直接拨付；标准范围以外的战费及一切费用等均由高岗主席批准。凡经高主席批准者，即由东北政府照数拨付，最后上报中财部与军委后勤部结算总账。凡军委后勤一九五〇年有预算者则由军委后勤负责报销，无预算者则由军委后勤部向中财部另行报销。”“凡东北政府与军区后勤在某些问题上有不同意见不能解决时，报中央最后确定。”这一建议得到毛泽东、周恩来的批准。

11 月 5 日，周恩来致信高岗、李富春②，指出：“对于东北全部支援部队工作，我们已想见其繁重。只要东北提出要求，我们愿全力以赴，帮助你们解决困难。凡为东北已决定者，我们定做你们后盾，支持你们贯彻下去。有些事情职权属于中央，但你们仍可便宜行事，只要通知一声，当由中央追认。凡能统一于东北者，我们无不赞成统一于东北。”③周恩来并派军委总后勤部副部长张令彬前往东北，了解东北作为总后方基地的具体困难，以便中央决定解决。

政务院和中央军委还从政务院机关和各大军区抽调一批干部，调往东北，加强总后方基地的保障工作，仅 10 月和 11 月，即抽调 2578 人，其中政务院机关干部 2492 人，华北、华东、中南、西南、西北军区共 86 人。

东北人民全力以赴，履行志愿军总后方基地的职责，做好志愿军的保障

---

① 《建国以来毛泽东军事文稿》，上卷，235、238 页，北京，军事科学出版社、中央文献出版社，2010。

② 李富春，时任中共中央东北局副书记、东北人民政府副主席、东北军区副政治委员。

③ 《周恩来军事文选》，第 4 卷，87 页，北京，人民出版社，1997。

工作。中共东北局和东北人民政府抽调中共东北局副书记、政府副主席李富春和东北局秘书长张明远等东北局6名委员、东北人民政府4名部长，以及一批干部，会同东北军区后勤部，全力做好后方保障工作。从1950年10月开始，东北行政区转为战时体制，党、政、军、民各行各业齐动员，大批青年参军参战，并组织大车队、手推车队、担架队、铁路工人、医务工作者、汽车司机等随志愿军开赴朝鲜，担负战地勤务。

东北军区派出后勤保障指挥机构，随志愿军出动，组织指挥战场上的后勤保障，并组织设立了向朝鲜境内延伸的兵站供应线，提前运送了志愿军出国作战所需粮草、弹药、油料等物资。同时，东北地区还筹集了60万双单胶鞋、第一批出国部队2个月的副食（油盐菜等）、接收志愿军伤员的10万床被子和血衣，并计划再筹集70万人4个月的副食量、7万床伤员被子和血衣，11月底完成5万套棉衣（另军委决定由华北、华东、中南地区各准备5万套棉衣），12月开始缝制单衣。

东北总后方基地还担负参战部队入朝前的整训任务。

据不完全统计，抗美援朝战争期间，东北地区共动员39.9万余人参军，其中参加志愿军的约30万人；动员394万余人，参加战勤工作，其中直接赴朝服务的民工74万余人、各种技术人员4万余人；仅辽东、辽西、黑龙江、松江4省即组织担架1.66万余副；辽东、辽西、吉林3省即出动战勤大车24.8万辆。①

1951年元旦前后，东北人民为前方捐献慰问品、慰问金等共折合东北币2380多亿元（相当于人民币旧币250多亿元）。此外，还捐集东北币500亿元（相当于人民币旧币52.6亿元）和2万套衣服，救济朝鲜难民。② 还接收安置大批朝鲜难民，安置朝鲜军事院校和朝鲜人民军新组建的10余万部队在东北整训。

以东北行政区为抗美援朝战争的总后方基地，有力地保证了志愿军在朝鲜的作战。东北人民为抗美援朝战争的胜利作出了不可磨灭的贡献。

---

① 参见《当代中国辽宁》，上卷，56～58页，北京，当代中国出版社，1994；《当代中国吉林》，上卷，89页，北京，当代中国出版社，1991；《当代中国黑龙江》，76页，北京，中国社会科学出版社，1990；《中国军事百科全书·中国人民志愿军战史分册》，202页，北京，军事科学出版社，1993。

② 参见《人民日报》，1951年10月23日。

调整财政方针：一切服从战争

1950 年 6 月，中国共产党七届三中全会确定了用三年左右的时间争取国家财政经济状况根本好转，恢复国民经济，为有计划地经济建设创造条件的目标。为实现这一目标，中央人民政府在制定 1951 年国家财政预算时，决定将财经工作的基点放在恢复国民经济上，将财政预算中军费支出占总支出的比例，由 1950 年度 40% 左右降到 1951 年度的 30%，而以财政预算总支出的 70% 投入经济建设和文化教育事业等。①

中共中央作出抗美援朝决策之后，为适应形势的变化，中央人民政府重新调整了财政经济工作的方针，一方面增加 1950 年度的军费支出，使 1950 年度实际军费支出占国家财政总支出的 41.1%。② 另一方面，则对原来确定的 1951 年度财政计划作了调整。

周恩来在 1950 年 11 月曾指出："一九五一年的财政概算，我们原先是想把重点放在投资建设方面。对于这种建设国家的希望，是人人共有的，但是敌人不允许我们这样做。他先搞台湾，后打朝鲜，而且还想进攻我们大陆。这就使我们的财政概算，不能不改动，不能不适应战争的需要来筹划。""现在火已烧到门前，'救火第一'"，"不能不暂时搁下和平建设的计划"。③

1950 年 11 月，中央财政经济委员会在北京召开全国第二次财政会议，政务院副总理兼财政经济委员会主任陈云在会上指出：中央估计战争对国内时局影响有三种可能："（一）邻境战争，国内平安；（二）邻境战争，国内被炸；（三）邻境战争，敌人在我海口登陆，全国转入战争。"中央决定以时局变化的第二种可能为基点，把 1951 年财政工作方针，放在抗美援朝战争的基础上，表现在财政上，就是增加军费及与军事有关的支出。他指出："如果时局只变到第一种情况，则我可应付裕如；如果时局变到第三种情况，则财

① 参见《周恩来军事文选》，第 4 卷，73 页，北京，人民出版社，1997。

② 参见《当代中国财政》（下），549 页。戎子和 1951 年 3 月 30 日在政务院第 78 次政务会议上的报告《1950 年财政工作总结及 1951 年工作的方针和任务》中说，1950 年国防费支出占财政总支出的 43.2%。

③ 《周恩来军事文选》，第 4 卷，94、95 页，北京，人民出版社，1997。

经对策需要另行讨论。但目前把基点放在第二种局势上,对将来另制第三种局势的对策,也不矛盾。”①

这次会议确定,在财政工作部署上,“战争第一”,其他第二、第三。“一切服从战争,一切为了战争的胜利。”对直接与战争有关的军工投资,对财政收入有直接帮助的投资,对稳定市场有密切关系的投资,应该予以满足,除此之外,则应加以削减和收缩。②

陈云在说明为什么这样确定时指出:“来日方长,经济建设推迟一下是可以的,也是不得已的。因为战争不由我们决定,美帝国主义不许我们建设,不是我们自己愿意如此。在任何一个国家的财政方针上,都不可能又战争又建设,不可能两者并列,两头兼顾。……等战争结束以后,才能集中力量搞经济建设。”③“道理很明白,假如我们不把国防放在第一位,不把美帝国主义的侵略气焰打下去,一切经济建设都靠不住。”“没有战争的胜利,其他就无从说起。”④

1950 年 12 月 21 日,中共中央批准根据新的财经工作方针制定的 1951 年度财政收支总概算规定:总支出为 69.5 万亿元,其中国防费为 33.4 万亿元,占 48.05%;经济建设费为 11.8 万亿元,占 16.9%;社会文教费 5 万亿元,行政管理费 11.2 万亿元。⑤

此后编制的 1952 年度和 1953 年度财政收支总概算,军费支出比例虽有减少,但绝对数是增加的,总的方针仍是保证战争需要。

加速剿匪、土地改革和镇压反革命的步伐

全国解放时,国民党当局有计划地在大陆潜留了大批特务。他们聚集溃散的国民党军部队,会同惯匪、反动会道门组织、地主恶霸,组织反动土匪武装,企图与共产党和人民政府长期对抗,破坏新生的人民民主政权,并在

① 《陈云文选(1949~1956)》,111~112 页,北京,人民出版社,1984。

② 参见《陈云文选(1949~1956)》,111~112、115~116 页,北京,人民出版社,1984。

③ 《陈云文选(1949~1956)》,116 页,北京,人民出版社,1984。

④ 《陈云文选(1949~1956)》,112、116、126 页,北京,人民出版社,1984。

⑤ 此处数字,为人民币旧币单位。人民币旧币 1 万元,等于人民币新币 1 元。

而后配合国民党军反攻大陆。

朝鲜战争爆发后，这些特务和土匪认为“第三次世界大战即将爆发”，“黑暗将过，黎明即来”，气焰十分嚣张，到处散布谣言，破坏经济建设，特别是破坏军事运输，组织策划各种暗杀活动残害革命干部和群众，围攻基层人民政权，扰乱社会秩序，烧杀抢掠，无恶不作，甚至组织反革命暴乱，向人民民主政权发动猖狂的进攻。

在中共中央作出抗美援朝决策后，中共中央、中央人民政府就以最大的决心，采取断然措施，加速了剿匪、土地改革和镇压反革命的步伐，并把剿匪、土地改革和镇压反革命工作作为与抗美援朝战争相关的中心工作，以便为支援战争，也为恢复国内建设提供稳固的社会基础。在新解放区土地改革开始后，这三项工作都是结合在一起进行的。抗美援朝、土地改革、镇压反革命，被并称为当时的三大运动。

东南沿海地区，是防范美军和国民党军登陆进攻的重点地区，也是匪患猖獗的地区之一。为早日集中部队防备美国和蒋介石集团联合登陆进犯，以及能够早日调出部队置于机动位置，以便随时准备入朝参战或向南支援海防，从11月中旬起，中央军委和毛泽东主席就督令新解放区，特别是华东和中南地区，加速剿匪，限期剿灭股匪。从1950年11月到1951年1月，3个月中，毛泽东给华东、中南、西南地区发出数十份有关加速剿匪的电报指示，尤为关注浙江、福建、广东、广西、湖南、江西等省的剿匪情况，督令上述各省加大剿匪力度，限6个月内即到1951年5月底前，务期彻底剿灭匪患。

1950年11月14日至17日，毛泽东连续数电中南局或华南分局，指出：“为了对付敌人可能在广东登陆进犯，必须准备使用五个至七个军。……为此必须用全力剿灭土匪。”①“为对付台湾匪帮可能向广东进犯，有增强广东兵力之必要。为此必须提前肃清广西匪患，以便从广西抽出一个军增强广东。”②毛泽东对广西剿匪不力进行了严厉批评，指出：“广西剿匪工作为全国各省剿匪工作中成绩最差者，其原因必是领导方法上有严重缺点。”③“广西解放在西南之前而剿匪成绩则落在西南之后，为什么这样，请你们加以检讨并以结果告诉我们。”④同时指示华南分局第一书记、广东军区司令

① 《建国以来毛泽东文稿》，第1册，667页，北京，中央文献出版社，1987。
② 《建国以来毛泽东文稿》，第1册，659页，北京，中央文献出版社，1987。
③ 《建国以来毛泽东文稿》，第1册，659页，北京，中央文献出版社，1987。
④ 《建国以来毛泽东文稿》，第1册，665页，北京，中央文献出版社，1987。

员兼政治委员叶剑英,迅即前往广西,帮助指导工作,“并在那里留住几个月,抓住工作重点限期肃清土匪,发动土改……确有成绩然后回来”[①]。

在得知中南军区派政治部主任陶铸前往广西帮助指导工作后,毛泽东又指示叶剑英“在广西住一个月左右即须东返,因此陶铸应在广西久留一会,直至剿匪问题基本解决然后回来”[②]。限期广西在6个月之内肃清主要匪患,要求广西参照西南军区办法,从12月起,每月发一次剿匪通报,总结成绩,纠正缺点。指出:“广东必须在广大地区立即开始进行土改,拖延则是失策。”[③]“广东必须迅速地和广泛地展开土地改革工作”,“只要广东的土改完成,广西的土匪剿灭,即使蒋介石登陆进犯也是容易对付的。”[④]稍后,又指示,“对桂粤湘三省剿匪仍望加紧督促,务于五月卅一日以前彻底完成剿匪任务”[⑤]。

与此同时,毛泽东于11月17日致电华东局,指出:“闽浙两省剿匪工作极为重要,特别是福建匪患必须使用四五个主力师用全力穷追猛打、限期肃清,该省剿匪成绩较他省为差,必须检讨原因。我提议从现在起,和广泛展开土地改革工作相配合(福建必须迅速实行土改),限六个月内剿灭一切成股土匪,责成叶飞、鼎丞[⑥]全力以赴,做出成绩。只要福建的土匪消灭,土改完成,即令蒋介石登陆进犯,也是容易对付的。”[⑦]根据中央的指示,为加强华东军区的工作,已兼任上海市市长的华东军区司令员陈毅返回南京主持军区工作,华东局和华东军政委员会也将一部分支前机关分驻南京。后毛泽东又指示:“请督促福建担任剿匪的四个师两个团积极动作,每星期要有成绩,成绩多者应受奖励,少者应受批评,犯错误应受处罚,务必早日肃清匪祸。”“江浙散匪必须限期肃清。”[⑧]

① 《建国以来毛泽东文稿》,第1册,659页,北京,中央文献出版社,1987。

② 《建国以来毛泽东文稿》,第1册,667页,北京,中央文献出版社,1987。

③ 《建国以来毛泽东文稿》,第1册,659页,北京,中央文献出版社,1987。

④ 《建国以来毛泽东文稿》,第1册,666页,北京,中央文献出版社,1987。

⑤ 《建国以来毛泽东文稿》,第1册,743页,北京,中央文献出版社,1987。

⑥ 叶飞,时任福建省委副书记、福建省人民政府副主席、福建军区司令员;鼎丞,即张鼎丞,时任中共福建省委书记、福建省人民政府主席、福建军区政治委员。

⑦ 《建国以来毛泽东军事文稿》,上卷,356页,北京,军事科学出版社、中央文献出版社,2010。

⑧ 《建国以来毛泽东军事文稿》,上卷,445页,北京,军事科学出版社、中央文献出版社,2010。

在此前后，毛泽东还多次致电华东局、中南局、西南局和三大军区，通报各区剿匪进展情况，特别表扬了西南地区剿匪做出成绩，对广西剿匪有了进展也予以鼓励。要求华东军区参照西南、中南两军区办法，每月发布一次剿匪通报，并要求这三个军区除向中央报告剿匪情况外，相互之间也互相通报，互相促进。毛泽东还特别强调："在时局紧张的情况下，必须限期剿没股匪，加速进行土改，发展地方武装和坚决镇压反革命活动，我党我军方能取得主动，否则有陷入被动的危险。"①

在中央军委的统一部署下，华东和中南地区剿匪步伐明显加快，至1951年5月底，该两地区土匪基本被剿灭，担负剿匪作战任务的部队也先后转入担负国防或集结机动位置，进行军事整训。

与此同时，中共中央决定加大镇压反革命工作的力度。10月10日，中共中央发出《关于镇压反革命活动的指示》。《指示》指出："为了打击帝国主义的阴谋破坏和彻底消灭蒋介石残余匪帮，为了保证土地改革和经济建设的顺利进行，为了巩固与发展中国人民的胜利，'必须镇压一切反革命活动，严厉惩罚一切勾结帝国主义，背叛祖国，反对人民民主事业的国民党反革命战争罪犯和其他怙恶不悛的反革命首要分子'；必须对于一切'继续进行反革命活动'的分子，'予以严厉制裁'；'必须坚决地肃清一切危害人民的土匪、特务、恶霸及其他反革命分子'。'全党和全国人民对于反革命分子的阴谋活动，必须提高警惕性'。这是党中央、毛主席和人民政协共同纲领，关于镇压反革命活动和肃清反革命残余问题，所给予全党和全国人民的明确指示，也是全国人民目前迫切的要求。"《指示》要求，要克服由于胜利而发生的骄傲轻敌思想和在镇压反革命中出现的"宽大无边"的严重右倾倾向，各级党委要领导与督促主管部门，按照"镇压与宽大相结合"的政策，坚决打击和镇压反革命活动，同时也防止乱打乱杀和逼供信的"左"的行为。《指示》规定："关于执行镇压反革命活动的工作情形，各中央局必须于本指示发出一个月内即十一月十日以前，作出第一次报告，并定出今后执行中央方针的计划，电告中央批准，然后照此执行。""各中央局所属的分局、省委、大市委、区党委，关于在自己区域执行镇压反革命活动的工作情形及自己的工作计划，必须于本指示发出四十天内即十一月二十日以前，向各中央局作第一次报告，此项报告同时发给中央一份。嗣后各中央局及分局、省

① 《建国以来毛泽东军事文稿》，上卷，361页，北京，军事科学出版社、中央文献出版社，2010。

委、大市委、区党委，均须每四个月由党委书记负责，向中央及中央局作关于镇压反革命问题的专题报告一次。”①

为贯彻这一指示，10月16日至21日，中央公安部召开了有各大行政区公安部长，京、津、沪公安局长，第三、第四野战军和华北军区保卫部长，内蒙古自治区、华北5省和公安部主要负责干部参加的全国公安会议，中央人民政府副主席刘少奇、政务院总理周恩来和政务院政法委员会副主任彭真到会作了指示。会议认为，必须坚决地准确地执行中央指示，才能做到稳、准、狠地打击反革命活动。会议在公安部长罗瑞卿主持下，决定：对已逮捕和尚未逮捕的反革命分子，要杀一批，关一批，管一批，杀、关、管三者缺一不可；对帝国主义特别是美帝国主义特务、间谍组织及分子要关一批，赶一批；对一贯道等会门，在老解放区，实行公开的正面进攻的方针，党政军民一齐动手，彻底摧毁这一反动组织，在新解放区则先搞掉反动头子并为公开的正面进攻准备必要条件；对反革命谣言实行讲、驳、追三字政策，即加强宣传，对谣言正面加以驳斥，追究谣言的来源；清理积案与侦捕新案相结合，以镇压现行犯为主；纯洁公安系统内部，宁缺毋滥；为简化处理反革命案手续，镇压及时，又不出乱子，拟与最高法院商定一个改进办法；在少数民族地区一般暂不实行中央10月10日的指示。会议还强调，镇压反革命活动，肃清反革命残余，是当前对敌斗争的严重任务，各级公安部门要在各级党委领导下，积极主动地完成这一任务。

10月28日，中共中央批发了全国公安会议的上述决定。此后，一场大张旗鼓的镇压反革命运动即在全国展开。毛泽东高度关注此项工作，从1950年11月至1951年6月，起草有关指示、批转有关报告等达130余件。至1951年10月，反革命势力基本肃清，镇压反革命运动结束。这一运动的开展，使国家社会秩序获得了前所未有的安定，有力地保证了抗美援朝战争和国内土地改革运动的开展。

占全国土地面积和人口总数各2/3的新解放区的土地改革，原计划按照中央人民政府委员会第8次会议于1950年6月28日通过的《中华人民共和国土地改革法》，利用农闲季节进行。1950年只在华东、中南、西南、西北共300余个县，约1亿农业人口的地区首先展开（其中华东3500万~4000万人口的地区、中南4700万~5600万人口的地区），还有1.6亿农业人口地区的土地改革，于1951年冬在大部分地区展开，小部分于1952年冬

① 《建国以来重要文献选编》，第1册，420~423页，北京，中央文献出版社，1992。

展开,少数民族地区和尚未解放的西藏留待以后再说。

中共中央作出抗美援朝决策后,对新解放区的土地改革计划进行了调整,主要是加快了华东和中南地区的土地改革,特别是福建和广东、广西三省。这三省均为解放较晚,土匪甚多而尚未肃清的省份。毛泽东在指示这些省份加强剿匪力度的同时,要求他们必须迅速地广泛地展开土地改革工作。福建省原设想 1950 年冬不进行大规模土地改革工作,接到中央指示后,于 11 月下旬重新作了布置,将土改与剿匪结合进行,扩大土地改革的县数达 36 个县。11 月 22 日,毛泽东致电中南局、华南分局和广西省委,要求广东、广西两省仿行福建的办法,并请主持中南局工作的邓子恢与谭政[1]、叶剑英、方方及负责广西省委、广西军区工作的张云逸、莫文骅[2]共同研究,提出意见报中央。[3]

根据中央和毛泽东的指示,各新解放区在 1950 年扩大了土地改革的范围,在许多条件基本成熟的地区提前进行了土地改革。至 1951 年秋,已在有 1.5 亿以上农业人口的新解放区完成了土地改革,超过原计划的 50%,仅中南地区即在 8000 万农业人口的地区完成了土地改革,超过原计划的 42.8% ~73.2%。这不但有力地支援了抗美援朝战争,而且极大地解放了农业生产力,为进行大规模的经济建设做了重要准备。[4]

开展全国性的抗美援朝运动

美国公然侵略朝鲜与台湾后,全国各地人民从 1950 年 6 月下旬开始,即以各种不同方式展开了反对美国侵略台湾与朝鲜的运动。中共中央作出抗美援朝的决策后,在中共中央的指导下,反对美国侵略台湾和朝鲜的群众

---

① 邓子恢,时任中共中央中南局第三书记、中南军区第二政治委员;谭政,时任中南军区第三政治委员。

② 张云逸,时任中共广西省委书记、广西军区司令员兼政治委员;莫文骅,时任中共广西省委副书记、广西军区副政治委员。

③ 参见《建国以来毛泽东军事文稿》,上卷,361 页,北京,军事科学出版社、中央文献出版社,2010。

④ 参见周恩来在第一届全国政治协商会议第 3 次全体委员会议上的《政治报告》,1951 年 10 月 23 日;《中共中央中南局关于中南地区一九五一年土地改革工作进展情况的分析和一九五二年土地改革工作方针的报告》,1951 年 12 月 10 日。

运动,迅速在全国形成高潮,并进一步发展为全国性的抗美援朝运动。

10月26日,中共中央向各中央局、各分局、各军区、各省市委发出了《关于在全国进行时事宣传的指示》。指出:"美军扩大侵朝并直接侵略台湾,严重威胁我国安全,我国不能置之不理。为了使全体人民正确地认识当前形势,确立胜利信心,消灭恐美心理,各地应即展开关于目前时事的宣传运动。"《指示》规定宣传的基本内容为:"(一)我国对美军扩大侵朝,不能置之不理;(二)我全国人民对美帝国主义应有一致的认识和立场,坚决消灭亲美的反动思想和恐美的错误心理,普遍养成对美帝国主义的仇视、鄙视、蔑视的态度。"《指示》要求通过宣传,正确认识抗美援朝与保卫国家安全的关系,认清美国是中朝两国人民的共同敌人及纸老虎的虚弱本质,以求在思想上彻底解决问题,"使人人对援朝表示积极有信心不怕困难,对美帝国主义表示不共戴天,使亲美恐美情绪与抗日运动中的亲日恐日情绪同样不能容身"。《指示》还要求,这种宣传要注意保守国家机密,防止特务分子故意造谣破坏,宣传要同反对特务活动和镇压反革命活动结合起来。此外,还对宣传的具体方式和报刊宣传以及文艺界、出版界的配合,也提出了要求。

10月26日,中国保卫世界和平大会在京委员,与中国人民反对美国侵略台湾朝鲜运动委员会的各人民团体代表及各民主党派代表,在北京举行联席会议。为在全国普遍深入地进行抗美援朝爱国教育,激发全国人民的爱国热情,以各种方式和行动支援抗美援朝战争,会议决定:将"中国保卫世界和平大会"与"中国人民反对美国侵略台湾朝鲜运动委员会"合并,改组为"中国人民保卫世界和平反对美国侵略委员会",统一领导全国的抗美援朝运动。1951年3月中旬起,该会简称为中国人民抗美援朝总会。

中国人民保卫世界和平反对美国侵略委员会由包括各民主党派、各人民团体和各界代表人士158人组成,其中常务委员31人,他们是司徒美堂、李立三、李四光、吴耀宗、沈钧儒、沈雁冰、邢西萍、邵力子、郭沫若、胡乔木、乌兰夫、陈叔通、陈其尤、马叙伦、马寅初、张奚若、章乃器、许德珩、许宝驹、梁希、黄炎培、彭真、彭泽民、蒋南翔、廖承志、蔡畅、邓颖超、刘宁一、萧三、谢雪红、罗隆基。著名的社会活动家郭沫若任主席,彭真、陈叔通任副主席,后又增加廖承志为副主席。

东北、华北、华东、中南、西南、西北六大行政区和内蒙古自治区先后成立了抗美援朝总分会,各省、市成立了抗美援朝分会,具体领导各大行政区和各省市的抗美援朝运动。

在中国人民抗美援朝总会和各地总分会、分会的领导下，按照中共中央10月26日的指示，迅即在全国展开了以“仇视、鄙视、蔑视”（简称“三视”）为中心内容的抗美援朝爱国宣传教育活动。仇视美国，因为它是中国人民的敌人；鄙视美国，因为它是腐朽的帝国主义国家，是世界反动堕落的大本营；蔑视美国，因为它是纸老虎，是可以打败的。

为配合这一宣传教育活动，11月5日，《时事手册》第二期发表了《怎样认识美国》的宣传提纲，《人民日报》于11月6日和16日还先后发表了《为什么我们对美国侵略朝鲜不能置之不理》、《中国人民志愿部队抗美援朝保家卫国的伟大意义》两篇社论。文艺界、出版界也在演出和出版方面予以紧密配合。

在工厂、矿山、街道、农村、连队和学校等基层单位，利用墙报、黑板报、报告会、座谈会等多种形式进行了较为广泛深入的宣传教育，许多城市举行了数万人参加的集会、游行示威等，各人民团体、各民主党派和宗教界也举行集会或发表宣言，北京大学300余名教师和天津市4万余名工商业者还分别致信、致电毛泽东主席，表示肃清美帝国主义的思想影响，用实际行动支援抗美援朝。

毛泽东对这一行动给予高度重视，先后在来信来电上作批示或复电，高度赞誉全国人民的爱国热情。12月2日，毛泽东在给天津市工商界的复电中指出：“我希望全中国一切爱国的工商业家，和人民大众一道，结成一条比过去更加巩固的反对帝国主义侵略的统一战线，这就预示着中国人民在反对帝国主义侵略的神圣斗争中一定要得到最后胜利。”①11月12日和12月9日，毛泽东还先后在北京市委和南京市委关于开展抗美援朝运动情况的报告上批语，并转发各中央局、分局、大军区、省市委，指出：北京市的“报告是正确的，你们亦应照着这个方向去做；并随时纠正抗美援朝运动中所发生的偏向”②。“南京市反美帝控诉运动的经验很好，各大城市均可参照进行，请加研究运用为盼。”③

“三视”教育有力地清除了百余年来帝国主义特别是美帝国主义侵略所造成的部分中国人中的亲美、崇美、恐美心理，有力地激发了中国人民抗

① 《建国以来毛泽东文稿》，第1册，701～702页，北京，中央文献出版社，1987。

② 《建国以来毛泽东文稿》，第1册，655页，北京，中央文献出版社，1987。

③ 《建国以来毛泽东军事文稿》，上卷，381、345页，北京，军事科学出版社、中央文献出版社，2010；《建国以来毛泽东文稿》，第1册，718页，北京，中央文献出版社，1987。

美援朝的爱国热情，增强了民族自尊心和自信心，坚定了中朝人民必胜、美国侵略者必败的信念，使中国人民团结一致，同仇敌忾，为支援抗美援朝战争奉献自己的力量。

周恩来1951年8月22日在《关于目前形势和任务》的报告中指出："这次动员的深入、爱国主义的发扬，超过了过去任何反帝国主义运动，这是一个空前的、大规模的、全国性的、领导与群众结合的运动，它的力量将是不可击破的。中华民族的觉醒，这一次更加高扬起来了，更加深入化了。"①

在"三视"教育的基础上，1950年11月22日，中国人民保卫世界和平反对美国侵略委员会发出通告，指出："抗美援朝保家卫国运动是一个比较长期性的爱国运动。中国人民在开展这一运动当中，除掉进行时事政治教育、有关国防教育和必要的志愿行动以外，应该把群众的爱国热情正确地引导到实际工作中去，使抗美援朝保家卫国的运动和坚持自己岗位的任务相结合。"以便使这一运动"能够持久、能够日益巩固地发展，获得最大的成效"。此后，便将抗美援朝运动步步引向深入。

广泛深入地开展全国性的抗美援朝运动，实际上是中国共产党人民战争思想在抗美援朝战争期间的灵活运用，是中国人民获得国家政权以后，创造的人民战争的一种新形式。这一运动的开展，既有力地支援了抗美援朝战争，也有力地促进了国民经济恢复。

中共中央、中央人民政府、中央军委估计到志愿军参战后可能出现的各种形势，以抗美援朝为中心任务，一切服从战争的需要，一切为了保证战争的胜利，所做的这些部署和准备，使抗美援朝战争的战略指导掌握了充分的主动，不但使战争形势向有利于志愿军的方向发展，而且也有力地巩固了国内的防务和保证了国家各项建设的恢复。

① 《周恩来军事文选》，第4卷，230页，北京，人民出版社，1997。

第十二章

中国人民志愿军向朝鲜战场开进

志愿军的临战动员和准备

在10月8日毛泽东签署组成中国人民志愿军命令的当天,被任命为中国人民志愿军司令员兼政治委员的彭德怀,即和高岗火速从北京飞赴沈阳,主持志愿军进行出国作战的动员和各种临战准备。

第二天,即10月9日,彭德怀同高岗在沈阳,主持召开边防军(志愿军)军以上干部会议,传达中共中央的出兵决策,听取各部汇报准备情况,部署出动事宜,研究出动方案。

此时,受命改编为志愿军的部队,已经在东北地区进行了两个多月的训练和准备,取得了很大的成绩,但由于时间仓促,各项准备仍很不充分。准备工作中最大的问题是运输工具不足,尚急需解决运输汽车700辆和炮兵牵引车150辆;其次志愿军无反坦克武器,也极为缺乏防空武器,共有高射炮一个团36门炮,不能掩护数百门重炮放列,各军尚缺医务人员等。

然而,朝鲜战局危急,军情十万火急。彭德怀在会上指出:"我们的敌人不是'宋襄公',他不会愚蠢到等待我们摆好阵势才来。敌人是机械化部队,有空军和海军的支援,进攻速度很快,我们要和敌人抢时间。"彭德怀要求志愿军部队,克服一切困难,在10天内完成一切出国作战的准备工作。①

---

① 参见《彭德怀传》,404页,北京,当代中国出版社,1993。

会议经研究决定,“首以两个军于酉删[①]开始出动,集结北朝鲜之熙川、德川线,以便东西机动。”同时决定,调整原定将补给物资囤积于朝鲜新义州以南的计划,从10月11日起,经辑安(今集安市)口岸向朝鲜北部江界、云松铁路沿线地区运送和囤积物资。

彭德怀于10月9日将上述决定和部队存在的困难电告毛泽东,并请求中央军委帮助解决。同日戌时,彭德怀再电毛泽东,询问:“我军出动作战时,军委能派出多少战斗机及轰炸机配合,何时能出动并由何人负责指挥?盼速示。”

当晚,彭德怀会见朝鲜劳动党和政府派来的特使朴一禹,洽谈志愿军入朝作战事宜。朴一禹介绍了朝鲜战局形势,并转达了金日成的请求,希望志愿军部队迅速出动,一部控制朝鲜东线的咸兴,一部控制朝鲜西线的新安州;同时希望彭德怀将指挥所与金日成的指挥机构设在一起,并能与彭德怀尽快会面。彭德怀与朴一禹商定:志愿军入朝后,一律使用朝鲜货币,以后按实比值偿还,所需柴草由朝鲜当地政府统一采购,按价格供给志愿军。[②]

听了朴一禹的介绍后,彭德怀感到朝鲜形势紧张,万一鸭绿江桥被炸,则后续部队被阻于江北,不易及时调用。因此决定改变9日所报先出动两个军的计划,而4个军和3个炮师全部出动。

10日,彭德怀致电毛泽东,请示“原拟先出两个军两个炮兵师,恐鸭绿江桥被炸时不易集中优势兵力,失去战机,故决全部集结江南,改变原定计划”。电报同时将各军对出动作战的顾虑报告毛泽东,并请求军委再调一至两个高炮团,指出:“志愿军各项出动准备不充分,对美帝坦克尤其空军顾虑很大,普遍反映对坦克作战尤可拼命,敌亦将受损失,对空军毫无抵抗能力。炮兵进入阵地运动时,无空军和高射武器掩护,顾虑更大。根据实际情况减少伤亡和增加部队信心,请设法再速调一至两个高射团。安东、辑安两铁桥无任何高射设置,战斗开始两桥将完全毁坏,交通亦将发生困难。”

11日,毛泽东复电彭德怀并告高岗:“十月九日十日各电均悉。(一)同意四个军及三个炮兵师全部出动集结于你所预定的位置,待机歼敌;(二)已电华东调一个高射炮团于十月十四日从上海开动赴沈阳转赴前线,请高注意接转;(三)其他各项已另复。惟空军暂时无法出动。”[③]

---

① 酉删,即10月15日。

② 参见彭德怀致毛泽东电,1950年10月10日。

③ 《建国以来毛泽东军事文稿》,上卷,242页,北京,军事科学出版社、中央文献出版社,2010。

而后，彭德怀赴安东，具体研究部署志愿军向朝鲜境内出动事宜，并准备早日入朝同金日成接洽。

13日，彭德怀与高岗被毛泽东再次召到北京，中共中央政治局同志对出兵援朝问题进行了复议。此后，彭德怀回到沈阳，并于10月16日，在安东主持召开志愿军师以上干部会议，对志愿军出动作战作进一步动员。彭德怀从国际国内形势入手，阐述了中共中央决策出兵的必要性和正确性，并说明中央的决策是“经过反复讨论和慎重考虑”的。我们只是以中国人民志愿军的名义，支援朝鲜人民革命战争，并不等于向美国宣战。中国只有积极出兵，把美国的侵略势头打下去，才能立于主动，避免被动，才能保证中国周边地区的安全，使国防和边防处于有利地位，并打击国内外的反动派，使社会主义中国在世界上立足。相反，不出兵则存在更多的危害，晚出兵不如早出兵，晚打不如早打。

针对志愿军上下普遍存在的对美军拥有空中优势和我军武器装备处于劣势的顾虑，彭德怀对敌我双方整体的优劣进行了对比。他说：美国空军在朝鲜占有优势，坦克和炮兵暂时也占优势，这是敌人比我们强的地方。但是，美国的优势“并不比人们想象的那样可怕”。空军不能决定战争的胜负，同时空军也有它的困难。而且，美军还有许多不利条件，他们的困难正在增加。“美帝国主义者远涉重洋作战，补给运输困难，来回一次，即需时三十八天。他们是为帝国主义打仗，人民反对，兵心厌战；我们是为被压迫人民求解放的，是正义的战争，得到全世界人民的同情与援助，这些才是决定战争胜负的基本因素。”

在战术方面，彭德怀要求志愿军发扬长期国内革命战争的经验和人民解放军的优良传统，运用机动灵活的战略战术，克服暂时的困难，取得战争的胜利。志愿军战士“坚决勇敢，敢于近战，用炸药，拼刺刀，投手榴弹，这些都是敌人害怕的”。“只要我们把工事和伪装搞好，力求疏散隐蔽，仍是可以停止敌人进攻，取得胜利的”。

彭德怀要求志愿军各级领导干部要树立必胜的观念，坚信在党中央和毛泽东主席领导下，一定能打败美国侵略军。①

志愿军各军、师根据统一部署，逐级对部队进行了临战动员，主要解决

① 彭德怀在志愿军师以上干部会议上的讲话，1950年10月16日。《彭德怀军事文选》，320～326页，北京，中央文献出版社，1988。《文选》中，对这个讲话时间误注为10月14日。

官兵中存在的“恐美”情绪。此次出国作战,志愿军是在敌我武器装备优劣悬殊的情况下与世界上最强大的美军作战,志愿军是以陆军(基本上是步兵)对美军陆海空三军的战争,作战条件差,作战环境新,作战对手强。在严峻的客观条件下,部队的战斗情绪虽然已经发动起来了,但还不够饱满和巩固,对同美军作战仍有顾虑。

为此,各部队在政治动员中,用算账对比的办法详细说明了敌我力量对比和我军必胜的条件,克服对美军过高的估计,克服官兵中存在的顾虑,激励部队的战斗意志,使部队指战员以高昂的士气开赴朝鲜战场,勇于同美国侵略者作战。

在此期间,军委总参谋部专门组织人员对美军的火力运用、兵力部署、阵地设置、攻防战法、战斗意志等方面进行分析,并研究了朝鲜人民军与美军作战的经验,通报入朝部队参考。部队认识到美军火力强,但有可利用的弱点;虽有空军优势,也有可乘之机;而且美军步兵战斗力弱,怕死,怕截断退路,对道路依赖性强,美军与南朝鲜军之间缺乏协同,利于志愿军各个击破等。经过教育学习,部队了解了敌军特点,消除了对美军的神秘感,进一步增强了对美军作战胜利的信心。

政治动员也使志愿军部队对出国作战可能遇到的困难有了清醒的认识,如:1. 北朝鲜地区狭小,村庄稀少,大军行动人数众多,筹备粮草困难,部队可能要挨饿,找不到房子时必须露营;2. 初冬已到,朝鲜北方天气寒冷,部队将在天寒地冻的情况下作战,寒冷也是志愿军的大敌,要减少非战斗减员;3. 敌军占有制空权,敌机袭扰频繁,志愿军行动多在夜间,又须挖坚固的工事,因此部队一定会很疲劳;4. 异国作战,与朝鲜人民语言不通,风俗习惯不同,群众条件不如本国方便等。

志愿军要求各级领导及机关发挥以身作则的模范作用,发动大家想办法,鼓励战士在最困难的情况下咬紧牙关坚持下去,决不叫苦,决不低头。各级干部要加强管理教育,加强团结,关心爱护下级和战士,越是困难越要团结,团结可以战胜一切困难。

广泛的思想动员激发起部队的爱国热情,志愿军战士对美国侵略者的罪行义愤填膺,纷纷主动请战,写志愿书、保证书和要求打头阵当先锋的决心书。基层连队的各班、战斗小组和个人都制定了立功计划,许多人刺破手指,写血书以示杀敌报国的决心,部队的战斗情绪空前高涨。

志愿军各部队普遍召开了出国作战誓师大会。官兵们向祖国人民庄严宣誓。志愿军的誓词是:

我们是中国人民志愿军。为了反对美帝国主义的残暴侵略,援助朝鲜兄弟民族的解放斗争,保卫中国人民、朝鲜人民和全亚洲人民的利益,我们志愿开赴朝鲜战场,与朝鲜人民军并肩作战,为消灭共同的敌人,争取共同的胜利而奋斗。为了完成这一光荣、伟大的战斗任务,我们誓以英勇顽强的战斗意志,坚决服从命令,听从指挥,上级指到哪里打到哪里,决不畏惧,决不动摇,发扬刻苦耐劳的坚诚精神,克服一切艰苦困难,发扬革命的英雄主义,在战斗中创建奇功。我们要尊重朝鲜人民领袖金日成将军的领导,学习朝鲜人民军英勇善战的战斗作风,尊重朝鲜人民的风俗习惯,爱护朝鲜的一山一水,一草一木,和朝鲜人民、朝鲜军队团结一致,将美帝国主义的侵略军队,全部、干净、彻底消灭。上述誓言,如有违反,愿受同志们的指斥和革命纪律的制裁。谨此宣誓。

在深入进行政治动员的同时,志愿军进行了各种临战准备。

1. 前运作战物资。10 月 9 日,彭德怀在沈阳召集东北军区后勤部长李聚奎和苏联顾问等人开会,研究确定了志愿军的后方供应方案和由苏联提供的武器装备的运输问题。同日,东北军区后勤部开始部署通往朝鲜战区的后勤兵站线。

从 10 月 11 日开始,东北军区后勤部组织向朝鲜境内志愿军预定战区突击前运、囤积各种物资器材。到 10 月 25 日,共前运弹药 9200 多吨、油料 5300 多桶、粮食 8250 吨、油盐 250 吨、各种干菜 1550 吨、马料 1600 吨,分别囤积在龟城、新仓、别河里、前川等地区。①

2. 完善志愿军部队卫生勤务工作。在中央军委组织下,东北军区及其他军区积极为志愿军筹备战地救护器材,各军区组建的医院和手术队紧急开赴东北。首批入朝的 4 个军,各补充了战救药材 1.5 万人份、急救包 1 万个。参战部队 90% 以上人员注射了破伤风疫苗,并进行了防冻宣传教育。各军对卫勤人员进行了火线救护、战伤救治和伤员搬运等专业训练。

3. 组建后勤分部,部署后勤兵站线。早在 8 月 31 日,中央军委即决定从各大军区抽调干部,由东北军区后勤部组建 3 个后勤分部,准备志愿军入朝作战的供应工作。但至志愿军入朝时,只完成了第一分部的组建。中央军委采取紧急措施,充实志愿军的后勤保障力量。10 月 20 日,第二分部在

① 参见《抗美援朝战争后勤经验总结:基本经验》,17 页,北京,金盾出版社,1987。

沈阳成立,人员主要由华北军区和东北地区抽调的干部(包括地方干部)组成。21 日,第三分部在沈阳成立,人员由中南军区第 49 军后勤部和第 169 师第 505 团合并编成。与此同时,军委总部从各大军区紧急抽调人员,补充各后勤分部,使后勤分部人员迅速达到近 7000 人。①

此外,为了加强对志愿军后勤保障工作的领导,10 月 23 日,东北军区后勤部组成了前方指挥所(简称前勤)入朝,由东北军区后勤部副部长张明远和东北人民政府农林部部长杜者蘅领导,负责组织指挥在朝鲜战场上的志愿军后勤工作和与后方基地的联系。中共中央、政务院、中央军委还从各地急调一批军队和地方干部充实各后勤分部的工作。

10 月 11 日,志愿军后勤第一分部从辑安渡过鸭绿江,进至江界以南的别河里、武坪里地区,设置兵站线。10 月 24 日、25 日,第二、第三分部相继入朝。第二分部开赴临江,担负临江至长津一线的后勤供应;第三分部开赴安东,担负安东、长甸河口至朝鲜龟城一线的后勤供应工作。

4. 临战训练。志愿军各军组织部队抓紧时间以临战姿态进行了相应的战术训练和演习。为防敌空袭,部队有针对性地进行了防空伪装、防空隐蔽、夜间行军及通信联络等训练;地面作战突出了近战、夜战和穿插迂回的演练,强化分队各自为战的能力。机关和后勤人员也配备了轻武器,进行必要的训练。

志愿军的初期作战设想

志愿军赴朝鲜作战,作战对象是当时世界上最强大的美国军队,改编为志愿军的部队,虽然都是人民解放军的主力部队,具有丰富的战斗经验和极强的战斗力,但缺乏现代战争的作战经验,武器装备也与美军相差悬殊。如何克敌制胜,如何在现代战争的条件下以劣势装备战胜优势装备的敌人,中共中央、中央军委和毛泽东主席、彭德怀司令员对志愿军的作战方针进行了深入研究,根据当时的战场情况和敌我力量对比,实事求是地确定了志愿军入朝后的初期作战设想。

中央军委最初的设想是:以志愿军 4 个军 12 个师于 10 月 15 日出动,“位于北朝鲜的适当地区(不一定到三八线)一面和敢于进攻三八线以北的

① 参见《抗美援朝战争后勤经验总结:基本经验》,16 页,北京,金盾出版社,1987。

敌人作战，第一个时期只打防御战，歼灭小股敌人，弄清各方面情况；一面等候苏联武器到达，并将我军装备起来，然后配合朝鲜同志举行反攻，歼灭美国侵略军”①。

美军和南朝鲜军越过三八线后，美军在西线以平壤为主要攻击方向，南朝鲜军在东线以元山为主要攻击方向，向朝鲜北方全面展开进攻。10月10日，根据朝鲜劳动党中央的决定，平壤的朝鲜党政军领率机构和外国使团开始向北部山区和中朝边境地区疏散转移。朝鲜人民军统帅部集中所有可以投入战斗的部队，在三八线至平壤之间地区重点设防，实施坚守防御，在金川、沙里院、平壤等地，与北进的美军和南朝鲜军展开激战。

在西线向平壤方向攻击的美第8集团军先头部队在朝鲜人民军的顽强阻击下，在金川地区前进受阻，进展比较缓慢，被迫重新调整部署，投入战役预备队，其主力直至10月14日仍在三八线南北的开城和金川地区。在东线向元山方向进攻的南朝鲜军，于10月10日进占元山，但尚无向平壤方向进攻的迹象。

10月9日，彭德怀到达东北就任志愿军司令员后，与邓华等第13兵团领导人研究了朝鲜敌情和志愿军出动的准备情况，于10日决定志愿军全部4个军、3个炮兵师同时过江，进入朝鲜战场，待机歼敌。同日，彭德怀致电毛泽东，汇报作战部署：“按你预定指示，十五日出动，二十至迟二十二日，四个军、三个炮兵师集结下述地区，相机适时歼敌一部：四十军集结云山，四十二军孟山、德川，三十九军熙川，三十八军江界，炮兵司令部率两个师集结前川，另一师集结北镇、温井。兵站重点设在江界、熙川，一部设云山附近。”②毛泽东于10月11日复电彭德怀表示同意。

10月11日、12日，彭德怀在安东，勘查了鸭绿江口岸情况，并与邓华等第13兵团领导人研究了朝鲜战局的情况，认为：如果志愿军能以1个军控制平壤东北方向约200里之德川山岳地区，而以其他3个军及3个炮兵师主力进至德川以北之熙川、前川、江界地区，则第一，可能使美军和南朝鲜军有所顾虑而停止继续前进，保持平壤、元山线以北地区至少是山岳地区不被敌占。如此，则我军可以不打仗，而争取时间装备训练。第二，如元山、平壤

① 《建国以来毛泽东军事文稿》，上卷，227页，北京，军事科学出版社、中央文献出版社，2010。

② 彭德怀致毛泽东电，1950年10月10日。

两敌向北进攻德川等山岳地带，则我军可以必要兵力钳制平壤之敌，而集中主力歼灭由元山方向来攻之南朝鲜军。只要歼灭一二个或二三个完整的南朝鲜军师，局势就大为松动了。在 10 月 13 日，彭德怀再次被毛泽东召进北京时，彭德怀将自己在安东研究情况后形成的作战设想，向毛泽东详细作了汇报。毛泽东赞成彭德怀的设想。①

在得知苏联空军暂时不能出动掩护志愿军作战的情况后，彭德怀认为，没有空军掩护虽然困难很大，但也可以打，特别是打南朝鲜军较有把握。中共中央政治局于 10 月 13 日对出兵援朝问题复议后，进一步坚定了出兵援朝的决心。

毛泽东和彭德怀根据美军越过三八线后尚未迅速北进的情况，估计人民军在三八线以北尚能防御一个时期，美军进攻到平壤尚需时间，而由平壤向德川进攻，又需时间，如果平壤美军不向德川进攻，已到元山的南朝鲜军也不敢单独进攻，这就使志愿军开进和布防有了时间。

毛泽东经与彭德怀研究后，确定志愿军入朝后的作战部署和方针为："在平壤、元山铁路线以北德川、宁远公路线以南地区构筑两道至三道防御阵线。如敌来攻则在阵地前面分割歼灭之，如平壤美军元山伪军两路来攻则打孤立较薄之一路。现在的决心是打伪军，也可以打某些孤立的美军。如时间许可则将工事继续增强，在六个月内如敌人固守平壤、元山不出，则我军亦不去打平壤、元山。在我军装备训练完毕，空中和地上均对敌军具有压倒的优势条件之后，再去攻击平壤、元山等处，即在六个月以后再谈攻击问题。我们这样做是有把握的和很有利益的。"②

毛泽东同时决定：志愿军全部于 10 月 19 日向朝鲜境内出动，先头军可以 7 天时间进至朝鲜北部德川、宁远线以南的山岳地带，休息一至两天，于 10 月 28 日开始构筑工事。志愿军全军 26 万人可以 10 天时间渡江，则可于 10 月 28 日全部渡过鸭绿江，进入朝鲜境内集结。并准备在 11 月间在德川地区打一个胜仗。志愿军"在工事已经修好敌又固守平壤、元山不敢来攻的情况下，再将军队的一半左右开回中国境内练兵就粮，打大仗时再去"。在我军"修筑工事期间，朝鲜人民军方面还是继续抵抗，尽可能迟滞

① 参见《建国以来毛泽东军事文稿》，上卷，256 ~ 257 页，北京，军事科学出版社、中央文献出版社，2010。

② 《建国以来毛泽东军事文稿》，上卷，258 页，北京，军事科学出版社、中央文献出版社，2010。

美伪两军前进”①。

10月16日，彭德怀通过志愿军师以上高级干部会议确定了志愿军入朝后在作战上的指导方针。他指出：“根据敌情和地形的条件，过去我们在国内所采用的运动战，大踏步地前进和大踏步地后退，不一定适合于朝鲜战场。因为朝鲜地面狭小，敌人暂时还占某些优势，所以要采取阵地战与运动战相配合。敌人进攻，我们要把他顶住，不使他前进；发现敌人的弱点，即迅速出击，深入敌后，坚决消灭之。保守土地是我们的任务，但更重要的是消灭敌人的有生力量。只要有机会，哪怕一个营、一个团，也要坚决彻底予以歼灭。我们的战术是灵活的，不是死守某一个阵地，但在必要时又必须坚守某一个阵地。我们不是单纯防御，要不失有利时机，大量地消灭敌人，才能巩固阵地，守得住土地。既能消灭敌人，又能保守土地，那是最好的。”②

志愿军出国作战的政策和纪律教育

抗美援朝，是中国人民志愿军跨出国门，在外国的土地上执行作战任务。与志愿军朝夕相处、并肩作战的是朝鲜人民和朝鲜人民军，争取朝鲜方面的支持与帮助，是志愿军在朝鲜立足并胜利完成作战任务的极为重要的政治基础。

毛泽东认为，处理中朝两国关系，必须要“尊重朝鲜人民、尊重朝鲜党和金日成同志的领导”，这也是中国人民志愿军抗美援朝战争期间所遵循的基本原则。在组成中国人民志愿军的命令中，毛泽东即要求“我中国人民志愿军进入朝鲜境内，必须对朝鲜人民、朝鲜人民军、朝鲜民主政府、朝鲜劳动党（即共产党）、其他民主党派及朝鲜人民的领袖金日成同志表示友爱和尊重，严格地遵守军事纪律和政治纪律，这是保证完成军事任务的一个极重要的政治基础”③。

志愿军在出动前，专门进行了出国作战的政策和纪律教育。

---

① 《建国以来毛泽东军事文稿》，上卷，259页，北京，军事科学出版社、中央文献出版社，2010。

② 《彭德怀军事文选》，324页，北京，中央文献出版社，1988。

③ 《建国以来毛泽东军事文稿》，上卷，235页，北京，军事科学出版社、中央文献出版社，2010。

彭德怀要求全体志愿军官兵,必须谦虚谨慎,团结朝鲜党和人民,遵守纪律,尊重朝鲜民俗。他说:我们进入朝鲜后,“千万不要骄傲,不要以大国的援助者的身份自居。对朝鲜的党、人民政府、人民军队、群众团体和广大人民,要切实尊重他们”。“这次出国作战,纪律问题更为重要,中国人民解放军的三大纪律八项注意,博得了全国人民的赞扬与拥护。到朝鲜后,更要切实遵守纪律,不能侵犯群众利益。对朝鲜人民的风俗习惯必须认真注意,只有搞好群众关系,取得群众的帮助,才能取得战争的胜利。一般说来,在下面三种情况下,容易犯纪律:(一)打了胜仗的时候;(二)打了败仗的时候;(三)遇到艰难困苦的时候。在这三个时候要特别注意。我们要胜利时不骄傲,挫折时不气馁,遇到困难不埋怨。在任何情况下,都要虚心谨慎,亲密团结,克服困难,坚持向前看,就能够战胜一切敌人。”①

志愿军对作战纪律和群众纪律作出了严格而详细的规定:

一、志愿军全体指战员要向朝鲜人民军学习。朝鲜人民军在与优势的美国侵略军作战中发扬了勇敢顽强、不怕牺牲的战斗精神,严重地打击了敌人。这种精神值得志愿军学习。志愿军入朝后应与朝鲜人民军并肩作战,展开友好竞赛,要打得比他们更勇敢、更顽强,以保持和发扬人民解放军的声誉和传统。

二、志愿军在作战中要与朝鲜人民军密切配合,协同一致,互相帮助,互相支持。绝不可只顾自己,不顾友军,只看到自己的成绩,抹煞别人的功劳。在战斗胜利后,志愿军不许争缴获,争俘虏,争功劳。如果与友军发生纠纷,要主动让步。对朝鲜人民军应该看到他们的优长,赞扬他们勇敢顽强的战斗精神,鼓励他们斗争的意志和信心,对于他们的缺点不应该批评指责,而应该诚恳地用介绍经验的办法来启发和帮助他们改正。

三、志愿军要严格遵守群众纪律,保证出国作战的胜利。要保持和发扬人民军队的优良传统,处处关心和爱护朝鲜人民的利益,尊重朝鲜人民的风俗习惯。要像在国内战争对待本国人民一样来对待朝鲜人民,爱护朝鲜的一山一水一草一木。绝不可以大国自居,歧视朝鲜人民。要体谅和照顾到朝鲜人民的实际困难。在出现朝鲜群众对志愿军误解和怀疑时,要尽量经过联络员向群众进行宣传解释,用自身的模范纪律去影响群众。

中国驻朝鲜大使馆,对朝鲜的民族风俗习惯作了综合归纳发给国内。根据这些风俗习惯,志愿军第13兵团政治部专门向部队发出了入朝后的群

① 《彭德怀军事文选》,325～326页,北京,中央文献出版社,1988。

众纪律守则和公约。规定：

(一)遇见朝鲜人民,应多方鼓励,更好地提高他们对美帝的斗志,尊重他们的自尊心,遵守各种法令,特别是灯火管制,不要随便动用人畜力,遇事要与群众协商者,可多用联络员,以免语言隔阂,发生误会,找房借物,可找各该道郡面里洞之委员长,群众多识汉字,可作交谈工具。

(二)除更严格执行我三大纪律八项注意,保持我党、我军的荣誉,要遵守当地风俗:

(1)有事到老乡家时,要经主人允许后,再进到屋,不准穿鞋上炕和在女人面前脱衬衣。

(2)老乡家生小孩时,在门口挂有松枝、木炭、辣椒、草绳等不准进。

(3)尊重屋中神位,坟地除作战必须挖工事外,不准动其周围土木。

(4)人民惯喝凉水,最好每人能带点药品,以免肚痛,并少吃用大粪种的生白菜,以免生病。

(5)南朝鲜有日本及伪韩遗之野妓,为赚钱而从事特务工作,我要提高警惕,勿受欺骗。

(6)朝鲜华侨中,受国民党影响较深,谈话及使用应特别慎重,其他婚丧礼节和我东北类似……①

中国人民志愿军具有人民军队在长期战争中养成的优良传统,入朝前后各部队所进行政策纪律教育,使得部队更加认识到出国作战政策和纪律的重要性。因此,入朝以后,志愿军随时注意维护纪律,充分尊重朝鲜各级政府和人民,很快得到了朝鲜政府和人民群众的拥戴。朝鲜群众称赞说:"志愿军真同大姑娘一样的规矩,为甲午年以来所没有见过的军队。"朝鲜百姓竭诚援助志愿军,让房、送柴草、借粮、帮助救扶伤员等等。志愿军与朝鲜人民患难与共,军民亲如一家,保证了抗美援朝作战的顺利进行。

志愿军还专门在部队中进行了俘虏政策的教育,要求全体官兵执行优待俘虏的政策。在敌人放下武器后,要做到不枪杀、不虐待、不准动用其私人财物;对必须管制的物品,如电刀子、钢笔枪、电筒、照相机、刀剪、药品、指南针、军用地图、望远镜、打火器材等,予以没收和统一管理;对管制的物品

① 参见第13兵团政治部给各军政治部、各炮兵师政治部的指示,1950年10月18日。

分别填写物主姓名，登记保管，禁止私人索换，或擅自动用。

各军、师均成立了俘管大队，团一级设立了俘虏收容所，并规定：被俘的军官统一由军负责接管，士兵由师负责接管，根据战俘的国籍组成班，排、中队等。对俘虏实行军事管制，强调遵守制度，服从命令，听从指挥。严格俘虏押送、看管等环节，并由联络、保卫、侦察部门指定专人负责，有计划地了解俘虏人员的国籍、姓名、职务、级别、敌方番号、兵力、兵种、指挥官姓名及特点，战斗力、政治情绪、内部关系及敌特在敌军中与对我方之派遣等情况。

中国人民志愿军向朝鲜战场开进，抗美援朝战争拉开帷幕

10 月 9 日，志愿军军以上干部会议结束后，东北军区和第 13 兵团根据 10 月 15 日出动的计划，开始着手拟定志愿军开进方案。考虑到道路和运输车辆等方面的因素，第 13 兵团决定，部队进入朝鲜之后，部署于朝鲜北部山区，以第 42 军在德川、宁远地区集结；以第 40 军在云山、宁边地区集结，以第 39 军在龟城、泰川地区集结，以第 38 军在熙川、球场地区集结。炮兵司令部及其所属部队位于温井、北镇、馆上洞及其以北地区。兵团司令部预定设在云山西北的下松门洞。①

第 13 兵团于 10 月 12 日 10 时下达部队开进和集结的预备命令，确定：第 40 军先头师于 10 月 14 日晚开始过江，车运至朝鲜定州，军主力和其他部队于 15 日晚开始出动。

10 月 14 日，中央军委决定志愿军于 10 月 19 日向朝鲜出动。东北军区和第 13 兵团进一步研究了志愿军部队的开进计划。确定：志愿军部队分别从辑安、长甸河口、安东三个口岸渡过鸭绿江，进入朝鲜战场，各军渡江点区分为：第 42 军、炮兵第 8 师、第 38 军从辑安口岸过江；第 40 军、炮兵司令部、炮兵第 1 师、炮兵第 2 师、第 13 兵团部从安东口岸过江；第 39 军从长甸河口过江。

10 月 15 日 3 时，东北军区、志愿军第 13 兵团正式下达志愿军部队开进、集结和准备渡江命令，训令志愿军各军师于 10 月 20 日以前全部推进到辑安、长甸河口、安东一线隐蔽集结，待命过江。

① 参见第 13 兵团致各军、炮司首长电，1950 年 10 月 12 日 10 时。

命令规定:第40军于安东附近集结,除已在安东的两个师外,其第119师于15日由驻在地草河口乘车前运至五龙背以南地区。

第39军于长甸河口至宽甸一线集结。15日开始由辽阳、海城地区车运至灌水,然后步行到达宽甸、长甸河口。

第42军于浑江口附近地区集结。军部及第125师于15日由驻地步行向浑江口开进;驻三元浦及柳河的两个师,于15日开始车运辑安,徒步进至浑江口。

第38军于辑安、羊鱼头地区集结,16日开始由现驻地车运。

炮兵司令部及炮兵第1师、第2师在安东地区集结,炮兵第1师在凤城的部队于15日步行进至五龙背;炮兵第2师在本溪的部队于15日开始车运汤山城;炮兵第8师驻通化的部队于15日开始向辑安以北地区开进。

命令同时规定了各军、师渡江地点:第38军,炮兵第8师由羊鱼头、辑安渡江;第42军由浑江口渡江;第39军拟由长甸河口渡江;第40军、炮兵司令部及炮兵第1师、炮兵第2师,第13兵团直属队由安东渡江。

15日晚,志愿军各军根据命令,开始秘密向渡江点开进。全部开进和车运工作均在夜间进行,时间限定在晚8时至早8时之间。

东北人民政府与志愿军指挥机构密切合作,紧急调集铁路车辆,并在梅(河口)辑(安)线、沈(阳)安(东)线实行军事管制,保障军列通行。

第13兵团对部队的运输工作精心部署,周密安排,规定了严格的车运纪律,要求各部队登车、下车和装备装运、卸载时间,不得超过半小时。同时规定,必须严格保守秘密,注意防空伪装隐蔽。除各军与兵团部发生联络外,各师在车运期间暂时与军、兵团切断联络。

由于组织严密,从10月15日至18日,共发运军列74列、1979个车皮,预定第一天晚上渡江的部队第40军、第42军、第39军第117师、炮兵第1师、炮兵第2师已全部在辑安、长甸河口、安东三个渡江口岸集结完毕。

在此期间,各军所派出的侦察分队先期入朝,侦察战场情况。第42军第124师第370团,在第124师副师长肖剑飞的率领下,于16日晚从辑安口岸过江,进入朝鲜境内30余公里。

箭在弦上。志愿军部队已整装待发,随时准备向朝鲜战场出动。

10月18日,周恩来从苏联返回北京,中共中央政治局再次举行会议,周恩来汇报了与苏联方面谈判的情况,彭德怀汇报了志愿军的出动准备状况。会议最后决定:中国人民志愿军于1950年10月19日向朝鲜境内出动的计划不变。

彭德怀为毛泽东主席起草了志愿军出动的命令。10月18日21时，毛泽东主席签发了这一给第13兵团司令员兼政治委员邓华，副司令员洪学智、韩先楚，参谋长解方并告东北军区副司令员兼参谋长贺晋年的命令：

四个军及三个炮师决按预定计划进入朝北作战，自明十九晚从安东和辑安线开始渡鸭绿江，为严格保守秘密，渡河部队每日黄昏开始至翌晨四时即停止，五时以前隐蔽完毕并须切实检查。为取得经验第一晚（十九晚）准备渡两个至三个师，第二晚再增加或减少，再行斟酌情形。①

10月19日上午，彭德怀、高岗乘专机由北京返回安东，主持召开志愿军第13兵团党委会，传达了中共中央关于志愿军向朝鲜战场出动的意图和决心，并对志愿军的渡江开进计划作最后部署。

同日，毛泽东致电中共中央中南局并告华东局、西南局和西北局，指出：

为了保卫中国支援朝鲜，志愿军决于本日出动，先在朝鲜北部尚未丧失的一部分地方站稳脚，寻机打些运动战，支持朝鲜人民继续奋斗。在目前几个月内，只做不说，不将此事在报纸上做任何公开宣传，仅使党内高级领导干部知道此事，以便在工作布置上有所准备，此点请各中央局加以注意。②

当日13时，第13兵团司令员兼政治委员邓华、副司令员洪学智、参谋长解方，根据毛泽东确定的第一时期在平壤、元山铁路线以北，德川、宁远公路线以南组织防御战的方针，下达了向朝鲜境内开进的指示，“兵团决心控制龟城、泰川、球场、德川、宁远、五老里一线为基本防御阵地”，本晚开始渡江，进入朝鲜作战：

（一）第四十军从安东渡口过江。十九日晚开始渡江两个师，第一一八师渡江后沿义州、朔州、北镇、温井向熙川以南前进，第一二〇师从新义州直插旧仓洞、龟城、泰川、宁边，向德川、宁远前进；二十日晚，军部及第一一九

---

① 《建国以来毛泽东军事文稿》，上卷，266页，北京，军事科学出版社、中央文献出版社，2010。

② 《建国以来毛泽东军事文稿》，上卷，267页，北京，军事科学出版社、中央文献出版社，2010。

师渡江，军部随第一一八师后前进，第一一九师随第一二〇师后前进；二十一日晚炮兵第四二团及军后勤上半夜渡江完毕，随军部后前进。

（二）第三十九军第一一七师十九日晚开始从长甸河口渡江，二十日晚，全师进至朔州以南向泰川前进；军主力于十九日或二十日晨开始车运安东，于二十二日晨一时开始尾第四十军后自安东渡江，于二十三日晚全部渡江完毕，向预定位置前进。

（三）炮兵第一师（欠一个团）第二十六团于二十四日晚开始自安东渡江后沿义州、朔州向温井前进，炮司直及炮兵第二师（欠第二十八团）、高炮第一团于二十三日晚开始自长甸河口渡江集结，待第四十军通过再尾随前进。

（四）第四十二军于十九日晚开始渡江，至二十一晚全部渡江完毕，向预定位置前进。

（五）第三十八军于二十一日开始车运辑安，待命渡江。

为保持志愿军行动的隐蔽性，命令中对渡江行动作了详尽的规定，要求各部严格遵守渡江时间，每天部队的渡江行动从晚上 18 时 30 分开始，至第二天凌晨 4 时结束，5 时前全部隐蔽完毕。并规定，各部队过江进入朝鲜后，一律采取夜间行军。

1950 年 10 月 19 日，美军和南朝鲜军攻陷平壤，随即兵分多路，继续向朝鲜北部边境快速推进，企图在感恩节①前占领全朝鲜。

美军占领平壤以后，麦克阿瑟狂妄地宣称："平壤是敌人的首都，它的陷落象征着北朝鲜的彻底失败。实际上一切有组织的抵抗已全部停止，只剩下一些游击战来代替它。"②

然而，这个结论下得太早了。朝鲜战争并没有结束，伟大的抗美援朝战争帷幕正在拉开。

1950 年 10 月 19 日，鸭绿江边细雨霏霏，阴云低垂。当晚，上任仅仅 12 天的志愿军统帅彭德怀，率领中国人民志愿军，肩负着祖国人民的重托，按照预定计划，秘密从安东、长甸河口、辑安三个口岸，开始跨过鸭绿江，进入

① 感恩节，是美国等国家的一个节日。美国规定每年 11 月的第四个星期四为感恩节。1950 年的感恩节为 11 月 23 日。

② ［美］道格拉斯·麦克阿瑟：《麦克阿瑟回忆录》，267 页，上海，上海译文出版社，1984。

朝鲜战场。从此,开始了中国人民伟大的抗美援朝战争。

炮兵第1师第26团5连指导员麻扶摇写了一首出征诗。这首诗反映了志愿军全体指战员的心声,后来经个别文字润色,由作曲家周巍峙谱曲,成了唱遍全军、传遍全国的《中国人民志愿军战歌》:

雄赳赳,气昂昂,跨过鸭绿江。
保和平,卫祖国,就是保家乡。
中华好儿女,齐心团结紧。
抗美援朝,打败美帝野心狼。

第十三章

志愿军入朝时的战场形势和改变原定作战设想

志愿军以战斗姿态进入朝鲜战场

1950 年 10 月 19 日，中国人民志愿军按预定计划向朝鲜境内开进。

10 月 19 日 12 时，第 13 兵团司令员兼政治委员邓华、副司令员洪学智、参谋长解方，根据中央军委为志愿军确定的第一期作战设想，向所属各军和炮兵首长下达了各部入朝后的部署，命令指出：

兵团决心控制龟城、泰川、球场、德川、宁远、五老里一线为基本防御阵地，而以小部队向南延伸，首先展开 3 个军，以 1 个军机动，具体部署如下：

第 39 军担任鸭绿江至九龙江地区之防御，主要控制永山、龟城、泰川一线地区，以 1 个师进至泰川、龙仙洞、南市地区，1 个师进至永山市、枇岘、新市洞地区，军部带 1 个师进至龟城及以北地区。

第 40 军担任九龙江至校馆里地区之防御，主要控制宁边、球场、宁远一线地区，以 1 个师进至宁边、球场、军隅里地区，1 个师进至德川、宁远、孟山地区，军部带 1 个师进至熙川(不含)以南地区。

第 42 军担任校馆里至五老里以东地区之防御，主要控制社仓里、五老里一线地区，以 1 个师进至社仓里、昌义里、牛松里地区，1 个师进至五老里、堡庄一带，军部带 1 个师进至泗水地区(长津以南)。

第38军集结于江界、辑安地区机动。

炮兵集结于温井、北镇、熙川地区。

兵团司令部进至熙川附近。

“命令”对开进中可能出现的敌情进行了判断，要求各部以战斗姿态开进，随时准备在开进中同敌作战，并确定了作战的基本指导方针，指出：

此次进入朝鲜作战，军委要求我兵团必须从前面顶住敌人，保持阵地，稳定形势，争取时间，加紧装备，准备反攻。因此，我们的战役指导方针是以积极防御，阵地战与运动战相结合，以反击、袭击、伏击来歼灭与消耗敌人有生力量。但根据目前敌人进展情况看来，敌未发觉我军行动前可能继续冒进。在我开进过程中可能产生三种情况：一是敌先我到达预定地区，一是我刚到敌人即来，一是行进中遭遇。这些情况都有利于我造成从运动中歼灭敌人的有利机会，因此各部在开进中应以战斗姿态前进，随时准备包围歼敌。如果敌发觉我行动后而停止前进，各部进至指定地区后，一方面迅速构筑工事，同时则应派遣小部队尽量向前伸出，插至敌后，袭击、伏击敌人，以达到消耗敌人迟滞敌人前进的目的。

至20日早晨，第40军第118、第120师已全部从安东，第42军第124、第126师已全部从辑安，第39军第117师先头团已从长甸河口分别渡过鸭绿江，进入朝鲜。第39军主力和第38军也分别向安东和辑安车运中。早7时，第13兵团司令部对19日晚各渡口渡江组织情况向各军各炮师作了通报，并根据第一晚渡江情况对渡江组织提出了进一步的要求，同时报东北军区司令部和中央军委。

在志愿军出动前，由于没有空军掩护，高射炮又太少，加之运输、供应及冬季来临的防寒准备工作不足，因此，第13兵团曾对出动后能否按中央要求完成任务表示担心，建议可否再准备两三个月，待苏联的新装备到达后再出动。①

然而，此时中央得到消息，美军北进速度加快，准备进攻平壤。朝鲜的形势已不允许志愿军再推迟出动时间，遂于19日按计划出动。

既已出动，就要决心克服困难。志愿军开始出动的第二天，1950年10月20日，邓华、洪学智、韩先楚、杜平致电所属各军党委转各师团党委并报

① 参见邓华、洪学智、解方、杜平给彭德怀、高岗的建议，1950年10月17日。

军委总政治部，表示坚决拥护中共中央的英明决定，并要求所属全体官兵特别是共产党员和党员干部，坚决克服困难完成任务。电报指出：

彭总和高岗同志亲自来此传达了中央对这次出兵的意图和决心。我们认为中央这一英明决定完全正确。我志愿军全体同志，首先是共产党员和干部党员，更应坚决执行，想尽一切办法去完成这一伟大而有历史意义的任务。中央指出这次任务是艰巨的，困难的，是很光荣的，必须克服一切困难，忍受一切痛苦，做到胜不骄傲，败无怨言，团结全军，上下紧紧团结在彭总的领导下，达成这一光荣任务。同时指出：我们能在朝鲜北部控制一大块地区，这对今后十分有利。因此，我们必须不惜一切代价停止敌人的进攻，各级领导同志善于捕捉战机，很好防空隐蔽，求得能歼敌伪三几个师，战局即可改观。务必十分注意争取这胜利的取得和它的重大意义。兵团党委责成各军师团党委认真讨论这一指示，在全军上下坚决贯彻这一决心，并以实际行动来证明。

同日，彭德怀、邓华、洪学智、韩先楚、解方联名致电各军、炮兵司令部，要求各部确保行动秘密，争取战机。电报要求：各电台应注意守听以便随叫随应，但不要乱用电台，以减少目标暴露；严格行军时间，黄昏后出发，拂晓前宿营隐蔽完毕，进入宿营地后封锁消息；严格防空纪律，发现敌机，任何人不得暴露目标；先遣队要报告敌情、兵要、粮草等情况及对作战的意见，各军将作战意图通知先遣队，以便先遣队按此收集报告情况；各先头部队应派得力干部与人民军及当地政府取得联络，了解当面敌情，但不得暴露我们的意图。

各部按上述要求和预定计划及部署继续向指定地区开进。

志愿军入朝时的战场形势

1950 年 10 月 15 日以后，以美国为首的“联合国军”北进行动加快，志愿军入朝时战场形势已发生了重大变化。

在美军地面部队越过三八线以前，美国当局认为周恩来代表中国政府发出的警告“只是对联合国的恫吓”。美国国务院和军方均认为，无论苏联人或中国若干涉朝鲜，是要冒世界大战的风险的；苏联人尚未做好为了朝鲜而冒险发动世界大战的准备；中国在军事上不具备单独进行干涉的能力。因此，苏联或中国不会对朝鲜进行干涉。①

美军地面部队于10月7日越过三八线以后，美国当局对中国和苏联是否会在军事上作出反应，仍难以判定。10月9日，参谋长联席会议起草了一个给麦克阿瑟的指示，经总统批准后，以国防部长马歇尔的名义发出。这个指示说："今后中国共产党要是不事先声明就在朝鲜任何地方公开或隐蔽地使用大量的部队，你应该根据自己的判断只要在你控制下的部队有可能获得胜利，你就继续行动。在任何情况下，如果要对中国境内的目标进行任何军事行动，都必须事先得到华盛顿的批准。"②

10月10日，中国外交部发言人发表声明，谴责联合国大会10月7日通过的非法决议，指出：目前美国正积极部署大规模越过三八线，企图把侵略战争的火焰燃烧到中国边境。美国侵略朝鲜的战争，一开始就严重地威胁着中国的安全，美国侵略朝鲜的武装力量多次侵犯了中国的领土，扫射轰炸中国人民，破坏中国商船在公海航行的权利，进行强制盘查，其扩大东方战争的企图本已昭然若揭。声明再次对美国的侵略行径发出警告："中国人民对于美国及其帮凶国家侵略朝鲜的这种严重状态和扩大战争的危险趋势，不能置之不理。"英国政府获悉中国外交声明后，即由外交大臣贝文致函美国国务卿艾奇逊，认为："虽然我们不能从字面上的含义看待中国的声明，但我们也不能完全视而不见。一旦中国公开干预，我认为麦克阿瑟在得到杜鲁门总统批准之前不得在朝鲜领土之外采取行动，这一点非常重要。我确信，在美国政府和女王陛下政府商讨之前，当然不会作出这类的批准。"贝文强调，如果美军在朝鲜之外对中国采取军事行动，英国有权要求美国政府事先与英国协商。"我方错误的行动会迫使中国卷入战争，后果虽不能预料，但肯定十分严重。"③

美国政府也通过各种渠道不断得到有关中国军队正在中朝边境地区集结和已经有中国军队开入朝鲜战场的消息。而美国陆军部作战处在分析了"联合国军"地面部队可能得到兵员补充的情况后指出：如果一切进展顺

① 参见奥马尔·布莱德雷：《将军百战归》，740页，北京，军事译文出版社，1985。

② ［美］詹姆斯·F. 施纳贝尔：《朝鲜战争中的美国陆军——战争爆发前后》，中译本，245～246页，北京，国防大学出版社，1990。

③ Foreign Relations of the United States，1950，Vol. 7，Korea（《美国对外关系，1950年，第7卷，朝鲜》），G. P. O，1976，Washington，D. C，931页。

利,远东美国陆军部队将在1950年底达到6个步兵师、1个陆战队师、1个步兵团战斗队、1个空降团战斗队、1个步兵团的规模。此外,到1951年3月,南朝鲜军队可增编5个师,其他国家可向"联合国军"提供2.97万人的部队。这些部队应付目前朝鲜战场的作战任务是充足的,但如果中国军队在朝鲜大规模参战,则朝鲜战场的局势将会吃紧。而美国陆军在1951年6月之前,已经没有部队可以派往朝鲜。①

美中央情报局则在10月12日提出了两份报告,一份报告题为《关于苏联军事干预朝鲜可能性的报告》,另一份报告题为《关于中国干预朝鲜可能性的报告》。这两份报告经过分析后的结论是:苏联领导人无法保证苏联军队与美国军队的作战只限于朝鲜或远东,其结果可能引起与美国的全球战争。因此,除非苏联已经决定进行世界大战,否则苏联军队干预朝鲜战争的可能性很小。② 中国人仍有可能全面干预朝鲜战争,但除非有苏联的海空军支援,否则这种行动不会在1950年出现。③

苏联或中国出兵援助朝鲜的可能性究竟有多大?如果苏联或中国出兵朝鲜,将会对美国占领全朝鲜的计划造成什么影响?美国军队有无能力仍然取得胜利,迅速结束战争?美国总统杜鲁门对此心中无底,疑虑重重,对美军在朝鲜的行动不放心,希望从麦克阿瑟那里得到第一手材料,加之,杜鲁门担任总统以来,尚不曾与这位美国将军谋面。因此,他决定亲自与麦克阿瑟会晤,"从麦克阿瑟那里获得第一手的情报和判断"④。

10月15日,杜鲁门偕参谋长联席会议主席布莱德雷、陆军部长弗朗克·佩斯、无任所大使菲利普·杰塞普、总统特别顾问艾夫里尔·哈里曼、助理国务卿迪安·腊斯克、太平洋舰队司令阿瑟·雷德福等,飞抵太平洋上的威克岛,同麦克阿瑟举行会谈。麦克阿瑟首先向杜鲁门总统报告朝鲜战场的战况,他说:北朝鲜军队无法抵挡"联合国军",更无力转入反攻,他们目前只剩下10万人,而且部队缺乏训练,装备不足,北朝鲜军队现在不过是

① 参见詹姆斯·F.施纳贝尔:《朝鲜战争中的美国陆军——战争爆发前后》,245~246页,北京,国防大学出版社,1990。

② 参见 Foreign Relations of the United States, 1950, Vol. 7, Korea(《美国对外关系,1950年,第7卷,朝鲜》),935页。

③ 参见 Foreign Relations of the United States, 1950, Vol. 7, Korea(《美国对外关系,1950年,第7卷,朝鲜》),933~934页。

④ [美]哈里·杜鲁门:《杜鲁门回忆录》,第2卷,432页,北京,生活·读书·新知三联书店,1974。

在为了保全面子而战。他说，美军越过三八线后，进展顺利。一旦东西两线的美军部队在平壤、元山一线会师，那么朝鲜人民军将再次像在朝鲜南方那样陷入重围。

他非常自信地断言：朝鲜战争将在感恩节前全部结束。美第 8 集团军和第 10 军主力部队可以在圣诞节①时撤回日本，届时将在朝鲜只留下美第 2 师和第 3 师以及其他国家的部队组成的第 10 军，完成占领任务。

杜鲁门询问中国或苏联出兵朝鲜的可能性。麦克阿瑟十分肯定地回答："可能性很小"，如果他们在战争爆发后的第一或第二个月就出兵，那会起决定作用。但我们不应该长期担心他们的干预，也不应该长期自缚手脚。中国在满洲有 30 万部队，其中大约 10 万至 12.5 万部队部署在鸭绿江沿岸地区，而能够越过鸭绿江参战的部队只会有 5 万至 6 万人。他们没有空军，而我们现在在朝鲜拥有空军基地。如果中国人试图南下平壤，他们将遭受最惨重的杀戮。至于苏联人，情况稍有不同。他们在西伯利亚驻扎着一支空军部队，素质很好，拥有出色的飞行员，装备有先进的飞机，其中包括一些喷气式飞机和轰炸机。他们可以派出 1000 架飞机，这与我们的空军势力可能不相上下，但苏联人没有可以用于北朝鲜的地面部队，因为他们要把地面部队派到朝鲜战场困难很大，他们把一个师派往朝鲜战场就需要 6 个星期，而那时冬天已经降临，唯一可行的方案是苏联派遣空军支援中国地面部队作战，苏联人已经在包括沈阳和哈尔滨的范围内部署了空军部队。但苏联空军同中国地面部队之间根本协调不起来，我相信苏联人扔在中国人头上的炸弹将会同落在美国人头上的一样多。他们的协同也是行不通的。因此，这也不足为患。②

杜鲁门对麦克阿瑟的这番分析和对战争前途的判断非常满意。在离开威克岛前，他向麦克阿瑟授予了一枚橡叶勋章。10 月 17 日，杜鲁门在旧金山发表广播演说，声称威克岛会晤"非常令人满意"，并宣称"联合国军的力量正在日渐增强。目前他们比敌对部队远远处于优势。朝鲜共产党人有效的抵抗力量不久必将告终"③。陪同杜鲁门到威克岛的参谋长联席会议主

① 即 12 月 25 日。

② 参见布莱德雷：《将军百战归》，746 ~ 747 页，北京，军事谊文出版社，1985；杜鲁门：《杜鲁门回忆录》，第 2 卷，437 页，北京，生活·读书·新知三联书店，1974。

③ 《杜鲁门回忆录》，第 2 卷，438 ~ 441 页，北京，生活·读书·新知三联书店，1974。

席布莱德雷后来说:“我很少见过他如此兴致勃勃。我们大家都为朝鲜战争很快就要结束而感到如释重负。”①

由于麦克阿瑟对朝鲜局势乐观的分析和杜鲁门的认同,加之10月中旬以后,朝鲜人民军有组织的抵抗已减弱,于是,美军加快了向北进攻的速度。

麦克阿瑟返回东京后,于10月17日发布新的作战命令,改变美第8集团军和第10军部队在平壤—元山一线会合的计划,并将原定在定州—宁远—咸兴线以北地区禁止使用非朝鲜籍地面部队的规定,改为继续向北推进到距中朝边境40英里(约为64公里)的宣川—青山场市—古仁洞—坪员—德实里—丰山—城津一线,在此线以北地区只能使用南朝鲜军部队。麦克阿瑟要求:美第8集团军指挥西线部队,美第10军指挥东线部队,分头向朝鲜北部边境快速推进,“连续突破敌阵,将敌人抛在后面,继续北进,北进!”②

同日,在东线北进的南朝鲜第1军团指挥的第3师和首都师占领咸兴。19日,在中线进攻的南朝鲜第2军团指挥的第6、第7、第8师,占领阳德、成川地区。在西线进攻的美第1军指挥的美骑兵第1师、步兵第24师、英第27旅和南朝鲜第1师进占平壤。20日,美空降第187团为配合美第1军攻占平壤,首次在朝鲜战场空降,企图在肃川和顺川地区,截断平壤人民军北撤退路,麦克阿瑟亲自临空视察。准备这一天在元山实施第二次朝鲜登陆的美第10军,船运至元山海域(但元山早在10天之前已被南朝鲜军先期占领,加之人民军在元山水域布置了水雷,该军指挥的美陆战第1师和步兵第7师,后来于25日和29日,分别在元山和利原无作战登陆。美第10军上陆后,麦克阿瑟将南朝鲜第1军团归其指挥)。

此时,朝鲜平壤、元山一线以北尚未被美军占领的地区的城镇和大的村庄,大多已被美军飞机狂轰滥炸夷为瓦砾。朝鲜人民军最高司令部控制的部队只有3个多师尚可坚持作战,被隔在三八线以南的人民军主力,大部分尚未撤回,新组建的部队尚未完成训练。

美军占领平壤以后,麦克阿瑟和战场上的美军高级将领认为,在朝鲜已经没有什么力量再可以和他们较量一下了,于是北进更加疯狂。

---

① 布莱德雷:《将军百战归》,749~750页,北京,军事谊文出版社,1985。

② 《联合国军关于在朝鲜作战问题向联合国安理会的报告》,第7号,1950年10月1日至10月15日。

志愿军入朝时敌我双方兵力和装备情况

（参见序列表1、2、3）

此时，美国为首的“联合国军”（本书在后文讲到“联合国军”总体部署和行动时均含南朝鲜军）总兵力已达44万余人，其中地面部队共349331人，空军36677人，海军59438人，各种作战飞机1100余架，各型军舰200余艘，拥有绝对的制空权和制海权，地面部队的兵力和装备也占有绝对优势。

麦克阿瑟的“联合国军”总部设在日本东京，下辖美第8集团军和美第10军、“联合国军”空军司令部（由美国远东空军司令部兼）、“联合国军”海军司令部（由美国远东海军司令部兼）。

“联合国军”地面部队计有美军3个军6个师和1个空降团，英国步兵第27旅，土耳其旅、澳大利亚第3营、菲律宾第10营等，南朝鲜军11个步兵师。

美第8集团军司令沃尔顿·沃克，指挥美英军和南朝鲜军共8个师1个旅和1个空降团。其中美第1军指挥美骑兵第1师、步兵第24师，英军第27旅，南朝鲜第1师；美第9军指挥美步兵第2师、步兵第25师、空降第187团；南朝鲜第2军团指挥第6、第7、第8师，担负朝鲜战场西线作战任务。

美第10军军长爱德华·阿尔蒙德，指挥美陆战第1师、步兵第7师和南朝鲜第1军团（首都师和第3师），担负朝鲜战场东线作战任务。

南朝鲜第3军团辖第2、第5师，担负后方警备任务。南朝鲜第9、第10、第11师，直属南朝鲜国防部统辖。

另美步兵第3师，正由美国本土向日本起运中，准备调到日本作为麦克阿瑟总部的预备队。

美国地面部队武器装备高度现代化，每个步兵师拥有各种坦克149辆，装甲车35辆，各种炮959门，包括榴弹炮72门、各种直射炮（山炮、野炮、无坐力炮）120门、各种迫击炮160门、高射炮64门、火箭筒543具，其中70毫米以上口径火炮（含坦克炮）330余门。美军7个师和第8集团军总部（不包括南朝鲜军和其他“联合国军”），总计有各种火炮6049门，其中榴弹炮568门、高射炮784门，火炮口径大、射程远，具有巨大的火力优势。每师有联络飞机 22 架，各种汽车 3800 余辆（其中物资运输车即 1300 余辆），部队全部机械化和摩托化，机动快速；每师有各型无线电机 1688 部，密码机 145 部，甚至每个排都有无线电话和有线电话各1 部，通信设备和战场侦察手段先进，指挥联络通畅、灵敏。英国、加拿大、澳大利亚部队的装备与美军的装备相差无几，土耳其旅的装备相对落后。南朝鲜军武器装备与美军、英军有很大差距，步兵师没有装备坦克，但编有各种火炮 392 门。

“联合国军”空军由美第 5 航空队、第 20 航空队、第 13 航空队、远东轰炸机指挥部、空运指挥部组成。其中第 5 航空队是“联合国军”空军的主要作战力量，主要担负对第 8 集团军的作战支援任务。远东轰炸机指挥部驻扎日本，主要执行战略轰炸任务。第 20、第 13 航空队驻扎日本冲绳岛和菲律宾，一部侵驻台湾，协助执行作战支援和战略轰炸任务。此外，英国、澳大利亚、南非在朝鲜战场也投入了少量作战飞机。

美军各航空队大多装备当时最先进的喷气式战斗机，主要作战机种为 F–80C“流星式”战斗机、F–82 全天候战斗机，另有部分 F–51 野马式战斗机。战略轰炸机部队主要装备 B–29“空中堡垒”式远程轰炸机，轻型轰炸机大队主要装备 B–26 型轰炸机。另外，美国空军还装备有 RF–80A 照相侦察机和 RB–29 空中照相机，用于空中侦察；T–6“蚊式”战术控制飞机，主要用于空中通信和指挥；C–46、C–47、C–54、C–119 型运输机，主要用于空运部队和物资等等。

“联合国军”海军包括美国第 7 舰队、美国远东海军部队和其他参加“联合国军”国家的海军舰只。美国海军第 7 舰队是“联合国军”海军的主要力量，除以舰炮火力攻击地面目标外，还编有 3 个航空母舰编队，装备各种舰载飞机，担负作战支援和战略轰炸任务。英国、泰国、澳大利亚、荷兰、加拿大、法国、新西兰、哥伦比亚等国也派出了舰船。南朝鲜海军拥有小型作战舰艇 46 艘。

美国海军装备有航空母舰、护航航空母舰、巡洋舰、战列舰、驱逐舰、登陆舰、扫雷舰等。舰载航空兵装备 F9F“豹式”和 F4U“海盗式”战斗机，攻击机中队装备 AD“天空强盗式”俯冲轰炸机，具有独立作战和支援地面部队能力。另有美国海军陆战队第 1 航空兵联队，主要担负支援美军陆战第 1 师和朝鲜东线地面部队作战任务。

美军不仅在武器装备上占有绝对优势，而且参加侵略朝鲜的部队都具有丰富的现代化作战经验，战斗力较强。其军官均经过各级军事院校培训，高、中级军官都参加过第二次世界大战，有的还参加过第一次世界大战，对技术的控制能力较强。士兵也经过正规化训练，军事技术比较熟练。美军作战的特点主要表现为陆、海、空三军联合的、全方位的立体作战，并且各军兵种协同动作熟练。

美军虽然装备先进，但美军步兵战斗力弱，战斗精神差，作战中对坦克和炮火支援的依赖性大。地面部队机械化和摩托化装备对后方和道路要求高、依赖性大，作战时需要有良好的道路与后方补给线予以保障。一旦离开公路在山地作战，其机动性即受到很大限制，后勤保障也负担很大，从而在很大程度上限制着其现代化武器装备的威力发挥。

此时，朝鲜人民军有三种情况：一是部署在朝鲜北部靠近中朝边境地区的部队，计有第1军团辖第46师、第47师（该两师均为新组建部队，各1万人）、第105坦克师、第17坦克旅和1个独立团（均为老部队），位于龟城地区；第3军团辖第1师（内老部队5000人）、第3师（内老部队3000人）、第8师（新组建1万人）、第12师（1万人，内老部队2000人）、第13师（新组建1万人）、第15师（1万人，内老部队3000人），位于江界地区。第4军团辖第41师（新组建1万人）、海防第1旅（新组建6000人）、第71独立团（新组建3000人）、坦克团，位于丰山地区。以上3个军团共9个师1个旅又1个独立团，另有1个坦克师、1个坦克旅又1个坦克团，共9万余人。其中大部分是新组建部队，正在整训，能坚持作战的部队不多。朝最高统帅部能够控制指挥并投入阻击"联合国军"北进的，只有第1军团3个多师，另外，长津附近有1个工人团和坦克团。

二是在中国东北地区整训的部队，计有第6军团辖第18师、第36师、第66师及1个坦克团，位于宽甸；第7军团辖第32师、第37师、第38师，位于桦甸、辉南；第8军团辖第42师、第45师、第76师，位于延吉。以上3个军团共9个师1个坦克团，均为新组建部队，共9万人。另有1个军官学校驻通化，1个航空学校，飞机200余架，驻延吉。

三是被隔在三八线南北地区有9个师余部，根据劳动党中央和人民军最高统帅部的命令，统一编为第二战线部队，在崔贤的指挥下，活动于江原道、黄海北道、平安南道。第4师（2个营，老部队）、第7师（2个步兵团1个炮团，老部队），位于宁远以北地区。

此时，改编为中国人民志愿军的部队，计有第38军、第39军、第40军、第42军，炮兵司令部所属之炮兵第1师、第2师、第8师，以及部分工兵、高射炮兵部队。第一次战役打响后，第50、第66军也入朝参战，总兵力约29

万人。

第38军下辖第112师、第113师、第114师，军长梁兴初，政治委员刘西元。第39军下辖第115师、第116师、第117师，军长吴信泉，政治委员徐斌洲。第40军下辖第118师、第119师、第120师。军长温玉成，政治委员袁升平。第42军下辖第124师、第125师、第126师，军长吴瑞林，政治委员周彪。第50军下辖第148师、第149师、第150师，军长曾泽生，政治委员徐文烈。第66军下辖第196师、第197师、第198师，军长萧新槐，政治委员王紫峰。

志愿军武器装备十分落后，既没有空军，也没有海军，并且没有坦克，没有摩托化装备，防空和反坦克武器也很少。每个军共编有各种火炮520余门（其中第50军和第66军火炮编制更少），包括有直射炮108门、各种迫击炮333门、火箭筒81具，没有榴弹炮和高射炮，其中70毫米口径以上火炮190余门。志愿军一个军的火炮还不如美军一个师装备的强，仅相当于美军一个师火炮装备的54%。志愿军第一批入朝6个军，加上志愿军炮兵的火炮在内，共有各种火炮不足3000门（其中榴弹炮320门、高炮36门），仅相当于美军火炮总数的45%左右。志愿军装备的火炮几乎全部是抗日战争和解放战争时期缴获的日军和国民党军的装备，火炮陈旧、型号杂、口径小、射程近、弹药不足，多由骡马牵引驮载或由人员肩扛，威力小，机动性能差。志愿军一个军装备无线通信机只有69部，有线电话机375部，仅相当于美军一个师同类装备的5%和34%。各军入朝时只临时配备100辆左右运输汽车。步兵装备的枪支，美制、俄制、德制、日制和旧中国制造的都有，是所谓的“万国”牌武器，只有1/2左右是自动枪支。运输能力弱，在美国空军的轰炸封锁下，运输更为困难，尤其是跟进保障能力低，团以下单位的作战、生活物资均靠步兵携带。

但是，改编为中国人民志愿军的部队，都是中国人民解放军中具有光荣传统的部队，有强有力的思想政治工作的保证，在国内经受了同日军和国民党军队长期战争的锻炼，积累了以劣势武器战胜优势装备的敌人的丰富经验，战斗作风过硬，战斗意志顽强。中国人民志愿军在朝鲜作战是为了抗美援朝、保家卫国，进行的是反抗侵略的正义战争，有中国人民、朝鲜人民的全力拥护和支援，有世界上爱好和平、主持公道正义的国家和人民的支持，志愿军后备兵员雄厚，等等，这些是志愿军的巨大优势。

尽管如此，由于志愿军武器装备落后，同美军相比强弱悬殊太大，给志愿军的作战和物资运输等造成了难以想象的困难。

"联合国军"全线向中朝边境推进，志愿军决定在运动中各个歼敌

志愿军入朝时，无论是美国的华盛顿当局，还是东京的麦克阿瑟总部，都沉浸在朝鲜战争即将结束的乐观情绪中。在美军占领平壤之前，美国政府已经开始着手规划战后统治朝鲜的计划。10 月 10 日，美国陆军部通知麦克阿瑟，授权他在成立"统一的朝鲜政府"之前，行使占领军统帅的职权。10 月 12 日，联合国朝鲜临时委员会决定，由麦克阿瑟在"朝鲜政权过渡期"代行在北朝鲜的民政督察权。美第 8 集团军根据麦克阿瑟的命令，成立了由 161 名军官组成的"民政援助司令部"，准备对北朝鲜实施占领军统治。

美军占领平壤以后，麦克阿瑟于 10 月 20 日下达第 202 号作战计划，计划由美第 10 军率 1 个师在朝鲜担负占领军任务，其他部队逐次撤离朝鲜。10 月 25 日，美国陆军部通知麦克阿瑟，取消原定 10 月和 11 月给远东军的兵员补充计划。从 1951 年 1 月开始，远东军恢复正常的海外服役人员轮换制度。美国参谋长联席会议决定，原定派往朝鲜的比利时、荷兰、法国、新西兰、澳大利亚以及在朝鲜的菲律宾等国部队，可以不再来朝或准备回国。计划来朝的加拿大旅和希腊旅各减为 1 个营，英国部队可由 2 个旅减为 1 个旅，在朝鲜只需保持 5000 人的其他国家军队即可。①

美军骑兵第 1 师的官兵称：他们将于感恩节那天佩戴他们明亮的黄色骑兵领结漫步日本东京的广场。该师甚至已经开始上交装备，为撤离朝鲜作准备。② 其他部队的官兵则在公开讨论如何到日本采购圣诞节礼物。美国远东轰炸机司令部说，他们在北朝鲜已没有目标可以轰炸了。在北朝鲜只剩下了 3 座完整的桥梁，而这 3 座桥梁对联合国军的用处比对敌人更大。

美第 8 集团军司令沃克于 10 月 22 日向麦克阿瑟保证：朝鲜战场目前

---

① 参见[美]詹姆斯·F. 施纳贝尔：《朝鲜战争中的美国陆军——战争爆发前后》，250 页，北京，国防大学出版社，1990。

② 参见[美]约瑟夫·格登：《朝鲜战争——未透露的内情》，300 页，北京，解放军出版社，1990。

的弹药储存已经足够作战需要，并可满足战后驻军的要求，建议将10月30日之后尚可到达朝鲜的运送军火船只全部调头驶往日本。美国远东军后勤司令部也决定：已经起航驶往远东的6艘军火船立即原路返回美国，同时通知美国本土旧金山港，停止向驶往远东的船只装载军火，已经装船的军火全部卸货。

“联合国军”占领平壤以后，更加无所顾忌向北推进。10月20日，西线南朝鲜第2军团之第6、第7、第8师进到顺川、新仓里、成川、破邑一线，距离志愿军预定防御地区只有90~130公里；而东线的南朝鲜第1军团首都师已占领五老里和东海岸的洪原地区，进至志愿军预定防御地区。

而此时，志愿军仅有4个师又1个团渡过鸭绿江，进到义州以东和朔州、满浦以南地区，各部队距离预定防御地区还有120~270公里。志愿军已经不可能先敌进入预定地区，组织防御。

“联合国军”于10月21日，开始由平壤、元山一线，向朝鲜北部边境全线推进。

在西线，美第8集团军展开5个师又1个旅，以美第1军指挥英第27旅、美第24师、南朝鲜第1、第7师由平壤、沙里院地区，沿京义铁路（汉城至新义州）。向新义州、朔州、昌城、碧潼方向推进；以南朝鲜第2军团指挥南朝鲜第6、第8师，由成川、破邑、阳德地区沿满浦铁路（满浦至顺川），向楚山、江界推进；另以美军骑兵第1师和第187空降团位于平壤、肃川地区，作为集团军预备队。

在东线，美第10军展开4个师，以南朝鲜第1军团指挥南朝鲜首都师由咸兴、兴南北进，占领北青、新兴，然后沿海岸铁路线直扑图们江；南朝鲜第3师主力暂时留驻元山，接应美第10军登陆，然后向长津方向推进。以美陆战第1师、步兵第7师分别在元山、利原登陆，然后向长津、江界、惠山镇推进。

由于“联合国军”未觉察到志愿军入朝，仍以团和营为单位，放胆分兵冒进，乘汽车沿公路长驱直入，并且兵力分散，不仅东西两线部队之间被狼林山脉阻隔，敞开80英里（约合130公里）的缺口，而且各师、团之间也逐渐处于分散行动、各自为战的状态，特别是西线南朝鲜第6、第7、第8师，贪功心切，推进速度不断加快，态势突出，与美军部队脱离了联系。这就给了志愿军在运动中各个歼灭敌人的极好机会。

毛泽东审时度势，敏锐地抓住了这一战机，根据战场情况的变化，当机立断，决定志愿军放弃原定第一期的防御作战设想，立即改取在运动中各个歼敌的方针部署作战。10 月 21 日凌晨，毛泽东分别电示彭德怀和邓华[①]，要求志愿军马上改变作战计划，立即部署歼灭冒进的南朝鲜军几个师。

21 日 2 时 30 分，毛泽东致电倪志亮、柴成文即转彭德怀[②]并告邓华等："截至此刻为止，美伪均未料到我志愿军会参战，故敢于分散为东西两路，放胆前进。"毛泽东判断，东线南朝鲜首都师和第 3 师要 7 天左右才能到达长津，然后转向江界。指示志愿军，如第一仗不准备打东线的南朝鲜首都师、第 3 师，则以第 42 军 1 个师位于长津地区阻击东线敌军即够，第 42 军主力则宜放在孟山以南地区，切断元山、平壤间的铁路线，钳制元山、平壤两地之敌，使之不能北援，便于志愿军集中 3 个主力军，各个歼灭南朝鲜第 6、第 7、第 8 师。

毛泽东特别强调："此次是歼灭伪军三几个师争取出国第一个胜仗，开始转变朝鲜战局的极好机会，如何部署，望彭邓精心计划实施之。""彭邓要住在一起，不要分散。"同时指出："这一仗可能要打七天至十天时间（包括追击）才能结束，我军是否带有干粮？望鼓励全军，不惜牺牲，不怕艰苦，争取全胜。"[③]

3 时 30 分，毛泽东电示第 13 兵团司令员兼政治委员邓华并告彭德怀等，指出："现在是争取战机问题，是在几天之内完成战役部署以便几天之后开始作战的问题，而不是先有一个时期部署防御然后再谈攻击的问题。""我意十三兵团部应即去彭德怀同志所在之地点和彭住在一起并改组为中国人民志愿军司令部，以便部署作战。"[④]

彭德怀入朝后，准备同金日成会晤，对战场形势也有新的判断，与第 13 兵团首长联名致电各部，指出：目前美伪军北犯中，遭到人民军的抵抗甚弱，仍无顾忌的分途北进中，并有在下雪以前，进至中朝边境息。据此，敌在未发觉我军行动前，将仍会向北冒进。因而使我军在初期作战中以运动战方式歼灭敌人的机会，是充分可能的。我们应深刻体会与执行毛主席指示，极

① 彭德怀于 1950 年 10 月 19 日过江与金日成接洽，第 13 兵团部计划 10 月 23 日晚过江，因此，此时彭德怀和邓华不在一起。

② 彭德怀过江后，随行的电台车掉队，此时与中央和第 13 兵团均无法联系，直至 10 月 21 日下午，电台车才与彭德怀会合。

③ 《建国以来毛泽东军事文稿》，上卷，268～269 页，北京，军事科学出版社、中央文献出版社，2010。

④ 《建国以来毛泽东军事文稿》，上卷，270 页，北京，军事科学出版社、中央文献出版社，2010。

力争取与造成运动战歼敌之良机，以求得开始打好仗，将敌气焰打下去，使敌不敢轻易冒进，以达迟滞敌人争取时间的目的。①

4时，毛泽东再次电示彭德怀和邓华，要求志愿军部队注意控制平安南道、平安北道、咸镜南道交界处的妙香山、小白山等制高点，隔断东西两敌，勿让敌人占去为要。

21日16时，彭德怀致电邓华：迅即车运1个师至妙香山、杏川洞线及其以南构筑工事，保证熙川枢纽，隔离东西敌人。同时以1个师迅速进至长津及其以南德实里、旧津里线，构筑纵深工事，保障侧翼安全和江界后方安全。他指出："我能确实控制熙川、长津两要点，主力即可自由调动，集中绝对优势兵力，打击敌人东面或西面一路。"

至此，志愿军按毛泽东的指示放弃了原定在平壤、元山一线以北，德川、宁远公路线以南地区组织防御的设想，转而立即部署第一次战役。

毛泽东确定：在稳当可靠的基础上争取一切可能的胜利

彭德怀在全面分析战场形势和敌我双方情况对比后，于10月22日戌时致电毛泽东，汇报了自己对志愿军初期作战基本方针的看法。他说："在半年内，我军基本方针是保持长津、熙川、龟城以北地区和长甸河口、辑安、临江线渡河交通，争取时间，准备反攻条件。目前我无制空权，东西沿海诸城市甚至新义州，在敌海陆空和坦克配合轰击下是守不住的，应勇敢加以放弃，以分散敌人兵力，减少自己无谓消耗。目前战役计划以一个军钳制敌人，集中三个军寻机消灭伪军两三个师后，以达到争取扩大巩固元山、平壤线以北山区，发展南朝鲜游击战争。"

毛泽东接到彭德怀这个电报后，于10月23日致电彭德怀并告高岗，也对战争形势作了分析，并确定志愿军在朝鲜作战的总方针是："在稳当可靠的基础上争取一切可能的胜利。"电报内容如下：

二十二日戌时电悉。你的方针是稳当的，我们应当从稳当的基点出发，

① 此电报签署时间为1950年10月20日12时，但当时与彭德怀同行的电台车掉队，这个电报当时无法发出，可能是在电台车与彭德怀会合，并接到毛泽东21日2时30分和3时30分的两个电报后发出的，但签署时间未变。

不做办不到的事。朝鲜战局,就军事方面来说决定于下列几点。第一是目前正在部署的战役是否能利用敌人完全没有料到的突然性全歼两个三个甚至四个伪军师①(伪三师②将随伪六师后跟进,伪一师亦可能增援)。此战如果是一个大胜仗,则敌人将作重新部署,新义州、宣川、定州等处至少在一个时期内不会来占,伪首③伪三两师将从咸兴一带退回元山地区,而长津可保,新安州、顺川两点是否保守也可能成问题,成川至阳德一段铁路无兵保守向我敞开一个大缺口,在现有兵力的条件下,敌人将立即处于被动地位。如果这次突然性的作战胜利不大,伪六、七、八师主力未被迅速歼灭,或被逃脱,或竟固守待援,伪一、伪首及美军一部增援到达,使我不得不于阵前撤退,则形势将改到于敌有利,熙川、长津两处的保守也将发生困难。第二是敌人飞机杀伤我之人员妨碍我之活动究竟有多大。如果我能利用夜间行军作战做到很熟练的程度,敌人虽有大量飞机仍不能给我太大的杀伤和妨碍,则我军可以继续进行野战及打许多孤立据点,即是说,除平壤、元山、汉城、大丘、釜山等大城市及其附近地区我无飞机无法进攻外,其余地方的敌人都可能被我各个歼灭,即使美国再增几个师来,我也可各个歼灭之。如此便有迫使美国和我进行外交谈判之可能,或者待我飞机大炮的条件具备之后把这些大城市逐一打开。如果敌人飞机对我的伤亡和妨碍大得使我无法进行有利的作战,则在我飞机条件尚未具备的半年至一年内,我军将处于很困难的地位。第三如果美国再调五个至十个师来朝鲜,而在这以前我军又未能在运动战中及打孤立据点的作战中歼灭几个美国师及几个伪军师,则形势也将于我不利,如果相反,则于我有利。以上这几点,均可于此次战役及尔后几个月内获得经验和证明。我认为我们应当力争此次战役的完满胜利,力争在敌机炸扰下仍能保持旺盛的士气进行有力的作战,力争在敌人从美国或他处增调兵力到朝鲜以前多歼灭几部分敌人的兵力,使其增补赶不上损失。总之,我们应在稳当可靠的基础上争取一切可能的胜利。④

---

① 此处指南朝鲜第6、第7、第8、第1师。此时,该4个师在平壤以东或以北地区,沿平壤至满浦铁路及以西北进。

② 此处伪3师有误,应为伪7师。

③ 指南朝鲜首都师。

④《建国以来毛泽东军事文稿》,上卷,278~279页,北京,军事科学出版社、中央文献出版社,2010。

这样，志愿军以劣势装备在朝鲜作战，就有了一个明确而又灵活的战略指导方针，即从稳当的基点出发，根据现有作战条件，既不做办不到的事，又必须力争一切可能的胜利。对于能不能打，能打到什么程度，要在几个月之内获得经验和证明。

10月24日中午，第13兵团部与彭德怀在朝鲜北部昌城郡的大榆洞[①]会合。10月25日，毛泽东起草以中共中央名义致电第13兵团党委并转各级党委同时告中共中央东北局，决定：为适应目前伟大战斗任务的需要，第13兵团司令部、政治部及其他机构，立即改组为中国人民志愿军司令部、政治部及其他机构，任命邓华为中国人民志愿军副司令员兼副政治委员，洪学智、韩先楚为副司令员，解方为参谋长，政治部、后勤部及其他机构的负责同志均照旧负责。同时决定，成立中共志愿军委员会，彭德怀为书记，邓华为副书记。为协同中国人民志愿军和朝鲜人民军的作战行动，经两党协商，朝鲜劳动党中央派遣朴一禹常驻志愿军总部，兼任志愿军副司令员和副政治委员，并任志愿军党委副书记。同日，志愿军司令部、政治部将此情况向各部作了通报。

① 大榆洞，是一个废弃的金矿。志愿军入朝作战初期，总部即设在此地。

第十四章

第一次战役

（参见附图1、2，序列表1、4）

志愿军捕捉战机，部署第一次战役

志愿军放弃第一期的防御作战设想，改取在运动中各个歼敌的方针后，在部队开进的同时，立即抓紧战机，部署第一次战役。从10月21日至25日，根据各军开进情况以及当面敌情的变化，几经确定部署，又几经调整，最后确定第一次战役首先歼灭南朝鲜军两至三个师。

邓华接到毛泽东10月21日凌晨数个电报和当日16时彭德怀的电报后，于21日21时改变原定部署，决定以一部兵力钳制东线长津方向前进之敌及可能由元山、平壤增援之敌，集中3个军，在龟城、泰川、熙川、德川、宁远地区，各个歼灭南朝鲜军第6、第7、第8师。具体战役部署是："第一步计划拟以第四十二军一个师附一个炮兵团，坚守长津地区，阻击伪首都师团、第三师团，该军主力首先控制小白山地区，视情况向孟山以南地区挺进。四十军全部进到德川、宁远地区，三十八军全部进到熙川地区，三十九军全部进到泰川、龟城地区，尔后视敌前进情况而各个歼灭之。"①

10月22日，南朝鲜第6师正集结于顺川、新仓里之间，南朝鲜第8师正集结于江东、成川之间，继续向北推进，呈孤军冒进的态势。毛泽东判断，

① 邓华、洪学智、韩先楚、解方致毛泽东、彭德怀电，1950年10月21日21时。

如敌军仍未发现志愿军部队的开进行动，则南朝鲜第6师将会经新安州进至博川及其以西地区，准备进抵新义州；南朝鲜第8师将进至军隅里及其以北地区，准备进抵满浦镇。另南朝鲜第7师在成川、顺川间为预备队。

为抓住战机，毛泽东在接到彭德怀的10月21日16时电之后，于10月22日7时，电示彭德怀、邓华，确定抓住南朝鲜第6、第8两师全部歼灭之。电报指出："我军行进路线必须避开定州、博川、军隅里一线及其以北约二十公里地区不走，而走以北路线，否则，就会过早被敌人发觉，敌将停止前进，或竟缩回去。而此次作战，则以在博川、军隅里及其以北地区围歼该敌为最有利。请按此意图，速定部署，迟则恐来不及。""如果我军能同时包围伪六八两师，则于战局最为有利，我四十军应担任包围一个师，三十九军应担任包围一个师。当战斗紧急时，除伪七师必然增援，我可继歼该敌外，现在平壤之伪一师，亦应估计可能增援，你们也要准备对付该师。"①

毛泽东接到邓华21日21时电后，又于22日9时再次电示邓华等第13兵团首长："无论用汽车运兵运物及步行的人马武器都不要再走宣川、定州、博川、军隅线及龟城、泰川、球场线，上述地区，几天之后都可能被敌占，而应取该线北面的道路前进。"②

彭德怀也于22日10时致电邓华等第13兵团首长，提出基本的歼敌设想："我军先占德川已不可能。……待伪六、七、八师攻击时，我集三十九军、四十军主力由温井、云山线向东攻击敌侧背，三十八军由杏川洞向宁远、德川攻击，四十二军仍应迅速集结长津。……总之，运动越快越好。"

据此，第13兵团重新部署，确定歼灭南朝鲜第6、第8师的作战方案，决定：第39军以1个师扼守铁山、宣川地区，军主力进至龟城及泰川西北，准备捕歼南朝鲜第6师；第40军主力进至温井、云山地区，准备捕歼南朝鲜第8师；第38军车运1个团控制妙香山、杏川洞，军主力迅速进至熙川地区，一方面阻击敌北进，同时准备配合第39军、第40军作战；第42军以1个师控制小白山地区要点，军主力迅速进至长津、旧津里一线，阻击东线之敌。③

---

① 《建国以来毛泽东军事文稿》，上卷，273、274页，北京，军事科学出版社、中央文献出版社，2010。

② 《建国以来毛泽东军事文稿》，上卷，275页，北京，军事科学出版社、中央文献出版社，2010。

③ 参见邓华等致毛泽东、彭德怀、高岗电，1950年10月22日19时。

与此同时,第 13 兵团政治部发布政治动员令,号召全体指战员发扬革命的英雄主义精神和勇敢顽强的战斗精神,不怕一切牺牲,克服一切困难,保证首战获胜,转变朝鲜战局。①

接到彭德怀和第 13 兵团的部署电后,毛泽东于 10 月 23 日 7 时致电彭德怀和邓华,指出:待南朝鲜第 6、第 8 师"向熙川攻击之时,然后分数路出发包围攻击之"的作战部署,"我认为是适宜的。总以利于以主力插到敌人的后面和侧面,全歼六八两师为原则"。同时他还就战役的发展趋势作出分析并对作战提出要求:"我对伪六八两师的战斗发起后,第一步伪七师会增援,第二步伪一师及英二十七旅亦可能增援(美军已令英二十七旅向新安州)。如果把这一切敌人的主力各个歼灭,而举行追击时,在顺川地区可能遇到美伞兵团。此次作战,如能将上述一切敌人逐一歼灭,并控制新安州、顺川、成川、新邑、阳德线铁路及其以南一带地区,并以一部伸出至谷山、遂安、伊川、新溪地区,使平壤、元山两敌互相孤立,不能联系,则我将处于主动,敌将处于被动。因此,此次战役必须集中尽可能多的兵力,准备连续打几个仗。"为达成战役的突然性,毛泽东还专门指示:"我各部派遣远出之侦察队均要伪装朝鲜人民军,而不要称为中国人民志愿军,借以迷惑敌人。"②

为增强志愿军兵力,中央军委根据志愿军的建议,命令正在天津地区从事生产任务的第 66 军从 10 月 23 日起,紧急车运安东,编入中国人民志愿军序列,然后以 1 个师进入朝鲜,负责保护新义州至定州段交通,以便第 39 军东移歼敌,军主力作为志愿军的预备队。10 月 23 日,第 66 军由廊坊、天津、沧县地区紧急出动,至 26 日全部到达安东地区。

此后数日,美军和南朝鲜军的北进速度不断加快,10 月 22 日,南朝鲜第 6 师主力进占价川、宁边,逼近熙川,第 8 师则占领宁远及其以南地区,第 1 师则由平壤北上,进至军隅里。而志愿军部队尚在向预定战役集结位置开进中,由于徒步行军,又是昼伏夜行,加上朝鲜难民队伍向北逃难道路拥挤,23 日早晨,第 40 军第 118 师进至东仓,第 120 师进至泰川附近;第 39 军第 117 师进至泰川及以东地区,第 115 师进至宣川、铁山。志愿军部队已经无法先敌完成战役展开,实现在龟城、泰川、云山、温井地区歼灭南朝鲜第 6、第 8 师的计划。

① 参见第 13 兵团政治部:《政治动员令》,1950 年 10 月 22 日 16 时。

② 《建国以来毛泽东军事文稿》,上卷,280 ~ 281 页,北京,军事科学出版社、中央文献出版社,2010。

根据战场情况，彭德怀电示邓华等第13兵团首长："我军在熙川以南歼敌已失去先机，待敌深入熙川后歼击之。"①

毛泽东也及时指出：敌进甚急，第40、第39两军不要过早与敌接触。第39军即在龟城地区集结，不要去泰川。该两军的侦察队不要到定州、博川、宁边、球场去了，以免过早与敌打响，"要将熙川、温井、龟城一线以南地区让给敌人，诱敌深入，利于歼击"②。毛泽东并强调："敌进甚急，捕捉战机最关紧要。两三天内敌即可能发觉是我军而有所处置，此时如我尚无统一全军动作的处置，即将丧失战机。"③

毛泽东同时命令刚刚到达安东的第66军先头师，立即过江，进至新义州、铁山线，准备阻击沿西海岸公路向新义州方向推进的敌军。④

10月24日，西线的美第8集团军部队渡过清川江。同日，麦克阿瑟给沃克和阿尔蒙德下达新的作战命令：取消10月17日作战命令中确定的在宣川—青山场市—古仁洞—坪员—德实里—丰山—城津一线以北不得使用非朝鲜部队的限制，而"动用属下的所有部队以最快的速度向前推进"⑤，直指朝中两国边境的鸭绿江和图们江。

麦克阿瑟的基本意图是：首先占领边界要点，封锁边境，造成占领全朝鲜的既成事实，阻止中苏两国可能对朝鲜的出兵援助，然后再回过头来剿灭内地的朝鲜人民军。

在麦克阿瑟的驱使下，"联合国军"在东西两线毫无顾忌地以团甚至营为单位，分兵冒进。西线南朝鲜第6师主力进占熙川，南朝鲜第8师进至宁远及以南地区。

此时，彭德怀与邓华等已会合，根据敌情变化和毛泽东主席的指示，决定首先在熙川地区聚歼南朝鲜第6师。具体部署是：以第40军于26日移

---

① 彭德怀致邓华等电，1950年10月23日13时。

② 毛泽东致彭德怀、邓华电，1950年10月23日14时。见《建国以来毛泽东军事文稿》，上卷，283页，北京，军事科学出版社、中央文献出版社，2010。

③ 《建国以来毛泽东军事文稿》，上卷，285页，北京，军事科学出版社、中央文献出版社，2010。

④ 毛泽东致高岗电，1950年10月24日8时。参见《建国以来毛泽东军事文稿》，上卷，288页，北京，军事科学出版社、中央文献出版社，2010。

⑤ James F. Schabel: United States Army In the Korean War, Policy and Direction: The First Year Center of military history, Vnited States Army, Washington, D. C, 1990（詹姆斯·F. 施纳贝尔：《朝鲜战争中的美国陆军——政策与指导：第一年》），218页。

至温井、北镇地区集结待机，准备向熙川、馆上洞出击；以第38军主力迅速进至前川及以南地区，准备由熙川东南出击，包围歼灭敌人，另以一部伸至熙川通往德川道路之杏川洞，准备截击逃敌和打敌增援；以第39军于27日拂晓前推进到鹰峰洞、草上洞、龙兴洞、上松门洞地区集结完毕，准备由球场、妙香山方向出击，切断敌退路，并准备对付可能增援的南朝鲜第7师；以第42军主力进至小白山、厚地洞、南兴洞地区，准备配合志愿军主力围歼进入熙川之敌。①

但10月25日，战场情况再次发生变化。随着麦克阿瑟解除了在距朝中边境40英里范围以内使用非朝鲜部队的禁令，西线美第8集团军调整部署，不仅令南朝鲜第2军团加速北进，而且令美第1军团部队也渡过清川江，向朝中边境快速推进。南朝鲜第6师进占熙川后，转向西北，继续向温井、桧木洞、楚山方向推进，其1个团已经进至距鸭绿江只有十几公里的古场，直接威胁到志愿军在辑安、长甸河口两处的渡江点和后方交通线；南朝鲜第8师则进至德川以东地区，并继续向熙川、江界方向前进，威胁到了志愿军的后方交通枢纽；南朝鲜第1师进至龙山洞地区，继续向云山、泰川方向推进；南朝鲜第7师主力位于江东、顺川间；英军第27旅由新安州渡过清川江，沿西海岸公路，向新义州方向推进；美第24师在英第27旅后跟进。这样，美第8集团军部队即在清川江以北地区完成战役展开，开始向鸭绿江全速多路推进。

志愿军至10月25日凌晨，除第40军先头2个师进入北镇以东（第118师）、云山以北（第120师）指定位置，另一个师进至泰川以北外，其余各军仍在开进中，先头师距离预定作战地区尚有20至50公里，其中第39军先头第117师进至泰川地区，主力在龟城及西北新音洞之间地区；第38军先头第113师进至前川地区，主力尚在别河里、江界、满浦一线；第42军先头第124师进至古土里以北地区，第125师进至小白山以西、柔院镇以北地区。

毛泽东根据战场情况，再次指示志愿军调整作战部署，诱敌深入，将冒进之南朝鲜军部队诱至山地，首先围歼南朝鲜第1、第6、第8师。10月25日6时，毛泽东电示彭德怀、邓华，指示志愿军第一次战役的作战目标；志愿军第一仗必须准备与南朝鲜第1、第6、第7、第8师和英27旅作战，“并至

① 参见彭德怀、邓华等致各军、炮司首长电，1950年10月24日20时。

少歼灭其中三个师,才能初步解决问题"①。

据此,志愿军最后确定了歼敌部署,决定:以第 42 军主力位于东线黄草岭、赴战岭地区阻击向江界方向推进的敌军,钳制东线之敌,保护西线主力的侧后安全;集中第 38、第 39、第 40 军和第 42 军第 125 师于西线,在云山、温井、熙川地区,各个歼灭南朝鲜第 1、第 6、第 8 师。

具体部署是:以第 40 军集结于温井以北,北镇以东地域,待机歼灭南朝鲜第 6 师于温井及其以西地域;以第 39 军迅速集结云山西北地域,准备在第 40 军围歼南朝鲜第 6 师,同时,调动南朝鲜第 1 师来援,将其歼灭于云山附近;以第 38 军并配属第 125 师,迅速集结于熙川以北明文洞、仓洞地域,准备歼灭南朝鲜第 8 师于熙川及其以北地区。

毛泽东同意志愿军的部署,并据此确定了志愿军第一次战役的基本作战原则:先打南朝鲜军,再打美英军,指示志愿军:"首先歼灭伪一、伪六、伪八等师,然后再打美英军。如伪一师与英美军在一起则暂时也不要打伪一师,待伪六、伪八[师]歼灭后寻机再打该敌。"②

从 10 月 21 日到 25 日,中央军委、志愿军总部,特别是毛泽东、彭德怀根据战场情况和敌情变化,不断调整部署,捕捉战机,修正作战计划,指导志愿军顺利完成了由原定部署防御向在运动中各个歼敌的转变,完全符合了战场情况,表现了高超的战争指挥艺术。这一转变不仅保证了志愿军适时抓住战机,歼灭敌人,取得首战胜利,而且为站稳脚跟,从根本上打开朝鲜战局创造了有利条件。

抗美援朝战争打响,第一次战役开始

1950 年 10 月 25 日,志愿军在敌进我进中同敌进入交战,开始了抗美援朝战争的第一次战役。一年以后,中国人民将 10 月 25 日确定为中国人民志愿军抗美援朝纪念日。

10 月 25 日上午,志愿军第 40 军第 120 师和第 118 师,在利洞、两水洞

① 《建国以来毛泽东军事文稿》,上卷,292 页,北京,军事科学出版社、中央文献出版社,2010。

② 《建国以来毛泽东军事文稿》,上卷,298 页,北京,军事科学出版社、中央文献出版社,2010。

地区分别与向北推进的南朝鲜第 1 师、第 6 师部队进入交战。

根据志愿军的歼敌部署，第 40 军的任务是进至温井、北镇地区集结待机，“准备单独包围消灭伪六师于温井及以北、以西地区”①。第 40 军决定以第 118 师占领温井至北镇公路以北高地，以伏击手段截歼北犯的敌人；以第 120 师以一部迅速在云山以北 262.8 高地、三巨里、玉女峰一线组织防御，坚决阻击云山出犯之敌，师主力向温井方向机动；以第 119 师向云山方向机动，相机投入战斗。

10 月 24 日晚，第 120 师第 360 团在云山东北利洞附近的 262.8 高地、间洞北山、朝阳洞东山、玉女峰一线占领阵地，构筑工事，准备抗击北犯之敌；该师第 359 团也在温井至云山公路左侧的利洞占领阵地。

第 118 师在开进途中，路过大洞。彭德怀司令员曾亲自向该师首长交代：现在敌人到处乱窜，情况很危急，你师赶快去温井以北占领有利地形，埋伏起来，形成一个口袋，大胆把敌人放进来，然后猛冲猛打，狠狠煞一下敌人的气焰，掩护我军主力集结展开。② 10 月 24 日晚，该师主力以预期遭遇的姿态在温井至北镇公路以北的丰下洞、两水洞、富兴洞地区占领了阵地，另一个团位于北镇附近地区为预备队。

25 日，南朝鲜第 1 师部队进至云山，并根据美第 1 军团的命令，继续向鸭绿江畔的水丰发电站推进。上午 8 时 30 分左右，南朝鲜第 1 师第 15 团以坦克为先导（南朝鲜军没有坦克，凡随南朝鲜军行动的坦克，都是由美军配属的），开始沿公路向北推进，当其进至云山城北玉女峰、朝阳洞一线时，已在这里占领阵地的志愿军第 120 师第 360 团突然开火，予北进的南朝鲜第 1 师部队以迎头痛击。

南朝鲜第 1 师随即在密集炮火支援下，向志愿军第 360 团阵地展开轮番攻击，企图抢占间洞南山等有利地形。志愿军第 360 团官兵依托仓促构筑的野战工事，顽强抗击，坚守阵地两天三夜，未使云山之敌北进一步，有力保障了军主力在温井方向的作战。

与第 120 师部队同南朝鲜第 1 师进入交战的同一天，第 118 师也在温井以北两水洞地区，与沿公路向鸭绿江畔碧潼推进的南朝鲜第 6 师进入交战。

25 日上午，占领温井的南朝鲜第 6 师第 2 团先头第 3 营以汽车搭载步

① 志愿军首长致各军并炮司电，1950 年 10 月 25 日 8 时。

② 参见《彭德怀传》，416 页，北京，当代中国出版社，1993。

兵开路，第1、第2营在后面徒步跟进。第3营推进速度很快，尖兵于10时20分左右在两水洞附近与志愿军第118师侦察连接触，营主力也全部进入志愿军第118师预设的伏击圈。

志愿军第118师主力立即采取拦头、截尾、斩腰的战法，对敌发起攻击。第354团依托有利地形，对敌行军纵队侧翼展开猛烈攻击；第353团主力从第354团右翼出击，配合第354团战斗。南朝鲜军该营遭受突然打击后，立时陷入混乱。志愿军的两团部队冲下公路，穿插分割，将敌截成三段，予以围歼。跟进的南朝鲜第2团主力则遭到第354团4连的坚决阻击，无法前进一步。激战5小时，志愿军第118师主力全歼南朝鲜第6师第2团第3营另一个炮兵中队，取得了志愿军出国作战第一个歼灭战斗的胜利。

两水洞战斗结束后，南朝鲜第6师调整部署，令第2团余部继续坚守温井，同时调师预备队第19团增援温井。

志愿军总部迅即作出部署，令第40军主力于25日晚首先歼灭温井之敌，然后协同第39军歼灭云山、龙山洞地区的南朝鲜第1师；第39军由泰川向龙山洞之敌攻击前进，得手后或协同第40军歼灭云山之敌，或向宁边、球场攻击；第38军迅速向熙川之敌攻击前进；第42军以1个师进至柔院洞为第38军预备队。

10月25日15时50分，第40军下达攻击温井之敌作战命令：以第118师由富兴洞经丰下洞向温井西北攻击；以第120师1个团由利洞向温井正南攻击，1个团由阴洞向上院洞以东阻击熙川来援之敌，1个团在朝阳洞、龙浦洞阻击温井之敌南逃及云山来援之敌；以第119师位于诸仁上洞以东地区，担任警戒，阻击南逃北援之敌。

25日晚24时，志愿军第118师、第120师各两个团对温井之敌发起进攻。南朝鲜军队四处溃散，志愿军部队仅用两个多小时即攻占温井。

同一天，志愿军第42军部队在东线黄草岭地区也对北进的南朝鲜军展开了阻击。

至此，抗美援朝战争序幕拉开。

志愿军分头歼灭冒进之敌，完成战役展开

10月25日中午，南朝鲜第1师向美第1军团司令部报告：“在云山和

熙川北部,有2万名中共军正在待命。”[1]这是“联合国军”部队第一次提出发现中国军队的报告。

随后,有关与中国军队发生交战的报告不断送抵美第8集团军司令部。第8集团军将其整理后,上报“联合国军”总部,并指出:一个新的对手已确凿无疑地参战了。但他们的结论却是:出现在温井和云山地区的中国军队只是“从中共军队中抽调出来的支援人员,目的是进一步加强和增援北朝鲜军队,帮助它扼守边境的各通道”,并就此推断,“没有迹象表明中共方面已开始动用大批整建制部队对朝鲜进行公开的干涉”[2]。

“联合国军”总部同样认定中国军队不可能已经参战。他们认为:关于中国军队参战的情报均来自对战俘的审讯,“没有得到证实,而且也不能被接受”,结论是:“从战术的观点看,由于节节胜利的美军师全面投入战斗,因此,进行干预的黄金时机看来早已过去。如果计划采取这一行动,很难设想,会把它推迟至北朝鲜军队的残部气数已尽的时候。”[3]“联合国军”总部决定保持既定计划不变,训令部队继续向中朝边境全速推进。

“联合国军”继续分兵冒进,正是志愿军分头歼敌的大好时机。毛泽东于25日17时电示彭德怀、邓华:“敌已开始发现我军”,“请考虑于明(二十六)日或二十七日先抓住一两部敌军围攻不使逃脱,吸引敌主力增援,是否妥当请酌定。”[4]

此时,西线志愿军主力除第40军2个师已经与敌进行交战外,其他部队仍在向指定位置开进之中。尽管敌军分兵冒进,有利于志愿军各个歼灭,但志愿军是夜间开进,且道路狭窄,朝鲜党政机关和难民正向江界和新义州撤退,车辆人马堵塞,志愿军难以提高行进速度。同时,朝鲜北部为崎岖险峻的山区,不便于大兵团机动作战。因此,志愿军难以立即完成战役展开,

---

① 韩国国防部战史编纂委员会编:《韩国战争史》,中译名《朝鲜战争》,第1卷,84页,牡丹江,黑龙江朝鲜民族出版社,1988。

② Roy. E. Appleman: United States Army in the Korean War, South to the Natong, North to the Yalu([美]罗伊·E.阿普尔曼:《朝鲜战争中的美国陆军——南至洛东江,北到鸭绿江》),Office of the chiet of Military History Department of the Army, Washington, D.C, 1916,677页。

③ [美]约瑟夫·格登:《朝鲜战争——未透露的内情》,339~340页,,北京,解放军出版社,1990。

④ 《建国以来毛泽东军事文稿》,上卷,296页,北京,军事科学出版社、中央文献出版社,2010。

一战聚歼敌军几个师。

于是，彭德怀决定改变原定集中第38、第39、第40军和第42军1个师，包围歼灭南朝鲜军2～3个师的决心，决定边打边进，分途各个歼灭冒进之敌。

10月25日21时，彭德怀致电毛泽东："敌以坦克数辆和汽车数十辆组成一支队，到处乱窜。我企图一仗中聚歼敌军两三个师甚困难，亦再难保守秘密，故决定以军和师分途歼灭敌之一个团或两个团（今晚已开始），求得第一战役中数个战斗歼灭敌军一两个师，停止敌乱窜，稳定人心，是十分必要的。"①

毛泽东于26日4时回电，赞同彭德怀分途歼敌的作战方针，指出："先歼灭敌人几个团，逐步扩大，歼灭更多敌人，稳定人心，使我军站稳脚跟，这个方针是正确的。"同时再次强调，志愿军第一次战役须确定以歼灭南朝鲜第1、第6、第8三个师为目标，"分为几个大小战斗完成之，然后再打美英军"。②

26日，西线"联合国军"部队继续分兵冒进。南朝鲜第6师第7团进至古场，该团1个营窜至鸭绿江边的楚山，并对江对岸中国境内目标进行炮击；温井地区的该师第2团在遭到志愿军打击后，退至熙川地区，与位于该地区的第19团会合。南朝鲜第8师师部及2个团进至熙川。南朝鲜第1师主力进至云山地区。美第24师、英第27旅分别进至龙山洞、博川地区。

26日晚，志愿军西线部队分头继续向预定作战地区开进。至27日，第39军主力2个师进至云山以西及西北地区，第115师进至龟城地区；第40军主力2个师进至云山以北及温井以东地区，第118师由温井地区分两路北上，进至北镇以北松坪里、三巨里一线；第38军则继续向熙川前进。

此时，志愿军的部署是：集中第38军及第40军2个师、第42军125师首先歼击熙川地区之南朝鲜第6师一部及南朝鲜第8师2个团，于29日拂晓前完成攻击准备，而以第39军进至云山西北龙兴洞、鹰峰洞、利洞及以东地区，钳制南朝鲜第1师和美英军，使其不得东向熙川增援，并相机围歼云山之南朝鲜第1师，保证熙川作战的西侧安全；以第40军第118师沿北镇

① 《彭德怀军事文选》，329～330页，中央文献出版社，1988。

② 《建国以来毛泽东军事文稿》，上卷，299页，北京，军事科学出版社、中央文献出版社，2010。

向古场前进，第 50 军第 148 师从辑安渡江向楚山前进，两师对进协同会歼突进至楚山、古场洞之南朝鲜第 6 师第 7 团；以第 66 军进至车辇馆、枇岘地区，准备阻止向新义州进犯之美英军，保障后方安全。同时，为防备美第 10 军在元山登陆后与南朝鲜第 1 军团会合向惠山、江界进攻，对志愿军侧后造成威胁，建议军委以一两个军置于临江、长白地区，准备随时参战。

27 日，志愿军各部按上述部署开始行动。

第 40 军第 118 师于 28 日凌晨进至两江里以南葛木洞一线，切断了古场之敌的退路。

第 40 军主力由温井地区东进，第 119 师进至温井以南的鹰峰洞、利洞地区。第 120 师则在温井以东的龟头洞地区，与由熙川西进的南朝鲜第 6 师第 19 团 2 个营遭遇，为吸引南朝鲜第 6、第 8 师部队继续西援，以便聚歼，根据志愿军总部的命令，第 120 师只以部分兵力与敌对峙，主力未出击。

第 39 军第 117 师进至云山以北的鹰峰洞、草上洞地区，接替 40 军第 120 师阵地，与由云山北犯、西进的南朝鲜第 1 师发生战斗；第 116 师进至云山以西的文峰里、龙渊洞地区。第 115 师进至龟城、泰川地区。为保证主力在熙川地区的作战，并割断南朝鲜第 1 师与美英军的联系，为第二步作战创造条件，第 39 军根据志愿军总部的部署，电令第 116、第 117 师进入阵地后，要坚决阻击云山之敌西进、北上，同时积极进行进攻准备；令第 115 师第 344 团在泰川以北的龙凤洞、凤川洞占领阵地，控制泰川通往云山与青山场市的公路交叉点，确保主力侧后安全。

第 38 军原作为志愿军的预备队是随第 42 军之后过江的，因道路拥挤，部队行动不便，至 27 日先头师距熙川尚有 60 余公里，难以完成围歼熙川之敌的任务。

27 日，美第 8 集团军对志愿军入朝参战迹象开始重视，令南朝鲜第 2 军团收缩防御，稳固战线，同时将南朝鲜第 7 师由美第 1 军归还南朝鲜第 2 军团指挥，向价川一线移动，保障南朝鲜第 2 军团和美第 1 军接合部的安全，并支援南朝鲜第 6、第 8 师。南朝鲜第 6 师主力和第 1 师为救援孤军深入古场、楚山地区的第 7 团，从西、南两个方向向温井方向移动。进至熙川的南朝鲜第 8 师主力折返球场，并以 4 个营在球场以北集结。

志愿军总部判断，南朝鲜第 6 师主力可能经新兴洞、立石洞向温井推进，南朝鲜第 1 师可能经龙浦洞向温井推进，如此，南朝鲜军则有自东、南、西南三个方向合击温井志愿军的企图，三路敌军的总兵力可能达 6 ~ 7 个团。于是，志愿军总部立即改变原定围歼熙川之敌的计划，决定首先以第

40军主力吸引各路进犯之敌于龟头洞、立石洞、天水洞、龙浦洞地区,然后以第38、第39军从东西两面出击,在温井地区聚歼各路敌军。

10月27日晚,志愿军总部下达新的作战命令:第40军主力于白龙洞、九头洞、龙头洞、凤至洞一线,坚决阻止各路进犯温井之敌,并抓住敌军,以待我主力合击;第38军及第42军第125师迅速坚决攻歼熙川之敌,得手后,立即经馆上洞向天水洞以南地区猛插,包围歼灭敌人;第39军1个团在利洞阻击云山之敌北上,军主力迅速集结于云山西北及以南地区,准备配合第38军向龙浦洞以南地区出击,包围敌人。①

随后,志愿军总部又电令第50军第148师轻装迅速前进,协同第40军第118师,歼灭古场地区的敌军。②

毛泽东认为志愿军总部的"聚歼部署极为正确"。10月28日16时30分,毛泽东致电彭德怀、邓华,祝贺志愿军的初战胜利,并指出:"目前全战役的关键有两点:一是确实抓住古场、楚山之伪七团不使逃脱,如此则伪一、六、八师非增援不可,有仗可打:二是我三个军全部到齐并完成战役展开,如此则我攻击时猛速有力,保证歼敌。"③

28日白天,志愿军第40军第120师在龟头洞地区与南朝鲜第6师2个营对峙,以吸引南朝鲜第6师余部和第8师来援。但到28日晚,仅有南朝鲜第8师第10团2个营由熙川向龟头洞方向增援,而南朝鲜第8师主力仍位于球场地区,南朝鲜第1师也停止于云山以北。进至楚山、桧木洞的南朝鲜第6师第7团则全部回窜古场洞、柳良洞、龙谷洞地区,准备突围。只有美第24师和英第27旅仍在继续向前推进,其中美第24师进至泰川东南,与志愿军39军第115师第344团发生激战;英27旅则进至定州以北,并继续向新义州推进。

鉴于敌军仍处于分散状态,志愿军总部令各部队分别抓住当面之敌,予敌各个歼灭。令第40军主力迅速歼灭龟头洞地区之南朝鲜第6师和南朝鲜第8师各2个营,尔后经天水洞、石仓洞向麻田洞挺进,截断云山敌退路,防止敌向博川方向增援;令第40军第118师协同第50军第148师迅速歼灭古场洞地域之南朝鲜第7团;令第39军于29日包围云山地区的南朝鲜

① 参见彭德怀等致第38、第39、第40军电,1950年10月27日20时30分。

② 参见彭德怀等致第118师并第148师电,1950年10月28日8时。

③ 《建国以来毛泽东军事文稿》,上卷,310、311页,北京,军事科学出版社、中央文献出版社,2010。

第1师；令第39军第115师让开泰川通龟城的公路，诱美第24师北进，分散敌人兵力，以利志愿军主力作战；令第38军迅速攻占熙川，尔后向新兴洞、球场、军隅里方向突击，对西线美第8集团军的侧后实施迂回；令第66军主力急速向龟城前进，阻击美第24师，以1个师钳制宣川、定州方向之敌。

28日24时，第40军主力向南朝鲜第6师第19团和第8师第10团发起进攻。战至29日晨，第40军将南朝鲜军4个营大部歼灭，缴获榴弹炮20余门，汽车60余辆。其间第120师第358团第2营利用俘虏喊话，争取了南朝鲜军一部投降。

第40军第118师进至两江里以南地区时，位于楚山的南朝鲜第7团第1营已回撤古场与团主力会合，准备向桧木洞方向撤退。南朝鲜军第6师以第19团第1营位于两江里地区，策应第7团后撤。

志愿军第118师决定：在两江里以南地区占领阵地，第一步阻击南撤的敌军，然后协同第148师歼灭古场的敌军。志愿军总部完全同意第118师的部署，并指示："你们第一步歼敌完成后，立即继续向古场攻击前进，务求彻底干净一个不留地歼灭之。你们会遇到粮食困难及其他困难，必须克服，才能干净消灭该敌。"①

28日上午，南朝鲜第7团派遣200余人组成的搜索队，在炮兵支援下，先期沿公路南撤，在两江里以南地区遭到志愿军第118师先头部队的迎头痛击，该搜索队遂与两江里的南朝鲜第19团1个营一起向板坪洞方向逃窜。

28日晚，志愿军第118师由两江里向板坪洞攻击前进。29日拂晓，得知南朝鲜第7团搜索队和第19团1个营位于板坪洞以北的龙谷洞，第7团主力位于柳良洞至古场一线。该师遂在板坪洞至龙谷洞之间地区构筑阻击阵地，严密封锁公路，并准备29日晚对古场之敌展开攻击。

29日，南朝鲜第7团开始由古场经龙谷洞向南撤退。上午9时许，进至龙谷洞以南志愿军第118师第353团阵地，遭到志愿军的坚决阻击。志愿军第353团严密控制公路隘口及两侧高地，南朝鲜军在飞机、大炮猛烈火力掩护下，对志愿军阵地发起连续攻击，均遭失败。

志愿军第118师在稳固防御的基础上，以第354团主力插向龙渊洞，以第354团1个营和第352团1个营插向古场，对南朝鲜第7团进行迂回包围。南朝鲜军该团在南逃无望，且遭到志愿军包围的情况下，被迫转入防御。南朝鲜第6师师长接到第7团被围的报告后，下令第7团丢弃所有重

① 彭德怀等致第40军第118师电，1950年10月28日。

装备，转入山地，向桧木洞突围。

志愿军第118师发现敌军有突围迹象后，于29日晚，不待第50军第148师赶到，即乘敌动摇之机，向敌发起总攻。激战两个多小时，歼南朝鲜第7团一部，余四处溃逃，潜入山地。第118师遂转入追击和搜剿。至10月30日，将南朝鲜第7团大部歼灭。

10月25日至30日，志愿军第40军部队连战皆捷，连续取得了两水洞战斗、龟头洞战斗、龙谷洞战斗等作战的胜利，共歼敌1400余人，完成志愿军总部所赋予的任务。10月30日，彭德怀、邓华、洪学智、韩先楚、解方、杜平颁布嘉奖令："我四十军不顾疲劳及敌机轰炸，勇敢作战，已基本上歼灭了伪六师及八师两个营，缴获颇多。……值得表扬，特电嘉奖。"

在第40军部队歼灭当面之敌的同时，第39军于29日全部进至云山周围地区。第117师位于云山东北的马场洞地区、第116师位于云山西北的鹰峰洞地区、第115师主力位于云山西南的龙兴洞地区，从而对云山地区的南朝鲜第1师构成三面包围，并坚决阻击南朝鲜第1师的西进、北犯。

第39军主力东进后，第115师留置于泰川以北龙凤洞一线的第344团，以顽强的防御顶住了美第24师优势兵力在飞机、火炮、坦克支援下的连续进攻，全力保障军主力的侧后安全。美军在正面攻不动的情况下，企图从志愿军阵地西侧实施迂回，但同样遭到失败。激战两天，志愿军第344团牢牢守住了阵地，未使美军前进一步。至30日晚，为了进一步诱使美第24师向龟城方向深入，以利于第66军歼灭之，第344团根据志愿军总部的命令，后撤至大成里、德丰里一线，构筑新的阵地，继续掩护第66军开进，并保障第39军主力在云山的作战。

第38军根据志愿军总部的部署，决定于28日对熙川之敌发起进攻。但27日下午，该军得到情报，称熙川地区有美军黑人部队和南朝鲜军1个团，与志愿军司令部通报的情况不一致。此时，该军只有第112师先头团逼近熙川，因此，该军迅速将情况报告志愿军总部，并建议推迟攻击熙川的时间，待第112、第113师部队全部进至指定位置，再发起进攻。

志愿军总部接到报告后，立即电示第38军："现在熙川可能有一个团或没有敌人。据云美军两个黑人连队，根本无此消息"，令第38军"迅速占领熙川后，大胆迅速向球场、天水洞、石仓洞攻击前进，战机良好不可错过"①。

29日黄昏，第38军以第112、第113师向熙川发起进攻。此时驻熙川

① 彭德怀等致第38军电，1950年10月28日8时。

的南朝鲜军已经弃城南逃,第 38 军遂以第 112、第 113 师夹清川江向球场、军隅里方向攻击前进。

在此期间,第 66 军主力也全部渡过鸭绿江,于 29 日进至龟城以西之塔洞、新市洞地区,其 1 个团进到古军营洞,并准备继续向龟城前进,阻击美第 24 师和英第 27 旅西进。作为志愿军预备队的第 50 军主力正在过江,向铁山半岛集结。

这样,至 10 月 31 日,西线志愿军主力已在古军营洞、塔洞、泰川(北)、云山(北)、温井、熙川一线,完成了战役展开,并在展开中歼灭南朝鲜第 6 师大部和第 8 师 2 个营,三面包围云山地区的南朝鲜第 1 师,占领熙川,从而为尔后作战创造了有利的条件。

云山战斗,志愿军重创美骑兵第 1 师

在南朝鲜第 6 师大部被歼,第 8 师一部遭到沉重打击的情况下,到 1950 年 10 月底,美第 8 集团军、“联合国军”总部和美国五角大楼,虽然承认中国军队已经参战,但仍认为规模很小。

在朝鲜,美第 8 集团军情报部门于 10 月 30 日,承认南朝鲜军过去的 3 天里在温井和熙川地区遇到了强大的对手,但仍然宣称可能只有 2 个团的中国军队入朝参战。

在东京,“联合国军”总部认为关于中国军队参战规模的报告“大概是言过其实了”。麦克阿瑟拒绝承认任何关于中国军队已经大规模参战的结论,根据他的指示,10 月 29 日,“联合国军”情报处在《每日情报综述》中宣称:“看来,可能是为数不详的中国人加入了……北朝鲜部队,以加强边境地区的防卫。然而,由于只抓住了几个俘虏,以及所发表的声明自相矛盾,因而此时此刻还不能作出进一步的结论。还没有迹象表明中国共产党的军队已在进行公开干预。”①

在华盛顿,美国参谋长联席会议对关于发现中国军队参战的消息尽管忧心忡忡,但也不相信这是中国大规模出兵朝鲜的迹象。参谋长联席会议主席布莱德雷称:“中国人的行动并不坚决,是对麦克阿瑟将军是否会实施

① [美]约瑟夫·格登:《朝鲜战争——未透露的内情》,341 页,北京,解放军出版社,1990。

具体报复行动存有疑心,"美国陆军参谋长柯林斯则在10月31日向陆军政策委员会说:中国军队会对麦克阿瑟的军队构成威胁,但他认为,中国军队的行动只是"在保全面子,因为周恩来宣布他的政府不会袖手旁观,坐视北朝鲜人陷入灾难之中"。他断言,"中国人不会让大批部队渡江去冒遭受麦克阿瑟部队沉重打击的危险"。①

因此,美军领率机构坚持迅速占领全朝鲜的计划不变,训令部队继续向中朝边境推进。

美第8集团军司令沃克调整部署,令南朝鲜军转入防御或保护翼侧安全,而增调美军部队加强第一线的突击力量,继续向鸭绿江推进。10月28日,调预备队美骑兵第1师编入美第1军,由平壤北上进入云山、龙山洞地区,接替南朝鲜第1师防务,并向碧潼推进;以美第9军第2师由平壤北调安州,作为美第8集团军预备队。在西海岸的美第24师于10月31日在定州超越英第27旅,以第5团进占泰川、龟城,继续向朔州前进,以第21团进至宣川,继续向新义州前进。

与此同时,为了保障球场至军隅里方向翼侧安全,沃克令南朝鲜第2军团第6、第8师余部全部退集球场地区,令南朝鲜第7师自博川、龙山洞东调球场、德川,加强集团军侧翼防御力量,阻止从熙川南下的志愿军部队。南朝鲜第1师由云山东移至宁边地区,屏护美第1军右翼,保障美第1军与南朝鲜第2军团接合部的安全。

在侵朝美军大举向中朝边境推进的时候,"联合国军"总部的一位高级官员竟狂妄地否定鸭绿江是两国的国界。国际新闻社东京10月31日报道:"该高级官员指出……在历史上说来,鸭绿江并不是把两国截然分开的一道障碍。"

此时,志愿军在朝鲜清川江以北地区,已可集中10个师至12个师、12万至15万人作战,而美第8集团军则可投入美军3个师、英军1个旅、南朝鲜约2个师,共约6万至7万人作战,志愿军在兵力上占有2∶1的优势。

更重要的是,志愿军对当面敌军的情况已经基本明了,而"联合国军"对志愿军的情况仍然懵然无知。由于志愿军在开进中严密伪装,严格保密,隐蔽战略、战役企图,所以"联合国军"虽发现志愿军参战,调整了部署,但对志愿军的参战意图和参战兵力判断错误,美第8集团军仍背依清川江,以

① United States Army In the Korean War, Policy and Direction: The First Year([美]詹姆斯·F. 施纳贝尔:《朝鲜战争中的美国陆军——政策与指导:第一年》),234页。

师或团为单位,分散配置在龟城、定州、云山、球场、博川一线上,美军与南朝鲜军之间空隙很多。这就使志愿军获得了分割包围、各个歼灭敌人的有利战机。

据此,志愿军总部迅即定下新的决心,决定以对美第8集团军侧后实施战役迂回,结合正面突击的战法,集中志愿军主力,在西线各个歼灭云山、泰川、定州、宁边、球场地区之敌。首先求得消灭南朝鲜第8、第7、第1师,然后视情再歼灭美骑兵第1师、美第24师和英第27旅。10月29日,分别令第40、第39、第66军抓住当面之敌,令第38军以主力迅速南下,务于31日或11月1日拂晓前,进占球场以南院里、军隅里,截断进占云山、泰川之敌退路。

10月28日,志愿军政治部向各军、炮司政治部及各师、团发出了政治动员指示。10月30日,志愿军党委发出告各级党委、全体党员和志愿军全体官兵书。这两个文件阐述了志愿军入朝参战的伟大意义,动员全体官兵向侵略者展开勇敢的进攻。彭德怀等志愿军首长随即向各军、炮司通报战场形势和战役决心,要求部队"应以最坚决最勇敢的行动,分割包围、各个歼灭上述敌人大部以至全部",并强调,要立即将志愿军党委指示传达到每个党员、团员和战士中去,"发扬人民解放军高度顽强刻苦、英勇善战的精神,把我军的声威扩大到全世界,提高新中国在国际上的地位"。

毛泽东于30日20时致电彭德怀、邓华,认为志愿军首长的部署是"很好的",并指出:"我方对敌人数量、位置、战斗力和士气等项均已明了,我军已全部到齐展开,士气高涨,而敌人对我方情况则至今不明了(只模糊地知道我军有四万至六万人)。因此,你们以全部歼灭当面敌人伪一师、伪七师、英二十七旅、美二十四师及美骑一师一部及伪六师、伪八师残部为目标是完全正确的。只要我三十八军全军及四十二军一个师能确实切断敌人清川江后路,其他各军师能勇敢穿插至各部分敌人的侧后,实行分割敌人而各个歼灭之,则胜利必能取得。"①

11月1日9时,彭德怀等志愿军首长正式下达攻击部署:

第38军迅速歼灭球场之敌,尔后以一个师沿清川江东岸向院里、军隅里方向突击,钳制安州之敌,并阻击可能由顺川西援之敌;军主力渡清川江向博川挺进,切断清川江以北地区敌军的退路。第38军动作愈快对全局所

① 《建国以来毛泽东军事文稿》,上卷,320页,北京,军事科学出版社、中央文献出版社,2010。

起作用愈大。

第42军第125师攻占德川，并在该地构筑工事，坚决阻击由东、由南两个方向来援之敌，保障主力翼侧安全。

第40军主力1日晚包围宁边之南朝鲜第1师部队并相机歼灭之，得手后向龙山洞以南灯山洞突击，切断龙山洞地区美骑兵第1师退路。同时以一部置于云山东南上九洞地区，防止云山之敌逃窜。

第39军于1日晚攻歼云山之南朝鲜第1师主力，得手后准备协同第40军围歼龙山洞地区之敌。

第66军一部于龟城以西钳制美第24师，另以一部插至龟城至泰川公路和龟城至定州公路，坚决破路炸桥，阻止敌军运输。该军主力控制于适当地区，准备从敌军侧后出击，围歼美第24师。

第50军主力进至新义州东南地区，防敌西犯，保卫新义州。

第42军主力于原地积极抓住当面之敌，并相机歼其一部，策应西线作战。

志愿军首长在命令中强调：敌军战斗力不强，突击力更差，尤怕近战夜战和切断后路，只是飞机优势对我阻力较大，因此各军对运动中与立足未稳之敌，应发扬勇猛精神，迅速捕捉包围，敢于断敌后路，敢于逼近敌人，善于迅速组织短促火力、兵力猛追敌人。各部均应组织轻重机枪对俯冲敌机准确猛射，使敌机炮火不能发挥威力，则胜利定有把握。

11月1日黄昏，志愿军西线部队根据上述部署，开始对清川江以北地区的南朝鲜军和美英军展开猛烈攻击。

云山是朝鲜民主主义人民共和国平安北道云山郡政府所在地，是朝鲜北部的交通枢纽，有通向东北的云（山）温（井）公路，通向西北的云（山）昌（城）公路，通向东南的云（山）宁（边）公路，通向西南的云（山）博（川）公路。北有三滩川，东有温田川，西有龙兴江，南有九龙江。城区周围群山连绵，山上密林覆盖，山谷河流纵横。

10月31日，美骑兵第1师师部及第5团到达龙山洞，第8团开始在云山接替南朝鲜第1师防务，南朝鲜第1师率第11、第12团向宁边、立石移动，第15团留置云山东侧的三滩川东岸。

11月1日上午，南朝鲜第1师第12团在美军坦克的支援下，集中兵力向云山城北的志愿军第39军阵地发动猛烈进攻，企图为美军打开北进的通道，遭到志愿军第39军部队的坚决阻击，毫无进展，于1日中午开始撤往立石。

志愿军第 39 军已于 10 月 30 日完成了对云山的三面包围。第 39 军最初建议在 10 月 31 日 19 时 30 分发起总攻。[①] 志愿军首长指示：总攻云山，应待第 38 军主力攻占球场、院里，威胁安州，调动美第 24 师回援时为好。[②] 11 月 1 日上午，彭德怀电话指示第 39 军军长吴信泉：第 39 军于 11 月 1 日晚在第 40 军协同下，围歼云山之敌。[③]

根据彭德怀的命令，第 39 军决定：以第 116 师担任主攻，由西北方向沿三滩川两岸山麓经龙埔洞、262.8 高地、间洞、朝阳洞向云山攻击前进，并以一部兵力向上九洞方向发展进攻；第 117 师主力由东北方向实施助攻，首先歼灭三巨里之敌，尔后在间洞与第 116 师左翼团会合，从东面进攻云山，配合第 116 师围歼云山之敌，另以 1 个团迅速插到上九洞断敌退路；第 115 师以 1 个团由云山以西的诸仁洞沿公路两侧向立石上洞、立石下洞、栖凤洞、下草洞攻击前进，另以 1 个团进至云山至龙山洞公路之龙头洞，切断公路，阻击由龙山洞增援云山之敌。第 115 师第 344 团仍留置泰川以北，阻击美第 24 师，确保侧后安全。同时规定，各部于 17 时前完成一切准备，19 时 30 分对云山发起总攻。

11 月 1 日早晨，云山地区大雾弥漫。美骑兵第 1 师接到空中侦察报告：在云山四周地区发现有大批部队移动。骑兵第 1 师师长盖伊随即向美第 1 军要求将该师留置清川江南岸的第 7 团调至龙山洞，同时令位于龙山洞的第 5 团立即派出搜索队，向云山方向前进，确保云山通往龙山洞的公路畅通。

1 日中午，美第 5 团派出的搜索队由龙山洞向北运动。担负阻援任务的志愿军第 115 师第 343 团发现美军搜索队出动，立即由明堂洞向预定阻击地域龙头洞开进。13 时许，该团先头连抢占龙头洞以北的 185.5 高地，先敌开火，将敌击退。随后，第 343 团迅速展开于龙头洞东北公路两侧高地，切断了云山至博川的公路，坚决阻击龙山洞美第 5 团增援云山。

龙头洞战斗，奏响了云山战斗的序曲。此时，南朝鲜第 12 团由于在进攻作战中伤亡惨重，不待美军完全接防，即撤离城外高地，向立石移动。美第 8 团只得仓促进入阵地。这样，到 1 日下午，在云山地区，美第 8 团部署

① 参见吴信泉、徐斌州等致彭德怀等志愿军首长电，1950 年 10 月 30 日 0 时。

② 参见彭德怀等致第 39 军电，1950 年 10 月 30 日 9 时。

③ 参见第 39 军编：《中国人民解放军陆军第三十九集团军军史》，544 页，1995 年 5 月。

于云山城外的北、西、南三个方向，而南朝鲜第15团则部署于云山城外东北、东、东南三方向。

志愿军第39军主力密切注视着云山城内敌军的动向，并做好了一切进攻准备。下午15时30分左右，第116师观察所发现云山外围高地上的敌军在炮火掩护下后撤，同时云山城内有敌汽车不断向南移动。第116师首长判断：敌军可能已经发现志愿军的进攻意图，准备逃跑，遂向军指挥所建议：提前向云山发起进攻。

第39军首长立即决定，乘敌后撤混乱的有利时机，提前总攻云山。15时50分，第39军电告志愿军总部："云山敌于一日十五时三十分开始撤退，我已下令出击。"①志愿军总部批准了第39军的决定。

担负断敌退路任务的第115师第345团首先发起进攻。云山城南约5公里处，九龙江蜿蜒曲折，形成了一个形似"骆驼鼻子"的弯曲部，龙兴江在此注入九龙江，由云山通往龙山洞的公路也由此通过，江上的诸仁桥是云山之敌南撤的必经之路。第345团突破当面之敌阵地后，以1个营攻占桥南的324.2高地，以2个营直插诸仁桥。战至2日1时30分，该团第2营第4连攻占诸仁桥，切断了敌人南逃的退路。

1日17时，第39军主力开始总攻云山。配属第39军的野战炮兵部队和各师团队属炮兵分队对敌实施炮火急袭，第39军装备的六管火箭炮也首次投入实战，对敌纵深目标实施两次齐射。10分钟后，军主力2个师，兵分3路，向云山城发起全面进攻。

担任主攻云山任务的第116师，以第348团在左，第347团在右，并肩展开4个突击营，沿三滩川东西两岸向云山猛攻。右翼第347团先头第2营于23时30分突破敌龙埔洞一线的外围阵地，率先突入云山街区；第3营冲破美军的层层阻击，也于2日2时许从北、西两个方向突入云山街内。左翼第348团攻占朝阳洞后，主力向云山城攻击，2日2时，第3营第7连第2排率先突入云山东街口，截住了正从云山城外撤的敌军。

第117师发起攻击后，经3个多小时激战，攻占三巨里。随后，师主力协同第116师，歼灭朝阳洞地区之敌，尔后向云山发展进攻。另以1个团涉过温田川，于2日6时进至上九洞。

总攻发起前，第39军虽得知美骑兵第1师已经向云山地区移动，但并不知晓其已经接替南朝鲜军的防务，因此主要进行围歼南朝鲜第1师的准

① 第39军致彭德怀等志愿军首长电，1950年11月1日15时50分。

备。进攻发起后，各路部队攻入敌阵，发现交战的均为美军部队，经审讯俘虏后，方得知美骑兵第1师已经在云山布防。

美国陆军骑兵第1师，创建于美国独立战争期间，号称"开国元勋师"，参加过两次世界大战，是美军的"王牌师"。该师为全部机械化装备，为了保持部队荣誉，仍保留了"骑兵师"的番号。进入云山的第8团，加强了美第9野战炮兵营、第6坦克营等分队，火力和机动力很强。另外尚有南朝鲜第15团协助防御。

志愿军第39军发现云山是美军"王牌师"后，斗志更加昂扬，攻击更加猛烈。第116师第347团第2营第7连沿云山街由北向南猛打猛冲，发现3辆坦克引导满载步兵的10余辆汽车向城外逃窜，立即发起冲击，将其冲散，迫其弃车逃命，随即攻占了云山南侧无名高地，切断城内美军向南的退路；第3营则在攻进云山街后，一举歼灭美军1个榴炮连。

2日2时许，第116师预备队第346团第2营投入战斗，从两个一梯队团之间，直插云山城内。该营尖刀连4连与美军展开巷战，击溃街道上的敌人，与一梯队在街区会合。战至2日3时30分，第116师胜利攻占云山城。

在志愿军的猛烈进攻下，南朝鲜第15团遭到歼灭性打击，美第8团也伤亡惨重，已经无力继续防御，只得利用夜暗分头向立石、宁边、龙山洞逃窜。

志愿军第39军部队对逃窜之敌展开坚决的阻击和追击。第348团第2营主力于2日1时30分在云山南2公里的公路交叉口处，与美军1个营遭遇，即抢占公路两侧有利地形，炸毁敌先头坦克，堵塞道路，并乘敌混乱，勇敢地冲入敌群，与敌展开白刃格斗，歼敌100余人，缴获坦克4辆，汽车30余辆，榴炮9门。该营4连1排还乘胜攻占云山机场，缴获炮兵校射机1架、轻型运输机2架。

第347团第3营主力沿三滩川东岸向云山东侧攻击前进，于2日3时进至云山东南5公里处，切断云山至上九洞的公路。营主力继续向上九洞攻击前进，歼灭美军1个榴炮营大部。

战至2日清晨，云山郊区和城东、城北的战斗基本结束。美第8团和南朝鲜第15团大部被歼，余下的美第8团指挥机构和第3营被志愿军第345团压缩包围于云山城南诸仁桥以北、立石下洞公路以西的河滩开阔地。他们在坦克掩护下，多次向诸仁桥发起冲击，企图向龙山洞突围。志愿军1个连凭借桥头两侧有利地形，在团主力的支援下顽强阻击，未使美军前进一步。美军见突围无望，遂构筑工事固守待援。

云山战斗打响后，位于龙山洞的美骑兵第1师主力全力向北增援，与志愿军第115师第343团在龙头洞展开激战。第343团在稳固防守的基础上，于1日晚对敌展开反击。主攻连第1连以勇猛的动作楔入敌阵，仅用50分钟即攻占龙头洞，歼灭美骑兵第1师第5团1个连，计100余人，缴获迫击炮3门。

11月2日，志愿军司令部对第343团1连予以"通令嘉奖"，并指出："从此次作战中，可看出我军指战员的战斗素养与作战精神比敌人强，我以一个连即能歼美军一个连。"①

2日，美骑兵第1师主力在美第1军军长米尔本和骑兵第1师师长盖伊的亲自指挥下，向龙头洞的志愿军阵地发动连续猛攻，企图打开通道，接应被包围于诸仁桥头的第8团余部突围。志愿军第39军电令第343团："向龙山洞方向构筑坚强工事，并彻底破坏公路，阻敌来援，坚决死守。"②

2日下午，美军孤注一掷，在10余架飞机的支援下，以重炮和坦克掩护步兵，以两个多营的兵力对志愿军第343团阵地发动进攻。美军的炮火和凝固汽油弹将志愿军阵地炸成火海，工事大部被毁，但志愿军官兵以"人在阵地在，誓与阵地共存亡"的革命精神，顽强地守住了阵地，击退美军的进攻。美军伤亡达400余人，美第5团指挥官约翰逊上校也负重伤，最终被迫放弃北援云山的企图。

3日18时，志愿军第345团向诸仁桥北被围美军发起最后进攻，美第8团指挥机构和第3营在突围无望的情况下，向志愿军投降。第345团此战共歼灭美军740余人，击毁与缴获坦克14辆、汽车75辆、各种炮16门及大批物资。

至此，云山战斗全部结束。志愿军第39军重创美骑兵第1师，歼灭南朝鲜第1师第15团大部，毙伤俘敌2000余人，其中美军1800余人，缴获飞机4架、击落飞机3架，击毁和缴获坦克28辆、汽车170余辆，各种火炮119门，取得了志愿军与美军第一次较量的胜利。

云山战斗，是中国人民志愿军部队和美军部队在朝鲜战场的首次交锋。第39军发扬人民军队英勇顽强的战斗作风，利用灵活的战术，以劣势装备战胜了号称"王牌师"的美军骑兵第1师。这一胜利，极大打击了美军的嚣张气焰，也进一步坚定了志愿军的战斗信心。

---

① 志愿军司令部：《我一连歼美一连，传令嘉奖》，1950年11月2日18时。

② 第39军致第343团电，1950年11月2日4时。

美第8集团军全线后撤。志愿军主力进逼清川江

在志愿军第39军取得云山战斗胜利的同时,西线志愿军其他部队也向当面之敌展开攻击。

在云山以东,第40军于11月1日晚,以第119师为左路,第120师为右路,向宁边、博川方向攻击前进。第120师在石仓洞歼灭美骑兵第1师1个炮兵连,第119师在曲波院歼灭由球场救援云山的南朝鲜第8师一部。2日,第40军主力逼近宁边。

在泰川、龟城地区,第66军于11月1日进到龟城以西的大星洞、犁邱洞、白云洞、青龙洞地区,阻止和牵制美第24师。当晚,美第24师第5团进至大安洞以南的八安岭,志愿军第66军部队坚决阻击,击毁敌坦克2辆。余敌原地与志愿军部队对峙。

在西海岸公路上,美第24师第21团孤军深入,于1日中午进至南市洞,距鸭绿江只有几十公里。彭德怀、邓华急令第66军留置车辇馆的1个团坚决阻击敌军,同时令预备队第50军部队迅速过江,在白马一线布防,保卫新义州,并抓住敌军,待志愿军主力歼灭正面之敌后,再合力歼灭之。

志愿军第50军即以第150师全部从安东过江,进至新义州以南白马一线构筑阵地,阻击西窜的美军,保护新义州,同时令第149师迅速进至大馆洞,枇岘地区,准备协同第66军消灭美第24师。

在清川江沿岸地区,担任战役迂回任务的第38军以第112、第114师并肩沿清川江前进。南朝鲜第7师沿江设防,层层拦截。第38军一路攻击前进,于11月1日18时攻占球场,随即沿清川江东岸向军隅里、价川方向猛插。第112师先头第336团于2日拂晓进至院里,遇南朝鲜第8师一部阻击。当日下午,第112师主力向院里之敌发起进攻,于18时攻占院里,从而威胁了清川江以北地区美第8集团军的翼侧。

此时,第8集团军右翼的南朝鲜第2军团正在溃退之中;左翼的美第24师和英第27旅则沿西海岸公路孤军深入,位于泰川、定州地区;中路的美骑兵第1师、南朝鲜第1师则面对志愿军主力的强大攻势。清川江沿岸地区是第8集团军后方交通的枢纽部位。如果志愿军占据清川江沿线的博川、安州、军隅里等地,则不仅美第8集团军的防线将呈支离破碎的状况,而且泰川、定州地区的美英军部队将会陷入包围。同时,志愿军的连续突击,

使美军第一次认识到了中国军队的战斗力。美第8集团军司令沃克深恐价川、新安州等交通枢纽被志愿军控制，后路被切断，使其在清川江以北的部队被分割包围，各个歼灭。为摆脱其十分不利的态势，沃克不得不暂时放弃向鸭绿江推进的计划，组织第8集团军清川江以北部队后撤。

11月1日晚，在志愿军向云山之敌发起进攻后，沃克电令美第1军停止向鸭绿江推进，立即向清川江方向撤退。随后，沃克下令清川江以北的第8集团军部队全线后撤。

沃克的基本设想是：依托清川江天险，以美英军一部在清川江以北的博川保持一个桥头堡阵地，同时以南朝鲜第2军团部队在价川、军隅里一线实施防御，阻止志愿军向安州等地发展进攻，而以集团军主力沿清川江南岸展开，建立纵深阵地，稳住阵脚，整顿部队，准备实施反攻。

云山战斗之后，志愿军在整个西线战场处于对敌进攻的有利态势。毛泽东根据战役发展情况，于11月2日19时就志愿军的行动电示彭德怀、邓华："请注意使用三十八军全军控制安州、军隅里、球场区域，构筑强固工事，置重点于军隅里，确实切断清川江南北敌之联系，歼灭美二师北援兵力及伪六、七、八师余部，并尽可能向南伸出直到平壤附近。只要此着成功，即是战略上的胜利。一二五师，则控制德川据点及顺川、元山间铁路线。我三十九军、四十军、六十六军及五十军主力，则担任逐步地各个地歼灭清川江以北以西之敌伪一师、美骑一师、美二十四师、英二十七旅等部。能于半个月内达成任务，即是很好的。"①

此时，志愿军总部已经发现清川江以北的美第8集团军部队有全线后撤的迹象。11月3日凌晨3时，彭德怀、邓华、杜平联名发出全歼窜入清川江以北之敌动员令，指出："窜犯清川江西北之美李匪军，因连续遭我歼灭性的打击，已感到我军威力之强大与兵力十分雄厚，深恐遭受全部覆没的危险，据息，目前西战场之敌均有全线龟缩或撤退模样。我各部队应立即采取一切方法，迅速抓住敌人，不让敌人逃脱我之铁拳打击，全部彻底歼灭敌人于我有利之地区。"动员令要求"所有部队应不顾连续作战之疲劳，不怕供应不上之困难，轻装前进，大胆插入敌后，实行破坏交通，堵住、截断敌人退路，抓住敌人然后分别包围歼灭。……只要抓住与分割了敌人就是胜利，只要坚决执行上级命令，胜利就有保证"。

---

① 《建国以来毛泽东军事文稿》，上卷，330页，北京，军事科学出版社、中央文献出版社，2010。

11 月 3 日,美第 8 集团军清川江以北部队在大量空军、炮兵和坦克的掩护下,向清川江以南全线撤退。西线志愿军立即全线转入追歼作战。

美军和南朝鲜军部队凭借现代化交通工具,在飞机、坦克的掩护下,后撤速度极快,很快在清川江一线构成新的防线。美第 1 军在清川江北岸建立桥头堡,以英第 27 旅在博川附近,以美第 24 师第 19 团在苎岘,夹大宁江两岸占领阵地,屏护安州渡口,掩护主力向清川江南岸撤退;在安州以西,南朝鲜第 2 军团以第 7 师和第 6 师残部固守价川、军隅里,阻止志愿军向安州方向迂回,同时将第 8 师移至德川、宁远地区整顿,保护第 8 集团军的右翼安全。

在二线阵地,美第 24 师第 5 团位于军隅里以北,美第 2 师第 9 团位于军隅里以南,在南朝鲜第 7 师侧后沿公路建立两道封锁阵地,阻止南朝鲜军后撤,并保护通往平壤的两条干线公路;美骑兵第 1 师第 7 团前出至马场里(军隅里西 2 公里)附近,保护美第 1 军与南朝鲜第 2 军团接合部。美第 24 师主力、美骑兵第 1 师主力、美第 2 师主力和南朝鲜第 1 师位于清川江南岸安州、肃川、顺川地区整顿。

11 月 3 日晚,志愿军对清川江以北南撤之敌展开猛烈追击。

志愿军第 39 军在云山战斗结束后,发现龙山洞的美骑兵第 1 师主力和宁边的南朝鲜第 1 师主力分别向清川江以南撤退,遂以第 115 师在云山地区肃歼残敌,军主力迅即向苎岘、博川方向展开追击作战。彭德怀等志愿军首长电令第 39 军:"为各个抓住龙山洞、宁边之敌,你们必须大胆渗透,先切断龙山洞通博川及宁边通安州公路,不让敌人跑掉,执行渗透包围敌人之部队,必须不顾飞机威胁,白天轻装疏散荫蔽迅速前进,才能完成任务,望令所部坚决执行。"①

4 日晚,第 39 军主力进至博川、大杨洞、上甘城、苎岘地区,第 117 师在博川东南上杨五里附近截住英军一部,展开激战。5 日下午,英军抵抗不住志愿军的猛烈进攻,在空中和地面火力的掩护下,撤至清川江以南。第 117 师在博川地区与英军形成对峙。

志愿军第 40 军向宁边地区攻击前进,经连续突破,于 3 日晚逼近宁边。当该军开始对宁边发起进攻时,南朝鲜第 1 师于 4 日凌晨 3 时弃城南逃,第 40 军迅即展开追击作战。部队不顾敌机封锁,白天徒涉九龙江,沿清川江左岸向安州方向展开追击,进至宁边西南的龙渊洞、龙兴洞地区,与美第 24

① 彭德怀等志愿军首长致第 39 军电,1950 年 11 月 3 日 9 时。

师部队遭遇,展开激战。

第 120 师连续攻占了坪洞、龟项洞、忠店山等数处敌阵地后,左路第 358 团首先击溃美第 24 师第 19 团第 1 营。美军急调第 19 团第 3 营 1 个加强连北上接应第 1 营。此时,右路志愿军第 359 团也秘密渡过九龙江,进至龙渊洞,发现美军南撤和北援部队。第 359 团立即抢占公路两侧制高点,将南撤之敌拦腰截断。经两个小时激战,全歼美第 24 师第 19 团第 3 连,并击溃北援之敌。此战,志愿军共毙伤俘敌 300 人,缴获汽车 81 辆、榴炮 8 门和大批军用物资。与此同时,第 119 师第 355 团亦追至龙渊洞,歼美骑兵第 1 师第 8 团残部一部。

龙渊洞战斗结束后,美第 24 师急调第 21 团渡过清川江,协同第 19 团固守清川江北岸桥头堡阵地。志愿军第 120 师主力和第 119 师第 355 团于 4 日晚进至清川江畔的花田里、修隅洞地区。

5 日,美第 24 师在龙兴洞地区向志愿军展开猛烈反扑。志愿军依托野战工事,进行顽强的防御。当晚,志愿军第 120 师主力和第 355 团对龙兴洞之敌展开进攻,歼敌一部,迫使美第 24 师主力撤至清川江南岸地区。

志愿军第 38 军主力担任对敌实施侧后迂回的任务,关系到西线志愿军主力是否能打乱敌军部署,实现在清川江地区分割围歼敌军的计划。当该军于 2 日 18 时进占院里后,22 时,毛泽东致电彭德怀、邓华,指出:“全局关键在于我三十八军全军以猛速动作攻占军隅里、价川、安州、新安州一带,隔断南北敌人联系,并坚决歼灭北进的美军第二师,此是第一紧要事,其余都是第二位。”①

彭德怀等志愿军首长将毛泽东的电报转发第 38 军,并于 11 月 3 日 9 时电令第 38 军:“战局发展极为有利,需要你们全军三个师克服一切困难,坚决勇敢迅速向军隅里、安州攻击前进。”

鉴于南朝鲜军和美军在军隅里地区重兵防守,第 38 军前指调整部署,以 1 个团置于军隅里以北,牵制敌军;第 112 师经瓦洞、温井站、新成里从价川东南向价川攻击前进;第 113 师由价川沿公路向军隅里攻击前进,另以 1 个团经山岩洞、龙峰里向凤鸣里急进,迂回价川之敌。

3 日晚,第 38 军主力开始行动。但因南朝鲜军全力防守温井站附近高地,以密集炮火封锁温井站、九龙站,加上天黑雨大路滑,部队前进速度较

① 《建国以来毛泽东军事文稿》,上卷,332 页,北京,军事科学出版社、中央文献出版社,2010。

慢,至4日拂晓4时,方多路向军隅里之敌发起攻击。战至4日15时,攻占军隅里东北之龙登里、飞虎山、龙浦里、侠下站等地。南朝鲜军和美军在飞机、大炮的支援下,立即展开反扑,双方形成对峙。第38军因此未能完成迂回敌侧后,割断敌军联系的任务。

在向军隅里进攻的过程中,担任迂回任务的第113师第338团,3日晚在三浦里遇南朝鲜军1个加强连阻击,第338团前锋第9连以果敢勇猛的动作向敌发起冲击,创造了以1个连全歼南朝鲜军1个加强连的战例,受到志愿军司令部通报表扬。

与此同时,在战线左翼配属第38军的第42军第125师攻占德川,切断了东西线敌军的联系,并与隔绝敌后的朝鲜人民军第4、第7师会合;战线右翼的第66军于4日进到宣川、定州、龟城之间地区,第50军前出到铁山、车辇馆、古军营洞。

战至11月4日晚,在西线战场上,志愿军已经全线进至清川江北岸。美第8集团军除以少数部队扼守清川江北岸桥头堡阵地外,主力部队已全部撤退到清川江以南,并在新安州至价川一线占领沿江阵地,构成了新的防线。

此时,敌军已经完成部署调整,形成新的防线,且兵力集中,志愿军继续南进,必须强渡清川江,与敌军进行阵地战。同时,志愿军火力不足,且已连续作战近10日,部队比较疲劳,粮弹供应也发生困难。

11月4日,彭德怀致电毛泽东:朝北反攻战役已结束。此次战役消灭敌人仅6至7个团,但对稳定朝北人心,使我军站稳脚,坚持继续作战,是有意义的。因消灭敌人不多,我军实力尚未完全暴露,美伪军还可能重新组织反攻。根据我军当前已很疲劳,粮弹运输困难,且冬寒将至等情况,我们拟采取巩固胜利,克服当前困难,准备再战的方针。①

11月5日1时,毛泽东复电彭德怀:“十一月四日十五时电悉。同意你的部署,请你按当面情况酌量决定。”②

彭德怀等志愿军首长遂于11月5日9时命令西线各军停止进攻,结束第一次战役。

---

① 参见彭德怀致毛泽东电,1950年11月4日15时。

②《建国以来毛泽东军事文稿》,上卷,335页,北京,军事科学出版社、中央文献出版社,2010。

志愿军东线阻击,遏制美第10军北上、西援

在志愿军参战初期,交战双方把狼林山脉以西地域称为西线战场,以东地区称为东线战场。

根据麦克阿瑟的命令,美第10军军长阿尔蒙德为东线战场总指挥,负责指挥美第10军和南朝鲜第1军团的作战行动。10月20日,阿尔蒙德在元山设立指挥所,正式行使"联合国军"在东线的指挥权。

此时,南朝鲜第1军团第3师已经从元山北进,一部占领五老里;首都师已占领咸兴、兴南。由釜山、仁川地区海运元山港的美第10军,则被朝鲜人民军布设的水雷阻于元山港外,尚未上岸。阿尔蒙德即以南朝鲜首都师沿东海岸公路向图们江方向推进,以南朝鲜第3师由咸兴至五老里一线,向长津湖推进。同时令美陆战第1师立即在元山登陆,第7师则改由利原登陆。

10月25日,美陆战第1师开始在元山登陆,阿尔蒙德于当日发布命令:令南朝鲜第1军团部队在美军部队完全登陆前,继续在现区域向前推进,待美军登陆后,则转向东海岸沿岸地区,向图们江推进;美陆战第1师主力接替南朝鲜第3师,向长津湖地区推进,到达长津湖之后,转而西进江界,与西线美第8集团军部队会合,包围朝鲜人民军部队,然后再北上中朝边境鸭绿江,同时以1个团暂留守元山、兴南,保护后方安全;美第7师在利原登陆后,沿北青经丰山至甲山向鸭绿江边的惠山镇推进。

志愿军第42军主力于10月19日至20日由辑安渡过鸭绿江,进入朝鲜战场。10月22日,志愿军第13兵团令第42军主力迅速进至东线长津及其以南之德实里、旧津里线,担负阻击东线之敌,保障西线主力作战的任务。

此时,东线形势已经十分危急。南朝鲜第1军团部队已经逼近长津湖的门户黄草岭和赴战岭,而朝鲜人民军在黄草岭以南地区只有2个步兵连及少量坦克、炮兵分队,已经无法阻止敌军的进攻。

黄草岭、赴战岭地区,山高林密,地势险要,山势南侧较陡,北侧斜坡较大,利守难攻。黄草岭瞰制着咸兴、五老里至泗水里的铁路及咸兴至江界的公路,赴战岭控制着五老里至元丰里铁路及五老里至广大里公路,是朝鲜东北部山区的重要交通要道。

第42军以第124、第126师向长津方向疾进。为加快速度,该军集中所有运输车辆,在人民军的支援下,车运2个营,抢占黄草岭、赴战岭要点。

10月25日拂晓，第124师先头营第370团第2营进至黄草岭，接替朝鲜人民军防御。此时，南朝鲜第3师第26团已占领黄草岭以南的上通里、下通里等地。志愿军部队终于抢在敌军之前进入黄草岭阵地，占据了有利地形。志愿军第370团第2营刚刚占领阵地，南朝鲜第26团就向黄草岭发动连续攻击。志愿军该营及随后赶到的第370团主力，将南朝鲜军的进攻击退。

志愿军第42军首长为确保黄草岭阵地，根据地形和敌情，决定以第124师在黄草岭一线布防，阻击北进之敌，保证西线主力侧后安全。[①] 彭德怀等志愿军首长认为“一二四师在黄草岭一线布防甚妥”，并指示“望构纵深工事，坚决防守，吸引敌人于阵地前沿给以杀伤，灵活反突击”。[②]

10月27日，第42军主力全部进至黄草岭、赴战岭地区，完成展开。第124师配属炮兵第8师第45团及朝鲜人民军炮兵1个大队、坦克1个联队，部署于黄草岭以南之1115高地、草芳岭、796.5高地一线，阻击南朝鲜第3师；第126师第376团配属炮兵第8师1个营，部署于赴战岭、高大山以北地区，阻击南朝鲜首都师部队，师主力集结于革田里地区为军预备队。

南朝鲜第3师部队发现志愿军部队之后，曾一度出现慌乱，于26日停止较大规模进攻。但在调整部署后，于10月27日再次以黄草岭为主要攻击目标，发起持续进攻。志愿军第124师在人民军部队的协同下，击退了南朝鲜军10余次进攻。27日晚，第124师主动放弃草芳岭、577.8高地，撤到黄草岭以南馆坪、769.5高地、665高地二线阵地。

南朝鲜第3师占领草芳岭等地后，气焰嚣张，28日至29日，在20余架飞机和大量炮兵的支援下，对志愿军阵地实施轮番进攻。赴战岭方向的南朝鲜军部队亦攻占赴战岭，企图向西迂回黄草岭。

为打击敌人的气焰，改善防御态势，志愿军第42军首长决定，集中第124师主力于29日晚首先对草芳岭之敌进行反击，同时以126师一部阻击赴战岭之敌，待第124师反击得手后，再反击赴战岭之敌。

29日晚，第124师2个团在50余门火炮的支援下，对草芳岭之敌实施反击。各部队勇猛出击，大胆穿插，至30日凌晨3时，击溃南朝鲜第3师第26团及第23团一部，全部恢复草芳岭一线阵地。

彭德怀等志愿军首长于10月30日致电嘉奖，指出：“我一二四师在黄草岭一带坚决阻击北进之敌，给以重大杀伤，保证了志愿军主力机动作战

① 参见吴瑞林等第42军首长致彭德怀等志愿军首长电，1950年10月25日20时。

② 彭德怀等志愿军首长致第42军首长电，1950年10月26日8时。

……值得表扬,特电嘉奖。”

为配合黄草岭方向的作战,第126师第376团向进占赴战岭的南朝鲜首都师一部发起反击,并于30日占领赴战岭。

11月1日,美第10军军长阿尔蒙德令美陆战第1师接替南朝鲜第3师,向长津湖方向推进,并要求占领长津湖后继续向北推进。当日,美陆战第1师先头第7团进至水洞。

美陆战第1师是美军中的精锐部队。在第二次世界大战中,曾参加过太平洋战场多次岛屿登陆作战,并担负主攻任务,在美军中声名显赫。该师归海军陆战队建制,总员额达2.5万余人,下辖3个陆战团、1个陆战炮兵团,并直接得到1个陆战航空兵联队的空中支援。在作战中,加强大批特种兵,具有很强的火力和机动力。向黄草岭地区进攻的美陆战第1师第7团,除本身的部队外,尚配属1个炮兵营、1个勤务营、1个运输营、1个医疗连、1个工兵连、1个侦察连、1个宪兵连、1个信号特遣队。①

11月2日,美陆战第1师第7团在50余架飞机、40余辆坦克的支援下,向烟台峰、松茸洞一线高地发起攻击。美军飞机猛烈轰炸志愿军阵地,并投掷凝固汽油弹。志愿军阵地烈焰冲天,工事大部被毁,人员伤亡很大。下午5时,美军约2个连的兵力突入烟台峰阵地。志愿军第124师第371团立即投入预备队进行反击,夺回已失阵地。美军继续反扑,至黄昏,志愿军第371团主动放弃烟台峰、松茸洞阵地。

当晚,志愿军第124师乘美军立足未稳,以4个营分多路对美军发起反击。担任正面进攻的2个营在朝鲜人民军6辆坦克的配合下,沿水洞向龙水洞攻击。第370团第1营直捣水洞美第7团阵地核心,美军猝不及防,乱作一团。该营英勇奋战,与敌混战半夜,大量歼灭敌人,至拂晓撤出战斗;担任侧后迂回任务的第370团第3营首先在水洞西侧歼敌1个加强排,继而乘敌混乱,直插美军防御纵深,于3日拂晓占领水洞以南的400.1高地,并突然向公路上行进的美军队伍发起攻击,击毁汽车9辆、榴炮3门。此时天已大亮,美军急忙调整部署,对志愿军第370团第3营展开围攻。志愿军该营在四面被围、与上级失去联系的严重情况下,与数倍于己的美军激战一天

① 参见 Lynn Montross and Nicholas Canzona: U. S Marine Operations in Korea, Vol. Ⅲ, The Chosin Reservoir Campaign(赖恩·蒙特罗斯、尼古拉斯·坎泽纳:《美国陆战队在朝鲜的作战》,第3卷,《长津水库战役》), History Brance G－3, Headquarter U. S Marine Corps, Washington D. C 1957,99页。

一夜,歼敌330余人,击毁汽车40余辆,于3日22时突出重围。随后,第3营在粮弹俱绝的情况下,靠野果充饥,以坚韧不拔的精神,转战两夜一天,胜利归建。

从10月25日至11月3日,志愿军第42军主力以顽强的阻击,顶住了南朝鲜军和美军的轮番进攻,守住了黄草岭阵地,有力保障了西线主力的作战,同时也为志愿军的防御作战积累了重要的经验。

11月3日,彭德怀等志愿军首长,联名通电志愿军全军并报中央军委,表扬第42军,通报该军作战经验。电报指出:从该军切实体验中,又一次证明美伪军战斗力不强,仅恃飞机炮火的暂时优势进行重点攻击,但不可能全线都这样。即逢敌以飞机大炮进攻,部队运用"前轻后重"的原则及战术上防御与运动战结合的原则,采取积极作战思想,则不仅可保持地区,争取时间,并可消灭与消耗敌人。望各军学习42军这种积极的作战精神,在实战中创造更多奇迹,消灭更多的敌人。①

战至11月4日,第42军第124师连续防御9昼夜,伤亡较大,加上朝鲜东北部地区道路狭窄,敌机严密封锁,运输不便,第42军的后勤补给十分困难,弹药、粮食经常供应不上。此时,志愿军第9兵团已经奉中央军委命令,向辑安等地开进,准备进入长津湖地区,担负朝鲜东线作战任务。为减少伤亡,保存实力,争取时间,掩护第9兵团开进,根据志愿军首长的指示,第42军重新调整黄草岭地区的防御部署,令第124师部队放弃烟台峰、松茸洞、水洞等一线阵地,转入草芳岭东西一线阵地,节节阻击敌军北进。

11月4日,美军乘志愿军调整部署之际,以40余辆坦克为先导,后随200余辆汽车和装甲车,组成快速突击部队,在数十架飞机的掩护下,沿公路疾进。至当日黄昏,到达草芳岭以北真兴里、三巨里地区,将志愿军第124师阵地割裂。

志愿军第124师临危不乱,各部队凭借野战工事奋勇阻击和反击敌军,保持阵地不失。配属第42军的炮兵第8师第45团以第2营2个连8门榴炮突然对美军快速突击部队开火,击毁、击伤美军坦克、汽车40余辆。朝鲜人民军坦克部队也主动出击,配合志愿军作战。此后,第124师以预备队投入防御,第42军及时增调第126师第378团作为第124师预备队,很快恢复阵地,顶住了敌军的进攻。

---

① 参见彭德怀等志愿军首长致炮司、各军(转师)并报军委:《四十二军守住烟台峰实战经验》,1950年11月3日20时。

战至11月6日,美军虽逐次增加进攻兵力,但始终无法突破志愿军的阵地。此时,志愿军主力在西线的反击作战已胜利结束,第42军保障主力作战的任务已经圆满完成。同时,志愿军第9兵团部队也已开始渡过鸭绿江,向长津湖地区隐蔽开进。根据变化了的战场形势,11月6日10时,彭德怀等志愿军首长指示第42军撤离黄草岭,节节阻击,诱敌至长津湖地区,为第9兵团围歼敌军创造条件。

据此,第42军部队于7日主动撤离黄草岭阵地,以第378团在古土水以北阵地上,节节阻击,诱敌深入,主力撤至柳潭里地区构筑阵地,准备再战。

志愿军第42军2个师在朝鲜人民军一部的协同下,在黄草岭地区13昼夜的阻击作战中,以英勇顽强的战斗精神,抗击了美军和南朝鲜军的轮番进攻,共歼敌2700余人,粉碎了敌军迂回江界的企图,有力地配合了西线作战,为志愿军第一次战役的胜利做出了重要贡献。

在第一次战役中,志愿军共歼灭"联合国军"2个团又5个营,击溃3个团又12个营,毙、伤、俘敌1.5万余人,其中包括美军3518人,英军等"联合国军"其他国家部队147人,南朝鲜军12325人,缴获坦克12辆、装甲车3辆、汽车650辆、各种火炮529门,以及大批各种军用物资。

志愿军在此次战役中,共阵亡、负伤、失踪10700余人。

中国人民志愿军是在没有做好参战准备的情况下紧急入朝的,特别是武器装备状况极差,没有空军掩护,没有坦克装备,炮兵数量很少,尤其缺乏高射炮和反坦克炮,物资补给运输也极为困难,对朝鲜的民情地形不熟,又临时改变原定在朝鲜北部敌军尚未占领的山区组织防御的计划。志愿军就是在这种情况下采取在运动中各个歼敌的方针,取得了抗美援朝战争第一次战役的胜利,将"联合国军"从鸭绿江边打退到了清川江及以南,粉碎了"联合国军"于"感恩节"前占领全朝鲜,结束战争的计划,初步稳定了朝鲜战局,为朝鲜人民军后撤和整顿赢得了时间,同时,取得了与美军和南朝鲜军作战的初步经验,增强了胜利的信心,为尔后作战创造了有利的条件。

这次战役在指导上有如下几个特点:

第一,毛泽东和中央军委对志愿军入朝后的首战高度重视,通过各种渠道对"联合国军"的动态了如指掌,根据战场情况,与彭德怀一起从战略全局上筹划战役的部署,确定作战地区和歼敌目标。毛泽东对部队行动的指示甚至具体到各军开进路线、到达指定位置的时间、哪个军打哪个敌人、采取什么战术等。将帅配合默契,部队克服困难积极主动,从而有力地保证了战役的胜利。

第二，利用美国军政当局和"联合国军"总部对中国人民支援朝鲜反抗美国侵略的决心和力量的判断错误，志愿军隐蔽企图，秘密入朝，造成了战略和战役上对"联合国军"予以打击的突然性。

第三，密切注视战场情况，审时度势，根据战场情况的新变化，果断改变原定作战设想，采取在运动中各个歼敌的方针。敌进我进，在部队开进中捕捉战机，确定战役的决心和部署，并根据志愿军开进情况和敌情变化及时予以修正，使决心和部署适应了战场上不断变化的复杂情况。

此外，志愿军入朝前的作战准备虽不很充分，但战前的各种准备，仍为取得这次战役的胜利和尔后的作战创造了必要条件。志愿军在战役中的政治工作，对鼓舞部队士气、克服各种困难、坚定胜利的信心，起了重要的保证作用。

第十五章

抗美援朝保家卫国的正义行动在国内外引起强烈反响

新华社首次公开报道中国人民志愿部队参战，中国各民主党派发表联合宣言

为了宣传志愿军入朝作战首次战役的伟大胜利，鼓舞全国人民的斗志，获得世界人民的同情和支持，同时又迷惑敌人，隐蔽战略企图，为志愿军下一步作战创造条件，毛泽东对志愿军战报新闻的发表时机和内容作了精心的安排。

早在志愿军取得两水洞战斗胜利时，彭德怀曾致电毛泽东，请毛泽东核示战报新闻，新闻稿中没有提到志愿军部队，而是以朝鲜人民军总部公报的形式，称“我军于25日全歼狂妄北进的敌军先头部队”[①]。毛泽东于10月27日回电指示彭德怀：“暂时不宜发表作战新闻，待战役告一段落再发表为宜。”[②]在志愿军进行第一次战役期间，志愿军总部始终没有发布战报，中国国内的报刊也没有报道志愿军的情况。在朝鲜人民军总部发表的战报中，

① 彭德怀致毛泽东电，1950年10月26日。

② 《建国以来毛泽东军事文稿》，上卷，309页，北京，军事科学出版社、中央文献出版社，2010。

也没有公布志愿军参战的消息。这一做法,有效地迷惑了敌军。

第一次战役结束之后,11 月 5 日,毛泽东致电彭德怀,指出:“为了迷惑人的目的,目前还是不宜以联合司令部的名义发表战报,而应以人民军总司令部的名义发表战报,但在战报中应当有几句话提到此次作战有中国人民抗美援朝保家卫国志愿部队(简称志愿部队,对外不称志愿军,对内则称志愿军①)参加,并且打得很勇敢。”②

根据毛泽东的指示,志愿军参谋长解方起草了第一次战役的战报新闻稿,经彭德怀签发,上报毛泽东主席阅示。

与此同时,中朝两国政府也就公布志愿军参战消息的方式和时机进行了协商。11 月 6 日,金日成首相与中国驻朝鲜大使馆政务参赞、临时代办柴军武讨论了公开中国人民志愿军入朝参战消息的事宜。柴军武马上将会谈内容上报中央。

11 月 8 日,周恩来致电柴军武,请他转告金日成:“对中国人民抗美援朝保家卫国志愿部队(简称中国人民志愿部队,不称中国人民志愿军)在朝鲜人民军总司令部统一指挥下参加作战事,可以公开发表”,说法请参照中方的说法,“有几句话略为提到,不必多说”,希望朝鲜政府“号召朝鲜军民与中国人民志愿部队亲密合作,互相学习”,并指出“敌人已宣布中国人民志愿部队参战,故作此宣传不会在国际上引起其他影响。敌人害怕在朝鲜持久作战,暂时亦尚无扩大战争准备,故现在被动而慌乱”。③

1950 年 11 月 7 日,新华社以援引朝鲜新义州电台广播的形式,第一次公开报道了由志愿军总部起草的战报,内容为:“朝鲜民主主义人民共和国人民军总司令部顷发表公报称:共和国人民军最近在朝鲜西北部的作战中取得重要胜利。在此次作战时期,有中国人民抗美援朝保家卫国志愿部队的组成,这个志愿部队在人民军总司令部统一指挥之下,和人民军一道参加了作战。在中国人民志愿部队的参加之下,人民军在温井、云山一带击溃了

---

① 1950 年 12 月 3 日,《人民日报》发表毛泽东主席给天津市工商业联合会主任委员李烛尘等的信,信中公开使用了“中国人民抗美援朝保家卫国志愿军”的名称。12 月 5 日,《人民日报》发表毛泽东主席亲自起草的人民军和志愿军向平壤进军的新华社新闻稿,在这篇新闻稿中,公开使用了“我国人民志愿军”的名称。从此,中国的新闻报道开始公开使用“中国人民志愿军”的名称。

② 《建国以来毛泽东军事文稿》,上卷,337 页,北京,军事科学出版社、中央文献出版社,2010。

③ 《周恩来军事文选》,第 4 卷,89 页,北京,人民出版社,1997。

李承晚匪军第二军团四个师及美军一部，迫使该方面美国侵略军及李承晚匪军逃至清川江以南。”

报道在概略介绍了第一次战役的经过和战果之后，指出：“人民军和中国人民志愿部队士气极为旺盛，朝中战士团结无间，亲如兄弟。”①

11月4日，中国共产党、中国国民党革命委员会、中国民主同盟、中国民主建国会、中国人民政协无党派民主人士、中国民主促进会、中国农工民主党、中国致公党、九三学社、台湾民主自治同盟、中国新民主主义青年团发表联合宣言。宣言全文如下：

以美国为首的帝国主义者侵略朝鲜的行动正在严重地威胁着中国的安全。全中国人民早已集中注视美国侵略者在朝鲜的行动以及中国领土、领空、领海上的行动。

帝国主义的侵略野心是无止境的。美帝国主义者在今年六月二十五日发动侵朝战争，他们的阴谋绝对不止于摧毁朝鲜民主主义人民共和国，他们要吞并朝鲜，他们要侵略中国，他们要统治亚洲，他们要征服全世界。

四个月来的事实，已经充分地证明了这一点。在美国指使朝鲜傀儡李承晚发动向朝鲜人民军的进攻以后，美国总统杜鲁门随即命令美国海陆空军到朝鲜进行战争，他同时命令美国第七舰队侵入我国台湾领海，武力干涉我国解放台湾；他同时命令增强对越南、菲律宾等地的侵略。这些事实，证明了美帝国主义发动侵朝战争的目的是要侵略中国，侵略整个亚洲。

从美帝国主义者在六月发动侵朝战争以后，其侵朝空军曾多次侵入我国东北的领空，屠杀我国的人民，炸毁我国的财产。其侵朝海军竟在公海之内炮击我国的商船，破坏我国的航权。到了最近，美帝国主义者的狰狞面目更加暴露出来了。美帝国主义者及其帮凶们在武力侵占汉城以后，一意孤行，不顾我国的警告，侵越朝鲜三八线，并以大量陆军向鸭绿江、图们江汹涌逼进，直接威胁我国东北国境。

今天的形势已经十分明显了。美帝国主义者正袭用着当年日寇先侵略朝鲜随后侵略中国的故伎。谁也知道，朝鲜是一个较小的国家，但其战略地位则极重要。美帝国主义者侵略朝鲜的目的，主要地不是为了朝鲜本身，而是为了要侵略中国，如像日本帝国主义者过去所做过的那样。历史的事实早已告诉我们，朝鲜的存亡与中国的安危是密切关联的。唇亡则齿寒，户破

① 新华社朝鲜北部某地1950年10月7日电。

则堂危。中国人民支援朝鲜人民的抗美战争不止是道义上的责任,而且和我国全体人民的切身利害密切关联着,是为自卫的必要性所决定的。救邻即是自救,保卫祖国必须支援朝鲜人民。

全国人民现已广泛地热烈地要求用志愿的行动为着抗美援朝保家卫国的神圣任务而奋斗。这种要求是完全合理的,完全合乎正义的。诚如周恩来总理所说:“中国人民决不能容忍外国的侵略,也不能听任帝国主义者对自己的邻人肆行侵略而置之不理。”这两句话是代表中国四亿七千五百万人民说的,它反映了人民的意志,体现了人民的要求。中国全体人民团结一致,保卫家乡,保卫祖国,保卫和平的坚强意志,是无论如何也不能摧毁的。

中国人民是酷爱和平的。我们以前一向要和平,我们今后永远要和平。我们要中国的和平,我们要亚洲的和平,我们要全世界全人类的持久和平。我们主张朝鲜问题应当以和平方式来解决,帝国主义者的侵略军应当从朝鲜撤回去。然而,美帝国主义者及其帮凶们不但不愿意撤退侵略军,停止侵略战争与以和平方式解决朝鲜问题,反而向三八线以北,向中国的边境鸭绿江、图们江疯狂地发展这种侵略战争。这样就迫使我们认识了这样一个事实,那就是:世界上爱好和平的人民如果想要得到和平,就必须用积极行动抵抗暴行,制止侵略。只有抵抗,才有可能使帝国主义者获得教训,才有可能按照人民的意志公正地解决朝鲜及其他地区的独立和解放的问题。正义是在我们方面,是在中国、朝鲜、越南、菲律宾的人民方面,是在全亚洲的人民方面,是在全世界爱好和平的人民方面。帝国主义侵略者是违反正义的,是丧失同情的,是自陷于孤立的。侵略者必定要走向最后失败,而最后胜利必归于正义的人民。

中国各民主党派誓以全力拥护全国人民的正义要求,拥护全国人民在志愿基础上为着抗美援朝,保家卫国的神圣任务而奋斗。

中国各民主党派联合宣言的发表和新华社对中国人民志愿部队在朝鲜参加作战的公开报道,在中国,在朝鲜,在各民主国家以及世界爱好和平的人民中引起了强烈的反响。

中国人民坚决拥护抗美援朝、保家卫国的决策

中国各民主党派联合宣言和新华社公布的中国人民志愿部队入朝参战

的消息，立即在全国范围内引起强烈反响。《人民日报》发表题为《我们为什么对美国侵略朝鲜不能置之不理》的社论，指出："中国各民主党派在四日发表联合宣言，明确地说明中国人民对于朝鲜问题的严正立场，并对各地爱国人民以志愿行动抗美援朝保家卫国的要求，加以热烈的支持。各民主党派联合宣言是一个极端重要的历史文件。它向全世界忠实地表达了中国四万万七千五百万人民的共同意见和共同的行动纲领。"全国各界纷纷发表宣言，拥护中国各民主党派联合宣言，反对美国侵略，支持抗美援朝、保家卫国。

中华全国自然科学专门学会联合会和中华全国科学技术普及协会发表宣言指出：美国不顾一切，扩大对朝鲜的侵略战争，战争火焰已经燃烧到我国的鸭绿江边。美帝国主义在侵略朝鲜的同时，又侵占我国的领土台湾，又不断地侵犯我国东北和山东的领空，并曾侵扰我国山东的海岸。我国的安全已经受到严重的威胁，我们不能置之不理！我们决不容许任何侵略者玷污我们神圣的国土。我们要求全国理、工、农、医各方面的科学工作者，更紧密地团结起来！为了抗美援朝、保家卫国，不惜任何牺牲，不怕一切困难，将所有的力量，贡献给祖国，为祖国服务。①

中国社会科学五个学科研究会发表联合宣言，指出：战火既已烧到我们的门前，我们就要叫侵略者懂得伟大的中国人民是不可欺侮的；援助我们的被侵略的邻人是符合于中国民族的传统道德和人类正义的行动；保卫我们的国家，制止横蛮的侵略者，更是中国人民永不回避的天责。中国的一切爱国的学术工作者坚决拥护各民主党派的严正宣言，热烈响应全国人民志愿抗美援朝、保家卫国的运动。②

中华全国总工会发表宣言指出，抗美援朝，保家卫国是中国工人阶级当前的神圣任务，因为"美帝国主义者侵略朝鲜的目的，主要地不是为了朝鲜本身，而是为要侵略中国，如像日本帝国主义者过去所做过的那样，历史的事实早已告诉我们，朝鲜的存亡与中国的安危是密切相关的"。所以抗美援朝就是为了保家卫国，要保家卫国，必须抗美援朝。现在美帝国主义所燃起的侵略朝鲜的战火，已经烧到了我们国境大门，而且我们的台湾已被美帝国主义侵占了。没有大家的努力，没有奋不顾身的斗争，敌人侵略中国的野

① 参见中国人民抗美援朝总会宣传部编：《伟大的抗美援朝运动》，671～672 页，北京，人民出版社，1954。

② 参见《伟大的抗美援朝运动》，672 页，北京，人民出版社，1954。

心是不会死的。为了消灭美帝国主义者的侵略武力对我们国境安全的威胁,为了保护我们已经获得的革命胜利果实,我们就要把我们的劳动与智慧全部贡献于抗美援朝、保家卫国的神圣事业!①

中华全国民主妇女联合会在其宣言中宣告:我们中国妇女有参加抗日战争和全国解放战争的丰富经验,如今为了保卫祖国,为了争取世界持久和平,为了中国和全世界的妇女与儿童的永远幸福,我们有决心、有勇气进行更坚强的斗争!②

中华全国民主青年联合总会在其宣言中指出:我们中国青年酷爱和平,因而我们要坚决地保卫和平,并愿为争取世界的持久和平而贡献我们的全部力量。今天,世界和平已遭受到美国侵略者的疯狂破坏,美国侵略者不顾我国政府的严重警告,侵略我邻邦朝鲜,并胆敢向我边境逼进,我们的台湾领海被美舰侵入,东北多次被美国飞机扫射轰炸,我们国家的安全受到严重的威胁。我们深切体会到只有积极行动,才能抵抗暴行,制止侵略,只有抵抗,才有可能使侵略者获得教训;也只有给侵略者以严重教训,才能获得和平,才能进行我们的建设祖国的伟大工作。我们号召全国青年,为着彻底实现中国人民的正义要求,加倍努力工作,提高劳动效率,加紧学习,努力掌握知识技能,加强爱国主义和国际主义的教育,随时准备为祖国服务,踊跃参加援朝卫国的神圣工作,积极支援中国人民志愿部队。③

中国各民主党派联合宣言的发表和新华社公布中国志愿部队入朝参战的消息,使抗美援朝、保家卫国运动在全国蓬勃发展,迅速掀起高潮。仇视、鄙视、蔑视美帝国主义的教育深入人心,抗美援朝、保家卫国成为全国人民的共同心声。

为使人民的爱国热情与本职工作相结合,把抗美援朝运动继续推向前进,中共北京市委于11月12日向毛泽东、中共中央和中共中央华北局呈送报告,对北京市抗美援朝运动的形势和群众的思想情况进行了全面分析,提出了四点意见:①首先应以肃清美帝国主义在华的影响,肃清部分群众中的崇美、恐美心理,孤立打击亲美分子为中心;②群众抗美援朝的具体行动,应该是多种多样的,应该以多数群众可能办到的事情来号召,例如,给前线志愿军部队写慰问信、寄慰问袋,慰劳军属并帮助他们解决困难,分担志愿军

① 参见《人民日报》,1950年11月9日。

② 参见《伟大的抗美援朝运动》,673页,北京,人民出版社,1954。

③ 参见《伟大的抗美援朝运动》,674页,北京,人民出版社,1954。

原来的工作，自愿捐款及参加战地各种服务工作等；③经过思想酝酿和扩大宣传，普遍号召工人高度发扬工人阶级的积极性，努力生产节约；号召学生继续抗美宣传，努力学习，掌握知识、技术，准备为祖国服务；号召机关工作人员提高工作效率，做好工作；号召工商界积极贯彻政府政策，反对投机操纵、囤积居奇，在经济战线上开展抗美援朝运动。各阶层人民都须注意防特防谍，巩固革命秩序；④在郊区扩大抗美援朝运动。[①]

毛泽东亲自为中共中央起草电报，将北京市委的报告转发各中央局、各中央分局、各大军区和各省市区党委，指出：北京市委的报告“是正确的，你们亦应照这个方向去做”[②]。这一指示，保证了抗美援朝运动的健康发展，并不断走向深入。

在首都北京，北京市学生联合会发表宣言，坚决拥护各民主党派联合宣言。宣言指出：“各民主党派所发表的誓以全力拥护全国人民的正义要求，拥护全国人民在志愿基础上为着抗美援朝保家卫国的神圣任务而奋斗的宣言，正是代表中国四万万七千五百万人民的正义要求，全国人民将因这一宣言得到更明确的认识与极大的鼓舞。我们北京市的学生誓以钢铁般的意志拥护这一正义的宣言，并愿为这个宣言的目标而奋斗！”[③]清华大学 369 名教师发表声明指出：“我们坚决支持各民主党派的宣言，这个宣言充分地表达了我们中国人民的决心与意志。我们愿尽最大的努力为抗美援朝保家卫国的神圣任务而奋斗！”[④]北京大学、清华大学、燕京大学、农业大学、交通大学、北京铁道学院、回民学院、第四中学等校学生纷纷要求参军，支援朝鲜前线。首都工人展开爱国生产竞赛，北京被服厂全体工人提出了“工厂就是战场，机器就是武器”的口号，提高生产，厉行节约，支援朝鲜人民，成为广大工人的共同行动。

东北地区是中国人民志愿军的总后方基地。东北总工会代表全东北私营企业百余万工人发表书面谈话说：我们东北工人们很早就看到美帝国主义先侵占朝鲜、台湾再侵犯东北的阴谋，我们早已为美机侵袭祖国领空，杀害我同胞的罪行而愤怒。为了抗美援朝而进行的爱国主义生产竞赛已成

① 参见《建国以来毛泽东文稿》，第 1 册，655～656 页。

② 《建国以来毛泽东军事文稿》，上卷，345 页，北京，军事科学出版社、中央文献出版社，2010。

③ 《人民日报》，1950 年 11 月 6 日。

④ 《人民日报》，1950 年 11 月 7 日。

为全面的群众运动。许多工人表示愿意以担负军运、防空、通讯、战地救护等行动，去直接支援朝鲜人民的解放战争。在我们正义的要求获得了全国各民主党派的赞同和支持的今天，我们感到无比的振奋。我们将加速变自己的志愿为实际行动。新民主主义青年团东北委员会代表东北百万青年和52万青年团员发表书面谈话说：东北区的青年团员一定用各种志愿的行动，支援朝鲜人民打败美帝国主义的侵略，保卫祖国，保卫家乡，保卫我们青年的远大前程。东北民主妇联发表的书面谈话说：我们有支援东北人民解放战争丰富经验的东北2000万妇女，将要在战地救护、医院护理、缝制军服、送夫送子赴朝参战等各方面发挥力量，实现自己抗美援朝保家卫国的志愿。① 此外，中苏友好协会东北总分会、东北卫生工作者协会、沈阳市总工会、沈阳市青年联合会等都纷纷发表书面谈话，表示志愿抗美援朝的决心。

为了支援朝鲜前线，东北人民展开了捐献衣物等活动。沈阳市各机关团体的工作人员纷纷捐献御寒衣物，送往朝鲜前线。仅在11月15日至17日三天，东北人民政府工业部、文化部等15个单位捐出棉皮衣、帽、鞋等10081件。在东北农村，农民除了一面加紧缴纳公粮以支援国防建设外，还纷纷将本年收获的新鲜蔬菜晒成菜干，送往朝鲜前线。

在华北地区，各地人民一致拥护各民主党派联合宣言。天津市各民主党派及人民团体均发表声明，表示坚决以志愿行动全力支援朝鲜人民，抵抗美国的侵略暴行。河北各界人民代表会议及各人民团体发表通电，认为各民主党派联合宣言代表着全国人民在志愿的基础上为抗美援朝保家卫国而奋斗的正义要求，也完全代表河北省人民的志愿。保定市各界人士1万余人在11月6日下午举行游行示威，表示热烈拥护各民主党派联合宣言。山西省首届妇女代表大会400名代表一致表示：各民主党派的联合宣言，代表着全国人民的正义要求，山西省的妇女愿献出自己最大的力量，支援朝鲜人民战争，击败美国侵略者，以保卫国家安全。② 内蒙古自治区总工会、青年团内蒙古团委会等团体表示：蒙古各界人民坚决与全国各兄弟民族团结一致，用支援朝鲜人民打败美国侵略者的实际行动来拥护各民主党派联合宣言。

在西北地区，各民族、各人民团体、各民主党派地方组织、民主人士一致

---

① 参见《人民日报》，1950年11月7日。
② 参见《人民日报》，1950年11月9日。

拥护各民主党派联合宣言。参加国庆盛典回西安不久的西北区各民族代表团表示,誓以实际行动为抗美援朝、保家卫国的神圣任务奋斗到底。新疆哈萨克族代表安尼·瓦尔加库林说:“各民主党派联合宣言完全集中了全国各族人民的意志和要求,为了保卫祖国,为了争取世界和平,必须给凶恶贪婪的战争贩子——杜鲁门、麦克阿瑟以应得的惩罚。我们要发扬国际主义和爱国主义精神,给朝鲜弟兄以有力支援,粉碎美帝国主义任何无耻的阴谋和野蛮的侵略行为。”[①]蒙古族淋沁旺济勒盟长说:“我虽然七十岁了,但我有勇气愿与每个热爱祖国的蒙胞踏上战场,誓为保卫人民祖国与帝国主义决一死战。”[②]西安市的青年团员表示:我们是中国人民的忠实儿女,我们愿意献出自己的青春,为保卫祖国而奋斗。

在华东地区,各民主党派、各界人士对美国扩大侵略战争的罪行,表示忍无可忍,纷纷发表意见,主张以志愿的行动援助朝鲜人民,打败美国侵略者,保卫祖国。上海市立戏剧专科学校校长熊佛西、演员周信芳、石挥等表示:支援朝鲜人民的解放战争,就等于巩固我们自己的国防。南京市工人、青年学生、医务工作者纷纷提出抗美援朝保家卫国的要求与主张。曾出席全国劳模代表大会的代表葛增坤说:“我们要立刻像救火一样的扑灭美帝侵略火焰。为保卫祖国,我们全厂的被服工人保证以最大力量,来支援反侵略战争的一切军需被服。”[③]南京市民主妇联缝纫厂全体女工缝制了一个大慰问袋,并缝制了子弹袋、棉鞋、袜子等许多慰问品,寄往朝鲜前线。

在中南地区,人民热烈响应各民主党派联合宣言,纷纷表示自愿援助朝鲜人民抵抗美国侵略,保家卫国。出席全国英模大会的战斗英雄代表刘梅村说:“我过去虽为人民负过七次伤,但今天美帝国主义如胆敢发动侵略我国的战争,我一定为保卫祖国流尽最后一滴血。”[④]许多工厂、学校的工人、教师、学生举行时事座谈会,表达抗美援朝、保家卫国的主张和决心。湖北省机械农垦处职工发出抗议书,并响应中南总工会号召,开展爱国主义的生产竞赛运动。武汉市第一男中学生会代表全校同学坚决表示:在国家需要的时候,将毫不犹豫地拿起武器,参加保家卫国的正义战争。武汉市立第一

① 《人民日报》,1950 年 11 月 9 日。
② 《人民日报》,1950 年 11 月 9 日。
③ 《人民日报》,1950 年 11 月 9 日。
④ 《人民日报》,1950 年 11 月 9 日。

医院附设护士学校70余位同学,表示要加紧学习,以期早日毕业,做一个抗美援朝、保家卫国的战地护士。

在西南地区,重庆、成都、昆明等地人民对美国扩大侵朝战争的疯狂侵略行为,万分愤怒,青年工人、农民和学生纷纷表示志愿抗美援朝保家卫国的坚决意志。重庆市的农民表示说:"我们将紧密地团结农民兄弟,搞好小春耕种,积极缴纳公粮,全力支援人民解放军和朝鲜人民。"重庆面粉厂全体工人给《川西日报》写信说:"朝鲜是我们的邻国,在抗日战争中,朝鲜人民曾帮助我们打过日本帝国主义,现在他们遭受了美帝国主义的疯狂侵略,我们中国人民要救邻自救,支援朝鲜人民打败美帝国主义。"昆明机器厂第十五生产小组则准备组织战地服务团赴朝帮助朝鲜人民作战,并写信向金日成和朝鲜人民致敬。[①]

抗美援朝运动的蓬勃发展,使得全国人民进一步认清了美国侵略者的本质,极大地提高了社会各阶层人民的政治觉悟,激发了人民的爱国热情。全国空前团结,万众一心。11月30日,天津工商界举行4万人参加的抗美援朝保家卫国示威游行,并通过了致毛泽东主席电,表示:这次示威大游行,是要"告诉美帝国主义,我们已经认清了他们的侵略本质,全国各阶层都已团结一致,共同为完成抗美援朝保家卫国的神圣任务而奋斗到底"[②]。

毛泽东于12月2日给天津工商界回信,高度评价他们的政治觉悟和爱国热情,指出:"美国帝国主义者对于中国人民做了很多的欺骗宣传,一切爱国者都不应相信这些欺骗言论。美国帝国主义者侵略朝鲜,侵略中国的台湾,轰炸中国的东北,并使用各种流氓手段恐吓中国人民,一切爱国者都应有决心反抗美帝国主义的侵略,并不受他们的恐吓。中国人民抗美援朝保家卫国志愿军的英勇行为,是值得赞扬的。全国工人、农民、知识分子及工商业家,凡属爱国者,一致团结起来,反对美帝国主义的侵略,是完全正确的。我希望全中国一切爱国的工商业家,和人民大众一道,结成一条比过去更加巩固的反对帝国主义侵略的统一战线,这就预示着中国人民在反对帝国主义侵略的神圣斗争中一定要得到最后胜利。"[③]

---

① 参见《人民日报》,1950年11月9日。

② 《伟大的抗美援朝运动》,705页,北京,人民出版社,1954。

③ 《人民日报》,1950年12月3日。见《建国以来毛泽东军事文稿》,上卷,381页,北京,军事科学出版社、中央文献出版社,2010。

朝鲜人民感谢中国人民的无私援助，支援中国人民志愿军作战

中国各民主党派联合宣言发表后，在朝鲜各界也引起了热烈反响。朝鲜人民感谢中国人民的无私援助，为中国人民志愿军部队在抗击美国侵略军的作战中所取得的伟大胜利而欢欣鼓舞。

朝鲜祖国统一民主主义战线各政党、社会团体于12月12日发表致中国各民主党派的感谢信，指出：中国各民主党派"在11月4日发表的拥护中国人民以志愿行动抗美援朝保家卫国的正义要求的各民主党派联合宣言，在为保卫祖国的自由和独立而与美帝国主义进行忘我斗争的朝鲜人民中间，引起了广泛的反响和深切的感激。……正当企图奴役朝鲜人民的美帝国主义的残暴的攻势达到极点，而为保卫自己祖国的荣誉和自由的朝鲜人民的正义斗争面临着非常严重的艰难的时候，中国人民这种强有力的援助，使朝鲜人民的斗争增加了巨大的鼓舞、勇气和力量。……这样，在反对我们两国共同敌人美国侵略者的斗争中，由于中国人民志愿部队直接出动，中国人民和朝鲜人民间血肉相连的友谊，在击退仇敌的残酷的战争火焰里，是更加增强了"。

感谢信指出："我们在正义战争中紧紧结成的中国人民和朝鲜人民兄弟般的团结，不仅成为击败两国人民的共同敌人、保证两国人民共同胜利的坚固堡垒，而且成为保卫世界和平与安全以及全人类幸福的强大推动力。……全世界千千万万人民的尊敬和支持，都集中在为抗美援朝保家卫国而走上前线的中国人民的身上。"

感谢信最后说："现在，在为粉碎和反击美帝国主义强盗般的武装进攻、并为争取祖国的统一和独立以及民主和自由而斗争的朝鲜人民面前，还有着重重艰难和障碍。但朝鲜人民一定能克服任何艰难和障碍，并在与中国人民并肩击退共同敌人的这个战争中，一定会争取到胜利。"①

在此期间，朝鲜各民主党派负责人纷纷发表谈话，盛赞中国人民抗美援朝的义举。

朝鲜祖国统一民主主义战线中央常务委员会书记局长金昌俊说："我

---

① 《伟大的抗美援朝运动》，39～41页，北京，人民出版社，1954。

们对于代表中国四万万七千五百万人民意志的中国各民主党派联合宣言，表示全民族的无限感激。朝鲜人民军与人民游击队，在中国人民志愿部队的协助下，已对美帝国主义侵略军及李承晚伪军发动了猛烈的进攻。最后胜利一定属于为反对美国帝国主义侵略而战的朝、中两国人民。让我们为最后胜利而并肩前进。”①

朝鲜勤劳人民党中央委员会委员长李英说：“我们对于中国人民弟兄般的友谊的帮助，表示深深的感谢。它无限地鼓舞了我们彻底歼灭朝、中两国人民共同敌人美帝国主义侵略者的决心。”②

朝鲜民主党中央委员会副委员长邓圣彦说：“建立起中华人民共和国的中国人民，是亚洲的和平堡垒。朝、中两国人民反对世界帝国主义的帮凶——美帝国主义者的斗争，受到了各国保卫和平人民的热烈欢呼。这一斗争，将给予世界和平运动以巨大的贡献。”

北朝鲜民主青年团同盟中央委员会委员长玄正民说：“中国四亿七千五百万人民的呼声大大地鼓舞了我们。中国人民志愿部队的到来，使我们朝鲜青年增加了千百倍的勇气和必胜的信心。我们的团结，已经使我们在战场上获得了巨大的战果，这个战果将更加扩大。光辉的胜利一定属于我们朝、中两国的人民。”③

中国人民志愿军在朝鲜受到了朝鲜人民的热情欢迎。朝鲜报纸上差不多每天都登有几十封朝鲜人民对中国人民表示感谢的信。尽管蒙受了战争的巨大创伤，但志愿军所到之处，朝鲜人民采取各种方式表达对志愿军的热爱和感激。他们自发地组织起来，冒着生命危险，给志愿军送饭送水。他们倾其所能，拿出仅有的粮食，让出火炕，为志愿军提供食品和住处。他们主动为志愿军充当向导，配合志愿军作战。

朝鲜人民军和游击队在极为困难的条件下，千方百计配合志愿军作战。在第一次战役中，西线朝鲜人民军部队曾在博川等地主动出击，协同志愿军作战。在志愿军第 42 军东线黄草岭地区开进的过程中，朝鲜人民军主动提供汽车，帮助志愿军运送部队，并在志愿军与南朝鲜军和美军激战的过程中，与志愿军协同作战，共同抗击敌军的进攻。在敌后作战的朝鲜人民军部队，也四处活动，攻击敌军交通线和孤立据点，牵制敌军的兵力，扰乱敌军后

① 《人民日报》,1950 年 11 月 27 日。
② 《人民日报》,1950 年 11 月 27 日。
③ 《人民日报》,1950 年 11 月 27 日。

方,配合志愿军在正面战场的作战。中朝军队很快即建立起了亲密团结、友好合作的协同作战关系。

世界民主阵营国家和爱好和平人民声援中国人民志愿军的行动

中国决定抗美援朝、保家卫国的坚定立场,和中国人民志愿军入朝参战,在世界民主阵营国家和爱好和平人民中得到一致支持。

1950 年 11 月 16 ~ 22 日,第二届世界保卫和平大会在波兰首都华沙举行,共有 81 个国家的 2000 多名代表参加。中国派出以政务院副总理、中国人民保卫世界和平委员会主席郭沫若为团长的代表团出席。18 日,当中国代表团团长郭沫若在大会发言时,暴风雨般的掌声震撼了整个会场。2000 多位代表起立欢呼"毛泽东"达数分钟之久。当郭沫若在发言中指出"我们亚洲人民为了和平的保卫是决不向侵略者屈服的。朝鲜人民遭受着灾难,我们不能坐视不理"的时候,全场再次响起雷鸣般的掌声。郭沫若演说结束后,全场起立鼓掌欢呼。

中国代表团向大会提出了和平解决朝鲜问题等五项纲要,即:制止美国和其他国家侵略朝鲜的战争,从朝鲜撤退一切外国侵略军;美国立即停止对于中国人民解放台湾的任何干涉;宣布麦克阿瑟是战争贩子;坚决反对原子弹的使用;世界各国同时裁减军备,建立有效的管制。这五项纲要得到了与会的 81 个国家代表的一致支持。

世界和平大会最后通过了《告全世界人民的宣言》和《致联合国书》,呼吁联合国尽速召开五大国——美、苏、英、法、中会议,讨论和解决现存的分歧,首先是停止侵朝战争和越南战争,制止美国对台湾的干涉;反对德、日军国主义;反对殖民主义和种族歧视;要求立即裁减军备和禁止原子武器。决议并要求联合国不要辜负世界人民所寄托给它的希望,坚决回到它所赖以建立的原则上去。

世界民主阵营各国纷纷报道中国人民抗美援朝行动的重要新闻,并对中国人民的正义立场表示坚决支持。苏联报纸连续刊载中国人民抗美援朝、保家卫国运动的消息。11 月 11 日,苏联各大报又全文刊载朝鲜人民军总司令部发表的关于中国人民志愿部队在朝鲜战场参加了对美国侵略者作战的公报,随后又大量转载中国各大报刊表达中国人民抗美援朝、保家卫国决心的社论。13 日,《真理报》刊载该报驻北京记者维索科夫撰写的题为“中国人民志愿赴朝”的通讯。通讯写道:“美国纵火者在朝鲜燃起的罪恶的战火,已烧近中国的边境。它严重威胁了中华人民共和国的安全。爱国热情的浪潮已席卷了整个中国,并已发展为中国志愿战士大批参加朝鲜民主主义人民共和国的军队的运动。”

波兰《华沙生活报》11 月 8 日以“当邻居起火”为题发表评论,称:“中国各民主党派宣言中提出救邻就是自救,含有深刻的意义。近百年来美帝国主义的侵略,无疑地指向中国。中国当局曾数次警告美帝国主义说,中国人民对侵略他的邻邦朝鲜不能置之不理。”评论最后指出:“要想在远东恢复和平,只有在帝国主义和殖民主义者被粉碎之后,才能实现。”①

保加利亚索非亚制砖厂的工人通过决议,称:我们保加利亚工人对于伟大的中国人民的崇高的志愿,以及中国的邻人——正与美英侵略者作战的英雄的朝鲜人民,表示深切的感谢。索非亚市政职工通过决议:我们确信中国人民将有更多的作为,以促成并巩固全世界的持久和平。②

一些资本主义国家的进步报刊,也纷纷发表社论和评论,对中国人民抗美援朝保家卫国的正义行动,表示理解和支持。

瑞典共产党机关报《新时代报》11 月 5 日发表社论称:中国人民有权保卫自己,反对美帝国主义侵略者借战争征服新中国的企图。“这种自卫行动的环节之一,是中国人民志愿部队以援助朝鲜的方法保卫祖国”。该报称:美国以暴力强占台湾,妄图征服中国,是无法掩饰的。在这种情况下,“中国保卫自己,抵抗美国侵略者的权利,又怎样否认得了呢?”

法国《人道报》11 月 8 日以《中国人民志愿部队援助朝鲜有益于和平事业》为题发表评论说:“美帝国主义者在朝鲜的侵略行为,前途是越来越悲惨了。美帝国主义者企图把朝鲜变为侵略中国人民和亚洲人民的基地,这种行为使朝鲜全体人民都奋起反对他们。现在中国人民志愿部队告诉了美帝国主义者,中国人民了解他们的阴谋,并且决心反对他们的阴谋而奋斗。中国人民志愿部队正与朝鲜人民并肩作战,这是他们的权利,正如朝鲜人民志愿部队有权利在中国人民解放军中作战一样。过去谁也不曾想非难拉斐德③,

① 新华社布拉格 1950 年 11 月 16 日电。

② 参见电通社索非亚 1950 年 11 月 14 日讯。

③ 拉斐德,法国人。在美国人民反对英国殖民者的独立战争中,法国人民曾组织志愿军参战。拉斐德是法国志愿军的领导者之一。

责备他帮助美国赢得了独立”。

英国知识左翼周刊《新政治家与民族》发表评论，认为中国出兵朝鲜是“可以理解的”，麦克阿瑟跨过清川江防线向北推进时，中国给被击溃的北朝鲜军队以援助，“是可以得到原谅的”，“至少是可以理解的”[①]。

美国《工人日报》评论中国人民志愿部队援助朝鲜人民反对美国侵略时说，这是“因为中国人民生命攸关的民族利益遭到了危险”。评论追述艾奇逊于10月初在记者招待会上对于一旦越过三八线时人民中国的态度会怎样这一问题的答复，指出：艾奇逊在答复中说，如果中国人民“关心他们的民族利益”，他们将很谨慎，“如果它的邻人的命运以及在世界上的重要水路及电力供应，都还不是一个国家的‘民族利益’的话，那么还有什么是一个民族的‘民族利益’呢？任何正直的美国人都会承认，如果20万外国军队从7000英里外的国家向格兰得河[②]轰炸并摧毁所遇见的每件东西，重新扶植凶残的傀儡执掌政权，我们将对此万分愤慨。”评论最后向美国人民提出问题：“仅在5个月之内就有3万人伤亡，并且把美国变成了一个兵工厂和兵营。如果我们不设法找到一条出路，摆脱这种以4.75亿人民（他们的和平建设与正当民族利益受到了妨碍与侵犯）为敌的冒险行为，那么在5年内我们会变成什么样子？”

美国政府对中国人民志愿军的诬蔑和中国政府的驳斥

中国各民主党派联合宣言和中国人民志愿部队入朝作战并取得初战胜利的消息公开发表后，在美国和一些派兵参加“联合国军”的国家中引起朝野上下的极大不安。一些有影响力的政治家纷纷发表评论，表示对战争前途的忧虑。

曾经在抗日战争时期担任过中国战区参谋长、驻华美军司令的艾尔伯特·魏德迈中将，于11月8日在美国西雅图发表谈话称：中国拥有巨大的兵员优势。“在一千万北朝鲜人中，组成了15个优良的师团，这就给我们的军队造成许多麻烦。那么在四万万五千万中国人中间可以产生多少师团呢？这种武装力量的优势是值得考虑的。想一想我们或许永远不能挫败这

① 法新社伦敦1950年11月15日电。
② 美国与墨西哥的分界线。

支军队,是十分聪明的。”①

英国方面则担心英国会被美国捆绑在远东战车上,长期陷入朝鲜战争的泥沼之中无法脱身,而忽略了在欧洲的防务需要。合众社 11 月 11 日发自伦敦的消息称:英国方面“最怕的是西方‘被迫’进行大规模的亚洲战争,而此间担心,这种战争将成为数十万兵员的陷阱,而使欧洲‘防务’废弛”。11 月 17 日,英国前首相温斯顿·丘吉尔在英国下院的辩论发言中告诫说:“目前欧洲的危险无疑要占去‘我们全部的精神’,在这种时候,英国和各盟国不应当过度地盯在中国或中国的大门上,希望辛威尔和贝文②记住这一点的重要性。”③

美国政府则对中国人民抗美援朝、保家卫国的正义行动恼怒不已,为丧失唾手可得的“胜利”懊恼万分。11 月 6 日,“联合国军”总司令麦克阿瑟在东京发布公报,称:“随着完成对平壤以北敌军的包围和占领东海岸地区,朝鲜战争实际上业已告终”。但“共产党人犯了史无前例的、国际上最违法的行为。他们未经宣布交战状态即将外来的共产党部队开过鸭绿江,进入北朝鲜,并在接壤的满洲边界后的特殊不能侵犯地区内,集结大量可能的增援师团及充分的供应”。麦克阿瑟宣称:“我们最初与之作战的北朝鲜部队虽然已被消灭或再无力从事军事行动,但是现在有一支新的生力军队面对着我们。在这一支军队的后面(可能在敌方近旁但在我们目前军事行动范围以外的地方),有大量的外国后备部队和充分的供应。”他宣称中国军队入朝参战是“一件具有最严重的国际意义的事件”④,诬蔑“中国军队干涉朝鲜”,并就这一问题向联合国安全理事会提交了特别报告。

11 月 8 日,美国驻联合国代表奥斯汀根据美国总统杜鲁门的指示,就麦克阿瑟的特别报告发表声明,诬蔑中国“干涉”朝鲜,并操纵安理会通过决议,决定举行特别会议,讨论麦克阿瑟报告所提出的所谓“中国干涉问题”,并“邀请”中国政府代表出席。

在此期间,美国又串通英国、法国、古巴、厄瓜多尔、挪威等国向联合国安全理事会提出关于所谓中国军队“干涉”朝鲜的联合提案,称:“业已从朝

① 法新社西雅图 1950 年 11 月 9 日电。

② 辛威尔,时任英国国防大臣。贝文,时任英国外交大臣。

③ 法新社 1950 年 11 月 17 日电。

④ 《中美关系资料汇编》,第 2 辑,上册,255 ~ 256 页,北京,世界知识出版社,1960。

鲜联合国军司令部1950年11月5日(华盛顿时间)的特别报告注意到中国共产党军事单位已对在朝鲜的联合国军队展开战斗","促请注意中国军队继续干涉朝鲜""可能引起的严重危险"①。

11月10日,在美国的操纵下,联合国安理会召开会议,讨论美英等六国的联合提案。奥斯汀在安理会上发言,颠倒是非,把中国人民支援朝鲜人民反抗美国侵略,保卫祖国安全的正义行为,诬蔑为"中国干涉朝鲜"。他说:"今天,希望一变而为忧虑。……联合国军队——十四国的陆海空士兵面临一个新的危机。造成此种可忧情势的责任,显然应由中国共产党政权的领袖们负之。""不论出兵干预的动机何在,这个事实是不能狡辩,不能宽恕,亦不容置之不理的。干预行为必须停止。在朝鲜的联合国军队有权获得我们即时的、不间断的支持。"②

针对美国诬蔑中国人民志愿军"干涉"朝鲜,中国政府予以坚决驳斥。11月11日,中国外交部发言人发表声明,严正指出:"麦克阿瑟的报告和奥斯汀的声明,从头到尾是歪曲事实,颠倒是非,装腔作势,借以吓人。真正的事实是美国侵略中国领土,侵犯中国主权,威胁中国安全;中国人民有一切理由控诉美国政府对中国日益凶残横暴的挑衅与侵略。中国人民激于义愤,志愿援助朝鲜人民,反抗美国侵略,是完全合理的和正义的行为。中华人民共和国中央人民政府仍然坚持和平解决朝鲜问题,但中国人民绝不畏惧任何侵略者的恐吓。"

声明一一列举了美国侵略中国台湾、侵犯中国领空、轰炸中国领土和杀害中国人民的罪行。声明指出:"美国侵略朝鲜的战争一开始,即出动海军侵略中国的台湾,接着又出动空军侵入中国东北的领空,并施行轰炸。美国海军侵略中国台湾一事,联合国已接受中国政府的控诉案,并准备讨论这个控诉案。美国空军侵略中国领空、轰炸中国领土、杀害中国人民,毁坏中国财产一事,则三个月以来层出不穷。"根据不完全的统计,从1950年8月27日至1950年11月10日,侵朝美国空军共出动飞机200余架次,侵入中国东北领空,并进行轰炸、扫射,造成中方人员伤亡50余人,炸毁居民房屋590余间,其次数到最近已逐日增加。

声明强调,美国军队所有这一切侵犯中国领土、主权与威胁中国安全的

---

① 《中美关系资料汇编》,第2辑,上册,261页,北京,世界知识出版社,1960。

② 《中美关系资料汇编》,第2辑,上册,258~260页,北京,世界知识出版社,1960。

暴行,向全中国人民敲起了警钟。中国人民乃激于义愤,纷纷表示志愿援助朝鲜人民,反抗美国侵略。事实证明了,美国侵略朝鲜的目的,不仅是为了朝鲜本身,而且是为了扩大侵略中国;朝鲜的存亡与中国的安危从来就是密切关联着的,援朝抗美正是保家卫国。因此,中国人民这种志愿援朝抗美的表示是完全合理的。中国人民志愿援朝抗美的合理表示,世有先例,无可指责。大家知道,18 世纪,前进的法国人民就曾在拉斐德的倡导之下,用这样的志愿行动,援助过独立战争中的美国人民。第二次世界大战之前,世界各国拥护民主的人民,包含英国人民和美国人民,也同样用这样的志愿行动,援助过西班牙内战中反佛朗哥的西班牙人民。这一切都是举世公认的正义行为。

声明回顾了朝鲜人民在中国革命战争期间所给予的援助和所建立的功绩,指出:现在朝鲜人民处于美国侵略者的血腥屠杀之下,中国人民感同身受,不能置之不理,乃是理所当然的。美帝国主义者发动了侵略朝鲜的战争,侵略了中国台湾,轰炸了中国东北的领土,因而严重地威胁了中国的安全,现在竟胆敢指责中国人民志愿援朝抗美的义举为"外国干涉",忘记了干涉者和侵略者正是他们自己,而中国人民援朝抗美的志愿的行动正是为了反抗他们对于中朝两国干涉和侵略。美国侵略者的矛头伸得太长了,它竟伸过了 5000 海里的太平洋,插进中国与朝鲜的领土,根据美国帝国主义分子的说法,这却不算是侵略,而中朝人民保卫自己土地、人民的正义斗争,却叫做侵略。然而世界上的公是公非究竟不容随意加以颠倒,侵略者的丑恶嘴脸是永远掩盖不了的。中朝两国人民坚决要求美国侵略者及其帮凶们收起它那侵略的长矛,撤退其侵略军。侵略不停止,反抗侵略的斗争是绝不会停止的。

声明最后指出:"是美国政府挑起了朝鲜的内战,是美国政府发动了侵略朝鲜的战争,是美国政府侵略中国的台湾,轰炸中国的领土,威胁中国的安全。中华人民共和国中央人民政府一开始就反对美国政府侵略朝鲜的战争,主张和平解决朝鲜问题;现在,仍然坚决反对美政府侵略朝鲜的战争,主张和平解决朝鲜问题。为了和平解决朝鲜问题,首先必须使外国军队一律撤出朝鲜,朝鲜问题由南北朝鲜人民自己解决。这是和平解决朝鲜问题的唯一道路。中国人民热爱和平,但中国人民并不害怕反抗侵略战争,更不会在任何侵略者的恐吓面前低下自己的头来。"①

---

①《中美关系资料汇编》,第 2 辑,上册,263 ~ 265 页,北京,世界知识出版社,1960。

针对美国政府在联合国对中国的无端攻击和诬蔑,中国政府采取了坚决的回击行动。周恩来外长致电联合国秘书长赖伊和安全理事会主席贝勃勒,拒绝派代表出席安理会讨论麦克阿瑟特别报告的会议,指出:“我们不能接受1950年11月8日安全理事会第520次会议所决定的邀请,因为这项邀请,按照决议的内容,剥夺了中华人民共和国中央人民政府代表在安全理事会上讨论中国人民所感最迫切的问题,即美国政府武装干涉朝鲜和侵略中国的问题,而将中国代表的权利限制在讨论所谓联合国司令部的特别报告上面;这个所谓联合国司令部是在安全理事会没有苏联和中华人民共和国两个常任理事国参加并在美国操纵之下非法产生的,因之它的报告不仅是片面的和别有用心的,而且是非法的,绝不能作为讨论的根据。”

第十六章

“联合国军”决定发动总攻势。志愿军部署根本扭转朝鲜战局

美国当局对志愿军参战意图的判断和决定

第一次战役结束后，西线志愿军主力停止于清川江沿岸地区，与美第 8 集团军部队隔江相对，并继续争夺江岸桥头堡阵地；志愿军第 42 军主力继续在东线长津湖地区节节阻击北进的美陆战第 1 师，掩护第 9 兵团开进。

11 月上旬，朝鲜北部山区降下了进入冬季后的第一场雪，气温明显下降。在经过第一场激烈的较量之后，战争双方都在调整部署，准备新的作战。

中国人民志愿军入朝参战，取得了初战的胜利，不仅打乱了美国迅速占领全朝鲜的计划，而且也引起了美国统治集团内部的极度不安，对中国出兵朝鲜的意图进行了诸多推测。

11 月 2 日，美国远东军司令部情报处长威洛比在《每日情报综述》中写道：从联合国军所受到的日益增强的抵抗来看，中国人介入已经不再是一个对作战行动毫无实际意义的“抽象理论问题”，而是“一种迫在眉睫的严重威胁”。他写道：中国之所以把派往朝鲜的部队称为“志愿军”，是为了宣称在朝鲜没有中国正规军，避免“入侵”的名声，而且一旦遭到失败，也不会损害中国军队的声誉。他判断：志愿军总兵力可能为 3.4 万人，其中有 1.65 万人已与联合国军进行了交战。他的结论是：“虽然到目前为止，各种迹象

表明[中国]参战的仅是零星部队,而且表面看目的也很有限,但是不能不看到,中国共产党人拥有巨大的潜在力量可随时动用,这是至关重要的。如果中国共产党的最高决策机构作出了全面参战的决定,那么他们已经在鸭绿江北岸集结了 44 个师,其中的 29 个师可以马上进入朝鲜投入作战,并且出动 150 架飞机支援,发动一场大规模的进攻。”①

威洛比在同一天发给五角大楼的电报中,对中国在东北的军队实力的估计是:中国正规军每个师建制兵力为 1 万人,实际作战兵力为 7000 ~ 8500 人。29 个师的部队,总兵力在 23 万人左右。目前在中国东北的部队共有正规军 31.5 万人,非正规军 27.4 万人,而且正规军部队大多集结在鸭绿江各渡口附近。②

威洛比的报告在美国五角大楼中引起了震动,但也使美国军方的决策者们对中国出兵朝鲜的意图更加迷惑不解。中国人的行动“在战略上意味着什么?这是单方面采取的行动,还是莫斯科命令中国人去干涉的?克里姆林宫会动用空海军力量,甚至可能使用潜艇去支援赤色中国人吗?苏联人会亲自出马公开在北朝鲜进行干涉吗?他们会攻占柏林,并随之征服整个欧洲吗?这是第三次世界大战的序幕吗?”③对这些问题,五角大楼的决策者们都不能作出明确的回答。

美国参谋长联席会议主席布莱德雷后来说:“如果说在军事上要谨慎行事,那么此刻更该如此。训练有素、指挥有方的中共正规军的猛烈进攻,阻止了非韩国部队向鸭绿江的推进。我们既搞不清赤色中国向北朝鲜实际投入了多少部队,也不知道他们可能的军事目标是什么。”④

五角大楼的将军们心急如焚,国务院的文官们则文思泉涌,提出了无以数计的报告。11 月 1 日,美国驻南朝鲜大使馆向艾奇逊报告:在朝鲜西线第 8 集团军的作战区域内,已经证实有来自中共第 39、第 40 军的 3 个团建制部队在与美韩军队作战;在朝鲜东线第 10 军的作战区域,则发现了属于

① James F. Schabel: United States Army In the Korean War, Policy and Direction: The First Year(詹姆斯·F. 施纳贝尔:《朝鲜战争中的美国陆军——政策与指导:第一年》),240 页。

② 参见 James F. Schabel: United States Army In the Korean War, Policy and Direction: The First Year(詹姆斯·F. 施纳贝尔:《朝鲜战争中的美国陆军——政策与指导:第一年》),240 页。

③ [美]奥马尔·布莱德雷:《将军百战归》,755 页,北京,军事谊文出版社,1985。

④ [美]奥马尔·布莱德雷:《将军百战归》,754 页,北京,军事谊文出版社,1985。

中共第 42 军的部队。大使馆认为,中国军队均是在秘密而隐蔽地与美韩军队交战,目前还不会大规模地出兵朝鲜。[1]

美国国务院中国事务署署长埃德蒙·柯乐布则在一份备忘录中写道:"中共军队出现在北朝鲜现在已经是确凿无疑的事情。……毫无疑问,他们是正规的中国人民解放军部队,已经介入了战争",而且很难设想中国只会派遣数量有限的部队参战,各种迹象都表明,中国人"也许已经在大规模参战"[2]。

柯乐布和国务院政策设计委员会成员约翰·戴维斯曾在中国工作多年,是美国国务院里有名的"中国通"。他们不同意在中国军队已经出现在朝鲜战场的情况下,仍一味地迷信军事解决的方法,提出要从世界全局的角度来重新考察美国对朝政策,争取通过"政治解决"的方法来消弭中国出兵朝鲜所引发的战局动荡和局势紧张。戴维斯在一份题为《中共介入朝鲜》的备忘录中写到:美国在朝鲜面临着两种选择,一是"将朝鲜冲突局部化",然后寻找一条双方都能接受的方案;二是朝鲜战争扩大化,不顾一切地战斗下去,直到分出胜负结果,甚至不惜打第三次世界大战。显然,美国应该力争第一种前途,同时准备应付第二种前景。他建议:在朝鲜的美军部队(包括海空军)均不可越过朝鲜北部边境;要设法和中共方面建立接触;全力扩充韩国军队,使之担负更多的作战任务。柯乐布提出了一个更大胆的建议:以和中国政府开始进行关于恢复中华人民共和国在联合国中的代表权谈判的方式,打开与中共方面的接触渠道,以便进一步实现中美之间的"政治和缓",从而达成最后解决朝鲜问题的方案。在此之前,美军不能轰炸中国东北地区,也不能允许蒋介石的国民党军队向大陆发动进攻。[3]

国务院政策设计委员会主任保罗·尼采则力图确定某个一劳永逸的方法来消除中国的威胁。11 月 4 日,他与国防部负责原子弹事务的部长助理洛伯将军进行协商,研究对中国使用原子弹的可能性。一番讨论之后,两人得出的结论是:使用原子弹的时机尚不成熟。从军事上讲,目前对中国投掷

① 参见 Foreign Relations of the United States, 1950, Vol. 7, Korea(《美国对外关系,1950 年,第 7 卷,朝鲜》),1022 页。

② Foreign Relations of the United States, 1950, Vol. 7, Korea(《美国对外关系,1950 年,第 7 卷,朝鲜》),1041 页。

③ 参见 Foreign Relations of the United States, 1950, Vol. 7, Korea(《美国对外关系,1950 年,第 7 卷,朝鲜》),1078 ~1085 页。

原子弹似乎不会产生决定性作用。若投向战略目标,如沈阳、鞍山、哈尔滨,抚顺、旅大等城市,必定会造成大量平民伤亡,引发苏联的干预和亚洲各国的谴责。若用于战术目标,如轰炸中国在东北集结的部队,因为中国部队在开进过程中,是处于运动状态下,很难确定目标。况且美国在朝鲜的行动是以联合国的名义实施的,如果不同其他国家协商就单方面采取行动,必定在盟国之间造成矛盾。尼采和洛伯最后建议:是否对中国使用原子弹待战局进一步发展后再作决定。在此之前,国务院要就对中国使用原子弹的政治后果进行研究,而国防部则根据“军事需要”作出相应的准备。①

美国中央情报局局长比德尔·史密斯则仍然认定中国没有也不会参战。史密斯在11月1日给杜鲁门的备忘录中写道:对目前的战场情况分析结果表明,中共军队的确是在与联合国军对抗,“在北朝鲜作战的中共部队,属于以特遣队形式行动的正规军部队,人数在1.5万~2万人,其主力仍在满洲”。他说,“中共已决定向北朝鲜军队提供持续增长的援助和支持。虽然不排斥中共根据苏联的指令大规模出兵朝鲜的可能性,但在目前,他们的主要意图显然是在鸭绿江南岸建立一个范围有限的‘警戒防御地带’。”他推测,导致中国特遣队进入朝鲜的原因,可能是韩国一位将军宣布:在占领水丰发电站后,将切断所有通往满洲的电力。因此,中国特遣队的最重要使命可能是保护水丰发电站。②

杜鲁门被各部门提出的报告和建议搞得无所适从,决心难下,命令参谋长联席会议给麦克阿瑟发电报,要麦克阿瑟就朝鲜战局和中国出兵意图作出判断。11月3日,参谋长联席会议电示麦克阿瑟:尽快提供“关于朝鲜局势的简明而准确的估计,并判明中共军队似乎已经公开入侵的含意”③。

但麦克阿瑟认为,目前还不可能对中国军队在朝鲜参战的确切目标作出权威性的估价。他在11月4日给华盛顿的报告中作出了四种猜测:“第一,中国共产党政府打算以其全部强大的军事力量进行干涉,并在它认为适当的时机公开宣布这一行动;第二,它将隐蔽地给予军事援助,但是为了外交上的理

---

① 参见 Foreign Relations of the United States, 1950, Vol. 7, Korea(《美国对外关系,1950年,第7卷,朝鲜》),1042页。

② 参见 Foreign Relations of the United States, 1950, Vol. 7, Korea(《美国对外关系,1950年,第7卷,朝鲜》),1025~1026页。

③ James F. Schabel: United States Army In the Korean War, Policy and Direction: The First Year([美]詹姆斯·F. 施纳贝尔:《朝鲜战争中的美国陆军——政策与指导:第一年》),240页。

由,尽可能地掩盖起事实的真相;第三,允许并唆使或多或少也算是志愿的人员源源不断地越过国境,加强并援助北朝鲜的残余部队,使他们能够为了在朝鲜保留一个名义上的立足点而继续斗争;第四,他们一旦了解到这样的兵力不足以达到目的时,就很可能学到一点乖,趁早从破船上捞回点东西。”

麦克阿瑟认为,虽然第一种可能性“已经很明显”,但这是“一种具有最严重国际意义的重大决定”,目前“还没有足够的证据,使人们能很快地同意这种看法”。而后三种情况或三种情况的结合,“似乎是很可能的”。他建议“在条件可能还不够成熟的时候,不轻率地作出结论。我相信最后的估计还有待于更全面地积累军事情报”。①

麦克阿瑟令人如此放心的估计,令参谋长联席会议松了一口气,以至于参谋长联席会议主席布莱德雷离开华盛顿到康涅狄格州去打了两天猎,回到华盛顿后也没有上班,在家里埋头撰写自己的第二次世界大战回忆录,直至11月6日才返回五角大楼。② 杜鲁门也放心了。他按照原定计划到了密苏里州的独立城,参加那里的国会中期选举投票。

然而,陆军参谋长柯林斯却依旧觉得放心不下,他说:“麦克阿瑟将军的电报里有一种十分自信的气味,经验告诉我们,这往往是他要采取行动的征兆。以前他多次这样干过,天晓得他又想干什么?况且,中国出兵朝鲜的意图和规模仍没有搞清,朝鲜战局随时可能出现无法预料的变化。没有人能像他那样胸有成竹,保证可以应付一切。我们必须保持警惕。”

11月5日,麦克阿瑟作出了与他11月4日对朝鲜战场形势乐观分析完全抵触的决定。他命令远东空军动用全部力量,以两周时间打击在朝鲜境内的中国人民志愿军和朝鲜人民军,并特别训令出动全部90架B－29战略轰炸机,摧毁鸭绿江上的所有国际桥梁,切断中国军队进入朝鲜的通道,制止中国后续部队入朝。

参谋长联席会议认为,麦克阿瑟采取这样的行动,未必能达到他想象的效果,反倒可能引起苏联军队介入朝鲜战争,况且美国与英国有约在先,不经英国同意,美国不得对鸭绿江沿岸的中国地区采取行动。③ 基于此种考

---

① ［美］杜鲁门:《杜鲁门回忆录》,第2卷,445～446页,北京,生活·读书·新知三联书店,1974。

② 参见布莱德雷:《将军百战归》,758页,北京,军事谊文出版社,1985。

③ 参见［美］约瑟夫·格登:《朝鲜战争——未透露的内幕》,355页,北京,解放军出版社,1990;艾奇逊:《艾奇逊回忆录》,下册,316页,上海,上海译文出版社,1978。

虑,参谋长联席会议紧急电令麦克阿瑟,取消预定对鸭绿江上国际桥梁的轰炸行动,并立即提交对局势新的估价。

麦克阿瑟对此十分恼火。11月6日,他在给参谋长联席会议的电报中声称:“大队的人马和物资正自满洲通过鸭绿江上所有的桥梁。这种行动不仅使在我指挥下的部队陷于困境,而且几乎是很快就将使我军面临全军覆没的危险。”他说:大批中国增援军队正在通过鸭绿江大桥进入朝鲜,而“唯一阻止敌军这种增援的办法,就是摧毁这些桥梁,并把朝鲜北部地区所有有助于敌军援军推进的设施,最大限度地置于我空军的摧毁范围之内。这种行动每迟延一个小时,都将多付出大量的美国人及其他联合国成员国人员的宝贵鲜血”。他最后宣称:参谋长联席会议的命令将“导致严重的后果,除非总统亲自和直接了解到当前的朝鲜局势,否则我是不会对此承担责任的”①。

麦克阿瑟电报中的强硬口气,令华盛顿大吃一惊。11月6日,美国国防部、参谋长联席会议、国务院的高级官员召开特别会议,在电话请示杜鲁门之后,决定批准麦克阿瑟轰炸鸭绿江大桥的计划,甚至批准美国飞机深入中国东北境内6~8英里进行轰炸扫射。同日,参谋长联席会议将此决定通知麦克阿瑟,并要求其将朝鲜战场发生的重大局势变化及时通知华盛顿。

11月7日,麦克阿瑟回电称:中国军队的威胁是真实的,并且正在不断增长,尽管其准确兵力难以确定,但十分庞大,在西线足以从第8集团军手中夺取主动权,在东线则能大大延缓第10军的推进行动。如果中国军队继续增加其在朝鲜的部队,“将会迫使联合国军不得不实施一次后退行动”。但是,麦克阿瑟坚信,对鸭绿江大桥和朝鲜北部山区的轰炸行动,可以阻止中国增援部队进入朝鲜。一旦这种增援行动被制止,他将在10天之内重新在西线恢复进攻,夺回主动权。在此之前,他将通过“威力侦察”,尽可能准确地搞清在朝鲜的中共军队实力。②

---

① James F. Schabel: United States Army In the Korean War, Policy and Direction: The First Year(詹姆斯·F.施纳贝尔:《朝鲜战争中的美国陆军——政策与指导:第一年》),243页。

② 参见James F. Schabel: United States Army In the Korean War, Policy and Direction: The First Year(詹姆斯·F.施纳贝尔:《朝鲜战争中的美国陆军——政策与指导:第一年》),245页。

麦克阿瑟的乐观判断无法消除华盛顿方面的担忧。用艾奇逊的话说，11月6日至8日是华盛顿当局"情绪低落"的几天。① 在综合各方面情报和判断的基础上，美国中央情报局和参谋长联席会议分别向国家安全委员会提出了专题报告。

美国中央情报局在题为《中共介入朝鲜》的《国家情报预测》报告中，对中国出兵朝鲜的规模和目的，以及中国的能力和计划作了一番全面分析，称：到目前为止，在北朝鲜的中共军队大约为3万~4万人，另外在满洲地区尚有大约70万军队，其中至少包括大约20万正规地面部队，可以相信，这些部队加上已经在北朝鲜的中共军队，使中共有能力阻止联合国军进一步北进，或者通过强大的攻势迫使联合国军向南退却，转入防御。

报告认为：中国出兵朝鲜的目的，"显然是要阻止在朝鲜的联合国军北进，并在朝鲜的土地上保持共产党政权"。具体目标有如下六种可能："①改变因朝鲜人失败而产生的心理上和政治上的灾难性后果；②使联合国军远离中苏实际边界线；③在朝鲜保持一块地盘，作为军事行动和游击作战的基地；④在朝鲜无限期地拖住联合国军，特别是美国军队；⑤控制在北朝鲜的水电设施的电力分配权，并获得其他经济利益；⑥尽管北朝鲜人已经遭受军事失败，但创造有利于政治解决朝鲜问题的条件"。

报告的结论是：目前中国出兵朝鲜，只是"一种目标有限的过渡性军事行动"，其未来的发展趋势，将取决于战场形势的变化。如果中共军队能在北朝鲜成功地消灭联合国军的有生力量，那么中共将会全力以赴，投入在满洲的预备队，最大限度地谋求优势；如果战局陷入僵持，那么中共将会考虑利用有利地形和冬季的降临，以现在朝鲜的部队保持现有战线，拖住联合国军，同时积极恢复北朝鲜军队的实力，发展在联合国军战线后方的游击战争，最终拖垮对手，从而增加有利于北朝鲜的政治解决的可能性。

报告最后说："中共在朝鲜介入表明：他们已经准备招致报复和面临全面战争的风险。他们将可能不理睬联合国要求他们撤军的最后通牒。如果中国领土遭到攻击，他们可以也有能力在朝鲜全力以赴，将联合国军部队全部赶出朝鲜。"②

---

① 参见[美]迪安·艾奇逊：《艾奇逊回忆录》，下册，319页，上海，上海译文出版社，1978。

② Foreign Relations of the United States, 1950, Vol. 7, Korea(《美国对外关系，1950年，第7卷，朝鲜》)，1101~1106页。

参谋长联席会议则认为：中国出兵朝鲜的动机有三种可能：“①保护鸭绿江和长津—赴战水库的电力设施，并可能在北朝鲜建立一个‘缓冲区’；②继续在朝鲜进行不宣而战的战争；③将联合国军赶出朝鲜”。他们认为：尽管目前对于中国出兵朝鲜的军事目的到底是什么，还无法最后确定，但如果美国在这种情况下继续在朝鲜的军事行动，将会严重削弱美国的军事潜力。从军事观点看，将美国军队陷入朝鲜，会影响在世界其他地区的战略部署。同样无法确定的是，中共和北朝鲜军队在苏联不提供大规模的海空军支援的情况下，是否拥有将联合国军赶出朝鲜的能力，但可以肯定，如果出现苏联海空军大规模参战的情况，则意味着第三次世界大战爆发，那时美军应该撤出朝鲜。

参谋长联席会议为联合国军开列了三项行动方案：①在朝鲜战斗下去，直至获取一个成功的结局和最后胜利；②在距朝鲜边界不远处建立并守住一道防御阵地；③撤退。参谋长联席会议倾向于第二种选择，认为即便中国不向朝鲜大规模增加军队参战，要实施第一行动方案，也需为麦克阿瑟增调兵力，而第三种选择在目前是不能采纳的，因为“世界大战并非迫在眉睫”。

参谋长联席会议最后提出了三项建议：“①应紧急采取一切措施，通过政治方式，最好通过联合国解决中共介入朝鲜带来的问题，其中包括向中共解释我们的意图，通过我们的盟国或联合国朝鲜问题临时委员会与中共政权直接谈判，以及其他可以采取的方式；②在进一步搞清中共的军事目标和政治卷入的程度之前，应对赋予联合国军总司令的任务重新审查，但不作改变；③美国应该在世界大战的威胁正不断增加的基点上，制定计划，并进行准备。”①

就在华盛顿的官员忙于起草报告的时候，麦克阿瑟也给参谋长联席会议发出了一封措词强硬的电报，称：我“不能同意”你们电报中所提到的“重新审议联合国军使命”的意见。联合国的基本政策是消灭朝鲜的所有武装抵抗力量，建立一个“统一和自由的国家”，任何削弱这一基本政策的做法“都是根本错误的”。他认为，现在根本不需要对美国在朝政策作丝毫变动。况且，他正准备发动的总攻势，完全有取得彻底胜利的把握。“我坚信，使用我的空中力量……我能够制止中共的增援部队跨过鸭绿江，而这些增援部队是使那些目前正在朝鲜北部与我的部队交战的中共部队免遭覆灭

① Foreign Relations of the United States, 1950, Vol. 7, Korea（《美国对外关系，1950年，第7卷，朝鲜》），1117~1121页。

命运的关键的力量”。“我计划11月15日发起总攻势,目标是进至鸭绿江,占领全朝鲜。任何与此计划背道而驰的方案都将彻底瓦解我军的士气,并造成无法估量的心理创伤。我们的军队会无限期地停留在朝鲜北部一条困难的防线上,而南朝鲜人将毫无疑问地会为这种状况而烦躁不安,他们的军队将因此而崩溃,也许会掉转枪口向我们开火,这样的局面将迫使我们立即大量增加外国军队”。

麦克阿瑟对英国关于建立“缓冲地带”的意见进行了猛烈抨击。他把英国人的建议比做第二个“慕尼黑协定”,声称自1938年起,英国人就变成了绥靖主义者。他说,建立“缓冲地带”,就是“对中共的让步”,其本身即“孕育着自我毁灭的危险”。他宣称:假如美国政府不允许他的部队进军鸭绿江,那就“将很明显地重蹈被认为是推行绥靖政策的英国行为的覆辙”。麦克阿瑟最后宣称:“我怀着最急切的心情建议,在此关键时刻,我们决不能示弱。我们要十分地强硬,直至取得最后的胜利。我坚信,只要我们坚定不移,意志如钢,胜利就一定是属于我们的。”①

麦克阿瑟的自信和傲慢,显然影响了华盛顿的决策者们。11月9日,美国国家安全委员会举行会议,讨论中国出兵朝鲜和美国的对策。在综合了国务院、参谋长联席会议和中央情报局的研究报告,以及麦克阿瑟的电报的结论之后,国家安全委员会最后决定,向杜鲁门建议采取以下临时性的措施:①中共已经公开化了的行动还远远不足以构成一项新的坚实可靠的政策的基础,所以应保持目前的在朝鲜的政策不变,继续集中力量查明中共的真实意图;②目前赋予麦克阿瑟的使命不应作改变,在“不得攻击满洲”的前提下,他“在军事上可以相机行事”;③应在联合国开展工作,寻求多数国家支持美国关于要求中国立即从朝鲜撤军的主张,并为以政治方式解决朝鲜与中国包括电力资源等的边界问题寻求某些政治和经济基础。

会议没有为这些措施的实施提出具体方案,只是要求国家安全委员会的工作人员应与国务院、参谋长联席会议和中央情报局密切合作,统一思想。所以,会议所作出的惟一有效的决定是:不改变麦克阿瑟将军的使命,允许他在军事上“相机行事”。

这样,中国人民志愿军结束第一次战役之后,美国当局虽然对中国参战可能对战争进程产生的影响非常担忧,但这种担忧并不足以改变其占领全

---

① Foreign Relations of the United States, 1950, Vol. 7, Korea(《美国对外关系,1950年,第7卷,朝鲜》),1108~1110页。

朝鲜的既定方针,况且在华盛顿和东京所弥漫的对战争前途的乐观情绪,和对中国人民决心与力量的轻视态度,使得美国决策者们对中国人民志愿军的实力和行动计划都作出了完全错误的判断,这一切最终导致了美军在朝鲜战场的惨败。

艾奇逊后来说:“政府失去了制止在朝鲜走向灾难的最后机会。所有有关的总统顾问,不论文的还是武的,都知道出了毛病。但是什么毛病,怎样找出来,怎样来处理,大家都没有主意。”①他说,我们没有一个人,包括我自己曾向总统提供过正确的意见。我们优柔寡断,迟疑不决,判断失误,失去了使战争保持正确方向的时机。布莱德雷后来也承认:在1950年11月初的重要日子里,“我们翻阅了材料,坐下来仔细思考,但不幸的是我们却作出了荒谬绝伦的结论和决策”②。

“联合国军”总攻势的计划和准备

在东京与华盛顿之间紧张地进行政策讨论的时候,在朝鲜战场上,麦克阿瑟已经全面展开了总攻势的准备。

麦克阿瑟所确定的“总攻势”计划是:首先以地面部队进行试探性进攻,查明中国人民志愿军在朝鲜的实力和企图,同时以远东空军摧毁鸭绿江上的所有桥梁,摧毁鸭绿江以南尚未占领地区所有交通运输设施、军事设施、工厂、城镇和乡村,阻止中国人民志愿军后续部队进入朝鲜和物资运输、部队机动,使在朝鲜的志愿军和人民军部队无法生存。然后集中所有的“联合国军”部队,以美第8集团军在西线、美第10军在东线,发起钳形总攻,全面向中朝边境的鸭绿江和图们江推进,消灭在朝鲜境内的所有志愿军和人民军,在圣诞节前全部结束朝鲜战争。

麦克阿瑟对这一计划非常乐观,他曾在与美国驻南朝鲜大使约翰·穆乔谈话时说,渗透到朝鲜的中国部队不超过3万人,联合国军的全线进攻,将在10天之内“扫荡”仍在北朝鲜人和中国人手中的所有地区,然后把所有的中国战俘押送到鸭绿江边释放,接着把第8集团军撤回到日本,让第

① [美]迪安·艾奇逊:《艾奇逊回忆录》,下册,320~321页,上海,上海译文出版社,1978。

② [美]奥马尔·布莱德雷:《将军百战归》,773页,北京,军事谊文出版社,1985。

10 军、联合国其他部队和南朝鲜军队占领朝鲜。①

因此，他严厉斥责第 8 集团军司令沃克将部队撤至清川江以南的行动是“胆怯举动”，命令第 8 集团军限期恢复攻势。

在麦克阿瑟的训斥之下，沃克只得立即恢复进攻。11 月 6 日，他致电麦克阿瑟，回顾清川江以北地区作战行动的经过，说明他下一步的作战设想，称：“本集团军过去没有、今后也不打算实施消极防御或者任何其他形式的防御作战。目前所采取的行动只是为了建立并守住足够大的桥头堡阵地，一旦条件许可，就马上转入进攻。现在各部队均在进行局部的攻击作战，以收复失地，改善态势。我们一直都在制定计划，准备动用所有的力量重新发动进攻，迎战新的对手——中国共产党的正规军队。新的计划可能在短期内付诸实施，但要取决于右翼安全得到保证、进攻部队集结完毕和至关重要的补给线得到顺利恢复。”②

沃克在电报中强调第 8 集团军将重新发起进攻，但拒绝对进攻的具体时间作出承诺，只是说集团军正在作重新进攻的准备。这是因为他相信，由于中国军队的参战，美军在朝鲜战争长驱直入、穷追猛打的日子已成为过去，新的进攻必须进行周密的计划和准备。特别是中国人民志愿军部队在兵逼清川江畔后，突然结束第一次战役，主力失去踪迹，更使他对即将发动的总攻疑虑重重。因此，他命令部队在进行试探性进攻时，一定要行动谨慎，至于总攻时间，则尽量后拖，直至查明中国人民志愿军主力的位置与意图，再做决断。

东线美军主攻部队陆战第 1 师师长奥立佛·史密斯也与沃克持同样的观点。按照麦克阿瑟的计划，美第 10 军军长阿尔蒙德命令陆战第 1 师进至长津湖后，应兵分两路，一部向北直指鸭绿江，师主力则转向西北，向江界攻击前进，掩护西线第 8 集团军的右翼，并与第 8 集团军构成对中国军队的合围，然后陆战第 1 师继续向鸭绿江挺进，封闭由满浦进入朝鲜的通道。

史密斯认为，麦克阿瑟的计划将使陆战第 1 师陷入绝境。由黄草岭到长津湖只有一条狭窄的山间公路，在连绵起伏、崎岖陡峭的高山上盘旋，如果部队遭到攻击，全师将被拦腰截成数段，首尾不能相顾，并且在退路被切

① 参见格登：《朝鲜战争——未透露的内幕》，383 页，北京，解放军出版社，1990。

② Roy. E. Appleman: United States Army in the Korean War, South to the Natong, North to the Yalu（罗伊·E. 阿普尔曼：《朝鲜战争中的美国陆军——南至洛东江，北到鸭绿江》），754 页。

断的时候,只能冲出重围原路返回。陆战第 1 师从长津湖向江界推进时,将始终处于两翼完全暴露的状态。与西面的第 8 集团军部队相距 80 英里,且两军之间高山连绵,在冬季根本无法逾越;与东面的步兵第 7 师因赴战岭山脉纵贯南北也难以建立联系。因而陆战第 1 师实际上要孤军深入 200 余公里,方可到达鸭绿江。更重要的是,曾经与陆战第 1 师在黄草岭激战的中国人民志愿军部队,此时也突然后撤,不知所向。因此,史密斯得出结论,麦克阿瑟和阿尔蒙德的北进计划是“基于我们在追歼已打垮的北朝鲜军队这一假设,没有考虑中国共产党军队的介入”①。

但阿尔蒙德告诉史密斯:不必担心中国军队,他们已经退缩了,不会也不敢和陆 1 师这种美军的精锐部队交锋。第 10 军的任务是“在冬季到来之前急速推进至满洲边界。这样,我们就不必在冬季条件下进行一场战役”②。

11 月 15 日,史密斯给美国海军陆战队司令凯泽将军写了一封长信,对阿尔蒙德的指挥公开表示不信任,反对在冬季重新发起进攻,向鸭绿江推进。他说:“我对该军团在战术上的判断力或他们制定计划的现实性没有什么把握。我在这方面的信心仍没恢复。他们是在百万分之一的地图上制定计划。我们是在五万分之一的地图上执行任务。兵力不断地分散,不断给小部队派遣任务,这使他们处境危险。这种作战方式看来在朝鲜很普遍。我确信,他们在这里的许多失败都是这种不顾部队的完整,不管天时地利的做法造成的。……我的任务仍然是向边境前进,西南 80 英里以外的第 8 集团军在 20 日以前不会发起进攻。显而易见,我们不应该不管第 8 集团军而自行推进。如果第 8 集团军不前进。我们只会进一步滑向危险境地。那么就必须对下一步的行动作出决定。我相信,在北朝鲜山地中进行冬季战役对美国士兵或陆战队来说是过于苛刻了。”③

在得到了海军和陆战队上司的支持后,史密斯对阿尔蒙德下达的命令,或者是拒不服从,或者是借故拖延。他命令部队尽量放慢推进速度,甚至停止前进,以便全师部队尽量保持集中,可以彼此照应。他要求部队行进时要“不慌不忙”,每天都要确定行进目标。这样,陆战第 1 师从 11 月 8 日开始,用了 17 天的时间,才走完 40 多英里的山路,于 24 日到达长津湖畔。阿尔

① 格登:《朝鲜战争——未透露的内幕》,402 页,北京,解放军出版社,1990。

② 格登:《朝鲜战争——未透露的内幕》,402 页,北京,解放军出版社,1990。

③ 格登:《朝鲜战争——未透露的内幕》,408~409 页,北京,解放军出版社,1990。

蒙德和麦克阿瑟怒不可遏,却也无可奈何。

麦克阿瑟的两位战地指挥官均对重新发起进攻,向鸭绿江推进疑虑重重,信心不足,都在不同程度上采取了拖延的态度。但麦克阿瑟依旧坚持发动“总攻势”的决心不变,只是为照顾部队的进攻准备,将总攻势的发起时间由11月15日推迟到11月24日。

美国陆军官方战史写道:“驱使麦克阿瑟坚持向边境进军,而毫不顾忌中国人显然会动用相当可观的武装部队对付他的推进行动的可能性”的原因,主要有三条:一是麦克阿瑟认定“中国军队的集结和咄咄逼人的姿态,均属于一种虚张声势的恫吓行为。由于中国人承担不起一场与美国人进行战争的重负,所以他们是不会对他的部队发起进攻的”;二是麦克阿瑟认为:“即使他错了,中国的确不是在进行恫吓,他的部队也有能力对付中国人和北朝鲜人”,而且他坚信,他的空军能够切断中朝边境地区的联系;三是麦克阿瑟在定下“总攻势”决心时,“压倒一切的考虑是,他对他的任务是‘消灭北朝鲜人的军事力量’这一点坚定不移。这一任务主宰着他的行动方针,而只有向边境进军方能完成这一任务”。①

时任美国陆军助理参谋长的马修·李奇微评论说:“很多野战部队指挥官都深信,中国的强大部队一定在什么地方埋伏着,而且有一两位指挥官还对不顾翼侧安全、不与两翼友邻部队取得联络而盲目向前推进的做法是否明智,明显表示怀疑。但是,却没有一个人退缩不前,而且许多人还表现出总司令那种过于乐观的情绪。沃克完全应该意识到在清川江以北他会遇到什么样的抵抗。可是,连他也急急忙忙地向总部保证,一旦获得充足的补给便向前推进,尽管他的种种疑虑,当时根本没有打消。”②

在麦克阿瑟的严厉督促下,美第8集团军和美第10军于志愿军第一次战役结束的第二天,即11月6日即开始了试探性进攻。

西线美第8集团军以南朝鲜第1师由新安州北渡清川江,前出孟中里,向大宁江两岸及博川以西出击搜索,南朝鲜第7师攻击5日被志愿军第38军第112师占领的位于价川以东、清川江南岸的飞虎山阵地,南朝鲜第8师攻击志愿军第42军第125师占领的德川阵地,在安州以北、清川江北岸

① James F. Schabel: United States Army In the Korean War, Policy and Direction: The First Year(詹姆斯·F. 施纳贝尔:《朝鲜战争中的美国陆军——政策与指导:第一年》),277~278页。

② [美]马修·李奇微:《朝鲜战争》,75页,北京,军事科学出版社,1983。

占领桥头堡阵地的美第24师和英第27旅各一部，于7日和8日，向博川地区出击，实施火力侦察。同时以2个工兵连抢修清川江大桥。东线美第10军指挥的部队继续向北进攻，11月6日，美陆战第1师1个团从真兴里以北向古土里进攻，前进最远的南朝鲜首都师已进占东海岸的吉州、明川。

在地面部队进行试探性进攻的同时，11月8日，美国远东空军和远东海军所属舰载航空兵部队倾巢出动，对鸭绿江上的所有桥梁和鸭绿江至清川江之间地区的各类目标进行毁灭性轰炸。在战斗机掩护下，美军远东轰炸机指挥部的全部90架B－29型战略轰炸机，以及美第5航空队的B－26型轻轰炸机和美海军舰载机全部投入了这一轰炸行动，重点轰炸了位于新义州、朔州、楚山、满浦、惠山等鸭绿江上的6座桥梁和新义州、义州、朔州、碧潼、楚山、满浦、江界、武坪里、别河里、熙川、南市、龟城等城镇。

鸭绿江上的桥梁，是中朝两国之间的主要通道，也是美国飞机的主要攻击目标。仅11月8日，美国远东空军就先后出动两批79架次B－29飞机，投掷了大量的1000磅的炸弹。从9日开始，从3艘航空母舰上起飞的舰载机，连续对这一桥梁进行了3天的轰炸。此后，美军的B－29战略轰炸机和海军舰载机对新义州、长甸河口、辑安等地的鸭绿江大桥轮番攻击，而且美军飞机轰炸鸭绿江上的桥梁时，均侵入了中国领空，有的还对中国边境的城镇进行轰炸扫射。

与此同时，美军飞机对朝鲜北部的城镇、交通线和各种民用设施也进行了毁灭性的轰炸，并在轰炸行动中，大量使用燃烧弹，仅11月8日一天，美军即出动70架B－29型战略轰炸机，向新义州投掷500磅燃烧弹弹束584.5吨，新义州城区的建筑60%被毁，居民被炸死烧死达数千人。

此次轰炸行动于12月5日结束。鸭绿江上的公路桥梁大部被炸断，朝鲜北部的重要城镇几乎全被夷为平地，成千上万的朝鲜平民在美军飞机的狂轰滥炸中丧生。

麦克阿瑟“总攻势”的后勤补给准备也在加紧进行。美军占领平壤以后，美第8集团军在向鸭绿江的推进过程中，后勤补给大部分是靠空运解决的，空运量每天只能保证1000吨，而第8集团军发动进攻时每天需要量为4000吨，仅靠空运无法满足需要。于是，美国海军紧急调派扫雷部队，清扫镇南浦港口的水雷，同时修复通往平壤的铁路，从海路和陆路对部队进行补给，至11月20日，第8集团军的后勤准备工作全部完成。而东线的美第10军部队则有东海岸的元山、兴南、利原等港口进行补给，后勤保障很充分。

为了加强进攻的力量，美第 8 集团军将担负后方“清剿”任务的美第 25 师及配属该师的土耳其旅调往前线，参加西线的进攻。“联合国军”总部则将刚到朝鲜的美第 3 师和英第 29 旅分别调往东线和西线担任预备队。

至 11 月 21 日，在朝鲜的“联合国军”已经完成了“总攻势”一切准备。

毛泽东提出根本扭转朝鲜战局。志愿军第二次战役的方针

志愿军入朝第一次战役的胜利，对鼓舞朝鲜人民士气，稳定人心，使志愿军站稳脚跟，坚持继续作战，均具有重要的意义。但整个战场形势并未发生大的改变，志愿军在朝鲜也还没有根本站稳脚跟。东线美第 10 军指挥的美军和南朝鲜军，仍在继续进攻。西线美第 8 集团军指挥的美军、英军和南朝鲜军，虽然个别部队遭到歼灭性打击和重创，但整体力量并未受到大的损伤，主力撤至清川江以南后，稍作整顿，便以侦察试探为目的恢复了进攻行动。此外，麦克阿瑟仍在向第一线增调兵力，并且其空军对鸭绿江地区开始了猛烈的轰炸。因此，对志愿军来说，整个战场形势仍然是严峻的。根本的问题是要粉碎“联合国军”的再次进攻和解决站稳脚跟的问题。

彭德怀在第一次战役结束的前一天，即 1950 年 11 月 4 日，致电毛泽东主席，根据朝鲜战场的情况，提出了志愿军下一步作战的基本设想。他认为第一次战役的胜利，“对稳定朝北人心，使我军站稳脚，坚持继续作战，是有意义的。因消灭敌人不多，我军实力尚未完全暴露，美伪军还可能重新组织反攻”。

根据志愿军连续作战 10 天已很疲劳，加之运输困难，寒冬到来，部队长时间野外露营，难以保持战斗力的情况，彭德怀提出“拟采取巩固胜利，克服当前困难，准备再战方针”，一方面组织部队利用朝鲜北部山区隐蔽休整，总结第一次战役的经验，恢复体力，另一方面改善交通运输状况，加强运输工作，储存粮弹。而“在内线要点上，构筑必要工事。如敌再进，让其深入后歼击之”。[①]

毛泽东也在考虑志愿军的下一步作战方针，于 11 月 4 日 22 时致电彭

---

① 彭德怀致毛泽东并告高岗电，1950 年 11 月 4 日 15 时。

德怀、邓华，指出：“敌于收集各部略加整理后有向我军举行反攻之可能，请令我军各部注意，于其反攻时各个歼灭之，尤其注意德川方面。”①

还在第一次战役激烈进行时，毛泽东对根本改变朝鲜战局就有考虑。10月29日，毛泽东在致彭德怀、高岗的电报中即指出：“东面伪首、伪三及美七师共三个师由咸兴向北进攻的可能性极大，必须使用宋时轮②主力于该方面方有把握，否则于全局不利。”31日，指示第9兵团(3个军共12个师)于11月1日开始入朝，并规定：“该兵团到后受志司指挥，以寻机各个歼灭南朝鲜首都师、第三师、美军第七师及陆战第一师等四个师为目标。”③11月1日、2日两天，毛泽东数次电告彭德怀、邓华，要求以第38军控制安州、军隅里地区，重点是军隅里，切断清川江南北之敌的联系，并尽可能向南伸出直到平壤附近，以第42军之第125师控制德川据点，及元山顺川间铁路线，威胁平壤。

在接到彭德怀11月4日的电报后，毛泽东于11月5日凌晨1时回电彭德怀，同意彭德怀提出的志愿军下一步作战的基本方针和各项部署，并明确提出了根本改变朝鲜战局的战略设想，强调指出：“德川方面甚为重要，我军必须争取在元山、顺川铁路线以北区域创造一个战场，在该区域消耗敌人的兵力，把问题摆在元山、平壤线的正面，而以德川、球场、宁边以北以西区域为后方，对长期作战方为有利。目前是否能办到这一点，请依情况酌定。”同时决定第9兵团“全力担任”东线作战，“以诱敌深入寻机各个歼敌为方针”，以扭转东线战局。④

根据毛泽东的指示，彭德怀与邓华、洪学智、韩先楚、解方、杜平等志愿军领导人，以及朴一禹，具体研究制定了志愿军部署方案，并于11月5日作出了迎击再犯之敌的部署：

西线各军主力撤至宣川、定州、泰川、云山、温井、妙香山一线及以北地区休整，进行战役反击的准备；第39、第40、第38军各以1个师和第42军第125师展开于博川、宁边、球场、德川、宁远一线地区，“采取宽大正面运

① 《建国以来毛泽东军事文稿》，上卷，334页，北京，军事科学出版社、中央文献出版社，2010。

② 时任志愿军第9兵团司令员兼政治委员。

③ 《建国以来毛泽东军事文稿》，上卷，317、322页，北京，军事科学出版社、中央文献出版社，2010。

④ 《建国以来毛泽东军事文稿》，上卷，335、340页，北京，军事科学出版社、中央文献出版社，2010。

动防御与游击战相结合的方针，积极以小部队逼近敌人或插到侧后破交、捕俘、扰乱袭击，查明情况，疲劳敌人；师主力则于重要路口作纵深部署，如小敌则歼灭之，如大敌则边打边退，诱敌深入，向敌侧后转移，以便配合主力消灭之"。令第42军主力继续在东线黄草岭、古土里、旧津里地区实施运动防御，节节阻击进犯之敌，掩护第9兵团开进。

11月8日，志愿军首长根据敌军的进攻态势，提出了"为粉碎美伪再犯企图，于东西两线均采诱敌深入，先歼其侧翼一路，尔后猛烈扩大战果之方针"①，并初步确定了第二次战役的部署，电告毛泽东：

在东线，第9兵团在第42军一部节节抗击，诱敌深入掩护下，以1个军进至旧津里以南布置阻击阵地，主力集结于旧津里西南及东南地域，待诱敌深入至旧津里、长津线，首先消灭美陆战第1师，然后视情向东或南扩大战果。

在西线，待诱敌深入至下杏洞一线后，以第38、第42军突然向德川、孟山、北仓里方向进攻，猛击西线之敌侧背；第40军位于宁边地区，准备向球场方向攻击，配合第38军夹击敌军；第39军除以一部兵力于泰川地区阻击牵制敌军之外，主力亦准备歼灭进犯之敌；第66军集结于龟城、定州地区待机；第50军对海防严密警戒。

如果西线敌军不进，志愿军西线部队则准备在东线第9兵团打响调动敌军后，主动发起攻击，集中3个军向德川及其以南出击，寻机歼敌，把战场推前，以利持久作战。②

毛泽东于11月9日复电彭德怀等志愿军首长并告高岗，完全同意志愿军的作战部署，指出："目前部署及下一步作战意图，均很好，请即照此稳步施行。"同时指出："要修几条（不只一条）宽大公路通达德川、宁远、孟山区域，这是极重要的战略任务，后面各路均须修好修宽，请抓紧办理。""争取在本月内至十二月初的一个月内东西两线各打一二个仗，共歼敌七八个团，将战线推进至平壤、元山间铁路线区域，我军就在根本上胜利了。"并告高岗、贺晋年"用一切可能方法保证东西两线粮弹被服（保障御寒）之供给。"③

---

① 彭德怀等志愿军首长致9兵团、炮司、各军首长电，1950年11月8日20时。

② 参见彭德怀、邓华、朴一禹致毛泽东电，1950年11月8日15时。

③《建国以来毛泽东军事文稿》，上卷，342页，北京，军事科学出版社、中央文献出版社，2010。

毛泽东这一战略考虑，是基于志愿军第一次战役后战场形势的变化，和志愿军作战的需要及可能而提出的，是对志愿军入朝前确定的在德川、宁远一线以南，平壤、元山一线以北建立防线思想的进一步发展，不但要站稳脚跟，而且根本改变战场形势，使志愿军掌握战略上的主动。

毛泽东特别强调“德川方面甚为重要”，是因为这一地区的作战行动直接关系到战略全局。德川位于朝鲜北部妙香山脉中部东麓，是朝鲜北部山区的门户。宁远、孟山在德川以东和东南，距德川各约 20 公里，位于朝鲜北部北大峰山脉的西北麓。这一地区恰好是朝鲜半岛蜂腰部东西海岸连线的中间位置，向南距元山—顺川铁路线约 50 公里，向东南距元山、向西南距平壤各约 100 公里，向东距咸兴、向西距安州各约 80 或 70 公里。控制了德川地区，朝鲜北部和西北部地区的巩固就有了保证，志愿军就有了一块巩固的立足之地。而从作战上说，这一地区均为山地，地形有利，运输补给方便，有利于部队东西调动，进攻有后方依托，可以迅速出击到平壤、元山一线，防御也有充足的纵深。更重要的是，占据这一地区，志愿军即可以彻底切断“联合国军”东西两线的联系，打开战役缺口，或向东对元山、咸兴地区，或向西南对顺川、平壤迂回，截断东西两线进攻之敌的后路。因此，控制了德川、宁远、孟山区域，将战线推进到平壤、元山一线正面，志愿军就从战略上占据了主动，不仅可通过反击作战从根本上扭转朝鲜战局，而且也为志愿军坚持长期作战创造了条件。

从另一方面讲，德川地区正好位于“联合国军”东西两线部队的接合部。由于朝鲜赴战山脉等崇山峻岭的阻隔，东线美第 10 军和西线美第 8 集团军部队在德川以东形成了一个宽约 130 公里的空隙地带。而在美第 8 集团军的布势中，德川、宁远地区部署的是南朝鲜军，这有利于志愿军在进攻中歼灭之，打开战役缺口。

毛泽东对从根本上扭转朝鲜战局充满信心。他在 11 月 13 日给斯大林的电报中指出：“据我的观察，朝鲜的战局，是可以转变的。现在我志愿军十六个师在朝鲜西北战线方面已给了敌人第一个打击，已经初步地立稳了脚跟，只要能再给该线敌人（八个师）以一个至二个较大的打击，就能将该线的防御局面改变为进攻局面，而这是有可能的。东北战线方面，我志愿军仅有两个师①，敌人（五个师）还很猖獗，现正增派八个师去②，准备给敌人

① 指第 42 军之第 124、第 126 两师。

② 指第 9 兵团第 20、第 27 两军各 4 个师。

一个打击，转变该线的战局。”①

为贯彻毛泽东关于根本扭转战局的战略考虑，实现下一步作战任务，11月13日，志愿军党委举行扩大会议，总结第一次战役的经验，研究第二次战役的部署。彭德怀在会上作了题为《入朝作战第一次战役的基本总结及第二步作战方针》的报告。

会议根据敌我双方武器装备状况，确定“在我空军、炮兵、坦克尚未得到适当组成前，我们仍采取运动战、阵地战、游击战相结合，内线和外线相结合的方针”。彭德怀对这一方针作了具体阐述，指出：

采取诱敌深入，在战役上来说是内线的。集中优势兵力火力割裂敌人，分别包围，各个歼灭敌人。但从一个战斗来说这是外线，乘敌立足未稳，预期遭遇，伏击、追击、围点打援，这都是运动战，我们力争这些机会在运动中消灭敌人。

阵地战包括阵地防御和阵地进攻，防御方面是为了节约兵力用于进攻方面，以劣势兵力钳制敌人优势兵力，采取列国时代孙膑赛马的方法：即我以一个团牵制敌人三个团，集中我三个团歼灭敌人一个团，在相等的兵力下造成歼敌的优势。因此，担任防御任务的部队，不仅要坚决阻击敌人，还须灵活地进行反突击，吸引敌人于自己当面愈多愈好，愈易使进攻方面奏效，所以我们的防御，无论从一个战役、战斗或战术上来说，都是积极防御的动作，而不是消极防御或单纯防御。

游击战是当前我军作战不可少的部分。敌人有飞机飞到我军后方侦察我军情况，破坏交通，炸我物资，使我吃不上饭，得不到弹药补充，增加了我们的困难。我们现在没有飞机进行侦察和破坏敌人后方交通运输，因此，必须有积极的游击战，袭击和破坏敌后运输交通，分散敌人兵力，侦察敌情，直接配合作战。现我一二五师即有两个营组织了两个支队深入敌后活动，这是为了直接配合本战役作战，由部队直接派出去的游击活动。各军还可以将现有的侦察部队组织起来，携带电台，配合人民军部队及地方工作人员插至敌后活动，其作用是很大的。

至于到南朝鲜去开辟敌后战场的游击战争，那是具有重大战略意义的。如缩小敌占区，扩大我占区，也就保护了人力物力，积蓄了自己的力量；也就

---

① 《建国以来毛泽东军事文稿》，上卷，349页，北京，军事科学出版社、中央文献出版社，2010。

削弱了敌人的人力物力,从战略上分散敌人兵力,配合主战场歼灭敌人;使广大人民受到革命教育,而少受敌人的奴化教育,替将来战略反攻准备战场。根据目前朝鲜情况,在南朝鲜开展游击战争完全是可能的,人民军还有力量在敌后。这样的敌后战场必须有整套政策,军事指导上,一般应避免阵地战,而是以运动战与游击战相结合,至于拔掉根据地内某些反动据点,则在情况许可时是必要的。①

会议具体分析了朝鲜战场的形势,认为“敌人气焰未打下去,还是想进攻的。如我们与其对峙,就不能得到休息整训。加之在狭小地区内,集居了志愿军和人民军四五十万人,当地人民是吃不消的”。因此决定,志愿军在1950年内“还必须要打一仗,将战场推到平壤、元山地区,再消灭敌人至少六七个团,使敌人由进攻转入防御,以便我军将来大举反攻”。“此役如能消灭美伪军二至三个整师,则朝鲜战局将起基本变化”。

会议确定,第二次战役的方针是,“内线作战,诱敌深入,各个击破和歼灭敌人”。即:主力后撤至第一次战役比较熟悉的地区休整和构筑反击阵地,以逸待劳;而以小部兵力与敌保持接触,故意示弱,骄纵敌军和诱敌深入,将西线之敌诱至大馆洞、温井、妙香山、平南镇一线地区,东线诱至长津水库地区,然后突然举行反击。彭德怀解释说:这样做的好处是:一是运输线短,减少补给困难。二是地形熟悉,敌情明了。三是敌兵力相对分散,有利于我各个歼灭。四是敌后交通线易受我袭击。他指出:“敌人现在也正在调整力量准备进攻,我们让它进来,反动舆论会有几天嚣张的,这没有关系。只要我们能打胜仗,即可一扫而光。”

会议同时决定:如果敌军不进,志愿军就打出去。“有两个办法:一是围点打援,调动敌人,准备包围永兴附近美三师一个团,让敌人来增援,从运动中来歼灭敌人;二是集中三十八军、四十二军从德川打出去,直插顺川、肃川,如力量不够,再将四十军调过去。总之,必须集中力量作战。东战场则完全由九兵团负责,首先求得歼灭美陆战一师两个团。”②

① 《彭德怀军事文选》,337~339页,北京,中央文献出版社,1988。
② 《彭德怀军事文选》,341~342页,北京,中央文献出版社,1988。

志愿军第二次战役的准备

为保证第二次战役的胜利，志愿军在战场上和国内进行了紧张的准备工作。

第一，第38、第39、第40军主力和第50、第66军后撤之后，利用短促时间在预定地区完成了休整，部队恢复了体力，并对第一次战役的战术经验及美军、南朝鲜军的作战特点进行了初步总结，明确了第二次战役的任务。在总结中，志愿军部队普遍认为，美军虽然火力强，但作战精神差，对技术装备的依赖性很大，尤其怕近战、怕夜战、怕抄后路，南朝鲜军则经常是一击即溃。只要志愿军很好地运用近战、夜战和迂回包围战术，能够先打掉敌军指挥机关和炮兵阵地，胜利就有把握，另外要注意搜剿扩大战果。因此从战术上树立了打赢第二次战役的信心。

第二，为了解当面敌情及敌后浅近纵深内的地形、道路等情况，志愿军统一部署，规定侦察区域和具体侦察任务，要求各军派出1/2或1/3的侦察力量，以军为单位组织，结合第一线各师诱敌深入的行动展开侦察。从西至东，第50军对宣川东西及龙岩浦方向，第66军对定州东西及安州、博川方向，第39军对云田洞、安州及海岸方向，第40军对球场、军隅里、安州方向，第38军对德川、院里、价川、顺川、安州方向，第125师对孟山、顺川、价川方向，第42军主力对长津湖以南黄草岭至咸兴间、及新兴至洪原方向进行了侦察，大体上摸清了这些地区敌军兵力、番号和兵要地志等情况。

与此同时，为直接配合正面作战行动，还以志愿军第42军第125师2个营和人民军部分部队组成两支挺进支队（游击支队），在第125师副师长王淮湘和副师长兼参谋长茹夫一分别率领下，于11月上旬进入孟山、阳德、成川、江东、顺川等敌后地区，进行破坏交通、袭击敌军据点等游击活动。仅11月9日、21日、22日，挺进支队即袭占东仓、右仓、长林车站3处据点，歼灭南朝鲜军治安队150余人，解救朝鲜劳动党党员80余名，并与从三八线以南撤回，在顺川、成川、阳德一带活动的朝鲜人民军第7师（5000余人）会合，受到彭德怀、邓华、朴一禹的特电嘉勉。

第三，利用第一次战役胜利及针对作战中遇到的困难进行了思想政治教育。志愿军政治部于11月7日和8日先后发出了《关于一次战役后政治工作的指示》和《朝北反击战役胜利宣传教育大纲》两个文件，军委总政治部还于11月7日专门为志愿军发出了开展政治攻势,加强敌军工作,瓦解敌军的指示。19～20日,志愿军政治部又专门召开了有各军和炮司政治部主任参加的政工会议,总结了第一次战役政治工作经验,部署了第二次战役政治工作任务。在部队中广泛宣传了第一次战役胜利的意义,学习中国各民主党派联合宣言,宣扬英雄模范事迹,评功、记功,根据现有条件研究防空、防寒和改善食宿的办法。通过这些活动,部队树立了战胜敌人、克服困难的信心。同时在部队中进一步强调了俘虏政策和在朝鲜作战的政治纪律、群众纪律,并要求每个人学会几句英语和朝语,用英语和朝语进行战场喊话。

11月24日,志愿军政治部发布《第二次战役政治动员令》,指出:这一战役十分重要,关系到整个战局发展的趋势。只有狠狠地再消灭敌人几个师,才能巩固第一个战役的胜利。《动员令》分析了敌我双方的情况,认为志愿军通过第一次战役,已经取得了对敌作战的经验,同时增加了新的有生力量,提高了胜利的信心。志愿军党委号召各军多歼灭敌人,师、团、营、连各级根据各自情况均作出具体计划,在东西两个战场之间,在东西战场的各个军之间,展开订立歼敌计划与立功竞赛,各军各部队展开“打胜仗捉俘虏比赛”。最后,特别提出了“勇敢加战术就是胜利”的口号。

第四,中央军委、军委各总部、东北人民政府、东北军区和志愿军党委,研究办法,抽调干部、汽车及司机,尽最大努力保证志愿军在朝鲜作战的物资补给。根据朝鲜境内铁路基本被敌机炸毁,火车不通,国内汽车有限、在战场上遭敌机轰炸损失严重等情况,中央军委和东北军区紧急动员200辆商用汽车和约600辆大车入朝,为志愿军运送了部分物资。志愿军统一部署各部在朝鲜向当地政府和群众筹借部分粮食。为解决运输汽车短缺问题,高岗和彭德怀提议,借用苏联已到满洲里准备运往大连苏军基地的1000辆汽车。周恩来据此致电斯大林,请求紧急借用驻辽东半岛苏军汽车500辆,待中国从苏联订购的3000辆汽车到达后从中归还。斯大林答复,将已到满洲里的汽车495辆作为中国订购的汽车,于11月26日前交付使用,另有1000辆汽车于12月5日前发出。

中央军委和东北军区还调整了朝鲜战场的后勤部署,加强了志愿军的后勤保障力量,分别为后勤第1、第2、第3分部充实了力量,并由华东军区组建了第4分部。同时对各分部任务作了调整:第1分部负责辑安—熙川线,保障第38、第40、第42军及炮兵第8师的补给;第2分部负责临江—长津线,保障第26、第27军的补给;第3分部负责安东—温井线,保障第39、第50、第66军及炮兵第1、第2师的补给;第4分部负责江界—平南镇线,保障第20军的补给。

志愿军还以各军工兵营和工兵第6团抢修熙川经杏川洞至德川、宁远公路。为解决部队露营防寒问题，军委总后勤部组织做了1200顶帐篷，于11月初开始前运，另再做1200顶备用。

为解决部队昼间防空袭不能生火做饭，夜间行军打仗无暇做饭的问题，东北军区后勤部李聚奎部长、张明远副部长、苏焕清副政委、张济民副政委，在11月8日给总后勤部的报告中，提出以制作炒面为主供应熟食的建议。经征得志愿军司令员彭德怀同意后，东北人民政府首先动员沈阳市内各党、政、军系统制作炒面。东北人民政府于11月12日，专门就此发出了《关于执行炒面任务的几项规定》，要求沈阳市内各党、政、军系统，每日最低完成13.8万斤炒面任务，从13日至12月2日的20天内最低完成276万斤，并对具体任务分配、制作的质量要求、制作办法、包装及质量的监督检查，作了明确规定。至11月底，国内送达前线第一批炒面2000吨。在此期间，全国其他城市也承担了为志愿军制作炒面的任务。在北京，周恩来等中央领导亲自到制作车间，检查炒面质量，并与工人一起为志愿军制作炒面。

第五，根据中央军委的命令和志愿军总部的部署，志愿军第9兵团于11月7日开始从辑安、临江等地渡过鸭绿江，隐蔽开赴朝鲜东线战场。

志愿军第9兵团辖属第20、第26、第27军，共12个师，总兵力约15万人。宋时轮任司令员兼政治委员，陶勇任副司令员，覃健任参谋长，谢有法任政治部主任。

第20军下辖第58、第59、第60、第89师，张翼翔任军长兼政治委员。

第26军下辖第76、第77、第78、第88师，张仁初任军长，李耀文任政治委员。

第27军下辖第79、第80、第81、第94师，彭德清任军长，刘浩天任政治委员。

第9兵团原计划首先由山东开到东北整训两个月左右，然后再入朝作战，因战场形势需要而改为直接开赴朝鲜，因此入朝准备很仓促。第27军曾于11月4日由安东渡江，准备迎击向新义州进犯的英第27旅。第一次战役结束后，该军任务改为担负东线作战。11月7日，该军折返安东，12日由临江入朝向长津湖地区开进。

第9兵团各部队克服冬装未及全部发放，朝鲜东北部山大、路窄，道路拥挤和严寒袭击等困难，迅速向朝鲜战场开进。至21日前后，第20、第27军先后到达长津湖东西及以北预定歼敌地区，第26军也到达了指定的厚昌江口地区,完成了集结。

第9兵团向东线战场开进期间,正值美空军严密监视中朝边境地区,并发动空中战役,对朝鲜北部地区各种目标狂轰滥炸之时。但第9兵团严密伪装,隐蔽开进,不仅未被美军的空中战役所阻止,而且丝毫没有被美军的空中侦察所察觉。因此,第9兵团的开进行动被美国舆论界惊叹为"当代战争史上的奇迹"。

第六,为加强战场防空力量,11月11日,中央军委决定从国内各高炮团抽调5个37毫米口径高炮营,于11月20日前集中完毕,稍加整顿后即开朝鲜,分别配属第38、第39、第40、第42、第66军各1个营,担负防空作战任务。但这些高炮营缺乏车辆装备,暂时不能配齐。彭德怀、邓华等建议待各高炮营装备配齐后再来参战。为打击低飞的美军飞机,11月10日志愿军司令部专门发出指示,命令各部有计划、有组织地选择有经验的射手,用轻重机枪对空射击,以团为单位远离驻地布置假目标,在敌机轰炸扫射时打击之。11日,志愿军司令部还专门通报了第124师于11月6日用步兵武器击落敌机2架、第112师第336团8日用步兵火器击落敌机1架的情况,鼓励部队用步兵武器对空射击。

第七,为保证战役中的通信联络,中央军委为志愿军补充了一部分通信装备。志愿军司令部对第一次战役中的通信工作进行了总结,并专门发出了第二次战役通信工作指示,要求各部在战役打响后注重使用报话机,用规定的暗语联络;敌机临空时,电台不应停止工作;各军、师要有专台与志愿军司令部保持联络。还对电台如何增加敌机侦测困难作了具体规定。

第八,为扩大志愿军政治影响,瓦解敌军,11月17日,彭德怀、邓华、杜平致电军委、总政,请示"拟下一战役前,释放一百名美李伪俘虏(内美俘三十名,伪俘七十名),以扩大我军优俘政策,打破敌军怕杀心理,并准备十九日夜由前沿阵地送出"。18日,毛泽东回电指出:"你们释放一批俘虏很对,应赶快放走,尔后应随时分批放走,不要请示。"

18日夜,由志愿军政治部组织释放了103名战俘,其中美俘27人,南朝鲜俘76人。11月24日,毛泽东在给彭德怀、邓华、朴一禹、洪学智并告高岗、贺晋年的电报中指出:"你们释放美俘的行动,已在国际上收到极好的效果。请准备于此次战役后再释放一大批,例如三四百人。"①

① 《建国以来毛泽东军事文稿》,上卷,358、367页,北京,军事科学出版社、中央文献出版社,2010。

除上述各种准备外，志愿军还在战场上诱敌深入，骄纵敌人，进一步造成了“联合国军”在战略上的判断错误，将其地面部队诱至志愿军预定战场。

志愿军完成诱敌深入，将敌诱至预定战场

11月6日，“联合国军”地面部队根据麦克阿瑟的命令，在东西两线开始试探性进攻。在西线，美第8集团军以南朝鲜第1师全部由新安州北渡清川江，前出孟中里，向大宁江两岸及博川以西出击搜索；南朝鲜第7师全部攻击11月5日被志愿军第38军第112师占领的位于价川以东、清川江南岸的飞虎山阵地；南朝鲜第8师以1个团攻击志愿军第42军第125师占领的德川阵地。在东线，美第10军指挥的部队继续向北进攻。

志愿军遂按11月5日的部署，“采取宽大正面运动防御与游击战相结合的方针”，开始诱敌深入。西线以第39军第117师、第40军第119师、第38军第112师和第42军第125师，展开于第一线，节节阻击，故意示弱，骄纵敌军，诱敌深入，主力则后撤隐蔽休整。东线第42军也以一部兵力在黄草岭以北地区与敌保持接触，迟滞美陆战第1师向长津湖方向推进。

“联合国军”由于遭到志愿军第一次战役的打击，特别是对志愿军的兵力和部署情况不明，在试探性进攻中，行动非常谨慎，稳扎稳打，进展缓慢。志愿军为要实现战役企图，既要抓住敌军，表现出与敌作战的决心，给敌以打击，又要显示力量不强，而步步后撤，骄纵敌人，造成敌人的错觉，进而牵牢“牛鼻子”，把敌军诱入既定战场，创造出反击的有利战机。这需要有高超的指挥艺术。

在志愿军总部的巧妙指导下，担任诱敌深入任务的志愿军各部，一开始即对进攻的敌军展开了顽强阻击，在飞虎山、德川等地还进行了激烈的争夺。

飞虎山位于清川江畔，俯瞰价川、军隅里，扼制平壤通往满浦公路，地势险要，直接威胁美第8集团军战线的核心部位安州。志愿军第38军第112师攻占此地后，南朝鲜第7师和美第2师立即进行反扑。南朝鲜军和美军在密集炮火和飞机的支援下，每日以1～3个团轮番进攻，炸弹将志愿军阵地炸成松土，凝固汽油弹将山丘烧得一片火海。志愿军第112师第335团坚守阵地，以“人在阵地在”的精神，与敌反复争夺阵地，以顽强的防御顶住

了敌军的猛烈进攻。附近的朝鲜群众自发组织起来，为志愿军送饭、送水。一位朝鲜老人赋诗一首：“飞虎山上万虎飞，成仁取义英名垂。血洒朝鲜金碧土，中朝友谊共日辉。”盛赞志愿军官兵英勇作战的业绩。经过5天的激烈争夺，第335团共击溃敌军百余人以上的攻击57次，牢牢地守住了阵地。

与此同时，从11月5日开始，南朝鲜第8师也对德川地区的志愿军第42军第125师阵地展开攻击，力图占领德川，建立北进的进攻出发阵地，每天投入进攻的兵力都保持在2～3个营。志愿军第125师根据志愿军总部的命令，以申山为核心，构成阵地防御体系，坚守大同江北岸阵地。

申山是志愿军1个排防御点，也是敌我双方争夺的要点。南朝鲜军每日均以1～2个营，在炮兵和航空兵火力的支援下，进攻志愿军阵地。志愿军第125师第373团1营部队坚守阵地，击退了南朝鲜军多次进攻。13日，南朝鲜军集中火力，掩护地面部队突入志愿军阵地，志愿军第373团第3连第3排在仅余十几人的情况下，坚守最后一个高地，营立即组织部队进行反击。反击部队冲破敌军火力的严密封锁，白天通过800多米的开阔地，经反复冲杀，驱逐敌军，恢复了阵地。

在飞虎山战斗、德川战斗的同时，西线第39军第117师、第40军第119师也以一部兵力坚决阻击进攻博川、宁边的敌军，东线第42军部队则在黄草岭以北地区，坚决阻击美陆战第1师。

在志愿军第一线诱敌部队的顽强阻击下，至11月8日，西线美第8集团军部队始终未能前进一步，东线长津湖地区的美陆战第1师也步履维艰。“联合国军”总司令麦克阿瑟严令各部加紧进攻，迅速向进攻出发线推进。“联合国军”部队主力遂逐步展开，向北攻击前进。

鉴于敌军主力已经开始展开，并被志愿军各阻击部队所吸引，志愿军总部遂于11月9日，令第125师继续坚守德川阵地，西线清川江地区阻击的其他各部，均后撤一步，诱敌前进，继续阻击。

根据这一命令，第112师于11月9日主动撤出飞虎山阵地，转移至院里以北地区节节阻击北进之敌，第39军第117师、第40军第119师也于10日和11日主动放弃博川、宁边一线地区。

各部边打边退，并不时地以反击和出击的手段，打击小股进犯敌军，与敌保持密切接触。11月10日晚，第38军第112师1个团向进至院里之敌出击，占领院里及以南山地后，主动撤回。12日，院里南朝鲜第7师30余人在6辆坦克支援下，向志愿军第112师第336团阵地进攻，遭到反击，敌被毙伤20余人后，返回院里。13日，美军和南朝鲜军约2个团兵力，在8

架飞机、6 辆坦克和 30 余门大炮的支援下，两次攻击志愿军第 112 师第 334 团 1 个营的阵地，均被击退。第 112 师在院里以北地区完成阻击敌军的任务后，于 11 月 13 日晚，进一步后撤，北撤至瓦洞东西一线地区，继续诱敌。其他各部也多次对小股敌军举行反击和出击。

但"联合国军"对前次战役时因分散冒进而遭受的打击心有余悸，同时对中国军队的兵力和作战意图仍毫无头绪。因此，虽然在麦克阿瑟一再督促下，美第 8 集团军司令沃克下达了向纳清亭—泰川—云山—温井—熙川—德川—宁远总攻开始线推进的命令，但训令各部在北进中，要密切保持与友邻的协同，避免孤军冒进，一旦遇到中国军队的主力或顽强阻击，即就地转入防御。

至 11 月 16 日，西线美第 8 集团军仅向北推进 9 ~ 16 公里，南朝鲜第 1 师、英第 27 旅、美第 24 师、美第 2 师、南朝鲜第 7、第 8 师等各师主力，仍位于新安州至军隅里清川江两岸及东至德川地区。而东线的美陆战第 1 师则平均每天只推进 1 英里，始终在下碣隅里、古土里地区徘徊。

鉴于这种情况，彭德怀为进一步造成敌军错觉，实现将敌军诱至预定地区歼灭的目的，果断决定：东西线部队均进一步后撤，与敌军脱离接触，并制造假象，诱使敌军放胆北进。

16 日中午和晚上，彭德怀等志愿军首长两次发出指示，指出："我西线不后撤，东线之敌不敢冒进，即便我西线后撤，东线之敌亦有可能不进。"令西线诱敌各部从 17 日起停止对敌反击，第 125 师撤出德川，转移到大同江以北纵深地区构筑阻击阵地，第38、第 39、第 40 军在第一线阻击诱敌各师，由现地撤至云山、球场一线以北地区。

从 11 月 17 日起，志愿军在东西两线均与"联合国军"部队脱离接触，并在后撤过程中，故意在阵地上和道路旁丢弃部分装备和物品，制造"狼狈撤逃"的假象。同时，有意向被释放的美军战俘透露消息，说志愿军部队粮食供应困难，准备撤回国内。

东线第 42 军第 124、第 126 师则在完成掩护第 9 兵团开进任务后，于 16 日晚开始陆续西移，至 20 日在旧仓以东、以南地区集结休整。第 9 兵团部队接替第 42 军防务，继续节节阻击敌军，诱敌深入。

"联合国军"果然为志愿军的后撤行动所迷惑，作出了错误的判断。他们认为：志愿军是"怯战退走"，估计在朝鲜的中共军队只有 6 万 ~ 7 万人，并不是不可侮的力量，这些军队没有得到很好的补给，补给的困难和寒冷的气候可能是他们撤退的原因。

在西线,美第8集团军的畏惧心理烟消云散。沃克认定在朝鲜的中国军队只是几个由志愿人员组成的师,并非中共的正规建制部队,其进入朝鲜的动机是建立防线来保护鸭绿江南岸的电力设施。[①] 经过空中侦察,沃克认为中国军队的防线有两道,第一道防线西起定州,经泰川、云山向东延伸约10英里左右;第二道防线为主要防线,西起宣川,向东经过龟城、温井、熙川,穿越狼林山脉至长津湖,遂命令部队加速前进。

从11月18日开始,西线美第8集团军全线放胆向北推进,至21日,全部到达预定的总攻开始线。美第24师进至博川以西的嘉山,南朝鲜第1师进至博川北之长新洞,英第27旅进至龙山洞,美骑兵第1师进至宁边北之立石,美第2师进至球场南之江亭,南朝鲜第7师由军隅里东移德川、龙门山,南朝鲜第8师进至宁远及其以北。

在东线,美第10军的情报官员认定,“敌军最近的迟滞作战显然已经告一段落,其再次撤往北方,而且敌军的后撤速度导致他们在许多地方失去了联系”。他们认定,第10军当面的中国军队最多只有1~2个师,并且未来作战形式将只能是“纯粹的防御性质”[②]。

美第10军军长阿尔蒙德驱使各部快速北进。美第7师师长巴大维少将曾在中国解放战争期间出任美军驻国民党政府军事顾问团团长,目睹过蒋家王朝覆灭的过程,自认为了解中共军队,因此率部向鸭绿江畔冒进。11月21日,美第7师第17团进至鸭绿江边的惠山镇,这是美军到达中朝边境的第一支也是惟一的一支部队。

麦克阿瑟立即为此给美第10军军长阿尔蒙德发电祝贺,称:“告诉巴大维,第7师已拔得头筹。”阿尔蒙德也给巴大维发去贺信,称第7师的行动“将作为一项卓越的军事成就而载入史册”,[③]并专程赶到惠山镇,以惠山对岸的中国为背景,与巴大维等第7师军官合影留念,显示“胜利”。

---

① 参见 Roy. E. Appleman: United States Army in the Korean War, South to the Natong, North to the Yalu(罗伊·E. 阿普尔曼:《朝鲜战争中的美国陆军——南至洛东江,北到鸭绿江》),755页。

② Roy. E. Appleman: United States Army in the Korean War, South to the Natong, North to the Yalu(罗伊·E. 阿普尔曼:《朝鲜战争中的美国陆军——南至洛东江,北到鸭绿江》),756~757页。

③ Roy. E. Appleman: United States Army in the Korean War, South to the Natong, North to the Yalu(罗伊·E. 阿普尔曼:《朝鲜战争中的美国陆军——南至洛东江,北到鸭绿江》),736~737页。

东线美第10军指挥的其他部队也不甘落后。南朝鲜首都师沿东海岸向图们江推进,进至清津以南之永院里,南朝鲜第3师正向合水推进,美陆战第1师进至长津湖南岸的下碣隅里及以北地区,并准备继续向江界方向推进,掩护西线第8集团军进攻的右翼。

至此,东西两线的"联合国军"部队均进入了志愿军的既设战场。志愿军的诱敌深入取得了圆满成功。此时,"联合国军"总部和美国军政当局,则完全被志愿军诱敌深入的行动所迷惑,作出了导致其战场惨败的判断和决策。

"联合国军"总部在给美国陆军参谋部的报告中声称:"诚然要作出具体的评估还为时过早,但已有一些迹象表明,中共军队正在向鸭绿江撤退,或者越过边境撤回满洲。……同时还有一些迹象表明,中共军队将固守鸭绿江沿岸的水库和电力设施。"①

11月21日,美国国务院、国防部、参谋长联席会议成员举行联席会议,最后审查了朝鲜战场的形势,决定在麦克阿瑟完成"总攻势"之前,不再提及促使"中共撤军"和"北朝鲜投降"的政治解决方案,也不再理睬英国政府提出的关于在鸭绿江两岸建立"缓冲地带"的建议,允许麦克阿瑟全力以赴发起进攻,占领全朝鲜。

11月24日,"联合国军"总司令麦克阿瑟在美远东空军司令斯特拉特迈耶和"联合国军"总部作战处长赖特、情报处长威洛比和副官惠特尼的陪同下,偕大批记者从东京抵达朝鲜战场视察。

麦克阿瑟在清川江前线的美第1军指挥部,听取了美第8集团军沃克关于进攻计划的汇报,并在沃克的陪同下视察了美军部队。随后,麦克阿瑟坐飞机沿鸭绿江上空视察,他断定,"联合国军"的总攻势胜券在握。他对美第9军军长库尔特说:"你告诉官兵们,他们打到鸭绿江之后就可以回国了。我希望我的话可以兑现,就是他们可以回家过圣诞节。"②麦克阿瑟的此番言论经记者们的大肆渲染后,"联合国军"的"总攻势"即有了一个新的名称:"圣诞节前结束战争的总攻势。"

麦克阿瑟从朝鲜回到东京,立即发表公告,向全世界宣布"联合国军"

---

① James F. Schabel: United States Army In the Korean War, Policy and Direction: The First Year(詹姆斯·F. 施纳贝尔:《朝鲜战争中的美国陆军——政策与指导:第一年》),276页。

② 中央社东京1950年11月24日电。

的“总攻势”开始的消息:“联合国军对在北朝鲜新的赤色军队的庞大压缩和包抄行动已经临近决定性的时刻。在过去的三星期中,作为这一钳形攻势的独立组成部分,我们各军种空中力量以模范的协同和有效率的持续攻击,成功地切断了敌军的补给线,敌军来自北方的增援已大大减少,基本物资供应受到显著限制。这一钳形攻势的右翼,在海军出色的支援下,以一个辉煌的战术行动稳步推进,现已抵达一个居高临下对敌实施包抄的有利位置,在地理上将敌人在北部势力所及的潜在区域拦腰切断。这一钳形攻势的左翼,今天早晨也已发起总攻,向前推进,以完成压缩,并合拢铁钳。假如获得成功,实际上就可结束战争……使联合国军能够迅速撤出。”①

在麦克阿瑟的狂嚣之中,西线的美第8集团军倾巢出动,展开了“圣诞节前结束战争的总攻势”。其进攻布势为:美第1军位于左路,指挥美第24师、英第27旅、南朝鲜第1师,由嘉山、古城洞地区分向新义州、朔州方向进攻;美第9军居于中路,指挥美第25师、美第2师、土耳其旅由立石、球场地区分向朔州、碧潼、楚山方向进攻;南朝鲜第2军团位于右路,指挥第7、第8、第6师分由德川以北寺洞和宁远地区向熙川、江界方向进攻。美骑兵第1师位于军隅里、顺川地区,美第187空降团位于平壤,英第29旅位于开城,作为集团军预备队。

此时,“联合国军”总兵力为55.3万余人,其中地面部队42.33万余人,空军5.5万余人,海军7.5万余人。②

在西线,美第8集团军指挥美军2个军和南朝鲜1个军团,共8个师又3个旅、1个空降团和3个独立营,总兵力达24.1万余人,其中包括美军12万余人,英军1.11万余人,土耳其部队0.5万余人,南朝鲜军10.5万余人。③

在东线,美第10军指挥美军和南朝鲜军共5个师、1个工兵旅、1个陆战团、1个陆战航空兵联队,总兵力达10.3万余人,其中包括美军7.86万

---

① 美联社东京1950年11月24日电。

② 参见 Billy C. Mossman: United States Army in the Korea War, Ebb and Flow, November 1950 – July 1951(比利·C.莫斯曼:《朝鲜战争中的美国陆军——潮涨潮落》,1950年11月至1951年7月),Center of Military, United States Army, Washington, D.C, 1990,23页。

③ 参见 Roy. E. Appleman: Disaster in korea, The Chinese Confront Macarthur(罗伊·E.阿普尔曼:《朝鲜灾难,中国人反击麦克阿瑟》),Texas A&M University Press, 1989,40页。

余人,英军234人,南朝鲜军2.55万余人。①

志愿军部队此时已全部进至预定的集结位置,完成反击作战的准备。西线第50、第66、第39、第40、第38、第42军主力分别进至定州西北、龟城、泰川、云山、德川以北、宁远东北地区。东线第9兵团也全部秘密完成了战役集结,第20军主力位于柳潭里以西及西北地区,第27军进至旧津里地区,第26军进至厚昌江口地区。

志愿军一线作战总兵力为9个军共30个师38万余人。其中西线6个军18个师,23万余人;东线3个军12个师,15万余人。

敌我总兵力对比,"联合国军"占有1.45∶1的优势。但一线作战兵力对比,志愿军则在东西两线均占有优势。当时志愿军判断,西线"联合国军"一线作战兵力为13万余人,志愿军占有1.66∶1的优势;东线"联合国军"一线作战兵力为9万余人,志愿军占有1.76∶1的优势。

① 参见Roy. E. Appleman: Escaping the Trap, The US Army X Corps in Northeast Korea, 1950(罗伊·E. 阿普尔曼:《逃离保卫圈,美国陆军第10军在朝鲜东北地区,1950年》),Texas A&M University Press 1989,37页。

第十七章

第二次战役西线作战

（参见附图3，序列表5、6）

志愿军第二次战役西线反击部署

在诱敌深入的过程中，志愿军首长对第二次战役西线反击作战的方案进行了周密研究，并根据敌情的变化，数次调整作战部署。

美第8集团军进至“攻击开始线”后，志愿军首长根据各路敌人北犯情况，判断：南朝鲜第2军团之第8师可能向宁远方向，第7师可能向苏民洞方向，第6师可能向满浦方向攻进；美第2师可能向楚山方向，美骑兵第1师可能向碧潼方向，美第24师可能向朔州方向，英第27旅可能向新义州方向攻进；南朝鲜第1师可能在美第24师（或英第27旅）之侧后尾进，美第25师、英第29旅、土耳其旅可能作为二梯队推至安州、肃川、顺川地区。

据此，志愿军首长初步确定第二次战役西线作战的部署为：首先歼灭清川江东岸的南朝鲜第2军团，打开战役缺口，造成整个战役扩张战果的战机。具体部署是：集中第38、第42军和第40军一部，当南朝鲜第6、第7、第8师进到熙川以南虎狼岭、妙香山、下杏洞之线后，以第38军主力向内仓、姑城山以北、球场攻击，1个师抓住并分割正面之敌；第42军主力夹大同江两岸向宁远、德川进攻，1个师向孟山、新仓里攻击前进；第40军向球场至新兴洞及以北地区攻击，配合第38、第42军行动。占领德川、宁远后，第42军分向军隅里、三所里方向攻进，断敌退路，第38军则由球场向宁边、博川插进,第40军协同第38军向宁边、龙山洞攻击前进。

西线其他志愿军部队在第38、第42、第40军于清川江东岸发起进攻后,必须迅速抓住清川江西岸之敌,视情况或先歼灭美第24师于龟城、泰川地区,或先歼灭美骑兵第1师、美第2师于温井以南利洞,龙浦洞之线,尔后再集中主力分割包围各个歼灭敌军部队。①

志愿军总部决定由志愿军副司令员韩先楚统一指挥第38、第42军作战行动。11月22日13时,彭德怀、邓华、朴一禹等致电韩先楚,指示:"你们应以求得全歼德川地区伪七、八两师为目的"。"你们攻击时间于二十五日晚开始,宋[时轮]兵团于二十六日开始,清川江西岸各军则视情况发展再定。"同时要求韩先楚根据战场具体情况,最后确定作战部署,"总之以先切断包围,求得全歼伪七、八两师为原则"。

韩先楚判断,南朝鲜第7师进至德川后,会经东仓、牛岘洞继续北进,而南朝鲜第8师则在宁远等地将前进缓慢,遂于11月22日提出作战方案,分两步歼灭南朝鲜军该两师。第一步,于11月25日晚,以第38军主力将德川地区的南朝鲜第7师包围监视,集中第42军和第38军第113师迅速歼灭南朝鲜第8师,然后第二步视情以第38军主力歼灭已包围的南朝鲜第7师,而以第42军全部向德川、价川、军隅里攻击前进,配合整个战役行动。②

中央军委接到志愿军总部关于西线作战的部署之后,根据敌情变化,于11月23日电示彭德怀等志愿军首长:南朝鲜第7、第8师已抵达德川、宁远线,并向北继续推进。南朝鲜第6师可能从价川地区东移北仓里、假仓里,美第2师已接替价川地区的防务,美骑兵第1师、美第24师、英第27旅及南朝鲜第1师已进至球场、龙山洞、博川一线。因此,"我在清川江东岸发起进攻后,应估计到美二师、骑一师向东增援的极大可能性"。

中央军委指出:根据这种情况判断,我位于清川江西岸之第39、第40军,在美第2师、美骑兵第1师东援或坚守清川江桥头堡阵地的情况下,均难达到配合第42、第38军歼灭南朝鲜第7、第8两师之目的,因而可能影响到下步的作战。同时,也将因第42军、第38军所形成的迂回突击力量不够,使战局难以发展。

因此,中央军委建议"以四十军东进与三十八军靠拢,增强我军左翼的突击力量。而以四十二军三个师全部首先歼灭宁远地区之伪八师,然后向

① 参见彭德怀、邓华等志愿军首长致各军首长电,1950年11月21日。
② 参见韩先楚致第42、第38军首长电,1950年11月22日23时30分。

孟山、北仓里进击[伪]六师，以三十八军全力首先歼灭德川地区之伪七师，“四十军对付球场、院里方面可能向东增援之美二师和骑一师，以保证我三十八军、四十二军首先歼灭伪七、八两师，并对下一步对美敌作战造成战役迂回的有利条件”。同时指出：如果第40军东移，则同时应令第39、第66、第50军向前推进至适当地区，牵制美2师、美24师等东援。如果调整部署时间仓促，“可将战役发起时间推迟一两天”①。

根据军委上述指示和当时敌情的变化，志愿军首长对西线敌情判断认为；美第8集团军可能“已经发觉我中路②兵力较大，而由东西两线转移兵力，先由德川、宁远向北进犯或阻我出击。清川江西岸敌暂缓进或不进，在我东路、中路发起攻击后，更可能东援”③。

为集中兵力首先歼灭南朝鲜第6、第7、第8师，志愿军首长于11月24日7时调整西线歼敌部署，决定以第40军东移苏民洞、新兴洞及以北地区，以1个师接替第38军第112师防务，主力配合第38、第42军向龙门山、杜日岭之敌攻击，尔后向德川以西的西仓插进，阻止美军东援或北援；第40军东移后，以第39、第66、第50军亦逐次东移，逐次接防，保持战线的完整，当我发起进攻后，积极钳制和抓住各自当面之敌，并求得歼敌一部。

毛泽东于11月24日22时30分电告彭德怀等志愿军首长：“你们本日七时的作战部署是完全正确的，望坚决照此执行。”④

根据西线“联合国军”的布势与进展情况，志愿军总部决定，西线部队于11月25日黄昏发起进攻。

韩先楚根据志愿军总部的作战部署，最后确定了歼灭南朝鲜第2军团的部署，决定以第38军歼灭德川地区之南朝鲜第7师，以第42军歼灭宁远地区之南朝鲜第8师。11月24日10时，韩先楚致电彭德怀等志愿军首长，确定“以四十军插到苏民洞、杜日岭、九政里及以南，切断美伪战斗地境，将伪七、八师与美[军]隔断；以三十八军一一二师正面之团进到兴新洞以南地区，师主力南下向云松里攻击，一一四师经莎坪向德川攻击，一一三师分由古城江、古尺岩渡江，迂回到德川以南，该军以围歼伪七师为目的；以

① 中央军委致彭德怀等志愿军首长电，1950年11月23日21时。

② 这里的“中路”，指介川、球场方向。

③ 彭德怀等志愿军首长致韩先楚并各军、炮司电，1950年11月24日7时。

④ 《建国以来毛泽东军事文稿》，上卷，367页，北京，军事科学出版社、中央文献出版社，2010。

四十二军八个团围歼宁远[伪]八师(主力由头上洞向北及西北攻击),另派一个加强团进到仁德里,对付北仓、孟山可能来援之敌。两军以二十五日黄昏为统一攻击时间”。

西线志愿军各军根据志愿军首长的部署,迅速向指定地域开进,至11月25日全部进入进攻出发地完成战役展开,做好了各项进攻准备。

11月25日,美军空袭志愿军总部所在地——大榆洞。志愿军司令部办公室秘书、中国人民领袖毛泽东主席的长子毛岸英和志愿军司令部作战参谋高瑞欣,在美军空袭中不幸牺牲。

德川、宁远战斗,歼灭南朝鲜军两个师大部,打开战役缺口

11月21日,西线美第8集团军到达攻击开始线后,志愿军为进一步造成敌军错觉,继续以运动防御诱其深入。至11月25日,美第8集团军各部分别进至定州及其东北安心洞、泰川以东延兴洞、泰川东北祈雨山、云山东南上九洞、球场以北新兴洞、德川以北牛岘洞、宁远以北丰田里与凤德山一线,均被诱至志愿军预定战场。

此时,美第8集团军的进攻正面已经由最初约80公里扩大到约300公里,各师之间出现了明显的空隙,右翼与东线美第10军之间的巨大空隙不仅没有消除,反而在不断扩大,而且其几乎将全部兵力均集中于清川江一线,纵深浅近,兵力薄弱,整个布势呈兵力分散、侧翼暴露、后方空虚的态势。

由于志愿军部署巧妙,严密伪装,美第8集团军对志愿军部队的位置和反击意图毫无察觉,仍在继续进攻。在德川、宁远地区,南朝鲜第2军团以位于德川的第7师为左翼,以位于宁远的第8师为右翼,以第6师为预备队,企图首先前出至德仁峰、神奇峰、三巨里、百岭川一线,占领进攻出发线阵地,并与其左翼的美第9军协同北进,夺取柔院镇、熙川一线,然后向鸭绿江突进。①

11月25日黄昏,志愿军第38、第42军在西线正面各军的积极配合下,按照预定计划,乘敌立足未稳,出敌不意地对德川、宁远地区之南朝鲜第7、第8两师发起反击。

---

① 参见南朝鲜国防部战史编纂委员会:《韩国战争史》,中译名《朝鲜战争》,第1卷,194页,牡丹江,黑龙江朝鲜民族出版社,1988。

志愿军第 38 军负责歼灭德川地区的南朝鲜第 7 师。该军在第一次战役中,曾因延误攻击熙川的时间,进而没有完成向敌后迂回的任务,受到彭德怀司令员的批评。此次作战,该军上下情绪高昂,决心打好翻身仗。本来志愿军首长决定以该军在第 42 军一部配合下歼灭德川之敌,但该军主动请战,包打德川,得到志愿军首长的批准。

位于德川地区的南朝鲜第 7 师此时仍在向北进攻之中。根据南朝鲜第 2 军团的命令,第 7 师首先进至三巨里、牛岘洞、百岭川,然后向妙香山、熙川攻击。该师以第 3 团在左、第 8 团在右,展开进攻,但在志愿军第 112 师的阻击下进展缓慢,至 25 日方进至牛岘洞、项谷山一线。为加快北进速度,第 7 师将预备队第 5 团主力也投入牛岘洞方向作战,在德川只留下了 1 个营作为预备队。

志愿军第 38 军认真研究了任务和敌情,并组织进行了细致的侦察,准确判明了当面之敌的部署和接合部,决定:以第 112、第 113 师从南朝鲜第 7 师的两翼发起攻击,迅速前出至德川以西、以南地区;以第 114 师从正面突击,将南朝鲜第 7 师合围歼灭于德川地区。

战斗发起后,从敌右翼向德川以南迂回的第 113 师,由巨门洞、松下里两个方向发起攻击,在击溃当面之敌后,迅速穿过南朝鲜军第 7、第 8 两师接合部,于 25 日晚 21 时从新坪里涉过大同江,击破了南朝鲜第 6 师部队的阻击,于 26 日 8 时到达德川以南的济南里、遮日峰和龙洞南山地区,切断了德川、宁远两地之敌的联系及德川之敌的南逃退路。

从敌左翼进攻的第 112 师,主力轮番抗击敌人,完成诱敌深入任务后,立即于 25 日 16 时由中草洞、杜门洞出发转入进攻,部队边行进边进行作战动员,利用夜色掩护,翻越高达 1200 米的兄弟峰,于 26 日 5 时占领德川以西的钱三里、云松里、安下里,切断了德川与军隅里之敌的联系,堵住了德川之敌西逃价川、安州的道路。

从正面进攻的第 114 师发起攻击后,首先击溃南朝鲜军第 8 团 2 个营,随即向德川发展进攻。第 341 团查明敌军炮兵阵地的位置后,组织精悍的小分队,冲破敌军的严密火力封锁,直插沙坪站,于 26 日 7 时歼灭南朝鲜第 7 师榴炮营。师主力在击破南朝鲜军的阻击后,经三湘洞向德川方向攻击前进,于 26 日 11 时占领德川以北的葛洞、斗明洞、马上里一线,完成了对德川之敌的正面压缩任务。

由第 38 军军直侦察连、第 113 师侦察连及 2 个工兵排组成的侦察支队,于战斗发起前隐蔽渗透敌军后方,于 26 日 8 时进至德川西南之武陵里,炸毁公路大桥，击毁、截获敌军汽车40余辆，封闭了敌军南逃北援的通道。

至此，第38军已经完成了对德川地区南朝鲜第7师的合围。南朝鲜第2军团得知第7师被包围后，急忙令第7师向顺川方向突围。志愿军第38军原准备于26日晚发起总攻，在发现敌突围迹象后，立即决定提前对被围之敌发起总攻。

26日15时，南朝鲜第7师余部5000余人在飞机的支援下，分三路向德川西南之西仓、安山洞、长安里方向突围。志愿军第334、第338团立即实施截击，南朝鲜军乱作一团。该两团趁敌混乱，向敌发起冲击。南朝鲜军在南撤不成的情况下，转而向西逃窜。志愿军第336团迅速出击，抢占南坪站附近高地，封闭南朝鲜军的退路。在第112、第113师截击逃窜之敌的同时，第114师也从正面发起进攻，最终将敌压缩于南坪站附近地域。

战至26日19时，第38军将被围之敌大部歼灭。

志愿军第42军的任务是歼灭宁远地区之南朝鲜第8师。南朝鲜第8师占领宁远后，以第10团在左，第21团在右向北进攻，企图首先占领德仁峰、神奇峰、三巨里，然后向柔院镇推进。至25日，该师主力进至丰田里、凤德里、松日德山、麻擅潭里、直里一线，其预备队第16团位于龙德里一线，保护侧翼安全。

志愿军第42军的作战部署是：以第125师由宁远以北实施正面突击，首先占领丰田里、凤德里、麻擅潭里、直里，尔后向宁远城攻击；以第124师、第126师从宁远东北向宁远以南攻击前进，对敌侧后实施多路迂回。第124师附第126师第377团，由宁远东南进至德岩里、箕岱里、石幕里后，转而向北攻击，协同第125师会歼宁远之敌；第126师则以第376团控制龙德里、南中里，以第378团进至孟州里、芦田洞线，切断宁远敌之退路，阻击孟山、北仓里、龙泉里可能北援之敌，并相机攻占孟山。

11月25日黄昏，志愿军第42军侧翼迂回部队首先开始行动。负责开辟通路的第126师第376团先后在城齐里、蔼仓击溃南朝鲜军2个连的阻击，但在中里遭到南朝鲜第16团的阻击，随后跟进的第124师立即以第372团投入战斗，协同第376团经两个小时激战，突破敌军阵地，随后，第372团迅速向宁远西南急进，于26日2时30分进至头下洞，堵歼由宁远南逃之敌一部。经审问俘虏得知宁远之敌已经南逃后，第372团不停顿地实施追击，最终在新粟里歼灭南朝鲜第10团1个营。与此同时，第126师第376团和第378团也向预定目标推进，于26日拂晓分别进至龙德里、孟州里。但由于中里战斗延误了时间，部队未能按时完成合围宁远的任务。

志愿军第42军侧后迂回部队开始行动不久，即为南朝鲜第8师发觉。侧后出现志愿军部队，极大地震撼了南朝鲜第8师在宁远地区的整个布势。南朝鲜第8师决定收缩防御，以第16团坚守侧翼防线，师主力则开始向孟山方向收缩。

志愿军第42军不给敌军任何调整部署的时间，各路部队勇猛进攻，打乱了敌军的布势。担任正面进攻的第125师乘敌混乱，突然于25日23时从三个方向对敌发起猛攻，第374团尖刀连1营3连经20分钟激战，攻占凤德里。随后，该连毫不停顿地从敌军防御的接合部空隙楔入，以一往无前的气概，向敌纵深猛插，直扑宁远城，在击溃南朝鲜军1个连的阻击后，冲入宁远城，与南朝鲜第10团指挥所及直属队展开激烈的巷战，打掉了敌人的指挥所。南朝鲜第10团失去指挥，混乱不堪，官兵四散逃命。第125师其他各部趁势发动猛攻，将宁远以北之敌大部歼灭。

激战至26日拂晓，宁远战斗结束。第42军攻占宁远，大部歼灭南朝鲜第8师。该军随即以一部在作战区域内展开搜剿残敌，主力集结整顿。

在第38、第42军向南朝鲜第2军团发起攻击的同时，第40军也对当面之敌发起攻击。该军的任务是：向西仓穿插，割裂南朝鲜军第2军团与西面美军的联系，保障德川、宁远地区的作战。

24日晚，第40军开始向龙川山、西仓方向前进。此时，美第2师已经进占新兴洞和苏民洞，其基本布势是：以第9团夹清川江两岸，控制清川江渡口，主力位于新兴洞；以第38团位于苏民洞；以第23团及配属的3个野战炮兵营位于球场及以北地域，作为师预备队。

第40军决心以第119师首先歼灭苏民洞、龙水洞之敌，然后继续向西仓穿插，分割德川与价川之间的联系；以第118师攻歼新兴洞和柳洞之敌；第120师以1个团强渡清川江，攻占鱼龙浦及江东岸高地，阻击球场之敌北援，堵击新兴洞敌南逃，主力位于清川江西岸，保障军主力翼侧安全。

25日晚，第40军各师开始发起进攻。第120师第359团4个尖刀连，不顾美军密集火力的封锁，冒着零下20多摄氏度的严寒，徒涉1米多深的清川江，破冰前进，首先发起冲击的6连和5连2个排全部牺牲，后续部队仍前仆后继、有进无退，终于冲过200多米宽的清川江，突破美军1个步兵营、1个炮兵营和1个坦克营的江防阵地。登上东岸后，官兵们枪栓被冻住不能拉动，棉衣被冻硬无法弯身，就以刺刀和手榴弹与守敌展开白刃战，首先攻占美军炮兵阵地，缴获105毫米榴弹炮18门，随即攻占鱼龙浦，歼灭美第9团2个连，占领公路旁的制高点，切断了新兴洞美第9团的退路。美第2师立即以预备队第 23 团在飞机、坦克掩护下由南而北向鱼龙浦攻击，配合第 9 团反扑，企图打开通路，志愿军第 359 团顽强固守，第 2 连激战 12 小时，2 个排全部壮烈牺牲，阵地仍屹然不动。

彭德怀、邓华等志愿军首长于 11 月 30 日联名通令全军："四十军一二〇师三五九团在鱼龙浦战斗中，表现得无比的英勇顽强。……表现了高度的忘我牺牲精神，坚决执行命令，圆满地完成切断敌人，掩护一一八师攻歼新兴洞敌人之任务。此种英勇顽强的战斗作风，实堪嘉奖，特通令表扬，并对负伤同志表示慰问，烈士们永垂不朽！"①

第 118 师发起进攻后，经彻夜激战，攻占新兴洞外围阵地，并于次日攻占柳洞。美第 9 团在丢失外围阵地后，被迫撤出新兴洞。第 118 师在第 359 团的协同下，对美第 9 团展开围堵作战，但因迂回分队没有及时到位，加之军在兵力使用上没有突出重点，美第 9 团余部于 27 日晨乘隙绕路逃回球场。新兴洞战斗遂告结束。

第 119 师于 25 日 20 时 30 分向苏民洞之美第 38 团发起进攻，击溃美军 1 个多营，于 26 日 5 时占领苏民洞。26 日上午，美第 38 团主力在飞机、坦克的支援下进行反扑，复占苏民洞，同时位于美第 2 师与南朝鲜军接合部东仓之美军 1 个营收缩至坪岩，企图与苏民洞之敌会合。

鉴于此情，第 119 师判断：苏民洞地区的美军不肃清，将直接威胁第 38 军的右翼安全，部队不便南下西仓，遂决定首先歼灭苏民洞之敌。当日，第 40 军和志愿军首长批准第 119 师作战方案，令其坚决歼灭苏民洞之敌。

26 日晚，第 119 师对苏民洞发起攻击，战至 24 时，攻占苏民洞。守敌一部溃散，大部在坦克掩护下向西逃窜。27 日晚，第 119 师继续向龙水洞发起攻击，守敌于 28 日下午向西撤逃。

第 40 军在清川江畔的战斗，虽然未能完成向西仓的穿插任务，但有力地打击并抓住了美第 2 师，使其无法东援，从而支援了德川、宁远地区的战斗。

德川、宁远地区的战斗，志愿军大部歼灭南朝鲜第 2 军团两个师，割断了敌军东西线的联系，在美第 8 集团军的战线翼侧打开了战役缺口。美第 8 集团军主力的右翼完全暴露，西线志愿军形成了对敌实施侧后战役迂回、正面突击分割，各个歼灭敌军的有利态势，控制了战场主动权。

① 彭德怀、邓华等志愿军首长致温玉成、袁升平等第 40 军首长并各军、炮司首长，并报军委、总政电，1950 年 11 月 30 日。

侧后迂回结合正面突击，志愿军三面包围美第9军

志愿军在清川江以东发起反击后，清川江以西的美第8集团军主力除美第24师一部继续西犯外，其余部队基本上停止北进，在原地与志愿军部队对峙。

美第8集团军此时对志愿军西线部队的反击意图仍未判明，根本没有想到志愿军会对第8集团军发起全线反攻。他们认为，与第8集团军对峙的志愿军部队最多不过10.1万人，其下一步行动是“以有力的局部反击来沿目前的战线实施积极的纵深防御”。这一观点得到了东京“联合国军”总部的支持，“联合国军”总部情报处长威洛比在给华盛顿的报告中宣称：“敌人在内陆的山谷中展开战斗，以期延缓联合国军的攻势立竿见影。”①

美第8集团军司令沃克在接到南朝鲜第2军团崩溃的报告后，力图稳定战线，然后再继续北进。他最担心的事情是志愿军会利用德川、宁远地区的战果，从东北方向对第8集团军的纵深实施迂回攻击，迫使第8集团军再次后撤。因此立即采取措施，调整部署，堵塞战线缺口，保护第8集团军主力右翼的安全。

由德川、宁远地区向西通往军隅里、安州和顺川、肃川地区，有两条公路，一条由德川经嘎日岭至军隅里，最后到达安州。另一条由宁远经孟山、北仓里、新仓里至顺川，最后到达肃川。这两条公路与由平壤通往新义州、满浦的公路、铁路干线相交，一旦志愿军部队沿公路进至军隅里、安州和顺川、肃川地区，即彻底切断了美第8集团军部队的后方交通线，清川江以北的美第8集团军将陷于被包围的境地。

沃克令位于军隅里地区的集团军预备队美骑兵第1师配属美第187空降团、菲律宾营，解除保护军隅里、顺川地区补给线的任务，立即南下，在顺川并沿顺川至孟山公路建立阵地；令美第9军派遣军预备队土耳其旅，由军隅里沿公路向东推进，收复德川，并与美第2师阵地相接，护卫第8集团军的右翼。同时，将英第29旅由美第1军调归美第9军，作为第9军

---

① Billy C. Mossman: Uuited States Army in the Korea War, Ebb and Flow, November 1950 – July 1951（比利·C. 莫斯曼：《朝鲜战争中的美国陆军——潮涨潮落》，1950年11月至1951年7月），71～72页。

预备队。①

志愿军首长则迅速调整部署，扩大战果，发展胜利。鉴于在德川、宁远地区打开战役缺口后，西线战场情况即将发生重大变化，志愿军首长决定：德川、宁远地区的部队立即对敌侧后实施战役迂回，断敌退路，造成在清川江南北地区围歼西线敌军的有利态势。

11月26日，志愿军首长下达新的作战部署，分别电令位于清川江以西的各军，立即包围歼灭敌人一部，积极抓住当面之敌，不使逃脱。同时电令第42军立即攻占孟山，然后继续西进，向北仓里、假仓里攻击前进，歼灭南朝鲜第7、第8师逃敌，得手后准备向顺川、肃川攻击前进，以截断南朝鲜第2军团、美第9军、美第1军退路；令第38军在德川战斗结束后，主力准备迅速向军隅里攻击前进，一部轻装取捷径向三所里前进，进至新安州、永柔等地区破路，阻敌撤退或增援，协同第40军围歼院里、球场地区的美第2师。

26日晚，西线志愿军各部根据志愿军首长的部署，对当面之敌展开进攻。

第39军的当面上九洞、上草洞、桂林洞之敌为美第25师部队，其基本布势是：第35团位于九龙江西岸，第24团（侵朝美军部队中惟一一个黑人团）位于九龙江东岸，第27团为师预备队。另外，该师以1个坦克连、2个步兵连、1个步兵侦察连、1个工兵战斗营、1个坦克侦察排，组成“多尔文特遣队”（以指挥官威尔顿·多尔文中校姓名命名），沿九龙江东岸在师战斗队形前推进，于26日进至上九洞及其以北地区。②

志愿军第39军决定，以3个师全部渡过九龙江，围歼态势突出之上九洞地区的美军部队。26日晚，第39军部队开始攻击。右翼第117师向龙头洞、桂林洞攻击前进，于27日拂晓进至桂林洞，切断了上九洞之敌南逃退路；左翼第115师沿公路向上九洞攻击，先后歼灭隶属于多尔文特遣队的美第8集团军侦察连、第27团C连，攻占垌洞、上草洞公路隘口和上九洞东侧的无名高地，从东南方向对上九洞构成包围；正面突击的第116师兵分三

① 参见Billy C. Mossman: Uuited States Army in the Korea War, Ebb and Flow, November 1950 – July 1951（比利·C. 莫斯曼：《朝鲜战争中的美国陆军——潮涨潮落》，1950年11月至1951年7月），71页。

② 参见Roy. E. Appleman: Disaster in korea, The Chinese Confront Macarthur（罗伊·E. 阿普尔曼：《朝鲜灾难，中国人反击麦克阿瑟》），50～51页。

路，向上九洞攻击前进，第348团渡过九龙江，占领上九洞通往立石公路两侧的高地，与第115师部队取得联系，切断了上九洞之敌的退路。第347团进至柴山洞一带。

在战斗中，第347团于大菜洞西南地区发现美军约1个连正准备渡九龙江逃跑，立即组织火力封锁敌退路，并派出左右迂回部队，最终将敌四面包围于柴山洞附近。被围之敌为美第65工兵战斗营C连，在志愿军强大的军事压力和政治攻势面前，官兵混乱动摇，最终连长安东尼·佩库瑞罗上尉率115名黑人士兵集体缴械投降。

战至27日晨，第39军部队对上九洞地区的美多尔文特遣队和第24团一部构成了四面包围的态势。27日白天，美第25师主力北上救援，在空、炮、坦密集火力的支援下，与上九洞被围部队南北夹击，猛攻扼守上九洞通往立石公路两侧高地的志愿军第348团2营。志愿军2营官兵坚守阵地，奋勇抗击敌军的进攻，与数倍于己的美军展开肉搏战。27日16时许，上九洞之美军部队方突破志愿军2营阵地南逃。

在西线战场的其他地区，志愿军第38军在德川地区打扫战场、肃清残敌；第42军向孟山攻击前进，于27日晨占领孟山；第40军仍在苏民洞地区与敌激战；第66军向进至泰川东北松川洞之敌攻击，第50军向进至定州之敌攻击，该两处敌军均在遭到攻击前撤逃。

此时，美第8集团军终于明白志愿军的进攻，不是一种积极防御性的“局部反击”，而是一次大规模的全线反攻行动。沃克训令集团军部队停止进攻，收缩战线，全线转入防御。他对集团军右翼的安全更加担心，再次调整部署，将南朝鲜第6师由南朝鲜第2军团转归美第9军指挥，以美第9军接管南朝鲜第2军团区域的作战指挥权。同时他重新调整美第1军和第9军战斗序列和作战分界线，以军隅里至顺川公路为第1军和第9军新的作战分界线，将美第25师调归美第1军指挥，将骑兵第1师划归美第9军指挥，从而摆出了一个首先守住战线，然后视情或攻或退的阵势。

根据沃克的命令，美第9军军长库尔特令南朝鲜第6师在北仓里一线构筑阵地，进行迟滞性防御；令美骑兵第1师主力于27日集结于顺川以南地区，以第7团进至假仓里，以第8团进至北仓里，增援南朝鲜第6师；令土耳其旅立即沿军隅里至德川公路，向德川推进，从而保护集团军侧后安全。

27日，美第8集团军开始收缩防线，遭到志愿军猛烈进攻的美第25师和第2师分别后撤数公里，在立石、球场一线建立防御阵地，清川江以东各师则全部转入了防御。

彭德怀敏锐地觉察到沃克的企图。他不给美第8集团军任何重整防线的时间,迅即做出新的部署,指挥志愿军西线部队,以侧后迂回结合正面突击的战法,对美第8集团军发起全线进攻。

此时,东线志愿军第9兵团已决定在27日晚向长津湖地区的美军举行反击。彭德怀等志愿军首长估计,在东线反击开始后,西线美第8集团军有极大可能退向清川江东岸,缩短战线,求得东西线部队会合于朝鲜半岛蜂腰部安州、元山间狭长地带,构筑新的防线,阻我南进。为巩固德川、宁远、孟山这一敌我必争之有利战略地区,粉碎敌军构筑新防线的计划,发展战役的胜利,彭德怀等志愿军首长决定,集中西线志愿军主力,首先歼灭美第9军2个师,并以有力一部挺进至顺川,切断西线敌人退路。尔后,在敌撤逃中实施全线猛追、侧击,歼灭敌人。

27日13时,彭德怀亲自拟制作战命令,作出新的作战部署:令第38军留1个师在德川打扫战场、搜捉散兵,军主力于27日晚进至德川以西嘎日岭、兴德里一带,准备歼灭东援南逃之敌,尔后以1个师逼近军隅里,钳制敌人,军主力向院里、龙潭里方向攻击前进,如球场、院里之敌南逃,则该部速向军隅里以南之三所里、平院里迂回,堵击军隅里、价川之敌;令第42军于28日晚攻歼北仓里、假仓里之敌,尔后主力向顺川攻击前进,并准备进攻肃川,断敌退路,另以一个师向成川攻进,得手后,或原地阻歼逃敌,或继续南进,会合敌后人民军部队向平壤、汉城间猛进;令第40军以有力一部截断球场之美第2师退路,如该敌南逃,军主力则勇猛追击,包围该敌,与第38、第39军合力会歼之,如该敌不退,则于28日黄昏围攻球场;令第39军于27日晚歼灭当面之美第25师部队,然后继续向院里、龙潭里攻击前进,于28日晚进至指定位置;令第66军于27日晚逼近古城洞、龙山洞,抓住当面之敌,歼敌一部,尔后向宁边、军隅里攻进;令第50军主力于27日晚歼灭大宁江西岸残敌,28日晚向博川以南攻击前进。①

27日晚,西线志愿军各军按照上述部署开始行动,向当面之敌展开猛烈进攻。至28日晨,正面第40军逼近球场;第39军进至和平洞、石城洞、立石,逼近宁边;第66军进至泰川至宁边之间古城洞、龙山洞;第50军进至纳清亭以北五龙洞。担负侧后迂回任务的第42军于28日3时攻占北仓里,突破南朝鲜第6师的防御,并歼敌一部。

① 参见彭德怀、邓华、朴一禹、洪学智致韩先楚和第38、第39、第40、第42、第50、第66军首长电,1950年11月27日13时。

第38军担负由德川向敌侧后迂回的任务。该军除以第113师第339团2个营及各师教导队于德川继续清扫战场外,主力于27日17时开始向西急速前进。为提高迂回速度,形成多层迂回,保证有力截击清川江以北之敌,韩先楚副司令员和第38军首长决定:以军主力沿德川至军隅里公路及其北侧攻击前进,构成截击敌军的对内正面,以第113师(欠第339团)沿安山洞、船街里、龙沼里的山间小路,向三所里实施穿插迂回,构成截击敌军的对外正面。另以第339团3营经三所里直插安州、肃川间破路炸桥,阻敌后撤。

此时,美第8集团军堵塞战线右翼缺口的行动也已开始。土耳其旅于27日进至瓦院一线,准备继续东进;美骑兵第1师所属第5骑兵团由军隅里南下,正向顺川推进,准备与师主力在顺川会合。

第38军第113师主力沿安山洞至三所里的山间小路疾速前进,途中不顾疲劳,不顾敌机威胁,坚持白天行军,14小时前进145华里。前卫第338团于28日7时到达三所里,以突然的冲击全歼南朝鲜军1个连。部队刚刚占领阵地,南下的美骑兵第1师所属第5骑兵团即于10时30分进至三所里,第338团突然开火,歼灭美军1个侦察排,与美第5骑兵团展开激战。顺川的美骑兵第1师主力得知第5骑兵团在三所里被堵的消息后,立即派兵北上增援,但被志愿军第338团在三所里东南的杨井站截住。

第113师抢占三所里,切断美第9军由军隅里经三所里向顺川南撤的通路,对整个志愿军西线作战具有重大的意义。彭德怀等志愿军首长密切注视着第113师的行动。28日15时40分,志愿军总部接到第113师暗语报告:"我部已占三所里",第338团与价川南逃之敌接触,"请示我部任务"。

彭德怀立即指示第113师坚决堵住经三所里南逃之敌。志愿军参谋长解方三次直接与第113师首长通话,要求他们不惜一切代价,坚决切断美军退路,配合主力全歼敌军。同时,志愿军首长命令第38军主力立即向价川及其以南地区攻击前进,靠拢第113师。

志愿军奋勇抗击美军的进攻。战至28日16时,第338团在不断到达的师主力支援下,先后击退了美第5骑兵团的10余次进攻,并以2个营出击,击溃当面之敌,同时击退北援的美军。

与此同时,第38军主力以第114师沿公路、第112师在公路北侧向西开进。第114师先头第342团于28日2时在嘎日岭与土耳其旅1个营遭遇,第342团在行进中发起冲击,激战2个小时,将敌击溃,随即穷追猛打,共歼敌300余人，于28日6时占领裴德站和瓦院东侧高地。第112师于28日占领瓦院西北的於口站后，遭到美第2师第38团（配属南朝鲜第7师第3团）的反击，遂在桥洞以北高地转入防御。

这样，到28日，随着第38军部队切断军隅里通往顺川的公路，志愿军西线部队已经开始对美9军形成了三面包围之势，特别是第113师抢占三所里，切断美第9军退路，震撼了美第8集团军的整个布势。

毛泽东致电彭德怀等志愿军首长，祝贺志愿军歼灭南朝鲜第2军团主力的胜利，并就战役发展作重要指示："目前任务是集中我四十二军、三十八军、四十军、三十九军歼灭美骑一师、第二师、第二十五等三个师的主力。只要这三个师的主力歼灭了，整个局势就很有利了。"毛泽东指示，应以第42军独立担负歼灭在德川、顺川、成川间调动的美骑兵第1师（2个团）的任务，以第38、第39、第40军攻歼美第2师、第25师，并强调："这是很重要的一仗，望令各军努力执行之。"①

根据毛泽东的指示，彭德怀亲自起草分割包围各个歼灭西线敌军的部署命令：令第42军向假仓里、月浦里、新仓里攻击前进，迅速攻占顺川，得手后，以1个师向慈山攻击，并随后向平壤推进，军主力向肃川攻击前进，截断安州敌南退要道；令第38军以1个师向价川进行钳制攻击，军主力向价川以南包围攻击南撤之敌，得手后向安州、肃川间攻击前进；令第40军尾追由球场南退之敌，在进至军隅里、价川之后，转向安州以南攻击前进；令第39军协同第66军围攻宁边之敌，得手后，在军隅里附近渡过清川江，沿铁路向安州攻击前进；令第50军向博川以南攻击前进，截断博川、宁边间敌之退路，尔后协同第66军歼灭清川江北岸退逃不及的敌军。彭德怀强调："此役于朝鲜战局关系甚大，望克服一切困难和以巨大代价换取之。"②

28日晚，各军根据志愿军首长的部署，继续发展进攻。

在三所里以西约几十公里处，还有一条由军隅里经龙源里通往顺川的公路，并在龙源里以北有公路与三所里相接。美第9军在三所里被堵后，很有可能转道龙源里南撤。

第113师首长在分析了敌情和任务之后，果断决定：以第338团3营继

① 《建国以来毛泽东军事文稿》，上卷，369页，北京，军事科学出版社、中央文献出版社，2010。

② 彭德怀、邓华等志愿军首长致韩先楚、西线志愿军各军电，1950年11月28日午时，见《彭德怀军事文选》，347~348页。

续坚守三所里，1 营、2 营追歼逃敌；以第 337 团西进，抢占龙源里，切断美第 9 军的另外一条南逃退路；另以第 339 团 3 营继续向安州、肃川间前进，执行破路炸桥任务。

28 日黄昏，第 337 团疾速西进，先头分队于 29 日 4 时进至龙源里，正好与南下的美第 2 师部队遭遇，在第 38 军先遣支队的配合下，第 337 团 1 营突然攻击，随即抢占龙源里东北葛岘岭高地，炸毁公路桥梁。

被第 337 团 1 营截住的是美第 2 师侦察连，是美第 2 师派出的巡逻分队，任务是为主力南撤侦察道路。在得知侦察连受阻的报告后，美第 2 师师长凯泽立即派出 1 个步兵连、1 个炮兵连和 1 个坦克排，组成特遣队，增援侦察连，随即又以第 9 团投入战斗，向志愿军阵地发动进攻，力图打开通道。

志愿军 1 营坚守阵地，顶住了美军的进攻。战至 29 日，第 337 团主力和第 338 团 1 个营赶到，遂以 4 个营对当面之敌展开反击，经 3 个小时激战，歼敌一部，余敌向军隅里地区撤退。第 113 师遂停止追击，转入防御。

至此，第 113 师胜利完成了迂回敌后，切断了美第 9 军南撤退路的任务。

在此期间，第 38 军主力继续向价川地区发起进攻。第 114 师先头第 342 团与土耳其旅主力在阳站遭遇，该师即以第 340 团投入作战，协同第 342 团，至 29 日 10 时，歼灭阳站地域之敌，共歼敌 700 余人，缴获汽车 130 余辆、榴弹炮 17 门。第 112 师则于 28 日 16 时击退美第 2 师第 38 团的进攻，向桥洞、新立里方向前进，沿途经过大小十余次战斗，于 29 日 5 时插至价川以北之龙成里、梧里洞地区。

另一支担任侧翼迂回任务的部队是第 42 军。根据志愿军总部的部署，第 42 军的任务是：抢占顺川，进而占领肃川，彻底切断美第 8 集团军的退路。

该军的部署是：以第 125 师沿假仓里、月浦里攻击前进，占领月浦里之后，迅速抢占顺川；第 124 师尾第 125 师跟进；第 126 师经松隅里、龙门里、崇化里进至顺川以南的新兴里地域，配合军主力作战。

28 日晚，第 42 军主力开始由北仓里沿公路向顺川攻击前进。29 日拂晓，第 125 师前卫团第 373 团经长途急行军，突然包围月浦里，歼灭南朝鲜第 8 师残部百余人，继续向假仓里推进。

此时，美骑兵第 1 师主力已经在顺川集结，并以第 7 骑兵团进至假仓里，与志愿军第 373 团 3 营在蔡洞里遭遇。美军正在收容溃散的南朝鲜军部队，志愿军突然开火，边打边冲，并连续打退敌军三次反扑，击溃美军。在志愿军的打击下，美第7骑兵团仓皇后撤至新仓里。

正面的志愿军各军也奋勇前进。第40军尾追由球场南退的美第2师，进至院里地区；第39军尾追由宁边南退的美第25师，进至宁边东南之偃武洞地区；第66军进至宁边以南之凤舞洞；第50军进至博川以西之大成洞。

至此，美第9军指挥的美第2师、美第25师、土耳其旅全部、美骑兵第1师和南朝鲜第1师各一部，已经陷入志愿军的三面包围之中，清川江南北地区的美第8集团军只剩下由安州经肃川南逃的退路尚未被截断，处境危殆。

清川江地区围歼战，志愿军重创美第9军

在志愿军西线各军发起反击之后，东线志愿军第9兵团也于11月27日晚对美第10军部队展开反击，并完成对长津湖地区美军部队的分割包围。美第8集团军和美第10军均面临被围歼的危险。

麦克阿瑟于11月28日电告美国参谋长联席会议：中国军队已经开始大举进攻，“我们面临一场全新的战争”，联合国军所面对的不是得到少数中国军队支援的北朝鲜军队，而是一支总数超过30万人的中共正规军。尽管麦克阿瑟仍为自己的“总攻势”辩解，称中共军队本来打算1951年春发动攻势，是他的“总攻势”迫使中共军提前发动了反攻，但他不得不承认，“依靠我们目前的力量难以应付”中国军队的进攻。他力图推卸失败责任，声称“局势已经发展到了一个全新的阶段，需要从整个世界的范围来考虑问题，而这已经超出了战区司令官的决策范围”。他最后通告参谋长联席会议，宣称他已经决定联合国军立即由进攻转入防御，并将根据战场形势，作进一步的战术调整。①

接到麦克阿瑟的电报后，华盛顿陷入了混乱。杜鲁门于28日下午紧急召集国家安全委员会成员和参谋长联席会议成员举行会议，商讨对策；参谋长联席会议主席布莱德雷向会议参加者通报参谋长联席会议的建议，称麦克阿瑟需要建立并守住一道防线，以呼应美国政府在联合国采取的行动，在48至72小时之内，不需要再给他下达新的指令，应等待局势的进一步明朗化。中朝边境地区是连绵的群山，中共军队攻势将受到运输困难的限制。

---

① 参见 Foreign Relations of the United States，1950，Vol. 7，Korea（《美国对外关系，1950年，第7卷，朝鲜》），1237 ~ 1238页。

国防部长马歇尔称:当务之急是军事上在朝鲜顶住,而在政治上对中共施加压力。为此,应该建议麦克阿瑟不仅转入防御,而且要撤退。会议最后决定:应指示麦克阿瑟在朝鲜坚守住一条防线,同时美国应在联合国展开活动,谴责中国在朝鲜的行动是“侵略”,向中国施加政治压力。①

当华盛顿的决策者们对朝鲜战局进行讨论的时候,麦克阿瑟也将沃克和阿尔蒙德两位战地指挥官紧急召到日本东京“联合国军”总部,商议在朝鲜战场挽回败局的对策。志愿军的强大攻势,终于迫使麦克阿瑟面对现实,承认美第8集团军和第10军均面临极大的危险,“在所有的措施中,他首先必须拯救他的部队”。他决定联合国军由进攻转入防御,令西线美第8集团军向南作必要的撤退,以避免被包围,同时令美第10军继续与中共军队保持接触,然后逐步收缩至咸兴—兴南地区。②

东京会议结束后,沃克立即下达后撤命令,令第8集团军主力全线撤过清川江,美第1军部队在肃川至顺川占领阵地,美第9军在顺川至成川建立阵地,从而在平壤以北约30英里处的肃川、顺川、成川一线形成新的防线。③ 他对志愿军的侧后迂回部队最为担心,令美第25师、美第2师和南朝鲜第1师迅速后撤至军隅里以南20英里处,摆脱志愿军在军隅里地区的包围圈,并掩护集团军主力后撤,同时令美骑兵第1师主力在顺川地区向东北方向展开,阻止志愿军占领顺川和截断成川通往平壤公路的行动;令美第24师由安州进至顺川,增援美骑兵第1师;令集团军预备队英第29旅准备由平壤北上,转归美第9军指挥,协同美第2师打开后撤通路。

29日,西线美军开始实施全线退却。美第1军由清川江北岸撤至安州,准备经肃川向平壤方向撤退。美第9军撤至军隅里、价川地区后,则沿军隅里经龙源里、三所里至顺川的两条公路向南突围。

此时,志愿军西线部队正在夹清川江两岸对美军猛烈攻击之中,且已截断美第9军的退路,处于对美军三面包围的有利态势。

---

① 关于这次美国国家安全委员会会议的情况,见 Foreign Relations of the United States, 1950, Vol. 7, Korea(《美国对外关系,1950年,第7卷,朝鲜》),1242~1249页。

② 参见 James F. Schabel: United States Army In the Korean War, Policy and Direction: The First Year(詹姆斯·F. 施纳贝尔:《朝鲜战争中的美国陆军——政策与指导:第一年》),279页。

③ 参见 Billy C. Mossman: United States Army in the Korea War, Ebb and Flow, November 1950 - July 1951(比利·C. 莫斯曼:《朝鲜战争中的美国陆军——潮涨潮落》,1950年11月至1951年7月),116页。

11 月 28 日 24 时，毛泽东电示彭德怀等志愿军首长，对志愿军的作战指导作明确指示："此次是我军大举歼敌，根本解决朝鲜问题的极好时机。……整个战役准备打二十天左右，分为许多个大小作战，中间包括几次小休整，每次少者一天二天，多者三天四天，整顿队势，就全体来说，牺牲反会比较少一些，比较节省些。望你们鼓励士气，争取大胜。"①

彭德怀在准确分析了战场形势后，决心趁西线美军后撤混乱之际，全线出击，力争在清川江南北地区聚歼美第 9 军部队。11 月 29 日，彭德怀连续起草电报，下达新的作战命令：令第 42 军迅速向顺川、肃川方向进攻，并指出："能否乘敌撤退混乱中消灭敌人主力，关键在第 42 军能否先机占领肃川断敌退路"②；令第 38 军主力迅速发展突击，向位于三所里的第 113 师靠拢，协同第 40 军围歼价川、军隅里地区的美军，同时令第 113 师坚守阵地，并破坏龙源里、三所里之线以南的桥梁，堵击由顺川北援之敌；令第 40 军全部由北向军隅里、价川攻击，重点指向价川；令第 39 军歼灭当面之敌后，即东渡清川江，以相机使用。③ 同时要求西线其他各军亦乘机迅速发展进攻，歼灭当面之敌。

于是，志愿军西线部队在清川江畔西起新安州，东至军隅里、价川，南至龙源里、三所里地域中，对美第 8 集团军发起猛烈进攻，展开了激烈的围歼战斗。

11 月 29 日，美第 9 军军长库尔特得知美第 2 师部队在龙源里受阻的消息之后，命令英第 29 旅立即北上，接应美第 2 师南下。30 日，英第 29 旅进至龙源里以南地区。美第 2 师则以第 9 团开路，师主力跟进，由军隅里地区南下。此时，美第 2 师指挥 4 个步兵团（包括南朝鲜 7 师第 3 团），并配属土耳其旅和 6 个炮兵营、2 个坦克营及一批特种兵分队，总兵力达 2 万余人。

美英军在大量飞机、坦克和炮兵的支援下，南北夹击，向志愿军第 113 师三所里、龙源里阵地猛攻。志愿军在龙源里地区担任阻击任务的部队只有 4 个营，但官兵们以与阵地共存亡的决心，顽强战斗，顶住了美英军潮水

① 毛泽东致彭德怀、邓华等志愿军首长电，1950 年 11 月 28 日 24 时。《建国以来毛泽东军事文稿》，上卷，371 页，北京，军事科学出版社、中央文献出版社，2010。

② 彭德怀等志愿军首长致吴瑞林等第 42 军首长电，1950 年 11 月 29 日 10 时。

③ 参见彭德怀等志愿军首长致韩先楚和第 38、第 42 军首长电，1950 年 11 月 29 日 11 时。

般的轮番进攻,牢牢地守住了阵地,使南撤和北援之敌相隔不到1公里,却只能相望而不能会合,彻底粉碎了美第2师由此处向顺川突围的企图。

志愿军第38军主力及时赶到,于30日晨占领龙源里西北龙兴里、双龙里地区,将南撤的美第2师和土耳其旅拦腰截成数段,与敌展开激战。

第112师第335团3连进至松骨峰后,与敌遭遇。该连立即占领路旁高地,在毫无工事依托的阵地上,与蜂拥而来的美军激战5个多小时,始终未让美军前进一步。美军在屡攻不下的情况下,集中数十门火炮和近20辆坦克对志愿军该连阵地猛烈轰击,并以飞机投下了凝固汽油弹,将高地打成一片火海,步兵随后一拥而上。志愿军第335团3连在人员伤亡较大,粮弹殆尽的严重情况下,毫不畏惧,所有能战斗的人员,包括伤员,带着满身的火焰,奋勇扑向敌军,用枪托、刺刀、石头,甚至牙齿与敌人展开了殊死肉搏,谱写了一曲革命英雄主义的赞歌。

后来,著名作家魏巍主要依据3连的英雄事迹,写成了通讯《谁是最可爱的人》,于1951年4月11日在《人民日报》上发表。3连的壮举迅速传遍长城内外,大江南北。从此,祖国人民把一个崇高的称号——"最可爱的人",送给了志愿军全体将士。

在第38军部队与敌激战的同时,第40军于30日3时攻占军隅里,歼灭美第2师1个营,随即军主力向安州方向攻进,在军隅里西南三浦里、马场里、松鹤里地区与敌激战竟日,另以一部向军隅里以南攻进,配合第38军围歼逃敌,于12月1日晨攻占吉古里;第39军于11月29日击溃偃武洞地区之敌后,第117师于30日晨渡过清川江,进至军隅里西北之中兴里、下站地区,随即协同第40军部队在马场里地区同敌激战竟日。

战至30日16时,美第2师逐渐被志愿军压缩至数个狭小地域之中。30日17时,第38军在第40军、第39军配合下,向被围之敌发起总攻。以团为单位,兵分多路猛烈冲击。战至12月1日8时,基本打乱了美第2师的建制。

第38军在第二次战役中,英勇作战,对战役的顺利发展起到了重要作用。彭德怀司令员亲自起草电文稿,于12月1日与邓华等志愿军首长联名发出嘉奖令,嘉奖第38军:

此战役,克服了上次战役中个别同志某些过多顾虑,发挥了三十八军优良的战斗作风,尤以一一三师行动迅速,先敌占领三所里、龙源里,阻敌南逃、北援。敌机坦克各百余终日轰炸,反复突围,终未得逞,致昨三十日战果辉煌，计缴仅坦克、汽车即近千辆。被围之敌尚多，望克服困难，鼓起勇气，继续全歼被围之敌，并注意阻敌北援。特通令嘉奖，并祝你们继续胜利。中国人民志愿军万岁！三十八军万岁！[①]

美第2师从龙源里突围无望，且在志愿军各部猛烈突击下处于被分割的混乱状态，为摆脱被各个歼灭的命运，被迫放弃大量辎重装备，于12月1日8时开始转向安州方向突围。

志愿军总部迅即令第40军沿军隅里至安州铁路向安州、新安州追击残敌，相机占领之；第39军向龙源里以南之付岩里、龙伏里线前进，向肃川及以南派出侦察；第42军全力围歼清溪里之敌，并对成川、殷山派出警戒；第66军在军隅里、价川及以西集结，准备进至北仓里，割断平壤、元山之敌的交通联系。[②] 同时向西线各军、师下达总追击令："敌人现已打乱。望各追击部队勇猛作战，求得更多的歼灭敌人。"[③]

志愿军立即展开追歼作战。第38军分割穿插，继续猛攻被围之敌；第40军主力于12月1日晨进至军隅里以西都会里、合浦站一线，截歼逃敌；第39军第117师向龙伏里方向攻进；第66军在击破凤舞洞地区之敌抵抗后，于30日晚尾第39军渡江进至军隅里地区，随即以一部向南展开攻击；第50军则于30日推进至博川以西大化洞、天化洞地区，并于12月1日进至博川东南西松洞、都桃味里，逼近清川江畔的安州渡口。

战至1日19时，志愿军西线部队歼灭美第2师主力、土耳其旅大部和美第25师、南朝鲜第1师一部，残敌西逃安州。第40军紧紧尾追逃敌，于当晚占领安州。

据美国陆军官方战史透露，美第2师在清川江地区的战斗中，遭受歼灭性打击。至12月1日，该师按战时编制18000人，战后收拢人员时，只剩下8662人，重装备丢失殆尽，单兵装备丢失达40%。[④]

---

① 彭德怀、邓华、朴一禹、洪学智、韩先楚、解方、杜平致梁兴初、刘西元并转第38军全体同志电，1950年12月1日。

② 参见彭德怀等志愿军首长致韩先楚并第42、第40、第39军首长电，1950年12月1日12时。

③ 志愿军司令部致各军、师、炮司电，1950年12月1日10时。

④ 参见 Billy C. Mossman: United States Army in the Korea War, Ebb and Flow, November 1950 – July 1951（比利·C. 莫斯曼：《朝鲜战争中的美国陆军——潮涨潮落》，1950年11月至1951年7月），126～127页。

在志愿军西线主力围歼美军的同时，担任侧后迂回任务的志愿军第42军先后在清溪里、新仓里与美骑兵第1师展开激战，于12月1日进至顺川东南殷山里和丫波里地区。

美第8集团军从清川江畔撤退后，在肃川、顺川、新成川一线整顿队势，构筑防线。志愿军首长分析认为：西线美军遭我沉重打击后，目前企图以平壤为中心，以肃川、顺川、成川、三登为外围布置新防线，阻止我志愿军南进，东线美第10军陆1师在志愿军第9兵团攻歼下，有开始向咸兴收缩模样。敌人在志愿军东西两线强大打击下，有以平壤、元山、咸兴为基点，东西靠拢于狭窄地带建立防线，阻止志愿军南进，或重整阵容，再来进犯的两种可能。

此时，志愿军已经连续作战7天，部队已显疲劳，且敌军已形成新的防线，在肃川、顺川堵击退敌的时机已失。因此，12月1日24时，彭德怀等志愿军首长致电中央军委，认为："根据敌退平壤部署，拟于肃川南北线侧击敌时机已失，着各军停止战役追击。各军……休息两至三天，整理组织，严密侦察警戒，打扫战场，准备继续作战，配合东线扩大战果。"

中央军委于12月2日5时，电示彭德怀等志愿军首长：如果安州、新安州地区的敌军确已退至肃川以南，"则我西线各主力军应在肃川、顺川之线以北地区调整位置，休息四至五天，整顿队势，补充粮弹，准备继续作战，配合东线，扩大战果。"①

志愿军首长遂于12月2日12时下达命令，令"西线各军即日停止战役追击"，主力集结于安州、价川、凤鸣里、新仓里、北仓里地区休整5天（从12月4日至8日），准备再战，同时以一部尾敌追击，向南挺进。②

至此，第二次战役西线作战告一段落。从11月25日至12月1日，志愿军西线部队经过连续7昼夜作战，彻底粉碎了麦克阿瑟的"总攻势"，歼灭南朝鲜第7、第8两师和土耳其旅大部，并给了美第2师歼灭性打击，重创了美骑兵第1师、第25师。共计歼敌2.3万余人，缴获与击毁各种炮500余门，坦克100余辆，汽车2000余辆，各种枪5000余枝。

---

① 《建国以来毛泽东军事文稿》，上卷，377页，北京，军事科学出版社、中央文献出版社，2010。

② 参见彭德怀等志愿军首长致西线各军首长电，1950年12月2日12时。

第十八章

第二次战役东线作战。志愿军胜利结束第二次战役

（参见附图 4，序列表 5、6）

志愿军东线反击作战的部署

在朝鲜东北部，狼林山脉纵贯南北，形成一道天然的分水岭，并与莲花山脉、摩天岭山脉、赴战岭山脉等，构成朝鲜半岛东北部平均海拔高度超过 2000 米的盖马高原。这一地区群山连绵起伏，森林密布，交通闭塞，人烟稀少，且气候寒冷。

志愿军第二次战役东线作战的战场，位于朝鲜东北部的长津湖地区。长津湖为长津发电站的蓄水湖，群山包围，东西两岸均为海拔 1300 多米的山地，地势险要。10 月下旬，长津湖地区开始降雪，气温急剧下降。到 11 月下旬，气温已下降到零下 27 摄氏度左右，到处是白雪覆地，加之山高路窄，道路冰封，作战环境极为恶劣。

志愿军担负东线作战任务的是第 9 兵团。当美第 10 军向北推进之时，该兵团主力尚在由山东兖州地区北上途中。在长津湖地区，志愿军第 42 军正在节节阻击敌军，诱敌深入，并掩护第 9 兵团开进。

原定第 9 兵团从山东开东北后，先在东北地区整训一个时期，然后再入朝作战。但因朝鲜东线战事急迫，第 9 兵团开东北后未作停留，遂提前直接

入朝作战,因而各种准备不充分,入朝时寒区服装来不及发放,加之对战区气候特点了解甚少,部队长期在中国华东驻扎和作战,缺乏高寒地区生活和作战的经验,防寒准备严重不足,人员衣着单薄。同时,山路峻险,美军飞机猖獗,大量汽车被毁,粮食、被服、弹药补给运不上去,战区内人烟稀少,就地筹借粮食十分困难。部队进入战区后,没有住房,缺少粮食,只能在雪地露营。第 9 兵团就是在这种情况下投入朝鲜作战的。

志愿军第一次战役结束后,西线美第 8 集团军被迫后撤,但东线的美第 10 军则继续向北推进。按照麦克阿瑟的"总攻势"计划,美第 10 军的任务是,以主力向鸭绿江和图们江畔朝中、朝苏边境线推进,同时以一部兵力经长津湖地区向西线江界实施迂回进攻,切断志愿军的后方交通线,与西线美第 8 集团军部队会合,构成对西线志愿军主力的合围。

美第 10 军军长阿尔蒙德决定:以美陆战第 1 师担负向西线迂回的任务。首先占领长津湖畔的柳潭里,随即向西攻击前进,占领江界,与第 8 集团军会合,然后转向西北,向鸭绿江攻击前进;以美第 7 师在长津湖以东地区,向鸭绿江推进;以南朝鲜第 1 军团指挥的首都师、第 3 师沿东海岸公路和端川西北之白岩继续向朝中、朝苏边境推进;以美第 3 师和南朝鲜第 1 陆战团守备元山、兴南后方地域。①

11 月 5 日 22 时,毛泽东电示彭德怀、邓华:"江界、长津方面应确定由宋[时轮]兵团全力担任,以诱敌深入寻机各个歼敌为方针。尔后该兵团即由你处直接指挥,我们不遥制。"②

11 月 6 日,彭德怀等志愿军首长就东线作战基本设想,电示第 9 兵团:东线作战,"应采取诱敌深入至旧津里、长津线,首先消灭美陆战一师两个团,其部署以一个军主力(三个师)经江界、前川、云松洞、南兴洞向柳潭地区集结,先头师迅速进至旧津里及其以北,构筑纵深阻击阵地,另一个军从临江、慈城江口渡江,进至云山里集结。如此布置,美陆战一师愈北进深入旧津里以北[愈好],两个军以两个师挡正面,七个师从敌侧后攻击。我四十二军主力背靠社仓里,进至五老里,牵制援兵与攻击敌退路。如敌不敢冒

① 参见 Billy C. Mossman: United States Army in the Korea War, Ebb and Flow, November 1950 – July 1951(比利 · C. 莫斯曼:《朝鲜战争中的美国陆军——潮涨潮落》,1950 年 11 月至 1951 年 7 月),48 页。

② 《建国以来毛泽东军事文稿》,上卷,340 页,北京,军事科学出版社、中央文献出版社,2010。

进，深入旧津里与黄草岭之线时，我进至云山里之军，可沿新兴向五老里前进，截断深入黄草岭南美军后路，打击援敌，我柳潭地区之军，可协同四十二军主力歼灭美七团、十一团”①。

在第9兵团向东线战场开进的过程中，志愿军总部密切注视着东线敌军的动向，不断就东线作战给予第9兵团指示。11月11日，美陆战第1师进至富盛里。志愿军首长判断，美陆战第1师部队在进至旧津里后，可能转向柳潭里西进，似此则美陆战第1师与第7师将会分开，因此立即电示第9兵团司令员宋时轮：“我廿七军全部及廿军之一个师共四个师，围歼美七师两个团；我廿军三个师及四十二军之一二六师共四个师，待美[陆战]一师两个团进至柳潭以西围歼之。但两路均应有一小部阻击援兵。此役关系重大，请精细研究。部队须确实准备并分途检查。”②

毛泽东在得到志愿军首长关于东线作战的部署后，电示彭德怀：“美军陆战第一师战斗力据说是美军中最强的，我军以四个师围歼其两个团，似乎还不够，应有一个至两个师作预备队。九兵团的二十六军应靠近前线，作战准备必须充分，战役指挥必须是精心组织的，请不断指导宋、陶③完成任务。”④

根据毛泽东和彭德怀等志愿军首长的指示，第9兵团于11月19日致电彭德怀、邓华，决定“集中二十、二十七两军主力，先求歼击美陆一师两个团，钳制美七师之两个团，并力争继歼该敌之一部”，并根据战场情况和预计美军的推进情况，提出了三种情况下的三种作战预案。⑤

此时，志愿军西线部队的反击部署已经基本就绪。根据战场态势，彭德怀、邓华11月20日，电示第9兵团首长，志愿军西线部队拟于25日晚发起反击，“东线进至下碣隅里、古土水之美军两个团（五团、七团）如不再进，你兵团可否以主力于24日或25日晚包围该线之敌歼灭之，否则西线先攻击得手后，东线之敌即有迅速后撤可能”⑥。

---

① 彭德怀等志愿军首长致高岗、贺晋年转宋时轮、陶勇电，1950年11月6日10时。

② 彭德怀等志愿军首长致宋时轮电，1950年11月12日10时半。

③ 指第9兵团司令员兼政委宋时轮，副司令员陶勇。

④《建国以来毛泽东军事文稿》，上卷，347页，北京，军事科学出版社、中央文献出版社，2010。

⑤ 参见宋时轮、陶勇、覃健致彭德怀、邓华并第20、第27军电，1950年11月19日18时。

⑥ 彭德怀、邓华致第9兵团首长电，1950年11月20日。

第9兵团这时尚未完成作战准备,第27军需在11月22日方可全部进入预定位置。第9兵团首长根据部队的情况,于11月21日17时10分请示志愿军首长,请求将东线作战发起日期推迟至26日以后,以便部队能够得到休整和进行各项作战准备。彭德怀批准了第9兵团的请求。

11月24日,美陆战第1师全部进入长津湖地区,其基本态势是:第7团主力位于下碣隅里,第5团主力位于西兴里、新兴里地域,其第1营北进至长津湖东岸的新垈里、新兴里、内洞峙地域。师指及第1团位于富盛里和古土里。由于志愿军第9兵团在开进过程中,严密伪装,美军对第9兵团主力进入长津湖地区毫无察觉,因而兵力分散,孤军深入,态势突出。

11月25日,志愿军西线部队开始发起反击。美第10军军长阿尔蒙德为加强向西线实施侧后迂回的力量,支援西线美第8集团军作战,并保护陆战第1师的侧翼安全,令陆战第1师全部沿长津湖西岸公路,向西攻击前进;令美第7师派出1个团进入新兴里地区,接替陆战第1师的防务,并保护陆战第1师的右翼安全,同时令美第3师一部向社仓里开进,保护陆战第1师侧后安全。

据此,美陆战第1师以第7团西进,于26日进至柳潭里;第5团第1营也由新兴里西移至下碣隅里,随后进至柳潭里,与第7团会合。而美第7师则以第31团第3营、第32团第1营、第57野战炮兵营及一个重迫击炮连、1个高射炮连组成的第31团级战斗队①,进至新兴里、内洞峙地域;美第3师以第7团1个营和南朝鲜军第26团进至社仓里地区。

阿尔蒙德本来确定东线美军和南朝鲜军于11月26日发起总攻,但由于陆战第1师部队进攻准备没有完成,故决定总攻时间推迟至27日。

此时,第9兵团部队已基本进入指定位置。第20军隐蔽进入柳潭里以西以南地区,第27军主力隐蔽进入柳潭里、新兴里以北地区,完成了进攻准备;第26军主力也于26日由厚昌向战场靠近,开往长津东南地区。

第9兵团首长判断,长津湖地区美军的基本布势为:美陆战第1师第5、第7团位于柳潭里、新兴里、下碣隅里地区;美陆战第1师师部和第1团位于下碣隅里以南的富盛里、古土里地区;美第7师第31团位于元丰里;美第3师第65团和南朝鲜第3师第26团位于横川里、社仓里地区。因此决

① 计3288人,见Roy E. Appleman: East of Chosin, Entrapment and Breakout in Korea, 1950(罗伊·E.阿普尔曼:《长津以东,在朝鲜的受骗和突围,1950年》),Texax A&M Universiry Press, 1987,306～307页。

定，抓住美军兵力分散，尚未发现志愿军部队集结的有利时机，“集中廿（欠六〇师）及廿七军主力，首先歼灭美陆一师主力于下碣隅里、新堡里、旧津里、柳潭里、新兴里之间地区。得手后，视机歼击美七师卅一团或美陆一师增援之敌”①。

11 月 26 日 14 时，第 9 兵团最后确定，27 日晚向长津湖地区的美军部队发起全线进攻。

志愿军第 9 兵团分割包围长津湖地区美军部队

11 月 27 日，东线战区普降大雪，气温降到零下 30 摄氏度左右。

上午，东线美军和南朝鲜军开始发动进攻。其基本布势为：美陆战第 1 师第 7 团及第 5 团之 2 个营、炮兵第 11 团的 2 个营，位于柳潭里地域，师指挥所及第 1 团 1 个营、炮兵第 11 团 1 个营和师属特种兵分队位于下碣隅里地域；第 1 团主力及炮兵第 11 团 1 个营，位于富盛里、古土里地域。美第 7 师第 17 团由惠山镇沿鸭绿江西进；第 32 团（欠第 1 营）位甲山以北地域，第 31 团位于新兴里、内洞峙地域。美第 3 师第 7 团 1 营位于社仓里，主力位于元山、兴南地区；南朝鲜第 1 军团第 3 师主力位于白岩，第 26 团位于上通里，首都师位于清津。

就在美第 10 军发起进攻的同一天，11 月 27 日黄昏，志愿军第 9 兵团突然对长津湖地区的美军部队发起猛烈反击。

第 20 军 4 个师担负从侧后攻击美军的任务，其部署是：以第 58 师首先攻占富盛里、上坪里，然后全力攻歼下碣隅里之敌；以第 59 师全部并指挥第 267 团抢占新兴里、西兴里阵地，切断柳潭里与下碣隅里的联系；以第 60 师抢占古土里以北有利地形，坚决阻击美军南逃、北援，并相机占领古土里；以第 89 师首先攻歼社仓里之敌，随后主力向上通里、下通里前进，切断长津湖地区美军的退路，并阻击增援之敌。②

攻击发起后，第 58 师于 28 日凌晨 3 时进至下碣隅里以南之上坪里、富盛里，并从东、南、西三面包围了下碣隅里之敌；第 59 师攻占下碣隅里西北

---

① 宋时轮、陶勇、覃健致第 20、第 27 军首长并报彭德怀、邓华、军委、东北军区电，1950 年 11 月 24 日 20 时。

② 参见第 20 军致第 9 兵团首长电，1950 年 11 月 26 日 13 时。

之死鹰岭、西兴里，歼敌400余人，割断了柳潭里与下碣隅里敌人的联系；第60师占领了乾磁开、小民泰里一线，切断了敌人的南逃退路，并以一部向古土里及其以南黄草岭前进，准备阻击由兴南北援之敌；第89师则逼近社仓里。

第27军担负正面进攻的任务，其部署是：以第79师全力攻歼柳潭里之敌，得手后，配合第20军歼灭柳潭里以南或附近之敌；以第80师配属第81师1个团攻歼长津湖东岸的新兴里、新垈里、内洞峙之敌，得手后，向泗水里、下碣隅里攻击前进，配合第20军作战；以第81师主力位于云山里附近，作为军之机动部队，并以1个营进至广大里一线，坚决阻击南下、北进之美第7师主力，确保云山里至袂物里道路畅通；以第94师由厚昌江口南调，作为军预备队。①

27日16时，第27军开始发起进攻。第80师迅速切断了泗水里与新兴里之间的联系，歼敌一部，并攻占新垈里，包围内洞峙，占领新兴里四周的有利地形，对新兴里之敌四面包围，将敌压缩于不足4平方公里的狭小地域；第79师向柳潭里之敌进攻，歼敌一部，与第20军第59师协同，完成了对柳潭里地区之敌的合围；第81师主力占领了位于赴战湖西侧的小汉垈、广大里地区，割裂美第7师与美陆战第1师的联系，保障了军主力的侧翼安全。

战至28日清晨，第9兵团虽然未能歼灭当面之敌，但已完成了对长津湖地区美军的分割包围，将美陆战第1师和步兵第7师一部分别包围于柳潭里、新兴里、下碣隅里等地，割断美军相互之间的联系。

美军为打破被分割包围的状态，恢复其相互间的联系，于28日白天对志愿军部队发起凶猛的反击。在航空兵、坦克和炮兵猛烈的火力支援下，柳潭里的美陆战第1师部队于拂晓时分，开始攻击志愿军第20军第59师第175团死鹰岭阵地，随后，下碣隅里美军部队也于上午开始攻击志愿军第59师第177团西兴岭阵地。志愿军第59师部队顽强抗击美军的进攻，歼敌1000余人。死鹰岭阵地曾一度失守，第175团于28日晚组织坚决的反击，重新夺回阵地。

与此同时，泗水里、后浦里的美军从南面攻击志愿军27军第80师新垈里阵地；古土里的美军攻击志愿军第20军第60师小民泰里、乾磁开一线阵地，均被击退。

---

① 参见第27军司令部《咸镜南道战役新兴里柳潭里战斗详报》，1951年1月10日。

志愿军第9兵团部队一面抗击美军的攻击,一面调整部署,28日晚,继续对被围之敌发起进攻。

第27军第80师第240团猛攻内洞峙之美军,激战至29日拂晓,内洞峙之美军弃尸300余具、榴弹炮4门,窜至新兴里。第80师主力对新兴里之敌展开两面攻击,一度突入新兴里,但在村内战斗中,受敌步兵和坦克火力所阻,伤亡较大,进展困难,遂于29日拂晓撤出战斗,巩固原占阵地。

第20军第58师继续攻击下碣隅里之敌,经过激烈战斗,突入美军机场,攻占下碣隅里以东之全部山地,予敌大量杀伤,美军以大量坦克为先导,拼命反扑,第58师伤亡较大,于29日拂晓撤出战斗。第89师也于当晚对社仓里之敌发起了攻击。

在志愿军的猛烈攻击下,东线美军不得不由进攻转入防御。美陆战第1师师长史密斯为保持通往长津湖以南地区的道路畅通,并加强下碣隅里的防御力量,令古土里之第1陆战团主力立即以一部北上,增援下碣隅里,打通彼此间的联系。

29日上午,古土里地区的美军第1陆战团以配属该团的英国皇家陆战队第41突击队为主,加美军2个步兵连、2个坦克排和大量火力支援单位,共约1000人,在英国皇家陆战队第41突击队队长德赖斯代尔的指挥下,组成德赖斯代尔特遣队①,开始由真兴里经古土里北上,在30余架飞机掩护下,向志愿军第20军第60师和第58师的富盛里、小民泰里一线阵地发起进攻。

志愿军第60师第178团和第179团沉着应战,与敌激战4个多小时,除一部敌军在坦克引导下突破志愿军阵地,进至上坪里,被志愿军第58师围歼之外,其余大部被阻于乾磁开南北地区。当晚,第60师对敌发起猛烈反击,经数小时激战,将敌分割为数段,严密包围。德赖斯代尔特遣队陷入绝境,士气尽失。

志愿军第60师以军事打击与政治争取相结合,一面紧缩包围,对敌施加军事压力,一面利用俘虏喊话,迫敌投降。被围的德赖斯代尔特遣队派出4名军官为代表向志愿军第179团请求投降。第179团遂派出代表进入敌

① 参见 Lynn. Montross and Nicholas. Canzona, U. S Marine Operation in Korea, Vol. 3, The Chosin Reservoir Campaign(赖恩·蒙特罗斯、尼古拉斯·坎佐纳:《美国海军陆战队在朝鲜作战史,第3卷,长津水库战役》),Historical Branch, G－3, Headquarters U. S Marine Corps, Washington, D. C, 1957,228页。

军阵地，宣传了志愿军的俘虏政策。在志愿军强大的军事和政治攻势之下，被围美英军人员于30日8时全部放下武器，向志愿军投降。

此战，美陆战第1师德赖斯代尔特遣队除小部坦克突入下碣隅里之外，大部被歼。志愿军部队俘虏美英军237人，缴获与击毁坦克、装甲车、汽车74辆，各种火炮20余门。①

在德赖斯代尔特遣队向北进攻的同时，下碣隅里的美军也向南发起攻击，企图南北对攻，打开通往古土里的通道。第20军第58师第172团第3连连长杨根思，率该连第3排坚守位于下碣隅里东南的1071.1高地。该高地扼制公路，是美军南撤的必经之路。美军以飞机、火炮对高地狂轰滥炸，倾泻大量的炸弹、炮弹、燃烧弹，高地上硝烟弥漫、烈火熊熊。

坚守阵地的连长杨根思率该连第3排，连续打退数倍于己的美军的8次进攻。战至上午10时，当美军发起第9次进攻时，3排阵地上的弹药已打光了，人员只剩两名伤员，增援部队尚在途中。在此紧要关头，杨根思抱起仅有的一个炸药包，拉燃导火索，冲入敌群，与敌人同归于尽，以生命和鲜血守住了阵地，谱写了一曲革命英雄主义的壮丽赞歌。

为表彰杨根思同志的英雄精神，志愿军总部给杨根思追记特等功，授予特级英雄称号。朝鲜民主主义人民共和国最高人民会议常务会议授予杨根思"朝鲜民主主义人民共和国英雄"称号和一级国旗勋章、金星奖章各1枚。

在此期间，第27军和第20军第59师也粉碎了柳潭里、新兴里之敌的突围企图。

志愿军第9兵团由于战前各种准备不足，加之补给困难，又是在这种恶劣的自然环境下与强敌作战，部队冻饿体力消耗很大，因而，虽对长津湖地区的美军完全分割包围，但在几个包围的点上，攻击力量均显不足。至此，第9兵团同各处被围之敌形成了僵持。

新兴里战斗，志愿军全歼美第7师第31团级战斗队

美陆战第1师主力和美第7师一部在长津湖地区被分割包围的消息，震惊了美国朝野上下。陆战第1师是美军最精锐的王牌部队，如果该师在长津湖全军覆没，对美军将是一个最沉重的打击。

---

① 参见第20军司令部：《长津湖战役简报》，1951年1月。

美国参谋长联席会议十分紧张,直接干预作战指挥,于 11 月 29 日给麦克阿瑟发电报,批准他由进攻转入防御的计划,并特别指出:先前所有与防御计划抵触的命令均应取消,必须保持第 10 军与第 8 集团军行动的一致性,使两支部队连为一体。①

但麦克阿瑟拒绝执行参谋长联席会议的命令,声称:"第 10 军从地理上威胁着正向第 8 集团军右翼进攻的敌军部队主要补给线",正是由于这种威胁,方迫使中共军队投入 8 个师的兵力来阻挡陆战第 1 师的进攻,自然就减轻了第 8 集团军的压力。他认为,只要第 10 军在目前的位置上,中共军队就不敢轻易向南推进。"任何使第 8 集团军和第 10 军在朝鲜蜂腰部联成一道防线的想法,都是不切实际的"。因此,第 10 军的当务之急,是向咸兴、兴南地区收缩,摆脱被隔离和围困的境况,然后准备坚守或向西进攻,策应第 8 集团军作战。②

根据麦克阿瑟的命令,美第 10 军军长阿尔蒙德决定将东线部队全部收缩于元山、兴南地区。11 月 29 日,他发布新的作战命令,决定将古土里以北长津湖地区的部队,全部归陆战第 1 师指挥;令陆战第 1 师从柳潭里撤出 1 个团至下碣隅里,绝对保障下碣隅里的安全,并打通至新兴里的道路,接应第 31 团级战斗队后撤至下碣隅里,在下碣隅里建立巩固的防御阵地,然后打通通往古土里的道路。同时,令美第 7 师在惠山镇地区的部队向兴南撤退;令第 3 师在保障由长津湖地区之水洞通往兴南公路和封闭社仓里向东公路的同时,立即抽调配属该团的南朝鲜陆战第 1 团和 1 个美军营,组成 C 特遣队,保护元山和元山机场安全;令南朝鲜第 1 军团向咸兴收缩,并保障第 10 军右翼安全。③

11 月 30 日,阿尔蒙德在下碣隅里召集美陆战第 1 师师长史密斯、第 7 师师长巴大维开会,强调要迅速将部队从长津湖地区撤至兴南地区。他要求两位师长立即共同确定解救新兴里之第 31 团级战斗队的计划和时间表,并授权史密斯在部队撤出长津湖地区时,可以销毁任何延迟其行动的装备,

① 参见 Foreign Relations of the United States, 1950, Vol. 7, Korea(《美国对外关系,1950 年,第 7 卷,朝鲜》),1255 页。

② 参见 Foreign Relations of the United States, 1950, Vol. 7, Korea(《美国对外关系,1950 年,第 7 卷,朝鲜》),1260 页。

③ 参见 Billy C. Mossman: United States Army in the Korea War, Ebb and Flow, November 1950 – July 1951(比利 · C. 莫斯曼:《朝鲜战争中的美国陆军——潮涨潮落》,1950 年 11 月至 1951 年 7 月),129 页。

并直接呼叫所需要的空中支援。史密斯和巴大维在协商之后,决定首先将柳潭里的陆战团撤回下碣隅里,然后派出一支强大的解围部队由下碣隅里北上,营救第31团级战斗队。

在美军调整部署期间,志愿军首长密切注视着东线敌军的动态。早在11月28日,彭德怀等志愿军首长即致电第9兵团,对第9兵团下一步的作战行动作出指示:"你们围歼美陆一师之五、七两团时,可能吸引该师之一团、十一团北援,对你们歼灭美陆一师全部甚为有利。对歼灭来援之敌预定部署如何?在歼灭美陆一师全部或大部后,乘胜进攻咸兴、新兴。该两城得手后,朝东北战场敌之陆路交通全部截断,有迫使美伪军从海道向三八线撤退的可能。……如你们作此企图,廿六军主力应向南靠拢,准备打美七师及伪军增援。我们以一部向元山进迫,牵制美三师增援。"①

第9兵团根据战场情况,作出了新的作战部署。经过数天的作战,第9兵团对长津湖地区被围诸点之美军的兵力有了新的了解,判断柳潭里为美陆战第1师第7团、第5团2个营和炮兵第11团2个营:新兴里为美第7师第31团和第32团一个营及师属炮兵营;下碣隅里为美陆战第1师师部和第1团的2个营、第5团1个营,另1个坦克营;社仓里为美第3师第7团。依此估算,在柳潭里、新兴里、下碣隅里地区被围之敌,共有1个师部、4个团、1个坦克营、3个炮兵营,共1万余人,比战前对美军兵力判断的数量多了一倍,有的地区多出三至四倍。②

根据敌我双方的实际情况和志愿军首长的指示,第9兵团首长决定:修正预定的作战决心,集中兵力逐次各个歼灭被围之敌。首先集中绝对优势兵力歼灭新兴里之敌,尔后,再转移兵力逐个歼灭柳潭里、下碣隅里之敌。

---

① 彭德怀等志愿军首长致宋时轮等第9兵团首长电,1950年11月28日15时。

② 根据美海军陆战队官方战史透露,在长津湖地区作战期间,仅美陆战第1师的兵力即达2.5万余人,其中包括:3个陆战团(每团辖3个营),1个陆战炮兵团(辖4个炮兵营),3个坦克营,1个作战勤务大队(辖包括工兵、通信、医疗、信号等8个营),1个陆战观察特遣队、1个英国皇家陆战突击队,以及部分特遣队,并得到第1陆战航空兵联队(辖2个大队)的直接战术支援。在作战中,该师以各陆战团为基础,加强各种分队,组成陆战团级战斗队(相当于加强团),作为独立战术单位。加上美第31团,长津湖地区美军的实际兵力,近3万人,远远超出志愿军的估计。参见 Lynn. Montross and Nicholas. Canzona, U.S Marine Operation in Korea, Vol. 3, The Chosin Reservoir Campaign(赖恩·蒙特罗斯、尼古拉斯·坎佐纳:《美国海军陆战队在朝鲜作战史,第3卷,长津水库战役》),365～379页。

为此，第9兵团调整作战部署，以第27军位于长津湖西侧的部队会同第80师围歼长津湖东侧新兴里地区之敌；第27军预备队第94师准备随时投入战斗。同时，为配合歼灭新兴里之敌，防止敌人增援，以第20军第58师、第27军第79师分别对下碣隅里及柳潭里之敌进行钳制性攻击。为准备下一步歼灭柳潭里之敌，将第20军第59师暂归第27军指挥。另外，急令第26军主力兼程南下准备参战。对社仓里之敌则暂取守势。

11月29日14时，第9兵团首长致电志愿军首长："电令奉悉，决遵示逐步实现。现已分割包围美陆战一师之一团、五团、七团，美七师之卅一团及炮兵纵队、装甲总队，正集力分批歼击中。待打得差不多时，第二步则转移主力向南挺进。已令第二十六军主力兼程赶进中。"①

根据第9兵团的部署，第27军决定：以第81师主力进入新兴里地区，协同第80师，共集中5个步兵团，以4个团进攻，1个团阻击援敌与截歼逃敌，围歼新兴里地区的美军；令第79师暂停对柳潭里之敌的进攻，积极钳制该敌，并迅速整顿部队，巩固既得阵地，做好进攻准备；令军预备队第94师向柳潭里地区开进，准备投入战斗；令第20军第59师坚守西兴里、死鹰岭阵地，坚决割裂下碣隅里和柳潭里之敌的联系。待歼灭新兴里之敌后，再集中全力，会攻柳潭里之敌。

29日，美军航空兵对新兴里空投大批粮弹。上午9时30分，下碣隅里的美陆战第1师部队在飞机和炮火的支援下，向新兴里进攻，企图打通与美第31团的联系，遭到志愿军第81师第242团的顽强阻击，被迫于16时回窜。

经过紧张的准备，第27军完成了部署调整，决定11月30日晚向新兴里地区的美军发起总攻，其具体部署是：以第80师的第238团由东北向新兴里进攻；以第240团由东南、正南向新兴里进攻；以第239团由西南向新兴里进攻；以第81师第241团由正西及西南向新兴里进攻；以第242团担任阻击援敌截击逃敌的任务。为密切各步兵团的作战协同，第80、第81师指挥所合并，由第81师首长统一指挥新兴里地区的作战。

11月30日晚，新兴里进攻战斗开始。在火炮实施急袭15分钟后，第27军部队于23时发起攻击。至12月1日拂晓，4个步兵团先后突破美军前沿阵地，将敌压缩于新兴里村内狭小地域。

新兴里之美第31团级战斗队伤亡惨重，在外援无望，即将被歼的情况下，指挥官费斯上校命令毁掉所有的火炮、卡车和补给品，率领剩余人员于

① 宋时轮、覃健致彭德怀等志愿军首长电，1950年11月29日14时。

1 日 13 时开始向南突围，当即遭到志愿军第 241 团的阻击。在 40 余架飞机掩护下，美军以 10 余辆坦克为先导，突破志愿军阵地，夺路逃命。

志愿军第 27 军部队立即展开拦阻和追击作战。第 242 团 3 营依托 1221 高地及公路以东一线高地，对突围之敌猛烈射击，并炸毁公路上的桥梁，将美军部队拦截于 1221 高地前。第 242 团第 2 营和第 80 师各团也不顾美军飞机的严密封锁，依托公路东侧的有利地形，从美军队形的侧面、正面和后尾猛烈冲击，将美第 31 团级战斗队大部歼灭于新兴里、新垈里地区。

残敌一部越过冰封的长津湖向柳潭里逃窜，一部继续沿公路南逃，被志愿军第 242 团 1 营拦阻于后浦、泗水里地区。经过激烈战斗，志愿军毙俘敌 400 余人。

至 12 月 2 日 4 时，新兴里战斗胜利结束。此战，志愿军第 27 军全歼美第 31 团级战斗队，共歼敌 3191 人，击毙美第 31 团指挥官麦克里安上校和继任指挥官费斯上校，缴获汽车 184 辆、坦克 11 辆、火炮 137 门、枪 2345 枝（挺），击毁坦克 7 辆、汽车 161 辆，创造了志愿军在朝鲜战场上以劣势装备全歼现代化装备美军 1 个加强团的模范战例。

围追堵截，志愿军予美军“王牌”陆战第 1 师以歼灭性打击

新兴里战斗结束之后，东线美军第 10 军全线动摇。此时，西线美第 8 集团军正向肃川、顺川退却。美第 10 军孤悬朝鲜半岛东北一隅之地，且兵力分散，特别是陆战第 1 师在长津湖地区陷入志愿军的分割包围之中，随时都有全军覆没的危险。美第 10 军军长阿尔蒙德命令所有部队，立即按照原定计划，向咸兴、兴南地区实施总退却。同时令美陆战第 1 师立即将柳潭里的部队收缩至下碣隅里，然后在美第 3 师的策应下，向南突围。

陆战第 1 师决定，以第 5 陆战团在柳潭里地区殿后掩护，以第 7 陆战团全力打通至下碣隅里的公路；令下碣隅里的部队死守阵地，待与柳潭里部队会合后，再一起南撤。①

① 参见 Lynn. Montross and Nicholas. Canzona, U. S Marine Operation in Korea, Vol. 3, The Chosin Reservoir Campaign（赖恩·蒙特罗斯、尼古拉斯·坎佐纳：《美国海军陆战队在朝鲜作战史，第 3 卷，长津水库战役》），249 页。

志愿军第9兵团也在进行部署调整,加紧围歼长津湖地区的美军部队。12月1日,宋时轮等第9兵团首长致电彭德怀、邓华:“就目前情况看,大量敌人西进的可能性日渐减少。特建议厚昌只留置一个主力团,该师[1]率两个团即开前方参战。”[2]

彭德怀、邓华立即回电,同意第9兵团的部署,并指示:“西线已大捷。你们当前被围之敌伤亡将半。……望集全力歼截被围之敌。但廿六军未到前,对敌北援阻击部署切不可稍忽。”[3]

12月1日,进至清津、惠山镇等地的美军和南朝鲜军开始向咸兴后撤。位于柳潭里的美陆战第1师部队,在大批飞机和火炮的支援下,以坦克开路,向困水里撤退,并猛攻志愿军第59师困水里以南阵地,企图打通至下碣隅里的道路。社仓里的美军和南朝鲜军部队也于2日开始南撤。

东线敌军后撤的迹象更加明显。据此,中央军委于12月2日13时电示志愿军首长和第9兵团首长:“望宋陶注意争取于今明两晚基本上解决被我包围之陆一师等部最为有利。在未解决战斗前,望切实注意加强黄草岭南北之阻援与阻止突围之敌力量。”[4]

12月3日,毛泽东再次致电志愿军首长和第9兵团首长,对东线作战作具体指示:“我九兵团数日作战,已取得很大胜利,不但在下碣隅里地区将陆战第一团及其他数部增援队基本歼灭,而且在新兴里地区将美七师一个多团完全消灭。敌方在数日内可能增援的部队,只有两个李承晚师和美七师一个多团。如我军能将这些增援队各个歼灭,在朝鲜战局上将起很大变化。因此,(一)请宋、覃[5]考虑,将二十六军迅速南调,执行打援任务。(二)对柳潭里地区之敌,除歼灭其一部外,暂时保留一大部,围而不歼,让其日夜呼援,这样便可吸引援敌一定到来,使我有援可打。如果柳潭里地区之敌被我过早歼灭则援敌一定不来了,他们将集中咸兴一带,阻我南进,对我下一次作战不利。以上意见是否可行,请宋、覃就当面情况统筹决定为盼。”[6]

---

① 指第26军留置厚昌的第78师。

② 宋时轮、覃健致彭德怀、邓华电,1950年12月1日9时。

③ 彭德怀等志愿军首长致宋时轮,覃健电,1950年12月1日17时。

④ 中央军委致彭德怀等志愿军首长和宋时轮、陶勇电,1950年12月2日13时。

⑤ 覃,指第9兵团参谋长覃健。

⑥《建国以来毛泽东军事文稿》,上卷,385页,北京,军事科学出版社、中央文献出版社,2010。

根据中央军委和志愿军首长关于集中全力“加紧歼灭被围之敌”的指示，鉴于东线之敌拼命突围南撤的情况，第 9 兵团首长决定采取围追堵截的战术，全力以赴，歼灭长津湖地区敌人。

其部署为：以第 27 军和第 20 军之第 59 师，迅速歼灭柳潭里突围之美军；令第 26 军由长津以北文岳里、袂物里地区南下，接替第 20 军攻击下碣隅里的任务；令 20 军第 60、第 58 师前出至黄草岭地区，第 89 师留一部于社仓里警戒，师主力前出至黄草岭以南上通里、下通里地区，阻止美军南逃北援。

根据第 9 兵团的部署，第 27 军令第 59 师坚决扼守困水里以南 1419.5 高地和西兴里、死鹰岭阵地，阻止柳潭里之敌与下碣隅里之敌会合；令第 79 师主力由柳潭里以西山区攻占 1542 高地，该师第 236 团由北向南压缩；令第 94 师主力攻占困水里以西高地，尔后向南进攻，从而对柳潭里、困水里之敌构成包围之势，力争在运动中歼灭敌人。

美陆战第 1 师第 5、第 7 团在密集空中和地面火力的支援下，猛攻志愿军第 59 师阵地，企图夺路逃窜。第 59 师顽强坚守死鹰岭一线高地，堵击敌人。第 27 军部队迅速出击，至 2 日拂晓，第 79 师攻占困水里以西高地，第 94 师主力攻占困水里以东高地，对南窜之敌形成两面夹击。美陆战第 1 师拼命反击，并以一部沿山间小路向东运动。第 27 军立即令第 81 师主力由荷坪里通过长津湖，于 3 日拂晓控制了长兴里、文川里地区，阻敌东窜。

在志愿军部队的猛烈进攻之下，柳潭里、困水里美陆战第 1 师部队四面受困，伤亡严重，急于突围，摆脱困境。3 日，美军该部在 50 余架飞机掩护下，以坦克群为先导，倾全力进行突围，猛攻志愿军死鹰岭、獐项里、西兴里一线阵地。下碣隅里美军也以一部向西攻击，接应柳潭里的美军。志愿军第 59 师腹背受敌，顽强战斗，与敌人展开了激战，终因连日作战，弹药不济，冻伤及战斗减员较大，阵地被美军突破。

第 27 军立即令第 59 师巩固占领公路以南阵地，同时令第 81 师第 243 团控制西兴里、獐项里阵地，正面堵击美军。3 日 22 时，第 243 团进至指定位置，对正向西逃窜的美军展开冲击，截断美军队伍，迫敌大部退回西兴里地域。

4 日，西兴里与下碣隅里的美军，在飞机、坦克的支援下，对志愿军第 243 团阵地两面夹击。志愿军第 243 团与敌反复争夺西兴里以北高地，予敌大量杀伤，终因力量单薄，主力赶到过迟，阵地被敌突破。美军在付出重大伤亡后，丢弃大部重装备，夺路逃往下碣隅里。

柳潭里美军逃至下碣隅里后，美陆战第1师毁坏全部重装备，整顿队势，准备南逃。美第10军调集飞机，为美陆战第1师紧急空运伤员，补充作战物资，同时令真兴里以南之美军部队全力北援，接应陆战第1师主力突围。美第1陆战航空兵联队也倾巢出动，不分昼夜地轰炸扫射公路沿线的所有目标，为陆战第1师扫除南逃障碍，全力掩护地面部队南逃。

毛泽东对东线战事极为关注。12月4日，他致电彭德怀等志愿军首长和第9兵团首长，要第9兵团"将黄草岭、古土水、下碣隅里、团水里至柳潭里一带详细敌我情况，防敌飞走部署及打援部署电告为盼"①。

长津湖地区，山高林密雪深，在战役进行期间，战区数次降大雪，气温最低达零下30多摄氏度。志愿军第9兵团部队忍饥受冻，冻伤减员严重，极大制约了作战行动，加之与敌装备悬殊，因而数次作战，均未能全歼美军。

尽管困难重重，形势严峻，但第9兵团决心全力以赴，坚决完成作战任务。根据战场的状况，第9兵团再次调整部署：以第26军主力围歼下碣隅里之敌，得手后，南下向咸兴攻进；以第27军在结束柳潭里、团水里战斗后，主力休整两日，然后取道社仓里、黑水里、剑山里、丰松里、岭城里，向地境攻进，另以1个团出五老里，割裂敌人，配合主力作战；以第20军以小部包围古土里，作为诱饵，吸引敌军，主力进占黄草岭及其附近阵地，阻敌打援，待第26军向南攻进时，即集全力攻歼古土里之敌，另以第89师主力进至上、下通里附近，从运动中截歼敌人，适时闭阻长津湖地区之敌的退路，配合主力作战。12月4日，第9兵团首长宋时轮、陶勇、覃健将此部署上报毛泽东主席并彭德怀等志愿军首长。②

毛泽东立即回电："宋、陶、覃十二月四日二十二时五分电部署意见很好，望即执行。"③

根据第9兵团的部署，第26军急速南进，准备于12月5日晚实施围歼下碣隅里之敌的作战。但由于风雪迷漫，路途遥远，道路不熟，而未能按时

---

① 《建国以来毛泽东军事文稿》，上卷，389页，北京，军事科学出版社、中央文献出版社，2010。

② 参见宋时轮、陶勇、覃健致毛泽东并彭德怀等志愿军首长、高岗等东北军区首长电，1950年12月4日22时5分。

③ 《建国以来毛泽东军事文稿》，上卷，397页，北京，军事科学出版社、中央文献出版社，2010。

于5日晚发起进攻。当第26军准备在6日晚实施进攻时,下碣隅里的美陆战第1师主力已在空运1000余名伤员后,于6日拂晓在大量飞机、坦克掩护下,从下碣隅里突围南逃。

此时,第20军主力已经进至黄草岭南北地区,第89师亦尾追社仓里之美第3师第7团,截歼该敌1个营大部后,进至下通里以北地区。第9兵团首长调整部署:令第20军部队依托已占阵地,层层截击南逃之敌,阻敌北援;令第26军由下碣隅里向南攻击前进,尾敌追击:令第27军立即从右翼经社仓里向咸兴以西方向攻进,以断敌退路。

各部队按照上述部署,克服天寒地冻、断粮冻饿、弹药不足、疲劳减员等困难,发扬不怕艰难困苦,不怕流血牺牲,连续作战的作风,对南逃之敌展开围追堵截。

12月7日,第26军对下碣隅里之美陆战第1师残部发起攻击,歼敌一部,击毁敌车辆、坦克共30余辆。第20军部队依托已占阵地对南撤之敌层层阻击,但部队连日冻饿,体力虚弱,战斗部队冻伤减员达40%以上,严重影响了战斗力。7日14时半,下碣隅里之敌在40余架飞机掩护下,突破志愿军阵地,逃至古土里地区。

12月8日,美陆战第1师在大量航空兵支援下,继续向南突围,在古土里以南隘路处,为志愿军第58师第172团2个连阻截。志愿军炸毁公路桥梁,坚守阵地。美军孤注一掷,一面在大量航空兵配合下,猛攻守路。一面紧急空运桥梁构件架桥,同时急调黄草岭、真兴里地区之美军部队北援接应。

志愿军第172团2个连在零下30多摄氏度严寒下,顽强作战,与敌激战竟日,在人员冻伤、阵亡严重,只有20余人可以战斗的情况下,仍坚守阵地,歼灭美军800余人,使南逃的美军寸步难行。与此同时,第60师第180团也将由真兴里北援的美军阻于堡后庄以南地区。

8日夜间,气温骤降至零下40多摄氏度。坚守阵地的志愿军官兵,衣着单薄,冻饿数日,体力严重下降。当9日美陆战第1师再次攻击志愿军古土里以南隘路阵地时,坚守在阵地上的志愿军官兵已全部冻僵。

美军侥幸通过了古土里以南隘路,遂修复桥梁,继续向南逃窜,与真兴里北援部队南北夹击堡后庄之志愿军第180团阵地。志愿军第180团在第179团1个营的支援下,坚决阻敌,与敌激战两日,最后全团大部冻、战伤亡,阵地方为美军突破。

至此,第9兵团经近半月的激战,部队已经极度疲劳,特别是冻伤减员十分严重,情况最严重的第79师战斗伤亡2297人,冻伤减员则达2157人,全师缩编为5个步兵连、2个机炮连,难以继续实施大的作战行动。[①]但为争取整个战局的有利局面,第9兵团决定:“不顾一切困难和代价,继续组织所有还能勉强支持的人员,力争歼灭南窜与援敌一部或大部。”[②]

10日,古土里美军部队越过黄草岭,继续南逃。志愿军第89师部队在真兴里以南之水洞、龙水洞地区主动出击,截击南逃之敌,毙敌300余人,击毁汽车30余辆。随后又于尾追逃敌中,缴获汽车60余辆,歼美军200余人。

12日,美第3师由五老里北援,美陆战第1师在美第3师的接应下,最终逃出志愿军第9兵团在长津湖地区的包围圈,窜至五老里。随后,会同美第3师仓皇逃往咸兴、兴南地区。

美陆战第1师是美军的王牌部队,曾在第二次世界大战美军太平洋战场的历次登陆作战中担负开路任务,战斗力在美军部队中首屈一指。但在长津湖地区的战斗中,该师却风光不再,经历了该师历史上最惨痛的一次失败,伤亡惨重。据美国海军陆战队官方战史披露,仅在11月27日至12月15日,该师即减员达7321人。[③]因此,美国人把长津湖之战称作“陆战队历史上最为艰辛的磨难”[④]。

志愿军第9兵团在长津湖地区的作战,是在极端困难的条件下进行的。在战役进行期间,战区连降大雪,气温平均在零下27摄氏度左右,最低达零下30多摄氏度,雪积数尺,江河道路冰冻。官兵们衣着单薄,粮弹缺乏,忍饥受冻,加上后勤补给困难,有的部队一两天只能吃上一顿结冰的高粱米,官兵体质严重下降,冻伤减员严重。在新兴里战斗中,第27军第80师第240团第5连冲锋时受到敌火压制,全连呈战斗队形卧倒在雪地,最后全部冻死。严寒的天气,也直接影响了武器的使用,部队配备的迫击炮70%无法使用,许多步枪、机枪枪栓被冻无法击发,通信联络也极不畅通。

第9兵团在如此艰难困苦的条件下,发扬人民军队英勇顽强,不怕艰难

① 参见宋时轮致彭德怀、毛泽东电,1950年12月8日18时30分。

② 宋时轮致彭德怀电,1950年12月10日14时35分。

③ 参见 Lynn. Montross and Nicholas. Canzona, U. S Marine OPeration in Korea, Vol. 3, The Chosin reservoir Campaign(赖恩·尼古拉斯、尼古拉斯·坎佐斯:《美国海军陆战队在朝鲜作战史,第3卷,长津水库战役》),381～382页。

④ [美]约瑟夫·格登:《朝鲜战争——未透露的内情》,465页,北京,解放军出版社,1990。

困苦,不怕流血牺牲的革命精神,同美军浴血奋战十余个昼夜,共歼敌13916人,予美陆战第1师和步兵第7师一部歼灭性打击,打开了东线战局,并有利保障了志愿军西线部队的侧后安全,在极度困难的情况下,完成了艰巨的战略任务。

12月15日,志愿军司令部、政治部联合向第9兵团全体指战员发出祝贺电,祝贺第9兵团歼击长津湖地区美军部队的胜利,对负伤的同志表示慰问,向牺牲的烈士致哀。电报指出:

你们在冰天雪地、粮弹运输极端困难情况下,与敌苦战半月有余,终于熬过困难,打败了美国侵略军陆战一师及第七师,收复许多重要城镇,取得了很大胜利。这种坚强的战斗意志与大无畏的精神,值得全军学习。正由于东西两线的伟大胜利,基本上改变了朝鲜的局势,迅速地转入对敌反攻。

毛泽东评价说:"九兵团此次在东线作战,在极困难条件之下,完成了巨大的战略任务。"①

"联合国军"败退三八线以南地区。志愿军胜利结束第二次战役

"联合国军"的东西线进攻均遭失败,"总攻势"彻底破产,侵略者阵营陷于一片混乱之中。

为挽回败局,稳定战线,美国参谋长联席会议建议麦克阿瑟,一旦美第10军撤至咸兴、兴南地区,就应该使西线第8集团军与东线第10军会合,封闭两军之间空隙,建立一道横贯朝鲜半岛蜂腰部的新防线,阻止志愿军继续南进。②

但是,这一建议遭到了麦克阿瑟的拒绝。他认为,横贯朝鲜蜂腰部建立

① 《建国以来毛泽东军事文稿》,上卷,410页,北京,军事科学出版社、中央文献出版社,2010。

② 参见James F. Schabel: United States Army In the Korean War, Policy and Direction: The First Year(詹姆斯·F.施纳贝尔:《朝鲜战争中的美国陆军——政策与指导:第一年》),280页。

新防线,是根本无法实现的,因为他要防守朝鲜蜂腰部防线,即意味着每个美军师将要担负近35公里的防御正面,并面对兵力占绝对优势且极为擅长山地渗透作战的中国军队,这将导致美国军队被分割包围,各个击破。他断言:除非他能够得到巨大数额的增援部队,除非"积极而迅速地采取行动,否则胜利的希望就是渺茫而空幻的。而实力的逐步损耗,最终将导致全军覆没。这种预见是有根据的"①。

美军高层决策当局莫衷一是,而美军战地指挥官则斗志尽失,不知所措。西线美第8集团军退至肃川、顺川、成川一线之后,美第8集团军司令沃克认为,第8集团军所面对的中共军队至少有6个军18个师,计16.5万余人,而他目前所能用于作战的部队只有美骑兵第1师、第24师、第25师、第187空降团和英第27旅、第29旅,以及南朝鲜第1师,依靠这些部队,他根本无法建立一道稳固的防线。同时,情报机构报告和空中侦察结果显示,中共军队正在进入顺川以东区域,正在元山至平壤公路上建立新的封锁线,随时都可能向西实施迂回,在平壤以北对第8集团军形成新的包围。因此,他惟一的选择只能是继续南撤,放弃平壤。② 他明确告诉麦克阿瑟,他的部队无法守住平壤,志愿军将毫无疑问地迫使第8集团军退往三八线以南,进入汉城附近地区。③

12月2日,沃克命令肃川、顺川一线的部队开始向后收缩。

志愿军总部和中央军委密切注视着"联合国军"的动向。早在志愿军西线部队转入休整之时,毛泽东主席即于12月2日电示彭德怀等志愿军首长:"在调整部署,休息数天,并弄清敌人部署后,请考虑以四个至五个军攻击顺川、肃川线,以必要兵力突破并伸入该线以南钳制大部敌人,集中主力歼灭顺川、慈山地区之一个美国师(现在是骑一师),夺取顺川、肃川一线及其以南一块地区,然后在该线以南构筑防御阵地,以一部兵力(一个军左

① James F. Schabel: United States Army In the Korean War, Policy and Direction: The First Year(詹姆斯·F. 施纳贝尔:《朝鲜战争中的美国陆军——政策与指导:第一年》),281~282页。

② 参见 Billy C. Mossman: United States Army in the Korea War, Ebb and Flow, November 1950 - July 1951(比利·C. 莫斯曼:《朝鲜战争中的美国陆军——潮涨潮落》,1950年11月至1951年7月),149~150页。

③ 参见 James F. Schabel: United States Army In the Korean War, Policy and Direction: The First Year(詹姆斯·F. 施纳贝尔:《朝鲜战争中的美国陆军——政策与指导:第一年》),283页。

右)防守之,主力便可移至平壤、元山间作战。”①

12 月 3 日,肃川、顺川、慈山一线美第 8 集团军部队后撤,同时平壤的美军部队也开始南撤,并破坏城内各种设施。志愿军首长判断,敌军有向大同江北岸和西岸继续南逃之可能。为逼近敌人查明情况,志愿军总部于 12 月 4 日决定:第 40 军即派 1 个师向肃川、顺安方向,第 39 军派 1 个师向舍人场方向,第 42 军派 1 个师向成川、江东方向搜索前进。同时命令西线各军主力应迅速补齐粮弹,准备向前推进。②

毛泽东也于 12 月 4 日 13 时致电志愿军首长,明确指示:“平壤敌似正准备撤退”,要求志愿军休息 5 天后,“如平壤敌未退则准备先打平壤附近之敌,然后包围平壤,研究攻城办法。如平壤敌已退,则向三八线攻进”。同日 23 时半,毛泽东再次电示志愿军,“大体上可以确定平壤敌人正在撤退,其主力似已撤到平壤至三八线之间,其后卫似尚在平壤以北及东北地区。你们应于明(五)日派一个师或一个师的主力,向平壤前进,相机占领平壤。”③

根据毛泽东主席的指示,彭德怀司令员于 12 月 4 日 24 时作出新的作战部署:志愿军西线部队先以 3 个师于 12 月 4 日晚分三路向南推进,威胁平壤,试探敌之企图。如敌守平壤,则准备以志愿军 1 个军和朝鲜人民军 1 ~ 2 个师由北而南佯攻平壤,而集中志愿军 5 个军首先歼灭成川、江东、遂安、谷山、新溪地区之敌。得手后,主力南进威胁汉城,调动平壤之敌南撤,乘敌南撤在运动中追击、侧击之,以 1 个军控制于江东,保障主力南进的侧后安全。东线第 9 兵团歼灭被围之敌后,相机进占咸兴。如敌固守咸兴,则以 1 个军位于咸兴以北,主力进至社仓里东南及校馆里以南地区。待志愿军主力围攻平壤或南越三八线,威胁汉城,东线之敌南撤时,乘其移动时迅即歼击。如敌放弃平壤、元山线,志愿军即追越三八线,相机进攻汉城。④

毛泽东立即复电彭德怀:“所述战役部署甚好,望即照此执行。”⑤

---

① 《建国以来毛泽东军事文稿》,上卷,380 页,北京,军事科学出版社、中央文献出版社,2010。

② 参见志愿军司令部致西线各军电,1950 年 12 月 4 日。

③ 《建国以来毛泽东军事文稿》,上卷,390、392 页,北京,军事科学出版社、中央文献出版社,2010。

④ 参见彭德怀致毛泽东并高岗、宋时轮、邓华、韩先楚电,1950 年 12 月 4 日 24 时。

⑤ 《建国以来毛泽东军事文稿》,上卷,397 页,北京,军事科学出版社、中央文献出版社,2010。

12月4日晚,西线志愿军第40军第120师向肃川、安州方向,第39军第116师向舍人场方向,第42军第126师向成川、江东方向,分路向敌进逼。

12月5日,美第8集团军全部撤离平壤。12月6日,志愿军第116师和朝鲜人民军第1军团部队进入平壤,在大同江边胜利会师。陷落敌手46天的朝鲜民主主义人民共和国临时首都平壤重新获得解放。

在志愿军强大的军事压力之下,美军被迫最终放弃在朝鲜蜂腰部建立防线的企图。麦克阿瑟认为,如果不轰炸中国境内目标,不对中国实施海上封锁,不向他派遣大批增援部队,不同意他在朝鲜使用中国国民党军队,那么如果中共军队继续进行全面进攻的话,联合国军别无选择,只能被迫撤出朝鲜。①

根据他的指示,"联合国军"总部作战处长赖特制定了一个总退却计划,在平壤、兴南至朝鲜东南端洛东江之间划出数道防线位置,规定第8集团军向三八线以南地区步步后撤,并尽一切可能在每道防线争取时间,而将第10军首先以最快的速度由兴南从海路撤至釜山,然后北上编入第8集团军,组成统一的防线。②

12月7日,麦克阿瑟与美国参谋长联席会议代表、陆军参谋长柯林斯在东京讨论了朝鲜战局和应对方案,最后以赖特的计划为基础,确定了总退却方案。12月8日,麦克阿瑟发布"联合国军"总司令第5号命令,决定在朝鲜设置9道防线,其中4道位于汉城以北,5道位于汉城和汉城以南,最后一道防线位于原来的釜山防御圈阵地。麦克阿瑟要求沃克除非面临被包围的危险,否则不得放弃汉城,并要尽最大努力守住汉城以北的第4道防线(该防线西至临津江口,向东经抱川、春川,至东海岸襄阳)。③

根据麦克阿瑟的命令,沃克计划首先将他的部队撤至三八线附近地区,

---

① 参见 James F. Schabel: United States Army In the Korean War, Policy and Direction: The First Year(詹姆斯·F. 施纳贝尔:《朝鲜战争中的美国陆军——政策与指导:第一年》),283页。

② 参见 Billy C. Mossman: United States Army in the Korea War, Ebb and Flow, November 1950 – July 1951(比利·C. 莫斯曼:《朝鲜战争中的美国陆军——潮涨潮落》,1950年11月至1951年7月),158页。

③ 参见 Billy C. Mossman: United States Army in the Korea War, Ebb and Flow, November 1950 – July 1951(比利·C. 莫斯曼:《朝鲜战争中的美国陆军——潮涨潮落》,1950年11月至1951年7月),159页。

在由礼成江口向东北经兔山，再向南经铁原、华川至襄阳一线建立基本防线，以 5 个南朝鲜师防守该线的东部区域，以美第 1、第 9 军首先在海州、新溪、伊川、平康、金化一线驻守，整顿部队，然后根据命令退守该线的西部区域，麦克阿瑟批准了沃克的计划。①

从 12 月 7 日，美第 8 集团军部队开始向三八线实施总退却。东线美第 10 军也开始集结部队，准备从海上撤逃。战斗在敌后的朝鲜人民军和志愿军游击支队，乘敌混乱，主动截歼逃敌，先后收复镇南浦、铁原、新溪、沙里院等重要城镇。

12 月 7 日，志愿军首长判断"联合国军"似企图以 39°线以南地区实施运动防御，而以仁川、汉城及开城、抱川、春川、襄阳为骨干，防守三八线，以达其政治上欺骗，军事上拖延时间，图谋再逞之目的。为粉碎"联合国军"固守三八线企图，志愿军首长决定，乘胜扩展战果，继续发动攻势。彭德怀等志愿军首长向西线各军下达作战预令：在 12 月 12 日前完成各项作战准备，准备 13 日开始行动。②

12 月 8 日，彭德怀等志愿军首长正式下达作战部署命令，决定集中西线主力南下，在中和、祥原、遂安地区攻歼美军和南朝鲜军 4 个师。各军于 12 日晚开始开进，限 16 日拂晓前到达战役攻击准备位置，拟于 17 日开始战役进攻。③

同日，彭德怀致电毛泽东，汇报战役设想："下一战役十六七号开进完毕，十八九号可开始攻击，估计月底可结束"。如能歼灭敌军 4 个师或给以歼灭性打击，"即将进越三八线，相机取得汉城"，否则即使能越过三八线或取得汉城，亦不宜做过远南进，"因过远南进，驱退敌人至大丘、大田一带，增加以后作战困难"④。

12 日，西线志愿军 6 个军按照彭德怀的部署开始向预定战役集结位置开进，准备发起新的战役。但美第 8 集团军没有在预定的防线进行大的抵抗，即继续南撤，直接退向三八线以南地区。16 日，西线美第 8 集团军部队

---

① 参见 Billy C. Mossman: United States Army in the Korea War, Ebb and Flow, November 1950 – July 1951（比利·C. 莫斯曼：《朝鲜战争中的美国陆军——潮涨潮落》，1950 年 11 月至 1951 年 7 月），157 页。

② 参见彭德怀等志愿军首长致邓华、韩先楚、西线各军、炮司电，1950 年 12 月 7 日 15 时 30 分。

③ 参见彭德怀等志愿军首长致炮司、西线各军首长电，1950 年 12 月 8 日 13 时。

④ 彭德怀致毛泽东电，1950 年 12 月 8 日 18 时。

全部撤至三八线以南，并沿三八线展开部队，构筑防线。

此时，志愿军西线部队已经到达预定战役集结位置。鉴于敌军已经撤至三八线地区布防，12月15日，志愿军首长调整部署，令西线各军休息两天，查明当前敌情，然后继续向三八线推进，准备进行新的战役。①

23日，志愿军西线部队全线逼近三八线，在金川、九化里、朔宁、涟川、铁原、华川地区集结。朝鲜人民军第1军团越过三八线，进占延安半岛和瓮津半岛。原在敌人战线后方活动的人民军第2、第5军团各一部，也越过三八线，进占春川、加平。

在西线美第8集团军向三八线实施总退却的同时，东线美第10军所指挥的部队也向咸兴、兴南撤退，准备南撤。至14日，美第7师余部和南朝鲜首都师、第3师从惠山镇、清津等地分别从陆路、海路全部撤到兴南地区。美陆战第1师残部和美第3师也随即聚集兴南地区。

志愿军第9兵团对敌展开战役追击，其部署为：第26军由正面向咸兴追击；第20军以一部协同第26军向咸兴方向追击，军主力在古土里附近休整；第27军主力经社仓里向咸兴方向追击；第94师第281团协同朝鲜人民军一部由赴战岭向咸兴追击。

第26军、第27军部队不顾连日作战疲劳，在冻饿情况下，协同朝鲜人民军第3军团追歼逃敌，于17日占领咸兴，19日占领涟浦机场，并各歼敌一部。随后，直逼兴南港。

此时，朝鲜人民军部队已于12月9日收复元山，切断了东线美第10军南撤的陆上通道。在陆上撤退无路的情况下，美第10军决定部队全部由兴南从海上南撤。为此，美国远东海军调集300余艘舰船至兴南港，保障第10军撤退行动。美军在兴南港以海、陆、空火力构成严密火网，掩护部队登船。至12月23日，美第10军全部从海上南逃。

12月24日，志愿军和朝鲜人民军收复兴南地区及东线沿海各港口。至此，志愿军第二次战役胜利结束。

第二次战役，中国人民志愿军在朝鲜人民军的配合下，在中朝人民的支援下，从11月6日到12月24日，连续作战49天，不仅挫败了“联合国军”在圣诞节前结束朝鲜战争的“总攻势”，彻底粉碎了“联合国军”占领全朝鲜的企图，迫使“联合国军”由疯狂进攻转为狼狈撤退，有力地打击了美帝国主义的侵略气焰，而且帮助朝鲜人民收复了朝鲜民主主义人民共和国原三

① 参见彭德怀等志愿军首长致西线各军首长电，1950年12月15日22时。

八线以北的全部(除襄阳)领土,并收复了三八线以南的瓮津半岛和延安半岛,扭转朝鲜战局,使朝鲜战场的形势发生了根本性的变化,为抗美援朝战争的最后胜利奠定了基础。这一胜利,大大超出了战役预定计划。

在第二次战役中,志愿军基本歼灭南朝鲜第7、第8师,歼灭土耳其旅大部,给予美第2、第7师、陆战第1师以歼灭性打击,歼灭美第25师、骑兵第1师一部,共歼敌3.6万余人,其中包括美军2.4万余人。美第8集团军司令沃克中将也在部署三八线防线时,于12月23日车祸丧生。此外,志愿军缴获与击落击伤飞机18架,缴获与击毁击伤坦克与装甲车200余辆、各种炮1100余门、汽车3300余辆。

志愿军在此次战役中伤亡3.07万余人,与敌军的伤亡对比为0.85∶1。

志愿军第二次战役的胜利,震惊了世界。它打破了美军不可战胜的神话,给了不可一世的美国侵略者当头一棒,在美国朝野上下引起强烈的震动。美国舆论界把美军在朝鲜的失败称作"噩梦"、"悲剧",惊呼这"是美国陆军史上最大的败绩"。美国前总统胡佛沮丧地说:"联合国军在朝鲜被共产党中国打败了。现在世界上没有任何军队足以击退中国人。"①美国统治集团和侵略者阵营内部一片慌乱,各种矛盾骤然爆发,在侵朝战争政策问题上开始发生严重分歧。

志愿军的胜利在社会主义阵营国家和争取民族解放的国家中引起强烈的反响,极大地鼓舞了世界人民反对帝国主义侵略、保卫世界和平的胜利信心,鼓舞了殖民地和半殖民地人民争取民族解放的斗志。全世界爱好和平的人民都为志愿军的胜利而欢欣鼓舞,中华人民共和国的国际地位大大提高,中华民族的国际形象显著改变,中国军队的国际威望空前增强。

斯大林于12月1日向毛泽东发出贺电:

你们的胜利不仅使我和我们的领导同志,而且也使全体苏联人民感到高兴。由于你们在抗击美帝的斗争中取得的这些重大胜利,请允许我向你和你们的领导同志,向中国人民志愿军和全体中国人民,致以衷心的敬意。

正如苏军在与第一流武装的德军交战中取得了现代战争的丰富经验,变成了装备精良的现代化军队一样,在反击现代化的和装备精良的美军的战争中,中国军队无疑地也将取得现代战争的丰富经验,其本身也将变成完全现代化的、装备精良的、威力强大的军队。

① 美联社纽约1950年12月30日电。

祝你们取得进一步的胜利。[1]

此次战役，是志愿军在抗美援朝战争中对美军打击最为严厉的一次战役，也是志愿军在抗美援朝战争运动战阶段打得最为精彩的一次战役。这次战役在指导上有如下几个特点：

第一，正确判断战场形势，果断确定根本扭转朝鲜战局的决心。在第一次战役时，志愿军虽在清川江以北予进攻的美第8集团军以打击，使美第8集团军向清川江一线作了退缩，但并没有改变“联合国军”向中朝边境全面进攻的形势，志愿军在朝鲜还没有根本解决站稳脚跟的问题。而此时美国军政当局和“联合国军”总部对志愿军的参战兵力和意图均处于一种茫然的状态，并错误地判断志愿军只是象征性参战，只有几万人，不是不可侮的力量。鉴于这种情况，为改变战场形势，根本解决志愿军站稳脚跟的问题，毛泽东果断决定，第二次战役将战场摆在平壤、元山线的正面，而以德川、宁远以北以西地区为后方，从而根本改变朝鲜战局。并据此决定，集中第一次战役时的6个军于西线，紧急调第9兵团3个军入朝担任东线作战，东西两线全力作战。这一决心既符合志愿军的作战需要，又符合战场形势，从而为志愿军取得第二次战役胜利奠定了基础。

第二，利用美军战略上的判断错误和麦克阿瑟的骄狂心理，将计就计，以小部故意示弱，诱敌深入，隐蔽企图，扩大了“联合国军”的错觉，将其诱至预定的战场上，造成了志愿军集中主力突然予以打击的效果。

第三，抓住美军怕抄后路的弱点，发挥志愿军的战术特长，大胆实施战役上迂回包围和分割包围的战术。战役反击开始后，在西线，首先选择美第8集团军战役布势上的薄弱环节，集中力量包围歼灭其进攻右翼战斗力较弱的南朝鲜第2军团2个师，打开战役缺口，尔后集中第38、第42军2个军，多路向美第8集团军侧后实施战役迂回，切断了美第9军南撤的退路，将美第9军主力三面包围于以价川、军隅里为中心的清川江南北地区；在东线，则突然将美陆战第1师大部和美第7师1个多团分割包围在几个孤立的点上，切断了美军相互之间的联系。从而动摇了“联合国军”整个进攻布势，在东西两线都造成了歼敌的有利态势。东线还在美军撤退的必经之路预先部署了几道阻击阵地，致使美陆战第1师在长津湖地区突出包围南逃

[1] 军事科学院军事图书馆藏，军事科学院军事历史研究部第二研究室编印：《关于朝鲜战争的俄国档案文件》，119页，1996。

后,步步受到阻截。

第四,抓住美军动摇的时机,乘势扩大胜利。西线在清川江南北地区重创美第9军后,已完成了战役的预定任务。但此时,已撤至平壤及东西一线布防的美军,决心动摇。毛泽东、彭德怀抓住这一时机,组织志愿军西线部队向平壤追击,待美军从平壤南撤后,又组织志愿军西线部队全线向三八线攻进。从而使整个战役取得了大大超出预想的胜利。

这次战役进一步证明,志愿军虽然武器装备与美军相比优劣悬殊,给作战造成很多困难,但仍然可以同美军作战,并且可以取得作战的胜利。第38军总结了第二次战役的作战经验,12月16日,彭德怀将这一经验转发志愿军各部并报中央军委。毛泽东看到这一经验,极为重视,于18日,又将其转发各中央局、分局、省市区党委和各级军区、各兵团、各军及新组建的军事学院,指出:"这是极重要的经验,望注意研究。在志愿军的作战经验中证明,我军对于具有高度优良装备及有制空权的美国军队,是完全能够战胜的。"①

后来,毛泽东、周恩来都说过,能不能打的问题,"两三个月就解决了。敌人大炮比我们多,但士气低,是铁多气少"。"经过三个多月的时间,证明我们能够把敌人打退,我们把美帝国主义打回到三八线附近了"②。

① 《建国以来毛泽东军事文稿》,上卷,412页,北京,军事科学出版社、中央文献出版社,2010。

② 《建国以来毛泽东军事文稿》,中卷,50~51页,北京,军事科学出版社、中央文献出版社,2010;《周恩来军事文选》,第4卷,293页,北京,人民出版社,1997。

第十九章

中国人民在外交战线的重大胜利

中国政府要求联合国安理会讨论美国侵略台湾案

台湾自古以来就是中国的领土。1895 年甲午战争后，日本霸占台湾。1943 年 12 月 1 日，中国、美国、英国三国首脑发表《开罗宣言》，宣布："使日本所窃取于中国的领土，如满洲、台湾、澎湖群岛等，归还中国。"1945 年 7 月 26 日，中、美、英三国在《波茨坦公告》中又重申"开罗宣言之条件必须实施"。抗日战争胜利后，1945 年 10 月 25 日，日本第 10 方面军司令官兼台湾总督安藤利吉向中国政府投降，台湾重新回到了祖国的怀抱。

中华人民共和国成立后，国民党集团逃离大陆，偏居台湾，负隅顽抗。美国是《开罗宣言》和《波茨坦公告》的签字国，对于维护和实施《宣言》、《公告》的内容负有不可推卸的责任。1950 年 1 月 5 日，美国总统杜鲁门曾发表声明，再次确认《开罗宣言》、《波茨坦公告》关于台湾归还中国的条款，申明"过去四年来，美国及其盟国亦承认中国对该岛行使主权，美国对台湾或中国其他领土从无掠夺的野心。现在美国无意在台湾获取特别权利或特权或建立军事基地。美国亦不拟使用武装部队干预其现在的局势。美国政府不拟遵循任何足以把美国卷入中国内争中的途径"。

但是，由于台湾的战略地位和美国称霸世界的全球战略需要，美国政府很快就背离了原来的立场，对台湾采取了公然侵略行动。朝鲜战争爆发后，杜鲁门于 1950 年 6 月 27 日发表声明，声称由于朝鲜战争的爆发，"共产党部队的占领台湾,将直接威胁太平洋地区的安全”,“因此,我已命令第七舰队阻止对台湾的任何进攻”,“台湾未来地位的决定必须等待太平洋安全的恢复,对日和约的签订或经由联合国的考虑”。随后,美国海军和空军部队入侵台湾,公然阻止中国人民解放军解放台湾,统一祖国。

中国政府对美国侵略中国台湾领土的行径进行了严厉的抗议和谴责,向世界庄严声明了中国政府的决心和立场。

1950 年 6 月 28 日,毛泽东主席在中央人民政府委员会第八次会议上指出:“杜鲁门在今年一月五日还声明美国不干涉台湾,现在他自己证明了那是假的,并且同时撕毁了美国关于不干涉中国内政的一切国际协议。”①

同日,中国外交部长周恩来代表中国政府发表严正声明,谴责美国政府的行为是“对于中国领土的武装侵略,对于联合国宪章的彻底破坏”。声明宣布:“不管美国帝国主义者采取任何阻挠行动,台湾属于中国的事实,永远不能改变;这不仅是历史的事实,且已为开罗宣言、波茨坦公告及日本投降后的现状所肯定。”②

随后,周恩来又于 7 月 6 日致电联合国秘书长赖伊,代表中国政府严正声明:台湾是中国不可分割的一部分。“不管美国政府采取任何军事阻挠,中国人民抱定决心,必将要解放台湾。”

为了更有力地揭露和谴责美国侵略台湾的罪行,8 月 24 日,周恩来外长致电联合国安理会主席马立克及秘书长赖伊,代表中华人民共和国中央人民政府就美国武装侵略中国领土台湾问题向联合国提出控诉案,要求联合国安理会立即采取措施制裁美国武装侵略中国领土的罪行。

周恩来指出:“美国总统杜鲁门于今年 6 月 27 日宣布美国政府决定以武力阻止我中国人民解放军解放台湾;同时,美国第七舰队便向我台湾海峡出动,美国空军亦随着进入台湾,公然侵占我中华人民共和国的领土,美国政府这一行动乃是对于中国领土的直接武装侵略,对于联合国宪章的彻底破坏。台湾是中国领土之不可分割的一部分,这不仅是历史的事实,又为日本投降后的现状所肯定,而且也是在 1943 年的开罗宣言和 1945 年的波茨坦公告中作为一种国际约束规定下来,并为美国政府所曾经承诺和遵守的。中国人民不能容忍美国政府这一武装侵略中国领土的行动,决心从美国侵

---

① 《建国以来毛泽东军事文稿》,上卷,154 页,北京,军事科学出版社、中央文献出版社,2010。

② 《周恩来军事文选》,第 4 卷,29、30 页,北京,人民出版社,1997。

略者手中,收复台湾和一切属于中国的领土。”

周恩来代表中华人民共和国中央人民政府要求联合国安全理事会:“为了维护国际和平与安全,为了维护联合国宪章的尊严,联合国安全理事会有义不容辞的责任,来制裁美国政府武装侵略中国的领土罪行,并应立即采取措施,使美国政府自台湾及其属于中国的领土完全撤出它的武装侵略部队。”①

对于中国政府向联合国提出的控诉案,美国驻联合国代表奥斯汀于8月25日致信联合国秘书长赖伊,为美国的侵略行径进行辩解。他在信的开头称:“有一个指责美国侵略台湾的文件已分送给安理会的理事国,这个文件要求安理会考虑台湾问题。美国政府不愿在此刻讨论这个文件以及这个文件所包含的可笑的谎话。”接着,奥斯汀为美国侵略行为作了七个方面的解释:(一)美国“未曾侵略中国的领土,美国对于中国亦未曾采取侵略行动”。(二)美国关于台湾的行动是“当该岛成为与大陆冲突的场所时所采取的”。中共当局的公开宣言使严重的冲突有爆发之势。此种冲突“将威胁奉安全理事会的命令从事击退对大韩民国的侵略而在朝鲜作战的联合国部队的安全”。它们威胁着使冲突扩大到太平洋地区。(三)美国的行动是“针对台湾部队及大陆部队所为的无偏袒的中立化的行动。它是一种目的在保持和平的行动,因此,完全符合联合国宪章的精神”。(四)台湾的实际地位是“它是一块由于盟军在太平洋的胜利而从日本手里接收过来的领土”。台湾的法律地位,“在国际上采取行动决定它的前途之前是不能够确定的”。中国政府经盟国要求接受了该岛日本军队的投降,这就是中国人在那里的原因。(五)美国在历史上有一个“与中国人民友好的记录”,美国还在联合国大会促进了“关于中国完整的决议”的通过,而正是苏联和它的卫星国没有赞成这个决议。(六)美国将欢迎联合国考虑台湾问题。(七)联合国应集中力量研究的更为迫切的问题是朝鲜战争问题。美国不认为安全理事会“需要或者将要转移对于侵略大韩民国案的考虑”②。

杜鲁门十分欣赏奥斯汀在联合国的表演,亲笔致信鼓励,并表示:“在安理会不久以后讨论这一问题时,你将继续得到我的全力支持。”③

尽管美国极力阻挠联合国将中国提出的控诉美国武装侵略台湾案列入

① 《中美关系资料汇编》,第2辑,上册,139页,北京,世界知识出版社,1960。
② 《中美关系资料汇编》,第2辑,上册,141页,北京,世界知识出版社,1960。
③ 《中美关系资料汇编》,第2辑,上册,151页,北京,世界知识出版社,1960。

议程,但由于中华人民共和国的强烈要求,由于8月份安全理事会轮值主席国苏联代表的据理力争和其他国家代表的支持,联合国安全理事会最终于8月29日决定,把中国控诉美国武装侵略台湾案列入议程。

9月2日,苏联代表马立克也向联合国安全理事会提出关于谴责美国武装侵略台湾的决议草案,支持中国政府提出的控诉美国侵略台湾案。草案向美国政府建议"立即从台湾岛与其他属于中国之领土撤退其所有陆、海、空军部队"[①]。

在这种情况下,9月16日,周恩来外长致电联合国安全理事会当月轮值主席杰伯及秘书长赖伊,要求派遣代表参加关于中国控诉美国武装侵略台湾的讨论。周恩来指出:中华人民共和国中央人民政府是代表中国人民的唯一合法政府,同时又是这一控诉案的提案者和控诉者,完全有权利和必要派遣自己的代表团参加和出席联合国安全理事会。安全理事会在进行上述议程时必须有"中华人民共和国的代表出席陈述意见和参加讨论",这是程序上首先应解决的问题。安全理事会如果在没有中华人民共和国代表出席和参加讨论的情况下进行上述议程,则其所作的一切决议都是非法的,因而也将是无效的。

在中国政府的积极努力下,联合国安全理事会于9月29日再次通过决议,决定邀请中华人民共和国派代表出席联合国安全理事会会议,参加讨论控诉美国武装侵略台湾案,表达中国政府的立场。10月2日,联合国秘书长赖伊将这一决议正式通知中国政府。

安理会的决议在国际上产生了很大反响。中华人民共和国成立后,在美国政府的操纵下,联合国始终无视中华人民共和国的存在。虽然中国政府已于1950年1月正式通知联合国大会主席及秘书长,任命张闻天为中华人民共和国出席联合国会议和参加联合国工作包括安全理事会的会议及其工作的代表团的首席代表,但中国在联合国的正式席位却始终被台湾的蒋介石集团非法"代表"所窃据,因而中华人民共和国在联合国的合法席位没有得到恢复。联合国邀请中华人民共和国代表出席联合国安理会会议,这是新中国外交战线的一次重大胜利。

美国政府为对抗中国政府的谴责和控诉,也向联合国第五届大会提出议案,要求将所谓的"福摩萨[②]问题"列入大会议程,企图借联合国的名义,

---

① 《中美关系资料汇编》,第2辑,上册,157页,北京,世界知识出版社,1960。

② 即中国台湾。

以联合国安全理事会的决议,使台湾问题国际化,掩饰美国对中国领土台湾的侵略行为,使其侵略行为合法化,达到分裂中国的目的。美国代表奥斯汀于10月7日在联合国大会第五届全体会议发言,宣称台湾问题不是“一个本质上属于国内管辖的问题”,这一问题“应列为国际问题”。①

美国政府的强盗逻辑,当即遭到许多国家代表的驳斥。苏联代表马立克发言,坚决反对将所谓“福摩萨问题”列入大会议程。他指出:在联合国提出这样一个问题是违反联合国宪章的,并且是对伟大的中国人民的一个侮辱。中国人民争取民族独立的长期斗争和他们在这一斗争中的胜利,使得联合国会员国及全世界人民对他们深表敬意。联合国并无权力考虑台湾岛是否属于中国这一问题。联合国之无权处理台湾问题,亦犹如它无权处理夏威夷群岛一般,因为台湾属于中国之事实已由战时的协定规定,不容再行研究。不能由联合国依美国代表团之提议,考虑台湾问题,即这个中国岛屿的地位问题。联合国应该考虑的是因美国军队侵略台湾所“引起的并威胁远东和平的情势”。所以,大会应当讨论的,不是美国代表团所提的“福摩萨问题”,而是美国侵略中国的问题。联合国如讨论“福摩萨问题”,将构成对中国内政的干涉,并违反《联合国宪章》第二条第七项关于“本宪章不得认为授权联合国干涉在本质上属于任何国家国内管辖之事件”的规定。②

但是,在美国的操纵下,联合国第五届大会最终还是通过决议,将美国提出的“福摩萨问题”列入大会议程。中国政府对此提出强烈抗议。10月17日,周恩来外长致电联合国第五届大会主席安迪让及秘书长赖伊。周恩来指出:美国之所以提出这一议案,显然是企图盗用联合国名义,来干涉中国内政,侵犯中国领土与主权。台湾是中国领土之不可分割的一部分,这不仅是历史事实,又为日本投降后的现状所肯定,而且也为1943年的开罗宣言及1945年的波茨坦公告所确定。关于台湾,今天存在的只有美国侵略中国领土台湾的事实,并不存在关于台湾的地位或前途的所谓“福摩萨问题”。联合国大会在美国操纵之下,竟然通过将所谓“福摩萨问题”列入议程,这是违反联合国宪章和国际法的无理决定。周恩来代表“中华人民共和国中央人民政府和四亿七千五百万中国人民”向联合国提出严重抗议,并坚决反对将美国所提侵犯中国主权与独立的所谓“福摩萨问题”列入联

① 《中美关系资料汇编》,第2辑,上册,236页,北京,世界知识出版社,1960。

② 《中美关系资料汇编》,第2辑,上册,232~233页,北京,世界知识出版社,1960。

合国大会或其他任何会议的议程，坚决要求联合国大会取消此项非法决定。

为了在国际政治舞台上公开揭露美国侵略中国台湾的罪行，让全世界人民都能了解中国人民的和平主张和愿望，中国政府决定组成代表团，前往联合国，出席安理会讨论中华人民共和国中央人民政府所提出控诉武装侵略台湾案的会议。

中国代表团成员共9人。中央人民政府任命伍修权为中国代表团大使衔特派代表，乔冠华为顾问，特派代表助理人员7人：龚普生、安东、东翘、浦山、周砚、孙彪、王乃静。

10月23日，周恩来外长致电赖伊，正式通报中国政府的决定和中国代表团的组成人员名单，并强调中国代表"均持有中华人民共和国外交护照，请办理赴美的入境手续"。

由于中国与美国当时没有建立外交关系，中国代表团将入境签证地点定在捷克斯洛伐克首都布拉格，由那里转赴美国。

中国代表团出席联合国会议，当然是违背美国的意愿的。因而美国政府千方百计地降低中国代表在联合国会议上的地位，并利用一切手段诋毁中国的形象。11月6日，"联合国军"总司令麦克阿瑟抛出一项公报，声称共产党军队在未经宣战的情况下，即将军队开入了朝鲜，对抗"联合国军"部队。美国驻联合国代表立即要求联合国安理会讨论所谓的"联合国军"司令部特别报告，并宣称：美国"一向是，并且现在还是坚决反对中国共产党政权代表出席联合国的"，如果安理会坚持邀请中国代表出席联合国会议，那么"我相信我们不应该邀请这个政权而应该传讯这个政权本着它的真正身份到负有维持和平重责的机构这里来。再者，这个政权的代表应该尽它的所能将我们现在必须处理的局面，向国际团体提供解释"①。

美国的无理要求当即遭到苏联等国家代表的驳斥。他们指出："传讯"一词完全是殖民主义者对殖民地和帝国主义者对其奴仆发号施令的侮辱性用词，根本不能用于新中国这样一个管理着几亿人民的主权国家，联合国只能而且必须是"邀请"新中国的代表出席会议。②

经过激烈的辩论，联合国安理会以绝对多数票拒绝了美国的提议，于11月8日通过决议，决定"邀请"中华人民共和国中央人民政府的代表出席

① 《中美关系资料汇编》，第2辑，上册，256～257页，北京，世界知识出版社，1960。

② 伍修权：《在外交部八年的经历》，40页，北京，世界知识出版社，1983。

安理会讨论“联合国军”司令部特别报告的会议。

这个决议虽然邀请中国代表出席讨论朝鲜问题的安理会，但却剥夺了中国代表在安理会上讨论中国人民最感迫切的问题，即美国武装干涉朝鲜和侵略中国的问题，而将中国代表的权利限制在讨论所谓的“联合国军”司令部的特别报告上。而“联合国军”司令部实际上是美国远东军总部的代名词，同时它是在安理会在苏联和中国合法代表缺席的情况下所通过的非法决议的产物，因此它的报告不仅是片面和别有用心的，而且是非法的，是绝对不能作为安理会讨论的根据的。

因此，周恩来外长于 11 月 11 日，致电联合国秘书长赖伊，代表中国政府提议：“鉴于美国政府武装干涉朝鲜和侵略中国的台湾这两个问题的严重性而又被密切地联系着，安全理事会应将我中华人民共和国中央人民政府控诉美国政府武装侵略台湾议案与美国政府武装干涉朝鲜问题合并讨论，以便我中华人民共和国代表出席安全理事会讨论‘控诉武装侵略台湾’议案时，得以同时提出控诉美国政府武装干涉朝鲜问题。”①

美国政府一计不成，又生一计，联合法国、英国等国家于 11 月 10 日向安理会提出提案，要求安理会讨论所谓的中国军队“干涉朝鲜”的问题，要求“所有国家和当局”设法使援助朝鲜的“国民、个人或单位立即撤退”②。苏联代表针锋相对，提出了“控诉美国侵略中国案”，并在联合国大会政治委员会会议上，建议邀请中华人民共和国中央人民政府代表参加此项提案的讨论。联合国大会就这两项提案展开激烈的辩论。

美国代表竭力阻挠将苏联提案列入日程，并坚决反对邀请中国代表出席会议，直到中国代表团到达美国时，美国代表仍在无理纠缠。这一行径遭到了联合国绝大多数成员国代表的反对。埃及代表说：联合国大会在讨论某个国家的问题时，让这个国家的代表出席会议，符合联合国的规章，并且已有先例。邀请中国代表团到联合国出席讨论有关中国问题的会议，是顺理成章的事情。③

经过辩论，联合国大会于 11 月 24 日作出决议，邀请中国代表参加联合国大会政治委员会讨论苏联提出的控诉美国侵略中国的提案。同日，赖伊致电周恩来外长，正式邀请中华人民共和国中央人民政府参加政治委员会

---

① 《人民日报》，1950 年 11 月 12 日。

② 《中美关系资料汇编》，第 2 辑，上册，261 页，北京，世界知识出版社，1960。

③ 参见伍修权：《在外交部八年的经历》，49 页，北京，世界知识出版社，1983。

对“苏维埃社会主义共和国联盟对美利坚合众国侵略中国之控诉”一案的讨论。

周恩来外长于11月26日电复赖伊：“中华人民共和国中央人民政府业已任命出席安全理事会会议特派代表伍修权、顾问乔冠华及其助理人员，兼任出席政治委员会参加讨论对美利坚合众国侵略中国控诉案之会议的代表、顾问及助理人员。”

中国代表在联合国安理会上控诉美国侵略罪行

11月24日，中国出席联合国会议的代表团抵达纽约。这是新中国的代表首次出席联合国会议，也是新中国的外交代表首次踏上美国的土地，因此受到各方的关注。苏联驻安全理事会代表马立克和波兰、捷克斯洛伐克等社会主义国家驻联合国代表，以及联合国礼宾联络科长约翰·戴诺到机场迎接中国代表团。世界各大重要媒体记者云集机场，许多美国进步人士自发到机场迎接中国代表团，表达对中国人民的友好感情。

伍修权在机场发表演讲，他说：“本人奉中华人民共和国中央人民政府之命，出席联合国安全理事会讨论控诉武装侵略台湾案的会议，我希望中华人民共和国中央人民政府所提出的控诉案，能够在安全理事会得到公正的处理。果如此，则将有助于亚洲及太平洋的和平与安全，这就是中华人民共和国中央人民政府及中国四亿七千五百万人民的愿望。中美两国人民从来就存在着深厚的友谊，我愿趁这个机会，向爱好和平的美国人民致意。”①

11月27日，中国代表团出席联合国政治委员会讨论苏联提出的“美国侵略中国案”的会议。这是中华人民共和国代表首次出现在联合国会场，格外引人注目。美国各界人士，特别是在美国的华侨和华裔人士，包括在美国的国民党官方人士，都想方设法进入会场，一睹新中国外交代表的风采。

当中国代表团进入政治委员会会议厅时，正在发言的苏联出席联合国大会代表团团长、苏联外长维辛斯基中断其演说，向合法的中国政府代表表示敬意。中国代表在联合国官员的引导下，到安排的位置就座，桌上放着写有“中华人民共和国”的席位标志。它向全世界宣告了中华人民共和国的存在。

---

① 《中美关系资料汇编》，第2辑，上册，271页，北京，世界知识出版社，1960。

美国政府在无法阻止中国合法代表出席联合国会议的情况下，使用各种手段，肆意诬蔑中国人民抗美援朝战争的正义性，以期抵消其侵略中国台湾和朝鲜的罪行。11 月 27 日，美国操纵安理会通过决议，决定将中国提出的控诉美国武装侵略台湾案和美、英等六国提出的所谓中国“对大韩民国侵略案”合并讨论。联合国大会因此气氛十分紧张。

11 月 28 日，联合国安理会开始讨论中国提出的“控诉美国武装侵略台湾案”，中美两国代表在联合国的讲坛上展开了第一次正面较量。美国代表奥斯汀首先发言，宣称所谓的控诉中国“对大韩民国的侵略”和控诉美国侵略台湾两项议程，“固然是内容不同的，然而他们是同一大问题的紧密联系着的两个方面。如果说这是全世界现在所碰到的最严重的问题，也不算夸大其词”。奥斯汀攻击中国政府“公开地遣送大量自己的战斗部队从满洲跨越国界”，同“联合国部队作战”，已构成“侵略”行为。关于台湾问题，奥斯汀宣称台湾的法律地位“在国际上采取行动决定它的前途之前是不能够确定的”，以此为美国侵略行径进行辩护。①

中国政府特派代表伍修权被安排在第二位发言。他首先宣布，“我奉中华人民共和国中央人民政府之命，代表全中国四万万七千万五百万人民，来这里控诉美国政府武装侵略中国领土台湾（包括澎湖群岛，以后凡称台湾，皆包括澎湖群岛）非法的和犯罪的行为”，“这是我的明确的具体的使命”。

伍修权庄重地向安理会控诉：美国总统杜鲁门在指使南朝鲜李承晚政府制造朝鲜内战之后，于 1950 年 6 月 27 日即发表声明，宣布美国政府决定以武力阻止中华人民共和国中央人民政府解放台湾，同时，美国武装力量奉杜鲁门总统之命，大量地公开地侵入台湾，执行美国政府以武力阻止中国人民解放军解放台湾的政策。中华人民共和国中央人民政府于 1950 年 6 月 28 日发表声明指出：美国总统杜鲁门 1950 年 6 月 27 日的声明和美国武装力量的行动，乃是对于中国领土的武装侵略，对于联合国宪章的彻底破坏。

他指出，台湾是中国领土不可分割的一部分。远在哥伦布来到美洲新大陆之前，中国人已经到了台湾。远在美国独立之前，台湾就已成为中国领土不可分的一部分。1943 年 12 月 1 日中美英三国政府共同签署的开罗宣言，规定“三国之宗旨，在使日本所窃取于中国的领土，如满洲、台湾、澎湖

① 参见《中美关系资料汇编》，第 2 辑，上册，308 ~ 312 页，北京，世界知识出版社，1960。

群岛等，归还中国”。这一庄严的国际公约再一次作为日本投降的主要条款之一，表现于1945年7月26日中美英三国共同签署、后来又有苏联参加的促令日本无条件投降的波茨坦公告中。波茨坦公告第八节说：“开罗宣言之条件必将实施，而日本之主权必将限于本州、北海道、九州、四国及吾人所决定之其他小岛之内。”1945年9月2日，日本签订了投降条款。日本投降条款第一条，就明文规定日本接受“中美英三国共同签署的、后来又有苏联参加的1945年7月26日的波茨坦公告中的条款”。当中国政府接受了台湾日军的投降，并在台湾行使主权的时候，台湾就不仅是在法律上而且亦在事实上成为中国领土不可分的一部分。1950年1月5日美国总统杜鲁门承认：“在1943年12月1日的开罗宣言中美国总统、英国首相、中国主席曾申明他们的目的是：使日本所窃取于中国的领土，如台湾，归还中国。美国是1945年7月26日波茨坦公告的签字国。波茨坦公告称：开罗宣言条款应即执行。日本投降时亦曾接受此宣言的规定。……过去四年来，美国及其他盟国亦承认中国对该岛行使主权；美国对台湾或中国其他领土从无掠夺的野心……美国亦不拟使用武装部队干预其现在的局势。美国政府不拟遵循任何足以把美国卷入中国内争中的途径。”

但是朝鲜战争爆发后，美国政府却公然宣布决定以武力阻止中华人民共和国中央人民政府解放台湾，并首先派遣海军第7舰队侵入台湾海峡，以第13航空队进驻台湾，并向台湾派遣正式的军事使团。同时，经过与蒋介石会商，决定将美蒋军队统一归麦克阿瑟指挥。美国的武装力量不仅侵入台湾，而且还在中国的领空领海进行侦察巡逻活动。美国政府的武装力量已经侵占了台湾，这就构成了美国政府对中国公开直接的武装侵略行为。

伍修权义正词严地指出：“奥斯汀先生8月25日在其致联合国秘书长赖伊先生的信上说：‘美国未曾侵占中国的领土，美国对于中国亦未曾采取侵略行动’。好得很！那么，美国的第七舰队和第十三航空队跑到哪里去了呢？莫非是跑到火星上去了？不是的，美国第七舰队和第十三航空队并未跑到别的地方，它们是在台湾。那么，莫非是你们说的第七舰队和第十三航空队根本不是美国的武装力量吧？不！第七舰队和第十三航空队确实是美国的第七舰队和美国的第十三航空队。那么问题是在哪里呢？世界上的侵略行动，还有比侵略别国领土更甚的侵略行动吗？……我们都是生活在现实的世界里，生活在反法西斯战争胜利之后，任何诡辩、撒谎和捏造都不能改变这样一个铁一般的事实：美国武装力量侵略了中国领土台湾。”

他同时针对美国提出的“台湾地位未定”等谬论，列举历史事实，予以坚决驳斥,指出:美国政府侵占台湾,本来是没有丝毫理由的。然而为了要侵略,它需要找出“理由”来。说是“台湾的地位还没有确定”,因此美国武装占领台湾,不能算是美国侵占了中国领土。说因台湾的地位还未决定,所以美国武装力量的侵入台湾,并不构成对于中国的侵略,这样说行不通。1943 年 12 月 1 日美国罗斯福总统庄严地宣布了“日本所窃取于中国的领土,例如满洲、台湾、澎湖群岛等,应归还中国”的开罗宣言,当时罗斯福总统或其他任何人也不以为在对日和约签订以前开罗宣言是无效的,以为满洲、台湾、澎湖在那时以前仍然应当归日本所有。1950 年 1 月 5 日杜鲁门说:“美国及其他盟国承认中国对该岛行使主权”,当时杜鲁门并没以为对日和约已经签订了。

历史的事实和日本投降后的现状早就决定了台湾的地位问题,台湾根本不存在什么地位问题。联合国宪章第 107 条明确规定:“本宪章并不取消或禁止负行动责任之政府对于第二次世界大战中本宪章任何签字国之敌国因该次战争而采取或受权执行之行动”,因此,联合国根本无权变更台湾的地位,更何况台湾根本不存在什么地位问题。美国总统杜鲁门提出所谓台湾地区地位问题须经由联合国审议;美国政府在中华人民共和国向联合国提出控诉美国武装侵略台湾后,表示欢迎联合国审议台湾问题,并赞成对台湾问题进行调查;美国政府出席联合国大会代表向第五届联合国大会提出所谓“福摩萨问题”一案,并运用了它在联大的投票机器,将这一议案列入联大议程——所有这一切,其目的只是企图盗用联合国名义,使其武装侵略台湾的非法行为合法化,并巩固美国政府对于台湾之实际占领。中华人民共和国中央人民政府已向联合国大会提出严重抗议,坚决反对将所谓台湾地位问题“福摩萨问题”列入大会议程,联合国大会任何关于所谓台湾地位问题的决定,不论其为利用“托管”或是“中立化”的名义交由美国公开代替,不论其为利用“调查考察”的名义拖延不决而维持美国实际侵占的现状,其实质都将是不合理的与非法的。一切这类决定,都不能动摇中国人民解放军解放台湾的决心和阻止他们解放台湾的行为。台湾的地位早就决定了,台湾根本不存在什么地位问题。台湾只有一个问题,就是美国政府侵略我国领土台湾的问题。

伍修权进一步以大量事实,说明美国侵略中国台湾,并不是“临时措施”,而是早有预谋的事情。他指出:“美国政府武装侵略我国领土台湾不是偶然的。它是美国政府长期侵略我国、干涉我国内政、企图独霸中国的帝国主义政策的必然结果。”朝鲜战争被美国制造之前,美国政府就决定了武装侵略台湾的政策，甚至如何执行这一武装侵略的具体步骤如发表强硬声明、炫示海军力量、派遣军事代表团等等，都已决定好了。美国侵略朝鲜、台湾后一连串挑衅的事件已充分地证明了这一点。它有计划地把侵略战争的火焰燃烧到中国。这不是什么使朝鲜战争的局部化，而是扩大朝鲜战争。

伍修权阐明了中国政府关于朝鲜问题的立场和观点，彻底揭露美国侵朝政策的本质，说明了中国人民抗美援朝战争的正义性。他指出：中国人民一贯赞成一切关于和平解决朝鲜问题和使朝鲜战争真正局部化的主张，也热烈希望太平洋区域的安全。朝鲜战争正是因为美国同时侵略了台湾而加倍扩大的。太平洋的安全正是因为美国的武装力量横越太平洋侵略朝鲜和台湾而被破坏的。"朝鲜离美国的国境约有五千哩，说朝鲜的内战会影响美国的安全是十足的骗人的鬼话。但朝鲜距中国的国境却只有一江之隔，美国武装部队侵略朝鲜不可避免地威胁到中国的安全。"从 1950 年 8 月 27 日到 11 月 10 日，美国侵略朝鲜部队的军用飞机不断侵犯我国东北的领空，进行侦察活动，扫射轰炸我国城镇与村庄，杀伤我国和平居民，损坏我国财产共有 90 次。从 11 月 10 日至 14 日，共 28 次，15 日到 19 日共 33 次。美国侵略朝鲜军队的海军于 9 月 20 日在公海上曾对我国商船开枪并进行强制盘查。现在，侵略朝鲜的美军已接近我国东北国境；美国侵略朝鲜战争的火焰正在迅速地卷向我国。"在这种情况下，美国的武装侵略朝鲜就不可能认为只是有关于朝鲜人民的事。不，不可能的，各位代表先生，美国对于朝鲜的侵略严重地威胁着中华人民共和国的安全。"美国是在"以日本为其东方的主要战争基地，武装侵略朝鲜和台湾，积极干涉越南，和加紧控制亚洲其他国家，是在有计划地制造包围中华人民共和国的军事基地，以便进一步进攻中华人民共和国，挑起第三次世界大战"。

伍修权强调："朝鲜民主主义人民共和国是中华人民共和国的亲密友邦，它和中华人民共和国只有一江之隔；中国人民对于美国政府侵略朝鲜的这种严重状态和扩大战争的危险趋势，不能置之不理。中国人民眼见台湾的遭受侵略，美国侵略朝鲜战争的火焰迅速地烧向自己，因而激于义愤纷纷表示志愿援助朝鲜人民，反抗美国侵略乃是天经地义，完全合理的。中国人民政府没有任何理由可以阻止他们志愿前往朝鲜……参加朝鲜人民反抗美国侵略的伟大的解放斗争。"

伍修权严正警告美国政府："中国人民是爱好和平的。但美国侵略者如果以为这是中国人民软弱的表示，那就大错特错了。中国人民从不，也永不害怕反抗侵略战争。不管美国政府采取任何军事阻挠，也不管它盗用什么样的联合国的名义,中国人民决心从美国侵略者手中收复台湾和一切属于中国的领土。美国政府对其侵占台湾可能引起的一切后果应负完全的责任。这是全中国四万万七千五百万人民坚定不移的意志。”

最后,伍修权代表中央人民政府向安理会提出三点建议:“一、联合国安全理事会公开谴责,并采取具体步骤严厉制裁美国政府武装侵略中国领土台湾和武装干涉朝鲜的罪行。二、联合国安全理事会立即采取有效措施,使美国政府自台湾完全撤出它的武装侵略力量,以保证太平洋的与亚洲的和平与安全。三、联合国安全理事会立即采取有效措施,使美国及其他外国军队一律撤出朝鲜,朝鲜内政由南北朝鲜人民自己解决,以和平处理朝鲜问题。”①

这是联合国的会场上第一次响起新中国外交代表的正义之声。伍修权的发言长达近两个小时,会场鸦雀无声,各国代表、旁听者及新闻界的人士都在通过同声翻译仔细聆听新中国外交代表的发言。伍修权的座位与蒋介石集团非法代表蒋廷黻的座位正好遥遥相对。伍修权在这边慷慨陈词,愤怒控诉美国侵略中国台湾的罪行,而蒋廷黻则在那边神情沮丧,始终低着脑袋,并用手遮住前额,不让别人看见他的表情,新中国的外交代表与蒋介石集团的非法代表形成鲜明的对照。而美国代表奥斯汀则表情尴尬地歪着脑袋,透出一种无可奈何的神色,这一场景被拍成了照片和影片向全世界报道后,有记者形容说:蒋介石集团的代表“面部带有一种丧家犬的神色”②。

中国代表在联合国的发言,在世界上引起了巨大轰动。苏联报纸评论说:“联合国中第一次响彻着中国人民代表的声音,这个声音所代表的政府,其稳固与人民对它的拥护在中国历史上是无比的。”③美国各大报刊第二天均刊登了中国代表发言的消息和演说的内容摘要,并称:“美国人民的目光都转到了成功湖。”世界其他国家的报刊如巴黎《人道报》、罗马《团结报》、伦敦《工人日报》、柏林《新德意志报》、布拉格《红色权利报》等,均以首页刊登联合国安全理事会会议的消息和中华人民共和国特派代表伍修权控诉美国侵略台湾的发言。

中国代表在联合国的行动大长了中国人民的志气,极大地振奋了中华

---

① 伍修权的发言全文,见《中美关系资料汇编》,第2辑,上册,288~308页,北京,世界知识出版社,1960。

② 伍修权:《在外交部八年的经历》,55页,北京,世界知识出版社,1983。

③ 伍修权:《在外交部八年的经历》,65页,北京,世界知识出版社,1983。

民族的自豪感。特别是海外侨胞,从伍修权的发言中受到极大鼓舞,感到扬眉吐气,长期郁结胸腔的闷气一扫而光。作家聂绀弩在香港发表文章称:在1950年的世界十大新闻中,第一条是朝鲜战争,“第二条大新闻,无疑地应该是伍修权将军在联大对美帝侵略台湾的控诉。那控诉的义正词严,理直气壮,自不用谈,最重要的却是这样指着帝国主义的鼻子直斥他的罪行,不但在中国是第一次,在世界上也该是第一次”[①]。正是在伍修权发言的影响下,一些著名的华人海外学者,如吴仲华、李铁铮等,甚至包括蒋介石集团派驻纽约的总领事宗维贤,毅然作出了返回大陆的决定,先后克服种种困难回到祖国怀抱。

美国统治集团则恼羞成怒。美国驻联合国代表奥斯汀称:中国代表的发言,使“我的政府感到不愉快”。美国参加联合国大会政治委员会的代表杜勒斯后来承认:当时,我“被一种悲哀的情绪支配着自己的感情”。美国总统杜鲁门在伍修权发言后,火冒三丈,称中国代表的发言“猛烈而完全荒谬”,威胁“要对中共采取行动”,“一切武器都必须加以考虑”,指示美国驻联合国代表团在联合国进行活动,谴责中国抗美援朝是“侵略”,对中国施加压力。

11月29日,安理会继续开会。蒋介石集团非法代表蒋廷黻发言,竭力为美国侵略台湾辩护开脱。但其虽声称“代表中国”,却不使用联合国规定的正式语言之一汉语,自始至终使用英语发言。

伍修权当即作即席发言:蒋廷黻只是国民党残余集团的代表,根本无权代表中国人民,并指出:“我怀疑这个发言的人是不是中国人,因为伟大的四万万七千五百万中国人民的语言他都不会讲。”[②]蒋廷黻被驳得哑口无言,十分狼狈。

11月30日,安理会继续讨论美国武装侵略台湾案和“控诉对大韩民国的侵略案”。美国代表奥斯汀极力把安理会的讨论转移到朝鲜问题上,企图使安理会通过“控诉对大韩民国的侵略案”。

伍修权当即驳斥奥斯汀说,中国早已声明不参加所谓“控诉对大韩民国的侵略案”的讨论,因为朝鲜问题,是美国武装干涉朝鲜内政,并严重地破坏了中华人民共和国的安全。伍修权严正指出:“自从美国政府发动侵略朝鲜战争以来,从8月27日至11月25日止,侵略朝鲜的美国武装力量

① 伍修权:《在外交部八年的经历》,66页,北京,世界知识出版社,1983。
② 伍修权:《在外交部八年的经历》,58页,北京,世界知识出版社,1983。

已经侵犯我国领空,根据初步统计,已达200次,共出动飞机1000架以上,毁坏中国财产,杀伤中国人民。我要问奥斯汀先生,这是不是侵略?自从6月27日以来,美国第七舰队即侵入我国台湾领海,以阻止我中华人民共和国中央人民政府对台湾行使主权,我要问奥斯汀先生,这是不是侵略?自从第二次世界战争结束以来,美国政府花费60亿以上的美元帮助中国国民党反动集团去发动空前残酷的内战,用美国武器残杀了几百万中国人民,我要问奥斯汀先生,这是不是干涉中国内政?只准帝国主义侵略,不准人民反抗的时代已经过去了。中国人民完全有信心打败敢于侵略中国的一切帝国主义者。”

伍修权再次向安理会要求接受中华人民共和国的建议,谴责和制裁美国侵略者,使美军自台湾和朝鲜撤军,以制止美国的侵略战争,保证亚洲及世界的和平。

但联合国安全理事会在美国的操纵下,否决了中国代表的提议和苏联代表提出的控诉美国侵略中国案。同时,在安理会常任理事国苏联的反对下,美、英等6国提出的“控诉对大韩民国的侵略案”也遭到安理会的否决。

美国对此结果感到不满,又于12月7日操纵联合国大会通过决议,将被安理会否决的诽谤中国“对大韩民国侵略案”列入了联合国大会议程。中国代表愤怒地离开会场。

伍修权准备在联合国大会政治委员会上发言,控诉美国侵略中国台湾,但由于美国无理阻挠,政治委员会迟迟不就“控诉美国侵略中国案”进行讨论。12月15日,美国又操纵联合国大会作出决定,联合国大会无限期休会。12月18日再次通过决定,联合国大会政治委员会也无限期休会。

联合国大会的这些决定,实际剥夺了中国在联合国讲坛上与美国进行斗争的机会。中国代表转变斗争策略,利用一切机会宣传中国的立场,揭露美国的侵略罪行。12月16日,伍修权在纽约举行记者招待会,对各国记者发表谈话,指出:“我们是争取和平来的。为了制止侵略和恢复和平,我们向联合国安全理事会提议,采取有效措施,使美国政府撤退其侵略我国领土台湾的武装力量,停止干涉朝鲜内政,撤退其一切干涉朝鲜的武装力量。但是……联合国安全理事会在美英集团的操纵之下拒绝了我国政府这个合理的和平的建议,对此,我们表示坚决的反对和抗议。”①

然而,中国人民的正义之声是应该让全世界听到的,伍修权向在场的各

① 《中美关系资料汇编》,第2辑,上册,333页,北京,世界知识出版社,1960。

国记者散发了准备在联合国大会政治委员会发言的讲稿和各种资料，其中包括证明台湾自古以来就是中国领土的历史材料，还有中国人民解放军从蒋介石军队缴获的美国武器图片集，朝鲜战争以来美国飞机对中国轰炸、扫射实况的图册和其他各种美国侵华史料。

针对联合国大会已经无限期休会，中国政府发表声明说："伍修权将军及其随员已无留在成功湖的必要，故已命令伍修权将军等于本月 19 日启程回国。"①

在离开成功湖之前，中国代表团将伍修权准备在联合国大会政治委员会发言的演说稿正式提交给联合国秘书处，要求他们将此发言列入大会文件。1951 年 2 月 4 日，周恩来外长致电联合国政治委员会主席阿彼拉兹，要求联合国秘书处在政治委员会会议上宣读此讲稿，并作为正式文件印发。联合国政治委员会于 2 月 6 日通过决议，将中国代表的讲稿作为正式文件印发，但未在会议上宣读。

1950 年 12 月 19 日，中国代表团启程回国。伍修权在纽约机场发表声明，首先祝愿美国人民圣诞节快乐、新年愉快，随后指出：我们是为了和平、为了恢复远东的和平而来到这里的。我们提出了"制止远东战争继续进行和扩大的提案，那是一个制止战争的提案。我们认为：只有努力求得制止战争，才能真正停止战火。任何违背这个程序的计策都不过是诡计和阴谋而已。虽然我们制止战争的和平提案被美英统治集团未予应有的考虑即加以拒绝，可是我们并不失望。我们将为和平而继续奋斗"②。

中国代表团的这次联合国之行，是新中国建立后，中美两国外交代表首次进行激烈的面对面交锋。它与志愿军在朝鲜战场的伟大胜利交相辉映，向全世界展示了新中国的崭新风貌。中国代表在国际讲坛上当面痛斥了美国的侵略罪行，阐明了中国政府的立场和政策，捍卫了中国的主权，在国际上产生了极大的影响，取得了重大的胜利。它扩大了新中国的政治影响，大长了中国人民的志气，同时也为以后同帝国主义和霸权主义的外交斗争，提供了一定的经验。

1950 年 11 月 30 日，《人民日报》发表题为《坚决制止美国侵略台湾的罪行》的社论，指出："我国特派代表伍修权，在联合国安全理事会上控诉美国侵略台湾的声明，反映了我国四万万七千五百万人民为保卫祖国独立与

---

① 伍修权：《在外交部八年的经历》，67 页，北京，世界知识出版社，1983。

② 《中美关系资料汇编》，第 2 辑，上册，353 页，北京，世界知识出版社，1960。

世界和平奋起反对美国侵略的坚强意志,同时也反映了世界各国人民日益高涨的要求和平的正义呼声,它与我国人民抗美援朝志愿部队在朝鲜前线的英勇作战,同是对于制止美国扩大侵略战争,与维护远东和平具有重大意义的举动。”

第二十章

粉碎美国玩弄"停火"阴谋的决策

美国总统核恫吓和美英首脑会谈

麦克阿瑟发动的圣诞节结束朝鲜战争的"总攻势",在中国人民志愿军的突然反击下遭到了惨败。美军在朝鲜战场的被动局势使在日本东京坐镇指挥的麦克阿瑟乱了阵脚,也引起华盛顿美国当局的极大不安,并陷于一片混乱。

11月28日,麦克阿瑟向五角大楼报告,"中国在北朝鲜投入了大批军事力量,而且实力仍在增强。……我们面对的是一场全新的战争。"中国人的最终目标,无疑是要"彻底摧毁在朝鲜的联合国部队"。他在报告中为他在朝鲜的失败作了辩护,他说,"显然,我们目前的实力不足以抗衡中国人发动的这场不宣而战的战争,他们在客观上拥有很多有利条件,促使形势发生了新的变化。……本司令部已在职权范围内作了力所能及的一切,但它目前所面临的局面已超出了它的控制和它的能力所及"。①

美军在朝鲜遭到失败的消息传到美国国内,美国的报刊纷纷报道美国已大难临头。美国的三军部长和三军参谋长们均连日开会,分析形势。五

① [美]奥马尔·布莱德雷:《将军百战归》,778页,北京,军事谊文出版社,1985;[美]约瑟夫·格登:《朝鲜战争——未透露的内情》,471~472页,北京,解放军出版社,1990。

角大楼虽然对新闻媒介的报道表示怀疑，但也感到朝鲜局势严重。来自朝鲜的官方消息，也都在加剧美国当局的焦虑不安和悲观失望。杜鲁门在回忆录中说，这时“朝鲜的局势是我的办公室内很多次冗长的、焦急的讨论题目。我们的政策，不仅是在亚洲，在欧洲也是这样，真是危如累卵，我们花了很多时间，寻求我们面前的巨大问题的答案”①。

28 日下午，由杜鲁门主持召开了美国国家安全委员会特别会议。会议对麦克阿瑟如何才能阻挡住中国人民志愿军的强力攻势，麦克阿瑟需要补充多少部队，美军在朝鲜能否守住一条防线，美国对中国人民志愿军的大规模出现该怎么办，美国如何“在全世界各地都面对着苏联这个事实”，以及美国如何在“自由世界”中保全面子。这些问题，②包括杜鲁门在内的美国当局的巨头们，都不知道该怎么办。艾奇逊说，“会议并没有提出任何由总统作出决定的建议，即告结束”③。最后，国家安全委员会决定，命令麦克阿瑟“找到一条守得住的防线”，顶住中国人民志愿军的攻势，并在联合国进行活动，谴责中国抗美援朝是“侵略”，从政治上对中国施加压力。这次会议还决定美国必须在相当的规模上重整军备。接着又召开内阁会议，讨论对策。然而，还是没有找到答案。由于美军在朝鲜的失败，美国国内的舆论和国际舆论对美国“自由世界”领袖的地位都很不利。

于是，11 月 30 日，杜鲁门举行记者招待会，由他发表一项表示美国“决心”的声明。他在声明中说：

中国人使用了大量的军队对我们进攻，而这种进攻仍然在继续进行。结果联合国部队大部分被迫撤退。目前，战场上的情况是不稳定的。我们可能要节节败退，就像我们前次所遭受的失败一样。但是联合国的部队不打算放弃他们在朝鲜的使命。

……

我们将从三个方面来应付新的局势。我们将继续通过联合国，以协调

---

① [美]哈里·杜鲁门：《杜鲁门回忆录》，第 2 卷，460 页，北京，生活·读书·新知三联书店，1974。

② 参见[美]哈里·杜鲁门：《杜鲁门回忆录》，第 2 卷，460 ~ 463 页，北京，生活·读书·新知三联书店，1974。

③ [美]迪安·艾奇逊：《艾奇逊回忆录》，下册，327 页，上海，上海译文出版社，1978；[美]奥马尔·布莱德雷：《将军百战归》，779 页，北京，军事谊文出版社，1985。

一致的行动来阻止这次对朝鲜的侵略。我们将加倍努力，帮助其他自由国家加强他们的防务，以应付其他地区的侵略威胁。我们将迅速地加强我们自己的军事力量。

……

……我们比以往任何时期更有必要，以非常快的速度增强自由国家的联合军事力量。我们认为比以前任何时期更有必要立即在欧洲建立起一支由最高司令部指挥的联合部队。

关于我们自己的防务，为了扩充我们武装部队的规模和提高效率的迫切需要，我将提出追加拨款的请求，这项请求除了包括陆军，海军和空军的大量军费外，还要拨给原子能委员会一大笔款项。①

就在这次记者招待会上，杜鲁门挥舞原子弹对中国和朝鲜发出了核恫吓。

杜鲁门：“正如我们往常一样，我们将采取任何必要的步骤，以应付军事局势。”

记者：“那是不是包括原子弹？”

杜鲁门：“包括我们所有的各种武器。”

记者：“总统先生，你说‘我们所有的各种武器’这是不是说正在积极考虑使用原子弹？”

杜鲁门：“我们一直在积极考虑使用它，我不希望有朝一日使用它。它是一种可怕的武器，不应该用来对付无辜的男女老幼，他们和军事侵略无关，可是原子弹一经使用，这种情况就无法避免。”②

12月1日，杜鲁门向国会递交咨文，要求更多款项来增强美国防务以支持联合国在朝鲜的军事行动，并增加美国武装部队的数量和装备。他建议1951年度追加168亿美元额外财政拨款。他还建议给予原子能委员会10.5亿美元的补充拨款。③

12月1日和3日，美国国务院和国防部在五角大楼召开联席会议，2

---

① [美]哈里·杜鲁门：《杜鲁门回忆录》，第2卷，464～465页，北京，生活·读书·新知三联书店，1974。

② 《美国外交文件》，1950年，第7卷，1261～1262页；[美]哈里·杜鲁门：《杜鲁门回忆录》，第2卷，472～473页，北京，生活·读书·新知三联书店，1974。

③ 参见美新处华盛顿1950年12月1日电。

日,杜鲁门、马歇尔、艾奇逊、布莱德雷又在白宫开会。这些频繁的会议,“详尽而直率的讨论的结果”还是决定不了美国在朝鲜该怎么办。[1] 而麦克阿瑟还一再要求增加兵力,甚至要求台湾国民党已经作了准备的3.3万人的部队到朝鲜,参加“联合国军”的作战。他说“如果没有最大数量的地面部队的增援,本军不是被迫节节后撤,抵抗力量不断削弱,就是被迫困守在滩头阵地里……除了防御外,没有任何希望。……而实力不断地消耗,以至最后全军覆没,那是可以预期的”[2]。

杜鲁门和五角大楼,已不相信麦克阿瑟的判断。为了了解朝鲜战场上的真实情况,以便作出决定,遂派陆军参谋长柯林斯前往东京。12月4日,柯林斯到达东京,与麦克阿瑟简短会晤后,即飞朝鲜,直接听取了在第一线的美第8集团军沃克和第10军阿尔蒙德两位指挥官对军事形势的判断。沃克和阿尔蒙德虽然对形势的判断不像麦克阿瑟判断得那么严重,但也只是认为可以在釜山长期坚守。柯林斯返回东京后,12月6日,同麦克阿瑟及远东的陆、海、空三军的司令官们讨论了美国在朝鲜的对策。麦克阿瑟主张,如果中国人同意停火,联合国应接受停火,但中共和北朝鲜的军队必须停止在三八线附近的行动,这是最佳的安排。否则,要么尽快增加联合国军的兵力,以恢复进攻,甚至封锁中国沿海,轰炸中国大陆的空军基地和城市,要么撤离朝鲜。

美国当局考虑,如果中国人继续投入兵力作战,有可能将美军赶出朝鲜,美国不大量投入军事力量,就不能实现全部占领朝鲜的军事目标,但又不可能立即增加力量。因此,当务之急,是要在朝鲜采取“抢救行动”。杜鲁门决定:不主动撤出朝鲜,一旦被迫撤离,要带上南朝鲜军队一起走。此外,美国当局最为担心的不仅是能不能在朝鲜坚持下去的问题,而且是在朝鲜会否导致与中国甚至与苏联打一场全面战争的问题,认为在朝鲜的战争可能是全面战争的第一阶段。参谋长联席会议于12月6日,向美国在世界各战区的指挥官发了一份“战争警报”,认为朝鲜目前的形势已使全面战争的可能性大大增加了。要求“收到此电后,指挥官们应采取切实可行的措施,加强战备”。华盛顿的巨头们考虑,为在朝鲜“争取行动而进行拖延”,

---

① 参见[美]奥马尔·布莱德雷:《将军百战归》,788页,北京,军事谊文出版社,1985。

② [美]哈里·杜鲁门:《杜鲁门回忆录》,第2卷,468~469页,北京,生活·读书·新知三联书店,1974。

在代价不太大的情况下，可由联合国安理会采取行动，向中国提出在三八线停火。但碍于面子，这个建议不是由美国提出，而应是由英国提出。①

此时，恰好英国首相克莱门特·艾德礼率政府代表团到华盛顿与美国讨论朝鲜战争形势问题。本来“联合国军”遭到惨痛的失败，就使包括英国在内的参加“联合国军”行动的美国所有盟国都惊恐不安。而 11 月 30 日，杜鲁门在记者招待会上答记者问时又扬言说，美国一直“积极考虑”在朝鲜使用原子弹，这没有吓倒中朝人民，却吓坏了美国的盟国。

西方国家驻联合国的大使们听到这一消息，极为震惊。法国大使让·肖夫尔说，荷兰代表“含着眼泪”问他是否有机会避免战争。英国大使格拉德温·杰布说，西欧其他国家的人与英国人同样有“巨大的担心”，即美国正“在一个不可思议的时间里和可能出现的最困难的战略条件下”，使他们在亚洲投入战争。② 杜鲁门的恐吓发出后，伦敦有 100 名工党议员联名致函英国首相克莱门特·艾德礼，抗议美国企图对中国使用原子弹。11 月 30 日当天，英国下院进行外交政策辩论。据美国驻英国大使向杜鲁门汇报辩论会的情况说：“自 1945 年工党执政以来，在下院进行的关于外交政策的辩论当中，这是最严重、最焦急、最负责的一次。”在辩论会上，保守党的领袖巴特勒说：“全体英国人民都希望得到保证：在他们的命运（由于战争扩展到中国）被决定之前，还是让他们来决定自己的命运。”在下院结束这次辩论之时，艾德礼宣布他即将赴华盛顿和杜鲁门会晤。③ 12 月 2 日，法国总理和外交大臣前往英国，与英国首相进行会谈，双方达成一致意见：必须尽早结束朝鲜战争，同时避免与共产党中国发生冲突。关于可能在朝鲜使用原子弹问题，应由联合国决定，而不应由美国单独决定。无论如何，在采取这种重要决定之前，都必须与一切以联合国的名义参加在朝鲜作战的国家协商。

于是艾德礼于 12 月 4 日飞到华盛顿，要求美国对此事做出澄清，并承诺不在朝鲜使用原子弹。英国人担心的是，美国在朝鲜使用原子弹，将会引

① 参见[美]约瑟夫·格登：《朝鲜战争——未透露的内情》，501 ~ 502 页，北京，解放军出版社，1990；[美]奥马尔·布莱德雷：《将军百战归》，795 页，北京，军事谊文出版社，1985。

② 参见[美]约瑟夫·格登：《朝鲜战争——未透露的内情》，494 页，北京，解放军出版社，1990。

③ 参见[美]哈里·杜鲁门：《杜鲁门回忆录》，第 2 卷，473 ~ 474 页，北京，生活·读书·新知三联书店，1974。

起世界大战,美国将主要军事力量投入到朝鲜战场,将会减少对欧洲的力量投入,从而使英国和整个欧洲利益及安全可能不保。艾德礼强调,西方是反对共产主义阵线的主要据点,他希望在朝鲜避免大战,而通过谈判使共产党中国停止于三八线以北,并主张正式承认北京的中国政府,接纳共产党中国为联合国成员国,把台湾交给中共,尔后通过联合国向中国施加压力,与中共谈判解决朝鲜问题。

美国坚决反对承认中国政府,坚决反对接纳共产党中国为联合国会员国和把台湾交给共产党。杜鲁门、艾奇逊、马歇尔、布莱德雷反复向英国人解释,虽然兼顾所有的义务会有困难,但美国对东方和西方并不打算偏废任何一方。美国并没有在朝鲜使用原子弹的打算,同意在朝鲜避免大战。联合国军不会自动撤出朝鲜,美国只是为了在军事上有利的需要,而设法在朝鲜安排停火,但并不应进行谈判,因为这个时候谈判,形势对美国不利。和中国共产党进行谈判的前景一点也不乐观。在进行谈判和卷入战争之间我们没有选择的余地。事实上目前我们已经卷进去了。停火在军事上对我们有利,对中共不利,中共不会接受停火。如果我们提出谈判,打算付出什么代价?似乎可以断定中共会要求承认中国政府,要求联合国安全理事会的席位,要求在台湾问题上的让步。如果对中国让步,把台湾给了他们,他们只会更加得寸进尺。如果不进行谈判,也不解决这个问题,我们可以在朝鲜打下去,能打多久就打多久,尽我们一切,惩罚敌人。那时,我们的谈判地位就不会更糟。

在4日的会谈中,杜鲁门给艾德礼读了国务院和国防部为他起草并经他批准的备忘录。这个备忘录说:

(一)在最近的情况下,假定提出的条件不是太难于接受的话,要是能够设法停火,在军事上将是有利的。若是在三八线基础上停火,这可以保证得到联合国的全面支持。三八线基础上停火安排不得附带危害联合国部队安全的条件,诸如台湾问题,中国在联合国的席位问题等。

(二)如果停火实现了,局势因而可能稳定,联合国应该继续使大韩民国在政治上、军事上、经济上得到稳定,同时继续努力通过政治途径谋求朝鲜的独立和统一。

(三)如果中国共产党拒绝停火,并驱使主力向三八线以南移动,联合国部队势将被迫自朝鲜撤退。自动放弃我们盟友朝鲜的结果将是这样的,即任何联合国的撤退必须完完全全出于军事的必要。

（四）如果出现前面所说的情况，联合国应立即采取行动宣布共产党中国为侵略者，并应运用一切可用的政治和经济措施对北平政府施加压力，并声明联合国绝不承认侵略的决心。还可能采取不断骚扰中国共产党的军事行动，也可能下点功夫，鼓励中国内部的反共活动，包括利用国民党的潜在力量。①

虽然会谈中美英双方分歧较大，但艾德礼同意按美国的条件，帮助美国通过联合国和其他渠道寻求停火。

会谈一直到12月8日。这一天柯林斯从东京回到华盛顿，柯林斯报告说，沃克相信如不必死守汉城，美第8集团军可以在南朝鲜的大部分地区长期守下去。柯林斯本人也同意这种看法。美第10军的情况仍很糟，但可以从海路撤出。杜鲁门听后说，“情况令人鼓舞，目前形势不像会谈开始时那样暗淡”，美国不会被逐出朝鲜。布莱德雷认为“根据目前情况至少不必被迫进行谈判”，靠目前兵力加以正常的轮换，完全可以在朝鲜守住。②

12月8日，美英双方发表了会谈公报。尽管美国坚决反对谈判，但在公报中还是作了掩饰。公报中说：“我们像以往那样，准备遵循谈判途径，设法终止敌对行为。按照我们根据联合国宪章所承担的义务，凡是通用于威胁世界和平任何行动的国际行为的准则，也应该同样运用目前的局势。必须作最大的努力，通过和平手段，来达到联合国在朝鲜的目的，并根据建立一个自由、独立的朝鲜的原则，寻求朝鲜问题的解决。我们相信联合国中的大多数国家具有同样的看法。”同时，在公报中也向中国发出了威胁说：“如果中国人在他们那方面表示同样的态度，那我们维护和平事业就有了希望。如果他们不这样，那就要由世界各国人民，通过联合国，来决定怎样才能最好地维护联合国宪章的原则。”③

关于使用原子弹的问题也在公报上加了一小段，公报写道：“总统声明他希望世界局势永远不至于有使用原子弹的必要。总统告诉首相说，他也

---

① ［美］哈里·杜鲁门：《杜鲁门回忆录》，第2卷，477～478页，北京，生活·读书·新知三联书店，1974；《美国外交文件》，1950年，第7卷，1348～1349页。

② 参见《美国外交文件》，1950年，第7卷，1472页。

③ 美英首脑会谈情况，参见［美］哈里·杜鲁门：《杜鲁门回忆录》，第2卷，474～491页，北京，生活·读书·新知三联书店，1974；［美］奥马尔·布莱德雷：《将军百战归》，795页，北京，军事谊文出版社，1985。

希望把可能改变这种局势的情况发展随时通知首相。”在这之前，杜鲁门已向艾德礼承诺，美国在使用原子弹前应取得英国同意。

与此同时，美国指示其驻联合国大使沃伦·奥斯汀在联合国积极活动，按美国的意图安排朝鲜停火。

美国玩弄“停火”阴谋和中国外长的声明

正在美国当局为摆脱在朝鲜问题上的尴尬局面，寻找出路的时候，12月5日，联合国亚洲13个国家代表团向中国政府和朝鲜发出呼吁书，呼吁书称：“我们代表阿富汗、缅甸、埃及、印度、印度尼西亚、伊朗、伊拉克、黎巴嫩、巴基斯坦、菲律宾、沙特阿拉伯、叙利亚和也门出席联合国代表团，认为在这个危急的时候有义务恳切地呼吁北朝鲜当局和中华人民共和国中央人民政府立即声明它们没有意思使它们控制下的任何部队前往三八线以南。这种声明将可以允许有时间来考虑解决远东的冲突并从而有助于避免另一次世界大战的危险所必要的进一步步骤。”①这恰好符合美国的意图。

这13个亚洲国家又于当日起草了一份《朝鲜和平方案》。该方案的主要内容是：一、立即在朝鲜停火；二、中国从朝鲜撤军并不再在边境集结部队；三、联合国部队中的美军撤出朝鲜；四、美军从台湾海峡撤出其舰队；五、由联合国裁军委员会监督南北朝鲜军队解除武装；六、由6个联合国成员国组成一支不超过5万人的部队留在朝鲜，并保留联合国在朝鲜的内部安全部队，另外，组建一支2.5万人组成的南朝鲜警察部队维持治安；七、朝鲜的海港、边境由联合国观察员进行视察，以保证上述条款的执行；八、实现停火后6个月由联合国朝鲜委员会主持选举；九、选举后3个月，上述联合国部队撤走，选举产生的朝鲜政府逐步组建其部队；十、联合国部队撤走后3个月，联合国朝鲜委员会撤出朝鲜。②

菲律宾代表于12月9日把13国起草的《朝鲜和平方案》密封送交美国驻联合国副代表格罗斯。12月11日下午，杜鲁门召开国家安全委员会会议讨论联合国关于停火决议的问题。根据杜鲁门与艾德礼会谈的结果，确定了停火指导原则：我们将考虑在朝鲜停火，但停火不得使美军处于军事上

① 《中美关系资料汇编》，第2辑，上册，321页，北京，世界知识出版社，1960。

② 参见《美国外交文件》，1950年，第7卷，1488～1489页。

的不利地位，不得附有政治条件，应在停火之前谈停火细则，以确保联合国军的安全。会议还决定由总统宣布“国家处于紧急状态”。参谋长联席会议还建议，扩大军队规模，建立一支由18个师组成的陆军、拥有397艘主要战舰的海军和拥有95个联队的空军。①

当日，美国国务院致电美驻联合国代表，指示他们将国家安全委员会决定的停火指导原则转达给亚洲国家代表，并表示在停火期间，美国将确信能阻止联合国军军事形势的恶化。

在美国的压力下，亚洲国家也提出两个提案，并由印度代表向联大提出。第一个提案的核心是“停火”。提案国仍为12月5日发出呼吁的13个亚洲国家。提案说：“对于远东局势深为关切，切望立即采取步骤防止朝鲜的冲突扩及其他地区并终止在朝鲜境内的战事，然后采取进一步的步骤，依照联合国的宗旨和原则求得现存问题的和平解决，兹请大会主席组织一个包括他本人在内的三人小组，来确定可以在朝鲜议定满意的停火的基础，并尽速向大会提出建议。”②第二个提案建议，召开中、美、苏、英、印度和埃及六国代表会议，求得现存问题的和平解决，为解决远东其他问题举行谈判会议或组成谈判委员会。提案国是12个国家，菲律宾没有参加这一提案。

12月12日，联合国大会政治委员会通过了印度提出的13国提案，并提交大会讨论。美国代表表示将在大会辩论中投票赞成13国提案，但反对12国提案。印度代表对美国副代表格罗斯说，如果没有第二个提案，第一个提案就毫无意义。12国提案为和平解决当前问题提供了一个机构。格罗斯认为，在这个时候建立任何一个专门机构，都可能给人们一种印象，即由于停火必须在其他方面付出代价，尤其是12国提案所谓的“现存问题”提法太笼统。实际上格罗斯是在找借口，因为第二个提案不符合美国的意图。

12月14日，第五届联合国大会在有美国投票赞成的情况下通过了亚洲13国提案。决议确定由第五届联大主席伊朗代表安迪让以及印度代表劳氏爵士和加拿大代表皮尔逊组成一个三人小组，来确定可以在朝鲜议定满意的停火基础并尽速向大会提出建议。即先行实现停火，然后才能考虑其他问题。

美国只是为了保持军事上的有利阵地，争取喘息时间，因此，只同意寻

① 参见《美国外交文件》，1950年，第7卷，1520页。
② 《中美关系资料汇编》，第2辑，上册，331页，北京，世界知识出版社，1960。

求在三八线停火,反对为解决远东其他问题举行谈判会议或组成谈判委员会。即便实现停火,也不准备讨论停火以外的其他问题。因此,在第五届联合国大会通过 13 国提案的第二天,12 月 15 日上午,杜鲁门发表广播演说,宣布自 12 月 16 日起美国全国进入紧急状态。杜鲁门宣称美国愿意谈判但决不向"侵略"屈服,也不"姑息"苏联统治势力造成的巨大威胁。他同时宣布了美国增加军火生产,扩大军队,实行工资、物价管制等措施。16 日,美国政府成立类似第二次世界大战时的战时动员机构——国防动员局,扩大征兵计划,要把美国军队由 250 万人增加到 350 万人,要在一年之内把飞机、坦克的生产能力分别提高 5 倍和 4 倍以上。为了加强西欧的军事力量,美国又经与英国、法国等协商,决定加速筹建北大西洋公约组织统一指挥的军队,并于 18 日任命德怀特·艾森豪威尔为北大西洋公约组织军队最高司令官。

12 月 16 日,美国国务院发表了关于管制中国在美国资产及对中国禁运的新闻公报,公报称:"美国政府今天已采取措施,将中国共产党在美国管辖内的一切资产置于管制之下,并颁布章程禁止在美国登记的船只在另有通知以前驶往中国港口,这些措施是作为完成对美国和中国之间的经济关系有效的管制所必要的步骤。"公报还要挟说:"如果中国共产党人愿意撤退他们的侵略军队并且遵照联合国的原则行动,美国政府将准备迅速地考虑取消限制和恢复通常贸易关系。"①美国当局的上述行动公开向全世界表明,美国决心在朝鲜坚持下去,并要全面遏制中华人民共和国。

对于美国可能玩弄"停火",中共中央事先有所预料。12 月 3 日,周恩来就致电出席联合国大会控诉美国侵略台湾罪行的伍修权、乔冠华,指出:美军在朝鲜东西两线均惨败,现在美国"想骗取停战,好稳住阵线,调整兵力,以便再行进攻"。目前你们应集中力量准备在政治委员会的发言,以便在本周采取攻势,给美帝代表一个打击。"你们要理直气壮地谈朝鲜与台湾问题。""凡遇以朝鲜停战为言者,你们都不要拒绝谈判,你们应答以只要美军从朝鲜撤退,朝战自停,并且愿意将他们的意见向北京作报告;凡言台湾问题目前不能解决者,你们应抓住这点证明美帝侵朝侵台是一回事,并反问美帝可以在侵朝同时侵台,为什么中国人民在反对美国侵台同时不能志愿援朝。"②

① 《中美关系资料汇编》,第 2 辑,上册,352 页,北京,世界知识出版社,1960。

② 《周恩来年谱(1949～1976)》,上卷,102 页,北京,中央文献出版社,1997。

周恩来得到印度通过驻华大使馆向中国政府转交13国方案的备忘录后,12月8日,派外交部亚洲司司长约见印度大使馆参赞,向他提出了四个问题:为什么13国不反对美国对中国和对朝鲜的侵略?为什么13国不宣言从朝鲜撤退外国军队?为什么在美军打过三八线的时候,13国不讲话?为什么13国中还有菲律宾(菲律宾是参加“联合国军”侵朝行动的国家之一)?

12月22日,周恩来外长代表中国政府针对联合国大会14日通过的决议发表声明,揭露了美国的真实意图。声明严正指出:“联合国大会通过的所谓‘朝鲜停战三人委员会’的决议,中华人民共和国的代表既未参加讨论,亦未表示同意。在此以前,我国政府曾经多次声明,凡是没有中华人民共和国的合法代表参加和同意而被通过的联合国的一切重大决议,首先是有关亚洲的重大决议,中华人民共和国中央人民政府都认为是非法的,无效的。因此,中华人民共和国政府及其代表不准备与上述这个非法的‘三人委员会’进行任何接触。”

声明重申:“中华人民共和国中央人民政府历来主张,现在仍然主张朝鲜战事应该迅速结束。结束朝鲜战事,必须能够恢复真正和平,使朝鲜人民能够得到真正自由来解决自己的问题,而朝鲜战事之所以不得结束,就是由于美国政府派兵侵略朝鲜,并继续和扩大其侵略政策和战争政策的结果。远在朝鲜战事初起,我们即主张和平调处朝鲜问题,并使朝鲜问题局部化,故中华人民共和国政府与苏联曾再三提议,一切外国军队撤出朝鲜,让朝鲜人民自己解决朝鲜问题,但美国政府不但拒绝了这种提议,并且拒绝了关于和平调处朝鲜问题的谈判。等到10月初,美国侵略军趾高气扬地越过三八线的时候,更悍然不顾任何方面的警告,继着李承晚6月越境挑衅之后,彻底破坏了因而也就永远抹去了这一政治地理的界线。11月下旬,我国代表被联合国邀请参加安全理事会关于控诉美国侵略台湾一案的讨论时,又曾提出美国及其他外国军队一律撤出朝鲜,朝鲜内政由南北朝鲜人民自己解决的主张,但联合国安全理事会在美国的操纵之下拒绝了我国政府这个合理的和平的建议。由此可见,美国政府从开始到现在都拒绝撤兵,故它决无结束朝鲜战事的诚意,更不会让朝鲜人民得到真正的和平与自由。”

声明一针见血地指出:“既然如此,为什么美国代表奥斯汀先生又赞成在朝鲜立即停战,而杜鲁门总统也表示愿意举行谈判以解决朝鲜战事呢?不难了解,当着美国侵略军登陆仁川港、越过三八线或直逼鸭绿江的时候,他们不会赞成立即停战,也不会愿意举行谈判;只有在美国侵略军失败的今天,他们才会赞成立即停战,并在停战后举行谈判。很显然地,昨天反对和平,是为着美国可以继续扩张侵略;今天赞成停战,也是为着美国可以取得喘息时间,准备再战,至少可以保持现有侵略阵地,准备再进。他们所关心的不是朝鲜人民、亚洲人民、也不是美国人民的利益,而是美帝国主义如何能在朝鲜保留侵略军队和侵略行动,如何能继续侵占中国的台湾,如何能在资本主义世界加紧战争准备。所以麦克阿瑟司令部的代表便干脆地说,惟有在军事基础上而无任何政治条件时,才可接受停战。这就是说,停战后一切侵略状态照旧,准备好了再打,并且还借此先宣布紧急状态存在,在美国、在西欧、在日本准备实行动员,企图将美国人民、西欧人民、日本人民驱入战争深渊。杜鲁门、艾奇逊、马歇尔、麦克阿瑟等先生们不就是在这样做吗?所谓先停战后谈判,不管关于谈判会议的十二国提案尚未为安全理事会或联合国大会通过,也不管参加谈判会议的应包括哪些国家,即使都商定了,而谈判的议程和内容也可在停战后无休止地讨论下去;如果会议不是或不属于合法的安全理事会或合法的五强会议,最后,美国政府还有它的表决机器可供操纵。因此,在没有一切外国军队撤出朝鲜及朝鲜内政由朝鲜人民自己解决作基础,来讨论停战和谈判,都将是虚伪的,都将适合美国政府的意图,而不可能达到世界爱好和平人民的善良愿望。三人小组——就地停战——和平谈判——大举进攻。这一马歇尔公式对中国人民极不生疏……马歇尔将军的故伎在联合国是不能重演的了。"

声明指出:"目前问题又决不仅限于朝鲜问题。美国政府在制造朝鲜战事的同时,便派遣了第七舰队侵略中国的台湾,接着轰炸中国东北,炮击中国商船,并扩大在东亚的侵略。中华人民共和国中央人民政府为此曾不断地向联合国提出控诉,而联合国的多数在美国操纵之下不但支持了美国侵略朝鲜,并且也支持了美国侵占台湾,轰炸东北……尤其使人愤慨的,尽管数月来,联合国无数次地在讨论中国或与中国有关的重大问题,但唯一能代表中国的四亿七千五百万人民的中华人民共和国代表直至现在仍被拒绝在联合国大门之外,而听任蒋介石的一小撮反动集团的代表高踞在联合国的中国代表席位上,其无视和污辱中国人民到何等程度。"

声明同时指出:"十三个亚洲及阿拉伯国家中的大多数国家代表提出和平调处朝鲜问题的建议,原本出于和平愿望,这是可以理解的,然而他们没有能够识破美国政府支持先停战后谈判的全部诡计,因而也就没有郑重考虑中国政府关于和平解决朝鲜问题的基本建议。十三国原先提案不完全为美国政府所喜,遂被分裂为两个提案,并被迫优先讨论美国所满意的第一个提案,亦即所谓‘朝鲜停战三人委员会’的提案,因而也就在联合国大会得以通过;而第二个提案亦即所谓‘谈判会议’或‘谈判委员会’的提案,是美国不能或没有那样满意的,因而就被暂时搁置起来。”①

其实,在志愿军第二次战役西线作战结束,“联合国军”正在向平壤撤退时,中国领导人对于美国可能提出停战的问题,就有考虑。

12 月 3 日,金日成来到北京,就朝鲜战争形势等问题与毛泽东、周恩来、刘少奇进行了讨论。毛泽东认为“敌人有可能要求停战,我们认为敌人必须承认撤出朝鲜,而首先撤至三八线以南,才能谈判停战”②。

12 月初,联合国秘书长特里格夫·赖伊和英国、印度、瑞典驻联合国代表,作为美国的探路人,不止一次地向正在联合国安理会控诉美国侵略台湾的罪行的以伍修权为团长的中国代表团试探,在什么情况下可以停战。伍修权将此情况报告北京。中国领导人认真地考虑了这个问题,拟制了如下 5 个条件:1. 所有外国军队撤出朝鲜;2. 美国军队撤出台湾海峡和台湾岛;3. 朝鲜问题应由朝鲜人民自己解决;4. 中华人民共和国的代表参加联合国并从联合国中逐出蒋介石的代表:5. 召开五大国外长会议准备对日和约。采纳上述 5 个条件,即可召开五大国代表会议,签订停战条件。

12 月 7 日,中国政府通过苏联驻中国大使征求了苏联政府的意见,苏联政府完全同意中国政府的这 5 个条件,但认为在联合国未就停止朝鲜军事行动问题拿出意见之前,不宜亮出这些底牌。

12 月 12 日,周恩来会见印度驻华大使潘尼迦,表明:中国一向坚持和平解决朝鲜问题,现在更希望朝鲜的军事行动能迅速停止。但是现在迅速结束战争的关键在美国,我们愿意知道美国对中苏所提停战条件的意见。周恩来又于 13 日将与潘尼迦的谈话情况电告伍修权、乔冠华,并指示:你们对提出 13 国提案的国家应表明的立场是:停战不是骗局,是要真正能迅速结束朝鲜战事。这样就必须要美国表明它对停战条件的意见,看它是在继续战争、扩大战争,还是在想结束战争。各国代表如果真想和平调处朝鲜战争,就应该像苏联代表那样提出一切外国军队从朝鲜撤退,而不是其他。③

---

① 周恩来的声明,见《中美关系资料汇编》,第 2 辑,上册,355 ~ 358 页,北京,世界知识出版社,1960。

② 《建国以来毛泽东军事文稿》,上卷,388 页,北京,军事科学出版社、中央文献出版社,2010。

③ 参见《周恩来年谱(1949 ~ 1976)》,上卷,105 页,北京,中央文献出版社,1997。

12 月 14 日,联合国已通过了停火决议,中国政府不能不就停火问题表明立场。周恩来在 12 月 22 日的同一个声明中,代表中华人民共和国中央人民政府郑重声明:“中国人民亟望朝鲜战事能得到和平解决。我们坚持以一切外国军队撤出朝鲜及朝鲜内政由朝鲜人民自己解决为和平调处朝鲜问题的谈判基础,美国侵略军必须退出台湾,中华人民共和国的代表必须取得联合国的合法地位;这几点不但是中国人民和朝鲜人民的合理要求,也是全世界一切进步舆论的迫切愿望。朝鲜问题和亚洲重要问题的和平解决,离开这几点是不可能的。”

周恩来代表中国政府所提这些主张是符合解决朝鲜问题和保障亚洲和平与安全问题的实际的,并不是中国硬要将台湾问题以及中国在联合国的合法席位问题与朝鲜问题联在一起,而是美国在侵略朝鲜的同时就侵略了中国的台湾,并将中华人民共和国排除在联合国之外,打着联合国的招牌侵略朝鲜,因此,朝鲜问题的解决必须与台湾问题及中国在联合国的代表权问题的解决等联系在一起来考虑。这些周恩来在声明中已作了明确阐述。①但对美国来说,周恩来所提这些条件无疑是要价太高,美国无论如何是不能接受的。

毛泽东对战争形势的分析和决策

12 月 3 日,金日成来到北京时,毛泽东就朝鲜战争形势作了分析。毛泽东认为“战争有可能迅速解决,但也可能拖长,我们准备至少打一年。朝鲜方面也应作长期打算,并仍应以自力更生为主,争取外援为辅。敌人有可能要求停战,我们认为敌人必须承认撤出朝鲜,而首先撤至三八线以南,才能谈判停战。最好我们不但拿下平壤,而且拿下汉城,主要的是消灭敌人,首先是全歼伪军,对促进美帝撤兵会更有力量。美帝如承认撤兵,联合国有可能在同意中苏参加的条件下,主张全朝鲜人民在联合国监督下,选举自己政府。但美帝和蒋介石一样,诺言、协定都是不可靠的,故应从最坏方面着想”②。

---

① 参见《中美关系资料汇编》,第 2 辑,上册,358 页,北京,世界知识出版社,1960。

② 《建国以来毛泽东军事文稿》,上卷,388 页,北京,军事科学出版社、中央文献出版社,2010。

从当时战场形势看，中国人民志愿军虽然由于武器装备落后而作战中的实际困难很多，但是参战仅仅两个月就打出了战争的有利局面。这鼓舞了中国人民和朝鲜人民的士气，也鼓舞了民主阵营的士气。这时中国人民志愿军的作战正处于顺利发展的形势下，如果停止于三八线以北进行休整，则正是美国所希望的。而这时在民主阵营内部，无论斯大林还是金日成都不希望看到中国人民志愿军就此停止。12月4日，中国驻苏联大使王稼祥因有事准备回国，向苏联副外长安·葛罗米柯辞行。王稼祥就朝鲜战场形势问道：“从政治角度看，中国军队在成功地继续进攻的情况下，是否应该越过三八线？”葛罗米柯非正式地表达了苏联方面的意见：“鉴于当前朝鲜的形势，提出‘趁热打铁’这句古老的谚语是十分恰当的。”12月7日，苏联政府在就中国征询对停火条件的意见作出答复时也表明，在解放汉城以后，再考虑停火问题。12月中旬，彭德怀在与金日成和苏联驻朝鲜大使史蒂可夫会见时，史蒂可夫对彭德怀在西线作战结束后未立即发起新的进攻提出了指责。

中国人民志愿军经过连续两次战役的作战，已伤亡减员4万余人，尚有一些非战斗减员，部队异常疲劳，急需休整补充。而二线兵团需待两个月以后才能完成各种准备入朝作战，朝鲜人民军只有3个军团共约7万人完成休整，可以投入第一线作战。此时已进入冬令时节，朝鲜的气候异常寒冷，同时志愿军向南挺进，供应线延长，再加敌机骚扰，后方公路、铁路和桥梁遭受破坏严重，物资供给十分困难，志愿军部队经常缺衣少粮。

作为战场统帅，彭德怀对战场上的作战也有考虑。在占领平壤后，12月8日13时，彭德怀、洪学智、解方即电令志愿军西线6个军并报中央军委，指出：“我为粉碎美伪固守三八线企图，第一步决以消灭伪一师、伪六师、美廿四师、骑一师为目的，限于十六日拂晓前到达战役攻击准备位置，拟于十七日开始战役进攻。”对各军集结和行动路线作了部署，令各部于12日晚开始由现地出发。同日18时，彭德怀致电毛泽东并高岗，提出下一战役的考虑：“下一战役十六七号开进完毕，十八九号可开始攻击，估计月底可结束。如能歼灭伪一、六两师、美廿四师、骑一师，或给以歼灭性打击时，我即将进越三八线，相机取得汉城。如上述敌人不能消灭、或给以歼灭性打击时，即能越三八线或取得汉城，亦不宜做。因过远南进，驱退敌人至大邱、大田一带，增加以后作战困难，故拟在三八线以北数十里停止作战，让敌占三八线。待我充分准备，以便明年再战时歼灭敌主力。但须派人民军二、五两军团南进，造成带战略性的断敌后路。”

然而，当时美国的企图和民主阵营的情绪，都不允许志愿军停止于三八线以北，必须越过三八线再打一仗，然后才能休整。毛泽东在接到彭德怀12月8日的电报后，于13日复电彭德怀，指出：

（一）目前美、英各国正要求我军停止于三八线以北，以利其整军再战。因此，我军必须越过三八线。如到三八线以北即停止，将给政治上以很大的不利。（二）此次南进，希望在开城南北地区，即离汉城不远的一带地区，寻歼几部分敌人。然后看情形，如果敌人以很大力量固守汉城，则我军主力可退至开城一线及其以北地区休整，准备攻击汉城条件，而以几个师迫近汉江中流北岸活动，支援人民军越过汉江歼击伪军。如果敌人放弃汉城，则我西线六个军在平壤、汉城间休整一时期。①

接到毛泽东13日的电报后，彭德怀对越过三八线作战作了部署。15日，以彭德怀、邓华、朴一禹、洪学智、韩先楚、解方名义致电西线各军和东线的宋时轮并报军委，指出："为粉碎敌企图以三八线为界重整残部准备再战之阴谋，奉毛泽东主席命令，决心继续向三八线以南前进，求得在汉城、原州、平昌线以北地区歼灭美伪军一部，第一步以市边里、涟川为目标攻击前进。"18日，志愿军党委下达了关于完成第三次战役任务的指示。

19日24时，彭德怀致电毛泽东并高岗，针对民主阵营内部出现速胜乐观情绪和志愿军作战存在的实际困难，对战争形势提出了看法。他说："据我看朝鲜战争仍是相当长期的、艰苦的。敌人由进攻转入防御，战线缩短，兵力集中，正面狭小，自然加强了纵深，对联合兵种作战有利。美伪士气虽然较前低落，现还有二十六万左右兵力。政治上，敌马上放弃朝鲜，对于帝国主义阵营说来是很不利的，英法也不要求美国这样做。如再吃一两个败仗，再被消灭两三个师，可能退守几个桥头阵地（釜山、仁川、群山），也不会马上全部撤出朝鲜。我军目前仍应采取稳进。"彭德怀还对8日电报的考虑作了说明：西线6个军连打两仗，两个月未得安全休息，物资不能及时补给，气候寒冷，相当疲劳，特别是对从山地运动战转为阵地攻坚没有进行普遍教育。"由于上述种种原因，我八日的报告中提到暂不越三八线作战，充分准备来年开春再战。得十三日复电，现已遵示越三八线作战。"同时对第三次战役的可能结果进行了分析，并本着稳进的方针确定了部署，"如无意

① 《建国以来毛泽东军事文稿》，上卷，408页，北京，军事科学出版社、中央文献出版社，2010。

外变故，打败仗是不会有的，攻击受阻或胜利不大的可能性是存在的。为避免意外过失，拟集中四个军（五十军、六十六军在两翼牵制敌人）首先歼灭伪一师，后相机打伪六师。如果战役发展顺利时，再打春川之伪三军团，如不顺畅即适时收兵。能否控制三八线，亦须看当时具体情况再行决定”。

毛泽东于21日复电彭德怀，赞成他对战争形势的分析和对作战部署的考虑，并进一步指出了越过三八线再打一仗的必要：

你对敌情估计是正确的。必须作长期打算。此点我曾向金日成同志说了……速胜观点是有害的，望设法给以克服。

美、英正在利用三八线在人们中存在的旧印象，进行其政治宣传，并企图诱我停战，故我军此时越过三八线再打一仗然后进行休整，是必要的。

打法完全同意你的意见，即目前美、英军集中于汉城地区，不利攻击，我应专找伪军打。就总的方面说，只要能歼灭伪军全部或大部，美军即陷于孤立，不可能长期留在朝鲜。如能再歼灭美军几个师，朝鲜问题更好解决。就此次战役说，如果发展顺利，并能找到粮食，则春川、加平、洪川地区可能寻歼较多的伪军。

在战役发起前，只要有可能即应休息几天，恢复疲劳，然后投入战斗，在打伪一师、伪六师之前是这样，在打春川之前也是这样。总之，主动权在我手里，可以从容不迫地作战，不使部队过于疲劳。

如不顺利则适时收兵，到适当地点休整再战，这个意见也是对的。[①]

与此同时，在第二次战役期间因翻车负伤回国治疗的邓华，于20日致信彭德怀，对战争形势也作了分析。邓华在信中指出：

我考虑第三个战役，可能打出三个可能：一为敌被迫谈判求和，二为被迫撤出朝鲜，三为安上桥头堡一个（大丘、釜山）或两个（汉城、仁川）。如我能歼灭比上一战役更多的美军，则可能出现第一、二个可能，否则为第三个可能。根据今天情况看来，第三个可能性大。因敌有两次经验，且兵力更加集中了。虽如此，我们仍应争取前两个可能，缩短战争时间，于全局有利。也有可能我努力敌犯错误，而消灭大批美军。

① 《建国以来毛泽东军事文稿》，上卷，414页，北京，军事科学出版社、中央文献出版社，2010。

假如打成第三种局面，我意作较长期打算。保留小部（两三个军）配合人民军并撑他们的腰，广泛开展游击战，来纠缠疲惫和消耗敌人……

22日，彭德怀将邓华的信转给毛泽东。12月26日，毛泽东致电彭德怀、朴一禹并告金日成和高岗，再一次强调了作长期打算的思想，指出："战争仍然要做长期打算，要估计到今后许多困难情况。要懂得不经过严重的斗争，不歼灭伪军全部至少是其大部，不再歼灭美英军至少四五万人，朝鲜问题是不能解决的，速胜的观点是有害的。"同时考虑到为以后作战有利于歼敌，不使敌军过于集中，毛泽东提出不但人民军第2、第5军团现不要深入三八线以南，而且在第三次战役后，志愿军和人民军全部应后撤几十公里进行休整。①

12月28日20时，彭德怀致电毛泽东并高岗，指出："前电示此役后三八线仍让敌占领。须看此役结果。如能歼灭伪军两三个师及美军一部，估计敌不仅不要三八线，还有可能放弃汉城，退守南汉江。……此役如发展顺利，拟以六十六军或四十二军占领春川、洪川，以人民军一部占领襄阳、江陵，控制此四县间山区，以便分储粮弹……准备春季攻势。此役，在部队中动员强调越过三八线的政治意义……占领三八线后又不要三八线，还须作一番解释。我意既已占领了，如无其他特别原因就占领之，不去威胁汉城，让敌占领。如敌像平壤一样自动放弃，即令人民军一军团前往占领，志愿军集结四至五个军（九兵团在内）撤至三八线以北，就粮整补等。"

29日毛泽东复电，同意彭德怀的计划。

同意你的计划。此次战役如发展顺利，以六十六军或四十二军占领春川、洪川，以人民军一部占领襄阳、江陵，分储粮弹，准备春季攻势。其他各军，于战役完全结束敌人新部署亦已明了之后，即分置于粮运较为便利地区（不论三八线南北），部署休整两个月。所谓三八线在人们脑子中存在的旧印象，经过这一仗，也就不存在了。我军在三八线以南或以北休整，均无关系。但如不打这一仗，从十二月初起整个冬季我军都在休整，没有动作，则必引起资本主义各国甚多揣测，民主阵线各国亦必有些人不以为然，发生许多议论。如我军能照你们目前部署，于一月上半月打一个胜仗，争取歼灭伪

① 参见《建国以来毛泽东军事文稿》，上卷，421页，北京，军事科学出版社、中央文献出版社，2010。

军几个师及美军一部，然后休整两个月，准备春季攻势，则对民主阵线及资本主义各国人民大众影响甚好，对帝国主义则给以新的一击，加重其悲观失败情绪。菲里波夫[1]同志对志愿军的领导认为是正确的，他批评了许多错误的议论，他了解朝鲜作战中的困难，他自动提议增加汽车二千辆，解决你们的困难问题。[2]

毛泽东决定越过三八线再打一仗，是基于对当时战场内外的军事、政治形势的分析作出的，这一决定符合当时战场内外的形势，与中共中央决策抗美援朝、保家卫国的初衷相一致。

中国人民志愿军和朝鲜人民军联合司令部成立

志愿军入朝后，就存在一个志愿军和朝鲜人民军作战的相互配合和统一指挥问题。经彭德怀与金日成协商，在组成志愿军的指挥机构时，金日成派朝鲜内阁内务相朴一禹参加志愿军的领导，担任联络，中共中央任命朴一禹为志愿军副司令员兼副政治委员和中共志愿军党委副书记。当时朝鲜人民军遭到严重损失，主力正从三八线以南向北后撤转移中，新组建的部队正在中国境内整训。因此建立志愿军和人民军统一指挥问题尚未提到议程。在志愿军进行第一次战役时，由于没有统一的协调，曾多次发生人民军误击志愿军的事件。11 月 4 日，志愿军第 39 军部队正在博川东南围攻美第 24 师，而人民军坦克师却奉命向顺川挺进，误击志愿军第 39 军，使被围之敌逃脱。另外，在物资供给、交通运输等方面，由于没有统一的协调指挥，也出现了混乱的局面。尽管这些现象还没有造成十分严重的后果，但志愿军和人民军的统一作战指挥已成为迫切需要。

志愿军第一次战役结束后，彭德怀曾考虑金日成的人民军总部最好能与志愿军总部靠近，以便协商志愿军和人民军在作战上的协调统一问题。彭德怀通过北京委托中国驻朝鲜大使馆与金日成进行协商。但金日成是朝鲜内阁首相和人民军最高司令官，集军事、政务于一身，人民军总部难以与

① 菲里波夫，是斯大林的化名。

② 《建国以来毛泽东军事文稿》，上卷，423 页，北京，军事科学出版社、中央文献出版社，2010。

志愿军总部设在一起，金日成表示可在十数日内与彭德怀会面一次，协商作战问题。

11月7日，彭德怀请朴一禹回满浦面见金日成，就开辟敌后战场、中朝两军如何配合作战、对俘虏兵政策等问题进行协商。朴一禹与金日成协商这些问题时，苏联驻朝鲜大使史蒂可夫和苏联驻朝鲜的军事顾问瓦西列夫均在场，他们对一些问题的认识不一致，并且影响金日成的决心。对上述问题都未获得明确的协商结果。11月11日，彭德怀致电毛泽东、高岗报告了以上问题的商谈情况。彭德怀并提议，由金日成、苏联驻朝鲜大使史蒂可夫、彭德怀组成三人小组，负责决定与作战有关的协调指挥和军事政策等问题。

11月8日周恩来致电柴军武并告彭德怀、高岗："目前正值战役间隙期间，毛主席嘱向金首相建议，可否于本月十日前后到彭德怀同志处，与高岗、彭德怀两同志晤面，商讨在朝作战和供应，与朝鲜人民军和机关进入东北后的训练、安置及其他问题。不知金首相意见如何，请速询告，以便通知高岗同志赶往。"①金日成同意就以上问题与彭德怀、高岗进行会商。高岗于14日从沈阳到达志愿军总部，15日，与金日成、史蒂可夫、彭德怀一起，就统一作战指挥和一些军事政策问题进行了协商。意见基本形成一致，但未作最后定论，待第二次战役后再议。

在此期间，11月13日，周恩来就此起草了毛泽东致斯大林的电报，转去了彭德怀11日给毛泽东关于请朴一禹与金日成商讨4个问题情况的电报。毛泽东在电报中指出："我曾向金日成提议利用目前作战间隙，去前线与彭德怀及高岗（由沈阳赶去）会商作战和上述四个问题及敌后各项政策，金已同意，并与苏大使史蒂可夫同志同往。彭德怀同志提议，希望金日成同志和史蒂可夫同志能常驻前方，并由金日成、史蒂可夫、彭德怀组织三人小组，负责决定军事政策，包括建军、作战、正面战场和敌后战场以及与作战有关的许多现行政策，求得彼此意见一致，以利战争进行。我们同意这个提议，现特电告，请求您的指示。如您认为可行，即请由您处向史蒂可夫同志和金日成同志提出为妥。……现在的重要问题是朝、苏、中三国在那里的领导同志们能很好地团结，对各项军事政治政策能取得一致的意见，朝鲜人民军和中国人民志愿军在作战上能有较好的配合……胜利是有把握的。"

斯大林接电后，于当月16日回电，提出同意由中国同志统一指挥，并将

① 《建国以来周恩来文稿》，第3册，475页，中央文献出版社，2008。

此意同时电告金日成和史蒂可夫，苏联驻中国军事总顾问也赞成斯大林的意见。①

在第二次战役西线作战结束时，12 月 3 日，金日成来到北京，与毛泽东、周恩来、刘少奇就朝鲜战争的若干重要问题进行协商。这时朝鲜人民军已有 5 个军团陆续完成整训或休整，准备同志愿军并肩作战。在会谈中，在中朝两军统一指挥问题上，金日成说：斯大林来电报同意中朝军队统一指挥，因中国志愿军有经验，应由中国同志为正，朝鲜同志为副，朝鲜劳动党政治局会议已同意。最后双方商定：成立中国人民志愿军和朝鲜人民军联合司令部，凡属作战范围及前线一切活动均归其指挥，后方动员、训练、军政、警备等则由朝鲜政府直接管辖，但联合司令部应向后方提出要求和建议。铁路运输修理亦归联合司令部指挥。联合司令部下仍分两个机构，即中国人民志愿军部队司令部和朝鲜人民军参谋部，合驻一处办公；以彭德怀为司令员兼政治委员，朝鲜方面金雄为副司令员，朴一禹为副政治委员。联合司令部对外不公开，仅对内行文用之。②

12 月 7 日，彭德怀与金日成在朝鲜进行会谈，决定在数日内组成中朝联合司令部。8 日，周恩来代表中共中央起草了中朝两方关于成立中朝联合司令部的协议，内容如下：

一、为更有效地打击共同敌人，中朝两方同意立即成立联合指挥部，统一指挥朝鲜境内一切作战及其有关事宜。

二、中朝两方相互同意推任彭德怀为联合指挥部司令员兼政治委员，金雄为联合指挥部副司令员，朴一禹为联合指挥部副政治委员。

三、朝鲜人民军及一切游击部队和中国人民志愿军受联合指挥部统一指挥。联合指挥部发给他们的一切命令统经朝鲜人民军总司令部及中国人民志愿军司令部下达。

四、联合指挥部有权指挥一切与作战有关之交通运输（公路、铁路、港口、机场、有线无线的电话和电报等）、粮秣筹措、人力物力动员等事宜。联合指挥部凡关此类命令，视其管辖关系，分别经由朝鲜人民军总司令部或中国人民志愿军司令部下达。

五、凡属朝鲜后方的动员支前、补充训练及地方行政的恢复等工作，联

① 参见《建国以来周恩来文稿》，第 3 册，515 页，北京，中央文献出版社，2008。

② 参见中共中央致彭德怀并高岗的电报，1950 年 12 月 4 日夜。

合指挥部得根据实际情况和战争需要向朝鲜政府提出报告和建议。

六、凡关作战的新闻报道，统一由联合指挥部指定机关负责编审，然后交朝鲜新闻机关以朝鲜人民军总司令部名义统一发布之。

注：为保持机密起见，彭德怀、金雄、朴一禹署名的命令只限于发给朝鲜人民军总司令部和中国人民志愿军司令部，下达则只转述联合指挥部命令而不提及三人姓名。[①]

这个协议在征得金日成同意后，中国人民志愿军和朝鲜人民军联合司令部于12月上旬正式组成，简称联司。[②] 从而解决了中国人民志愿军和朝鲜人民军统一作战指挥的问题，从第三次战役开始，中国人民志愿军和朝鲜人民军即在联司统一指挥下作战。

① 《周恩来军事文选》，第4卷，122～123页，北京，人民出版社，1997。

② 不久，邓华也为联司副司令员。

第二十一章

第三次战役

（参见附图5，序列表7、8）

“联合国军”的失败情绪及撤至三八线的部署

“联合国军”在遭到中国人民志愿军第二次战役的沉重打击后，麦克阿瑟由轻视中国人民志愿军的力量转而对中国人民志愿军发生畏惧，从东京的麦克阿瑟到战场上的美军官兵充满了悲观失望的情绪。

据美联社记者报道，美第8集团军在向三八线撤退时，溃不成军，拼命夺路南逃。“从平壤往南的路上，塞满了一支大规模撤退的军队。在尘土飞扬的道路上，倾泻着军队、卡车、大炮和重装备所形成的洪流，向后移动。”[①]1950年12月上旬和中旬，东京麦克阿瑟总部的一位情报官詹姆斯·波尔克上校在写给他妻子的几封信中，描述了他及东京总部的失败情绪。他在信中说：“总司令部的人都情绪消沉，我想现在整个自由世界都是如此。我近来很沮丧，所以三天没有给你写信。战事发生了急剧的变化，几天前，战争眼看就要以一次伟大的胜利而结束，但是现在，谁也看不到它的尽头了。情况真是糟透了。”“最近这两天，这儿……很不平静，每一个人情绪都那样急躁，苦闷不堪，对前景也感到悲观失望……这儿有许许多多的事情——我是说许许多多——需要去做，而整个指挥部却深深陷入一种可怕

① 新华社北京1950年12月6日电。转引自1950年12月《新华月报》，258页。

的消沉。”“国内人们的确如你所说的对这一切感到失望，他们有权这样做，因为这些日子里事情的确一团糟。正如我早些时候对你说的，我对总指挥部的态度感到十分失望，他们显得病病怏怏的，没有希望，对事情抱有一种‘无所事事的态度’。一切全凭感觉而为，尽做些没头没脑的事，非常糟糕。”①

“联合国军”撤到三八线以后，仍然惊魂未定。12 月 23 日，美第 8 集团军司令沃尔顿·沃克驱车从汉城去前线视察他那失败情绪笼罩的部队，在前往议政府的路上，被向南撤退的一辆南朝鲜军卡车撞翻丧命。美国陆军助理参谋长马修·李奇微接任美第 8 集团军司令官，12 月 26 日，到达朝鲜。李奇微曾是美国西点军校的优秀生，第二次世界大战时曾任美军空降师师长和军长。他一上任，麦克阿瑟就将“联合国军”地面部队全部交他指挥。李奇微接任后本来想很快恢复进攻，但他用两天时间视察了美第 1 军、英第 29 旅、美第 25 师、南朝鲜第 1 师，会见了在前线的各军军长、各师师长，并且了解他们对发动一次进攻的看法。然而，第 8 集团军在过去的几周中，在肉体上和心理上都受到了深痛的损害，部队士气极低，处在毫无进攻精神的萎靡状态。第 8 集团军的各级指挥官、参谋乃至士兵都已经丧失了信心。这些军长、师长们认为，此时无论实施何种进攻都会归于失败，而且可能付出重大的代价。李奇微在回忆录中写道：

我也发觉，部队在思想上、精神上可以说根本没有做好准备，无法实施我一直计划采取的那种进攻行动。……部队过于瞻前顾后，这里看不到一支信心十足、决心取胜的军队所表现出来的那种特有的热情、活力和朝气。……

我沿途遇到了一些士兵，与他们进行了交谈，听取了他们的不满意见。从他们的身上我也深深感到，这是一支张皇失措的军队，对自己、对领导都丧失了信心，不清楚自己究竟在干什么，老是盼望着能早日乘船回国。……

我视察过的每一个指挥所都给我以同样的感觉，即丧失了信心和斗志。军士以上的指挥人员好像都很冷淡，不愿回答我的问题，即使想从他们口中听到一些牢骚意见也不容易。他们闷闷不乐地提供着情况，在他们身上看

① ［美］约翰·托兰：《漫长的战斗——美国人眼中的朝鲜战争》，379、387、394 页，北京，中国社会科学出版社，1994。

不到情绪高昂的部队所具有的那股机敏。①

李奇微在写给柯林斯的一封私人信函中说："这里确定无疑地有一种紧张不安、大难将临、动荡不定的气氛，一种惊恐未定的精神状态。"李奇微还对他的士兵们说，你们的"步兵老祖宗倘若真能看到这支军队目前的状况是会气得在坟墓里打滚的"②。

鉴于美军中普遍存在着失败情绪，士气低落，李奇微只好放弃了立即转入进攻的打算。

"联合国军"退至三八线及以南后，进一步构筑了防御工事，建立纵深防线和整顿部队，准备抗击志愿军的进攻。李奇微认为联合国军的兵力过于单薄，无法横贯整个朝鲜半岛建立一条稳固的战线，也无法阻止中国军队的夜间进攻，但是，联合国军有制空权，有优势的炮兵火力。于是，他要求"在夜间收缩部队，让部队与部队之间紧紧衔接在一起，到昼间，则以步坦协同的分队发起强有力的反冲击。……占领一系列有利的高地……依靠优势的炮火支援和空中火力支援在昼间将敌人消灭"。一旦被迫放弃一些阵地，则"在周密地勘察并精心构筑后方阵地之后有秩序地按照调整线实施后撤"③。

12 月底，李奇微按麦克阿瑟 12 月 8 日命令确定的防线，部署了"一条从临津江到三八线的总战线"。在这条横贯朝鲜半岛 250 公里、纵深 60 公里的总战线上设置了两道基本防线。第一道防线（A 线）西起临津江口，东经汶山沿三八线到东海岸的襄阳。第二道防线（B 线）西起高阳，东经议政府、加平、自隐里至东海岸的冬德里。为了加大防御纵深，在第二道防线以南至北纬 37°线，还准备了 C、D、E 三道机动防线，由南朝鲜抽调大批民工进行构筑。C 线从永登浦沿汉江南岸，经杨平、横城至江陵；D 线从水原经利川、原州、平昌至三陟；E 线沿 37°线，从平泽经忠州至三陟。

为了防止被迫退回到釜山，李奇微还指定工兵出身的加里森·戴维森准将在靠近釜山地区设置一道防线，即原来的洛东江防线，以保卫釜山港地区。戴维森动用了成千上万的南朝鲜劳工，构筑了大部分堑壕体系、炮兵阵

---

① [美]马修·李奇微:《朝鲜战争》,101～102 页,北京,军事科学出版社,1983。

② [美]马修·李奇微:《朝鲜战争》,104 页,北京,军事科学出版社,1983;[美]约瑟夫·格登:《朝鲜战争——未透露的内情》,544 页,北京,解放军出版社,1990。

③ [美]马修·李奇微:《朝鲜战争》,105 页,北京,军事科学出版社,1983。

地，还设置了大量的铁丝网。

此时，“联合国军”在朝鲜的地面部队总兵力为36.5万人，其中作战兵力25万人，[①]美第10军亦统归美第8集团军指挥。除遭受严重打击的美第10军（指挥美陆战第1师、美第7师和美第3师）位于大丘、釜山地区，美第2师主力位于37°线以北的堤川休整外，在第一线展开8个南朝鲜师，其余美英军主力均置于议政府至汉城以南的机动位置。其具体部署由西至东为：

美第1军指挥2个师又3个旅。第一梯队，南朝鲜第1师防守临津江口至舟月里地段，土耳其旅防守汉城以西盐河口至金浦地段；第二梯队，美第25师、英第29旅、英第27旅分别位于汉城西北高阳及汉江南岸安养里和水原地域。

美第9军指挥3个师。第一梯队，南朝鲜第6师防守舟月里至梁文里地段；第二梯队美第24师、美骑兵第1师分别位于议政府、抱川及汉城以东雌马场里、金谷里、道谷里地域。

南朝鲜第3军团指挥3个师，成一个梯队展开：南朝鲜第2师防守梁文里至榻豆郁地段，南朝鲜第5师防守榻豆郁至背后岭地段，南朝鲜第8师防守庆云山至揪田里地段。

南朝鲜第2军团指挥2个师。南朝鲜第3师，防守揪田里、甲屯里地段。南朝鲜第7师位于春川、横城地区，为南朝鲜陆军本部预备队。

南朝鲜第1军团指挥2个师，成一个梯队展开：南朝鲜第9师防守甲屯里至道采洞地段，南朝鲜首都师防守道采洞至东海岸地段。

另美第2师主力位于堤川，一部位于洪川；美空降第187团位于军浦场，为美第8集团军预备队。

“联合国军”的部署特点是，置南朝鲜军于第一线，美英军于第二线，并大部分集结于汉城周围及汉江南北地区之交通要道上，在全线摆出了一个能守则守，不能守则随时准备按计划撤退的姿态。

志愿军和人民军的战役部署和准备

在“联合国军”遭到志愿军第二次战役的打击，全部向三八线撤退时，

① 参见韩国国防部编：《韩国战争史》，中译名《朝鲜战争》，第1卷，385页，牡丹江，黑龙江朝鲜民族出版社，1988。

12月8日，彭德怀即作了以志愿军西线6个军向三八线攻进的部署，令各军于12日晚由现地出发，17日拂晓前到达破邑以南、桧仓以南、三登、货泉里及平壤以南加鹊里、香木里一线地区，拟于17日晚开始攻击位于中和、祥原、遂安地区之敌。12日晚，西线志愿军6个军按这一部署向预定地区开进。

接到毛泽东13日关于必须越过三八线再打一仗的电令后，彭德怀对8日部署进行了调整，决定各部按8日电令到达集结位置后，休息两天，筹补粮秣查清当面情况，继续向三八线以南前进，求得在汉城、原州、平昌线以北地区歼灭美军和南朝鲜军一部，第一步以市边里、涟川为目标攻击前进，并作了预定部署。12月15日22时，以彭德怀、邓华、朴一禹、洪学智、韩先楚、解方名义将上述部署调整下达给各军。16日，志愿军西线6个军除个别部队外，全部到达8日命令指定的位置。18日，开始向市边里、涟川攻击前进。这时美第8集团军已于16日全部撤至三八线一线以南布防。

根据敌情变化，19日12时，志愿军副司令员韩先楚致电彭德怀、洪学智、解方并第38、第39、第42军，对下一步歼敌部署提出了建议。20日22时，彭德怀、洪学智、解方、杜平致电韩先楚并西线各军首长，就下一步歼敌部署征求意见。在此基础上，22日10时，彭德怀致电韩先楚并各军提出预先部署，指出：

一、根据目前部队运输、天气、汉江等困难情况，似仍应坚持预定计划，集中卅八、卅九、四十军消灭伪六师、伪一师，四十二军及六十六军主力消灭春川西北地区之伪二师及伪五师之一个团，六十六军以一个师由华川南进，向春川以北及东北之伪二师主力、伪七师佯攻。首先求得解决汉江、临津江布防之伪军，控制三八线，使美英利用三八线宣传停战之阴谋归于泡影。似此比较稳妥。你们如无其他意见，请按此作具体部署。

二、五十军接近高浪浦里集结，人民军一军团进集开城，二、五军团仍由杨口、麟蹄南进不变。

接着，彭德怀、洪学智、解方于当日12时下达了正式部署命令，命令指出，决以歼灭临津江东岸迄北汉江西岸地区一线布防之南朝鲜第1、第6、第2师及第5师一部为目的，进攻部署如下：

以第42、第66军配属炮兵1个团为左纵队，统由第42军军长吴瑞林、政治委员周彪指挥。以5个师兵力担任攻歼东起春川西北40里之马坪里、西至永平地区之南朝鲜第2师及第5师一部，应集主力于永平（不含）迄龙沼洞地区，首先集中绝对优势火力、兵力消灭南朝鲜第2师1～2个团，得手后再向东逐次歼击。另以第66军1个师由华川南渡北汉江，向春川以北地区之敌积极动作，钳制该敌，配合主力作战。该师并与杨口、麟蹄人民军第2、第5军团密切联系，策应人民军该两军团南进攻击，得手后以加平、龙上里、清平里为目标扩张战果，切断春川、汉城交通。

以第38、第39、第40、第50军配属炮兵第1师全部和炮兵第8师共6个炮兵团为右纵队，由志愿军副司令员韩先楚统一指挥，担任攻击东起永平（含）西至高浪浦里地区南朝鲜第6、第1师。首先集中3个主力军歼灭南朝鲜第6师，再歼南朝鲜第1师，得手后以抱川、纸杏里、龟岩里为目标扩大战果，具体由韩部署之。攻击开始时，应注意以有力一部隔断美军和南朝鲜军的联系，阻击增援。

此外，在此前一天的12月21日，以彭德怀、金雄、朴一禹名义，令人民军第1军团一部位于海州警戒，主力由开城地区向汶山之敌行宽正面佯攻，钳制汶山之敌，配合志愿军作战。人民军第2军团一部已越过三八线，第5军团大部已接近三八线，一部正向春川、加平挺进中。22日部署命令中，令第5军团及第2军团一部由杨口、麟蹄、阴阳里、富坪里东西线南朝鲜第1、第2军团接合部攻击，得手后相机向洪川攻进。

志愿军部署命令中强调，三八线南北地区山脉连绵、河流纵横，敌军依山川及残余既成堡垒，纵深布防，我组织攻击时要特别注意以下几点：

（一）在攻击区域内应集中绝对优势兵力、火力，向预定攻击线猛烈突破缺口。达到分割包围、各个歼灭的目的。为此必须保持纵深连续发展的优裕力量。

（二）必须使用炮兵于预定突破口及掩护主力渡河等战斗，工兵及第二梯队步兵以大力帮助炮兵修路、架桥、构筑工事、进入阵地以及组织对空射击掩护之。

（三）组织指挥员侦察及特种兵侦察，查明进攻目标工事状况及前进路上河流桥梁情况，要尽可能争取架桥，避免徒涉，以保持战斗力。

（四）要以大力组织防空，主要是伪装、隐蔽、挖掩体，但同时必须组织火力对空射击。

（五）各军要有计划地组织几个精干侦察队深入美军和南朝鲜军纵深及其后方进行破袭。

12月23日，志愿军西线各部逼近三八线，进至金川、九化里、朔宁、涟川，铁原、华川地区集结。此后，即根据上述命令突击进行了战役准备。

（一）思想政治动员。第二次战役后，由于连续作战，给养缺乏，战场环境恶劣，部队伤亡较大，再加上美军飞机骚扰严重，入朝参战部队面临着严峻的困难。为了克服困难，继续发扬连续作战的优良传统，中共志愿军党委于1950年12月18日发出了关于完成第三次战役任务的指示。指示强调了立即越过三八线再打一仗的必要性，分析了战场上敌我双方作战的有利和不利条件，号召志愿军特别是西线6个军发扬刻苦耐劳的精神，加倍努力工作，勇敢地迎接困难，取得胜利。指示指出：

敌人遭受我军两次战役严重打击后，对我强大的志愿军部队很害怕。帝国主义集团表示无可奈何，一方面深恐美帝陷东方被消耗而削弱西欧防务，[另一方面]想撤兵，又怕丢面子。因而内部极为慌乱，意见分歧，目前唯一的办法，想依托三八线作为缓兵之计。在政治上向我进攻，表面求和，伪作谈判，拖延时间。在军事上加紧重整残部，企图反攻。这是敌人的一个重大阴谋计划，必须十分警惕。

我军当前任务，应该趁着敌人退却，混乱惊慌，尚未稳定下来，组织尚未整理就绪，东线兵力虽已调回，尚未完全集中，所谓新的防线尚未构筑起来，帝国主义内部埋怨纷争尚未平息的有利时机，迅速越过三八线，求得再歼敌人几个师，这样会更加促进敌人军事部署混乱和扩大内部争吵，将更有利解决东方问题。

当然继续南进我们的困难会增多，如运输补给线延长，后方勤务赶不上前线要求。这是事实，正在力求改善。但敌人的困难不比我们轻，在某种程度上来说，也许比我军还多，特别是打了败仗，意见分歧是无法克服的。如果我们不看到敌人今天的困难，而过分强调自己的困难，更不积极想克服办法，或者停止于三八线上，那是不对的。应该抓紧有利时机更多地歼灭敌人。

……

……根据志司所得情况，当前的敌人第一线是伪军几个师，这不仅因伪军战斗力弱好打，而且打掉伪军在今天特别重要，使美国侵略军失去爪牙，适合我军作战要求和对我十分有利。

据此，志愿军党委号召进入朝鲜中部之六个军全体党员特别是干部，要带领全军同志坚决执行与完成志司作战命令，反对疲劳现象与因胜利自满苟安思想，同心协力，再接再厉，巩固已得胜利，扩张战果，争取更大胜利。

23日，志愿军党委又发出了给志愿军全体党员的一封信，针对由于连续作战和战场环境艰苦而在部队中出现的管理松懈、不讲军容风纪、精神不振的“政治疲劳情绪”，要求共产党员解释抗美援朝保家卫国的任务是伟大而光荣的任务，是我党我军义不容辞的责任，同时也是很艰苦、不是很容易的事，必须在部队中带头忍受艰苦，积极主动地做好工作；必须建立军事生活制度，整顿军容风纪，注意防空和防寒防冻；开展小型文娱活动，活跃连队文化生活，同时提出了“环境愈艰苦愈要温暖友爱，任务愈艰苦愈要团结”的口号。只要全体党员充分做好工作，整个部队就会出现生龙活虎的面貌。

各部队据此进行动员教育，在艰苦的环境下保持了昂扬的斗志，决心打好仗，完成任务。12月26日，志愿军全体指战员致电毛泽东主席和朱德总司令，表示：继续努力，争取再打一个胜仗，作为新年献礼。

（二）后勤准备。志愿军后勤机构不健全，运输力不足，特别是美军飞机封锁破坏，再加上冬季积雪路滑，因此运输补给极为困难，部队越三八线作战，运输线比第二次战役时延长2倍，致使志愿军的运输补给更加困难。为保证第三次战役的顺利进行，中央军委、军委总后勤部、东北军区和志愿军总部采取了很多措施。

为保证前方供应，加强铁路运输和抢修，12月上旬，经东北军区建议，中央军委批准，成立了东北军区铁道军事运输司令部，由刘居英任司令员、余光生任政治委员、叶林任副司令员，已入朝的铁道兵第1师归其指挥，保证线路抢修，并增调铁道兵团直属独立团、直属桥梁团入朝，与铁道兵第1师共同修复京义线定州至孟中里段（41.7公里）和满浦线（满浦至顺川）熙川至价川段（71.1公里）铁路。同时，在朝鲜军隅里，定州两地设立军运管理局，负责指挥平壤以北及顺川至高原铁路线的抢修和军事运输。另外，还增调了工兵第5、第8团（后分别改称为第15、第17团）入朝，抢修公路和桥梁。

为加强后勤工作，东北军区决定由军区副政治委员李富春主管后勤工作。为保证第三次战役作战需要，东北军区后勤部对各分部的设置作了调整，供应线向前作了延伸，第1分部从熙川进至球场，供应线向德川、成川、江东、三登、顺川延伸，担负对第38、第42、第66军的供应；第3分部供应线从温井向定州、安州、永柔延伸，担负对第39、第50、第40军和志愿军炮兵的供应。第2、第4分部仍保证对第9兵团的供应不变。

另军委总后勤部从北京和天津抽调246辆汽车保证前方运输。从苏联订购的汽车到达2000辆，志愿军每军增配汽车30辆。

为了解决粮食困难，弥补运输补给的不足，志愿军党委于12月20日专门作出了就地筹粮的决定，对平壤以东、以南三八线以北地区，划定区域，规定了具体筹粮办法，要求军师团各级指定政治部（处）主任或副政治委员一人，专门担任领导筹借粮食和掌握政策，各级政治机关抽调3/5的干部，并抽调一部分部队干部，加上后勤干部与朝鲜联络员等，组成若干筹粮队，作为一项战斗任务完成筹粮工作。凡借得朝鲜地方政府或朝鲜群众个人粮食者，均留给盖有公章的借粮证，日后统由中国政府偿还。西线6个军需筹粮2万吨，东线第9兵团需筹粮1万吨。21日，彭德怀并专门就此致电朝鲜内阁首相金日成并报毛泽东、高岗，求得朝鲜政府并通令各地方政府予以竭力协助。在朝鲜各级政府和人民群众的大力协助和支持下，志愿军筹得第三次战役所需粮食，解决了急需。此外，23日，彭德怀致电高岗和李富春并报毛泽东、周恩来、聂荣臻，对从战略上解决运输问题提出了建议，对东北前送炒面表示感谢，建议多送以大豆、高粱、稻米加盐制的炒面。东北人民政府会议办公厅于12月18日，专门召开了炒面煮肉会议，对东北局机关、各系统、沈阳市、东北军区下达了完成炒面和熟猪肉的指标，要求从12月22日开始，至1951年1月22日的一个月内，共完成炒面650万斤，熟猪肉52万斤，对炒面各种原料构成比例提出了具体要求。

（三）各种军事准备。针对此次作战是由运动歼敌转为向预有防御准备之敌的进攻作战的特点。各军根据志愿军总部的要求，重点进行了强渡江河、突破作战的准备，制定了突破和向纵深发展的作战计划，并制定了突破和向纵深发展时的炮兵支援计划。准备了爆破筒、捆绑炸药等爆破器材。各军师团均按任务区分派出了侦察，掌握了敌军部署和纵深地形情况。对战士进行了打坦克，打碉堡，爆破铁丝网，爬梯子，山地进攻等训练。尽量使部队能吃上热饭，睡暖炕，恢复体力。25日，彭德怀、朴一禹、洪学智确定，战役进攻发起时间为12月31日17时。27日，各军隐蔽前出到战役攻击准备位置，第50军进到开城以东地区；第39军进到九化里地区；第40军进到朔宁地区；第38军进到涟川地区；第42军进到铁原东南地区；第66军进到金化以南及华川以北地区。人民军第1军团进到沙里院及其以南地区；第2、第5军团的5个师隐蔽进到洪川地区，其余进到麟蹄地区。为保证指挥和联络，军与军之间均架设了有线电话。

左右两个纵队的各军师也完成了具体作战部署。右纵队从西至东为：第50军由茅石洞至高浪浦里地段突破临津江，向皆木洞方向突击，配合第39军歼灭出援之敌和歼灭南朝鲜第1师。第39军由新垈、土井地段突破临津江，主力向上声洞、梧岘里、法院里方向突击，准备打援与抓住汶山地区南朝鲜第1师；另以1个师向湘水里、仙岩里方向实施迂回，并占领该阵地，与第38军1个师对东豆川南朝鲜第6师构成合围，阻击该师南逃和由议政府向北增援之敌。达成上述任务后，军主力协同第50军围歼南朝鲜第1师。第40军由峨嵋里至高滩地段突破临津江、汉滩川，向东豆川里方向突击，协同第38军、第39军1个师围歼南朝鲜第6师。第38军自楼垈至板巨里地段突破汉滩川，首先歼灭永平之敌，尔后向东豆川、七峰山方向突击，协同第40军围歼南朝鲜第6师，并打击北援之敌；以1个师进占梧梅洞以西、旺方里一带，监视抱川之敌，与第39军1个师构成合围，截断南朝鲜第6师向议政府的退路。

左纵队从西至东：第42军由观音山至拜仙洞地段突破，主力向中板里、贵木洞方向突击，歼灭南朝鲜第2师第17团，并切断清平川、加平公路；另以1个师由赤木里向梧木洞、济宁里实施迂回，断敌退路，然后由南向北突击，协同第66军主力歼灭南朝鲜第2师第32团、第5师第36团。第66军主力分别由龙沼洞及马坪里、圆坪里地段突破，向济宁里方向突击，会同第42军歼灭南朝鲜第2师；另以2个团向春川以北积极佯攻，抓住南朝鲜第5师，配合主力作战和策应人民军第2、第5军团南进。

人民军第1军团和第2、第5军团按原来部署不变。

另人民军第3军团和4个海防旅担任元山和东海岸防御，第4军团担任西海岸防御。

志愿军第9兵团因在第二次战役中冻伤亡较大，集结于咸兴地区休整。此时，志愿军在第一线的6个军约为23万余人，人民军在第一线的3个军团约为7.5万余人。志愿军和人民军第一线兵力共约30万余人。

至12月30日，各军全部完成战役展开，由于隐蔽行动，达成了战役的突然性，特别是第39军第116师，在战役开始的前一天，在南朝鲜第1师当面，冒着零下25℃的严寒，利用地形、积雪、稻草等，将突击部队7500余人、火炮70余门伪装隐蔽一昼夜，未被发现。

突破“联合国军”三八线既设阵地

1950年岁末——12月31日，三八线附近寒风凛冽，大雪纷飞，气温骤降。当日17时，志愿军和人民军按照预定计划，经过短促的炮火准备之后，在西起临津江口,东至麟蹄的200多公里的宽大正面上,向“联合国军”的三八线防御阵地发起进攻。

志愿军右纵队第50、第39、第40、第38军,在高浪浦里至永平地段上突破临津江和汉滩川。临津江和汉滩川南岸是天然峭壁,南朝鲜第1、第6师依托既设阵地,凭险据守,在防线前沿布满了铁丝网和地雷。志愿军左纵队第42、第66军在永平至马坪里地段上突破南朝鲜军阵地。这一地段敌防御正面狭小,纵深内山川交错,森林密布,白雪皑皑,两侧依托临津江和北汉江,南朝鲜第2师和南朝鲜第5师在这一地段纵深布防。

此时,“联合国军”已成惊弓之鸟,对志愿军闻风丧胆,在志愿军和人民军发起攻击后,稍作抵抗,就撤退逃跑。志愿军从12月31日17时发起攻击后,仅半小时至1小时,右纵队的第38、第39军和左纵队的第42军即先后突破“联合国军”的三八线阵地。18时30分和20时30分,右纵队的第40军和左纵队的第66军也先后突破敌军的三八线阵地,第50军于22时南渡临津江,志愿军各部突破均较顺利。

第39军在炮兵第26、第45团(共32门炮)支援下,于新垈、土井地段突破。以猛烈的炮火摧毁了南朝鲜第1师前沿火力点,压制了其纵深炮兵,并在前沿为步兵开辟了两条道路。担任突破任务的第116师,在炮火延伸时,用5~11分钟通过雷区,涉过齐腰深的冰河,攀上对面的陡崖。尔后,迅速从南朝鲜第1师防御正面突入。经过一夜战斗,至1951年1月1日拂晓前,突入南朝鲜军防御纵深约10公里,占领了大村、武建里地区。该军担任穿插迂回任务的第117师随第116师右翼团过江后,迅速向东豆川以南地区穿插前进,其前卫团沿途粉碎了敌军5次阻击后,于1日5时前,突入纵深15公里,迂回到东豆川以南的湘水里、仙岩里地区,割裂了南朝鲜第6师与其左翼南朝鲜第1师的联系,并截歼南逃的南朝鲜第6师600余人。第115师在第116师1个团的接应下渡过临津江,并有力地策应了第50军的渡江。1月6日,志愿军总部对第39军第116、第117师分别进行了通令表扬,同时通令表扬了配合该军作战的炮兵第45团。

第40军在炮兵第42团和第29团(第29团在开进中遭敌突袭,仅有1个连参加战斗)的支援下,以2个师于峨嵋里至高滩地段突过临津江和汉滩川,该军第118师当面系南朝鲜第6师主力,工事和火力较强,第118师展开逐山逐堡攻击争夺,至1月1日拂晓,南朝鲜第6师主力在美军飞机掩护下南逃。志愿军第119师在炮兵掩护下一举突破江防,师主力迅速向纵深发展,于1月1日拂晓前,突入敌军防御纵深12公里,占领了东豆川以西安兴里、上牌里地区,并派 1 个连占领了东豆川东山,将南朝鲜第 6 师的后路切断,但对情况缺乏具体了解,又将该连撤回,故形成缺口,致使南朝鲜第 6 师大部分得以脱逃。

第 38 军在炮兵第 25、第 46 团支援下,以 2 个师于楼岱至板巨里地段突破,在短促炮火准备后,第 113 师仅 20 分钟即强涉汉滩川,突进南朝鲜第 6 师阵地,并歼其 1 个连,尔后向纵深发展。该军担任穿插迂回任务的第 114 师突破后,于 1 日昼间继续发展进攻,至 12 时突入纵深 20 公里,占领了东豆川东南之七峰山,但在与第 39 军第 117 师构成合围前,南朝鲜第 6 师已向南撤退,第 114 师 1 个营进到七峰山以南,发现南朝鲜第 6 师 1000 余人及汽车正向议政府方向撤退,当即展开阻击,歼其 400 余人。第 38 军主力向抱川、议政府方向攻击前进,于 1 日晚进占新邑里,抱川之敌已经南逃。

第 50 军在第 39 军协同下,于 1 月 1 日 2 时从茅石洞至高浪浦里突过临津江,突入敌阵地 2 公里,占领了紫长里地区。

第 42 军在炮兵第 44 团支援下,于观音山至拜仙洞地段突破,歼南朝鲜第 2 师 2 个团各一部,并全歼 2 个炮兵连。经一夜战斗,于 1 日拂晓前占领道城岘、蛾洋岩。该军担任迂回任务的第 124 师占领道城岘后,不顾山高雪深,不怕敌机威胁,于昼间继续突击,大胆猛进,沿途打破敌军 10 次阻击,并歼南朝鲜第 2 师 1 个营,于 1 日 12 时,前出约 50 公里,进至济宁里以南石长里地区,圆满完成了切断南朝鲜第 2 师退路的任务,并继续向上南淙、下南淙地区突击,该师受到志愿军总部的表扬。军主力于 1 日推进到花岘里、中板里、赤木里地区,歼灭了南朝鲜第 2 师 1 个多营,然后继续向加平方向发展进攻。

第 66 军于龙沼洞、马坪里、园坪里地段突破南朝鲜第 2 师和第 5 师防御前沿后,主力克服敌军的重重障碍,翻越冰山雪岭,向南朝鲜军防御纵深发展进攻,先后占领修德山、上红碛里、下红碛里、上南淙、下南淙地区,沿途歼南朝鲜第 2 师 1 个营又 1 个连,与第 42 军第 124 师将南朝鲜第 2 师大部和第 5 师一部包围于修德山、上南淙、下南淙地区。第 66 军主力与第 42 军第 124 师对该敌展开攻击,至 2 日拂晓,全歼南朝鲜第 2 师第 32 团 2 个营、第 31 团和第 5 师第 36 团各 1 个营另南朝鲜军 1 个炮兵营,共毙伤俘 3200 余人,缴获各种火炮 60 余门、汽车 40 余辆。志愿军司令部于 3 日 9 时致电祝贺第 66 军取得重大胜利。6 日,志愿军总部通令表扬了第 42 军第 124 师。

在西线的人民军第 1 军团渡过临津江后,向汶山附近的仙游里、波州里方向发展。在东线的第2军团4个师和第5军团1个师，于战役发起前越过三八线，分别向洪川、横城、原州方向渗透迂回前进。其中1个师于31日晨，前进至洪川西南新岱里地区，威胁了敌人侧后，迫使南朝鲜第3师南逃。

1951年1月1日，美联社记者报道了南朝鲜军争相南逃的情景：强大的中国军队今年元旦早晨在汉城以北和东北把联合国军击退了好几英里。汉城正北的盟军1个师已完全崩溃。记者曾看到该师的约300余人在他们原来的阵地以东数英里的路上狼狈南行。因为不得透露联合国军的番号，但是这个被击溃的师是以顽强著称的。[①] 法新社记者和合众社记者报道，美第8集团军在撤退时，实行了"焦土"政策，从三八线向南撤退的整个地区一烧而光。他们将去年12月初以来即已占住的学校、粮库以及茅草屋等焚烧一空。白烟和烧焦了的稻草屑在撤退的路上飘浮，烟雾蔽天，终日无光。[②]

美第8集团军司令官李奇微后来在其回忆录中，也描写了他的部队从三八线向南撤退的狼狈相。他写道：

元旦上午，我驱车由北面出了汉城，结果见到了一幅令人沮丧的景象。朝鲜士兵乘着一辆辆卡车，正川流不息地向南涌去。他们没有秩序，没有武器，没有领导，完全是在全面败退。有些士兵是依靠步行或者乘着各种征用的车辆逃到这里的。他们只有一个念头——逃得离中国军队愈远愈好。他们扔掉了自己的步枪和手枪，丢弃了所有的火炮、迫击炮、机枪以及数人操作的武器。

我知道，要想制止这些连我的话都听不懂的吓破了胆的士兵大规模溃逃，那是枉费心机。但是，我还是得试一下。于是，我跳下吉普车，站到路当中，高举手臂，示意一辆迎面开来的卡车停下。开头几辆没有减速便从我身旁绕了过去。但是不久，我还是拦住了一支载着南朝鲜军官的卡车队，头一辆卡车上的军官没听懂我的意思，不服从我的示意。不久整个车队又开动了。[③]

为了阻止志愿军和人民军的进攻，美第5航空队倾巢出动，对沿开城到

---

① 参见美联社汉城1951年1月1日电，载《新华社内参》，9页，1951年1月1日。
② 参见法新社汉城1951年1月1日电；合众社临津江前线1951年1月1日电。
③ [美]马修·李奇微：《朝鲜战争》，109页，北京，军事科学出版社，1983。

汉城和沿涟川到汉城的公路向南进攻的志愿军进行了猛烈攻击。1月1日出动飞机564架次,2日又出动飞机531架次,平均每隔10分钟就有一批战斗轰炸机出动。

志愿军和人民军不顾美军飞机的狂轰滥炸,继续发展进攻。右纵队第39军主力于2日拂晓,前进至所指定的打援位置——梧岘里、梧林岘地区。第50军于2日11时,先后占领汶山以东的栗谷里、文平里、黄发里地区。汶山地区之南朝鲜第1师在志愿军第39、第50军攻击下,于2日12时南逃。第40军和第38军至2日17时先后进至议政府东北、抱川以南地区。人民军第1军团,于2日前出至汶山附近仙游里、坡州里地区。至此,志愿军右纵队各军已推进至坡州里、仙岩里、七峰山及议政府东北一线,突入南朝鲜军防御纵深15~20公里。

左纵队第66军主力和第42军第124师在修德山、上南淙、下南淙地区歼敌后,第42军主力于2日10时占领加平,加平之敌已南逃。2日15时,向春川方向佯攻的第66军第198师占领春川。

至此,"联合国军"在三八线既设阵地的防御彻底崩溃,志愿军6个军和人民军3个军团,乘胜继续纵深发展进攻。

鉴于这种情况,李奇微于1月3日晨下令,全线撤至汉城以南组织防御。其撤退计划是:以美第25师(配属英第29旅)在汉城外围占领收容阵地,担任第一线军的收容和渡汉江的掩护任务;美第1军和第9军平行撤退,占领水原—杨平一线的阵地;美第10军并指挥南朝鲜第2、第5和第8师,确保杨平—洪川一线的阵地,撤销南朝鲜第2军团;南朝鲜第1和第3军团①确保洪川—注文津一线阵地;美第3师到平泽附近,美第1骑兵师到安城附近,准备尔后的行动。②

"联合国军"凭借其摩托化和机械化装备,在其空军掩护下,迅速南逃。1月3日,美第5航空队又出动飞机556架次,阻止志愿军和人民军进攻,掩护"联合国军"地面部队溃退。

---

① 南朝鲜各军团对各师的指挥关系在这次战役中几次变化,第3军团原指挥第2、第5、第8师,此时则指挥第3、第7、第9师。

② 参见[日]陆战史研究普及会编:《朝鲜战争》,中卷,459页,北京,国防大学出版社,1990;韩国国防部编:《韩国战争史》,中译名《朝鲜战争》,第1卷,414页,牡丹江,黑龙江朝鲜民族出版社,1988。

乘胜追击，占领汉城

在第三次战役发起前，1950 年 12 月 29 日 24 时，彭德怀、金雄、朴一禹以及洪学智、解方在致志愿军左右两个纵队首长的电报中，就对战役发起后“联合国军”动态进行了分析，认为在南朝鲜第 1、第 6、第 2、第 5 师遭到志愿军和人民军的严厉打击下，美军有放弃汉城退守汉江南岸或在汉城以北固守清平川、议政府、高阳之线两种可能。如美军弃汉城南逃，则志愿军第 50 军经议政府、人民军第 1 军团经汶山向汉城追击，并由第 50 军抢占汉城江桥，视情况相机追击或停止，汉城城防由人民军第 1 军团担任。

志愿军和人民军发起第三次战役后，“联合国军”从三八线向南溃退。1 月 2 日 7 时和 8 时，韩先楚副司令员令右纵队第 38、第 39 军各以 1 个师抓住议政府之敌，第 38 军主力前进至议政府以南阻击议政府之敌南逃和从南向议政府增援之敌，第 39 军主力从西北及西南、第 40 军从北向议政府攻击。第 50 军迅速向议政府以西高阳前进，如高阳之敌南逃，则向汉城逼进。如议政府、高阳一线之敌均已南逃，则第 50 军向汉城追击，抢占汉江大桥，相机渡过汉江，其他各军向汉江攻进，并设法准备渡江，由人民军第 1 军团担任汉城警戒。

据此，志愿军各部于 2 日晚和 3 日上午继续向南挺进。

第 50 军向高阳追击，第 149 师第 446 团在高阳以北碧蹄里击退美第 25 师 1 个营，继续追击，在高阳以南佛弥地，截断了由议政府经高阳向汉城方向撤退的英第 29 旅的退路。经 3 小时激战，全歼英军皇家奥斯特来复枪团第 1 营及 1 个坦克中队。战斗中，第 446 团各连反坦克小组用集束手榴弹和爆破筒，一举击毁和缴获敌坦克 31 辆、装甲车和汽车 24 辆。此次战斗，第 446 团在第 445 团协同下，共毙伤俘英军 700 余人。1 月 11 日，彭德怀、邓华、朴一禹、洪学智、韩先楚通令表扬了第 149 师第 446 团。

第 39 军向汉城方向追击，其先头第 116 师主力奉命插至议政府断敌退路。第 116 师第 346 团在议政府西南回龙寺与美第 24 师第 21 团遭遇，歼其一部。与此同时，第 116 师第 347 团在议政府以西釜谷里歼灭英第 29 旅 2 个连，缴获坦克、汽车共 30 余辆。

第 38、第 40 军追至议政府东南水落山地区，击溃美第 24 师 1 个团，歼其一部。

志愿军左纵队第42军主力、第66军1个师分别由加平、春川渡过北汉江向洪川方向追击。人民军第2、第5军团继续向洪川、横城方向截击南逃之敌。

1951年1月3日,李奇微被迫下令全线向汉城以南撤退后,彭德怀依据战场形势,当即决定乘胜追击,扩张战果。彭德怀在当日致韩先楚并各军及人民军第1军团首长的电报中指出:

(一)速令四十军即派有力支队从清平川附近渡北汉江向杨平侦察前进,查明敌情道路。

(二)估计此役至现在止我伤亡不很大,左纵队及人民军第二、第五军团拟乘胜占领春川、洪川、横城、襄阳、江陵,利用山地分存军需弹,充分准备将来南进。右纵队及人民军第一军团相机占领汉城、仁川、水原、杨平、利川邑,控制飞机场,以便准备南进条件,休整补充,让敌退守平泽、安城、忠州、堤川线以北,亦有利于将来向南进攻。如同意此企图,我主力(两个军)须从清平川附近渡江向杨平推进,渡过南汉江,威胁和相机截击汉城南逃之敌。以第五十军向汉城、水原推进,第一军团以占领汉城及仁川港、金浦机场,担任城防、机场和海面警戒。

韩先楚接电后,认为以第40军从清平川南渡北汉江追击已来不及,于当日10时建议,以第38、第39、第40军集结于汉江北岸休整,第42军扫清北汉江南岸残敌后,即在洪川、横城、杨平地区休整。以第50军过汉江尾追南逃之敌,控制汉江两岸阵地,以利春季攻势。人民军第1军团进至汉城西南、金浦、仁川地区,担负海防。第66军追至汉江南岸,控制桥头阵地,掩护人民军第2、第5军团向敌后插进。

彭德怀基本同意韩先楚的建议。3日15时,以彭德怀、金雄、朴一禹、洪学智、解方名义回电指出:

你们当面之敌有退汉城南岸,小部控制桥头阵地防守,相机防守或继续南退,须看我军行动决定。请速令四十军以一个师从清平川渡江向杨平攻击前进,占领杨平后威胁汉城南退。三十八军、三十九军、四十军本(三)日晚即在原地休息,积极作从清平川渡江南进准备,具体行动部署须待向杨平挺进之师弄清情况后再行决定。五十军继续向汉城推进,相机占领汉城,如敌继续南逃,则跟踪追至水原为止,并与仁川一军团、杨平四十军之师联络。

人民军一军团按前电占领汉城、仁川、金浦(机场)担任警卫不变。

据此，18 时，韩先楚副司令员令右纵队各部突破美第 24 师在议政府以南水落山、道峰山防线后，第 38 军以第 113 师向汉城东南、第 114 师向汉城以东，第 40 军以第 118 师向汉城东北，第 39 军以第 116 师向汉城正北，第 50 军主力向汉城西及西南攻进，求得在汉江以北会歼美第 24 师。如美第 24 师已退，则第 50 军视情况渡江追击，第 39 军留 1 个师负责在汉城城内维持秩序，其余各部迅即撤出汉城，以防美军空袭。各部依此向汉城追击。

“联合国军”在志愿军和人民军的勇猛追击下，被迫于 1 月 3 日下午即自汉城撤退。李奇微命令自下午 3 时起，汉城桥梁和来往要道除军队之外，民间车辆和行人一律禁止通行，采取一切必要措施，阻止难民通过桥梁和来往要道，以保证第 8 集团军源源不断地通过桥梁，他甚至下令可以直接向不听招呼的难民开枪射击。1 月 3 日下午，美第 8 集团军从汉城撤退，漫长行列的步兵、卡车、坦克以及各种运载工具缓缓地通过浮桥。美第 8 集团军在撤离汉城的同时，用汽油、炸弹对汉城、仁川、金浦机场等地进行了疯狂破坏。汉城的学校、医院、图书馆、博物馆等遭到严重的破坏。路透社记者怀特搭乘飞机逃离汉城时，看到“汉城在浓烟中燃烧”，“大火在城南 50 英里处仍可看见”。①

1 月 4 日下午，志愿军第 39 军第 116 师和人民军第 1 军团占领汉城。第 50 军第 149 师于当日晚进入汉城。第 38 军第 114 师、第 39 军第 117 师各有一部侦察分队于 4 日进入汉城。人民军第 1 军团进入汉城时与美军 1 个坦克营发生激战，毙伤俘敌约 200 人，缴获坦克 2 辆、汽车 46 辆。由于“联合国军”在撤离汉城时，对这座城市进行了疯狂的破坏，此时的汉城已面目全非，许多建筑物化为瓦砾。

第 42 军于 4 日除以一部向横城搜索前进，侦察敌情外，主力已进至阳德院里、东幕里一带。第 66 军已进至春川、洪川间地区。

在占领汉城之前，1 月 2 日 14 时，志愿军政治部颁布了入汉城部队的政策纪律守则，守则要求：

(一)迅速肃清残敌，镇压公开反抗的反革命分子；

(二)维持城市治安，恢复革命秩序，严禁乱捉乱杀；

① 见路透社东京 1951 年 1 月 4 日电，载《参考信息》，1951 年 1 月 5 日。

（三）保护工厂、商店、仓库资财及一切公共建筑；

（四）保护学校、医院、文化机关、名胜古迹及一切公共场所；

（五）对守法的教堂、寺院、宗教团体一律不加干涉；

（六）不干涉守法的外侨，不侵入外国使馆，为了防止意外，对外国使馆可派部队加以看守；

（七）向市民宣传胜利，宣传防空、防特、防火，严格遵守群众纪律，不许随便进入民房；

（八）凡入城部队自带三天至五天粮食、蔬菜，严禁抢购物资，乱买东西；

（九）注意军容、军纪及清洁卫生，切实执行三大纪律、八项注意，除派必要巡逻部队外，严禁随便逛街；

（十）凡属有关政策性质的问题，特别是对外政策，必须事前请示，事后报告。

同时，彭德怀、金雄、朴一禹指示，“本纪律守则，朝鲜人民军亦应照此执行，不另发指示”。

1月5日，经朝鲜政府和金日成同意后，联司又就志愿军和人民军进入汉城后，有关货币流通、物资接收和看管、市民和军队的粮食配发、城市锄奸等若干政策问题，向各部下达了指示。

志愿军和人民军进入汉城后，严格遵守政策纪律守则，受到汉城市民的一致拥护。

1月5日，中国《人民日报》发表社论，对占领汉城表示祝贺。社论同时指出：中国人民志愿军之所以在朝鲜能战胜“武装到牙齿”的美国侵略军，主要是因为他们是为正义人道而战，为爱国主义和国际主义而战，为消灭美国侵略者而战，为使朝鲜和中国人民免于屠杀而战，为朝鲜和中国妇女儿童的安全而战。因而他们所到之地，救死扶伤，恢复城镇和乡村，恢复朝鲜人民的和平生活。他们的伟大行动，已受到朝鲜人民的热烈欢迎。

逼近三七线，适时收兵

在志愿军和人民军占领汉城的当天，1月4日24时，彭德怀、金雄、朴一禹联名致电左右两个纵队、志愿军各军、人民军各军团，并报中央军委、金日成，对“联合国军”放弃汉城以后的战场形势进行了分析，并提出再鼓一把劲，继续歼敌一部，为巩固汉城，为准备春季攻势创造条件。电报内容如下：

(一)汉城已于今(四)日为我三十九军一一六师一部占领，守敌向汉江南岸撤逃。春川已于三日为我六十六军占领，守敌向洪川及以南撤逃。估计敌军下一步企图可能是维持西起仁川、金浦、杨平、汉江南岸经原州、平昌、江陵之线，凭汉江与山区之险，收拾残部，拖延时间，准备再战，如在我更大打击下，亦有更向南逃窜之两种可能。

(二)如让敌仍踞守汉江南岸，控制金浦机场和利用仁川港口维持运输，则汉城虽入我手，仍然随时在敌机与炮火轰击之下，对我准备春季攻势非常不利。如我乘胜再鼓一把力气，继续歼敌一部，逼退汉江南岸之敌，则不仅巩固汉城，且可取得金浦机场，控制仁川港口，对我准备春季攻势，将会造成更为有利条件。为实现以上目的，特作以下部署：

(1)人民军一军团以一个师接替守卫汉城任务，主力位于纛岛、土坪里、仁仓里、墨洞里地区，休整三天后准备渡过汉江，相机占领金浦机场和仁川港口而巩固之。

(2)右纵队仍归韩统一指挥，五十军继续前出至弘济内里、馆洞、九龙洞及西北地区，速以有力一部控制汉江桥梁(力争占领汉江南岸滩头阵地)，查明敌情，积极准备渡江，攻击南岸之敌，配合主力作战。如敌继续南逃，即尾追至水原待命。……三十八军、三十九军、四十军即于现地略作调整，休息三天(到七日为止)，准备由清平川上、下游渡北汉江，首先攻击杨平之敌，尔后由东南向西北攻击利川、广州、水原、永登浦地区之敌，具体由韩部署之。

(3)吴、周仍统一指挥四二军、六六军，方军团长[1]仍统一指挥人民军二军团、五军团，按原部署合力歼灭洪川、横城地区之敌后待命。以上各部均应对当面之敌派出侦察警戒，在右纵队再度发起进攻(时)，准备配合作战。

据此，各部进行了准备和部署。

5日12时，第39军第116师1个连与1个侦察连从汉江里渡过汉江，得知汉江以南30里“联合国军”已无部队，汉江已结冰，人员可以通过。第

---

① 方军团长，即人民军第5军团军团长方虎山。

39 军已令第 116 师 1 个团南渡汉江占领滩头阵地。第 39 军军长吴信泉、政治委员徐斌洲等，于 5 日 15 时将此情况向彭德怀、洪学智、解方并韩先楚作了电告，同时建议第 50 军连夜过江，其他各军不由清平川以东，而由汉城过江南进。

根据这一情况，彭德怀、金雄、朴一禹对 4 日 24 时的部署作了部分调整，于 5 日 18 时，令第 50 军于当晚过江，向水原攻击前进；人民军第 1 军团除留 1 个师守卫汉城外，主力抢占金浦，并相机攻占仁川。

当晚，志愿军第 50 军和人民军第 1 军团在志愿军第 116 师已占领汉江南岸滩头阵地的 1 个团掩护下，渡过汉江开始行动。同时，第 40 军第 120 师 1 个团从广州东北渡过汉江，配合第 50 军行动。第 42 军第 126 师向杨平方向派出 1 个营进行威力侦察，其余部队原地休整待命。

第 50 军渡过汉江后，分两路继续向南追击，其右路第 149、第 150 师经果川、军浦里向水原方向追击；左路第 148 师经弥巨里、上笛里向水原方向追击。第 149 师在果川，军浦场歼灭南朝鲜第 1 师一部。第 40 军第 120 师第 360 团渡过北汉江后，于 6 日占领广州，并经京安里、向金良场里方向前进。至 7 日，右纵队过江各部分别占领水原、金良场里。

人民军第 1 军团渡江后，至 8 日，先后占领金浦、仁川港。

志愿军左纵队第 42 军派出的威力侦察于 7 日和 8 日先后进占砥平里、杨平、骊州、利川，并于横城西北梨木亭歼灭美第 2 师一部；第 66 军于 5 日占领洪川，尔后原地休整。

人民军第 2、第 5 军团于 7 日和 8 日先后占领原州、横城，并继续向荣州方向追击。

这时，彭德怀鉴于志愿军和人民军在进攻中未能大量歼灭敌人的有生力量，"联合国军"似在有计划的撤退，企图诱使志愿军和人民军向南深入，造成志愿军和人民军侧后东西海岸防御空虚，侧翼暴露，以便其利用海空军优势，实施侧后登陆，对志愿军和人民军进行南北夹击。而志愿军经过三次战役后，减员较大，疲劳异常，急需休整补充，又因战线向前推进，志愿军后方运输线延长，且运输能力本身就弱，又遭美国空军严重封锁破坏，供应非常困难。为了避免前进过远而陷于不利的境地，也为有利于春季攻势准备，6 日 24 时，彭德怀、金雄、朴一禹即致电第一线志愿军各军和人民军各军团，结束战役，转入休整，准备春季攻势，并注意加强警戒和防空。

战斗至 1 月 8 日，第三次战役胜利结束。"联合国军"全部撤至北纬三十七度线附近之平泽、安城、堤川、三陟一线及以南。

第三次战役是中国人民志愿军和朝鲜人民军进行的一次大规模的对预有防御准备之敌的进攻作战。这次战役,志愿军和人民军并肩作战,克服艰难险阻,经过8昼夜的连续进攻,突破了“联合国军”在三八线的防御,占领了汉城,将战线从三八线推进到三十七度线附近,向前推进了80~110公里,歼敌1.9万余人,粉碎了美国当局妄图据守三八线,争取时间,整顿军队,准备再犯的企图,打破了美国当局玩弄的在三八线一带“停火”的伎俩,加重了美国当局和“联合国军”的失败情绪,加深了美英统治集团和“联合国军”的内部矛盾,进一步扩大了中朝两国人民和军队在国际上的影响。志愿军和人民军在这次战役中共伤亡8500余人(其中人民军伤亡2700余人)。

这次战役是根据战场内外政治、军事形势的需要进行的,志愿军在连续进行了两次战役后未及休整补充,即与人民军一起发起了战役,并圆满地取得了战役的胜利。这次战役有如下几个突出特点:

第一,这次战役是志愿军入朝作战以来第一次对预有防御准备之敌进行的进攻战役。“联合国军”利用三八线既设阵地组织防御,并在三八线以南的纵深内设置了多道防线。志愿军首长对此极为重视,在战役部署中即特别强调进行攻坚的教育和准备,各部队利用战役发起前短短一周时间进行了认真的教育和准备,为顺利攻坚突破创造了条件。因此,志愿军和人民军在战役发起后,攻坚突破和向纵深发展均较顺利。

第二,采取“稳进”的方针,根据战场形势的变化,适时调整战役目标,扩大战果和适时结束战役,战役最初的目标,只是歼灭在三八线布防的南朝鲜第1、第6、第2师及第5师一部,占领议政府、清平川、春川以北一线阵地,控制三八线。但在战役发起后,“联合国军”迅速南撤,并有放弃汉城的企图,彭德怀等根据情况的变化适时决定,进占汉城,占领汉江以北一线。当占领汉城后,“联合国军”继续南撤,据此,为巩固汉城并为下一步作战创造有利条件,又适时决定以部分部队渡过汉江,进军水原、利川、原州一线,控制汉江南岸阵地。在志愿军和人民军达到上述目标后,鉴于部队已很疲劳、供应极为困难,尽管“联合国军”继续南撤,但为避免志愿军和人民军前进过远为“联合国军”所乘,并考虑到为下步作战有利,而适时果断地决定停止战役,主力转入休整。致使整个战役是进是止,完全掌握主动。这充分体现了在战役指导上的深谋远虑和高超的艺术。

第三,这次战役是人民军自1950年9月下旬实行战略退却后,部队陆续完成休整,首次进行的大规模作战,并且是志愿军和人民军在统一指挥下进行的首次战役，初次进行了两军统一联合作战的实践，战役的部署和指挥实现了步调一致。

第四，这次战役是志愿军入朝作战以来连续三次战役中，参战炮兵和发射炮弹最多的一次战役。第一次战役时实际参战炮兵只有 5 个营，按每营 12 门火炮计，只有 60 门火炮，第二次战役时实际参战炮兵只有 48 门火炮，两次战役参战炮兵共发射炮弹 1054 发。而第三次战役参战炮兵 7 个团共 106 门火炮，发射炮弹 4287 发，参战火炮相当于前两次战役的总和，发射炮弹数是前两次战役总和的 4 倍，并且炮兵发挥的作用比前两次战役均好，受到步兵好评。这也是这次战役发展顺利和取得胜利的重要因素。其中炮兵第 26、第 29、第 45 团受到了军委炮兵司令部的通报表扬。

此外，许多部队在昼间大胆挺进和作战，对胜利发展作战起了重要作用。

第二十三章

志愿军和人民军准备春季攻势

志愿军和人民军转入休整，部署春季攻势准备

在第二次战役结束时，志愿军连打两仗，伤亡减员未得补充，物资运输补给严重困难，部队久战疲劳，急需要休整。然而战争的政治、军事形势，需要志愿军必须越过三八线再打一仗。志愿军遂连续作战，取得了第三次战役的胜利。

志愿军进行第三次战役，由于继续减员未得补充，战役结束时，各军编制兵力已严重不足。第38、第39、第40、第42军在入朝时，均有4.5万至5万人的编制，人员较少的第50军、第66军入朝时也分别有3.6万人和3万余人。而到第三次战役结束时，除第39军尚有4.5万余人外，第38军只有3.4万余人，第40军只有3.5万余人，第42军只有3.6万余人，第50军只有3.2万余人，第66军只有2.5万余人。志愿军第一线6个军加上炮兵第1师的总兵力共为21.7万余人。加之连续作战，物资补给严重困难，作战环境艰苦，部队疲劳已极。1951年1月8日，志愿军党委在给中央军委并高岗的报告中指出："两个多月战斗，西线六个军三个战役，共伤亡约近三万人，冻伤、病、逃约两万至两万五千人。东线九兵团伤亡，冻伤、病、逃约四万人，目前情况：战斗单位兵员不足，给养很差，体力削弱，非休整补充，改善运输、供给，难以继续作战。"

于是，第三次战役结束后，志愿军和人民军主力便按原定计划，从1月

8日起，立即转入了休整，并部署和准备春季攻势。

此时，“联合国军”撤至平泽、忠州、堤川、宁越、三陟一线及其以南。第一线部署了10个师，从西至东大体位置是：美第25师位于平泽、天安地区；南朝鲜第1师位于安城、笠场地区；南朝鲜第6师位于竹山里（安城东北）、镇川地区；美第24师位于长湖院里、阴城线；南朝鲜第5师位于忠州西北之江泉里、可兴里地区；南朝鲜第8师主力在忠州以北云溪里、牧溪洞一带，一部前伸文幕里附近；美第2师位于堤川、丹阳一带；美第7师位于堤川、宁越、荣州间；南朝鲜第7师位于宁越以东石项里、碌田里一线；南朝鲜第9师位于旌善、九来里、西碧里到春阳一线；南朝鲜首都师位于三陟、北坪里地区。

第二线及休整部队6个师，大体位置是：南朝鲜第2师位于闻庆东北之龙宫地区和忠州地区；南朝鲜第3师集结春阳等地区；美骑兵第1师位于尚州和闻庆、槐山地区；南朝鲜第11师位于大田地区；美第3师位于大丘、浦项一线；美陆战第1师位于釜山地区。美空降第187团于14日位于荣州。

由于美军在战场上的失败，美国军政当局和东京的麦克阿瑟之间正在讨论是否从朝鲜撤退和何时撤退问题。

志愿军和人民军休整的部署是，以志愿军第50军和第38军第112师控制汉江南岸桥头阵地，以第42军第125师位于南汉江以东，警戒当面之敌，以人民军第1军团2个师位于汉江以南，负责警戒海防，其余各部分别集结于汉城、高阳、东豆川、磨石隅里、加平及金化地区休整。各部大体位置如下：

志愿军第50军第150师位于水原至金良场里公路以北地区担负警戒，主力位于汉城至水原间地区；第38军除第112师位于京安里地区担负警戒外，主力位于汉江以北、议政府以东金谷里、思陵里、富坪里地区；第39军位于汉城以北、汶山以东、以南地区；第40军位于议政府、东豆川、永平地区；第42军除第125师位于南汉江以东、阳德院里西北地区警戒外，主力位于加平以西、以北地区；第66军位于金化地区；人民军第1军团一部位于汉城、金浦、永登浦地区；第2军团位于横城东北地区；第5军团位于洪川、横城间地区。上述各部大部分于1月12日和14日到达休整位置，14日，全部到达休整位置，开始休整，准备春季攻势。

另志愿军第9兵团3个军在东海岸元山、咸兴一带休整；炮兵第8师位于铁原以西，炮兵第1师位于铁原以南地区休整。人民军第3军团位于金城、麟蹄地区。

在第三次战役开始前，1950 年 12 月 26 日，毛泽东在给彭德怀的电报中就指示：在第三次战役“结束后，全军主力……均应撤至利于休整的适当地区，休整一个月至两个月，补充新兵，恢复体力，总结经验，筹备粮弹，修通道路，补齐衣被鞋袜，整顿纪律，改善中国同志与朝鲜同志的关系……改善军队与人民群众的关系（严格实行三大纪律，八项注意），做好居民群众工作（包括帮助受难人民解决一部分物质困难），并加强军队中的政治动员（不消灭朝鲜境内的敌人不回国），为春季作战进行充分的准备工作”。12 月 29 日，毛泽东致电彭德怀再次指出，打完这一仗“然后休整两个月，准备春季攻势”①。

1 月 8 日，第三次战役结束时，志愿军党委在给各军、第 9 兵团、各炮师、前方后勤指挥所、工兵指挥所各级党委的电报中，对休整期间的任务下达了指示，提出了要求，同时报中央军委、东北局并告人民军各军团。指示指出：

今后的中心问题在于全党全军努力克服困难，准备充足的作战力量（体力、物力、战术、技术等项），很好地总结历次战役经验，特别是第三次战役经验，提高战术、技术，争取下一战役开始，连续作战，一气呵成，全歼敌人，全部解放朝鲜。这是下一战役的奋斗目标，也是在休整期间所应具体准备的。准备的标准，特提出如下工作任务与实施步骤，望各党委研究执行：

甲、重病、重伤迅速后送，轻伤、冻伤突击治疗，整理部队注意恢复体力。加强管理运输，保证供应，求得吃上熟饭熟菜，注意清洁卫生。

乙、宣传解释胜利意义，加强尊重朝鲜党政军民的团结教育与国际主义教育，进行新区政策教育，整顿群众纪律，并以最大力量抽调干部协同地方筹集粮秣。

丙、整理组织，合并单位，补足缺额干部。同时抽出与编组带领新兵干部，准备出发接领新兵，同时对新缴与损失武器进行统计，调配研究武器性能与改变装备的情况与经验，加强战时行政管理教育并总结经验。

丁、军政后勤机关，部队普遍开展战评运动，选择英模，总结经验……

戊、学习战术，开展练兵运动……应按新老兵、部队性质及熟练程度、干部战士不同情况，各按需要，具体计划之。

① 《建国以来毛泽东军事文稿》，上卷，420、423 页，北京，军事科学出版社、中央文献出版社，2010。

己、迅速恢复交通,加强各种运输工具的管理掌握,根据后勤计划,加强运输、囤积物资。

根据敌我形势,暂定休整期间为两个月(由一月十五日至三月十五日止),但需充分估计,敌虽遭我过去三个打击,还有可能迅速补充后备兵力(有于三个月内补充六万兵员之说),再来进犯。如不给美伪喘息机会,各部应随时准备提前作战。因此,上列甲、乙、丙、丁四项工作,应争取在一个月内做完,练兵运动则放在第二个月内进行。至于运输、补充、囤积物资则是经常与必须抓紧进行的。望各级党委根据部队实际情况及下一战役方针,具体研究,定出具体计划,布置执行。并望志愿军全党全军动员起来,积极进行具体准备,团结内部,团结人民,团结友军,提高战术技术,为全歼敌人,全部解放朝鲜而奋斗。

此外,1 月 9 日、10 日,志愿军司令部又先后发出了休整期间的机要工作指示、休整期间通信工作指示、休整期间侦察指示、休整期间组织对空射击指示。志愿军政治部于 1 月 7 日发出了训练和释放俘虏的指示,10 日,下发了第三次战役胜利宣传提纲。1 月 5 日,负责前方后勤指挥所工作的张明远,经与志愿军首长商议后,致电高岗、李富春、贺晋年等,提出了志愿军休整期间物资准备意见。

毛泽东对战局发展的分析和指示

志愿军由于武器装备落后,尤其没有制空权,又是同装备精良、具有现代化作战经验的美军作战,在入朝参战前,在部队中包括在中高级指挥员中,普遍存在着能不能打的担心。然而,入朝以后,连续进行三次战役均取得了胜利,尽管作战中的困难很多,但三个战役打得均较顺利,把美国为首的"联合国军"从鸭绿江边打回到三八线,又将其从三八线打回到三七线附近地区。这样,在部队中,甚至高级指挥员中,不但刚入朝时能不能打的顾虑早已消失,而且较普遍地产生了一种轻敌速胜的心理,认为美国人也不经打,朝鲜战争很快就能胜利结束。在部队中较普遍地流传"从北到南,一推就完",用完一管牙膏就可胜利回国。与此同时,苏联驻朝鲜的军事顾问和朝鲜同志,也产生了这种情绪,认为可以一鼓作气把美国人赶下海去。苏联驻朝鲜的军事顾问,甚至当面指责彭德怀:打了胜仗为什么不追击?世界上哪有这种打法?①

实际上,这种情绪在第二次战役即将结束时即已开始产生。彭德怀头脑清醒。他认为,虽然两次战役取得了很了不起的胜利,但一方面,并未能歼灭美军重兵集团,“联合国军”向南撤退,战线缩短,兵力集中,正面狭小,自然加强了纵深,对联合兵种作战有利。从政治上说,撤出朝鲜对美英当局极为不利,美军就是再吃一两个败仗,也不会马上撤出朝鲜。另一方面,志愿军作战的实际困难还很多。因此,他在1950年12月19日给毛泽东的电报中,特别指出:“据我看,朝鲜战争仍是相当长期的、艰苦的。”对此,毛泽东表示赞成,他在21日给彭德怀的复电中指出,“你对敌情的估计是正确的。必须作长期打算……速胜观点是有害的。”在26日给彭德怀和朴一禹并告金日成和高岗的电报中再一次强调了这一思想。

在第三次战役解放汉城时,北京燃放鞭炮,热烈庆祝。《人民日报》发表《祝汉城光复》的社论中提出:“前进!向大田前进!向大丘前进!向釜山前进!把不肯撤出朝鲜的美国侵略军赶下海去!”彭德怀对此持有保留看法。他说,假如以后因战争需要,我们又撤离汉城怎么办?他认为虽然前三次战役打得较顺利,但并未消灭美军的重兵集团,敌军仍然占有武器装备上的巨大优势,况且志愿军伤亡减员已达10万人,后勤运输极为困难,必须经过长期的作战,才能胜利。②

尽管如此,第三次战役结束后,从志愿军总部到中共中央,对朝鲜战争发展形势的估计还是有了变化。确实,志愿军入朝后作战发展如此顺利,战场形势发展如此之快,这是中共中央在决策出兵时没有料想到的。根据战场形势的变化,以及帝国主义阵营的失败情绪和美国当局的犹豫不决,如果战争继续这样发展下去,根本解决朝鲜问题似乎有了可能。因此,毛泽东和彭德怀都曾设想,经过充分准备之后,再经过几次战役,根本解决朝鲜问题。这不但是上层的考虑和在部队中提出的口号,而且也明确地确定为部队部署和准备的要求。这一点,在志愿军党委1月8日给各部党委关于休整期间的任务的指示中,已经明确,在志愿军与中共中央和中央军委往来的一些电报中也是明确的。事实上,春季攻势准备,就是为实现上述目标而进行的。

---

① 参见洪学智:《抗美援朝战争回忆》,110页,北京,解放军文艺出版社,1990;杜平:《在志愿军总部》,168页,北京,解放军出版社,1989。

② 参见杜平:《在志愿军总部》,207页,北京,解放军出版社,1989。

同时，中共中央、中央军委和志愿军总部也认为，美国当局无论从政治上或军事上考虑，都不会甘心在朝鲜的失败，不把它打狠打痛，它不遭到惨败，是不会甘心情愿地退出朝鲜的。美国是帝国主义的盟主，它要保住盟主的地位。同时，美国是资本主义世界中最强大的国家，其军队有最好的装备，有强大的空军、海军及其他技术兵种，这是志愿军在第一、二、三次战役中没有更多地消灭美军的基本原因。因此，我们不能存在着任何侥幸取胜的心理。要根本解决朝鲜问题，必须进行充分的准备。这一点，在志愿军党委1月8日给各部党委关于休整期间的任务的指示中，也是十分明确的。1月13日，中共中央在给西北局关于宣传朝鲜战争胜利的指示电中，也指出："在宣传朝鲜战争胜利时，应估计到还有艰苦的斗争，不应对战局作不合实际的评论，把最后胜利说得很轻易。"

此外，毛泽东针对速胜情绪，在1951年1月14日就春季攻势准备问题致电彭德怀并转金日成，对战争形势进行了分析，并特别强调了充分准备的必要性。15日，毛泽东将这个电报的内容通报给了斯大林。电报全文如下：

彭德怀并转金日成同志：

在东北境内训练的约十万朝鲜新兵，应在目前开始的两个月至三个月休息整训期内补进人民军各个军团里面去，使人民军各师的连队充实起来。每个连队要有一百多人，每个师要有一万至一万五千人。朝鲜人民军师和旅的单位太多，应当合并为十五个师左右的单位，并将苏联的武器装备这些单位，以便有力地配合中国志愿军在春季（四月和五月）根本解决朝鲜问题。在目前开始的两个月至三个月内，中国志愿军和朝鲜人民军均有很多严重的工作要做，这主要是，补充新兵到军队里去，使新兵向老兵学会作战方法，加强军队的装备，修理铁路，储备粮弹，改善运输系统和后方勤务工作。只有完成了这些工作，才能保障最后胜利。今后敌人统帅部的方针有两种可能性。

（一）在中朝两大军队压力下，略作抵抗，即退出南朝鲜。如果是这样，那就是我们的充分准备工作的结果，因为敌人知道我们做了充分的准备工作，我们的军事力量更加强大了，敌人才知难而退。

（二）敌人在大丘、釜山地区作顽强抵抗，要待我们打得他们无法再打下去了，方才退出南朝鲜。如果是这样，我们必须做充分准备才能再战……有一种可能，即客观形势迫使我们在二月间就要打一仗，打了再休整，再去完成最后一战的准备工作，这一点也要估计到。但是，如果不发生这种形势，则以两个月至三个月时间充分地完成上述各项准备，然后举行最后性质的春季作战，是必要的和正确的，中朝两国同志都应当定下决心来做这些必不可少的工作。你的意见如何？盼告。

1 月 19 日，毛泽东在审修彭德怀准备在中朝两军高级干部联席会议上的报告中，加写了一段话："下一战役，敌我双方的主客观条件都有了变化，因此我军必须按照新的情况进行各项准备，采取新的战术，以求解放全朝鲜。这是有决定性的一战，必须准备得好，打得好。"①

春季攻势准备是考虑根本解决朝鲜问题的战略性准备。根据上述指导思想和部署，志愿军和人民军从第三次战役结束，即在战场上和中国国内同时开始了春季攻势的准备。

召开中朝两军高级干部联席会议，统一作战思想

第二次战役胜利后，出现了轻敌速胜的情绪，对战争形势存有不同认识，对这些问题不统一认识，则会严重影响作战的准备和实施。因此，在第三次战役发起之前，彭德怀于 1950 年 12 月 31 日在给毛泽东的报告中，就提出要召开一次中朝两军干部会议。他在报告中说："此役结束后我们司令部前移二三百里，拟开一次全军（中朝两军）高级干部会。并请金日成同志及朝党中央其他某些同志出席"，以求得在重大问题上统一思想，统一认识，统一步调，以夺取更大的胜利。

第三次战役结束的当天，1 月 8 日，志愿军党委在给中央军委并高岗的报告中，即提出"第三次战役结束，为了总结经验，统一思想，准备春季攻势，拟于一月二十日至二十五日召开军级干部会议，并希望有中央、东北局同志出席。为就后方同志，开会地点可在成川西南君子里，如朝鲜党中央同意，即拟名为人民军与志愿军高级干部联席会议。如不同意，即以志愿军党委名义召集扩大会议，仍请朝党中央主要负责人出席（待与金日成同志商量）。"为补充前方减员，"拟请各大行政区抽补之老兵，提前半个月至二十天，第一批四万，一月底集中，二月初以火车运送球场、龟城、定州，二月下旬

① 参见《彭德怀军事文选》，367 页，北京，中央文献出版社，1988。在编文选时对这段话在文字上作了技术处理。

补入部队。如此着可行，三月初、中旬，即可继续开始进攻”。“春季攻势开始后，即须连续作战，不给敌人喘息机会，并须强大兵团沿东海岸迂回洛东江以东，截断釜山与大丘联络。如此打法，须有强大而绝对优势的兵力。同时，为防止敌人从侧后登陆，十九兵团宜调鸭绿江边至球场地区为预备队，相机使用。十九兵团每军派一人来参加此次会议，二十日到达志司，请军委通知。是否有当，盼示复”。中共中央表示同意召开两军高干会议，但须与金日成协商。

1月10日晚上，金日成在中国驻朝鲜大使馆临时代办柴军武陪同下，来到君子里志愿军司令部，与彭德怀、邓华、洪学智就以后作战问题进行了会商。彭德怀向金日成分析了战场的发展局势，介绍了志愿军面临的困难，以及休整与春季攻势准备的初步考虑。双方商定，于1月25日在君子里召开中国人民志愿军与朝鲜人民军高级干部联席会议，会议的筹备工作由志愿军负责。

彭德怀和毛泽东对召开这次会议均十分重视。彭德怀和志愿军政治部主任杜平等人商量布置会议的筹备工作，亲自主持起草了题为《三个战役的总结和今后任务》的报告稿。他对报告稿反复修改，字斟句酌后，于16日将报告稿全文电发毛泽东审示。彭德怀在电报中说：拟在高干会上报告草稿，由成普（志愿军司令部办公室副主任）带上，昨日（15日）晚由此起程，恐途中发生事故，特再电复，请审核是否可用，盼于22日前电示，以便有时间准备。毛泽东对彭的报告稿很重视，接到后即进行审阅、修改，并增写了中国人民志愿军要爱护朝鲜一山一水一草一木，努力向朝鲜劳动党和人民学习的重要内容。1月19日，毛泽东给彭德怀复电，指出：“德怀同志，在两军高级干部联席会议上的报告稿收到。这个报告的内容很好……现将你的报告稿在文字上和某些意思上略加修改发上，请再依据情况予以斟酌，并请事先送金首相阅正，商得其同意。”[①]16日至18日，彭德怀前往金日成处，就开好这次会议再次进行了会商，尔后并将报告稿征得了金日成的同意。中央军委总参谋部派出专人与志愿军共同进行会务的准备和保障。

1月25日，中朝两军高级干部联席会议在成川西南君子里志愿军司令部所在地召开，至29日结束。参加会议的人员包括：志愿军首长，志愿军各兵团、各军首长和一部分师的干部，志愿军领导机关的各部门领导人，第19兵团前来朝鲜参观的军师干部，人民军方面金雄、朴一禹及人民军总部各部

---

① 《建国以来毛泽东文稿》，第2册，43页，北京，中央文献出版社，1988。

负责人和各军团长。金日成、金科奉、朴宪永等朝鲜劳动党中央主要负责同志，中共中央特派中共中央东北局书记、东北人民政府主席、东北军区司令员兼政治委员高岗和中国人民解放军第4兵团司令员陈赓参加会议。与会人员共122人，其中正式代表60人，列席会议者62人。

会议开始后，由金科奉致开幕词，彭德怀作了题为《三个战役的总结和今后任务》的主报告。彭德怀在报告中讲了7个问题：一是三个战役胜利的意义；二是胜利的原因；三是战术中的几个问题；四是下一战役的思想准备；五是加强后勤工作；六是在三八线以南地区所应实施的政策；七是中国人民志愿军努力向朝鲜劳动党和人民军学习。

他在讲到三个战役胜利的意义时说："在三个战役中，我们歼灭了敌军六万余人（敌军的非战斗减员如冻伤、病、逃未计在内），收复和解放了朝鲜三分之二的领土。这个胜利奠定了全部解放朝鲜的基础，巩固了中国的国防，暴露了美帝国主义的弱点，沉重地打击了美帝国主义在远东的侵略计划，扩大了美帝国主义内部和帝国主义侵略阵营内部的争吵和分裂，鼓舞了全世界人民的反帝国主义的斗争，因此这是一个伟大的胜利。"同时，针对轻敌速胜思想，强调指出："美帝国主义现在还没有退出朝鲜，美国侵略者因为要维持其在远东和世界的政治地位，因为要保护他们在朝鲜所掠夺的财富，并且也因为他们还相信装备上的优势可以帮助他们守住朝鲜南部的阵地，所以他们是不会自动退出朝鲜的。我们还必须在各方面充分准备，进行几次激烈的和大规模的作战，才能达到完全解放朝鲜的目的。"

在讲到战术问题时，针对前三次战役打法的不同认识，特别是针对未实行大规模战役追击的不同认识，指出："为什么没有实行追击？我们在第一个战役后，不但未追击，且将主力后撤了三十至五十公里。这是因为敌人主力还未击破，敌人对我军力量还没有正确估计，敌人迷信其空军威力，还没有放弃进至鸭绿江边的野心，这些造成我军诱敌深入、以逸待劳的可能，而如果我军进行追击，则只能赶跑敌人，不能歼灭敌人。第二个战役在东线击败敌人后，曾进行相机追击，在西线亦曾以一部兵力分三路相机追击败敌，但主力则集结休整，准备再战。事实证明，以徒步追击近代化的装备的敌人，不能取得大的结果。第三个战役后，志愿军和人民军都作了部分的追击，亦未取得大的结果。鉴于解决交通运输补给问题，恢复部队疲劳，巩固海岸防务和巩固后方安全的迫切需要，不作猛追和连续进攻的方针是正确的。"

彭德怀在报告中，针对有的部队不讲战术，不求消灭敌军力量，只求将敌军赶跑的做法，指出："三次战役的经验证明，敌军的装备虽然占优势，我军依靠灵活的战役指挥和勇敢顽强的步兵作战相结合，是可以胜利的。但是完全忽视敌军优势装备的作用，以至不讲战术是不对的。在装备悬殊的条件下，我军应力求夜战（但在渗入敌人纵深，或迂回敌后，或疏散的追击溃敌的条件下，白日作战仍是可能和必要的）。力求大胆的迂回包抄分割，勇敢渗入敌之纵深和后方，同时组织精锐勇敢的小部队，袭击敌炮兵阵地和指挥所，捣乱敌之部署，乘胜全面猛攻，使敌四顾不暇。实行这种战术，必须有重点地集中绝对优势的兵力和火力，求得逐股歼灭敌军。在防御的方面，应尽可能采取积极的移动防御。对必须防御的要点，必须掌握主力，随时注意隐蔽于阵地侧后，灵活地进行阵地前的反击，力戒过早暴露。无论攻防，火器配备必须分散隐蔽，阵地必须多准备、多变换，火力必须集中。”

报告强调了下一战役准备要按敌我双方变化了的新情况进行，必须准备得好，打得好，强调了加强后勤工作的重要性，以及在三八线以南地区所应实施的几个具体政策。

彭德怀最后在讲到向朝鲜劳动党和人民军学习时，指出：“中国人民志愿军在朝鲜作战有成绩，这是光荣的，也是应该的。因为抗美援朝就是保家卫国，朝鲜人民和中国人民的利益是完全一致的。过去朝鲜有很多同志参加中国革命战争，为中国人民而流血，我们应当学习。……以金日成同志为首的朝鲜劳动党和人民军，在朝鲜五年来的斗争中有了伟大的成绩。他们坚决反对帝国主义和封建主义，建立了为人民服务的人民政权，建立了英勇的人民军……现在又正在和美国侵略军及李承晚伪军进行着英勇的斗争。因此，一切在朝鲜的中国志愿军同志必须认真地向朝鲜同志学习，全心全意地拥护朝鲜人民，拥护朝鲜民主主义人民共和国政府，拥护朝鲜人民军，拥护朝鲜劳动党，拥护朝鲜人民领袖金日成同志。中朝两国同志要亲如兄弟般的团结在一起，休戚与共，生死相依，为战胜共同敌人而奋斗到底。中国同志必须将朝鲜的事情看做自己的事情一样，教育指挥员、战斗员爱护朝鲜的一山一水、一草一木，不拿朝鲜人民的一针一线，如同我们在国内的看法和做法一样，这就是胜利的政治基础。只要我们能够这样做，最后胜利就一定会得到。”①

---

① 彭德怀的报告全文，见《彭德怀军事文选》，364～370页，北京，中央文献出版社，1988。报告最后一段的“以金日成为首的朝鲜劳动党和人民军……最后胜利就一定会得到。”是毛泽东在修改时加写的，见《建国以来毛泽东军事文稿》，上卷，449页，北京，军事科学出版社、中央文献出版社，2010。

志愿军副司令员邓华在会上作了《对美伪军作战的初步经验》的报告。邓华在报告中分析了敌我双方在作战上的强点和弱点，从战术上对志愿军第一、第二两次战役的作战指导，作了全面系统的总结。邓华在报告中指出：志愿军入朝前"预定了阵地战与运动战相配合的方针"，入朝以后，根据战场上的新情况，改为"以运动战为主，与敌后游击战和部分积极防御战相结合的方针，同时采取夜战与速决战的方法。经过两次战役证明这是完全正确的，是以劣势装备对付帝国主义侵略军的有效的作战方针"。"我们之所以能够取得两次战役的胜利，就是避免了敌人强处，抓紧和扩大了敌人弱点，于运动中、夜间集中优势兵力猛打速决的结果"。

邓华指出："入朝前在东北，我们曾作了一些战术思想的准备，进行了一般的战术教育、夜战教育、防空和反坦克教育。虽时间短促，不够深入，但今天看来是有效果的。"

邓华结合第一、第二次战役的实际战例，阐述了志愿军以劣势装备同现代化装备美军作战，采取运动战，夜间战斗，切断、包围、攻击等战术的重要意义，指出："打运动战，不仅使敌不能够建立坚固阵地，且更能发挥我军猛打猛冲的特长和收速战速决的效果。""我行军作战，尤其进攻战斗，多在夜间，敌机、敌炮火力不易发扬，于我有利。"敌军很怕我军切断其后路，很怕我军的迂回包围战术。切断"是为了堵塞敌之退路和阻击援敌，达成围歼敌人的目的"；"对美伪军，又是在山地丛林地区作战，不严密包围就很容易使敌逃脱"；"我们打的是运动中的速决战，夜间又受到一定的限制，因此，攻击准备要快，攻击动作要猛，要选敌人的薄弱部和要害打，争取拂晓前结束战斗"。两次战役证明，攻击运动中的伪军，我以3:1的兵力优势即足够，甚至可以2:1，攻击运动中的美军一般要以5:1的兵力优势，有时也可3:1。邓华对我军采取这些战术存在的困难和问题也进行了具体分析，并对尔后作战中的组织实施提出了具体要求。

邓华在报告中还对防御的组织和战术，防空、反坦克的组织实施提出了具体要求，指出："两次战役证明运动中夜间进攻战斗伤亡较小，主要是白天的防御和对峙伤亡大。"在进攻作战中以一部兵力组织防御是为了配合主力歼灭敌人。根据具体情况，"如为争取时间钳制敌人，同时防御地区纵深很长，可采取运动防御。如为控制一定地区（或阵地）阻止敌人，纵深地区又薄，则采取坚守防御。对美军一般的以运动防御为宜，原因是我们在一地防御时间不很长（一两天），敌对我配置也没有搞清楚，敌炮、空、坦克对我们的危害也有限。若坚守一地进行持久防御，敌人就可以发挥其联合作战的效力。”我军防御“兵力配备应以前轻后重为原则，作疏散的（个人或小组）纵深的（除警戒阵地外应有两道）配置，只以小部兵力进入阵地，主力隐蔽我之侧后，便于及时反击”。“火力配置，营以下的轻火器应加强第一线，团以上的火器应置于第一二线间的两侧，采取火器分散，火力集中的办法，组成火网。”邓华指出：美军飞机很多，我军没有空中掩护，高射炮又很少，美军控制了白天，使我军在白天的行动受到极大的限制，大大减少了歼敌的机会，部队的供应遇到了从未有过的困难。但两次战役的实践证明，美军“飞机对我们所造成的伤亡远不如炮火，唯有麻痹疏忽，才会造成严重的损失”。因此，对美军的飞机不必恐惧，但也不能满不在乎。要认真组织好昼间的疏散隐蔽和伪装，严格夜间的灯火管制。美军的坦克在战场上很活跃，数量多了对我军作战有威胁，但在两次战役中我们也取得了一些反坦克的经验。在以后的作战中加强打坦克是很重要的，根据我军的装备状况，要采取各种有救手段和方法打坦克。

除彭德怀和邓华所作报告外，金日成作了《朝鲜劳动党今后工作方针》的报告，高岗作了《国内外形势》的报告，朴宪永作了《人民军的政治工作》的报告，杜平作了《志愿军三个战役的政治工作》的报告，解方作了《练兵计划及司令部工作》的报告，金雄作了《人民军作战经验》的报告，韩先楚作了《战术问题》的报告，洪学智作了《后勤工作问题》的报告。志愿军第9兵团司令员宋时轮、第38军第113师副师长刘海清、第39军第116师副师长张峰、人民军第5军团军团长方虎山，在会上介绍了有关作战经验。彭德怀作大会总结。

这次会议，总结了前三个战役胜利的基本经验，分析了形势，确定了下一步作战任务和作战方针。参加会议的干部反映，会议“开得很好，教育意义很大，使大家明确认识了国内外形势和今后作战方针，消除了某些干部对上级的埋怨情绪，交流了经验，加强了团结”[①]。2月8日，高岗在给毛泽东关于《志愿军与人民军高干联席会之报告》中说：“此次大会团结一致，军事思想、政策思想均无分歧。主要精神放在总结经验、交流经验、明确政策、准备力量，以消灭敌人，解放全部朝鲜。会议对全体到会干部……教育意义很大。全体同志情绪饱满，信心极高。”总之，这次会议为准备春季攻势，总结交流了经验，统一了思想，明确了政策，增强了中国人民志愿军和朝鲜人民

① 中国人民志愿军和朝鲜人民军高级干部联席会议秘书处的会议报告，1951年1月30日。

军的团结，并为紧接着进行的第四次战役，作了直接的思想动员。

在总后方基地的各种准备

为准备春季攻势，1月6日，东北军区召开党委会议，进行了研究讨论，并作出了计划。1月12日，高岗将军区党委确定的准备工作计划，书面向毛泽东并中央军委和彭德怀作了报告。报告中说，“目前军区一切工作是以准备春季攻势，消灭南朝鲜全部美军为目标，各部门均要在三月底完成所担负的任务”。这些任务包括：

空军和特种兵训练。炮兵在3月底以前完成全部训练任务，计高射炮3个师另22个营364门炮，战防炮（即反坦克炮。下同）2个师120门炮，火箭炮9个团210门炮，榴弹炮3个团108门炮，所缺干部、司机、汽车均在3月底前补齐并完成训练；空军在3月底前完成4个师的训练，除已有机场外，在4月底前再在东北修建5个新机场；装甲兵5个坦克团、1个摩托化炮兵团、1个摩托化步兵团，在3月底前配齐干部、司机，完成训练，并派人到前方侦察道路。

补充步兵的训练。已集中12万新兵，分别在整训团或东北军区所属各师及各省警卫团完成训练，并如数按时补充前方部队。

联合兵种作战教育。步兵、炮兵、空军、坦克兵各军兵种联合作战，在我军历史上尚属首次，为能在作战中实现互相配合，建议前方各师、团各抽一名正职或副职军事指挥员及参谋人员，到东北举办短期训练班，进行联合兵种协同作战教育，时间为1个月至40天，由苏联顾问担任教员，主要是由准备入朝的第19兵团抽1个军或1个师与空军、炮兵、坦克进行联合兵种作战演习，同时对通信干部进行联合兵种通信联络教育。

后勤工作。一是切实保证休整期间的供应，恢复部队体力，并争取在化冻前，在前方储存一批物资，3月15日前做好前送；二是筹划与组织联合兵种作战物资的供应，2月份大量前送。因运输问题极为严重，请求军委在已增加5个汽车团的基础上，再增加4个汽车团，并解决志愿军要求的3000辆汽车。东北准备2个运输团、8个运输营、15个担架团及赶造大车和小推车。为改进后勤工作，决定1月下旬召开后勤会议，前方各军后勤派人参加，并请军委和总后勤部派人出席指导。

此外，还计划了政治工作准备和对准备工作中的作风提出了具体要求，决定分工东北军区副政治委员李富春负责后勤准备,军区副司令员贺晋年负责各兵种的训练及联合作战教育的计划与筹备。

按上述计划,1 月 22 日至 30 日,为解决战场上后勤工作滞后的问题和保证完成后勤系统的春季攻势准备,由东北军区副政治委员李富春主持,在沈阳召开了志愿军后勤会议。中央军委副主席周恩来、代总参谋长聂荣臻、总后勤部部长杨立三、空军司令员刘亚楼、炮兵司令员陈锡联、军委运输司令员吕正操、东北军区后勤部长李聚奎等出席会议并作了指示。参加会议的除在前线各分部领导、各军做后勤工作的领导外,东北局、东北人民政府、东北军区负责后方保障的领导也都参加了会议。第 13、第 9、第 19 兵团原所在的中南、华东、西北 3 个军区也派代表参加了会议。

这次会议是采取分组研究、大会总结的办法进行的。会议一致认为,抗美援朝战争把我军后勤工作推向了新的阶段。我军以往历史上的后勤工作,向来是取之于前线的方针,现在转变到主要甚至完全依靠后方的供应,联合兵种的供应。这些变化,不是局部的,而是全局性的,不是一时的,而是历史的发展趋势。现代战争对后勤的依赖性很大,后勤工作的好坏不仅直接影响战役战斗的规模,还关系着战争的进程和结局,现代战争需要现代化后勤保障。"小米加步枪,仓库在前方"的时代已经过去了,后勤工作必须适应这个新情况,必须以新的指导思想、新的供应方法、新的工作制度和工作作风,来适应这一新的历史性的重大变化,实现后勤保障观念的转变,以适应现代战争的需要。李富春在报告中说:朝鲜战争中后勤工作取得的新经验与新知识,对于全军全国都有着极重大的意义,使大家懂得建立一个强大的国防军,如果没有强有力的后勤工作,是很难实现的。①

会议抓住志愿军后勤保障中的主要矛盾,重点研究了如何解决运输和供应问题。抗美援朝战争后勤工作的困难很多,需要解决的实际问题很多,但后勤工作中的最大困难,是运输不足和前线需要量大这个主要矛盾。后勤战线的广大官兵极为重视和尽了最大的努力。但是前三次战役的后勤保障仍远不能适应作战的需要。粮食方面,仅能保障需要量的 1/4 左右;弹药方面,只能作重点补给。这直接地影响了战役的规模和进程。第一次战役,追击到清川江时因粮弹耗尽,无力继续作战而结束战役。第二次战役原拟以 2 个军另 2 个师担任西线战役迂回,因粮弹供应困难只好减少 2 个师。东线长津湖畔冒着摄氏零下 30 多度严寒作战的第 9 兵团,因为入朝前准备

① 参见李富春在东北军区第一届后勤会议上的结论,1951 年 1 月 30 日。

不够,入朝后又补给不上,冻饿减员竟大于战斗伤亡。第三次战役,部队打到三七线后,运输线延长,运输供应更加困难。物资供应的困难,也影响到战斗士气,战士反映说:“不怕敌人凶如狼,只怕没有弹和粮。”

针对这种情况,李富春在报告中说:“如何组织强有力的供应线,发挥运输力,保证前方的供应。这是近代后勤工作基本的任务,也是我们这次会议的特点,前方要求送东西,在鸭绿江北岸的物资堆积如山,就是送不上去。如运输力量问题不能解决,东西再多也是无用。今后要研究如何使用汽车,如何发挥它足够的效力。只有这样,才有可能保证运输任务的完成。”①因此,会议强调“千条万条,运输第一条”,决定采取一切措施,建立兵站运输线,改变运输的被动局面。并决定建立东、中、西 3 条兵站线,新增加高射炮兵 6 个营、汽车 5 个团(汽车 2000 辆)、大车 1000 辆,手推车 5000 辆、吉普车 500 辆、火车头 30 台、修理汽车 1000 辆,新组建 3 至 4 个后勤分部、3 个警卫团、2 个运输团、8 个运输营、11 个担架团、50 个手术组、3 个公路工程队,每分部增加 2 部电台,每个军后勤和各大站配报话机 1 部,以保证运输。

这次会议抓住了志愿军后勤保障的根本问题和主要矛盾,提出了解决和改进的一系列有力措施,对促进抗美援朝战争后勤工作向适应现代战争要求的转变起了巨大作用。

与此同时,东北军区计划的空军、炮兵、装甲兵的训练也都紧张有序地展开。

空军于 1950 年 12 月下旬,即以第 4 师在苏联空军带领下,参加实战练习,在 1951 年 1 月 21 日和 29 日的空战中,第 4 师第 10 团第 28 大队大队长李汉,首开了志愿军空军击落美军 F-84 飞机 1 架、击伤 2 架的纪录。志愿军空军受到了空战锻炼,初步取得了空战经验,树立了取得空战胜利的信心。

1 月 3 日,周恩来、聂荣臻、刘亚楼与苏联驻中国军事总顾问协商,苏方同意从 1 月 10 日起,出动 2 个米格 -15 歼击机师 124 架飞机,掩护辑安至江界、安东至安州两条铁路线的运输(实际当时仅出动到鸭绿江上空,直至 1951 年第二季度才开始掩护上述两铁路线)。预计 3 月底 4 月初,中国可有 5 个空军师完成参战准备,出动作战,其中 2 个驱逐机(歼击机)师、2 个轰炸机师、1 个冲击机(强击机)师,另朝鲜有 3 个空军师参战。经过筹备,中央军委于 3 月中旬成立了志愿军空军司令部,刘震任司令员,常乾坤任副

① 李富春在东北军区第一届后勤会议上的结论,1951 年 1 月 30 日。

司令员，沈启贤任参谋长，李世安任政治部副主任，杨尚儒任后勤部部长，李雪炎任后勤部政治委员，金生任工程部部长，盛翼联任工程部政治委员。同时，为便于与朝鲜人民军空军的协同作战，与朝方商定，在志愿军空军司令部的基础上，组成了中朝空军联合司令部，增加朝鲜空军王琏为中朝空军联合司令部副司令员，统一指挥中朝空军部队的作战等问题。此后，即在志愿军空军司令部的统一组织下，突击训练空军。

炮兵和坦克兵的训练也都在按计划加紧进行。1951 年 1 月 18 日中央军委决定，成立志愿军炮兵指挥所，匡裕民任主任、贾克任副参谋长。2 月 13 日，中国人民解放军摩托化装甲兵司令员许光达，以装甲兵司令部的名义向中央军委作了《关于装甲兵入朝作战准备工作的报告》，对志愿军装甲兵指挥机构的组建，参战的部队、兵力、装备、弹药、油料、教育训练等工作，做了详细的筹划安排。经中央军委批准，2 月 26 日，以坦克第 1 师师部为基础组成中国人民志愿军装甲兵指挥所，由师长黄鹄显任指挥所主任，副师长罗杰任副主任、毛鹏云任政治部主任、李自群任副参谋长。上述两个指挥所，分别负责组织在东北地区准备入朝参战炮兵和装甲兵的训练，并在训练后，率部入朝参战。

1951 年 1 月，中央军委决定，将志愿军炮兵的 9 个炮兵团，分别拨归步兵军建制。其拨归情况是：炮兵第 46 团拨归第 38 军建制，炮兵第 45 团拨归第 39 军建制，炮兵第 42 团拨归第 40 军建制，炮兵第 44 团拨归第 42 军建制，在国内训练的炮兵第 32 团拨归第 50 军建制，炮兵第 17 团拨归第 20 军建制，炮兵第 14 团拨归第 26 军建制，炮兵第 16 团拨归第 27 军建制，炮兵第 40 团拨归第 66 军建制。

志愿军团以上各级军事主官和参谋长，回到东北进行短期集训，学习联合兵种作战的协同指挥战术。第 19 兵团完成了入朝准备，中央军委并从西南军区抽调部队于 3 月中旬组建了志愿军第 3 兵团。1950 年 11 月向苏联订购的 36 个步兵师的轻武器已到达，决定先改装第 19 兵团和在朝鲜的第 9 兵团，尔后再分批改装第一次战役时入朝的 6 个军（实际上，2 月和 3 月将这 36 个师的装备先改装了第 19、第 9、第 3 兵团共 27 个师）。

为空军出动在国内和在朝鲜境内增建机场工作也已开始着手，为修建机场，空军向朝鲜派出了联络组。1 月底开始，向朝鲜境内增派了高炮部队和铁路抢修部队。为志愿军第 38、第 39、第 40、第 42 军各配 3 个高炮营，为第 9 兵团和准备入朝的第 19、第 3 兵团每兵团配 9 个或 6 个高炮营。

除机场修建比较复杂需时间较长和联合兵种协同战术集训刚刚开始即

停止外，其他各项准备，到3月底基本就绪。新组建的志愿军炮兵指挥所于2月3日，装甲兵指挥所于3月31日，开始入朝，在东北地区训练的高射炮兵、炮兵、装甲兵，于1月、2月和3月底，先后开始入朝。至4月，陆续入朝的炮兵计有第2、第7、第8师（均为新装备的苏式火炮），火箭炮兵第21师，防坦克炮兵第31、第32师，高射炮兵第61、第62、第63、第64师，坦克2个团。第19兵团于2月中旬、第3兵团于3月中旬开始入朝。另根据中央军委的指示，于1951年2月13日，成立了中国人民志愿军铁道抢修指挥部，由铁道兵团副司令员李寿轩任主任，2月18日，由安东入朝。2月中旬，铁道兵第3师入朝，4月，铁道兵第2师入朝，担负铁路抢修任务。2月开始，从国内抽调工兵第7、第10、第18、第22团陆续入朝，至1951年4月，志愿军工兵部队共达到8个团，担负道路和工程保障任务。在东北训练的4万老兵和8万新兵，于3月也开始送往前线，补充部队。

但正如毛泽东在1月14日给彭德怀和金日成的电报中所估计到的，“即客观形势迫使我们在二月间就要打一仗”。战场上和总后方基地的春季攻势准备刚刚部署或开始，1月下旬战场形势即已发生了变化，“联合国军”开始了全线反扑。除总后方基地的各种准备按计划进行外，志愿军在战场上立即停止了休整，转入了防御作战。

这次春季攻势准备，是为根本解决朝鲜问题而进行的一次战略性准备。尽管由于情况变化，春季攻势未能按计划进行，但对志愿军发起第五次战役，具有直接的作用，对志愿军后来坚持持久作战准备了必要的基础。

第二十三章

美国当局试图摆脱困境。中朝两国和平解决朝鲜问题的考虑

美国当局因战场失败陷入困境

虽然华盛顿当局为了保持其帝国主义盟主的面子，表示绝不主动退出朝鲜，但在他们于 1950 年 12 月上、中旬玩弄的“停火”阴谋遭到失败后，也不得不承认，中国人民志愿军一旦发动新的攻势，是有能力将美国军队赶出朝鲜的。同时，他们认为苏联也可能乘机而动，攻占日本本土。对于美国来说，日本的战略地位远远重于朝鲜，而能够用于保证日本安全的部队只有在朝鲜作战的美第 8 集团军。这样，一旦这种威胁出现，美第 8 集团军就只好被迫撤出朝鲜。然而，如何判断形势？麦克阿瑟如何掌握撤出的时机？第 8 集团军能否安全撤到日本？美国国务院、国防部、参谋长联席会议，自 1950 年 12 月下旬以来，就连日探讨磋商，终未寻得最佳计策。在中国人民志愿军和朝鲜人民军发起第三次战役之前的 12 月 29 日，经杜鲁门批准，美国参谋长联席会议给麦克阿瑟发去了一个调子悲观的电报。电报中说：

现有的一切估计表明，中共如果打算采取行动，是有能力将联合国军赶出朝鲜的。可能阻止敌人发挥这种能力的方式之一，是使敌人在行动中付

出高昂的代价,迫使他们放弃这一行动;方式之二,是向该区投入大量美军,而这样将危及我们在其他方面担负的义务,其中包括对日本安全承担的义务。要联合国其他成员国为朝鲜提供大批援军也是不现实的。我们认为朝鲜并不是打大仗的地方。而且,我们认为,在全面战争的威胁不断增长的情况下,我们不应将现有的剩余地面部队派往朝鲜,同中共作战。但是,如果不会遭至严重损失的话,在朝鲜某个地区我们能成功地抵抗中共—北朝鲜的进攻,打击中共的军事和政治威信,这对我们的国家利益将具有重大意义。

你的基本任务是为大韩民国提供必要的援助,击退武装进攻,恢复这一地区的国际和平与安全。但鉴于目前的形势,有必要对你的任务加以调整。

……

事态的发展也许将迫使我们撤出朝鲜。特别是在日本面临的威胁不断加大的情况下,对于我们来说,十分重要的是要提前确定我们最终进行井然有序撤军的适当时机。在我们看来,你倘若被迫退到锦江附近及以东一线的阵地,中共集结大批部队对你们阵地发起进攻,而且显然是有将我们赶出朝鲜的能力,我们就将指示你开始向日本撤退。

要求你对上述情况提出你的看法。这些情况将决定是否撤军,特别是考虑到你的主要任务仍然是保卫日本,而且只有第8集团军的部队能用于执行此项任务。

接到你的意见后,我们将明确指示你在何种情况下开始撤军。①

麦克阿瑟接到这个电报后,一方面感到非常沮丧,认为华盛顿当局对于应走哪一条途径,看来还是举棋不定,态度暧昧。“这封电报似乎表明了在朝鲜‘取胜的意志’已经丧失。”另一方面,他非但不愿看到从朝鲜撤出,而且主张对中国采取大规模报复行动。12月30日,他复电参谋长联席会议,提出:1. 封锁中国海岸;2. 以海空军轰炸摧毁中国进行战争的工业能力;3. 联合国军从台湾国民党的部队中得到援军;4. 让台湾的国民党军对大陆发动牵制性的进攻,以减轻联合国军在朝鲜的压力。②

当中国人民志愿军和朝鲜人民军发起第三次战役,将“联合国军”打到

---

① [美]奥马尔·布莱德雷:《将军百战归》,801～803页,北京,军事谊文出版社,1985。

② 参见[美]《麦克阿瑟回忆录》,284～285页,上海,上海译文出版社,1984。

三七线附近时,美国当局对中朝军队的攻势更加感到畏惧,他们把心都提到了嗓子眼上。李奇微平均后撤60英里,美军在“汉城这个重要的政治基地……连同仁川补给基地”全部丢失。李奇微还能经受得住中国军队的再一次进攻吗?华盛顿当局感到“心中无数”。①

美国当局对麦克阿瑟提出的报复主张进行了仔细的研究。对于封锁中国海岸,美国当局认为美国已经从1950年12月初开始,对中国采取了禁运措施,12月16日起又冻结了中国在美国的所有资产。但如实施海上封锁,则是一种战争行动,必须封锁所有海岸和港口以及所有国家的船只,才能达到目的。封锁所有港口会遭到英国的反对,也会引起苏联的强烈反应(根据雅尔塔协定,苏联使用大连港和旅顺基地),联合国不会对此采取一致行动,这样就使美国陷于孤立,并有引起同苏联直接军事冲突的危险。

关于轰炸中国的工业基地,美国当局认为,中国没有庞大的工业基地,只能轰炸军事、航空、铁路和航海设施,中国一旦遭到轰炸就会请求苏联援助,并且美国轰炸了中国在东北地区支援战争的“庇护所”,那么中国也可以在苏联的帮助下轰炸美国在日本的“庇护所”。再则这等于把战争扩大到中国境内,参加“联合国军”行动的各国,只同意在朝鲜作战,而不会同意到中国作战。

关于在朝鲜使用蒋介石的国民党军队,美国当局认为,如果在朝鲜使用蒋介石的国民党军队,则可能引起中国向朝鲜更大规模的增兵,同时会引起欧洲盟国更大的担心,认为美国重视亚洲轻视欧洲,联合国多数成员会反对。另外,李承晚认为南朝鲜自己有力量扩充军队,也反对在朝鲜使用蒋介石的国民党军队。

关于使用蒋介石的国民党军队向中国大陆作牵制性的进攻,美国当局认为,蒋介石军队的战斗力抵不过共产党的军队,并且其装备和运输工具需要由美国提供,因而对此不抱任何幻想。②

于是,1951年1月9日,经杜鲁门批准,美国参谋长联席会议正式拒绝了麦克阿瑟的报复主张,再次指示麦克阿瑟:“组织梯次阵地实施防御,在优先考虑你部队的安全和保卫日本的基本任务的情况下,最大限度地杀伤

① [美]奥马尔·布莱德雷:《将军百战归》,806页,北京,军事谊文出版社,1985。

② 参见[美]詹姆斯·F.施纳贝尔:《朝鲜战争中的美国陆军——战争爆发前后》,358~363页,北京,国防大学出版社,1990;[美]马修·李奇微:《朝鲜战争》,146~148页,北京,军事科学出版社,1983。

在朝鲜的敌军。一旦你判明必须撤退才能避免人员和物资的严重损失时，就从朝鲜撤往日本。”①

对此，麦克阿瑟于10日给参谋长联席会议的电报中，要求对他的任务既在朝鲜守住一块阵地又同时保卫日本作出澄清。他说：“鉴于现在我建制内的部队没有足够的力量在朝鲜守住一块阵地并同时保卫日本不受外来侵略”，那么究竟以哪个为重点？他说，决定在朝鲜呆下去还是撤退，并不是他能确定的事情。“争论的真正焦点在于是否打算撤出朝鲜的问题，并涉及到一项具有极大的国内和国际重要性的决定。这远远超出了一位战区司令官的决策范围，因为他为非常有限的战场上发生影响战局发展的事件所左右。”

参谋长联席会议告诉他：“除非从军事上考虑确实要被迫撤出，否则就不放弃朝鲜。”希望麦克阿瑟留在朝鲜的时间尽可能长一些，并在撤往日本之前，尽量多地消灭中国和北朝鲜部队，为美国与其他联合国成员国在外交上、军事上进行协商赢得时间。②

华盛顿当局对麦克阿瑟已是很不耐烦了，并且他们无法对联合国军部队的士气作出判断，特别是南朝鲜军一旦得知撤退的消息会作出什么反应。杜鲁门对此也非常担忧。于是，1月12日，杜鲁门以个人名义给麦克阿瑟发了一份电报（也有的说是写了一封亲笔信），一方面列举了10条理由说明了在朝鲜坚持下去的必要性，让他坚持在朝鲜作战，另一方面又承认麦克阿瑟目前的兵力是不可能继续抵抗大量中国军队进攻的，因此，他在信中说，“你的兵力应该保存起来，作为保卫日本及其他地方的有效工具”。当然，一旦从朝鲜撤退，美国“在政治上或军事上”“将不承认撤离的后果”③。究竟何去何从？杜鲁门同样心中无数。为了掌握朝鲜战场的第一手材料，杜鲁门批准派陆军参谋长劳顿·柯林斯和空军参谋长霍伊特·范登堡前往朝鲜。

在华盛顿当局对在朝鲜是撤是守难以定夺和不耐烦地对麦克阿瑟作出指示的同时，麦克阿瑟也训令他的参谋人员开始制定撤离计划。美国官方

---

① ［美］奥马尔·布莱德雷：《将军百战归》，806页，北京，军事谊文出版社，1985。

② 参见［美］詹姆斯·F.施纳贝尔：《朝鲜战争中的美国陆军——战争爆发前后》，364、366页，北京，国防大学出版社，1990。

③ ［美］哈里·杜鲁门：《杜鲁门回忆录》，第2卷，518～520页，北京，生活·读书·新知三联书店，1974。

陆军战史写道:

麦克阿瑟已经训令他的参谋人员继续拟制关于撤离步骤的计划。鉴于实际撤离工作大部分属于海军的任务,作战处长赖特将军向海军征求了意见。远东战区海军司令部副参谋长伯克海军少将于1月7日向赖特介绍了要考虑的问题和因素。如果撤离工作是在釜山进行的话,那么极有可能是在敌军的压力下进行。从釜山撤离和从兴南滩头阵地撤出部队之间没有多少相似之处,但釜山的行动在规模和难度上都要超过兴南撤退。因此,运送部队和补给品所需要的时间要比兴南撤退长得多。伯克极力主张要及早制定好下一步的计划。他建议赖特立即指定在釜山的最后一道防御圈内防守的师。伯克还建议由陆战第1师担负此任务,因为该师曾按海军的课目受过专门的训练,包括如何申请海军炮火支援的训练,而且多次证明该师的作战能力十分出众。伯克认为,中间几道防御圈可能需要配置两个师的兵力,任何一个美军师均可担任此任务。

……赖特……曾对完成撤离工作所需要的时间作过预测。基于从朝鲜半岛撤离的总吨位预计为200万吨,所以即便使用了在紧缩之后的防御圈内的所有装载码头,完成上船工作所用的时间很可能也要持续50天。

作为撤退计划的第二批措施,柯林斯将军(他当时又一次出访远东战区)于1月15日曾告诉麦克阿瑟将军说,假如撤离势在必行,杜鲁门总统想把所有的大韩民国政府官员,大韩民国军队和大韩民国警察一起带走。麦克阿瑟将军对此命令表示满意,并说他认为这很重要。拟制撤离计划的工作立即开始。当柯林斯1月19日从朝鲜回来时,有关情况就呈报给了他。希基将军指出,按照总统的命令,必须撤出总数超过100万的朝鲜人。其中包括3.6万名大韩民国政府官员和家属,60万名大韩民国警察和26万名大韩民国士兵。后两种人员的家属总数为40万人。至于这些人将被运往何处,柯林斯与麦克阿瑟都同意,要尽可能多地把大韩民国士兵安置在济州岛上,以便使他们在撤离之后仍保持一个合法的地位,从而在朝鲜继续战斗下去。①

---

① [美]詹姆斯·F.施纳贝尔:《朝鲜战争中的美国陆军——战争爆发前后》,351~352页,北京,国防大学出版社,1990。

美国继续玩弄“停火”阴谋。中朝两国和平解决朝鲜问题的考虑

正当美国当局在朝鲜问题上手足无措、一筹莫展的时候，联合国“朝鲜停火三人小组”于 1951 年 1 月 11 日，向联合国大会政治委员会提出了达成朝鲜停火和和平解决远东问题的五步方案，即：

(一)为了防止生命和财产遭受不必要的破坏，并在采取其他恢复和平的步骤的同时，应当立即安排停火。这种措施中应当包括充分的保障，以确保它不会被用来作为发动新攻势的掩护。

(二)不论由于正式的措置结果或即使由于敌对行动暂时中止以待某种这样措施的结果，如一旦停火在朝鲜实现，即应加以利用，以便考虑为了恢复和平所应采取的进一步步骤。

(三)为了实现大会的决议(朝鲜应当是一个统一、独立，民主的自主国，并拥有建立在自由民选的基础上的宪法和政府)，一切非朝鲜的军队将分适当的阶段撤出朝鲜，并将依照联合国的原则订立适当措置，使朝鲜人民能表达他们关于他们未来政府的自由意愿。

(四)在完成前一条所提到步骤之前，将依照联合国原则订立适当的临时措置，以管理朝鲜和维持朝鲜境内的和平与安全。

(五)一俟获致关于停火的协议，大会应设立一个适当机构，其中将包括联合王国、美利坚合众国、苏维埃社会主义共和国联盟及中华人民共和国四国政府的代表，以便依照现存的国际义务与联合国宪章的规定来获致远东问题的解决，其中除其他问题外包括福摩萨问题和中国在联合国中的代表权问题。

1951 年 1 月 13 日联合国大会政治委员会通过了这个决议，美国投了赞成票。当天，第五届联合国大会政治委员会主席阿彼拉兹博士致电中华人民共和国外交部长周恩来，转送政委会通过的上述五项原则。

从这个五步方案的内容来说，或多或少接受了 1950 年 12 月 22 日周恩来代表中国政府提出的某些条件，但方案的前提仍是先行实现停火，然后才能考虑其他问题。尽管如此，如果美国真的能够按这个五步方案解决问题，

对于解决朝鲜问题,维护远东和平还是有利的。然而美国当局的意图是只考虑停火,而无论中国方面是接受或拒绝这个方案,美国都不会考虑停火以外的其他四个步骤。

按照艾奇逊的说法,美国当局对这个五步方案感到左右为难。一方面,美国希望立即停火,这样对他们在朝鲜的军事形势有利,另一方面,他们不愿实行停火以外的其他步骤,特别是不愿讨论台湾问题和中国在联合国的代表权问题(这一点,在1950年12月初美英首脑的会谈公报中,美国就已申明);如果赞成这个五步方案,会引起美国舆论的轩然大波,如果否决这个方案,又会在联合国中失去支持。但因为五步方案的第一步是实现停火,同时艾奇逊估计到中国方面,可能会由于不接受联大1950年12月14日决议的同样原因,而对五步方案加以拒绝。所以,美国当局对这个五步方案选择了支持的立场。同时,美国正在联合国中组织它的盟国,投票谴责中国为“侵略者”,一旦五步方案被中国拒绝,就要求联合国大会通过中国为“侵略者”的决议。①

中国政府已经看透了这一点。早在联合国大会通过“朝鲜停火三人小组”提出的“五步方案”之前,印度政府即将“五步方案”的内容向中国政府作了通报。中国政府认为,只要联合国通过这个决议,美国就有可能利用停战保存实力,在南朝鲜保持若干地区,并武装日本,而谈判则可无限期地拖延下去。因此如果联合国通过这个先停火后谈判的提案,中国将予以拒绝并提出自己的主张。② 1月11日和14日,中国政府将中国对解决朝鲜问题及远东其他问题的立场和主张先后发给斯大林和金日成,征得了他们的同意。在联合国大会政治委员会通过五步方案决议后,1月17日周恩来以外交部长的名义复电联合国大会第一委员会③主席阿彼拉兹,表示中国政府不能同意先停火后谈判的原则,并提出了中国政府关于和平解决朝鲜问题的主张。周恩来复电全文如下:

纽约

联合国代理秘书长奥温先生转

---

① 参见[美]迪安·艾奇逊:《艾奇逊回忆录》,下册,380~381页,上海译文出版社,1978。

② 中国政府关于解决朝鲜问题的主张,见下文1951年1月17日周恩来外长给第五届联合国大会第一委员会主席阿彼拉兹复电中的第三条甲、乙、丙、丁四项内容。

③ 联合国大会第一委员会即政治委员会。

联合国大会第一委员会主席阿彼拉兹先生：

奥温先生于1951年1月13日转来联合国大会第一委员会主席托交的有关朝鲜及其他远东诸问题的各项原则意见。谨悉。我现在代表中华人民共和国中央人民政府向阁下作如下答复：

一、中华人民共和国中央人民政府历来主张，现在仍然主张：朝鲜战事应该经过有关各国以一切外国军队撤出朝鲜及朝鲜内政由朝鲜人民自己解决为和平调处朝鲜问题的基础的谈判、求得迅速结束；美国武装力量必须退出台湾；中华人民共和国的代表必须取得联合国的合法地位。这几项原则，我在1950年12月22日所发表的声明中也曾提到，并于同日电告联合国大会主席安迪让先生，此为举世周知之事。

二、现在联合国大会第一委员会在没有中华人民共和国代表参加之下于1951年1月13日通过了有关朝鲜及其他远东诸问题的各项原则，其基本点仍然是先在朝鲜停战，然后才举行有关各国的谈判，而先行停战的目的，只是为美国军队取得喘息时间。因此，不管谈判的议程和内容规定的如何，如果不先行谈判规定好停战条件然后停战，则在停战后再举行谈判，可以无休止地讨论下去，得不到任何问题的解决。除这一基本点外，其他各项原则亦规定得极不明确，而所谓国际义务又未明确指出为开罗宣言及波茨坦公告，这就极利于为美国维持其在朝鲜、台湾和远东各地的侵略地位作辩护。我们很理解联合国不少国家同意第一委员会在1951年1月13日所通过的各项原则是出于和平愿望。但必须指出：先停战后谈判的原则，只便利于美国维持侵略和扩张侵略，决不能导致真正的和平，因之中华人民共和国中央人民政府不能予以同意。

三、为着朝鲜问题和亚洲重要问题真正能够得到和平解决。我代表中华人民共和国中央人民政府现向联合国提议：

甲：在同意从朝鲜撤退一切外国军队及朝鲜内政由朝鲜人民自己解决的基础上举行有关各国的谈判，以迅速结束朝鲜战争；

乙：谈判内容，必须包括美国武装力量从台湾及台湾海峡撤退和远东有关问题；

丙：举行谈判的国家，应包括中华人民共和国、苏联、英国、美国、法国、印度和埃及七国。中华人民共和国在联合国的合法地位即从举行七国会议起予以确定；

丁：七国会议的地点，应选在中国。

四、上述提议，如获得联合国及其有关国家同意，我们认为及早举行谈判,对于迅速结束朝鲜战争及和平解决亚洲问题是有益的。

谨此电达,即希查照。

中华人民共和国中央人民政府外交部部长,周恩来

于北京

周恩来的复电发出后,应英国驻华代办和印度驻华大使的请求,中国外交部于1月21日和22日又对这些主张作出明确解释,即:

一、只要一切外国军队从朝鲜撤退的原则被接受后,并付诸实施,中华人民共和国中央人民政府将负责劝说中国人民志愿部队回到本国。

二、我们认为关于停止朝鲜战争,与和平调处朝鲜问题,可分两个步骤进行。

第一个步骤,可在七国会议第一次会议中商定有限期的停火,并付诸实施,以便继续进行谈判;

第二个步骤,为欲达到完全结束朝鲜战争并保证东亚和平,停战全部条件必须与政治问题联系讨论,商定:从朝鲜撤退一切外国军队的步骤和办法;向朝鲜人民建议如何实施朝鲜内政由朝鲜人民自己解决的步骤和办法;依据开罗宣言及波茨坦公告,美国武装力量自台湾及台湾海峡撤退;以及远东有关诸问题。

三、中华人民共和国在联合国的合法地位的确定必须得到保证。

中国政府拒绝的只是先停火后谈判的原则,而不是拒绝整个五步方案,对五步方案中的其他内容并不反对,而只是指出其规定得极不明确。中国政府关于和平解决朝鲜及远东问题的这些主张不仅仅是外交上的一种表示,而是完全合情合理合法的,当时周恩来在多种场合讲过这一点,高岗在中朝两军高级干部联席会议上也专门讲了这一点。后来朝鲜停战谈判开始以后,解决朝鲜问题和远东其他问题,就是按上述步骤进行的。

美国诬蔑中国为“侵略者”和中国政府的声明

在联大政治委员会通过朝鲜停火“三人小组”的五步方案之前,美国代表就奉美国当局的旨意,在联合国积极活动,准备通过一项诬蔑中国为“侵

略者"的决议。在朝鲜停火"三人小组"向联大政治委员会提交五步方案的同一天,美国驻联合国代表奥斯汀就在联大政治委员会上就"三人小组"所提的报告发言。他说:"美利坚合众国政府认为联合国必须应付中国共产党对朝鲜及对联合国军队的侵略行为。美国代表团认为自由世界势不能接受这种情势而不表现其联合一致抵抗侵略的决心。只有用这种表现,才能维持世界各地人民对于集体安全的信心。第一委员会目前亟待解决的问题是:应采用何种方法来达成这种目标。"

1月17日,美国国务卿艾奇逊在记者招待会上,就美国为什么投票赞成朝鲜停火"三人小组"的五步方案发表声明。在这个声明中,艾奇逊反咬一口,说中国发动了"侵略"。他说:"在朝鲜诉诸武力的首先是北朝鲜,其次是中共。联合国一贯要求这种情势必须终止,并且要求以和平方法达到联合国的目标——我们一直维持,而且现在仍然维持这种立场。同时,我们还有一个目标,就是我们的行动必须能维持自由国家在反对侵略中的团结,而联合国在朝鲜的行动便表现着这种团结。"①

1月18日,美国代表奥斯汀在第五届联大政治委员会上,就中国外长周恩来17日给联大政委会主席的复电发言,诬蔑中国是"侵略者",要求联合国对中国采取行动。他说,中国政府对联合国"和平解决"朝鲜问题的"努力","以嘲弄的态度对之,并悍然予以拒绝"。"所以不必去解剖已经死了的希望。我们现在所需要的是把集体安全建立在非常坚固的基础上,使中国共产党或其他侵略者,都不能动摇它"。他诬蔑说:"北京政权之从事侵略行为是很明显的,所以大会应该直言不讳。"他要求"大会应当责成北京政府停止其对联合国军队的敌对行为,并将其军队撤出朝鲜",应当重申联合国在朝鲜继续进行军事行动的决心。他积极主张联合国对中国"采取集体办法","责成一个有如集体办法委员会一类的团体,审议将来应采取何种步骤"②。

印度代表劳氏20日在联大政委会上发言认为,中国政府的答复不是对五步方案的正面拒绝,而是"部分接受,部分拒绝,部分要求解释,部分则是一套反建议"。而中国的这些反建议,"显然有再加讨论与谈判的余地"。他说,中国出兵朝鲜"并不是出于扩张中国的领土或势力的意图,而是出于害怕中国自己的领土完整受到损害"。印度政府反对给中国加上"侵略者"

---

①《中美关系资料汇编》,第2辑,375页,北京,世界知识出版社,1960。
②《中美关系资料汇编》,第2辑,377、379、381页,北京,世界知识出版社,1960。

的恶名，他说："把中国中央人民政府加上侵略者的恶名没有什么用处。假使采取了这样一个步骤，除非想接着采取其他步骤，它不会增加联合国的威信。其他步骤是否可能实行一点，既然还没有研究，这样一个决议可能产生的唯一结果，是不但将使所有远东问题不得解决，而且使这些问题成为无法解决的；因为这个决议一旦通过，即使是为了消除误会而进行的谈判也不得不放弃。不但如此，顺利进行谈判的空气即将消失，目前的远东紧张局势将有增无减地延长下去。在目前，印度政府是反对采取这样一个可能引起大祸的途径的。"①

在英国驻华代办得到中国外交部关于和平解决朝鲜问题的主张的解释后，1 月 23 日，英国首相艾德礼在下院发表演说。他虽然赞成联合国通过一项中国为"侵略者"的议案，但他认为中国政府 1 月 17 日的答复并未最后关闭谈判之门。他说：

我们还没有放弃谈判解决朝鲜战争的希望，也没有对于中国还可能愿意在世界事务中担任其传统的任务并与世界其他国家友好相处一事放弃希望。

因此，我们认为，联合国在现阶段上不应采取新的重要的决定。目前提交联大政委会的提案是要谴责中国在朝鲜的行动为侵略者的行为，要求集体措施委员会研究可以采取何种对付中国的其他措施，并要求设立一个斡旋委员会。

……英王陛下政府欢迎设立一个斡旋委员会的建议，该委员会将成为探求谈判解决的每一个可能性的机构。英王陛下政府同样承认朝鲜局势的不可讳言的事实，并同意谴责中国支持侵略者的干涉行为，这种行为阻挠与破坏了联合国目标。

但我们不认为考虑进一步措施的时机业已到来。这样便意味着我们已放弃了达成和平解决的希望，而我们并没有放弃这个希望。②

阿富汗、缅甸、埃及、印度、印度尼西亚、伊拉克、黎巴嫩、巴基斯坦、伊朗、沙特阿拉伯、叙利亚、也门等 12 国出席联合国大会的代表，注意到中国政府于 1 月 17 日对联大政委会关于解决朝鲜问题五步方案的答复，于 1 月

① 《中美关系资料汇编》，第 2 辑，382～384 页，北京，世界知识出版社，1960。
② 《中美关系资料汇编》，第 2 辑，385～388 页，北京，世界知识出版社，1960。

24日和29日两次向联合国大会对五步方案提出修正案。苏联代表对上述12国的两次修正案,于1月25日和30日,也再次提出修正案。表示继续寻求解决朝鲜问题的办法。然而,美国迫不及待,于1月30日,操纵联合国大会第一委员会否决了12国和苏联的修正案,并通过了美国所提的诬蔑中国为"侵略者"的提案。2月1日,美国又操纵联合国大会通过了美国提案。苏联、捷克斯洛伐克、波兰等东欧的社会主义国家代表投了反对票,印度和缅甸也投了反对票,南斯拉夫和其他7个国家拒绝参加投票。艾奇逊在回忆录中承认"我们的盟国……有点勉强地于2月1日和我们一起通过了对中国侵略的谴责。"①美国操纵联合国大会通过这个提案的内容是:

大会

注意到安全理事会因各常任理事国意见不一致,以致对中国共产党干涉朝鲜一事未能履行它的维持国际和平与安全的首要责任;

注意到中华人民共和国中央人民政府没有接受联合国设法终止在朝鲜的敌对行为以求和平解决的建议;它的武装部队继续侵犯朝鲜并对联合国在朝鲜的部队作大规模的进攻;

一、认定中华人民共和国中央人民政府由于直接援助和协助业已在朝鲜进行侵略的人,而且对联合国在朝鲜的部队从事敌对行为,它自己已在朝鲜从事侵略;

二、要求中华人民共和国中央人民政府设法使它在朝鲜的部队和国民停止对联合国部队的敌对行为,并撤离朝鲜;

三、申明联合国继续在朝鲜对付侵略的决心;

四、号召所有国家与当局对联合国在朝鲜的行动继续给予一切援助;

五、号召所有国家与当局对在朝鲜的侵略者勿给予任何援助;

六、请由集体措施委员会委员组成的委员会作为一种紧急事件审议用以对付这次侵略的额外措施,并就此事向大会提报告。

但如果下段所称的斡旋委员会报告它的努力获得满意的进展,则该委员会得暂缓提出报告;

七、申明联合国的政策仍在实现停止在朝鲜的敌对行为,并用和平方法达到联合国在朝鲜的目标;并请大会主席立即指派两人会同主席在任何适

① [美]《艾奇逊回忆录》,下册,381页,上海,上海译文出版社,1978。

当机会进行斡旋,以求达到这个目标。①

对此,1951年2月2日,周恩来外长代表中华人民共和国政府发表声明,对联合国大会决议案的诬蔑和美国的阴谋企图进行了驳斥和揭露,声明内容如下:

中华人民共和国中央人民政府是历来主张和平解决朝鲜问题及亚洲重要问题的。远者不论,今年1月17日我中央人民政府曾就此类问题向联合国大会第一委员会提出四项建议。因此,亚洲和阿拉伯的十二个国家便提出了召开七国会议以和平解决朝鲜问题及远东其他问题的方案,虽然提案的标题和内容仍有若干需要修正,而且苏联代表亦已提出修正,但十二国提案本身确表示了真诚的和平愿望。联合国中的多数国家在美国政府的操纵和劫持之下,不顾苏联、波兰、捷克斯洛伐克和十二国提案中印度、埃及等多数国家的代表的努力及世界爱好和平人民的愿望,竟于1月30日在联合国大会第一委员会中拒绝了十二国的提案及苏联的修正案,并且通过了美国所提的诬蔑我国为对朝鲜的侵略者以便美国进一步扩大侵略战争的议案,接着,于2月1日又在联合国大会中如法炮制地通过了美国提案。这就向全世界爱好和平的人民和国家最露骨地证明:美国政府及其帮凶们是要战争不要和平的,而且堵塞了和平解决的途径。

联合国大会及其第一委员会在没有中华人民共和国合法代表参加,而且在侵越安全理事会的权限的情况之下,竟通过美国诬蔑我国的提案,显然是非法的、诽谤的、无效的,中国人民坚决表示反对。

美国这一提案完全是颠倒是非,混淆黑白。明明是美国政府制造出朝鲜事件,干涉和侵略朝鲜,干涉和侵略中国的台湾,而美国提案却反说中国共产党在干涉朝鲜,中华人民共和国中央人民政府在侵略朝鲜。明明是全世界爱好和平民主的人民主张制裁美国侵略,要求美军撤出朝鲜和台湾,而美国提案却反而要求对中国人民抗美援朝保家卫国的正义行动采取措施,反而要求中国人民志愿部队自朝鲜撤退。明明是美国政府无数次地拒绝中国和苏联关于和平调处朝鲜问题的各项建议,最后甚至拒绝了十二国关于召开七国会议的提案,而美国提案却反说中华人民共和国政府没有接受联合国关于停止朝鲜战争以求得和平解决的各项建议。诚然,我们不能接受

① 《中美关系资料汇编》,第2辑,391页,北京,世界知识出版社,1960。

美国政府先停火后谈判的诡计,故而提议召开七国会议,以谈判停战、撤兵及一切有关问题。但当着我们进一步说明七国会议召开后可以先商定有限期的停战,然后再谈判一切有关问题的时候,美国政府便迫不及待地,威胁和劫持联合国中多数国家的代表,慌忙地否决了关于七国会议的提案。这不是美国政府要扩大战争反对和平的证明么? 因此,明明是美国侵略部队要继续侵占朝鲜,继续侵占台湾,继续大规模地进攻和屠杀,而美国提案却反说中国人民志愿部队在继续侵犯朝鲜,故号召其帮凶国家给它以一切援助而不给中国以什么"任何援助"。中国人民从来就没有指望过美国帮凶国家的"任何援助";只是美国帮凶国家给予美国的一切援助过去不曾挽救它在朝鲜的悲惨失败,而且将来也绝不能挽救它的悲惨失败。相反方面,中国人民从此倒会更清楚地认识美帝国主义的侵略野心,会更坚定自己以行动击败侵略者的决心,会更懂得为了对付美帝国主义及其帮凶们的扩大战争企图而采取一切必要的措施。

在联合国的印度代表说得对,联合国大会第一委员会中多数国在1月30日晚间所采取行动"意味着:不停火,不谈判,也不和平解决",这就是美国政府威胁他们所要达成的目的,也就是美国提案的真意。具体说来,美帝国主义的企图是:继续侵占朝鲜和台湾,干涉越南和东南亚,进行单独对日缔约和重新武装日本,配合它在西方重新武装西德,并将亚洲、欧洲及世界人民驱入战争深渊,以遂其独霸世界的迷梦。应该指出:美国政府这个威胁世界的企图是很脆弱的,并不能为所欲为,而且会破绽百出,因为它是在美国侵略军在朝鲜惨败、美国国内外矛盾增加和世界和平民主力量空前强大的形势下所采取的一个铤而走险的步骤,在全中国全亚洲和全世界人民反抗的力量高涨面前,必将遭遇到最后的失败和破产。美国提案中设置了一个所谓"斡旋"机构,就是反映这种情况,同时也为着企图麻痹一些善良而又天真的爱好和平的人们。这种非法的"斡旋"机构是在诬蔑我国提案之内设置的,不仅是一种赤裸裸的欺骗,更是一种对于中国人民的侮辱,中华人民共和国中央人民政府绝对不予理睬。

美国政府操纵和劫持联合国中的多数国家,进行违反联合国宪章活动,由来已久。在美国侵朝战争开始时,美国杜鲁门总统就于1950年6月27日正午先行命令美国武装力量侵略朝鲜和中国的台湾,然后才于同日晚间在没有苏联和中华人民共和国代表参加的安全理事会中操纵多数,非法地事后追认了美国武装力量侵略朝鲜的行动,而不提及美国企图独占的台湾。现在,因为安全理事会中有苏联代表遵守宪章,坚持正义,故美国便将诬蔑我国的提案索性违法地越过安全理事会而直接提交联合国大会，以破坏大国一致的原则。即使如此，美国提案之被非法通过，也是极勉强的，是在美国政府威胁利诱的强大压力下造成的；实际上，不赞成美国提案的国家的人口超过世界人口半数以上，赞成十二国提案的国家有十四亿人民的支持。可以断言：联合国中如果美国政府不能行使其操纵和劫持多数的政策，则世界和平局面早就可以奠定了。苏联代表在联合国大会第一委员会中说得好：所有投票赞成美国提案的人，都要对这种行动的后果负严重的责任。因此，努力于葬送这一在形式上被非法通过的可耻的侵略的反动的帝国主义的美国提案，使之彻底归于失败，将不仅为和平解决朝鲜问题及亚洲重要问题开辟道路，而且为反对侵略战争、保卫世界和平及恢复联合国宪章的尊严奠定基础。

联合国2月1日的决议，也遭到苏联、印度等国的坚决反对。斯大林对联合国决定宣布中华人民共和国为侵略者一事发表谈话："我认为是一个可耻的决定。确实，如果一个人断言侵占了中国领土台湾并侵入朝鲜直到中国边境的美国是自卫的一方，而保卫它的边境并力谋光复被美国侵占的台湾岛的中华人民共和国倒是侵略者，那他必定是丧尽天良的了。"①

美国操纵联合国大会通过诬蔑中国为"侵略者"决议本身，也是为其摆脱在朝鲜的困境，寻求出路，同时企图在国际上进一步孤立中国。此外，美国在国内国际上进行了一系列的扩军备战活动。在国内继续加紧扩军备战：1月6日，杜鲁门签署了增拨200亿美元作为国防费用的法案，使其当年度军事预算一下上升到450亿美元；3月9日，美国国会通过了"军事人力法案"，将征兵年龄从19岁扩大到18岁，并延长了服役期限；将国民警卫师转为现役，并加紧后备部队的训练；大力增加军工武器生产，要求每年生产5万架新式飞机和3.5万辆坦克。为了加强其全球战略部署，到西欧和日本活动。1月7日，艾森豪威尔到西欧各国，拼凑北大西洋公约组织统一领导军队；1月25日，杜勒斯到日本策划单独对日签订和约，加速武装日本。美国加紧扩军备战的目的，是力图挽回败局。

---

① 《斯大林就目前国际形势发表谈话》，载《人民日报》，第1版，1951年2月18日。

第二十四章

第四次战役第一阶段作战

（参见附图6，序列表9、10）

“联合国军”整顿队势，发起反扑

早在李奇微到朝鲜接任美第8集团军司令官时，他就表示，决不撤离朝鲜半岛，一旦集结好部队，便立即恢复攻势。① 在华盛顿当局对美第8集团军是否撤出朝鲜与何时撤出朝鲜，举棋不定的时候，李奇微对已充满失败情绪的美第8集团军部队进行了整顿。

他一到任，就着手恢复“联合国军”部队的士气，命令第8集团军司令部的参谋人员制定进攻作战计划，并以此向他们灌输进攻的信念。他对他的部队说，“你们将会看到我是全力以赴的，我期望你们也这样”。他向第8集团军全体官兵发表了一封公开信，要他们“信任自己的领导，树立完成任务的信心，恢复斗志，恢复自己的信心”。他把第8集团军的前进指挥所从城市的大楼中搬到野外的帐篷里，并大大地精简了人员，在他的前进指挥所只有他和两名得力的参谋及几名勤务人员；把第8集团军司令部的参谋人员，从大楼的办公桌前赶到战斗的前线去了解和处置情况。李奇微后来回忆说：“我对第8集团军的参谋军官个别地和集体地批评过多次，迫使他们按我的想法去做，我对他们说，不执行我的命令，脑袋就要搬家。”同时告诉

① 参见［美］马修·李奇微：《朝鲜战争》，99页，北京，军事科学出版社，1983。

他的参谋人员，由于无法掌握准确的情报，我要通过进攻来搞清敌人到底在何处。他认为第8集团军的军、师指挥官不得力，经过他的请求，在他上任才一个月的时间，就撤换了美军7个师中的美第2师、第7师、第24师、骑兵第1师、第25师5个师的师长。他还部分地将陆军人员和海军人员进行短期交流，让他们互相体验生活，等等。①

另外，美国从本土及驻欧洲、日本的军队中，抽调一批老兵补充在朝鲜的部队；对在朝鲜的部队增加了坦克和野战炮火，加大了火力突击力量。

为了恢复他的部队的士气，也为了侦察志愿军和人民军的情况，他决定以美第1、第9军协调一致分段向前推进，命令该两军随时准备，一旦接到命令就向汉江推进，并在那里坚守。把美第10军前调至三七线附近地区，加入第一线的作战序列。

从1951年1月15日开始，李奇微开始了代号为"狼狗行动"的试探进攻，以位于平泽、安城、天安地区的美第25师、第3师，南朝鲜第1师及土耳其旅，以营、连规模兵力乘汽车，在飞机、坦克掩护下，采取昼伸夜缩，游动窜扰的战术，向志愿军第50军前哨阵地发安场、乌山里、金良场里、阳智里线，进行了试探性的进攻。从15日至23日，美第25师从平泽3次进出乌山里，攻击志愿军第50军第148师前哨阵地；美第3师和南朝鲜第1师从安城4次进出金良场里，攻击志愿军第50军第150师前哨阵地。位于长湖院里一带的美第24师、骑兵第1师、南朝鲜第6师及澳大利亚营等部，从1月18日开始向志愿军第38军第112师前哨阵地利川地区作试探进攻，18至21日，美第24师3次进出利川。24日，美骑兵第1师1个团占领利川，尔后继续向利川以北窜扰。22日，美第2师搜索部队向原州方向窜扰。

"联合国军"发动试探进攻后，志愿军总部于1951年1月16日20时、19日17时、20日20时等，多次给第50军、第38军和第42军下达指示，指出：第一线各师保持汉江南岸的桥头阵地，以掩护主力休整和便于下一战役出击，任务是艰苦的、光荣的，注意工事构筑，加强上下级之间、左右邻之间的通信联络，以隐蔽埋伏方式突然打击进扰之敌，如敌夜间不缩回，则组织精干部队夜袭之。据此，志愿军第50军和第38军第112师，积极打击窜扰

① 参见[美]马修·李奇微：《朝鲜战争》，113～114、118页，北京，军事科学出版社，1983；[美]约瑟夫·格登：《朝鲜战争——未透露的内情》，550～551页，北京，解放军出版社，1990；[美]詹姆斯·F.施纳贝尔：《朝鲜战争中的美国陆军——战争爆发前后》，346页，北京，国防大学出版社，1990。

之敌。第50军第150师第449团1个营,在18日夜袭击金良场,歼美第3师搜索连50余人,缴小汽车7辆、各种枪17枝(挺)、迫击炮3门,19日,受到志愿军总部的通令嘉奖;第112师也曾4次组织夜袭。

至1月25日,"联合国军"上述部队占领了梧木川里(水原西)、水原、金良场里、阳知里、利川一线。24日,李奇微乘坐由美第5航空队司令厄尔·帕特里奇中将驾驶的双座训练机,沿战线向北纵深20英里的地区进行了空中侦察。①

李奇微认为,志愿军的后勤补给困难,每次进攻只能维持一个礼拜的攻势(所谓"礼拜攻势"),越过三八线以后,运输线延长,补给更加困难,已不可能进行有效的作战。李奇微经过试探进攻和空中侦察,判断志愿军和人民军第一线兵力不足,估计志愿军在第一线只有17.4万人,短时间之内不会发动进攻。因此,他认为,美军在朝鲜还可以坚持下去。杜鲁门派来的特使柯林斯,于1月17日,将李奇微的判断和行动向华盛顿作了报告,使白宫和五角大楼自1950年11月以来,第一次有了如释重负之感。布莱德雷后来说,"那天,当消息在上层的圈子中传开时,你几乎可以听见人们如释重负般的叹息声"。华盛顿当局把柯林斯发来的这个报告看做是"标志着……对朝鲜战争看法的转折点"②。柯林斯也说:"从去年11月以来,华盛顿的有关负责人第一次不再因我们正被赶出朝鲜而持悲观态度了,尽管也承认我们面前还有艰难岁月,但却不再对撤军问题多加评论了。"不再为是否撤出朝鲜问题而伤脑筋了。③

李奇微经过对美第8集团军的整顿和试探进攻后,遂于1月25日开始,集中其所有地面部队16个师又3个旅和1个空降团及其全部的炮兵、坦克部队在航空兵支援下,发动了全线反扑,地面部队总兵力约25万余人。

李奇微这次反扑的代号为"霹雳行动",以美英军为主力,重点在西线,目的仍是查明志愿军和人民军在三八线以南的兵力和部署,在西线以美第1军和美第9军,把战线从水原、利川、骊州一线推进到汉江一线;同时计划

---

① 参见[美]马修·李奇微:《朝鲜战争》,119~120页,北京,军事科学出版社,1983。

② [美]奥马尔·布莱德雷:《将军百战归》,813、812页,北京,军事谊文出版社,1985。

③ 参见[美]约瑟夫·柯林斯:《和平时期的战争》,第10章,军事科学院战史研究部,1985。

在中东部战线,以美第10军和南朝鲜2个军团将战线推进到杨平、横城、江陵一线,到达上述一线后,在那里防守。但麦克阿瑟更看重重新占领汉城在心理和外交上的作用,而仁川和金浦机场对军事上的作用很大。因此,他要求李奇微在占领上述一线后,相机重新夺回汉城、仁川港和金浦机场。[①] 李奇微的反扑布势,从西至东为:

美第1军指挥3个师另2个旅,以土耳其旅、美第25师、美第3师、英第29旅为第一梯队,在野牧里、水原、金良场里30公里地段上展开,向汉城方向实施主要突击;以南朝鲜第1师位于乌山里以南地域为预备队。

美第9军指挥3个师另1个旅,以美骑兵第1师、英第27旅、美第24师为第一梯队,在金良场里以东至骊州的38公里地段上展开,向汉江以北礼丰山方向实施主要突击;以南朝鲜第6师位于长湖院里地域为预备队。

美第10军指挥4个师另1个空降团,以美第2师、空降第187团、南朝鲜第8、第5师为第一梯队,在骊州至平昌以东之乌洞里72公里的地段上展开,向横城、阳德院里、清平川方向实施突击;以美第7师位于堤川地域为预备队。

南朝鲜第3军团指挥2个师,以南朝鲜第7师为第一梯队,在乌洞里至旌善以东之北洞里30公里地段上展开,向下珍富里、县里方向实施突击;以南朝鲜第3师位于春阳地域为预备队。

南朝鲜第1军团指挥2个师,南朝鲜第9师和首都师在北洞里至玉溪的30公里地段上一线展开,沿东海岸向北配合进攻。

以美陆战第1师位于义城地域、南朝鲜第11师位于大田地域,为美第8集团军总预备队。

李奇微这次反扑在部署上和战术上都有一些新特点:在部署上,以美军和南朝鲜混合编组,美军重点置于西线担任主攻,南朝鲜军重点置于东线担任辅助攻击,并加大了战役纵深配备。在战术上,改变了过去依赖公路,分兵冒进的做法,而改取抢占要点,互相靠拢、齐头并进、稳扎稳打的战法,力求东西呼应,互相支援,保持一条连贯的战线;实行所谓"磁性战术"和"火海战术",始终同志愿军和人民军保持接触,以其优势的炮兵、航空兵以及坦克兵的火力,对志愿军和人民军进行猛烈的火力突击,杀伤消耗志愿军和人民军的有生力量。同时还以空军对志愿军和人民军后方的运输线实施猛

① 参见[美]詹姆斯·F.施纳贝尔:《朝鲜战争中的美国陆军——战争爆发前后》,379~381页,北京,国防大学出版社,1990。

烈的轰炸,企图截断后方补给。

志愿军和人民军停止休整,部署第四次战役

志愿军和人民军在结束第三次战役后,主力于1951年1月12至14日才到达休整位置,刚刚展开休整和进行春季攻势准备。

志愿军在部署休整时,毛泽东和彭德怀都曾估计,美国是不会甘心在战场上的失败的,不再经过几次激烈的大规模的战役打击,美军是不会退出朝鲜的,他们甚至会破坏志愿军的休整和春季攻势的准备。但是对美军如此迅速转入大规模反扑,则缺乏足够的估计。彭德怀在判明李奇微的企图后,于1月27日24时,指示各部:“我为确保汉江南岸桥头阵地,以利我春季大攻势南进歼敌及粉碎敌之阴谋,必须集中足够兵力,对进犯之敌予以重创。为此要求各军立即进行作战准备。”

此时,志愿军前线各军兵员没有得到任何补充,物资补给的困难状况没有得到任何改善,第9兵团因在第二次战役中冻伤减员较大,尚在咸兴、元山地区休整,暂时不能投入作战,第一线6个军共21万余人,人民军3个军团约7万余人,志愿军和人民军第一线总兵力共28万余人,兵力上同李奇微的地面部队相比已没有多少优势。作为后续部队的志愿军第19兵团,在国内还未完成入朝作战准备,一时不能开到前线。因此,前线各军面临着巨大的困难。

鉴于此,彭德怀在令各部立即进行作战准备的同时致电毛泽东:

(一)美军约三个团(后续部队不详),分三路越金良场里、水原线北数里,有相机攻占汉城市、江北岸桥头阵地模样,企图以此稳定联合国内部目前严重混乱现象。为增加帝国主义阵营矛盾,可否以中朝两军拥护限期停战,人民军与志愿军从乌山、太平里、丹邱里(原州南)线[①]北撤十五至三十公里消息,如同意,请由北京播出。

(二)敌继续北犯,我不全力出击,消灭一个师以上,保持桥头阵地甚为困难;出击将破坏整训计划,推迟春季攻势,且目前弹、粮全无补充,最快亦须下月初旬才能勉强出动。我暂时放弃仁川及桥头阵地,在国内外政治情

---

① 此线在汉江以南。

况是否许可。现拟一二五师向长湖院里、原州间出击,一一二师向利川西南地区出击,求得各消灭伪军一部,试行能否牵制敌人北进。如不可能停止敌人北进,政治上又不许可放弃汉城、仁川,即须被迫部署反击,但从各方面考虑,甚为勉强。以何者为是,盼示复。

彭德怀从志愿军连打三个战役需要休整和补充的状况,以及为准备春季攻势考虑提出这样的建议,完全可以理解。但这时的战线是在汉城以南接近三七线的地区,而美国并未放弃鸭绿江的目标,至少是三八线,因此,即便志愿军和人民军后撤15~30公里宣布暂时停火,战线仍在三八线以南的汉江以南地区,美国当局是无论如何不会接受的。再则,早在10天以前的1月17日,中国政府即已揭露和拒绝了美国操纵联合国政治委员会通过的先停火后谈判的决议。所以,在接到彭德怀的电报后,毛泽东于1月28日19时复电彭德怀,作了如下答复:

(一)一月二十七日二十四时给我的电报及给各军准备作战的命令均已收到。

(二)我军必须立即准备发起第四次战役,以歼灭两万至三万美李军,占领大田、安东[1]之线以北区域为目标。

(三)在战役准备期间,必须保持仁川及汉城南岸桥头堡垒,确保汉城,并吸引敌人主力于水原、利川地区。战役发起时,中朝两军主力应取突破原州,直向荣州、安东发展的计划。

(四)中朝两军北撤十五至三十公里,发表拥护限期停战的新闻,是不适宜的。敌人正希望我军撤退一段地区,封锁汉川,然后停战。

(五)第四次战役后,敌人可能和我们进行解决朝鲜问题的和平谈判,那时谈判将于中朝两国有利,而敌人则想于现时恢复仁川及汉城南岸桥头堡垒,封锁汉江,使汉城处于敌火威胁之下,即和我们停战议和,使中朝两国处于不利地位,而这是我们决不能允许的。

(六)我军没有补兵,弹药也不足,确有很大困难。但集中主力向原州、荣州打下去,歼灭几部分美军及四五个南朝鲜师的力量还是有的,请你在此次高干会议[2]上进行说明。此次会议应即作为动员进行第四次战役的会议。

① 大田、安东均在三七线以南。

② 此时中朝两军高干会议尚未结束,按计划于29日结束。

（七）中朝两军在占领大田、安东之线以北区域以后，再进行两个月至三个月的准备工作，然后进行带最后性质的第五次战役，从各方面说来都比较有利。

（八）宋时轮兵团，应即移至平壤、汉城、仁川、水原区域休整，并担任巩固该区域，防止敌人在仁川及镇南浦登陆。在将来的第五次战役中，该兵团即担任西部战线之作战。

（九）执行第四次战役时，请你考虑将中朝两军主力分为两个梯队，各带五天干粮蔬菜，第一梯队担任突破及一段追击，第二梯队担任又一段追击，以便能使战役持续十天至十二天，歼灭更多敌人。

（十）你的意见如何，盼告。①

同日，毛泽东将这个电报也发给了斯大林，征求他的看法。斯大林于30日回电，同意毛泽东28日给彭德怀电报的意见，他指出："从国际的观点看，不让敌人占领仁川和汉城，以便中朝部队给敌人的进攻部队以重大打击，是完全合适的。"

彭德怀接到毛泽东上述电报后，进行了部署。1月30日，彭德怀、邓华、金雄、朴一禹致电第一线志愿军各军和人民军各军团，指出：连日来，美第25师、美第3师、美骑兵第1师、美第24师、美第2师、英第27旅、南朝鲜第6师、南朝鲜第1师等部，从西起水原、东至原州地区，向志愿军第50军、第38军第112师、第42军第125师和人民军第5军团阵地进犯，现仍以水原、汉城公路为重点继续北犯，企图夺取汉江南岸阵地，控制汉城。而志愿军西线各军正待补充鞋子、弹药、粮食，但至2月6日方能全部补齐。如待2月6日以后再出动，则我汉江南岸将甚难支持，对我非常不利。"因此，决定卅八军主力提前于一日晚出发渡过汉江，集结于京安里、龙头里以北以东地区，即准备向利川方向寻敌侧翼出击；四二军主力提前于一日晚出发，集结于龙头里、砥平里地区，准备向文幕里及东南地区寻敌侧翼出击；五军团集结于横城、鹤谷里、巨里坪（均横城东）地区，准备向神林里方向出击；二军团集结于上安兴里、云桥里（均原州东北）及以南地区，准备向堤川方向出击（二、五军团应于三日晚于以上位置集结完毕）。""为防止意外情况，一军团应以坦克十七师即推进到汉江北岸，置主力于面牧里一带，各以

① 《建国以来毛泽东军事文稿》，上卷，454～455页，北京，军事科学出版社、中央文献出版社，2010。

一个团位于纛岛、汉江里地区，并以两三个连伸过汉江南岸构筑桥头堡，该师应与五十军沟通电话联络。”“望各部接电后立即派强的干部带侦察部队、先遣部队出发，侦察敌情、道路、桥梁情况，并划分集结区域。”“敌近日北犯进度较快，各部在开进时应争取时机，先敌到达，并应随时准备乘敌前进或立足未稳时，力争在运动中出敌不意歼灭敌人。”

与此同时，对第四次战役作了全面部署，总的原则是，以一部兵力在西线组织防御，钳制“联合国军”主要进攻集团，在东线则让敌深入，尔后集中主力实施反击，争取歼灭南朝鲜军 1～2 个师，进而向敌纵深发展突击，从翼侧威胁“联合国军”西线主攻集团，动摇其布势，制止其进攻。彭德怀于 1 月 31 日 20 时，将部署及战场敌我军情况向毛泽东和高岗作了电告：

（甲）敌进攻方面……

（乙）我军情况：鞋子、弹药、粮食均未补充，每人平均共补五斤，需二月六日才能勉强完成。特别赤脚在雪里行军是不可能的。将各军师直属队、担架兵抽补步兵团亦需数日。十三兵团主力由现地出动至洪川、横城集结约二百公里。我们拟于二月七日晚出动，至十二日晚开始攻击。

（丙）攻击部署：以邓华同志率三九军、四十军、四二军、六六军首先消灭美二师，然后进攻堤川美七师或伪八师、二师，得手后看情况；以韩先楚同志往汉城，指挥卅八军、五十军及人民军第一军团，坚持汉江南岸阵地，相机配合主力出击：以金雄同志往平昌，指挥人民军第二、第五军团，首先消灭伪七师，得手后向荣州前进。

（丁）九兵团目前只能出动廿六军共八个团，需二月十八日才能到铁原做预备队，其余因冻伤均走不动（一个师三天只走十五里），四月才能大体恢复健康，影响了我步兵比敌步兵优势，这是严重问题。第四战役，敌我步兵相等，情绪比敌高，我还存在许多弱点。消灭敌两三万人后，敌利用技术优势，我亦不能取得两三月的休整。第三次战役即带着若干勉强性（疲劳），此（四）次战役是带着更大的勉强性。如主力出击受阻，朝鲜战局有暂时转入被动的可能。为了避免这种可能性，建议十九兵团迅速开安东补充整训，以便随时调赴前线。

2 月 1 日 18 时，联司致电各军、各军团，进一步明确第四次战役指挥问题，决在联司统一指挥下，组成三个前方指挥所，由邓华副司令员负责指挥第 39、第 40、第 42、第 66 军，简称邓指；由韩先楚副司令员负责指挥第 38、第50军和人民军第1军团，简称韩指；由金雄副司令员指挥人民军第2、第3、第5军团，简称金指。

此外，志愿军总部对战役的后勤工作和政治工作也提出了要求。

1月31日16时，志愿军总部对第四次战役中的兵站供应任务作了部署，要求第1分部担任铁原、洪川、横城、原州、忠州线的供应，派1个大站及医院到洪川，随部队前进向前延伸，分部指挥所待部队行动后进至原州；第3分部担任涟川、汉城、京安里、利川线供应，待部队行动后，分部指挥所进至汉城以东适当位置，并派1个大站及医院到汉城以西适当位置；准备随部队前伸的兵站、医院及警卫部队，于2月10日到达洪川、汉城附近，视情况随时前进。2月1日14时，又致电前方后勤指挥所及第1、第3分部并东北军区后勤部，要求特别注意对第50、第38、第42军的粮食和弹药补充。要求东北军区后勤部速动员大车、手推车、汽车、民工来前方加强第一线的运输，并对干粮、汽油、各种弹药补充提出了要求。

2月1日，志愿军政治部对第9兵团、各军、各炮师、前方后勤指挥所发出了战役政治工作指示，同时报总政和东北军区政治部。指示指出：

由于敌人向我进犯，原布置之两个月休整工作应即停止，转入作战。此次战役是在相当困难条件下进行的，如部队普遍希望休整，作战的思想准备不够，兵员未得到补充，粮食、弹药等困难未完全解决。因此，政治工作必须用极大的努力保证这次战役的完满胜利。

（一）首先布置进行作战动员并与传达此次中朝两军高干会议的精神相结合。

1. 目前部队普遍希望休整，因此动员工作应以扭转这一思想为重点，向全体指战员说明我军入朝作战前后在国内外所起的作用……说明此次战役的主要政治意义，务使大家了解为什么不能继续休整而必须进行作战的道理，说明不能继续休整是由于敌人的破坏，只有打击和歼灭了敌人，才能取得休整机会，将埋怨情绪转为仇恨敌人，以激发指战员奋勇杀敌的热情。

2. 正确分析敌我双方的条件，加强指战员对此次战役胜利的信心，敌人此次向我进攻并不是表现其力量的增长，而是为了挽救其军事政治危机不得已的冒险行为。敌人力量不仅未增强，相反的是减弱了。冒险向我进犯更利于我军消灭敌人，我军虽有困难，而敌人的困难比我重大。

3. 由于我军作战还有困难，因此，必须高度发扬吃苦耐劳克服困难的精神，除了后方人员应尽一切努力保证前线作战外，主要的还要依靠我各级干部积极负责发动群众想办法。经验证明，群众的智慧是无穷的。只要发动了群众，任何困难，都可以克服。同时，还必须说明这次作战，虽然有困难，我们也要打，如果我们害怕困难，而逃避作战，就会造成将来更大的困难，延长朝鲜作战的时间，使我们取得最后胜利要付出更大的代价。

（二）此次战役我军将继续南进，因此，更须严格执行新区政策……

（三）此次作战主要的困难是吃粮问题，政治工作应以大力保证解决这一问题，借粮工作队，应即靠近部队作战地区，按照借粮政策筹借，政治机关应派干部协助，后勤人员组织一切人力、车辆运送粮食，只要部队能吃上饭，胜利就有了保证。

（四）兵员问题，仍应根据前次作战经验，尽量从直属队及机关中调人员补充战斗连队。此次各部队应在自己开进路上，分设收容所，收容掉队人员，以减少非战斗减员，并杜绝掉队人员违犯群众纪律的现象。

同日，彭德怀将这一指示批发人民军各部参考。

与此同时，志愿军在西线各军、第9兵团第26军和人民军各军团，也都作了具体行动部署。

2月4日，金日成来到彭德怀的司令部，就进行第四次战役问题进行了会商，两人共同认为，“经三次战役后，上下都产生轻敌思想，对敌人估计不足，以为敌人不可能这样快的向我反攻”，因此要作充分准备，不能轻敌，确定第四次战役“力争停止敌人前进，稳步打开战局，并从各方面加紧准备，仍作长期打算的方针”。如果第四次战役不能打到大田、安东一线，能守住汉江南岸一线阵地也好，待空军和机场准备好后能于5月举行总攻。5日，彭德怀将与金日成会商情况电告毛泽东。[①]

毛泽东同意彭德怀的部署和对战场形势的分析。与此同时，彭德怀和中央军委分析认为，如果我军反击得手，可能停止敌人进攻，甚至退回三七线，但如反击不得手，敌可能乘胜进出三八线。

汉江南岸的坚守防御作战

从1951年1月25日开始，“联合国军”即集中美军5个师、英军1个

① 参见彭德怀致毛泽东的电报，1951年2月5日13时。

旅、南朝鲜军2个师等部，以团和营为单位，在飞机、坦克、大炮支援下，从西起水原东至原州线，分多路向在该线警戒防守的志愿军第50军、第38军第112师、第42军第125师和人民军第5军团阵地发动猛烈攻击，重点沿水原、汉城方向攻击。“联合国军”向志愿军1个连的阵地进攻，即使用兵力数百人、坦克数十辆，并有飞机支援，发射炮弹2000～3000发。志愿军第50军和第38军第112师承受了巨大的压力。

志愿军首长极为重视汉江南岸阵地，在“联合国军”发动进攻后，多次指示第50军和第38军第112师，要确保汉江南岸阵地，以作为下一战役的前进基地。1月27日8时，第50军副军长蔡正国和副参谋长李佐，指示所属各部，要以最大的努力和责任，决心完成这一光荣任务。29日20时，参加中朝两军高级干部联席会议的第50军军长曾泽生和政治委员徐文烈，指示该军指挥部队作战的军、师首长：“坚持好汉江南岸滩头阵地，关系着第四次新的伟大战役胜利的组织，为我军出国以来头等光荣任务，因此必须动员我全党全军每个人员，人人出主意，逐级严密组织与领导，以对党对中朝人民，对世界和平民主事业的无限忠诚与英勇，克服任何困难，不惜一切牺牲，以达决不失去一个阵地，坚定完成这一光荣任务的目的。”要求“在全军中必须贯彻积极防御、寸土必争的思想与坚决行动”，并对战术问题作了具体指示。第38军首长为坚守汉江以南阵地，于1月30日晚调第113师1个团，增加京安里地区的防御力量，31日晚又令第113师主力进至汉江以南。

志愿军第50军和第38军第112师，在天寒地冻、粮弹供应十分困难、工程器材异常缺乏的情况下，依托一般野战工事，进行坚守防御作战，狠狠打击敌人。指战员们忍受艰难困苦，发挥高度的英勇奋战精神，抗击着“联合国军”大量的炮兵、坦克、航空兵支援下的猛烈进攻。战斗异常激烈艰苦，在每一要点防守部队都打得十分英勇顽强，进行反复争夺，使“联合国军”付出重大代价。1月27日，坚守七宝山阵地的第50军第442团4连，受到美军5路700余人在坦克20余辆、飞机30余架支援下的攻击。该连在副营长指挥下，顽强作战，毙伤敌约200人，在全连大部阵亡和负伤、阵地全部被毁的情况下，仅剩10余人突出重围，有力地打击了敌军。第443团7连于29日在谷沙里阵地，打退美军1个连至1个营的兵力在8辆坦克、8架飞机、10余门火炮掩护下的8次进攻，毙伤敌200余人。第444团8连于29日在速达里阵地，打退美军1个营的兵力在5辆坦克、10余架飞机、10余门火炮配合下的4次进攻，该连在弹药耗尽时，同敌人白刃格斗，毙伤敌

167人，守住了阵地。第447团于30日在东远里阵地，打退敌人3000余人在坦克80余辆、飞机20余架的配合下4次猛烈进攻。同日夜，第50军组织第148、第149两师共2个营又4个连进行反击，全部夺回被美军突破的前沿阵地。第149师从28日至31日，连续抗击美军进攻，4昼夜共毙伤敌700余人，守住了阵地。第38军第112师在部队伤亡减员较大的情况下，仍顽强抗击。该师各团，每日抗击美骑兵第1师等部1个团至1个师兵力，在飞机、坦克猛烈支援下的攻击，守住了基本阵地。第42军第125师1个团在29日，击退美第24师300余人的攻击，歼其大部。人民军第5军团在28日，全歼进抵原州东北的美第2师1个排。第50军和第38军弹药告急，手榴弹基本打光。

志愿军首长于1月31日通令表扬了第50军全体指战员，特别是第148师。通令说："你们数日鏖战坚守阵地，反复争夺，表现了高度的国际主义与爱国主义精神。你们的英勇鼓舞了全军，尤以一四八师是值得学习的。现通令表扬。我们已严令三分部，速将弹药前运，并望你们继续坚守，组织灵活的反突击。只要你们阻止了敌人前进，争取了战役准备时间，就保证了第四次战役胜利。"同时，以彭德怀、邓华、金雄、朴一禹名义，向志愿军各军、人民军各军团通令表扬了第443团7连、第444团8连、第447团。通令说："以上三个部队英勇顽强的战斗作风，是值得全军学习的，特通令表扬。"2月1日，志愿军总部将第149师作战情况向志愿军各军、中央军委并东北军区作了通报。

志愿军司令部根据第148师防御作战的情况和经验，于1月31日向部队发出了战术指示。指示说：进行阵地防御，必须做好工事，采取疏散的纵深的兵力配备（每一阵地只以少数兵力加强轻火器进行防守），才能减少伤亡，保持防御的稳定性；必须以短促、突然、猛烈的火力，配合阵前反冲击，才能有效地阻止敌人的进攻；必须做好对敌实施反击的充分准备，较大的反击必须于夜间进行，才能收到大的效果。指示提出，不能死守一地，在争取到一定时间或无力防守时，应主动地转移阵地，并尽力坚持夜间转移，以减少伤亡。上述战术指示，及时指导了汉江南岸部队的防御作战。

2月3日，西线进攻的"联合国军"占领了修理寺南山、军浦场、光教山、文衡里、发利峰、天德峰、梨浦里一线阵地。志愿军第50军和第38军第112师转至第二线阵地继续防御。此时，志愿军上述各部已连续作战10昼夜，在"联合国军"绝对优势的炮兵、坦克和航空兵火力猛烈突击下，伤亡较大，第50军能坚持作战的连以上建制单位只有1个团另2个团大部和4个连;第112师各团也减员将半。为了保持汉江南岸阵地,继续钳制"联合国军"主要进攻集团,保障志愿军主力集结在东线实施反击,联司首长决心缩小第50军防御正面,加强纵深防御力量,于2月4日13时半,令人民军第1军团接替原归第50军防守的南泰岭、果川、军浦场一线以西14公里正面的防御任务,5日晚接替完毕;同时令第38军主力进至汉江南岸,并在汉江南北两岸构筑阵地,加强第112师的防御,在第50军遭到猛烈攻击时,派小部侧击敌军,以减轻第50军的压力。此时,韩先楚已到达前线,统一指挥第38、第50军和人民军第1军团作战。2月6日,志司命令第9兵团的第26军于2月15日进抵议政府、清平川地区建立纵深防线。

根据联司的指示,西线志愿军第38军、第50军和人民军第1军团进行了部署。

西线"联合国军"占领志愿军汉江以南第一线阵地后,从3日开始,美第25师、美第3师和土耳其旅,仍全力向志愿军第50军和人民军第1军团阵地猛烈进攻,4日、5日战斗更为激烈,集中坦克100至200余辆、飞机数十架至100余架,实施轮番攻击。志愿军进行了顽强抗击,许多阵地进行了反复争夺,弹药打光后即与敌军展开肉搏,予敌军以重大杀伤后,于5日晚,逐次向后作了有限度的转移。与此同时,美骑兵第1师和美第24师,也向志愿军第38军阵地猛攻。2月4日,第113师在洗月里、中山里击溃美第24师1个团的进攻,毙伤俘其300余人;当晚,第112师组织反击,歼敌300余人,志愿军该两师伤亡250余人,还有许多连队由于弹药告罄而失守。至2月7日,志愿军将"联合国军"阻止在汉江以南的内飞山、文衡山、武甲山、国主峰一带。

此时,汉江已开始解冻,人民军第1军团、志愿军第50军第二线防御地带已被突破,在汉江南岸的防御地幅已缩小。为避免背水作战,根据韩先楚的建议,2月5日晚,彭德怀和朴一禹指示:志愿军第50军主力和人民军第1军团主力,于6日晚开始向江北转移,在江南留一部,置于要点上,节节阻击,迟滞敌人的进攻。2月7日晚,人民军第1军团留4个营、志愿军第50军留1个团又1个营兵力控制汉江南岸桥头阵地,主力撤至汉江北岸组织防御。第38军奉命仍留汉江南岸坚守原阵地,以掩护东线志愿军主力向横城地区集结,保障东线部队的侧翼安全。

在志愿军第50军和人民军第1军团主力撤至汉江北岸后,自2月8日起,美第1军积极向汉江逼近,2月10日,美第25师进占仁川港和金浦机场;美第9军则集中美第24师、美骑兵第1师、英第27旅、希腊营和南朝鲜

第6师等部，在大量炮兵、坦克、航空兵的配合下，昼夜轮番猛攻志愿军第38军阵地，企图攻占汉江南岸桥头阵地。“联合国军”的炮火极为猛烈，志愿军一夜修筑的工事，仅一小时就被摧毁。第38军防守部队在缺少工事依托、缺少炮火支援、粮食弹药严重不足的异常艰苦条件下，以“人在阵地在，誓与阵地共存亡”的决心，前仆后继，顽强奋战，坚守在上樊川里、回德里、京安里、武甲山、长深里、南治岘、外杜陵里一线。昼夜反复冲杀，打退“联合国军”无数次的轮番进攻，战斗空前激烈。每一阵地都经过反复争夺，有的阵地得而复失、失而复得多达五六次，有的用铁锹、石块为武器同敌人拼搏。第113师第337团第3连在坚守西官厅的战斗中，3天之内击退美军几个连至3个营兵力的多次进攻，毙敌260余人。第114师第342团第1营坚守京安里以北350.3高地，连续战斗7昼夜。该营第3连阵地上只剩4个人时，又打退敌人7次冲锋。第38军的英勇坚守作战，受到中朝联合司令部和志愿军政治部的通报表扬。2月13日，中朝联合司令部和志愿军政治部通报说：“我三十八军坚守汉江南岸阵地，已历十七昼夜，美敌虽在多量的飞机、坦克、炮火配合下，昼夜轮番猛攻，均被该军英勇顽强守备和不断猛烈反击，予以沉重打击。迄今汉江南岸基本阵地仍屹然未动，分割隔离东西线敌军，有利我主力向敌反击。特予通报表扬，并望该军指战员继续奋战，争取全战役的胜利。”

从2月8日至18日，第38军、第50军第450团及第448团第1营和人民军第1军团4个营，在汉江南岸又顽强地进行了11昼夜的坚守，于2月16日和18日，按联司统一部署，西线汉江南岸志愿军和人民军部队全部撤至汉江北岸。

汉江南岸坚守防御作战，是志愿军连续进行了三次战役后，在没有得到休整补充，第一线的兵力又不占优势的情况下，依托一般野战工事，抗击现代化技术装备之敌的进攻。志愿军第38军、第50军和人民军第1军团的指战员，顽强防御作战23天，歼灭敌人1万余人，钳制了“联合国军”主要进攻集团，使敌未能进占汉城，并有力地配合了东线志愿军主力反突击的胜利，完成了艰巨的任务。但也付出了重大的代价。

横城地区反击作战

在美第1军、第9军在西线向汉江南岸猛烈进攻的同时，美第2师负有为美第10军和南朝鲜第3军团进行战场侦察任务,于1月31日开始,沿原州、砥平里轴线和原州、横城轴线进行威力侦察,2月2日,其一部队进窜横城,3日,该师第23团进窜砥平里。2月5日,李奇微令美第10军和南朝鲜第3军团在中线和东线发起名为"围歼行动"的进攻。以美第10军指挥的美第2师和南朝鲜第8、第5师,以原州、横城、洪川为轴线向北攻击;以南朝鲜第3军团指挥南朝鲜第7、第9师由宁越、旌善向平昌及以东一线出击。美第7师和南朝鲜第3师为美第10军和南朝鲜第3军团的预备队,向忠州以北至横城一线集结。

志愿军为在东线创造歼敌条件,1月31日,彭德怀即令第42军主力于2月1日晚出动,集结于龙头里、砥平里地区,令该军在阳德院里地区的第125师控制砥平里及其以南地区,保持杨平至砥平里公路;令第66军第198师占领龙头里、洪川以南之要点阵地,阻击美第2师、南朝鲜第8师的进攻;联司令人民军第5、第2军团于横城至神林里地区就地展开防御,以掩护志愿军主力集结和寻机歼敌。

第42军主力和第66军第198师于2月2日晚出动,于4日和6日先后到达指定地区,第198师与人民军第5军团取得了联系,人民军第5、第2军团也就地完成展开,阻击敌军的进攻。人民军第3军团则迅速从金城地域前调。

志愿军第39、第40、第66军主力经紧张准备后,于2月5、6两日相继出动,第39军从高阳地区出发,第40军从东豆川地区出发,第66军主力从金化地区出发,向80～130公里以外的洪川以南、砥平里以北地区开进,经几个夜晚急速开进,9～11日先后到达预定集结位置,进行攻击准备。第40军位于横城西北贡谷、花田里、桃源里地区;第42军主力位于上古论里、上桂良地区;第66军位于横城东北博只坪、堂巨里地区;第39军位于白安里、儿柴里、龙头里地区。

志愿军主力出动后,彭德怀即考虑主力围歼哪部分敌军更有利的问题。2月7日,南朝鲜第5、第8师和美第2师2个营进至横城以北10余里及东西一线;美第2师第23团及法国营及美第21团1个营被志愿军第42军阻于砥平里,并继续北向广滩里、龙头里推进,可能先于志愿军主力到达广滩里、龙头里。而志愿军主力最早才能于2月10日全部到达上述地区集结。如果志愿军主力能按时到达指定地区集结,那么是集中第66军和人民军第5、第3军团在第39、第40军协同下,歼灭横城以北南朝鲜第5、第8师？还是集中第39、第42军先打砥平里、广滩里的美第2师第23团等部然后再打横城之敌？还是打砥平里之敌同时以第40、第66军和人民军第3、第5军团打横城之敌？以何者为好？2月7日14时，彭德怀致电邓华并有关各军及韩先楚和第38军征询意见。

2月8日10时至14时，第38军、第42军、韩先楚、邓华先后回电，表明了各自的意见，但仁者见仁，智者见智，主张各异。

此时，砥平里地区和横城地区两处敌军都已突出，有利于志愿军歼击，但以志愿军现有兵力尚不能同时攻歼两敌。先打何处则各有利弊：如先打砥平里之敌，可直接震撼“联合国军”在西线的主攻集团，有利于减轻西线志愿军第38、第50军的压力，并可使第39、第40军少走些路，减少疲劳。但砥平里是美军5个营，比较集中，战斗力较强，并做了工事，不易迅速将其分割歼灭，攻击发起后，如一昼夜不能解决战斗，利川以南之英第27旅、南朝鲜第6师及原州、堤川之美第2师主力和第7师均可来援，横城以北之南朝鲜第5、第8师与在原州东北下安兴里之美空降第187团也可策应西犯或北犯。如两昼夜不能解决战斗，则西面水原方向之美军也可能抽出2至3个师支援。这样，态势将对志愿军和人民军极为不利。横城之敌虽多，但战斗力弱，又处于运动中，态势突出，两翼暴露，有利于志愿军主力在人民军配合下围歼，初战将其打动打乱的把握较大，经过权衡利弊，联司首长决定：首先歼灭横城之敌，如攻击得手，再向原州、平昌及该线以南扩张战果，万一不利时，也可控制洪川地区，有利于尔后作战，11日黄昏至迟12日黄昏开始攻击，由邓华依据情况具体部署实施之。

2月9日14时，邓华决定集中第40、第66军全部、第42军主力及第39军1个师，共9个师歼灭横城以北地区南朝鲜第8师和美军1个团，要求各部于10日前集结完毕，11日17时发起攻击，具体部署是：

第42军(欠1个师又1个团)指挥第39军第117师并配属炮兵第25团1个营，在沓谷岘、丰水院地段，从西北方向向横城及横城西南攻击。以第124、第117师经上物安里、都仓村，向横城西北鹤谷里、上下加云方向进攻，切断南朝鲜第8师南逃退路，并向横城攻击；以第125师(欠1个团)前出至横城西南介田里、回岩峰地区，阻击原州方向可能向北增援之敌，并向东策应第66军作战。

第40军配属炮兵第44团2个营、第29团2个连，在洪川、横城公路以西丰水院、大三马寺地段攻击，歼灭横城西北丰水院、梨木亭、广田地区南朝鲜第8师部队。

第66军配属炮兵第40团、第29团2个连，在大三马寺、三巨里地段攻击，其第196师经横城东北弓川里向横城东南方向攻击，首先攻占德高山、曲桥里，与第42军第125师构成合围，切断横城之敌南逃退路，阻击原州之敌向北增援；第197师从大官垈里向横城东北红桃山、国士峰攻击，歼灭该地之敌；第198师由横城以北之五音山向雉洞、草塘方向攻击，坚决歼灭该地之敌。

第39军（欠第117师）为战役预备队，配置在龙头里东南地区，保证主力右翼安全，战役发起后，逼近并监视砥平里之敌，如敌南逃，则应以勇猛动作截歼之。第42军第126师和第125师第375团仍控制注邑山及砥平里以北地区，继续钳制砥平里地区之敌，并受第39军指挥。

另人民军金集团决心以第3、第5军团，在三巨里至乌项里15公里地段上实施反击。首先歼灭横城东北釜洞里、于屯里之南朝鲜第5师一部，然后向横城东南鹤谷里、乌原里方向突击；以第2军团配置于自主峰、泰岐山地区继续防御，积极钳制敌人，阻止南朝鲜第7、第9师西援。待反击成功后，各军团继续向平昌、宁越方向发展。

为求得这次作战全胜，邓华同时向各军下达了战役指示，内容如下：

此次战役，我军集中九个师的绝对优势兵力，以层层切断分割围歼横城及其以北地区之敌军四个团（美军一个团，伪军一个师），根据客观情况，我们是完全有把握取得全胜的。关键则在于六十六军主力迅速进至横城以南断敌退路和四十二军主力将伪八师向横城逃窜的退路截断，及四十军和一九八师亦应以勇猛动作从正面侧面同时各个分割歼灭敌人，以求得速战速决，连续扩大攻势。为此，在战役上宜特别注意以下几点：

（1）除四十二军情况较熟悉外，其他各军均才赶到，对地形、敌情均不明了，对作战是有直接影响的。各部必须抓紧时间，迅速查明当面敌人分布、火力配备及工事建设情况，选好当前攻击目标及向纵深穿插道路与调整自己的兵力、火力等，以便战斗发起后能更顺利发展。

（2）不论在战役上战术上均应将敌分割，集中优势兵力迅速各个歼灭敌人，组织向敌攻击时必须选择在敌人的侧后或接合部，担任迂回各部，应不顾沿途敌军阻击（以少数兵力、火力驱逐或监视之），主力迅速向预定目标猛攻，才能截住敌人。

（3）必须特别注意各种火器的组织使用，绝对争取局部的和短促火力优势，掩护我步兵攻击。一般的从正面攻击的部队，必须将军的野榴炮参战配合。迂回部队亦应设法携带山炮及很好地组织团炮兵火力直接支援步兵。

(4)要有充分的白天作战的准备，估计一个晚上不能解决战斗，必要的情况下，白天必须作战(与敌交错混战下，敌机亦不易辨识)，才能迅速彻底歼灭敌人。

(5)现在敌人已注意对制高点山头的攻夺，我各攻击部队，抢占制高点后，以少数兵力控制并迅速构筑简单工事，随时准备打击敌人的反扑。

(6)各部应组织精干小部队，插入敌人阵地后方，专门打敌人炮兵阵地，以侦察队深入敌后破交袭敌。

各军据此指示精神，在到达集结位置后，进行5～17小时(第42军进行了近40小时)的准备。志愿军政治部于2月10日，发出了政治动员令，指出："第四次战役的主攻就要开始了。这个任务不论从哪个方面来讲，都是要求我们必须胜利才行。因为只有胜利才能巩固已得的阵地和三个战役的战绩，只有胜利才能挫败敌人进攻的气焰和增加敌人内部的矛盾，只有胜利才能继续提高中朝人民和全世界人民的胜利信心，只有胜利才能争取休整补充的机会和争取最后消灭敌人的准备时间。这个战役关键的重要性，凡我全体指战员必须清楚的认识，务以全力争取这个战役的全部胜利。"动员令分析了这个战役能取胜的有利条件，对担任防御、突击、阻击、打援等不同任务的部队，分别提出了要求，要求根据战役的意图和各自担负的任务，坚决执行命令，想尽一切办法克服困难，争取新的胜利，并特别注意俘虏政策、群众纪律，号召志愿军与人民军进行打胜仗比赛。彭德怀同时将这一动员令批发人民军各军团。

1951年2月11日17时，邓华集团按计划从西起居瑟峙东至三巨里约33公里的地段上，发起了横城反击作战。

邓集团各军经过时间不等的短时间火力急袭后，先后发起攻击。

第42军发起攻击后，第124师迅速攻占上物安里、石子洞，歼敌1个搜索连又击溃敌1个营，为第117师和第125师打开了前进道路。至2月12日晨进占广田，并与第40军第118师一部会合，先后又歼敌800余人(包括歼炮兵150余人，缴获榴弹炮6门)，击溃敌军4个连，截断了南朝鲜第8师部队与横城的联系。该军指挥的第117师，一夜前进30公里，至2月12日6时30分，前出到鹤谷里、夏日地区，完全截断了南朝鲜第8师南逃退路和横城之敌北援的道路，并歼由石子洞南逃之敌1000余人。第125师于2月12日10时进至横城西南介城、回岩峰，截歼横城南逃之敌一部。

第40军发起攻击后，右翼第120师迅速攻占圣智峰和梨木亭，在两地各歼敌一部。左翼第118师迅速进占广田，一部与第42军第124师会合，构成了对横城西北之敌的合钳，至2月12日8时，先后歼敌1300余人，缴获汽车100余辆、击毁美军坦克3辆。

第66军于2月11日9时发起攻击，第198师于2月12日晨攻占草塘，歼敌1个炮兵连，击毁美军坦克3辆，共毙俘敌200余人。第197师于2月12日6时，先后攻占红桃山，一部攻至国士峰以北，共歼敌170余人，另歼南朝鲜第3师1个营大部。第196师至2月12日晨先后占领大馆垈里、阳地村、新村，沿途歼敌200余人，并协同第197师毙俘敌100余人。在攻击发起前，邓华即两次严令第66军坚决完成任务。攻击发起后，邓华于2月11日18时，令第66军"主力应向横城以南急进，务必于明（十二）日拂晓前将横城南逃敌退路切断"。但由于该军准备不足，发起攻击较迟，又因有的部队途中受阻和失去联络，致未能按规定时间到达曲桥里切断横城之敌南逃退路，加之第125师阻截不及时，致使在横城的美第2师一部、南朝鲜第8师师部和南朝鲜第3师大部，得以逃脱。

至2月12日凌晨，横城以北南朝鲜第8师3个团已被志愿军全部包围分割。至8时已大部被歼灭。8时南朝鲜第8师2个营和美军一部在美军空军掩护下企图突围，被志愿军第117师阻于夏日地区，10时30分横城之敌2个营在飞机、坦克和炮兵的支援下，企图挽救被围的南朝鲜第8师残部，被志愿军第117师击溃。第117师经简短准备后，进行3个多小时的作战，至当日21时，将被阻于夏日的南朝鲜军2个营全歼，计毙伤俘敌2300余人，击毁和缴获汽车200辆。当晚22时第66军第196师进至曲桥里，歼灭南逃之敌一部。

在志愿军横城作战的同时，人民军金雄集团第3、第5军团在横城东北的之茎村里、下琴台里向釜洞里、花田星、铜山地区之敌发起进攻，于13日进至横城东南之鹤谷里、乌原里、下安兴里地区，歼灭了南朝鲜第3、第5师各一部，有力地配合了邓华集团反击作战的胜利。

至13日凌晨，横城反击作战结束，全歼南朝鲜第8师3个团、美第2师1个营、美军和南朝鲜军4个炮兵营，另歼南朝鲜第3、第5师各一部，共歼敌1.2万余人（南朝鲜第8师第10团团长被击毙），缴获各种炮（含60毫米口径迫击炮）139门、火箭筒122具、各种枪6200余枝、坦克7辆、汽车550辆。志愿军损失各种炮21门、各种枪1232枝，作战减员4141人，敌我伤亡（含失踪、被俘）对比为3.72:1。横城地区反击作战的胜利，使"联合国军"

在东线后撤 26 公里，打击了其反扑的锋芒，对减缓其在全线的反扑起了一定的作用。

横城地区反击作战，是志愿军连续进行三次战役以后未得休整和补充的严重困难条件下，主力由刚刚展开休整而紧急转入作战准备，并且是远距离开进进行的一次作战。这次作战取得胜利，在作战指导上有如下几个特点：

第一，志愿军恰当地选择了攻击目标。志愿军主力从休整地域出动后，在横城和砥平里均出现了歼敌有利机会，但砥平里之敌主要是美军，兵力集中，战斗力强，如志愿军两昼夜不能解决战斗，其东、南、西三面的美军和南朝鲜军均可实施增援，将使志愿军处于十分不利的态势。而横城之敌主要是南朝鲜军，战斗力弱，志愿军有一次包围歼灭其 1 个师的把握。于是彭德怀在征求邓华、韩先楚两位前方指挥员和各军的意见后，经慎重考虑，确立了先打横城之敌的决心，作战的结果圆满实现了预定的歼敌决心。

第二，集中了绝对优势的兵力和尽可能多的火力。虽然预定歼敌目标只有南朝鲜军 1 个师和美军 1 个团，但志愿军为更有把握歼灭敌人，则集中了4 个军共 11 个师（欠 1 个团），总兵力约 12. 5 万人，担任攻击的部队 9 个师（欠 1 个团）约 10 万人，而横城地区的敌军为南朝鲜军 1 个师又 1 个团和美军 1 个团，共 2 万余人，志愿军占有 4 倍以上的兵力优势。而在主要突击地段上横城西北，则集中了6 个师，占有 7 倍以上的兵力优势。志愿军各种火炮（含迫击炮）679 门、火箭筒 285 具，敌军各种火炮 555 门、反坦克兵器 930 门（具）、坦克数十辆。志愿军在火力上虽不占优势，但已尽了最大可能。从而更有把握实现歼敌目标。

第三，实现了发起攻击的突然性。李奇微发起全线反扑后，集中美英军主力于西线向汉城方向攻击，志愿军将计就计，以第 50 军和第 38 军在西线汉江南岸顽强防守，钳制美英军主力。“联合国军”以为志愿军的主力在汉城方向，横城地区只有人民军在防守，因而美第 10 军指挥的部队敢于大胆在东线向北推进。志愿军主力从休整地区出动后，隐蔽开进，并边开进边部署，到达攻击出发地仅 5 ~ 17 小时，就发起攻击，完全达成了突然性。

第四，采取了战役上多层迂回包围和战术上分割包围的战法。在部署上，以第 42 军第 125 师和第 66 军第 196 师构成外层迂回包围，以第 42 军第 124 师和第 40 军构成内层包围，并以第 39 军第 117 师进行战役分割。各师在完成战役上的分割包围外，还采取战术上的分割围歼，将被围之敌分割成若干小块而歼灭之，并且注意捣毁敌军炮兵阵地，使其步兵失去火力支援，致使作战取得圆满结果。

李奇微在他的回忆录中对于横城作战也作了描述，他说："我们被迫又放弃一些地区，在中共军队的进攻面前，美第 2 师又一次首当其冲，遭受重大损失，尤其是火炮的损失更为严重。这些损失主要是由于南朝鲜第 8 师仓皇撤退所造成的。该师在敌人的一次夜间进攻面前彻底崩溃，致使美第 2 师的翼侧暴露无遗。南朝鲜军队在中国军队打击下损失惨重，往往对中共士兵怀有非常畏惧的心理，几乎把这些人看成了天兵天将……脚踏胶底鞋的中共士兵如果突然出现在南朝鲜军队阵地上，总是把许多南朝鲜士兵吓得头也不回地飞快逃命。"①

砥平里战斗

砥平里，位于横城以西、杨平以东、南汉江以北。美第 2 师第 23 团、法国营、1 个 105 毫米榴弹炮兵营、1 个坦克中队、1 个 155 毫米榴弹炮兵连、1 个高射炮连，共 6000 余人，有榴弹炮 24 门、坦克 21 辆和迫击炮 51 门，自 1951 年 2 月 3 日占领该地区后，以村庄为中心，已构筑环形防御阵地，并有设防要点。兵力部署除团部保留 1 个连、各营保留 1 个排为预备队外，其余全部兵力均部署在第一线，且以坦克配置在第一线的外围。志愿军主力在横城地区发起反击后，砥平里美军等开始动摇，有向南撤退的迹象。

2 月 12 日 8 时，彭德怀致电邓华并第 39 军军长吴信泉、政治委员徐斌洲，指出："伪八师已大部就歼……战役口子已经打开，敌人可能动摇，应考虑对卅九军主力及一二六师的使用②，最好以一部于正面抓住砥平里之敌，将主力插至敌侧后去，乘敌撤退时，在运动中歼灭之。在横城地区之敌彻底解决时，卅九、四十、四二、六六军则应准备向原州、忠州方向扩张战果，具体部署由邓考虑决定之。"同日 15 时，联司令金雄集团向平昌、旌善扩张战果。

志愿军当时估计，砥平里之敌有 4 个营，只有野战工事。2 月 12 日，邓华令第 40 军第 119 师配合第 39 军主力和第 42 军第 126 师，准备于 13 日

① ［美］马修·李奇微：《朝鲜战争》，121 页，北京，军事科学出版社，1983。

② 此时第 39 军和第 42 军第 126 师均在砥平里以北监视砥平里的美军，第 39 军主力并作为横城反击作战的预备队。

晚围歼砥平里之敌。2 月 12 日晚，第 42 军第 126 师向砥平里以南曲水里地区插进，以切断砥平里之敌向梨浦里、利川方向的退路。第 40 军令第 119 师及第 120 师第 359 团，于 12 日晚进至砥平里东北之下高松、上加里地区。第 39 军令第 116 师从砥平里东南的三山里以西，向西插至丹石里地区，以切断砥平里通往骊州和通往文幕里的公路；13 日晚，第 115 师一部进至加乃洞、三山里地区与第 116 师衔接，师主力进至砥平里以东桂良、松亭地区，准备阻击由原州、文幕里、骊州可能向砥平里增援之敌，并阻击从砥平里可能南逃之敌。

13 日，砥平里东南石谷里、梅月里地区的敌军已经南撤，志愿军第 39 军第 116 师已进至这一地区，砥平里以东上高松、石隅的敌军已回缩砥平里。鉴于此，为堵歼砥平里之敌，当日 10 时，邓华令第 116 师应即向注岩里前进，截断砥平里之敌向东南退路；第 119 师应逼近砥平里抓住该敌；第 126 师应插到砥平里以南截断其南逃退路，如已被我抓住、截住，即准备黄昏攻歼之，如敌逃跑，各部即猛追之；第 115 师应靠近第 116 师，以便随时加入战斗，并加强向文幕里方向警戒。13 日 13 时，邓华对歼灭砥平里之敌作了具体攻击部署：

为争取时间抓住砥平里、望美里之敌，定于 2 月 13 日 17 时半开始攻击。以第 40 军第 119 师从北面和东面向砥平里攻击，该师第 356 团从上高松由东向西攻击砥平里，第 357 团从广滩里由北向南攻击砥平里；以第 42 军第 375 团从黄巨里向砥平里东南的草旺里攻击，以该军第 126 师第 376 团和第 377 团从西面和西南面向砥平里攻击，第 378 团打梨浦里来援之敌。

13 日 14 时，邓华致电第 42、第 66、第 40 军，决定以第 42、第 66 军两军主力及第 40 军第 120 师，于 13 日晚抓住原州之敌并分割原州与文幕里之敌的联系。以第 42 军主力进至原州西南地区，截断原州之敌西向南文幕里和南向牧溪里的退路；第 66 军主力进至原州东北地区，破坏道路；第 120 师进至原州西北地区，并归第 42 军指挥。第 117、第 118、第 198 师在横城地区打扫战场，14 日晚向原州方向行动。

2 月 13 日 17 时 30 分，志愿军各部对砥平里之敌发起了攻击。

2 月 13 日，砥平里之敌确曾动摇，美第 23 团团长和美第 10 军军长均曾建议在砥平里的美第 23 团等部于 14 日开始撤退，但李奇微认为：放弃砥平里势必使西面的美第 9 军右翼暴露，面临威胁。如果美第 9 军遭受攻击，不仅使正在进行的进攻收不到预期的效果，而且招致全线龟裂，同时丧失反击的重要据点。他的结论是："敌军为这次攻势的成功，攻占砥平里是绝对必要的。因此,我军无论如何要确保砥平里。”于是李奇微当即下达了死守砥平里的作战命令。其要点是:美第 10 军以位于文幕里的美第 2 师第 38 团增援砥平里的第 23 团;美第 9 军将右翼南朝鲜第 6 师和英第 27 旅向砥平里和文幕里之间转移,封闭美第 10 军前面的间隙。[①] 如此,美第 23 团只好决心死守砥平里。此外,砥平里的部队并未减少,不是志愿军估计的 4 个营,而是 4 个步兵营、1 个炮兵营又 1 个炮兵连、1 个高炮连和 1 个坦克中队,总兵力 6000 余人,火力和工事均较强。

志愿军当晚攻击部队 6 个团只 10000 余人,只有 3 个炮兵连支援作战,每门炮只 20～30 发炮弹,将砥平里之敌全面包围,次日晨,第 39 军第 115 师 2 个团也加入战斗。由于砥平里之敌防御工事较坚固,火力强,平均每门炮发射炮弹 250 余发。而志愿军攻击兵力、火力均弱,虽压缩了砥平里之敌的防守范围,歼其一部,并击伤美第 23 团团长,但未能将砥平里之敌根本打动。

14 日美军出动飞机,对砥平里外围的志愿军阵地进行猛烈轰炸扫射。同时,东调美骑兵第 1 师第 5、第 8 团至梨浦,南朝鲜第 6 师至骊州、利川之间,英第 27 旅位于骊州、文幕里之间。14 日 10 时,美骑兵第 5 团以汽车 8 辆,载步兵 100 余人,由梨浦里渡过南汉江企图增援砥平里,被志愿军第 126 帅阻击在于龙里以南。黄昏,骊州、梨浦里敌 600 余人出援,分 3 路进至注岩里以南、内龙里、外龙里,被志愿军第 116 师第 346 团部队阻击。原州以北之敌仍在构筑阵地,未有撤退模样。因此,必须迅速歼灭砥平里之敌,以免在敌援兵到达后与敌胶着。

2 月 14 日,邓华调整了部署,以第 119 师全部、第 126 师 1 个团和第 115 师 2 个团共 6 个团,于当晚继续攻击砥平里;第 39 军第 116 师留 1 个团在注岩里打扫战场,阻击骊州援敌,主力向西攻占曲水里、切断砥平里之敌向梨浦的退路,堵歼逃敌;第 42 军第 126 师移至曲水里地区,控制有利阵地,坚决打击援敌。当晚,对砥平里再次发起攻击,第 119 师从北面,曾一度攻占凤尾山,第 115 师在南面至 15 日 2 时许攻进砥平里街内。由于砥平里美第 23 团等火力猛烈,并且地形太狭窄,志愿军兵力展不开。当夜虽予美第 23 团等部以重大杀伤,但仍未能解决战斗。

15 日,美骑兵第 1 师第 5 团增援部队进至曲水里。在坦克 30 余辆、飞

---

① 参见韩国国防部编:《韩国战争史》,中译名《朝鲜战争》,第 1 卷,535 页,牡丹江,黑龙江朝鲜民族出版社,1988。

机百余架次掩护下,向志愿军第116师和第126师阻援部队攻击,志愿军将其步兵击溃,歼敌100余人,但其坦克20余辆于黄昏突入砥平里与美第23团会合。由骊州方向出援的南朝鲜第6师和英第27旅的先头部队也抵近砥平里。这时,美骑兵第1师、英第27旅、南朝鲜第6师主力,在骊州、长湖院里已部署了纵深防御,东线美第10军也在原州、武陵里一线形成了新的防御。志愿军向原州西南发展进攻的各部在原州以北地区与敌形成对峙,金雄集团仍向平昌、旌善发展中。

15日,邓华一面调整部署,准备于16日晚再攻砥平里,一面于当日13时致电彭德怀、朴一禹等,请示:"从整个情况来说,今晚继续攻砥平里原为有利,但准备来不及,又会形成仓促作战,故于今明两日进行准备,调整兵力、火力,决心明晚攻歼该敌,估计准备后再攻是可能将该敌歼灭的,但如明晚万一再打不下,攻势可能形成胶着,对我不利(因敌形成据点防御,我炮火又少)。如果打,则决心以三至四天时间,顶住敌人增援,彻底歼灭之。否则,将主力撤至横城以北,求得再从运动中歼敌。如何?请示。"

彭德怀等志愿军首长及时分析了当时的战场形势,认为:如继续组织力量攻击砥平里之敌,即使能够攻克,就整个态势来说,再各个击破敌人,造成战役的有利形势,已慢了一步;除非我在攻克砥平里的同时,能够击溃并歼灭相当数量的援敌,我军主力能适时进至长湖院里以南地区,才能迫使敌人全线退却,但依现有敌我力量对比来看,这种可能性很小。因此,彭德怀于15日17时30分决定停止对砥平里之敌的进攻。

2月16日拂晓前,志愿军进攻部队撤出战斗,前出至原州附近之各军也同时向北转移,向龙头里(砥平里北)至横城一线及北至洪川东西一线以南地区集结。至此,第四次战役第一阶段作战结束。

西线汉江南岸的第38军和第50军的部队,于2月16日和18日,也先后全部撤至汉江北岸。

人民军金雄集团于2月19日占领平昌,逼近旌善,将南朝鲜第5、第7师压缩至堤川、宁越以北地区,威胁了敌人的侧背,有力地配合了正面作战,获得了联司的通报表扬。2月20日以后,该集团各部也按联司统一部署,开始逐步向北转移。

砥平里战斗之后,志愿军司令部、第39军、第40军等,都进行了检讨,总结了教训。综合这次战斗没有打好的主要原因是:

客观上,志愿军连续经过三次战役,部队相当疲劳,兵员消耗很大,有些部队伤了元气,第三次战役后由休整被迫转入应战,各方面的准备均不充分，物资弹药供应不上，攻击火力弱，火炮少弹药不足，碰到“硬骨头”啃不动。

主观上，一是有轻敌思想。由于横城以北战斗的迅速胜利，产生了轻敌思想，认为原州、砥平里等处之敌可能逃跑，为了抓住原州之敌，赶快打掉砥平里之敌，从而仓促投入战斗。二是对砥平里之敌兵力估计不足，侦察不够，判断有误。认为砥平里之敌不到4个营，而实际有5个多营，6000余人的兵力，还有炮兵营和坦克中队等的火器，原估计为一般野战工事，实际已构筑了较坚固的防御阵地，有严密设防。不论从兵力上、火力上志愿军都不占优势，兵力对比，按战斗人数基本上是1∶1，攻击兵力不足，参战炮兵只有3个连，并且弹药不足。三是兵力分散，建制混乱。由于打得很仓促，进攻前未进行充分准备和周密组织，攻击部队的建制较乱，4个师分属3个军的建制，并且主攻部队的战斗力多属二等、三等的团，有的在前几次战役中受过较重的创伤，未恢复元气。四是作战思想和战术不当。以为用第39军主力从南面一抄，以第119师从北面一压，南北夹攻就可将敌歼灭。用一般的野战指导方法和战术，没有打攻坚战的准备和战术。攻击部署缺乏重点，兵力分散，一个团打一面。先到的先打，后到的后打，攻击次数不少，战果不大，反遭失利。

此次战斗的教训说明，对现代化装备、工事坚固之敌据点的进攻，战前必须有详细侦察，对敌情、地形、工事确切了解，充分准备，选好突破口，集中绝对的优势兵力、炮火，实施重点突破，特别要组织好火力和诸兵种的协同作战。平分兵力，火力分散，仓促进攻，不能奏效。

第四次战役第一阶段作战，从1951年1月25日开始至2月16日结束，共作战23天，毙、伤、俘敌2.2万余人，虽砥平里战斗受挫，但整个第一阶段作战仍取得了满意的结果。

第四次战役第一阶段的整个作战，是在极为困难的条件下被迫进行的，但在作战指导上则力求争取主动。在判明“联合国军”的进攻企图后，根据敌我双方情况，确定采取“力争停止敌人前进，稳步打开战局”的方针，坚持西防东打的作战决心，以部分兵力在西线汉江以南坚决防守，钳制美军主攻集团，掩护志愿军主力在东线寻找“联合国军”的薄弱环节实施反击，视情况扩张战果，一举取得了横城反击作战的胜利，使东线之敌全线南撤或动摇。在围攻砥平里连打两夜未能解决战斗，并且“联合国军”在东线已经形成新的防线，即便攻下砥平里，也难以停止“联合国军”的进攻的情况下，适时果断地停止攻击，全线转入运动防御，从而避免了同“联合国军”拼消耗，在被动的情况下，更加灵活地掌握了自己的主动。正如彭德怀后来在部署第五次战役时所说的："我经过出击，胜利了，但胜利不大。砥平里未解决，即使解决了敌人也不会退，因我力量不够，敌纵深大。"①

① 彭德怀在志愿军党委会议上的讲话，1951年4月6日。

第二十五章

实行轮番作战和“边打、边稳、边建”的方针

轮番作战方针的确定

在志愿军组成之前,1950 年 8 月 26 日,中央军委副主席周恩来在检查东北边防军作战准备时就曾设想,边防军出动参战后的补充问题,“一种是从各部队抽出十万人来补充,一种是用建制补充,后一种办法较好。另一种是采用换班的打法,进行补充,即准备第二线部队作为后备,待第一线部队一个军或一个师作战后需补充时,可以开第二线整补,而以第二线一个军或一个师调前线作战,用这种办法整补为最好”。中央军委同时为边防军出动作战,准备了第二第三批部队,为后来志愿军在朝鲜实行轮番作战作了组织准备。

10 月初,毛泽东决定将边防军改为志愿军入朝作战时,对作战兵力的使用问题也有考虑和安排。他在 10 月 2 日起草给斯大林但未发出的电报中指出:除东北边防军 12 个师以外,另调动 24 个师位于陇海、津浦、北宁诸线,作为援助朝鲜的第二批及第三批兵力,预计在明年春季及夏季,按照当时的情况逐步使用上去。

在志愿军出动作战,并取得第一次战役胜利后,负责志愿军后方保障工作的东北军区副政治委员李富春,根据志愿军与装备优势的敌军作战,物资

补充困难，加上冬寒，野外露营，部队体力消耗快、消耗大，不易恢复的情况，在1950年11月13日给毛泽东和周恩来的报告中，也提出了采取轮番作战办法。他在报告中提出：

“由于在目前作战中士兵体力消耗大，在战争中不能吃好、睡好，易于疲劳，一个战役结束后，非休息补充不可，而在前线休整则颇不易迅速奏效。因此，建议考虑用兵团、或军、或师轮番作战办法，是否可以将杨兵团①提早调入东北，一方面将服装、弹药准备齐全，一方面将作战经验给予教育，在必要时或者整个兵团、或者抽军、师去代替打疲劳了的前线部队，使前线部队撤到后方休整。”周恩来在报告上批示：“此建议在春冬时仍值得考虑。”但当时在后方第二第三批部队，除第9兵团紧急入朝担负东线作战任务外，其他均尚未作好出动作战的准备。

“联合国军”于1951年1月25日发起反扑后，特别到2月初，在西线和中线地区都展开了较大规模的兵力，以其优势的炮兵、坦克、航空兵火力，对志愿军和人民军防守的汉江南岸阵地，实施所谓“火海战术”，进行猛烈的火力攻击。在南汉江以东也开始了向北进攻。战场形势的迅速变化，引起了彭德怀和中央军委的高度重视，认为如果志愿军和人民军反击得手，则可能停止“联合国军”的进攻，甚至迫其再退回三七线；但如志愿军和人民军反击不得手，则“联合国军”可能乘胜进出三八线。

1951年2月4日，金日成到彭德怀的司令部，两人就第四次战役的部署进行会商时，彭德怀根据志愿军和人民军在第一线的兵力不占优势，基本与敌军相等，并且志愿军的粮食、鞋子都未能很好补充的情况，估计到“假如主力出击受挫，则敌人可能大胆追击我们一下，形势可能暂时处于被动”。金日成也认为，不能轻敌，如果第四次战役不能按毛泽东1月28日电报要求打到安东、大田地区，能守住汉江南岸一线阵地也很好。

2月4日2时，彭德怀致电毛泽东并高岗：第50军和第38军第112师难以支持现有阵地，在邓华集团出击之前，拟先以第42军主力及第38军第114师争取于6日晚歼灭进至砥平里附近之美第2师第23团及法国营，已令人民军第5、第2军团歼灭进入横城东南的南朝鲜第5师2个团和美军1个营，以使西线美军占领汉城后不敢冒进三八线。待邓华集团能于12日前后，向原州、横城地区寻歼敌一两个师，使敌停止于汉城，或逼其退回水原、

---

① 指杨得志为司令员的第19兵团。

利川线以南。但如果我军出击受阻，则敌军将向三八线攻进。洪川、春川[1]地区虽有利于抗击敌军，并也是我军将来出击的要地，但不能就地取粮，后方运输困难，无法供应，在不得已的情况下只有放弃。

当日 24 时，周恩来以中央军委名义复电彭德怀并告高岗，同意彭德怀的部署，同时指出：“我如能在东线歼敌一两个师，打开缺口，则西线敌人冒进，可能被停止，但也须设想敌进占汉城后侦知我西线正面力薄，仍有继续前进逼我东线后退可能。”“如果我出击受阻，西线敌人已向三八线逼近而我在东线无战机可寻时，我邓集团可以考虑放弃洪川、春川地区，将来再打。”[2]

在志愿军主力按彭德怀的部署从休整地区向预定歼敌地区出动后，2 月 9 日 21 时，彭德怀电告中央军委：“我邓、金集团[3]预定十一日至迟十二日开始战役反击，如能得手歼敌一两万人，将可能粉碎敌进犯企图并收复三七线以北地区。此役结束后，主力在平昌、原州、利川、水原之线以北地区整补，准备三月底四月初再进行一个战役。设如反击不得手，则敌人可能乘胜进出三八线，我亦必须乘敌疲惫之时予以反击，打落其气焰。为不失时机应付以上两种可能情况，建议将十九兵团即分三路入朝。”

中央军委接到这个电报后，周恩来起草复电，于 2 月 11 日早晨发给彭德怀，指出：“在这次战役中，我如反击不得手，敌人确有进出三八线可能。但如敌乘胜急进，二月底即可到达金川、铁原[4]之线，而我十九兵团无论车运步行均无法于同时赶到瑞兴、金川、铁原之线。敌如在到达三八线后观望并整理一个时期然后北进，则我十九兵团当可于三月十日起开始到达上述指定之线。从目前形势看来，后一种可能较大。但美帝也正如蒋介石一样，早晚市价不同，亦有可能在自以为大胜时急进。果如此，我们必须考虑在平壤、元山之线以南地区予以反击，而不可能准备在敌人进出三八线时即予以反击。”

2 月上旬，中央军委已经从战场上的形势看出：敌人不被大部消灭，是不会退出朝鲜的，而要大部消灭这些敌人，则需要时间，因此，朝鲜战争有长期化的可能。目前敌人的作战意图是，在站住阵地后，经过调整补充，便寻

① 洪川、春川均在南汉江以北、三八线以南。

② 《周恩来军事文选》，第 4 卷，147～148 页，北京，人民出版社，1997。

③ 邓、金集团指邓华集团和金雄集团。

④ 金川、铁原均在三八线以北。

找机会向我反扑,一方面可扩大其占领的地盘,另一方面不容许我在前线作必要的休整补充,利用其优势的技术条件与我进行长期的消耗战。[①] 志愿军在朝鲜作战的部队,已连续打四个战役未得休整和补充。这样,如何坚持长期作战,如何解决志愿军的休整和补充问题,便成了战争指导上的重大战略问题。从这时起,毛泽东和周恩来即开始考虑在朝鲜实行轮番作战的方针,计划轮番作战的兵力。

2月7日,周恩来即开始拟制中央军委关于轮番作战计划问题给志愿军和各军区的电报,决定编组三番作战部队,轮番作战,轮番休整。同日,毛泽东对每番作战使用的部队提出了具体意见。军委的电报于8日拟好,9日,经毛泽东修改后,批发了该电。这个电报指出:

(一)从目前朝鲜战场上正在进行的战役中,可以看出,敌人不被大部消灭,是不会退出朝鲜的。目前敌人的作战意图是,在站住阵地之后,经过休补,寻找机会,向前反攻,一方面可扩大其侵占地区,另方面不容我在前线作较长期的休整,同时,对朝鲜沿海的袭扰、运输线的轰炸,也正为配合这一意图。

(二)为粉碎敌人之意图,坚持长期作战,以达大量消灭敌人,完全解决朝鲜问题之目的,决定在朝鲜采取轮番作战的方针。具体计划为:将现在朝鲜作战的九个军卅个师作为第一番志愿军。将第十九兵团三个军[②],廿兵团两个军[③],二野第一批北调的三个军[④],及现在湘西剿匪的四十七军,共九个军廿七个师作为第二番志愿军。待第二番志愿军于二三两月先后开抵朝鲜,第一番志愿军即可逐步抽出整补。其中宋兵团三个军[⑤]开回山东整补,并归还华东建制,今后即参加华东防卫任务,协同华东各军准备歼灭向华东进犯之台湾匪众。五十军、六十六军开回华北,接替廿兵团两个军守备任务。十三兵团四个军[⑥]则留在平壤及其南北地区整补(以三至四个月为整

---

① 参见中央军委致彭德怀、邓华和第9兵团、第19兵团以及东北、华北、中南、华东、西北、西南各大军区,关于决定在朝鲜采取轮番作战方针的电报,1951年2月8日。

② 第19兵团3个军,系指第63、第64、第65军。

③ 第20兵团2个军,系指第67、第68军。

④ 二野第一批北调的3个军,系指第12、第15、第60军,后编为第3兵团。

⑤ 宋兵团3个军,系指第9兵团第20、第26、第27军。

⑥ 第13兵团4个军,系指第38、第39、第40、第42军,第13兵团部已改组为志愿军总部,因此,这4个军归志愿军总部直接指挥。

补期），作为第二番部队的临时预备队，并准备与二野三月第二次北开的三个军①及董其武兵团的两个军②，共九个军廿七个师作为第三番志愿军，待需要时，再与第二番志愿军换班。如此轮番作战，我既有生力军，又能得到切实整补，既不致陷于被动，又能保持旺盛的机动性与持久性，又使更多的部队学会和美国侵略军作战。

（三）为使作战指挥不受轮番调动的影响，志愿军司令部、政治部、及十三兵团原有机构和工作人员均不调回，仍留朝鲜前线工作。各兵团所属工兵团，各军所属炮兵团、后勤机构、车辆及担架团，各兵站分部及一切运输工具、物资、弹药和医院，均留朝鲜战地，移交第二番部队使用。并责成东北军区及军委总后勤部，调整在朝作战部队之运输工具，保证每团有大车十辆，每一万人有汽车二十辆，以便供应，军委通信部亦须保证参战部队通信联络工具的充分配备。此外，为使各新参战的军师团迅速吸收过去作战经验，争取第一仗胜利起见，应从十三兵团及五十军、六十六军的军师团三级，各抽出少数指挥人员加入新参战军师团的指挥机关为顾问，帮助指挥作战工作。

这个电报还对第二番部队向朝鲜境内开动的时间、第三番部队集中的时间、兵员的补充、武器装备的配备及部队调动的次序和具体要求等作了明确规定。

第9兵团得知上述安排后，请求留在朝鲜休整，并继续参加作战，而不调回华东。第9兵团的要求得到彭德怀的同意，并报告中央军委。鉴于此，中央军委对2月9日电报中的决定又作了若干调整，由周恩来起草了军委的电报，于2月18日发给彭德怀并告第9兵团司令员宋时轮、副司令员陶勇及各大军区。调整的主要内容为：第二番志愿部队改为以第9兵团（由12个师整编为9个师）、第19兵团和第二野战军第一批北调的3个军（第12、第15、第60军），共9个军27个师组成。第12、第15、第60军编为第3兵团，以陈赓为司令员、王近山为副司令员、张南生为副政治委员。③ 第三番作战部队改以第38、第39、第40、第42军、第20兵团的2个军、第47军、第二野战军第二批北调的3个军，共10个军30个师组成，以董其武兵团作

① 二野第二批北调的3个军，系指第10、第11、第16军。

② 董其武兵团2个军，系指以董其武为司令员的第23兵团第36、第37军。

③ 后张南生为第20兵团政治委员兼政治部主任，改以杜义德为第3兵团副政治委员。

为预备队。兵员补充、武器配备、后勤补给也依此进行调整。

3月1日，由周恩来起草以毛泽东名义给斯大林的电报中进一步明确，第二番作战部队于4月上旬全部到达三八线地区，接替在汉江前线的6个军的任务，第三番作战部队于6月中旬调用，并进一步明确指出“朝鲜战争有长期化的可能，至少我应作两年的准备。”“总之，在美国坚持继续作战，美军继续获得大量补充并准备和我军作长期消耗战的形势下，我军必须准备长期作战，以几年时间，消耗美国几十万人，使其知难而退，才能解决朝鲜问题。”①

从此，中央军委放弃了原春季攻势的设想，原计划在国内的各种准备仍继续进行，但已不是为了春季攻势，而是为了坚持长期作战。

第二番作战部队入朝和第三番部队的作战准备

按照中央军委轮番作战的部署，志愿军第二番入朝的部队第19兵团和第3兵团，分别于2月中旬和3月中旬入朝参战。

第19兵团，司令员杨得志、政治委员李志民、副司令员兼参谋长郑维山、政治部主任陈先瑞，下辖第63、第64、第65军。该兵团原驻西北之陕西和宁夏地区，担负剿匪、开荒生产和修建陇海铁路等任务。1950年10月5日奉中央军委的命令，调往山东兖州、泰安、滕县地区集结待命。12月16日，朱德总司令亲自到兖州看望部队，19日，给兵团团以上干部讲了话。朱总司令说：“毛泽东派我到十九兵团来，有两项任务，（一）向同志们表示慰问，给同志们送行；（二）要给同志们加点子油、鼓点子劲。……我的这个慰问，代表毛主席，也代表全国人民！第二项任务是加油鼓劲。我到你们兵团几天了，同你们兵团首长，同有些部队的同志谈了不少话。毛主席给我的两项任务，这一项我觉得比第一项完成得好！为什么？因为你们的油本来就很足嘛！你们的劲头本来就大得很嘛！这一点我回到北京是要向毛主席报告的！”②朱总司令还讲了抗美援朝的意义，讲了第19兵团的任务。朱总司令的慰问和讲话，对第19兵团的全体指战员是极大鼓舞。

第19兵团部队经过准备，于2月5日零时开始，由山东车运，2月17日

---

① 《周恩来军事文选》，第4卷，162、164页，北京，人民出版社，1997。

② 杨得志：《为了和平》，19、20页，北京，长征出版社，1987。

5 时全部到达东北中朝边境地区，第 64 军驻安东，第 63 军驻长甸河口，第 65 军驻凤城、本溪。

2 月 16 日，第 19 兵团根据中央军委的命令，作为第二番志愿部队开始渡鸭绿江入朝。当日晚，兵团直及第 64 军，开始由安东渡江，于 17 日晚全部渡完；18 日，第 63 军开始由长甸河口、九连城两地渡江，于 20 日晚全部渡江完毕；21 日晚，第 65 军开始由安东渡江，于 22 日晚全部渡完。

第 63 军入朝时，军长为傅崇碧、政治委员为龙道权，下辖第 187、第 188、第 189 共 3 个师。

第 64 军入朝时，军长为曾思玉、政治委员为王昭，下辖第 190、第 191、第 192 共 3 个师。

第 65 军入朝时，军长为萧应棠、政治委员为王道邦，下辖第 193、第 194、第 195 共 3 个师。

第 19 兵团渡江入朝后，兵团首长和机关少数人乘车开进，部队沿定州、安州，朔州、龟城、泰川、宁边、价川，分两路徒步行进。战备行军十分艰苦。夜行晓宿，每个战士至少有 40 公斤的负荷，除自己佩带的枪支、子弹、背包、4 枚手榴弹外，还要带一周的干粮，2 枚迫击炮弹。当时又值严寒，朝鲜多雪，有的地段积雪达一二尺厚，一脚踏下去要好几个人帮助才能拔得出腿来，有的地段雪冰相连坚硬如铁，一步三滑。然而，指战员们以坚强的毅力，克服了行军中的各种困难，完成了行军任务。第 64 军于 2 月 27 日进至平壤、顺安之间地区；第 63 军于 2 月 28 日进至成川以南地区；第 65 军于 3 月 2 日进至顺川以北地区；兵团直属队于 3 月 1 日进至顺川东南地区。全兵团到达上述地区后，经进一步准备即向集结地域开进；第 64 军于 3 月 1 日出发，3 月 18 日全部集结于南川、平山地区；第 63 军于 3 月 4 日出发，3 月 10 日全部集结于市边里、兔山地区；第 65 军于 3 月 7 日出发，3 月 18 日全部集结于新溪、楸川里地区；兵团直属队于 3 月 5 日由殷山出发，3 月 12 日全部进至楸川里以南地区。

第 3 兵团，已不是原来第二野战军的第 3 兵团，而是新组成的第 3 兵团，但是部队都是西南军区的部队。兵团机关基本上是西南军区原第 4 兵团的机关。下属 3 个军分别来自 3 个兵团：第 12 军原属第 3 兵团，第 15 军原属第 4 兵团，第 60 军原属第 18 兵团，由原第 60 军和第 61 军的部队合编组成。受领抗美援朝任务之前，这 3 个军都担负剿匪作战任务：第 12 军在川东剿匪，第 15 军在川南剿匪，第 60 军在川西和川北剿匪。西南军区根据中央军委指示精神，于 1950 年 11 月 1 日决定：第 12、第 15、第 60、第 10、第

11、第16军，准备参加抗美援朝作战。11月7日，西南局第一书记邓小平在给毛泽东并中央的报告中说："从战争作准备，积极支援朝鲜。先调三个军去，并把人员补充足，第二批再调三个军去。"[①]第一批第12、第15、第60军3个军，于1950年11月接到北上的命令后，立即收拢部队，进行整编，补充兵员，补充了一批新战士，还吸收了一批解放战士，充实了各部队员额。这3个军从12月初开始从四川出发北上，抵达河北省衡水、邢台、沧县（今沧州市）等地区，集结待命，进行入朝作战的各项准备工作，包括进行入朝作战的思想政治动员，开展必要的临战军事训练，重机枪以下步兵武器一律换成苏式装备，组建和扩充各级后勤机构，补充给养和被服装具等。

1951年2月18日，中央军委决定组建第3兵团领导机关，指挥第12军、第15军、第60军。3月16日，第3兵团领导机关在北京组成，陈赓任司令员兼政治委员、王近山任副司令员、杜义德任副政治委员、王蕴瑞任参谋长、刘有光任政治部主任。第3兵团3个军于3月11日零时开始，由河北省的沧县、衡水、邢台等地启运，3月18日，全部到达东北中朝边境地区，第60军驻安东，第12军驻长甸、宽甸，第15军驻凤城地区。兵团领率机关和直属队于3月20日由河北廊坊出发，3月23日抵达安东。

1951年3月18日至28日，第3兵团作为第二番作战部队，按第60、第12、第15军的顺序，分两路开始徒步入朝。一路为第60军、第15军，从安东渡过鸭绿江入朝，另一路为第12军，从长甸河口渡过鸭绿江入朝。

第12军入朝时，军长为曾绍山，下辖第34、第35师和原第11军的第31师共3个师。

第15军入朝时，军长为秦基伟、政治委员为谷景生，下辖第44、第45师和原第10军的第29师共3个师。

第60军入朝时，军长为韦杰、政治委员为袁子钦，下辖第179、第180师与原61军的第181师共3个师。

第60军、第15军，从安东渡过鸭绿江后，沿朝鲜新义州、新安州、遂安之线，于4月6日至14日先后进达伊川、新溪一带；第12军，从长甸河口渡过鸭绿江后，沿朝鲜朔州、球场、破邑之线，于4月10日进达伊川、文岩里一线集结；兵团前指于4月3日，从安东乘汽车入朝，于4月13日进达伊川之南佐里地区；兵团机关另一部分人员从安东徒步入朝，于4月15日到达兵团驻地（伊川）。第3兵团部队入朝，徒步行军历时半个多月时间，行程

① 《建国以来毛泽东文稿》，第1册，662页，北京，中央文献出版社，1987。

1000多里，指战员克服初春冰雪消融，地面翻浆，道路泥泞等困难，战士负荷每人在60斤以上，每日行程在七八十里，顺利地完成了行军任务。陈赓于1月参加中朝两军高级干部会议，并在朝鲜战场进行了考察，后来因腿伤复发，留在东北治疗，所以该兵团入朝时，他未到职，部队由兵团副司令员王近山和参谋长王蕴瑞、政治部主任刘有光率领。陈赓于8月入朝，副政治委员杜义德于9月入朝。

第9兵团，除第26军2月中旬已先由朝鲜高原地区南开议政府地区机动，尔后参加第四次战役第二阶段作战外。第20、第27两军，于3月28日、31日，先后由咸兴、元山地区南下，于4月15日全部集结于平康、洗浦里、新高山、淮阳等地区。

按照中央军委1951年2月18日轮番作战部队的计划部署，志愿军第三番作战部队的编成，除正在朝鲜作战的第一番部队中的第38、第39、第40、第42军4个军外，还有在国内尚未入朝的第20兵团2个军（第67、第68军）、第47军和第二野战军的3个军（第10、第11、第16军）。在第二番部队入朝后，第三番部队在国内的6个军，积极进行了入朝作战的准备。

第20兵团，司令员为杨成武、政治委员兼政治部主任为张南生、参谋长为肖文玖，下辖第67军、第68军。

该兵团按照军委的命令，在杨成武司令员等领导人的指挥下，进行了一系列的入朝作战准备工作。健全兵团、军的指挥机关、配齐各级干部；部队进行集结，第67军集结于塘沽、唐山、秦皇岛等地区，第68军集结天津附近地区；更换武器装备，部队轻武器除手枪外，全部换装成苏式装备，每师组建1个高炮营，每团组建1个高机连，每个步兵连有60迫击炮3门、机枪9挺、冲锋枪占1/2，每营3个步兵连、1个机炮连；补充了新兵；军后勤增编了医院、担架团和手推车团，还增编了汽车营和兵站；进行了战前军事训练，兵团还举办了团以上军事干部集训班，集训了40多天，主要解决军、师、团三级在军事指挥上的某些疑点和难点，提高在现代条件下作战的指挥艺术水平。使指挥员从思想认识上、军事指挥能力上，做好对机械化程度很高的朝鲜战场之敌作战的准备，还请前期入朝作战部队的干部介绍了作战指挥经验等。

该兵团入朝作战准备时间比较充足，各项准备工作比较充分。

第47军于1949年秋解放湖南后，在湘西担负剿匪作战任务。1951年2月初，接到中央军委准备入朝作战的命令。该军在军长曹里怀、政治委员李人林的指挥下，立即在湖南岳州集结整补，进行入朝作战的各项准备工作。于4月11日入朝，下辖第139、第140、第141共3个师，担负在平壤以北修建机场任务。

第二野战军的第10、第11、第16军，根据中央军委的部署和西南军区的指示，于1951年上半年也进行了入朝作战各项准备工作。

轮番作战方针，是中央军委依据朝鲜战场地理特点、美军现代化武器装备对志愿军作战的影响、特别是志愿军难以在战场上进行休整补充的情况，为保证志愿军在战场上持续作战力量的实际需要而确立的。

轮番作战方针的确立和实施，是中央军委在用兵问题上在抗美援朝战争中的一大创造，是对毛泽东军事思想的一个新贡献。实施轮番作战的作用，正如中央军委在2月9日的电报中所指出的："如此轮番作战，我既有生力军，又能得到切实整补，既不致陷于被动，又能保持旺盛的机动性与持久性，又使更多的部队学会和美国侵略军作战。"

实行"边打、边稳、边建"的方针

新中国成立伊始，面临着巩固新生人民政权、恢复国民经济、稳定社会秩序等各项急迫而艰巨的历史任务。中共中央在被迫决策组成中国人民志愿军抗美援朝后，以保证战场上的胜利为中心，同时也兼顾国内各项任务的完成，进行了全面筹划，采取了"边打、边稳、边建"的方针。打，就是志愿军在朝鲜的作战；稳，就是稳定国内秩序，包括政治秩序和经济秩序；建，就是国民经济和国内建设的恢复和国防力量的建设。打，是全国各项任务中的中心任务，"战争第一……一切服从战争，一切为了战争的胜利。没有战争的胜利，其他就无从说起"[①]。然而，没有国内各项工作的有力支持和配合，没有后方的巩固，保证战争胜利这一中心任务的完成，就没有后方基础。所以，国内社会的稳定，国内建设的恢复和国防力量的加强，也是极为重要的工作，不可以须臾忽略和放松。抗美援朝战争开始后，全国各项工作都是以保证抗美援朝战争胜利为中心来统筹进行的。

在志愿军开始入朝后，第一次战役开始的前一天，1950年10月24日，周恩来在中国人民第一届政治协商会议第十八次常务委员会会议上作关于《抗美援朝，保卫和平》的报告时就指出：在进行抗美援朝战争的同时，必须增强国防力量，"我们在国内要镇压敌特的捣乱，巩固广大人民内部的团

① 《陈云文选(1949～1956)》，111～112页，北京，人民出版社，1984。

结，经济建设不能停止，重工业要有重点地恢复，水利、铁道、纺织这几方面要不动摇地进行，并且要照顾到人民生活的改善”①。

12 月 31 日，《中共中央关于执行一九五一年度财政收支总概算的指示》中指出：由于进行抗美援朝战争，“国防经费不仅居第一位，而且大大超过我们的预计，经济和文化建设只能采取重点进行和有计划推迟两项方针”，并继续实行供给制和低薪制。因此，“我们确定一九五一年概算的总方针是：既要顾到国防开支的急迫需要，又要保证财政状况和市场继续稳定。如此，方能使前方胜利与后方巩固得以结合起来，稳步前进”。

在 1951 年 2 月 14 ~ 16 日，中共中央召开的有各中央局负责人参加的政治局扩大会议上，毛泽东提出了“三年准备、十年计划经济建设”的思想。毛泽东在 2 月 18 日为中共中央起草的党内通报中指出：“‘三年准备、十年计划经济建设’的思想，要使省市级以上干部都明白。准备时间，从现在起，只有二十二个月，必须从各方面加紧进行工作。”这次会议同时确定做好抗美援朝的宣传教育运动、土地改革、镇压反革命、城市工作、整党及建党、统一战线工作、整风工作等各项工作。② 会议根据周恩来的提议，成立了由周恩来、陈云、薄一波、李富春、聂荣臻、宋劭文组成国民经济第一个五年计划编制工作领导小组，组织领导编制第一个五年计划。2 月 17 日，周恩来在军委会议上指出：现在看来，朝鲜战争会长期拖下去，不是一两个战役就可以结束的。因此，我们只能一面作战，一面建设国防力量，一面恢复经济，把作战与建设结合起来，边打边建。采取轮番作战的方针，是为战场上坚持长期作战；进行经济恢复是为了打基础，准备新的建设。③ 后来，中共中央进一步将其概括为“边打、边稳、边建”的方针。④

采取“边打、边稳、边建”的方针，既有力地保证了志愿军在朝鲜战场上的作战，也有力地保证了国内社会秩序的稳定、国内建设的恢复和国防建设的加强。

---

① 《周恩来军事文选》，第 4 卷，77 页，北京，人民出版社，1997。

② 参见《毛泽东文稿》，第 6 卷，143 页，北京，人民出版社，1999。

③ 参见《周恩来年谱（1949 ~ 1976）》，上卷，131 页，北京，中央文献出版社，1997。

④ 参见《周恩来年谱（1949 ~ 1976）》，上卷，238 页，北京，中央文献出版社，1997。

第二十六章

第四次战役第二阶段作战

（参见附图7,序列表9、10）

志愿军和人民军转入全线运动防御的决定和部署

志愿军于1951年2月16日拂晓撤出砥平里战斗后,2月17日彭德怀和朴一禹联名下达了志愿军和人民军全线转入运动防御的命令。此时,中央军委已确定了在朝鲜采取轮番作战的方针和部署,作为第二番作战部队的第19兵团,于2月16日起已开始渡江,向朝鲜前线开进,3月中旬前后才能全部到达前线。其他第二番作战部队尚在国内调集中,最快也需4月初才能全部到达前线。而志愿军在第一线作战的6个军,已连续进行了四个战役,部队减员较大,由于交通运输困难,在国内完成训练、准备补充的新兵和老兵均尚未送到前线,前线部队已处于“青黄不接”的状态。彭德怀和朴一禹判断,在志愿军第二番作战部队和补充的兵员到达前线以前,“联合国军”依靠其优势的装备,迅速补充,在空军的支援配合下,仍可能进攻,企图进出三八线。据此,彭德怀、朴一禹决定,志愿军和人民军采取以空间换取时间的方针,在南起汉江北岸至横城一线,北至三八线一线的地区,部署三道防御阵地,采取节节阻击的运动防御方式,每道防线坚持防御20～30天,共争取两个月的时间,掩护第二番作战部队的开进集结,并改善交通运输条件,囤积作战物资,尔后进行反击。彭德怀和朴一禹在命令中要求:“在阻击配备上,应采取前轻后重,尽力多控制机动力量,在阻击战斗中,应以小部队袭扰敌之后方，迟滞敌之进攻计划，以反冲锋打退敌之冲锋，或于黄昏组织反击，夺回白天已失阵地。总之，在敌优势火力下，避免过多过早消耗自己有生力量为原则。各部队可依情况分成数个梯队，轮番阻击，换班整补。”命令强调“只要我们能争取两月时间，后续兵团即可赶到预定战场，新老补充兵员即可补进部队，作战物资也可囤积起来，第二番兵团即可接替第一番兵团，争取轮番连续作战，不给敌人喘息的机会。”

为实现上述决心，志愿军党委于同日给各军党委发出了指示，同时报军委总政治部。指示的内容如下：

各军党委并报总政：

由于我军在朝努力作战的结果，取得了四个战役的胜利，朝鲜局势起了基本变化，也就是说，形势对敌人是很不利的，美帝在朝鲜的败局已定。但就朝鲜战场目前的具体情况来说，要取得最后胜利，还须经过一段艰苦路程。这是由于下面两个原因所产生的：

（一）由于我军三个多月作战的消耗，兵员迄未获得补充，技术兵种还来不及配合作战，因而目前在敌我力量对比上，敌人还暂时占某些优势。

（二）美帝不肯轻易在朝鲜问题上丢面子，美帝要保持其在朝鲜和东方经济上的实际利益，我国人民以及东方人民要求参加解决东方尤其日本民主化之问题。上述三个基本问题，使美帝在朝鲜战场上非挣扎不可，给朝鲜战争带来了相当的长期性。

依上述情况，靠我在朝鲜现有的兵力很难一下解决朝鲜问题。为了缩短朝鲜战争时间，全部解放朝鲜，我中央军委已决心再派十九、廿两兵团及西南三个军入朝轮番作战①，加紧改善装备，动员新老战士补充第一番作战部队和努力武装技术兵种。这些措施无疑地保证了朝鲜正义战争的胜利。但要使第二番部队能分批赶上，还需要有两个月的时间（自二月半至四月半）才行。而敌人不可能给我们这样长的时间（四次战役虽给敌人一个打击，因消灭敌人并不很多，敌人在短期整理后可能卷土重来）。

因此，志司二月十七日命令部署（由各前指口头传达）主要是争取时间，使我后续兵团能按预定计划赶到。

为了保证这一命令部署能完全实现，志愿军党委特向各军党委作如下

---

① 中央军委于18日决定，将原定第二番作战部队改以第19兵团、西南第一批北调的3个军和在朝鲜休整的第9兵团组成，第20兵团改为第三番作战部队。

指示：

（一）召开师以上干部会议，专门研究如何执行二月十七日志司命令部署，使师以上干部均能深刻体会这一部署的重要性，以发挥高度的作战积极性，使后续兵团赶到前线能获得保证，使下一次攻势有利的阵地得以坚持和巩固。

（二）……如果敌人进攻的话，则必须采取积极防御方针，打击敌人，以争取两个月时间。在现在情况下，虽然有困难，但又必须这样做，否则困难会更多。要完成这一任务是极其艰苦的，志党委要求担任守备的部队，克服一切疲劳和兵员不足的困难，尽量利用汉江、大山、隘路等天然屏障，迟滞敌人前进，消耗与疲惫敌人。担任反击的部队，要善于捕捉战机，只要能歼灭敌人一部就歼灭敌人一部，从各方面想办法来拖延和阻止敌人前进，保持阵地。

总之，争取两个月时间，对我们是迫切需要的，时间就是胜利。望我各级干部党员深体此意，率领部队，坚决完成此一艰巨任务。

志愿军党委

二月十七日

志愿军和人民军全线运动防御分为两个梯队进行部署：

第一梯队以志愿军4个军、人民军4个军团，在西起汉江口，沿汉江北岸，经杨平、中元山、横城、烽火山、酒峰、芳林里至下珍富里地区，正面宽150余公里，纵深25至30公里，构成第一线防御阵地。从西至东具体部署是：以人民军第1军团，防守汉江口至汉城东南纛岛地段，正面32公里；以志愿军第50军配属炮兵第26团2个营，防守纛岛至上八堂（均含）地段，正面17公里；以志愿军第38军防守上八堂至曹佐里地段，正面31公里；以志愿军第42军配属炮兵第25团1个营，防守曹佐里至鹰峰（均含）地段，正面22公里；以志愿军第66军配属炮兵第29团1个营，防守鹰峰至井金山（含）地段，正面19公里；以人民军第5军团防守井金山至下大谷（含）地段，正面17公里；以人民军第3军团防守下大谷至芳林里东北阿支洞地段，正面19公里。另人民军第2军团于下珍富里以西地域，随时实施机动。要求各军和军团在此一防御线地区抗击20天至1个月时间，如能支持更长时间更好。

第二梯队以志愿军3个军和人民军1个师的兵力，在西起汶山，经议政府、铸锦山、青雨山、座防山、洪川江北岸至洪川、丰岩里地区，构成第二线防御阵地。大体部署从西至东为：以人民军第1军团之第19师配置于汶山地域；以志愿军第26军配置于议政府、铸锦山地域；以志愿军第40军配置于座防山、洪川以西地域：以志愿军第39军配置于洪川、东幕山地域；东幕山以东至东海岸由人民军金雄集团担任防御。

彭德怀经请示中央同意，在志愿军和人民军部署大体就绪后，于2月20日动身回北京报告战场情况，并与毛泽东、周恩来等商讨战争有关问题。彭德怀同时通报各前方指挥所，志愿军总部从成川君子里前移金化以北上甘岭，并决定在他回京期间，由邓华统一指挥。

“联合国军”发动“屠夫行动”和志愿军、人民军的防御作战

在志愿军撤出砥平里战斗后，李奇微对志愿军和人民军的实力以及在三八线以南的部署，仍是若明若暗，甚至对在第一线的志愿军和人民军的部署也不清楚，认为志愿军和人民军全线向北转移的意图，可能是引诱联合国军上钩的一个圈套。同时，联合国军自1月25日发动全线攻击以来，虽然南朝鲜军在横城地区遭受了严重损失，但美军还没有1个师失去攻击能力，并且砥平里的防御，成了中国人民志愿军出现在朝鲜战场以后美军第一次成功的防御。从此，自1950年11月底遭到中国人民志愿军严厉打击以来，对中国人民志愿军的畏惧感和神秘感开始发生变化。加之，在美国国内完成训练的一部分野战炮兵营，于1951年2月编入美军在朝鲜的部队，使美军的攻击火力得到加强。在这种情况下，李奇微于2月18日决定，发动代号为“屠夫行动”的进攻。2月19日，李奇微在骊州美第9军指挥所与美第9军军长、美第10军军长及美陆战第1师师长举行了作战会议，具体研究部署了“屠夫行动”。“屠夫行动”的目的是，不给志愿军和人民军重新部署以便再次发动进攻的时间。其直接目标是在西线占领汉江南岸一线，在中线，将战线推进到砥平里、横城、芳林里一线以北，在东线占领江陵以北一线，拉平在原州、平昌、旌善呈凹形的战线，消灭在南汉江以东至下兴安里一线的志愿军部队，以便下一步夺取汉城和向三八线推进。① 其部署从西至

① 参见［美］马修·李奇微：《朝鲜战争》，123～126页，北京，军事科学出版社，1983；日本陆战史研究普及会编：《朝鲜战争》，中卷，602～603，621页，北京，国防大学出版社，1990。

东是：

美第1军指挥南朝鲜第1师、美第3师、美第25师和土耳其旅在西线，以南朝鲜第1师确保金浦、永登浦汉江南岸一线阵地，以美第3师和美第25师并列展开于汉城以南和京安里以北，向汉江南岸攻击；

美第9军指挥美第24师、美骑兵第1师、英第27旅、南朝鲜第6师、美陆战第1师（该师在第二次战役遭到志愿军的打击后，第一次担负第一线任务）、美第2师在中线，由南汉江以西、砥平里至原州以东一线向北进攻，其中以美骑兵第1师沿砥平里—洪川公路轴线、美陆战第1师沿原州—横城—洪川轴线担任主攻；

美第10军指挥美第7师（该师在第二次战役中遭到志愿军打击后，也是第一次担负第一线的任务）、南朝鲜第5师、南朝鲜第8师，南朝鲜第3军团指挥南朝鲜第7师、第9师、第11师，南朝鲜第1军团指挥其首都师，共7个师在东线，由平昌东西、旌善至东海岸江陵一线向北攻击；

南朝鲜第2、第3师和英第29旅为美第8集团军预备队。

美国官方陆军战史中说："李奇微下达了严格的命令，这次行动不得毫无节制地北进，他指出，在第9和第10这两个实施攻击的军之间和各军内部要协调一致地向前推进。他强调指出，他的目标是消灭敌军部队。"[①]李奇微自己在回忆录中也说，这次进攻采取的方针是："以小的代价换取敌人的最大伤亡；避免采取一切不顾后果的无计划的推进行动，这样的行动有可能使我们被人数上占优势的敌人所包围。……部队之间能密切配合，尤其是步兵、炮兵和空军采取了老式的协同方法。"[②]

根据李奇微的计划，"联合国军"于2月21日起，全线向北发起攻击。

李奇微不清楚在西线的志愿军和人民军部队于18日已全部撤至汉江北岸，因此，在其发起攻击后，仍以炮兵和坦克的猛烈火力，向汉江两岸实施炮击，仅21日，即向志愿军第50军汉江北岸阵地炮击10000余发，并派出侦察部队向汉江南岸桥头阵地进行侦察试探，有的向汉江北岸试探，遭到志愿军部队的打击后缩回。

中线是李奇微进攻的主要方向，以美骑兵第1师和陆战第1师为主，美第24师、美第2师、英第27旅和南朝鲜第6师辅助，向砥平里以北及横城

① ［美］詹姆斯·F.施纳贝尔：《朝鲜战争中的美国陆军——战争爆发前后》，386页，北京，国防大学出版社，1990。

② ［美］马修·李奇微：《朝鲜战争》，126页，北京，军事科学出版社，1983。

地区猛烈攻击，以团或营为单位分多路在炮兵、坦克和空军飞机的支援配合下，攻击在上述地区防御的志愿军第42军和第66军阵地，有时在一个方向上即集中坦克、装甲车、汽车等数百辆。但在1951年2月21日至23日，下了一场朝鲜历史上罕见的春雨，影响了其空军的出动，并且地面道路泥泞，增加了其地面部队行动的困难。在东线，美第10军、南朝鲜第3军团和第1军团指挥的各师，为配合中线的进攻，也向人民军阵地加大压力。

志愿军第42和第66军，在连续作战疲劳，粮食、弹药供给极为困难，部队减员未补的情况下，为争取更多时间，依托野战工事顽强迟滞“联合国军”的进攻，在第一线的每个连排阵地均击退“联合国军”数次冲锋，昼间阵地被“联合国军”占领后，夜晚再组织反击夺回，同“联合国军”进行反复争夺。有的阵地多次易手，直战至弹药打光，只剩三两个人时，才撤出阵地，有力地迟滞了“联合国军”的进攻。“联合国军”连续进攻15天，直到3月6日，才占领其此次进攻的目标线，从西至东将战线推进到汉江南岸、杨平、横城、阿支洞至东海岸的江陵一线，拉平了其在东部战线的凹部。在西线，志愿军和人民军已于“联合国军”进攻前即撤至汉江北岸，因此，美第1军只是未经战斗推进到汉江南岸。在中线，志愿军的阵地就在杨平、横城、阿支洞一线，“联合国军”攻击15天，才占领这一线，实际战斗推进不超过5公里，并且未达到其消灭志愿军和人民军部队的目的。美第9军军长布赖恩特·穆尔在指挥部队进攻中，于2月24日坠机身亡。

“联合国军”发动“撕裂者行动”和志愿军、人民军的防御作战

李奇微的“撕裂者行动”，是在其“屠夫行动”基础上的进攻，目标是夺取汉城和向三八线推进。他认为联合国军地面部队同时全线发动进攻，力量不足，特别是夺回汉城将经过激烈的战斗，于是决定，首先以美第9、第10军和东线的南朝鲜军，从中部和东部战线向北推进，俘虏和消灭志愿军和人民军的有生力量，并“撕裂”志愿军和人民军主力的联系，从翼侧对汉城形成包围，尔后夺取汉城。其部署是：

以美第1军指挥的南朝鲜第1师和美第3师确保汉江南岸的江畔阵地，牵制汉城周围的志愿军和人民军，南朝鲜第1师并从金浦半岛威胁汉城西侧，而以美第25师北渡汉江，进至汉城东侧，准备包围汉城；

美第9军沿洪川—春川轴线向三八线推进，占领春川及其以北三八线上各要点；

美第10军和南朝鲜第3、第1军团均从其当面向三八线推进。[①]

3月7日早晨，开始了“撕裂者行动”。这天5时50分至6时10分，仅美第25师的炮火准备，即使用了10个野战炮兵营，148门火炮，另坦克100辆、重迫击炮48门、自行高射机枪25辆100挺。[②] 尔后，该师分两路，从南汉江和北汉江汇流处附近北渡汉江，一路从牛川里、两水里北渡，另一路从八堂里北渡。志愿军第38军第114师和第50军第150师，与上述北渡的美第25师部队展开激战，并在陶谷里、礼峰山、云吉山、芙蓉山一线，阻击美第25师前进。同日，美第9、第10军及南朝鲜第3、第1军团，在中线和东线也发起了攻击，在砥平里、横城一线以北的中元山、画彩峰、红桃山一带遭到志愿军第42军、第66军的阻击；在东线遭到人民军第5、第3、第2军团的阻击。

志愿军各部队阻击英勇顽强，仅7日一天，即有几个连队坚守阵地，最后全部壮烈牺牲。鉴于此，中朝联合司令部于3月8日，发出了战术指示，全文如下：

各首长（转师）并报军委东司：

无数次的战斗证明，敌凭恃炮、空、坦火力，于步兵进攻之际先作毁灭性的轰击，尔后步兵冲锋。我们作战方针是采取积极防御，纵深设防，利用良好地形（山区、河流）节节阻击迟滞和杀伤敌人，赢得时间，以待后续部队到来进行战役反击。因此，在战役部署上，必须确实贯彻前轻后重原则，不应在一个阵地堆很多部队，遭致过大伤亡，也不应死守一地不动，让敌打光……虽然战役上是积极持久防御，但战术上是应该节节阻击和反击的办法，即是逐山逐地阻击，每一阵地都应争取一定时间，杀伤一定的敌人，看火色不利时（敌已经过几次试攻，将我兵力、火力配置及地形工事弄清，敌空、炮、坦配合计划修正了），我即留很少数人员侦察警戒，而主力则先转移，这样既争取了时间又减少了自己的代价，在每一阻击阵地，只以少数（或小

① 参见日本陆战史研究普及会编：《朝鲜战争》，中卷，632页，北京，国防大学出版社，1990；[美]马修·李奇微：《朝鲜战争》，129页，北京，军事科学出版社，1983。

② 参见日本陆战史研究普及会编：《朝鲜战争》，中卷，635页，北京，国防大学出版社，1990。

组）部队于第一线，多数部队则控制翼侧或二线，有工事依托，作好出击所需的交通沟，乘敌炮火延伸或中断之时机予以反冲锋或反击。但在敌绝对优势火力下，我反冲锋不宜离阵地过远，并须有火力掩护。如敌兵力小，我则以预先组织好的炮火掩护下，集中优势兵力予以歼灭性打击，并收复阵地。如敌兵力大，我则应采取袭扰性反击，消灭部分敌人，适可而止，在数道防线的中间地区，应采取纵深逐山布置阵地，以增加弹性，求得持久。

总之，这种作战方针是依靠有利地形，采取积极机动作战，以小的代价求得多杀伤敌人，多支持时间。为此，要求各军、师首长，必须很好综合分析、研究敌人进攻特点，改善我之战术，必须具体了解整个战况发展，掌握重要阵地的防守或出击时机是很重要的。请你们具体研究执行，并随时将经验电告。

联　司

八日十二时

据此，中线第42、第66军，予进攻之敌以重大杀伤后，于3月9日，撤至凤尾山、鹰峰山、梅花山、五音山一线继续阻击。

3月9日拂晓，彭德怀回到志愿军总部。此时，联司首长鉴于志愿军和人民军第一线部队已经进行了20天阻击作战，实现了第一线阵地以空间换取时间的目的，加之部队久战疲劳，遂于当日11时，以彭德怀、邓华、朴一禹名义下达了下一步阻击部署令，决定以第二线部队接替第一线部队继续采取运动防御方式进行阻击。命令内容如下：

敌于七日开始全线总攻击，我为缩短供应线，等待后续部队，引敌深入至于我有利地区，以便战役反击，决以现在第一线各军与军团由现阵地采取运动防御，以四五天时间撤至高阳、议政府、清平川、洪川江北至丰岩里线后，由二线各军与军团接替，继续采取运动防御到三八线以北地区，具体部署如下：

（一）第一线部队：

一军团：沿汉江至汶山公路采运动防御，以十天时间撤至汶山，由人民军十九师团接替后，撤至延安、白川、开域地区休整。

五十军：沿汉城、东豆川公路采取运动防御，以四五天时间撤至议政府以北，由二十六军接替后，由高浪浦里渡临津江休息一两天后，沿金川、新院里、沙里院,进至平壤北西浦地区陆续搭火车返北,军主力回至安东,一个师回至龙岩浦、新义州地区整补。

三十八军:由现阵地采取运动防御,以四五天的时间撤至清平川以北线,待四十二军一个师至加平后,进至铁原地区休息一两天后,沿安峡、伊川(避开新溪)、遂安,进至肃川铁公路两侧地区整补。

四十二军:主力于现阵地采取运动防御,以四至五天时间撤至洪川江以北(由四十军继续阻击)进至春川、加平之间北汉江西北地区休整一两天后,衔接六十六军经金化、平康、伊川,进至阳德东、元山西地区整补,另以一个师立即进至加平地区,准备阻击清平川向加平前进之敌,待三十九军在春川以北及西北布置好后即归建。

六十六军:于现阵地采取运动防御,以四五天的时间撤至洪川后由三十九军继续阻击,该军经春川至华川地区休息一两天后,经金化、平康、伊川、谷山至阳德以西地区集结,搭回程火车返华北整补。

金集团:即以一个军团沿丰岩里、县里至麟蹄公路(应先以一个师到洪川东北接替三十九军防务)采取运动防御,节节阻击,以六七天的时间,撤至丰岩里、洪川东北之线,另以一个军团先至麟蹄以北地区布置纵深阵地,前面两个军团到麟蹄及其东西后,即于杨口、麟蹄以北地区布置纵深阵地。

(二)第二线部队:

人民军十九师:即于汶山南北地区布置纵深阵地,准备接替一军团继续采取运动防御,逐次转至三八线及以北地区。

二十六军:即就现阵地准备接替五十军继采运动防御,尽可能迟滞敌人前进,争取三月底至三八线及其以北地区。

四十军:除以主力于洪川江北就已成阵地行纵深阵地配置,准备接替四十二军,继采运动防御七至八天时间,待六十六军、四十二军、三十九军通过后(另以一个师立即于春川以南地区布置阵地,准备掩护军主力及三十九军向北转进),即衔接三十九军主力进至华川(不含)以北布置纵深阻击。

三十九军:除军指率军主力于洪川(不含)东北地区就已成阵地,行纵深配置,准备接替六十六军,继续采取运动防御五至六天时间,待六十六军通过,人民军到达后,即撤至春川以北以西至华川之线,布置纵深阵地。但应立即抽一个师先开至春川以北、北汉江东西地区,布置纵深阵地,准备掩护军主力转移。

……

各部开始行动时间,均自三月十日夜间算起。

联司首长在作了上述运动防御部署后，针对“联合国军”进攻炮火猛烈和大量使用坦克攻击的情况，紧接着于3月10日又一次发出了防御作战的战术指示，特别强调了构筑阵地尤其防炮火、防坦克阵地的重要，以及兵力配备前轻后重，火器尽量配属前梯队的原则（后来概括为：兵力配备前轻后重，火器配备前重后轻的防御部署原则）。指示内容如下：

（一）在现代作战中，尤其在敌空军、炮火占优势的情况下进行积极防御作战的原则，必须是控制要点要道、隐蔽疏散、宽大纵深、前轻后重的防御配备，并特别注意防坦克障碍的设置，才能达到坚决顽强歼敌于阵前之目的。

（二）在兵力配置上，至少应控制半数或三分之一部队作为机动，以便随时向敌进行反击，团以上至少要有两道防御阵地，并有主次之分，阵地前沿再向前伸出小部队活动，迷惑与袭击、伏击敌人。选择阵地时，应便于我向敌出击及火力能够充分发扬，工事应在要点要道前或两侧，选择有利地形之山腰部及山麓构筑之（不准将主要工事构筑于山脊），充分利用阵地前沿的天然障碍和河流隘路，开阔地等，另于明显地形、地物构伪工事，以吸引敌火与迷惑敌人。

（三）工事构筑，以地堡、单人掩体、交通沟及副防御相结合，特别注意伪装掩蔽及火力的发扬，地堡最好是暗堡或低堡，交通沟要挖成电光式坑道式的，副防御则着重防坦克沟、陷阱、断崖、地雷、炸药等相结合，隐蔽部的构筑应力求坚固（尤其指挥所的隐蔽部）。

（四）火力组织应以反坦克与杀伤敌步兵为火力网重点，应在阵地前沿组织火网地带，在敌进至我火网下，即以短促猛烈的火力予敌以打击，在敌步兵攻击前，绝不轻易将火力点暴露，以免遭敌机、炮火无谓损害，并多设置预备阵地，利用夜间或交通沟实行火器机动，能随时转移与集中火力，同时为使我火力加强，宜使步兵火器尽量配属前梯队，加强前沿火力，而以一部野榴炮，在团或师之间选择阵地支援步兵作战。

（五）在防御作战中，特别强调各级指挥员，沉着坚毅，切实掌握各种情况的变化，深入指挥，具体帮助指导下级，不放松能够诱敌歼敌之机会。主动地支援友邻作战，加强接合部。总之是以防御的姿态，积极动作来歼灭敌于我阵地前沿，望各部本此原则具体研究执行。

联司首长在运动防御作战的关键时刻，连续发出战术指示，及时而有力地指导机动防御作战。各部认真贯彻执行，并结合各自的情况创造性地运用实施，开展了机动灵活的运动防御作战。运动防御作战打得十分漂亮。

第一线各部队自 3 月 10 日起，按照预定计划一面开展顽强的阻击战斗，一面逐步向北转移。第 42 军主力向洪川江以北转移时，在江南留第 125 师 3 个连，于 14 日对向洪川推进的美军顽强阻击了一天，第 66 军主力向北转移时，也留 1 个团在洪川东南进行了阻击。12 日起，第二线的先头部队已开始与进攻之敌接触，第 40 军第 118 师前哨部队在洪川、第 39 军第 116 师 1 个团在五音山，与进攻之敌展开激战。至 3 月 14 日，第二线部队从西至东，人民军第 6 军团第 19 师（归第 1 军团指挥）已展开于汶山至高阳以北一线，志愿军第 26 军已展开于议政府、富坪里、抱川地域纵深布防，第 39 军第 117 师展开于清平川、加平一线及以北地区纵深布防，第 40 军主力展开于洪川以西洪川江一线及以北纵深布防，第39 军主力展开于洪川以东、东南一线及以北纵深布防。东线人民军除留小部在东幕山、宝来洞、江陵一线为前沿节节阻击外，主力已北移至丰岩里东西一线及以北地区。

此时，第二番作战部队第 19 兵团的先头军已到达市边里、兔山地区，主力正向南川店、新溪开进中。而第 9 兵团主力和第 3 兵团及坦克部队和新入朝的炮兵，于 4 月中旬才能到达铁原、平康、金化地区和伊川、谷山、新溪、遂安地区完成集结，因此，4 月下旬才能发起下一战役。联司根据三八线以北主要地理情况，决定下一战役出击阵地，为西海岸之长渊里，向东经新院里、青石头里、白川里、漏川里、朔宁、大光里，芝浦里、华川、杨口、麟蹄、襄阳之线。

为了控制上述进攻出发地域和使新入朝兵团有进行作战准备的时间，3 月 14 日 17 时，联司要求已接替防御任务的第二线部队，从现阵地以 7～8 天时间，节节抗击，然后撤至西起汶山，向东经东豆川、抱川、加平、春川、自隐里至县里一线；再以 7～8 天节节抗击，于 3 月底或 4 月初撤至三八线一线。从三八线起至下一战役出发阵地还需争取 20～25 天，并对各部撤至三八线以后的防御进行了部署。

同一天，沿北汉江两岸北进的美第 25、第 24 师，已进占清平川以南之九岩里，截断了春川至汉城的公路；向洪川推进的美骑兵第 1 师、陆战第 1 师、英第 27 旅，已越过洪川江，占领洪川；东线人民军第 5、第 2 军团当面之南朝鲜第3、第 1 军团也推进至下珍富里东西一线。

在 3 月 11 日 9 时，彭德怀在致周恩来的电报中即指出：“为继续疲劳敌人，缩短我之防护线，争取时间，决放弃汉城，采取运动防御保持有生力量，吸引敌人主力进出三八线。”13日晚志愿军和人民军主动撤离汉城,至14日晨,全部撤出。美第3师和南朝鲜第1师于15日进占汉城。同日,中共中央致电各中央局、各分局和各大军区,关于退出汉城问题作出了宣传指示。指示指出:“朝鲜战争趋于长期化,为避免消耗,转入主动,待机歼敌,汉城、横城一线我志愿军和朝鲜人民军已开始后撤,并已于十三日退出汉城(日内即由新华社公布)。由于过去几次我军均诱敌前进而取胜,估计群众对此次后撤不致有大的波动,但在消息公布后,仍应注意多在口头宣传中加以解释。应当向群众指出:在敌人未被大量消灭以前,敌人的前进是不会停止的。我们抗美援朝的任务在于与朝鲜人民一道击败美帝国主义,解放朝鲜。欲如此,必须大量消灭敌人,而不斤斤计较于一城一地的得失。汉城能保持在朝鲜人民军手中固好,否则,守城与歼敌不可兼顾的时候,照我们中国人民革命战争的经验看来,我们宁取后者是最为有利的。在此种条件下,战争必然是较长期的,但敌人的困难比我们更大。”

李奇微在他的回忆录中写道,虽然夺回了汉城或者占领了一些新的地区,但“‘撕裂者行动’的目的不仅在于收复首都或者占领新的地区,其主要目的在于俘虏和消灭敌军有生力量,缴获和摧毁其武器装备。从这种意义上讲,这次作战没有获得完全成功,因为,敌军迅速向北撤退时只实施了阻滞战斗。天气和地形给我们造成的困难比敌军行动造成的困难还要大,特别是在中部地区,那里的山峰直插云霄,陡峭的山坡则直落几乎连大车也无法通过的峡谷。对敌人高踞于荒凉山头的坚固工事,我们不得不加以包围并发起冲锋攻占之。”①

“联合国军”于3月15日占领汉城以后,李奇微决定扩大“撕裂者行动”的规模。在中线,以美第9军指挥的美骑兵第1师和陆战第1师由洪川—春川线向三八线攻进。鉴于美军向洪川的推进中遭到的抵抗越来越激烈,麦克阿瑟计划以美空降第187团,于3月22日在春川实施美军在朝鲜战争中的第二次空降,以配合上述两师歼灭春川的志愿军部队,夺取春川。因为春川靠近三八线,又在战线的中部,夺取春川是在中部进占三八线的标志。另以该军指挥的美第24师和南朝鲜第6师由清平川—加平线向三八线推进。在西线,以美第1军向临津江推进,其指挥的南朝鲜第1师沿汉城—汶山公路推进,美第3师沿汉城—议政府公路推进,美第25师向议政府东北15公里的松隅里突进,切断议政府附近志愿军向北的退路,与美第

① [美]马修·李奇微:《朝鲜战争》,129页,北京,军事科学出版社,1983。

3 师共同消灭议政府的志愿军部队，尔后美第 3 师攻占东豆川、美第 25 师攻占抱川。在东线的美第 10 军和南朝鲜军向县里、襄阳一线推进。

3 月 16 日，“联合国军”继续向北推进。西线南朝鲜第 1 师在高阳地区遭到人民军第 1 军团的节节阻击，美第 25 师从仁仓里（汉城东北）和磨石隅里向北攻击，遭到志愿军第 26 军的阻击，其中从仁仓里进攻的一路 70 余人，遭到志愿军第 26 军 1 个侦察班的打击，被歼 17 人后缩回。中线美骑兵第 1 师和南朝鲜第 6 师，在飞机、坦克、炮兵的支援掩护下，沿洪川至春川公路猛烈向北进攻，在春川以南和春川至加平公路线，遭到志愿军第 40 军和第 39 军部队的顽强阻击。3 月 18 和 19 日，人民军第 2 军团部队在麟蹄以东歼灭南朝鲜决死队 2 个团共 500 余人。19 日，美骑兵第 1 师先头坦克部队进至春川，21 日，美军该师第 8 团占领春川，美军原计划 22 日第 187 团在春川空降失去了意义。李奇微遂将第 187 团的空降任务改为汶山，以图配合南朝鲜第 1 师歼灭汶山的人民军部队。

3 月 23 日上午，美第 5 航空队首先出动 56 架 B－26 轻轰炸机，对汶山空降场进行了预先轰炸，尔后，以 72 架 C－119 和 48 架 C－46 运输机，共空投美第 187 团 3400 余人，包括吉普车、轻型坦克、105 毫米口径榴弹炮等各种装备、弹药和补给品 220 吨。但此时，在汶山地区的人民军第 19 师主力已撤离汶山，在汶山的 1 个团，其中有 2 个营已于拂晓前撤至汶山东北，另 1 个营与美第 187 团空降部队展开了激烈的搏斗，双方均有较大伤亡。美军在朝鲜战场的第二次空降，同其第一次空降一样，未能实现截歼人民军部队的目的。3 月 22 日和 23 日，美第 3 师和第 25 师，在水落山和祝灵山地区遭到志愿军第 26 军的顽强阻击，沿加平、春川段北汉江北进的南朝鲜第 6 师，遭到志愿军第 40 军部队的顽强阻击，美骑兵第 1 师和陆战第 1 师，22 日由春川北渡昭阳江，遭到志愿军第 40、第 39 军部队的阻击，其中一路遭到志愿军炮火打击后缩回。至 3 月 23 日晚，“联合国军”进占汶山、议政府、加平、春川以北、瓦野里至东海岸的注文津一线。

3 月 24 日，美空降第 187 团从汶山东进，美第 3 师从议政府北进，准备两部会合后，攻占东豆川。25 日该两部会合，出现在志愿军第 26 军的右翼侧的湘水里、发云里。志愿军第 26 军进行了反击，将其击退。第 39 军一部在加平以西与敌军对峙，一部在春川以北击退美军坦克部队的北进。根据志愿军总部的部署，至 3 月 25 日，第 40 军已撤至金化以南部署防御；当晚，第 26 军转移至议政府以北、东北之仙岩里、七峰山、海龙山、旺方山、云岳山一线继续阻击。

3月28日，美第25师及空降第187团在坦克70余辆和大量炮兵与飞机的配合下，向志愿军第26军防守的仙岩里、七峰山、海龙山、抱川、云岳山一线阵地发起猛烈攻击。志愿军第26军第234团2个连被包围于七峰山，美军为了配合地面部队争夺制高点，并以1架直升机载步兵1个排（30余人），在10余架战斗机掩护下，降落在志愿军第26军第233团2个班控制的旺方山阵地侧后。志愿军第234团和233团，在七峰山、海龙山阵地与美军终日激战，击退美军10次冲锋，歼美军1500余人，第234团并创造了1个班以反坦克手榴弹击毁美军坦克9辆的模范战例。第233团2个班与机降美军展开争夺，但由于寡不敌众，其中1个班大部伤亡，阵地失守。3月29日、30日，美空降第187团、美第25师、美第24师、英第27旅，继向七峰山、海龙山、东豆川及抱川以北攻击，志愿军第26军逐山阻击。

至3月31日，志愿军和人民军在第二道防御阵地已阻击20天（从3月12日算起），完成了预定阻敌任务，主力全线撤至三八线及以北附近地区。"联合国军"从西至东进至汶山、东豆川、抱川、机山里（抱川东偏北）、北培山（春川北）至东海岸的襄阳一线及其以北地区。除东海岸南朝鲜军越过三八线进占襄阳外，其他均在三八线以南并接近三八线的地区。

"联合国军"发动"狂暴行动"和志愿军、人民军的防御作战

早在3月14日，志愿军和人民军即为保证下一战役进行，对从三八线至下一战役攻击出发阵地（西起西海岸的长渊里，向东新院里、青石头里、白川里、漏川里、朔宁、大光里、芝浦里、华川、杨口、麟蹄，襄阳一线），再争取20天至30天的防御作了部署。从西至东部署是：

人民军第1军团并指挥第19师，布防于西海岸的长渊里向东至礼成江地区；已于3月18日全部到达市边里、兔山、南川店地区的志愿军第二番作战部队第19兵团，布防于礼成江至朔宁地区；志愿军第26军撤至三八线以北后，布防于朔宁至铁原以西之新丰洞地区；第40军于洪川江北岸至春川地区完成阻击任务后，转移至铁原、金化以南布防于芝浦里至上万山洞地区；第39军转移至三八线以北后，布防于上万山洞至北汉江西岸地区；人民军金雄集团布防于北汉江东岸至东海岸的襄阳地区。

根据这一部署，除志愿军第26军和第39军在三八线以南阻击，于3月

31日主力才全部撤至三八线及以北外，其他各军和人民军各军团于3月25日前后即已布防完毕。至4月初，第26军和第39军也已布防完毕。

“联合国军”于3月底全线进抵三八线后，又一次面临着是否越过三八线的问题。对此，美国最高军政当局十分犹豫，军界和政界互相推诿，谁都不肯拿出明确的意见。然而战场上的李奇微认为，三八线不能防守，并且也不具有战略价值，同时判断志愿军和人民军正在集结部队准备发动攻势，为破坏志愿军和人民军即将发动的进攻，决定发动“狂暴行动”，目标是推进至他确定的“堪萨斯线”——西起临津江口南岸，沿江而上，经积城、道城岘、华川湖南岸、杨口至东海岸襄阳一线，并且认为铁原、金化、平康地区是志愿军和人民军指挥和补给的中枢地带，因此要以夺取这一地区[1]为重点。于4月初全线开始行动。[2]

对此，志愿军也有判断。4月5日7时，志愿军总部致电各军指出：“判断敌继续越线，重点在进攻铁原、平康、金化、金城、兔山地区，并可能以一部在元山、通川登陆……在我两个多月的积极防御下，已大量地消耗和疲劳了敌人，造成了下一战役的有利机会。望各军迅速向预定地区集结，争取下一战役的胜利。”4月6日，志愿军第二番作战部队的第3兵团第60军已到达伊川、新溪一带。于是，联司于4月7日，对三八线及以北的防御部署又进行了调整，即以志愿军第19兵团第63军负责礼成江至临津江地段防御，临津江以东朔宁、涟川地区的防御由第60军负责，其他各军各军团部署不变。

志愿军和人民军按上述部署在三八线一带采取阻击和反击相结合的战法，打击北进的“联合国军”，使“联合国军”在中部和西部于4月5日前后才越过三八线，在西线推进的美第3师和第25师，遭到志愿军第26军的顽强阻击。4月9日美陆战第1师和骑兵第1师向华川及以东九万里推进时，志愿军第39军第115师4个营将华川水库闸门打开，有力地阻止了美军的前进。4月上中旬，志愿军第40军在春川以北、金化以南抗击“联合国军”的进攻，共进行大小战斗90余次，歼敌5000余人。

4月12日23时，志愿军总部致电各部，确定；最后的阻击线即下次战役攻击发起线，从西至东为金川、渭川里、朔宁、场巨里、文惠里、山阳里一线。此时，“联合国军”已连续进攻70多天，部队损失严重，并且极为疲劳，

---

① “联合国军”称这一地区为“铁三角”。

② 参见[美]马修·李奇微：《朝鲜战争》，132页，北京，军事科学出版社，1983；日本陆战史研究普及会编：《朝鲜战争》，中卷，679页，北京，国防大学出版社，1990。

其整个进攻除在铁原、金化地区仍较积极外，其他均已减缓。鉴于此，志愿军总部于4月15日12时致电各部，指出："目前敌未得补充又极疲劳，以争取于四月下旬发起战役反击为有利。为使敌再深入一步便我出击，决于十七日夜起，我三十九、四十、二十六军主力均撤至十二日二十三时指定之最后阻击线……将撤出阵地工事摧毁，前面只留少数部队监视敌人，侦察情况，敌进则退，不必阻击。"

据此，志愿军各部主力于17日晚主动后移，由原来的节节阻击变成了节节诱敌。"联合国军"北进又趋积极。至4月21日，"联合国军"已被志愿军和人民军遏制在开城、高浪浦里、三串里、文惠里、华川、杨口、元通里、杆城一线，未能实现其占领铁原、金化地区的目标。志愿军第二番作战部队已完成战役展开，第四次战役遂告结束。

第四次战役第二阶段作战，为掩护志愿军第二番作战部队的开进集结，为下一战役创造条件，第一线志愿军各军和人民军各军团，克服连续作战的疲劳、部队减员未补、粮食弹药供应不足等各种困难，从2月17日开始，至4月21日结束，历时两个多月，部署三道阻击阵地，采取兵力配备前轻后重，火器配备前重后轻的防御部署原则，逐山逐水节节阻击的运动防御，并以阻击和反击相结合，有力地迟滞了"联合国军"的进攻，大量地杀伤了敌军，共歼敌5.5万余人，争取了两个多月的时间，圆满地完成了掩护第二番作战部队的开进、展开和预定的运动防御任务，为第五次战役的进行创造了条件。

整个第四次战役，是在极为困难的条件下进行的，但志愿军发扬了特别能吃苦，特别能战斗的精神，和人民军一起连续奋战，在战役指导中灵活地运用坚守防御、战役反击、运动防御等多种作战样式，把运动战与阵地战紧密地结合起来，从被动中争取了主动，并歼敌7.8万余人，歼灭敌人的数量超过前三次战役的总和。志愿军和人民军共伤亡5.3万余人（其中志愿军伤亡4.2万余人，人民军伤亡1.05万余人）。"联合国军"依靠强大的空军和优势武器装备，实施"火海战术"进行猛烈的进攻。尽管志愿军和人民军采取的是运动防御，但"联合国军"的推进也是很艰难的，从1月25日开始进攻，到4月21日为止，历时87天，才从三七线以北地区推进到三八线地区，平均每天付出900人的伤亡代价，才能前进1.3公里。

这次战役的防御作战，其规模之大，时间之长，不但在志愿军抗美援朝战争的历史上是唯一的一次，而且在中国人民解放军的历史上也是罕见的。这次防御作战，为志愿军依靠劣势装备抗击"联合国军"依靠优势火力的立体进攻积累了重要的经验，为后来阵地战阶段坚守防御作战的指导提供了借鉴。

第二十七章

抗美援朝运动的蓬勃发展

中共中央关于深入开展抗美援朝运动的指示

中共中央于1950年10月26日发出关于在全国进行时事宣传的指示后，在抗美援朝总会的领导下，抗美援朝运动于1950年11月在全国开展起来，并取得了明显成效。

为在全国更加普及和深入开展抗美援朝运动，以便与志愿军在朝鲜战场的胜利作战相呼应，1951年1月特别是在2月1日美国操纵联合国大会通过诬蔑中国为“侵略者”的决议后，中共中央发出了一系列指示。这些指示主要有：

1951年1月12日，中共中央发出关于募集救济品、慰劳品的指示。指示说：“朝鲜难民亟待救济，特需粮食棉花布匹衣服或现金，现中国保卫世界和平反对美国侵略委员会已会同中国人民救济总会和中国红十字会，发起募集救济品运动。此事应与募集对中国人民志愿军和朝鲜人民军的慰劳品，合成为一个运动统一举行，最后统一分配，不要单独或分批举行，致使群众不胜其烦。望各地人民团体即按该会通知进行募集慰劳品救济品的群众运动，并注意使此运动完全出于群众自愿，不得强迫征集，并勿提倡勉强捐出自己必需品的行为。”抗美援朝总会遵照中央指示，于1月14日发出了《关于慰劳中国人民志愿军和朝鲜人民军并救济朝鲜难民的通知》。《通知》提出：“本会和各地分会，迅速邀集各地的救济团体及其他人民团体、机关、工厂、学校的代表,立即共同发起大规模的募集慰劳品和救济品的群众运动。”

1月22日,中共中央下达了《中央关于组织赴朝慰问团的指示》。指示决定,组织全国性的慰问团,慰问在朝鲜作战的中国人民志愿军与朝鲜人民军,以鼓励士气,并扩大抗美援朝宣传。指示规定,中央级组织一中国人民慰问总团(吸收各区少数同志参加),各大行政区各组织一慰问分团;凡参加慰问团的人员须身体健康,能吃苦耐劳,政治面貌清楚,主要应由党团员和进步分子组成,吸收部分有代表性的中间分子或中间偏右分子参加,以便向各方面进行广泛的宣传。遵此指示,同日,抗美援朝总会立即决定组织中国人民慰问团前往朝鲜慰问,并向全国发出了组织慰问团的通知。

2月2日,中共中央作了进一步开展抗美援朝爱国运动的指示。指示内容如下:

目前朝鲜战争仍处在艰苦紧张的阶段。美帝国主义在遭受重大失败后,除在朝鲜继续进行困兽般的挣扎和在联合国劫持利用其仆从国家诬我为侵略外,正在对日本进行片面媾和的活动,并企图重新武装日本作为美国侵略亚洲的爪牙,同时策动蒋介石匪帮作进攻大陆的准备,并在中国内地加强其各项破坏工作。

在此情况下,我们必须进一步在全国普遍开展各阶层人民的抗美援朝,反对美国重新武装日本及铲除匪特镇压反革命活动的运动,以与前线胜利相配合相呼应。在各阶层人民,特别是在工农群众中,应广泛进行时事教育,开展蔑视、鄙视、仇视美国帝国主义与提高民族自信心自尊心的运动。那种认为工农不关心时事,抗美援朝在工农群众中不成问题,或者认为抗美援朝运动会影响其他工作,因而不认真在工农群众中开展抗美援朝运动和时事教育的意见是错误的,必须予以克服。

目前爱国运动应以下列三事为中心:

(一)反对美国重新武装日本,争取全面的公正的对日和约。现在美国已积极进行对日片面媾和阴谋,反对美国这一阴谋将成为中国人民和东方人民的巨大政治斗争,各地应即抓紧杜勒斯在日本活动期间①展开这一运动。在进行这一运动时,应向群众指明:(甲)中国人民受日本侵略最久最

① 1950年4月,美国总统杜鲁门任命共和党人约翰·福斯特·杜勒斯为国务院顾问,加紧片面对日和约的准备活动。1951年2月正在日本活动。

烈,抗日作战牺牲最大,决不能允许美国重新武装日本和片面媾和。(乙)美国重新武装日本和片面媾和计划的内容……完全违背国际协议,其目的为准备侵略战争,威胁远东和平。(丙)美国重新武装日本和单独媾和的计划是侵略中国、破坏远东与世界和平的计划,是毁灭日本和日本人民的计划,中日两国人民应共同起来反对。(丁)美国这一计划危害朝鲜、菲律宾、澳洲、新西兰、印尼、马来亚、越南、泰国、缅甸、印度、巴基斯坦、锡兰、蒙古、苏联各民族人民的安全,东方各民族人民应共同起来反对……

反对美国重新武装日本,可采取下列方式进行(在乡村和城市中应采取不同形式):(甲)游行示威,以反对武装日本为中心口号。(乙)集会,可以在一个工厂,一个村庄,一条街道的范围内举行,也可以在较大范围内举行。在这些集会上进行控诉,回忆,通过准备好的决议或函电。(丙)各团体向日本、美国及东南亚各国的政府、议会、党派、团体或个人写信,群众亦可大批联名写信,警告美、日政府不得单独媾和重新武装,鼓励日本人民和东南亚人民共同起来反对。这些信稿应由各市委和县委准备或审查,并由反侵略委员会统一规定译寄方法。

(二)慰劳中国人民志愿军和朝鲜人民军。这一内容包括:(甲)根据中央一月十二日指示及反侵略委员会一月十四日通知募集慰劳品救济品。(乙)根据中央一月二十二日指示及反侵略委员会一月二十二日通知组织慰问团赴朝鲜前线。(丙)写慰劳信给志愿军,此信亦可联名写,其内容亦应由市委、县委准备或审查,已写过的地方不再写。对于进军西藏、守卫新疆和内地剿匪的部队,亦应发动西南、西北和剿匪省区的群众写信慰问。(丁)春节慰问志愿军家属,与慰问人民解放军家属一同做,不必分开。

(三)发起订立爱国公约。为了巩固全国人民爱国运动的成果,许多地方人民创造了订立爱国公约的办法,这个经验应争取在全国各地各界人民中普遍推广(已经订立过的可以不再订,但必要时可另作补充)。爱国公约的内容,可由各地各界群众按具体情况和需要自行议定,不要强求一律,但不应过繁,使群众记不住,亦不应过简,使群众觉得无新鲜之处。大致范围可以如下:1. 拥护毛主席,拥护人民政府,拥护中国共产党,拥护人民解放军,拥护共同纲领。2. 努力支援中国人民志愿军和朝鲜人民军,反抗美国侵略。3. 反对美帝国主义,拥护解放台湾,肃清美国在华侵略势力。4. 反对美国重新武装日本。5. 协助政府肃清特务,消灭反革命谣言。6. 工人农民努力生产,职员努力服务,学生努力学习,商人努力城乡交流、服从政府经济政策、反对投机。7. 爱护国家财产,保守国家机密。

2月3日，中共中央又下发了在少数民族地区开展抗美援朝运动的指示。指示提出，抗美援朝、反对美国武装日本及爱国公约运动，应及时地和适当地在各少数民族地区进一步发动和开展，以便在少数民族中肃清帝国主义影响，加强爱护自己民族和祖国的认识与感情。运动的具体口号、方式和步骤必须适合每个少数民族的具体情况，不可简单地搬运汉族中的经验。

2月14~16日，中共中央政治局扩大会议决定，进一步开展抗美援朝的宣传教育运动，“必须在全国范围内继续推行这个运动，已推行者深入之，未推行者普及之，务使全国每处每人都受到这种教育”①。

2月16日，全国人民政治协商会议发出关于进一步开展抗美援朝运动致各地人民政协委员会的电文，要求各地把抗美援朝运动“进一步地普及和深入到每一农村、每一机关、每一学校、每一工厂、每一商店、每一街道和每一民族聚居的区域”。

根据这些指示，抗美援朝运动迅速在全国蓬勃发展，掀起了高潮。

开展反对美国重新武装日本和美日单独媾和运动

朝鲜战争爆发以后，美国为把日本作为其在亚洲进行侵略扩张的基地，加快了其片面对日和约和重新武装日本的步伐。

1950年4月，美国总统杜鲁门任命共和党人约翰·福斯特·杜勒斯为国务院顾问，加紧片面对日和约的准备活动。10月26日，杜勒斯将美国对日和约的原则建议备忘录递交苏联驻联合国代表雅格布·马立克，同时送远东委员会各国(但未送中国)。这份备忘录，完全不顾第二次世界大战中盟国关于战后日本问题处理的一系列文件规定，公然主张美日单独媾和和重新武装日本等。

关于第二次世界大战结束后日本问题的处理，早在二战中反法西斯联盟组成时，盟国就签署和发表了一系列文件。其中1942年1月1日，包括有美国、英国、苏联、中国在内的共26个国家，在美国华盛顿签署的《联合国家宣言》中规定：“每一个政府保证与本宣言签字国政府合作，并不与敌国缔结单独停战协定或和约。”②1943年12月，由中、美、英三国共同发表的

① 《建国以来毛泽东文稿》，第2册，126页，北京，人民出版社，1999。

② 此处的“敌国”指德、意、日三国。

《开罗宣言》中规定：三国的宗旨在于剥夺日本自第一次世界大战开始以后在太平洋所夺取或占领的一切岛屿，使日本窃取的中国领土，如满洲、台湾、澎湖群岛等归还中国。1945 年 7 月 26 日，中、美、英三国发表的《波茨坦公告》中规定：日本军队必须完全解除武装，开罗宣言必须实施，对日和约后占领军应自日本撤出。同年 8 月初，苏、美、英三国签署的《波茨坦协定》中规定：设立苏、美、英、中、法五国外长会议，进行关于对德国等战败国和约的准备工作。日本投降后，1945 年 12 月，由苏联、美国、英国、中国、法国、荷兰、加拿大、澳大利亚、新西兰、印度、菲律宾 11 国组成的远东委员会，于 1947 年 6 月 19 日通过的“对投降后日本的基本政策”中规定：日本不得保有任何陆军、海军、空军。

新中国成立后，中华人民共和国政府一直主张以上述盟国签署的一系列文件为基础，“与第二次世界战争时期其他盟国于尽可能的短期内取得对日和约的缔结”①。

然而，战后日本一直为美国所占领，名义上美国占领当局是受盟国委托，应执行盟国远东委员会的决策，实际上，美国将远东委员会的其他 10 国排斥在外，而由其独揽日本事务。在对日和约问题上，美国背弃有美国参加签署的盟国上述一系列文件精神，排斥盟国特别是排斥中国参加对日和约，而搞片面和约和武装日本。1947 年 7 月，美国政府即片面决定关于召开日本和会问题，因遭到苏联反对，而未能实现。1949 年 5～6 月，在巴黎召开苏、美、英、法四国外长会议时，苏联外长安·扬·维辛斯基两次建议按《波茨坦协定》的规定召开有中国外长参加的五国外长会议，讨论和准备对日和约问题，均遭美国反对。

美国在 1950 年 10 月 26 日递交给苏联的关于对日和约的原则建议备忘录，完全不顾前述盟国关于战后日本问题处理的一系列文件规定，不但对不与敌国单独缔约的保证、由五国外长会议进行和约的准备工作、废除日本武装、占领军撤出日本、日本人民发展和平经济的必要性等对日和约的一些重大问题只字未提，而且背弃《开罗宣言》和《波茨坦公告》，无理提出将业已依照开罗宣言归还中国的台湾和澎湖列岛等领土的地位，由几大国或联合国将来重新决定，提出“日本的设备与美国或其他军队之间有继续合作以维持日本地区和平与安全的责任”，公然主张武装日本等。11 月 20 日，苏联政府就上述问题对美国备忘录提出质询。

---

① 《中苏友好同盟互助条约》第二条，1950 年 2 月 14 日。

中国政府研究了美国备忘录和苏联的质询后,12 月 4 日,授权周恩来以外交部长名义发表声明。周恩来在声明中指出:“美国政府在关于对日和约问题的备忘录中所拟定的方案,完全违反盟国共同对日作战的目的,并破坏所有有关对日政策的国际协议,同时更抹杀我中国人民抗日奋战的基本利益,也无视日本人民的未来愿望。”其实质是企图“排斥其他盟国,悍然进行单独媾和”;长期占领日本,“在远东建立侵略的军事基地”;“强迫日本人民接受美国军队长期留驻日本,并对亚洲人民进行侵略”;“正在公开武装日本”,“以重建日本的侵略势力……用它的军事控制,使日本完全成为美国的殖民地,并驱使日本作为美国侵略亚洲人民的工具”。声明同时阐述了中国政府关于对日和约的基本原则立场,指出:“自 1931 年 9 月 18 日以来,日本帝国主义武装侵略中国,蹂躏我国广大领土,使我国人民生命财产,遭受重大牺牲。中国人民经过八年英勇抗战,击败了日本帝国主义,取得了抗日战争的胜利。因此对日和约的准备、拟制与签订,我中华人民共和国必须参加,乃属当然之事。……对日和约的准备和拟制如果没有中华人民共和国的参加,无论其内容与结果如何,中央人民政府一概认为是非法的,因而也是无效的。”“中国人民极愿与第二次世界战争时期其他盟国尽速订立共同对日和约,但和约的基础必须完全依照开罗宣言、雅尔塔协定、波茨坦宣言及对投降后日本之基本政策。只有以这些国际协定为基础的对日和约,才能使日本民主化,才能清除日本的侵略势力。才能防止日本侵略势力的再起。一个没有外力控制的民主化的日本,才能有利于亚洲的和平与安全。”

1951 年 2 月 2 日,中共中央发出“关于进一步开展抗美援朝爱国运动”的指示,将“反对美国重新武装日本,争取全面的公正的对日和约”作为开展抗美援朝爱国运动三件中心任务的第一件。

根据这一指示,中国人民在抗美援朝总会和各级分会的组织下,有组织地开展了反对美国重新武装日本,争取全面媾和的运动,并联系周恩来代表中国政府于 1950 年 12 月 4 日的声明和同年 11 月 20 日苏联政府对美国备忘录提出的质询,对反对美日单独媾和进行宣传解释。全国各地各行各业,旅居外国的华侨以各种方式反对美国重新武装日本。南洋华侨救赈总会主席陈嘉庚并专门发表了谈话。

与此同时,日本左翼社会组织、民主团体及商会、宗教等团体,于 1951 年 1 月和 2 月,先后作出决定,要求签订全面对日和约、坚决反对武装日本。杜勒斯 2 月在日本活动期间,接到许多这样的信件。他也承认,在日本没有接到一封建议重新武装日本的信件。[①] 澳大利亚、新西兰和菲律宾政府对美国重新武装日本,也“抱着像法国对于德国所抱的同样忧惧”[②]。

2月21日至26日,世界和平理事会在柏林召开首届会议,通过了《关于缔结和平公约》的宣言,要求美、苏、中、英、法五大国为巩固和平与保障国际安全而缔结和平公约,要求一切爱好和平的民族支持缔结和平公约,欢迎所有国家参加,“邀请所有善良的人民,所有希望和平的团体签名支持这个宣言”。这次会议还通过了关于和平解决德国、日本、朝鲜问题等其他8个决议。

为响应世界和平理事会的决议,中国人民抗美援朝总会于3月14日发出通知,要求全国各人民团体“在抗美援朝运动中,应当联系到响应世界和平理事会决议,反对武装日本,保卫世界和平”,在4月下旬“举行缔结和平公约的签名,举行日本问题的投票”,“在五月一日,全国城乡人民尽可能普遍举行大示威,以抗美援朝、反对武装日本、保卫世界和平为示威的主要内容,推动全国人民抗美援朝运动更进一步。”

据此,全国在“五一”国际劳动节前后,有2.299亿多人参加了抗美援朝、反对武装日本、保卫世界和平的示威游行。从4月到7月,参加投票反对美国武装日本的达3.399亿多人,参加签名支持缔结五大国和平公约的达3.44亿多人,反对美国侵略的爱国运动达到中国历史上的空前规模。[③]据世界和平理事会统计,到8月中旬,在全世界,包括中国在内签名支持五大国缔结和平公约的共有48个国家4.3亿多人(到11月初已达64个国家5.62亿多人)。[④]

订立爱国公约,开展爱国生产竞赛运动

订立爱国公约,是人民群众在抗美援朝运动中的创造,是群众表达爱国决心和爱国行动的一种好形式。它把抗美援朝保家卫国的爱国热情与实际

---

① 参见《人民日报》,1951年1月26日第4版、2月18日第4版。

② 《人民日报》,1951年2月18日第4版。

③ 参见彭真:《关于抗美援朝保家卫国运动的报告》,1951年10月24日;《伟大的抗美援朝运动》,159页,北京,人民出版社,1954。

④ 参见《人民日报》,1951年8月19日第4版、11月11日第1版。

行动结合起来,用公约的形式加以强化和巩固。这个运动在1950年11月即开始了。

中共中央1951年2月2日指示中,将订立爱国公约作为深入开展抗美援朝运动的三件中心工作之一,要求在全国各地各界人民中普遍推广。根据这一指示,在各级政府和抗美援朝总会、各级分会的组织下,立即在全国掀起了订立爱国公约的热潮,把开展生产竞赛、优待烈军属、反对美日单独媾和等列为爱国公约的内容。至1951年10月,仅北京、天津、上海等城市和河北省的统计,即有80%以上的人口订立了爱国公约,全国邮电工人85%订立了爱国公约,全国农村有50%的人口订立了爱国公约,其中云南省晋宁县有90%的家庭订立了爱国公约。全国工商界也积极参加订立爱国公约。各阶层人民和在各种岗位上的工作人员,以爱国公约为行动的准绳,身体力行。使人人的爱国积极性得到持久的发挥、推动抗美援朝运动更广泛更深入地发展。

开展这一活动,有力地推动了生产竞赛和拥军优属工作。

工人们提出,“工厂就是战场,机器就是枪炮,多出一件产品就是增强一分杀敌力量,减少一件废品就是消灭一个敌人”的口号,不断创造出生产纪录。东北地区的工人,掀起在1951年创造价值相当于1040万吨粮食的增产运动,到9月下旬,仅东北62个厂矿的统计,就已经获得了增产价值相当于162万吨粮食的成绩。至1951年10月,全国有2810个厂矿单位、223万职工参加了生产竞赛,有19854个生产小组向齐齐哈尔市劳动模范马恒昌所在的生产小组学习和应战。天津市自来水公司在8月份创造了15项纪录,使市价售水单位的成本比原来降低1/8。青岛国棉六厂17岁女工郝建秀,创造了一套科学的细纱工作法,此法在全国纱厂推广,大大提高了细纱生产效率。在农业战线上,1951年3月,山西省著名劳动模范李顺达领导的互助组,向全国各地发出了爱国增产竞赛挑战书。到9月底,就有30个省(行政区)的1.2万多个互助组、2700多个农业劳动模范应战。至10月全国有1000万以上农民参加了爱国丰产竞赛。爱国增产竞赛运动的开展,大大激发了农民群众生产积极性,使1951年的粮食、棉花等农作物的产量都超过了1950年的水平。

全国人民遵照党中央的指示和响应抗美援朝总会的号召,在爱国公约运动中广泛进行拥军优属活动。为了表达对志愿军的支持和拥戴之情,解除志愿军指战员的后顾之忧,争取战争的早日胜利,党和政府领导全国人民进一步发扬中国人民在长期革命战争中形成的优抚工作的优良传统,把优抚工作当成重大的政治工作，列为爱国公约的一项重要内容。广大群众认为“不照顾好烈、军属，就对不起前方的志愿军”。在“先军属，后自己”的口号下，尽一切努力帮助志愿军的烈、军属，解决生产上的困难，安排好他们的生活。

在城市里，优抚工作贯彻“以组织生产、介绍就业为主，物质补助为辅”的方针。凡有条件参加生产劳动或从事某职业的烈、军属，都陆续参加了生产或介绍他们就业。1951 年 10 月统计，重庆市吸收了城区的烈、军属 632 人参加碾米、纺织、缝纫等 61 个生产组织，并介绍 1977 人就业。对于缺乏劳动能力和就业条件的烈、军属，各城市普遍给予了实物和现金补助，使他们在生活上确有保障。

在农村，优抚工作在分配土地改革的斗争果实中，优先照顾烈、军属。绝大多数地区对烈、军属的土地实行了固定代耕制。群众代耕的土地，大都做到了铲趟及时，多施粪肥，使产量达到或超过当地的平均产量。有些地区在代耕中还做到了“四保”（保证不荒一亩地，保证按时下种，保证精耕细作，保证平均增产一成）、“五先”（先种、先锄、先收、先耕、先入仓）的要求。有些烈、军属满意地说：群众代耕的土地“种得早，锄得好，地里长得没有草，上粪不比群众少，地面还管修水壕”。对于特别困难的烈、军属，当地人民政府拨出优抚专款予以救济，并发动群众捐助实物、现金，保证他们的生活达到当地群众的一般水平。

各地城乡还采取了其他多种多样的办法和措施优待烈、军属。例如：烈、军属到医院看病可以优先挂号，减免收费，各级学校在招生中，在同等条件下，烈、军属子女可以优先录取，逢年过节，公私商店对烈、军属减价优待，在车站、码头给烈、军属优先售票。1951 年春节前夕，中国人民保卫世界和平反对美国侵略委员会发出了《关于春节慰劳中国人民志愿军家属运动的通知》，要求“依据各地的风俗习惯，采取不同的方式，使志愿军家属欢度一个热闹的春节”，并且要“力求实际地帮助烈士家属和革命军人家属解决生活上和生产上存在着的困难，使人人安居乐业各得其所”。1951 年春节期间，各地都举行了热烈、隆重的慰问烈、军属的活动。广大烈、军属不仅积极参加各项社会政治活动和做好本职工作，还写信鼓励朝鲜前线的亲人英勇作战，杀敌立功。

慰问最可爱的人

关怀慰问人民子弟兵的传统是中国人民在长期革命战争中形成的。这一优良传统，在抗美援朝运动中得到了进一步发扬。为了表达对志愿军的尊敬和爱戴之情，鼓励他们英勇作战，各族人民响应中共中央和抗美援朝总会的号召，掀起了慰问志愿军的热潮，募集慰问品、慰问金，写慰问信慰问志愿军。

燕京大学学生在1950年11月，3天内就寄送300多封慰问信和600多个慰问袋。有的在慰问袋内还装着一纸卡片，上面写着："亲爱的同志：献给您毛巾、肥皂，用它来擦干您的汗水，洗净您身上的敌人的污血，好好休息一会，准备第二次进攻，让敌人又一个躺在您的刺刀下。"上海著名作家章靳以在慰问信上写道："我是一个文艺工作者，也是一个教育工作者，我一定用我的笔写下你们的光荣史诗。我还要鼓励我的学生响应祖国的号召，投考军事干部学校，作为你们的后盾。"南京市人民在志愿军帮助朝鲜人民收复平壤后的四五天内，即写了2万多封慰问信，寄送5000多个慰问袋。各族人民发自内心支持与拥戴志愿军的慰问信、慰问袋等，纷纷寄送到正在朝鲜前线的英雄儿女手中。在短短两个月时间内，到1951年1月，各地就寄了慰问金人民币113亿余元（此为旧币值，为新币值113万余元），慰问信45万封，慰问袋36万余个，慰问品61万余件。至1951年5月，全国人民捐款人民币1186万余元，慰问袋77万多个，慰问品126万多件，慰问志愿军、人民军和朝鲜灾民。这些慰问品，表达了全国人民对志愿军的热爱之情，激励着他们更加自觉地英勇战斗，为祖国争光。

广大人民群众对回国治疗和休养的中国人民志愿军伤病员，也给了无微不至的关怀和照顾。只要得悉哪个医院住进了志愿军的伤病员，群众就会自动前去参加照料，或者要求献出自己的鲜血救治伤员。为了照顾伤病员的文娱生活，有些城市发动全市影剧界每月固定给伤病员放映电影、演出戏剧。重大节日期间，各界群众都组织慰问团深入病房慰问志愿军伤病员，给他们赠送各种慰问品，进行文艺演出活动。群众也自发地拿鸡蛋、水果等物品到医院看望伤病员。在城乡各地，志愿军的伤病员普遍受到人们的爱戴。1951年7月，辽西省[①]抗美援朝分会组织志愿军伤病员访问团，到各县进行访问。他们所到之处，各界人民结队相迎，纷纷向他们献花、赠旗，致热情洋溢的欢迎词。广大人民群众对志愿军伤病员的亲切关怀和表达的真挚感情，使他们深受感动，激励他们顽强地同伤病作斗争，决心争取早日恢复健康，重返前线，英勇杀敌，报效祖国和人民。

中国人民为了更直接地向志愿军表达热爱之情和抗美援朝的坚强决

① 1954年辽西省与辽东省合并为辽宁省。

心,根据1951年1月22日中共中央的指示和中国人民抗美援朝总会的通知,东北地区于1月下旬组织3个慰问团赴朝鲜慰问。2月中旬由中国人民抗美援朝总会组织了中国人民赴朝慰问团慰问在朝鲜前线英勇作战、反对美国侵略的中国人民志愿军和朝鲜人民军以及朝鲜人民。

中国人民赴朝慰问团由575人组成,其中正式代表210人,曲艺服务大队85人,文艺工作团94人,电影放映队17人,工作人员及记者78人,其他91人。总团下设8个分团,由全国各民主党派、各人民团体、各阶层、各地区、各民族和人民解放军的代表以及文艺工作者及各界知名人士组成,总团长廖承志、副总团长陈沂、田汉;直属分团团长李颉伯,副团长刘清扬、赵国有;第一分团团长李敷仁,副团长艾寒松、鲁世英、刘开荣;第二分团团长陈播,副团长刘野亮、廖亨禄;第三分团团长陈巳生,副团长李澄之、李玉轩;第四分团团长郑绍文,副团长李洁之;第五分团团长张明河,副团长曾震五、方纪;第六分团团长高崇民,副团长周鲸文、周范文;第七分团团长王文彬,副团长黄中。

慰问团于1951年3月底出发,4月初抵达朝鲜。朝鲜派出了人民军总政治局副局长金日、朝鲜民主青年同盟委员长金项镇、朝鲜民主妇女同盟副委员长李金顺为首的欢迎团,到国境迎接。志愿军总部机关也派代表迎接。慰问团带去了全国人民献赠的1093面锦旗、人民币420亿余元(为新币值420万余元)慰问金、2000余箱慰问品以及1.5万余封充满深情的慰问信。

总团长廖承志,副总团长陈沂、田汉,于4月19日和21日分别晋见了朝鲜民主主义人民共和国最高人民会议常任委员会委员长金枓奉和朝鲜民主主义人民共和国内阁首相金日成,并敬献了礼品。20日,平壤市隆重举行了欢迎中国人民慰问团大会,21日,金日成设宴招待了慰问团全体代表。

慰问团总团和直属分团慰问了平壤市、朝鲜人民军总部和志愿军总部。4月17日,慰问团向人民军总部献旗献礼。4月30日,慰问团在志愿军总部举行了慰问大会,并献旗献礼。由于保密的需要,志愿军司令员彭德怀只会见了慰问团的团长,副团长等少数代表团成员。慰问团总团长廖承志将其母亲何香凝老人亲手画的一幅猛虎图献给彭德怀。在志愿军总部接待和陪同慰问团的工作,都是由志愿军政治部主任杜平代表志愿军首长主持进行的。慰问团其他各分团分别慰问了在前线和后方的志愿军和人民军部队、志愿军和人民军的伤病员、中国人民志愿援朝铁路员工、医务工作者、民工等、朝鲜地方党政机关和朝鲜人民。据8个分团中6个分团的不完全统计,共召开各种慰问会、座谈会156次,仅第一分团的文艺、曲艺队演出即达

47 场,放映电影 21 场。慰问团带去了中国人民对中国人民志愿军和朝鲜军民的关心、爱戴和支持,带去了中国人民的温暖,向志愿军和朝鲜军民表达了中国人民抗美援朝的坚定意志。

慰问中,有 4 人因遭美军飞机轰炸扫射光荣殉职。他们是:第二分团副团长、平原军区干部管理部部长廖亨禄,曲艺服务大队副大队长、天津市著名相声演员常宝堃(艺名小蘑菇),曲艺服务大队队员、天津市著名琴师程树棠,参加慰问团汽车运输工作的副连长王利高。6 月 2 日,首都各界人民 5000 多人为这 4 位烈士举行了隆重追悼会。中国人民保卫世界和平反对美国侵略委员会主席郭沫若向 4 位烈士献了花圈,并在追悼大会上讲话。中国人民赴朝慰问团团长廖承志介绍了 4 位烈士的简历和烈士们在赴朝慰问中积极英勇工作的事迹。

慰问团在朝鲜进行慰问时,正值中国人民志愿军和朝鲜人民军紧张地进行第四、第五次战役的时候。中国人民慰问团的慰问,极大地鼓舞了志愿军和朝鲜军民的战斗意志。志愿军指战员对慰问团表示:"为祖国人民争光,不打败侵略者,决不回国!"朝鲜军民向慰问团表示:"与中国人民志愿军密切协同作战,争取更大的胜利,来回答中国人民的热烈支援!"

中国人民赴朝慰问团圆满完成任务后,于 1951 年 5 月 29 日回到北京。30 日,首都各界人民举行集会欢迎中国人民赴朝慰问团。慰问团带回了中国人民志愿军和朝鲜人民军许许多多可歌可泣英勇战斗的光辉事迹,朝鲜人民对中国人民深厚的感激之情,以及美国等侵略军屠杀蹂躏朝鲜人民的滔天罪行。中国人民赴朝慰问团根据中国人民抗美援朝总会的安排,分别到全国 2050 个县进行了广泛的宣传,更加激励了全国人民支援前线的热情。

为了更直接地学习了解志愿军在朝鲜前线反击侵略的英勇事迹。1951 年 2 月和 3 月,抗美援朝总会两次邀请"中国人民志愿军归国代表团"回国内报告志愿军在前线作战的事迹。志愿军归国代表团走遍了全国 24 个省区的 172 个市、县和广大乡村,行程 5 万余里,和 1025 万余人见面,向 4475 万听众作了报告或广播讲演,并运用广播录音、报刊、小册子、开会传达等方式,向全国人民报告了中朝军民英勇斗争的事迹,使全国人民受到了生动的爱国主义和革命英雄主义教育,有力地推动了国内各项事业和抗美援朝运动的发展。归国代表所到之处。受到群众热烈欢迎和慰问,仅归国代表亲手收到的慰问信即达 50 多万封、慰问品 20 余万件、慰问袋 10 万余个、慰问金 119 万元人民币,还有大批书刊与许多珍贵的礼品。

掀起参军、参战、支前的热潮

随着抗美援朝运动的蓬勃发展,在全国范围内掀起了参军、参战、支前的热潮。

为加速国防建设,1950 年 12 月 1 日,中央人民政府人民革命军事委员会和政务院作出了关于招收青年学生、青年工人参加各种军事干部学校的决定。决定规定:

一、人民革命军事委员会所属的空军学校、海军学校及各特种兵学校,均于最近期内,同时在全国各地统一招生。凡年龄在 17 ~ 25 岁,思想纯洁,身体健康,具有初中二年级以上文化程度的青年学生,及具有高小文化水平的青年工人,均可报名参加。

二、各省、市、县地方政府,应根据上级政府的具体指示,吸收当地教育行政领导机关、新民主主义青年团组织、学生联合会、工会及其他有关方面,即行成立"军事干部学校招生委员会",负责进行当地的招生工作。

三、报名时间从 1950 年 12 月 10 日起至 1951 年 1 月 10 日止。

决定指出:"这次各种军事干部学校招收青年学生及青年工人入学,对于加强我国的国防力量具有重大意义,希望全国各民主党派和人民团体以及各界爱国人士,予以全力协助。"

同一天,《人民日报》发表了题为《爱国青年的光荣岗位》的社论。12 月 1 日和 2 日,中国新民主主义青年团中央、中华全国学生联合会、中华全国总工会先后发表了告全体青年团员书、告全国同学书、告全国青年工人书。指出,美国侵略者已侵占中国台湾、并将侵略朝鲜的战火烧到中国的边境,全国青年已积极参加抗美援朝、保家卫国的行动,为加强国防力量,需要培养大批掌握现代军事科学技术知识的军事干部,号召青年团员、青年学生、青年工人,响应中央人民政府人民革命军事委员会和政务院的号召,踊跃报名参加军事干部学校,为加强国防力量建功立业。

1951 年 6 月 24 日,中央人民政府政务院又一次发出关于各种军事干部学校招收学生的决定。这次招收对象为在校的大学一、二年级的学生,年满 17 岁以上的高中学生、初中学生及高小毕业生,同时也招收一部分具有相当文化程度、政治上纯洁可靠的社会青年。在政务院的统一领导下,由各级教育行政部门、青年团组织和学生联合会具体组织进行。

全国青年经过仇视、鄙视、蔑视美帝国主义为中心的爱国主义教育（“三视”教育），政治觉悟大为提高，爱国热情更为高涨。热烈响应祖国号召，踊跃报名应招。

广州市第一批参加军事干部学校的就有1.3万人，武汉市先后有1.5万余名知识青年报名参加军干校，各学校的报名人数都达到适龄学生的70%以上。广西地区两次报名参加军干校的青年达到2.4万人，为原定招生数的13倍。上海交通大学142位教授联名发表告同学书，鼓励他们积极报名参加军干校，做国防建设上的优秀干部。年届古稀的上海天厨味精厂经理吴蕴初的独生女儿吴志运，正在复旦大学读书，在她决心报名参加军干校后写信征求父亲的意见，吴蕴初复信给女儿予以热情赞许。他在信中说：“吾垂暮之年，只有你一女儿，自不愿与你分离。但是你为祖国为人民愿意献身祖国，并预备流最后的一滴血，这行动和精神是伟大的，吾岂能以舐犊之爱忘却了保家卫国之义。”天津市少年儿童队员王颖华等3人，因年龄不足，曾经20多次跑到团市委请求破格批准参加军干校。他们说：红领巾是五星红旗的一角，保卫祖国也是少年儿童的责任。由于他们的坚决请求，最后终于被批准参加军干校。全国总计两期报名参加军干校的青年达到58万余人，圆满完成了招生任务。

以这两次军事干部学校招生为契机，在全国掀起了积极参军参战的热潮。

全国各地到处出现父母送儿子、妻子送丈夫、兄弟争相入伍的动人事迹。曾经遭受日本帝国主义14年奴役的东北人民，面对美国气势汹汹的侵略行径，决心不再当亡国奴，要像抗日战争中中朝两国人民并肩战斗那样，到朝鲜去和朝鲜人民一起抗击美国侵略者。与朝鲜隔江相望的辽东省安东市及其附近的东沟、凤城、岫岩、宽甸等县，曾遭到侵朝美国空军的疯狂轰炸，有400余人被炸死、炸伤，许多房屋被炸为瓦砾。美国侵略者的血腥罪行，激起群众的无比愤怒，几天之内就有5839名青壮年报名参军。宽甸县青年李大永结婚当天，该县又遭到美机的轰炸，他再也抑制不住心头的怒火，第二天就告别了新婚的妻子，踏上了征途。在他的影响下，同一条街上的8名青年也报名参加了志愿军。辽西省锦州市在10多天内就有1000多名青壮年报名参军，有的青年咬破手指在志愿参军的请求书上签名，以表示坚强决心。吉林省长岭县参加志愿军的有1200人，安图县有一位在革命战争年代曾送走4个儿子参军的朝鲜族老妈妈，又把第5个儿子金珠焕送往志愿军部队。完成土地改革较早的东北、华北等老解放区，不少区、乡的民兵们，还组成“子弟兵连”，要求集体参加志愿军。山西省雁北专区有 97 个村没有接到报名参军的通知，这些村的干部和群众便自动送兵 123 名到部队。内蒙古自治区扎赉特旗有个行政村，60 多个年轻人牵着自己的马参加了志愿军。

在中南、华东、西北、西南等新解放区，正在进行或刚刚完成土地改革，广大翻身农民为了保卫胜利果实，也争先恐后地要求参加志愿军。人口有 2000 万的浙江省，先后有 100 多万农民报名参军，未得到批准入伍的人说：“参军比考秀才还难！”江苏省奉贤县（今属上海市）范爱乡蔡老太太送 4 个儿子和 1 个女婿参军，并亲自送他们到县城，热切地请求县领导无论如何都要收下来。贵州省松桃县各族青年，一次报名参军的人数就超过计划数的 13 倍，黄平县不到 1 万人口的四屏区，就有 463 名苗族青年报名参军；贵筑县一个 50 余户的彝族村，参军的青年就有 17 人；一位少数民族妇女，结婚 4 天就动员丈夫参军，并牵着马把丈夫送到区上。西北地区在 1951 年即有 2.4 万多名各族青年参加志愿军赴朝作战。

与此同时，在全国也掀起了踊跃支前的热潮，各地的农民、铁路员工、汽车司机、医务工作者和农民（特别是东北地区的农民）纷纷组成运输队、医疗队、担架队，志愿开赴朝鲜前线，担任战地的各种勤务工作，为中国人民志愿军和朝鲜人民军服务。

东北地区人民还筹集了大批马匹、车辆、担架、医疗用品等，前往朝鲜担任战地勤务工作。在志愿军入朝参战之初，即有 5%以上的青壮年农民随同入朝到前线，其中参加担架队、运输队、民工队的达 70 多万人，为保障志愿军和人民军队作战起了重要作用。

截至 1951 年 10 月，全国铁路系统报名志愿赴朝的员工达到铁路员工总数的 75%，仅赴朝的团员和青年即达 6100 余人，入朝的铁路员工 80%在前线立了功。许多铁路局和城市除了派出赴朝的员工外，还组织几千人到几万人的预备队，准备随时应召赴朝服务。赴朝服务的铁路员工，同志愿军和人民军铁道兵指战员以及朝鲜人民一起，同敌人对朝鲜境内铁路无数次的轰炸破坏作斗争，把一列列满载作战物资的火车开往前线。

志愿赴朝服务的汽车司机，仅据东北各省、市 1951 年 6 月统计，即有 5571 人，占当时东北地区司机总数 10786 人的 51.6%。他们在敌机频繁的袭扰下，白天精心隐蔽车辆，夜晚驰骋在弯曲多险的山道上，将大批军需物资源源不断地运上前线，又把光荣负伤的志愿军战士运回后方治疗。他们不顾自己安危，历尽千辛万苦，机智勇敢地克服困难，创造了许多英雄业绩。

全国各地的医务工作者，在“响应祖国号召，到最光荣的岗位上去”的口号下积极行动起来，争先恐后地奔赴朝鲜战场。著名的模范医务工作者李兰丁，于1950年11月18日率领上海军医大学师生志愿手术队，最先前往朝鲜。接着，北京、天津、沈阳，南京、武汉、广州、重庆、西安等地的医务工作者，相继组织了志愿医疗队、手术队，公共卫生队和防疫队，开往朝鲜前线。为了统一组织和领导志愿赴朝的医务人员，中国人民保卫世界和平反对美国侵略委员会和中国红十字会总会，于1951年2月8日联合发出了《关于组织医疗队的通知》。《通知》对医疗队的任务、组成人员以及工作要求等问题，均做了明确的规定。此后，志愿赴朝的医务人员，在中国红十字会总会的统一筹划下，分期分批地组成医疗队赴朝服务。截至1951年10月，志愿赴朝的医疗队达50余个，其中80%的人员在前线立了功。

抗美援朝运动的蓬勃发展，大大激发了中国人民的爱国热情和工作积极性，有力地支援了志愿军在战场上的作战，同时也有力地促进了国内各项建设的恢复，加强了国防力量建设。

第二十八章

美英集团内部关于侵朝政策的分歧和争论

英国等欧美国家要求尽快谈判，结束战争

1951 年 3 月下旬，随着“联合国军”再次推进到三八线附近，英国、法国等国政府同美国政府之间，对于“联合国军”是否再次越过三八线，以及用何种方式结束朝鲜战争再起争论，侵略者集团内部关于侵朝战争政策的分歧和矛盾更加明显。

英国、法国等欧洲国家虽然跟随美国派遣部队投入了在朝鲜的侵略战争，但除英国之外，其他国家只是象征性出兵，同时与美国在对朝政策上从一开始就存在着矛盾，特别是中国人民志愿军入朝参战予“联合国军”以打击后，这种矛盾更加突出。英、法等国在朝鲜没有直接的利益，对于朝鲜的前途和命运也不甚关注，希望尽早结束战争，而不愿陷入一场旷日持久的战争甚至是扩大化的战争。他们认为，社会主义和资本主义两大阵营对峙的焦点地区是欧洲，不是亚洲，更不是朝鲜。美国选择朝鲜与共产党中国开战，将会极大削减美国本来可以用在欧洲的力量，因而在重建欧洲的过程中，将不可避免地减少对欧洲的经济和军事援助。同时，他们也担心美国军队深陷朝鲜战场，会最终迫使美国政府把战略重点转向亚洲，而将欧洲降到

次要的地位，从而降低美国在欧洲的军事力量，导致北约集团防务能力的空虚。此外，如果朝鲜战争长期化或者扩大化，是否会刺激苏联，最终导致苏联军队介入朝鲜战争，或者在欧洲与北约集团开战，进而爆发第三次世界大战，欧洲国家对此忧心忡忡。对于经历过两次世界大战的欧洲国家来说，他们不愿因朝鲜战事而冒第三次世界大战爆发的风险，更不愿过多地把北约集团有限的军事力量，投入遥远的朝鲜半岛去打“消耗战”。

英国是美国最大的盟国，也是除美国之外向朝鲜战场派遣部队最多的国家。但是从自身利益出发，英国在有关朝鲜战争的一系列政策问题上，与美国的立场观点并不完全相同。1950 年 9 月美军仁川登陆后，英国首相艾德礼就表示反对“联合国军”越过三八线。他在 1950 年 9 月 26 日说，“中国政府很可能认为（‘联合国军’）跨过三八线是挑衅性的，甚至是对中国安全的直接挑战”①。但在那时，由于军事上的胜利，美国政府已经冲昏了头脑，断然拒绝英国的建议，认为在“联合国军”占领全朝鲜，并确有把握建立一个符合西方国家利益的政府之前，不会考虑其他方案。在美国的压迫之下，英国政府虽然担心“联合国军”越过三八线北进会激怒中国和苏联，导致中苏出兵，但并没有采取更激烈的反对态度，因而其与美国在朝战政策上的分歧也未充分暴露。

中国人民志愿军入朝参战，英国方面反应强烈，认为中国之所以出兵，至少部分是因为美国对华政策不明智的结果。部分英国国会议员认为，是“联合国军”越过三八线北进和对中国政府的警告置之不理，方惹出共产党中国的干预。而“中国在朝鲜的行动，和历史上任何其他大国在相似情况下的行动如出一辙……因此，我们终究必须认识，在这个问题上，我们应该承认中国人是有道理的。我们自己不应当由于在国际政治中的优越地位，而表现出过分的自满和德高望重的样子”②。甚至连对共产主义深恶痛绝的英国前首相丘吉尔也赞成这样的立场。

英国方面还认为，美国政府对新中国的拒不承认也是不可取的。中国共产党政权已经有效地控制了大陆，成为中国大陆事实上存在的政权，这是不容忽视的事实，意识形态的不同不应该影响西方国家对新中国的承认。英国对俄国的政府形式也不赞成，但几个世纪以来英国一直和他们有外交

① 华庆昭：《从雅尔塔到板门店》，208 页，北京，中国社会科学出版社，1992。

② ［美］约翰·斯帕尼尔：《杜鲁门与麦克阿瑟的冲突和朝鲜战争》，184 页，上海，复旦大学出版社，1985。

关系。同样,美国也敌视苏联的意识形态,但在1933年就与苏联恢复了外交关系。既然如此,为什么不能承认新中国呢?英国方面认为,如果美国在新中国成立后能及早予以承认,那么中国政府就不会那样毫不犹豫地出兵朝鲜,坚决地与美国及西方国家为敌。

英国政府建议,应同意共产党中国进入联合国。他们认为,假如中国共产党政府在蒋介石从大陆撤退到台湾后立即获准进入联合国的话,西方同共产党中国之间的关系可能会和谐得多。在1950年12月初,艾德礼与杜鲁门会谈时就指出,朝鲜问题的解决应当通过联合国,而一旦中国共产党在联合国内有了席位,"我们与他们交涉时,就有可能利用联合国原则来和他们辩论,他们不在联合国内,这就没有法子办到了"。在台湾问题上,英国也不完全同意美国的政策,英国反对将台湾问题与朝鲜问题联系在一起。艾德礼在英国国会下院演说时明确表示,英国在朝鲜的行动与台湾无关。英国外交大臣贝文也在1950年7月给美国国务卿艾奇逊写信,表明了英国政府的立场,认为美国的台湾政策可能不会像朝鲜政策那样得到西方的支持。但艾奇逊在给贝文的回信中,称台湾应区分为眼前的军事问题和长远的政治问题。美国不能允许跟莫斯科合作的军队占领台湾,用它来做对付美国的海空军基地。艾奇逊表示美国不会在台湾问题和中国联合国席位问题上让步。

所有这一切都表明,不论在朝鲜问题上,还是在台湾问题和中国在联合国的席位等问题上,美国和英国都存在着重大分歧。随着中国人民志愿军入朝参战,"联合国军"在战场上遭到严重失败,英国对侵朝战争的顾虑更加严重,尽管在国际舞台上,英国仍然是美国侵朝战争最忠实的伙伴,但其在对朝政策上与美国的分歧却越来越明显。英国始终自视为除美国之外的欧美国家代言人,它认为自己的使命就是确保在朝鲜问题上,美国的一切重大决策都必须事先与欧美盟国进行协商,并取得一致意见,从而防止美国在朝鲜战场一意孤行,深陷战场泥沼,甚至使战争扩大化。

因此,当1951年3、4月间"联合国军"重新进至三八线时,英国政府认为,尽管"联合国军"在朝鲜战场重新恢复了攻势,但是中国人民志愿军的参战已经使朝鲜战场形势发生了根本性的变化,依靠"联合国军"目前的部队根本无法再次打到鸭绿江边,占领全朝鲜,改变朝鲜战争政策的时机已经来临。从这一立场出发,英国政府与美国政府在侵朝政策上讨价还价,进行了激烈的争论。

1951年3月,以英国为代表的欧美国家政府公开声明反对"联合国军"

再次越过三八线，反对扩大朝鲜战争。他们认为，此时正是结束朝鲜战争的“心理时机”，主张在三八线停火，以谋求同中朝一方通过谈判解决朝鲜问题，甚至在必要时可以对中朝一方做些让步。他们认为，“联合国军”如果再次越过三八线，只能导致战争的长期化，甚至扩大化。他们坚决反对美国国内部分人关于把战争扩大到中国境内的言论，认为考虑到中国和苏联的同盟关系，一旦把战争扩大到中国境内，依据中苏互助条约，苏联必定会出兵参战，这样势必会引发第三次世界大战，最低限度也会使美国及其盟国深陷于远东战场，而无暇顾及欧洲利益。

此时，美国政府正就是否调整侵朝政策与其盟国进行磋商。艾德礼在接到美国政府的通报后，在英国下院声明：“未与联合国成员国，特别是那些派部队在朝鲜的国家协商，联合国军队不应该越过三八线。”①国防大臣辛威尔则警告说：英国担心联合国军在朝鲜越过三八线全面推进，“很可能导致对任何人都没有好处的大战”。他说，联合国军越过三八线，不但是具有军事意义的行动，也是具有政治意义的行动，“英国极想提倡的是通过谈判和平解决”②。

3月30日，英国新任外交大臣莫里逊提出了一个关于在朝鲜进行停战谈判的方案，要求所有派部队参加“联合国军”的国家政府重申他们建立一个统一和独立的朝鲜的愿望，并表明希望从朝鲜撤走一切外国军队，愿意通过非军事途径实现上述目标。他建议，由美国总统杜鲁门代表所有国家来公开宣布这一方案，并要求中国和苏联政府作出响应，提出方案。

莫里逊的建议得到了除美国之外所有参加“联合国军”国家政府的赞同。但美国政府则反对英国的方案，认为“对共产党决不能屈服”。在这种情况下，莫里逊于4月2日发表声明，宣称从各方面情况看，“我们是否能够结束朝鲜战争的心理时机已经到来”，并表示：“我们准备并且极愿像我们一向所做的那样，和中国的中央人民政府建立正常关系”③。

法国政府立即表示支持英国外交部的声明，宣布法国也和英国一样，认为现在是结束朝鲜战争的好时机。④ 加拿大外交部长皮尔逊也在此前表示：“目前看来，可能发生的局势是麦克阿瑟将军称之为军事胶着的局势。

① 合众社伦敦1951年3月20日电。
② 合众社伦敦1951年3月31日电。
③ 法新社伦敦1951年4月2日电。
④ 参见美联社巴黎1951年4月4日电。

我不愿这样称呼它,我愿意说,这可能是军事局势的稳定,——事实上的停火","如果事态这样发展,我认为我们应该利用这种事实上的停火来与对方重开谈判,只要有谈判的任何可能"。而谈判的目标,就是"使我们光荣地从朝鲜脱身,因为朝鲜不是今日世界上的主要危险地点"①。

美国政府酝酿调整侵朝政策和内部争论

在英法等国坚决反对再次越过三八线,主张实现事实上的停火的同时,美国当局内部也围绕调整侵朝政策进行着激烈的争论。

美国的侵朝政策是与其远东政策紧密相关的。朝鲜战争爆发后,美国政府从其称霸世界的战略出发,认为这是共产主义在亚洲大陆对美国利益的挑战,是共产主义向自由世界的挑战,是一场思想意识形态的斗争,要确定自己在资本主义阵营中的领导地位就必须进行武装干涉,因而美国迅速作出武装侵略朝鲜的决定。作出这一决定,除了遏制共产主义发展和在东亚保持其军事、政治利益等因素外,很重要的一条,是以此向世人表示:美国将充当自由世界的宪兵,无论社会主义制度在哪里出现或者民族解放运动在哪里获得胜利,都与美国的利益相悖,美国必定要作出强烈的反应。

但是,美国政府又不愿意因侵朝战争无限度的扩大而引发世界大战,因为美国经过战后的裁减军备,军力比第二次世界大战时下降极大,没有做好应付全球战争的准备。同时,美国的欧洲盟国刚刚经历过第二次世界大战的摧残,满目疮痍,没有力量帮助美国进行世界大战。更重要的是,美国政府也不愿把力量过多地消耗在朝鲜战场,美国战略重点在欧洲,主要的战略对手是苏联,"欧洲第一,亚洲第二",这是美国全球战略的基点。美国不愿也不能在亚洲陷入一场以中国和朝鲜为对手的旷日持久的战争,从而削弱美国在欧洲的军事力量。他们认为,如果在朝鲜的战争无限期地延续下去,那么一旦在欧洲与苏联爆发新的战争,美国及其盟国将陷入危险的境地。

盟国的态度也是制约美国侵朝行动的重要因素。美国政府不想因朝鲜战争而与盟国关系破裂,甚至不想在侵朝战争上表现得与盟国的分歧过大。因为他们很清楚,如果在这个问题上他们一意孤行的话,"结果甚至可能疏

---

① 合众社渥太华1951年3月20日电。

远盟国并失去他们”。正如杜鲁门所说,“如果美国打算扩大这一冲突(朝鲜战争),我们最好还是单干”。失去盟国的前景是不堪设想的,特别是杜鲁门政府还不能确定扩大战争是否就意味着和苏联交战的情况下,更是如此。

因此,中国人民志愿军参战之后,美国政府一方面继续在朝鲜的侵略战争,幻想在军事上取得胜利,另一方面又不愿将朝鲜战争的范围继续扩大,而是力图把朝鲜战争变成一场有限战争,进而通过谈判实现“光荣的停战”。这一政策的酝酿开始于中国人民志愿军取得第二次战役的胜利,美军败退三八线以南地区的时候,但从一开始,就遭到政府中的强硬派和“联合国军”总司令麦克阿瑟的坚决反对。

麦克阿瑟将“联合国军”在战场上的失败全部归罪于美国“欧洲第一,亚洲第二”的全球战略。麦克阿瑟认为,朝鲜战争的爆发是共产主义向自由世界的公开挑战,对此不能姑息,只有全力以赴打退共产主义在亚洲的进攻,才能确保欧洲的安全。如果听任共产主义在亚洲取得胜利,那么共产主义的势力增大后,必定会向欧洲发起进攻,那时欧洲也将遭受重大损失甚至不保。基于这一论点,麦克阿瑟极力主张在朝鲜扩大战争,甚至不惜冒世界大战的危险。他建议:对中国沿海进行封锁;通过海军炮击和空军轰炸,摧毁中国大陆的工业基地;从国民党台湾守备部队中得到援军,以加强联合国军在朝鲜的地位;以台湾蒋介石的军队对中国大陆进行牵制性进攻。美国军政当局对麦克阿瑟的建议进行了分析研究后,参谋长联席会议于 1951 年 1 月 9 日致电麦克阿瑟,对麦克阿瑟的建议予以否决。

在中国人民志愿军和朝鲜人民军将“联合国军”打退到三七线附近后,“联合国军”在志愿军连打三个战役未得休整,第一线兵力不多,并且后勤补给困难的情况下,于 1951 年 1 月下旬开始全线反扑。然而,美军用了两个月的时间,付出了重大伤亡代价,才将战线推进到三八线附近。

这使美国当局看到,不用说再打到鸭绿江边,就是从三七线向三八线每推进一步都十分困难,并要付出重大的伤亡代价。在 3 月中旬志愿军和人民军主动撤出汉城后,“联合国军”继续向北推进,又一次面临着是否越过三八线的问题。对此,美国国务院和国防部之间,互相推诿,国防部要求国务院先确定联合国军在朝鲜的政治目标,国务院则要求国防部先确定“联合国军”实际力量能打到什么地方。对美国来说,如果再次跨越这条线,不但大大增加把战争扩大到中国的可能,从而把军事资源耗费在亚洲的非决定性作战中,而且还会大大增加引起苏联干涉的可能及爆发全面战争的危险。在这种情况下,美国当局才开始认真考虑,是否调整1950年9月27日以来联合国军所执行的占领全朝鲜的军事目标,是否通过谈判结束这场战争。

美国国务院此时明显地倾向于通过谈判来最终结束战争的方案。他们的基本立场是,在朝鲜的军事行动,要达到这样一种目的,即:既要使对手遭受沉重打击而迫使其急于谈判,又要把这种军事行动限制在三八线附近地区进行,从而不致于使对手因军事上的失利而拒绝谈判。国务卿艾奇逊于2月23日给国防部长马歇尔发送了一份备忘录,并要求马歇尔在考虑和修改备忘录的内容后,将其呈交杜鲁门总统。在这份备忘录中,艾奇逊要求修改参谋长联席会议1950年9月27日给麦克阿瑟的指令,放弃占领全朝鲜的目标,限制麦克阿瑟的部队越过三八线。他认为,任何派遣大部队越过三八线的决定,都要事先与已派部队至朝鲜的国家政府进行协商,并得到他们的许可,而实际上所有盟国都会强烈反对大规模跨越三八线,可以肯定,他们已经把统一朝鲜作为一种政治目标,而不是战争目标。美国任何单方面的行动都可能导致某些盟国退出战争。他同时强调:任何采取军事行动来加速实现朝鲜统一的决定,都意味着美国所承担的军事义务将大大增加,而且几乎可以肯定需要扩大对共产党中国的战争,苏联介入的危险也将进一步加剧。①

参谋长联席会议坚决反对国务院的方案。他们认为,美国和联合国最初做出的政治决定并未禁止“联合国军”越过三八线,这一政策现在仍应有效。只要“统一”朝鲜的政治目标没有改变,那么即使从政治上考虑,也不应该限制“联合国军”越过三八线,“联合国军”在军事行动上应拥有完全的自主权。他们告诉马歇尔,“在政府就这一问题做出决定之前,对麦克阿瑟指示中的有关部分不应改变,即只要确保其部队的最大安全,允许他在三八线以北或以南部署部队”②。

在参谋长联席会议的授意下,麦克阿瑟作出了再次越过三八线继续北进的决定。3月22日,麦克阿瑟电示李奇微:“我现在的打算是继续采取目前的作战方式,向三八线以北推进,直到你的后勤支援无法支持一场大规模作战为止。”李奇微立即回电,表示他将下达必要的命令,来贯彻麦克阿瑟

① 参见[美]詹姆斯·F.施纳贝尔:《朝鲜战争中的美国陆军——战争爆发前后》,402~403页,北京,国防大学出版社,1990。

② [美]奥马尔·布莱德雷:《将军百战归》,816页,北京,军事谊文出版社,1985。

的指示。[①] 3 月 24 日,麦克阿瑟到朝鲜前线视察,在返回东京后发表声明,称:"最近华盛顿、伦敦和其他国家首都所发表的声明中,关于三八线的地位问题已经讨论得非常彻底,现在看来已没有必要再作进一步的评论了。事实上,三八线从来没有什么军事上的意义。我们的海军和空军可以随心所欲地越过它,而双方的地面部队过去也都是这样做的。"[②]

美国国务院和国防部虽然互相推诿,但都认为需要谋求新的途径解决朝鲜问题,同意由总统根据盟国在三八线一带停止战斗的意见发表一个声明进行试探。美国国务院起草了一个美国总统声明的草稿。3 月 19 日,国务卿艾奇逊、国防部长马歇尔和参谋长联席会议讨论了这个声明的草稿。3 月 20 日将声明要点发往东京征求麦克阿瑟的意见。与此同时,国务院还征求了参加"联合国军"行动的有关各国的意见。这个声明草稿中说:现在战线又回到三八线,"这里有一个在该地区恢复和平与安全的基础,它应该是一切衷心希望和平的国家所能接受的"。"联合国统一指挥部准备履行能终止战争并保证不再发生战争的部署。这种部署能为解决朝鲜问题开辟更宽阔的道路,其中包括外国军队撤出朝鲜"。杜鲁门在回忆录中说:"发表这一声明的用意是不带任何威胁或谴责而愿意取得和平解决的提议也许会得到良好的反应。"[③]

然而,麦克阿瑟对拟议中的总统声明,没有正面表示意见,并且抱怨华盛顿当局对他在战场上的行动一再增加限制。3 月 24 日,他公开发表了一个他称之为"军事评论"的公报,与拟议中总统声明的内容大相径庭、对中国威胁扩大战争的声明。

麦克阿瑟在这篇谈话中,大肆鼓吹其所谓的军事胜利,认为中国的"军事力量被过分地渲染所夸大了"。"它缺乏工业基地,无法供应现代战争所必需的许多重要物资。甚至连建立、维持和运用普通海空军所需要的原料也感缺乏。它无法供应顺利进行地面战斗所必需的装备,例如坦克、重炮和科学给予战争中的其他优良物品。从前他在人数上的巨大潜力很可能弥补

① 参见[美]詹姆斯 · F. 施纳贝尔:《朝鲜战争中的美国陆军——战争爆发前后》,412 页,北京,国防大学出版社,1990。

② [美]道格拉斯 · 麦克阿瑟:《麦克阿瑟回忆录》,298 页,上海,上海译文出版社,1984。

③ [美]哈里 · 杜鲁门:《杜鲁门回忆录》,第 2 卷,524、525 页,北京,生活 · 读书 · 新知三联书店,1974。

这个缺陷,但随着现有的大规模毁灭方法的发展,人数上的优势已不能抵偿这些缺陷所固有的弱点。制海权和制空权在当前的重要性及其所起的决定性的作用并不逊于过去,有了制海权和制空权就有了对补给、交通与运输的控制权。由于这种控制权掌握在我们手里,再加上敌人地面火力方面的劣势,结果就形成了战斗力的悬殊,而这种悬殊绝不是勇气(不管它多么疯狂)或完全不顾生命的损失所能克服的"。

麦克阿瑟继而狂妄地发出扩大战争的叫嚣,宣称:"敌人现在必然已经痛苦地认识到:如果联合国改变它力图把战争局限在朝鲜境内的容忍决定,而把我们的军事行动扩展到赤色中国的沿海地区和内部基地,那么,赤色中国就注定有立即发生军事崩溃的危险。"他傲慢地称:朝鲜问题"军事方面的结局得在战斗中解决,但除此之外,基本的问题仍然是政治性的,必须在外交方面寻求答案。不用说,在我作为军事司令官的权限内,我准备随时和敌军司令员在战场上举行会谈,诚挚地努力寻找不再继续流血而实现联合国在朝鲜的政治目标的任何军事途径。"①

中国人民对麦克阿瑟的声明进行了抗议和谴责。3月28日,中国人民抗美援朝总会发言人发表谈话,指出:麦克阿瑟"竟然狂妄地要求中朝部队向他做服从美国侵略的谈判,并恐吓中国人民说美英侵略军将要准备进攻中华人民共和国。麦克阿瑟声明中的无耻吹牛","和他过去多次的吹牛一样,不值一笑,而且不久自会和过去一样地破产"。《人民日报》也于3月29日发表题为《斥侵略罪犯麦克阿瑟的无耻狂言》的社论,指出:"麦克阿瑟竟然公开叫嚣要武力进攻中国,这就清楚地说明了美国侵略者已疯狂到了什么程度。但是麦克阿瑟的这种无耻狂言,除了更加激起中国人民的愤怒,更加增强中国人民的警惕和抗美援朝保家卫国的神圣决心以外,当然不会有别的结果。"社论最后指出:"中国人民在八年抗日战争中并没有制空权、制海权,但中国人民仍然打败了日本帝国主义;在人民解放战争中,中国人民也没有制空权、制海权,但中国人民仍然打败了美帝国主义所全力支持的国民党反动派。中国人民过去既然有把握战胜日本帝国主义和国民党反动派,今天就同样有把握和朝鲜人民在一起战胜美国侵略者。"

然而,麦克阿瑟的声明却使得美国的盟国政府大惊失色,纷纷函电美国政府,指责与质问美国对朝政策是否已经改变。英国外交部立即指示其驻

---

① [美]哈里·杜鲁门:《杜鲁门回忆录》,第2卷,525~526页,北京,生活·读书·新知三联书店,1974。

美大使弗兰克斯,要他毫不含糊地向美国国务院指出:英国政府强烈反对允许“联合国军”向三八线以北推进。英军总参谋部认为,麦克阿瑟所说的行动将使中国人不愿谈判,在军事上也是不可取的。英国驻联合国代表杰布则猛烈抨击了麦克阿瑟的公报,说美国政府必须坚决否定麦克阿瑟的声明,否则就会引起误解。至于麦克阿瑟所说的扩大战争到中国,杰布说:如果麦克阿瑟以为联合国大会会授权把战争扩大到朝鲜以外的地方,“那他脑子里一定只会想到菲律宾的舆论,只知道有一些香蕉国家①,只知道有共和党的那些极端分子”②。

美国政府对麦克阿瑟发表公报非常恼火,因为它并非一项呼吁谈判的声明,而是一份狂妄的最后通牒,彻底打乱了美国政府既定的调整侵朝政策的步骤,同时也是对美国政府权威的公开挑战。杜鲁门后来说:“这是完全漠视不许发表有关对外政策的任何声明的所有指令的行为。这是对我作为总统和最高统帅而发布的命令的公然违抗。这是对宪法赋予总统的权力的挑战。这也是对联合国政策的藐视,由于这一行动,麦克阿瑟已使我没有选择的余地,我再也不能容忍他这种不服从领导的行为了。”③

杜鲁门要求参谋长联席会议立即给麦克阿瑟发电报,严禁他再次未经政府批准,发表个人声明。同时开始考虑解除麦克阿瑟职务的必要性。但是,毕竟麦克阿瑟在美国和国际上具有很大的影响力,杜鲁门虽然对麦克阿瑟恼怒异常,却也难以立即采取行动。就在这时,另外发生的一件事情为杜鲁门提供了借口,促使他最后定下了决心。

美国众议员马丁是一个孤立主义者,长期反对政府的对外政策。他曾于3月初给麦克阿瑟写信征询其对美国政府侵朝政策的看法,而麦克阿瑟再次对杜鲁门政府的侵朝政策提出挑战,在给马丁的回信中宣称:在朝鲜使用台湾国民党军部队,“既符合逻辑”,又符合“给暴力以最大还击”的“传统”。他说:我们已经在亚洲的战场上投入了与共产党的战争,但“有些人似乎不可思议地难以意识到……我们在这里是用武器为欧洲作战,而外交家们则仍在那里进行舌战。而如果我们在亚洲输给了共产主义,

---

① 指盛产香蕉的中美洲国家,当时这些国家在联合国紧随美国的立场。

② [美]福雷斯特·波格:《马歇尔传(1945～1959)》,483页,北京,世界知识出版社,1991。

③ [美]哈里·杜鲁门:《杜鲁门回忆录》,第2卷,527页,北京,生活·读书·新知三联书店,1974。

那么,欧洲的陷落就不可避免了,如果我们在这里赢得胜利,则欧洲就很可能避免战争而维护自由",所以,"我们必须赢得胜利。除了胜利我们没有别的路可走"①。

4月5日,马丁在美国众议院宣读麦克阿瑟给他的回信。麦克阿瑟的信又一次轰动了全世界。杜鲁门认为这封信表明麦克阿瑟不但不同意政府的政策,反而以公开不服从他的统帅的方式向这种政策挑战。因此,杜鲁门紧急召集其高级幕僚开会,决定立即解除麦克阿瑟的职务。

4月11日,杜鲁门发表声明,宣布解除麦克阿瑟的"联合国军"总司令、美国远东军总司令、驻日本盟军最高统帅、美国远东陆军总司令等职务,任命美国陆军中将马修·李奇微接替麦克阿瑟的所有职务。随后,美国政府又任命美国陆军中将詹姆斯·范佛里特为美第8集团军司令兼"联合国军"地面部队总司令。

从表面看,麦克阿瑟是由于与政府的政见不同,并多次发表与杜鲁门政府侵朝政策相悖的声明而被撤职的。但究其深层原因,真正导致麦克阿瑟被撤职的原因,还在于美军在朝鲜战场的失败。所以,从根本上讲,麦克阿瑟只是美国侵朝政策失败的替罪羊。

美国政府对于麦克阿瑟的桀骜不驯早已难以忍受,但是出于政治上和军事上的考虑,还希望抬出这尊"战神"来支撑侵朝战争的招牌,恐吓志愿军和人民军。麦克阿瑟也一再宣称要在短期内结束战争,占领全朝鲜,这使得美国政府对他寄予莫大的希望。然而,在中国人民志愿军入朝参战后,美军在朝鲜战场上连续遭受沉重打击,损兵折将,威风扫地。麦克阿瑟也风光不再,始则判断失误,导致美军在"圣诞节前结束战争的总攻势"中遭到惨败,继而面对志愿军和人民军的强大攻势惊慌失措,束手无策,"战神"变成了败将,成为世人的笑柄,美国政府因此逐渐对他失去了信心。

自从李奇微接替沃克担任美第8集团军司令后,麦克阿瑟的神圣的地位即开始动摇。华盛顿不再信任麦克阿瑟,而是"撇开麦克阿瑟,从李奇微那里得到可靠的军事估价和启发性的意见",在军事行动上,把麦克阿瑟变成了一个"不得不敷衍一下的象征性的司令官"。

同时,面对志愿军和人民军的强大力量,美国政府也意识到以军事手段结束战争,占领全朝鲜,不过是痴人说梦。在着手调整侵朝政策时,也需要

① [美]哈里·杜鲁门:《杜鲁门回忆录》,第2卷,532页,北京,生活·读书·新知三联书店,1974。

一个替罪羊来为以往侵朝战争的失败承担责任。而麦克阿瑟此时仍在叫嚣扩大战争,并不断与美国政府公开对抗。解除麦克阿瑟的职务,杜鲁门一方面可以推卸侵朝战争失败的责任,另一方面可以暂时平息国内外对扩大战争的恐惧和不满,同时可以完全按照他的意愿来在朝鲜继续进行侵略战争。因此,麦克阿瑟的解职就成为不可避免的事情。

4 月 5 日,参谋长联席会议在向国家安全委员会提交的研究报告中第一次承认,对美国来说,只靠军事行动是不能解决朝鲜问题的。他们提了四项建议:①保证美国在有关苏联、台湾和中国大陆在联合国的席位问题上的立场不受损害的前提下,达成一种政治解决。在此之前,美国在朝部队将继续遵循他们目前的军事行动方针;②应当尽快发展可靠的南朝鲜军队,使之有足够的力量接替联合国军担负主要义务;③为了防备共产党扩大战争,海军和空军应立即着手进行对大陆中国的行动准备;④应采取紧急步骤弄清盟国对朝鲜的具体政策和目的,以及其在远东的一般政策和目的;弄清如果美国在继续目前在朝鲜的军事行动的同时,发动对中国大陆的战争,美国可从这些盟国那里得到什么样的支持。

美国政府最后确定在不扩大战争范围的前提下,稳步向朝鲜北部推进,待占据有利地位后,即“以实力政策为基础”,或与中朝进行外交谈判,或继续其军事行动,以保持美国在亚洲的地位。

“联合国军”再次越过三八线北进的部署和行动

3 月 23 日,美第 8 集团军司令官李奇微向麦克阿瑟呈报了越过三八线向北推进的基本设想,即进至“堪萨斯线”。李奇微认为,联合国军进至“堪萨斯线”,主要目的不在于夺取地盘,而在于通过作战行动最大限度地消耗和削弱志愿军和人民军的兵力与物资,从而破坏志愿军和人民军新的攻势准备,使志愿军和人民军得不到变更部署、补充病员的时间。他同时向麦克阿瑟保证,他将格外谨慎,以确保部队的力量不会严重损耗,同时将作战行动限制在后勤支援所能保障的区域之内。①

麦克阿瑟立即批准了李奇微的计划。同时为了防止华盛顿节外生枝,

① 参见[美]詹姆斯·F. 施纳贝尔:《朝鲜战争中的美国陆军——战争爆发前后》,414 页,北京,国防大学出版社,1990。

他根本没有把此作战计划呈送参谋长联席会议。3月27日，李奇微召集美第8集团军所属军长和师长开会，正式下达越过三八线向北推进的命令。他说，无论停战谈判是否能够实现，政府的决定都可能迫使第8集团军转入战略防御。但是，在目前，第8集团军将继续北进，而且要越过三八线，占据“堪萨斯线”，从而在战略上处于有利的地位。

“堪萨斯线”位于三八线以北2～6英里，基本上与三八线平行，西起汉江与临津江的汇合处，向东至华川水库，再转向东南，最后到达东海岸的襄阳。向“堪萨斯线”的推进行动，被命名为“狂暴行动”。李奇微决定：以美第1、第9军担负临津江至华川水库西岸地区的作战，以美第10军担负华川水库至昭阳江河谷地区的作战，以南朝鲜第3、第1军团担负昭阳江河谷至襄阳地区的作战任务。

李奇微最初把进攻的重点放在西线，计划以美第1军和第9军首先渡过临津江，然后转向西北方向，向礼成江快速推进，以抓住和消灭朝鲜人民军第1军团。但是，第8集团军情报部门报告，朝鲜人民军第1军团已经撤至礼成江以北地区，而在攻击部队预定的进攻轴线的右翼，发现有新入朝的中国人民志愿军第19兵团集结，将随时可能对美军进攻部队实施迂回包围。于是，李奇微改变计划，将在临津江西北地区的作战限制在侦察和战斗巡逻的范围，而将主攻方向转向中部地区的铁原、金化、平康“铁三角”地区。

此时，根据各方情报和空中侦察的报告，“联合国军”总部和美第8集团军均已断定志愿军和人民军正在前方大量集结部队，进行大规模的春季攻势准备。“联合国军”方面判断，中国有27.4万人的军队在朝鲜，另有47.8万正规部队在中国东北地区，这些部队都可以投入春季攻势，而朝鲜人民军部队将有约19.8万人参加进攻。

因此，李奇微计划，在部队抵达“堪萨斯线”之后，再发动一次代号为“无畏行动”的有限进攻，以美第1军和第9军朝“铁三角”地区攻击前进，首先占领“犹他线”（该线位于铁原以南、高台山以北，向东南经广德山、白云山，与“堪萨斯线”会合，是“堪萨斯线”向北的延伸部分），然后攻占“怀俄明线”（该线位于“堪萨斯线”以北20英里，西起临津江与汉江汇合处，向东北至“犹他线”以北5～6英里处的铁原南端，然后向东，再向东南至华川水库，与“堪萨斯线”汇合）。

他认为，“铁三角”地区是志愿军和人民军部队和物资集结的中心地区，“无畏行动”的目的不是夺取“铁三角”，而是威胁“铁三角”，在“堪萨斯线”的临津江至华川之间夺取一块突出部，从而瞰制铁原、金化一线的高地，切断铁原、金化地区的交通线。

4 月 3 日，麦克阿瑟飞抵朝鲜。李奇微向他汇报了在三八线以北地区的作战计划。麦克阿瑟当即予以批准，并要求李奇微要尽一切努力守住"堪萨斯线"。他相信，当李奇微的部队进至"堪萨斯线"—"怀俄明线"之后，也就到达了战线的"理论僵持点"，这时，他准备把进攻行动限制在侦察和战斗巡逻的范围内，不再发动更大规模的作战。[①]

4 月 2 日至 5 日，"联合国军"部队相继越过三八线，开始实施"狂暴行动"作战。4 月 9 日，"联合国军"左翼部队美第 1 军和第 9 军及南朝鲜第 1 军进至"堪萨斯线"。美第 10 军和南朝鲜第 3 军团则于 4 月 16 日到达"堪萨斯线"。

在地面部队越过三八线向北进攻和准备应付志愿军和人民军的大规模反击的同时，美国统治集团内部对进一步向北进攻，以便占据军事上的有利地位的可能性也进行了研究。早在 2 月 11 日，麦克阿瑟就曾提出过一项作战计划，其目的是既不把战争扩大到中国境内，又能在朝鲜打败志愿军和人民军。麦克阿瑟计划，首先收复汉城一线，作为以后作战的基地，然后在北朝鲜设置一道"放射性微尘"的地带，使鸭绿江南岸地区变成无法通行的地区，以彻底切断中朝之间的交通线，断绝志愿军和人民军的后方供应。同时，在靠近中国的北朝鲜东西两侧海岸实施两栖登陆和空降突击，——在必要的情况下，可能使用台湾国民党军队来增援"联合国军"部队，从而最终收紧"巨大的罗网"。他说："这将是仁川登陆的再演，只是规模要大得多。"[②]这一计划遭到了美国参谋长联席会议的否决。

当"联合国军"部队重新逼近和越过三八线时，关于继续向北进攻的讨论再次出现。美国政府部分要员和各种舆论公开宣称，"联合国军"将继续北进，并计划以侧后登陆配合正面进攻，把战线推进到北纬 39°线及其以北地区，在"朝鲜蜂腰部建立新防线"。认为，朝鲜蜂腰部正面狭窄，只有约 170 公里，在此建立防线，地形有利，进可攻，退可守，又是朝鲜北部的腹地，并占据着平壤等重要城市。占据这条线不仅在军事上，而且在政治上都可

---

① 参见 Billy C. Mossman：United States Army in the Korea War，Ebb and Flow，November 1950 – July 1951（比利·C. 莫斯曼：《朝鲜战争中的美国陆军——潮涨潮落》，1950 年 11 月至 1951 年 7 月），350 页。

② ［美］道格拉斯·麦克阿瑟：《麦克阿瑟回忆录》，292 页，上海，上海译文出版社，1984。

取得有利地位。①

为了准备未来的战场攻势和破坏志愿军和人民军的反击准备，“联合国军”空军部队对志愿军和人民军后方交通线、物资囤积地、军队集结地域进行了空前猛烈的轰炸；“联合国军”海军部队加紧对元山、新浦、清津等港口的炮击、封锁和对东西沿海岛屿的侦察、袭扰活动。同时，其加紧补充和增强地面部队。4 月中旬，美国国民警卫第 40、第 45 师奉命由美国本土开赴日本，与原在日本的美步兵第 34 团组成第 16 军，准备使用于朝鲜战场。另外，还加速整训在日本的南朝鲜军 3 个师，扩建釜山、金浦等空军基地。所有这一切，都表明“联合国军”正在进行新的进攻作战，特别是登陆作战的准备。

4 月 10 日，美第 8 集团军以美第 1 军在左，美第 9 军在右，继续实施“无畏行动”作战，向“犹他线”推进。美第 9 军以南朝鲜第 6 师和英第 27 旅首先发起攻击，随后以美陆战第 1 师替换英第 27 旅继续进攻；美第 1 军以南朝鲜第 1 师在左，以美第 24、第 25 师在右，以美第 3 师居中，全线进攻。至 4 月 20 日，美第 1 军、第 9 军部队进抵“犹他线”。

这时，“联合国军”已发现志愿军和人民军战略预备队在前线集结，并估计志愿军和人民军可能于 4 月下旬或 5 月初发动攻势。因此，除在美第 1 军区域内，以美第 24、第 25 师于 4 月 21 日继续向铁原、金化一线的“怀俄明线”推进外，其他方向均暂时转入防御，准备抗击志愿军和人民军的战役反击。

“联合国军”此时拥有地面作战部队（不含勤务部队）美军 3 个军，南朝鲜军 3 个军团，共 17 个师又 3 个旅和 1 个团 34 万余人。其第一线兵力为 12 个师另 2 个旅；第二线及后方共有 5 个师另 1 个旅、1 个团，分别置于春川、县里、水原、原州、江陵、大田地区。

---

① 参见军事科学院军事历史研究部编著：《中国人民志愿军抗美援朝战史》，90 页，北京，军事科学出版社，1992。

第二十九章

"战争准备长期、尽量争取短期"方针的提出和第五次战役的部署

"战争准备长期、尽量争取短期"方针的提出

第三次战役结束后，在志愿军部队中和在民主阵营内部，较普遍地产生了轻敌速胜的思想。然而就志愿军部队的连续作战未得补充休整的情况来说，第三次战役的作战即带有一定的勉强性，第四次战役的作战则更为勉强。第四次战役开始以后，部队中的速胜情绪已不复存在。

早在志愿军出国之前，中共中央和中央军委即对抗美援朝战争的长期性、持久性就有较充分的认识，在战争指导上，进行了长期作战的准备，同时也尽量争取战争速决。经过三次战役，在第四次战役开始以后，中共中央和中央军委对朝战争的艰苦性和长期性有了进一步的认识，并为志愿军在朝鲜坚持长期作战，于1951年2月上旬确定了采取轮番作战的方针。

此时，在民主阵营内部，尽管对战争艰苦性有了认识，但对战争长期性的认识并不一致。彭德怀在第四次战役第一阶段作战结束时，决定利用志愿军和人民军全线转入运动防御的时机，返回北京，向中共中央和毛泽东主席当面汇报朝鲜战场的情况，以听取中央和毛泽东主席的指示。

2月16日，彭德怀致电毛泽东：拟乘作战间隙利用月夜回中央一次，面

报各项。如同意，拟19日晚由此起程，21日到安东。[①] 毛泽东很快回电同意。2月18日夜，彭德怀到平壤附近的朝鲜人民军总部与金日成会谈，讨论了战场形势、志愿军和人民军的作战方案以及朝鲜人民军整编、朝鲜东西海岸防御、修建机场与铁路、后勤保障等问题。返回志愿军总部后，彭德怀又致电在前线指挥作战的志愿军副司令员邓华、韩先楚及第9兵团司令员宋时轮、第19兵团司令员杨得志和政治委员李志民、朝鲜人民军前线指挥员金雄，对运动防御作战再次提出了要求，同时确定：志愿军总部前推至金化地区，在他回京期间由邓华主持志愿军工作。[②]

2月20日，彭德怀离开朝鲜，在安东乘专机于21日下午到达北京，随即直接前往毛泽东住所，向毛泽东汇报了朝鲜战场的情况。他着重汇报了志愿军在朝鲜作战所面临的各种困难，说明朝鲜战争不能速胜的理由，并与毛泽东讨论了战略方针和空军入朝作战、修建机场问题、朝鲜铁路的抢修、志愿军后方供应等问题。

此后几天，彭德怀与周恩来、聂荣臻、杨立三等人共同研究了特种兵部队的参战计划和加强志愿军后勤保障的措施，并同聂荣臻一起与苏联驻中国军事总顾问沙哈罗夫，商谈了苏联出动志愿空军掩护朝鲜平壤以北交通线安全的问题。

2月25日，周恩来主持召开中央军委扩大会议，军委各总部、各军兵种及政务院有关部门主要负责人出席会议，专门听取彭德怀介绍朝鲜战场的情况，讨论研究了如何更有力地支援前线，保障志愿军物资供应的问题。随后，周恩来又连续主持召开中央军委会议，就加强志愿军兵力和后勤供应问题作出了一系列重要决定，包括：国内部队都要准备到朝鲜轮番作战，这样既可替换一线部队休整，又可锻炼部队，提高部队现代作战指挥能力；将刚改装的空军和高射炮兵部队开赴朝鲜北部，掩护后方交通线；向苏联购买几十个师的武器装备，改善志愿军的装备状况；调用国内各种物资，大力支援朝鲜前线；部署国内几个大城市为志愿军制作炒面和罐头食品；号召全国各行各业增产节约和向志愿军捐献飞机大炮。[③]

在此期间，周恩来、彭德怀两次在玉泉山与毛泽东共同研究了抗美援朝

---

① 参见王焰主编：《彭德怀年谱》，478页，北京，人民出版社，1998。

② 参见彭德怀致邓华、韩先楚、金雄及宋时轮、杨得志、李志民的电报，1951年2月19日。

③ 参见《周恩来年谱（1949～1976）》，上卷，129页，北京，中央文献出版社，1997。

战争的指导方针，部队轮番作战，空军、炮兵、坦克等军兵种部队参战以及请求苏联空军掩护志愿军后方运输线等问题。

关于战争方针问题，毛泽东明确指出，“战争准备长期，尽量争取短期”，要准备以几年时间，消耗美军几十万人，使其知难而退，至少我们应作两年的准备。他同时指出：1951年全国军队准备补充60万人，全国以国防建设为主，经济建设也围绕国防建设进行。志愿军实行轮番作战，要改善志愿军武器装备，改善供应运输，加强后勤机构，努力准备空军、装甲兵参战。

彭德怀建议，将他这次回京讨论确定的问题通报给斯大林，使他了解志愿军在朝鲜战场作战的困难，这有利于民主阵营内部统一对朝鲜战争长期性的认识，有利于战争的指导。毛泽东表示同意，并委托周恩来起草给斯大林的电报。

周恩来完成电文的起草后，经毛泽东审定，于3月1日以毛泽东的名义发给斯大林。电报指出：

一、从目前朝鲜战场最近进行的战役中，可以看出：敌人不被大部消灭，是不会退出朝鲜的，而要大部消灭这些敌人，则需要时间，因此，朝鲜战争有长期化的可能，至少我应作两年的准备。目前敌人的作战意图是企图与我进行消耗战。在过去一个月当中，敌人当站住阵地之后，经过调整补充，便寻找机会向我作试探性的进攻，其目的在一方面不容许我在前线作必要的休补，另方面则利用其技术条件消耗我军。同时，敌人对朝鲜沿海的袭扰、运输线的不间断轰炸，均甚为积极。我军补充物资只有百分之六十至七十能达前线，有百分之三十至四十在途中被炸毁。在目前一个半月内，因我新军未到，老军未补充，敌人有重新进出三八线南北地区的可能。

二、为粉碎敌人意图，坚持长期作战，达到逐步消灭敌人之目的，我中国志愿军拟采取轮番作战的方针。中国志愿军已决定编组三番轮流的部队，即将现在朝鲜作战的九个军三十个师作为第一番志愿部队；将正从国内调去的六个军及现在朝鲜即将补充的三个军（有两个军现在元山、咸兴地区休整）共九个军二十七个师，作为第二番志愿部队，约四月上旬可全部到达三八线地区，接替现在汉江前线的六个军的任务；将准备从国内调去的六个军及第一番志愿部队中的四个军共十个军三十个师，作为第三番志愿部队，准备六月中旬调用。上述十个军中的四个军，因打了五个月，必须补充休整；在第二番志愿部队接替前线任务后，即调至平壤、元山地区整补，兼顾海防。第一番志愿部队中其他两个军，则调回国内整补。在过去四个战役中，中国志愿军战斗的与非战斗的伤亡及减员已超过十万人,正将补充老兵新兵十二万人;今明两年准备再有伤亡三十万人,再补充三十万人,以利轮番作战。关于朝鲜人民军方面,根据您的主张,彭德怀同志曾向金日成同志建议,朝鲜现有八个军缩编为六个军,最好每军组成三个充实到一万人的师;另外,组成五个警备旅,担任沿海及中心城市的守备。金日成同志已原则同意。如此,朝鲜人民军六个军亦可采用轮番办法,协同中国志愿军作战。

三、根据一二两月份的作战经验,我因有三个军在咸兴以北战役中损伤较大,从事休整,致现在前线作战的只有六个军,减员甚大,未获补充,因之我无后备力量,在战役胜利时不能扩张战果,在敌人增援时不能打敌援兵。同时,我军南进,后方线长,供应很困难,还须留兵守备。故在敌人未被大量消灭前及我尚无空军掩护条件下,我如过早逼敌南退,反不利我分割歼敌。鉴于此种情况,在我第二番志愿部队九个军于四月上旬到达前线以前,敌之陆军还较我占优势,我应避免进行战役性的出击,而以第一番志愿部队六个军及朝鲜人民军四个军在南汉江以北地区进行防御,迟阻敌人。但必须估计,在今后一个半月内,敌人有可能寻机进攻,逼我应战。在此种情况下,我军拟让敌人进至三八线南北地区,在我第二番志愿部队九个军到齐后再进行有力的新的战役。我们计划,在我第二番部队到达后,在四月十五日至六月底两个半月内,在三八线南北地区消灭美军及李承晚军建制部队数万人,然后向南汉江以南推进,最为有利。此点彭已面告金。唯在政治上,敌人再占汉城,再过三八线,当不免有一番波动,必须预作准备。

四、目前朝鲜作战的困难,仍为敌人火力强,我方运输力弱,有百分之三十至百分之四十的物资被炸毁,敌军将逐步获得补充,有六七万人将于六月底到朝鲜,而我方则尚无空军掩护。预定四五月中,我可出动空军十个团参战,但截至现在止,我在朝鲜境内,尚无一个可用飞机场,此因过去地未化冻,尚未开始大修,而更主要的则是若无可靠的空军掩护,亦将无法修成。彭德怀同志十分希望苏联空军能在平壤、元山之线及其以北机场担负掩护任务,并希望苏联空军使用的机场能移入朝鲜境内。据称若不如此,则朝鲜机场无法修成,中国空军亦将无参战可能,而坦克、炮兵的运转亦将增加极大的困难。但此事须从整个国际形势的利害出发来考虑,未知许可这样做否？其次,运输汽车在今年下半年我们仍望从苏联增加贸易订货六千辆,不知有无可能？总之,在美国坚持继续作战,美军继续获得大量补充并准备和我军作长期消耗战的形势下,我军必须准备长期作战,以几年时间,消耗美国几十万人，使其知难而退，才能解决朝鲜问题。[①]

斯大林于3月3日复电，同意毛泽东在电报中对战争形势的分析和志愿军在朝鲜作战的方针，并说：假如你们能在安东地区留下2个空军师掩护电站和该交通线的话，我们同意派遣2个歼击机师，即第151师和第324师在别洛夫将军指挥下进入朝鲜境内作战，以掩护志愿军和人民军的后方。我们可给一些高射武器掩护机场，并再供应你们一些高射炮。增订的6000辆汽车可在下半年交货。[②] 3月15日，斯大林再次致电毛泽东，表示将再增派1个歼击机师到中国安东。

彭德怀于3月1日离开北京，3月9日返回志愿军总部。11日，他致电中国驻朝鲜大使馆政务参赞柴军武转金日成，将回京与毛泽东讨论有关战争问题的结果向金日成作了通报。电报说：毛泽东和中央政治局的同志均认为，朝鲜战争带有长期性，中国应积极增加在朝鲜的志愿军部队作战力量，尤其加紧修建机场，以便空军参战。除已经决定的志愿军轮番作战部署外，中国准备再抽5万老兵入朝，以便随战随补。志愿军和人民军的作战方针应以消灭敌人为主，不必顾虑城市之暂时得失。[③]

在彭德怀离开北京之后，周恩来连续主持召开了一系列会议，部署和落实已经确定的各项措施，迅速形成了具体的落实方案。3月3日，周恩来将有关事项电告彭德怀、高岗并报告毛泽东：①第19兵团已全部到达朝鲜的顺安、成川、顺川地区，其前进地区及开动时间，由彭德怀指定。第3兵团决于3月11日开始沿第19兵团行进路线入朝；②经与朝鲜方面协商，决定在平壤附近修建2个喷气式飞机机场，在平壤以南修4个普通机场，将朝鲜新义州和位于中国安东、大东沟的3个机场作为轰炸机机场。修建2个喷气机机场的部队、高炮掩护、技术力量、各种保障器材等物资正在调动中，跑道所用钢板，朝鲜只有一付，所缺钢板正向苏联商借或购买中；③志愿军空军出动计划，拟4月出动4个团，其中驱逐机2个团，轰炸机、冲击机[④]各1个团。5月拟再出动6个团，其中喷气式驱逐机3个团、轰炸机2个团、冲击机1个团。经与朝方协商，中朝空军联合司令部拟以刘震为司令员，王琏

① 《周恩来军事文选》，第4卷，162～165页，北京，人民出版社，1997。

② 参见王焰主编：《彭德怀年谱》，482页，北京，人民出版社，1998。

③ 参见王焰主编：《彭德怀年谱》，483～484页，北京，人民出版社，1998。

④ 驱逐机，指歼击机。冲击机，指强击机。

（朝方）、常乾坤为副司令员；④志愿军装甲兵出动计划，3月下旬拟出2个团，4月中旬再出动2个团，并出1个团的徒手人员，准备开动缴获的坦克，以东北装甲兵司令部为基础组成志愿军装甲兵指挥机构；⑤志愿军炮兵出动计划，按原计划将配属各师及铁道兵团的高炮营及配属各团的高射机枪连如数派出，除掩护修建机场的高炮师外，于3月下旬派1个高炮师、1个战防炮师和3个火箭炮团，4月下旬再派出1～2个榴弹炮团；⑥运输计划，4月中旬计划拨给志愿军和东北军区后勤部的7000辆汽车可以交齐。下半年将力争再增加前方一部分车辆。但志愿军司令部和东北军区务必严加督促后勤运输部门节省使用和尽量保护汽车；⑦兵员补充计划，除已经拨定的新兵、老兵外，拟再补充志愿军第13兵团4个军5万新兵、7000老兵，准备4～5月向东北转送。现在国内准备开赴朝鲜的第三番志愿军部队，每个军均拟补足4.5万～5万人。除此之外，周恩来还对志愿军伤员救治和转运、作战预算等问题，提出了具体解决方案。①

3月15日，周恩来致电柴军武转金日成，将彭德怀回京商讨的有关问题、毛泽东给斯大林的电报及斯大林回电的有关内容向金日成作了通报。指出："敌人不被大部消灭，是不会退出朝鲜的，而要大部消灭这些敌人，则需要时间，因此，朝鲜战争有长期化的可能。目前敌人的作战意图是企图与我进行消耗战，不容许我在前线作必要的休补。在目前一个半月内，因我新军未到，老兵未补，敌人有重新进出三八线南北地区的可能。在此种情况下，拟让敌人进至三八线南北地区，待我第二番志愿部队到齐后再进行有力的新战役。我们计划在四月至六月底，争取消灭美伪建制部队数万人的胜利。目前朝鲜作战的困难为敌人火力强，我方运输力弱，而更主要的则为我方尚无空军掩护。因此，毛主席乃提到如何加强我方空军并使之能有效参战问题。"

在向金日成通报了斯大林回电的内容和有关中朝苏三国空军在朝鲜境内活动的机场范围等事宜后，周恩来指出："现在在朝鲜境内抢修足够的机场，便成为目前争取空军早日参战的中心课题。"他表示："为完成此项任务，只要中国能办到的，我们决尽一切可能加紧准备"，希望朝方落实已商定好的修建机场所需兵力。②

"战争准备长期，尽量争取短期"方针的明确提出，使志愿军在战场上

① 参见《周恩来军事文选》，第4卷，166～168页，北京，人民出版社，1997。

② 参见《周恩来军事文选》，第4卷，171～172页，北京，人民出版社，1997。

的作战指导更加具有灵活性。敌我双方武器装备强弱悬殊给志愿军作战造成很多困难，难以在短期内歼灭美军大量兵力，迅速解决朝鲜问题，因此必须在思想上和其他各种准备上作长期打算，但同时在可能的情况下必须尽量争取缩短战争时间，早日结束战争。可以说，这是对“在稳当可靠的基础上争取一切可能的胜利”这一战争总方针的进一步具体化。正如彭德怀后来所评价的那样：“这次主席给了抗美援朝战争一个明确的指示，即‘能速胜则速胜，不能速胜则缓胜’。这就有了一个机动而又明确的方针。”①同时，在对战争长期性的认识问题上与斯大林取得了一致，并通报给金日成，可更有利于作战的指导和部署。

志愿军第五次战役的部署与准备

当“联合国军”向三八线及其以北地区推进时，随着志愿军第二番作战部队开始向朝鲜战场开进，志愿军首长即开始考虑组织战役反击，扭转战场形势的问题。2 月 28 日，邓华、朴一禹、洪学智、解方致电正在北京的彭德怀，建议集中 6 ~ 8 个军，包括第 26 军和刚入朝的第 19 兵团，在 3 月间组织一次较大的战役，以有力打击北犯之敌。他们认为：这样做虽然会影响第二番部队的作战，“但在敌进攻下，将使我被迫作战，而不如主动地打击敌人为好”②。

3 月 2 日，彭德怀回电，认为从第 19 兵团、第 3 兵团、第 9 兵团开进集结和粮弹储备等情况看，“三月组织一次较大战役事实上恐有困难”，且会“引起敌人过早注意我之第二番兵团”。而到 4 月 10 ~ 15 日，即可集中志愿军 3 个兵团共 9 个军和人民军 2 个军团，依托东豆川、抱川、春川一线向敌出击。因此，“似宜按原定计划，加紧准备，四月初至中旬大举出击较为有利”③。

彭德怀回到志愿军总部后，与邓华等志愿军首长共同研究了战场情况。为缩短供应线，诱敌进入对我有利的作战地区，等待后续部队发动战役反击，彭德怀等志愿军首长决定采取运动防御的方式，节节阻敌，争取时间。3

① 《彭德怀自述》，261 页，北京，人民出版社，1981。

② 邓华等志愿军首长致彭德怀、高岗并军委电，1951 年 2 月 28 日。

③ 彭德怀致邓华等志愿军首长电，1951 年 3 月 2 日。

月9日，彭德怀等志愿军首长据此设想向各军下达作战部署命令，随后又于3月10日电令第3、第9、第19兵团首长："敌继续向北推进，决把敌诱至便于歼击地区。三兵团集结于伊川、谷山、遂安、新溪公路以东（不含）地区；十九兵团仍按前电集结兔山、市边里、南川店地区；九兵团之二十军、二十七军完成补充后集结平康、金化地区，二十六军完成迟滞敌进任务后，集结铁原及其东南地区。"并要求各兵团"须于四月十日前全部到达集结位置，待机歼敌"①。

彭德怀的基本作战意图是：在敌之地面兵力暂时占有某些优势的情况下，志愿军暂不进行战役性出击，如敌逼我应战，则让敌人进至三八线南北地区，在志愿军第二番部队9个军到齐后，再进行有力的战役反击，并争取在新的战役中能有志愿军9至11个军及炮兵7至8个师、坦克3至5个团和人民军2个军团参战。新的战役反击发起时间，初步确定在4月中旬。

但是，第3兵团和第9兵团在4月10日尚不能前进至指定位置，完成必需的战役准备。第19兵团虽然已经进至指定位置，但由于补入新兵较多，必须进行20天至1个月的训练。朝鲜人民军部队也必须补充兵员。同时，战役所必需的各种作战物资也未运集完毕。在这种情况下，彭德怀决定战役发动时间"改为五月初旬，集结三、九、十九兵团全力出击，以求必胜，改变目前形势"②。

彭德怀判断：敌军占领三八线以后的行动，有三种可能：第一，乘志愿军和人民军一线部队疲劳继续北进；第二，暂时（10天至20天）停止于三八线；第三，较长时间（两三个月）停止于三八线，进行永久筑城，待阵地大部巩固后再进。他认为：这三种可能均存在，以前两种可能为大。但当敌发觉我兵力大量增援时，第三种可能不仅存在，而且还可能发生另一种情况，即因地形狭窄，敌兵力纵深较大，加上技术优势，使我一时无法突破其防线，而变为长期相持于三八线。这种形势于我不利，故须力求避免。最好是乘敌进入三八线南北，立足未稳，开始反攻，发起第五次战役。③

4月初，"联合国军"开始越过三八线向北推进。这时，志愿军总部根据从各个方面得到的情报，和对敌军在朝鲜战场上活动的种种迹象及敌军阵营的各种情况的分析，作出判断，认为：敌进占三八线以后还要继续北进，而

① 王焰主编：《彭德怀年谱》，483页，北京，人民出版社，1998。

② 彭德怀致周恩来转毛泽东并高岗电，1951年3月23日14时。

③ 参见彭德怀致周恩来转毛泽东并高岗电，1951年3月23日14时。

且以从侧后登陆配合正面进攻的可能性为大。同时估计敌实施登陆的地区可能是东海岸的元山、通川；正面进攻的方向，可能是平康、洗浦，即首先占领东部山区，尔后再从西海岸镇南浦登陆，配合西线敌军向北进攻。而如敌纠集的兵力较大(如6万人)，则可能于东西两岸同时登陆。其目的是要占领北纬39°线，即安州、元山线，在朝鲜蜂腰部建立新防线。而志愿军和人民军的力量虽然得到极大的加强，但首批入朝的各军经过连续几个战役，尚未得到充分休整和补充，战场的粮弹储备不多，后方的交通网建设也不完善，仍不足以保证既在正面顶住敌军的进攻，又在侧后制止敌军登陆。

在这种情况下，志愿军首长决定，加紧第五次战役的准备，抢在敌军实施登陆进攻之前，在正面战场发起战役反击，迫使敌军放弃在志愿军和人民军侧后登陆的企图，以避免同时进行两面作战。

4月6日，志愿军召开了党委扩大会议。彭德怀在会上传达了他2月下旬回北京时，中共中央和毛泽东主席确定的新的战争指导方针，指出："我们的总方针是：'战争准备长期，尽量争取短期'。在这个总方针下，我全国军队今年准备补充六十万，并确定全国以国防建设为主，经济建设亦围绕国防建设。我实行轮番作战，改善志愿军装备，改善供给运输线，加强后勤机构，并努力准备空军、装甲部队参战，这就是为了尽可能争取短期。"①

根据"战争准备长期，尽量争取短期"的战略方针，志愿军党委扩大会议在分析敌情和总结前四次战役经验的基础上，着重研究和决定举行第五次战役问题，并具体提出了实施第五次战役的方针和部署。

会议对"联合国军"越过三八线后继续北进，以侧后登陆配合正面进攻，在朝鲜蜂腰部建立新防线的可能性高度重视，认为：如果"联合国军"这一阴谋得逞，志愿军和人民军主要供应线会被切断，将造成极大威胁，因此，对"联合国军"登陆企图要做切实的估计，做好充分准备。

为了粉碎"联合国军"从侧后登陆配合正面进攻的阴谋，迅速夺回主动权，会议决定抢在"联合国军"登陆之前，发起第五次战役。彭德怀在会议上的讲话中指出，"我军反攻时机，以现在为最好，因为敌很疲劳，伤亡还未补充，部队不甚充实，且后备部队尚未来到"，但考虑到我第二番作战部队尚未集结完毕，因此，决定将敌大体放至金化、文登里、杆城一线，然后实施反击。"如敌进展较快，则决于四月二十日左右发起反击战役；如敌进展较慢，则拟于五月上旬开始；若再推迟，待敌登陆和增援到来后再打，可能增加

① 《彭德怀军事文选》，385页，北京，中央文献出版社，1988。

我军的困难。”[①]

会议决定：第五次战役的主要目的是“消灭敌人几个师，粉碎敌人的计划，夺回主动权”，实施反击的主要地域为西线汶山至春川间，主要攻击目标为美军部队，即美第8集团军指挥的5个师又2个旅，包括美第1军指挥的美第3师、美第25师、南朝鲜第1师、英第29旅、土耳其旅，美第9军指挥的美第24师、南朝鲜第6师。

会议根据“联合国军”和南朝鲜军战役布势纵深小（基本上只有战术纵深），其援兵主要来自横的方向的情况，决定：在战役指导上，实行战役分割与战术分割相结合、战役包围迂回同战术包围迂回相结合的方针。具体部署是：以第40军从金化至加平线劈开战役缺口，将敌东西割裂，并以第39军牵制华川和春川间之美军不使其西援；集中第3、第9、第19兵团在西线对美第1、第9军实施主要突击，以第3兵团从正面突击，第9、第19兵团分由两翼突击，并实施战役迂回，首先集中力量歼灭南朝鲜第1师、英第29旅、美第3师（欠一个团）、土耳其旅、南朝鲜第6师，尔后再集中力量会歼美第24、第25师两个师。

会议还决定，为防止“联合国军”实施侧后登陆和空降，以第42军位于元山、阳德地区，第38军位于肃川地区，第47军（4月11日入朝）位于平壤地区；另建议朝鲜人民军以第2军团位于淮阳、华川地区，第6军团主力位于沙里院、载宁地区。如敌实施登陆，准备待敌登陆后消灭之。

为了争取第五次战役的胜利，会议还对战役的准备作出部署。决定：第一，立即抓紧时间进行政治动员和战术教育；第二，组织第一批参战部队的干部向新参战部队介绍作战经验，并派出顾问协助指挥，对补入部队的新兵给予必要的军事教育；第三，按照作战区域划分，严密组织战役侦察和战术侦察；第四，加紧囤积粮弹物资，规定各参战部队自带5天干粮，各后勤分部准备5天干粮随部队跟进，并要求后勤部门对如何克服三八线南北300华里无粮区、保证部队粮食供应作出专门布置；第五，要求卫生部门做好收容4万~5万伤员的准备；第六，工兵部队立即着手抢修熙川经德岘里、宁远、孟山到阳德公路，准备在敌一旦登陆、我西线交通被切断时，作为主要运输线。

4月10日，彭德怀致电毛泽东，汇报第五次战役的方针和部署，指出：“我作战企图，拟从金化至加平线，利用这一大山区，劈开一个缺口，将敌人

① 《彭德怀军事文选》，386页，北京，中央文献出版社，1988。

东西割裂，然后用九兵团和十九兵团对西线敌人进行战役两翼迂回，三兵团正面进攻，以各个分割歼灭敌人，力求在三八线以北歼灭敌人几个师，得手后再向敌纵深发展。”①

4 月 13 日，毛泽东复电彭德怀：“完全同意你的预定部署，望依情况坚决执行之。”②

根据“战争准备长期，尽量争取短期”的方针，志愿军党委把这次反击战役看做是战争是长期还是短期的决定性战役。4 月 19 日，彭德怀、邓华、朴一禹等联名发出第五次战役政治动员令，指出：“这次战役的意义十分重大，因为它是我军取得主动权与否的关键，是朝鲜战争的时间缩短或延长的关键。如果我们在这次战争中能大量歼灭敌人的有生力量，不仅使敌人在朝鲜战场上丧失主动权，且会更加深敌人内部的矛盾与混乱，使全世界人民争取和平民主的斗争取得有力的配合，并有可能缩短美帝罪恶的侵朝战争，反之战争主动权不能取得，战争时间就会拖长，今后困难也就会增多。我们要力争战争时间缩短。”号召全军动员起来，发扬艰苦奋斗的精神，以无比的勇敢和智能，成建制地消灭敌人，争取每战必胜。志愿军政治部也发出《第五次战役政治工作指示》，指出：“第五次战役即将开始，战役任务为大量地歼灭敌人几个整师，具体要求每个军歼敌一至两个团，战役的目的是取得主动权，争取缩短战争的时间。”

4 月 11 日，志愿军司令部下达《战役指导方针及战术思想指示》，进一步阐明了志愿军党委扩大会议所确定的作战指导方针，强调“只要我们能紧紧掌握‘集中优势兵力，各个消灭敌人’的原则，在战役上以足够兵力把并进之敌割裂为几个大块，同时在战术上，再把几个大块分割为几个小块，集中绝对优势的兵力火力，迅速分别歼灭，我们就一定取胜”。根据参战部队多数是第一次在朝鲜战场与美伪军作战的情况，《指示》要求，“全军特别是各级首长要做到‘周密准备深入指挥’”。《指示》对志愿军步炮协同、步坦协同③、打敌坦克、排雷等具体战术问题也作了专门指示。④

根据战场情况，彭德怀等志愿军首长最后确定：以金川、渭川里、朔宁、

① 彭德怀致毛泽东电，1951 年 4 月 10 日 24 时。

② 《建国以来毛泽东军事文稿》，上卷，473 页，北京，军事科学出版社、中央文献出版社，2010。

③ 原计划第五次战役有坦克部队参战，但坦克部队未来得及参加此次战役。

④ 参见志愿军司令部：《战役指导方针及战术思想指示》，1951 年 4 月 11 日。

场巨里、文惠里、山阳里一线，为最后阻击线和第五次战役的进攻出发线。①

4月15日，志愿军各参战部队开始向进攻出发线开进集结。彭德怀于4月18日亲自起草电报，命令各部队务于4月18日进入攻击准备位置，20日前完成一切准备，以便全军于21日或22日黄昏前发起战役反击。

4月21日，中朝联合司令部首长彭德怀、邓华、朴一禹正式下达第五次战役作战命令，决心集中志愿军主力于西线实施主要突击，以歼灭北汉江以西美军3个师（欠1个团）、英军与土耳其军3个旅、南朝鲜军2个师为目的，首先集中力量歼灭南朝鲜第6、第1师，美第3师（欠1个团），英第27、第29旅和土耳其旅，然后集中力量会歼美第24、第25师；另以人民军在东线歼灭南朝鲜军1～3个团。具体部署是：

朝鲜人民军第1军团首先歼灭开城、长湍地区之敌，尔后以1个师担负延安、白川线海防，军团主力渡过临津江歼灭汶山之敌，尔后经高阳向汉城攻击前进，占领汉城后担任该城守备；第6军团以1个师位于海州、瓮津半岛担负海防任务，主力控制于沙里院、载宁地区，准备打击登陆和空降之敌。

志愿军第19兵团以1个军迅速突破临津江西岸之南朝鲜第1师防线后，由高浪浦里附近强渡临津江，迅速向议政府实施战役迂回，断敌退路，阻敌增援，得手后以一部向汉城推进，并相机占领之。兵团主力由高浪浦里、麻田里、无等里段渡江，首先歼灭绀岳山地区之英第29旅，尔后向东豆川里、旺方山、抱川方向攻击前进，由西南向东北突击，协同第3、第9兵团会歼永平、抱川地区的美第24、第25师。

志愿军第9兵团首先集中绝对优势兵力、火力，迅速歼灭英第27旅，以一部钳制美第24师，割裂美第24师与英第27旅的联系。得手后，直插机山里、万世桥里、抱川，由东南向西北攻击，协同第19、第3兵团主力会歼美第24、第25师。

志愿军第39、第40军由第9兵团指挥。第40军向加平方向突击，歼灭南朝鲜第6师，打开战役缺口，切断春川至加平公路，割裂东西线美军联系，并以一部前出到华川、春川间之马坪里地区断敌退路，配合第39军歼灭逃敌与阻援。第39军以一部兵力于华川以北钳制敌人，主力向论味里、原川里方向突击，钳制美陆战第1师、骑兵第1师不得西援，保障兵团左侧翼安全。

---

① 参见彭德怀等志愿军首长致各兵团，第39、第40军前勤，炮指，工指并报军委、东司电，1951年4月12日23时。

志愿军第3兵团首先集中绝对优势兵力与火力，歼灭涟川地区之美第3师主力及土耳其旅，得手后向哨城里、钟悬山突击，协同第19、第9兵团主力会歼美第24、第25师。

朝鲜人民军前线指挥部所属部队位于东线，第3、第5军团以一部兵力于杨口以北地区配合志愿军第39军积极钳制美第2、第7师，主力向南朝鲜第3、第5师接合部西湖里、麟蹄地区突击，首先歼灭南朝鲜军一两个团，得手后向平昌、江陵方向发展进攻；人民军第2军团留置淮阳、化川地区，并以一部担任海面警戒，准备打击由通川、襄阳一线登陆之敌。[①]

此时，志愿军第一线作战兵力为3个兵团11个军33个师和3个地面炮兵师、1个高射炮师，共54.8万余人（不含人民军），敌我地面作战兵力对比为1∶2.02，志愿军已居优势，而且士气高昂。3月底，中国人民第一届赴朝慰问团来到朝鲜，使部队更备受鼓舞。

后方勤务机构和后勤部队也得到加强。到第五次战役发起前，志愿军后勤机构和部队已增加到6个后勤分部、2个口岸办事处、31个大站、39个医院、11个汽车团、17个辎重团、8个人力运输团又8个运输营、8个警卫团又7个警卫营、11个担架团，共18万余人。后方供应已基本形成四条固定供应线和连点成线的部署，并实行了“分段包运”制度，提高了运输效率，物资供应状况有所改善。到4月初，志愿军已囤积粮食3000万斤，弹药3至5个基数。但是，从根本上讲，志愿军的后勤供应情况此时尚未得到根本好转，只能保障最低限度的供应，不能满足作战的需要。

---

① 参见彭德怀、邓华、朴一禹致各兵团、各军首长电，1951年4月21日15时。

第三十章

第五次战役第一阶段作战

（参见附图8，序列表11、12）

志愿军发起进攻前的战场态势

4月中旬，“联合国军”在发现志愿军战略预备队集结后，判断志愿军和人民军将很快会发起新的战役反击，因此进展缓慢。

志愿军总部为了诱敌深入，便于部队出击，决定第一线各阻击部队再后撤一步，让敌人胆深入。15日，志愿军首长令担负阻击任务的第39、第40、第26军主力于17日夜开始向预定的第五次战役进攻出发阵地逐步后撤。

志愿军阻击部队后撤后，“联合国军”除在华川方向因道路泥泞和志愿军部队的坚决阻击而迟迟未进外，在其他地区开始缓慢向“怀俄明线”推进。至4月19日，美第25师、第24师夹汉滩川北进，其先头团已经进至铁原附近之药泉洞、文惠里地区，逼近“怀俄明线”。

中朝联合司令部首长鉴于“联合国军”已经基本进入志愿军和人民军预定的歼敌地区，且在铁原正面的部队态势已经突出，同时估计“联合国军”将继续北进，于4月19日23时决定：按照预定部署，4月22日黄昏开始实施反击，发起第五次战役。①

---

① 参见彭德怀、邓华、朴一禹等人致各兵团司令员、政委，各军军长、政委电，1951年4月19日23时。

4 月 21 日,北进的“联合国军”部队在志愿军和人民军第一线部队的节节阻击下,被扼制于开城、长湍、高浪浦里、三串里、芝浦里、文惠里、华川、杨口、元通里、杆城一线。当其发现志愿军和人民军即将实施战役反击时,在原进攻布势的基础上,略加调整,转入防御,以主力配置在涟川、东豆川里、华川、芝村里地幅内,企图扼守汶山、涟川、芝浦里、华川、杨口、元通里、杆城地区,并在议政府至春川建立第二防御地带,在水原至原州建立了第三防御地带。其基本布势为:

美第 1 军指挥 3 个师另 2 个旅,防守汶山、高阳、古南山、富坪里地带,第一线为南朝鲜第 1 师(附南朝鲜青年团)展开于开城、汶山、廉安里(高浪浦里以南)地区;美第 3 师(欠 1 个团)附英第 29 旅、菲律宾营展开于廉安里、麻田里、三串里(涟川以北)地区;美第 25 师附土耳其旅展开于涟川及芝浦里以西古南山地区。美第 3 师第 15 团为预备队,位于议政府。

美第 9 军指挥 3 个师另 1 个旅,防守汉滩川、清平川、大利里、春川地带,第一线为美第 24 师展开于文惠里、汉滩川(芝浦里)、自等里地区;南朝鲜第 6 师展开于上海峰、头流峰地区;美陆战第 1 师附南朝鲜陆战第 1 团展开于将军山、大利里地区。英第 27 旅为预备队(后由英第 28 旅接替,英第 27 旅回香港整补),位于加平。

美第 10 军指挥 3 个师成一个梯队展开,防守九万里、洪川、元通里、大岩山地带,其中美第 2 师附荷兰营、法国营位于九万里、杨口地区;美第 7 师位于杨口、加儿里地区;南朝鲜第 5 师位于加儿里、元通里地区。

南朝鲜第 3 军团指挥 2 个师,防守元通里、山南里、月屯里地带,第一线为南朝鲜第 3 师展开于元通里、寒溪岭地区。南朝鲜第 7 师为预备队,位于县里、美山里地区。

南朝鲜第 1 军团指挥 3 个师,防守寒溪岭、横岭里、杆城、江陵地带,第一线为南朝鲜首都师展开于寒溪岭、华彩峰地区;南朝鲜第 11 师展开于达摩峰、杆城地区。南朝鲜第 9 师为预备队,位于江陵地区。

美骑兵第 1 师、第 187 空降团级战斗队、南朝鲜第 2 师为美第 8 集团军预备队,分别置于春川、水原、原州地区。

志愿军和人民军各突击集团均于 4 月 21 日午前进入进攻出发阵地,做好了进攻准备。各部展开位置和作战任务如下:

第 9 兵团所属第 20、第 26、第 27 军及指挥的第 39、第 40 军,配属炮兵第 1 师第 25、第 26、第 27 团、炮兵第 2 师第 30 团第 1 营、炮兵第 7 师第 11 团和防坦克歼击炮兵第 401 团,展开于铁原,金化地区。所属各军的作战任务是：

第20军（附炮第1师第26团、炮第11团一部）于金化东南及东北地区展开，进攻发起后，主力沿多木里、实乃里、史仓里由东向西包抄英第27旅后尾，以一部沿上文殊里、道德洞由北向南配合主力攻歼英第27旅。得手后直插机山里、万世桥、抱川，由东南向西北攻击，配合3兵团、19兵团、第26、第27军割裂美第24师或第25师之一部，分别攻击之。

第27军（附炮第1师第25团、炮第30团1营、炮第11团1个营及战防炮第401团3个连）于金化西南及西北地区展开，进攻发起后，沿松洞里、阳地村、文惠里、芝浦里由西北向东南割裂美第24师与英第27旅联系，坚决堵截美第24师东援，并以一部协同第20军会歼英第27旅，得手后，即直插新场里、永平线，割裂美第24师或美第25师一部，分批歼灭之。

第26军（附炮第1师第27团及战防炮第401团3个连）于战役发起前，坚决阻击当面之敌，确保葛末面、内加、外加、金鹤山等地阵地，战役发起时，即叫一部从葛末面进至文惠里地带，坚决打击美第24师及美第25师向北、东北及向东进犯，保证第27军右翼安全，并以一部配合第20、第27军攻歼美第24师。

第39军位于山阳里地区，战役发起后，进入山阳里以西及西南地区，背向西北与第40军靠拢，齐头南插，坚决钳制美陆1师全部，保证第40军左翼安全，同时尽可能歼敌一部。

第40军位于金化东南之福柱山、六丹里地区，任务为歼灭南朝鲜第6师全部或大部，打开战役缺口，割裂东西线敌军联系。战役发起时，沿多木里、实乃里插断南朝鲜第6师，歼其一部或大部，得手后即插至加平、春川间阻敌西援，保证第20军、第27军左侧翼安全。

第3兵团所属第12、第15、第60军，配属炮兵第2师第28、第29团、第30团（欠第1营）及防坦克歼击炮兵第403团，展开于朔宁、铁原之间地区。所属各军的作战任务是：

第60军位于天德山、高台山及铁原以西地区。进攻发起后，主力沿高台山、大松亭、化人峰向釜谷里、中里一带地区攻击，割裂美第25师与土耳其旅联系，阻止美第24师西援。

第12军位于朔宁以东之石桥、陶渊里、栗田里地区。进攻发起后，从第60军右侧，向涟川以东之法化洞、富兴洞方向突击，突破后力争夜间歼灭土耳其旅，尔后视情况与第15军会歼涟川之美第3师。

第15军位于朔宁地区。进攻发起后，经甘水峰、榆岘、上三串里、细谷里向金谷里攻击前进,沿临津江直下涟川,首先歼灭美第3师第65团,继之会歼其师部及另一个团。

第19兵团所属第63、第64、第65军和指挥的人民军第1军团,配属炮兵第8师第31团、第44团,展开于渭川里,九化里地区。所属各军的作战任务是:

第64军位于有德里、弘化里地区。进攻发起后,首先歼灭高浪浦及以北石柱院里、紫介洞、坪村(均含)、沙尾川以西地区之敌,同时强渡临津江,然后以勇猛的动作直插议政府,实施战役迂回,断敌退路,阻击援敌。得手后以一部向汉城推进,相机占领之。

第63军位于九化里以东及以北地区。进攻发起后,首先歼灭麻田以西屯田、斗日场(含)以东地区之敌,尔后由石湖(含)以东至无等里段强渡临津江,直插绀岳山,割断英第29旅与美第3师联系。除以一部向东豆川方向阻击美3师西援外,主力直插西南协同第65军歼灭英第29旅。

第65军位于渭川里及以北地区。进攻发起后,以一个师担任歼灭石柱院里、紫介洞、坪村、斗日场(均不含)以北地区之敌,得手后,即由新贷戍、滩浦渡、临津江向东突击协同第63军歼灭江南地区之敌。炮第31团配属第65军指挥。

人民军第1军团位于开城、金川之间地区。首先歼灭开城、汶山地区之敌,尔后向高阳、汉城方向突击,占领汉城后担任该城守备。

东线人民军前线指挥部所属人民军第3军团于杨口东北地区展开,战役发起时,以1个师插至大兴里(原兴里)、麟蹄间公路,断敌退路,堵击麟蹄之敌并阻击大兴里北援之敌;另1个师以1个团阻击杨口东援之敌,师主力首攻加儿里、仰金田以南高地之敌,得手后,主力转为机动,视情阻击杨口东援之敌或向敌纵深发展。

人民军第5军团展开于麟蹄以北之坪里地区,主要任务是聚歼南朝鲜第5师主力及南朝鲜第3师一部于麟蹄至泥坪里、松区里一带地区。进攻发起后,以1个师从寒溪里以东之葛直村实施突破,打开缺口,得手后向德积里发展,寻歼南朝鲜第3师一部,尔后控制许君峙一线高地,阻击县里北援之敌;另1个师由突破口投入战斗,猛插鱼稳里、德积里以西高地,并向敌纵深发展进攻,寻机歼泥坪里、车坪里、松亭里一线之敌。

为保障战役行动,志愿军工兵指挥所所属工兵第4团配属装甲兵指挥所,保障坦克部队完成作战任务;工兵第6团配属炮兵指挥所,保障炮兵部队完成作战任务;工兵第5团担负保障中线由伊川经安峡到市边里段公路交通任务;工兵第 8 团担负保障西线物开里经南芙蓉、白花里到市边里段公路和由市边里经长佑里、渭川里到九化里段公路交通任务。

志愿军和人民军全线攻击,再次突破三八线

4 月 22 日昼间,西线“联合国军”以一部兵力继续向铁原、金化方向进攻,向“怀俄明线”推进,主力转入防御。

当日(4 月 22 日)黄昏,志愿军和人民军各突击兵团以排山倒海之势,对“联合国军”展开全线反击,发起第五次战役。

担负战役割裂任务的第 40 军第一梯队展开 2 个师,以第 118 师从上实乃里东西一线突破,沿下实乃里、史仓里、乾野川向沐洞里、加平攻击,切断春川至加平公路,阻敌西援;以第 120 师从南朝鲜第 6 师、美陆战第 1 师接合部头流山突破,沿滩甘里、狮子洞向芝岩里、军粮垈攻击,分割南朝鲜第 6 师和美陆战第 1 师联系,保障军左翼安全。

22 日黄昏,第 40 军部队在打退敌人进攻之后,第一梯队 2 个师对敌发起反击。由于准备充分,组织严密,部队动作勇猛,进展很快。第 118 师迅速突破南朝鲜第 6 师防线,直插敌纵深,沿途攻击前进,歼敌多部,于 22 日 24 时进至华阴洞地区。第 120 师由上、下万山洞突破,攻占头流山、将军山,在向敌纵深发展过程中,先后在板尾洞以北、东薮密里、华阴洞等地歼敌一部。

至此,第 40 军部队已经突入敌纵深 20 多公里,打乱了南朝鲜第 6 师的部署。但美陆战第 1 师仍位于华川地区,未遭严重打击,威胁志愿军第 9 兵团主力的侧后安全。第 40 军遂调整部署,以预备队第 119 师进至史仓里地区,控制芝村里至史仓里公路,保障主力的侧后安全。同时令第一梯队 2 个师迅速向南扩大战果。

23 日,第 40 军主力继续发展进攻。第 118 师先头营第 354 团第 3 营,在敌军密集的空中火力和炮火封锁下,翻越海拔 1000 余米的霄云砚,沿途打垮敌人 5 次阻拦,歼灭美第 24 师、南朝鲜第 6 师各一部,以每小时近 8 公里的速度前进,于 24 时插至加平东北的沐洞里,到达了指定地点,胜利完成战役割裂任务。随即与正向西、向北机动增援英第 27 旅的美骑兵第 1 师、英第 29 旅各一部展开激战。

志愿军第 120 师兵分两路,击溃向南撤退的美军 1 个炮兵团,缴获全部

装备，并于滩甘里（华川西南）截住美陆战第1师1个营，激战一夜，因缺少反坦克武器和炮火支援，被围之敌在飞机、炮火支援下，以坦克开路，大部逃脱。24日，第120师攻占马坪里，进至上级指定的地点，并与友邻第39军会合，将美陆战第1师隔于北汉江以东，使其不得西援。

经过两天的激战，第40军歼灭南朝鲜第6师、美第24师各一部，缴获各种火炮20余门、坦克12辆、汽车50余辆，深入敌纵深50余公里，胜利完成了战役割裂任务。

与此同时，第39军进占华川，并继续向南进攻，前出到华川以南之满月岘、原川里一线，与第40军部队协同，将美陆战第1师隔于北汉江以东，不得西援。

至此，志愿军在加平方向打开战役缺口，将东西线敌军割裂于北汉江两岸，实现了战役割裂的目标。

担负西线左翼主要突击任务的第9兵团主力，在实施30分钟的火力准备之后，迅速突破当面之敌的防御，进展顺利。

第20军于22日17时开始进攻。第60师第179团突破后，以第2营向敌纵深实施穿插，抢占荷吾岘，随后边打边进，于23日5时半进至加里山及附近地区，完成了穿插任务。第59师突破后，被守敌纠缠，延误了时间，影响了向长明里穿插任务的完成，自等里之敌乘隙逃脱；第27军以第80、第81师由美第24师防线中央完成突破，战至23日拂晓，攻占脚屹峰、龙华洞一线阵地，打开了缺口；第26军攻占芝浦里西北高地，继向永平攻击前进。至23日夜，第9兵团各军均完成了第一步作战任务，前出15～20公里，进占龙华洞、外药寺洞、白云山地区，歼灭美第24师、南朝鲜第6师各一部。

在志愿军第9兵团部队的猛烈突击下，美第24师和南朝鲜第6师开始向南逐步退却。志愿军第9兵团遂调整部署，命令各军“迅速抓紧时机，插断南逃之敌，坚决、大胆割裂分批歼灭之”。同时强调，各军要依据上级战役意图，“根据敌情，大胆机断，处理果敢，迅速动作，不得延误战机”①。

第9兵团部队多路猛进，于24日前出至云山里、坡州洞、国望峰一线，逼近三八线，并在永平、金谷（坡州洞北）、龟汀洞等地，分别包围了美第24师5个营、连建制单位，但因炮兵部队在敌机威胁下不能适时跟进和断敌退路兵力不足，以及敌人强大的机动火力冲击，被围之敌大部突围南逃。

---

① 宋时轮等第9兵团首长致各军师首长电，1951年4月23日14时30分。

担任中央突击的第3兵团突破后，在涟川以北受到美第3师、土耳其旅顽强抵抗，进展比较缓慢。第60军第181师于22日晚由高台山、大松亭、化人峰一线出击，进占地藏洞，守敌南逃，该师随即向前推进，突入敌纵深10余公里，于23日4时攻占加齿里，并渡过汉滩川，击溃当面之敌，占领釜谷里，将美第25师与土耳其旅割裂；第12军以第34师在右，第35师在左，同时向草幕、富兴洞之土耳其旅展开攻击，当即将敌击溃，歼敌300余人，余部南逃；第15军第29师、第44师主力向涟川西北之美第3师第65团及菲律宾营发起攻击，于23日1时攻占美罗洞、玉女峰、塔巨里一线，将敌打乱，第44师在美罗洞包围敌一部，但敌在飞机、坦克的支援下，突围南逃。第29师遭敌反扑，玉女峰、塔巨里一度失守，后组织反击，重新夺回。至23日午后，第3兵团前出到涟川东西地区。

23日午后，土耳其旅开始由汉滩川以北地区南撤，涟川的美第3师第65团也向西撤退。志愿军第3兵团遂于23日15时调整部署，令第60军主力紧紧抓住并阻击美第25师，造成主力歼灭美第3师及土耳其旅之条件；令第15军及第12军第31师集中全部炮火，全力围歼涟川之敌，以造成尔后炮兵部队经涟川出哨城里，协助步兵歼灭敌人之条件；令第12军第34、第35师和第60军第181师继续寻歼土耳其旅，如土耳其旅已经南撤，则第181师出哨城里以南（东豆川里以北）截敌南逃及阻敌北援，第35师出哨城里以东及东北，第34师出全谷里以东及东南，将釜谷里、哨城里之美第3师第7团打乱，并分割包围，不使之逃窜。①

第3兵团各军根据兵团的部署，继续南进，于24日晨前出至三八线附近的花峰村、炭洞、板巨里之线，先头6个师先后突破汉滩川，展开追击作战，并在炭洞、栗隅地区包围了美第3师第35团，但由于敌有大量航空兵、炮兵、坦克掩护，志愿军部队久攻不下，敌突围南逃。第3兵团部队在哨城里、宝藏山、永平地区与敌形成对峙。

担负右翼突击任务的第19兵团之第63、第64军和朝鲜人民军第1军团在扫清临津江西岸之敌后，第一梯队师于23日凌晨突过位于三八线附近的临津江。

第63军突破临津江后，攻占了江南要点绀岳山和瓮店洞以南398.1高地等制高点，随后，以预备队第189师投入战斗，继续向磨叉山、神岩里英第29旅阵地进攻。

① 参见王近山等第3兵团首长致各军、各师首长电，1951年4月23日15时。

第 187 师突破临津江之后，迅速攻占江南要点绀岳山，全歼守敌 1 个连。师首长随即调整部署，决心增强穿插力量，前后夹击，围歼雪马里之敌，令第 561 团经绀岳山向沙器幕穿插，切断雪马里之敌退路，阻敌增援，令第 559 团 3 营从雪马里西侧向敌纵深推进，割断雪马里之敌与西面敌军的联系，令师二梯队第 560 团投入战斗，攻歼雪马里之敌。

各团根据部署，立即展开行动。第 561 团 1 营冲破敌军密集火力封锁，直插沙器幕，击溃敌军 1 个营，于 23 日 18 时攻占 295.4 高地，切断了雪马里之敌的退路。第 561 团主力也攻占沙器幕左前方的 349、424 高地，控制了雪马里至议政府的公路。第 560 团 1 营则利用第 561 团的穿插效果，迅速迂回至雪马里侧后，于 24 日 4 时在 295.4 高地与第 561 团 1 营会合。至此，第 187 师完成了对雪马里之敌的包围。

在雪马里被第 187 师包围的是英军第 29 旅格罗斯特营及配属的皇家炮兵第 70 连、皇家炮兵第 170 迫击炮连 C 排，及部分坦克分队，共约 1000 余人。格罗斯特营是英军的王牌部队，已有 150 多年的历史，早在 1810 年远征埃及的殖民战争中，就曾因突出重围，转败为胜，英皇授予全营官兵刻有“皇家陆军”字样帽徽，因此该营官兵均佩戴两枚帽徽，被称作“皇家陆军双徽营”。

4 月 24 日拂晓，雪马里围歼战开始。第 187 师以第 560 团主力前后夹击，攻占雪马里以北的高地。英军难以抵挡志愿军的勇猛进攻，在纵深炮火的掩护下，趁清晨大雾，向南突围，当即遭到第 560 团 1 营的截击，被堵回雪马里。志愿军继续进攻，进一步压缩了对雪马里的包围圈。

格罗斯特营被围，在“联合国军”内部引起极大的恐慌。在志愿军的第三次战役中，英第 29 旅所属皇家奥斯特来复枪团第 1 营曾因掩护美军撤退而全军覆没，在英美两国政府间引起诸多争吵。此次英第 29 旅因掩护美军后撤，所属部队再次被包围。如果格罗斯特营被歼，不可避免地要在英美之间形成新的矛盾。“联合国军”总司令李奇微接到报告后，亲自赶赴朝鲜，在美第 3 师指挥所召见第 8 集团军司令范佛里特、美第 1 军军长米尔本、美第 3 师师长索尔开会，研究解救格罗斯特营方案。美第 3 师决定以第 65 团两个营，加强第 64 坦克营、第 10 野战炮兵营组成救援部队，由西向东进攻，令南朝鲜第 1 师由西向东进攻，打开缺口，救出格罗斯特营。同时令空军向格罗斯特营紧急空投各种作战物资。英 29 旅也组成救援部队，接应格罗斯特营突围。

在志愿军第 187 师部队包围英第 29 旅格罗斯特营的同时，英第 29 旅派出的救援部队菲律宾第 10 营，在 24 辆坦克和 10 余架飞机的支援下，由土桥场向雪马里攻击前进。志愿军第 561 团 3 营在神岩里、新村一线展开顽强阻击。菲律宾部队在飞机、火炮的支援下，以坦克为先导，对志愿军阵地轮番进攻。志愿军第 561 团第 3 营凭借有利地形，顽强阻击，固守阵地，使敌援军虽然距格罗斯特营只有不到 2 英里，却始终无法会合。

当志愿军第 187 师在雪马里地区与敌激战的时候，由美第 3 师第 65 团及其配属部队组成的增援部队，也在 8 架飞机掩护下，以 20 余辆坦克为先导，于 25 日拂晓由土桥场沿公路向雪马里推进。志愿军第 189 师 565 团一部正好在此时赶到了土桥场，立即抢占土桥场以南制高点，以正面堵截、侧后攻击的手段，对敌发起进攻。美军以坦克构成环形防御圈，并不断向前移动，企图冲破志愿军的堵截，增援雪马里。志愿军第 565 团以集束手榴弹和炸药包攻击敌坦克，前赴后继，对敌展开连续攻击，使美第 65 团增援部队始终未能前进一步。

菲律宾第 10 营和美第 65 团西进的同时，南朝鲜第 1 师也根据美第 1 军的命令，派出第 12 团由西向东进攻，救援格罗斯特营。在美军 1 个重型坦克连引导下，南朝鲜第 12 团由神岩里西侧向雪马里攻击前进，当即遭到志愿军第 187 师第 559 团第 9 连的堵截。激战 10 余分钟，志愿军第 9 连击毁坦克 5 辆、汽车 6 辆，歼敌 100 余人，余敌溃退。

志愿军外围部队顽强阻击敌援军，担负主攻雪马里任务的志愿军第 560 团则对被围之敌展开连续攻击，先后攻占雪马里四周的高地，将敌最后压缩于 235 高地的狭小地域中。4 月 25 日 8 时，志愿军第 560 团对敌发起最后攻击，勇猛前进，攻占 235 高地主峰，全歼守敌。

雪马里围歼战，志愿军第 187 师全歼英第 29 旅格罗斯特营及其配属部队，缴获各种火炮 26 门、坦克 18 辆、汽车 48 辆及大批作战物资。

在此期间，第 63 军第 188 师也攻击前进，穿插篁芳里，迂回磨叉山，先后歼敌多部，于 25 日进至敌纵深 30 公里处的项洞，割裂了英第 29 旅和美第 3 师的联系。

第 63 军第 187 师和第 188 师，勇敢穿插，分割围歼敌军，战后受到志愿军首长的通令表扬。

担任战役迂回任务的第 64 军发起进攻后，击溃临津江以北之南朝鲜第 1 师守备部队，至 23 日 4 时，共有第 191、第 192 师 4 个团由石浦、高浪浦里渡过临津江。在攻占长坡里、高士洞一线后，于江南岸弥陀寺以北地区受阻，未能迅速突破南朝鲜第 1 师主阵地。23 日白天，敌在飞机、大炮、坦克的支援下,不断反击,与第64军部队形成对峙。

23日15时,第19兵团电令第64军:“虽顺利完成第一步渡江任务,但断敌归路尚远,望各部(师)今晚必须排除一切困难,插议政府,占领预定目标。”第64军遂于当日18时以预备队第190师由高浪浦里渡江,从第191师右翼投入战斗,执行向议政府实施战役迂回的任务。至24日4时40分,第190师师指率5个营进至麻山里、东文里一线,但未能突破敌纵深阵地,仅有1个营和侦察支队突过敌纵深阵地,插向议政府。24日,第64军为迅速击破当面之敌,完成向议政府方向实施战役迂回的任务,遂对当面之敌展开猛烈进攻,但由于缺乏进行连续攻击的准备,未组织有效的炮火支援(炮兵被隔在临津江以北),再次受阻。

此时,第19兵团第二梯队第65军2个师已渡过临津江,准备协同第63军会歼英第29旅。由于第64军部队前进受阻,结果在长坡里、高士洞、马智里以北、临津江南岸约20平方公里的狭小地区内,共拥挤有5个师的大部兵力,遭敌炮兵、航空兵火力突击,伤亡较大,影响了向议政府实施战役迂回和歼灭英第29旅的任务按时达成。

人民军第1军团于22日晚占领开城,23日占领长湍,各歼敌一部,之后继续向汶山方向进攻。24日由高浪浦里以西渡过临津江,逼近汶山,一部转向议政府、高阳之间地区进攻。

西线志愿军和人民军发起进攻后,东线人民军第3、第5军团亦向杨口、元通里一线敌军发起进攻。4月23日,第5军团在麟蹄以北西湖里地区歼灭南朝鲜第5师第36团大部,24日又在麟蹄、县里间歼灭北援之南朝鲜第7师第5团大部。

至4月24日,经过两日激战,西线志愿军主力各兵团勇猛突击,已全部进抵或越过三八线。

美第8集团军在志愿军和人民军连续两日的猛烈突击下,全线告急,特别是西线美第1、第9军阵地多处被突破,并面临被分割包围的危险。4月23日中午,美第8集团军司令范佛里特令美第1军军长米尔本和第9军军长霍奇将部队后撤,沿“堪萨斯线”建立新防线。①

随后,美第8集团军以美第1军指挥的南朝鲜第1师、英第29旅继续

---

① 参见 Billy C. Mossman: United States Army in the Korea War, Ebb and Flow, November 1950 – July 1951(比利·C. 莫斯曼:《朝鲜战争中的美国陆军——潮涨潮落》,1950年11月至1951年7月),389页。

扼守汶山、弥陀寺、神岩里一线阵地，迟滞志愿军部队的进攻，保护其主力左翼，掩护美第1军主力和美第9军撤至磨叉山、哨城里、钟悬山、姜氏峰、玉女峰、龙华山一线组织新的防线。同时，美第8集团军调整部署，调英第28旅、加拿大第25旅两个营和美骑兵第1师第7团增强加平地区的防御，堵塞战役缺口，阻止志愿军第40军向其暴露的翼侧发展进攻；调美第1骑兵师（欠第7团）至汉城，南朝鲜第7师至麟蹄、南朝鲜第9师至县里，加强该三个地区的二线兵力。

为打破敌军的部署，发展胜利，4月25日13时30分，中朝联合司令部电令第19兵团："你们必须继续努力，组织火力与运动相结合的作战，勇猛地向议政府及其南北线挺进，否则正面之敌将节节抗击，退至汉江南岸，增加渡江开展战局的困难。"

根据联司指示，第19兵团调整部署，决定第63军除以一部攻歼东豆川里西侧之敌外，主力直插广积面、葛谷里；第65军首以一部攻歼马智里南山之敌，主力向法院里方向攻击，协同第63军攻歼英第29旅；第64军由弥陀寺西侧南插，向议政府方向猛进；人民军第1军团主力向汶山方向进攻。

第64军与当面之敌展开激战，多处突破敌军阵地，战至25日16时，敌开始南撤。该军各部随即南插，其先遣支队以坚决勇猛动作突入敌纵深25公里，前出到议政府西南之道峰山，对敌侧后造成了威胁。与此同时，第19兵团部队对当面之敌南朝鲜第1师、英第29旅发起猛烈进攻，突破了敌人主阵地，于24时前先后占领汶山、法院里、葛谷里、中牌里、七峰山一线。

在此期间，第3兵团和第9兵团协同对抱川地区之敌展开攻击。第3兵团于25日攻占哨城里、钟悬山、宝藏山地区，歼敌一部，并对南逃之敌展开追击，第15军1个营在哨城里东北大田里地区歼灭美第3师2个连，第12军部队于永平、金谷之间地区，歼灭东逃之敌100余人。随后，第3兵团第一梯队各师越过三八线，齐头向东豆川里、抱川方向攻击前进。第9兵团则继续向当面之美第24师突击，至25日晚占领清溪山、云岳山和中板里、永阳里地区，并歼敌一部。

至此，志愿军各突击集团已经全部越过三八线，占领汶山、东豆川、抱川、华川等地，逼近美第8集团军的"堪萨斯线"主防线。同时在加平方向打开了战役缺口，并对敌翼侧造成了严重威胁。但由于担负侧后战役迂回的部队前进受阻，而敌军凭借坚固阵地和优势火力、机动力，节节抵抗，逐步后撤，志愿军各突击部队难以达成战役和战术上的分割包围，即使包围了敌军，也难以迅速歼灭敌军，多数被围之敌在航空兵、炮兵、坦克的支援下突围逃跑，因此整个战役发展形成了平推，歼敌不多。

美第8集团军在志愿军和人民军的打击下，逐步撤至锦屏山、竹叶山、县里、加平、春川第二线阵地继续抵抗。

有鉴于此，中朝联合司令部令各突击集团暂时停止于原地，稍事集结，补充粮弹，待命再战。根据此命令，志愿军第3兵团第15军集结于汉滩川南岸哨城里至东豆川里地区；第12军集结于东豆川里南、铁路以东凤阳里至抱川、松隅线以西地区；第60军集结于永平以南、梁文里以西至抱川（含）一带地区。第9兵团之第26军集结于永平东西公路线以北（含）、芝浦里以南、柏谷南北公路以西（不含）地区；第27军集结于坡州洞、永平线以南，金柱山、长坊隅、水源洞以西（线不含），并及时向富坪、议政府侦察；第20军集结于观音山（场岩里西10里）、冠帽峰、金柱山、长坊隅、水源洞以东（线含），并及时向清平川及以南地区侦察；第40军集结于加平以北；第39军集结于芝岩里。

志愿军和人民军发展进攻、逼近汉城

美第8集团军撤至议政府、清平川一线后，范佛里特于4月26日在汉城以北地区确定一条新的防线。这条防线西起汉城郊区，向东在汉江以北数英里穿过北汉江，然后转向东北，经春川以南，直至东海岸的襄阳。他同时调整部署，在汉城地区集结重兵，企图固守汉城，并要求空军与海军全力封锁通往金浦半岛的道路，协同地面部队屏护汉城地区的安全。

彭德怀司令员根据战场形势的发展，于4月26日就第五次战役的进展情况和下一步作战打算，致电中央军委，汇报了自己的想法和计划：

（一）据各方透露，美敌四个国民警卫师（按编制每师一万八千人）已调来日本，（据友方谍息：美还有两个正规师约五万人亦调来日本），另李伪军三个师三万六千人在日本训练，近有开南［朝］鲜讯。以上新到日本之敌军如确，共有十五万余。估计敌或以一部加强正面，同时登陆我后方可能。

（二）此役原拟于五月上旬开始，但为了推迟敌之登陆，避免即时两面作战，因此提前于四月廿二日开始，故我准备均不充分，特别是粮弹准备不足，运输条件没有改善。我十九兵团大批新兵尚未加必要训练，三兵团到达后七天即参加作战，时间仓促。卅九军、四十两军连战数月没有休息。炮兵、坦克不能及时参战，空军参战时间更远。敌军兵力齐头靠紧，没有间隙，技术条件绝优于我，战术上前进时步步为营，后退时节节抗击。我插入敌纵深必须经严重战斗，才能打开缺口，故作战三昼夜，没有达成迂回议政府，截断敌归路，估计战果是有限的，不足以打破敌之登陆企图。

（三）朝鲜地势狭窄，海岸线长，港口多，且敌有强大海、空军，这些是其登陆便利条件。大量援兵到日本，在我后方登陆将更加明显。志［愿军］党［委］常委多次考虑，下一战役须准备打敌登陆部队。因此，我主力不宜南进过远。我军在朝鲜作战，如不能大量歼灭敌之登陆部队，则其登陆野心始终不会放弃。只要敌一登陆，我之咽喉即被扼住。我正面即打到釜山，亦终不能不被迫撤退。只有利用敌登陆企图，待其登陆后，诱其深入，消灭其登陆部队，粉碎其登陆阴谋后，才能取得最后胜利。同时，朝鲜地势狭窄，如敌不登陆，敌之兵力集中，不易分割，不如利用敌之登陆，隔离其联系，反而于各个击破有利。

（四）估计目前敌登陆地点，东海岸以通川、元山为主，次是西湖津。西海岸以镇南浦、安州为主，次是定州。如敌以十万人登陆，则可能东西同时进行；如以五万人登陆，则只能一面进行。以目前情形分析，在东海岸登陆可能性较大，但如在西海岸登陆，对我运输供应威胁最为严重。敌此次败退采取节节抗击，诱我深入，抓住我军，然后登陆，并使用伞兵配合。如敌登陆很快，我军虽有准备，但实际力量尚难应付两面作战，因我四十二军、卅八军休整补充未完，四十七军刚刚进入朝鲜，卅九军、四十军尚未进行休整，粮弹储存不多，熙川至宁远、孟山至阳德公路尚未修好。如能将敌登陆推迟一个月至一个半月（即五月底或六月上旬），我即能同时应付两面作战。

（五）根据以上所述，此次我军拟在打破敌之抵抗后，即以一个兵团及人民军第一、第五军团（共五个军）继续相机追击至卅七度线为止。如敌扼守汉江及汉城桥头阵地，我以小部队监视之、袭击之，使敌预备兵团部分增援正面，推迟其登陆时间，减弱其登陆力量（五万人），以便歼灭之。卅九军调成川地区，四十军调沙里院地区，以便必要时抽调卅八军、四十七军，有兵对付西［海］岸敌之登陆。廿六军调平康地区稍加整补，我主力置于三八线及其以北机动地区，准备歼灭登陆部队，或各个打击正面反攻之敌，视情况而定。我消灭敌登陆部队，不采死守海岸（守不住），但沿岸尽可能给以杀伤，待敌登陆后，离海军炮火射程以外地区，予以包围歼灭之。现时人民军东西海岸布防，可争取迟滞敌之前进，杀伤疲惫敌人，有利我在内地消灭之。

（六）为应付万一，我必须立即修好熙川至阳德（图上破邑）公路，并使其错车无阻，成为今后我之中间主要运输供应线。此事入朝时即已注意，但因抓得不紧，至今尚未完成。如能达到球场至德川接轨，以及龟城经泰川、宁边至球场铺轨，我运输供应线即减少威胁。

此外，为有效地消灭敌人，减少不必要的损失，盼军委对空军加速准备，配合作战。①

毛泽东基本同意彭德怀提出的方针和部署，指示周恩来起草中央军委的复电。4月28日，中央军委复电彭德怀：

（一）同意来电所拟作战方针和在这一战役结束后的兵力部署，望即照此执行。

（二）请注意在此次战役中对伪一师，美三师、二十五师、二十四师，土耳其旅及英二十八旅给以尽可能大的打击。目前这几天似乎还有此种可能，如能在此战中歼灭敌军一万五千至二万人，则于今后作战很有利。

（三）关于敌人调动情况，我们只知美军四十师、四十五师先后在日本北海道登陆，友方谍息则云美国已到日本两个师，还有两个师在运日途中，故不知美国已有四个师或六个师到达日本。现东京二十五日既有四个美师抵日的消息，已令作战部、情报部和新华社集中注意力，分别收听日、美、蒋、李②四方面广播和电讯，以便弄清情况及时告知你们。

（四）从此次敌人且战且退及在此以前的沿海袭扰情况看来，敌人确有诱我南下然后在北部登陆的企图。但我主力如停在三八线及其以北地区，而只以一个兵团及人民军向南进逼，估计敌人在未得到大量补充（估计五月份将有一批新兵）或援兵（即运日本的军队）能使用以前，还会有一个犹豫时间，而仍然与我们进行拉锯战，企图消耗我们。这种情况如果出现，对我们并无不利，只要我们避免主力消耗，转而消耗和分散敌人，则推迟敌人登陆或向北进攻，以便我完成各种准备，倒是合乎理想的。不过目前自应以敌人会很快登陆作准备，免陷被动。敌人如果沿南汉江集结，我三十九军、四十军可即调成川、沙里院地区，不再南进，以利元山、镇南浦之线的东西策应。

（五）修熙川至阳德公路，西南工兵团已从东北派出，尚需何种器材及帮助，望速查告。龟城经球场至德川修通铁路事，因中间须凿通若干山洞，

---

① 彭德怀致中央军委并转毛泽东主席并高岗，抄送金日成电，1951年4月26日。

② 指南朝鲜李承晚集团。

短时间万难修成，但我们仍令铁道部派员前往勘察，切实计算究需多长时间和多少器材，好订具体计划。

（六）关于加速空军作战准备及各兵种协同作战问题，请与刘亚楼、陈锡联、许光达[①]面谈后给以指示。关于后勤问题，尤望将前方意见面告杨立三、张令彬[②]速谋改善，此为急需解决的问题。[③]

根据中央军委、彭德怀对战役和战争形势的分析，中朝联合司令部首长认为，此次战役志愿军和人民军主力既不宜南进过远，应以敌人会很快进行登陆作准备，免陷被动，同时又应最大限度地杀伤敌人，消耗敌军的力量，并将敌军主力吸引于正面战场，避免两面作战。因此决定志愿军和人民军各突击集团继续向敌纵深发展进攻。

4月26日晚，志愿军和人民军各突击集团继续向当面之敌进攻，占领了锦屏山、县里、加平一线敌军二线阵地。

第3兵团第12军判断抱川地区之美第25师和土耳其旅尚未后撤完毕，遂决定向抱川西南地区出击，切断抱川至议政府公路，伺机歼敌。至27日3时，第34师主力和第35师第104团进至抱川西南的竹叶山地区。27日清晨，第34师第106团发现竹叶山以南寺谷至松岘间有美军300余辆汽车装载步兵准备南撤，立即组织攻击。美军遭受攻击后，即展开反扑，并出动约2个团的援军，在几个炮兵营和40余架次飞机支援下对志愿军第106团阵地狂轰滥炸。第106团在连续作战4昼夜，并断粮两天，且无工事依托、无炮火支援的情况下，与敌展开激战，在子弹打光后，以石块、刺刀与敌实施白刃肉搏。第12军首长接到报告后，立即指挥军主力白天南进，合围敌军。但当军主力赶到时，被围美军已经在援军接应下，绕道南撤。

第3兵团令各军追击逃敌。第12军、第15军和第60军部队继续南进，于28日至29日，先后攻占金谷里、仁仓里、议政府东南及汉江北岸地区，切断了汉城至春川的公路。

---

① 刘亚楼，时任中国人民解放军空军司令员；陈锡联，时任中国人民解放军炮兵司令员；许光达，时任中国人民解放军装甲兵司令员。

② 杨立三，时任中国人民解放军总后勤部部长；张令彬，时任中国人民解放军总后勤部副部长。

③ 《周恩来军事文选》，第4卷，193～194页，北京，人民出版社，1997。此电的第二部分，是毛泽东在审阅电报草稿时加写的。

第19兵团于26日晚发起进攻后，先后攻占国祀峰、梧琴里、白云台地区。人民军第1军团在梧琴里歼灭南朝鲜第1师1个营大部；第63军第187师第561团3营在海亭里、德溪里地区截住美军1个团及大批坦克、汽车。该敌在航空兵、坦克掩护下，在议政府方向美军的接应下，突破志愿军第561团第3营的阻击，夺路南逃。

4月27日1时，第9兵团决以第20军、第27军主力于27日晚分割歼灭抱川东南、西坡以南附近之美第24师一部，并令第40军于27日晚以一部伸向加平以南地区，侧面阻敌西援；令在北汉江南之第39军，择弱敌割歼1个连或1个营。但由于敌军后撤迅速，第9兵团寻歼美第24师一部的企图未能实现，遂于28日攻占榛伐里、祝灵山、清平川、加平、春川地区。

东线人民军部队在麟蹄以南地区，以积极动作钳制了当面之敌，配合了志愿军各突击集团在西线的作战。

28日，美第8集团军撤至汉城及北汉江、昭阳江以南地区继续组织防御，同时将美骑兵第1师西调汉城，在汉城周围地区集中部队，组成了绵密的火制地带，妄图引诱志愿军部队攻城，给以大量杀伤。

中朝联合司令部判断：敌军沿汉江、昭阳江布防，如志愿军和人民军继续强攻汉城，则敌会继续南撤，诱使志愿军和人民军深入，以便在志愿军和人民军后方登陆。鉴于在西线汉城以北地区歼敌战机已失，彭德怀等中朝联合司令部首长决定各突击集团自4月29日起，停止进攻，于现地迅速整补待机，准备再战。

中朝联合司令部随后下达命令：

第19兵团（附人民军第1军团）主力控制于议政府、内阁里、高阳以北地区，而以小部队逼近敌军侦察警戒。如敌反击，则诱其至适当位置而歼击之；如敌放弃汉城，则相机占领之，否则以小部队袭扰之，并作出各种渡江南进之佯动，抑留敌主力于西线。

第3兵团主力控制于抱川、永平地区以北，加紧整补，准备于5月5日由现地出发执行新任务。

第9兵团之第26军立即撤至平康以北，迅速补充兵员、粮弹，准备打击可能由元山登陆之敌，兵团主力控制金化、铁原、马岘里线以南地区，一部于加平、清平川、沐洞里对敌侦察警戒。第39军控制于春川、华川一线整补，掩护志愿军主力行动；第40军原地休息两天后开沙里院地区整补，准备打击可能由镇南浦登陆之敌。

东线人民军第3、第5军团控制于麟蹄、杨口及三八线地区，迅速补充粮弹、兵员，准备执行新任务。[1]

根据中朝联合司令部的命令，志愿军和人民军各部于4月29日停止进攻，并以一部逼近汉城，前出至汉城近郊北岳山；一部逼近汉江，占领退溪院、九陵山、金谷里、磨石隅里一线地区；一部渡过昭阳江，占领春川以东之九峰山、坪村里地区，与敌保持接触，掩护主力在高阳、议政府、抱川、华川及春川以北地区整补，准备新的作战。第40、第26军则北调沙里院、平康以北地区，准备对付敌人可能的登陆。

至此，第五次战役第一阶段作战结束。在此阶段作战中，志愿军和人民军根据敌军的布势和战术特点，在作战指导上，采取了以一部兵力直捣敌军战役纵深，将敌整个部署分割为东西两大部分，而集中主力于西线，对预期歼灭之敌实施两翼迂回，多钳合击，同时结合正面突击与战术上分割包围的战法，各个歼灭敌人，在敌军主力退守汉城及汉江、昭阳江南岸建立新防线之后，即果断停止进攻，结束第一阶段作战。此阶段共歼敌2.3万余人，并再次突破三八线，逼近汉城，夺回了战场主动权，扭转了被动局面。

但此阶段作战未能实现预定的歼敌计划。从客观上讲，这次作战"联合国军"的战场状态与第一、第二、第三次战役时均不同。第一、第二次战役时，"联合国军"没有估计到志愿军参战或没有估计到志愿军大规模参战，因而兵力分散，疯狂冒进，在部署上有空隙，并且是在运动中，志愿军发起进攻有隙可乘，又是打运动中之敌或立足未稳之敌。第三次战役时，"联合国军"虽然形成了连贯的战役，并且是依托三八线既设阵地转入防御，但这时的"联合国军"完全是在失败情绪笼罩之下，严重缺乏战斗意志，因此，志愿军和人民军的进攻也比较顺利。而在第五次战役时，"联合国军"已恢复了战斗意志，对志愿军的进攻预有准备，由进攻转为防御，并在部署上齐头靠紧，没有间隙，这本身就给志愿军的进攻增加了难度。志愿军进攻首先必须要实现突破，然后才能向纵深穿插和实行迂回包围。

从主观上讲，志愿军在作战指导上，一是战役发起时机上打得急了一些。当时志愿军首长根据"联合国军"活动的种种迹象，判断"联合国军"有在我侧后登陆的可能，因此决定发起第五次战役，以正面进攻，吸引"联合国军"主要作战力量于正面战场，使其无法抽出力量在志愿军和人民军侧后登陆，从而打破"联合国军"登陆阴谋，避免两面作战。这一考虑和决策

---

① 参见彭德怀、邓华等中朝联合司令部首长致各兵团并第39、第40军首长电，1951年4月28日19时半。

是必要的也是正确的。但对“联合国军”实施登陆作战的准备情况和登陆的时机，缺乏具体的准确的判断，而急于破坏“联合国军”登陆企图，尽早摆脱被动局面，夺回战役主动权，因而提前发起战役，这样就使得整个战役准备十分仓促。志愿军第二番作战部队完成集结后，只经过短暂的临战准备即投入作战，特别是新参战兵团对敌情、地形还不熟悉，又是第一次与高度现代化装备的美英军作战，战术准备不充分，而且粮弹储备也不多，使得作战行动受到较大影响。

二是歼敌企图上大了一些。此阶段作战，预定歼敌 5 个师另 3 个旅，其中美军 3 个师、英军 2 个旅、土耳其 1 个旅。就当时志愿军的作战能力而言，一次战役是难以达成如此规模的歼灭任务的。在志愿军第二番部队入朝后，并且参战炮兵有所增加，而过分地看重了志愿军力量的增强，对新参战部队所面临的各种困难估计不足，对美军技术装备优势给志愿军作战的影响和美军在战术上的变化缺乏深刻的认识，因此在战役歼敌目标上企图过大。此阶段作战，志愿军各部队，在向纵深发展中包围美英军营、团规模的部队有 10 股之多，但多数因志愿军包围兵力单薄、攻击火力不足，而使被围之敌突围逃跑。

三是志愿军担负战役迂回的部队突破后受阻，未能按时到达指定位置，实现战役包围，同时正面突击部队未能实现战术分割包围，整个作战形成了平推。“联合国军”则利用志愿军白天作战和机动困难的弱点，以一部兵力与志愿军保持接触，掩护主力迅速后撤，建立新的阵地，并且依靠机械化和摩托化装备每次后撤的距离约为 30 公里，恰好是志愿军徒步追击的一夜行程。当第二天早晨志愿军迫近时，早已占领新阵地，或再行后撤，而志愿军徒步行军疲劳，并且难以获得歼敌战果。

尽管如此，此阶段作战，志愿军掌握着战役的主动权，处于进攻态势，而“联合国军”则处于防御和撤退的态势。

第三十一章

第五次战役第二阶段作战

（参见附图9，序列表11、12）

志愿军和人民军第五次战役第二阶段作战的部署

在志愿军第五次战役第一阶段进攻的打击下，“联合国军”节节后撤，在汉城、杨平、洪川、襄阳一线构成新的防线，调整战斗序列和部署，其中西线美英军主力逐渐在水原、杨平、洪川线以北集结，以美骑兵第1师、美第24师、美第25师、美第3师、英第28旅、英第29旅、土耳其旅、南朝鲜第1师在汉城周围及汉江南岸地区重兵布防，准备应付志愿军对汉城的攻击，而在东线自隐里至东海岸一线地区，则均系南朝鲜军部队。“联合国军”的整个战线形成由西南向东北的斜线态势，东线南朝鲜军态势明显突出。

在这种情况下，彭德怀根据4月26日致中央军委电和中央军委4月28日电中所确定的精神，为了继续歼灭“联合国军”有生力量，多歼南朝鲜军，以孤立、分散美军，创造今后消灭美军的有利战机，于4月28日决定，志愿军主力转兵东进，以歼击东线南朝鲜军为主要目标，发起第五次战役第二阶段作战。

同日，以彭德怀、邓华、朴一禹等中朝联合司令部首长名义，令志愿军第3兵团、第9兵团，稍事整补后即隐蔽东移，协同东线人民军部队，在杨口、麟蹄一线发动新的进攻，求得歼灭南朝鲜军两三个师及美第7师一部，以利尔后作战。令第39军主力南渡昭阳江，进至春川、洪川间，掩护第3、第9兵团东移。同时，为了迷惑与钳制西线美英军部队，令人民军第1军团在汉江下游（汉城以西）、志愿军第19兵团在汉城以东实施渡江佯动，造成进攻汉城的假象。

5月6日，中朝联合司令部下达第五次战役第二阶段作战预令，决定首先集中力量歼灭县里地区的南朝鲜第3、第5、第9师，尔后视情况继歼南朝鲜首都师、南朝鲜第11师。具体部署为：

志愿军第3兵团（欠第12军，附第39军2个师）以第39军之2个师夹昭阳江南北岸，由龙沼项至加平地区，掩护第3兵团、第9兵团东移，并于加平地区积极准备渡河材料，力争控制桥头阵地，迷惑吸引当面美军；第3兵团主力之一部由正面抓住美2、第7师，力求集中绝对优势力量，消灭一部；另以一部与第9兵团并肩攻歼沿途之敌，割裂美军和南朝鲜军的联系，阻击美第10军东援。

志愿军第9兵团（欠第26军，附第3兵团第12军），以1个军由栗门里、大同里、下村渡昭阳江，首先攻歼于论里之敌，尔后猛插美山里、医站、坊内里，由西南向东北协同人民军第3军团攻歼县里地区之敌。

人民军前线指挥部所属第3军团留1个师于麟蹄东西地区正面钳制南朝鲜军，主力首先于军粮里、贵屯里、五祚洞突破，然后插向芳东里、大小开仁里、坊内里，由东及东南向西北配合志愿军第9兵团攻歼县里及以南地区之敌；人民军第5军团首先于马山里突破，然后主力寻捷径猛插束沙里、下珍富里、长坪里，切断县里南朝鲜军退路，截歼南逃或东逃之敌。

志愿军第19兵团（附人民军第1军团）于高阳经议政府至清平川之宽大正面内寻找两三个目标（每点一个营左右），集中绝对优势兵力和炮火，彻底消灭之，以积极钳住美主力于西线。

中朝联合司令部同时决定：各部于10日前带足粮弹，于9日或10日夜间向攻击准备位置开进，限14日拂晓前集结完毕，预定15日或16日黄昏开始攻击。①

随后，志愿军首长又专门就第二阶段作战的通信联络、后勤保障等事宜发出指示，并要求各部切实严密封锁消息，保障此次作战行动和战斗的突然性。人民军前线指挥部根据部队的实际情况，建议将担负海防任务的第2

---

① 参见彭德怀、邓华、朴一禹致各兵团、东北军区后勤部前方指挥所、炮兵指挥所首长电，1951年5月6日22时。

军团调赴前线，参加第二阶段进攻作战。中朝联合司令部批准这一建议，并决定以志愿军第20军特务团接替人民军第2军团遗防。

5月8日，彭德怀、邓华、朴一禹专门致电第9、第3、第19兵团和人民军前线指挥部首长，就实现第二阶段作战意图，对第二阶段作战指导几个关键问题作出指示：

一是钳制方向上的志愿军第19兵团和第39军第117师，要认真积极地实施佯动，展开积极地袭击、捕俘活动，并公开调查汉城和汉江情况与准备大批渡河材料，从而将美军主力吸引于西线。

二是参加进攻作战的志愿军第3兵团、第9兵团和东线人民军部队要很好地组织开进，切实隐蔽企图，封锁消息，绝不能事先被敌人发现志愿军大军东移。

三是能否全歼县里地区之3个南朝鲜军师的关键，在于几把合围的钳子能否按时到达预定的合钳位置，迅速达成两翼迂回，多路切断，层层包围，为此必须选择坚强部队、得力干部担任钳击先锋任务，要敢于使用主力猛插，尽量多选平行道路，在猛插途中，不恋小战，不为小敌所迟滞前进，勇于向前卫看齐，赶赴指定地点。

四是能否掌握战机和及时集中力量歼敌的关键，在于各部队特别是执行钳击迂回任务的部队能否及时报告敌情和自己的位置，能否主动提出上级及友邻协同歼敌的积极意见与实际行动。各兵团必须联络到师，各军必须联络到前卫团，志愿军司令部与各先锋师保持联络。①

根据中朝联合司令部首长的指示，5月8日和9日，志愿军第9兵团和东线人民军前线指挥部，在第9兵团指挥部驻地召开了联合作战会议，研究确定东线作战部署。会议经过认真讨论，认为在志愿军和人民军发起进攻后，东线南朝鲜军部队有向襄阳或向美军部队靠拢的可能，因此，这次歼灭县里地区南朝鲜第3、第5、第7、第9等四个师的作战目的能否达成，最基本的关键是“决定于各部队能否按时插断敌人的一切退路，切实堵住敌人之逃窜”。确定志愿军和人民军在县里地区进攻作战的基本部署为：

志愿军第9兵团（欠第26军，附第12军），配属炮兵第25、第26、第11、第28团，为主要突击集团。

第12军以主力由勿老里、三街里段向东南方向突击，歼灭踏凤里地区

① 参见彭德怀、邓华、朴一禹致人民军前线指挥部、第9兵团并第3兵团、第19兵团、第39军首长电，1951年5月8日11时。

之南朝鲜第5师，以一个加强师向长水院、长坪里、束沙里方向行战役迂回，与人民军第2军团合钳，阻敌向南和向东南逃窜。

第27军在于论里、阴阳里间突破，首先以有力一部迅速抢占砧桥、梨岘地域内之要点，与人民军第2军团在长津坪合钳，截歼南逃之敌；军主力攻歼上南里、坊内里地区之南朝鲜第7师，另以一部配合第12军攻歼南朝鲜第5师。

第20军在富坪里、达稳里间突破，首先以有力一部迅速向东南插进，抢占后坪里、美山里附近要点，与人民军第5军团合钳，截敌南逃；军主力迅速割裂南朝鲜第7、第9师的联系，向县里方向突击，在人民军第5军团协同下歼灭县里地区之南朝鲜第9、第3师，另以一部配合第27军攻歼上南里地区之南朝鲜第7师。

人民军第5军团（附第3军团第1师）从军粮田、贵屯里、五柞洞南朝鲜第3师翼侧突破，以有力一部猛插镇东里（县里东南）、旺盛谷，与志愿军第20军合钳：主力由番伊岱、大鹤洞向县里方向突击，协同第20军歼灭县里地区之敌。

人民军第2军团由马山里及其以西之南朝鲜首都师与南朝鲜第3师接合部突破，以1个师向南猛插，抢占束沙里，与志愿军第12军合钳，并适时围歼下珍富里地区之敌；军团主力抢占桂芳山、苍村里、长津坪诸要点，与志愿军第27军在坊内里、梨岘合钳，截歼南逃之敌。

人民军第3军团（欠第1师）尾第2军团之后迅速抢占寒溪岭、望对岩山、琉璃峰、西林里地区，堵截县里地区之敌东逃和由襄阳西援之敌，保障翼侧安全。

联合作战会议同时决定，整个县里地区的围歼作战，由志愿军第9兵团司令员兼政治委员宋时轮、副司令员陶勇和人民军前线指挥部司令员金雄共同指挥。

与此同时，志愿军第3兵团也在与第9兵团首长研究任务和情况后，于5月12日确定了本兵团作战部署。第3兵团（欠第12军）附第39军2个师，配属炮兵第29、第30团各1个营和防坦克歼击炮兵第402团，担负割裂西线美军与东线南朝鲜军部队，保障东线作战的任务。该兵团的部署是：

第15军以1个师由坪村里、上杰里突破，继而向敌纵深突击，割裂美陆战第1师与美第2师之间的联系，并阻止美陆战第1师东援；军主力分两路，一路沿坪村里、沙五郎峙向大巨里，一路由勿老里、葛谷向三年洞，钳形割裂吕杰里、板项里、加山里地区之美第2师第9团和第23团,集中力量歼灭美第9团,尔后钳击九成浦里之美第2师师部,总之力求歼灭美第2师一部。

第60军在楸谷里至大龙山地段钳制美第10军,以1个师以积极的行动吸住美陆战第1师,并稳步向盘谷里移动伸进,如敌后退,则直插阳德院里,断敌退路;军主力在进攻发起后,进至春川以东的水口洞及其东南地区,随时准备投入战斗,协同第15军歼灭被割裂之敌。

第39军必须坚守昭阳江南岸之水口洞、内坪里、大同里一线阵地,掩护志愿军主力东移和第3兵团主力进入攻击准备位置。东线攻击发起后,该军于春川地域集结,为兵团预备队。

志愿军第19兵团(配属炮兵第31团)和人民军第1军团,根据中朝联合司令部的指示,决定在高阳至加平宽大正面上,于议政府以南水落山地区及汉江北岸之磨石隅里、清平川地区,选择敌人两三个目标(每个目标1个营左右),集中绝对优势兵力、火力彻底歼灭之,从而以进攻作战钳制西线美军主力,便于东线志愿军主力歼敌。兵团主力位于清平川西北地区,准备第二步适时渡汉江,扩张战果。5月9日,第19兵团下达作战部署令,决定:

第63军进至加平西北地区集结,战役发起时向清平川及其以北地区选择一两个目标(每点1个营左右),集中绝对优势兵力,求得彻底歼灭南朝鲜第6师2至4个营,如敌全线溃退,即由清平川及其西南沙器幕渡江直插颌平里向原州方向扩张战果;

第64军进至抱川东北机山里南北地区集结,战役发起时向磨石隅里及其以北地区,选择一两个目标(每点1个营左右),集中绝对优势兵力,求得彻底歼灭美第24师2至4个营,如敌全线溃退,即由磨石隅里以东之外水入里及下三峰渡江,以杨平为目标向东南猛插;

第65军于现地向东北扩展,进至抱川地区集结,战役发起时除以1个师留于正面钳制敌人外,主力由抱川东西地区直插内阁里抓住敌人,并以有力一部迂回至侧后求得围歼其一股,如敌溃退,即由两水里及其以西地区渡过汉江,主力直插水原,另以1个师向仁川攻击前进,并相机占领之。

人民军第1军团于现地向东扩展,与志愿军第65军相接,战役发起后可自行选择一至两个目标,集中优势兵力,求得歼灭南朝鲜第1师1至3个营,如敌向南溃退则进占汉城,并担任汉城警备。

志愿军西线佯动和主力转兵东进

在志愿军和人民军第五次战役第一阶段进攻停止后，美第 8 集团军对志愿军和人民军的行动迷惑不解，虽判断志愿军和人民军可能发起新的进攻，但对进攻方向和时间捉摸不定。为查明志愿军和人民军的动向，破坏志愿军和人民军进攻准备，并掩护其调整部署，美第 8 集团军从 4 月 30 日开始，以小部队在高阳、议政府、清平川、加平、春川、麟蹄、杆城一线进行侦察袭扰活动。

5 月 4 日，美第 8 集团军司令范佛里特训令第一线各师，均以一个齐装满员的团，配属坦克分队，在主阵地线前方 7 ~ 8 英里处设置侦察基地，以此为据点，深入志愿军和人民军阵地纵深 10 ~ 12 英里，侦察袭扰。同时，令其他部队扫荡金浦半岛，并沿主要交通干线向汉城东北地区推进，攻占议政府和春川。他还向前来朝鲜战场视察的“联合国军”总司令李奇微建议：如果志愿军和人民军在近期内不发动进攻，第 8 集团军将开始一场大规模的攻势。李奇微批准了这一建议。

至 5 月 8 日，“联合国军”先后进占高阳、水落山（议政府东南）、禾也山（清平川南）、原昌里、富坪里至襄阳以北之龙浦里一线。

对于“联合国军”的反扑，彭德怀等中朝联合司令部首长早有预料。在 4 月 29 日第一阶段进攻作战结束时，即指示第 19 兵团，主力集结于议政府、内阁里、高阳线以北，以小部接近敌人侦察警戒。如敌反击，则诱其至适当地点而歼灭之；如敌放弃汉城时，则相机占领之，否则以小部袭扰之，在汉江北岸作渡江佯动，抑留敌主力于西线，以利我主力下月初旬从东线出击。

在西线美军部队开始试探性进攻后，第 19 兵团首长于 5 月 1 日向志愿军司令部提出作战设想：如果敌以主力（2 ~ 4 个师）北进，则各部队以前轻后重的配置，节节抵抗，诱敌至有利地形，然后以军为单位实施局部反击，消耗敌军。待志愿军主力在东线开始进攻后，即集中兵团主力全力向敌进攻，配合东线作战；如敌以小的兵力北进，则各军依有利地形，集中力量歼敌一部，打破其进攻计划；如敌不进，则各军随时以小部队与敌保持接触并袭扰之，同时积极侦察渡江点，准备渡江器材，作出渡江的姿态，以吸引敌人。志愿军司令部批准了第 19 兵团的方案。

随后，彭德怀召见第 19 兵团政治委员李志民，就西线佯动面授机宜，指出:“下步作战成功与否,在于十九兵团及一军团是否能够迷惑敌人,将其注意力吸引于汉城方向,以便我三、九兵团向东线出击。为此,必须向清平川、磨石隅里方面及汉江下游作各种渡江的准备工作,并宣扬我攻汉城及公开调查汉江以南道路与地形情况,同时应派部向清平川、磨石隅里方向活动,袭敌捕俘。此虽系佯动性质,但必须积极、认真、有计划地去做,才可能达到真正迷惑敌人的目的。”①

根据彭德怀的指示,第 19 兵团和人民军第 1 军团部队,节节抗击敌军的进攻,并不断地对进攻之敌实施小的反击和袭扰,并采取了各种方式迷惑敌军。

5 月 9 日,志愿军主力开始东移。西线第 19 兵团和人民军第 1 军团开始在汉城方向和汉江北岸实施佯动,展开了积极的战斗活动,不断袭击敌人。5 月 10 日,第 65 军以 1 个连攻占天宝山及其附近高地,并顽强防守,坚守阵地 3 天,打退了美军的多次进攻守住了阵地。第 39 军也在昭阳江南岸地区实施了积极的作战。同时,第 19 兵团和人民军第 1 军团开始在汉城正面集结兵力。5 月 13 日,第 63 军进至清平川、永阳里线以北之赤木里地区,第 64 军进到抱川东北机山里地区。

到 5 月 16 日,西线志愿军第 64 军之 191 师主力进至磨石隅里,并以 1 个加强营进至梧山洞(富坪里南),第 190 师以 1 个加强营进至外坊里(清平川以西 20 余里);第 65 军以 1 个营向水落山、国赐峰(议政府东南 10 余里)攻进;第 63 军第 188 师歼灭清平川之敌,夺桥渡江占领桥头阵地,第 187 师攻歼上泉里之敌。第 19 兵团和人民军第 1 军团还在清平川、磨石隅里及汉城以西,公开调查汉江以南兵要地志,摆出迂回汉城及渡江南进的姿态。人民军第 1 军团并以一部在汉城以西渡江。

志愿军在西线的作战行动,极大地迷惑了敌军,造成了敌军的判断失误。当时,范佛里特正在筹划一场大规模的攻势,企图再次占领“堪萨斯线”,攻占铁原、金化、平康“铁三角”地区。然而,5 月 12 日,“联合国军”总司令李奇微根据空中侦察和地面战斗的报告,判断志愿军和人民军随时可能发起新的进攻,“尤其是在 72 ~ 96 小时之内”②。因此,训令范佛里特,第 8 集团军无限期推迟进攻行动,全线转入防御。

---

① 李志民转达彭德怀关于第 19 兵团作战的指示,致第 19 兵团首长电,1951 年 5 月 4 日 24 时。

② 施纳贝尔:《朝鲜战争中的美国陆军——战争爆发前后》,443 页,北京,国防大学出版社,1990。

李奇微认为“汉城面临着第二次危机”。他判断，志愿军和人民军可能以志愿军5个军为主要攻击力量，在中西部战线发动新的进攻，目标直指汉江下游地区。同时以志愿军3个军和人民军1个军团在汉城方向实施助攻。他同时还判断，志愿军和人民军可能以5个军在东部战线向春川、洪川一线实施小规模的进攻。

根据李奇微的判断和指示，美第8集团军调整部署，将主要防御力量集中于西线和中线地区，并将美第7师西调北汉江以东楸谷里、龙头里地区，将预备队南朝鲜第2师北调禾也山、鼎排地区，增强了中部战线的兵力。

其基本布势为：在西线，即勿老里（自隐里西北）经原昌里、九岩里、高阳至西海岸地区，集中有美军6个师，英军、土耳其军2个旅，南朝鲜军3个师，以汉城为重点，成一线密集配置。在东线，即勿老里经富坪里、寒溪岭、龙浦里至东海岸，部署有南朝鲜军6个师，亦成一线配置。美第3师、英第29旅、美空降第187团，为美第8集团军预备队，分别置于西线京安里、永登浦、金浦地区。

在志愿军第19兵团和人民军第1军团在西线佯动牵制“联合国军”主要作战集团的同时，志愿军第3兵团和第9兵团经10天整补，从5月9日开始，在第39军掩护下挥师东进。至15日，志愿军突击集团各部队相继隐蔽地进入春川至兰田里（麟蹄西南）间的北汉江、昭阳江两岸地区；朝鲜人民军第2、第3、第5军团亦同时进至麟蹄及其以东地区。各部队均按时完成了战役展开和进攻准备工作。

志愿军和人民军在东线的基本布势为：志愿军第3兵团指挥的第60军位于沐洞里地区，第15军位于春川西北地区；志愿军第9兵团指挥的第12军位于春川、内平里、芝村里以东地区，第27军位于九万里、桃村里地区，第20军位于林唐里、兰田里地区；人民军前线指挥部所属人民军第2、第3、第5军团位于麟蹄及其以东地区。

中朝联合司令部决定：第五次战役第二阶段进攻于5月16日18时开始。

县里围歼战，志愿军和人民军歼灭南朝鲜第3、第9师大部

5月16日18时，在经过短暂的炮火准备之后，东线志愿军和人民军各突击集团按预定计划全线发起进攻。

担负县里地区作战主要突击任务的志愿军第9兵团,攻击开始后,各军按照预定计划,奋勇前进,很快突破敌军一线阵地,向敌纵深展开猛烈穿插。

志愿军第20军于16日24时由九万里以东宽15公里的地段上,强渡昭阳江,多路突破敌军防线,迅速攻占富坪里一线南朝鲜第7师第8团阵地,打开了突破口,并立即向敌纵深发展进攻。志愿军第60师先头第178团边打边进,迅速向敌纵深勇猛穿插,沿途击溃和歼灭多股敌人,于17日7时,突入纵深25公里,抢占了后坪里、五马峙。该师主力随后跟进,于17日按时进至后坪里、美山里、旺盛谷地区,切断了县里地区南朝鲜第3、第9师南逃退路,为战役的胜利发展创造了有利条件。

中朝联合司令部于5月17日对第20军第60师第178团勇敢迂回、分割,断敌退路的英勇精神,予以通令嘉奖。①

与此同时,志愿军第20军第58师突破昭阳江后,也奋勇前进,向敌纵深突击,其先头第173团于18日1时完全占领龙浦公路以西一线高地,控制了龙浦公路,并与人民军第5军团第6师合钳,构成了对县里地区之敌合围的对内正面。

志愿军第27军于16日23时由九万里、苍幕洞突破,于17日3时进占桃水庵、美也洞、院巨里一线,一部攻占了于论里附近地区。该军第81师担任迂回穿插任务,师长兼政治委员孙端夫亲自指挥穿插营第242团第2营作战。该营不惜伤亡,不为小敌所诱,不停息地交互攻击前进,经大小战斗18次,9个小时前进60多公里,于17日5时突入敌纵深28公里,提前40分钟抢占岩达洞公路两侧高地和砧桥、坊内里诸要点,切断了县里之敌西南退路。志愿军第242团第2营刚刚进入阵地,南朝鲜第9师第30团南撤部队即已到达,志愿军该营突然对敌展开攻击,将敌车队打乱,迫使敌狼狈缩回县里。志愿军第242团主力紧随第2营前进,也于17日12时到达砧桥、岩达洞地区。

中朝联合司令部于5月18日对第27军第81师英勇果断,猛插敌纵深,截断县里之敌南逃退路的作战行动,予以通令嘉奖。②

志愿军第27军另一支突击部队第79师强渡昭阳江,首先攻占玉山洞,

---

① 参见彭德怀、邓华、朴一禹:《嘉奖断敌退路的二十军一七八团》,1951年5月17日。

② 参见彭德怀、邓华、朴一禹:《嘉奖切断敌退路之五军团第一团和廿七军八一师》,1951年5月18日10时。

随即向南攻击前进,先后在甲屯里、直洞、所峙里、金富里等地歼敌多部,并在所峙里击溃南朝鲜军一部,在金富里东南歼灭南撤之南朝鲜第7师第8团第3营,于18日进至所峙里、后坪里、直洞地区。该军预备队第80师也进至于论里附近地区,准备协同第79师歼灭于论里地区之敌。

至此,志愿军第27军已突入敌军纵深20余公里,切断了敌在县里西南的退路,构成了合围县里地区之敌对外正面,并会同第20军第60师部队在上南里地区全歼南朝鲜军5个营(3000余人)。

志愿军第12军突破后,主力于三巨里歼南朝鲜第5师一部,继在自隐里北侧与美第2师及法国营(战前了解自隐里地区系南朝鲜军)展开激战,前进受阻。经过连续4次猛攻,方突破加里山敌军阵地,歼敌2个营大部。此后,在向纵深发展时,又遭到敌军的顽强阻击,激战终日,攻占扇坪。该军担任迂回任务的第31师主力被敌阻隔,至18日方进至丰岩里以北及月隐洞地区,只有1个团从敌左翼绕道插入敌纵深,于18日拂晓攻占长水院,因而未能按时达到向丰岩里、束沙里迂回的目的。

人民军第5军团突破后,动作迅速,特别是第6师第1团于17日晨攻占县里以北的贵屯里,随后坚持白天行进,于13时30分插至铁东里南山,切断了县里之敌东南退路,并与志愿军第20军合钳,构成了合围县里之敌的对内正面,受到中朝联合司令部的通令嘉奖。

人民军第2军团战役发起后,因山大并有积雪,行动困难,受阻于雪岳山地区,未能完成与志愿军第27军合钳的任务。

人民军第3军团(欠第1师)因第2军团受阻,改尾随第5军团进入战斗,进占望对岩山、琉璃峰、西林里地区。

战至5月17日晚,志愿军和人民军已经完成了对县里地区分割穿插,切断了敌退路,并构成了对敌的内层包围,但尚未完成对该敌的外层包围。县里地区的南朝鲜军在志愿军和人民军的猛烈突击下,溃不成军,四处逃散。

在这种情况下,5月17日1时,彭德怀司令员致电东线中朝军队前线指挥员金雄、宋时轮,对战役发展作明确指示:

此战役第一阶段付出相当大的代价,才将美军调到春川及其以西至汉城线,使我在第二阶段中才有机会以消灭伪军为主。因此,必须克服一切困难,坚决贯彻多消灭伪军的精神,即是孤立美军,分散美军,创造今后消灭美军有利战机。必须贯彻大胆迂回与分割包围,以达全歼敌人的作战思想,必须利用天候和敌混乱时，不放松白天作战的任何机会，并须有计划地组织军、师、团直属队，配以适当战斗部队，认真搜索溃散之敌和武器装备。预祝你们全胜。①

根据这一指示，志愿军第9兵团令第27军以第81师迅速占领苍村里、三巨里，截歼逃敌，并准备配合人民军第2军团歼灭下珍富里之敌，以第79师迅速控制砧桥、坊内里、梨岘地带要点，截歼逃敌；令第20军坚决向县里攻击前进，追歼逃敌；令第12军以第31师按计划继续迅速地向束沙里、下珍富里攻击前进，堵截南逃之敌，军主力迅速进至长坪里、丰岩里一线，捕歼南朝鲜第5师部队，同时建议人民军前线指挥部：以第3军团坚决堵截襄阳方向突围之逃敌；以第2军团主力迅速南插，首先歼灭下珍富里之敌，随后向江陵攻进；以第5军团协同志愿军第20军迅速歼灭县里附近之敌军。

18日晨，县里地区之南朝鲜第3、第9师开始分经龙浦、芳东里、镇东里向南及东南方向突围。志愿军第20军和人民军第5军团部队，根据预定部署，立即分从东西两面出击，对逃敌展开进攻。

战至19日，南朝鲜第3、第9师大部被歼灭在县里及其以南地区，志愿军和人民军缴获了南朝鲜该两师的全部重装备。县里围歼战胜利结束。残敌溃散于山林之中，志愿军和人民军部队当即于现地展开搜剿作战。

在志愿军和人民军围歼县里地区南朝鲜军时，南朝鲜第5、第7师残部已于18日逃至洪川东北之城山里和横城东北之柳洞里地区；靠东海岸的南朝鲜首都师、第11师亦畏歼南撤，退至注文津、江陵地区。

19日，志愿军和人民军继续发展进攻，对丰岩里、下珍富里地区之敌展开围歼作战。为增强右翼突击力量，志愿军总部决定以第60军第181师在松谷台山方向投入战斗，并归第12军指挥。战至19日，第12军主力前出至踏枫里、新村地区，第181师也进至上下莲洞地区，但未能大量歼灭敌人。担负迂回任务的第12军第31师主力于20日黄昏前全部进至束沙里以北地区，其第91团于20日晨前出到束沙里南之三巨里、兄弟峰。

第27军于20日占领讷言里、判宫岱、苍村里地区，并歼敌一部，1个团前出到束沙里。人民军第5军团占领广院里、清道里地区，一部前出到下珍富里以北皮木亭，歼南朝鲜第3师残部700余人。人民军第3军团于21日收复襄阳。

① 彭德怀致金雄、宋时轮电，1951年5月17日1时。

志愿军和人民军停止进攻，结束第二阶段作战

在志愿军第 9 兵团和人民军东线部队于县里地区围歼南朝鲜军的同时，中线和西线的志愿军部队也根据中朝联合司令部的统一部署，对当面之敌展开了进攻。

在中线，志愿军第 3 兵团第 15 军发起进攻后，至 17 日晨攻占沙五郎峙、双德洞、古约洞及三年洞等地，歼美第 2 师一部。18 日攻占板项里、大水洞及德田岘地区，并在大水洞将美第 2 师第 38 团团部及第 1、第 2 营大部歼灭。因美第 2 师与陆战第 1 师在寒溪里、也是垈里、都十里之线继续顽抗，第 15 军前进受阻，未能进一步实现战役割裂任务。第 3 兵团当即令第 60 军第 179 师机动至春川以东地区，增强第 15 军方向上的突击力量，歼灭寒溪里及其以东之敌。因敌主力已经靠拢，亦未实现。

第 60 军之第 180 师以积极行动攻击当面之敌，16 日夜攻占汗谷、塔洞、鸠岩里一线，19 日攻占洪川江以北法所里地区，牵制了当面之敌美第 7 师，使其不得东援。

在西线，志愿军第 19 兵团和人民军第 1 军团也对敌展开攻击，牵制西线美英军主力，保障东线作战。5 月 16 日，第 19 兵团以 4 个师兵力，分别向高阳、道峰里、退溪院里、金谷里、磨石隅里、清平川、上泉里之敌发起进攻，17 日攻占上述各地，并歼敌一部。18 日 4 时，第 63 军南渡北汉江，占领通方山、罗山、凤尾山、508.7 高地。在抗击敌人反击中，歼美军 1 个营和南朝鲜军 3 个连的大部。

东线南朝鲜军在志愿军和人民军的猛烈突击下，狼狈后撤至九成浦里、丰岩里、苍村里、下珍富里、铁甲岭、仁邱里地区。“联合国军”的防线再次出现缺口，陷入破碎的危险。

美第 8 集团军紧急调整部署，范佛里特令美第 10 军以主力沿战线向洪川、清凉里逐次东移，阻止志愿军和人民军向西发展进攻，屏护美英军主力的右翼安全；令位于汉城东南京安里之集团军预备队美第 3 师迅速东援，堵塞战役缺口；令南朝鲜军战略预备队第 8 师立即北上，增援东线，稳固防线。同时命令美第 1 军 3 个师又 3 个旅在西线向志愿军第 19 兵团展开进攻，以减轻东线压力，牵制志愿军和人民军的进攻。

5 月 19 日和 20 日，美第 3 师部队先后进至丰岩里、下珍富里，堵塞了

战役缺口，增强了该地区的防御力量。南朝鲜第8师亦由大田北上，进入平昌、堤川一线，构成了纵深防线。经此部署调整和增援，美第8集团军重新形成了东西相接的完整防线。

这时，志愿军和人民军的基本态势是：在东线，志愿军第27军和第12军正向丰岩里攻击中，人民军第2、第5军团正向下珍富里前进中，志愿军第20军仍位县里、苍村里地区清剿残敌；在中线，志愿军第15军与敌对峙于大水洞一线，第60军第181师配合第12军向丰岩里攻进，第179师接替115师大龙山、原昌里防务，第180师位九万里、君子里地区与敌对峙；在西线，志愿军第19兵团已经转入防御，第63军正与由龙头里、杨平北援之敌激战，第64、第65军及人民军1军团仍与进犯之敌对战于磨石隅里、内阁里、水落山、道峰山、老姑山、鹰峰一线。

志愿军和人民军在一个月之内连续进行了两次作战，部队此时已相当疲劳，且粮弹将尽，有些部队已经发生了断粮的严重情况，加之雨季将近，在战线后方江湖沼泽密布，一旦山洪暴发，交通中断，部队补给将遇到更大困难，顾虑更大。此外，此役未消灭美军师、团建制单位，敌还有北犯可能。在这种情况下，志愿军和人民军如继续前进，不仅不易消灭敌人，反而会增添困难，不如主力后撤休整，以逸待劳，寻机再战，更为主动。

在这种情况下，负责东线指挥的志愿军第9、第3兵团首长宋时轮、王近山、陶勇于5月20日联名致电彭德怀等中朝联合司令部首长，认为：“据当面情况，美军已东调，伪军溃散后缩，特别是我部队粮食将尽，个别单位已开始饿饭。因此，我们认为，如整个战线不继续发动大攻势，而只东边一隅作战，再歼敌一部有生力量，我们亦必须付相当代价，但不能搅出一个大结局，则不如就此收兵，调整部署，进行整理，准备以后再斗。”①

彭德怀同意前线指挥员的分析和建议。5月21日16时，彭德怀致电毛泽东，汇报了战场情况和部队状况：“以前各役携带五天粮，可打七天仗，因就地可筹部分补充之。现在携带七天粮，只能打五天至六天仗，因战斗中耗损，就地不能筹补。洪川敌顽抗不退……美三师东调，堵塞洪川、江陵间缺口。五次战役……为时一月，进行东西两次作战，部队有些疲劳，需恢复和总结战斗经验。战斗发起后，第一线运输极端困难……且雨季已接近开始，数江湖沼，尽在我军之后，一旦山洪暴发，交通全断，顾虑甚大。此役未

① 宋时轮、王近山、陶勇致彭德怀、邓华、朴一禹等中朝联合司令部首长电，1951年5月20日24时。

消灭美师团建制，敌夸大我之伤亡，还有北犯可能。”根据上述情况，彭德怀认为：“我军继续前进，不易消灭敌人，徒增困难，不如后撤，使主力整补，以逸待劳，寻机歼敌。”①

毛泽东对彭德怀的分析表示赞同，复电指出：“根据目前情况，收兵休整，准备再战，这个处置是正确的。”②

5 月 21 日，中朝联合司令部决定，停止进攻，结束第五次战役第二阶段作战。

此阶段作战，志愿军和人民军共歼敌 2.3 万余人，特别是在东线县里地区歼灭南朝鲜第 3、第 9 师大部，重创南朝鲜第 5、第 7 师，并歼美第 2 师、美陆战第 1 师各一部的重大胜利，从而达到了第五次战役第二阶段作战目的。

此阶段在作战指导上，有如下两个特点：

一是抓住战役第一阶段作战结束后东线南朝鲜军态势突出的有利战机，瞒天过海，声西击东，巧妙部署，以志愿军第 19 兵团及人民军第 1 军团在两线佯动，造成攻击汉城的假象，迷惑和牵制了西线美英军主力，而以第 3、第 9 兵团在第 39 军的掩护下隐蔽转兵东进，成功地欺骗了“联合国军”，造成了“联合国军”战役判断上的失误，从而造成了志愿军第 9 兵团和人民军东线部队在县里地区发起攻击的突然性。东线发起攻击后，中线和西线也主动出击，全线配合默契。

二是东线主要突击集团采取了多层迂回包围、多钳合拢的战法围歼敌军。在部署上，以志愿军第 20 军 1 个师与人民军第 5 军团 1 个师，在县里以南的后坪里、美山里、旺盛谷构成对县里之敌的第一层合围（内层合围）；以志愿军第 27 军 1 个师与人民军第 2 军团一部在坊内里、长津坪构成第二层合围；以志愿军第 12 军 1 个师与人民军第 2 军团另一部在长坪里、束沙里构成第三层合围（外层合围）。虽然外层合围未能实现，但第一、第二层合围基本实现，造成了对县里之敌关门打狗的有利态势。

但是，战役的发展也再次证明，在敌我技术装备悬殊的条件下，志愿军虽然可以打开战役缺口，并基本歼灭被围的南朝鲜军，但发展战役进攻困难。一是美军依靠机械化和摩托化装备，战场机动快速。志愿军和人民军在东线县里地区打开战役缺口，美军第 3 师从汉城东南的京安里向东横向

---

① 彭德怀致毛泽东电，1951 年 5 月 21 日 23 时。

② 《建国以来毛泽东军事文稿》，上卷，485 页，北京，军事科学出版社、中央文献出版社，2010。

机动,仅10余个小时,即东进100余公里,到达丰岩里、下珍富里地区,堵塞了战役缺口,形成新的防线。二是志愿军的运输补给能力弱,运动战中跟进保障能力更弱,歼灭县里地区之敌后,志愿军第20军、第27军均发生断粮情况,不得不原地停止两天等待补充,即使如此,粮弹仍供应不上,不仅失去了战机,而且最后不得不停止进攻,结束战役。

第三十二章

第五次战役转移阶段作战

（参见附图10，序列表11、12）

志愿军和人民军主力转移休整的部署

志愿军和人民军第五次战役经过两个阶段的作战，取得了重大的胜利，不仅大量消耗了“联合国军”的有生力量，破坏了“联合国军”在平壤、元山一线建立新防线的企图，而且使志愿军新入朝部队得到了锻炼，取得了在现代化战争条件下对美军作战的经验。但志愿军和人民军在一个月之内连打两仗，部队已很疲劳，并且第一线部队粮食、弹药供应极为困难。

5月21日，中朝联合司令部下达主力转移休整的命令：“为争取主力休整，总结作战经验，造成尔后有利战机，以便更多地歼灭敌人，决将各兵团主力转移至渭川里、朔宁、文惠里、山阳里、杨口、元通里之线及其以北。”同时指示志愿军各兵团“留一个师至一个军的兵力，从现在位置起，采取机动防御，节节阻击杀伤消耗敌人，争取时间”。具体部署是：

志愿军第19兵团主力转移至渭川里、涟川以北地区休整，留1个军（或4个师）从议政府、清平川之线，利用东豆川、抱川、机山里线南北有利地形，采取纵深配备，阻击敌人。人民军第1军团主力转移至开城地区休整，留一部于汶山、坡州里以南阻敌。

志愿军第3兵团主力转移至铁原、金化地区休整，留1个军于加平、春川（不含）线开始布防，利用华川以北山区节节阻击敌人。该兵团与第19

兵团的分界线为机山里、文岩里、汉滩川(铁原不含),线以西(线上含)属第19兵团,以东属第3兵团。

志愿军第9兵团主力转移至华川、山阳里、金化(不含)以东地区休整,留1个师利用昭阳江及华川湖节节阻击敌人。该兵团与第3兵团的分界线为新延江、芝岩里、白积山、大成山、金化,线以西属第3兵团,以东(线上含)属第9兵团。

人民军前线指挥部所属部队主力转移至麟蹄、杨口、襄阳之线及以北地区休整,以1~2个师在于论里、县里、西林里线及以南采取机动防御,阻击敌人。与志愿军第9兵团的分界线为大同里、四明山及北汉江,线以西(线上含)属第9兵团,以东属人民军。

命令规定:各部统于23日晚开始向指定地区移动,并要求"各担负机动防御阻敌进犯的部队,必须确实掌握前轻后重、纵深配备的原则,特别加强工事以减轻自己的伤亡,尤须严密组织与发挥炮火的威力,予进犯之敌以最大杀伤,对突出之敌或有利我出击的情况下应即行组织反击,每次以消灭美军一个连至一个营、伪军一个营至一个团为目标,以滞止敌人的进攻,争取更多的时间,以利我主力部队休整"①。

5月22日,志愿军司令部又在回复第19兵团关于志愿军和人民军最后抵抗线的请示电中强调:"此次虽给美军打击,仍未消灭其建制。根据敌人以前习惯,利用高度现代化进行所谓'磁性战',企图消耗疲劳我军。我主力北移休整时,敌尾我北犯是肯定的,但前进速度要看敌人的兵力大小、我机动防御的争取打得好坏②而定。距离远近需要以后才能逐渐判明(敌之伤亡补充具体情况不明)。我下一战役反击线,大体以高台山、朔宁、秀龙山,在汉滩川以东即大得峰、福柱山、巴浦里线,即五次战役反攻发起阵地。"③该线即为最后抵抗线。

根据中朝联合司令部的部署,志愿军各兵团先后下达停止进攻,主力北移的部署命令,并确定了殿后掩护部队的任务。

第19兵团决定:以第65军殿后掩护,于议政府、清平川至涟川、文岩里(以南)地区,选择有利地形,采取运动防御的方式,争取以15~20天的时

① 彭德怀、邓华、朴一禹致志愿军各兵团、人民军前线指挥部首长电,1951年5月21日16时。

② 原文如此,作者注。

③ 志愿军司令部致第19兵团首长电,1951年5月22日14时。

间，节节抗敌至涟川地区。

第3兵团决定：以第60军殿后掩护，在自逸里、白积山线（不含），东起与第9兵团分界线（不含）以西，西起与第19兵团分界线（含）以东地区，由加平、春川（不含）一线地区开始布防，利用华川西南山区节节阻击敌人。同时令第12、第15军各留1个团于现地掩护伤员转移。其中第15军所留之团须于加山里地区坚持至25日，待第27军部队接替后，再开往集结地区。

第9兵团决定：以第27军1个师担任阻击任务，于自隐里、加里山、坪村里、上衣里、芝村里、华川湖、石池谷、大同里之间地区，采取有阵地运动防御，于26日前进入指定地区，暂定阻击1个月。军主力以一部控制苍村里、梨岘、水下里一线前沿阵地，掩护主力脱离战场，26日晚自动撤离。

人民军前线指挥部决定：第5军团以1个师于于论里南北地区，节节阻击敌至昭阳江一线；第2军团以1个师于县里南北地区节节阻击敌至加里峰、寒石山一线；以第3军团以1个师于西林里南北地区节节抗击至5月底，保证第2、第5军团主力转移。

志愿军和人民军各部根据部署，先后停止进攻，开始调整部署，进行北移的准备。

为避免部队转移时过分拥挤，5月22日，志愿军司令部令第39军提前一天于5月22日晚开始北移。第3兵团也命令所属各部队统于22日晚开始转移，第15军据此于22日晚提前北移。

23日晚，志愿军和人民军主力开始向北转移。预定担负掩护任务的部队也开始向指定防御阵地移动。然而，志愿军和人民军主力的北移行动尚未开始，部署调整也未完成，战场形势突然发生变化，“联合国军”利用志愿军和人民军补给困难的弱点，全线展开大规模的猛力反扑。

“联合国军”展开全线反扑，造成志愿军主力转移初期的被动

志愿军和人民军在东线县里地区进攻时，“联合国军”总司令李奇微最初对东线南朝鲜军的再次崩溃是否会造成整个战线的破碎，深感忧虑。但是，随着美第8集团军增援部队东进和重新形成防线，其注意力即全部转到了反攻的计划上。

5月18日，他致电美第8集团军司令范佛里特，要求第8集团军立即在西线实施进攻，减轻东线部队的压力。具体计划是以2个师的兵力，向“铁三角”方向展开突击，威胁志愿军和人民军的主要补给线，迫使志愿军和人民军在东线停止进攻。他认为，美第8集团军这一进攻将会获得成功，因为有情报证实，在春川以西近65公里的区域内，志愿军兵力不多。志愿军要把东线的主力调到中西部的铁原、汉城一线来制止美军的进攻，至少需要1个星期或10天的时间。他同时判断，志愿军在西线不可能发起大规模的进攻，尽管志愿军在西线也实施了一系列攻击行动，但都属于零散行动。① 因此，他告诉范佛里特，如果这次精心策划的进攻获得成功，就会“还有许多可以利用的机会”。

5月19日，李奇微再次前往朝鲜前线，在美第10军指挥所召集范佛里特、美第10军军长阿尔蒙德和美第9军军长霍格开会，研究反攻计划。他决定：反攻将不再局限于议政府至铁原走廊地带，而要全线展开反攻，因为志愿军和人民军的战线已经拉得太长。他指示美第8集团军于5月20日发起进攻。各军的任务是：美第10军应在阻止志愿军和人民军在其右翼达成突破的同时，协同美第9军右翼部队发起进攻，并保障第9军的右翼安全；美第9军向春川盆地以西高地发起进攻，并攻占之；美第1军沿汉城—铁原轴线发起进攻，并负责保障第9军的左翼安全。②

范佛里特对李奇微的反攻设想深表赞同。他认为，虽然志愿军和人民军的力量还很强大，且美军和南朝鲜军在东线仍有许多麻烦，但只要能够突然进攻，并最大限度提高推进的速度，那么这次攻势将肯定会取得决定性的结果。因为志愿军和人民军的后勤面临巨大的困难，这将成为他们一个沉重的包袱，不仅将迫使他们停止进攻，而且将使联合国军有机会以快速推进来绕至他们的背后，切断他们的重新补给和后撤的道路。③

范佛里特随即下达作战命令，决定以美第1军、第9军和位于第10军

---

① 参见 Billy C. Mossman: United States Army in the Korea War, Ebb and Flow, November 1950 – July 1951（比利·C. 莫斯曼：《朝鲜战争中的美国陆军——潮涨潮落》，1950年11月至1951年7月），465页。

② 参见［美］马修·李奇微：《朝鲜战争》，184页，北京，军事科学出版社，1983。

③ 参见 Billy C. Mossman: United States Army in the Korea War, Ebb and Flow, November 1950 – July 1951（比利·C. 莫斯曼：《朝鲜战争中的美国陆军——潮涨潮落》，1950年11月至1951年7月），465页。

左翼的美陆战第1师，于5月20日发起进攻，向位于“托皮卡线”[1]上的汶山里至春川一线推进。在占领该线之后，即兵分两路，向“铁三角”方向突击，其一路沿议政府通往金化的公路，攻占永平川河谷地区；另一路则由春川沿公路北上，攻占位于华川水库西岸的铁路枢纽站。[2]

“联合国军”此次反扑，利用了志愿军的进攻能力只能维持7～10天的特点，在志愿军和人民军刚刚停止进攻，即突然全线反扑，并采取了新的战术，以摩托化步兵和坦克、炮兵组成所谓的“特遣队”，在大批航空兵和远程炮兵的支援下，沿汉城至涟川、春川至华川、洪川至麟蹄公路，寻找志愿军和人民军防线的空隙，多路突击，快速推进，破坏志愿军和人民军主力向后转移的部署，割裂志愿军和人民军的防线。

“联合国军”在反扑中共动用了14师又1个旅和2个团的兵力，另有3个师3个旅为预备队。其部署是：

在西线，美第1军指挥南朝鲜第1师、美骑兵第1师、美第25师、英第29旅，沿议政府—铁原轴线实施主要攻击；土耳其旅和加拿大旅为预备队。

在中线和东线，美第9军指挥美第24师、南朝鲜第2师、南朝鲜第6师、美第7师，向春川、华川方向进攻；美第10军指挥美陆战第1师和南朝鲜陆战第1团、美第2师、南朝鲜第7师、美第187空降团、美第3师、南朝鲜第8师，向麟蹄—杨口方向进攻；英第28旅、南朝鲜第5、第9师分别为中、东两线之预备队。

在东海岸，南朝鲜第1军团指挥南朝鲜首都师、第11师沿东海岸北犯，以为配合，南朝鲜第3师为预备队。

“联合国军”反扑自5月20日开始，由西而东逐次展开。为了减轻其东线的压力，首先于5月20日，以其美第1军指挥3个师1个旅在西线展开反扑。5月23日晨开始，在中线以美第9军指挥4个师，在东线以美第10军指挥4个师另2个团展开反扑。5月26日，东海岸以南朝鲜第1军团指挥2个师展开反扑。自此展开全线反扑。

志愿军和人民军对“联合国军”的反扑虽有估计，并作出了迎击敌军反

---

① “托皮卡线”，是美第8集团军划定的一条进攻目标线，其大致位置是，西起汶山，向东经春川、麟蹄，至朝鲜东海岸杆城以南约10英里的黄浦里。

② 参见 Billy C. Mossman：United States Army in the Korea War，Ebb and Flow，November 1950－July 1951（比利·C. 莫斯曼：《朝鲜战争中的美国陆军——潮涨潮落》，1950年11月至1951年7月），464页。

扑的部署,但是,由于对“联合国军”有计划地实施如此大规模和如此形式的反扑估计不足,以致转移的计划不够周密。特别是担任掩护的部队,有的需要两天行程,作横向运动方能进入防御地区;有的需要在26日方能交接防务,承担预定掩护任务;有的掩护部队虽然进入了防御地区,但尚未形成防线,尤其是没有很好地控制要点和公路。当“联合国军”实施反扑时,志愿军和人民军主力刚刚开始或正准备北移,防线出现多处空隙,致使美军“特遣队”得以乘隙而入。志愿军和人民军停止进攻,主力向后转移,本来是胜利回师的主动行动,却由于对“联合国军”反扑估计不足,部署不周,导致了转移初期十分被动的局面。

5月20日,美第1军指挥的美骑兵第1师、第25师、英第29旅和美第9军指挥的美第24师,向议政府、清平川一线反扑。

此时,志愿军第19兵团主力尚未开始向北转移。22日晚第19兵团主力开始北移,担负阻击掩护任务的第65军开始展开。第65军在金谷里、加郎山、跨岩岭、云岳山等地,与优势兵力、火力的美英军部队展开激战。在跨岩岭阻击战中,第577团3营9连,打退了敌军的轮番进攻,全连最后只剩下9人,仍“像一颗钢钉,钉在跨岩岭上”,被授予“跨岩岭的钢钉”奖旗。

在此期间,南朝鲜第1师向汶山和高阳地区反扑,突破人民军第1军团阵地,占领高阳,进至马智里、斗浦里一线,人民军部队于23日晚撤至临津江以北的汶山至高浪浦里一线。志愿军第65军的右翼因此暴露。

在中线,5月23日,美第9军指挥的南朝鲜第6师、美第7师和美第10军指挥的美陆战第1师、美第2师,快速北上,进至春川以南和东南地区的加平、汗谷、正屏山、大龙山和自隐里以南的寒溪一线。

志愿军第60军原定展开于加平、苍洞里一线组织防御。5月23日,第3兵团鉴于运输力缺乏,伤员转移缓慢,决定各部暂不撤收,原地阻击北犯之敌,掩护伤员转移。①

志愿军第60军所属之第179、第181师在战役第二阶段中分别配属第12军、第15军作战,尚未归建,此时在北汉江南岸地区只有第180师担负防御任务。第60军本来计划以第180师在北汉江北岸春川西北地区组织防御,接到第3兵团命令后,第60军改变计划,以第180师位于北汉江南岸的汗谷、正屏山地区,第179师位于大龙山及其以东地区,抗击敌军的进攻。

---

① 参见第3兵团致各军电,1951年5月23日8时。

同时命令该两师位于北汉江南岸的部队，争取5天的时间。[①] 此后，第179师、第181师虽然先后归建，并投入防御作战，但该军未能根据变化了的敌情，及时调整部署，仍将3个师一线展开于30多公里的正面上阻击敌军，加之与友邻部队没有很好的协调，致使第60军未能进入原定防御地区，造成机山里至沐洞里段出现了空隙。同时，该军右翼第63军1个师已于23日晚北移。这样，在第3、第19兵团的接合部就出现了缺口。美军"特遣队"乘隙而入，楔入了志愿军防线。

在东线，美第10军指挥的南朝鲜第7师、美第3师和南朝鲜第3、第1军团部队仍在整顿队势，巩固防线，没有大的进攻动作。志愿军第9兵团主力和人民军前线指挥部所属部队按计划向北转移。

至5月23日晚，战场的基本形势是，"联合国军"在西线和中线发起全线进攻，并在若干地点突破志愿军和人民军防线。志愿军第3兵团和第19兵团接合部加平方向出现了缺口。

5月24日，"联合国军"继续北犯。在加平方向进攻的美第24师"特遣队"已乘隙进占志愿军第180师右侧后的加平、济宁里、城隍堂一线，在志愿军第180师正面进攻的南朝鲜第6师已进占北汉江南岸的江村，控制了江村渡口，在春川方向进攻的美第7师"特遣队"已进占志愿军第180师左侧后的春川。志愿军第180师虽经英勇战斗，迟滞了敌军的进攻速度，但自身伤亡也很严重，处于三面受敌背水作战的不利态势。

在这种情况下，第60军于24日11时30分致电第3兵团，提出两个方案：第一，以第180师位于北汉江南岸的部队实施小的反击，争取在24～25日两天时间内，保持现有阵地，25日晚"主力转移到北汉江以北地区"，第179师位于昭阳江以南的部队亦同时北移到江北地区；第二，以第179师由左翼协同第180师实行大的反击，求歼向正屏山进攻之敌一部，以争取较长的时间，掩护兵团主力北移及伤员转移。[②]

由于通信联络困难，至5月25日18时50分，第3兵团方答复第60军：同意第60军提出的第一方案，并指示第60军除以1个师控制于加平至新延江以北山地担负阻击敌人的任务外，军主力转至冠厅里、场岩里、史仓里地区进行短期休整。[③]

① 参见第60军：《阻击部署》，1951年5月23日18时。
② 参见第60军致第3兵团电，《阻敌北犯两个方案》，1951年5月24日11时30分。
③ 参见第3兵团致第60军电，1951年5月25日18时50分。

而在此时,第60军鉴于第180师处境危险,已经于24日命令该师撤过北汉江,转至退洞里、三巨里地区,以摆脱不利态势。第180师主力乃于24日晚开始渡江北移,并节节抗击敌军进攻,继续掩护主力和伤员转移。至25日拂晓,师主力撤至江北鸡冠山、北培山、上芳洞、明月里一线,但未能确实控制要点。此时,美第24师和南朝鲜第6师各一部从西和南两个方向攻击鸡冠山阵地,志愿军第180师顽强阻击,经数小时激战,击退美第24师部队,但南朝鲜第6师攻占鸡冠山阵地。

在东线,美第2师、美第187空降团已经由洪川方向进至富坪里、九万里地区,美第187空降团一部并在九万里实施空降,企图截击志愿军部队。南朝鲜第5师主力则进至县里附近地区。

此时,志愿军第9兵团之第20军刚于24日晨转移至杨口、麟蹄之间地区,一部位于富坪里以西的九万里,与进攻的美军展开激战。而第27军尚未开始转移,则即被反扑之敌插至纵深,隔阻于富坪里以南、洪川至麟蹄公路东西两侧桃木洞、玉山洞(路西)、鹫峰山及县里(路东)地区,无法进入指定的防御地区,担负沿昭阳江(新延江至东同里段)阻击敌军进攻的任务。

第27军首长根据战场形势的变化,正确地判断敌军已经开始实施大规模的战役反扑,并很可能继续攻占麟蹄,控制交通要点,分割该军于昭阳江以南地区。遂当机立断,经报兵团和志愿军司令部批准,决定改变计划,实施机动作战,令第80师继续西进,执行阻击任务,坚决掩护兄弟部队转移。令第79师第237团控制桃水庵一带阵地,向西北防御九万里地区之敌;第235团以一部控制九万里至麟蹄公路上的加路里要隘,阻敌继续北犯,主力占领鹫峰山、所峙里一带阵地,向西组织防御;第236团占领车逾、城隍坪一线阵地,向南阻击敌人,保证军主力及物资、伤员向麟蹄方向转移。令第81师继续于县里地区阻敌北上。

第80师于24日午后西进至洪川、麟蹄公路时,正逢美第2师"特遣队"快速北进。第80师立即展开部队,截断公路,并坚决阻击北犯之敌,将敌阻滞达8个多小时,为主力部署防御和转移人员、物资争取了宝贵的时间。与此同时,第79师、第81师也与北犯之敌展开了激战。

原配属第9兵团作战的第12军主力由丰岩里出发后,于24日转移至自隐里、于论里地区,尚未归建,即被反扑之敌阻割于洪川至麟蹄公路以东。其第91团则被远隔于下珍富里以北三巨里地区。

截至5月24日晚,由于"联合国军"的凶猛反扑,志愿军和人民军最初所确定的机动防御开始线未及形成,即被敌突入,并且在两个方向,即西线的加平和东线的麟蹄被敌分割，形成了缺口，一时陷于被动。

在判明“联合国军”的反扑企图后，志愿军司令部于5月24日致电各兵团并各军，通报敌军反扑企图，指示“各军必须克服困难，有计划地布置掩护，选择有利地形，伏击、反击，求得消灭敌人一部。否则我不仅不能安全转运伤员，主力难以得到休整，反而可能遭受不必要的损失”。要求各军必须对此“严重注意”①。

随后，志愿军司令部针对敌军的反扑特点，专门下达阻击作战的战术指示，提出如下要求：第一，坚决堵击敌军“特遣队”，并随时准备歼灭沿公路两侧推进的敌军部队。为此必须隐蔽周密地集中使用反坦克火器和各种火炮，筑好工事，组成火网，并破坏公路，布设反坦克雷区，对付敌军坦克，并对进攻之敌实施突然的反击；第二，“我们的两条腿是跑不过敌人摩托化的”，因此，在进行机动防御的作战部署时，不仅要有第一线的部署，而且要有第二线甚至第三线的纵深部署。在部队和友邻部队未完成转移时，为防止敌“特遣队”冲入我纵深，混乱我部署，必须以一定的部队，不惜一切代价，阻击与歼灭部分敌人，保证本部队和友邻有次序地进入预定作战地区；第三，必须使各级指挥员正确体会前重后轻的火力配备原则和前轻后重的兵力配备原则，并将两者很好地结合起来；第四，各级指挥员，特别是中高级指挥员，必须深刻体会上级作战意图，仔细研究当前的具体情况，周密部署作战，并具有作战部署上的预见性，避免仓促迎战。在目前的情况下，指挥员必须深入下层，避免电报部署与实际情况不符的现象，要组织精干的指挥所，随主要方向的部队行动，及时处理情况，掌握战机，歼灭敌人。②

25日，“联合国军”部队全部展开，多路继续向北进攻。志愿军部队顽强抗击敌人的进攻，与各路敌军展开激战。

在西线，第65军节节抗击优势敌军的进攻，在国赐峰阻击战中，194师第580团1连坚守阵地6个小时，歼敌240余人。在加郎山阻击战中，第193师主力与敌激战4昼夜，出色地完成了阻击任务。25日晚，第65军除以一部在七峰山、海龙山继续阻敌外，主力撤至磨叉山、逍遥山、钟悬山、佛舞山一线，继续阻敌北进。26日夜，该军主力撤至汉滩川以北、涟川以南地区（即预定该军阻击地区的底线涟川至文岩里线），因而未能完成在议政府至清平川地区阻敌15～20天的任务。

① 志愿军司令部致各兵团并各军电，1951年5月24日22时。

② 参见志愿军司令部：《关于阻击战的指示》，1951年5月31日。

在中线，被隔断于敌后的第 12 军主力，于 24 日晚乘敌先头部队向前推进的空隙，越过洪川至麟蹄公路，继续向华川、杨口方向转移。

5 月 25 日，志愿军第 60 军决定，第 180 师继续北移至蒙德山、驾德山、退洞里以北一线高地继续阻击，并令第 179 师第 536 团在春川以北梧口南里、马坪里占领阵地阻击由春川北进的美第 7 师，掩护第 180 师北移。但此时第 179 师第 536 团已有 2 个营失去联络，加之，第 180 师转移道路狭窄，需翻山越岭，自身尚有 300 多名伤员转运，行动迟缓，当夜未能到达指定地点。

美军和南朝鲜军从三个方向对志愿军第 60 军实施突击。为抗击敌军进攻，第 60 军令第 181 师和第 179 师主力转移至史仓里、滩甘里、马坪里地区，第 180 师与第 179 师第 537 团继续在现阵地抗击敌军进攻。

战至 25 日黄昏，由西面江村里进攻之南朝鲜第 6 师占领志愿军第 180 师鸡冠山阵地，由城隍堂进攻的美第 24 师部队攻占了志愿军 180 师阵地右侧后的间村，由春川方向进攻的美第 7 师占领了志愿军第 179 师一部位于西上里、退洞里的阵地，志愿军第 180 师被割于北培山、驾德山、梧月里地区，处境更加危险。

在东线，志愿军第 9 兵团第 27 军在极端困难的情况下，继续在杨口、麟蹄以南的富坪里、县里地区英勇抗击敌军的进攻，掩护主力转移。

志愿军第 80 师判明敌军正经榆村里迂回杨口，切断兵团主力向华川转移的道路企图后，以主力展开于水口洞至小雄津洞地区部署防御，坚决控制杨口以南华川公路，与北犯之敌激战两日，保障了主力后撤通道的安全。随后在于论里、麟蹄已经被敌所占，华川渡口也被敌军火力封锁的严重情况下，经上级批准，迅速撤出阵地，安全转移至杨口以北之德巨里地区，在磨石峰至独谷南山之间地带占领阵地，构成了军第二道防线。

在志愿军第 79 师方面，美第 187 空降团于 5 月 25 日在阴阳里、富坪里地区继续实施空降，增大兵力，并作北犯和回头攻击志愿军第 79 师的准备，企图由南、北、西三面攻击，将第 79 师主力和第 9 兵团后方机关一部歼灭于昭阳江以南地区。志愿军第 79 师以主力在桃水庵、所峙里、城隍堂地区阻敌，同时以第 235 团 3 营在加路里、冠岱里一带占领阵地，阻击由九万里进犯麟蹄之敌，保障麟蹄渡口安全。

25 ~ 26 日，美军和南朝鲜军多路对志愿军第 79 师江南部队猛攻。为了牵制敌军，掩护主力转移，志愿军第 79 师在粮弹缺乏的情况下，顽强抗击美军和南朝鲜军诸军兵种的协同进攻，并对进攻之敌不断展开小的反击。阵地得而复失，失而复得，战况十分激烈。部队未退后一步，守住了阵地。

与此同时,美第187空降团在大量坦克配合下,沿昭阳江岸猛攻志愿军第79师第235团3营阵地,企图攻占渡口,切断志愿军第79师江南部队的退路。担负渡口守备任务的志愿军第235团3营以与阵地共存亡的气概,坚守阵地。志愿军第235团4连和第237团2连及时赶到,抢占要点,支援3营作战。

战至5月27日晚,鉴于麟蹄已经被敌占领,昭阳江以南部队面临退路被断的危险,志愿军第27军再次调整部署,令已转移至光珠天、松溪洞、月屯洞地区的第81师部队坚决扼守松亭里、西湖里地区各要点阵地,确保麟蹄以东渡口安全,同时令江南部队迅速撤过昭阳江。

27日晚,志愿军第79师主力撤出阵地,向东绕道渡江,顺利转移,同时,第81师第241团抢占了松亭里、泥坪里一带高地,并破坏公路、桥梁。28日,美军地面部队在坦克、大炮密集火力的支援下,猛攻志愿军第241团阵地,并出动20余架飞机,轮番轰炸扫射,大量投掷凝固汽油弹。志愿军第241团毫不畏惧,沉着应战,首先击毁敌军坦克,堵塞公路,然后集中火力杀伤敌军步兵,胜利完成了掩护江南部队转移的任务。

在昭阳江南北地区的阻击作战中,第27军在向北转移道路被截断、工事简陋、粮弹奇缺的险恶情况下,沉着应战,顾全大局,灵活机动,交替掩护,英勇抗击敌军的疯狂进攻,将敌阻于昭阳江南北地区,为兵团主力转移和伤员后送赢得了时间,于28日摆脱了敌军的反扑,全部转移到安全地区。

5月26日,志愿军司令部鉴于敌军的进攻仍在继续,志愿军防线在加平东北至抱川东北地区的芝岩里、官厅里至机山里一线,出现了一个大的空隙。而南朝鲜第2师已经进至县里及其以北地区,南朝鲜第6师和美第24师已经进至济宁里(加平以北)、华岳里地区,判断敌军有向金化进犯的充分可能。因此,立即调整部署,令第19兵团以1个团确实控制机山里、清溪山,阻击当面之敌北犯;令第60军迅速转移至机山里东北的场岩里、国望峰、史仓里地区,坚决阻击北进之敌;令第15、第12军主力速向金化以南实乃里、新术里地区集结,加修工事,准备迎击敌军进攻;令第9兵团在芝村里、华川、山阳里线及其东西地区,迅速作纵深防御配备,准备消灭沿春川、华川公路向北进犯之敌一部。①

接着,中朝联合司令部首长电令志愿军各兵团和人民军前线指挥部首

① 参见志愿军司令部致第19、第3、第9兵团并第12、第15、第60军电,1951年5月26日13时。

长,强调:敌军有乘我疲劳继续北犯的企图,其进攻方向为,美第1军向铁原方向,美第9军向金化方向,美第10军向杨口方向。在这种情况下,"只有克服一切困难,给北犯之敌以打击,才能取得休息,否则松懈战斗意志,将遭受严重损失,务望全体深体此意"①。

根据中朝联合司令部首长的指示,第19兵团令第64军接替人民军第1军团在汶山、高浪浦里、临津江北岸的防御任务,并以1个师抢占开城西北的要点,坚守阵地;令第65军利用现有工事和有利地形,坚决阻敌进攻,争取时间;令第63军即展开于涟川、文岩里、朔宁、铁原之间地区,准备实施坚守防御,屏护铁原地区。

第3兵团令第15军立即以有力的部队坚决控制永平东北之寺岘洞、角屹峰、山内岘线,构筑坚固工事,与锦樟山线第19兵团部队切实联系,并向加平方向派出侦察,准备在敌继续前进时,与第60军协同歼灭进犯之敌。同时,经与第9兵团协商,决定以第12军派部队担负寒溪以北至长水院地区的防御,至26日晚撤收。

第9兵团鉴于敌一部已经北渡昭阳江,向杨口方向推进,令第20军即以有力一部并组织炮火于新建里、新月里地带坚决阻敌前进,掩护第27军主力及第12军伤员转移;同时,根据与第3兵团协商,决定以第27军在长水院至苍村里地区担负掩护任务至26日晚。

但是由于部队正处在转移途中,且通信联络不畅,敌军空中、地面炮火封锁严密,掩护部队多与北犯的敌军纠缠,难以迅速到达指定位置。因此,26日,战场形势依旧紧张,"联合国军"继续北进,志愿军部队在许多地区与北犯之敌呈插花状态。

在西线,南朝鲜第1师进占汶山,并越过临津江;美第1军主力沿京义铁路两侧推进,已经进至绀岳山(东豆川里以西)、逍遥洞(东豆川里以北)、梁文里(永平东)以及机山里一线,并向志愿军第65军前沿阵地铜幕里、哨城里、钟悬山、艮子里进攻。在东线,麟蹄、县里方向的"联合国军"部队被志愿军第27军所阻,无大进展。在中线,却出现了极为严重的情况。

由加平、春川方向进攻的美军和南朝鲜军部队,兵分三路,向志愿军第60军阵地进攻,并突破了志愿军阵地,插至志愿军阵地背后。志愿军第180师在芝岩里以南地区几乎完全被北犯的敌军包围。

---

① 中朝联合司令部致第9、第3、第19兵团和人民军前线司令部首长电,1951年5月26日14时30分。

第60军主力为接援第180师,已经无法执行在场岩里、国望峰、史仓里部署阻击的任务,志愿军司令部立即改令第15军负责该线防御,并令其将防御地区西延至自逸里地区。

26日,从正面进攻的南朝鲜第6师进占鸡冠山后,继续向北推进;由春川北进的美第7师突破志愿军第179师阵地,占领梧口南里、马坪里、方下桥(华川以南),将志愿军第179师和第180师的联系完全割断,并继续向第180师侧后推进,前出至芝村里、滩甘里一线,截断了该师退路;由左翼进攻的美第24师占领松亭里、滩甘里,并于下午14时左右占领间村,第180师陷入被围状态。

26日16时30分,第180师致电第60军,报告部队所面临的险境,并决定26日晚向西北方向突围。第60军接到第180师的报告后,立即于18时作出部署,令第179师第536团从芝岩里以东展开反击,令181师全部即从华川地区出发,以1个团沿公路攻击正面之敌,主力沿公路两侧向门岩里西南、华岩里方向出击,接援第180师,同时建议第3兵团主力兼程赶进,支援第60军作战。

第179师和第181师此时均位于春川东北地区。第536团因自身2个营被敌隔断,正在激战中,掌握兵力过少,经军批准未出击。正在华川地区与敌激战的第181师,于26日21时30分接到命令,立即收拢部队,因师团电话中断,以徒步传令迟慢,加之天降大雨,道路崎岖,至24时方开始西进,于27日上午先后进至论味里、场巨里、原川里地区,与北进之敌遭遇,为敌所阻,故接援计划未能实现。

26日18时,第180师开始向西北方向突围。主力经驾德山、蒙德山攻击前进,于27日9时进至鹰峰,另一路经纳实里、间村,迂回前进,也于27日9时至鹰峰与主力会合。此时,经连日激战,部队粮弹俱绝,联络中断,加之敌军炮火封锁严密,山路崎岖,迷路、失散人员众多,全师集中人员已不足千人,突围未成。

5月27日,志愿军司令部令第3兵团主力兼程赶进,打退敌军进攻,以解第180师之围。但此时第3兵团之第12军正在转进之中,第3兵团乃于27日12时电令第60军,不惜一切代价救援第180师,并指示第180师干部要沉着冷静,很好地掌握部队,保持建制,利用敌军空隙,将部队撤回。同时令第15军派部队在场岩里、广德里接应。随后,第3兵团又于17时30分电示第60军,令第180师不顾一切牺牲,由师团干部带队,选最强的部队,组织好火力,从芝岩里、华岳里之间,选敌空隙,沿红碛岭、芳确屯、狮子岭,杀出一条血路，向史仓里至松亭之间方向突围。

27日17时，第60军令第180师坚决向史仓里方向突围。同时令第179师取捷径，兼程赶进，向史仓里以南之敌出击，接援第180师。

第179师接到命令后，立即出发，但因山大路窄，行动困难，同时敌军火力封锁严密，至28日5时始有1个营赶到明芝岘、下实乃里地区。而此时，美军和南朝鲜军已经三路合击史仓里，并于28日下午攻占史仓里，其东西阵地因此连为一线，纵深加大。第60军组织的第二次接援第180师行动仍然没有成功。

27日晚，第180师将部队组成3个连，全力向史仓里方向攻击前进。因走错路，中途返回，转向西北方向突围，在突破敌军三个阵地后，队伍伤亡很大，无力继续攻击。在这种情况下，第180师主要指挥员没有很好地查明情况，集中全力继续寻敌间隙坚决突围，而采取了分散突围的办法，决定人员分路向史仓里方向突围，到伊川、铁原集中，以致该师遭致严重损失。自5月29日至6月中旬，该师先后突出包围集中的有师长、副师长、师参谋长、团长以下近4000人（含先期掩护军后勤转移的1个营）。

志愿军第12军第91团在战役第二阶段进攻作战中，担负迂回穿插敌后的任务，在停止进攻时，已进至下珍富里以东的兄弟峰。“联合国军”实施反扑后，该团孤悬敌后90余里，转移路线被敌层层隔断，与主力失去了联系。在敌情不明、地形不熟、缺粮少弹、伤员增多和通信联络极为不畅的严重情况下，该团沉着冷静，向东翻越雪岳山，绕道北撤。在转移过程中，全团官兵团结一致，不畏艰难，发扬红军团的优良传统，夺取敌军的武器弹药和粮食补充自己，边打边行，粉碎了敌军的围追堵截，带着全部伤员，于5月29日胜利突出重围，与主力在文登里会师。

志愿军和人民军在胜利回师的初期，由于对“联合国军”的反扑估计不足，部署不周，陷入被动，并且志愿军第180师遭受严重损失。尽管如此，志愿军和人民军仍顽强阻击“联合国军”，主力安全转移至新的防御地带。“联合国军”总司令李奇微懊恼地承认：“同往常一样，敌人在如下一类地区的抵抗是很顽强的，那就是地形对他们有利的地区，道路狭窄或者无路可行的地区，以及我们的补给品不得不依靠肩扛手提运上山岭的地区。……结果，敌人再次以空间换取了时间，并且在其大批部队和补给完好无损的情况下，得以安然逃脱。”[1]

---

① ［美］马修·李奇微：《朝鲜战争》，185页，北京，军事科学出版社，1983。

志愿军和人民军主力展开阻击，将战线稳定在三八线南北地区

5 月 27 日，北犯的“联合国军”进占汶山、永平、华川、富坪里、麟蹄一线，并继续向铁原、金化、杨口方向进攻，企图占领金化、铁原、平康“铁三角”地区，摧毁志愿军和人民军的后方基地和交通枢纽。

彭德怀司令员原来设想志愿军和人民军主力北移后，节节抗击敌军反扑，“逐渐放弃金化、杨口、麟蹄、金城、铁原地区，相机保持淮阳、平康、洗浦里、安边地区”。5 月 27 日，鉴于“联合国军”的进攻仍未停止，且有继续发展的趋势，而志愿军和人民军主力尚未形成完整防线，为迅速制止敌军进攻，稳定战局，他决定：“保持伊川、谷川、市边里、新溪、南川店、遂安地区，以便今后机动作战。”[①]同日，中朝联合司令部决定：停止部分军和军团的休整计划，立即转入防御，迅速将志愿军第 63、第 64、第 15、第 26、第 20 军和人民军第 5、第 2、第 3 军团共 5 个军和 3 个军团，展开于临津江、汉滩川以北芝浦里、华川、杨口、杆城地区，进行防御，坚决制止敌军进攻。同时准备将第 42 军调至伊川以东地区，第 47 军主力调至南川店、新幕里布防。

志愿军司令部于 5 月 27 日电示第 9 兵团并第 3、第 19 兵团首长指出：“以目前情况看，我之第三番兵团还须两月、技术兵种还须一月才能出动。美英军还保有战斗情绪，须再有一个时期的削弱过程，才能大规模消灭（每一战役一两个师）。我必须采取积极防御，以军师为单位机动的、灵活的出击，每次求得消灭一两个连至一个营，或吸引敌在阵地前反击，或向突出之小股敌包围袭击，充分运用炮火杀伤敌人，封锁公路、反坦克等。”

同时确定：第 9 兵团两个军（指第 26、第 20 军）从华川、山阳里、水上里、丰岩里、细岘里、金城地区，“须阻击敌二十天至一个月，求得消灭美军两三个建制营（每次两个连至一个营）”；第 3 兵团采取同样的动作，“在金化以南及金城地区阻击二十天，由金化至平康十天”，以便主力调整部署，补充粮弹，对敌进行反击。

5 月 29 日 22 时，志愿军司令部向各兵团并各军首长下达《关于阻击敌人追击的指示》，指出：“各部必须就现在姿态，坚决阻止住敌的冒进，严守

① 彭德怀致毛泽东电，1951 年 5 月 27 日 23 时。

各兵团现区分的抗击的部队和作战分界线，确实控制阵地（包括第二、第三线部队战斗准备），由各军甚至兵团首长亲自督促检查，尤其与左右友邻的衔接十分重要。团与团、师与师间应沟通电话，商定接合部的双方火力支援与步兵配合等。公路上必须设各种障碍（如破路、埋雷、反坦克炮等），并组织后面人员运粮和运走第一线的伤兵。总之，如现在不能阻止敌人进攻，势必造成更大的恶果。各阻击部队必须不惜一切代价，阻住敌人。”

毛泽东主席也在关注着朝鲜战场的局势。5 月 30 日 2 时，他致电彭德怀，指出：“你令各军坚决阻击敌人于金化、铁原、朔宁一线及其以南地带的计划，将四十二军主力调至伊川以东地区，将四十七军调至南川、新幕地区的计划，都是很对的，望坚决执行。”①

在志愿军司令部的统一指挥下，各部停止休整，迅速展开，构筑工事，阻击“联合国军”北进。

在东线华川方向，志愿军第 20 军展开于华川地区，以第 58 师先敌抢占启星里、大加马伊、城山、已积洞、战场洞、大利洞地区，坚决控制要点，阻敌北进；以第 59 师在山阳里至注坡里公路两侧地区集结，随时准备投入战斗。

5 月 28 日，美第 7 师主力和美第 24 师、南朝鲜第 3 师各一部在百余辆坦克的支援下，由华川北进，多路向志愿军第 58 师阵地进攻。志愿军第 58 师坚守阵地，并不断实施局部反击。在蛇头岘南山反击战中，第 174 团毙俘美第 7 师 150 余人。29 日，第 58 师调整部署，以二梯队第 172 团投入战斗，并以 2 个加强连协同第 174 团对敌实施反冲击，收复阵地，歼灭美第 7 师 1 个加强连和南朝鲜第 3 师一部。

第 58 师在极度疲劳、粮弹缺乏的情况下，在每一个阵地上都与敌军展开反复争夺，并不断地以反击大量杀伤敌军。美军和南朝鲜军，在 7 天时间里只前进了 4 公里，北进气焰顿挫。

志愿军司令部于 5 月 30 日将向第 20 军反击作战的战绩通报全军，并指出：“我各部以积极的勇敢的[反击]，乘敌立足未稳、单个突出之弱点，不断地给以打击，才能停止敌的进攻，稳定战局。”②

此时，“联合国军”开始向西线涟川、铁原方向增加反扑兵力，这一方向成为“联合国军”的主要进攻方向。5 月 28 日，美第 1 军和第 9 军集中 4 个

① 《建国以来毛泽东军事文稿》，上卷，494 页，北京，军事科学出版社、中央文献出版社，2010。

② 志愿军司令部致各兵团、各军首长电，1951 年 5 月 30 日 12 时。

师的兵力，猛攻志愿军第65军阵地，占领了涟川以南金谷里、永平及汉滩川一线，直逼铁原。位于铁原以北的志愿军后方基地受到严重威胁。

彭德怀司令员对敌军在此方向的进攻极为关注，决心在涟川、铁原方向坚决挫败敌军的进攻，狠狠打击敌军的进攻气焰，彻底制止敌军的反扑，同时保障志愿军和人民军在铁原以北地区后方基地的安全，掩护志愿军和人民军主力的休整和补充。

5月28日17时，彭德怀直接电令第63军并指挥第65军第194师，迅速在涟川、铁原之间，东起古南山，西至临津江畔，正面25公里，纵深20公里的地域组织防御，坚决阻止敌军进攻。命令指出："敌人追击性进攻得很快，你们在文岩里（不含）、朔宁、铁原之间地区，应取坚守积极防御朔宁、高公山一线阵地，无志司、兵团命令不得放弃。"

第19兵团将配属兵团的2个炮兵团加强给第63军，并明确命令第63军：要"不惜代价，坚守阵地，阻止敌人进攻，无上级命令不准撤退"。

5月27日21时和28日18时，第19兵团根据志愿军司令部的部署，连续电令第65军：在汉滩川北岸坚决阻击，没有命令再不得北撤。"立即组织力量，打击敌人侧背，阻滞敌人前进，便于六十三军抢修工事，否则铁原失守，你们要负责任"。

28日20时，志愿军司令部电令第65军："你们必须在现阵地取积极防御动作，绝不允许随便撤退，致影响全局。必须清楚认识敌军并无增加，只是受到我严重打击后的报复行动，望全军指战员深刻体会此意。"

志愿军第65、第63军坚决执行志愿军司令部和兵团的命令，与北进之敌展开激烈的战斗。

第65军第193师的防御地域，位于铁原以南地区，扼守由汉城通往铁原的交通要道，态势突出，是美军向铁原方向推进的必经之路。根据兵团和军的命令，第193师党委提出了"誓死保卫铁原"的口号，组织部队展开了坚守防御作战。

第579团位于南峰岘地区。该团以连续的反冲击，与优势之敌反复争夺阵地，坚守4昼夜，直接威胁北进之敌的侧背，迟滞了敌军的行动。

29日，美军向志愿军第577团防守的233.2高地发动猛烈攻击。233.2高地地势突出，扼制汉城通往铁原的公路。志愿军第193师以第577团成两个梯队展开，在该地域实施坚守防御。白天抵抗美军的空、坦、步、炮联合攻击，晚上则组织部队进行坚决的反击。阵地得而复失，失而复得，争夺异常激烈。

5月30日晚，志愿军第193师趁敌连续进攻疲惫之机，以第577团在第576团一部的配合下，对敌实施反击。战至31日零时，第577团全部收复美军占领的阵地，毙伤敌230余人，志愿军仅伤2人。随后，又打退了美军的疯狂反扑，巩固占领阵地。

在涟川地区的阻击战中，志愿军第193师以坚强的战斗意志，顶住了美军的连续进攻，并果断地对敌实施坚决的反击，成功后又顽强固守阵地。

在志愿军和人民军一线部队坚决阻击和反击下，"联合国军"的反扑势头已被遏制。与此同时，6月1日，志愿军第47、第42、第26、第27军在新幕、伊川、鸡雄山、黑云吐岭一线构成了纵深防线，全线防御布势基本完成。志愿军已经稳定战局，扭转了转移初期的被动局面。

但在涟川、铁原方向上，美军的进攻仍未停止。6月1日，范佛里特下达命令，要求其他部队加强对"堪萨斯线"的防御，而以美第1军和第9军继续向"怀俄明线"进攻，并在占领此线后，在其北面建立巡逻基地，"尽最大可能发起有限目标的进攻"，以摧毁志愿军和人民军的后勤补给基地，破坏志愿军和人民军发动新的攻势的准备。①

此时，志愿军第63军以第187、第189师已夹涟川至铁原公路展开，构筑了防御阵地，实施坚守防御，并把主要力量放在卡口子上，坚决制止敌军沿涟川、铁原公路两侧向纵深推进，第188师为预备队。第65军主力撤出第一线转入休整，其第194师归第63军指挥仍在第一线担任阻击。

6月1日，美第8集团军集中美第1军、第9军主力开始向志愿军第63军阵地展开进攻，并把主攻方向指向涟川，在不足3公里的进攻正面上，集中2个师，在大量航空兵、炮兵的支援下，以整连、整营、整团的兵力，轮番猛攻志愿军第187师阵地，企图夺取涟川两侧有利地形，中央突破，直插铁原。

志愿军能否彻底停止敌军的进攻，第63军的阻击作战关系全局。彭德怀密切关注第63军的阻击作战。在敌军进攻的第一天，即三次打电话给第63军首长，询问战斗情况，并指示要不惜一切代价顶住敌军的进攻，打掉敌军的进攻势头。第19兵团首长也全力支援第63军的作战，从兵团机关抽调干部、战士补充第63军。

中共第63军党委发出指示，要求全体指战员"敢于挑重担，敢于打恶仗，不叫苦，不叫累，不怕孤军作战，不怕流血牺牲，发挥独立作战能力，像钉

① 参见[美]詹姆斯·F. 施纳贝尔：《朝鲜战争中的美国陆军——战争爆发前后》，455页，北京，国防大学出版社，1990。

子一样，钉在前沿阵地上；要机智勇敢，活在阵地上，战斗在阵地上，将敌人消灭在阵地前”。

第63军全体指战员以“誓与阵地共存亡”的革命英雄主义气概，与进攻之敌展开长达12天的激烈战斗。

战斗最激烈的地点在右翼涟川山口地区。美军进攻第一天即投入5个步兵营，并得到4个炮兵营的支援，气焰极为嚣张。志愿军187师第561团3营在师团火力的支援下，坚守阵地四天三夜，顶住了数倍于己的敌军10余次进攻，与敌反复争夺，毙伤敌达1300余人，为稳定一线阵地起到了重要作用，被第63军授予“守如泰山”锦旗。

在左翼第189师防区的种子山、233.2高地等地，美军的进攻也连续受挫。6月3日，美第25师主力投入进攻，兵分三路，在航空兵密集火力支援下，以坦克为先导，多路猛攻志愿军第189师阵地。志愿军第189师全力以赴，与敌军殊死战斗，反复争夺阵地。在战斗最紧张的时刻，师预备队全部投入，师直及部分机关勤务人员也加入战斗。前线连队大部分连排干部伤亡，许多官兵在最后时刻，毅然拉响手榴弹，与敌人同归于尽，决不后退一步。

为保持部队战斗力，争取防御时间，6月3日24时，志愿军司令部及时电示第63军由坚守防御改为机动防御，要求部队“敌试探性进攻时，我则可灵活歼敌。敌主力配合坦克、炮兵、空军全面进攻时，我则以小部队分散节节阻击，以火力袭击。如有可乘时，则反击之。只有此种动作阻击，积极灵活地反击，方达争取时间，消耗敌人之目的。不宜坚守一地”①。

6月4日，美军孤注一掷，对志愿军第63军阵地全线展开波浪式的疯狂进攻，甚至在双方交战人员已经短兵相接的情况下，仍实施炮击。志愿军第63军以预备队第188师接替第189师防御，继续坚守阵地，以大无畏的英雄气概，与进攻之敌展开血战。

根据志愿军司令部的指示，第63军于6月5日转入二线阵地，进行机动防御，继续阻击敌军进攻。

6月10日，第63军胜利地完成了防御任务。在历时12昼夜的防御作战中，第63军在涟川、铁原地区25公里的防御正面和20余公里的防御纵深地域，克服种种困难，顽强抗击美军4个师的轮番进攻，共歼敌1.5万余人，有力打击了美军的嚣张气焰，粉碎了敌军抢占铁原，摧毁志愿军后方基

① 志愿军司令部致第19兵团、第63军首长电，1951年6月3日24时。

地和交通线，割裂志愿军和人民军防线的企图，为稳定战场局势作出了重大贡献。

彭德怀司令员在战后专门到第63军看望指战员，称赞官兵们打出了军威，打出了中国人的志气，并深情地说："祖国人民忘不了你们，祖国和人民感谢你们！"

6月10日，志愿军主动撤出铁原、金化，将"联合国军"阻止在三八线附近的汶山、高浪浦里、三串里、铁原、金化、杨口、明波里一线，敌我双方均转入防御，第五次战役遂告结束。

志愿军和人民军在第五次战役转移阶段的20天阻击作战中，共歼敌3.6万余人。

第五次战役转移阶段的作战证明，依靠劣势装备同高度现代化的强敌作战，组织大兵团转移，必须估计到敌军依靠其摩托化和机械化装备实行快速反扑，因此转移必须有运动防御的周密部署和组织，必须有一线、二线甚至三线的防御部署，实行交替掩护，逐次转移，才不致为敌所乘陷入被动。

第五次战役，是抗美援朝战争期间规模最大的一次战役。志愿军和人民军共投入了11个军和4个军团的兵力，"联合国军"投入几乎所有地面部队并有大量航空兵部队的支援，交战双方投入此次战役的总兵力达100万，展开了连续50天的激烈战斗。志愿军和人民军以歼敌8.2万余人的战绩，最终取得了战役的胜利。志愿军和人民军在此次战役中的战斗减员为8.5万余人。

此次战役，志愿军和人民军粉碎了"联合国军"以正面进攻配合侧后登陆，在朝鲜蜂腰部建立新防线的企图，摆脱了第四次战役期间的被动局面，并使志愿军新参战兵团得到了锻炼，取得了对现代化装备美军作战的经验。此次战役，也迫使"联合国军"对志愿军和人民军的力量重新作出估计，彻底破灭了其占领全朝鲜的幻想，不得不转入战略防御，最终确定与中朝方面进行谈判，以结束战争。

第五次战役，志愿军和人民军第一阶段作战虽然未能实现战役的歼敌计划，但始终掌握战役主动权；第二阶段作战则圆满实现战役计划。但在第二阶段作战结束后，主动胜利回师的初期，由于对"联合国军"反扑估计不足，主力转移休整的组织计划不周密，造成了主力转移初期的被动。尔后，及时调整部署，展开主力阻击，粉碎了"联合国军"的反扑，将战线稳定在三八线南北地区。总观第五次战役，志愿军和人民军虽然取得了胜利，但胜利很不圆满，从作战指导上讲，主要是"打得急了一些，打得大了一些，打得远了一些”。打得急了,是指战役准备十分仓促;企图过大(特别是第一阶段),啃不动,嚼不烂,难以实现预定歼敌计划;打得远了,是说一则运输补给跟不上,二则停止进攻后不易摆脱敌军的反扑。

随着第五次战役的结束,战线稳定在三八线南北地区,交战双方均转入了战略防御,朝鲜战场的大规模运动作战告一段落。此后,随着朝鲜停战谈判的开始,朝鲜战争便进入了边打边谈的阶段。

序列表 1

1950 年 10 月下旬 ~11 月上旬中国人民志愿军序列表

中国人民志愿军

- 司令员兼政治委员 彭德怀
- 副司令员兼政治委员 邓华
- 朴一禹（人民军派驻志愿军的代表）
- 副司令员 洪学智 韩先楚
- 参谋长 解方
- 政治部主任 杜平

- 司令部
- 政治部
- 东北军区后勤部前方指挥所
  - 负责人 张明远 杜者衡
    - 第1分部
    - 第2分部
    - 第3分部
    - 第4分部
- 炮兵司令部
  - 政治委员 邱创成
  - 副司令员 匡裕民
    - 炮兵第1师
    - 炮兵第2师
    - 炮兵第8师
- 铁道兵第1师
- 工程兵指挥所—主任 陈正峰
  - 工4团
  - 工6团
- 第38军
  - 军长 梁兴初
  - 政治委员 刘西元
  - 副军长 江拥辉
  - 参谋长 管松涛
  - 政治部主任 吴岱
    - 第112师
    - 第113师
    - 第114师
- 第39军
  - 军长 吴信泉
  - 政治委员 徐斌州
  - 副军长 谭友林
  - 副政治委员兼政治部主任 李雪三
  - 参谋长 沈启贤
    - 第115师
    - 第116师
    - 第117师
- 第40军
  - 军长 温玉成
  - 政治委员 袁升平
  - 副军长 蔡正国
  - 参谋长 宁贤文
  - 政治部主任 李伯秋
    - 第118师
    - 第119师
    - 第120师

- 第42军
  - 军　　长　吴瑞林
  - 政治委员　周　彪
  - 副军长　胡继成
  - 副政治委员　郭成柱
  - 参谋长　廖仲符
  - 政治部主任　丁国钰
  - 第124师
  - 第125师
  - 第126师
- 第50军
  - 军　　长　曾泽生
  - 政治委员　徐文烈
  - 参谋长　舒　行
  - 政治部主任　何运洪
  - 第148师
  - 第149师
  - 第150师
- 第66军
  - 军　　长　萧新槐
  - 政治委员　王紫峰
  - 副军长　陈坊仁
  - 副政治委员兼政治部主任　张连奎
  - 参谋长　刘　苏
  - 第196师
  - 第197师
  - 第198师

序列表 2

1950 年 10 月下旬～11 月上旬朝鲜人民军序列表

- **朝鲜人民军**（最高司令官 金日成）
  - 第1军团
    - 第46师
    - 第47师
    - 第105坦克师
    - 第17坦克旅
  - 第3军团
    - 第1师
    - 第3师
    - 第8师
    - 第12师
    - 第13师
    - 第15师
  - 第4军团
    - 第41师
    - 海防第1旅
  - 第6军团
    - 第18师
    - 第36师
    - 第66师
  - 第7军团
    - 第32师
    - 第37师
    - 第38师
  - 第8军团
    - 第42师
    - 第45师
    - 第76师

注：第 1、第 3、第 4 军团位于朝鲜北部靠近中朝边境地区，大部分是新组建部队。第 6、第 7、第 8 军团位于中国东北地区，均为新组建部队。上述 6 个军团均在整训，只有第 1 军团可以参加作战。另外，被隔绝敌后的人民军主力部队 9 个师余部，统一编为第二战线部队，在崔贤的指挥下，活动于江原道、黄海北道、平安南道。第 4 师、第 7 师剩余部队活动于宁远地区。

序列表3

1950年10月下旬~11月上旬“联合国军”序列表

- “联合国军” 总司令 道格拉斯·麦克阿瑟
  - 美国
    - 第8集团军 司令 沃尔顿·沃克
      - 第1军 军长 弗兰克·米尔本
        - 第24师
      - 第9军 军长 约翰·库尔特
        - 第2师
        - 第25师
        - 骑兵第1师
    - 第10军 军长 爱德华·阿尔蒙德
      - 第3师
      - 第7师
      - 陆战第1师
    - 空降第187团
    - 远东海军 司令 特纳·乔埃
      - 第7舰队（舰艇170余艘、飞机300余架）司令阿瑟·斯特鲁布尔
    - 远东空军 司令 乔治·斯特拉特迈耶（飞机500余架）
      - 第5航空队
      - 轰炸机指挥部
      - 空运指挥部
  - 英国
    - 步兵第27旅
    - 步兵第29旅
    - 海军（舰艇21艘、飞机80架）
  - 加拿大
    - 步兵第2营
    - 海军舰艇3艘
    - 空军1个中队
  - 澳大利亚
    - 步兵第3营
    - 海军舰艇3艘
    - 空军1个中队（飞机35架）
  - 法国
    - 步兵1个营
    - 海军驱逐舰1艘
  - 新西兰
    - 炮兵第16团
    - 海军舰艇2艘

- 荷　兰
  - 步兵1个营
  - 海军巡逻快艇1艘
- 泰国
  - 步兵第21团
  - 海军舰艇2艘
- 希　腊
  - 步兵1个营
  - 空军飞机7架
- 土耳其 —— 步兵1个旅
- 菲律宾 —— 步兵第10营
- 南朝鲜第1军团 —— 军团长金白一
  - 第3师
  - 首都师
- 南朝鲜第2军团 —— 军团长刘载兴
  - 第6师
  - 第7师
  - 第8师
- 南朝鲜第3军团 —— 军团长李亨根
  - 第2师
  - 第5师
- 第1师（属美第1军指挥）
- 第9师
- 第10师
- 第11师
- 海　军　总参谋长 孙元一 —— 舰艇46艘
  - 第1舰队
  - 第2舰队
  - 第3舰队
  - 训练队
  - 陆战队
- 空　军　总参谋长 金贞烈 —— 共有飞机100架

序列表 4

第一次战役“联合国军”参战地面部队序列表

1950 年 10 月 25 日 ~ 11 月 5 日

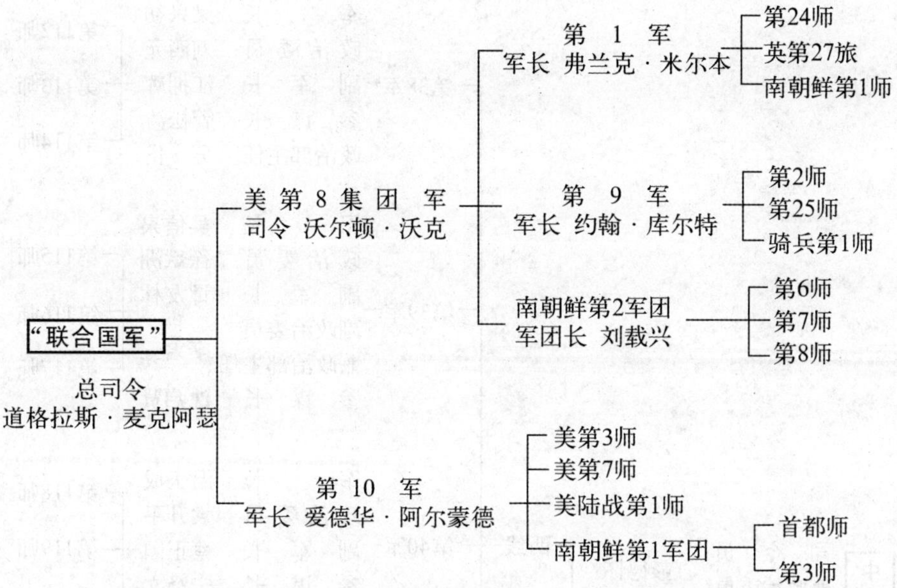

序列表5

第二次战役中国人民志愿军参战部队序列表

1950年11月6日~12月24日

中国人民志愿军

- 司令员兼政治委员　彭德怀
- 副司令员兼副政治委员　邓华　朴一禹
- 副司令员　洪学智　韩先楚
- 参谋长　解方
- 政治部主任　杜平

西线

- 第38军
  - 军长　梁兴初
  - 政治委员　刘西元
  - 副军长　江拥辉
  - 参谋长　管松涛
  - 政治部主任　吴岱
  - 第112师
  - 第113师
  - 第114师
- 第39军
  - 军长　吴信泉
  - 政治委员　徐斌洲
  - 副军长　谭友林
  - 副政治委员兼政治部主任　李雪三
  - 参谋长　沈启贤
  - 第115师
  - 第116师
  - 第117师
- 第40军
  - 军长　温玉成
  - 政治委员　袁升平
  - 副军长　蔡正国
  - 参谋长　宁贤文
  - 政治部主任　李伯秋
  - 第118师
  - 第119师
  - 第120师
- 第42军
  - 军长　吴瑞林
  - 政治委员　周彪
  - 副军长　胡继成
  - 副政治委员　郭成柱
  - 参谋长　廖仲符
  - 政治部主任　丁国钰
  - 第124师
  - 第125师
  - 第126师

- 第50军
  - 军　　长　曾泽生
  - 政治委员　徐文烈
  - 参谋长　舒　行
  - 政治部主任　何运洪
  - 第148师
  - 第149师
  - 第150师
- 第66军
  - 军　　长　萧新槐
  - 政治委员　王紫峰
  - 副军长　陈坊仁
  - 副政治委员兼政治部主任　张连奎
  - 参谋长　刘　苏
  - 第196师
  - 第197师
  - 第198师
- 东线－第9兵团
  - 司令员兼政治委员　宋时轮
  - 副司令员　陶　勇
  - 参谋长　覃　健
  - 政治部主任　谢有法
  - 副参谋长　王　彬
  - 第20军
    - 军长兼政治委员　张翼翔
    - 副军长　廖政国
    - 副政治委员　谭右铭
    - 参谋长　俞炳辉
    - 政治部主任　邱相田
    - 第58师
    - 第59师
    - 第60师
    - 第89师
  - 第26军
    - 军　　长　张仁初
    - 政治委员　李耀文
    - 副军长　张铚秀
    - 参谋长　冯鼎三
    - 第76师
    - 第77师
    - 第78师
    - 第88师
  - 第27军
    - 军　　长　彭德清
    - 政治委员　刘浩天
    - 副军长　詹大南
    - 副政治委员　曾如清
    - 参谋长　李　元
    - 政治部主任　张文碧
    - 第79师
    - 第80师
    - 第81师
    - 第94师

序列表 6

第二次战役“联合国军”参战地面部队

1950 年 11 月 6 日～12 月 24 日

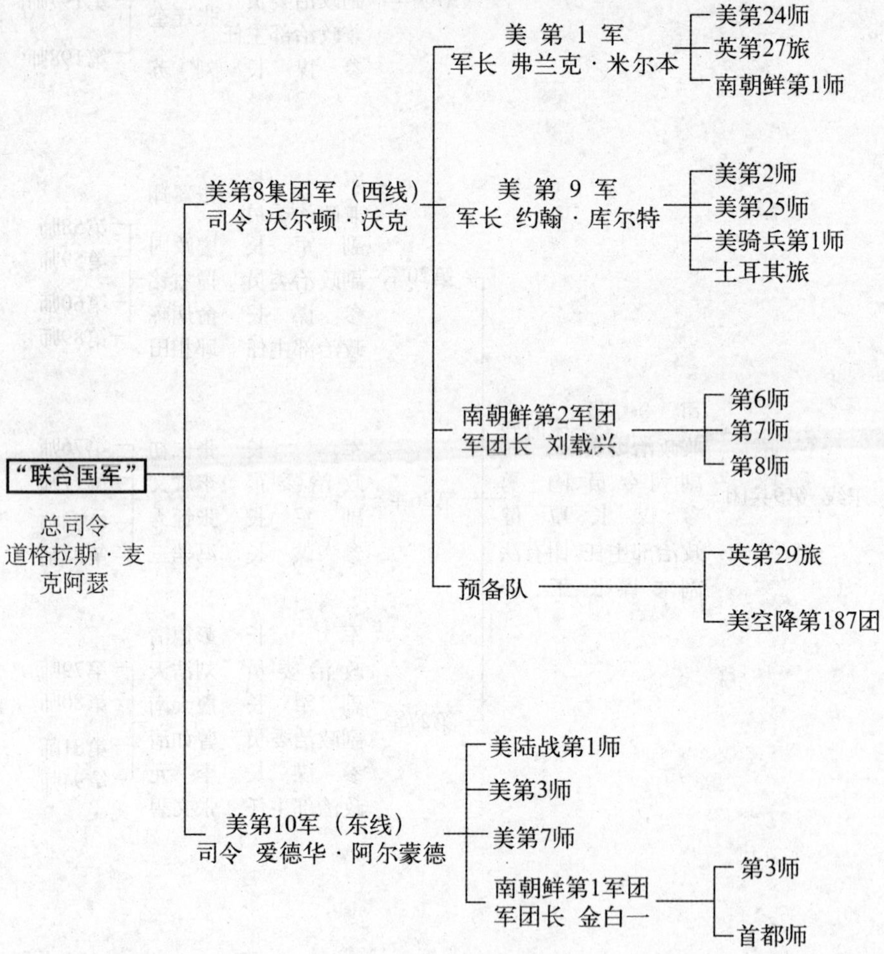

序列表 7

第三次战役中国人民志愿军和朝鲜人民军参战部队序列表

1950 年 12 月 31 日 ~ 1951 年 1 月 8 日

中国人民志愿军和朝鲜人民军联合司令部
司令员兼政治委员　彭德怀
副司令员　金　雄（朝方）
副政治委员　朴一禹（朝方）

中国人民志愿军
司令员兼政治委员 彭德怀
副司令员兼政治委员 邓华
副司令员 洪学智 韩先楚
参谋长 解方
政治部主任 杜平

- 第38军
  - 军长 梁兴初
  - 政治委员 刘西元
  - 副军长 江拥辉
  - 参谋长 管松涛
  - 政治部主任 吴岱
    - 第112师
    - 第113师（炮兵第8师第46团第1、2、5连）
    - 第114师（炮兵第1师第25团）
- 第39军
  - 军长 吴信泉
  - 政治委员 徐斌洲
  - 副军长 谭友林
  - 副政治委员兼政治部主任 李雪三
  - 参谋长 沈启贤
    - 第115师
    - 第116师（炮兵第1师第26团〔欠第2、3连〕、第8师第45团）
    - 第117师
- 第40军
  - 军长 温玉成
  - 政治委员 袁升平
  - 副军长 蔡正国
  - 参谋长 宁贤文
  - 政治部主任 李伯秋
    - 第118师（炮兵第2师第29团4个连）
    - 第119师（炮兵第8师第42团）
    - 第120师

- 第50军
  - 军长 曾泽生
  - 政治委员 徐文烈
  - 参谋长 舒行
  - 政治部主任 何运洪
  - 第148师
  - 第149师
  - 第150师
- 第42军
  - 军长 吴瑞林
  - 政治委员 周彪
  - 副军长 胡继成
  - 副政治委员 郭成柱
  - 参谋长 廖仲符
  - 政治部主任 丁国钰
  - 第124师
  - 第125师（炮兵第44团1、3营）
  - 第126师
- 第66军
  - 军长 萧新槐
  - 政治委员 王紫峰
  - 副军长 陈坊仁
  - 副政治委员兼政治部主任 张连奎
  - 参谋长 刘苏
  - 第196师
  - 第197师
  - 第198师

- 朝鲜人民军
  - 人民军第1军团 军团长 李权武
    - 第8师
    - 第47师
    - 第17机械化师
  - 人民军第2军团 军团长 崔贤
    - 第2师
    - 第4师
    - 第9师
    - 第10师
    - 第31师
  - 人民军第5军团 军团长 方虎山
    - 第6师
    - 第7师
    - 第12师
    - 第27师
    - 第38师
    - 第43师

序列表 8

第三次战役“联合国军”第一、第二线防御部队序列表

1950 年 12 月 31 日 ~1951 年 1 月 8 日

“联合国军”

总 司 令

道格拉斯 · 麦克阿瑟

- 第 8 集 团 军　司令 马修·李奇微
  - 第 1 军　军长 弗兰克·米尔本
    - 南朝鲜第1师
    - 美第25师
    - 英第29旅
    - 英第27旅
    - 土耳其旅
  - 第 9 军　军长 约翰·库尔特
    - 南朝鲜第6师
    - 美第24师
    - 美骑兵第1师
  - 南朝鲜第3军团　军团长 李亨根
    - 第2师
    - 第5师
    - 第8师
  - 南朝鲜第2军团　军团长 刘载兴
    - 第3师
    - 第7师
  - 南朝鲜第1军团　军团长 金白一
    - 第9师
    - 首都师
  - 预备队
    - 美第2师
    - 美空降第187团

序列表 9

第四次战役中国人民志愿军和朝鲜人民军参战部队序列表

1951 年 1 月 15 日 ~4 月 21 日

中朝联合司令部

司令员兼政治委员　彭德怀

副司令员　金　雄（朝方）　邓　华

副政治委员　朴一禹（朝方）

中国人民志愿军

司令员兼政治委员　彭德怀

副司令员兼副政治委员　邓　华

副司令员　洪学智　韩先楚

参谋长　解　方

政治部主任　杜　平

- 第38军
  - 军长　梁兴初
  - 政治委员　刘西元
  - 副军长　江拥辉
  - 参谋长　管松涛
  - 政治部主任　吴　岱
  - 第112师
  - 第113师
  - 第114师
- 第39军
  - 军长　吴信泉
  - 政治委员　徐斌洲
  - 副军长　谭友林
  - 副政治委员兼政治部主任　李雪三
  - 参谋长　沈启贤
  - 第115师
  - 第116师
  - 第117师
- 第40军
  - 军长　温玉成
  - 政治委员　袁升平
  - 副军长　蔡正国
  - 参谋长　宁贤文
  - 政治部主任　李伯秋
  - 第118师
  - 第119师
  - 第120师

- 第42军
  - 军　　长　吴瑞林
  - 政治委员　周　彪
  - 副 军 长　胡继成
  - 副政治委员　郭成柱
  - 参 谋 长　廖仲符
  - 政治部主任　丁国钰
  - 第124师
  - 第125师
  - 第126师
- 第50军
  - 军　　长　曾泽生
  - 政治委员　徐文烈
  - 参 谋 长　舒　行
  - 政治部主任　何运洪
  - 第148师
  - 第149师
  - 第150师
- 第66军
  - 军　　长　萧新槐
  - 政治委员　王紫峰
  - 副 军 长　陈坊仁
  - 副政治委员兼政治部主任　张连奎
  - 参 谋 长　刘　苏
  - 第196师
  - 第197师
  - 第198师
- 第26军
  - 军　　长　张仁初
  - 政治委员　李耀文
  - 副 军 长　张铚秀
  - 参 谋 长　冯鼎三
  - 第76师
  - 第77师
  - 第78师
  - 第88师
- 炮兵第1师

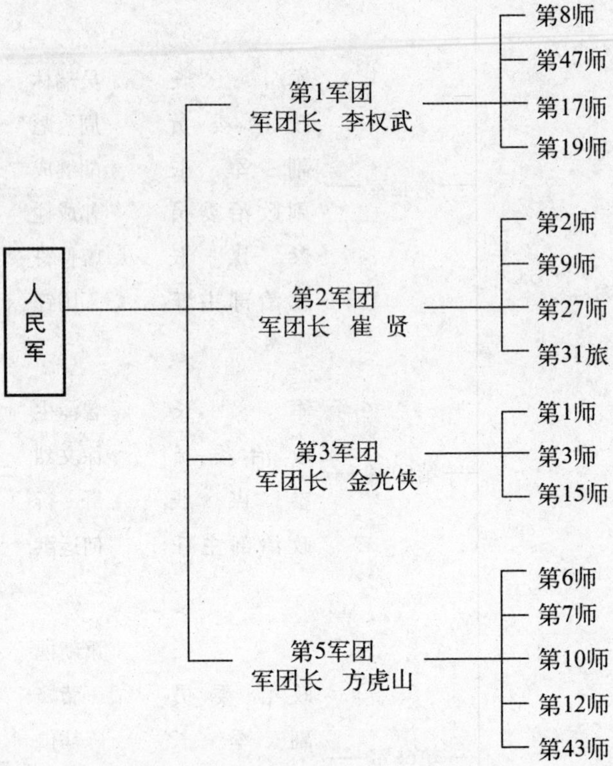

注:在这次战役第一阶段中,志愿军和人民军共组成 3 个前方指挥所:由志愿军副司令员韩先楚统一指挥志愿军第 38、第 50 军和人民军第 1 军团;由志愿军副司令员邓华统一指挥第 39、第 40、第 42、第 66 军;由中朝联合司令部副司令员金雄统一指挥人民军第 2、第 3、第 5 军团。

序列表 10

第四次战役“联合国军”参战地面部队序列表

1951 年 1 月 15 日 ~4 月 21 日

- “联合国军” 总司令 道格拉斯·麦克阿瑟
  - 美第 8 集团军 司令马修·李奇微
    - 美第 1 军 军长 约翰·奥丹尼尔
      - 美军第3师
      - 美军第25师
      - 英军第29旅
      - 土耳其旅
      - 南朝鲜军第1师
    - 美第 9 军 军长 威廉·霍奇
      - 美骑兵第1师
      - 美军第24师
      - 英军第27旅
      - 南朝鲜军第6师
    - 美第 10 军 军长 克洛维斯·拜尔斯
      - 美陆战军第1师
      - 美军第2师
      - 美军第7师
      - 南朝鲜军第5师
      - 南朝鲜军第8师
      - 美军空降第187团
    - 南朝鲜第1军团 军团长 白善烨
      - 第9师
      - 首都师
      - 第11师
    - 南朝鲜第3军团 军团长 刘载兴
      - 第3师
      - 第7师

第五次战役中国人民志愿军和朝鲜人民军参战部队序列表

1951 年 4 月 22 日 ~6 月 10 日

中朝联合司令部
司令员兼政治委员 彭德怀
副司令员 金 雄（朝方） 邓 华
副政治委员 朴一禹（朝方）

- 中国人民志愿军
  - 司令员兼政治委员 彭德怀
  - 副司令员兼副政治委员 邓 华
  - 副司令员 洪学智 韩先楚
  - 参谋长 解 方
  - 政治部主任 杜 平
  - 第19兵团
    - 司令员 杨得志
    - 政治委员 李志民
    - 副司令员兼参谋长 郑维山
    - 政治部主任 陈先瑞
    - 副参谋长 康博缨
    - 第63军
      - 军长 傅崇碧
      - 政治委员 龙道权
      - 副政治委员兼政治部主任 黄振棠
      - 参谋长 杜瑜华
      - 第187师
      - 第188师
      - 第189师
    - 第64军
      - 军长 曾思玉
      - 政治委员 王 昭
      - 副军长 唐子安
      - 参谋长 马卫华
      - 政治部主任 袁佩爵
      - 第190师
      - 第191师
      - 第192师
    - 第65军
      - 军长 萧应棠
      - 政治委员 王道邦
      - 参谋长 阮 平
      - 政治部主任 陈宜贵
      - 第193师
      - 第194师
      - 第195师
    - 炮兵第8师

- 第3兵团
  - 司令员兼政治委员 陈赓
  - 副司令员 王近山
  - 副政治委员 杜义德
  - 参谋长 王蕴瑞
  - 政治部主任 刘有光
  - 副参谋长 李懋之
  - （陈赓、杜义德此时未到职）
  - 第12军
    - 军长 曾绍山
    - 副军长兼参谋长 萧永银
    - 副政治委员 李震
    - 政治部主任 李开湘
    - 第31师
    - 第34师
    - 第35师
  - 第15军
    - 军长 秦基伟
    - 政治委员 谷景生
    - 副军长 周发田
    - 参谋长 张蕴钰
    - 政治部主任 车敏樵
    - 第29师
    - 第44师
    - 第45师
  - 第60军
    - 军长 韦杰
    - 政治委员 袁子钦
    - 副军长 查玉升
    - 参谋长 邓仕俊
    - 政治部主任 李哲夫
    - 第179师
    - 第180师
    - 第181师
  - 炮兵第2师
- 第9兵团
  - 司令员兼政治委员 宋时轮
  - 副司令员 陶勇
  - 参谋长 覃健
  - 政治部主任 谢有法
  - 副参谋长 王彬 曾甦元
  - 第20军
    - 军长兼政治委员 张翼翔
    - 副军长 廖政国
    - 副政治委员 谭右铭
    - 参谋长 俞炳辉
    - 第二参谋长 余光茂
    - 政治部主任 邱相田
    - 第58师
    - 第59师
    - 第60师
  - 第26军
    - 军长 张仁初
    - 政治委员 李耀文
    - 副军长 张铚秀
    - 参谋长 冯鼎兰
    - 政治部主任 王直
    - 第76师
    - 第77师
    - 第78师

- 第27军
  - 军长 彭德清
  - 政治委员 曾如清
  - 副军长 詹大南
  - 参谋长 李元
  - 政治部主任 张文碧
  - 第79师
  - 第80师
  - 第81师
- 第39军
  - 军长 吴信泉
  - 政治委员 李雪三
  - 副军长 吴国璋
  - 副军长兼参谋长 张竭诚
  - 副政治委员 贺大增
  - 政治部主任 石瑛
  - 第115师
  - 第116师
  - 第117师
- 第40军
  - 军长 温玉成
  - 政治委员 袁升平
  - 副军长兼参谋长 邓岳
  - 副军长 徐国夫
  - 政治部主任 李伯秋
  - 第118师
  - 第119师
  - 第120师
- 炮兵第1师

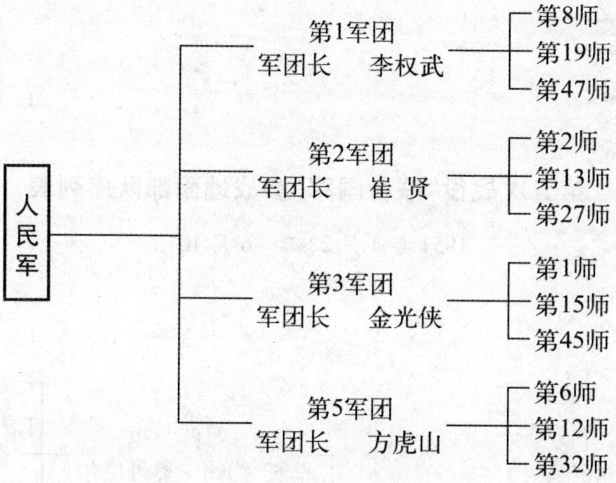

注:人民军第1军团在作战中归志愿军第19兵团指挥,其他3个军团归金雄统一指挥。

序列表 12

第五次战役“联合国军”参战地面部队序列表

1951 年 4 月 22 日 ~6 月 10 日

- “联合国军” 总司令 马修·李奇微
  - 美第8集团军 司令 詹姆斯·范佛里特
    - 第 1 军 军长 约翰·奥丹尼尔
      - 美第3师
      - 美第25师
      - 英军第29旅
      - 南朝鲜军第1师
    - 第 9 军 军长 威廉·霍奇
      - 美陆战第1师
      - 美第24师
      - 英军第27旅
      - 南朝鲜军第6师
      - 泰国团、加拿大营
    - 第 10 军 军长 克洛维斯·拜尔斯
      - 美第2师
      - 美第7师
      - 南朝鲜军第5师
    - 南朝鲜第3军团 军团长 刘载兴
      - 第3师
      - 第7师
    - 南朝鲜第1军团 军团长 白善烨
      - 首都师
      - 第9师
      - 第11师
    - 美骑兵第1师
    - 美空降第187团
    - 南朝鲜军第2师

抗美援朝战争史

（修订版）

下　卷

军事科学院军事历史研究所　著

军事科学出版社
·北京·

彭德怀与志愿军副司令员邓华（右）、陈赓（左）在一起

彭德怀视察高炮阵地

志愿军副司令员陈赓（右）、韩先楚（左）、副政委甘泗淇（中）在一起

彭德怀与志愿军后方勤务司令部司令员洪学智（前排右一）、政委周纯全（前排右二）等在一起

志愿军谈判代表团主要负责人李克农（坐者）、邓华（后排左一）、解方（后排右一）、乔冠华（后排中）在一起

苏联驻联合国代表马立克发表广播演说，呼吁在朝鲜进行停战谈判

朝中方面谈判代表：（左起）解方、邓华、南日、李相朝、张平山

“联合国军”谈判代表：中为首席代表乔埃

朝中方面谈判代表向被美军杀害的志愿军军事警察姚庆祥烈士遗体默哀

人民军部队在1211 高地英勇抗击敌军的夏季攻势

在马良山防御战斗中建立功勋的志愿军第402号坦克

坚守天德山阵地的志愿军部队对敌进行反击

志愿军部队在文登里地区粉碎美军的“坦克楔入战”。图为志愿军战士在向敌坦克开火

志愿军部队在大和岛登陆、全歼守敌

美军 B-29 飞机在实施轰炸

侵朝美军轰炸志愿军公路运输车队

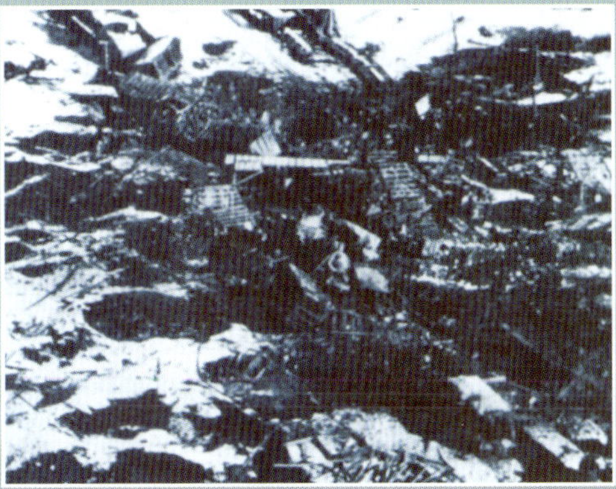

被美军炸毁的火车站

反“绞杀战”中的志愿军雷达部队

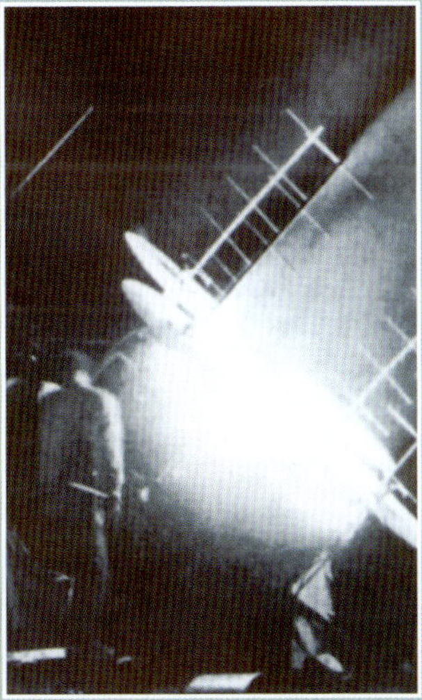

反“绞杀战”中的志愿军探照灯部队

正在起飞迎击敌机的志愿军空军机群

守卫铁路“317”地段的志愿军高炮部队

击落美空军“王牌”飞行员戴维斯的志愿军飞行员张积慧

志愿军铁道兵部队在抢修被毁桥梁

美空军“王牌”飞行员戴维斯

志愿军“防空哨”指挥运输车辆行驶

志愿军工兵和二线部队在抢修公路

朝鲜群众积极投入反“绞杀战”斗争

志愿军汽车运输部队对铁路运输物资实施“倒短”运输

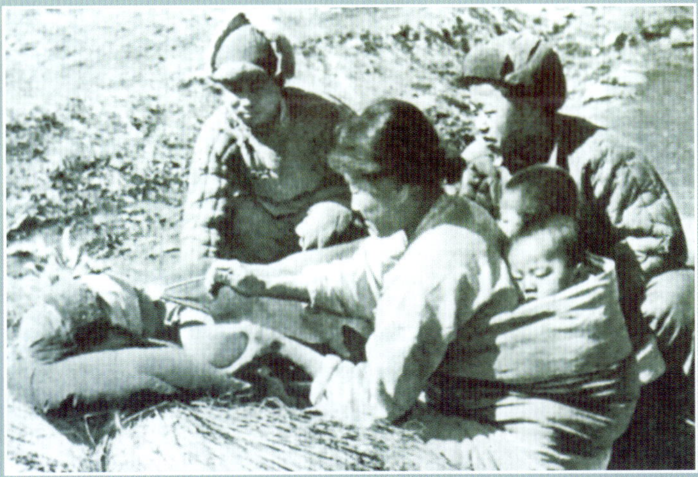

朝鲜老大娘在救护志愿军伤员

工人们积极增产，捐献飞机大炮

农民在捐献中

藏传佛教领袖班禅号召僧俗们捐献“佛教”号飞机

志愿军战士在构筑坑道工事

湖南湘潭县农民谭楚云，将每天挑水积攒下来的钱，存放在竹筒里，为捐献飞机大炮做贡献

捐献“香玉剧社”号飞机的豫剧演员常香玉，在志愿军空军部队进行慰问演出

“冷枪冷炮运动”中的志愿军步枪狙击手

毛泽东为志愿军英模签名

朱德、周恩来接见志愿军归国代表团

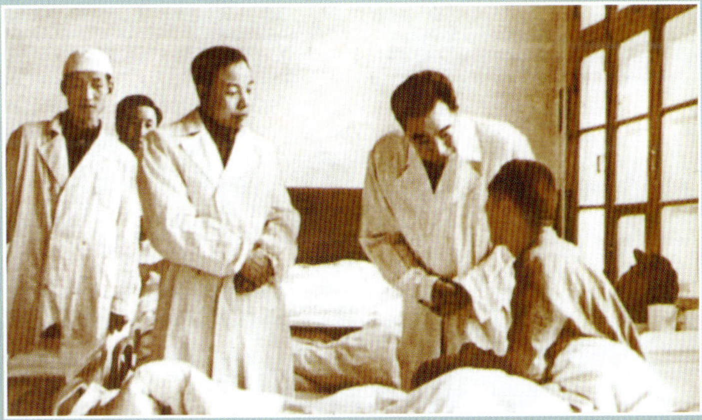

周恩来总理在医院看望志愿军伤员

志愿军俘管营中的美军战俘在欢度圣诞节

美军战俘受到志愿军的人道主义待遇。图为他们在进行节日聚餐

被中朝战俘扣压的美军巨济岛战俘营长官杜德准将

中朝战俘愤怒抗议美军的迫害

美军部队血洗巨济岛战俘营

美军飞机投下的细菌弹

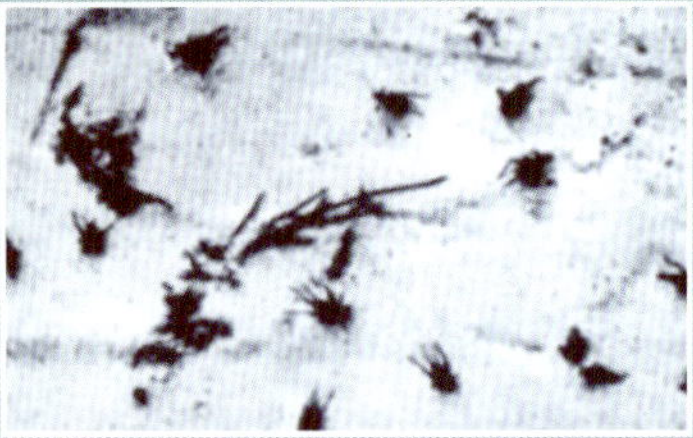

带菌蟋蟀

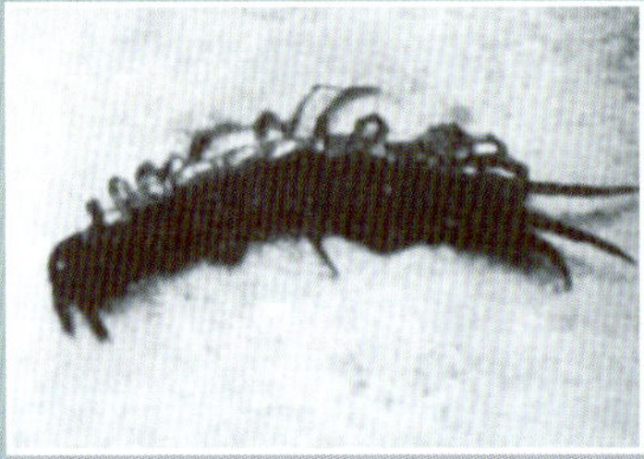

带菌蜈蚣

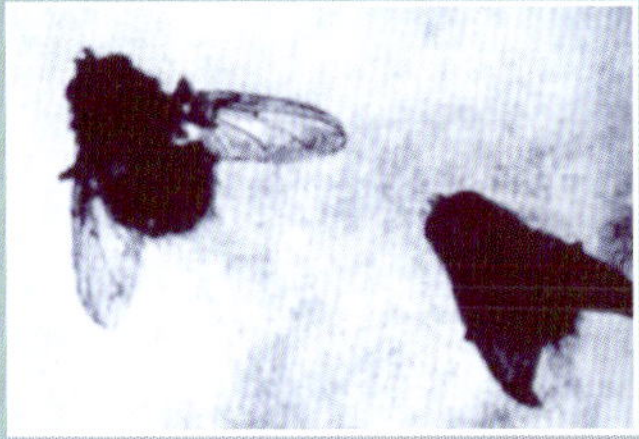

带菌苍蝇

带菌蜘蛛

志愿军防疫人员扑灭美军投下的带菌毒虫

“美帝国主义细菌战罪行调查团”团长李德全（左）、副团长廖承志（右）在朝鲜查看美军飞机撒布细菌的容器

国际民主法律工作者协会调查团团长布兰德魏纳在记者招待会上报告对美军细菌战的调查结果

美军战俘伊纳克供认其参加撒布细菌行动的供词

调查美军细菌战事实国际科学委员会的委员们在北京举行调查报告签字仪式

志愿军政治部主任杜平向毛泽东主席敬酒

中国人民第二届赴朝慰问团团长刘景范在志愿军总部欢迎大会上致词

志愿军特级英雄、特等功臣黄继光

1952年秋季反击战前，志愿军部队广泛开展军事民主，研究作战方案

上甘岭阵地

上甘岭战役中坑道中缺粮、缺水，志愿军战士接石缝渗水解渴

志愿军部队实施决定性反击，巩固恢复的上甘岭阵地

1952年12月，美国当选总统艾森豪威尔(右一）在朝鲜视察

“联合国军”总司令克拉克（中）与美第8集团军司令泰勒（左）

1953年春，志愿军展开大规模的反登陆作战准备。图为志愿军官兵在构筑混凝土永备工事

1953年夏季反击作战中，志愿军部队攻占被美军称作“京畿堡垒”的“十字架”山

金城战役中，志愿军火箭炮部队在猛烈射击

红旗插上轿岩山

志愿军侦察分队奇袭“白虎团”团部

谈判双方代表签署朝鲜停战协定

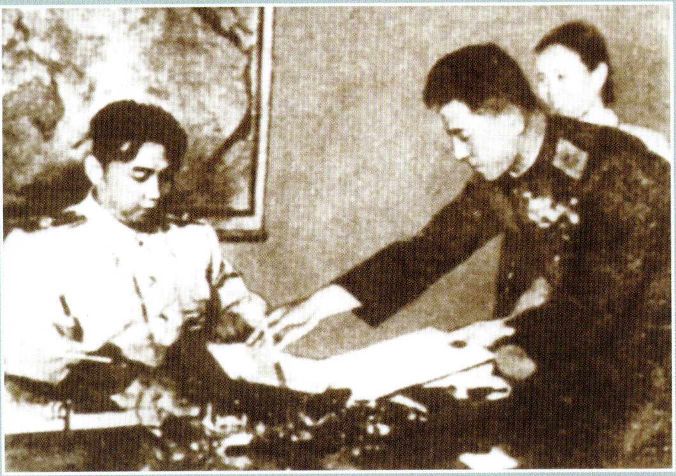

朝鲜人民军最高司令官金日成在停战协定上签字

中国人民志愿军司令员彭德怀在停战协定上签字

“联合国军”总司令克拉克在停战协定上签字

朝文、中文、英文三种文字的朝鲜停战协定文本

中朝军队官兵共庆战争胜利

首都各界举行集会，庆祝朝鲜停战协定签字

平壤各界举行集会，庆祝朝鲜停战协定签字

以贺龙为总团长的第三届赴朝慰问团到达志愿军总部所在地桧仓

首都各界在北京站热烈欢迎回国的彭德怀司令员

朝鲜停战后，中国人民志愿军帮助朝鲜人民重建家园。图为城市建设工地

志愿军部队帮助朝鲜人民抢修丰山贮水池

中朝军队展开维护停战协定斗争。图为两军指挥员在部署防务

1954年，周恩来率中国代表团出席讨论朝鲜问题的日内瓦会议

被美方遣返的中方战俘遭受虐待，骨瘦如柴

被志愿军遣返的美方战俘身体健康

被俘的美国将军迪安被遣返后，认为受到了志愿军的宽大待遇

1958年2月19日，周恩来总理与金日成首相签署关于志愿军从朝鲜撤军的联合声明

金日成等朝鲜领导人向志愿军烈士陵园敬献花圈

位于桧仓志愿军烈士陵园的毛岸英烈士墓

守备上甘岭的志愿军官兵向英雄阵地告别

志愿军官兵向长眠在朝鲜的战友告别

朝鲜劳动党中央委员会副委员长朴正爱将有684万多朝鲜群众签名的给志愿军和中国人民的感谢信交给志愿军代表

朝鲜平壤30多万群众举行盛大集会，欢送志愿军部队回国

朝鲜党和国家领导人金日成（左二）、崔庸健（右二）等到车站为志愿军部队送行。图中左三为志愿军司令员杨勇，左一为志愿军政委王平

志愿军战士与朝鲜阿妈妮相拥泪别

祖国人民张开双臂，拥抱凯旋的英雄儿女

毛泽东主席接见志愿军归国部队代表

志愿军司令员杨勇向全国人大常委会、全国政协常委会报告志愿军八年来的抗美援朝工作

首都各界20多万人夹道欢迎志愿军归国部队代表

《抗美援朝战争史》编写领导小组

组　长: 徐惠滋(前)　王祖训
副组长: 李际均(前)　马凤桐(前)　李运之(前)
田书根
成　员: 林登泉　李大伦　孟照辉　支绍曾
齐德学

《抗美援朝战争史》编写组

主　　编: 齐德学
副 主 编: 曲爱国
编写人员: 齐德学　曲爱国　邓礼峰　鲍明荣
王成志　郭志刚　丁　伟　徐金洲
姚莲瑞

下卷目录

第三十三章

美国当局调整朝鲜战争政策。中共中央决定实行边打边谈的方针

战争双方力量趋于均势，战争形成相持局面

中国人民志愿军从1950年10月入朝参战后，同美国为首的“联合国军”连续进行了五次战役的较量。

经过第一、第二两次战役的较量，志愿军就将已进至鸭绿江边的“联合国军”，全部打退到三八线及以南地区，从而根本扭转了朝鲜战局。

从第三次战役开始，敌对双方均形成了连贯的战线，并且在北起三八线附近，南至三七线以北地区，出现了反复拉锯的形势。

第三次战役时，志愿军以6个军在人民军3个军团配合下，用8天时间，把“联合国军”从三八线打退到接近三七线的地区。

此时，“联合国军”发现志愿军物资运输补给困难，没有后续部队投入作战，遂在志愿军和人民军刚刚转入休整时，依靠其优势的现代化武器装备，集中所有地面部队，在海、空军支援配合下，发起了全线反扑。志愿军和人民军被迫停止休整，转入防御作战——进行第四次战役。志愿军在兵力未得任何补充、物资补给状况未得任何改善的情况下，采取坚守防御与战役反击相结合，以及实行全线运动防御以空间换取时间的战法，与人民军一起经过87天的顽强作战，将“联合国军”阻止于三八线南北地区，完成了掩护

第二番作战部队向三八线地区开进集结的任务。

第五次战役中，志愿军以第二番作战部队为主，共 11 个军在人民军 4 个军团的配合下，先后在西线和东线进行了两个阶段的攻势作战，又将战线从三八线附近地区平均向南推进 60 ~ 70 公里，将“联合国军”打退到汉城至下珍富里一线。当志愿军结束第五次战役，主力转移准备到三八线以北地区休整时，“联合国军”再次发动了全线反扑，志愿军和人民军又展开主力进行阻击。至 1951 年 6 月中旬，将“联合国军”阻止在三八线南北地区，战线稳定下来。

这期间，战争双方为取得战场上的有利形势，均不断投入军事力量。到 1951 年 6 月，与 1950 年 10 月志愿军入朝时相比，双方战场上的军事力量都有了较大的增长。

“联合国军”方面总兵力由 42 万人增加到 69 万人，其中地面部队计有美军 7 个师和 1 个空降团、南朝鲜军 10 个师和 1 个海军陆战团、英军 2 个旅、加拿大和土耳其各 1 个旅以及其他国家的部队共 55.4 万余人。其中美军 25.3 万余人，另有 1.2 万余南朝鲜人在美军部队中服役，南朝鲜军 26 万余人，英法等其他“联合国军”2.8 万余人。①

坦克由 880 余辆增加到 1130 余辆，轻迫击炮以上火炮由 2820 余门增加到 3720 余门，另有装甲车 490 余辆，3.5 英寸口径火箭筒 7080 余具。

空军航空兵、海军陆战队航空兵和舰载航空兵由 20 个大队另数个中队增加到 23 个大队另 8 个中队，各种飞机由 1200 余架增加到 1700 余架。其中属第 5 航空队指挥的（包括海军陆战队航空兵）战斗轰炸机、战斗截击机、轻轰炸机、战术侦察机、空中指挥机和空中救护机等各型飞机 1030 余架，远东轰炸机指挥部指挥的战略轰炸机和战略侦察机 115 架，第 315 空运师指挥的运输机 220 余架，海军舰载机 240 余架，此外还有炮兵校正机 120 架。

海军可用于朝鲜海域的舰艇 270 余艘，包括第 77 和第 95 两个特种混合舰队以及第 90 两栖登陆舰队，部署在朝鲜东西海域和日本沿岸。仅第 77 和第 95 两个特混舰队，即编有 5 艘航空母舰等各种舰只 108 艘。②

---

① 参见［美］沃尔特·G. 赫姆斯：《朝鲜战争中的美国陆军——停战谈判的帐篷和战斗前线》，58 页，北京，国防大学出版社，1988。

② 参见［美］沃尔特·G. 赫姆斯：《朝鲜战争中的美国陆军——停战谈判的帐篷和战斗前线》，63 ~ 64 页，北京，国防大学出版社，1988。

中国人民志愿军和朝鲜人民军总兵力由41万余人增加到112万余人，其中志愿军由30万余人增加到77万余人，人民军由11万余人增加到34万余人，计有志愿军14个军、10个炮兵师（含高炮师）、2个坦克团及其他勤务保障部队，人民军7个军团。

志愿军各军没有坦克和装甲车编制，2个坦克团共80辆坦克，刚刚入朝尚未来得及参战，共有轻迫击炮以上火炮（连同火箭筒）8500余门（具）；人民军也没有装甲车编制，有1个坦克师约100辆坦克，轻迫击炮以上火炮约2500余门（具）。苏联空军有2个歼击机航空兵师共120架飞机，从1951年第二季度开始，掩护清川江以北地区铁路运输，另人民军有1个航空兵师约40架飞机参加作战，志愿军只有1个歼击机航空兵师在苏联空军的带领下完成了实战练习，尚未正式参战。志愿军和人民军没有海军参战。

战争双方投入到战场上的军事力量对比，志愿军和人民军在兵力上以1.6∶1占有优势，但在武器装备上则处于悬殊的劣势。"联合国军"占有武器装备上的绝对优势，仍掌握着整个战场的制空权和制海权，但兵力不足，兵员补充困难。双方经过五次战役的较量，特别是从1950年12月31日至1951年6月中旬，在三八线附近至三七线以北地区，进行5个多月、3次战役的反复拉锯的较量，表明双方在战场上的军事力量已趋于均势，旗鼓相当。

"联合国军"方面虽然占有武器装备方面的绝对优势，但美国人自己也承认其"最大的弱点在地面"[①]其步兵战斗力弱，并且部队士气低落，士兵厌战情绪严重，所谓"铁多气少"[②]。1951年春季的较量表明，"联合国军"仅仅依靠战场上的军事力量，不但根本不可能再打到鸭绿江边，而且在被打回到三八线以南后，每向三八线推进一步都十分困难，并且要付出重大的伤亡代价。

在第四次战役中（其中从1951年2月17日至4月21日的60多天，志愿军和人民军实行的还是运动防御作战）。"联合国军"依靠其优势的武器装备和强大的火力，实行陆、海、空军联合、全方位的立体作战，用了87天时间，付出7.8万余人的伤亡代价，才将战线从三七线附近推回到三八线附近，平均每天伤亡900余人，才向北推进1公里左右。在第五次战役中，志

① ［美］沃尔特·G.赫姆斯：《朝鲜战争中的美国陆军——停战谈判的帐篷和战斗前线》，64页，北京，国防大学出版社，1988。

② 《建国以来毛泽东军事文稿》，中卷，51页，北京，军事科学出版社、中央文献出版社，2010。

愿军和人民军主力后撤准备休整,“联合国军”全线反扑,用20天时间,付出3.6万余人的伤亡代价,才将战线从汉城至下珍富里一线推回到三八线附近,平均每天伤亡1800余人,才推进2~3公里。

美国陆军参谋长柯林斯在讲到这时的朝鲜战场形势时曾说:虽然美国第8集团军向共产党发动了反攻,但“把敌人逐出‘堪萨斯—怀俄明’线并不容易”,共军“仍有很强的战斗力。这一点在6月中旬联合国军试图夺取‘铁三角’①地区所受到的激烈抵抗中得到了证明”。此外,成千上万的中国部队正从东北地区开过来,在那里集结着比可用于战斗的联合国军多得多的预备队;北朝鲜地形崎岖,公路和铁路已被联合国军的炸弹、炮弹摧毁破坏了,不便于高度机械化的美国第8集团军行动;第8集团军越向北推进,离釜山和仁川补给基地越远,补给就越困难。相反,中国军队的补给会越来越容易。②

志愿军方面占有兵力优势,步兵作战勇敢,战斗意志顽强,依靠劣势的武器装备在少量炮兵支援下作战,取得了连续五次战役的胜利,迅速打出了战争的有利局面。但由于武器装备落后,特别是没有空军和海军支援配合,因而作战中的困难很多,在敌我武器装备优劣悬殊的状况没有得到根本改变之前,难以歼灭美英军重兵集团,不可能在短时间内根本解决朝鲜问题。彭德怀在1951年9月曾指出:“在朝鲜战场上,经过了五次战役,特别是第五次战役给予敌人的打击,使敌人认识到了我们的力量是不可侮的。同时也使我们认识到,在目前敌我装备悬殊的情况下,想一下打到釜山去也有困难。”③

朝鲜战争经过1951年春季在三八线附近至三七线以北地区的反复拉锯,到5~6月间,双方均已看到,战场力量势均力敌,谁都难以迅速打败对

① “堪萨斯线”,西起临津江口南岸,沿江而上,向东经积城、道城岘、华川湖南岸、杨口至东海岸杆城以北马达里一线,全长约220余公里。其临津江以西在三八线以南,临津江以东在三八线以北。“堪萨斯线”是停战谈判开始后“联合国军”确定的主抵抗线。“怀俄明线”,位于“堪萨斯线”以北20英里,西起临津江与汉江汇合处,向东北延伸,经铁原、金化到华川湖南岸与“堪萨斯线”相接,全长约150公里,是“堪萨斯线”在西部地区的一道屏护线。“铁三角”,是指铁原、金化、平康地区,“联合国军”称这一地区为“铁三角”。

② 参见[美]约瑟夫·柯林斯:《和平时期的战争》,第12章,北京,军事科学院战史研究部,1985。

③ 彭德怀在志愿军党委扩大会议上的讲话,1951年9月8日。

方结束这场战争。因此,从1951年6月中旬开始,战争双方在三八线南北地区形成了战略相持局面。

美国调整朝鲜战争政策

从1950年6月到1951年6月,美国侵朝战争一年来,美军已付出10万余人的伤亡(美国公布的数字为7.88万余人①),运往朝鲜的军事装备达1500万吨,直接战费100多亿美元。这几项数字都比其在第二次世界大战中第一年的消耗多一倍。由于侵朝战争,美国1950年7月1日至1951年6月30日财政年度的军费,在420亿美元预算拨款以外,又特别补充拨款64.6亿美元,1951年7月1日至1952年6月30日财政年度,军费预算拨款将增加到600亿美元。②

付出这样巨大的消耗和损失,并没有取得战争的胜利,特别是中国人民志愿军入朝参战以后,美军在朝鲜战场上连遭失败,被从鸭绿江边打回到三八线,一度被打退到三七线,并且无力再向三八线以北推进,只能在三八线地区与志愿军和人民军进行对峙。这引起了美国人民的强烈不满,也增加了美国统治集团内部的矛盾。由于战争相持局面的出现,无法估量这场战争还要打多久?美国还要付出多大的消耗才能结束这场战争?这些情况促使美国当局不得不考虑朝鲜战争的出路。

美国当局曾经试图再向朝鲜增调部队,以打破双方在战场上的军事平衡。

美国自武装侵略朝鲜以来,其国家总兵力由150万人增加到330万人,并在世界上许多国家和地区建有军事基地,这些兵力仍远不敷使用。到1951年5月,美国陆军总兵力约150万人,陆军作战部队共18个师又18个团。美国国防部长马歇尔说,这已经是美国"目前所能匆忙地准备的全部数目"③了。美国投入到朝鲜战争的有6个陆军师和1个空降团,已占其陆

① [美]詹姆斯·F.施纳贝尔:《朝鲜战争中的美国陆军——战争爆发前后》,464页,北京,国防大学出版社,1990。

② 参见《参考消息》,1951年4月28日和5月19日。

③ 马歇尔在美国参议院听证会上的证词,1951年5月12日。见《参考消息》,1951年5月13日。

军18个师的1/3(此外还有1个海军陆战师在朝鲜作战),另在日本部署2个师和1个团,计划在欧洲部署4个师,这样国内只剩6个师的作战部队了,而这6个师又多是动员组编时间不长、编制不足、缺乏训练的部队。因此,美国已没有机动的陆军作战部队可再调往朝鲜。柯林斯甚至说,为了把在朝鲜作战的美军"补充到接近于作战的员额,必须实际上调光国内的正规军,但连这样做都不够,还不得不动员后备队"①。

实际上,美军在朝鲜实施仁川登陆之前,就征召8600余名南朝鲜人,补入美第7师,另有2100余名南朝鲜人分别补入美第2、第24、第25师和骑兵第1师。② 为了解决美军侵朝部队兵员补充的困难,后来华盛顿当局核准,在朝鲜作战的每个美军师可以编入2500名南朝鲜人。③

此时,美国的海军和空军也无力再往朝鲜增派部队了。美国海军已将其近半数的作战力量投入了朝鲜战场。美国空军也已将其作战力量的1/5投入了朝鲜战场,并且美国在国外建立的军事基地多为空军基地,因此,这时美国远东空军司令官要求再派1个空军联队驻日本,另调2个喷气式战斗机联队到朝鲜作战。对此,美国空军当局则表示无能为力,"因为他们再也没有多余的空军部队可以抽调了"④。

美国当局也曾寄希望于他们的盟国能为在朝鲜作战的"联合国军"提供更多的部队。美国军方认为,土耳其、希腊、英国、菲律宾、阿根廷、巴西、墨西哥、澳大利亚和新西兰,均有能力派出师级规模的部队去朝鲜作战。美国国防部早在1951年1月底,就曾要求国务院向这些国家寻求增援部队。3月底,国防部再次要求国务院催促盟国提供更多的部队。⑤ 5月间,美国又通过联合国要求巴基斯坦、印度、危地马拉等国派出部队参加联合国军在朝鲜的作战行动。上述这些国家有的根本就未向朝鲜派出部队,有的虽然派了部队,但也是象征性的,除英国派出2个旅、土耳其派出1个旅外,其他

① 转引自《时事手册》,第17期,25页,1950年6月20日。

② 参见[美]詹姆斯·F.施纳贝尔:《朝鲜战争中的美国陆军——战争爆发前后》,182页,北京,国防大学出版社,1990。

③ 参见马克·克拉克:《从多瑙河到鸭绿江》,175页,台北,台湾黎明文化出版公司,1956。

④ [美]劳伯特·F.富特雷耳等著:《朝鲜战争中的美国空军》,中译本参考资料第2册,489页,空军党委条令教材编审小组办公室译,1963。

⑤ 参见[美]詹姆斯·F.施纳贝尔:《朝鲜战争中的美国陆军——战争爆发前后》,407~408页,北京,国防大学出版社,1990。

参加“联合国军”行动的国家均派出 1 个营，有的迟迟才将部队派出，最晚的直到 1951 年 5 月部队才到达朝鲜。他们已看到，美国在朝鲜没有取胜的希望，因此对美国要求军事增援均表示冷淡，予以拒绝。有的国家还宣称，将已派到朝鲜的部队，召回一部分，以加强本国的防务。①

麦克阿瑟在被解除职务后抱怨说：“我们有许多盟国，可是他们之间有很多没有做像我们一样慷慨而崇高的贡献。”“联合国各会员都没有全力支持在韩国的努力……他们没有作实质的努力来增加我们在韩境的武装力量。”②美国陆军参谋长柯林斯也说，这时“联合国的盟友在开始时支持联合国在朝鲜采取行动的决心，正在消失”③。

虽然南朝鲜李承晚集团认为南朝鲜尚有充分的人力可以利用，并一再要求美国扩编南朝鲜军队。但扩编南朝鲜军队的所有装备均需由美国提供，这些部队的所有训练也都需由美国完成，而李奇微和范佛里特对南朝鲜军队的战斗力一直不满意，加之，短时间内不可能提供扩编南朝鲜军队所需的全部装备和完成对其训练。

中国台湾的蒋介石国民党集团，曾经多次表示愿派部队参加“联合国军”在朝鲜的作战行动，并做了准备。美国五角大楼认为，蒋介石的军队是中共军队的手下败军，战斗力不强，火炮、装甲车等所有重装备以及后勤保障也都需要美国来提供，并且使用国民党军队可能会引起中共在台湾登陆和在朝鲜更为猛烈的抵抗，李承晚坚决反对在朝鲜使用蒋介石的军队，参加“联合国军”行动的英国等国家也坚决反对在朝鲜使用蒋介石的军队。

美国五角大楼也考虑过麦克阿瑟提出的各种主张，即轰炸中国东北的军事基地和工业体系，封锁中国海岸和允许蒋介石的军队攻击中国大陆，以迫使在朝鲜作战的中国人民志愿军从三八线撤回到中国境内。五角大楼认为，这些都难以达到预想的目的，并且有可能引起苏联根据《中苏友好同盟互助条约》公开参战，甚至可能引起第三次世界大战，同时美国为进行朝鲜战争而一手撮合的、本来就勉强维系着的联盟就会遭到损害。

对美国来说，如果在朝鲜继续打下去则无力取胜，寻求盟国的军事增援则得不到响应，长期僵持则消耗不起，寻求在朝鲜以外开辟战场则担心引起

---

① 参见《参考消息》，1951 年 5 月合订本，245、257、283、307 页。

② 《麦帅证词》，111、167 页，台北，台湾中央文物供应社，1951。

③ [美]约瑟夫·柯林斯：《和平时期的战争》，第 12 章，北京，军事科学院战史研究部，1985。

世界大战，就此撤出朝鲜则太丢面子。

美国的全球战略重点在欧洲，美国的主要对手是苏联。

欧洲有美国最重要的盟国英国、法国和西德，欧洲具有可供美国利用的雄厚的工业基础、大量的人力资源和许多重要军事基地，还有靠近欧洲的中东地区廉价的石油资源等。苏联是世界历史上出现的第一个社会主义国家，是世界共产主义势力的主要代表，也是在政治、经济、军事等方面惟一能同美国在世界上抗衡的国家，并且苏联的地理位置主要部分在欧洲，社会主义国家也大部分在欧洲。第二次世界大战结束以来，美国就将苏联为代表的社会主义国家看成是资本主义世界的主要威胁。

美国武装侵略朝鲜，打着联合国的旗号组成"联合国军"在朝鲜作战的一个重要考虑，就是在朝鲜与苏联为代表的共产主义势力作战。然而，美国在朝鲜打了一年，遇到的主要作战对手并非苏联军队，而是中国的志愿军。美国军队被牵制在朝鲜与中国军队作战，不断消耗，而苏联则只是隔岸观火，连一个士兵也勿须投入到战争中去。美国在朝鲜大量消耗军事力量和战略物资，而苏联则养精蓄锐积蓄力量，美国的主要军事力量长期陷在朝鲜而不是部署在欧洲，这些与美国以欧洲为重点，以苏联为主要对手的全球战略严重矛盾。

早在朝鲜内战爆发时，英国、法国和西德等国就立即作出反应，担心朝鲜战争也会引发在欧洲出现多米诺骨牌现象，即担心在两个德国之间出现第二个"朝鲜战争"，因而影响整个欧洲的安全。因此，英国、法国虽然跟随美国派出了军队参加"联合国军"在朝鲜的作战行动，但他们一直担心美国在朝鲜大打，而影响对欧洲的力量投入，从而使苏联在欧洲有机可乘。更担心美国把战争扩大到朝鲜以外，会引起世界大战。

1950年11月末，"联合国军"在朝鲜遭到惨败，美国总统杜鲁门扬言不排除使用原子弹时，英国当局立即恐慌。英国首相克莱门特·艾德礼率政府代表团，于12月初飞赴美国与杜鲁门会谈，希望美国避免大战，而通过与中国举行谈判，在三八线上结束朝鲜战争，并要求美国尽快建立北大西洋公约组织的统一军事机构，由美国任命一位司令官并派驻英国部队。1951年3月底4月初，"联合国军"从三七线附近再次回到三八线时，英国、法国、澳大利亚、加拿大等国认为，这是结束朝鲜战争的"心理时机"，公开主张在三八线上实现事实上的停火。① 4月30日，英国陆军大臣在谈到朝鲜战争问

① 参见《参考消息》，1951年4月4日和5日。

题时说："英国政府正在通过新任外交大臣莫里逊坚决地——我也可以说是不顾一切地——设法阻止战争扩大。"①

其实，美国当局也完全清楚，在朝鲜长期打下去会影响其在欧洲的利益，因此，杜鲁门在其回忆录中说："我从来没有使自己忘记：美国的主要敌人正端坐在克里姆林宫里；或者忘记：只要这一敌人还没有卷入战场而只在幕后拉线，我就绝不能将我们再度动员起来的力量浪费掉。"②艾奇逊、马歇尔、布莱德雷等美国军政要员，也担心美国在朝鲜长期陷进去，欧洲可能落入苏联之手。

此外，美国即便真的不顾一切，继续从驻在世界各国的军事基地抽调兵力扩大朝鲜战争，那么除了进一步暴露其帝国主义侵略本性和付出更多的人力、物力消耗外，在经济上和军事上都得不到多少利益。李奇微曾经说过：如果联合国军在1951年春季一直推进到鸭绿江边，"所付出的代价将远远超过我们所能获得的好处。我们可能要遭受惨重的伤亡（我当时估计，伤亡人数可能会达到十万之多），因为我们要在朝鲜北部的所有崎岖地形上与顽强抵抗的敌人进行激烈的战斗。可是，我们所能得到的只不过是若干平方英里的不毛之地，而且，在这片不毛之地的大部分地区，今后若干年内还会有大量游击队活动。……我认为，只是把敌人压回去而不能歼灭其相当的兵力，实在是很不合算的做法"。假如联合国军真的攻到朝鲜北部的边界，那时，"我们的战线就会由110英里拉长到420英里，控制这条战线的主要责任就会落在我们头上，因为，这远远超出了南朝鲜军队的能力。接着，就会出现这样的问题：美国人民会赞成保持一支扼守这条战线所必需的庞大军队吗？他们能同意为进行满洲之战所付出的血的代价吗？他们会全力以赴地投入在亚洲大陆这个无底深渊所进行的一场无休止的战争吗？我当时和现在都认为，对于这些问题的回答就是一个'不'字"③。

这些说明，美国绝不会为了南朝鲜而不顾其在欧洲的利益，更不愿为了打败中国志愿军而不是苏联军队，不惜冒引起第三次世界大战的风险。既然依靠军事手段不可能解决朝鲜问题，既然将主要军事力量长期陷在朝鲜与美国以欧洲为重点的全球战略相矛盾，那么美国当局不得不重新考虑其

---

①　英新处伦敦1951年4月30日电。

②　[美]哈里·杜鲁门：《杜鲁门回忆录》，第2卷，544页，北京，生活·读书·新知三联书店，1974。

③　[美]马修·李奇微：《朝鲜战争》，152～153页，北京，军事科学出版社，1983。

在朝鲜的政策。

关于美国在朝鲜究竟应实行何种政策问题，1951年4月11日，杜鲁门在解除麦克阿瑟职务时，发表一个广播演说。在这个演说中，第一次明确提出了美国在朝鲜"打一个有限战争"。随着麦克阿瑟被解除职务，美国统治集团内部对此展开了激烈的辩论争吵，矛盾达到白热化和公开化。这次激烈的争吵，集中表现在所谓"麦克阿瑟听证会"上。

这次听证会是由美国参议院军事委员会和外交委员会联合主持召开的，于1951年5月3日开始，至6月25日结束，共进行50多天，先后有麦克阿瑟、国防部长乔治·马歇尔、参谋长联席会议主席奥马尔·布莱德雷、陆军参谋长劳唐·柯林斯、空军参谋长霍伊特·范登堡、海军作战部长福雷斯特·谢尔曼、国务卿迪安·艾奇逊、前美军驻华总司令魏德迈、前国防部长路易斯·约翰逊等美国13个军政要员被调查作证。

麦克阿瑟是第一个被调查作证的对象。他在5月3日被调查作证时，仍然主张以军事手段彻底解决朝鲜问题：要将战争扩大到中国境内，发挥优势的海空军的作用，以海军封锁中国海岸，加强军事禁运；以空军轰炸中国的机场、车站和工业基地；让台湾的蒋介石集团进行反攻大陆的活动。他认为采取这些行动，不必担心会引起苏联参战。只有采取这些行动，才是迅速结束朝鲜战争的最好办法，他甚至主张，如果联合国其他国家不愿协助，而由美国单独采取行动。①

艾奇逊、马歇尔、布莱德雷、三军参谋长和前国防部长约翰逊等，在被调查作证时，均支持解除麦克阿瑟的职务，认为麦克阿瑟的主张既难以达到目的也冒巨大风险，反对将战争扩大到中国。相反，他们均主张在朝鲜打一场有限战争。

布莱德雷在5月15日被调查作证时，有一段著名的言论，他认为中国不是一个足以寻求世界霸权的强盛国家，如果把战争扩大到共产党中国，"参谋长联席会议认为，这一战略将使我们在错误的地方，错误的时间，同错误的敌人打一场错误的战争"。"进攻共产党中国并不是一个能起决定作用的行动，不能保证朝鲜战争的结束，也不会使中国屈服。"②

---

① 参见《麦帅证词》，11～12、43页，台北，台湾中央文物供应社，1951；《参考消息》，1951年5月4～7日。

② 《参考消息》，1951年5月17日；布莱德雷：《将军百战归》，837页，北京，军事谊文出版社，1985。

艾奇逊在6月4日被调查作证时说：如果把战争扩大到中国，就会给俄国一个合法的借口干涉这一战争，中苏之间的条约具备这样的性质。同时中国人也会根据这个条约，要求俄国人这样做。①

马歇尔在5月12日被调查作证时甚至说，在1950年10月命令联合国军越过三八线北进是错误的。在中国军队参战之前，我们应该停在朝鲜中部地区附近。②

艾奇逊后来把“联合国军”越过三八线北进的责任全部推到麦克阿瑟身上。他在回忆录中说：联合国军司令部的战争目的和联合国的长远的政治目的，二者之间的区别本来是很明确的。“但是，在1950年10月到1951年4月这段时间里，都被麦克阿瑟将军的能言善辩搞得含混不清了；当时，这位将军置杜鲁门总统的命令于不顾，一再发表言论和采取行功。”③

其实，早在1951年1月下旬，“联合国军”发动全线反扑，艰难地从三七线附近向三八线推进时，美国当局就已经看到，联合国军根本不可能再推进到鸭绿江边了，加上英法等国对朝鲜战争已不热心，主张实现朝鲜停战。3月中旬，美国当局曾考虑，以总统名义发表一项旨在通过谈判达到结束朝鲜战争的声明，并起草了声明的草稿，征求了参加“联合国军”行动的有关国家使节的意见。3月20日，参谋长联席会议将该项声明的大意发给麦克阿瑟，征求意见。然而，由于麦克阿瑟于3月24日发表了一项与草拟中的总统声明意图大相径庭的声明，使美国当局的这次考虑付之东流。对此，英法等国表示了强烈的抗议。

麦克阿瑟被解除职务后，随着美国参议院关于朝鲜战争政策问题“麦克阿瑟听证会”的开始，美国国家安全委员会于1951年5月2日至16日也召开了会议，系统地检讨了美国的朝鲜战争政策，认为美国无法在朝鲜赢得一场决定性的胜利，仅凭军事手段不可能解决朝鲜问题。美国国家安全委员会于5月16日通过了一个有关朝鲜问题的政策备忘录，即美国国家安全委员会第48/5号文件。这个备忘录将美国在朝鲜的终极目标和当前目标作了明确区分，确定美国在朝鲜的当前目标是在三八线地区建立一条有利的防线，寻求缔结停战协定，结束朝鲜战争。

这个备忘录确定了美国在朝鲜的军事行动政策指导路线，其内容如下：

---

① 参见《参考消息》，1951年6月5日。
② 参见《参考消息》，1951年5月13日。
③ [美]迪安·艾奇逊：《艾奇逊回忆录》，下册，406页，上海译文出版社，1978。

a. 终极目标是通过与军事手段同样卓著的政治途径，去探求解决朝鲜问题的办法，最终建立一个统一、独立、民主的朝鲜。当前目标是通过适当的联合国机器，去寻求一个美国能接受的解决朝鲜冲突的办法，最低限度要达到：(1)依据停战协定结束战争行动；(2)建立北部边界以南的大韩民国政权，该政权起码应满足三八线以南地区行政和军事防务的需要；(3)保证非朝鲜的武装力量在合适的时机撤离朝鲜：(4)应允大韩民国建立足够的军事力量，以抵御或击退复兴后的北朝鲜之进攻。在实现上述目标之前，要一以贯之地反对、严惩侵略者。

b. 在实现上述当前目标及维护美国和联合国军安全的同时，要力求避免使朝鲜的军事行动演变成与苏联的全面战争，力争避免在缺乏主要盟国支持的情况下，使朝鲜的军事行动发展成与共产党中国的全面战争。

军事行动的主要方针

朝鲜问题的处理

1. 美国始终将建立统一、独立、民主的朝鲜作为其最终政治目标。北朝鲜发动侵略以来，美国在联合国的军事目标是抵御侵略、建立维护国防和地区安全。中共军事力量介入后即改变了局势，通过政治途径建立统一、非共党化的朝鲜，军事上似乎已不可能。因此，我们在绝对不放弃对朝鲜所坚持的终极政治目标的同时，当务之急是找到解决朝鲜问题的办法，既要拒绝承认共产党对朝鲜三八线以南地区的统治，又要依据军事需要让非朝鲜军队分阶段地撤离朝鲜。

2. 因为联合国和共产党军队似乎都有控制朝鲜部分地区军事局势的可能性，所以朝鲜的局势就有可能朝着以下任何一个方向发展：

a. 中共同意结束战争行动和政治解决朝鲜问题。

b. 中共既不提出也不接受任何解决问题之建议期间，双方处于政治、军事上的对峙状态。

c. 联合国军向北推进。

d. 有可能在苏联或卫星国“志愿军”海空军支援下，共产党发起大规模的强攻。

3. 针对上述可能性，应作如下相关考虑；(a)联合国军不会接受将南韩任何地区留给侵略者的解决办法；(b)联合国军或许有能力将侵略者逐出南韩；(c)联合国军能够继续给中国人以沉重打击；(d)解决办法是让中国军队撤出朝鲜用于其他地区，从而结束中国人在朝鲜的损失；(e)目前联合国大多数反对再次越过三八战；(f)重要的是在联合国内在朝鲜问题上达到最大限度的团结。如果苏联不给朝鲜的中国军队向南大规模进攻提供业已增加的军事援助,结束冲突、实现政治妥协还是可信的。如此妥协即可实现非朝鲜军队撤出朝鲜。

4. 鉴于朝鲜的形势,美国应该:

a. 寻求一个能够接受的解决朝鲜问题的政治途径,既要考虑到苏联、台湾及列席于联合国的共产党中国,又不危害美国地位。

b. 在缺乏如此解决途径,而又意识到当前没有其他可接受选择的情况下,要继续执行当前在朝鲜的军事行动方针,而无需以军事手段统一朝鲜,但应做到:

(1)予敌以最大限度的杀伤。

(2)防止南韩遭受军事侵略。

(3)限制共产党对亚洲其他地区的侵略能力。

c. 继续努力影响我们的盟国对联合国在朝鲜军事行动的支持和援助。

d. 尽快发展南韩赖以依靠的军事力量,使其最终有足够的力量承担起联合国军在南韩主要地区的防务。

e. 如果苏联投入的参战"志愿军"足已威胁在朝联合国军的安全,要立即考虑从朝鲜撤出联合国军,并将美军置于准备大打的最佳地域。

f. 如果苏联突然发动大战,应尽快从朝鲜撤出联合国军,并快速调动部署在其他地域的现役美军。

g. 运用、凭借联合国的可行性机构,继续加强大韩民国的政府及民主机构的建设,继续加强对大韩民国及其从共产党统治下解放区的经济复苏、振兴之援助。

5. 在解决朝鲜问题的每一阶段,美国均应特别注意建立发展一支强大的大韩民国军事力量,以继续进行对共产党军队(在对峙状态中)的斗争,同时应特别注意建立一个强大的军事屏障,以保卫大韩民国,使其免遭侵略。特别要重点放在对南韩军官能力的培养上。实现军事稳定的基本要素是,恢复大韩民国在分界线以南地区的权威,根据南韩经济吸收能力给以经济、技术援助,这将巩固联合国军撤离朝鲜半岛后的稳定。美军及联合国军撤离后,大韩民国可能仍需提供空中和海上军事援助。

5月17日,杜鲁门总统批准了这个文件。这是自1950年9月美军仁川登陆成功后,美国当局命令麦克阿瑟越过三八线北进以来,第一次调整了朝鲜战争政策,第一次明确了"联合国军"的作战,不再实现军事占领全朝鲜的目标。这是中国人民志愿军在战场上胜利作战的结果，事实上，也是美国当局承认朝鲜战争失败的一种表现。

此后，1951 年 5 月 31 日，在普林斯顿大学研究所工作、曾在美国驻苏联大使馆工作过的乔治·凯南，受美国国务卿艾奇逊的委托，以个人身份同苏联常驻联合国代表雅格布·马立克举行了会晤。凯南拐弯抹角地表达了美国当局愿意通过谈判，沿三八线一带实现朝鲜停战的意图。美国还通过其他渠道作出了这种表示。

根据杜鲁门批准的美国国家安全委员会 1951 年 48/5 号文件，美国参谋长联席会议于 6 月 1 日给李奇微发去了新的训令，规定了“联合国军”的战场行动方针。这个训令的内容是：

作为联合国军最高司令官，你要始终以你的部队的安危为重，迫使在朝鲜境内及其附近水域作战的北朝鲜军队和中共军队在人员和物资上付出重大牺牲，至少完成下列几项任务，而为解决朝鲜冲突创造有利条件：

1. 缔结合理的停战协定，终止敌对行动。

2. 在适于行政管理和军事防卫的北部边界线以南地区，建立领导整个朝鲜的大韩民国政权，而这条边界线不得划在三八线以南。

3. 为分阶段从朝鲜撤出所有非朝鲜籍武装部队作好准备。

4. 强化南朝鲜武装力量，使之足以阻止或击退北朝鲜的再度侵略。

李奇微据此通知他所属的陆、海、空三军指挥官，在停战谈判期间，“不要实施大规模进攻行动，而要力求通过强有力的巡逻和局部进攻来保持主动。局部进攻旨在夺占可以扩大我方观察范围、缩小敌方观察范围的关键地形”①。

根据这些训令和方针，“联合国军”地面部队，除继续以营团规模的兵力，在铁原、金化、平康的所谓“铁三角”地区和杨口以东地区争夺几个要点外，于 1951 年 6 月上旬，全线转入战略防御，并进行了各种军事准备。

“联合国军”一方面为防志愿军和人民军进攻，加强了阵地工事，至 7 月底，基本完成了“堪萨斯—怀俄明”线的工事构筑。“堪萨斯线”，西起临津江口南岸，沿江而上，经积城、道城岘、华川湖南岸、杨口至东海岸杆城以北马达里一线，全长约 220 余公里，是“联合国军”的主抵抗线。“怀俄明

① ［美］马修·李奇微：《朝鲜战争》，189 页，北京，军事科学出版社，1983。

线”，西起临津江口北岸，向东北延伸，经铁原、金化到华川湖南岸与“堪萨斯线”相接，全长约150公里，是“堪萨斯线”在西部地区的一道屏护线。7月份专门调用南朝鲜3个国民警卫队师构筑“堪萨斯—怀俄明”线的阵地工事。用圆木和沙袋构筑了坚固的各种掩体，包括坦克、火炮、机枪、步枪等各种火器掩体，并有堑壕相连接。在阵地前均设有大量地雷和铁丝网。在“怀俄明线”还构筑有永久工事。

另一方面，为配合停战谈判，随时准备向志愿军和人民军发动局部攻势，施加军事压力，先后有美军6个师和南朝鲜军4个师，撤至第二线进行了休整，美军、英军、土耳其军等先后补充轮换19万余人，英军两个旅、加拿大旅和澳大利亚、新西兰等英联邦国家部队，于7月28日合编为英联邦第1师，同时扩编了3个南朝鲜师。在东豆川、永平、麟蹄等修建了18处前沿机场。8月中旬，美国参谋长联席会议批准为第8集团军增派5个高炮营和4个野战炮兵营。美第8集团军和美远东空军总部还着手制定了发动地面局部攻势和空中攻势的计划。

此外，“联合国军”还进行了一些具有战略性的军事准备：增辟了原州、镇海、群山、济州岛等14处海空军运输补给基地；扩建了金浦、水原、大丘等原有机场，新建了群山机场；在每一个喷气式飞机基地，均建造一个油料库，还从仁川通向金浦和水原敷设了一条输油管线；至8月，美第5航空队所指挥的空军联队（每个联队编有1个作战大队、1个支援大队和1个维修补给大队），都在南朝鲜各个机场做了固定配置，其中有4个联队是6~8月从日本基地移过来的。

中共中央确定实行边打边谈的方针

中共中央在决策组成中国人民志愿军入朝参战时，就对志愿军参战后朝鲜战局形势变化估计了三种可能。

一是在苏联提供武器装备和出动空军支援的条件下，在朝鲜境内歼灭和驱逐美国及其他侵略军，根本解决朝鲜问题；二是在苏联提供的武器装备不能及时到达，空军也不能提供支援的情况下，在朝鲜打成僵局，甚至被迫撤回，美国对中国宣战，从而影响整个国家的恢复和建设计划；三是志愿军灵活指挥，充分发挥战术特长，能够攻打除大、中城市以外的地区，则可迫使美国通过谈判解决问题，但条件是美军必须首先撤至三八线以南。

在这三种可能中，中共中央认为出现第三种情况的可能性最大，认为经过中国人民志愿军和朝鲜人民军并肩作战，使美国在朝鲜遭到严重打击和损失，使它碰得头破血流，知难而退。估计这种“可能性要大些，而这也是我们所要争取的。我们抗美援朝、保家卫国，就是要争取这种可能的实现，我们相信自己的力量是可以争取这种可能的实现的”[①]。但是，美帝也有疯狂的一派，对于它铤而走险，我们也必须有所防备。

中国人民志愿军入朝参战以后，在武器装备处于悬殊劣势的情况下，仅仅是以步兵为主体，在少量炮兵支援下，连续进行五次战役，把完全现代化装备、实行陆海空三军联合的、全方位立体作战的“联合国军”，从鸭绿江边打回到三八线及以南地区，经过反复较量，将战线稳定在三八线南北地区，迅速打出了有利的战争形势，取得了战争的重大胜利，迫使“联合国军”由战略进攻转为战略防御，美国当局也不得不调整了朝鲜战争政策。

然而，由于武器装备敌我强弱悬殊，尤其志愿军没有空军和海军的支援配合，在作战中实际困难很多，加之，朝鲜特殊的地理环境也使志愿军的作战受到许多限制。这主要是：

第一，由于没有空军、海军支援配合作战，特别是没有空军和严重缺乏防空作战武器，志愿军在作战空间和作战时间上均受到严重限制。在作战空间上，美国空军控制整个战场，可以攻击志愿军后方，其海军可以控制志愿军侧后海岸。志愿军前线和后方，昼间和夜间，都要严密组织防空袭，否则就会遭到不必要的损失。而志愿军无力攻击美军后方和海岸。在作战时间上，美军可以全天时作战，而志愿军昼间没有行动自由，部队行动和物资运输主要靠夜间进行。志愿军整个作战机器的运转受到严重限制。

第二，仅仅是步兵在少量炮兵支援下作战，没有摩托化装备，没有坦克参战，也严重缺乏反坦克武器，因此攻击火力和战场机动能力均弱。可以挫败“联合国军”的进攻，但难以歼灭“联合国军”重兵集团，难以对付美军集群坦克，每次战役可以包围其一个师甚至几个师，但对其一个整师或一个整团都难以达到歼灭任务（歼灭南朝鲜军要容易些）。当“联合国军”突围逃跑后，志愿军徒步追击，赛不过“联合国军”的摩托化和机械化，则难以实现追歼扩大战果。特别是第三、第五次战役时，“联合国军”每日后撤约30公里，恰好是志愿军徒步追击的一夜行程，待志愿军接近后，“联合国军”再行后撤30公里，志愿军追击徒行疲劳，而不能扩大歼敌战果。第二次战役时，

① 《周恩来军事文选》，第4卷，109页，北京，人民出版社，1997。

美第10军利用海空军优势从海上撤退，志愿军没有空军和海军，对美军从海上撤逃无能为力。从第三次战役开始，双方都形成连贯的战线，志愿军虽可以突破“联合国军”的防线，但突破后实现战役上的迂回包围比较困难。在防御作战中，志愿军依托一般野战工事，难以抗御“联合国军”以飞机、坦克、大炮猛烈火力的攻击，因此组织坚守防御困难。

第三，志愿军所需作战物资几乎全由国内组织供应，并且物资消耗量大，然而运输手段和运输工具有限，没有空中和海上运输，主要靠火车和汽车运输，整个运输能力弱，加上没有制空权，在美国空军的轰炸封锁下，道路常遭破坏，物资和运输车辆在运输过程中，因美军飞机轰炸扫射损失严重，物资损失达30%～40%，运输严重困难，远远不能满足作战的需要，弹药只能保证重点供应，粮食供应在前三次战役时，只能达到需要量的25%～30%，在第四、第五次战役时，也只能达到需要量的50%左右。作战中的跟进补给能力更弱，基本只靠部队本身携带，带几天打几天，一般只能维持7～10天。美军称志愿军是“礼拜攻势”。这种运输补给状况，严重地影响了作战的实施，限制了战役的决心、战役的规模和持续作战的时间，也使志愿军被迫放弃了许多有利战机。

第四，朝鲜半岛幅员小，三面环海，南北狭长，这种地理特点，限制了志愿军兵力优势的发挥，兵力多了摆不开，兵力少了不足以达成作战任务。特别是不能像在国内战场上那样实施大规模的广泛机动作战，也无法开辟多处战场。而这种地理特点，则有利于“联合国军”发挥其海空军优势，实施登陆进攻。志愿军向南推进越远，侧后的东西海岸暴露得越多，海岸防御任务越重，同时，随着运输线的延长，给运输造成的负担越大。

此外，在朝鲜作战，不像在国内那样，缺乏敌后游击战的配合。“联合国军”没有后顾之忧，可以集中90%以上的兵力用于正面作战。这样就增加了志愿军正面作战的压力。

由于敌我双方经济力量和武器装备优劣悬殊，中国人民志愿军在朝鲜的作战，必然是艰苦的、困难的。因此，中共中央在决策组成中国人民志愿军赴朝作战时，对志愿军的作战指导就很慎重，决定志愿军入朝后，先组织一个时期的阵地防御战，等待从苏联订购的武器装备到达，并完成装备、训练，6个月以后，再谈反攻问题。

志愿军入朝时，战场形势的变化，使志愿军已不可能按原计划组织阵地防御战，毛泽东、彭德怀根据“联合国军”在战场上分兵冒进的形势，遂审时度势，改取了在运动中各个歼敌的方针，开始了战略反攻。尽管第一、第二次战役打得比较顺利,但毛泽东和彭德怀认为,战争仍然是相当长期的、艰苦的,必须作长期艰苦打算。

第二次战役后,在志愿军中和民主阵营内部都曾一度产生了轻敌速胜心理,认为朝鲜战争能迅速结束。苏联驻朝鲜大使并曾对彭德怀施加压力,要求彭德怀按速胜原则部署战役。第三次战役将美国为首的"联合国军"打退到三七线附近后,速胜情绪更加严重,认为只要追击,美军就会退出朝鲜。毛泽东和彭德怀认为,志愿军必须进行休整,只有作好充分准备,才有可能根本解决朝鲜问题。

第四次战役开始以后,中共中央和志愿军总部认为,不经过几次战役的激烈较量,不歼灭南朝鲜军大部和美军几十万人,美国是不会自动退出朝鲜的,战争仍然是长期的、艰苦的。1951 年 2 月上旬,毛泽东和周恩来决定,为使志愿军坚持长期作战,而"在朝鲜采取轮番作战的方针"。周恩来并主持中央军委制定了轮番作战的具体计划。第四次战役第一阶段结束后,2 月下旬彭德怀从朝鲜回到北京,与毛泽东、周恩来等共同分析了战争形势,毛泽东明确仍坚持"战争准备长期,尽量争取短期"的方针。周恩来主持整理了与彭德怀共同研究的意见,3 月 1 日以毛泽东名义致电斯大林,在这个电报中进一步指出:"从目前朝鲜战场最近进行的战役中,可以看出:敌人不被大部消灭,是不会退出朝鲜的,而要大部消灭这些敌人,则需要时间,因此,朝鲜战争有长期化的可能,至少我应作两年的准备。""我军必须准备长期作战,以几年时间,消耗美国几十万人,使其知难而退,才能解决朝鲜问题。"①

经过连续五次战役的反复较量,特别是第五次战役的较量,中共中央和志愿军总部更加充分地看到,依靠志愿军现有装备和条件,短时间内不可能迅速歼灭敌军有生力量,根本解决朝鲜问题。

志愿军作战困难的核心问题是武器装备落后。当时中国工业基础落后,没有像样的军事工业。虽然有些兵工厂,但只能制造一些简单的步兵武器和弹药,不能制造大炮,不能制造汽车,更不能制造飞机和坦克。事实上,志愿军武器装备的改善和加强,主要靠从苏联购买。而苏联当时尚处在第二次世界大战后的恢复时期,迅速提供志愿军作战所需要的武器装备也有困难。中国从苏联购买装备受资金限制,即使购买了装备,也还需要一定的时间进行训练,以掌握装备性能、操作技术和随之引起的新的战术。特别是

① 《周恩来军事文选》,第 4 卷,162、164 页,北京,人民出版社,1997。

空军和海军的训练需要的时间更长。因此，在短时间内志愿军的武器装备不可能得到根本改善，于是，战争的长期性就更加充分地显露出来了。

同时，中国的经济力量薄弱，支援战争的财力、物力有限。本来中国大陆基本解放后，以毛泽东为主席的中共中央和刚刚成立还不到 1 年的中华人民共和国中央人民政府，就计划用 3 年左右的时间恢复国民经济，然而，于 1950 年 6 月刚刚开始部署，美国当局就将这场战争强加在中国人民头上，中国人民不得不迎接美国的战争挑战。1950 年中国工农业总产值为 574 亿元人民币（新币值），如果与美元以 2∶1 的比值计算，仅相当于美国 1950 年 7 月 1 日至 1951 年 6 月 30 日财政年度军事预算拨款 480 余亿美元的 1/2 左右，更无法与美国的国民生产总值相比了。1950 年中国的财政收入为 65.2 亿元人民币，仅相当于美国在朝鲜战争第一年中直接战费 100 多亿美元的 1/4 左右。因为支援战争，1950 年中国军费支出占财政决算的 41.1%，用于国民经济恢复的费用只占财政决算的 25.5%，而 1951 年财政预算军费拨款在数量上和比重上比 1950 年都有所增加。这样，战争长期打下去，国民经济恢复和国家的长远建设均会受到影响。朝鲜人民已打了一年，支持长期战争的财力、物力和人力困难更大。

当然，以毛泽东为主席的中共中央和中华人民共和国中央人民政府具有极高的威望，有强大的号召力和组织力，全国人民团结一心，同仇敌忾，全力支援战争，并且有朝鲜政府、朝鲜人民的支援，有朝鲜人民军与志愿军并肩作战，志愿军作战中的困难是可以克服的，经过持久作战定能取得战争的最后胜利。

如果美国放弃侵占全朝鲜的企图，停止侵略，愿意以三八线为界通过谈判公平合理地解决朝鲜问题，则于中国人民和朝鲜人民更有利。和平解决朝鲜问题是中国政府和中国人民的一贯主张，志愿军参战的目的就在于同朝鲜军民共同打击侵略，恢复朝鲜和平，保卫中国的安全。中共中央在决策组成中国人民志愿军入朝参战时，考虑就是争取使美国在遭受打击后，知难而退。

但是，在经过第五次战役的较量之前，美国当局执意坚持继续扩大侵略，使和平解决朝鲜问题成为不可能。在第五次战役后，战线已稳定在三八线南北地区，美国当局因“联合国军”在战场上遭到失败而被迫调整了朝鲜战争政策，放弃了军事占领全朝鲜的目标，并且做出了愿意通过谈判，沿三八线一带实现朝鲜停战的表示。这说明，此时通过谈判解决朝鲜问题已经具备了基础和可能性。

第五次战役第二阶段作战结束后，5月底，彭德怀委托志愿军副司令员兼副政治委员邓华，率第38军政治委员刘西元、第39军军长吴信泉、第40军军长温玉成、第42军军长吴瑞林一行，回京向中央报告战场形势和请示今后的方针。

在美国当局作出愿意通过谈判沿三八线一带实现朝鲜停战的表示后，6月3日，金日成也来到北京，与毛泽东共同分析了战争形势，讨论了战争方针问题。毛泽东、金日成研究决定，实行边打边谈的方针，政治斗争和军事斗争双管齐下：一方面准备同美国方面举行谈判，争取以三八线为界实现停战撤军；另一方面对谈判成功与否不抱幻想，在军事上必须作长期持久的打算，并以坚定的军事打击粉碎“联合国军”的任何进攻，以配合停战谈判的顺利进行。据此，中共中央确定了“充分准备持久作战和争取和谈达到结束战争”的指导方针。①

据聂荣臻回忆，当时中共中央开会专门研究了这个问题。他在回忆录中说：“第五次战役以后，中央开会研究下一步怎么办，会上多数同志主张我军宜停在三八线附近，边打边谈，争取谈判解决问题。我当时也是同意这个意见的。我认为，把敌人赶出北朝鲜的政治目的已经达到，停在三八线，也就是恢复战前状态，这样各方面都好接受。如果战争继续下去，我们不怕，而且会越打越强，但是也不是没有困难。会议在毛泽东主持下，最后确定了边打边谈的方针。”②

6月5日，毛泽东致电斯大林，决定派高岗前往莫斯科，向斯大林通报毛泽东与金日成讨论的情况及中共中央的意见，并听取斯大林的意见。正在北京的金日成，也希望与高岗一同前往莫斯科，与斯大林讨论这些问题。经斯大林同意后，高岗和金日成于6月10日乘由斯大林派来的飞机，前往莫斯科。斯大林赞同毛泽东与金日成对形势的分析，以及中共中央对战争指导方针的意见。6月13日，他在给毛泽东的电报中指出：“关于停战，我们认为，现在停战是件好事。”③

中共中央的方针确定后，毛泽东委托邓华一行回去传达，并于6月13

① 转引自彭德怀致毛泽东的电报，1951年7月1日。见《彭德怀军事文选》，412页，北京，中央文献出版社，1988。

② 《聂荣臻回忆录》，下册，741～742页，北京，解放军出版社，1984。

③ 军事科学院军事图书馆藏，军事科学院军事历史研究部第二研究室编印：《关于朝鲜战争的俄国档案文件》，159页，1996。

日致电彭德怀，告知："已令邓华同志及其他四同志于十五日动身回前方，中央各项重要决定由邓面告。"①

志愿军召开党委扩大会议贯彻持久作战方针

中国人民志愿军入朝后，由于前三次战役打得较为顺利，不但在民主阵营，而且在志愿军部队中，甚至在中、高级指挥员中，均较普遍地产生了轻敌速胜的思想，对战争的长期性缺乏充分的认识和准备。经过第四、第五次战役，特别是第五次战役，看到战争不可能在短期内结束，同时由于忙于作战，在部队中也缺乏进行长期作战的深入系统教育。第五次战役结束后，第3、第9、第19兵团，都要求志愿军党委和中共中央明确未来作战方针，进行必要的思想政治教育。

1951年5月26日，毛泽东致电彭德怀。毛泽东总结了志愿军连续五次战役的作战经验。在这个电报中提出了对美英军打小歼灭战的方针。毛泽东在电报中指出：

> 历次战役证明我军实行战略或战役性的大迂回，一次包围美军几个师，或一个整师，甚至一个整团，都难达到歼灭任务。这是因为美军在现时还有颇强的战斗意志和自信心。为了打落敌人的这种自信心以达最后大围歼的目的。似宜每次作战野心不要太大，只要求我军每一个军在一次作战中，歼灭美、英、土军一个整营，至多两个整营，也就够了。现在我第一线有八个军，每个军歼敌一个整营，共有八个整营，这就给敌以很大的打击了。假如每次每军能歼敌两个整营，共有十六个整营，那对敌人打击就更大了。如果这样做办不到，则还是要求每次每军只歼敌一个整营为适宜。这就是说，打美英军和打伪军不同，打伪军可以实行战略或战役的大包围，打美英军则在几个月内还不要实行这种大包围，只实行战术的小包围，即每军每次只精心选择敌军一个营或略多一点为对象而全部地包围歼灭之。这样，再打三四个战役，即每个美英师，都再有三四整营被干净歼灭，则其士气非降低不可，其信心非动摇不可，那时就可以作一次歼敌一个整师，或两个三个整师的计划了。过去我们打蒋介石的新一军，新六军，五军，十八军和桂系的第七

① 《建国以来毛泽东文稿》，第2册，357页，北京，中央文献出版社，1988。

军,就是经过这种小歼灭到大歼灭的过程的。我军入朝以来五次战役,已完成这种小歼灭战的一段路程,但是还不够,还须经过几次战役才能完成小歼灭战的阶段,进到大歼灭战的阶段。至于打的地点,只要敌人肯进,越在北面一些越好,只要不超过平壤、元山线就行了。①

5月27日,毛泽东在会见志愿军参谋长解方和志愿军第3兵团司令员陈赓(尚未到职)时,将上述打小歼灭战的方针形象地喻为“零敲牛皮糖”。毛泽东关于打小歼灭战的方针,是根据战场上敌我双方武器装备特点和志愿军作战的实际情况提出的,是符合战场实际的,是毛泽东关于打歼灭战思想在抗美援朝战争具体条件下的创造和发展。

5月27日,毛泽东将这个电报的内容通报给了斯大林。斯大林显然对这个电报产生了误解。他在29日给毛泽东的回电中认为,毛泽东这个方针是“冒险的”,很易被美英军识破,“拿蒋介石军队作类比,也是不能令人信服的”,一旦美英军向北推进,并建立一道道防线,你们突破防线就会付出巨大损失。他建议:“看来你们将要准备一次重大的战役,其目的当然不是为了局部机动,而是为了给美英军以沉重打击。”②

毛泽东和中国人民志愿军并未接受斯大林的建议,而根据战争的实际情况,按打小歼灭战方针对部队进行了教育和部署。

同在1951年5月26日这一天,由彭德怀审定后志愿军党委发出了致中央并告高岗的电报,请示:“为解决部队上述问题,利于今后作战,志党委在情况许可下,拟于六月中旬召开高干会,讨论以下三个问题:(一)说明朝鲜战争的形势,树立长期作战思想。(二)总结入朝作战军事经验,确定军事指导方针。(三)贯彻志党委关于供应指示,精简机关,取消一些不必要的层次,减少非战斗人员。会议采用中朝两军干部联席会议形式,拟用我军为主,请朝方同志参加的形式……此次会议,希望中央能派人指导,更盼中央对朝鲜战争形势的发展及我军的方针任务等给以指示,以便有所遵循。”6月1日,中央军委复电,同意志愿军召开高干会议讨论拟议中的三个问题。

① 《建国以来毛泽东军事文稿》,上卷,490~491页,北京,军事科学出版社、中央文献出版社,2010。

② 军事科学院军事图书馆藏,军事科学院军事历史研究部第二研究室编印:《关于朝鲜战争的俄国档案文件》,152页,1996。

因战场上作战尚较紧张，彭德怀在接到毛泽东5月26日关于打小歼灭战的指示时，不能召集会议进行传达贯彻。5月30日，彭德怀起草了致人民军前线总指挥金雄的信。在这封信中根据毛泽东关于打小歼灭战的指示，提出了“三至六个月作战方针”。信中指出：

一、从历次战役来看，美英军还保持着相当高的战斗意志。我们现有条件，每次战役要求消灭其一两个师是困难的，即[使]消灭其一两个整团亦属不易。然而，伪军的战斗意志是薄弱的，一次消灭其两三个师，是可能的。把美英军的战斗意志削弱到现在伪军的低度还须一个相当长的时期(准备半年至一年)。志愿军在今后三个月内，一般(特殊情况在外)对美英军不拟组织全面的大战役，以兵团为单位不断进行小战役，争取一个军每月平均消灭美军一个整营(击伤除外)。假如志愿军经常以八至九个军作战计，每月即可消灭其八至九个建制营，再加上人民军经常以两个军团计，每月消灭美军两个营，即可每月消灭美英军十至十一个营。如此，有三至六个月，美英军战斗意志必然逐渐降低，那时大规模地消灭美英军的客观条件就将成熟。同时，目前主观方面每月组织一次大战役，我之供应运输和兵员补充也来不及(今后一个战役需四万五千至六万人的补充)。目前迫切需要改善运输条件，加强新兵训练，克服各种困难，准备长期作战是必要的。

二、我之优势是正义和人力，敌之优势是装备技术。消灭敌人有生力量是争取胜利的基本方针。由于我技术条件不如敌人，因此一次不能大量地消灭敌人，因此必须采取削弱敌人，一股一股逐渐地消灭，然后进行大规模地歼灭之。目前以达到逐渐消灭的军事手段，就是积极的机动防御方针，就是要在杆城、文登里、金城、平康、朔宁、开城及其以南广大山区反复进行作战，以达削弱敌之目的。在敌远近后方开展不同性质的游击战，分散敌人兵力，开展政治攻势，动摇敌之战斗意志。在这样的方针下，暂时让出一些地方给敌人，缩短我后方供应线，不仅与我无害，反而有益。但在朝鲜国度中是有限度的，元山、平壤线必须控制于我手。否则，敌占元[山]平[壤]线后，推进至咸兴、安州地区，控制朝鲜蜂腰构成纵深防线对我是不利的。……因此，必须在元、平线以南有利地带(地形、供应)作为依托。我意是以高城、下县里、昌道里、金城、玉洞里、安峡、平山、青石头里、海州线，作为战略依托阵地[地]带(平壤南最宽地带)，构筑必要的野战工事，并选择若干要点构成较坚固的据点工事，使之能支持若干天以上，便我有时间调集兵力出击。……

三、为了争取时间建立依托阵地,必须求得集结两至三个师一次干净消灭伪军一至两个团或美英军两三个连至一个营。在防御时的兵力配备上,必须采取前轻后重和火力配备前重后轻相结合。前轻后重的兵力配备,为的是减少伤亡,便于机动打击敌人,而不是消极的退缩;前重后轻的火力配备,亦不是集中在前线暴露骇敌或给敌人破坏,而是严格坚持火器分散隐蔽伪装,而火力集中,突然开火射杀敌人。阵地构筑不是线式的,暴露的,而是不整齐的,梅花形的,隐蔽与伪工事相结合,火力交叉相互有效支援,在敌人冲锋时,待其进至我预定地点,一切火器突然开火,继以反冲锋消灭敌于我阵地前或乘敌立足未稳或夜间袭击,破坏敌之攻击企图。如敌之攻击准备已将完成,必须灵活地及时地转移阵地。

彭德怀起草信稿后,先发给了毛泽东,听取毛泽东的意见。毛泽东接到这封信稿时,金日成正要来北京与毛泽东讨论战争形势和方针问题,所以毛泽东指示此信暂不发。6月2日,彭德怀将此信转发志愿军在第二线的各军、志愿军空军和志愿军后勤部门,要求按此布置工作,同时征求意见,并将此信时间改为5月31日。

邓华一行从北京回到志愿军后,战场形势已基本平稳,1951年6月25日~27日,由彭德怀主持召开了志愿军党委扩大会议(也称6月高干会议),志愿军各兵团首长、各军军长、政治委员均参加了会议。朝方派出朴一禹列席了会议。彭德怀在会议上作了重要讲话,邓华作了报告,并传达了中共中央关于“充分准备持久作战和争取和谈达到结束战争”的指导方针,以及中央关于志愿军作战的各项重要决定。因为谈判问题由中央直接掌握和指导,志愿军主要是准备持久作战,因此,志愿军党委扩大会议在对志愿军入朝8个月来的作战情况作了总结的同时,重点贯彻了中共中央关于持久作战的方针和各项重要决定(后来概括为“持久作战、积极防御”的方针)。

会议认为,由于“主客观条件的规定,并且经过了五次战役的证明,目前想一下消灭美英军几个师是不可能的。美英军主力不被歼灭时,朝鲜战争的结束是很困难的。因此,必须给敌人以相当的消耗削弱,争取时间加速我军的必要准备,以逐渐改变主客观情况,而后才能大量歼灭敌人”①。“战争既不可能速决,我们的作战指导就必须遵照中央指示,要有长期打算和执

① 《彭德怀军事文选》,404~405页,北京,中央文献出版社,1988。

行稳扎稳打的方针。”“采取持久作战的方针”。[①] 为贯彻持久作战方针，会议决定：

第一，关于作战地区。遵照中共中央关于“充分准备持久作战和争取和谈达到结束战争”的指导方针和毛泽东的指示，“在敌正面不增兵，侧后不登陆的情况下，必须坚持三八线至三八点五”度线。[②] 坚持这一地区，既可以保持北朝鲜的阵地，又有利于志愿军集中和机动兵力；这一地区山大，并且多处于河流上游，地形对我方有利；运输线短，可以减少供应的困难；并有利于防止“联合国军”实施侧后登陆进攻。根据供应能力，战线不宜远伸，毛泽东指示，“打到三八线为止，不要过南汉江、昭阳江，而增多自己的困难。反击要稳，一次打不了两次打，进一步巩固起来，准备好了再打。一次不打远了，避免敌人一下就返回来了。”[③]打到三八线为止，不仅有利于供应，而且在政治上也有利。抓紧和平的旗帜，以松懈和分化敌军阵营。

第二，关于兵力的安排使用。朝鲜战场地幅狭窄，而海岸线又长，兵力少了不敷使用，兵力多了摆不开，并且供应也困难。因此，根据作战需要和运输补给能力，除特种兵外，以 18 个军分两批轮番作战。第一线部署 9 个军于正面作战，第二线 9 个军分别置于东西海岸及机动地区担任海岸防御和执行机动任务，另以 2 个军置于中国东北地区作为志愿军的总预备队。第一、第二线部队 3 个月左右轮换一次。每个军保持一个 3000 人的补充团，训练国内动员来的新兵，除每次战役进行一次较大补充外，还可以随时补充。每师保持一个教导队，挑选班排骨干进行训练，以便战役后补充，保持部队不伤元气。一般说来，入朝部队以坚持到底为原则，但朝鲜战争残酷、艰巨，伤亡大，战役间隙短，老兵和干部补充困难，因此，坚持一年以上的部队因伤亡大，短时间难以恢复战斗力者，可调回国内另以新的部队替换。这样轮番与换班相结合，就能更有力地坚持朝鲜战场的持久战。

第三，关于作战方式。根据战场形势，今后大踏步进退的运动作战方式将大大减少，死守一地和攻击敌军坚固阵地也很不容易。因此，今后作战方式，将是一种运动防御与反击相结合的拉锯战，也就是积极防御与短促突击相结合的作战方式。采取锯齿形或电光形的纵深配备，利用有利的地形，构

---

① 邓华：《论朝鲜战场之持久战》，1951 年 6 月下旬；《彭德怀军事文选》，405 页，北京，中央文献出版社，1988。

② 转引自邓华：《论朝鲜战场之持久战》，1951 年 6 月下旬。

③ 转引自邓华：《论朝鲜战场之持久战》，1951 年 6 月下旬。

筑坚固工事,以少数兵力扼守前沿阵地。敌军进攻时,我军则主动收缩,不与阵地共存亡,并利用反冲锋和战术反击,击退敌军,夺回已失阵地。如此与敌军周旋,待将敌军削弱消耗到一定程度,择其突出部或薄弱部进行战役反击,以歼灭敌军。这种作战方式有4个好处:一是熟悉当前敌情和地形,有利于作战准备;二是利用工事可相对减少自己的伤亡;三是可适当发挥火力的作用;四是可减少某些供应困难。在战略上可以同敌军拼到底。如敌军不进攻,志愿军则在充分准备的基础上,寻敌弱点,主动发起攻击。

第四,关于作战指导的一般原则:有阵地的稳步前进,不要冒进;不断轮番,各个歼敌;反复拉锯,逐渐消耗敌军有生力量;做好必要的准备再战,不打仓促无准备之仗;由小敲小打,"零敲牛皮糖",打小歼灭战,争取逐渐发展到大打;集中优势兵力、火力,有重点地钳击敌人;机动灵活,量力而行;攻防密切结合,双管齐下;战略上是持久战,防御战役、战斗上也是持久战,但进攻和反击战役、战斗必须是速决战;开展敌后游击战争,配合正面作战;大力开展敌军工作,瓦解敌军。

第五,关于进攻和反击战役的一般指导原则:

1. 必须进行充分准备,囤积一定数量的粮食、弹药及卫生器材,摸清敌情、地形,研究自己的打法,组织好通信联络。新参战部队必须先担负一定的防御任务,熟悉情况,尔后才能担负反击的突击队。对美军作战更要充分准备,绝不可以仓促从事。

2. 歼灭敌军以歼灭建制为主。遵照毛泽东的指示,每次作战,每个军以歼灭美英军1~2个整营,或南朝鲜军1~2个整团为原则。手撒宽了包不拢,口张大了啃不烂,不但难以歼灭敌人,且有胶着的危险。

3. 战役前伸必须照顾到供应能力,不宜远伸,尽可能使敌来就我,诱敌于我有利地区,增加敌人的困难,而予以歼灭之。

4. 除了必须集中优势的兵力、火力外,还必须进行分割包围,同时战役上的分割与战术上的分割相结合。由于敌我双方武器装备优劣悬殊,因此,绝不能采取将敌压在一块聚歼的办法,必须将其分割、孤立为若干小块,分别围而歼之。

5. 第一线9个军,必须以2~3个军作为二梯队,不可一下全部用上。如果非用不可,则必须从二线部队中抽调1~2个军作为预备队,以保持持续攻击或反击的能力。

6. 一般攻击可采取牵制美军歼灭南朝鲜军的原则,也可以先从南朝鲜军阵地上打开突破口,再绕至美军侧后歼灭美军,尽量避免从美军正面突破。

7. 组织好各种火力和各兵种间的密切协同，特别是步兵与炮兵的协同，不要以为突破后就不需要炮兵了，也不要不敢使用炮兵，要为炮兵的跟进创造条件。炮兵火力的支援要一直持续到战斗结束。火力与突击不间断地密切结合，是今后组织战斗尤其是步炮协同的首要任务，是各级步兵指挥员和炮兵指挥员都必须注意的问题。①

会议还指出，经过了五次战役，“美帝这个野兽虽在战场上负了重伤，但是，它反咬我们几口的力气仍然是有的，而且它阴险狡诈，随时都准备狠狠地咬我们几口。所以我们……不经过艰苦复杂、持久顽强的斗争，要想坐等胜利，或随便就可胜利，是完全错误的，是幼稚无知的。特别是如果不百倍提高警惕，随时注意敌人的各种阴谋诡计和甜言蜜语，是会上帝国主义的当的。只有我们具有最大的勇气和毅力，高度的机智和灵活，熬得过最艰苦、最困难的过程，并能寻找有利的时机给这个负伤的野兽以惨重的打击，才会使它知难而退，偃旗息鼓。到那时，最后胜利才会到来，和平才有保障”②。

会议还通报了中共中央关于准备同敌军举行停战谈判问题的精神，强调无论谈判成功与否，志愿军都不能有任何松懈，必须坚决地准备长期打下去。根据这次会议确定的方针和原则，志愿军实行了战略转变。

志愿军持久作战的各种准备

为贯彻中共中央关于“充分准备持久作战和争取和谈达到结束战争”的战略方针，以及志愿军党委扩大会议确定的一些方针和原则，志愿军进行了持久作战的各种准备。

第一，在志愿军部队中广泛进行树立长期作战思想的教育。由于第一、第二、第三次战役打得比较顺利，而在部队中普遍出现了轻敌速胜的思想，又由于第四次战役的被动和第五次战役胜利不圆满，在部队中又产生了厌倦战争长期性、艰苦性的思想情绪。为解决这些问题，志愿军党委扩大会后，在志愿军中普遍进行了树立长期作战思想的教育，志愿军政治部并专门

---

① 这些方针和原则，见《彭德怀军事文选》，404～405页和邓华《论朝鲜战场之持久战》。

② 《彭德怀军事文选》，409～410页，北京，中央文献出版社，1988。

发出了指示，要求各部队必须“加强爱国主义与国际主义的基本教育，系统地说明战争的性质、前途、敌我条件、战略方针及作战方法等等，并在这一思想基础上，发扬革命英雄主义，增强胜利信心，克服速胜情绪”。各部队经过教育，思想发生了深刻的转变，在第五次战役后思想波动比较大的第3、第19兵团明显好转，部队积极要求再战，全军普遍树立了长期作战思想和坚定了必胜的信心。

第二，加强志愿军的领导力量。志愿军入朝参战时，因部队是以第13兵团为基础组成的，所以，志愿军领导人除彭德怀司令员外，都是第13兵团的一班人。随着第9、第19、第3兵团陆续入朝参战，特别是准备长期作战，志愿军领导人仍基本是第13兵团的一班人，与作战的需要已不适应，并且志愿军各兵团在国内分别属于第一、第二、第三、第四野战军和华北军区，在指挥和作战上各有特点，指挥术语也不尽一致。邓华副司令员在第五次战役发起前就向彭德怀司令员、军委总干部部并毛泽东主席建议，以陈赓专任志愿军第一副司令员兼第一副政治委员协助彭总指挥，以宋时轮任第二副司令员兼第9兵团司令员，他自己（邓华）任第三副司令员兼第13兵团司令员，并建议从国内调一名专职的副政治委员或政治部副主任，而担任志愿军领导职务的原第13兵团其他领导，或回第13兵团或调任其他兵团领导。第五次战役结束前，5月27日彭德怀司令员致电毛泽东主席，请示“惟便于联系各野战军，志司似应增加陈赓为第二副司令员，宋时轮为第三副司令员”。6月1日，中央军委批准了这一请示。不久，又任命甘泗淇为志愿军副政治委员兼政治部主任，杜平改任志愿军政治部副主任，张文舟代理志愿军参谋长（原参谋长解方为志愿军谈判代表），王政柱为志愿军副参谋长。

第三，加强后勤建设。为了加强志愿军的后勤工作，在1951年1月召开后勤工作会议研究解决一些问题后，5月3日，志愿军党委又专门作了指示，指出“战争是人力物力的竞赛，尤其对具有高度技术装备的美敌作战，如果没有最低限度的物资供应，要想战胜敌人是不可能的”，强调后勤工作“是目前时期我们一切工作中的首要环节”，指示各级党委必须“加强对后勤的领导，把它列为议事日程的第一项，经常研究后勤情况，及时解决困难问题”，要求军、师、团各级指定一个合适的副职专门负责本级后勤工作。指示中决定将东北军区后勤部派到志愿军的前方后勤指挥部“改组为志愿军后勤司令部，负责管理全军之供应、运输、卫生等一切事宜”，并报请军委批准。5月19日，中央军委专门作出了成立志愿军后方勤务司令部的决定。随后，中央军委任命志愿军副司令员洪学智兼任后方勤务司令部司令员，原前方后勤指挥部部长周纯全任后方勤务司令部政治委员，张明远任副司令员，杜者蘅任副政治委员。从此，志愿军在后方勤务司令部领导下，开始全面加强在战场上的后勤建设，诸如建设兵站运输网，改变原来的建制供应体制为以分部为单位划区供应到军和军以下仍按建制供应相结合的供应体制等等。

第四，同朝鲜民主主义人民共和国商定，战时统一管理朝鲜境内的铁路运输。为保障志愿军和人民军作战物资的补给运输，经中朝两国政府协商，1951 年 5 月 5 日，签订了《中朝两国关于朝鲜铁路战时军事管制的协议》。中朝双方共同认为，战时朝鲜铁路必须置于统一的军事管制之下，以便统一指挥铁路运输。协议规定："在联合司令部领导之下，于沈阳设立中朝联合铁道运输司令部，统一计划和指挥战时朝鲜铁路运输、修复与保护等事宜。""在联合铁道军事运输司令部领导下，于朝鲜境内设立铁路军事管理总局，统一负责执行朝鲜铁路军事管理、运输、修复、保养与保护事宜。""联合铁道军事运输司令员及政治委员，由中国同志担任，朝中各派一人至三人任副司令员及副政治委员。军事管理总局局长由中国同志担任，朝中各派一人任副总局长。"志愿军铁道兵团和朝鲜铁道复旧指挥局所属部队亦统一归联合铁道运输司令部和铁路军事管理总局管辖。协议对联合铁道军事运输司令部和铁路军事管理总局的机构设置、具体职责等也作了详细规定。

根据这一协议，中朝双方于 1951 年 6 月份即开始筹组联合铁道军事运输司令部和铁路军事管理总局，至 8 月上旬，正式组成两机构。联合铁道军事运输司令部由中国东北军区副司令员贺晋年兼任司令员，中共东北局秘书长张明远任政治委员，刘居英、南学龙（朝方）、金黄一（朝方）、李寿轩、叶林任副司令员，崔田民、苏尚贤（朝方）任副政治委员，刘居英兼铁路军事管理总局局长。这时，铁路抢修部队有志愿军铁道兵团 4 个师和 1 个团，朝鲜 1 个铁道工程旅。

第五，在朝鲜境内修建飞机场，准备空军入朝作战。为能使空军尽快参战，并能尽快以朝鲜境内的机场为基地，配合地面部队作战，早在 1950 年 12 月下旬起至 1951 年 4 月，志愿军即派出 1 个歼击机航空兵师，在苏联空军的带领下，完成了实战练习。1951 年 3 月中旬，经中朝双方协商成立了中朝空军联合司令部，刘震任司令员，常乾坤、王琏（朝方）任副司令员，统一指挥中朝空军作战。同时，周恩来与金日成商定，在朝鲜境内修建 14 ~ 15 个飞机场，第一批由志愿军负责在安州以南、平壤以北地区修复永柔、南阳里、顺安、顺川等 4 个机场，朝鲜方面在平壤、美林地区也修复几个机场。

经毛泽东、周恩来与斯大林协商，由苏联提供两个机场金属跑道的钢板。

从4月初至9月中旬，志愿军第47、第67、第50、第38军先后担负过上述机场的修建任务。9月初，又调以董其武为司令员、高克林为政治委员、姚喆为副司令员、裴周玉为政治部主任的第23兵团，率第36军、第37军共4个师入朝，担负修建泰川、院里、南市3个新机场的任务。第36、第37军都是由1949年9月董其武率领的原国民党军绥远起义部队改编的。入朝时第36军代军长王建业、政治委员康建民，下辖第106、第107两个师；第37军军长张世珍、政治委员帅荣，下辖第109、第110两个师。

同时以高射炮兵3个师又1个团和3个营担负修建机场的防空任务。8月中旬以后，苏联也先后派出5个高射炮兵团担负安州地区修建机场的防空任务（第一批4个机场于7月中旬至9月中旬先后完工；第23兵团修建的3个机场于10月底完工。但因修好后，美军飞机就来轰炸，轰炸后再修，长期反复，故这些机场在战争期间始终未得使用）。

在修建机场的同时，国内也在加速扩建和训练空军部队，至1951年6月中旬，已组建20个航空兵师，其中16个歼击机师，2个轰炸机师，2个强击机师。但可以出动参战的只有2个装备米格－15战斗机的歼击机师（共100架飞机）和2个轰炸机师（图－2飞机60架），另有2个强击机师和4个歼击机师勉强可以出动作战，其余均未完成必要的训练。勉强可出动作战的4个歼击机师中有3个半师装备的是性能比较落后的米格－9和拉－11战斗机，这两种飞机无法与美军的喷气式飞机匹敌，6月开始，在苏联教官带领下，逐渐将这些歼击机师改装为米格－15战斗机，计划9月以后有8个米格－15歼击机师投入作战。

第六，加强和改善武器装备。除中共中央决策组成中国人民志愿军时，派周恩来和林彪与苏联领导人会谈，请求苏联给予中国人民志愿军以武器装备援助以及1950年11月毛泽东电商斯大林为志愿军提供36个师的步兵武器等外，1951年5月，中共中央又委托去苏联养病的中央军委总参谋长徐向前同苏方谈判军事订货问题。6月10日，中共中央委托高岗赴莫斯科同斯大林讨论朝鲜战争形势时，又带去一个具体订货清单，即从苏联军事贷款中订购60个师的武器装备，为适应战场情况需要，要求苏方1951年底前先提供10个师的装备（包括战场上急需的坦克和大炮），其余于1952年至1954年分批提供，征得了斯大林的同意。后因解决志愿军在朝鲜作战防空武器和炮弹的急需，毛泽东与斯大林通过电报往来协商，在60个师之外，再补充提供85毫米口径高炮120门、各种炮弹229.25万发、反坦克手榴弹

10 万枚、火炮和牵引车轮胎 1056 个，于 1951 年底前提供，而将 60 个师中 56 个师的装备均推迟半年提供。另斯大林于 1951 年 5 月 22 日和 26 日先后两次致电毛泽东，指出：由于过去苏联没能向中国提供更多的米格 - 15 飞机，并估计米格 - 9 飞机能敌得过美国最好的喷气式战斗机，现在看这是一个错误，这一错误的责任应由苏联来负，作为纠正这一错误的行动，苏联向中国无偿提供 372 架米格 - 15 战斗机（只收运输费），用以改装中国 6 个米格 - 9 歼击机师，第一批 72 架于 6 月 20 日前运抵中国，其余 300 架分批于 8 月底前运抵中国。[①] 此外，中苏双方商定，中国从苏联军事贷款中订购苏联 6000 辆汽车，1951 年下半年提供。

第七，组建游击支队，准备深入敌后作战。对这个问题，早在志愿军入朝第一次战役后就有考虑。彭德怀在 1950 年 11 月 13 日志愿军党委扩大会议上指出："游击战是当前我军作战不可少的部分。敌人有飞机飞到我军后方侦察我军情况，破坏交通，炸我物资，使我吃不上饭，得不到弹药补充，增加了我们的困难。我们现在没有飞机进行侦察和破坏敌人后方交通运输，因此，必须有积极的游击战，袭击和破坏敌后运输交通，分散敌人兵力，侦察敌情，直接配合作战。""到南朝鲜去开辟敌后战场的游击战争，那是具有重大战略意义的。如缩小敌占区，扩大我占区，也就保护了人力物力，积蓄了自己的力量；也就削弱了敌人的人力物力，从战略上分散敌人兵力，配合主战场歼灭敌人"。[②]

为在敌后牵制、分散、消耗、打击敌军，在战略和战役上配合正面志愿军和人民军主力作战。经中朝双方协商，1951 年 5 月底，以联司名义发出指示，决定组建游击支队，深入到三八线以南开展游击活动。据此，志愿军和人民军从各部队中抽调军事素质和政治素质都较强的侦察骨干，于 6 月中旬组成了游击支队，共辖 6 个中队 2050 人。志愿军抽组 4 个中队，即第 3、第 9、第 19 兵团各抽组一个中队，原第 13 兵团各军合组一个中队。人民军组建 2 个中队。游击支队以志愿军第 40 军第 118 师政治部主任刘振华任司令员、第 42 军第 125 师副师长茹夫一任副司令员兼参谋长，人民军派出副司令员和副政治委员各一人。7 月中旬集中完毕，在延安半岛之信川地区从事清剿匪特和担负海防任务，待机深入敌后（停战谈判开始以后，战场

① 参见军事科学院军事图书馆藏，军事科学院军事历史研究部第二研究室编印：《关于朝鲜战争的俄国档案文件》，第 149 ~ 150 页，1996。

② 《彭德怀军事文选》，338 页，北京，中央文献出版社，1988。

上政治形势和军事形势都发生了重大变化，故游击支队一直没有深入敌后。1952 年 8 月，游击支队撤销，志愿军的 4 个中队改编为志愿军司令部直属独立团）。

第八，构筑阵地工事。早在 5 月底、6 月初志愿军和人民军阻击“联合国军”反扑时，彭德怀就在三八线至三八点五度线地区部署了 3 道防线，并构筑工事。以铁原、金化、文登里以南一线为第一道防线，坚持抗击敌军；以金川、安峡、玉洞里、平康、昌道里、下县里、高城一线以南为第二道防线，并以此线作为志愿军和人民军战略上的依托，除构筑野战工事外，还要求选择若干要点构筑坚固工事；以海州、青石头里、南川店、伊川、洗浦里、淮阳、通川一线为第三道防线。6 月中旬以后，战线稳定，特别是 6 月下旬，贯彻毛泽东关于坚持三八线至三八点五度线的指示，志愿军对原第一、第二两道防线作了调整，并以这两道防线为重点，进行了工事构筑。至 8 月中旬，第一线阵地西起土城里，经松岳山、五里亭、平康、登大里、艾幕洞、西希里、沙泉里至东海岸高城，全长 250 余公里的防御工事全部完成。在西起南川店，经市边里、安峡、玉洞里、新城山、云磨山、乍德山、昌道里、龙门山、竹叶山、国士峰至东海岸高城，也构筑了第二线阵地。此外，还修筑了熙川经孟山至阳德的纵向运输线，开始修筑佳丽州经洗浦里至昌道里，法洞里至淮阳两条横向运输线，并在阳德、成川、遂安地区已修筑完成隐蔽的野战仓库 200 余个，在新溪、新幕、伊川、洗浦里线也在修筑隐蔽的野战仓库。

第九，调新的作战力量入朝。早在 5 月底，彭德怀为加强第一线阻击进攻之敌的力量，建议中央军委令已经完成入朝准备的第 20 兵团 1 个军入朝，接替第 47 军修建机场的任务，将第 47 军增加到第一线。中央军委决定第 20 兵团所属第 67、第 68 两军全部入朝，增加战场机动力量。6 月初以杨成武为司令员、张南生为政治委员兼政治部主任①、萧文玖为参谋长的第 20 兵团，率第 67 军、第 68 军入朝。

第 67 军入朝时，李湘任该军代军长、旷伏兆任军政治委员，下辖第 199、第 200、第 201 共 3 个师。

第 68 军入朝时，陈坊仁任军长、李呈瑞任军代政治委员，下辖第 202、第 203、第 204 共 3 个师。

除第 20 兵团入朝外，第 50 军于 7 月上旬第二次入朝，另有装甲兵 4 个

① 关于张南生入朝时职务，未查到原始命令，据杨成武、张南生（生前）、萧文玖回忆，有两种说法，另一种说法是张南生为第 20 兵团副政治委员兼政治部主任。

团和经过改装的炮兵4个团入朝。毛泽东考虑停战谈判开始后，敌方可能限制我方向朝鲜增调部队，因此，中央军委令第11、第16军于6月底完成入朝准备，于7月初开始入朝（后由于情况变化，该两军当时未入朝。1952年底第11军有1个师入朝，第16军全部入朝）。

此外，为配合停战谈判，志愿军从7月初开始还筹划和准备了第六次战役。

这样，志愿军为实行战略转变、坚持长期作战，作了各种准备。抗美援朝战争进入了一个新的阶段。

第三十四章

反封锁、反禁运和反对美日单独媾和的斗争。开展捐献飞机大炮运动

反封锁、反禁运的斗争

1951年5月，美国当局虽然作出通过谈判实现朝鲜停战的决定，但并未改变与中国人民和朝鲜人民为敌的政策，并进一步利用联合国对中国和朝鲜采取制裁措施。在其作出通过谈判实现朝鲜停战的决定的同时，于5月18日，再次操纵联合国大会，通过了对中国和朝鲜实行禁运的决议，强行要求联合国所有会员国，对中国和朝鲜禁运具有战略价值的用品和物资，以影响战场形势，减轻"联合国军"方面的压力。早在半年以前美国即已对中国实施了全面禁运。联合国大会通过决议后，1951年6月和7月，英国和法国先后列出各自禁运物品的清单。英国列出13大类，法国列出10大类对中国禁运的物资。10月26日，美国国会批准了《1951年相互防御援助管制法》（即"巴特尔法案"），更加强迫美国的直接和间接受援国与美国合作，对中国实施禁运，并开列了更为详细具体的禁运物品清单。在美国的威胁和利诱下，先后共有40多个国家对中国实

行了禁运。①

其实,在中华人民共和国建立伊始,美国帝国主义者不甘心在中国的失败,即对新中国采取了政治上颠覆、外交上孤立、军事上包围和经济上封锁的政策。1949 年 11 月美国即纠集 15 个西方国家,秘密组成“巴黎统筹委员会”,专门负责管制对苏联和东欧等社会主义国家的贸易,也管制对中国的贸易,禁止战略物资运往中国。同时,美国积极支持和配合蒋介石集团利用海、空军封锁中国大陆的沿海城市和港口,阻挠任何国家的商船进入中国大陆的港口。

1950 年 6 月,美国武装干涉朝鲜内战的同时,即以其海军第 7 舰队侵入中国台湾海峡,直接封锁中国大陆。中国人民抗美援朝战争开始后,特别是美军在朝鲜战场遭到中国人民志愿军第二次战役的沉痛打击后,1950 年 12 月 2 日,美国政府宣布,从 12 月 3 日开始,对中国实行全面禁运。12 月 7 日,又补充宣布,这种禁运的范围包括香港和澳门。12 月 16 日,又进一步宣布,将中国在美国的一切公私财产置于美国的管制之下,并禁止所有在美国注册的船只驶往中国港口。这是美国针对中国人民志愿军参战对中国采取的报复性行动。

1951 年 2 月 1 日,美国为挽救在朝鲜战场上的失败,迫不及待地操纵联合国大会通过污蔑中国为“侵略者”的决议,号召所有国家与当局勿给予中国以任何援助。美国的目的是在进一步孤立新中国,给新中国施加压力,以便达到美国军事占领全朝鲜的目的。5 月 18 日联合国大会通过的对中国和朝鲜实行禁运的决议,就是根据联合国 2 月 1 日的决议,对中国和朝鲜采取的进一步经济制裁措施。

联合国 1951 年 2 月 1 日的决议决定,由联合国大会集体措施委员会组成额外措施委员会,研究对付中国的额外措施。联合国大会集体措施委员会由澳大利亚、比利时、巴西、缅甸、加拿大、埃及、法国、墨西哥、菲律宾、土耳其、英国、美国、委内瑞拉和南斯拉夫等 14 个国家的代表组成。缅甸和南斯拉夫的代表拒绝参加额外措施委员会的工作。额外措施委员会于 2 月 16 日召开第一次会议,设立了由土耳其、比利时和澳大利亚 3 个成员国代表组成的负责小组,该小组建议,指派由 5 个委员国组成的小组委员会来考虑研究对中国和朝鲜采取额外措施。3 月 8 日,额外措施委员会召开第二

① 参见《中美关系资料汇编》,第 2 辑,499 ~ 507、515 ~ 517、614 ~ 630、1114 ~ 1115 页,北京,世界知识出版社,1960。

次会议，批准由美国、英国、法国、澳大利亚和委内瑞拉的代表组成小组委员会。4 月 19 日，该小组委员会提出对中国采取经济禁运的建议。这一建议在 5 月 3 日额外措施委员会第三次会议上获得通过。5 月 7 日，美国代表团提出了对中国和朝鲜实施禁运的决议草案。5 月 14 日，额外措施委员会批准将美国提案交联合国大会通过。美国这一提案遭到苏联、波兰、白俄罗斯、乌克兰、捷克斯洛伐克等国代表的反对。5 月 17 日，联合国大会第一委员会讨论美国提案时，上述国家拒绝参加讨论，并声明，禁运问题纯属联合国安理会权限范围的事，不属于联合国第一委员会和联合国大会的权限。在第一委员会表决时，阿富汗、缅甸、厄瓜多尔、埃及、印度、印度尼西亚、巴基斯坦、瑞典、叙利亚 9 国投了弃权票。联合国大会于 5 月 18 日通过了美国提案。这个提案宣称："对中华人民共和国中央人民政府和北朝鲜当局控制下的地区实行禁运武器、弹药和战争工具、原子能材料、石油、具有战略价值的运输器材及对制造武器、弹药和战争工具有用的物资。"

新中国领导人对于帝国主义对中国的封锁、禁运，早有预料和准备。在新中国建立之前，1949 年 6 月召开的新政治协商会议筹备会上，毛泽东就提醒人们注意，指出："帝国主义者及其走狗中国反动派对于他们在中国这块土地上的失败，是不会甘心的。他们还会要互相勾结在一起，用各种可能的方法，反对中国人民。……例如，唆使中国反动派，甚至加上他们自己的力量，封锁中国的海港。只要还有可能，他们就会这样做。"①同年 8 月，毛泽东在评美国发表的《美国与中国的关系》白皮书时，进一步指出："多少一点困难怕什么。封锁吧，封锁十年八年，中国的一切问题都解决了。中国人死都不怕，还怕困难吗？……没有美国就不能活命吗？"②

1951 年 5 月，美国操纵联合国大会通过对中国和朝鲜实行禁运的决议后，5 月 22 日，中国外交部发言人就此发表声明，指出：这是"破坏联合国宪章，侵越安全理事会权限并蓄意扩大侵略战争的非法行动"。"非常明显，这个对中华人民共和国和朝鲜民主主义人民共和国实行禁运的非法决议与行动，丝毫也不能影响中朝两国人民反对美国侵略者的胜利斗争。朝鲜人民军和中国志愿部队已经在朝鲜战场上取得伟大的胜利，美国侵略者必败，中朝人民必胜的局势是确定了的。美国侵略者及其帮凶们任何扩大侵略战争的狂妄企图与行动，都不能挽救美国侵略者的最后失败。美国侵略者每

① 《毛泽东选集》，第 4 卷，1465 页，北京，人民出版社，1991。

② 《毛泽东选集》，第 4 卷，1496 页，北京，人民出版社，1991。

一个扩大战争的表示与行动，只是加强中朝两国人民反对美国侵略者的斗志，从而加速美国侵略者的最后失败。”声明还指出：“同样不能忽视，美国政府正在利用这个所谓对中朝两国实行禁运的非法决议，破坏世界市场的正常关系，压低某些原料的市场价格，以便将这些原料独占在美国军火商人手中，并操纵这些原料的生产国家的经济命脉。一切爱好和平的独立自主的国家不能不警惕美国这个阴谋。”“中国人民坚决反对联合国的这个非法的和可耻的决议，而且完全有信心用彻底打败美国侵略者的事实来回答这个可耻的非法决议。”

美国对中国的封锁、禁运，更加激起了中国人民自力更生、艰苦奋斗，致力于恢复国民经济的斗志。与此同时，中国政府采取了针锋相对的方针，主要从两个方面进行了斗争。一是肃清美国在中国的经济文化特权；二是积极同有关国家发展经济贸易。

肃清美国在中国的经济文化特权　自1840年鸦片战争英国强权侵略中国以来，帝国主义列强先后侵入中国，强迫腐败的旧中国政府与其签订了一系列不平等条约，在中国攫取了政治、经济、文化等许多特权。随着中华人民共和国的建立，帝国主义在中国的政治特权被打倒，他们在中国的经济上和文化上的特权也被打倒。但是，帝国主义者在中国直接经营的经济事业和文化事业依然存在。在1949年3月，中国共产党七届二中全会上，毛泽东即指出：“对于这些，我们必须分别先后缓急，给以正当的解决。……帝国主义的经济事业和文化事业，可以让它们暂时存在，由我们加以监督和管制，以待我们在全国胜利以后再去解决。”①

新中国成立后，中国政府除对德、意、日在华企业和其他财产按战败国敌产处理外，对其他外国在华企业采取了“按照国籍、系统、行业等各种不同的具体情况进行个别处理和区别对待”的方针。

1950年6月美国侵略朝鲜的同时，侵入中国的台湾海峡，对中国实行军事、经济封锁。这促使中国加速了对美国在华企业的清理。11月5日，外交部发出《关于外资企业处理办法的意见》，要求全国各地对外资企业，首先应对美国在华企业加强管制，使之适应于中国的需要。

12月，美国政府宣布对中国在美国的公私财产实行管制，并禁止所有在美国注册的船只开往中国，对中国实行全面禁运。中国政府针锋相对，立即作出回应。12月28日，周恩来总理发布中央人民政府政务院《关于管制

---

① 《毛泽东选集》，第4卷，1434～1435页，北京，人民出版社，1991。

美国在华财产和冻结在华存款的命令》。命令宣布,鉴于美国政府对中国日益加剧的侵略和敌视行动,为防止其在中国境内从事经济破坏和危害中国人民的利益起见,特采取如下措施:一、中华人民共和国境内之美国政府和美国企业的一切财产,应即由当地人民政府加以管制,并进行清查;非经大行政区人民政府之核准,不得转移和处理。各该财产的所有者或其管理者应负责保护这些财产,不得加以破坏。二、中华人民共和国境内所有银行的一切美国公私存款,应即行冻结。为维持正当业务及个人生活必需的费用,亦需经当地人民政府核准后始得动用,其动用数额,由政务院财政经济委员会另行规定。

根据这一命令,全国各地立即行动,对美国在华企业进行清理管制,并冻结了美国在华的公私存款。到1951年1月底,北京、上海、天津、武汉、南昌、长沙、杭州、福州、重庆、昆明、青岛、汕头等大中城市人民政府和军管会,分别对在各该市的美国德士古、美孚石油公司,以及其他电力、电话、影业、银行等公司、企业实行了管制。7月中旬,上海市军管会征用了在该市的美孚、德士古、美中三家美国石油公司除办公处以外的全部财产和油料。至1952年底,中国对美国在华企业分别以征用、征购、代管、管制等不同方式基本清理完毕。对英国、法国等在华企业,也进行了相应的清理管制。

1951年1月14日,政务院财政经济委员会主任陈云签署发布了《关于美国企业及个人存款申请动支的规定》,规定:美侨个人存款不超过人民币3000万元、企业存款不超过人民币5亿元者,动支不予限制;个人存款超过3000万元者每月得动支1000万元,企业存款超过5亿元者得按当地管制机关按其需要核准支付之。[①]

与管制美国在华财产、冻结美国在华公私存款的同时,1950年12月29日,中央人民政府政务院第65次政务会议通过了《关于处理接受美国津贴的文化教育救济机关及宗教团体的方针的决定》。确定对这些机关团体的处理方针为:一、政府计划并协助人民使现有接受美国津贴的文化教育救济机关及宗教团体实行完全自办;二、接受美国津贴的文化教育医疗机关,应分别情况由政府予以接办改为国家事业,或由私人团体继续经营为中国人民完全自办之事业,改为中国人民完全自办而经费确有困难的,由政府予以

① 此处讲的人民币,均为旧币值。1955年2月21日,国务院颁布《关于发行新的人民币和收回现行的人民币的命令》。规定新旧人民币的折合比率为新币1元等于旧币1万元。中国人民银行于1955年3月1日在全国发行新人民币。

适当补助；三、接受美国津贴的救济机关，由中国人民救济总会全部予以接办；四、接受美国津贴的宗教团体，改变为中国教徒完全自办的团体，政府对于他们自立、自养、自传运动予以鼓励。《决定》责成政务院文化教育委员会本此方针，会同有关部门迅速制定实施办法，并号召各级人民政府、各民主党派、人民团体，及文化、教育、救济、宗教界人士，本着爱国精神，为彻底肃清美帝国主义在中国的文化侵略影响而奋斗。[①] 12 月 30 日，政务院又发布了《接受外国津贴及外资经营之文化教育救济机关及宗教团体登记条例》。

据统计，当时，在中国接受美国津贴的文化教育救济机关及宗教团体，约占中国接受外国津贴机关总数的 50%。其中 20 余所教会高等学校中接受美国津贴的为 17 所，300 余所教会中等学校中接受美国津贴的近 200 所，1500 所教会小学中接受美国津贴的占 1/4；接受美国津贴的教会医院 200 余所，孤儿院、麻风病院、聋哑学校、盲校等约 270 所；美国在中国直接办理的基督教西差会占在华西差会 113 个中的 58 个，接受美国津贴的基督教会 15 个。[②]

根据政务院关于处理接受美国津贴机关团体的方针的《决定》和《登记条例》，1951 年 1 月 14 日，政务院文化教育委员会颁布了《接受外国津贴及外资经营之文化教育救济机关及宗教团体登记实施办法》。1 月中旬至 4 月下旬，教育部、卫生部、文化教育委员会宗教事务处、政务院处理接受美国津贴救济机关委员会等，先后制定了《对接受美国津贴的高等学校处理办法》、《处理接受美国津贴的医疗机构实施办法》、《对接受美国津贴的基督教团体处理办法》、《关于处理接受美国津贴的救济社团及救济机关实施办法》等，经政务院批准后颁布实施。先后将燕京大学、金陵大学、金陵女子文理学院、北京协和医院、同仁医院、妇婴医院、天津妇婴医院等接受美国津贴的所有学校和医院，改为由政府接办、中国人民自办、与政府合办；所有接受美国津贴的宗教团体实行中国教会自治、自传、自养；所有接受美国津贴的救济机关由中国人民救济总会接办。

采取上述措施和办法，有力地肃清了美国在中国的经济、文化侵略影响。正如 1951 年 10 月 23 日，周恩来在中国人民政治协商会议第一届全国

---

① 参见《建国以来重要文献选编》，第 1 册，510、514 ~ 515 页，北京，中央文献出版社，1992。

② 参见《建国以来重要文献选编》，第 1 册，512 ~ 513 页。

委员会第三次会议上的报告中所指出的："愚昧无知的美帝国主义者满以为封锁和禁运一定能给我国以沉重打击，但是他们完全错了。帝国主义的封锁禁运，正好被我们用以肃清在中国经济中半殖民地的依赖性，缩短我们在经济上获取完全独立自主的过程，而真正受到打击的，反而是他们自己。美国的经济封锁，也加速了我们清算美帝国主义者在中国的经济特权的进程。中国人民在抗美援朝运动中同时顺利地彻底地肃清了美帝国主义者对我国多年来的文化侵略活动，并逐步肃清亲美、崇美、恐美的思想。这一切对于我们的国家和人民都是非常有利的。"①

积极同有关国家发展经济贸易 为打破美国等西方国家对中国的封锁、禁运，中国政府本着平等、互利、互相尊重领土主权、互不干涉内政的原则，积极同有关国家发展经济贸易，特别是发展同苏联等社会主义国家的经济贸易和合作。

苏联是世界上第一个建立社会主义制度的国家，是当时社会主义阵营的核心。新中国成立后，苏联第一个承认并与新中国建立了外交关系。当时，苏联是中国最大的贸易伙伴。1950 年 2 月 14 日，中苏两国政府签订了《中苏友好同盟互助条约》，其中第五条规定："缔约国双方保证以友好合作精神，并遵照平等、互利、互相尊重国家主权与领土完整及不干涉对方内政的原则，发展和巩固中苏两国之间的经济与文化关系，彼此给予一切可能的经济援助，并进行必要的经济合作。"同日，两国政府还签订了《关于贷款给中华人民共和国的协定》，规定苏联以年利率 1% 的优惠条件，从 1950 年 1 月 1 日起，5 年内为中国贷款 3 亿美元，用以偿付中国从苏联购买的机器设备与器材等。

根据上述协定，1950 年，苏联即向中国提供第一批大型工程项目 50 个。苏联坚决反对美国操纵联合国通过的对中国禁运的决议。在联合国通过这个决议后，中苏经过谈判，达成了由苏联向中国提供 60 个步兵师的武器装备的协议，从 1951 年下半年开始到 1954 年底前陆续全部提供。此外，根据中国抗美援朝战争的需要，苏联还向中国提供了飞机、坦克、高射炮和汽车等装备和器材。1953 年 5 月，中苏两国政府签订了关于苏联援助中国发展国民经济的协定和议定书，苏联又向中国提供 91 个大型工程项目。至此，仅在抗美援朝战争期间，苏联即向中国提供 141 个大型工程项目。作为回报，中国向苏联提供了农产品和橡胶等原料。1950 年中苏贸易额约占中

① 《周恩来军事文选》，第 4 卷，240 ~ 241 页，北京，人民出版社，1997。

国对外贸易总数的30%,到1953年则为56.3%。①

其他社会主义国家,如保加利亚、罗马尼亚、匈牙利、捷克斯洛伐克(现分别为捷克和斯洛伐克两个国家)、波兰、民主德国(现与联邦德国合并为德国)、阿尔巴尼亚、蒙古、越南等,于1949年10月至1950年1月,先后与中国建立了外交关系。1950年1月至1952年下半年,中国先后与这些国家签订了贸易协定,其中民主德国和捷克斯洛伐克分别成为中国的第二、第三大贸易伙伴。特别是波兰,还同中国建立了中波合营轮船公司,中国或中国委托他国从西方国家进口的禁运物资,大部分是由该公司运输的,对打破美国对中国的封锁、禁运起了重要作用。

中国同社会主义国家的贸易额逐年增加,1950年占中国对外贸易总额的32.4%,1951年上升为52.9%,1952年上升为72%,1953年上升为76%。②

中国在同苏联等社会主义国家发展贸易关系的同时,还同印度、缅甸、巴基斯坦、瑞士、瑞典等其他亚欧中立国家发展经济贸易,特别是同锡兰(现斯里兰卡)、芬兰积极发展了经济贸易。

锡兰原为英国的殖民地,1948年2月独立。新中国成立后,锡兰于1950年1月即承认新中国,而终止了与台湾国民党当局的关系。锡兰是以种植园经济为主的国家,70%的耕地种植橡胶、茶叶、椰子,大部分大米和日用消费品靠进口。20世纪50年代初,锡兰水稻歉收,粮荒严重,加之美国垄断橡胶市场,使锡兰经济处于困境。锡兰政府一再要求美国给锡兰橡胶出口以合理价格,并以低于市场竞争价从美国进口大米,均遭到美国拒绝。在这种情况下,锡兰政府向中国表明了进口大米的愿望,立即得到中国的同意。1952年10月,中锡两国政府签订了大米和橡胶5年贸易协定,中国每年向锡兰出口20万吨大米,锡兰每年向中国出口5万吨橡胶(占锡兰橡胶年产量的50%)。这是中国与社会制度不同的国家签订的第一个贸易协定。美国以利诱和威胁手段向锡兰施加压力,要求锡兰停止向中国出口西方禁运的橡胶,遭到锡兰政府拒绝。美国当局也承认美国劝说锡兰勿向中国出口橡胶的"努力失败了"。③

---

① 参见《当代中国对外贸易》(上),258~259页,北京,当代中国出版社,1992。

② 参见《当代中国对外贸易》(上),19页,北京,当代中国出版社,1992。

③ 美国对外援助事务管理署署长史塔生关于1953年上半年执行"巴特尔法案"情况致美国国会的报告,1953年9月27日。参见《中美关系资料汇编》,第2辑,上册,1379页,北京,世界知识出版社,1960。

芬兰于1950年10月即与中国建立了外交关系,是第一个与中国建立正式外交关系的西方国家。芬兰未参加西方国家对中国的禁运。中国则积极与芬兰发展贸易关系。仅1950年双方贸易额即达6.6万余美元。1952年9月,中国、苏联、芬兰在莫斯科签订了总额为3400万卢布的三角贸易协定。1953年中国和芬兰两国又签订了总额为5000万卢布的贸易协定。这是中国与西方国家签订的第一个贸易协定。

参加对中国禁运的西方国家也不是铁板一块,这些国家政府执行美国操纵联合国大会通过的对中国禁运的决议,但私人企业出于生存和发展的需要,许多愿与中国发展贸易。中国则通过民间方式或其他渠道积极与这些国家的私人企业发展贸易关系。

1952年4月,中国派代表团参加了在莫斯科召开的第一届国际经济会议。在会议上,中国代表团团长、中国人民银行行长南汉宸,呼吁各国摆脱美国封锁、禁运政策的限制,恢复正常的国际经济关系,在平等互利的基础上发展国际经济贸易,并表明中国愿在平等互利的基础上与社会制度相同的和不相同的世界各国建立贸易关系。中国的态度得到了与会绝大多数国家代表的赞同,会间,中国代表团分别同英国、荷兰、法国、瑞士、意大利、比利时、芬兰、锡兰、印度尼西亚、巴基斯坦等10个国家的代表签订了总额为2.23亿美元的贸易协定。

这一年中国还与日本和美洲的智利签订了民间贸易协定,其中中日民间贸易协定的贸易额双方各为3000万英镑。

上述这些贸易协定,虽然由于美国等西方国家政府的阻挠、破坏而未能完全实行,但这表明了包括西方国家在内的各国人民和工商界人士强烈要求冲破美国阻挠,与中国发展经济贸易的愿望。就连积极跟随美国宣布对中国禁运的英国、法国的人民与工商界人士,也一直与中国保持民间贸易。

美国对外援助事务管理署署长在1953年9月27日和1954年5月17日,关于美国1953年执行"巴特尔法案"情况致国会的报告中也承认,1951年5月18日联合国大会通过对中国禁运的决议,并未能阻止"自由世界"同中国的贸易往来。他在报告中说,"自由世界"输往共产党中国的物资,1951年为4.33亿美元,1952年虽有减少,为2.57亿美元,但1953年又有上升的趋势,达2.7亿美元。若干国家1953年向中国的输出比1952年有明显增加,其中西德从280万美元增加到2500万美元、法国从330万美元增加到1240万美元、日本从50万美元增加到450万美元、英国从1280万美元增加到1750万美元。这些国家向中国出口的物资也包括禁运的战略物资。他说，这是因为美国的主要盟国与美国在对华贸易政策上有分歧，“大多数西欧和亚洲的主要贸易国家不能采纳美国的立场”。同时他也承认，中国的输出1953年也比1952年有所增加，从3.65亿美元增加到4.25亿美元。①

实际上，甚至美国自己也不能完全与中国断绝贸易往来。猪鬃是制刷的一种极好原料，也属美国禁运的战略物资，美国在朝鲜进行战争，大量需要这种原料。而中国是生产猪鬃最多的国家，美国商务部和美国陆、海、空军的有关部门都希望大量从中国进口猪鬃。中国政府则秘密利用爱国商人、“猪鬃大王”古耕虞，同美国做猪鬃生意。古耕虞1905年出生在重庆，新中国成立前，是四川畜产公司总经理，长期垄断中国传统出口物资——猪鬃的出口，是旧中国最大的出口贸易商之一，在美国和香港注册有子公司。新中国成立后，他将在国内的公司全数交给国家，并受政府委托，全权负责中国猪鬃的出口生意，利用持有台湾护照和在美国、香港注册的公司做掩护，秘密同美国做猪鬃生意。1950年就出口猪鬃10万箱，价值达8000万美元，为新中国换回大量急需的外汇。1950年12月美国政府宣布，对中国实行全面禁运，对中国在美国的一切公私财产实施管制后，古耕虞公司在美国银行的700万美元存款，被美国政府予以“特别冻结”（因古耕虞所持的是台湾护照，他的公司不属于美国政府宣布的管制范围，但美国当局，特别是美驻香港领事当局，怀疑他与新中国政府有关系，而对他公司在美国的存款予以“特别冻结”）。1951年，古耕虞凭着智慧和胆量，在“虎穴”与美国官方斗法，不但解冻被美国政府宣布为“特别冻结”的以他公司名义存在美国银行的700万美金（这笔美元90%是中国政府和几家国营公司的资金），而且使美国当局同意他运输货物到中国大陆交换猪鬃。②

封锁、禁运本身就是一项损人不利己的政策。事实也完全说明，美国操纵联合国通过对中国禁运的决议，既未能阻止中国人民在朝鲜战场上继续取得胜利，也未能阻止中国与世界有关国家，包括宣布对中国封锁、禁运的国家的贸易往来，而且增加了美国与其盟国之间的分歧与矛盾。

1953年7月朝鲜停战以后，包括英国、法国、日本、荷兰、意大利在内的许多西方国家，先后放弃或放宽了对中国的禁运，至20世纪50年代中后

① 参见《中美关系资料汇编》，第2辑，1378～1380、1768～1769页，北京，世界知识出版社，1960。

② 参见《猪鬃大王古耕虞》，北京，解放军出版社，1995。

期,上述国家均恢复了与中国的正常贸易关系。从60年代末起,美国也不得不放宽对中国的禁运,1971年美国宣布结束了对中国长达20年的禁运,1972年美国同中国恢复了正常的贸易关系。

反对美国武装日本、美日单独媾和的斗争

朝鲜战争爆发以后,美国为把日本作为其在亚洲进行侵略扩张的基地,加快了其片面对日和约和重新武装日本的步伐。

针对美国片面对日媾和重新武装日本的行为,中国和苏联两国政府和人民,同美国进行了针锋相对的斗争。

然而,美国政府不顾中苏两国政府和人民及日本和东南亚各国人民强烈反对,仍然一意孤行,拉拢英国,排斥中国和苏联,而进行片面对日和约的准备工作,于1951年3月29日、7月12日,先后公布了他们对日和约的第一次和第二次草案。于7月20日,还向有关国家发出通知,定于9月4日在美国旧金山召开会议,准备签订对日和约。8月15日,又公布了他们对日和约的定案。在第二次草案和定案中拟出了签字国名单,均将遭受日本侵略最久最烈、抗日作战牺牲最大的中国排除在外。

对此,英国政府曾有不同意见,但美国不予理睬。中国政府和苏联政府对美国政府提出的第一、第二两次对日和约草案,均表明了不同意见和原则立场,苏联政府还提出了修改建议。但遭到美国政府拒绝。美、英两国政府公布的对日和约定案,共为7章27条。这个和约定案,对于防止日本军国主义再起和防止日本变为侵略国未作任何保证,对日本武装未作任何限制;虽然规定占领军不得迟于该约生效后90天撤离日本,但同时又规定"并不妨碍外国武装部队依照或由一个或一个以上的盟国与日本业已缔结或将缔结之双边或多边协定,而在日本领土上驻扎或留驻",为美军长期留驻日本提供了依据;对于按《开罗宣言》规定于日本投降后已归还中国的台湾及澎湖列岛等领土,只规定日本放弃一切权利与要求,而不提主权归还中国,为美国长期占领台湾、分裂中国埋下伏笔。整个和约破坏了有美国签署的1942年1月《联合国家宣言》、1943年12月《开罗宣言》以及1945年的《雅尔塔协定》和《波茨坦宣言》等国际协定,完全适合了美国当局推行侵略扩张政策的要求。

中国外长周恩来针对美英两国政府7月12日公布的对日和约第二次

草案，以及美国政府7月20日发出召开旧金山对日和会的通知，于8月15日代表中国政府发表声明，指出："中华人民共和国中央人民政府认为，美英两国政府所提出的对日和约草案是一件破坏国际协定、基本上不能被接受的草案，而将于九月四日由美国政府强制召开、公然将中华人民共和国排斥在外的旧金山会议也是一个背弃国际义务基本上不能被承认的会议。"同时，揭露了美英对日和约草案破坏有关国际协定的实质和美国的真正企图，再次重申了中国政府关于对日和约的原则立场，声明："对日和约的准备、拟制和签订，如果没有中华人民共和国的参加，无论其内容和结果如何，中央人民政府一概认为是非法的，因而也是无效的。"①

印度、缅甸等国政府反对这个和约，拒绝参加旧金山和会，苏联、波兰、捷克斯洛伐克等国虽然派代表参加了旧金山和会，但反对这个和约，苏联代表还对这个和约定案提出了具体修改方案，遭到美国拒绝，因此这几个国家拒绝在和约上签字。遭受日本侵略最烈的主要亚洲国家中国、朝鲜、越南、蒙古等均被排斥在旧金山和会之外。在美、英等国的一手操办下，9月8日，有48个国家在《旧金山和平条约》上签字，其中大多数国家实际上没有参加过对日作战。

几小时之后，美国当局又与日本吉田茂政府签订了《美日安全条约》。这个条约规定，美国承担保卫日本本土的义务。日本政府同意美国在日本境内建立陆、海、空军基地并驻扎美军。

为了解除菲律宾、澳大利亚、新西兰三国对重新武装日本的恐惧和担忧，在此之前的8月30日，美国同菲律宾在华盛顿签订了《美菲共同防御条约》。9月1日，美国又同澳大利亚和新西兰在旧金山签订了《美新澳安全条约》。

这些条约加强和巩固了美国在西太平洋地区的军事政治势力，其目标主要是针对中国的，同时也针对苏联和为镇压亚洲其他国家与地区的民主解放运动。

这些条约遭到中国政府和人民的强烈反对，也遭到朝鲜、越南、蒙古、印度、缅甸等国政府和人民以及日本、菲律宾、澳大利亚、新西兰等国家人民的强烈反对。9月18日，周恩来以外交部长名义代表中国政府发表声明，指出：旧金山对日和约"不仅不是全面和约，而且完全不是真正和约，这只是一个复活日本军国主义、敌视中苏、威胁亚洲、准备新的侵略战争的条约。

---

① 《建国以来重要文献选编》，第2册，400、407页，北京，中央文献出版社，1992。

美国政府与日本吉田茂政府在签订所谓和约数小时之后，随即签订了美日双边安全条约，为重新武装日本并把日本完全变为美国军事基地廓清了道路。……美国政府强制签订的旧金山对日和约及美日双边安全条约，业已对中华人民共和国的安全以及其他许多亚洲国家的安全，构成了严重的威胁。中国人民……一定要坚决反对到底”。“旧金山对日和约由于没有中华人民共和国参加准备，拟制和签订，中央人民政府认为是非法的，无效的，因而是绝对不能承认的。”①

10月23日，周恩来在中国人民政治协商会议第一届全国委员会第三次会议上所作的《政治报告》中，再次指出：《旧金山和平条约》、《美日安全条约》以及在旧金山会议前夕订立的《美菲共同防御条约》、《美新澳安全条约》，“都是美国压榨和奴役亚洲人民、准备发动另一次亚洲侵略战争的工具。我们必须加紧揭发美帝国主义者在远东疯狂备战的阴谋，并号召亚洲人民和世界人民团结起来，挫败美国的战争计划”②。

在旧金山片面对日和约签订后，美国当局又促压日本吉田茂政府同中国台湾的蒋介石集团缔结“和平条约”，否则美国国会不批准旧金山对日和约。1951年12月24日，日本政府首相吉田茂致函美国国务院顾问杜勒斯，保证同“中华民国政府”缔约。1952年1月23日，中华人民共和国外交部章汉夫副部长代表中国政府发表声明，指出：这“是战败后的日本反动政府与美帝国主义互相勾结起来……继1951年9月旧金山对日和约之后，又一次对中华人民共和国最严重、最露骨的挑衅行为”，“是和全日本爱国人民争取与中华人民共和国结束战争状态、恢复和平关系的愿望，绝对不能相容的”。并表示，中国人民完全同情和支持日本人民反对美国占领，反对重新武装日本，争取真正独立、民主、和平的斗争。③

但是美国当局和日本吉田茂政府不顾中日两国人民的强烈反对，1952年4月28日，日本吉田茂政府与中国的蒋介石集团签订了日台“和平条约”。同日，美国政府宣布旧金山片面对日和约生效。日本广大人民将这一天称为“国耻日”。④ 5月5日，中国外长周恩来代表中国政府发表声明，再次指出：“中国人民对于日本人民的这个斗争，是深切同情、热烈支持

① 《中美关系资料汇编》，第2辑，605、607页，北京，世界知识出版社，1960。
② 《周恩来军事文选》，第4卷，241页，北京，人民出版社，1997。
③ 参见《中美关系资料汇编》，第2辑，674～675页，北京，世界知识出版社，1960。
④ 参见《中美关系资料汇编》，第2辑，810页，北京，世界知识出版社，1960。

的。”中国政府和人民“坚持一切占领军队必须撤离日本；对于美国所宣布生效的非法的单独对日和约，是绝对不能承认的；对于公开侮辱并敌视中国人民的吉田茂蒋介石‘和约’，是坚决反对的”①。

反对美国武装日本和美日单独媾和的斗争，一直持续到1972年。这一年2月，美国总统理查德·尼克松访华，中美两国政府签署了《联合公报》（也称《上海公报》），美国确认“只有一个中国，台湾是中国的一部分”，“从台湾撤出全部美国武装力量和军事设施”。这年9月，日本内阁首相田中角荣访华，中日两国政府签署《联合声明》，日本政府承认中华人民共和国政府是中国的惟一合法政府，并对中国政府关于台湾是中华人民共和国不可分割的一部分的一贯立场表示尊重和理解。日本政府“痛感日本国过去由于战争给中国人民造成的重大损害的责任，表示深刻的反省”。从这一声明公布之日起（1972年9月29日），中日关系的不正常状态宣告结束，中日邦交正常化。

全国开展捐献飞机大炮运动

到1951年5月，中国人民志愿军已在朝鲜作战7个月，取得了抗美援朝战争的重大胜利。但由于武器装备处于悬殊的劣势，特别是没有空军参战，没有坦克参战，大炮数量也很有限，因此作战中实际困难很多。5月中旬前后，中国人民抗美援朝总会组织的第一届中国人民赴朝慰问团完成慰问回国后，先后反映了志愿军在作战中的这些困难情况。然而中国进行抗美援朝战争和恢复国内建设，财政负担很重，不可能再从财政上临时拨款购买作战所需上述武器装备。

鉴于此，1951年6月1日，中国人民抗美援朝总会发出了《关于推行爱国公约、捐献飞机大炮和优待烈属军属的号召》。《号召》指出：“根据前线的报告，根据我们的赴朝慰问团回来的报告，我们中国人民志愿军和朝鲜人民军的战斗力，在一切方面都能完全压倒敌人，困难的只是我们的飞机大炮等武器还不够多。为了使我们英勇善战的志愿军，能够以更小的牺牲，消灭更多的敌人，早日取得战争的最后胜利，我们必须迅速以更多的飞机、大炮、坦克、高射炮、反坦克炮等武器供给前线。我们建议全国各界爱国同胞们，

① 《中美关系资料汇编》，第2辑，810、811页，北京，世界知识出版社，1960。

不分男女老少，都开展爱国的增加生产、增加收入的运动，用新增加的收入的一部或全部，购置飞机、大炮等武器，捐献给志愿军和解放军，来加强他们的威力，巩固我们的国防。各地捐献的飞机、大炮、坦克等，将冠以捐献单位的名字，作为光荣的纪念。”“我们希望大家高度地发扬爱国主义的热忱，再接再厉地发展爱国公约运动、开展增产捐献武器和优抚运动，以便更加有力地支援前线，争取抗美援朝战争的最后胜利。”

同日，中共中央发出指示，指出：“为了进一步普遍深入抗美援朝的运动和教育，中央决定，在全国普遍地开展爱国公约运动，开展增产、捐献武器运动和优待烈属军属及残废军人的运动，借以提高人民的政治觉悟和爱国热忱，借以鼓励前线的士气并解决一部分财政上的困难。现中国人民抗美援朝总会已发出具体号召，望即遵照执行。”“捐献武器运动，必须与增加生产或其他增加收入运动结合起来。如果在今后半年内各界人民能够在自愿基础上，从努力增加的收入内，每人平均捐献五斤到十斤米，全国即可有几十亿斤米的收入，这对于前线和国家财政，将是一个很大的帮助。”

根据中共中央的指示，6 月 7 日，中国人民抗美援朝总会又专门就捐献武器问题，发出了《关于捐献武器支援中国人民志愿军的具体办法的通知》。《通知》对捐献武器运动的组织工作规定了若干具体办法，主要有：（一）要求各地抗美援朝总分会、分会应即邀集当地各人民团体、各机关及各界爱国人士的代表，讨论订立捐献的具体宣传和动员计划，进行充分深入的宣传和细密的组织工作；（二）捐献运动在工厂应与增加产量、减低成本，在农村应与深耕细作及发展家庭副业，在工商界应与改善经营增加收入相结合。其他各界也应多从积极方面设法捐献；（三）所有捐献必须完全出于自愿，任何人不得强迫。捐献可以一次缴纳，也可以先行认捐一定数目然后分期缴款。整个捐献运动暂定以半年为期。（四）为便于计算和筹划起见，所捐外币和物件一律按人民币折价计算，人民币 15 亿元计为一架战斗机、25 亿元计为一辆坦克、9 亿元计为一门大炮、8 亿元计为一门高射炮。① 所有捐款均委托各地人民银行代收。《通知》还对捐献情况的公布办法、防止挪作他用等作了明确规定。

10 月，中共中央和中国人民政治协商会议将继续加强抗美援朝工作，

---

① 此处所写人民币均为旧币值，其 1 万元等于新币值 1 元。本节以下所写的人民币均为旧币值。

作为当时全国的三大中心任务之一，中国人民抗美援朝总会又把开展增产节约和捐献武器作为抗美援朝工作的中心环节。①

在中国人民抗美援朝总会、各总分会、分会的组织领导下，抗美援朝捐献武器运动迅速在全国展开。全国各地、各族、各界人民及机关团体、民主党派等采取多种方式，为捐献筹集资金。中国驻外使领馆工作人员、归国华侨和海外侨胞也积极作了捐献。

据中国人民抗美援朝总会的不完全统计，至6月10日，首都各界人士即已先后发出捐献“石景山工人”号、“北京铁路工人”号、“中国店员”号、“北京农民”号、“北京东郊农民”号、“鲁迅”号、“教工”号、“人民电影”号飞机的倡议。

上海、天津、武汉、广州、长沙、郑州、西安、成都、沈阳、大连等城市和河北、山西、安徽、新疆、内蒙古等省区，以及中国海关系统、中国民航系统、政务院水利部、中国图书发行总公司、各民主党派、青年团中央、全国青联、全国学联、全国妇联、中苏友好协会、中国红十字总会、中国新闻出版系统、中国侨联、中国金融系统、中国教育系统、中国基督教革新运动委员会等在6月也先后倡议发起，捐献“市民”号、“工人”号、“二七胜利”号、“农民”号、“农民爱国丰产”号、“新中国农民”号、“毛泽东故乡”号、“棉农”号、“工商”号、“民盟”号、“中国青年”号、“中国少年儿童”号、“中国学生”号、“中国妇女”号、“中国海关”号、“民航”号、“人民水利”号、“中图”号、“中国金融”号、“华侨”号、“白求恩”号、“中苏友好”号、“基督教革新”号等等，以及以地区和县命名的捐献热潮。其他各省、市、区也都先后掀起了捐献热潮。

至6月29日，北京、天津、沈阳、武汉工商界即各认捐30架战斗机，南京工商界认捐10架战斗机，东北人民认捐203架、华北人民认捐234架、湖北人民认捐100架、山东人民认捐“山东空军师”120～130架、江西人民认捐“八一空军师”81架、苏南人民认捐“苏南空军师”120架。

许多倡议发起人，在发起倡议的同时即进行了捐献。作家丁玲、周立波等在发起文联和文艺系统捐献“鲁迅”号飞机的同时，分别捐献了500万元和100万元；李济深、蒋光鼐、王昆仑、蔡廷锴、陈铭德、屈武、柳亚子等在倡议捐献“民盟”号飞机的同时即分别认捐5000万元、1000万元、600万元至100万元；张澜、雷洁琼等其他民主党派人士在发起倡议的同时也都作了捐

① 参见郭沫若在首都各界人民庆祝抗美援朝一周年大会上的讲话，1951年10月25日。载《人民日报》，1951年10月26日第1版。

献。北京归侨发起捐献“华侨”号飞机的同时，许多归侨当场即捐献2亿多元。平壤华侨至7月底捐献朝币780余万元。在整个捐献运动中，福建晋江侨乡捐献战斗机1架，昆明市归侨捐献人民币10亿多元，北京、广东、汕头、台山的归侨，也做了大量捐献。[①] 中国民盟盟员高桂滋在10月1日国庆日，将自己认捐的1架飞机的钱款全部缴清。电影工作者徐肖冰、苏河清、周峰、吴立本、李华、徐来、何士德将获得斯大林文学艺术奖的全部奖金共1.29亿元全部捐献，用于购买“人民电影”号飞机，同时获奖的周立波将全部奖金1500万元捐献，用于购买“鲁迅”号飞机。

全国的工人大部分每月捐出1～3个工或5～6个工的工资，捐出奖金的一部或全部，还参加义务劳动和加班生产作捐献，有的表示一直捐到抗美援朝战争取得最后胜利；农民靠节衣缩食、进行副业生产等办法作捐献；工商界捐出营业额的1%～2%，也有的捐出4%～5%；小学生节省父母给的零用钱捐献；大中学校的学生利用假期勤工俭学进行捐献；许多作家捐出创作稿酬的一部或全部；艺术家主要是开展义演、义卖（卖书画等）、义展（展工艺美术品等）活动，将这些活动所得全部捐献。

著名京剧艺术家梅兰芳6月间在汉口进行两场义演，得款1亿元，全部捐献。北京、上海已退出艺术舞台十几年甚至20年的60岁以上的京剧老前辈王瑶卿、尚和玉（80岁）、马德成（76岁）、张德俊、郝寿臣（69岁）、谭小培、鲍吉祥、刘喜奎等，为响应中国人民抗美援朝总会的号召，也纷纷重新登台举行义演，先后在北京、上海演出多场，将所得全部捐献。上海戏曲界自7月17日起，在一个半月时间内，有13个剧种共义演200余场，收入15亿元全部捐献。著名豫剧演员常香玉，带领香玉剧社自8月起，半年内先后在陕西、河南、湖北、湖南、广东、江西6省巡回义演170余场，捐献“香玉剧社”号飞机1架。

宗教界班禅额尔德尼·确吉坚赞在10月份，一次捐献1.3亿元。在青海省喜饶嘉措副主席的推动下，青海湟中塔儿寺和大通广慧寺的全体僧众，于10月份捐献1.3亿元。各地少数民族人民也积极捐献。甘肃省临潭县一位回族妇女捐出珍藏多年的银洋、金戒指、银裸、银手镯等。新疆迪化市（今乌鲁木齐）维吾尔族103岁的高龄老人吾吉尼少汗，坚持拾麦穗、纺线捐献武器。该市一位名叫韩宝旺的75岁少数民族老人，自7月1日起，坚持每天拾废纸，至9月中旬共拾得650斤，所卖钱款全部捐献。还有的老

① 参见庄希泉在全国侨联成立大会上的讲话，1956年10月13日。

人，每日卖水，将所得全部捐献。全国各族人民类似这样捐献的生动事例数不胜数。

至11月初，中国驻外使领馆工作人员共捐献15.6亿余元人民币。

1951年12月27日，中国人民抗美援朝总会发出通知，结束武器捐献运动。通知指出：全国人民在高度的爱国主义鼓舞下热烈响应本会6月1日的号召，开展武器的捐献运动，这一运动于本年12月底即将胜利完成任务。截至12月26日止，中国人民银行总行实收捐款已达47280余亿元，超过10月30日前全国认捐总数的19%。其中华东地区超过36%，中南地区超过13%，西南地区超过16%，东北地区超过9%，华北地区超过15%，内蒙古地区（中央直辖的自治区）超过47%。西北地区实缴款数占认捐总数的88%。

1952年1月以后，抗美援朝运动即转为以开展爱国节约为中心的各项工作，但全国人民继续有所捐献。自1951年6月1日至1952年5月31日，一年来全国各省市人民银行汇解抗美援朝总会的武器捐款，共为55650亿余元人民币，以每架飞机15亿元计算，共折合3710架飞机，尚余人民币6230万余元。其中华东地区捐献21320亿余元，折合战斗机1421架，占全国捐款总数的38.3%，仅上海市即捐8491亿余元，折合战斗机566架，占全国捐款总数的15.3%；中南地区捐献12659亿余元，折合战斗机844架，占全国捐款总数的22.7%；华北地区捐献7474亿余元，折合战斗机498架，占全国捐款总数的13.5%；东北地区捐献6517亿余元，折合战斗机434架，占全国捐款总数的11.7%；西南地区捐献4605亿余元，折合战斗机308架，占全国捐款总数的8.3%；西北地区捐献2610亿余元，折合战斗机174架，占全国捐款总数的4.7%；内蒙古地区捐献462亿余元，折合战斗机31架，占全国捐款总数的0.8%。

捐献飞机大炮运动，本身又是一次在全国人民中进行抗美援朝、保家卫国运动的深入普及动员和教育，极大地激发了全国人民的爱国热忱，给予在朝鲜作战的中国人民志愿军以巨大的精神鼓舞和物质支援，使志愿军的武器装备得到明显改善和加强，同时也减轻了国家的财政负担。中国人民抗美援朝总会于1952年6月24日对全国人民捐献武器运动进行了总结，指出："全国的工人、农民、知识分子、工商业家和其他各界人民，在这次运动中，都争先恐后地贡献自己的力量，来支持抗美援朝、保家卫国的神圣事业，充分地表现了爱国主义和国际主义的伟大精神。""这次爱国捐献运动所获得的巨大成就，已经极大地加强了中国人民志愿军的威力，使他们更有效地打击美国侵略者”,并且“加强了国家的建设和改善了人民的生活”①。陈云也指出:“抗美援朝的捐献运动,不仅直接增加了国防力量,同时支援了国家的财政。”“抗美援朝,不但不是像帝国主义者所妄想的那样,使我们在经济上不能恢复和发展;相反的,我们的人民经济事业却在抗美援朝斗争中得到了促使迅速进步的动力。”②

① 《人民日报》,1952 年 6 月 25 日,第 4 版。

② 陈云在中国人民政治协商会议第一届全国委员会第三次会议上《关于经济工作和财政工作的报告》,1951 年 10 月 25 日,《人民日报》,1951 年 11 月 4 日,第 1 版。

第三十五章

停战谈判开始

停战谈判序幕

1951年5月中旬，美国当局调整朝鲜战争政策后，就想方设法同中国方面接触，谋求通过谈判实现"体面停战"，"像一群猎狗那样到处寻找线索"。①

艾奇逊先是要国务院在巴黎的代表查尔斯·波伦向驻德国的苏联管制委员会主席的政治顾问弗拉基米尔·西蒙诺夫进行试探，又由美国常驻联合国副代表欧内斯特·格罗斯和托马斯·科里与苏联驻联合国代表马立克或副代表西门·查拉普金进行非正式的谈话，随后，又通过美国和瑞典通向莫斯科的渠道进行秘密试探，并派白宫政策设计办公室的查尔斯·伯顿·马歇尔前往香港寻找同中国接触的机会。然而，这些"辛辛苦苦"的"努力"都没有收获。

5月18日，艾奇逊召见曾任美国驻苏联大使馆代办，时任美国国务院顾问的乔治·凯南，委托凯南以私人身份单独会见马立克。艾奇逊要求凯南向苏联方面透露美国方面关于在三八线一带停战和停火的意向，并"很想知道莫斯科对这一形势的看法，也想知道，如果有什么建议的话，那将是

---

① [美]迪安·艾奇逊：《艾奇逊回忆录》，中文1版，下册，408页，上海译文出版社，1978。

什么样的建议”,让凯南表明,“如果要结束战争的话,这正是着手结束战争的良好时机”。[①] 与此同时,艾奇逊还通过参谋长联席会议让李奇微也知道正在进行的这一活动,并在战场上根据需要配合行动。

经过约定,凯南与马立克于5月31日在纽约长岛马立克的别墅进行了单独会见,双方用俄语进行“朋友式”的交谈。凯南很快将谈话引向他此行目的的正题。

凯南说,美国和苏联在朝鲜问题上,正在走向一场可能是最危险的冲突,这肯定不是美国行动和政策的目的,相信这也不是苏联的愿望。不管马立克如何批评美国的政策,凯南只是一味表达他要表达的意图。他说,现在危险的趋势应该得到制止,制止这种趋势的惟一办法,是战场上双方司令官进行停战和停火的谈判,并想了解苏联对此事的看法和有什么建议。马立克表示,苏联并没有军队在朝鲜战场上作战。凯南迫不及待地表明,“美国准备在联合国或在任何一个委员会,或是以其他任何方式与中国共产党人会面,讨论结束朝鲜战争的问题”。马立克提出几个与朝鲜停战相关的问题。凯南表明,停止在朝鲜的军事行动,是作为一个单独的问题来讨论解决,谈判停战和停火问题,是为了恢复朝鲜战前的状态,建立适当的监督停火机构,不使双方利用停火加强实力,发动攻势;而远东其他问题,包括台湾问题、中国在联合国的席位问题、朝鲜的前途问题,都不是这次讨论的问题,此次讨论也不包括从朝鲜撤退一切外国军队问题,立即撤走一切外国军队,据说会使朝鲜半岛“重开内战”,这些问题准备以后去解决。[②]

6月5日,双方再次会面时,马立克告诉凯南,“苏联政府希望和平并希望和平解决朝鲜问题,越早越好。但是,苏军既没有参加在朝鲜的冲突,苏联政府不认为它能参加关于停火问题的任何讨论”。马立克建议,“美国政府应该和朝鲜与中国就此事进行接触”[③]。

在凯南奉命与马立克会见的同时,6月1日,美国又通过联合国秘书长特里格夫·赖伊,表示了愿沿着接近三八线地带停火的意向。6月3日,艾奇逊在“麦克阿瑟听证会”上,也表示在有保证的情况下,美国愿沿三八线

① [美]迪安·艾奇逊:《艾奇逊回忆录》,下册,409页,上海,上海译文出版社,1978。

② 参见柴成文、赵勇田:《抗美援朝纪实》,85～86页,北京,中共党史资料出版社,1987。

③ 《战后世界历史长编》,第6册,179页,上海,上海人民出版社,1985。

地带谋求停火并逐步从朝鲜撤军。

凯南与马立克第一次会见后，苏联政府向中国和朝鲜通报了这一情况。6 月 3 日，金日成首相来北京，同毛泽东主席等深入地讨论了这一形势的发展，商谈了可能到来的停战谈判的方针和方案。6 月 10 日，高岗和金日成赴苏联，就关于朝鲜停战谈判问题，与斯大林进行了讨论。中国、朝鲜、苏联三国领导人就谈判问题取得了一致意见。

6 月 23 日，马立克在联合国秘书处新闻部举办的“和平的代价”广播节目中发表演说，就和平解决朝鲜问题提出了建议。他说，“凡是希望和平的人都必须努力用和平方法解决本国与其他国家之间的关系上所发生的问题，这应该是每一个人都明白的事情”。“苏联人民认为，维护和平事业是可能的，朝鲜的武装冲突——目前最尖锐的问题——也是能够解决的。而要做到这一点，就必须各方有和平解决朝鲜问题的意愿。苏联人民认为，第一个步骤是交战双方应该谈判停火与休战，而双方把军队撤离三八线。”“采取这种步骤是可能的吗？我认为是可能的，只要有结束朝鲜境内的流血冲突的真诚愿望。我认为，为了确保朝鲜的和平，这代价不算太高”。①

毫无疑问，作为和平解决朝鲜问题的第一个步骤，马立克的提议是公平而又合理的，中朝两国政府和人民表示完全赞同。6 月 25 日，中国《人民日报》发表社论指出，“本月 23 日苏联驻联合国代表马立克发表广播演说，再一次提出了和平解决朝鲜问题的建议，我们中国人民完全赞同这个建议。”“这是给予美国的又一次考验，看它是否接受以往的教训，是否愿意和平解决朝鲜问题”。

在马立克发表广播演说之后，也是 6 月 25 日，正在田纳西州土拉霍马参加航空工程研究中心落成典礼的美国总统杜鲁门，借机阐述外交政策时称：“我们愿意参加朝鲜和平解决的谈判，但是这必须是一个能使朝鲜人民重新得到和平与安全的真正的解决办法。”②同时，为进一步探明马立克演说的真实意图，美国国务院训令驻莫斯科大使艾伦·柯克就马立克的演说询问苏联政府的意见。6 月 27 日，柯克与苏联外交部副部长安·葛罗米柯会见。通过交谈，确认了下列问题：即马立克所表达的观点是苏联官方的意见；停战谈判只是解决朝鲜问题的第一步，在战场司令官之间进行；停战包

① 《朝鲜停战谈判问题》，1、8 页，北京，世界知识出版社，1951。

② [美]哈里·杜鲁门：《杜鲁门回忆录》，第 2 卷，546 页，北京，生活·读书·新知三联书店，1974。

括停火，应局限于纯军事问题，而不包括任何政治或领土问题；军事代表应讨论保证避免恢复军事行动的问题。此后，美国国务院和国防部建议总统杜鲁门，批准由李奇微发表一个声明，表示愿意同共产党司令官进行谈判。

6月29日，经杜鲁门批准，美国国家安全委员会将已拟制好的声明发给李奇微，令其以联合国军总司令的名义，于6月30日（星期六）东京时间上午8时，经广播电台向朝鲜共产党军队司令员发出，并同时向报界发表。6月30日，李奇微奉命发表了声明，内容是：

"本人以联合国军总司令的资格，奉命与贵军谈判下列的事项：因为我得知贵方可能希望举行一停战会议，以停止在朝鲜的一切敌对行为及武装行动，并愿适当保证此停战协议的实施。我在获得贵方对本文的答复以后，将派出我方代表并提出一会议的日期，以便与贵方代表会晤。我更提议此会议可在元山港一只丹麦伤兵船上举行。"

在此之前，中朝方面获取了葛罗米柯与柯克谈话内容的主要精神，也得知美方将马上提出谈判的意向。毛泽东与金日成、彭德怀就如何回答美方的谈判建议等进行了电报协商。李奇微发表声明后，中朝方面在进一步电报协商的基础上立即作出答复。

7月1日，北京中央人民广播电台播发了金日成和彭德怀给李奇微的复文：

"联合国军总司令李奇微将军：你在本年6月30日关于和平谈判的声明收到了。我们受权向你声明，我们同意为举行关于停止军事行动和建立和平的谈判而和你的代表会晤。会晤地点，我们建议在三八线上的开城地区。若你同意，我们的代表准备于1951年7月10日至15日和你的代表会晤。"

随后，双方又通过几次电文协商，确定了如下事项：一、谈判地点在开城；二、正式谈判日期从7月10日开始；三、为有效安排双方代表第一次会议细节，双方各派联络官3人，翻译2人，于7月8日上午9时在开城举行预备会议；四、双方代表车队沿规定路线行驶，每辆车上均挂白旗一面，以便识别和确保安全；五、朝中方面负责会议的接待和警卫工作。

国内和志愿军进行停战谈判的教育

随着朝鲜停战谈判的即将开始，也引起国内群众和志愿军官兵对这个问题的广泛关注。为什么赞成停战？为什么提出在三八线停战？为什么不在以前提出停战？谈判能否成功？谈判开始以后应当如何进行抗美援朝的工作？有关这些问题，需要作出回答和解释，需要对广大群众和官兵进行教育。中共中央和志愿军总部未雨绸缪，在着手谈判准备时，即对谈判开始后可能出现的形势作了估计，引导国内群众和志愿军广大官兵正确认识谈判形势的出现，认清美国的侵略本性。

7月3日，中共中央专门发出了《关于朝鲜停战谈判的宣传指示》，要求对停战谈判形势的出现加强宣传教育工作，注意掌握宣传政策，对公开性的党内外宣传教育问题，以《人民日报》6月25日和7月3日社论，以及抗美援朝总会即将发出的通知为依据进行。

指示对有关问题作了说明和解释，指出："我们向来主张以和平方法解决朝鲜问题，中国人民志愿军在朝鲜参加反侵略战争的目的亦在此。这是去年十一月四日各民主党派联合宣言和中央人民政府外交部迭次文告所解释过的。朝鲜人民打了一年，中国人民打了八个月，迫使美国承认了中朝人民的力量，放弃了原来的侵略计划，保障了朝鲜民主主义人民共和国和中华人民共和国的安全，这就是抗美援朝战争的直接收获。美国已在战争中感到极大困难，要求迅速停战，故在目前停战，对双方均属有利。"在三八线停战并只解决军事问题，是"实现朝鲜和平的最直接最迫切的问题，且易得双方同意和世界舆论的同情、拥护……如任何一方提出过高条件，则谈判不能成功，和平不能实现"。"以前美国尚未遭到如此严重损失……故无意于真正的停战。此外，主张扩大战争的麦克阿瑟没有撤职，也是美国谈和的一个阻力。敌人既然无意停战，而且仍然梦想占领全朝鲜并将战争扩及我国东北，则彼时谈判自然不可能"。谈判能否成功，"这要在谈判中看敌方诚意如何才能决定。如果敌方仍无诚意，则谈判不能成功，中朝人民必须继续作战。果尔，则对中朝人民不但毫无损失，且政治上占了更大的优势"。无论谈判成功与否，在停战实现以前，"前线作战和后方支援自应照旧进行……不得有丝毫的松懈"。

7月4日，中国人民抗美援朝总会发出通知，号召全国人民继续加强抗美援朝运动，努力完成5项迫切任务：一、继续努力开展增产捐献运动；二、认真优待人民志愿军和人民解放军一切军人家属和革命烈士家属；三、继续动员青年学生报名参加军事干部学校，完成军事干部学校的招生计划，以便迅速加强我们的国防建设；四、继续深入开展爱国公约运动；五、继续帮助赴朝慰问团和志愿军代表按照原定计划完成在全国各地的宣传工作。

中共中央的指示和中国人民抗美援朝总会的通知,对于引导全国人民正确认识和理解朝鲜停战谈判形势的出现,认识美帝国主义的侵略本性,认识谈判斗争的尖锐性、复杂性,从而保持高度警惕,继续推动抗美援朝运动的蓬勃开展,起了重要的保证作用。国内各地和各界认真加强对抗美援朝运动的组织领导,广大群众对继续加强抗美援朝爱国运动表现了极大的热情,突出地表现在遍及全国的订立与执行爱国公约运动中。各地积极帮助未订立公约的单位迅速订立、帮助已订约的单位,修改补充公约内容,以爱国公约为准绳,把爱国公约、劳动竞赛和捐献武器计划结合起来,推动各项实际工作的开展。

中央对志愿军的要求是,在停战谈判期间,“坚决打,争取和”,停战谈判由中央直接掌握,志愿军仍作持久作战的准备。

6月29日,毛泽东致电金日成和彭德怀指出,在进行停战谈判准备的同时,“人民军和志愿军应当积极注意作战,不使敌人乘机获逞”①。7月2日,彭德怀在向各兵团各军首长转发这个电报精神时,指出:“敌虽急于求和,但不会改变其帝国主义侵略本质。可能玩弄种种花样与欺骗阴谋,亦可能乘我麻痹之际,突然袭击,我军必须高度警惕,不准丝毫松懈。望转饬所属加紧战备工作,准备掌握情况,对进犯之敌,在充分准备下予以沉重打击。须知惟有经过坚决激烈的斗争,才能换得和平。也惟有持久作战的充分准备,才能获得较速的胜利。”

同日,志愿军政治部发出了《关于和谈中部队应准备作战的动员指示》,要求各级党委应十分重视并严肃郑重地对待和谈工作;各级领导同志对和谈应有正确的认识,要对部队进行教育和解释。《指示》列举了美国在朝鲜战争中不讲信义、玩弄花样的种种表现后,特别指出,敌人虽是困难重重,进退维谷,但从美国侵略当局曾数次玩弄的花样看,足见其是从来不讲信义的。因此,“我们绝不能对敌有任何幻想,绝不能因进行谈判而松懈斗志,或产生依靠谈判解决朝鲜问题的侥幸心理。如果敌人真的愿意在三八线停火,退出朝鲜,朝鲜事情由朝鲜人民自己解决,当然很好,可是敌人是帝国主义侵略成性,虽然力不从心,也还是不愿自动退出的,只有我们加紧作战准备,能再打几个激烈战斗,消灭美军几个师,也许敌会知难而退。所以我们必须明确持久作战的方针,给敌人更大的损失和更严重的教训,从而力

① 《建国以来毛泽东军事文稿》,上卷,510页,北京,军事科学出版社、中央文献出版社,2010。

争和平解决”。

为紧密配合部队所进行的和谈教育,《志愿军报》和各部队所办的一些刊物,有针对性地刊登了一系列宣传教育材料。

7月9日,毛泽东在审阅中央军委总政治部关于纪念中国人民解放军建军24周年的指示稿时,特别加写一段话:“我前方部队,必须鼓励士气,继续英勇作战,千万不可有丝毫的松懈,不要作此次可以和下来的打算,而应作此次和不下来、还须继续打、还须给敌人以大量的消耗和歼灭,然后才能和下来的打算。只有我们作了此种打算,才于争取最后胜利有益处,否则是没有益处的。”①

经过宣传教育,志愿军部队对停战谈判普遍有了正确认识,树立了长期作战的思想。志愿军总部并为配合谈判,争取以三八线为界停战撤军,着手进行了第六次战役准备。

停战谈判开始

从1951年6月上旬开始,在中国、朝鲜、苏联三国政府协商谈判问题的过程中,朝中方面即从谈判方针、谈判人选及会场安排等各方面进行准备工作。

6月13日,当高岗和金日成在苏联与斯大林讨论朝鲜停战谈判问题时,毛泽东致电高岗和金日成,要求就如下问题征求斯大林的意见:“停战条件:恢复三八线边界;从北朝鲜和南朝鲜划出一条不宽的地带作为中立区。绝不允许中立区只从北朝鲜领土中划出的情况发生。”毛泽东分析认为,因为联合国事实上已成了美国的侵略工具,因此我们可以不把中国进入联合国问题作为条件提出,在台湾问题上也可以不作为条件提出,“为了和平事业,我们首先解决朝鲜问题”。对此斯大林均表示同意。7月初,毛泽东与金日成经过电报协商并征求了斯大林的意见,认为这次停战谈判应该包括:建议双方同时发布停火命令;以三八线南北各10公里划为非军事区;双方停止从外部向朝鲜调运装备及调动或补充人员;双方应分批全部交换战俘;在朝鲜所有交战的外国军队应分批全部撤离南北朝鲜;南北朝鲜难民

① 《建国以来毛泽东军事文稿》,上卷,530页,北京,军事科学出版社、中央文献出版社,2010。

在规定的时间内返回从前居住的地区等 6 个方面的问题。彭德怀说，对于停战谈判“我们的条件也不苛刻，以三八线为界，公平合理，也对得起杜鲁门了”[1]。在停战谈判中，朝中方面的基本方针和原则是，坚持以三八线为界实行停火、撤军。

6 月底和 7 月初，毛泽东与金日成、彭德怀通过电商，就谈判人选及谈判的组织领导问题达成一致意见。中国方面选派李克农和乔冠华组成一个工作班子。李克农时任中国外交部第一副部长兼中央军委情报部部长，具有丰富的谈判斗争经验；乔冠华当时任中国外交部政策委员会副主任兼国际新闻局局长，对国际问题颇有研究。李克农、乔冠华受命后，先后在北京及平壤接受了毛泽东、周恩来和金日成的指示，携工作班子于 7 月 7 日到达开城。根据中朝两党中央协议，朝中方面谈判代表团的工作由李克农主持，乔冠华协助。停战谈判朝中代表团首席代表为朝鲜人民军总参谋长南日大将，代表为志愿军副司令员邓华、志愿军参谋长解方、人民军总司令部侦察局局长李相朝、人民军第 1 军团参谋长张平山。同时，指派人民军总司令部动员局局长张春山少将以上校名义为首席联络官，并指派志愿军柴成文和人民军金一波分别以中校名义为联络官。

为有力地进行谈判斗争，朝中方面建立了三线班子。第一线班子，是朝中方面谈判代表团，在谈判桌上与“联合国军”代表团进行面对面的唇枪舌剑；第二线班子，是停战谈判的前方指挥部，由李克农直接与毛泽东和金日成、彭德怀联系，报告谈判情况，获得有关指示，并根据这些指示制定代表团在谈判桌上的谈判方案；第三线班子，是最高决策层，由毛泽东、周恩来与金日成协商，并征求斯大林、彭德怀的意见，确定谈判的总体方案、方针和原则，根据谈判具体进展情况及时发出指示。最高决策层的工作，毛泽东基本是委托周恩来进行具体操作的，特别是有关谈判问题以毛泽东名义发给金日成、斯大林征求意见的电报，及发给李克农的指示，基本上是由周恩来起草或由周恩来主持起草的。

为确保开城谈判区的安全，彭德怀根据毛泽东关于准备和谈会议的指示，于 7 月 4 日派志愿军参谋长解方到开城进行了专门布置。以志愿军第 47 军第 139 师和人民军第 1 军团第 8 师担任开城地区的警戒任务。

美国方面，杜鲁门总统训令李奇微：“在谈判立场上要极其谨慎小心”，并告诫他，“停战协议应限于朝鲜问题，而且严格地只限于其中的军事问

① 参见杜平：《在志愿军总部》，268 页，北京，解放军出版社，1989。

题,不应该涉及任何政治或领土问题"[①]。同时,由美国国务院和国防部有关人员组成的文件起草小组,负责起草关于谈判的目的、内容和做法的指示,经参谋长联席会议、马歇尔、艾奇逊讨论修改,并征求了李奇微的意见后,由杜鲁门签发。有关这些情况通过美国驻南朝鲜大使约翰·穆乔通知了南朝鲜李承晚。据当时美方首席代表特纳·乔埃后来的回忆,此时美国在朝鲜停战谈判中所持的基本立场和追求的目标是:

"停战是军事问题,需要一种军事的解决,与一般的和平条约不同。军事的现实情况,使作战双方寻求停止冲突的方案,而停战协议的条款必须反映出军事的现实情况。任何分开两敌对部队的非武装区,自需以双方的阵地为基础。除此之外,别无恰当的地点,如欲以人为的纬度线为依据,则更不能自圆其说了。我们并且要获得保证,一旦签订了停战协定之后,冲突就不再发生。"

"……我们要求获得保证,停战条款必须一一实现。这就须要组织一个军事视察团,在联合停战委员会之下工作,它可以到韩境任何一地方视察。"

"因为停战只是停止冲突而已,在停战时期也像在作战时期一样,我们首要的顾虑,是我们的部队的安全问题。我们自应有防御阵地以策安全。当然同时愿意敌人也有他们的防御阵地。"

"最后,我们希望战俘问题能得最好的解决。"[②]

李奇微依据美国所持的基本立场,通过临时组成的"智囊团"着手拟制谈判的计划和安排谈判的班子。6 月 30 日下午,李奇微指定美国远东海军司令特纳·乔埃中将,为联合国军停战谈判的首席代表。乔埃接受担任首席代表后,即遴选另外 4 位代表。乔埃推荐他的副参谋长奥尔林·勃克少将为谈判代表;另外,美国远东空军司令推荐他的副司令劳伦斯·克雷奇少将,美第 8 集团军范佛里特推荐他的副参谋长亨利·霍治少将和南朝鲜第 1 军团军团长白善烨少将为代表。这些人选均经李奇微批准。同时,确定了美国空军上校安德鲁·肯尼,美国陆军上校詹姆斯·穆莱,南朝鲜军中校李树荣担任联络军官。

7 月 8 日上午 9 时,为安排正式谈判的筹备会议在开城召开,双方联络

① [美]哈里·杜鲁门:《杜鲁门回忆录》,中文 1 版,第 2 卷,547 ~ 548 页,北京,生活·读书·新知三联书店,1974。

② [美]特纳·乔埃:《停战谈判第一年》,刊载于美国《柯利亚斯周刊》,1952 年 8 月 16、23、30 日。

官如期参加。会议气氛严肃平静,双方采取了合作的态度。筹备会议明确了会谈地址的安全维护问题,双方相互交换了参加正式谈判的代表名单。美方还提出了通信安全、中立走廊等事项,但朝中方面对美方提出的划开城为"中立区"、开城至双方代表团驻地的通道上划一"中立走廊"的建议没有表态,对方亦未再提。会议确定:双方的正式谈判于7月10日上午10时在开城举行。

1951年7月10日上午,停战谈判第一次会议在中朝军队控制区内的开城来凤庄举行。开城是朝鲜高丽王朝的古都,位于三八线南侧,靠近西海岸。来凤庄是开城近郊一所具有东方建筑风格的古朴典雅的庭院,朝鲜停战谈判就始于这个庭院正厅内。

7月10日这天是入夏以来少有的好天气,朝中方面在砂川河畔的板门店设立了接引联络站,城内打扫了卫生,会场布置得庄重严肃。9时12分,"联合国军"代表团分乘的汽车和直升机均到达开城,进行短暂的休息之后,10时,双方代表和随行人员步入会场,隔着东西向摆放的长条桌南北坐定,并由双方代表交换进行谈判的公文。南面是"联合国军"代表团,乔埃居中,其右手是白善烨、霍治,左手是克雷奇、勃克;北面是朝中代表团,南日居中,其右手是邓华、解方,左手是李相朝、张平山。双方大体相当的参谋、翻译和记录人员分别坐在各自代表的后面。

彭德怀曾经指出:"朝鲜停战谈判是一次史无前例的停战谈判。它既不是帝国主义者征服了别的国家、强迫别国接受投降条件的停战谈判,也不是帝国主义国家间争夺火并、相持不决,只好以妥协瓜分殖民地谋得短暂和平的停战谈判,而是一个妄图独霸世界的帝国主义者,在侵略战争中遭受到年轻的新兴的人民民主国家的反抗并遏制之后,不得不罢手而勉强接受的停战谈判。很显然,帝国主义者对于这样的谈判是不会甘心情愿地接受的,他无时无刻不在力图翻案。"①正是因为如此,所以停战谈判一开始就举步维艰。

关于议程问题的谈判

1951年7月10日,停战谈判一开始,"联合国军"代表团首席代表乔埃就抢先发言,按照美国当局的意图,为会议确定调子。声明在停战条件未获

① 《彭德怀军事文选》,447页,北京,中央文献出版社,1988。

双方同意以前,除双方同意的中立区外,敌对行动是仍会继续的,“讨论以及今后的讨论都应该限于朝鲜的军事问题”。“不讨论任何政治或经济问题,不讨论与朝鲜无关的军事问题”①。

乔埃发言后,朝中代表团首席代表南日紧接着发言,旗帜鲜明地阐述了朝中方面的原则立场。在会议开始之前,金日成与李克农研究确定了南日和邓华在第一次谈判会议上的发言内容,并征得了毛泽东的同意。南日按朝中方面事先确定的内容,在发言中声明,朝鲜战争应该迅速结束,为解决停火而必须讨论双方军队撤离三八线及撤退外国军队问题。然后,提出了三项原则建议:

第一,在互相协议的基础上,双方同时下令停止一切敌对军事行动,陆军停止对对方的进攻、袭击与侦察;海军停止对对方的轰击封锁与侦察;双方空军停止对对方的轰炸与侦察。显然,双方停火,不但可以减少生命财产的损失,而且是扑灭朝鲜境内战火的第一步。

第二,确立三八线为军事分界线,双方武装部队应同时撤离三八线 10 公里,并于一定时限内完成之。以双方撤离的地区为非军事地带,双方皆不驻扎武装部队或进行任何军事行动。这里的民政,恢复 1950 年 6 月 25 日以前的原状。与此同时,立即进行关于交换俘虏的商谈,使各国俘虏早日还乡与家人团聚。

第三,应在尽可能短的时间内撤退一切外国军队。外国军队撤退了,朝鲜战争的停止与朝鲜问题的和平解决,便有了基本的保障。

南日发言后,志愿军代表邓华接着发言,表示完全支持南日的发言。他说,“在朝鲜作战双方停火,确定三八线为双方军事分界线,及撤退一切外国军队,是符合朝鲜人民、中国人民以及全世界人民的愿望和要求的。我们认为朝鲜人民军的代表所提出的三项建议,是停止朝鲜战争及和平解决朝鲜问题的前提与基础。中国人民志愿军衷心支持这些建议,并认为应把它们作为谈判出发点。”

听完朝中方面的发言后,“联合国军”代表团首席代表乔埃说朝中方面的建议含有政治问题,超出了这次谈判讨论的范围,但在南日追问时,他未予明确说明。接着,以书面形式向朝中代表团出示了他们事先准备好的包括有 9 项内容的议程草案,要求通过。美方草案的内容是:

---

① 1951 年 7 月 10 日谈判会议记录,见《朝鲜停战谈判会议记录》,第一项议程。

1. 通过议程。

2. 俘虏营的地点与红十字国际委员会代表访问俘虏营的权力。

3. 在本次与所有以后各次会议中的讨论，限于纯粹军事并与朝鲜有关的问题。

4. 在足以保证在朝鲜不再发生敌对军事行动的条件下，停止在朝鲜的敌对军事行动。

5. 对横贯朝鲜的非军事区达成协议。

6. 军事停战委员会的组成，权力与职司。

7. 原则上达成协议由军事停战委员会管辖下的军事视察小组，在朝鲜境内视察。

8. 上述视察小组的职司。

9. 关于俘虏的安排。

美方这份包括9项内容的议程草案，其前3条有的毫无实质性内容，有的与此次谈判毫无关系。后6条虽是这次谈判要讨论的问题，但也是主次不分，次序混乱，并已包含在朝中方面的3项原则建议中。但美方既未提三八线问题，也未提撤军问题。朝中代表团研究后，针对美方方案并在南日所提3项建议的基础上，提出了包括5条内容的议程方案，即：

1. 通过议程；

2. 作为在朝鲜停止敌对行动的基本条件，以三八线为双方军事分界线并建立非军事区问题；

3. 从朝鲜境内撤出一切外国军队问题；

4. 在朝鲜境内停火与休战的具体安排问题；

5. 关于停战后战争俘虏的安排问题。

李克农将这5条议程方案的内容于当天中午电告毛泽东、金日成和彭德怀。朝中代表团于当日下午的谈判会上指出美方方案的混乱和主次不分后，提出了上述5条议程方案。

南日在发言中指出：相对于美方的9项内容来说，我方议案则是正确的，符合逻辑的。因为，第一项是讨论问题的前提和基础；第二项所提以三八线为军事分界线是解决停火问题的最主要问题；第三项关于外国军队撤出朝鲜问题是实现停火的重要保证。解决这些原则后，要提出具体的停火停战的办法,最后再讨论停战后俘虏的处理问题。这样,就将一切重大问题都包括在内了。相反,如若主次颠倒,或回避要害问题,谈判就会一事无成。

在随后关于议程问题的讨论中,美方代表团对他们自己所提的9条方案作了辩解,并同意讨论朝中方面方案中的第1、第4、第5点。根据美国当局不讨论三八线的问题,也不讨论撤退外国军队的问题的既定方针,美方代表团以在议程问题上只提出一般性的问题,而不讨论具体的分界线和撤退外国军队问题属政治问题为借口,坚决拒绝将撤出外国军队问题列入议程和在议程中出现"三八线"的字样。而且还借机制造了一个"记者问题",对谈判横生枝节。

7月11日下午,乔埃建议把代表团的服务人员增加到120人,其中包括20名记者。此事朝中方面没有这个安排,遂礼貌地拒绝了。12日上午,美方代表团单方面允许其20名新闻记者,随代表团车队来开城对会议进行采访。因双方对此没有协议,朝中方面派驻板门店的联络人员不同意这些新闻记者通过。因此"联合国军"代表团竟拒绝到会,而全部返回,以对朝中方面表示"抗议",致使刚刚开始两天的停战谈判会议片面中断。13日,李奇微致函金日成、彭德怀,说"自从会议开始以来……双方的待遇是不平等的",并要求建立中立区,否则,他建议把会址移到更合适的地点。①

毛泽东认为,"记者问题"只是美方的一个借口,而企图拖延时间,制造舆论和摸清我们的计划。李奇微的来函,以提出中立区问题掩盖其在"记者问题"上的动作不成功。其目的都是有意制造麻烦,为谈判设置障碍。

为排除干扰,清除这些障碍,将主动权掌握在手,在美方片面停会的当天,毛泽东即指示李克农并告金日成、彭德怀,指出:如恢复谈判时美方再提记者问题,我们可以同意,在议程问题取得协议后,双方可以派同等数量的记者到开城。

在李奇微13日提出建立中立区的要求后,14日,毛泽东又指示李克农并告金日成、彭德怀:决定同意建立中立区的建议,也可同意把记者作为代表团工作人员,并请考虑在哪里设中立区,如何保证安全等。同时发去经过毛泽东、周恩来修改的以金日成、彭德怀名义答复李奇微的通知函。13日和14日,毛泽东致电斯大林,通报了停战谈判开始两天来的情况和朝中方面的上述原则立场。

7月14日,金日成、彭德怀复函李奇微,指出:"为了扫除在一些枝节问

① 参见《朝鲜停战谈判问题》,46页,北京,世界知识出版社,1951。

题上的误会和争论，使和平谈判工作得以顺利进行起见，我们同意你所提的将开城地区划为在会议进行期间的中立区，在此区域内双方停止任何敌对行动，以及武装人员完全摒除于会址区域及你我代表团通往会址区域的通道之外的建议。至于这个会址区的大小及其他有关具体问题，我们建议交给双方代表团在一次会议上去解决。关于引起这次停会原因的新闻记者问题是和划中立区无关的。……是一个小问题，值不得为这个小问题引起停会，更加值不得为这个问题引起会议的破裂。……我们坚持一切问题必须由双方协议才能执行的原则，我们认为这个原则是公平的，无可辩驳的。新闻记者既然没有达成协议，就不应当由贵方一方片面地强制执行。为了不因这件小事而使会议陷于长期停顿或破裂起见，我们现在同意你的建议，即将贵方新闻记者二十人作为你的代表团工作人员的一部分。"

这样，扫除了美方蓄意设置的障碍。7月15日，中断了3天的停战谈判会议继续进行议程问题的讨论。根据双方司令官之间的函商，双方代表首先就"设立中立区"问题取得原则协议：双方代表同意在以开城市为中心5英里半径内建立中立区，这个地区在会议期间将是中立的。在这个地区只允许有必需的携带轻武器的维持治安部队。此外，以会议室为中心的会议区域内（半径半英里以内的地方），不允许有武装警卫，只留少数非武装人员担任警察职务。另规定，其细节问题交由双方联络官解决。

在随后继续议程问题的讨论中，南日再次指出美方议程方案的主次不分和逻辑混乱，并进一步阐述了朝中方面坚持将以三八线为军事分界线和从朝鲜撤退外国军队问题列入议程的道理。指出："朝鲜战争的爆发及其所以不能停止，是因为交战的一方破坏了举世公认的军事分界线——三八线。因此，为实现朝鲜的停战，就必须确定三八线为双方的军事分界线，并以此为停战的基本条件。只有在这个问题上达成协议，朝鲜战争的停战才有可能，非军事地区的建立也就变成一个随之而来的容易解决的技术性的问题。"同时，朝鲜战争之所以不能停止的另一个更根本的原因，"就是外国军队卷入了朝鲜的战争，使朝鲜人民不能自己解决自己的问题。因此，为停止朝鲜战争与重建朝鲜的和平，就必须要求一切外国军队撤出朝鲜。……根据这些理由，我们把这两个问题作为朝鲜停战谈判头等重要的问题，把它们列入我们议程的第二项和第三项，这是完全合乎逻辑的程序"。[①]

美方代表乔埃对他们的议程方案稍作辩解，即同意作修改，将他们议程

① 《朝鲜停战谈判会议记录》，第一项议程，附件七。

方案的 9 项内容改为 4 项。但仍反对将以三八线为军事分界线和撤退外国军队列入议程。美方修改后的议程方案是：

1. 通过议程。

2. 建立一非军事区，作为停止朝鲜敌对行动的基本条件。

3. 在朝鲜实现停火和停战的具体措施，以保证朝鲜敌对行为和武装行动不再发生，而待最后和平的解决。

a. 军事停战委员会，包括其组成、权力和作用。

b. 军事观察小组，包括其组成、权力和作用。

4. 关于俘虏的布置。

在朝中方面已掌握主动的情况下，7 月 15 日，毛泽东致电李克农并告金日成、彭德怀，指出：我方已掌握了主动，再经几次试探和争论后，可以提出我方新的 5 项议程草案（主要变化是不出现三八线字样），但必须在对方同意将一切外国军队撤出朝鲜问题列入议程的基础上，我方才能同意对其他议程再加斟酌。①

朝中代表团根据这一指示，针对美方修改后的 4 项议程，联系几天来美方在谈判中的态度，从 16 日开始，将发言重点放在了撤退外国军队问题上。7 月 17 日下午，双方代表团大会第五次会议，朝中代表团在系统驳斥美方拒谈撤军问题后，提出了新的 5 项议程方案，即同意在议程中只提原则的分界线，而不具体提三八线，待进行军事分界线实质性讨论时再提出三八线问题。但美方代表团在撤退外国军队问题上仍不作退让。

李克农将谈判情况电告毛泽东，并认为以三八线为界、从朝鲜撤退外国军队的原则必须坚持，撤退外国军队问题虽是军事问题，但也牵涉政治太广，为不致在这个问题上纠缠和僵持，甚至破裂，可否将其留待停战后的另一个会议去解决。17 日 22 时，毛泽东复电李克农并告金日成、彭德怀，指出：

新的议程既已提出，并又声明系正式的之后，你们即应采坚持的方针和

① 在朝鲜停战谈判中，以毛泽东名义发给李克农并告金日成、彭德怀的电报，绝大部分是由周恩来起草或由周恩来主持起草的。此电报由周恩来起草。参见《周恩来年谱（1949～1976）》，上卷，159 页，北京，中央文献出版社，1997。

态度,尤其对一切外国军队撤出朝鲜问题应再三说明。这是保证在朝鲜不再发生敌对行为的必要条件,我们提此条是有充分理由的(各国派兵到朝鲜是来作战的,不是来旅行的,为什么停战会议有权讨论停战,却无权讨论撤兵呢?显然这种理由是不能成立的。因此,我方坚持会议既然有权讨论停战,也就有权讨论撤兵),使敌人意识到我们是在坚持这项条件的。这几天来,我们在中立区及新闻记者问题上,在议程中的军事分界线……问题上,都已做了让步,有可能使他们发生错觉,以为在他们继续拒绝讨论的情况下,我们仍会继续让步。因此,你们必须在撤退外国军队问题上,不要顾虑对方拒绝讨论,要继续驳斥对方拒绝讨论之非,而且不要去争论这是军事问题或是政治问题,而应着重说明这是保证停战的必要条件,以免掉入敌人故设的逻辑陷阱。必须在争论两三天(他们不发言,我们可反复说明我们的道理)后,敌人对撤兵问题有某种让步表示,如答应在停战后即举行会议讨论撤兵问题之类,我们才可考虑在议程题目上改变写法。如果敌人不表示这种让步,我们仍应继续坚持。我们不提议休会,不表示破裂,但也不怕他们破裂。①

据此,在随后的谈判中,朝中代表团反复阐述撤退外国军队是防止战争复发的必要条件的道理。指出:"外国军队在朝鲜的出现,是我们朝鲜战争和使朝鲜战争延续的根源。只有消除这个根源,战争不在朝鲜复发才能确保。"针对美方一再拒绝的态度,南日指出:"你们拒绝讨论和解决从朝鲜撤退一切外国军队的问题,不过徒然表明你们还没有真正结束朝鲜战争的和平诚意罢了。因为战争不是旅行,军队不是游客,火既停了,战也休了,而军队仍然留驻不走,其目的显然不是要他们去观览朝鲜的山光水色。"南日强调,"把朝鲜战争停下来,让一切外国军队回家去,不仅是朝中人民的要求,世界人民的要求,而且也是朝鲜战地官兵的要求。"②

然而,尽管如此,美方在这个问题上仍无让步的表示。会内,乔埃蛮不讲理。会外,美国国务卿艾奇逊和国防部长马歇尔先后发表声明,表示拒绝从朝鲜撤退外国军队。李奇微指示:在谈判中应以"简短、生硬、有力的语言回答,只要乔埃说得出,就尽管粗鲁"③。关于议程问题的谈判陷入

---

① 《周恩来军事文选》,第4卷,200~201页,北京,人民出版社,1997。

② 《朝鲜停战谈判会议记录》,第一项议程。

③ [美]沃尔特·G.赫姆斯:《朝鲜战争中的美国陆军——停战谈判的帐篷和战斗前线》,31页,北京,国防大学出版社,1988。

僵局。

7 月 20 日,李克农将谈判情况电告毛泽东、金日成和彭德怀,并认为:从美方代表在前几次会议上的发言和艾奇逊声明看,美方在从朝鲜撤出外国军队问题上作出让步的可能性不大。21 日上午,朝中代表团提出休会 3 天,要求对方再作考虑。

对李克农电报中所提的问题,毛泽东和周恩来也进行了分析,认为,从凯南与马立克的会谈,及停战谈判中美方的态度和整个远东局势看,“敌人只打算在朝鲜就地停战,避免在战争中继续损伤和拖延不决,至于其他一切问题包括从朝鲜撤出问题在内,敌人是打算继续目前紧张状况”。就是战争再打几个月,将敌人全部打到三八线以南,那时再谈,敌人仍可能拒绝从朝鲜撤出外国军队,如果谈判再破裂,战争的结束就更要长期拖延了。本来在议程问题谈判一开始,金日成就告诉李克农,核心问题是解决以三八线为界停战的问题,这个问题解决了,撤退外国军队问题可以留待朝鲜停战后去解决。毛泽东也有这个考虑。这样,“与其将来为撤兵问题而进行难以得到结果的长期战,不如不以撤兵为停战谈判必须立即解决的条件,而照马立克同志所说以从三八线撤兵停战为和平解决朝鲜问题的第一步,将从朝鲜撤兵问题保留到停战后去讨论”。于 20 日当天,由周恩来起草以毛泽东名义致电斯大林,将上述考虑征求斯大林的意见。在斯大林表示赞成后,周恩来又起草毛泽东致金日成的电报,并取得金日成的同意。①

7 月 23 日,毛泽东指示李克农并告金日成、彭德怀,指出:“经过八次会议的争论,证明敌人只打算就地停战,绝对不愿讨论撤兵问题,将停战后的下一步行动束缚起来。在谈判过程中,我们已很好地利用了撤兵问题,一方面表明了我们爱好和平,另一方面又揭露了敌人是不愿意促进和平事业的。现在我们可以确定:此次停战谈判,仍应以争取从三八线上撤兵停战为中心,来实现和平解决朝鲜问题的第一步,至于从朝鲜撤退外国军队问题,可以同意留待停战后的另一个会议去解决而不将其列入此次会议的议程之内。关于此点,已取得金首相的同意。”并指示,由代表团在 25 日会议上发表声明,说明撤退一切外国军队与停战不能分开的道理,可是经过八次会议的协商,都得不到对方对这一问题的重视和同意,实在是万分遗憾。现在我方为求得早日达成停战协议,愿同意不将讨论撤退外国军队问题列入此次

① 参见《周恩来年谱(1949~1976)》,上卷,161 页,北京,中央文献出版社,1997。

会议的议程之内,但我们提议在已协议的四项议程外,加入第五项"其他有关停战问题"。请李克农拟好声明,电告北京。①

根据这一指示,朝中代表团于7月25日的谈判会议上,不再坚持将撤出一切外国军队问题列入议程,同时提出,将"向双方有关各国政府建议事项"作为第5项内容列入议程。这样,美方代表团再无反对的理由。

7月26日,在双方代表团大会第10次会议上,停战谈判议程终于达成协议。其内容包括:

1. 通过议程。

2. 作为在朝鲜停止敌对行为的基本条件,确定双方军事分界线,以建立非军事地区。

3. 在朝鲜境内实现停火与休战的具体安排,包括监察停火休战条款实施机构的组成、权力与职司。

4. 关于俘虏的安排问题。

5. 向双方有关各国政府建议事项。

经过朝中方面的努力,历时半个月,谈判才达成关于议程问题的协议,可见与企图称霸全世界的帝国主义者谈判的艰难。然而,双方在谈判桌上的较量还仅仅是序幕,实质性问题的谈判尚未开始。

停战谈判开始前后的作战

(参见附图11)

第五次战役结束后,6月中旬,战争双方在三八线南北地区均转入战略防御,地面战场相对平静。"联合国军"地面部队共17个师又4个旅和1个团,在西起临津江口经高浪浦里、涟川、铁原、金化、山阳里、杨口、城隍谷、冷泉里至东海岸明波里一线展开布防,其部署是:

美第1军指挥南朝鲜第1师、英第28、第29旅,美骑兵第1师、南朝鲜第9师、美第3、第25师,展开于临津江口至金化一线地区;土耳其旅位于议政府北杨州地域,加拿大第25旅位文岩里地域,为该军预备队(7月28日,英第28、第29旅、加拿大第25旅、澳大利亚营、新西兰营合编为英联邦

① 参见《周恩来军事文选》,第4卷,204~205页,北京,人民出版社,1997。

第1师)。

美第9军指挥南朝鲜第2师、美第7师、南朝鲜第6师,展开于金化至北汉江西岸之舞龙里一线地区;美第24师位华川地域,为该军预备队。

美第10军指挥南朝鲜第7师、美陆战第1师、南朝鲜第5师,展开于北汉江东岸舞龙里至城隍谷一线地区,美第2师位洪川东北孔雀山、鹰峰山地域,南朝鲜第8师位县里、沙坪里、松溪洞地域,为该军预备队。

南朝鲜第1军团指挥首都师、第11师展开于城隍谷至东海岸明波里一线地区;南朝鲜第3师位榆岘、加入里、泥桥地域,为该军团预备队。

美第8集团军预备队:美空降第187团位洪川地域。

此时,志愿军在朝鲜有14个军,另人民军7个军团。在正面西起土城里经松岳山、五里亭、平康、鸡雄山、登大里、栗城洞、大岩山(大愚山)、沙泉里至东海岸高城,东西绵延250公里地区构筑了主要防御地带。第一线志愿军8个军、人民军4个军团,部署是:

人民军第1军团展开于海州、长湍一线。

志愿军第19兵团指挥第64、第47军展开于礼成江东岸土城里、东经松岳山、高作洞到五里亭一线地区;第63、第65军位新溪东西地域,为该兵团预备队。

志愿军司令部直接指挥的第42军展开于铁原以北中於城至平康以南院里一线地区。

志愿军第9兵团第26、第20军展开于院里、鸡雄山至北汉江西岸登大里一线地区;第27军位昌道里地域,为该兵团预备队。

人民军第5、第2、第3军团展开于北汉江东岸栗城洞、阳地村至东海岸高城以南一线地区。

另志愿军第38军,人民军第4、第6军团展开于西海岸龙岩浦至海州,人民军第7军团展开于东海岸元山、咸兴地区担任海防。志愿军第39、第40军及第3兵团第12、第15、第60军分别置于成川、祥原、谷山地域休整。为加强战场力量,第20兵团率第67、第68军于6月上旬开始入朝作为战场机动力量;第50军于7月上旬入朝,担任西海岸防御任务。

此时,"联合国军"的战场行动方针是:在谈判期间,不实施大规模的进攻行动,为防止部队松懈和保持战斗上的优势,而力求通过强有力的巡逻和局部进攻来保持主动,以消耗志愿军和人民军的力量,破坏志愿军和人民军可能的进攻准备,同时,视谈判进展情况,随时准备恢复全面攻势,"联合国军"地面部队总指挥官范佛里特,于6月初制定了所谓"压服计划",企图将战线推进到平壤、元山一线。①

志愿军贯彻持久作战、积极防御的方针，保持高度戒备，随时准备粉碎“联合国军”的任何进攻，并为配合谈判积极进行军事准备，根据需要发起反击战役。

停战谈判开始前后，虽然战场比较平静，但双方为侦察了解对方情况，改善局部防御态势，保持主动等，也都进行了一些小规模的战斗，有的争夺还较激烈。

从 1951 年 6 月中旬开始，“联合国军”为改善局部地区的防御态势，即在战线中、东部地区，向志愿军和人民军防守的一些战术要点发动攻击，主要是争夺志愿军第 26 军防守的鸡雄山阵地和人民军第 2 军团防守的大愚山阵地。

志愿军第 26 军 1 个团防守的鸡雄山阵地，位于金化以北、五圣山以南，是该军五圣山防御主阵地以南的重要屏障，也是控制金化及东南公路之制高点，威胁金化之敌。金化守敌为南朝鲜第 9 师，“联合国军”为改变该地的防御态势，自 6 月 16 日起，便以飞机、炮火轰击该山，并以小部队进行试探性攻击。从 24 日至 29 日，南朝鲜第 9 师每日以 2 个营至 1 个团的兵力，连续向志愿军鸡雄山阵地发动攻击。志愿军第 26 军 1 个团顽强抗击，与其展开激烈争夺，阵地多次易手，第 26 军该团毙伤敌 2300 余人，因鸡雄山两侧公路已为敌占，鸡雄山突出，不宜与敌继续争夺，遂奉命撤出鸡雄山，改为据守该山以北阵地。

人民军第 2 军团防守的大愚山阵地，位于华川湖（九万里水库）以东、杨口以北，是华川湖以东的一个制高点，瞰制当面美第 2 师的防御。美第 2 师在华川湖东北地区的阵地是一个圆形的山谷，他们称为“大钵盆地”，对他们防御不利。美第 8 集团军司令官范佛里特，于 6 月 21 日下令夺取“大钵盆地”周围的高地。自 7 月 26 日开始，美第 2 师连续使用团以上兵力，轮番向人民军第 2 军团 1 个师防守的大愚山一线阵地猛攻。人民军顽强抗击，与其激战 4 天，毙伤敌 2217 人后，主动放弃了大愚山阵地。

“联合国军”在向这两个阵地发动攻击的同时，还以小部兵力向志愿军第 26 军防守的金化、平康公路南之别有峰、斗流峰、西方山、王在峰、鸭山阵

---

① 参见[美]马修·李奇微：《朝鲜战争》，189 页，北京，军事科学出版社，1983；[美]沃尔特·G. 赫姆斯：《朝鲜战争中的美国陆军——停战谈判的帐篷和战斗前线》，76、86 页，北京，国防大学出版社，1988。

地和第20军防守的(7月14日以后由第27军接替)金化至北汉江西岸的阵地发动了攻击。志愿军防守该线阵地的各部,顽强抗击敌之攻击,在工事大部被毁的情况下,个别阵地主动撤出。第27军接防后,针对敌多是以班排或连,最多不过2个营的兵力的以攻为守的行动,采取了阵地前触角防御,对支点进行反复争夺,不轻易丢失的指导原则,力求大量杀伤和消耗敌人。自7月中旬至8月底,先后在602.2、734、黑云吐岭、818.9、460.5、后洞里南山等阵地与敌反复争夺,打退了敌人,坚守了阵地。

在此期间,在铁原以北担任防御的志愿军第42军,为配合第26军作战,先后在铁原北、月井里以南及铁原西五里亭进行5次伏击战,歼敌约1个连兵力。

志愿军为改善局部地区的防御态势和保持主动,也进行了一些小规模的作战。其中志愿军第47军第140师,于6月19日接替第65军的防御任务后,两个月时间,在北至安峡,经内外石桥、内朔谷、鱼积山里、南迄高作洞一线,横宽30公里的防线上,进行大小战斗共99次。其中阻击战斗38次,主动出击21次,设伏29次,反击作战11次,共毙伤俘敌2480人,该师仅伤亡881人。其间,志愿军坦克部队第一次参加作战。7月9～11日,坦克第1团配合第47军第140师作战,共发射坦克炮弹140余发,绝大部分命中目标,击毁美军火炮3门,毙伤美军80余人,并在内石桥配合步兵击退美军400余人的3次冲锋,受到步兵的欢迎,坦克部队自身也确立了作战的信心。

7至8月份,西线志愿军第64军以4个团与敌保持接触,在开城以南和高浪浦、白鹤山的防御战斗,以及在砂尾川、麻田与美骑兵第1师一部拉锯战中,都先后取得了胜利。

第26军撤守鸡雄山北阵地后,乘美第25师新接防不熟悉情况,则以小部队机动防御,结合伏击、袭击等袭扰和打击敌人。

由于停战谈判开始,双方作战均较谨慎,多属于小部队的前哨战斗,因此,战线无大的变化。至8月中旬,双方仍对峙在西起临津江口、向东经高浪浦里、涟川、铁原、金化、登大里、艾幕洞、月山里、沙泉里至东海岸一线。

第三十六章

在军事分界线问题上的谈判斗争和谈判中断

（参见附图 12）

谈判双方关于军事分界线问题的不同立场

在 1951 年 7 月 26 日谈判双方达成关于议程问题协议的同一天，双方即按议程协议进入了关于军事分界线问题的实质性讨论。

由于军事分界线在军事停战中所处的基础性地位，因此，谈判双方自筹划谈判开始，即确定了所要争得的目标和原则。

朝中方面，在 6 月初，毛泽东同金日成在北京商谈可能到来的停战谈判的方针和方案时，就考虑把恢复三八线边界作为停战的基本条件之一。基本的原则是争取实现以三八线为界，停战撤军。6 月 13 日，毛泽东给在莫斯科的高岗和金日成的电报中，又就此问题作出了进一步的明确。6 月 23 日，马立克在联合国提出和平解决朝鲜问题的建议，也是"交战双方应该谈判停火与休战，双方把军队撤离三八线"。朝中代表团在谈判桌上，就是本着这一基本原则进行谈判。同时，金日成和毛泽东也考虑到，最终的结果可能就是现地停战。①

7 月 25 日，毛泽东致电李克农并告金日成、彭德怀，指出："明日会议如

① 参见《周恩来军事文选》，第 4 卷，249 ~ 250 页，北京，人民出版社，1997。

在议程上已达成完全协议，而进入实质问题的讨论时，你们对于双方军事分界线问题应坚持以三八线为界，南北各划若干公里，建立非军事地区的立场不变。”①

据此，当谈判会议转入第二项议程——“作为在朝鲜停止敌对行为的基本条件，确定双方军事分界线，以建立非军事地区”问题，朝中方面首席代表南日，就阐述了朝中方面主张以三八线为双方军事分界线的这一基本原则立场。

7 月 26 日下午，南日在发言中指出：

我们坚决主张以三八线为双方军事分界线，并各从三八线后撤 10 公里，作为非军事区。我们这样主张的理由，是举世皆知的：

一、以三八线作为双方的军事分界线，是符合于举世公认的历史事实的。……事实上是这次停战谈判的基础。

二、战争的爆发，就是因为交战的一方，首先破坏了三八线的分界线。而其后战争之所以不能停止，又是因为交战一方，不顾朝中人民反对，再次破坏了三八线。要表明双方的停战诚意，并把我们的停战放在公平合理的基础上，也就必须确定三八线为双方军事分界线。

三、……在停战达成协议并付诸实施以前，根本就不存在稳定的战线。……而三八线，却是符合于目前战争形势惟一公平合理的双方军事分界线。因为双方在三八线南北，都占有地区，双方撤离三八线，是惟一切实可行的调整方案。既然确定了三八线为双方的军事分界线，建立非军事区的问题就可迎刃而解。②

南日代表朝中方面的发言有理有据。解决朝鲜停战问题，三八线是举世公认、公平合理、实际可行的分界线。

毛泽东、周恩来和金日成均认为，军事分界线问题，是这次谈判要解决的核心问题。根据美方在关于议程问题的谈判中横生枝节，有意拖延的表现，估计到关于军事分界线问题的谈判会更加艰难。正像预料的那样，如果说在议程问题的谈判中，美方还只是横生枝节，有意拖延，那么，在军事分界线问题的谈判中，美方代表团则是蛮不讲理，几乎不是在谈判，而是在炫耀

① 《周恩来年谱（1949～1976）》，上卷，163 页，北京，中央文献出版社，1997。
② 《朝鲜停战谈判会议记录》，第二项议程，附件一。

武力。

停战谈判开始前后,美方在军事分界线问题上的立场判若两样。

停战谈判开始之前,无论在其内部制定的48/5号文件,还是艾奇逊、马歇尔、布莱德雷等美国政要的公开表示,都是主张在三八线上停火。5月底6月初,凯南同马立克会谈时,也是这样表示。停战谈判所以能开始,正是因为交战双方接受了马立克关于“双方把军队撤离三八线”的倡议。但停战谈判开始后,美方则完全背弃所作过的承诺。不但坚决拒绝朝中方面以三八线为军事分界线的合理建议,而且狂妄地炫耀其海空军的“优势”,并无理要求这种“优势”要在军事分界线的确定上得到“补偿”。

7月27日,乔埃抛出了预有准备的长篇发言,鼓吹以“实际的军事考虑”和“军事效能”为基础的“海空军优势补偿论”,即所谓非军事区域的划定,要以军事实力为基础,美方的海空军强,其“优势”必须在地面上得到补偿的“理论”。为支持这种狂妄荒谬的逻辑,乔埃编织出了三个军种三个战场的论调。他说:有三种有军事意义的地区:

第一,空中区。联合国军司令部保持着整个朝鲜的空中优势。

第二,海上区。联合国军司令部控制着围绕朝鲜的全部两面海洋。

第三,陆上区。联合国军司令部控制着大概从高浪浦里,向东经三八线以北平康以南高地,直至东海岸杆城以北,以及从高浪浦里向西三八线以南,经板门店、沿汉江北岸直到汉江一线以南的地区。

乔埃说,把海空军的效力与地面部队的效力,联系在一起来考虑,三者对地面非军事区的位置,都有实际的影响。换句话说,地面的非军事区,必须适当地与由海空军力量所刻画出的实际军事区,衬托在一起来考虑。

在此基础上,乔埃得出结论说:“现在已经很清楚,你方屡次提议用来确定非军事区的线,是与目前存在朝鲜的全面军事形势完全无关的,它甚至与目前的地面接触线无关,它完全不能反映空军与海军的效能,它比一条大致通过平壤与元山的分界线与朝鲜的全面军事形势更加无关。换言之,你方将地面部队撤退到一条大致通过平壤与元山线以北时,所放弃的优势将完全比不上联合国军将其空军与海军力量从北朝鲜撤退时,你方可获得的优势。……因此,假如我们要协议一项使我方陆、空、海军均对你方军队停止行动的停战协定的话,我方力主非军事区的位置,必须适当地为所有这些因素所决定,始能称为公允。”①

① 《朝鲜停战谈判会议记录》,第二项议程,附件二。

乔埃提出非军事区的纵深约为20里,应按照容易识别的地面或地形形态加以划定。同时,将事先标定好的,将军事分界线划在中朝军队后方数十公里地区的地图交与朝中代表团,在这张图上,美方标定的军事分界线,深入实际战线朝中军队后方数十公里。按美方在地图上标定的军事分界线,朝中方面需退出1.2万平方公里的地区。(参见附图12)这充分暴露了美方并不打算公平合理解决朝鲜问题的本质。这种军事讹诈,理所当然地遭到了朝中方面的有力驳斥。

朝中方面对美方炫耀海空军"优势"的有力驳斥

鉴于美方这种狂傲无理的态度,7月28日3时,毛泽东致电李克农并告金日成、彭德怀,指出:

一、乔埃发言,狂妄荒谬,完全是战场的叫嚣,并非在谈判停战。你们准备的发言,必须首先质问其有无谋和诚意,是谈判停战,还是在准备扩大战争的根据,然后再痛驳其所谓海空军给予地面作战的影响及地面停战而海空不停战的奇谈。……

二、从乔埃的发言看来,我方在目前必须坚持以三八线为军事分界线的主张,并以坚定不移的态度,驳回其无理要求,才能打破敌人以为我可以一让再让的错觉。对于这一点,可以让它争论下去,也许要僵持几天,敌人才会重新考虑。如果敌人决心在这个问题上破裂,发表出去,他将完全陷于被动。①

据此,朝中代表团对美方的无理要求予以严厉驳斥。28日上午9时零5分,会议一开始,南日在发言中就首先表明:"昨天我很惊讶地听到贵方令人难以置信的意见,并顺便看了你方那张任何人只要有红、蓝、黑三色铅笔就可以划得出的地图上的三条线,其中一条显然就是你方所主张定为军事分界线的线。对于这种随意划出的线条,当时我就已说不足重视,而当我听完了你用以建议这些线条的论点之后,就更觉得它们值不得多加重视了。因为你所说的那些论点是天真而又不合逻辑的。"针对美方的炫耀,南日一

① 《周恩来军事文选》,第4卷,207页,北京,人民出版社,1997。

针见血，指出："你们说：你们的停止海空攻击，所给予我方的利益将超过我方部队退到元山平壤一线所受的损失还要大。我倒要问你，你们的形势既然如此有利，你们为什么不在你们的海空军掩护下，在你们曾经达到过的平壤元山一线站住脚？而却一路退到汉江以南呢？我很诚恳地劝告你，这种幼稚的话，既吓不了人，对于我们的谈判也是没有好处的，以后还是少说为妙。"针对美方的所谓"军事效能"，南日指出："军事力量是各种力量的总和，任何一个兵种所取得的地位，必然是依靠于其他兵种的配合的。……事实上，你方只是依靠了海空军，毫不人道地、违反国际公法地狂轰乱炸，才能勉强地、暂时地维持了你们地面部队的现状，假使没有这种狂轰乱炸的掩护与支持，你们的地面部队早就不知撤到什么地方去了。"南日最后指出：现阶段战场上的形势是处在变动之中，而又大体上脱不出三八线地区的范围。"很显然，任何一个头脑清醒的军事观察家或军事指挥员，都得承认这一强有力的事实。从这个特点，我们不可避免这样一个结论，即在现阶段中三八线近似地反映了你我双方在战场上的态势。因此，即从纯粹的军事观点出发，我们认为以三八线为双方军事分界线是公平合理切实可行的。"①

在当天下午和29日会议的辩论中，南日又指出："我们坐在这里开会不是来夸耀自己的军事力量，叫嚣战争，而是来谈判停止战争，并从而建立和平解决朝鲜问题的桥梁的。本此方针，我们从开会以来就一直在采取心平气和的态度、公平合理的立场来处理一切问题。"并进一步阐明，无论是完全从军事实际出发，还是考虑有利于朝鲜问题的和平解决，三八线都应该作为双方的军事分界线的基本立场，南日指出："在今年7个月中，你我双方的接触线就在三八线的两边摇动过4次，我方进入三八线以南2次，你方推进到三八线以北又是2次，这难道还不够证明今天战场上的战线是十分不稳的吗？""7个月以来的战线是变动不居的。但在变动之中却有一个明确的趋势，即你我双方的进出大体上不离开三八线左右两边……因此，我们认为即便是完全从军事实际出发，三八线也是相对地反映了你我双方在现阶段中军力对比，应该作为我们双方的军事分界线。"②

面对朝中方面的严正驳斥，美方则又提出了支持其荒谬理论的所谓"防御阵地和部队安全论"。乔埃在7月29日的辩论中说："非军事区应当处于在战术上能够更新调整军事上有利条件的平衡的位置。"联合国军司

① 《朝鲜停战谈判会议记录》，第二项议程，附件三。

② 《朝鲜停战谈判会议记录》，第二项议程，附件四、五。

令部现在是处在可以防守的阵地上,它不希望放弃这样的阵地,以危及它部队的安全。这些阵地是与现在的军事情况和停战期间部队安全有关的。“7 月 27 日我们的提议是满足了所有这些需要的。更进一步,我们的结论已经证明非军事区是以对朝鲜现在全面军事情况所作的公正考虑为基础的。你们所提议的线或区,都不能满足我们所认为根本的需要。它惟一的意义是政治的意义。”[①]在 30 日和 31 日两天的谈判中,双方仍各持已见,没有进展。

李克农将这些情况向毛泽东作了报告,他在 31 日的两次电报中说:关于军事分界线问题的斗争已持续 6 天,在这段时间,会议几乎陷入僵局。美方在诱使我方放弃以三八线为军事分界线的建议。美国对谈判问题正在采取拖延政策,并向英国人封锁情况。我们估计,即使再过两三天,也不会改变目前状况。预计对方仍坚持其意见,如不出现外来压力,对方让步的可能性不大,并很可能提出暂时放下此项议程的讨论,转而要求讨论第三项议程。因此建议:发动新闻界揭露美方对谈判的毫无诚意,在北京和平壤的报刊上展开对美国立场的批判。李克农还对朝中方面驻开城记者如何报道提出了要求。

8 月 1 日,毛泽东复电李克农并告金、彭,指出:

关于确定双方军事分界线的争论已达六日之久,我方理直气壮,南日同志的发言甚好,已取得有利形势,估计敌人可能企图利用此僵持状态,逼我于双方争持的两条线外提出一条新线来与他协商,或由他提议先行讨论第三项议程以求补偿,同时,也便于敌人进行内部动员和应付内部矛盾。我们对此,应不管敌人企图如何,仍坚持依照程序首先解决以三八线为双方军事分界线的问题,即使继续僵持下去,也仍然对我有利。因为我方主张以三八线为分界线是公开的、合理的,而且是这次停战谈判的基础,敌人却不敢公开自己的提议,而只能消极地反对三八线。如果僵持久了,敌人以原有阵地以北作为分界线的提议公布出去,极大可能会引起世界多数舆论的惊异和责难,在这点上,敌人是有顾虑的。因此,只要我们继续坚持,敌人或者自行转弯,或者进行拖延的宣传战,关于这两种情报都有,但拖延久了,除非敌人准备破裂,否则,总要转弯的。

根据以上分析,我们同意你们对记者报道的指示,并望考虑如何经过双

① 1951 年 7 月 29 日谈判会议记录,见《朝鲜停战谈判会议记录》,第二项议程。

方记者透露敌人的无理提议，以配合会内斗争。[1]

根据这一精神，8月1日，北京中央人民广播电台播发了彭德怀《中国人民志愿军是不可战胜的力量》的文章。文章在对中国人民志愿军不可战胜的基本原因作了充分的分析后指出："毫无疑问，只要双方撤离三八线，以三八线为基础建立非军事区域，诚实地实行其他的停战条件，并获得保证……和平解决朝鲜问题就是可能的。如果对方并没有和平诚意，故意提出无理要求，致使和谈失败，那么，战争的形势对于对方就不会是美妙的。战争愈持久下去，美国士兵就会逐渐觉悟到他们不应该替华尔街的垄断资本家打仗，不应该在侵略战争中白送性命；全世界舆论就会更加明了究竟谁是在坚持战争而不顾和平，这对于美国的侵略计划是一个致命的危险。"[2]

8月上旬，新华社、人民日报社等驻朝鲜前线记者，连续发表评述，揭露美方企图把军事分界线建立在三八线以北的荒谬无理要求。纽约《工人日报》在8月1日的社论中，也指责美方在军事分界线上的要求，"已经一脚踢开使谈判得以开始的马立克原先的建议"。路透社记者说：交战一方根据空中和海上的威力要求领土，这还是历史上的第一次。[3]

在会外新闻舆论与朝中代表的批驳双重压力下，乔埃对自己所提荒谬方案及其拙劣表演也自知理亏，所以不敢向公众舆论和盘托出。在8月4日的谈判会上声称：从来也没有建议过在朝中军队占领的领土上建立联合国军防御阵地。然而，7月31日，李奇微在"联合国军"总部发表声明说，联合国军主张在鸭绿江上的海、空战线与地面战线中间某处划定军事分界线。8月2日，法国通讯社将这一声明内容以通讯稿的形式予以公布。8月4日，"联合国军"总部公布了李奇微声明的内容。这与乔埃同一天在谈判会上的说法正好相反。于是美方代表团驻汶山的新闻发布官，对上述说法作了驳斥。此事遭到在东京的西方记者们的责问，结果李奇微的东京总部对此事无法作答，处境十分尴尬狼狈。

但事有凑巧，8月4日，朝中方面驻开城警卫部队1个连，布置维护中立区安全的工作时，一部分警卫人员在赴会途中误入双方协议的开城中立区。乔埃在8月4日下午的谈判会上提出了此事。朝中方面经调查确有此

① 《周恩来军事文选》，第4卷，209～210页，北京，人民出版社，1997。

② 《彭德怀军事文选》，420页，北京，中央文献出版社，1988。

③ 参见《新华社新闻稿》，1951年8月9日。

事,并于5日向美方承认误入,已通知警卫部队负责人,保证以后不再发生此类事件(事实上,此后直至朝鲜停战,朝中方面再未发生此类事件)。但李奇微为摆脱不利的尴尬处境,转移世界舆论的责难,便又重演7月12日"记者问题"的故伎,抓住误入会场区这个偶发事件,于8月5日,声明谈判代表不来开会,致使停战谈判会议又一次中断。8月6日,朝中方面以金日成、彭德怀名义致函李奇微,再次表明了朝中方面的上述态度,并提议,不致因此次偶然事件而中断谈判会议。

8月10日复会,乔埃声称:"我们在任何时候都愿意讨论以现在战线和现在军事实际为根据的军事分界线与非军事区。贵方企图讨论以三八线为军事分界线的任何努力,我们都将不予理睬。"[①]待朝中方面南日发言继续坚持三八线的观点后,对方不再发言,致使会议自下午1时38分至3时50分沉默132分钟,创造了谈判史上空前的奇闻。

更为荒唐的是,8月11日,乔埃又提出了一个与其海空军优势自相矛盾的理由,即联合国军地面部队弱,因此,在军事分界线的确定上也应该得到补偿。乔埃说:"我们也承认这是一个不言而喻的事实,就是贵方现已在数量上具有优势的地面部队的能力,自停战生效的那一天起,就会开始增加。这同一能力在停战生效以后的每一星期中,都会继续提高的。在停战期间,我们的海空军部队停止活动,而贵方的地面部队则可不受干扰地得到休息与重新装备。他们可以从容地布置阵地。我们很了解在贵方地面部队一旦获得休整以后,他们就能发动一持久的攻势,对任何并未具有天然防御阵地的部队,是会造成灾害的。……正是由于上述这些原因,联合国军代表团坚持要有充分的天然防御阵地,并且有足够的深度,使他们不致被贵方在数量上占优势的地面部队所蹂躏。"乔埃这种理论简直是荒唐至极,可笑至极,不值一驳。南日一针见血地指出:你们用"两种互相冲突的理由,来支持你的方案,难道你们不觉得滑稽可笑吗?你们说你们海空军强,所以你们应该有补偿。现在你们承认你们陆军弱,但你们又说应该有补偿。……不管你们强弱,你们都需有补偿,这不是一种失去理智的瞎说么?"[②]

然而,在8月12日的谈判会上,美方显得更加蛮横无理,不但拒绝以三八线为军事分界线的基线,而且企图将谈判陷于僵局的责任强加给朝中方面。李克农在当日给毛泽东的电报中对谈判发展形势和美方的基本底盘作

① 1951年8月10日谈判会议记录,见《朝鲜停战谈判会议记录》,第二项议程。
② 1951年8月11日谈判会议记录,见《朝鲜停战谈判会议记录》,第二项议程。

了分析，指出：从开会以来对方所一再表示的态度及会外总的形势看，要对方接受三八线的方案是不可能的。这几天来，对方一方面是在对我方施行压力，企图压迫我方首先让步，但另一方面亦是为可能的破裂作准备。“因此，我们觉得必须对三八线问题作一个决定，如我们的底盘是必须争到确定以三八线为军事分界线的原则，只容许在这个原则下作这种或那种调整，我们就必须作决裂的打算与准备。不然我们就应该有一个明确的妥协方案。”李克农和邓华、解方、乔冠华估计，“对方最后的盘子是老实的就地停战加上若干不大的调整”。如果我们必须争以三八线为分界线，就要作破裂的准备。我们根据有限材料考虑，“觉得与其争三八线而破裂，不如考虑就地停战加上若干可能争得到的调整而实现停战，从而争取三年至五年准备力量的时间。自然如果对方根本不放弃其现有荒谬方案，我们也觉得只有采取破裂之一途。我们几个人所见有限，考虑不周，请迅予指示，以便遵循”。①

毛泽东、周恩来对美方在会内会外的矛盾说法进行了分析，认为“根据敌人这些天在会内会外宣传的矛盾情形看来，敌人所不愿接受的是三八线，但他也不敢公开他所提议的深入我阵线以内的军事分界线及非军事区的具体主张，而只含糊其辞地表示愿就现有战线及军事形势讨论军事分界线及非军事区问题，并作可能的调整。由此可见，敌人原来的提案只是为的换取我在三八线的主张上让步。至于敌人的真正盘子，就地停战加上不大的调整固然是他所求，但如果依地形及军事形势划一条线在三八线南北附近，即临津江以东划在三八线以北，临津江以西划在三八线以南，南北地区大致相等，而名字就叫军事分界线，大概敌人也就有可能准备接受，不过敌人不会自己提出，总想引我方提出对三八线的修正案以利其讨价还价，故他在八月十日公报上，说我们拒绝讨论三八线以外的任何分界线，暗示他并不拒绝讨论。关于这样一种设想，现在还不能肯定，望我方谈判代表团加以研究，并请金首相予以考虑”。8 月 11 日和 13 日，毛泽东先后两次将这一分析电告李克农，请代表团注意观察敌方态度，尔后再决定我们是否可以提出这样的建议。②

毛泽东在 8 月 13 日，给李克农并告金日成、彭德怀的电报中指出：

① 参见《周恩来军事文选》，第 4 卷，215 页注释[2]，北京，人民出版社，1997。
② 参见《周恩来军事文选》，第 4 卷，214 页，北京，人民出版社，1997。

关于目前谈判的策略，你们应该针锋相对地将谈判的重点放在反对敌人的原有方案上头，而少提自己的主张，逼使敌人不能不答复你们的问题。在争论中，也可不再重复自己的主张，而着重批驳敌人的方案及其含糊其辞的主张。其目的，在引出敌人放弃或修改其原来的方案，并且只要对方再表示愿就现有战线讨论军事分界线及非军事区问题，我们就应指出敌人的原来方案已不能成立，要求敌人提出具体主张。不论敌人是承认放弃或修改其原来的方案或是更提出就现有战线划分界线的主张，到那时，你们就可提出我们八月十一日七时电告的方案。很可能，敌人仍不会接受，但我们在争论中就应该将三八线与现有战线联系起来，并将军事分界线与非军事区也联系起来，以便为下一个原先商定的折衷方案做伏笔文章。采用这样谈判策略，引致敌人接近我方所设想的方案，敌人在宣传上将失去主动。①

据此，朝中代表团在谈判中，则重点批驳美方原有方案的荒谬性，南日在发言中责问美方：你们口口声声说，你们的军事分界线与非军事区，是以“现在战线为基础的”，“但你在图上划出那条军事分界线，却是深入三八线以北我方地区的。根据你的方案我们在现存战线要后退一万二千余平方公里的地区，这能说是以现有战线为基础的方案吗？”②

美方只是表示“愿意讨论任何一个以现有战线和军事形势为基础的军事分界线”，但仍拒绝讨论以三八线为分界线的方案。8月15日，乔埃又提出双方派代表组成小组委员会讨论第二项议程的建议，以摆脱在代表团大会上的僵局。朝中代表团准备同意。李克农将此报告了毛泽东、金日成和彭德怀，同时提议，在朝中方面对此作出答复时，宣布毛泽东11日电告的方案。代表团的提议获得批准。在16日的会上，朝中代表团继续驳斥了美方原有方案，指出如果美方不放弃原来方案和不研究朝中方面的方案，无论如何改变谈判的形式，都不可能取得进展，尔后表示原则同意组成该项议程的小组委员会，并第一次宣布以三八线为界的非军事区可以根据地形和双方意见予以调整。17日，双方组成了第二项议程小组委员会，继续讨论军事分界线问题。第二项议程小组委员会的朝中方面代表是李相朝、解方，美方代表是霍治、勃克。另双方各1名参谋和各1名翻译，参加该项议程小组委员会的工作。

① 《周恩来军事文选》，第4卷，214～215页，北京，人民出版社，1997。

② 《朝鲜停战谈判会议记录》，第二项议程，附件十五。

然而，正如毛泽东在8月13日电报中所估计到的，在小组委员会的讨论中，美方得寸进尺，非但对朝中代表团宣布的以三八线为界的非军事区可以调整的提议不感兴趣，而且在17、18日的谈判中，又重新提起了海空军优势“补偿论”。鉴于美方代表的这种态度，李克农决定朝中方面在谈判中也暂不作进一步退让。

8月18日，李奇微为配合其代表团关于军事分界线的谈判，对朝中方面施加压力，同时开始了地面局部攻势和空中攻势（“绞杀战”）。

志愿军代表团关于军事分界线问题的分析和建议

毛泽东在8月13日给李克农的电报中，就要求在谈判中“将三八线与现有战线联系起来，并将军事分界线与非军事区也联系起来，以便为下一个原先商定的折衷方案做伏笔文章”。在谈判改为小组委员会的形式进行讨论的当天，8月17日，毛泽东致电金日成并告彭德怀、李克农，就朝中方面关于军事分界线的立场，进一步提出了如何将三八线与现有战线联系起来，将军事分界线与非军事区联系起来的具体考虑，指出：

除非敌人决心破裂，否则，他只能在三八线和就地停战两个问题上得到一个让步。因此，我们设想，如果在三八线南北附近依地形及军事形势划一条线，即临津江以东划在三八线以北，临津江以西划在三八线以南，南北地区大致相等，而名字就叫军事分界线，不要提三八线；非军事地区也以这条线为基线，临津江以东敌人从现阵地退到这条线上不再后退，我方停在现阵地上不后退也不前进，临津江以西我方从现阵地退到这条线上不再后退，敌人在现阵地上不后退也不前进。如此，从政治意义上说，这条线当然不是三八线，但仍然在三八线南北附近，而且双方保持的南北地区又大致相等，亦不束缚将来朝鲜问题的政治解决；从军事意义上说，敌人可以退守他所预定的堪萨斯防线[①]附近，而我们在临津江以东仍守住现阵地不动，在临津江以

① “堪萨斯线”，西起临津江口南岸，沿江而上，向东经积城、道城岘、华川湖南岸、杨口至东海岸杆城以北马达里一线，全长约220余公里。其临津江以西在三八线以南，临津江以东在三八线以北。“堪萨斯线”，是停战谈判开始后“联合国军”确定的主抵抗线。

西无须后退至三八线，双方退出地区均成为非军事区，于是军事分界线与非军事区也就结合在一起了。……

这样一个方案，敌人很难基本反对。……

如你同意上述方案，则我方代表团在谈判过程中拟令其分三个步骤求得与敌人达成协议。[①]

这个设想，第一次提出了不以三八线为严格的军事分界线。因在6月上旬，金日成到北京与毛泽东确定与美方举行停战谈判时，就考虑过最终的结果可能就是现地停战[②]，因此，金日成对毛泽东这一设想表示同意。

朝中方面将毛泽东8月17日提出的方案，称为第二类方案，即三八线调整方案（以三八线为严格的军事分界线的方案为第一类方案）。根据毛泽东8月13日电报提出的设想，南日8月16日回平壤曾与金日成研究，提出一个调整方案，称为第一调整方案。接到毛泽东17日的电报后，19日，金日成又提出了个调整方案，又称为第二调整方案。但这两个调整方案的东端皆未包括对方的堪萨斯防线，而在临津江以西准备划出的地区也小于要求对方在临津江以东所让出的地区。因此，代表团对这两个调整方案进行比较后，以金日成和南日研究后提出的第一调整方案为基础，又拟制了一个综合的第三调整方案，即：东海岸以巨津里为起点，经瑞和里、酒幕洞、九万里直至临津江（以上在三八线以北），临津江以西则从高浪浦起，均在三八线以南，经板门店、炭谷里、饮延安、大坪里、闲游洞、月禄面，从月禄面起，与三八线平行直至瓮津半岛西岸，这条线为军事分界线；在临津江以东此线以北与现有战线之间地区和在临津江以西此线以南直至海岸部分的地区为非军事区，临津江以东的非军事区的民事行政由对方管理，临津江以西的非军事区的民事行政则仍由朝中方面管理。

与此同时，李克农、邓华、解方要代表团的参谋人员对此问题进行了反复研究，并于8月17日提交代表团党委进行了一次深入的讨论。

8月18日，邓华以个人名义致电彭德怀并转毛泽东，对朝中方面关于军事分界线的立场提出几点考虑。邓华在电报中指出：“开城和谈小组会上我方已提出主席十七日电示之第一步骤，但对方除把非军事区廿英里改为廿公里外，基本上未放弃其原有方案。观察敌人底盘最低是现地停战，策

① 《周恩来年谱（1949～1976）》，上卷，172页，北京，中央文献出版社，1997。

② 参见《周恩来军事文选》，第4卷，250页，北京，人民出版社，1997。

略上拖到九月对日和会[1]后,各方对他有利。据此,主席十七日所示之底盘,恐难成交。"主要困难是敌人坚拒对他现有有利阵地对换,他认为临津江以西三八线以南的地区无军事意义。邓华认为:"能争取和谈成功,是于全局有利的,而且是目前正确的实事求是的方针";"达到协议要以公平合理为原则,并要从实际出发。据目前各方情况,能争取主席十七日所示之底盘成交最好,否则,现地停战我亦不吃亏,因临津江以西三八线以南面积虽较小,但人口财富俱较多,战略上敌阵地离元山近,登陆易,但我阵地离汉城更近,亦易扰敌侧背";"此种方案,敌说是现地停战,我也可以说是三八线地区调整的停战,因东面三八线及其以北地区为敌所有,而西面三八线及其以南地区为我所有";"总的方针既定,小的方面似不应过于斤斤计较";我方虽考虑再经过两三个战役,将敌打过三八线,但一则根据我军现有装备状况能否打过去?二则即使打过去也要付出重大代价。因此,这次应尽可能谈好,除非敌人连现地停战也不接受,再坚决打下去。彭德怀同意邓华的意见,并于19日转报毛泽东。

8月22日,朝中代表团对谈判情况作了分析后,以代表团名义致电毛泽东、金日成和彭德怀,认为小组会事实上已陷于僵局,继续开下去已无多大意义,只便利于敌方毫无顾虑地拖延下去,对方决心拖延,我们也无法阻止,只能使它拖延得不舒服。根据历来电示,我们在谈判中始终坚持,如对方不明确表示放弃原有方案,则我方也不提任何对三八线的调整方案,这个方针是正确的。"但其后果却形成有利于对方造成拖局或僵局的形势,而对我不利。为了解除对方一味拖延的借口,造成对方不能再拖的政治形势而有利于问题的迅速解决,可否考虑我们不必等对方明确表示放弃其现有方案,并提出近似于就地停战的方案之前,即提出我们的第一调整方案……然后在讨论过程中相机逐步调整为第三调整方案。"代表团认为,第三调整方案在临津江以东让对方全部保存了它的堪萨斯线,朝中方面在临津江以西三八线以南让出去的地区,与美方在临津江以东三八线以北让出去的地区大致相等,谁让出的地区归谁管理,并且朝中方面在临津江以西的非军事区,比美方在东部的地区为富,人口较多,遭战争破坏较轻,因此,这个调整案"是比较实际、合理和合算的"。同时,代表团估计,要对方接受这一方案是不容易的,在政治上对方不想沾三八线的边,在军事上对方不愿退出在东

[1] 对日和会,是指美英当局背弃有关国际协议,排除中国参加,定于1951年9月4日至8日在美国旧金山召开的片面对日媾和的会议。详见本卷第三十四章第二部分。

部的有利阵地。即使再经过几个礼拜的会内会外步骤不乱地斗争,对方接受这一方案的可能性也几乎不存在。因此,建议考虑假使对方不接受这一调整案时朝中方面的决策问题。代表团认为:

对方反对三八线方案主要原因是政治的,我方坚持三八线方案主要原因也是基于政治上的考虑。我们觉得我们既然准备放弃以三八线为严格的军事分界线的主张,而提出调整方案,容许对方部队留在三八线以北,我们就已基本上放弃了三八线的基本主张,我们的调整方案说它是三八线的调整方案,不过是基于政治理由的一种说法而已。从政治上说,争不争这个调整方案的实现,我们觉得关系并不那样重大。因为就是就地停战加上调整的方案,同样可以说是以三八线为基础的方案,反正是各说各的。我们既然放弃了以三八线为严格的军事分界线的方案之后,这样说那样说,实际上已经成一个说法问题了。其次,为了实现我们迅速争取停战的总方针,我们以为只有将就地停战加调整的就地方案才是切实可行的,并且能在政治上解除对方一味拖延的武装。……一定实现我们的第三调整方案……我们就必须准备相当的时间和敌人在会议上僵持,并要准备万一对方不接受这个方案而进行相当时间的战争,这是一个问题要考虑。另一个问题是只要我们不准备接受就地停战加调整的方案,而对方则随时可能宣布以就地停战为其最后方案的时候,我们就不可能掌握到完全的政治主动和完全解除对方施用拖延政策的借口。因此,为了实现迅速停战的总方针,我们觉得可以考虑以就地停战加调整的就地方案,作为我们最后的方案,我们觉得这是符合我们总的利益的。……并力求尽可能主动地提出这一方案,以逼使对方不能再事拖延。

代表团在电报中还对第三调整方案和就地方案,在军事利益和经济利益上进行了比较,认为两个方案在军事利益上差别不大,而在经济利益上就地方案对朝中方面更有利。

代表团的上述分析和建议,得到了毛泽东和金日成的同意。

美方在谈判场区挑衅滋事,停战谈判被迫中断

美方对停战谈判会议的会址选在朝中方面控制的开城始终耿耿于怀。

开城谈判伊始,李奇微就曾利用“记者问题”大做所谓“中立区”的文章,自7月15日双方同意开城为谈判期间的中立区后,美方不断进行破坏中立区的活动。对此,朝中方面于7月17日和8月9日,分别就美方武装人员向中立区内的板门店射击事和其飞机扫射朝中代表团车辆事提出抗议,要求美方保证今后不再发生违反中立区协议的事件。但美方对朝中方面所提抗议从来抱着推诿的态度。8月中旬以后,美方对中立区的破坏挑衅则愈演愈烈。

8月19日上午5时55分,担任开城中立区警卫任务的志愿军第47军第139师军事警察9人,由排长姚庆祥率领,沿板门店西南之松谷里以北高地向东巡逻时,突然遭到非法进入中立区并事先埋伏在树林中的30余名南朝鲜军的开枪射击,排长姚庆祥、战士王仁元受重伤。继而南朝鲜军又向已负重伤的姚庆祥前额连发两枪,致使姚庆祥当场牺牲。事件发生后,在朝中方面要求下,双方联络官当即对出事现场进行了调查,当地居民与朝中方面警察人员的人证以及出事地点的物证,都充分证实了事情的真实性。朝中代表团首席代表南日就此事向美方提出强烈抗议,并坚决要求美方严惩枪杀姚庆祥及重伤王仁元的凶手;彻底保证不再发生违反中立区协议的任何事件,并给予朝中方面以满意的答复。

然而,在事实面前,美方百般抵赖。美方首席代表乔埃不予承认。他说:这是所谓“大韩民国公民”在这一地区内的“自由”行动,美方不负责任;东京美军总部的广播说,这可能是北朝鲜或者南朝鲜非正规部队所为。

为揭露美方的罪行,朝中方面于8月20日下午,在开城南门里高丽小学残存的教室里召开了姚庆祥烈士追悼大会。会前曾通知美方参加追悼会,但20日上午的谈判会议一结束,美方代表即匆忙乘机离开开城返回汶山。朝中代表李相朝、邓华和开城各界人士的代表分别在追悼会上讲了话,控诉美军和南朝鲜军破坏停战谈判,枪杀姚庆祥的罪行。邓华在讲话中说:“姚排长是为了和平事业,为了执行中立区的协议而牺牲的!他为朝鲜人民、中国人民、远东人民的和平事业而来,为了和平事业而殉职,他的死是光荣的。但是,我们生者想到他的死难情形,却感到十分悲痛与愤慨!……作为一个停战谈判代表,我发誓坚决秉承我的战友的遗志而奋斗。如果我们不能经过谈判而争得和平,那我们就必须继续用反侵略的斗争来赢得和平,以安慰死者的英魂。”[①]他的讲话既是在告慰烈士,更是在表明朝中方面的坚定立场。

---

① 转引自杜平:《在志愿军总部》,366页,北京,解放军出版社,1989。

然而,一波未平,一波又起。姚庆祥烈士的血迹未干,一架美军飞机竟又于8月22日22时20分,非法侵入开城中立区会址区上空,以朝中代表团住所为目标,施行轰炸扫射。为防止美方继续抵赖,李克农当即命令保护现场,并立即通知美方派员前来共同调查。22时35分,朝中方面联络官即用无线电话与美方代表团联系,双方通话后,美方联络官起初托词夜深,不肯即来,后推诿不过,才派其联络官肯尼和穆莱携同翻译2名,于23日零时25分到达会场,与朝中方面联络官张春山及柴成文相会,开始共同调查。

在调查过程中,肯尼和穆莱先是表示出不耐烦,并对事实进行抵赖,当调查不断发现新的难以抵赖的证据时,他们又借口有朝中方面记者在场,而要求终止调查,后又托词天黑下雨光线不足,主张天亮后再来查看。调查至3时15分告一段落。

调查发现:汽油弹4枚,落在朝中代表团住地周围几百米内;杀伤弹13枚,均落在朝中代表团住所北约200米一带;机枪子弹弹壳1枚落在朝中代表团住所北面附近山坡上。美方联络官不但未再来调查,而且发表了一个歪曲事实的"调查报告"。

鉴于美方在谈判中蛮横无理的态度,及在开城会场区接连制造挑衅事件,破坏停战谈判,且已严重威胁到朝中代表团人员人身安全。8月23日,毛泽东两次致电李克农并告金日成、彭德怀,指出:此次敌机夜袭,其意甚明,我必须不怕破裂,予以坚决回击。我方应于今日提出暂时停开谈判会议,以压敌人气焰。同时,"我们在军事上应加紧准备迎接敌人的可能进攻"①。据此,朝中方面宣布,从8月23日起,谈判会议停开,要求美方对此事作出负责的处理。

8月24日晨,金日成、彭德怀发出了致李奇微的抗议书,对美方接连制造挑衅事件的卑劣行径,提出了严重抗议,并指出:"诚然,我们的态度从来就是为谋取和平停战而持以极大忍耐的,但我们的忍耐是有限度的,而且我们更深知单是我们片面要求和平,和平总是不可得的。你们在会外既如此肆无忌惮地进行挑衅,在会内又一贯坚持你们把军事分界线推进到我方阵地之内的狂妄主张,以拖延谈判的进行,因而你方对于停战谈判的诚意如何,实已昭然若揭。我们是希望你我双方的停战谈判能够顺利进行,并获得双方都能接受的公平合理协议的,但你方于谋杀我方军事警察之后,竟又以我方代表团为目标施行有目的的谋杀轰炸,这样的希望如何能够实现呢?

① 《周恩来年谱(1949~1976)》,上卷,175页,北京,中央文献出版社,1997。

因此我方代表团不能不从8月23日起宣告停会，以等待你对于你方这一严重的挑衅事件作负责的处理。"①

其实，美方既怕长期战争，又怕真正的和平，它为了外交和内政的目的，不愿使停战谈判迅速达成协议的决心是下定了的。因此，对于朝中方面的严重抗议，美方仍继续采取歪曲事实，抵赖一切的荒谬态度。美军总部反说事件是朝中方面"制造的"；杜鲁门亲自出马发表声明，说什么："究竟是否发生过任何轰炸也极可怀疑。"李奇微在25日复金日成、彭德怀的信函中，干脆把近期所发生的几次事件都说成是"完全没有事实根据的恶毒谎言"。

此后，直至9月上旬，美方仍在开城中立区连续制造破坏事件。8月25日至9月1日，"联合国军"武装人员即3次共30余人次侵入开城中立区，向朝中军事警察开枪射击，枪杀朝中军事警察2人、伤1人。8月29日2时40分，美方1架飞机侵入开城中立区，在会址区附近投下照明弹1枚；9月1日零时30分，美方1架飞机侵入开城中立区，在距朝中首席代表南日住所五六百米处投下炸弹两枚。从9月1日至8日的8天中，美方飞机侵入开城中立区上空，就达139架次。

对此，朝中方面通过报纸、电台等舆论工具，进行了抗议和揭露，把真相公之于世。战争双方的斗争从唇枪舌剑谈判的会场又转到飞机大炮辩论的战场。

---

① 柴成文、赵勇田：《抗美援朝纪实》，100页，北京，中共党史出版社，1987。

第三十七章

第六次战役计划和作战与谈判相配合、相适应方针的提出

第六次战役的提出

第五次战役第二阶段进攻作战结束后，彭德怀派邓华率原第13兵团4个军的军长或政治委员，回国汇报情况和请示战场方针，并告诉邓华一行经过平壤时，要听取金日成首相的意见。邓华一行于5月30日到平壤，给金日成带去了彭德怀的亲笔信，听取了金日成的意见。同一天，金日成致信彭德怀，在赞同彭德怀对目前军事政治形势和今后作战方针的分析后，专门就如何能够争取较短期内战胜敌人的问题，提出在6月末或7月中旬对敌进行一次大的反攻行动的建议。金日成在信中说："朝鲜战争由于美干涉者日增其武装力量，而战争更加困难，增加残酷性和长期性是无容隐讳的事实。""当然，在朝鲜延长军事行动，这一点无论在军事上、政治上均对我不利。"因此，"我之军事行动，我意不必延长"。金日成提议总攻击日期可预定为6月末或7月中旬；应充分利用雨季，在雨季开始前10日进行攻击；应以航空掩护；拟将朝鲜人民军3个机械化师编成一个独立机械化军团配属联合司令部之下使用；应将必要的粮食弹药聚积于三八线一带；继续收集粮食至少保障20日的供应；向毛泽东主席建议调动空军掩护运输路线。

彭德怀将金日成这封信转报毛泽东。5 月 31 日,美国国务院派凯南向苏联驻联合国代表马立克表明,美国愿通过谈判沿三八线一带实现停火的愿望。苏联将这一情况向中国和朝鲜作了通报。6 月 3 日,金日成来北京,与毛泽东讨论战争形势问题,确定实行边打边谈的方针,“充分准备持久作战和争取和谈达到结束战争”。毛泽东对发动大的进攻行动问题与金日成进行了商谈。6 月 11 日,毛泽东致电彭德怀,告知关于作战问题与金日成会谈的结果。毛泽东在电报中说:“已和金日成同志谈好目前两个月不进行大的反攻战役,准备八月进行一次有把握的稳打稳扎的反攻。”“六七两个月内如不发生意外变化(即登陆),我们必须完成下列各事:甲、以积极防御的方法坚持铁原、平康、伊川三道防线,不使敌人超过伊川线;乙、迅速补充三兵团及十九兵团至每军四万五千人,并有相当训练;丙、十三兵团各军休整完毕;丁、加强各军师火力,特别是反坦克反空军炮火;戊、迅速修通熙川至宁远至德川的公路至少一条,最好有两条,并于熙川、德川、孟山地区屯积相当数量的粮食,以备万一之用。”①

在停战谈判即将开始的情况下,6 月 29 日,毛泽东致电金日成并告彭德怀,指出在准备同敌人谈判的同时,“人民军和志愿军应当积极注意作战,不使敌人乘机获逞”②。

据此,7 月 1 日,彭德怀即为配合停战谈判着手计划第六次战役。彭德怀在 7 月 1 日致毛泽东的电报中说:“充分准备持久作战和争取和谈达到结束战争的方针是完全必须的。我能掌握和平旗帜,对朝鲜人民、中国人民均有利。坚持以三八线为界,双方均过得去,如美国坚持现在占领区,我即准备八月反击,在反击前还须放他前进数十里,使军事上、政治上于我更有利些。再争取一两个或两三个军事上较大胜利,将影响所谓联合国全部的可能分裂,美军战斗意志的必然降低。”并说明如敌北犯甚急,第 3、第 19 兵团准备不及,即以担任一线防御的部队加二梯队 4 个军于 8 月中旬“进行中等性的战役”。③

7 月 2 日,毛泽东致电彭德怀并高岗、金日成,要求对谈判有关事宜作

① 《建国以来毛泽东军事文稿》,上卷,502 页,北京,军事科学出版社、中央文献出版社,2010。

② 《建国以来毛泽东军事文稿》,上卷,510 页,北京,军事科学出版社、中央文献出版社,2010。

③ 《彭德怀军事文选》,412 页,北京,中央文献出版社,1988。

出部署，同时进一步指示志愿军在谈判时要“极力提高警惕”。“我第一线各军，必须准备对付在谈判前及谈判期内敌军可能对我来一次大的攻击，在后方，则举行大规模的空炸，以期迫我订立城下之盟。如遇敌军大举进攻时，我军必须大举反攻，将其打败。”①

7月8日，志愿军司令部向各部首长下达了战役准备工作指示，在分析第五次战役后敌情特点的基础上，针对第六次战役将面临的阵地攻坚和连续纵深突破作战的新情况，强调要与过去攻坚作战经验相结合，在部队中展开对敌纵深攻坚突破学习的浪潮，求得第六次战役更多地歼灭敌人，7月底或8月初前教育准备完毕，随时待命出动作战。

停战谈判开始以后，彭德怀于7月16日10时致电李克农、邓华、解方，对目前谈判原则及作战方针问题作了进一步的分析和阐述，指出：谈判是“配合（或叫协同）朝鲜战争取得胜利最迫切的工作，也就是政治斗争与军事斗争双管齐下，向侵略集团采取攻势的严重任务。……如果没有和平攻势（和谈）的政治斗争，只有单纯的军事斗争，要想迅速孤立美国，迅速结束朝鲜战争是不可能的。……但和谈并不一定是顺利的，可能遇着很多困难，甚至曲折过程，可能还需要经过严重的军事斗争。再有两三次较大的军事胜利，才能使敌人知难而退”。强调：“军事方针仍积极作持久战准备，在朝鲜境内没有实现撤退外国军队以前，决不应有丝毫松懈和动摇。”同时，通报了志愿军和人民军积极进行第六次战役战术演习教育和具体准备工作情况。

停战谈判自7月10日开始以来，由于美方不愿公平合理地解决朝鲜问题，至7月24日，竟连谈判议程问题也未能达成协议。彭德怀于7月24日，就组织战役反击以配合谈判问题致电毛泽东。彭德怀通过分析后认为：美帝国主义是处在矛盾状态中。“我再有几次胜利战役，打至三八线以南，然后再撤回三八线为界进行和谈，按比例逐步撤出在朝外国军队，坚持有理有节，经过复杂斗争，争取和平的可能仍然是存在的。如经过上述一切办法而不能达到和平，则继续打下去，在持久战中，我虽有许多困难，但可克服，最后赢得战争胜利是肯定的。从全局观点来看，和的好处多，战亦不怕。……我于八月中争取完成战役反击的准备，如敌不进攻，则至九月举行。最好是待敌进攻，我则依靠阵地出击为有利。”

① 《建国以来毛泽东军事文稿》，上卷，520页，北京，军事科学出版社、中央文献出版社，2010。

毛泽东同意彭德怀的意见，在7月26日的复电中指出："敌人是否真想停战议和，待开城会议再进行若干次就可判明。在停战协定没有签订，战争没有真正停止以前，我军积极准备九月的攻势作战是完全必要的。"[①]7月30日，彭德怀致电军委并空军，询问空军参战准备情况，9月战役空军有多少部队可配合作战。同日，彭德怀在致第9兵团司令员宋时轮和副司令员陶勇并报军委和告邓华的电报中，明确指出，第六次战役的目的是"配合和谈，争取以三八线为界停战撤军"。

在停战谈判进入军事分界线问题的实质性讨论后，美方代表更加傲慢，不但丝毫没有让步的表示，而且狂妄地炫耀其海空军优势，并无理要求这种优势要在军事分界线的确定上得到"补偿"。鉴于这种谈判形势，7月31日，志愿军谈判代表邓华、解方致电彭德怀并韩先楚、杜平、王政柱，指出："争取和谈来结束朝鲜作战的方针是正确的，但目前谈判时机不恰当，加之我们在谈判上的某些让步，敌已发生错觉，故谈判时敌之气焰甚高，借口海空优势吃了亏而在陆地来补偿的论点，把分界线及非军事区都要推到我方地区以内，数天来的争论，敌毫无让步，据我们估计，至多只能让到现地停战。如果没有外部的动力（如苏联压力、英法等国的矛盾、特别是我之战斗胜利等），要想敌人撤回三八线以南十公里是极端困难的。谈判需要战斗胜利配合，并须作破裂之军事准备，为此建议：……战役准备，争取八月十五以前完成，准备破裂后的反击以八月内动作为宜……如谈判仍在持续，最好是乘敌进攻时予以有力地打击……或者我举行地区性的主动攻击敌人。总之，谈判需要政治攻势，特别是战斗胜利相配合才更为有利。"邓华和解方对战役的兵力部署（包括使用已入朝的坦克部队）、战役的组织和作战目标提出了建议。

8月1日，毛泽东致电彭德怀，对9月战役的兵力部署和粮弹储备问题作了原则指示。同日，军委空军司令员刘亚楼给彭德怀发来了经过周恩来审阅的电报，报告空军参战准备情况。电报中说，按照准备情况，至9月初，空军共有22个团，每团飞机25架。其中米格－15喷气式驱逐机（歼击机）有4个团技术程度较熟练，还有8个团技术较生疏，但可以勉强参战；活塞式驱逐机有1个团技术程度较熟练，还有2个团技术较生疏；冲击机（强击机）有2个团技术较熟练，另有2个团技术较生疏；轰炸机有1个团技术较

① 《建国以来毛泽东军事文稿》，上卷，540页，北京，军事科学出版社、中央文献出版社，2010。

熟练，并有6架飞机勉强可以夜航，另有2个团技术较生疏。因向苏联订购的航空器材至今未到，上述22个团中至9月可能有1/3的飞机不能参战，另朝鲜境内的机场有限，并常遭美机轰炸，如战役前机场遭轰炸，则很难保证空军按时出动。如果机场有保证，喷气式驱逐机和冲击机活动半径可到汉城之线，轰炸机可到大丘、釜山。作战时，空联司准备放在平壤，其前进指挥所准备与志司在一起，各级指挥所大体上在战役发起前20天出动。此外，人民军有100架飞机可参战。

第六次战役的设想和准备

8月8日，彭德怀致电毛泽东并告高岗，报告了第六次战役的作战意图和基本设想：

拟将第19兵团3个军加上第47、第42军，共5个军，以2个军牵制英国、加拿大、土耳其共4个旅，以3个军附炮兵、坦克，争取消灭涟川、铁原线之美骑兵第1师；以第9兵团2个军牵制金化之美第24、第25、第3师及南朝鲜军第2、第9师，求得歼敌一部；第20兵团2个军沿北汉江两岸突破南朝鲜第6师防线，向山阳里、华川迂回攻击。北汉江以东至海岸由人民军2个军团进行牵制攻击。以上共计志愿军9个军、人民军2个军团。以第40、第38军及第3兵团3个军共5个军为战役二梯队，以便机动使用。第39、第20军分别担任东、西海岸预备队。空军联合司令部应于8月20日移至平壤，准备参战之空军技术熟练的10个团于9月8日进入平壤机场。如无意外变故，拟于9月10日下午发起战役攻击。如敌在8月底或9月初向我进攻，则在现阵地以逸待劳，适时举行反击最为有利。下一战役无论进攻或反击，准备连续激战20天至一个月。如我第一线伤亡严重，不能再继续作战时，将二梯队5个军及第20、第39军共7个军和人民军2个军团，适时投入战斗，再持续一个月攻势。我能坚持两个月的连续攻击，打破我以往6～7天的短时攻击。每月消耗敌4万人左右，美帝似有可能屈服求和，以三八线为界，撤退在朝外国军队。同时仍作持久战打。战役的关键是物资和兵员的适时补充，不知后方能否满足要求。8月9日，彭德怀致电刘亚楼：8月1日电共有空军22个团于9月初参战，甚为欣慰。空联司最好8月20日左右移平壤，并盼你于8月底或9月初来平壤主持如何？

在8月8日关于战役意图和基本设想的基础上，8月17日，彭德怀以志司和联司名义向部队下达了作战预令，同时报金日成、中央军委和东北军区。预令与8月8日的基本设想略有不同，其基本部署是：

战役第一梯队志愿军8个军，以第19兵团3个军牵制铁原至临津江西岸之敌，并切断铁原至议政府的公路，坚决阻击铁原以南之敌向北增援；集中第47、第42两军包围歼灭铁原地区的美第3师。

以第26军和第20兵团2个军除各一部牵制当面之敌外，集中主力突破，然后视情况，歼灭金化东西地区的美第25师（2个团）和南朝鲜军第2师。

第二梯队志愿军第3兵团3个军，第38、第40军，共5个军，于战役开始后开进到指定地点，视情况投入作战，继续扩大战果。

人民军4个军团在北汉江以东至东海岸，分两番配合志愿军作战。

预令要求各攻击部队务于9月10日前完成连续纵深攻坚战斗的充分准备，兵团和军于8月25日前研究出具体的作战方案。担任战役第二梯队各部根据距离远近不同，于8月28日前作出开进计划。并要求第9兵团（欠第26军）应有随时策应元山方面人民军第7军团和南线主力方面作战。特种兵的配属将另以补充命令下达（预计参战炮兵，榴弹炮3个师，战防炮1个师，火箭炮1个师，坦克3个团，连同队属炮兵的火炮在内，共有各种火炮2119门）。

彭德怀在电报最后指出："以上系预定方案，请根据实际情况提出补充和修改意见，并请金日成总司令提出意见。"同时，将预案发给在开城谈判的邓华和解方，征求他们的意见。邓华和解方分别对17日的预案提出了具体的补充完善意见。

8月24日，彭德怀在给邓华、解方的电报中，进一步阐明了战役意图。电报中说："17日预备命令，是要把全军动员起来，积极准备作战，而非具体部署"。目的在于集中兵力（42军、47军）火力争取歼灭铁原、大老里、汉滩川以西地区敌斜边阵地之美第3师、土耳其旅约2.3万人。第19兵团实际上只是牵制、挡住美骑兵第1师、英联邦师、南朝鲜军第1师。第26军一部在金化北正面牵制，主力向金化西南迂回，以分割美第25师与美第3师的联系。第20兵团主力从南朝鲜军第2师处打开缺口后，挡住或延迟东面美第24、第7师增援。如铁原地区敌被歼而金化地区敌有混乱可能，第26军、第20兵团即可乘势歼灭美第25师及南朝鲜军第2师一部或大部；如兵力不够时，再以第15军投入战斗，歼灭金化地区之敌。以上有下一战役第一步计划的真实企图。也是将空军22个团准备于9月初参战的条件考虑在内的。因此,战役第一步歼敌计划可能完成。如第一步计划只完成一部,甚至根本打不动,攻击6至7天时,拟将一线部队轮番撤退,诱敌出击,我以第3兵团预先占领金化以北之五圣山、平康、蓬莱湖及平安川以南至安峡阵地线(第42、第26军撤至玉洞里、剑不里为预备队),第19兵团、第47军亦撤守朔宁、九化里及开城以北之第一道防线吸引敌人攻击,待其伤亡疲惫至相当程度时,我集中第38、第40军共10万人,从其侧翼出击,求得歼敌两个师兵力,将敌打回三八线。

从7月8日志愿军发出第六次战役准备工作指示后,各部队即结合贯彻持久作战方针,开始了第六次战役的准备工作。

针对"联合国军"的防御加强了,志愿军第六次战役将是阵地攻坚的纵深作战,并且参战兵种较多,在部队中进行了攻坚突破的教育和准备,结合各种地形进行攻坚突破演习,组织了步兵、炮兵、坦克部队之间的战术协同和通信联络教育,着手攻坚突破的器材及作战所需粮食弹药的准备。7月29日,志愿军司令部转发了第64军进行攻坚突破教育情况,以促使各部队科学组织,正确施教,切实提高效果。次日,又以联司名义,将第3兵团成立战术研究会及其活动的做法通报各部队"依照办理"。根据志司指示,志愿军炮兵下达了机动炮兵调整方案,要求进行充分的准备和油弹粮食的囤积,积极配合部队作战役性质的侦察,认真了解掌握预定进攻方向的敌情道路情况。

为查明"联合国军"前沿阵地及其纵深情况,8月18日以联司名义指示第一线各部队,不放过有利机会,歼灭在前沿探索和进扰的小股之敌,询问情况;以精干的兵力,对敌兵力不多、阵地不坚的突出的前哨阵地实施攻击,力求夺取之。并于8月中旬派出了战役侦察。

为使刚刚入朝的第20兵团参加第六次战役,不重复过去各军教训,彭德怀和韩先楚令第20兵团各级主职干部到第26、第27军阵地先行研究情况,并以第20兵团第67军4个团,于8月中旬接替了淮阳以南第9兵团第27军正面1个师的防务,以便在防御战中取得初步经验,第68军也开到淮阳至新高山公路线以北、道纳里至化川里公路线以南地区,准备接替人民军第5军团的防务。

为把全军动员起来,积极准备作战,志愿军政治部于8月21日专门下发了第六次战役的政治工作指示,指出,第六次战役是再度给敌人以重大打击,取得这次战役的胜利,无论在军事上政治上,都有伟大意义,并从而彻底揭破美帝在最近和平谈判中的阴谋诡计。要取得胜利,必须估计到敌人是有准备的,这是一场激烈的持续攻坚战。但同时也要看到我军力量已大为增强,比以往任何一次战役要有优势,战术、技术水平和指挥能力都有了提高,地形熟悉、敌情了解,有大量的炮兵和相当多的坦克部队参加战斗,后勤供应较以前更有了保证,继续发扬英勇顽强机智的精神,克服困难,是能够取得胜利的。为了保证战役的完全胜利,政治工作要求:

第一,把第五次战役后部队整训、新的战役准备特别是思想教育收获总结好,在此基础上,进行一次普遍而深入的战役思想动员,激励全体指战员的高度义愤与杀敌的决心,发动大家订立个人的集体的立功计划,为争取这一战役完满胜利而奋斗。

第二,做好准备是战役胜利的必要前提,政治工作要协同有关业务部门,充分做好粮食、弹药、通信器材的计划和准备,在"一切为了前线胜利"的口号下,把机关和后勤部门组织起来,克服困难,保证靠近最前线的一段,最艰苦的运输工作能顺利完成;研究电台、报话机、有线电话、徒步通信在各种情况下的畅通;充分研究攻坚中之扫雷、破铁丝网等技术及各种战术动作,协助司令、后勤机关检查、督促,及时总结交流经验。各业务部门的党、团员要以高度的积极性和责任心,百分之百地完成自己担负的任务,并带动群众完成好任务。

第三,为保证持续不间断的攻击,政治工作要保证战斗部队有高度的顽强性,做到边打边组织,指挥不间断;要尽量组织非战斗人员协助医务人员、担架人员,抢救伤员;要发扬军事民主,同时教育部队坚决执行命令指到哪打到哪,坚决达成战斗任务;大家都做敌军工作,并严格执行俘虏政策,以战场喊话、散发传单开展战场政治攻势;要发扬阶级友爱,团结友邻部队,特别要体谅特种兵组建时间短,实战经验不足的困难,教育部队不埋怨、不为难,多为其创造条件,以增强步兵与特种兵间的情感,达到联合兵种共同作战的目的。

与此同时,中央军委和东北军区也为第六次战役做了一些必要的准备,主要是:一、决定调第23兵团2个军共3.5万人,在修建新的机场的同时,兼在后方反特和反敌空降任务;2个火箭炮团、2个榴弹炮团和1个重榴弹炮团,待命入朝。二、第六次战役各种主要弹药已运到前方,并有超过。三、志愿军冬季服装,拟于9月、10月、11月运入前方,国内正在调运中。四、9月份所需粮食,决于8月底前运完,准备9月上半月抢运战役发起后的10月份用粮。五、从关内抽调500个车皮专供加强在朝鲜的运输。另决9月份补充前方汽车1700辆,以后按每月消耗拨补。六、准备新兵17万人于

9月底前集中东北整训待补。

联司关于第六次战役的预备命令下达后，志愿军各兵团各军按照预令要求，认真研究制定出作战行动方案和开进计划，并按时上报联司。人民军亦详细研究了上级意图和敌我情况，拟订出具体作战方案上报了联司。

作战与谈判的要求相配合、相适应方针的提出和第六次战役计划撤销

第六次战役是贯彻执行"充分准备持久作战和争取和谈达到结束战争"这个总方针而提出的，其目的，是配合停战谈判，争取早日实现停战。在停战谈判没有全部达成协议之前，志愿军和人民军抓紧进行第六次战役作战准备，是完全必要的。但何时发起攻击，发起攻击以后能否顺利发展，这些必须从是否对谈判有利来考虑。毛泽东在接到彭德怀8月8日的电报后，于8月10日批示"请周、聂迅即集会研究，提出意见。"10日夜间，周恩来邀集代总参谋长聂荣臻、空军司令员刘亚楼、炮兵司令员陈锡联、总后勤部部长杨立三、军委作战部部长李涛等，对彭德怀8日来电进行了研究，与会者研究认为：

根据目前朝鲜雨季情况，九月份铁路、桥梁、公路不一定能完全修好，即使预计的九月份全月粮食能于八月中旬抢过鸭绿江，但不一定都能运过清川江(桥梁全断)。如果粮食不足，弹药有损(潮湿一部是可能的，前方尚未查清)，便决定大打，而空军又确定不能参加①，在敌人又已确定坚守的条件下，恐很难连续作战二十日至一个月。同时，在政治上，九月如仍在继续谈判，我便发动大打，亦不甚有利，如再不能大胜，则影响更不好。从种种方面看，我以加紧准备，推迟发动大打为有利。九月谈判如破裂，则十月便须准

① 8月4日、5日周恩来、聂荣臻、刘亚楼、王琏同苏联驻中国军事总顾问克拉索夫斯基就中、朝、苏空军进驻朝鲜的时间和进驻前机场增建问题进行了研究，因机场的修建要到11月份才能完成，因此"我空军出动和作战必须推迟到11月才能实现"。周恩来将此报告毛泽东、刘少奇和陈云，毛、刘、陈表示同意。同时，征求斯大林的意见尚未得到答复。

备大打;如敌不进,则九、十两月可在沿线寻找小战,不断给敌以杀伤,至十一月再大打,空军或有配合的可能。①

11日早晨,周恩来将讨论情况书面报毛泽东。关于空军参战的机场尚未准备好,中央军委决定空军参战时间推迟到11月份,征求斯大林的意见还未得到答复,因此上述研究意见未及时通报给彭德怀。接到彭德怀8月17日下达的作战预案后,周恩来起草了中央军委给彭德怀并告高岗的电报,经毛泽东阅改后,于8月19日发出。电报分析了战场内外的形势,提出了在谈判期间志愿军在作战上重要指导方针,即"在作战上,我们也应与谈判的要求相配合、相适应",认为根据准备情况,9月发起第六次战役恐难以达到预期目的,建议可否改为加紧准备而不发动。电报全文如下:

德怀同志并告高岗同志:

彭八月八日电及志司八月十七日电均悉。得彭电后因正在考虑空军参战须推迟到十一月事,并向菲利波夫同志征求意见,故未及复。现菲复电,亦认为在安东、平壤间增修三个机场并推迟空军出动是正确的(去电复电均已转你们),因之,对我军目前作战方针,不能不从各方面重加考虑。

敌人对于朝鲜谈判,只打算实现军事休战而不妨碍他的世界紧张政策,故他反对以三八线为分界线,政治原因大过军事原因。其拖延谈判,一方面企图以此逼我让步,另方面也为的拖过旧金山会议及便利其国会通过预算和加税。敌人敢于这样拖延,自然是因为了解我们正在诚意谋和。但敌人也怕负起谈判破裂的责任,其原因由于他们了解我们在朝鲜的力量已在加强,如果破裂后大打起来,问题依然不能解决,如因此而将战火扩张至中国大陆,可能又遇到英、法的反对。现在美国已取得英、法等国同意不以三八线而以他所拟的堪萨斯线为非军事区的南线,也就是他所谓的防守线,并准备作若干调整,因此,敌人也就敢于在这一点上,与我们僵持起来。

为使休战谈判能得到公平合理的解决,并准备谈判不成,破裂的责任落到敌人身上,除对谈判的意见已见毛主席八月十七日致金日成同志的电报②外,在作战上,我们也应与谈判的要求相配合、相适应。在九月份,如果我们预拟的战役计划,确实能做到歼灭美三师、伪二师及其他敌人一部或只

① 《周恩来军事文选》,第4卷,211页,北京,人民出版社,1997。

② 毛泽东1951年8月17日致金日成的电报大致内容见本卷第84页。

歼敌一个师，同时，又能迅速推进至涟川、铁原、金化地区或只推进一个地方，而不致为敌人赶回原阵地甚至侵入我阵地，那么这个战役尚是有意义的。但从现在具体情况看来，不仅空军在九月份不能参战并也不能掩护清川江以南的运输，而且其他方面也不易使我们这次战役能达到预期的目的。首先，朝鲜雨季八月底才能结束，清川江、大同江、新成川、富城几座桥梁尚未修通，清川江以北堆积的粮车最快恐需至八月底才能倒装完毕，因之，连续作战一个月的粮食在九月份得不到完全保证。弹药从现在前方储量计算可供一个月作战消耗，但雨水浸蚀的程度不知检查结果如何，有些仓库距离前线较远，尚不能供应及时。且战役发起后，不论胜利大小，均有使战役继续发展可能，我们粮弹储备只有一月，而后方运输又未修畅，设敌人窥破此点，我将陷入被动。次之，从战术上看，在九月份谈判中，敌人向我进攻的可能是较少的，因此，我军出击必须攻坚，而作战正面不宽，敌人纵深较强，其彼此策应亦便。我第一线又只能使用八个军突入，敌人除麟蹄以东外有十六个师旅可供呼应，即使我在战役开始时，歼敌一部，但突入后迂回渗透，扩张战果及推进阵地，则须经过反复激战，时间拖长的可能极大，结果对谈判可能起不利作用。现在我们握有重兵在手，空军、炮兵逐步加强，敌人在谈判中对此不能不有顾虑。设若战而不胜，反易暴露弱点。如谈判在分界线及非军事区问题上，在九月份尚有妥协可能，亦以不发起战役为能掌握主动。据此种种，望你对九月战役计划再行考虑，可否改为加紧准备而不发动，如此，既可预防敌人挑衅和破裂，又可加强前线训练和后勤准备。你意如何，望即电告。

其他有关部队调动，机场修建、兵员补充、物资供应及运输等问题，当另电告①。

军委

八月十九日②

随后，中央军委于8月21日，将国内为第六次战役所做的有关部队调动、机场修建、兵员补充、物资供应及运输等各项准备情况电告了彭德怀。

彭德怀同意中央军委对情况的分析和提出的方针。鉴于“空军九月不能入朝参战，运输物资又无保障”，因此，“同意将九月战役进攻，改为积极

① 这些情况军委于8月21日电告彭德怀并高岗。
② 《周恩来军事文选》，第4卷，217～219页，北京，人民出版社，1997。

准备”。“九月战役改为积极备战，防敌进攻，准备适当时机反击，如敌暂不进攻，待十月再决”。[①] 尔后，志愿军便转入配合朝鲜人民军，粉碎“联合国军”夏季攻势的作战。

后来的夏、秋季防御作战表明，举行战术性的反击作战更有利于歼敌，更有利于战线的稳定，对坚持持久作战更有利。因此，到了10月下旬，彭德怀决定“大战役反击在无空军配合情况下暂不进行”，“十一月甚至今年底（除特别有利情况在外），拟不准备进行全线大反击战役，根据九、十月经验，采取积极防御方针，敌人消耗很大，敌对我亦甚恐惧”。[②] 至此，第六次战役计划遂告撤销。

第六次战役计划虽未实施，但这一战役计划是根据停战谈判的需要而提出的，也是根据停战谈判的需要而放弃的。第六次战役计划的提出和放弃，反映了中央军委和志愿军的战略指导活动和高超的斗争艺术，尤其体现了在停战谈判期间，作战（包括军事准备）与谈判之间正确关系，作战紧密配合谈判，作战服从谈判的需要，保证在军事上、政治上都处于主动地位。同时，第六次战役的准备，在军事上对后来的夏秋季防御作战和坚持持久作战方针，都具有直接的积极的作用。

---

① 彭德怀致中央军委并告高岗的电报，1951年8月21日24时和22日7时30分。

② 彭德怀致杨得志、李志民、郑维山并告47军、42军、26军、12军、20兵团的电报，1951年10月24日14时；彭德怀致杨成武、张南生、萧文玖并告19兵团、26军、42军、47军的电报，1951年10月29日。

第三十八章

粉碎“联合国军”1951年夏季攻势

（参见附图13）

“联合国军”发动夏季攻势

朝鲜停战谈判开始以后，美国军事当局认为，这场战争没有军事上的胜利，因而暂时放弃了以全面进攻取得军事胜利的企图。但认为联合国军仍有充分的力量，对中国人民志愿军和朝鲜人民军实施强大的军事压力，迫使其接受联合国军的停战条件。因此，为联合国军确定了“不断对朝鲜的敌人施加军事压力的方针”，“痛击敌人以促使敌人接受联合国军司令部关于解决朝鲜问题的停战谈判条件”，一旦谈判破裂，只要不引起同中国的全面战争，李奇微可以放手实施空中和地面作战行动。[①]

据此，李奇微和范佛里特的计划是守住“堪萨斯—怀俄明”线。一方面，为防止“联合国军”部队的松懈和保持战斗上的优势，而力求通过强有力的巡逻和局部进攻来保持主动，以消耗志愿军和人民军的力量，破坏志愿军和人民军可能的进攻准备；另一方面，积极进行军事准备，视谈判进展情况，随时准备发动空中和地面攻势，配合美方代表的谈判对志愿军和人民军施加强大压力。

---

① 参见[美]沃尔特·G. 赫姆斯：《朝鲜战争中的美国陆军——停战谈判的帐篷和战斗前线》，53～57页，北京，国防大学出版社，1988。

为此，在谈判开始前，李奇微就要求范佛里特制定了军事进攻计划，所谓“压服计划”。6月上旬，范佛里特制定的这份进攻计划，大意是：当能提供一些满意的条件时，第8集团军即将在9月1日前后发动进攻，将战线推进到平壤、元山一线。因为此时谈判尚未开始，李奇微没有立即批准这一计划，决定视谈判情况再对这一计划采取行动。于是范佛里特为改善防御态势，特别是改善华川以东美第10军的防御态势，同时为了消除由于停战谈判即将开始而引起的部队变得懒散和软弱的状态，遂在他职权范围内，制定了夺取华川水库以东“大钵盆地”以北高地的进攻计划，并于6月下旬下达了进攻命令。但直到8月中旬，因朝鲜雨季，天下大雨，限制了美军空军和炮兵火力的支援，加上其他一些准备还不充分，而仅动用了团以下规模的部队进行了小的攻击。①

至8月中旬，“联合国军”利用无大战斗的间隙，加强了被大雨毁坏的工事，“怀俄明线”和“堪萨斯线”的工事构筑基本完成；美军在朝鲜的7个师中已有6个师、南朝鲜军10个师中已有3个师得到休整；美第2师已于7月底在“大钵盆地”攻占了杨口以北大愚山阵地，控制了一个有利的要点，为美第8集团军采取进一步的攻势行动创造了一定条件；应范佛里特的请求，李奇微把弹药供应量集中到够第8集团军使用45天的水平；美第5航空队的各联队也在南朝鲜各基地完成了固定的配置，从而可更有利于支援美第8集团军的地面作战；朝鲜的雨季即将过去，天气好转，气象条件已有利于“联合国军”的联合作战。与此同时，在谈判桌上，美方代表团不但坚决拒绝朝中代表团提出的以三八线为军事分界线的合理建议，而且正在大肆炫耀海空军优势，无理要求将军事分界线划在志愿军和人民军战线后方，企图不战而让志愿军和人民军退出1.2万平方公里土地，遭到朝中代表团的严词驳斥，关于军事分界线问题的谈判已陷入僵局。

在这种情况下，“联合国军”为配合其在谈判桌上的谈判，对朝中方面施加军事压力，以军事压力实现其在谈判桌上的企图，遂于8月18日开始，以其地面部队发动了夏季攻势，同时以其空军发动了“绞杀战”。

“联合国军”夏季攻势的主要目标，是北汉江以东至东海岸朝鲜人民军防守的正面80公里宽的阵地，企图将阵地向北推进12公里，切掉杨口以北

---

① 参见[美]马修·李奇微：《朝鲜战争》，189页，北京，军事科学出版社，1983；[美]沃尔特·G.赫姆斯：《朝鲜战争中的美国陆军——停战谈判的帐篷和战斗前线》，76、86页，北京，国防大学出版社，1988。

人民军阵地的突出部，拉平战线，改善美第10军和南朝鲜第1军团的防御态势，将主抵抗线向前推进，同时破坏志愿军和人民军可能进行的攻势作战准备。

在东线人民军对面，"联合国军"从西至东依次为：美第10军指挥的南朝鲜第7师、美第2师（配属南朝鲜第5师1个团）、南朝鲜第8师（配属第5师1个团）和南朝鲜第1军团指挥的首都师、第11师。美陆战第1师和南朝鲜第5师师部率1个团在洪川、县里地区，为美第10军预备队。其发动的夏季攻势，先后动用了美第2师、陆战第1师和南朝鲜第7、第5、第8、第11师及首都师，共7个师的兵力，在美第5航空队和海军舰载航空兵平均每天96架次飞机的支援下，发动了攻击。整个攻势持续了一个月，在人民军防御的80公里宽的正面上展开全面攻击，重点是攻击人民军3个军团的接合部。

人民军的防御作战

此时，人民军在北汉江东岸至东海岸担任防御的，是人民军前线指挥部金雄指挥的3个军团，从西至东依次为第5、第2、第3军团，第一线共展开6个师，第二线为3个师。

在停战谈判开始以后，除第2军团在7月底对美第2师向大愚山阵地的进攻进行了顽强抗击和激烈争夺外，其他两个军团正面均较平静。这期间金雄各部加修了阵地工事，并按联司的统一计划，正在进行第六次战役准备。8月中旬，人民军总部决定将刚刚整训完毕准备用于作战的第6军团，从西海岸东调归金雄指挥。金雄计划以该军团接替第3军团正面2个师的防务，以第3军团西移，接替第2军团一部分防务，缩小第2军团正面过重的防御负担，准备第六次战役开始后，以第3、第5军团为第一梯队，分别歼灭南朝鲜第8、第5师各两个团，相机夺回大愚山阵地等。但第6军团尚未到达，整个部署调整尚未开始，"联合国军"即在金雄指挥的人民军3个军团正面开始了夏季攻势。

由于适值雨季，朝鲜发生了40年来罕见的大汛，前方工事不断坍塌损坏，后方道路、桥梁被冲断，致使前线所需粮食、弹药和汽油的供应极为困难。人民军在此情况下全线展开了防御作战。整个防御作战分为两个阶段。

第一阶段,从8月18日开始,至31日结束。“联合国军”以美第2师,南朝鲜第7、第5、第8、第11师和首都师各一部,共约3个师的兵力,在大量炮兵、航空兵的火力支援下,向人民军3个军团的阵地发动了全面进攻,21日以后,除重点攻击人民军3个军团的接合部外,其他进攻基本停止。这一阶段的进攻是以南朝鲜军为主进行的。

在人民军第5、第2军团的接合部,即第5军团正面项岭至第2军团右翼后项谷的15公里地段上,“联合国军”使用了南朝鲜第7、第5师各一部共3个团,美第2师4个营,并有40多辆坦克配合。

“联合国军”在该地段上的主要进攻目标为人民军第5军团正面的983.1高地。983.1高地位于水入川东岸,杨口至文登里的公路,从其西侧经过。人民军控制该高地,不但可以控制西侧的公路,而且可以俯瞰大愚山以西、该高地以南美第2师的前进阵地,可以引导炮兵火力准确地轰击“堪萨斯线”上的美第2师阵地。范佛里特在攻势开始时,指示美第10军军长:为了掩护堪萨斯线,增大防御纵深,必须夺取983.1高地,为扰乱人民军的后方和威胁文登里,也必须夺取这个门户。美第10军将南朝鲜第5师1个团配属给美第2师担任主攻983.1高地及其东侧940高地和773.1高地的任务。美第2师为此作了充分的准备,决定以师的全部炮兵火力支援这次攻击,支援火炮在4公里的攻击正面上达到200门,还规定:“在这次攻击中弹药没有限制”①。

8月18日6时开始,美第2师的全部炮兵对983.1等3个高地实施猛烈的炮火准备。6时30分,美第2师以配属的南朝鲜军2个营,分别向983.1高地、940高地和773.1高地同时发起攻击。

人民军在这3个阵地上防守的1个团,利用野战工事顽强抗击,在阵地前设置的雷障也发挥了作用,加上步兵武器的射击和投掷手榴弹,致使南朝鲜军该2个营连攻2天,未达到目的,并遭受重大伤亡。8月20日,美第2师将配属的南朝鲜军另1个营也投入攻击。人民军防守部队与其展开激烈的争夺,特别是983.1高地,2天中反复争夺10余次。南朝鲜军依靠美军强大炮兵火力的支援,200门火炮平均每天向3个高地发射炮弹4万发,至22日中午才全部占领上述3个高地。至25日,人民军第5军团共毙伤敌

① ［美］沃尔特·G.赫姆斯:《朝鲜战争中的美国陆军——停战谈判的帐篷和战斗前线》,89页,北京,国防大学出版社,1988;(日)陆战史研究普及会编:《朝鲜战争》,下卷(集原书第9、10卷)123～125页,北京,国防大学出版社,1990。

2600余人。

与此同时，美第2师和南朝鲜第5师，平均每天以2~4个营的兵力，在40余辆坦克及飞机、火炮的支援下，攻击人民军第2军团右翼杜密里以北鸠岘至陈岘纵深阵地。人民军第2军团防守部队与敌苦战4昼夜，予敌重大杀伤，有的高地数次易手，至24日，敌占领4个高地，双方形成对峙。

在人民军第2、第3军团接合部，即第2军团左翼芦田坪至第3军团右翼新炭里13公里地段上，“联合国军”使用了南朝鲜第8、第11师及首都师各一部共2个多团进行攻击。人民军第2、第3军团防守部队顽强阻击，战至24日，经反复争夺，敌遭受重大杀伤，仅占领3个高地，人民军第3军团新炭里南北阵地屹立未动。

自8月18日以来，“联合国军”平均每日以6~13个营的兵力，在飞机、坦克和猛烈炮火的支援掩护下，向人民军3个军团防守的共80公里宽的阵地，连续猛攻7昼夜，在人民军的顽强阻击和积极的阵前反击下，付出1.6万余人的伤亡，仅在局部地区推进阵地2~6公里，未能达到预定目标，至8月24日基本停止攻击。

人民军前线指挥部为打击当面南朝鲜军的气焰，并进一步准备第六次战役，夺回一部分阵地，则乘敌疲惫之际，以第5军团2个师于8月25日深夜开始，向983.1高地发起了反击，以第2军团1个师，在第5军团一部的配合下，于26日夜向大愚山之敌发起了反击。经3天激战，至27日，第5军团夺回了杜密里以西、以北983.1高地、773.1高地等6个高地，歼美军和南朝鲜军900余人。

李奇微回忆录和美国人写的战史，对983.1高地等的争夺战均有评述，他们将这一高地称为“血岭”，说北朝鲜军队在这里组织了严密的防御，美第2师的步兵分队在这里遭到了整个攻势中最为激烈的抵抗，南朝鲜军1个团冲击5天，终于占领了山脊，但又被北朝鲜军队赶了下来，在8月27日，南朝鲜军的这个团许多分队都溃逃了，并在美第2师一些分队中引起恐慌。①

人民军第2军团1个师在第5军团一部的配合下反击大愚山，至29日，有2个营曾一度攻占大愚山，其他部队也先后攻占了大愚山东南及西

① 参见［美］马修·李奇微：《朝鲜战争》，192页，北京，军事科学出版社，1983；［美］沃尔特·G.赫姆斯：《朝鲜战争中的美国陆军——停战谈判的帐篷和战斗前线》，89页，北京，国防大学出版社，1988。

南、西北共4个高地。但大愚山敌军工事较坚固,防守兵力较大,失掉阵地后又猛烈反扑,双方经5个小时的激烈反复争夺,阵地又被敌军夺回。30日,杜密里南朝鲜援兵1个多团解大愚山之围,加上人民军炮弹接济不上,以及连日大雨、部队连续作战疲劳,不宜再攻。8月31日,联司彭德怀司令员致电金雄,指出:“凡属不易夺回之阵地,暂不必强求,以免伤亡过大。”请金雄根据实际情况决定之。据此,人民军主动撤出了对大愚山的反击,转入防御。

此次反击,共歼敌8100余人。至此,第一阶段作战结束,共歼敌2.4万余人。

第二阶段,从9月1日开始,至18日结束。“联合国军”第一阶段的攻击未达到预期作战目的,在他们对称为“血岭”的983.1高地进行攻击受挫的时候,范佛里特制定了几个作战计划,其中包括在元山以南的通川实施两栖登陆的作战计划,未得到李奇微的批准,遂决定继续夺取“大钵盆地”以北的一带高地。为此,美第10军调整了部署,8月底,将预备队美陆战第1师和南朝鲜第5师师部率1个团均调至第一线。以陆战第1师接替了南朝鲜第8师加田里以西部分防务,南朝鲜第8师则向东北延伸至松支谷一线,南朝鲜第5师各团归建,并接替了美第2师大愚山地区的防务,加大了其主要进攻正面上的兵力。在进攻部署上,改变了第一阶段以南朝鲜军为主的做法,而以美军和南朝鲜军同时攻击,并以美军担任主要地段的攻击,部署是:以美第2师攻击983.1高地、773.1高地及以北851高地,以南朝鲜第7师在983.1高地以西发起攻击,以南朝鲜第5师攻击“大钵盆地”西北边缘高地,以美陆战第1师攻击“大钵盆地”东北高地。

与此同时,8月底人民军也调整了部署,即以第6军团接替了第3军团通川、高城、新炭里地区的全部防务;第3军团则西靠接替了新炭里至西希岭第2军团的防务,从而缩短了第2、第3军团的防御正面,加大了主要防御方向的兵力密度。

从9月1日起,美第10军指挥的南朝鲜第7师、美第2师、南朝鲜第5师、美陆战第1师、南朝鲜第8师和南朝鲜第1军团指挥的第11师,每日各以营团规模的兵力,在坦克、炮兵和航空兵火力的支援下,向人民军第5、第2、第3军团防守的阵地发动攻击。而在第5军团正面项岭、杜密里以北773.1高地地区,第2军团正面大愚山以北加七峰、1211高地地区,第3军团正面加田里以北地区争夺最为激烈。

美第2师在向983.1和773.1高地的攻击中,其指挥的3个团轮番上阵，虽有猛烈炮火和飞机的支援，但在人民军第5军团防守部队的抗击下，进攻4天，均被击退，直至9月5日，在遭受重大伤亡的情况下，才攻占这两个高地。南朝鲜第5师和美陆战第1师向大愚山以北、以东各高地的攻击，也遇到人民军第2军团的顽强抵抗，前3天的攻击均被击退，至9月4日，才攻占加七峰，而对加七峰以北1211高地的攻击，始终没能如愿。

战至9月8日，美第10军仅攻占人民军3个军团的部分前沿阵地，从9日开始转入逐段重点进攻。

首先集中南朝鲜第8师全部、美陆战第1师和南朝鲜第11师各一部共5个多团，在数十门火炮和4～8架飞机支援下，向人民军第3军团防守的道味岘至新炭里15公里地段行重点进攻。

9月9日至12日，在人民军第3军团防守的加田里以北黄基以及向东北至松鱼月4公里地段上，南朝鲜第8师每日以1个多团的兵力进行连续攻击，每日向该线阵地发射炮弹1万余发。尽管如此，人民军第3军团防守部队，每日均击退其数次攻击。经4天激战，南朝鲜第8师付出重大伤亡，攻占的阵地被人民军第3军团全部恢复。13日，美第10军集中美陆战第1师、南朝鲜第8师共4个多团的兵力，在大量飞机和猛烈炮火支援下，将攻击地段从松鱼月向西延伸至道味岘共12公里，连续猛攻一天。人民军第3军团部队在每个阵地上，都击退其6～8次攻击，有的阵地击退其18次攻击，激战1昼夜，美第10军进展甚微。14日至18日，美第10军又将进攻重点转至黄基以西道味岘至芦田坪4公里地段上，每日以4至5个营的兵力进行轮番攻击。经人民军第3军团部队顽强抗击，美第10军寸步未进。

在人民军第2、第5军团防守的地段上，在9月8日，范佛里特即向美第10军下达了向北进攻的命令，以打破人民军防御的稳定。美第10军决定以美第2师夺取851高地群，以南朝鲜第7、第5师，分别从左翼和右翼向851高地群发起攻击。经过整顿和准备后，于13日发起了攻击。

851高地位于983.1高地以北约2公里，西北距文登里约3公里，在其以南的930.6高地和894.3高地，与851高地共同组成一个高地群，由人民军第2军团部队防守，扼制其以南3英里以外的美第2师向“血岭”的入口。美第2师为夺取这一高地群，使用了2个105毫米口径榴弹炮营、2个155毫米口径榴弹炮营和1个8英寸口径榴弹炮连。从13日到18日，美第2师先后使用2个团的兵力，在南朝鲜第5、第7师的配合下，连攻6天，并增加1个155毫米口径榴弹炮营、1个重迫击炮连和1个坦克连支援。但人民军防守部队利用隐蔽工事，巧妙地组织各种步兵火器，特别是发挥了迫击炮的威力，并以顽强的抗击与连续的反冲击，予美第2师以大量杀伤(其第9团第2营仅剩11人)，美第2师仅仅攻占了该高地群最南端的894.3高地。后来，美军将851高地群称为“伤心岭”。18日以后，除美第2师继续调整部队攻击851高地群外，“联合国军”的整个夏季攻势基本停止。

第二阶段，人民军又歼敌2.2万余人。当时的美第2师师长也不得不承认，他们低估了人民军的抵抗能力。[①]

志愿军的作战

志愿军为配合停战谈判，原计划9月发起的第六次战役，根据中央军委8月19日的电报指示，改为积极备战，防敌进攻，准备适当时机反击，如敌暂不进攻，待10月再决。在这种情况下，8月21日，毛泽东致电彭德怀，请彭德怀考虑邓华8月18日的建议。邓华一直主张谈判需要胜利的军事斗争相配合，在美方代表蛮横拒绝以三八线为军事分界线，并炫耀其海空军优势，无理要求将军事分界线划在志愿军和人民军战线后方，致使关于军事分界线问题的谈判陷入僵局的时候，8月18日，邓华在给彭德怀并转毛泽东的电报中，除对军事分界线问题的谈判进行分析，提出自己的看法外，仍然主张以军事胜利配合谈判。他建议：“在军事上我应有所准备，纵目前不进行战役反击，也当尽可能作战术的反击，收复些地方，推前接触线，更好地了解敌人阵地及其坚固程度。”毛泽东在21日的电报中说：“我认为这个意见值得认真考虑，请你计划一下，九月份能否进行此种战术反击，如何进行法，须用多少兵力，胜利把握如何，敌人的反应将会如何，请就这几点考虑电告。”[②]彭德怀在接到毛泽东的电报后，于23日复电毛泽东，认为：“九月不举行大的战役进攻时，可选择伪军突出部队举行局部进攻。”目前可以“伪一师在临津江西之十一团及北汉江西之伪六师十九团”为反击对象，“其他美军布防尚未发现其弱点”。

邓华在得知中央军委8月19日指示后，于26日致电彭德怀，同意中央

① 参见[美]沃尔特·G.赫姆斯：《朝鲜战争中的美国陆军——停战谈判的帐篷和战斗前线》，92页，北京，国防大学出版社，1988。

② 《建国以来毛泽东军事文稿》，上卷，546页，北京，军事科学出版社、中央文献出版社，2010。

军委的意见，认为，第六次战役争取11月初举行为有利，如果9、10两月中敌不大举进攻，我第一线8个军应积极动作，举行中小规模的反击来打击敌人的阵地，并消耗疲惫敌人，造成11月攻势的有利条件。

此时，“联合国军”在东线人民军防守的战线上已开始了夏季攻势，并在开城谈判会场区连续挑衅滋事。8月23日，朝中代表团根据毛泽东的指示，宣布会议停开，以待美方对挑衅破坏事件做出负责的处理。同日，毛泽东指示彭德怀，我军在军事上应加紧准备迎击敌人的可能进攻。①

鉴于上述情况，彭德怀于8月23日指示第一线各军，在继续进行第六次战役其他准备的同时，选择当面敌军比较突出的连、排阵地举行反击，一方面了解敌军阵地情况，另一方面配合人民军在东线的防御作战。

这时，志愿军在第一线防守的部队共5个军，西起礼成江口东至北汉江西岸，依次展开的为第19兵团指挥的第64、第47军，志愿军总部直接指挥的第42军，第9兵团指挥的第26、第27军。“联合国军”虽向北汉江以东人民军阵地发动了夏季攻势，但在志愿军正面比较平静。志愿军各部正在积极进行第六次战役的各种准备，制定作战方案，加紧战术演练，并派出了侦察队，歼灭在前沿探索和进扰的小股之敌，了解情况，还准备以精干的兵力，对当面敌军兵力不多、阵地不坚的突出的前哨阵地实施攻击，力求夺取之，以获取阵地攻坚作战的经验。为使新入朝的第20兵团早日熟悉情况、摸索经验，志愿军总部已决定以第20兵团第67军接替第9兵团第27军的防务。

第27军阵地西起金化以北537.7高地，东至北汉江西岸，与左邻人民军第5军团的阵地紧接。第9兵团司令员宋时轮和副司令员陶勇，鉴于“联合国军”在东线已向人民军发动了进攻，必须配合人民军作战，同时为获取突破攻坚作战的经验，以资新接防部队借鉴，遂决定，第27军在撤下阵地之前，先打一仗，歼灭当面之敌一部，将现有阵地向前推进。据此，第27军制定了作战计划，并邀请第20兵团第67、第68军首长，共同具体研究了作战方案。

8月24日8时，彭德怀致电第27军并第9兵团，指出：“求得消灭敌一部，取得攻坚经验，了解阵地构成，配合五军团反击，帮助新到兵团均有利，望坚决执行。”同日9时，志愿军总部将人民军第5军团的反击作战部署，通报给第9兵团并第27军首长。联司决定“为粉碎敌拉直芦田坪至五味里之

① 参见《周恩来年谱（1949～1976）》，上卷，175页，北京，中央文献出版社，1997。

突出战线，我决人民军与二十七军举行反击。”[①]26日，志愿军总部又指示第19兵团，“以一个军于月底或九月初五日以前，加以充分准备，突然包围，干净歼灭临津江以西长湍地区伪一师之十一团”。

原计划第27军以第81师1个团和第80师的一部兵力，加强轻火炮并组织远程火炮配合，于8月28或29日向细岘里以东南朝鲜第6师进行局部反击，争取歼南朝鲜第6师1个团兵力。但是，26日以后，连日大雨，金城川水涨受阻，反击作战未能按计划进行。此时，美第7师接替了南朝鲜第6师左邻美第24师防务。美第7师接防后，于8月30日和31日，以1个营至1个团的兵力，先向志愿军第27军防守的黑云吐岭东西一线发动了局部进攻，为打击敌人，确保主动，志愿军第27军立即改变原反击计划，迅速组织该军3个师中的共约3个团的兵力，在5个炮兵营火力（包括首次使用喀秋莎火箭炮）支援下，于9月1日至3日，分别向黑云吐岭东西一线进行了连续3天的反击作战。9月1日当晚，即夺回黑云吐岭等3个高地，并攻占注坡里以北3个高地。2日和3日，敌我双方在黑云吐岭及另一个高地进行了数次反复争夺。3日，第27军部队主动撤离该两高地。前后共毙伤俘敌1900余名，其中美军1600余名，挫败了美第7师的进攻，有力配合了人民军之作战，稳定了阵地，并于9月10日顺利地将防务全部移交第67军。

第19兵团根据志愿军总部8月26日的指示和当面敌军情况，选择涟川以西德寺里美骑兵第1师2个连的阵地为目标，经过准备后，以第64军1个团在炮兵2个团另1个营、坦克1个连和高炮1个营的配合下，于9月5日22时发起攻击，6日凌晨攻占阵地。后美骑兵第1师1000余人援兵增援德寺里，并有8架飞机和8辆坦克掩护，志愿军第64军进攻部队战至6日16时30分主动撤出战斗。连同打援在内，共歼美骑兵第1师630余人。

与此同时，志愿军第47、第42、第26军各以一部，经过准备后，于9月6日和7日，分别向铁原西南338.1高地、铁原西北中马山、平康东南西方山、斗流峰等各由美军1～2个连兵力防守的阵地实施了反击。

第47军以1个连另2个排的兵力，在山炮9门、步兵炮2门、轻重迫击炮8门的支援下，经炮火准备后，于9月6日20时10分，对当面铁原西南338.1高地刚刚接替希腊营的美骑兵第1师1个连发起攻击，战斗一个半小时，以伤亡57人的代价全歼美骑兵第1师1个连共120人。

---

① 彭德怀致中央军委、东北军区和邓华、解方并各兵团的电报，1951年8月25日18时。

第 26 军以 4 个营另 1 个连，在野炮、榴弹炮、战防炮共 8 个连，及无坐力炮和九○火箭筒各一部支援配合下，经炮火准备后，于 9 月 6 日 22 时 30 分，分两路同时向平康东南西方山、斗流峰美第 25 师 2 个连和 1 个火器排发起攻击，战至 7 日 16 时，连同打援在内共歼敌 440 人，残敌动摇弃守阵地南撤，战斗结束。志愿军第 26 军控制了西方山、斗流峰阵地，达成了攻占该两阵地的目的。

第 42 军于 9 月 7 日零时 40 分，以 5 个步兵连和 1 个迫击炮连，向铁原西北中马山美第 3 师 1 个加强连阵地发起攻击，但因准备不周、协同不好，虽曾攻占敌军一部阵地，但未能全歼守敌，歼敌 50 人后，撤出战斗。

上述志愿军 5 个军组织的战斗，除攻击中马山一点未成功外，其余均较顺利达到了预定歼敌目的，配合了人民军在北汉江以东的防御作战，并且攻击的都是美军阵地，共毙伤俘敌 3100 余人，杀伤了敌人，了解了敌军阵地情况，收复些地方，前推了接触线，特别是占领了西方山、斗流峰等要点，改善了平康地区的防御态势。

此外，第 67 军自 9 月 1 日至 10 日，接替第 27 军防务以来，截至 15 日 18 时止，进行阻击作战 59 次，反击 8 次，总计大小战斗 67 次、共歼敌 2295 人。其中 12 日在巨里室附近战斗，美军坦克 8 辆向该军 2 个连阵地进攻，该两个连各以 2 门无坐力炮一举击毁美军坦克 4 辆。第 67 军初步获取了朝鲜战场的作战经验。

在粉碎“联合国军”夏季攻势作战期间，朝鲜人民军和中国人民志愿军英勇奋战，全线共毙伤敌 7. 8 万余人(内美军 2. 2 万人)。“联合国军”付出如此重大代价，才在东线推进阵地 179 平方公里，未能实现迫使朝中方面在军事分界线问题上的谈判中接受美方无理要求的目的。

志愿军和人民军的夏季防御作战，是在刚转入阵地防御，工事不坚，经验不多，粮弹供应不足，部队疲劳的困难情况下进行的，取得了胜利。这一作战，为志愿军和人民军实行阵地防御作战，提供了重要的经验。

第三十九章

阵地战指导思想的提出和战场部署的调整

（参见序列表13）

“学会阵地攻坚和阵地防御”思想的提出

1951年6月25~27日，志愿军党委扩大会议贯彻中共中央关于“充分准备持久作战和争取和谈达到结束战争”的指导方针时，曾根据战争形势的变化，确定今后作战方式，将是一种运动防御与反击相结合的拉锯战，也就是积极防御与短促突击相结合的作战方式。敌军进攻时，我军则主动收缩，不与阵地共存亡，并利用反冲锋和战术反击，击退敌军，夺回已失阵地。如此与敌军周旋，待将敌军削弱消耗到一定程度，择其突出部或薄弱部进行战役反击，以歼灭敌军。

停战谈判开始以后，战场形势又有了新的变化。敌对双方利用战场相对平静的机会，在正面战线都构筑了较完整的防御阵地体系，双方在正面的作战，无论进攻或防御，均是阵地战。“联合国军”于8月18日开始的夏季攻势，朝鲜人民军的防御作战和志愿军战术反击作战，均是阵地攻坚或阵地防御战。特别是关于军事分界线问题的谈判开始以后，战争政治形势的变化，要求战场上的敌对双方都不容许轻易放弃已有阵地。这种战争形势的新变化，使志愿军6月间确定的作战方式，已不适应新的要求。

为适应战争和战场形势的这种新变化,同时贯彻中央军委8月19日电报中提出的作战"应与谈判的要求相配合、相适应"的方针,更有力地指导尔后作战,8月30日,志愿军党委决定,召开各兵团各军首长参加的志愿军党委扩大会议,研究讨论作战问题。随后,于9月4日至10日,彭德怀在志愿军总部所在地空寺洞主持召开了志愿军党委扩大会议,32名军以上干部参加了会议。

会议在汇报6月中旬以来各项工作情况,交流经验,充分讨论的基础上,彭德怀于9月8日和10日,先后两次代表志愿军党委作了重要讲话,并对持久作战作了具体部署。

彭德怀在讲话中分析了美国的战争政策,进一步指出,朝鲜停战谈判是在经过了五个战役之后,敌我双方力量旗鼓相当的情况下产生的。但和平对美国所推行的战争政策是不利的,而大打它又有困难,所以美国在谈判中采取拖延政策,以便保持战争气氛,便于通过庞大的军事预算和武装日本等。在美国故意拖延的情况下我们同其进行谈判,意义在于揭露、孤立敌人,动摇敌军的士气,同时也是为了教育人民,提高人民的觉悟,认清美国要战争不要和平的真正面目。当前,停战谈判一时尚难有明确结果,即使停火而没有撤兵,战争仍可能随时打起来,因此,我军必须加强作战准备,增强技术兵种,提高联合兵种作战水平和干部指挥水平,大量消灭敌人,迫使美方知难而退,争取通过谈判解决问题。

彭德怀根据上述分析及当时战场的形势,特别是双方力量旗鼓相当,都转入战略防御、都做了工事、开始了停战谈判和双方依托阵地正在进行的攻防作战的情况等,指出一定时期内大规模运动战的机会是较少可能的。因此,进一步明确了志愿军的作战方针,第一次明确提出了今后战争的样式主要是"阵地攻坚与阵地防御",从而改变了6月确定的"运动防御与反击相结合"的拉锯战的作战方式。他指出:"我们必须要作持久战打,要学会阵地攻坚与阵地防御。这种阵地战的战争形式一天一天的明显,大踏步进退的机动战的机会在今后朝鲜战争一定时期中已益见减少。"彭德怀对这一方针作了具体阐述,指出:

我们在防御作战中应是积极防御、节节抵抗,对每一阵地必须进行反复争夺,不得轻易放弃阵地。采取不断的阵地反击及小出击,歼灭出犯或突出部之敌,以求得多杀伤敌人,争取时间。

在进攻中如无特别有利时机,技术条件还未得适当解决前,不宜进得太远,因为敌人有相当强固的纵深设防,必须稳扎稳打。而从整个敌我力量对比上看来,兵力我们是绝对优势,火力是劣势的。因此,如何集中火力求得某一方面或某一点的优势是很需要的,要达到火力的优势,重要的是在于善于组织火力,否则就不能形成优势的力量。①

彭德怀还指出,“关于今后如何打法问题,同志们提出来大、中、小三种打法相结合,一般说来是对的。目前,要打美军一个团,不是一两个军单独可以做到的。中打就要牵动志愿军第一线的各军或一两个兵团。因为敌人已构成防御体系,要从敌人的防御体系中去挖一块是不容易的。但也不是绝对不可能的,要看具体情况。我们研究敌人,不要只从表面部署来看,而必须要看到敌人的各项弱点,要把敌人摸得很熟,有机会就打。不管中打、小打,必须要进行充分的准备,特别是注意准备打敌增援,从敌人运动中给敌人以重大的杀伤。目前,主要是要多杀伤敌人,积极寻求打小仗。中打要慢些,确实弄清楚了有把握才能打,因为中打牵涉的队伍多,可能妨碍下次战役的充分准备。”志愿军是在中国战场上诞生的,适应了在中国战场上的作战。“而今天对占领阵地的敌人,采取过去的打法就不完全合用了,必须要有纵深的(多梯队的)连续攻击。……只有采取连续、多梯队的攻击,才能保持不断的突击力。……一梯队不行了,二梯队接着打。这样连续打下去,自己虽伤亡大些,但能达到歼灭敌人的目的。”②

为贯彻上述方针,会议要求在预计的第六次战役未开始以前:

第一,第一线各部队,应时刻准备打击可能进犯之敌,并加强前沿活动,随时准备扑歼小股出扰之敌。同时,要打突出部之小攻坚战,每次求得歼灭美军1个连至1个营,以取得攻坚作战的经验。但必须进行充分的准备。各军要精心研究9月初志愿军几个军战术反击的经验和人民军夏季防御作战的经验,学会集中火力、组织火力,计划多打小仗,不错过战机,只要我们经常成连成营地歼灭敌人,集小胜为大胜,必然会将敌人士气打下去。而我们自己也会逐渐摸索出攻坚的经验,对敌军阵地有了底。

第二,随时防范和迎击敌人正面的进攻与在东西海岸的登陆,因此,必须加强第一、第二线工事,并构筑第三线工事,这是带有战略性的任务。人民军自8月18日以来的防御作战,也表明了防御工事的重要,依托工事予

① 彭德怀在志愿军党委扩大会议上的讲话,1951年9月8日。
② 彭德怀在志愿军党委扩大会议上的讲话,1951年9月10日。

敌以重大杀伤,而敌军只前进几公里。同时要修筑几条标准公路(并对各兵团担负的修路任务做了具体区分);修建仓库和掩蔽部,在成川、阳德线以南囤积3个月的粮食弹药;修暖炕,做好过冬防寒准备。

第三,干部必须努力提高军事学术,志愿军部队来自各个战略区,指挥上各有一套,不统一,也似一个"联合国部队",必须建立必要的统一的制度,努力掌握现代军事技术,努力向现代化前进,提高现代作战的指挥艺术,更好地发挥军队的作战效能。

会议还强调了严肃纪律的问题,必须认识,现代化作战,纪律是非常重要的。纪律性的提高,是战胜敌人的一个很重要的武器。

会后,9月13日,彭德怀、陈赓、甘泗淇、韩先楚致电各部,根据会议精神和战争转入相持阶段3个月以来战场上敌我双方变化的情况,为准备迎击敌人进攻,消灭敌人于纵深内和阵地前,对加强现有阵地工事和继续增修工事、加强东西海岸纵深防御工事做了具体部署。9月16日,又以联司名义向志愿军和人民军发出指示,要求各部队必须总结8月中旬以来作战中的经验教训,讲究战术,讲究作战队形,有效利用地形和科学使用火力,指示"以后我重要阵地必须是隧道式的据点,特别是核心阵地。而且要有假工事,以欺骗敌人。单人散兵坑,要筑有防弹掩体,并须带有掩盖及伪装起来的交通沟以联贯之……白天夜间均能进退自如。各级干部对重要阵地,必须亲自检查工事强度,要求能抵御榴弹炮炮弹的浸澈"。

志愿军各部队认真传达贯彻会议精神,在进一步确立了长期作战思想的同时,确立了阵地战的思想,根据会议精神和志愿军总部的指示,总结3个月来攻防作战的经验,认真研究战术,在第一线部队积极进行小型作战的同时,加强现有阵地工事,并在38.5°线地区增修纵深阵地工事和东西海岸的海防工事。

9月14日,彭德怀率志愿军司令部机关由伊川附近的空寺洞,转移到平壤东北桧仓,此后即长驻于此。

海岸防御的方针和海岸防御联合指挥机构组成

朝鲜三面环海、南北狭长的特殊地理环境,有利于登陆作战。特别是美军具有优势的海军和空军,具有第二次世界大战中多次大规模登陆和朝鲜战争初期仁川登陆的成功经验。而志愿军和人民军没有海军,空军力量也较弱。因此,志愿军参战后,如何防止美军实施侧后登陆进攻,一直是志愿军战略指导上的重大问题。第二次战役将美国为首的“联合国军”从鸭绿江边打退至三八线后，战线延长、侧翼海岸暴露加大，这个问题就更为突出。自第三次战役开始，志愿军和人民军进行的每次战役，都对侧后东西海岸部署了必要的防御兵力，保证侧翼海岸的安全。第三次战役胜利后，适时收兵的一个重要考虑，就是担心前进过远，后方空虚，美军乘机在志愿军和人民军侧后登陆，从而造成志愿军和人民军战略上不利的局面。第五次战役的重要目的之一，就是破坏“联合国军”可能在志愿军和人民军侧后登陆配合其正面进攻的企图，为防患于未然，先机制敌而提前发起战役。

1951 年 6 月中旬，战争转入相持阶段后，毛泽东、彭德怀和中央军委总参谋部，也始终把防备美军进行侧后登陆进攻，作为战场部署和各种准备的重要考虑。

6 月 11 日，毛泽东在电告彭德怀 6 月和 7 月“不进行大的反攻战役”，考虑的一个重要前提条件就是美军不发动侧后登陆进攻。6 月 16 日，彭德怀在致毛泽东的电报中，认为美军如在元山登陆将对我军是重大的压力，估计在 7 月初、中旬以后有可能实施侧后登陆。6 月 23 日，聂荣臻在关于朝鲜战场兵力配备问题向毛泽东的请示报告中，也提出了“敌人在元山登陆的威胁未减，我须要控制元山地区，保证我主力侧后的安全”的建议。停战谈判开始后，志愿军在进行第六次战役准备过程中，毛泽东于 8 月 1 日致电彭德怀，就第六次战役的兵力使用问题，提出第 13 兵团①所属 3 个军应“调至第一线积极准备九月战役，而从三兵团及十九兵团中抽出三至四个军接替海防兵力”。中央军委决定原定 9 月发起的第六次战役向后推迟后，8 月 26 日又指出“敌人又有企图在镇南浦登陆的消息，因此，三十八军、三十九军及四十军均应位于原驻地加强训练，并准备对付镇南浦方面的可能登陆”。②

9 月上旬，苏联将获悉的美军可能进行登陆的动态向中国作了通报（中国又将此通报给金日成），指出：美军仍继续在西海岸镇南浦地区进行详细的侦察工作，元山附近的岛上亦发现有南朝鲜海军陆战队的侦察活动；美军

---

① 第 13 兵团部已改为志愿军总部，所属各军归志愿军总部直接指挥，但在毛泽东、中央军委与彭德怀的一些往来电报中仍习惯于将原第 13 兵团所属各军，称为第 13 兵团各军。

② 《建国以来毛泽东军事文稿》，上卷，542、548 页，北京，军事科学出版社、中央文献出版社，2010。

已将日本横须贺地区建筑为海军陆战队登陆训练演习中心,6 月下旬至 8 月下旬,美军第 45 步兵师所属部队曾进行登陆作战的演习,美国海军第 90 混合舰队等也曾参加;驻日本之美第40、第45 步兵师师长,于7 月和8 月均曾率所属军官 50 人视察朝鲜战场;美空降第 187 团已由朝鲜调往日本横滨;7 月末在日本千岁空军基地发现美空降第 188 团番号;美军空军有 2 个战斗轰炸机联队已由美国调至日本,并有 2 个轻轰炸机联队已由日本基地调至朝鲜战场;美重型航空母舰"艾塞克斯"号已调至朝鲜海面,原驻朝鲜之水雷艇的大部已更换,等等。据推测:美军准备在西海岸镇南浦地区或东海岸元山地区进行登陆,在登陆中可能利用的部队,为美军 3 个师又 3 个团,加英国海军陆战队、南朝鲜海军陆战队等,共约 5 个师。其登陆日期将视气象条件是否适合海空军活动而定。

9 月 9 日和 11 日,中央军委情报部和金日成,分别将上述情况向志司和彭德怀作了通报。金日成并命令朝鲜人民军空军司令王琏,"拿出所有空军力量对付这一情况,配合地面部队打击歼灭登陆之敌"。

彭德怀接到上述通报后,于 9 月 13 日在以彭德怀、陈赓、甘泗淇、韩先楚名义给各部的指示中,指出:美国在战场上虽遭沉重打击,损失惨重,"但未改变其侵略战争政策,两个多月和谈中,阴谋百出,全无诚意,且积极补充兵员,增加炮兵、坦克部队,以四十师、四十五师及两个独立团成立十六军,增加空海军不断举行大演习,企图于我侧后登陆,成全正面进攻"。针对这个情况,在朝鲜"东西海港布雷和海岸工作,人民军总部已指定专门部队担任"。但纵深仍较弱,因此要求"加强现有阵地和纵深工事,加强东西海岸纵深防御工事,准备随时迎击敌之进攻,消灭敌于纵深内或阵地前"。

为适应战场上的需要和加强中国东北地区海防,中央军委决定,将在华北地区的第 11 和第 16 军于 9 月中旬调至东北地区,其中第 16 军的第 47 师进入朝鲜的咸兴地区担任海防。

9 月 17 日,中央军委致电彭德怀并告高岗,决定加强朝鲜东西海防,并明确规定了海岸防御的作战方针。指示指出:"根据最近各方情况,证明敌人在日本之部队似有增加,并对登陆作战之训练甚为积极。我们认为目前最大的顾虑是在东西海防方面。为防敌可能的登陆,确实保证我东西沿海侧后之安全,必须坚决阻止敌人于海上,粉碎敌人任何的登陆企图。必须告诉海岸防御的各部队首长,依据朝鲜特殊的地形,只有采取坚决阻止敌人于海上的方针,才是有效地保证我正面主力阵地之安全。因此必须放弃让敌登陆或诱敌深入而后歼之的方针。望志司根据以上的方针速作具体部署。”

电报同时决定：一、从华北即调东北的第11、第16军，其中第16军以一个师加强朝鲜咸兴地区海防，进至咸兴、兴南地区，归第9兵团宋时轮、陶勇指挥，配合当地人民军担任咸兴、兴南地区海防守备任务，第16军率另两个师，车运至东北通化地区整训待命，在咸兴地区有紧急需要时得军委批准后准备增援该地之作战。第11军车运凤城、安东一带整训待命，在西海岸紧急需要时，得军委批准后，准备增援西海岸之作战。二、为加强东海岸高城、元山、咸兴之线的海防作战准备与指挥，拟建议金首相将现位于高城、元山地区之人民军第7军团与现位于咸兴地区的人民军第46师统归志愿军第9兵团宋陶指挥。为便于机动、志愿军第27军北移后，应进至永兴、高原地区集结整训，并与咸兴地区之人民军切取联络。责成宋陶担负有效地阻止敌人登陆的完全责任。三、为积极认真准备西海岸的海防作战，在邓华同志回志司后（邓华此时在北京汇报请示工作），应即抽出韩先楚去西海岸组织海防指挥部，韩为司令员兼政治委员，其所指挥的部队为第38、第39、第40、第50军，并与定州和安州线之人民军第14、第105师切取联络。韩应率第13兵团各军首长切实侦察镇南浦至海州线沿海地形，并与人民军第1、第4军团切取联络，准备随时配合人民军第1、第4两军团阻止敌人在西海岸的任何登陆企图。

与此同时，金日成指示朝鲜人民军空军倾全力参加反登陆作战，“坚决消灭敌人于登陆点，不让敌人登陆”①。

接军委上述电报后，彭德怀于9月18日23时复电中央军委并告高岗，完全同意中央军委指示，认为军委的考虑和布置甚好。同时对东西海岸统一指挥问题，进一步提出了建议，指出：

关于东西海防统一指挥问题，人民军副司令员崔庸健同志十三日由志司回平壤，让其与金首相面商。我们提议以宋陶统一东线海防指挥，西海岸如何统一指挥，请金提出意见尚未见复电，待数日后拟亲往金首相处面商解决之。根据现在情况，似以联合指挥为宜，东海岸除宋陶外，人民军派一副司令（员），西海岸以崔庸健为司令（员），韩先楚为政治委员或为副司令（员），照顾双方似较妥。军委是否同意，盼早示。

① 刘震、沈启贤、李如海致彭德怀并刘亚楼、吴法宪、常乾坤关于朝鲜人民军空军准备反登陆作战志愿军空军将如何协助问题的电报，1951年9月18日13时。

9月20日,中央军委致电彭德怀指出:"关于东西海岸的联合指挥问题同意你的意见,东海岸除宋陶外人民军派一副司令(员),西海岸则以崔庸健为司令(员),韩先楚为政治委员或副司令(员),请你与金首相商定之。"

根据中央军委指示,彭德怀于9月21日致电金日成,将志愿军担任海岸防御的部队及指挥关系向金日成作了报告,同时提出为随时迎击登陆之敌,"似应成立两联合指挥所统一东西两海岸指挥,东海岸方面由西湖津①至通川统由九兵团正副司令(员)宋时轮、陶勇同志兼任外,另请人民军任命一员任副司令(员)。西海岸方面由安州至海州线,请人民军任命一员任司令员,志愿军韩先楚为政治委员或副司令员,或者以韩先楚为司令员,人民军任命一政治委员,统一西海岸指挥。以何者为宜请斟酌。……上述两海岸联合指挥所正副司令员及政治委员人选如何,统希考虑,并望示复,以便立即组成,进行工作"。22日,金日成复电彭德怀,同意成立东西两海岸联合指挥机构,提出西海岸指挥所以韩先楚为司令员、人民军第4军团军团长朴正德兼任副司令员;东海岸以人民军第7军团军团长李离法兼任副司令员。

至此,东西海岸防御联合指挥机构全部组成。西海岸指挥所由志愿军副司令员韩先楚任司令员,人民军第4军团军团长朴正德兼任副司令员,统一指挥志愿军第38、第39、第40、第50军和人民军第1、第4军团,遂行安州至海州段海岸防御任务。西海岸安州至新义州海防,拟待志愿军第23兵团完成泰川、博川地区机场修建任务后担任之。东海岸防御司令部由志愿军第9兵团司令部兼任,宋时轮兼任司令员,人民军第7军团军团长李离法和志愿军第9兵团副司令员陶勇分别兼任第一、第二副司令员,统一指挥志愿军第9兵团第20、第27军和第16军之第47师以及朝鲜人民军第7军团,遂行西湖津至通川地段海岸防御任务。

防御部署的全面调整

战争转入阵地战,战线的相对稳定,使志愿军和人民军全面筹划战场部署的布局,进行相对稳定的部署有了可能性,尤其需要改变以往运动战时东西海岸防御部署只能临时应付的状态。为适应战场情况,贯彻志愿军党委

① 西湖津位于兴南港东约2公里。

扩大会议精神,继续准备第六次战役和加强海岸防御,从 8 月底开始至 10 月上旬,志愿军和人民军对战场部署进行了全面调整。

为防止"联合国军"对开城中立区的进攻,确保开城中立区的安全,8 月底,将在第二线完成休整的第 65 军调入开城地区,加强保卫开城的部署。同时,将原防卫开城的第 47 军和人民军第 1 军团各 1 个师归还建制,以利指挥和作战。为加强正面东线防御力量,8 月底,人民军第 6 军团已由西线调至东线,并接替了第 3 军团的防务。9 月 1 日至 10 日,6 月间入朝的志愿军第 20 兵团第 67 军,接替了第 9 兵团第 27 军金城地区的防务,以获取作战经验,第 27 军撤至马转里、阳德地区整补,并担任东海岸防御的第二梯队;9 月下旬,决定以志愿军第 20 兵团的第 68 军接替久战疲劳的人民军第 5 军团的防务。另外,给主要防御方向上的第一梯队军各加强 2～3 个榴弹炮兵团、1 个火箭炮兵团、1 个防坦克炮兵团和 1 个坦克团。

至 9 月底正面战线担任第一线防御任务的部队,有志愿军 6 个军,人民军 4 个军团,从西至东依次为志愿军第 19 兵团指挥的第 65、第 64、第 47 军,志愿军总部直接指挥的第 42 军,志愿军第 9 兵团指挥的第 26 军和第 20 兵团指挥的第 67 军;人民军前线司令部指挥的第 5、第 2、第 3、第 6 军团。志愿军第 19 兵团指挥的第 63 军和第 20 兵团指挥的第 68 军为第二线部队。正面战线部队,一方面准备迎击"联合国军"的进攻,另一方面继续进行第六次战役准备。

担任西海岸防御的部队为志愿军 4 个军和人民军 2 个军团另 2 个旅,第一线南起海州沿海岸向北至铁山半岛龙岩浦,展开人民军 2 个军团另 2 个旅和志愿军 1 个军,即人民军第 1、第 4 军团和海防第 23、第 26 旅,展开于海州至清川江口一线;志愿军第 50 军展开于清川江口北岸至铁山半岛龙岩浦一线。志愿军第 38 军位于顺安、肃川、永柔铁路沿线地区,第 39 军位于成川地区,第 40 军位于祥原地区,为西海岸防御的第二线部队。此外,于 7 月中旬组建集中的志愿军和人民军游击支队,归西海岸指挥所指挥,在大同江以南,载宁江以西,海州以北山区担负清剿匪特任务。

担任东海岸防御的部队为志愿军 2 个军另 1 个师和人民军 1 个军团另 2 个旅,第一线南起通川沿海岸向北至兴南港以东西湖津,展开人民军 1 个军团另 2 个旅和志愿军 1 个师,即人民军第 7 军团、海防第 24 和第 25 旅、志愿军第 16 军的第 47 师(10 月初到达)。志愿军第 20 军位于马息岭、释王寺、新高山以西,马转里以东,佳丽州以北地区,第 27 军位于马转里、阳德以北及文川里、马息岭地区,为东海岸防御的第二线部队。10 月上旬,志愿军第68军接替人民军第5军团正面第一线的防御任务后，人民军第5军团北上进入高原、永兴地区，一面休整，一面担任永兴（虎岛半岛北端）、高原地带海岸防御任务。

西海岸指挥所于10月13日制定出了《西海岸初步作战计划》，东海岸司令部于10月4日召开作战会议，制定了海岸防御作战方案，对所指挥的各部队作战任务和构筑工事的任务作了区分和部署，要求各部按照坚决阻敌于海上的作战方针，在沿海第一线和第二线的重点地区构筑坚固防御工事和作坑道。各部队均在各自防区开始构筑防御工事，在便于美军坦克突入和空降的地区，均增强了防坦克兵器和高射火箭，设置了反坦克、反空降地域。

此外，志愿军第3兵团的第12、第15、第60军置于谷山附近地区，为志愿军总预备队。在中国东北境内，第16军军部率2个师于9月下旬从华北调至吉林省的通化地区，第11军于10月初从华北调至辽东的安东、凤城之线，归东北军区指挥，整训待机，准备随时支援朝鲜东西海岸作战。

为了准备空军参战，志愿军第23兵团率第36、第37军共4个师于9月7日入朝，担任修建清川江以北南市、泰川、院里机场任务。

朝鲜人民军空军拟制了出动空军参加反登陆作战的计划，共有90架飞机，其中拉–9战斗机37架、雅克–9战斗机16架、依尔–10冲击机26架、图–2轰炸机11架。预计每架每日出动2～3次。志愿军空军于9月下旬起在苏联空军的带领下，以中国安东地区的机场为基地，以师为单位出动作战，掩护平壤以北铁路运输和机场修建，并在实战中锻炼部队。

战场部署的全面调整，更加适应了停战谈判开始以后战争形势变化的要求，更加适应了阵地战的要求，特别是东西海岸两个联合指挥机构的组成和海岸防御兵力的部署，以及海岸防御工事的开始构筑，完全改变了以前临时指定海岸防御部队的局面，使海岸防御更加有了保证。

"学会阵地攻坚与阵地防御"思想的提出、"坚决阻止敌人于海上"海岸防御方针的确立、东西海岸两个联合指挥机构的组成、战场部署的全面调整，这些，为整个战场的作战并取得胜利作了战略上的必要筹划和准备。

第四十章

粉碎“联合国军”1951年秋季攻势

(参见附图14、15)

“联合国军”发动秋季攻势

“联合国军”发动的所谓“有限度的夏季攻势”,一开始就不顺利,付出了沉重的代价,未能迫使朝中方面在谈判中接受美方的无理要求。虽然得不偿失,但仍不甘心。他们总结作战上的教训是因为“有限攻击正面和攻击兵力过死”①。为继续以军事压力迫使朝中方面接受美方在军事分界线问题上的无理要求,于是,在其夏季攻势失败后,范佛里特又重弹以侧后登陆配合正面进攻,举行大规模攻势行动的老调。

9月下旬,范佛里特制定了“争吵者”计划,再次报请李奇微批准。“争吵者”计划的核心是:10月中旬以美陆战第1师和南朝鲜军的1个师在库底、通川地区登陆,以在战线中部的美第9军和在东部的美第10军、南朝鲜第1军团采取正面进攻,歼灭东线的朝鲜人民军,将战线推进到平康—淮阳—库底一线。范佛里特在考虑实施这一计划中,打算使用汉城—铁原—金化—金城—昌道里的铁路,但铁原—金化段的铁路,是在志愿军的居高临下的控制之下,而不能使用,而且美第9军为了和在库底登陆的美陆战第1师等协同,途经金城、昌道里附近向东北前进时,志愿军主力在西部战线向

① [日]陆战史研究普及会编:《朝鲜战争》,下卷,163页。

美第 1 军正面采取攻势的可能性很大。因此，在发动“争吵者”作战之前需进行“棍棒”作战。即在美第 1、第 9 军正面实施有限目标的攻击，将战线向北推进约 15 公里，在击破志愿军发动攻势能力的同时，保证铁原—金化交通线的安全。美第 1 军继续进行现在的攻击，以使平康—铁原—金化“铁三角”地区正面的攻势容易进行。①

上述两个计划上报后，9 月 27 日，范佛里特催促李奇微批准。但李奇微表示沉默，并于 9 月 30 日批准了美第 1 军军长奥丹尼尔提出的“突击队”行动作战计划。该计划比“争吵者”和“棍棒”作战的胃口和风险都小得多，拟由美第 1 军指挥的 4 个师和美第 9 军指挥的 1 个师，于 10 月初开始，发动一次纵深为 10 公里的有节制的进攻，攻占志愿军防守的临津江左岸至铁原以西一线阵地，以建立“詹姆斯敦线”，为“堪萨斯线”新添置一块突出部，解除志愿军对涟川至铁原交通干线的威胁，并从侧翼威胁开城。从西至东，以南朝鲜第 1 师向开城进攻；以英联邦师夺取高浪浦以北砂川河东岸的青廷里东至临津江河谷的高作洞一线以北的高地；以美骑兵第 1 师由高作洞至天德山一线夺取驿谷川南岸高地；以美第 3 师夺取铁原西和西北各高地；美第 9 军指挥的美第 25 师攻取铁原东北汉滩川与南大川交汇处，并西与美第 3 师会合。该计划分析认为：战场几乎都是丘陵地区，在发挥自己战斗力方面比其他战线都容易，10 月份会连续出现干爽天气，不必担心洪水和泥泞，并便于空军配合。还有，志愿军不会像北朝鲜军那样死守着土地不放，因此受到的抵抗会小些，损失也会少些。同时，并不使第 8 集团军的部队过于疲劳。②

与此同时，美第 9 军和美第 10 军也分别作出进攻计划。美第 9 军的计划是，以美第 24 师、南朝鲜第 2 和第 6 师夺取金城以南一线高地。美第 10 军为了报“伤心岭”的一箭之仇，其计划名为“底线得分”，在北汉江以东以美第 2 师、南朝鲜第 5 和第 8 师，继续夺取 851 和 1211 一线高地，并进到文

① 参见[美]沃尔特·G. 赫姆斯：《朝鲜战争中的美国陆军——停战谈判的帐篷和战斗前线》，103 页，北京，国防大学出版社，1988；日本陆战史研究普及会编：《朝鲜战争》，下卷，164 页，北京，国防大学出版社，1990。

② 参见[美]沃尔特·G. 赫姆斯：《朝鲜战争中的美国陆军——停战谈判的帐篷和战斗前线》，103 ~ 104 页，北京，国防大学出版社，1988；日本陆战史研究普及会编：《朝鲜战争》，下卷，166 页，北京，国防大学出版社，1990。

登里东西一线。①

范佛里特于10月1日下达了秋季攻势作战命令：美第1军从10月3日开始进行“突击队”行动作战，美第9军以左翼之美第25师进行攻击，协同美第1军右翼的北进；美第10军于10月5日再次发动进攻，进攻文登里—1211高地—南江弯曲部一线，修正战线之弯曲部分；南朝鲜第1军团在东海岸公路正面采取攻势，以便使第10军之攻势顺利进行。

在此之前，“联合国军”为吸引志愿军和人民军注意力，隐蔽其在西线发动进攻的企图，试探志愿军新接防的第67军战斗力，以及进行其所谓的“特种混合支队的作战试验”，于9月12日，以美第7师1个营和南朝鲜第2师2个营另2个连的兵力，在70余辆坦克及10余架飞机配合下，向志愿军第67军第200师前沿几个阵地进行强攻，被击退。于9月21日，又以美第25、第7师，南朝鲜第2、第6师各一部，共8个营的兵力，在75辆坦克、100余门火炮及大量飞机支援下，向志愿军第67军防御正面甘凤里（金化东）至北汉江一线发动了猛烈进攻。激战终日，志愿军第67军毙伤敌1140人，击毁坦克17辆，粉碎了“联合国军”的进攻，阵地只被占去3个前沿支撑点。

在范佛里特正式下达进攻命令之前，9月29日，“联合国军”地面部队，即采取“逐段进攻、逐步推进”的战法，首先在西线开始了进攻。范佛里特下达进攻命令后，10月3日、10月5日、10月13日，西线的美第1军、东线的美第10军、中线的美第9军，相继开始了进攻。

此时，志愿军刚刚调整了战场部署，在正面第一线展开防御的共6个军，西起礼成江口东至北汉江西岸依次为：第19兵团指挥的第65、第64、第47军，志愿军总部直接指挥的第42军，第9兵团指挥的第26军和第20兵团指挥的第67军。其中，第65、第67军，分别于8月底和9月上旬刚到第一线，其余4个军于6月中旬前后，即开始担任第一线的防御任务，并在配合人民军夏季防御的作战中进行了战术反击。第68军准备接替北汉江以东人民军第5军团的第一线防御任务。第一线部队贯彻9月上旬志愿军党委扩大会议精神，已经明确了阵地战的思想，正一方面准备迎击“联合国军”的进攻，一方面继续进行第六次战役准备。

---

① 参见[美]沃尔特·G.赫姆斯：《朝鲜战争中的美国陆军——停战谈判的帐篷和战斗前线》，95~97页，北京，国防大学出版社，1988；日本陆战史研究普及会编：《朝鲜战争》，下卷，177、180页，北京，国防大学出版社，1990。

9月17日和22日,志愿军首长鉴于“联合国军”接连在金城以南向刚接防的第67军正面发动攻击,先后两次发出指示,令第20兵团及第67军“给进犯之敌以严重打击”;“六十七军、二十六军阵地必须大力巩固,善于组织炮火,必要时不惜使用喀秋莎,坚决阻止敌人,不轻易放弃阵地,并借此大量杀伤敌人”。9月29日,在“联合国军”发起秋季攻势的当天,志愿军首长针对9月中旬以来,某些前沿阵地丢失而不能夺回的情况,向第一线各部下达了指示,指出:各级指挥员平日必须研究地形及掌握敌之行动规律,确定各种情况下的行动腹案,以掌握主动;反击必须有充分准备,掌握好反击时机,尤其“最重要的是必须防止敌人的反击”;“对我设防之坚固阵地不能随便放弃,万不得已而必须放弃时,应将所有工事预先炸毁,决不能使敌人利用对我顽抗,或作为敌研究对付我的材料”。

因朝鲜暴发了40年来罕见的特大洪水和“联合国军”对朝鲜北方的交通运输系统发动了“绞杀战”,因而志愿军的物资运输困难,第一线的粮食、弹药供应十分紧张。

在这种情况下,志愿军第一线各军根据上述指示,采取积极防御,节节抗击,反复争夺,歼灭敌人的方针,开始了秋季防御作战。

粉碎“联合国军”在西线的进攻

志愿军在西线西起礼成江口东至铁原西北驿谷川南岸,约80公里的防御正面上,由第19兵团指挥展开3个军担任防御,其中第65军3个师一线展开,西起礼成江口东至高浪浦东北斗日场,正面约40公里,主要担负保卫开城的任务;第64军以1个师由西南向东北,展开于青廷里至高阳垈的临津江西岸约10公里一线,另2个师为预备队;第47军以2个师,展开于临津江东岸高作洞向东北至铁原西北大马里约30公里一线,另1个师为预备队。此外,第63军位于市边里以北地区为兵团第二梯队。各军均编有1个野榴炮团,每师编有1个山炮营,在第一线的第64、第47军还各配属榴弹炮1个多团(60多门)、战防炮1～2个营(8～16门)、火箭炮1个团(24门)、坦克1个团(40辆)。

9月29日,“联合国军”在西线的美第1军,以美第3师2个团的兵力,在20余个重炮群和60余辆坦克支援下,向铁原以西志愿军第47军防守的夜月山、天德山至大马里一线阵地实施猛烈进攻。志愿军第47军第141

师，在炮兵配合下顽强阻击，将美第3师1个团击溃、美军该团进攻未得逞。美第3师另一个团，不惜代价，以集团多路向夜月山阵地攻击。志愿军扼守夜月山阵地的1个连，三面受敌，与美军反复冲杀激战竟日，连续打退美军14次冲锋，夜月山阵地被美军炮击数万发，变成一片焦土，全部工事被摧毁，坚守主峰的1个排全部牺牲，阵地方被美军占领。此战，志愿军第141师歼敌800余人。

根据美军进攻的势头，第47军和第19兵团判断，美军有将我压至临津江以西的企图，可能继续向北作局部进攻或大规模进攻，并以位于临津江以西的英联邦师和南朝鲜第1师相配合。据此，第19兵团于9月29日16时令第47军：如敌向安峡、朔宁地区作局部进攻，你军除坚决阻敌外，应以军的范围组织反击，求歼敌一部。如敌大规模向九化里地区进犯时，则以第64军全部，第65军一部，携手合围进犯之敌，求歼敌一至两个团。第47军据此于9月30日将在第二线的1个团前调至朔宁地区，加强纵深力量，准备适时投入战斗，协同第一线部队坚决阻敌。

9月30日，美第3师继续向292.0高地、天德山、418高地一线猛攻，激战至10月2日16时，除一部攻占292.0高地外，余均被击退，双方在阵地前沿形成对峙。10月2日，美骑兵第1师和英联邦师各一部向第64军第191师两个前沿阵地攻击，在遭受严重伤亡后，占去这两个阵地。

10月2日22时，联司致电第19兵团并第一线各部，指出：

> 敌近月来连续攻我东线、中线均受重挫，伤亡甚大，近又开始所谓秋季攻势，攻我大马里至天德山一线，你们必须依靠天德山坚固阵地，坚决顽抗，细致地组织火力，特别是组织突然猛烈的短兵火力，大量杀伤敌人，在有利情况下，坚决地灵活地反击，达到歼灭其一部，继续保持天德山阵地，以粉碎其攻势。我中线、东线各部队，为防止敌人配合西线攻势向我出击，必须准备坚决反击敌人。

根据上述精神，第47军指示第一线的第139、第141师，依据现有作战线，坚决阻击西犯之敌。尤其第141师之天德山阵地为我第一线主要支撑点，为保证我阵地安全，不得轻易放弃，并对在万一不利情况下被迫放弃也作了部署。同时决定，配属军的坦克部队统归第141师指挥调配。第64军也作了相应部署。

10月3日开始，美第1军以美骑兵第1师全部和美第3师2个团，泰国第21团及菲律宾营共约6个团兵力,在100余辆坦克,40余架飞机,10余个重炮营的掩护下(其中仅骑兵第1师除编制的4个榴弹炮营外,又加强榴弹炮1个营另2个连和8英寸口径榴弹炮1个连,共计110门[①]),向志愿军第47军南起高作洞、北至天德山30公里的整个防御正面上发动了主要突击。同时,以英联邦师1~2个团的兵力,在7个炮兵群、21~62辆坦克、20~40余架次飞机支援下,对志愿军第64军第191师防守的南起高旺山、北至城山约10公里的正面上,发动了辅助突击。进攻特点是,先以小部队进行试探性的进攻,侦察志愿军阵地兵力火力位置和防御上的薄弱环节,然后行毁灭性炮火轰击,再以步兵伴随坦克行多路集团冲锋。

志愿军第47军防御正面30公里,第一线展开4个团共8个营,平均每团正面7.5公里、营正面3.75公里,除军属炮团和各师山炮营外,配属榴弹炮72门、火箭炮24门、战防炮[②]6门、坦克40辆。在全面防御的基础上,以主要兵力扼守要点,依托坚固工事和炮兵火力,利用纵深设防和灵活不失时机调用二梯队,以坚决阻击与连续反冲击,英勇顽强地同敌展开激战。

防守天德山及418高地的第141师422团1个营(后又投入2个连),顽强抗击美军2个团在数十辆坦克和数十门大炮及10余架次飞机支援下的猛攻,每天击退美军10余次冲锋,反复进行争夺,有的连、排弹药打光后,就用石块砸或同美军拼刺刀,阵地被美军轰成焦土,在仅剩副团长等10余人的情况下,仍顽强抗击,战至10月5日12时,阵地三面受敌,遂主动撤至天德山西334高地及其以北葛岘洞、芝山洞、五里亭线继续抗击(美军在当天夜晚才发现志愿军撤离418高地[③])。共毙伤美军4500余人,其中炮兵杀伤敌人1000名以上。

第139师仅10月3日,即顽强击退美骑兵第1师3个多营的23次冲锋。尤其在第415团1个营阵地上,该团以各种炮兵火力予集团冲锋的美军及其二梯队以重大杀伤。4日和5日,继续抗击美军3~4个营的攻击。

美军完全低估了志愿军坚守阵地的意志和力量。美军战史在评述上述作战时说:敌方的抵抗集中在骑兵师的区域内,第1骑兵师每前进一步都很

---

① 参见[美]沃尔特·G.赫姆斯:《朝鲜战争中的美国陆军——停战谈判的帐篷和战斗前线》,105页,北京,国防大学出版社,1988。

② 战防炮,即反坦克炮。

③ 参见[美]沃尔特·G.赫姆斯:《朝鲜战争中的美国陆军——停战谈判的帐篷和战斗前线》,107页,北京,国防大学出版社,1988。

困难。中共第 47 军的 139 和 141 师部队主抵抗线与“伤心岭”的工事同样坚固。10 月 3 日进攻的当天，骑兵第 1 师当面的中共军队反应迅速而激烈，部队冲锋时就遇到中国军队的炮火打来，有的虽然攻上阵地，但不能立足就被压回来，攻击 418 高地的两个营，伤亡很大，哪个营都顶不住。中国军队抵抗之激烈的程度以拼刺刀为标志，许多阵地于进攻当天曾 3 次或 4 次易手。尽管 4 日的战斗异常激烈，但是进攻作战仍无进展。①

10 月 6 日，志愿军总部根据“联合国军”进攻情况，指示“现四十二军、四十七军及六十四军之阵地宜尽力坚守，大量杀伤敌人，消灭敌人，便于我尔后作较大反击”。

10 月 6 日后，美军由对志愿军第 47 军防御阵地的全面进攻，改为每天以 1 个团以上的兵力，在炮兵、坦克、飞机支援下，逐点攻击天德山以西 334 高地至高作洞地段的诸高地，第 47 军根据志愿军总部 6 日的指示精神，在该地段的 334 高地、346.6 高地、287.2 高地、272 高地、345.6 高地，与美军进行了反复激烈的争夺。7 日，334 高地、346.6 高地、287.2 高地被美军占领，272 高地和 345.6 高地屹立未动。在 346.6 高地，第 139 师第 416 团参谋长赵珍率 5 个排兵力，抗击美军 1 个团兵力在 10 余辆坦克支援下的进攻，自晨 4 时 30 分开始至下午，连续打退美军 10 余次冲锋，最后工事全部被毁，人员伤亡较大，弹药耗尽，又通信联络中断，炮火不能及时支援，在最后一次冲锋与美军混战时全部壮烈牺牲。8 至 10 日，志愿军第 139 师，对 287.2 和 346.6 高地进行了反击，夺回了该两高地，但在反复争夺中又被美军占领。

10 月 10 日夜，志愿军第 47 军以第 140 师接替第 139 师防务。此时，第 141 师正面美军的攻击渐趋消沉，美军攻击重点转向 346.6 高地以南突出阵地。11 日美骑兵第 1 师第 7 团 1 个营向上浦坊、下浦坊进攻，志愿军第 140 师第 418 团与敌激战竟日，黄昏后，以 5 个排在炮火掩护下，反击进占上浦坊、下浦坊的美军，战至 12 日拂晓，全歼美军 2 个步兵连和 1 个火器连大部，创造了阻击战全歼美军 2 个建制连的范例。16、17 两日，美军先后以 2 个团兵力，再次强攻 272 高地、德隐洞南山及 345.6 高地等。这一线阵地全部为美军炮火轰平，工事无法修筑，战士无法存身，只得利用弹坑作战。鉴于此，新接防的第 140 师第 420 团，于 18 日奉命主动放弃该线阵地，转至

---

① 参见［美］沃尔特·G. 赫姆斯：《朝鲜战争中的美国陆军——停战谈判的帐篷和战斗前线》，105～106 页，北京，国防大学出版社，1988。

鱼积山里、山谷洞、正洞、阴地村、陶渊里、上浦坊东山及222.9高地一线坚守。

从9月29日至10月18日,志愿军第47军连续同美骑兵第1师和美第3师顽强激战20天,全线每个阵地平均每天被美军炮轰2万发以上,阵地土石被炸松1米多深,但由于部队英勇顽强,各级指挥员的精心组织,充分发挥各种炮火的作用,全部粉碎了美军骑兵第1师和第3师的进攻,毙伤敌2万余人,其中炮兵杀伤敌人占1/3以上。美军向前推进约4公里,占去阵地90平方公里。第47军伤亡7000余人。彭德怀赞扬"四十七军打得好,打得英勇顽强,作战很积极"①。

在第64军正面,第191师在第五次战役后,武器装备得到部分补充,但兵力尚未得到补充,全师共有6000人、迫击炮以上各种火炮80门、九〇火箭筒18具。在英联邦师发起进攻后,志愿军第191师控制各制高点,采取支撑点式纵深防御,集中火炮支援主要方向的作战。10月3日,英第29旅以3个营在坦克21辆、飞机24架次的支援下,进行猛烈攻击,临津江以东美骑兵第1师一部在坦克5辆配合下,也西渡攻击志愿军第191师阵地,美、英军的攻击均遭到顽强抵抗,被击退4~7次冲锋,战至下午3时以后,仅占去3个阵地。

10月4日到7日,英第29旅全部和美骑兵第1师一部,每日以1~2个团的兵力,在40~60辆坦克、20~40架次飞机支援下,连续向志愿军第191师阵地发动全面猛攻,重点向高旺山、马良山和216.8高地突击,仅10月4日即向高旺山阵地发射炮弹1万余发、6日向216.8高地发射炮弹2万余发。第191师第571、第572团,在炮火支援下与敌反复争夺,每个阵地每天击退敌军1个连至1个营兵力2~13次冲锋。防守高旺山阵地的第571团1个连,4日与英军1个多营激战10小时,工事大部被毁,人员伤亡过半,阵地失守。坚守马良山主峰西南216.8高地的第571团1个连,从5日至7日,依托坑道式掩蔽部,顽强抗击3昼夜,击退英第29旅先后共两个营兵力的21次冲击,毙伤敌700余名,自身仅伤亡26人,出色地完成了防御任务。马良山阵地仅有野战工事,大部被英军炮火摧毁,曾多次失守,但均被反击夺回。至7日中午,马良山和216.8高地仍在志愿军手中。为保持有生力量,准备继续阻击,当夜,坚守该两阵地的部队,奉命主动撤离阵地。8日,第191师奉命撤至黄鸡山、基谷里、白石洞、伍炭里一线,继续防

① 转引自第47军:《5个月在西线与美军作战总结》,1951年11月25日。

御。从4日至8日,5昼夜顽强激战,志愿军第191师共毙伤敌2600余人,仅后撤3公里。10月9日,志愿军总部嘉勉第64军:“此次敌向你军进攻遭受重大损失,你们以英勇顽强少数伤亡取得重大战果,证明你军在组织炮火与指挥上均有进步,仍望细心研究,求得打一仗提高一步,祝你们胜利。”

至10月18日,“联合国军”在西线的整个进攻被粉碎,志愿军共毙伤敌2.2万余人,美军仅前进3~4公里。第47军和第64军的防御作战,都受到了志愿军首长的高度赞扬。

粉碎“联合国军”在东线的进攻

（参见附图15）

“联合国军”以美第1军指挥的4个师,在美第9军指挥的1个师配合下,于10月3日在西线向志愿军阵地发起攻击后,紧接着,于10月5日开始,又以美第10军指挥的美第2师、南朝鲜第8、第5师在东线北汉江以东,以夺取文登里东西阵地及以东1211高地、851高地一线为目标,向人民军防守的阵地发起了攻击。美军在东线的进攻有两大特点,一是使用集群坦克集中向文登里谷地突击,即所谓“坦克劈入战”;二是不惜向攻击的目标倾泻炮弹,范佛里特授权美第2师师长“只要夺取阵地需要,可以使用所有的弹药”①。

上述阵地主要是人民军第5军团防守的阵地。第5军团已久战疲劳,在9月27日,彭德怀即决定,以志愿军第68军接替人民军第5军团的防务。第68军决定以第204师及第202师1个团共4个团,接替人民军第5军团西起北汉江东岸至文登里以东635.8高地一线正面20公里的全部防务。10月7日,进至人民军第5军团第二线阵地,抢修工事,作为依托,拟10日接防。然而,此时美第10军的进攻,已进占位于文登里以东和以南各4公里的公路两侧930.6高地和665.5高地。第68军遂于10月7日提前投入战斗,同人民军共同抗击美第2师和南朝鲜第8师的进攻,边战斗边接防。

经3日激战,美军和南朝鲜军已在文登公路以西突入6公里。至10日

① ［美］沃尔特·G.赫姆斯:《朝鲜战争中的美国陆军——停战谈判的帐篷和战斗前线》,101页,北京,国防大学出版社,1988。

20 时，第 68 军全部接防完毕，前沿从西至东为，北汉江东岸的艾幕洞、891.5 高地、620.8 高地、742.8 高地、1050 高地、905.2 高地、文登里及以东 635.8 高地一线。在无工事依托，无足够的炮火支援，通信联络、供应组织均未就绪，敌情地形不了解的困难情况下，继续抗击美军和南朝鲜军的猛烈进攻。这时接防部队配属有榴弹炮 1 个团，后又增加 2 个连。接防后的防御布势为：第 204 师 3 个团一线展开，自西而东依次是第 612、第 611、第 610 团。第 202 师第 604 团为预备队。

文登里地区东依加七峰，西靠鱼隐山，谷地宽达 600 余米，中有末辉里至杨口公路，直贯敌我纵深，便于美军机械化部队纵向机动。但谷地两侧多系高山峻岭，因此也使美军机械化部队的横向机动受到限制。

志愿军第 68 军根据美军进攻特点和当面地形情况，为有效阻止美军坦克的集群进攻，增强防御阵地的稳定性，立即在公路两侧利用山脚棱坎、沟梁等自然地形，构筑堑壕、交通壕和火器发射点，在谷地构筑反坦克陷坑和数道反坦克壕，并与两翼阵地紧密结合，使其纵横贯通，以利兵力、兵器机动。在便于坦克通行的道路、河床、稻田地、山坡处，大量布设反坦克雷障。第 204 师并在全师范围内抽调人员，集中了 12 门野炮、49 门（具）无后坐力炮和火箭筒，以及 1 个工兵连，组成反坦克大队，归第 610 团指挥，部署于文登里地区，专门打坦克。

10 月 11 日，第 68 军仓促占领防御阵地，工事构筑未成体系，美第 2 师即以 10 余辆坦克在 12 架飞机及炮兵火力的支援下，沿公路成一路纵队，掩护步兵冲击。美军坦克深入到文登里以北 2 公里志愿军第 610 团防御纵深上深浦地区，对第 610 团两侧高地防御工事实施破坏射击。志愿军第 204 师反坦克大队即组织反坦克炮火射击，阻止美军坦克继续前进，当日，击毁美军坦克 1 辆、击伤 4 辆，经步兵顽强阻击，击退了美军进攻。

当日，志愿军总部发电嘉勉第 68 军：

> 你军接替五军团阵地，初出马，即阻击了进犯之敌，甚好。望细心加强工事，组织火力，架通电话，破坏和封锁敌方之公路大道，师团机关干部多帮助连队，鼓励士气，发扬顽强抗击精神，杀伤敌人，继续争取胜利。

志愿军第 68 军全部接防后第一天的胜利和志愿军总部的嘉勉，极大地鼓舞了初上朝鲜战场新接防的该军广大官兵。

10 月 12～14 日，美第 2 师每天以 30～40 辆坦克伴以步兵，在飞机和炮兵火力的掩护下，继续沿公路向文登里地区行集群攻击。志愿军第204师反坦克大队发挥了重要作用，3天中共击毁美军坦克18辆、击伤8辆。创造了志愿军打美军集群坦克的范例。从此，阻止了美军集群坦克的进攻。其中，12日一天即击毁美军坦克10辆、击伤8辆。参加反坦克大队的第612团第3营机炮连战士胡连，创造了一天击毁敌坦克4辆的战绩。从10月11日至14日，美军连续进攻4天，寸土未进，遂停止了对文登里地区的进攻。

但从5日至13日，美第2师以1个团的兵力、对人民军第2军团防守的851高地，连续攻击9天，不惜倾泻炮弹和炸弹①，于13日拂晓攻占851高地。

此后，美第10军将进攻重点转向文登公路以西志愿军第68军第612团防守的阵地。从10月13日至16日，南朝鲜第8师连续向志愿军第612团阵地攻击。志愿军该团打得英勇顽强，曾多次展开肉搏，但由于战术上存在缺点和对坚守防御思想不明确，先后被占去17个高地。经进一步明确坚守防御思想和调整战术后，防御基本稳定。从16日开始，南朝鲜第8师每日以1个多团的兵力，在炮火和美军空军支援下，连续向志愿军第612团阵地攻击，其中对938.2高地攻击最为猛烈，志愿军防守分队顽强抗击，至19日，该阵地屹立未动。20日，南朝鲜军集中2个团的兵力猛攻938.2高地及其两侧阵地。志愿军防守938.2高地的1个连另2个排和1个重机枪排，连续打退南朝鲜军1个团的多次攻击，在阵地工事全部被毁、弹药打光、人员大部壮烈牺牲的情况下，该阵地被南朝鲜军占领。

至此，美第10军在北汉江以东发动的攻势被全部粉碎，志愿军第68军从10月7日接防即开始抗击敌军进攻，至20日，连续激战13天，共毙伤敌人7690余名，其中美军3390余名，击落击伤美军飞机12架。至10月31日，共击毁、击伤美军坦克38辆。美军和南朝鲜军占去阵地50余平方公里。第68军伤亡2400余人。

在第68军顽强抗击北汉江以东美第10军的进攻时，10月13日，美第9军指挥的南朝鲜第2师、美第7师、美第24师、南朝鲜第6师，在北汉江以

---

① 据[美]沃尔特·G.赫姆斯：《朝鲜战争中的美国陆军——停战谈判的帐篷和战斗前线》101页上讲（北京，国防大学出版社，1988），美第2师此次向文登里至851高地一线的进攻，共发射各种炮弹69.7万发，仅对“伤心岭”地区即出动飞机842架次，投掷炸弹250吨。

西对志愿军第67军防守的阵地,也发动了进攻。其进攻特点与美第10军在北汉江以东的进攻基本相同,一是大量使用集群坦克,二是大量使用炮火。

9月上旬,第67军接替了第27军西起金化东北537.7高地、东至北汉江,正面27公里的防线。其防御布势为:第一线展开2个师,第200师展开于西起金化东北537.7高地、东至后洞里以西一线,第199师展开于西起后洞里北山、东至北汉江一线。第201师位昌道里以北及东南地区,为军预备队。除军、师队属炮兵外,配属榴弹炮兵2个团、反坦克炮兵1个团。第67军接防后,从9月初至9月中旬,配合北汉江以东人民军的夏季防御作战,在金城以南地区曾进行了数十次小战斗,在9月12日和21日,粉碎“联合国军”以坦克为主进行的两次“特种混合支队的作战试验”。

“联合国军”在西线开始秋季攻势后,联司于10月2日指示志愿军西线部队坚决粉碎敌军进攻的同时,要求“我中线、东线各部队,为防止敌人配合西线攻势向我出击,必须准备坚决反击敌人”。10月8日,志愿军总部致电第20兵团、第26军并第19兵团,指出:“现金化、铁原地区敌运输频繁,似有向我金化铁原以北地区继续蠢动之模样。因此,我各线部队,应提高警惕,加紧准备,以应付万一敌之冒犯。”第一线各要点“必须加强工事,向后修筑交通沟,囤积粮弹,准备火力,掌握情况,搜集工事材料,预置于阵地旁(准备工事被敌炮摧毁后,随时修理),制定作战方案与反击计划。必须在敌进攻时,使其暴露在我坚固阵地前,给以大量杀伤,歼灭其大部。所有重要之要点,必须准备坚守,不得随便放弃”。

志愿军第20兵团根据上述指示,于10月10日向部队下发战前准备工作的几项指示,强调了充分准备、严阵以待的作战指导思想,要求强固工事,囤积弹药、粮食,布置严密火网,加强反坦克部队的训练,拟好各种情况下之作战方案与计划,特别强调了“重要要点,必须坚守,不得随便放弃”的指导思想。

志愿军第67军根据上述精神作了必要准备,于10月3日向各部队提出了要求:1.加强第一、二线工事,派得力干部深入检查落实,做到逐山有工事,前后有交通沟,并设置副防御;2.应特别重视反坦克的准备,设置反坦克障碍,必须明确,只有能抗击大量坦克攻击,阵地才能巩固;3.作出各种情况下的坚守方案,第二线阵地应明确任务,派兵控制;4.作出步炮协同具体方案;5.按先前方后后方的原则,准备足够的粮弹,保证第一线不挨饿。

10月13日3时起,美第9军指挥的4个师,向志愿军第67军防守的西起金化东北7.5公里之芳通里东至北汉江24公里的正面发动猛烈进攻。13日当天，即使用南朝鲜第2师、美第7师、美第24师、南朝鲜第6师共17个营和90余辆坦克、100余架次飞机。14日，则以其第一线展开的全部共27个营，在坦克90余辆、战斗轰炸机20余架支援下，进行猛烈攻击，全天向志愿军第67军发射炮弹达10万发①，飞机整日轰炸并投掷汽油弹。

志愿军第67军第一线部队英勇顽强，在每个阵地上都同进攻之敌展开激烈的战斗，反复争夺。13日当天即毙伤敌5000余人，其中大部分阵地击退了敌军的进攻，阵地屹立未动，失去的几个阵地，都是在防守分队大部伤亡或全部牺牲的情况下被敌军占去。

由于部队接防1个月以来，连续作战，伤亡较大，十分疲劳，14日，各团的一线阵地经英勇抗击，与敌军反复争夺后，几乎全部被敌军占领。第199师奉命撤至金城川以北，继续抗击。第199、第200师的二线团也全部加入了战斗。但美第9军进攻势头不减。鉴于此，当日24时，第20兵团首长决定，第67军第二梯队第201师以2个团分别加入第199、第200师的战斗，另调第68军第203师为第67军第二梯队。

15日，美第9军以3个多团在坦克约100辆和炮火的支援下继续猛攻。志愿军第67军在602.2以北高地及其东西芦洞里北山、细岘里西高地、广大洞西高地、豆栗洞西山、月峰山等进行顽强阻击，逐山与敌争夺，经整日激战，第200师第600团2个连在602.2北山阵地，已顽强抗击3日，阵地屹立未动，有力地迟滞了美第24师的进攻。月峰山阵地防守分队也将敌击退。芦洞里北山、广大洞西高地、豆栗洞西南及以北高地等阵地经反复争夺后被敌军占领。

至此，经3昼夜鏖战，志愿军第67军毙伤敌1.7万余人，敌仅前进约2公里。美第7师因伤亡惨重，于10月15日撤至二线休整。志愿军第67军也付出了较大伤亡。16日10时，志愿军首长致电表扬第67军。电文说："我六十七军在两次防御战中，均表现英勇顽强，虽然自己伤亡较大，但杀伤敌人更多，敌我伤亡成为二与一之比，使敌攻势逐渐减弱，证明该军在战术上、工事构筑上均有显著进步，仍望继续努力，彻底粉碎敌之所谓秋季攻势。""敌人此次采取'逐段轮番攻势'以来，各线作战均能英勇杀敌，给敌以极大损伤，盼我各线部队加强工事，讲求战术，好好准备，严阵以待，给犯敌以歼灭性打击，这是最好削弱敌人的机会，为下次大战役奠定胜利基础。尚

① 参见志愿军司令部：《67军10天防御战初步检讨之通报》，1951年10月28日。

望全军上下努力为之。"

美第 9 军因遭受重大伤亡，遂从 10 月 16 日起，被迫转为以空、炮、坦为主，集中兵力对若干要点逐次进行重点攻击。主要目标为月峰山、602.2 北无名高地、梨船洞东北无名高地等要点。对每一进攻重点目标均使用了 2 个营以上的兵力，进行支援的坦克少则 20 辆，多则 40～60 辆；对每一阵地发射炮弹少则 1 万发，最多达 3 万发。志愿军第 67 军边打边补充，边打边组织。防守月峰山的第 200 师第 599 团 1 个连，抗击南朝鲜第 2 师 2 个营并美军 40 辆坦克的连续攻击，阵地主峰落炮弹 1 万余发，汽油弹 20 多个，阵地全部成为焦土，至 10 月 17 日 9 时，毙伤敌 800 余人，炮兵击毁敌坦克 13 辆。敌军遭受重大伤亡才占领月峰山阵地。坚守在梨船洞地区的志愿军第 599 团 3 个连，从 15 日至 17 日，连续抗击美军 1～3 个团在坦克、飞机、大炮配合下的猛烈攻击，击退美军 25 次冲锋，毙伤美军约 4000 余人，对整个防御战斗起了重大的作用。在被美军包围的情况下，于 17 日夜，主动放弃梨船洞阵地，突出包围。

志愿军第 67 军为粉碎美第 9 军的进攻，加强防御力量，经第 20 兵团首长同意，于 16 日晚调整了部署：以第 201 师和第 68 军第 203 师，分别接替第 199 师和第 200 师防务，第 199 师和第 200 师各留 1 个团分别作为接防师的二梯队，其余撤下休整，作为军的预备队。第 20 兵团并调第 68 军第 202 师 2 个团为第 67 军二梯队。与此同时，根据第 20 兵团的要求，为防万一，经彭德怀和聂荣臻建议并经周恩来、毛泽东批准，决定再增调 1 个军（第 12 军）加强第 67 军正面，以粉碎"联合国军"对金城的重点进攻。

志愿军第 67 军由于未及时收缩次要阵地的兵力，加强重点守备，再加上二线工事及其兵力部署薄弱，以致撤出梨船洞地区后，美第 9 军很快迫近了金城以南和东南的烽火山、轿岩山一线。志愿军第 203 师防守烽火山阵地的分队，连续击退南朝鲜第 2 师 2 个营的 40 余次冲击，在人员大部壮烈牺牲的情况下，阵地于 20 日 16 时被南朝鲜军占领。从 10 月 18 日至 21 日，美军和南朝鲜军以 1 个营至 1 个多团兵力，在坦克数十辆配合下，加上飞机、炮火轮番轰击，对轿岩山阵地连续进攻 4 天，于 21 日 16 时才攻下这一阵地。

10 月 22 日，美第 9 军又向 522.6 高地、690.1 高地等进攻，均被击退。此时，美第 9 军便停止了进攻。志愿军第 67 军及第 68 军 1 个多师，在金城以南地区与美第 9 军激战 10 昼夜，共毙伤俘敌 2.3 万余人，击毁敌坦克 39 辆，击伤 8 辆。美第 9 军突入阵地 6～9 公里，占去阵地 132 平方公里。第

67、第68军共伤亡1.03万余人。

至此，“联合国军”的秋季攻势全部被粉碎。

在整个秋季防御作战期间，志愿军第65、第42、第26军当面，敌对双方均无大的动作，多是班排规模的侦察反侦察、偷袭反偷袭、伏击反伏击的小规模接触。

志愿军在近一个月的秋季防御作战中，连同北汉江以东人民军作战，共毙伤俘敌7.9万余人，仅被“联合国军”占去阵地467平方公里。

志愿军的秋季防御作战，是更带有坚守性质的阵地防御，其作战的对抗性和激烈程度都是空前的。此时，志愿军的阵地基本是野战工事，而且朝鲜雨季刚过，加之“联合国军”空军以摧毁朝鲜北方铁路系统为主要目标实施了“绞杀战”，因此志愿军部队粮食、弹药的供应严重不足；部队的装备虽有改善，但仍居明显的劣势。在这样异常激烈艰苦的作战中，志愿军广大指战员充分表现了无比英勇顽强的战斗意志和不怕牺牲、与阵地共存亡的坚强决心，顽强防御，节节抵抗，反复争夺。在战术上，运用和发展了夏季防御作战中出现的坑道工事的优越性，讲究步炮协同，较充分地发挥了炮兵的作用，有效地组织了反坦克作战，粉碎了“联合国军”的逐段进攻。志愿军经过1951年秋季防御作战，更进一步积累了坚守防御作战的经验。

“联合国军”在秋季攻势中，平均付出170人的伤亡，才占去1平方公里土地。美国参谋长联席会议主席布莱德雷认为“联合国军”这种攻势在战略上是失败的，他在给杜鲁门的报告中说：李奇微“所施行的占领个别高地的战术，不符合美国在远东的全盘战略”，“用这种战法，李奇微至少要用20年的光景才能到达鸭绿江”。[①]“联合国军”得不偿失的进攻也遭到了美国国会的指责。李奇微在其回忆录中说；“由美军第2师和第9军实施的这些进攻行动增加了美军的伤亡，结果，在国内，尤其在国会中引起了强烈的不满。在国会，人们认为，总的态势并无明显改善，不值得付出如此重大的伤亡。陆军部长弗兰克·佩斯不得不写信将‘国内战线’的这种情绪和看法告诉我。”[②]“联合国军”的秋季攻势，同样未能达到以军事压力迫使朝中方面接受其在谈判中关于军事分界线的无理要求，并且付出了如此重大伤亡，美方不得不重新回到谈判桌上来。

① 美国电通社1951年11月14日电。

② [美]马修·李奇微：《朝鲜战争》，196页，北京，军事科学出版社，1983。

第四十一章

停战谈判恢复和达成关于军事分界线的协议

停战谈判恢复

美国政府为了外交和内政的目的不愿使停战谈判迅速达成协议，故而不惜横生枝节和制造各种挑衅事件，使谈判复杂化，拖延谈判的进行。9月上旬，当杜鲁门最关心的“对日和约”和《美日安全条约》等在旧金山签订后，美国在国际上要办的几件“大事”已告一段落。而李奇微和范佛里特在战场上所发动的夏季攻势损兵折将的现实，加之国内反战情绪的高涨，又迫使美国在朝鲜战场上的天平，由“紧张”向“缓和”一端倾斜。美方以“满月里事件”为转机，对停战谈判改换了新的调门。

1951年9月10日凌晨1时35分，美军飞机1架又一次侵入开城中立区上空施行扫射，击中谈判会场附近满月里的民房，房屋遭到损坏。事件发生后1小时，朝中方面联络官即通过无线电话通知对方，并提出口头抗议。上午9时整，由双方联络官组成的调查小组开始实地调查。调查后，在确凿的事实面前，尽管美方联络官戴罗仍企图进行抵赖，不愿做任何结论，声称还需要作进一步的“分析”和“考查”，但“联合国军”司令部却一反常态，于调查的当晚即通过广播承认此次事件是“联合国军”所为。第二天，乔埃奉李奇微的命令，正式致函朝中方面首席代表南日，承认对“满月里事件”所负的责任并表示遗憾。9 月 17 日，李奇微在致金日成、彭德怀的信函中，又一次公开承认对此次事件所负的责任，并表示：“依然准备命令我的联络官到板门店的桥上会晤讨论可使双方满意的恢复停战谈判的条件。”

此时，虽然李奇微仍然否认 9 月 10 日以前，所发生的对开城中立区进行挑衅的历次事件的责任，并于 9 月 6 日提出了更换谈判会议地址的要求，想以改变会议地址的办法转移视线，逃避其破坏协议的责任，但毕竟有了第一次公开承认责任的表示，朝中方面对此表示欢迎。

9 月 13 日，毛泽东致电李克农并告金日成、彭德怀（周恩来起草），指出：“乔埃的表示，是敌人已在转弯”，不管对方今后是否提出更换会址，我方都“应掌握主动，提议或同意在开城复会”。电文还提出了我方在复会以后的行动步骤。17 日和 19 日，周恩来又代毛泽东起草两电，强调复会后的“地点必须在开城”。19 日，金日成、彭德怀致函李奇微，要求李奇微对朝中方面指控的所有事件必须进行负责的处理。同时指出：“鉴于你方已经对最近一次联合国军破坏开城中立区的事件表示遗憾，并愿对于开城中立区协议的破坏持负责的态度，因此，为了不使上述那些未了事件继续妨碍双方谈判的进行，我们建议：你我双方代表应即恢复在开城的停战谈判，而无须再去讨论恢复停战谈判的条件。”“至于处理上述那些未了事件，并规定和保证开城区中立化的严格的协议，我们建议：在开城停战谈判恢复的第一次会议上由双方协议组织一个适当的机构来担负这些任务……你如同意，望即命令你方联络官与我方联络官洽商在开城恢复谈判的日期和时间。”

经双方同意，自 9 月 24 日开始，举行双方联络官会议，讨论谈判复会问题。然而美方坚持将改变会议地址作为恢复停战谈判的条件。至 26 日，连续 3 天的联络官会议毫无结果。

9 月 27 日，李奇微又亲自出马，再次致函金日成、彭德怀：“建议双方代表团尽早于松贤里（板门店东）郊外双方战线之间与双方距离约略相等的地点会晤。”朝中方面认为更换会议地址实无任何理由。10 月 3 日，金日成、彭德怀复函李奇微，指出：“目前的问题就是立即恢复开城停战谈判，并在会议上规定开城区中立化的严格的协议，以保证将来不再发生这类违反协议的事件。”10 月 4 日，李奇微回函仍坚持更换谈判会址，但口气有所缓和。他说：“既然你们拒绝了我所提在松贤里开会的建议，我提议我们的代表团在一个你们所选择而为我所能接受的大致位于双方战线之间中途的地点会晤。”

朝中方面为打破僵局，于 10 月 7 日，以金日成、彭德怀名义发出了周恩来起草的致李奇微的信，揭露美方企图通过更换会议地址而抹去未了事件的阴谋；重申目前应立即恢复停战谈判，重要的是严格规定对双方都有约束的不再重犯中立区的协议的立场。指出：美方破坏开城中立区协议事件的责任，非迁移会址所能逃避。为使谈判得以恢复，建议："停战会议地区的中立范围，应该扩大成为将开城和汶山都包含在内的一个长形地区，而将会场地址移至板门店，并由双方负责保护这一会场地址，"同时建议：双方代表团应立即在板门店复会，并在复会后的第一次会议上讨论扩大中立区范围及确保中立区安全的原则。10 月 8 日，李奇微回信对扩大中立区范围提出疑义，但同意会址设在板门店，并建议双方联络官于 10 月 10 日会晤，以讨论双方代表团恢复谈判的事宜。

10 月 10 日上午 10 时，双方联络官在板门店路北搭起的一顶绿色帆布帐篷里首次开会，讨论如何确定中立区范围及其安全保证条件问题。10 月 9～18 日，周恩来连续多次为毛泽东起草指示，发给李克农并告金日成、彭德怀，对美方在中立区问题上的顾虑和企图进行了分析，指出：美方"很怕汶山划成与开城同样大的中立区，使汉城门户洞开，而开城中立区协议又束缚其空军行动，使其易于犯规"。因此，美方"在复会条件上的争执，中心是缩小开城和汶山……的驻地范围、不名中立区，而只规定不进行任何武装行动"。"如此，便可取消了开城中立区协议"。"显然，这是企图在必要时得以继续其破坏行动，以便进行威胁。"因此指示李克农：必须"说明汶山、开城应处于同等地位"。"双方驻地与板门店之间的通道范围决不能只限于在公路上，必须在两侧划出一定范围，任何敌对游击活动都应停止，否则双方人员来往的安全无保障。"还指出："实际上，会址移至板门店，由双方负责保护及中立区扩大到汶山，在敌人看来，他们并未占了什么便宜，反而束缚更大，连汶山上空飞机都不能飞越。"①至 10 月 22 日，朝中方面联络官本着上述精神，经过 13 天的努力，与美方联络官达成了《关于双方代表团复会事宜的协议》和与此相关的《双方联络官的共同谅解》。

《关于双方代表团复会事宜的协议》规定：

会场区设在板门店；

会场区是以会场为中心，以 1000 码为半径的圆形区域；

在会场区，双方一切武装力量，包括陆、海、空军的一切正规与非正规部队武装人员，均不得进行任何敌对行动；

会场区内的安全与秩序的维持，由双方指定的军官共同负责。代表团

① 《周恩来年谱（1949～1976）》，上卷，185～187 页，北京，中央文献出版社，1997。

人员在会场区内期间，由双方各派由 2 名军官和 15 名士兵组成的军事警察队，协助此项任务的执行。代表团人员不在会场区内期间，双方的军事警察在会场区内各留驻 1 名军官与 5 名士兵。军事警察所佩带的武器，限于轻武器，即手枪、步枪、卡宾枪。除上述规定的军事警察外，双方武装人员不得进入会场区；

双方代表团及其组成人员，得自由进入板门店会场区，并在区内自由行动。双方代表团的组成，各由其首席代表决定；

对于以开城交通中心为圆心以 3 英里为半径的圆形区域，与汶山以 3 英里为半径的圆形区域内的联合国军代表团驻区，以及开城—板门店—汶山通道两侧各 200 米的地区，双方一切武装力量，包括陆、海、空军的一切正规与非正规部队与武装人员，不进行任何敌对行为。

《双方联络官的共同谅解》包括：协议中武装力量一词，仅包括双方控制下或公开暗地唆使的武装部队与武装人员。当双方调查中所发现的事实在合理的范围内无可置疑地证明了任一案件的负责人员属于一方控制下或为一方所公开或暗地唆使者，该方不得推诿其责任；对于报称违反协议事件的调查，将按过去联络官的惯例进行；双方联络官所达成的上述协议，只作为双方代表团对整个停战谈判期间安全全面安排的协议的草案；整个停战谈判期间安全安排的协议，经由双方代表团决议后，将代替一切既往的安全协议及关于开城会场区和中立区的协议；除在气候条件与技术条件无法控制的情况下，双方军用飞机均不得飞越板门店会场区上空，联合国军军用飞机不得飞越开城区及开城区至板门店会场区通道区域的上空，朝鲜人民军及中国人民志愿军的军用飞机不得飞越汶山区及汶山区至板门店会场区通道区域的上空。这个《谅解》的达成，宣告了美方两个多月来对违反开城中立区协议事件的抵赖完全破产。

此时，“联合国军”发动的秋季攻势遭受重大伤亡，已被粉碎。10 月 23 日，毛泽东在中国人民政治协商会议第一届全国委员会第三次会议上发表讲话，指出：“我们很早就表示：朝鲜问题应当用和平方法予以解决，现在还是这样。只要美国政府愿意在公平合理的基础上解决问题，不再如过去那样用种种可耻的方法破坏和阻挠谈判的进行，则朝鲜的停战谈判是可能成功的，否则就不可能成功。”①再一次表明了中国关于用和平方法解决朝鲜

① 《建国以来毛泽东军事文稿》，上卷，555 页，北京，军事科学出版社、中央文献出版社，2010。

问题的立场。同日，南日致信乔埃，建议25日恢复双方代表团的谈判。

随着上述联络官会议《协议》和《谅解》的达成，特别是"联合国军"发动的夏秋季攻势遭到惨重失败，因而未达到以军事压力迫使朝中方面在谈判中接受其无理要求的目的，美方代表不得不又重新回到谈判桌上来。

10月25日，中断了2个多月的停战谈判在板门店复会。此时，双方代表团成员均有调整，朝中方面，志愿军代表邓华调回志愿军总部协助彭德怀主持作战工作，第23兵团副司令员边章五接替邓华为谈判代表，同时调志愿军政治部副主任杜平任志愿军谈判代表团党委副书记；朝鲜人民军的郑斗焕代替张平山为谈判代表。对方南朝鲜的李亨根接替了白善烨。在当天的双方代表团大会上，批准了双方联络官会议达成的《协议》和《谅解》，尔后，继续以小组委员会的形式讨论停战谈判第二项议程。小组委员会的成员：朝中方面代表仍是李相朝、解方，美方代表仍是霍治、勃克。

在双方联络官就中立区及其安全保证问题达成协议前后，朝中代表团对谈判复会后如何谈判问题进行了考虑，主要是：一、是否提出解决未了之事；二、在第二项议程问题上，坚持让对方首先提出折衷方案。如果对方坚持原方案而不提新方案，则我方可直接提出第二方案，即三八线调整方案，尔后再视情况提出第三方案，即就地停战方案。李克农于10月22日和23日，将上述考虑电告毛泽东。

在谈判恢复的前一天，10月24日，毛泽东复电李克农、并告金日成、彭德怀，指出：关于停战线问题，我方在复会后的第一次会议上可主动提出由双方各提一个可以接近并准备对方考虑的新的分界线。如果对方同意，我方即可提出依照现有战线加以调整的方案。"照此方案与对方争论的结果，有可能达到在就地停战加以调整的现实基础上划定军事分界线的目的。"同时，要求我方代表团：对于"在过去的两个月中已经发生的尚未解决的事件，则可以暂时不提它"，以便"掌握必要时指控敌方可能用得着的武器"。①

此时，美方的基本立场是，"不允许在联合国军司令部的战线上作任何较大的变动"。"美国的最起码立场是保证堪萨斯线的安全。"②谈判恢复以后，美方的狂傲态度有所收敛，不再炫耀其海空军优势，放弃了要求朝中方

① 《周恩来年谱（1949～1976）》，上卷，190页，北京，中央文献出版社，1997。

② ［美］沃尔特·G.赫姆斯：《朝鲜战争中的美国陆军——停战谈判的帐篷和战斗前线》，121、123页，北京，国防大学出版社，1988。

面退出1.2万平方公里地区的荒谬主张。但在复会当天下午的第二项议程小组会上,美方提出的军事分界线新方案,除了在东海岸和金城附近极小的地区略有撤退外,在大津里(位东海岸杆城以北)以西、金城以东地区,金化以西的地区,特别是在临津江以西的三八线以南地区,其所提议的军事分界线,都大大超越了现有实际接触线,而深入志愿军和人民军阵地之内,包括将整个开城划入美方控制区。按这个方案,志愿军和人民军将退出约1500平方公里地区,而美方却前进约600平方公里的地区。

美方的方案理所当然地遭到了朝中方面的拒绝和驳斥。26日,朝中方面提出了根据实际接触线加全面调整作为军事分界线的新方案。即在临津江以东划在三八线以北,美方从现阵地放弃1944平方公里,在临津江以西划在三八线以南,朝中方面从现阵地放弃1800平方公里,放弃的地区作为非军事区,其行政仍由双方各自管理。

但是,美方坚持其片面要求朝中方面退出1500平方公里地区的主张,特别是妄想攫取开城。美方代表霍治在26日的谈判中无理狡辩说,"若不是因为停战谈判而将开城中立化,它早就被联合国军占领了";联合国军需要开城地区,是"对大韩民国首都汉城的安全作更充分的保证"。27日,他又说"准备放弃北朝鲜海岸外一些岛屿。这些所占土地的放弃,应由开城区的相当土地交换抵消"。与此同时,美方不愿确定双方实际接触线,而坚持只讨论确定军事分界线的原则,加之美方"偏爱"开城所处的重要地理位置和重要的政治、经济价值,无论朝中方面如何对其进行驳斥,美方仍不放弃占有开城的主张,以致双方进行了6天的小组会,未能获得任何进展。

为解除美方拖延谈判的种种借口,10月29日,由周恩来起草毛泽东致电李克农并告金日成、彭德怀,指示:在"双方接触线确定后,我方即应主动地提出就地停战稍加调整的方案"①。次日凌晨2时,李克农复电毛泽东并告金日成、彭德怀。电报经过对美方态度的分析建议:如果在当日上午的谈判会上,美方仍不同意讨论双方的接触线,我方则不必等到确定双方军队接触线,不迟于31日下午,即提出就地停战稍加调整的初步方案。如果在提出这一方案后,美方仍无理要求以其他地区换取开城,则我方就直接提出以当前军队实际接触线为军事分界线的方案,双方各后撤2公里作为非军事区,使美方无法再提无理要求。

10月31日1时,由周恩来起草毛泽东复电:同意李克农30日来电所

---

① 《周恩来年谱(1949~1976)》,上卷,190页,北京,中央文献出版社,1997。

提“我方应于三十一日主动提出就地停战稍加调整的原则的意见”。如果对方“坚持其在十月二十五日提出的方案，我们应当在当时或下午会议中予以严正的驳斥”，“揭露对方反对就地停战，划分军事分界线，而仍图深入我方战线后方的阴谋”，“逼使对方在我们的方案上达成协议”。如果对方坚持以其他地区来交换开城地区，我们宁可采取就地停战、各退2公里划分南北界线的单纯就地停战方案，逼使敌人接受，不要纠缠在交换区域的争论中。[1]

据此，朝中方面于10月31日下午，提出了就地停战，稍加调整的新方案[2]。根据这一方案，双方后撤地区面积相差无几，而美方后撤地区为其突出部，朝中方面撤退的地区则是完整和巩固的阵地。

然而，无论以实际接触线为基础全面调整还是稍作调整，美方均加拒绝，并死抱着开城不放。片面强调开城的“特殊性”，企图用高城、金城附近所放弃的地区及西海岸外若干零星小岛换取开城。在遭到朝中方面驳斥后，继续无理纠缠，提出“将开城非军事化”或“各占一半”的要求。11月5日又提出所谓“暂不确定”方案，即只确定关于军事分界线问题的原则，而不具体确定军事分界线和非军事区，待停战协定签字时再作具体确定。仍企图拖延时间索取开城，并可随时推翻军事分界线问题的谈判结果。

鉴于这种情况，志愿军为了配合停战谈判，举行了战术反击作战、保卫开城作战和攻占西海岸沿海岛屿作战。

志愿军举行局部战术反击作战

在战场上，早在“联合国军”的秋季攻势已成强弩之末，双方酝酿恢复谈判时，彭德怀就估计到谈判恢复后，仍不会是很顺利的，因此为配合谈判

---

① 参见《周恩来年谱(1949～1976)》，上卷，191页，北京，中央文献出版社，1997。

② 新方案提议：除了在少数地区的一些必要的调整以外，双方严格地遵照现有接触线各撤出2公里，以双方撤出的地区作为非军事地区。非军事区的北缘，自东海岸高城东南约15公里处起，向西经文登里以北5公里，金城南约10公里，金化北偏西约4公里，铁原西北约10公里，朔宁东北约12公里，转向西南经板门店西约1公里到开城东南20公里的临津江口。其南缘则在北缘以南之4公里处。根据当时双方军队实际接触线，美方在高城以南需撤退101平方公里；在金城南要撤退193平方公里，共294平方公里。朝中方面在姑味城里至广石洞一线撤退275平方公里。

作了相应的作战部署。

1951 年 10 月 16 日，彭德怀、陈赓、朴一禹、甘泗淇致电第 19 兵团司令员杨得志、政治委员李志民、副司令员兼参谋长郑维山，指出："敌之秋季攻势，在西、中、东线均遭严重打击……乘敌疲惫时举行战役出击是最有利的。但目前无法克服运输困难，战役出击暂拟推迟至十一月中旬。"在目前，"为增加对敌方压力，促使谈判进展，在你们四个军范围内，尽可能进行局部反攻，集中四至五个炮兵团及适当坦克，充分准备，每次消灭美、英军一个营为目标，如能在十月和十一月中旬以前，举行两三次这样胜利的战斗，对谈判的促进会发生影响"。21 日，志愿军总部致电第 20 兵团并第 67 军等，指示在第 12 军接替第 67 军阵地之前，第 67 军"应尽速准备局部反击，现在应尽一切努力组织强大炮火阻敌于现阵地，再给敌以重大杀伤"。

据此，志愿军第 19 兵团指挥的第 47 军于 10 月 24 日起，即开始了局部反击。24 日晚至 25 日晨，该军以 2 个连向朔宁东南 7 公里处的山谷洞北山美骑兵第 1 师阵地反击，歼其 1 个连全部另 2 个连大部共 400 余人。25、26 日。又击退美骑兵第 1 师以 1 个多营兵力进行的数次反扑。25 日，第 20 兵团第 67、第 68 军，分别以 3 个排和 1 个排的兵力向轿岩山东、东北 690.1 高地、栗洞东山和北汉江以东 1089.6 高地实施反击。

10 月 24 日至 29 日。志愿军总部又多次致电第一线各部，指出"敌秋季攻势伤亡甚大，已呈疲惫现象，我为不给敌以喘息机会，选择敌之弱点，集中绝对优势火力和适当兵力，每次消灭敌两个连至一个营为目的，得手后看情况再歼击另一点。大战役反击在无空军配合情况下暂不进行，为促进停战谈判，收复一些放弃的阵地，以正国际舆论，打击敌人气焰，请在最近连续打几次上述小反击战。具体时间请自行决定"①。10 月 25 日谈判在板门店复会，美方所提军事分界线"与目前敌我接触线相较，我还须撤出一千五百平方公里左右的地区，而敌方除所撤退的微小地区外，却还前进了六百多平方公里的地区，特别是把开城划在敌占区内无理要求。我第一线部队，应坚持现有阵地，并尽可能地举行局部反击，收回一些放弃的阵地。表示我力量。促进停战谈判，甚为重要"②。"十一月甚至今年底（除特别有利情况在

① 志司致杨得志、李志民、郑维山并告第一线各军的电报，1951 年 10 月 24 日 14 时。

② 志司关于配合停战谈判进行局部反击给各兵团、各军首长的指示，1951 年 10 月 27 日 22 时。

外），拟不准备进行全线大反攻战役，根据九十月经验，采取积极防御方针，敌人消耗很大，敌对我亦甚恐惧，敌不前进，我采局部不断的小反击、每次以消灭敌一个营为标准。目前为促进停战谈判，乘敌伤亡甚大之后，应有计划有准备在下月五号后举行数次上述小的进攻战，是很需要的，如准备充分，能提早则更好。请根据实际情况决定之。”[①]李克农和解方也希望这种局部反击“在充分准备的条件下尽可能早点发动，以期有助于目前的军事分界线之谈判”[②]。

据此，志愿军第一线之第67、第47军，经过充分准备之后，从10月30日和11月1日起，分别在各自正面，选择“联合国军”突出、暴露或守备薄弱的营以下阵地进行了战术反击。第一线其他各军也都作出了反击计划，准备开始反击。

在这种情况下，联司针对第一线各部队的行动计划，以及根据谈判进展情况，于11月2日17时，提出了注意事项，指出：

目前谈判已进入紧张阶段，为了配合谈判，我第一线各军均有进攻计划，甚好，请注意下列事项：

（一）此次攻击意义甚大，必须取得胜利，因此要有妥善的准备，周密的计划与准确的火力组织，每攻占一地必须决心巩固之，不得随便放弃。

（二）我攻占一地时，估计敌必反击，应乘此时机大量杀伤敌人，甚至将敌全歼。因此，在我攻击时，就必须准备打击敌之反击计划，又估计我反击得手后，敌将报复，此时敌之火力兵力可能较第一次反击时加强，因此我更应加强火力，调近预备队，准备再度给敌人以歼灭性打击，达到巩固我之阵地及大量杀伤敌人之目的。

从11月3日开始，继第67、第47军之后，第42、第64、第68、第26军，以及于11月8日接替第67军防务的第12军，也先后发起了攻击。至11月28日，志愿军上述7个军，共对“联合国军”1个排至4个连兵力防守的26个阵地发动了34次攻击。其中第67军对8个阵地攻击11次、第47军对6个阵地攻击6次、第64军对4个阵地攻击4次、第26军对3个阵地攻

---

① 志司致杨成武、张南生、萧文玖并告第19兵团、第26、第42、第47军的电报，1951年10月29日18时。

② 李克农、解方致彭德怀的电报，1951年10月28日22时。

击4次、第42军对2个阵地攻击5次、第12军对2个阵地攻击3次、第68军对1个阵地攻击1次。

在这次反击作战中,第64军和第47军均创造了转入阵地战以来,一次攻击全歼美、英军1个多营的范例。

第64军当面的马良山阵地,是在秋季防御中经过激烈争夺后,于10月8日被英联邦师占领的,此后由英第28旅第1营防守。该旅经过近1个月的经营,在马良山216.8高地前沿铺设铁丝网纵深达40米,并遍设地雷,马良山还有坑道式掩蔽部,已构成坚固阵地。为配合谈判,第64军决定以第191师反击夺回这个阵地。经过充分准备,于11月4日15时,以3个营的兵力在各种火炮57门和坦克10辆支援下,出敌不意在白天向马良山之敌发起攻击。经炮火准备后,步兵于16时零5分发起冲击,10分钟后攻占阵地。战至19时,全歼英第28旅3个连另2个连大部。5日至7日,英军以2~3个营在坦克10余辆和飞机配合下实施反扑,均被击退。先后共毙伤敌1740余人,巩固了这一要点。

第47军正面驿谷川南岸之正洞以西无名高地,于10月25日被美骑兵第1师占领,由美军该师3个连防守,并加修防御工事,形成有重点、有纵深、有核心、峰峰有兵、全面防守的配备。为配合谈判,第47军对该阵地实施反击。经过充分准备,于11月4日21时,以11个连的兵力,在114门火炮和11辆坦克支援下,分3个波次向正洞西山发起攻击。经3小时作战,全歼守敌美骑兵第1师3个连。5日,美军以2个营在11辆坦克、19个重炮群和7架飞机的支援下,实施反扑。志愿军第47军留守阵地的5个排,击退美军的7次集团冲锋,抗击9小时,歼敌400人后主动撤出阵地。当夜,第47军乘敌立足未稳,又组织3个营的兵力伴随坦克,实施第二次反击,经5小时激战,至6日4时20分,再次全歼守敌美骑兵第1师1个营另1个连大部,巩固占领了阵地。两次反击,共歼敌2500余人。

此外,第67军在撤出第一线向第12军交防前,于11月7日晚,组织7个团的各1~2个营在炮兵配合下,向金城西南灰古介东南山(500高地)、424.2高地,及金城东南栗洞东山、690.1高地、522.6高地等美军和南朝鲜军在秋季攻势中夺占的7个阵地发起反击,一举夺回灰古介东南山(500高地)、424.2高地、栗洞东山、690.1高地等4个阵地,全歼守敌。8日,敌军各以1个多营在坦克配合下向上述4个阵地反扑,志愿军接防的第12军部队战至16时,仍控制灰古介东南山(500高地),其余放弃。此次作战,共歼敌700余人。此后,从9日零时起,第67军第一线防务全部交给第12军。

另11月17日,南朝鲜第6师配合第8师,向志愿军第68军防守的北汉江以东阵地发动攻击。志愿军在第20兵团统一部署下,第68军2个团、第12军1个团与敌展开激烈争夺,战至29日,共歼敌3000余人,粉碎了南朝鲜军的进攻,南朝鲜军仅占去572.4高地、949.2高地、662.0高地、1089.6南山等几个阵地。

在志愿军战术反击作战期间,朝鲜人民军第2、第3、第6军团,在文登里以东地区,高城以南地区,也积极进行了作战,予当面敌军以打击。

志愿军此次战术反击作战,取得了很大成功。攻击的26个阵地,有21个被攻占,经与敌反复争夺后,巩固占领了马良山、高旺山、高栈下里新村北山、正洞西山、新村南山、宋村洞西山、马鸣洞南山、石岘洞北山、灰古介东南山(500高地)等9个阵地。据志愿军司令部统计,11月志愿军和人民军作战共歼敌3.5万余人,其中仅志愿军战术反击即歼敌1万余人。这些战术反击显示了志愿军的力量,收复一些阵地,大量歼灭了敌人,有力地配合了停战谈判。

保卫开城和攻岛作战

针对美方在谈判中索要开城的企图,为确保开城安全,争取谈判中的主动,李克农、解方于10月28日分别致电中央军委和彭德怀,提出加强保卫开城,防止敌军可能进攻的建议。彭德怀接到解方的电报后,于29日20时,致电第19兵团并第65军、报军委,指出:"敌企图在谈判时向开城进逼,缩小开城地区,造成既成事实,威胁我方让步。我必须给进犯者严重打击,因此,六十五军应加强对该区及临津江西岸兵力,严格防守,不应轻易放弃一寸土地,而且应尽可能向前推进,消灭敌之小部队。但须严格遵守中立地带。"29日22时,中央军委复电李克农并告彭德怀、邓华、陈赓,指出:"同意你们关于加强保卫开城力量防敌可能攻击的意见,除十九兵团在板门店以北正面应加注意外,板门店及开城以南地区,最好能有一个建制师担任防御。另若条件许可,十九兵团应力争对英联邦师进行一两次反击,歼其一小部。"

根据上述指示,担负保卫开城任务的第65军对原部署作了调整,主要是将第二梯队师前调至开城东南、东北、西北地区,加大了开城至板门店公路以南、开城以南和西南的兵力密度。这时保卫开城的部队除第65军外,还有6个炮兵连和人民军第1军团1个团。

11月5日23时,李克农和解方致电彭德怀,根据谈判中美方拖延的情况,判断美方的"重要目的之一,很可能是对开城地区组织军事进攻,造成事实,逼我接受其无理要求"。美方如向开城进攻,可能使用2~3个师的兵力,夹汶山至开城公路南北两侧向开城攻击,并由西海面海军舰炮掩护南朝鲜海兵队等在开城以南及西南登陆配合。如此,则我保卫开城的兵力火力均显不足,特别是第65军缺乏反坦克武器。建议对保卫开城的军事部署作一全面筹划。7日23时,解方又将上述判断和建议发第19兵团供部署保卫开城力量参考,并要求加强构筑工事和加紧作战准备。6日,毛泽东在给李克农关于谈判问题的指示中,告诉彭德怀:对敌可能进攻开城,我必须有所准备,在其进攻时,坚决歼灭之。[①] 8日23时,彭德怀致电杨得志、李志民、郑维山,为确保开城,提议以第64军一部接替位于板门店以西第65军第194师1个团的防务,第194师置于开城以北为二线部队,开城以南和东南以第65军2~3个团和人民军1个团担任抗击任务,并重点在天德山附近要点加强工事。

11月9日24时,中央军委致电彭德怀、邓华和陈赓并告李克农,指示"为确保开城地区的防御,粉碎敌人可能的进攻",除同意第19兵团的部署外,望令第40军作为机动的1个师及军属炮团前调开城以北地区,以策应第65军作战,"歼灭敢于进攻之敌,确保开城"。据此,彭德怀、邓华、陈赓于11月10日决定,除第65军保卫开城外,调第19兵团第二梯队第63军,于11月15日前调至开城东北长和洞、华藏洞地区集结,准备协同第65军坚决打击向开城进犯之敌,特别要加强反坦克和防空作战准备;令第40军作为机动的师即派干部前往开城以西地区了解情况,以便在必要时参加保卫开城作战。同时决定,如敌军不进攻,则第65军依托阵地和火力,有充分准备地向长湍以北地区作小的局部攻击。根据这一决定,第19兵团又作了部署。第63军于11月16日,接替了板门店以东第65军1个师的正面防务,缩小了第65军正面,加大了开城防御的二线力量。

11月19日,第19兵团致电所属各军,下发了保卫开城的指示。要求第63、第65军必须动员全力急速赶修工事,充分准备粮弹水,作积极坚守准备;第64军主力准备迎击英联邦师向九化里地区的进攻,同时准备2个团随时由九化里以西向南侧击西犯之敌侧背,配合作战。并对炮兵作出了

---

① 参见《周恩来年谱(1949~1976)》,上卷,193页。

相应的调整和部署。同时，要求第 65 军向开城西南、汉江北岸派出得力侦察警戒，并加强该方向工事，另以一部于开城附近控制支撑点，多准备高射武器、自动火器和有力的突击部队，以便坚决歼灭可能的空降之敌。要求"各部队必须充分认识粉碎敌之进攻，确保开城，对和谈的重大意义。必须寸土必争，反复争夺，不许随便放弃寸土"。如完成各种作战准备，敌军仍未进攻，各军采取稳进的方针，向敌逼近，在不妨碍中立区原则下，选敌薄弱处，打掉敌人突出部歼灭部分敌人。策 65 军以 1 个师采取奔袭运动手段扫清汉江以北敌之海防部队。

根据上述的部署，第 65 军除加强工事外，以军、师共 4 个侦察连和第 194 师 1 个营，于 11 月间，在开城以南、砂川河以西、汉江以北地区，先后进行了 2 次扫荡作战，将经常对开城中立区进行破坏骚扰的南朝鲜军队，驱逐于砂川河以东及汉江以南地区，将控制区向前推进了 280 平方公里，控制了汉江北岸、砂川河西岸有利地形。从而进一步稳定了开城地区的防御。

与此同时，志愿军为解除美方在谈判中企图以其所占若干岛屿换取开城的借口，清除美方在西海岸沿海岛屿的情报基地，还组织第 50 军在西朝鲜湾进行了渡海登岛作战。

鸭绿江口至清川江口一线沿海的一些岛屿，是代号为"白马部队"及"平北联队"等武装匪特的栖身地。这些岛屿上的匪特武装与美国和南朝鲜陆海空军情报机关人员结合在一起，利用雷达、对空情报台和窃听设施，专门搜集朝鲜和中国方面的军事情报，并经常潜入朝鲜北部西海岸地区进行破坏活动。美海军浅水炮舰经常出没于这些岛屿海面附近，炮击铁山半岛沿岸和郭山车站地区。

9 月 27 日，彭德怀就提出请东北军区研究攻取这一带岛屿的方案。东北军区研究后，于 10 月 6 日，提出了由第 50 军在空军配合下攻岛作战的方案。10 月中旬，西海岸指挥所韩先楚司令员决定，由第 50 军副军长蔡正国统一指挥攻岛作战，第 50 军即着手进行准备，侦察沿海敌情，制定作战方案，进行渡海登陆训练，并由东北军区协助准备渡海工具。10 月底，按照志愿军总部的决定，志愿军空军司令员刘震和第 50 军副军长蔡正国等，一起商定了协同作战计划，确定志愿军空军部队的主要任务是：保障攻岛部队在集结地域不受空袭，对椴岛、大和岛、小和岛进行航空照相侦察，摧毁大、小和岛上敌人的情报指挥设施，轰炸大、小和岛附近海面的美国和南朝鲜军舰，配合地面部队夺取这两个岛屿。志愿军司令部为第 50 军确定了"由近而远，逐岛作战"的方针。

11 月 2 日，志愿军空军第 2 师和第 3 师，以拉 －11 和米格 －15 飞机各 4 架，对椴岛、小和岛、大和岛进行两次照相侦察，查明了岛上的部署和工事情况，为第 50 军登岛作战提供了可靠情报。

11 月 5 日夜，第 50 军第 148 师 2 个步兵营，首攻位于铁山半岛南 2 公里的椴岛。18 时 25 分，2 个营的突击队，乘 17 只小汽船和 49 只折叠舟，分两个梯队开始起航，在炮火掩护下，于 22 时 54 分，开始登岛，至 23 时零 9 分，第一梯队全部登上椴岛，第二梯队亦于 24 时登上该岛，部队登陆后即向纵深穿插，守敌溃散逃窜。至 6 日 3 时，占领全岛，共毙伤俘匪特武装 75 人。

为巩固椴岛守备，11 月 6 日下午，志愿军空军轰炸机首次出动，由第 2 师 16 架拉 －11 歼击机直接护航，第 3 师 24 架米格 －15 歼击机，在宣川南面身弥岛上空负责警戒，以第 8 师 9 架图 －2 轰炸机，对大和岛进行了轰炸。由于作战行动突然，各机种配合默契，未遭美机拦阻。轰炸机把全部炸弹投向大和岛上的目标，命中率达 90%，有力地配合了登陆部队巩固椴岛的任务。位于铁山半岛东南 20 余公里的大加次岛、小加次岛及蝶岛的匪特武装，鉴于椴岛已失，遂于 11 月 7 日和 8 日，纷纷闻风而逃，第 50 军第 148 师以一部占领上述各岛。

11 月 16 日 23 时 15 分和 23 时零 5 分，第 50 军以第 150 师 2 个团，从两个不同方向，向位于定州南浅水海面之艾岛发起进攻，至 17 日 5 时 20 分结束战斗，计毙敌 85 人，俘 158 人。

椴岛、艾岛被攻占后，残余匪特均集中于铁山半岛正南 20 公里之大和岛、小和岛，每晚并有 2 艘兵舰由白翎岛来大和岛东南停泊，向椴岛射击，然后离去。志愿军为夺取大小和岛，11 月 29 日，以空军第 10 师在夜间出动 10 架图 －2 轰炸机，对大、小和岛附近海面的美国和南朝鲜的军舰进行了轰炸，为第 50 军攻占该两岛扫清了外围。

11 月 30 日 14 时 20 分，志愿军空军第 8 师出动 9 架图 －2 轰炸机，由第 2 师 16 架拉 －11 歼击机直接护航，再次轰炸大和岛。但由于轰炸机起飞后提前转弯，加上速度较大，比预定与第 3 师米格 －15 歼击机编队的时间提前 5 分钟。轰炸机群向目标区前进途中，突然遭到美国空军 30 多架 F －86 战斗机的袭击，志愿军轰炸机被击落 3 架，其余 6 架也有 5 架负伤。但在拉 －11 歼击机的掩护下，领队长机坚定沉着指挥，始终保持队形，按计划把全部炸弹倾泻在大和岛上。待第 3 师米格 －15 歼击机按计划时间起飞赶到时，美军飞机已逃逸。这次空战，志愿军空军轰炸机和拉 －11 歼击机击落美军 F－86 飞机 3 架、击伤 5 架,志愿军飞机被击落 8 架、击伤 7 架。第 2 师副大队长王天保,以拉－11 飞机接连击落 F－86 飞机 1 架、击伤 3 架,创造了以活塞式飞机击落美军最先进喷气式飞机的范例。

当晚 21 时 21 分,志愿军第 50 军第 148 师以 1 个营又 2 个连,分乘 30 只登陆船,7 只炮兵火力船,向大、小和岛发起攻击。部队很快完成登陆任务,并继续搜剿溃散之敌。战至 12 月 1 日 18 时,全部占领该两个岛屿,共歼敌 249 人。

自 11 月 5 日开始至 12 月 1 日,志愿军第 50 军对鸭绿江口至清川江口之间的沿海岛屿,连续进行了 4 次渡海攻岛作战。在空军配合下,先后攻占了椴岛、艾岛、炭岛、大小和岛、大小加次岛、牛里岛、云雾岛等 14 个岛屿,共歼灭武装匪特 570 余人。这次攻岛作战,是抗美援朝战争中惟一的一次陆空联合作战,也是中国人民解放军历史上第一次陆空协同作战和人民解放军空军第一次多机种协同作战,其经验教训对人民解放军后来的协同作战具有重要的意义。

在志愿军实施攻岛作战的同时,朝鲜人民军海防部队第 26 旅和第 23 旅,也相继攻占了大同江口之避岛、青羊岛及瓮津半岛附近之龙湖岛、昌麟岛、巡威岛、褚岛、六岛等岛屿,歼灭武装特务 200 余人。

保卫开城和攻岛作战,有力地配合了朝中代表团在板门店的谈判。

关于军事分界线问题达成协议

志愿军 11 月间在战场上的作战,有力地促进了停战谈判的进行。

在板门店谈判会场上,为解除美方在军事分界线问题上无理纠缠的一切借口,使美方陷于被动,11 月 6 日,毛泽东电告李克农,可于 11 月 7 日的谈判中,主动提出就地停战各后撤 2 公里作为非军事区的方案。据此,朝中代表于 11 月 7 日的谈判中,提出了确定以现有实际接触线为军事分界线,并由此线各退 2 公里以建立非军事地区的建议方案。同时,建议达成三项谅解:即一方不得坚持另一方所不同意的任何调整;在确定军事分界线后代表团大会立即进入其他各项议程的讨论;可视实际接触线变化情况保留在停战协议签字前对军事分界线作相应修正的权利。

11 月 7 日,由周恩来起草毛泽东致电李克农并告金日成、彭德怀,对朝中方面的建议作了进一步明确,即:

(一)关于军事分界线与非军事地区,应根据就地停战各退2公里的原则,予以确定;

(二)小组委员会应根据上项原则,校正目前双方前沿接触线,以确定双方军事分界线,并由此线各退2公里,划为非军事地区;

(三)停战协议全部商定后,双方前沿接触线,如有某些出入,届时小组委员会必须根据这些实际变化,作相应的变更。

在8日和10日的电报中,毛泽东要求代表团按上述明确的3点,"应理直气壮,坚持我方提案"。朝中代表团根据上述指示,于11月10日,对7日所提方案按上述3点作了进一步的明确。[①]

以现有实际接触线为军事分界线,是朝中方面关于军事分界线问题上的最后立场。11月14日,由周恩来起草以毛泽东名义致电斯大林,向斯大林通报了朝中方面的这一立场。电报指出:"我们之所以将三八线分界留到将来政治谈判中与一切外国军队撤出朝鲜一道解决,而主张先行就地停战,不仅因为目前的谈判是军事停战,敌人无论如何也不愿立即从三八线以北的东部高地撤出而换回三八线以南的西部沿海平原,并且因为三八线以北的东部高地,即使敌人不撤,我们仍有高地可守,而三八线以南的西部沿海平原,人口多过东部,农产亦丰,更可控制开城成为进出汉城的要冲。关于这一点,金日成同志今年六月在北京商谈停战条款时,便有此意。此次亦是得他同意后始行提出的。"[②]11月19日,斯大林复电毛泽东,赞同毛泽东对谈判形势的分析,同意朝中方面在军事分界线问题上的立场。[③]

朝中方面的上述方案,无论在内容上或是表述形式都已无可挑剔。美方虽不情愿开城控制在朝中方面和企图继续拖延,在会内会外对朝中方面的上述建议进行了歪曲,说在"何时停战不可知"的情况下,朝中方面就要确定"一成不变"的军事分界线,"想要事实上停火的一切好处,以便他们可以无所牺牲而拉长停战谈判"。[④]

由于志愿军在战场上取得战术反击和攻岛作战胜利,并进一步加强了

---

① 参见《周恩来年谱(1949~1976)》,上卷,193~195页,北京,中央文献出版社,1997。

② 《周恩来军事文选》,第4卷,249~250页,北京,人民出版社,1997。

③ 参见军事科学院军事图书馆藏,军事科学院军事历史研究部第二研究室编印:《关于朝鲜战争的俄国档案文件》,253页,1996。

④ 《朝鲜停战谈判问题》,311页,美方首席代表乔埃1951年11月11日的声明,北京,世界知识出版社,1951。

开城地区的防御部署，加上板门店谈判桌上朝中方面有力的斗争和国际舆论的压力，使美方看到，他们无论在战场上还是谈判会场上，都不可能得到开城。因而，美方代表于 11 月 17 日放弃了其"暂不确定"方案，转而同意朝中方面提出的以现有实际接触线为军事分界线，双方各后撤 2 公里以建立非军事区的原则。但加上了有效期 30 天的限制，即将朝中方面建议的第三条原则改为：如果 30 天内停战协议未能达成，军事分界线按届时的实际接触线加以修正。同时建议双方参谋人员进入确定现有接触线位置的工作。

11 月 18 日，由周恩来起草毛泽东致电李克农并告金日成、彭德怀，指出："对方在我军压力及其国内外要和的压力下，已提出与我接近的方案"，"我们应在这项议程上与对方达成协议，但今日小组会上还不忙提出我方修正案"。随后又电告："为取得时间考虑修正案及三四两项议程的内容，望你们于十九日早晨以电话通知对方，提议小组会停开两天，至二十一日再行复会。"① 19 日 24 时，李克农向毛泽东电告了代表团关于协议修正案的 3 条内容。其中将美方提出的有效期 30 天改为 20 天。20 日 18 时，毛泽东复电："望即根据你们十一月十九日廿四时来电所提三条在二十一日小组会上提出。唯二十天仍改回为三十天，即同意敌人所提的时间，因敌人急于求成，我们不应表示比敌人更急。我们的态度是能在三十天内成立协议固好，拖长时间也不怕。"②

于是，朝中代表在 19 日上午小组会休会前，提出了小组会休会至 21 日的建议。对方表示同意。11 月 21 日，朝中代表在小组会上提出了修正案。23 日，小组委员会就"作为在朝鲜停止敌对行为的基本条件，确定双方军事分界线，以建立非军事区"达成如下协议：

一、确定以双方实际接触线（视情况而按照第二或第三段确定之）为军事分界线，并在已签字的停战协议中所具体规定的时间，双方各由此线后退 2 公里，以建立军事停战期间的非军事地区的原则。

二、双方小组委员会立即根据前条原则，确定现有接触线，以定之为军事分界线与非军事地区的中线。如在代表团大会批准本协议及上述军事分

① 《周恩来年谱（1949～1976）》，上卷，195～196 页，北京，中央文献出版社，1997。

② 《建国以来毛泽东军事文稿》，上卷，560 页，北京，军事科学出版社、中央文献出版社，2010。

界线与非军事地区的具体位置后的30天内。军事停战协议已经签字，则不论双方实际接触线有何变化，该军事分界线及非军事地区应不再予以变更。

三、鉴于敌对行为将继续进行至停战协议签字时为止，如在代表团大会批准本协议及上述第二段中所确定的军事分界线与非军事地区的具体位置后的30天内，军事停战协议尚未签字，则双方小组委员会应在军事停战协议即将签字时，按照双方实际接触线所发生的变化而修正上述军事分界线与非军事地区，使修正后的军事分界线与军事停战协议即将签字时的双方接触线完全一致，作为军事停战期间的军事分界线。

达成原则协议的当天，双方参谋人员即开始校对接触线。经3天半的逐点核对，于27日上午9时半，将标明双方认定的接触线的地图，交由小组委员会讨论并通过。11时，双方代表团召开第28次会议，批准了小组委员会关于第二项议程的协议和按照现有接触线所确定的军事分界线。12月10日，双方参谋人员根据接触线划出了非军事区的南北缘。至此，双方在实质性问题上的谈判取得了第一个协议。

停战谈判形势的出现，是志愿军和人民军胜利作战的结果。同样，关于军事分界线问题的谈判达成协议，也是志愿军和人民军作战有力配合的结果。历时4个月关于军事分界线问题的谈判，充分表明，如果没有有力的军事打击相配合，同美国人讲和是不容易的，美国人是很傲慢和不讲道理的，“要是讲一点理的话，那是被逼得不得已了”[①]。

11月中旬以来，李克农气喘病很严重，但他仍忘我地工作。代表团的同志们很为他的身体担心，就将李克农的身体情况报告中央。中央立即派伍修权来开城接替李克农的工作，同时派外交部美澳司司长柯柏年加强谈判工作。但李克农认为自己的身体还可以坚持工作，并且情况熟悉，坚持“临阵不换将”，请求中央同意他的意见，获得批准。伍修权根据中央指示，协助李克农工作一段时间，在李克农身体情况明显好转后，经中央批准后与柯柏年一起回国。

---

① 《建国以来毛泽东军事文稿》，中卷，174页，北京，军事科学出版社、中央文献出版社，2010。

第四十二章

粉碎美军的“绞杀战”

（参见附图16）

美军发动“绞杀战”

美军依靠其绝对优势的空中力量，始终将轰炸破坏中国人民志愿军和朝鲜人民军后方，作为其整个侵朝战争战略的重要组成部分。在志愿军入朝参战的前期，美军欺负志愿军没有空军和极为缺乏地面防空武器，因此其空军活动肆无忌惮，极为疯狂，整个朝鲜上空成了他们任意肆虐的“自由王国”。

当1951年夏季，战争出现相持局面，地面战线基本稳定时，美国空军并不甘心美军在战场上的失败，他们自信，如果充分发挥强大的空军威力，即可打破战场僵局取得胜利。新任美国远东空军司令奥托·P.威兰，在1951年6月10日上任的第一天，就向美国空军参谋长霍伊特·S.范登堡表达了这样的观点：“在朝鲜战争期间所形成的许多看法中，最缺乏根据的看法就是认为联合国当前在朝鲜的军事地位正处于僵持的状态。……谁要是认为这种说法是正确的，谁就完全忽视了空中威力这种无比优越的工具在摧毁敌人战争机器方面所具有的无数优点。”相反，他认为，地面战线的稳定，使美国空军“第一次有真正的机会来证明空中威力除了支援作用以外所具有的重大的力量”①。空中力量的任务应由以前主要是对地面作战进行密切

① ［美］劳伯特·F.富特雷耳等著：《朝鲜战争中的美国空军》，中译本参考资料第2册，527页，空军党委条令教材编审小组办公室译，1963。

支援,转为独立进行空中封锁交通线、孤立战斗地域的作战。侵朝美军高级将领中,许多人对空军力量发挥这种作用抱有热望。

随着停战谈判的开始,"联合国军"为了配合在谈判桌上对朝中方面施加压力,迫使朝中方面就范,便积极筹划新一轮的军事行动。

朝鲜停战谈判于7月10日开始,李奇微于7月13日,就命令美远东空军(实际上也是"联合国军"空军):"在此谈判期间,应采取行动以充分发挥空中威力的全部能力,取得最大的效果,来惩罚在朝鲜任何地方的敌人。"① 根据这一指示,美国远东空军制定计划并经参谋长联席会议批准,于7月30日,出动各种飞机445架,对平壤进行了大规模轰炸。8月25日,出动35架B-29战略轰炸机,在23架海军舰载机的掩护下,对朝鲜靠近苏联边境的重要港口城市罗津进行了轰炸。

但美国远东空军认为,这样使用空中力量仍不足以对加速停战谈判起到决定性的作用。同时,李奇微在7月初就担心,志愿军和人民军会利用谈判时机集聚起强大的进攻力量,一旦谈判破裂,就能够发动强大的攻势。英国参谋长联席会议对此也"极为担心"。李奇微并从有关方面获知,志愿军将于8月底发动"第六次战役"。② 而此时,在谈判中,美方不愿公平合理地解决问题,坚决拒绝以三八线为军事分界线。美方代表乔埃在谈判中大肆炫耀其海空军优势,并无理要求这种优势要在军事分界线的确定上得到"补偿",企图将军事分界线划在志愿军和人民军战线的后方,遭到朝中方面的严厉驳斥。在这种情况下,威兰与范登堡协商,决定对朝鲜北方实施"空中封锁交通线战役",即所谓的"绞杀战"。

美第8集团军和第5航空队的情报官们,研究了志愿军和朝鲜人民军的后勤系统,认为在朝鲜北方没有足以支援战争的重要工业,主要作战物资均需由中国的东北地区和苏联的西伯利亚运入。他们估计,在朝鲜沙里院一线以南的战区内,中朝军队驻有60个师,每师每天至少需要40吨补给品才能维持有限的战斗,因此每天就必须运送到沙里院一线以南2400吨补给品。这些补给品的长途运输是由卡车和火车进行的。每辆卡车载重为2吨,运送一天所需的补给品即需1200辆卡车,估计卡车从鸭绿江到前线往

① [美]劳伯特·F.富特雷耳等著:《朝鲜战争中的美国空军》,中译本参考资料第2册,527页,空军党委条令教材编审小组办公室译,1963。

② [美]劳伯特·F.富特雷耳等著:《朝鲜战争中的美国空军》,中译本参考资料第2册,530页,空军党委条令教材编审小组办公室译,1963。

返一次需 10 天,为了保险起见按 5 天计算,也需有 6000 辆卡车;火车每节车厢载重量为 20 吨,每天只需 120 节车厢就能运送所需的补给品了。另外,在朝鲜使用火车要比使用卡车经济得多。卡车及所需油料均从苏联购买,使用火车在北朝鲜可以就地解决燃料问题。因此,仅依靠汽车运输对于前线庞大军团的需求来说是不可想象的。他们断定“北朝鲜的铁路运输系统对共军具有至高无上的重要性”。此外,铁路线无法隐蔽,火车也不能像汽车那样改在别的道路上行驶。从空军的观点来看,铁路线也是非常吸引人的攻击目标。①

根据对以往轰炸交通线的经验,他们认为,仅炸毁桥梁还不足以阻止铁路运输,并且固定对一点的攻击,将引起对方增加这一地区高射炮火力;而空中攻击铁路车辆则难以达到理想的效果;最可行的办法就是轰炸铁轨和路基。同时,“为了阻止共军运入重型铁路修理设备来修复铁轨被炸断之处,第五航空队负责制定作战计划的人员决定应摧毁几座主要的铁路桥梁,并使其一直处于无法使用的状态”②。

空中封锁交通线战役的计划是,以第 5 航空队轰炸朝鲜西北部的铁路;以远东海军所属舰载航空兵轰炸从平壤到元山的横向铁路,朝鲜东海岸从吉州经元山到平康的纵向铁路;以远东轰炸机指挥部轰炸平壤、顺川、新安州、宣川等主要铁路桥梁;以第 5 航空队的轻轰炸机重点攻击公路上的卡车。计划以 90 天的时间摧毁北朝鲜的铁路系统,尽可能使“铁路运输陷于完全停顿的地步”。制定空中封锁交通线计划的人员,对这个方案颇为乐观,认为实施这一计划,就可以迫使志愿军和人民军“从平壤到高原一线退却”,甚至其实力将大大削弱,以至于很容易被美军地面部队击溃,或者被迫自动地后撤到接近朝中边境一线,以缩短补给线。因此,将这一行动称之为“绞杀战”。③ 美国远东空军司令威兰后来谈到“绞杀战”的目的时说:一、阻止敌人在北朝鲜建立重要的空军基地;二、阻断敌人的供应,使他们不能发动及维持一个大规模的地面攻势;三、以空军压力伤害敌人,以影响停

---

① 参见[美]劳伯特 · F. 富特雷耳等著:《朝鲜战争中的美国空军》,中译本参考资料第 2 册,532 ~ 533 页,空军党委条令教材编审小组办公室译,1963。

② [美]劳伯特 · F. 富特雷耳等著:《朝鲜战争中的美国空军》,中译本参考资料第 2 册,533 ~ 534 页,空军党委条令教材编审小组办公室译,1963。

③ 参见[美]劳伯特 · F. 富特雷耳等著:《朝鲜战争中的美国空军》,中译本参考资料第 2 册,535 ~ 536 页,空军党委条令教材编审小组办公室译,1963。

战谈判。[①]

第二次世界大战期间,1944 年 3 月,盟国空军在意大利境内亚平宁半岛,以德军使用的铁路线为主要攻击目标,发动了一次空中战役,当时称为空军协同战役,取得了成功,后来即冠以“绞杀战”。在朝鲜战争中,1951 年 5 月下旬至 7 月间,美国空军为配合地面部队反扑,也曾对朝鲜三九线至三八线之间的公路线,实施过一次“绞杀战”,但没有获得成功。他们将这次“绞杀战”的失败归因于目标选择的错误及空中力量的运用受到诸多的牵制。[②] 因此,他们希望新一轮“绞杀战”能真正展现美国的空中威力,把朝鲜半岛变成昔日的亚平宁半岛。

1951 年 8 月 18 日,在美军地面部队发动夏季攻势的同一天,美国空军也开始了以摧毁朝鲜北方铁路系统为主要目标的空中攻势——“绞杀战”。

这时,美第 5 航空队的实力为 12 个大队又 3 个中队,含海军陆战队航空兵 1 个联队,各型飞机 900 架,全部以南朝鲜为基地。其中 6 个战斗轰炸机大队,装备有 F－84、F－80 和 F－51 等型飞机 450 架;2 个战斗截击机大队,装备 F－86 和 F－80 型飞机 160 架;2 个轻轰炸机大队,装备 B－26 型轰炸机 96 架;此外,还有战术侦察大队和战术控制大队等。远东轰炸机指挥部指挥 3 个战略轰炸机大队和 1 个侦察中队,装备 B－29 型战略轰炸机和侦察机共 115 架,以日本本土和冲绳岛为基地。美国远东海军舰载航空兵,经常保持 3 艘航空母舰支援作战,装备各式飞机 300 余架。除陆战队航空兵每天以 96 架次飞机,用于支援第 8 集团军的地面作战外,其余作战飞机几乎全部投入“绞杀战”的行动。

朝鲜北方共有 7 条铁路干线,全长 1200 余公里。其中南北走向的有 4 条,即京义线(汉城至新义州)、满浦线(满浦至平壤北西浦)、平北线(亦称青水线,定州至水丰)、元罗线(元山至罗津)。东西走向的有 3 条,即平元线(平壤至元山)、平德线(平壤至德川)、价新线(亦称价川线,价川至新安州)。平元线是朝鲜北方连接东西海岸之间惟一的一条横向铁路。清川江以南、平壤以北地区,是朝鲜北方南北、东西铁路的交汇处,是朝鲜北方铁路咽喉地带。在地图上,这一地区铁路近似于三角形,志愿军和人民军称为“三角地区”,是连接京义线、满浦线、平元线 3 条铁路干线的枢纽。

---

① 参见美联社东京 1952 年 4 月 10 日电。《参考消息》,1952 年 4 月 14 日。

② 参见[美]劳伯特·F. 富特雷耳等著:《朝鲜战争中的美国空军》,中译本参考资料第 2 册,387 页,空军党委条令教材编审小组办公室译,1963。

1951年7月下旬至8月底,正值朝鲜雨季,朝鲜北方暴发了历史上40年来罕见的特大洪水,铁路和桥梁遭到严重毁坏。美国空军(本章所讲的美国空军,包括美国在远东的海军舰载航空兵)则利用洪水灾害,按“绞杀战”的计划分工,对朝鲜北方尚可使用的铁路和桥梁进行了全面轰炸摧毁。美国空军战史说,当他们“绞杀战”开始时,“老天也帮了轰炸机指挥部的忙”。①

8月间至9月中旬,美第5航空队每天为其每个战斗轰炸机大队规定一段15~30英里长的铁路,由他们去轰炸。战斗机大队一般均以大队编队方式,以32机到64机的大机群出动,对京义线沙里院以北和整个满浦线进行了轰炸;轰炸机指挥部的B-29战略轰炸机,对平壤以北正在修建的机场和几座主要铁路桥梁进行了轰炸;海军舰载航空兵对朝鲜东海岸的铁路进行了轰炸。由于美军“绞杀战”和洪水的双重破坏,到8月底,朝鲜北方1200余公里的铁路中,能通车的线路仅有价新线及京义线的新安州至孟中里段、满浦线的球场至顺川段、平元线的顺川至长林段,总长共290公里,整个铁路交通处于前后不通中间通的状态。

从9月中旬起,美军由对朝鲜北方铁路的全面轰炸,逐渐转为重点轰炸。10月初以后,美第5航空队集中力量轰炸清川江以南、平壤以北的“三角铁路”。因这一地区是朝鲜北方的铁路枢纽,这一地区铁路畅通,则南北、东西的铁路皆可畅通,这一地区铁路中断,则南北、东西的铁路皆受阻碍。而且,朝鲜北方主要公路干线多与铁路靠近、平行或交叉,铁路中断,公路也断。对志愿军和人民军前线作战物资的运输供应,关系重大。美国空军将轰炸重点转至“三角地区”后,仅对京义线渔波至新安州段和满浦线的顺川至价川段,平均每天即出动飞机5批100余架次,进行集中轰炸,并逐步压缩轰炸范围,最后在肃川至万城间“317”至“318”公里间的1公里地段和龙源里至泉洞间“29”公里处一个点上连续反复轰炸,对一段和一点的局部造成深度破坏,使志愿军和人民军难以及时修复。

9月至11月,美国空军对朝鲜北方铁路的轰炸破坏逐月加剧。据中朝联合铁道运输司令部统计,美国空军9月出动飞机3027架次,破坏铁路(包括车站)648处次,破坏桥梁57座次;10月出动飞机4128架次,破坏铁路1336处次,破坏桥梁53座次;11月出动飞机8343架次,破坏铁路1937处

① [美]劳伯特·F.富特雷耳等著:《朝鲜战争中的美国空军》,中译本参考资料第2册,538页,空军党委条令教材编审小组办公室译,1963。

次,破坏桥梁77座次。12月份,美军的轰炸破坏比11月份略有减轻,出动飞机5786架次,破坏铁路1697处次,破坏桥梁101座次。破坏的主要是“三角地区”。“三角地区”线路总长约180公里,仅占当时抢修铁路总长960公里的1/5,而遭受破坏的数量却占全部破坏数量的50%以上,计9月为47%,10月为54.5%,11月为56.2%,12月竟高达65%。致使这一地区在4个月内80%的时间未能通车。

到12月底,美国空军实施的“绞杀战”虽已超过了其原定计划90天时间的1个多月,但未能达到预期的目的。1952年1月4日,李奇微在给美国参谋长联席会议的报告中,承认“绞杀战”“没有能够阻止住敌人运输其进行阵地防御所需的补给品,也没有能够阻止住敌人将部队运入北朝鲜”。但他仍认为,“如果中止空中封锁交通线的活动,或者缩小这种活动的规模,那么敌人在一段比较短的时间内就能够积聚起足够的补给品,从而有能力发动一次持续的、大规模的攻势。”尽管美远东空军感到“对交通线的空中封锁是越来越困难了”,但仍决定,继续进行“绞杀战”一直到“战术态势或停火协议使我们必须作出改变时”为止。①

中央军委和志愿军关于反“绞杀战”的决定和措施

本来志愿军运输能力弱又没有空军掩护,战场运输就相当困难,美国空军发动“绞杀战”,对志愿军的运输更是雪上加霜。1951年9月初,志愿军前线部队出现了食物短缺现象,并且冬寒将至,棉衣尚未运到。9月7日,彭德怀在给聂荣臻的电报中有一段话反映了前方的困难:“早晚秋风袭人,战士单着,近旬病员大增,洪水冲,敌机炸,桥断路崩,存物已空,粮食感困难,冬衣如何适时运到,在在逼人。”当时计划的第六次战役一再推迟发动,后勤运输难以保障是重要的原因之一。能不能战胜美军的空中封锁,根本解决战场运输问题,扭转运输补给一直处于被动的状态,是志愿军能否坚持胜利作战的一个重大战略问题。

志愿军参战以后,中央军委一直把志愿军能不能有饭吃,作为能否取得战争胜利的重大战略问题来解决,对志愿军的后勤保障极为重视和关心。

---

①　[美]劳伯特·F.富特雷耳等著:《朝鲜战争中的美国空军》,中译本参考资料第2册,544～545页,空军党委条令教材编审小组办公室译,1963。

毛泽东在组成志愿军的命令中即决定“中国人民志愿军以东北行政区为总后方基地，所有一切后方工作供应事宜，以及有关援助朝鲜同志的事务，统由东北军区司令员兼政治委员高岗同志调度指挥并负责保证之”①。政务院总理、主持中央军委日常工作的副主席周恩来，亲自过问和解决志愿军的战场运输问题，全力支持总后方基地的工作，指导东北军区专门在沈阳召开志愿军后勤工作会议解决运输问题，成立志愿军后方勤务司令部专事负责战场后勤保障。聂荣臻在回忆录中说：“整个后勤工作，当时都是在周恩来同志的领导关怀下进行的。”②为粉碎美军的“绞杀战”、解决运输问题，中央军委和志愿军又采取了许多重大措施。

当时，志愿军铁道兵尚在忙于抗洪抢修；为数不多的高炮部队除大部独立营配属各兵团、各军担负对空防御任务外，其余大部分担任掩护平壤以北机场修建的任务，只有 2 个团另 6 个独立营担负铁路桥梁的掩护任务；志愿军空军只有 2 个师共 100 架飞机完成了作战准备，因雨季气象条件限制，尚未出动作战。

鉴于美国空军对铁路轰炸破坏的加重（当时志愿军尚不知美军对朝鲜北方铁路的大规模轰炸称为“绞杀战”，大约 11 月前后，知道美国空军的此次行动名为“绞杀战”），8 月下旬，以贺晋年为司令员、张明远为政治委员的中朝联合铁道运输司令部，即采取了紧急抢修、抢运措施。主要是：在抢修上，9 月 10 日以前修通尚未通车的桥梁，9 月 15 日以前完成 7 个主要桥梁的便桥，加强“三角地区”的抢修工作，保持不间断的通车。在运输上，根据前线紧急需要与抢修的需要，有重点地向前沿抢运，将清川江以北的物资突运过江，向东西线前沿各送 350 车粮食、弹药；在向清川江以南中途和长途运输中，以棉衣、抢修器材和人民军急需物资为主，棉衣准备好 481 车，另外向西线补粮食 100 车、汽油 78 车；向前运送的物资，根据线路通阻情况，能前运一步即前进一步，如线路中断，则东线在成川一带卸车，西线在渔波、西浦一带卸车，并组织倒运。此外，请求中央军委补充抢修部队新兵 9000 人，技术工人 1000 人，另临时配属铁道兵团 5 个新兵团，并请志愿军司令部通令铁路沿线驻防部队，在铁路被炸后，协助各抢修部队与各路局抢修；在西清川江桥（位于安州附近）及东大同江桥（位于顺川附近）的便桥修好以

① 《建国以来毛泽东军事文稿》，上卷，235 页，北京，军事科学出版社、中央文献出版社，2010。

② 《聂荣臻回忆录》，下册，749 页，北京，解放军出版社，1984。

前，请高炮部队加强对该两大桥的防护；请求中央军委令空军对“三角地区”运输进行掩护，予敌机几次痛击。周恩来看到联运司的报告和请示后，于9月1日批示有关部门，对所提问题“予以回答和解决”。

这时，中央军委已经命令志愿军空军以安东地区的机场为基地，出动作战，在苏联空军的带领下，掩护平壤以北朝鲜境内的铁路运输和机场修建，据此，空军正在调动准备中。对联运司的请求，中央军委均予以批准。

9月，中央军委已判明美军“绞杀战”的企图，指出：“敌人对我铁路轰炸是作为战略企图来打算盘的”，“窥其企图，一为在军事上造成我持久作战的困难；二为配合开城谈判对我施用压力。因此，如何加强交通运输线上的防空力量，实具有重大的战略意义”。①

在接到彭德怀9月7日的电报后，中央军委派运输司令员吕正操到沈阳专门主持召开运输会议，具体研究解决战场运输问题的措施。9月15日，经周恩来审改后聂荣臻复电彭德怀，告知：

前方9月份所需粮食，除已运到者外，尚缺700车皮，9月4日前已全部运过清川江到达新成川一带，10～12月所需粮食在4000车皮以上，力争在今后45天内运达前方。棉衣、棉鞋及棉帽9月份可全部运入朝鲜，已过江481个车皮，棉大衣及每人的第二双棉鞋，计划10月份运入朝鲜。10月底以前还计划运入汽油511车皮、副食及盐467车皮，另运入一些前方急需的弹药。“为完成上述运输任务……除吕正操已去东北参加运输会议，负责具体解决朝鲜的抢修、抢运等问题，一二日内即可将结果电告外，军委并决定：A. 充实铁道兵团，加强抢修力量，现已拨补新兵九千人，另五个新兵团（临时配属）。B. 保证桥梁材料，现已将修建黄河铁桥卅孔北运入朝，向苏所订桥梁材料，本（九）月十至廿日可到二千余吨，十月初还可到一批。C. 加强倒运力量，除商东北将入朝民工延期换班外，各渡口尚须就地编筏抢渡。D. 加强铁路及江桥防空（空军及高射炮，已增加一个友方的高炮师到清川江桥附近）。”

沈阳运输会议后，吕正操、贺晋年、张明远、刘居英和叶林于9月19日，联名致电周恩来、聂荣臻、高岗并报彭德怀、志愿军后方勤务司令部和滕代远，告运输会议研究解决运输问题的措施：

朝鲜铁路运输能力低下和前方需要运输量增加，是朝鲜铁路运输的最

① 军委代总参谋长聂荣臻签发的中央军委致彭德怀并高岗的电报，1951年9月24日。

大困难，据初步计算，从9月下半月到10月底，一个半月时间内，需要运送前线三个月的粮食和全部冬装、汽油、弹药、杂品以及特种兵等10000车皮，而铁路运输能力，即使按6月份最好的情况计算也仅能运输6000车皮。为了缓解运输矛盾，周总理指示，特种兵缓运入朝，并减少弹药和杂品的运输，主要保证粮食、被服、汽油按计划送上。将原计划运入志愿军第四季度所需的全部作战物资不少于10000车皮，压缩为不得超过7000车皮。根据这一指示，会议决定，缩运不急需物资；增加车载1/10；改善被服打包及装载方法、10月底前最少需运7500车皮。

为此采取下列办法：（一）制定分区卸车和由汽车接运计划，被服只能运到清川江南岸附近，然后组织部队自行搬运；（二）装车必须实行增载办法，30吨车皮装33吨，40吨车皮装43吨，严格打包办法，轻浮物资和被服用机器打包；（三）由铁路部门按计划保证40吨以上大型车辆，在前运和向后排空的关系上，保证向前突运；（四）抢修部队要根据敌机轰炸破坏情况，重点配备，加强三角地区修复工作，首先保证咽喉地段有一半以上时间通车，恢复主要车站站线为3～5股道，提高线路行车速度10～15公里；（五）要求空军掩护，并请志愿军司令部加强三角地区的高炮力量（需2个团又1个营）；（六）统一运输指挥，由联合运输司令部统一下达运输的命令，组织联勤，统一调配物资；（七）开通东线沿海铁路，以补西线运力不足等。

9月27日，聂荣臻致电彭德怀，通报了沈阳运输会议决定的上述各项，并决定由联合运输司令部副司令员兼战时朝鲜铁路管理总局局长刘居英回前方统一布置落实。①

9月24日，中央军委致电彭德怀并告高岗，指出，“除加强空军掩护（因敌轰炸机破坏时，首先派出战斗机群封锁‘米格走廊’②，因此空军掩护只能起一定作用）、加强抢修力量（桥梁器材及铁轨均可解决，铁道兵团已予补充）外，必须加强铁路运输线上的高射炮部队，但国内目前已再无法抽调高射炮部队入朝，必须在志愿军内予以调剂。”决定除掩护重要铁路桥梁、车站的高炮部署不变外，将朝鲜境内铁路划分为4个防空区：第一防空区为平壤、安州、定州、价川、顺川三角地带；第二防空区为顺川（不含）向东至破邑（现阳德）段，重点为殷山至新仓里段及沸流江地区；第三防空区为破邑至

① 参见《聂荣臻军事文选》，356～358页，北京，解放军出版社，1992。

② 因志愿军空军和苏联空军装备的是米格－15飞机，并主要在鸭绿江至清川江地区上空活动，因此美国空军称这一地区为“米格走廊”。

元山以南的龙池院里段；第四防空区为平壤（含）向南经沙里院至物开里段。由志愿军抽调掩护修建机场的部分高射部队和野战部队的高炮营担负各防空区保卫的责任。

从此，志愿军后方部队全面展开了反“绞杀战”斗争。

1951年12月，根据反“绞杀战”斗争的需要，经中朝双方协商，成立了前方运输司令部，隶属中朝联合铁路运输司令部，刘居英兼任司令员和政治委员，金黄一（朝方）、李寿轩为副司令员，崔田民为副政治委员，统一指挥、协调朝鲜北方铁路系统的抢修、运输和高炮部队的对空作战。

志愿军空军的反“绞杀战”作战

美军发动“绞杀战”之前，志愿军空军根据中央军委和毛泽东主席的指示，为了配合计划的第六次战役，正在积极进行参战准备。

当时，志愿军空军有12个米格-15喷气式歼击机（当时称驱逐机）团，米格-15飞机在作战性能上，与美国空军装备的F-86飞机基本相当，在飞行性能上略优于F-86飞机。但志愿军飞行员在这种飞机上只有十几小时至几十小时的飞行经验，最多不超过100小时，更谈不上空战经验。其中第3师和第4师共4个团，技术程度比较熟练，第4师并经过了实战练习，其余8个团技术程度还相当生疏。而美军飞行员约有半数参加过第二次世界大战，飞行时间均在数百小时以上，最多的达3000余小时，具有丰富的空战经验。志愿军空军面临的对手是世界上第一流的空军。

1951年9月开始，志愿军空军由刘震司令员指挥，在苏联空军带领下，采取轮番作战的方针，以师为单位陆续投入反“绞杀战”和掩护平壤以北机场修建的作战。此时，苏联空军有3个歼击机师共7个团，米格-15飞机210架，协助志愿军的防空作战。

志愿军空军首先出动的是第4师，该师共辖2个团，装备米格-15型喷气式战斗机55架，于1951年9月12日全部进驻安东浪头机场。20日起，参加空战。9月25日，即参加了敌我双方共250余架飞机的大空战，飞行员刘涌新首创志愿军空军击落美军F-86型战斗机的纪录。26、27日，又连续两天进行大规模空战，3天内，志愿军空军和苏联空军共击落美军飞机26架、击伤8架。

此后，志愿军空军第4师接连出动，至10月19日，作战一个月，共战斗出动508架次，与美机进行大小空战10余次，其中敌我双方共200多架飞机的大规模空战7次，共击落敌机17架，击伤7架，自身损失飞机14架。

毛泽东10月2日看到志愿军空军第4师的战报，挥笔写下了：“空四师奋勇作战，甚好甚慰”[①]的赞语，极大鼓舞了第4师全体官兵的斗志。

志愿军空军在苏联空军带领下的作战，沉痛打击了伸入到清川江以北执行“绞杀战”任务的美空军飞机，一度掌握了清川江以北地区的制空权。美国远东空军司令官威兰，感到F－86飞机在数量上不敌米格－15，不足以掩护战斗轰炸机和轰炸机在清川江以北执行轰炸任务，曾请求美国空军参谋长增加75架F－86飞机，但美国空军没有多余的F－86飞机可再提供远东空军。美第5航空队只好决定放弃对清川江以北铁路的轰炸，10月初开始集中轰炸清川江与平壤之间的铁路。10月底，威兰又被迫全部取消了B－29战略轰炸机昼间的轰炸行动。[②]

10月20日，志愿军空军第3师接替第4师作战。

第3师装备米格－15飞机50架，飞行员50名，在学习第4师作战经验的基础上，实行先打美机小机群，积累实战经验后再与美大机群作战的方针，11月2日至10日，第3师先后与美空军分散活动的小机群作战5次，击落击伤美机8架，自己仅轻伤1架。

从11月16日起，第3师开始与美军大中机群作战。18日，首次与美空军多批百余架飞机的大机群展开激战，一举击落美机6架。其中第9团1大队，在大队长王海率领下，灵活机动，长僚机密切配合，一举击落美机5架。在抗美援朝战争中，这个大队共参加空战80余次，取得击落击伤美机29架的战绩，荣立集体一等功，被誉为英雄的“王海大队”。

志愿军空军第3师不断总结作战经验，不但越战越猛，而且越战越精。11月23日，美空军先后出动F－86、F－84、F－80型战斗机6批116架，轰炸肃川铁路。志愿军空军司令员刘震令第3师第7团出动20架飞机，截击美空军前往肃川轰炸的20架F－80。志愿军空军该团在空战中明确区分

① 《建国以来毛泽东军事文稿》，上卷，552页，北京，军事科学出版社、中央文献出版社，2010。

② 参见［美］劳伯特·F.富特雷耳等著：《朝鲜战争中的美国空军》，中译本参考资料第2册，492～493、540页，空军党委条令教材编审小组办公室译，1963。［美］詹姆斯·T.史蒂华编：《空中威力——朝鲜战争中的决定性力量》，中译本参考资料，97页，空军党委条令教材编审小组办公室译，1963。

任务，长僚机保持双机攻击，相互协同，打得主动，攻得勇猛，一举击落美机7架，击伤1架，自己仅伤1架。这次战斗，大队长刘玉堤创造了一次空战击落美机4架的记录。

志愿军空军为了及时掌握空情，更有利地进行空中引导和作战指挥，于1951年12月决定在博川以北及平壤西北增设两个前方辅助指挥所，并在永柔、肃川、新安州、定州一带建立3个对空观察引导组。

志愿军空军第3师在1951年10月21日至1952年1月14日的86天中，共出动2391架次，进行大小战斗23次，击落美机55架，击伤8架，自己被击落16架，被击伤7架。许多飞行员创造了突出的战绩，大队长赵宝桐击落敌机6架，击伤2架，战果最佳；大队长刘玉堤击落敌机5架，击伤2架；飞行员范万章击落敌机4架，击伤1架；大队长王海击落敌机3架，击伤2架；飞行员焦景文击落敌机3架，击伤1架。他们均荣立特等功，被授予英雄称号。1952年2月1日，毛泽东看到了第3师的作战报告，又欣然挥笔写下了"向空军第三师致祝贺"的批语。①

1951年11月，停战谈判在军事分界线问题上取得进展，停战协议有望在短期内达成。为了争取时机，使更多的空军部队得到实战锻炼，11月中旬，军委空军作出决定，由已参战的第3、第4师带领新部队作战，加速对空军部队的实战锻炼，新部队在完成一般的作战准备后即投入战斗。随即，志愿军空军第14师及第2师6团进驻安东前沿机场，由第3师带领参战，并均于12月取得了击落击伤美军飞机的战果。12月和1952年1月，第6师、第15师奉命参战。

至1951年底，志愿军空军先后有5个歼击机师参战，连同轰炸机配合地面部队攻占大和岛的作战，共出动5287架次，空战45次，击落美机72架、击伤25架，被击落44架、被击伤16架。

志愿军空军同苏联空军并肩作战，严厉地打击了侵朝美国空军，对美军的空中优势造成了巨大威胁，美国空军参谋长惊呼，中共在一夜之间就成了空军强国之一。美国空军战史说："共军米格由于占有数量上的优势，所以11月份在平壤以北他们到处取得了主动地位，而联合国军所有的飞行员则只能对共军飞行员所发动的进攻进行抵抗而已。"1951年12月16日，美国远东空军司令威兰在记者招待会上承认，对交通线进行空中封锁越来越困

① 《建国以来毛泽东军事文稿》，中卷，8页，北京，军事科学出版社、中央文献出版社，2010。

难了。①

从1952年1月开始,志愿军空军已可独立作战,采取以老带新的方式继续以师为单位实施轮番作战。根据第一线机场的容纳限度,每轮作战部队保持3~4个师。每师经过实战取得经验后,即由新的部队接替作战。

1月中旬,经过实战锻炼的第4师再次投入第一线,并负责带领新参战的部队作战,在整个抗美援朝战争中,志愿军空军第4师前后四番投入作战,是空军参战次数最多的部队。

1952年2月,毛泽东指示空军:必须抓紧时机进行实战锻炼,要十分重视实战锻炼对空军部队的意义,哪怕求得只打几次空战也是好的。② 随后,空军第12、17、18师陆续投入作战。

2月10日,志愿军空军第4师第12团第3大队大队长张积慧,率6架米格-15歼击机,于泰川郡纳清亭附近上空,同美军8架F-86型战斗机展开激战。张积慧沉着跟踪,灵活占位,勇敢攻击,在僚机单志玉的紧密配合下,一举击落F-86飞机2架,其中1架是美国空军“王牌驾驶员”第4联队第334中队中队长乔治·A.戴维斯少校的驾机。戴维斯有着3000小时的飞行经历,在第二次世界大战中曾参加战斗飞行260多次,是美国空军中号称“百战不倦”,“特别勇敢善战”的“空中英雄”。2月13日,美远东空军司令威兰将军在一项特别声明中说,戴维斯被击毙,“是对远东空军的一大打击”,“是一个悲惨的损失”。美国国会议员为此又对政府的朝战政策发生争吵。中央军委总政治部为张积慧记特等功一次,并通报全军予以表彰。张积慧在整个抗美援朝战争中共击落美军飞机4架(均是F-86),被授予一级战斗英雄称号。

至1952年6月底,志愿军空军共有9个师18个团的歼击机部队参战,并有2个轰炸机师的部分部队参加轰炸大、小和岛,配合地面部队攻占这些岛屿的作战。参战飞行员447名,战斗出动680批,空战85批,1602架次,击落美机123架、击伤43架。被击落82架,被击伤27架。志愿军空军与美军空军飞机损失对比为1∶1.46。志愿军空军经受了空战的锻炼和考验,为粉碎美军的“绞杀战”,作出了巨大贡献,并在实战中不断总结提高,提出

---

① 参见[美]劳伯特·F.富特雷耳等著:《朝鲜战争中的美国空军》,中译本参考资料第2册,500、504、545页,空军党委条令教材编审小组办公室译,1963。

② 参见《当代中国丛书·当代中国空军》,158页,北京,中国社会科学出版社,1989。

了适合志愿军空军自身特点的空战战术原则。

此后,1953年1月,志愿军空军第16师也参加了作战。各师均可独立担负作战任务,有的还可在夜间担负作战任务,并取得夜战击落美机的战果。

在整个抗美援朝战争中,志愿军空军共击落敌机330架,击伤95架;被击落231架,被击伤151架。许多飞行员取得了突出的空战战绩,其中击落击伤5架敌机以上的有:第3师大队长赵宝桐击落敌机7架,击伤2架;第3师大队长王海击落敌机4架,击伤5架;第3师大队长刘玉堤击落敌机6架,击伤2架;第3师中队长孙生禄,击落敌机6架,击伤1架,自已壮烈牺牲;第15师飞行员蒋道平,击落敌机5架,击伤2架;第3师飞行员范万章击落敌机5架,击伤1架;第12师技术检查主任鲁珉,击落F－86飞机5架;第15师飞行员韩德彩,击落敌机5架,其中包括美国双料"王牌"驾驶员哈罗德·爱德华·费席尔的驾机;第15师大队长吴胜凯击落敌机4架、击伤1架。志愿军空军的作战,对抗美援朝战争取得胜利,作出了重大贡献。

志愿军高炮部队的反"绞杀战"作战

美空军发动"绞杀战"时,志愿军高炮部队共有4个野战师(第61、第62、第63、第64师)、3个城防团(第505、第513、第524团)和50个独立营在朝鲜作战,总计装备85或76.2毫米口径中高炮72门,37毫米口径小高炮733门;每个野战高炮师辖3个团,其中1个中高炮团,2个小高炮团,共装备85毫米口径中高炮16门,37毫米口径小高炮32门;每个城防高炮团,装备85或76.2毫米口径中高炮和37毫米口径小高炮共36门;每个独立高炮营装备37毫米口径小高炮12门。第62、第63、第64师和第524团担负掩护顺川、永柔、南阳里机场的修建任务;第61师在公路线上担负机动防空作战任务;大部分独立营则配属在各兵团、各军,掩护前线作战行动;只有第505、第513团和6个独立营用于掩护西清川江和东大同江铁路桥梁。只有高炮第506、第508团部署于安东及长甸河口地区保卫鸭绿江桥。

美空军发动"绞杀战"后,根据联运司的请求和中央军委的指示,志愿军调整了高炮部队部署,将掩护机场修建的高炮部队,陆续全部用于掩护铁路运输,参加反"绞杀战"作战。

1951年9月下旬，志愿军司令部遵照中央军委将朝鲜北方铁路划分为4个防空区的指示，迅速抽调1个小高炮团另11个独立高炮营和6个高射机枪连，担负铁路沿线防空作战。第一防空区为平壤、顺川、价川、安州、定州区域，这一地区是重点防空区，部署高炮部队1个团又4个营，即高炮第62师的1个小高炮团、第38军的3个高炮营、第39军的1个高炮营；第二防空区为顺川至阳德地区，部署第39军的另2个高炮营；第三防空区为阳德至元山南的龙池院里地区，部署第9兵团3个高炮营另3个高射机枪连；第四防空区为平壤至沙里院以南的物开里地区，部署第40军2个高炮营另3个高射机枪连。上述各部于10月上旬全部进入指定位置掩护铁路运输。志愿军后方勤务司令部配属的高炮营也主要部署于“三角地区”担负护路护桥任务。

志愿军加强铁路沿线高炮力量后，美军执行“绞杀战”任务的飞机被击落、击伤的数量明显增加。美国空军战史称，“敌人的地面炮火也使第5航空队的战斗轰炸机遭到了很大损失”。8月间第5航空队的战斗机被击落26架，击伤24架；9月被击落32架，击伤233架；10月被击落33架，击伤238架；11月被击落24架，击伤255架。美军舰载航空兵惧怕新成川至高原铁路沿线的高炮火力，称这一地区为“死亡之谷”，拒绝对这一地区铁路进行轰炸。①

在志愿军空军和苏联空军的打击下，美国空军于10月初开始，被迫放弃了对清川江以北地区铁路的轰炸，集中力量轰炸清川江以南、平壤以北地区的“三角铁路”，致使志愿军在“三角地区”的防空作战任务加重，防空力量显得不足。据此，中央军委和志愿军从掩护机场修建的高炮部队中又抽调2个团部署在“三角地区”。联运司贺晋年司令员鉴于志愿军在平壤以北修建的机场，即便有高炮部队掩护，也常遭美军的轰炸破坏，短时间内难以使用，而美军加重对铁路线轰炸，志愿军掩护铁路运输的高炮部队仍感不足。为了彻底扭转“三角地区”的严重局面，遂于11月25日，致电志愿军司令部并中央军委，请求除留个别独立高炮营掩护机场油料、弹药外，掩护机场修建的高炮部队全部抽调用于掩护铁路运输。中央军委批准了这一建议。

从11月底开始，掩护机场修建的高炮第62、第63、第64师，除留1个

---

① 参见［美］劳伯特·F. 富特雷耳等著：《朝鲜战争中的美国空军》，中译本参考资料第2册，542、539页，空军党委条令教材编审小组办公室译，1963。

团掩护机场油料及弹药外，其余全部调出，城防高炮第524团也一并调出，用于掩护铁路运输。此时掩护铁路运输的高炮部队共为3个师（欠1个团）另3个城防团和11个独立营，还有1个高射机枪团，约占志愿军全部高炮力量的70%。12月中旬，还从国内抽调1个雷达连、2个探照灯营（共5个连）入朝，配合高炮部队作战。为了统一部署和指挥高炮部队的作战，以高炮第64师司令部为基础，成立了志愿军铁道高射炮兵指挥所，高炮第64师师长吴昌炽为司令员。

为了打破美国空军对“三角地区”的重点封锁，铁道高射炮兵指挥所确定了“集中兵力，重点保卫”的作战方针，将掩护铁路运输高炮部队2/3的兵力集中配置在“三角地区”，即除将第64师部署于平元线的殷山至破邑间外，其余第62师全部、第63师2个团、另5个营，均部署在“三角地区”。此外还有2个城防团和6个独立营在安州和顺川地区掩护铁路桥梁。12月份，志愿军掩护铁路运输的高炮部队，击落敌机38架，击伤68架。由于“三角地区”高炮力量的增强，打破了美国空军对这一地区的封锁，12月中旬，这一地区恢复通车。至12月底，美国空军被迫放弃了对“三角地区”的集中轰炸。

从1952年1月起，美国空军为躲避志愿军高射炮火的打击，而改变战术，在“三角地区”以外寻找志愿军高炮火力的空白区，对朝鲜北方铁路实施机动重点突击。1951年12月，美国远东空军将1个F-80型战斗机大队改装为F-86型战斗机大队，使F-86型战斗机由75架增加到150架，同时还补充了一批参加过第二次世界大战的经验丰富的老飞行员，空中掩护能力增强。因此其战斗轰炸机又敢于到清川江以北进行轰炸。这时，主要是轰炸清川江以北和顺川以东铁路。1952年3月以后，又采用所谓“饱和轰炸”的战术，选择铁路干线上的某一重要路段，集中所有能够用来执行轰炸任务的飞机，24小时昼夜不间断地进行轮番攻击。

针对美空军轰炸战术的改变，志愿军掩护铁路运输的高炮部队，也及时改变了部署，为解决掩护范围扩大而高炮力量不足的矛盾，采取了“重点保卫，高度机动”的作战方针，以师为单位并指挥若干独立团、营，重新划分防区，将掩护范围从主要是“三角地区”，向清川江以北扩大到京义线的宣川、满浦线的熙川。在鸭绿江以北掩护鸭绿江桥的城防高炮第508团，也调入朝鲜掩护铁路运输。各师指挥的中口径高炮部队，重点保卫防区内的铁路桥梁和车站等重要目标，大部分小高炮部队和一部分中高炮部队，在本防区内实施高度机动作战。在作战指导思想上，规定机动作战的部队以击落敌机为主，防卫重要目标的部队以保卫目标安全为主，并力争击落敌机。

1952 年 4 月下旬，志愿军司令部召开高炮会议，总结了机动作战的经验，要求高炮部队开展近战、夜战、游动作战。除掩护固定目标的高炮部队外，要求积极转移阵地，寻找敌机活动多的地区作战。根据高炮作战的实践，规定中高炮以 3000 ~ 4000 米、小高炮以 1500 ~ 2000 米、高射机枪以 500 ~ 1000 米为有效射程，有效射程之外的敌机不打，对低空俯冲的敌机则增大火力密度，猛烈射击，并规定要有 1/2 以上的火器担当夜间射击的任务。

在机动作战中，各高炮部队把握美机行动规律，经常出其不意予以沉重打击。

3 月初，在定州至岭美一线机动作战的高炮第 513 团，根据美机的频繁侦察，判断美机可能对这一带铁路线进行一次较大的轰炸行动，遂连夜调动部队转移阵地，并将撤出的阵地进行伪装，设置了假炮和一些反光物体，打扫了积雪，而将真阵地予以隐蔽，迷惑了美军飞机。3 月 3 日 8 时，F-84 战斗轰炸机 12 架向假阵地攻击，立即被击落 1 架、击伤 2 架；13 时，美机 50 余架再度向假阵地攻击，又被击伤 4 架。此时，该团主阵地已暴露，为防美机报复，遂迅即放弃主阵地，而进入预备阵地和返回已被攻击过的原阵地，重新组织了火力。1 个多小时后，美机 60 余架向该团主阵地作报复攻击，当即又被击落 8 架、击伤 15 架。该团一天 3 次战斗，共击落敌机 9 架，击伤敌机 21 架，自身无一损失。

4 月 25 日，高炮独立第 41 营由顺川向西转移到肃川，隐蔽开设阵地，两天后，突然对来袭的美机展开射击，一日内射击 13 次，击落美机 4 架。

4 月 29 日，高炮第 64 师第 612 团发现美机 3 次低空侦察泉洞地区，判断美机要轰炸这一地区，乃于当夜调动部队，在这一地区预先做好射击准备。次日拂晓，美机果然来袭，该团与美军 280 架次飞机激战 8 小时，击落美机 5 架、击伤 9 架。

4 月下旬至 5 月中旬，高炮第 62 师第 605 团进行了 5 次昼间游动作战，击落击伤美机各 11 架，自身人员、武器均无损伤，创造了昼间游动作战的范例。

机动作战在取得较好战果的同时，由于作战水平提高，也降低了弹药消耗。据高炮第 62 师的统计，该师 1951 年 12 月担任三角地区护路作战期间，平均约 7000 发炮弹击落 1 架飞机，1952 年 5 月机动作战中，平均 556 发炮弹即击落 1 架飞机，弹药消耗减少了 92%。

此外，配属志愿军后方勤务司令部的高炮第 24 营，担负掩护物资仓库的任务，5 月 8 日，该营在遂安以北楠亭里仓库区，同先后前来轰炸的 485 架次美军飞机进行 13 个小时的作战，创造了 1 个营在一天内击落美机 7 架、击伤 18 架的记录，受到志愿军司令部的通令嘉奖。

志愿军高炮部队在掩护铁路运输的防空作战中体会到：以现有的防空力量，战胜优势的空中敌人，机动作战是最成功、最有效的手段，能以极小的消耗，取得较大的战果。①

在志愿军空军和高炮部队的严重打击下，美“第五航空队战斗轰炸机的实力在 4 月份降到了最低点”，以后，美国空军对铁路线的封锁活动明显减少，并由于“绞杀战”没达到预期的目的，已讨厌“绞杀战”这个字眼。②

为使更多的高炮部队在实战中得到锻炼，取得经验，提高战斗力，1952 年 4 月 2 日，总参谋部决定全国的高炮部队有计划地轮番入朝参战。据此，4 月初至 5 月初，以国内城防高炮第 511、第 502、第 509、第 522 团先后入朝，轮换了第 513、第 505、第 508、第 524 团。与此同时，对在朝鲜的探照灯部队 2 个营也进行了轮换，并增调 2 个探照灯连和 1 个雷达营入朝。

在此期间，志愿军高炮部队还加强了夜间射击，打击美空军夜间轰炸活动。1952 年 2 月份，部署在清川江地区的探照灯部队，多次照中夜间来袭的美军飞机，配合高炮部队连续击落击伤美军轰炸机，迫使美军从 2 月 20 日起一度中断了对清川江桥的轰炸。

4 月 21 日，在安州地区，志愿军探照灯部队与高射炮兵协同作战，击落 1 架 B－29 轰炸机，使美空军再次放弃了对该地的袭击。6 月 10 日夜，美 4 架 B－29 型轰炸机飞临郭山地区上空轰炸铁路桥梁，志愿军高炮第 62 师的部队与探照灯部队和苏联航空兵协同作战，一举击落其中 3 架。③ 此后，美军基本放弃了“绞杀战”。

在反“绞杀战”作战中，志愿军高炮部队共击落美机 260 余架，击伤 1070 余架，与志愿军空军一起，对打破美军的“绞杀战”起了决定性的作用。

---

① 参见吴昌炽：《一年来敌机对铁路的轰炸特点及高射炮兵反轰炸反封锁的几点体会》，1953 年 1 月 29 日。

② 参见［美］劳伯特·F. 富特雷耳等著：《朝鲜战争中的美国空军》，中译本参考资料第 2 册，550、537 页，空军党委条令教材编审小组办公室译，1963。

③ 参见［美］劳伯特·F. 富特雷耳等著：《朝鲜战争中的美国空军》，中译本参考资料第 2 册，519 页，空军党委条令教材编审小组办公室译，1963。

志愿军铁道抢修、运输部队的反"绞杀战"斗争

志愿军担负铁路抢修任务的部队主要是铁道兵团。铁道兵团前身是东北人民解放军铁道纵队，成立于1948年7月。1949年5月，奉中央军委命令改编为军委铁道兵团。在解放战争中，铁道兵部队担负战时工程抢修任务，随野战大军辗转东北、华北、华东、西北、西南，修筑铁路、桥梁，架设通信线路，为解放战争的胜利做出了重要贡献。

参加抗美援朝战争前，铁道兵团辖有3个师、1个直属桥梁团和1个独立团，共2.5万人。抗美援朝战争开始后，为了修复朝鲜北方遭到严重破坏的铁路，保证战时铁路军事运输，铁道兵团受命入朝，担负朝鲜战时铁路抢修任务。从1950年11月初至1951年5月，铁道兵团机关和所属部队，在副司令员李寿轩和副政治委员崔田民率领下全部入朝。1951年6月，铁道兵团补充了一批人员，将直属桥梁团扩编为第4师，独立团改为直属桥梁团。另配属有铁路公安装甲团、铁路援朝工程总队、铁路援朝工务大队、测量队等单位，共同担负朝鲜境内的铁路抢修任务。

反"绞杀战"之前，铁道兵团完成了保证五个战役的前进抢修和抗洪抢修任务。担任满浦、平元、价川、平北线的全线及京义线西浦至新义州、平德线三登至新成川区段的抢修任务，管区铁路总长971公里。另朝鲜人民军铁道复旧指挥局所属的各联队担任京义线西浦以南、平德线三登以南的抢修任务，管区铁路总长174公里。

1951年9月8日，联运司抢修指挥局在安州成立了前方指挥所（简称抢指），由抢修指挥局局长李寿轩、副局长彭敏和人民军铁道复旧指挥局局长权泽负责，统一指挥志愿军铁道兵各部和人民军各铁道联队。

从9月中旬起转入反"绞杀战"抢修，为粉碎美国空军对铁路的封锁，中央军委加强了铁路抢修力量，拨补新兵9000人，另临时配属5个新兵团，9月下旬全部编入或配属各师、团，抢修力量增加一倍多，共达到6.5万余人。

9月25日，抢指召开紧急抢修会议，决定重点集中使用抢修兵力，保证"三角地区"和东西清川江[①]、东大同江3座桥梁的抢修。在"三角地区"部

① 东清川江桥位于熙川以南富城站与妙香山站之间。

署志愿军铁道兵1个师另人民军1个铁道联队。经过突击抢修,“三角地区”于10月7日恢复通车,16~22日,即通过东、西清川江物资1947车,超过9月下半月和10月上半月过车总数的40%以上,有力地保证了志愿军在前线的秋季防御作战。10月21日和22日,联运司和中央军委先后发电,通令嘉奖铁路员工和抢修部队。

随着美军对“三角地区”轰炸封锁的加重,11月,抢指又调志愿军铁道兵1个团、工程总队1个大队和人民军1个铁道联队,加强“三角地区”的抢修。将兵力分为白天、夜晚两班,昼夜轮流替换。白班备料,夜班抢修。为提高抢修速度,夜间施工时,在道钉头上涂白漆,或用手电筒照明,或事先将弹坑上应铺的钢轨钉在枕木上,需要时便运上去,并用枕木排架法代替大弹坑填土等。在志愿军空军和高炮部队防空作战的掩护下,至12月9日,再次打破了美国空军对“三角地区”的封锁,并且抢修质量有了提高,到12月下旬,这一地区的行车速度由每小时5公里提高到15公里。与此同时,对清川江、东大同江、南沸流江①等几个重点桥梁,均完成了第二便桥,减轻了被炸威胁。为减少桥梁被炸和被炸后少受损失,抢修部队均埋设了防震钢梁,白天拆除桥面鱼尾板,以减少被炸后牵连破坏,白天拆除几孔桥梁,晚上再架回,以迷惑美军飞机。

美国空军在其战史中说:“共军事实上一直在使用位于顺川的便线桥,这座桥以前一直被认为是无法使用的。从昼间拍摄的照片看,该桥的中部缺少两节桥身。但……从夜间拍摄的照片中看出,共军在桥上安装了活动桥身,并通夜使用着这座桥梁。”“共军的修路人员和修桥人员‘已经粉碎了我们对平壤铁路线的封锁……并赢得了使用所有铁路主要干线的权利’”。②

铁道兵不但抢修任务重,而且除了防敌空袭外,还要冒着生命危险,排除美机轰炸机投下的未爆炸的炸弹,其中大量的是定时炸弹。这些定时炸弹,浸入地下几米深,并且随时都有爆炸危险。铁道兵官兵以不怕牺牲的革命精神和科学态度相结合,及时排除这些定时炸弹。仅1951年10月份在“三角地区”就排除定时炸弹108枚。

1952年初,美国空军惧怕“三角地区”志愿军高射炮火的打击,向“三角地区”外围实行机动重点突击。志愿军铁道抢修部队则采取“以机动对机

① 南沸流江桥位于成川以北。

② [美]劳伯特·F.富特雷耳等著:《朝鲜战争中的美国空军》,中译本参考资料第2册,542、543页,空军党委条令教材编审小组办公室译,1963。

动，以集中对集中”的方针，部署抢修力量，除重点保证“三角地区”的抢修外，还集中一部机动抢修兵力，对其他地区被炸铁路随时机动兵力抢修，并在重要桥梁和车站修筑大迂回线，以减少被炸后的被动，保证线路畅通。1952 年上半年，铁路长途运输逐渐增加到整个铁路运输的 70%。在维持通车的同时，线路的质量也在不断提高，使行车速度逐步提高到每小时 40 公里。

从 1951 年 9 月至 1952 年 6 月底，美国空军“绞杀战”期间，共破坏朝鲜铁路 19886 处次、延长 700 公里，桥梁 1729 座次、延长 51.7 公里，隧道 43 座次，给水站 148 站次，通信线路 5.6 公里。同一期间，志愿军铁道兵团与人民军铁道部队一起，共完成抢修、新建及复旧工程，计线路 20024 处次、延长 878 公里，桥梁 2086 座次、延长 79.7 公里，隧道 51 座次，给水站 187 站次，通信线路 11.9 公里，可运行的铁路增加到 1200 多公里，有力地保证了铁路运输。

志愿军铁道抢修部队在反“绞杀战”的抢修中共牺牲 643 人。其中铁道兵著名的“登高英雄”，曾在全国解放战争和抗美援朝战争的铁道抢修中屡建功勋的铁道兵团第 1 师第 1 桥梁团 1 连副连长杨连第，在 1952 年 5 月 15 日抢修东清川江大桥时，被突然爆炸的美军定时炸弹弹片击中头部牺牲。杨连第在 1951 年夏季朝鲜特大洪水期间，带领 1 个排抢修清川江大桥，曾 12 次搭设浮桥，并创造了“钢轨架设浮桥”法，保证了大桥的抢修。杨连第牺牲后，志愿军总部追授其为一级战斗英雄，命名他生前所在连为“杨连第连”。朝鲜最高人民会议常任委员会授予他“朝鲜民主主义人民共和国英雄”称号和一级国旗勋章、金星奖章。

在反“绞杀战”期间，志愿军铁道运输部队与抢修部队密切配合，采取各种措施，利用能通车的铁路，抢运物资，保证前线的需要。

在美军“绞杀战”开始时，由于美军轰炸和洪水的双重破坏，许多铁路桥梁、线路被毁，铁路运输困难，志愿军在运输上主要是采取了分段倒运的办法，把不通的桥与能通的线有机地联系起来，保证运输。在桥断的地区组织力量，利用汽车或水上运输工具，将桥北岸卸下来的物资倒运送过江，再在桥南岸装车前运，使整个运输不停顿。

志愿军后勤系统和工兵部队，调集了大批力量协助铁道运输部队一起“抢三江”[①]。共有 4 个兵站和 5 个汽车团约 1100 台汽车，以及工兵的汽艇、铁船等漕渡工具和一批辎重部队，参加了抢渡、抢运、抢装、抢卸相结合

① “抢三江”是指将清川江以北物资抢运过清川江、大同江和沸流江。

的紧急倒运。在西清川江倒运物资624节车皮,东沸流江倒运270节车皮,东大同江抢过了1134节车皮。在组织分段倒运的同时,还将江南岸原储存的物资装车前运,在万城、龙兴里及球场一带装运库存物资579节车皮,全部送到了前方。对于紧急修复的桥梁,由于承重力下降,运输部队则采取了"顶牛过江"的办法(即机车不上桥,而在桥两端分别用机车推送和接取车辆)或用人力将车皮推过桥。能突过一桥即一桥,突过一段即一段。

美军的轰炸重点转入"三角地区"后,运输部队也由"抢桥"变为"抢咽喉地区"。为了高度发挥突击性,以极少的通车时间通过最大量的列车,运输部队创造了密集的片面续行办法。即一段时间内只允许向一个方向行车,数列列车压缩间隔,循序开出,如1951年11月22日,泉洞至龙源里间片面续入12列列车,平均每列相距仅600余米。为保证前线物资需要,在"三角地区"不通车时,采取了长区段倒运的方法。即在"三角地区"以北大量卸车,囤积物资,作为吞吐点,再用汽车把物资倒运到顺川、德川、渔波等地,然后装火车运到前沿。10月、11月用这种方法倒过的物资达1386车皮。采取这些办法,有效改善了前线的供应状况,至1951年11月底,前线粮荒不但已解决,而且开始有了储备。

1952年1月以后,铁路运输部队针对美B－29轰炸机常常在夜间22点到24点轰炸京义线、满浦线的特点,则在22点以前,组织大量列车,突过被封锁的桥梁,这种运输方法被称为"抢22点"。为避免月圆期行车遭轰炸,则在月亏期间抢运物资。

此外,根据京义线运输力大,满浦线运输力小的情况,在运输上便将京义线作为主要上重线,满浦线主要担任回空任务,充分利用了这两线的特点,满足战时特殊运输方式的需要,并在"三角地区"安排上重与回空列车的循环周转,减少了途中列车交会,并可以长时期、大量地组织片面续行、合并续行和超长牵引等,避免了列车在前沿堵塞,提高了运输效率。

随着运输形势日趋好转,1952年第二季度在完成军运任务的前提下,增加了对朝鲜政府的物资运输量,还经常采取紧急措施,抢运支援朝鲜人民的救济粮。

公路系统的反"绞杀战"斗争

公路运输是志愿军后勤运输的一个重要方面,其地位和作用仅次于铁路运输，并且是铁路运输的重要补充和延续。

朝鲜的公路一般按路面的宽度和设备分为三等：一等公路宽6至7米；二等公路宽5至6米；三等公路宽为3.7至5.5米。除较大城市附近的公路铺设柏油路面外，绝大部分公路为碎石和泥土路面，并且多为山区公路，坡陡、转弯半径小，不便于汽车行驶。

公路系统的反“绞杀战”斗争，是在以洪学智为司令员、周纯全为政治委员的志愿军后方勤务司令部统一组织指挥下进行的。

反“绞杀战”开始时，志愿军后勤部队已拥有6个分部、24个大站、14个汽车团、3800余辆汽车、14个辎重运输团等，约14万人。加上配属的1个公安师、1个步兵师、6个工兵团及部分高炮分队等，总兵力达到18万人。

1951年8月底9月初，洪水冲、美机炸，铁路桥梁大部被毁，火车运输只能到达清川江北岸。为保证前线的物资需要，则组织工兵部队的百式铁舟、汽艇、水陆两用汽车等，在江桥被毁处进行漕渡运输，抢运物资，组织汽车部队进行分段倒运和长途倒运，还组织在二线休整的部队，到清川江边人背、畜驮冬装，解决了前线粮食和冬装的燃眉之急。

为改善公路状况，提高公路运输效率，1951年9月1日，志愿军司令部发出指示，命令全军除直接担任作战任务的部队外，在志愿军后方勤务司令部统一组织下，均参加护路抢修工作，要求各部队把抢修任务当做战斗任务同等重视。此后，工兵6个团、4个兵团直属队、在二线和后方的11个军另1个师，于9月下旬至10月初，先后开始了全面加修、加宽、加固公路的浩大工程。朝鲜人民和人民军也参加了整修道路的施工。12月底基本完成了预定的任务。据不完全统计，这次大规模的公路整修，共投入157万个人工日，整修公路31条，新辟公路7条，共计全长2450公里（其中新修公路290公里），修建桥梁、涵洞1206座。经过整修，公路状况大为改善，将2条纵深公路改造为一级干线公路，普遍加宽了路面，增加了横贯路、支路、预备路和迂回路，从而基本形成了前后贯通、左右衔接的公路运输网。山区公路加大了转弯半径、降低了坡度，使载重2至4吨的汽车，时速可达20公里，即使夜间不开灯也可以错车。还在公路两侧构筑了8000余个汽车掩蔽部，以便汽车遇美军飞机轰炸时隐蔽。

1952年4月中旬，在1951年整修公路的基础上，再次由志愿军后方勤务司令部统一组织，对公路进行了进一步整修，以工兵18个营、在后方的8个军另2个兵团直属队，就近分段负责，整修公路。经过两个多月的施工，进一步改善了公路质量。

为了保证公路运输的畅通和安全,在主要公路干线上设置了对空监视哨(防空哨)。对空监视哨是志愿军的一大创举,使汽车行驶有了可靠的"耳目",监视美军飞机的活动,发现美机临空,即及时发射信号、鸣枪,为过往汽车报警,汽车闭灯行驶或暂作躲避,待美机飞过后发出解除警报信号,汽车继续开灯行驶;同时维护交通秩序,在狭窄道路、桥梁、渡口等处,指挥交通,防止拥挤堵塞;配合警卫部队搜山清特,盘查可疑行人,消除匪特对公路运输的危害;协同工兵修补在管辖区内被破坏的道路,排除美军飞机投掷的定时弹、蝴蝶弹、三角钉、四角钉;打击低飞的美军飞机等。防空哨每隔1至3公里设置1组。1951年下半年担任防空哨的兵力由8200余人增加到12600余人,设哨里程由2100公里增至2500公里,共设置1308组。

为充分发挥汽车运输的效益,志愿军后方勤务司令部为汽车运输,规定了固定运输线的"分段包运制"和"吨公里制",并在汽车部队中开展运输竞赛活动,充分调动了汽车部队和司机的积极性,大大提高了运输效益。汽车司机在遇到美军飞机轰炸扫射时,也采取许多办法保护汽车,或突然刹车,或猛踩油门,躲避轰炸扫射,有的在敌机轰炸扫射后,立即在汽车附近点燃早已准备好的破油桶或破旧衣布,假示汽车被炸中燃烧,以迷惑敌机。

采取这些措施,既大大减少了汽车的损失,又大大地提高了公路运输效率。季度汽车损失率由入朝初期的近50%,降到1952年第一季度的2.3%;公路运输能力,1951年9~12月比4~8月提高95%,1952年1~4月比1951年9~12月,又提高19.8%。

毛泽东对这些群众创造给予高度赞扬,在中央人民政府委员会第24次会议上,他说:"我们的干部和战士想出了各种打仗的办法。我讲一个例子。战争的头一个月,我们的汽车损失很大。怎么办呢?除了领导想办法以外,主要是靠群众想办法。在汽车路两旁用一万多人站岗,飞机来了就打信号枪,司机听到就躲着走,或者找个地方把汽车藏起来。同时,把汽车路加宽,又修了许多新汽车路,汽车开过来开过去,畅行无阻。这样,汽车的损失就由开始时的百分之四十,减少到百分之零点几。"①

1951年底,后勤部队整编中,进一步完善了分区供应与建制供应相结合的体制。根据总的战略部署、作战方向和交通道路情况等,在后方划分5个供应区域,编成5个分部,第2、第1、第3分部为一线分部,分别负责东

① 《建国以来毛泽东军事文稿》,中卷,174页,北京,军事科学出版社、中央文献出版社,2010。

线、中线、西线作战部队的供应；第4、第5分部为二线分部，负责囤积物资支援一线分部，并负责东西海岸部队及辖区内其他部队的供应。同时，合理调整了分部兵站的配置。

志愿军后勤部队和工兵部队还进行了普遍的建库工作。按防空、防特、防盗、防潮、防湿、防霉烂的“六防”要求，至1951年底，共建库区98处，其中山洞200个，掘开式仓库2601个，露天仓库5482个，土洞库672个，各种库房可容纳5475车皮物资。

1952年8月，毛泽东在中国人民政治协商会议第一届全国委员会常务委员会第38次会议上，谈到抗美援朝战争情况时说：“吃的问题，也就是保证给养的问题，很久不能解决。当时就不晓得挖洞子，把粮食放在洞子里。现在晓得了。每个师都有三个月粮食”①。

美国空军宣告“绞杀战”失败

在志愿军空军和高炮部队的打击下，在铁路系统、公路系统志愿军抢修、抢运部队、后勤部队及战线后方其他广大部队齐心协力的奋战下，从1952年初起，美国空军的“绞杀战”，不但远远超过了其原来计划的90天时间，而且实际作用和效果也与他们原来的乐观估计相去甚远。据美国空军战史讲，“联合国军对铁路线进行空中封锁攻击所取得的效果从1952年1月以后就越来越少了”。4月间美国远东空军估计，自1951年12月以来，共军对铁路的修复能力，已完全抵消了美军以高价的新式飞机对铁路的破坏能力。此外，由于实行“绞杀战”，到1952年4月，仅第5航空队的战斗轰炸机即损失243架，另有290架其他战术飞机受到严重损伤。美国远东空军的军官们认为，依靠他们的空军力量根本不能阻止中国人民志愿军和朝鲜人民军利用朝鲜北方的铁路进行运输，因此，对“绞杀战”已越来越无兴趣，并且认为如果早把“这个不太妙的代号从文件中删掉就好了”。② 此后，虽然“绞杀战”继续进行（但已不用这个字眼），但远东空军的计划人员，已

---

① 《毛泽东军事文集》，第6卷，317页。

① ［美］劳伯特·F. 富特雷耳等著：《朝鲜战争中的美国空军》，中译本参考资料第2册，579、550、537页；第3册，588 ~ 589页，空军党委条令教材编审小组办公室译，1963。

经在为其空军力量在朝鲜战场上的使用，寻找别的出路。据志愿军铁道高射炮兵指挥所1952年8月6日关于高炮夏季作战总结报告中说：6月间，美国空军“出动次数大为减少，破坏数量亦极轻微，至此，我全线几乎日夜均无战斗，估计敌人今后除改用新的作战部署外，前此战法已被歼灭殆尽”。

美国空军战史在总结“绞杀战”的行动时说，整个“绞杀战”期间，仅空军的飞机（不计海军舰载机）执行这一任务，就出动了8.755万余架次，平均每天300余架次。但“共军还是能够为他们在前线的军队进行补给，并在前方地域建立后勤补给品堆集所。……共军在整个战线的火力比过去强大得多了”。1952年5月，美军许多高级将领纷纷对“绞杀战”提出批评。海军陆战队司令莱缪尔·薛佛德公开宣称：“尽管实施‘绞杀战’，共军地面军队的力量仍旧稳步地得到了补充”。第七舰队司令J. J. 克拉克说：“空中封锁交通线的计划是失败了，它并没有封锁住敌人的交通线。”李奇微这时也说：“第8集团军正面的敌军具有比过去任何时候更大得多的、发动攻势的潜力。”①

尽管美国空军对这些批评进行了辩解并持保留态度，但他们也承认“事实很明显，对铁路线进行的历时十个月的空中封锁，并没有将共军挫伤到足以迫使其接受联合国军方面的停战条件的地步”。并且从最初的计划设想看，“到最后，联合国军航空兵部队对北朝鲜铁路运输进行的空中封锁活动却完全失败了”。②

李奇微在总结这场战争的教训时曾说：“在朝鲜战争期间，有些人认为，以空军来切断已投入战斗的敌军所有增援和补给，就可以创造截断敌人的奇迹。空军并不能创造这种奇迹。…… 空军力量确实存在一定的局限性。”③

从1952年5月起，美国空军即已基本停止了对朝鲜北方铁路的空中封锁行动，6月，美国空军的“绞杀战”终于以失败而宣告结束。

而对志愿军来说，经过国内和战场上的共同努力，则建成了以铁路运输

---

① ［美］劳伯特·F. 富特雷耳等著：《朝鲜战争中的美国空军》，中译本参考资料第2册，575页，空军党委条令教材编审小组办公室译，1963。

② ［美］劳伯特·F. 富特雷耳等著：《朝鲜战争中的美国空军》，中译本参考资料第2册，574、577页，空军党委条令教材编审小组办公室译，1963。

③ ［美］马修·李奇微：《朝鲜战争》，257页，北京，军事科学出版社，1983。

和公路运输相结合，以抢修、抢运和防空斗争相结合，从后方基地到第一线各军的前后贯通、纵横交错的交通运输网络，形成了“打不烂、炸不断的钢铁运输线”，从而改变了战场上运输一直被动的局面，解决了作战物资补给的重大战略问题。

反“绞杀战”期间志愿军和苏联空军击落击伤敌机统计表

时间	1951年						1952年						合计
	7月	8月	9月	10月	11月	12月	1月	2月	3月	4月	5月	6月	
地面部队击落	177	87	173	147	81	63	93	91	107	133	193	146	491
地面部队击伤	120	118	129	153	94	127	166	188	263	281	275	226	2140
空军击落	23	18	93	113	95	111	62	27	54	52	39	13	700
空军击伤	2	2	17	43	26	13	15	9	24	18	24	4	197
合　计	322	225	412	456	296	314	336	315	448	484	531	389	4528

反“绞杀战”期间铁路被炸和志愿军运输情况比较表

（以1951年1月被炸数和运输量为100）

时间	1951年						1952年					
	7月	8月	9月	10月	11月	12月	1月	2月	3月	4月	5月	6月
被炸数	500	650	1900	2780	5460	4870	6340	5410	4340	3270	3780	2060
运输量	230	166	167	281	257	305	267	188	190	261	271	281

第四十三章

促进国民经济恢复和保证战场胜利的措施

增产节约、继续加强抗美援朝工作方针的确定

至1951年10月,抗美援朝战争历时已经一年,中国人民志愿军在朝鲜战场上取得了巨大的胜利,不但将美国为首的“联合国军”从鸭绿江边打回到三八线,迫使美国接受并开始了朝鲜停战谈判,而且志愿军还粉碎了“联合国军”为配合停战谈判对朝中方面施加军事压力,而连续发动的夏秋季局部攻势。但是美国在停战谈判中不愿公平合理地解决朝鲜问题,不断拖延和破坏谈判。停战谈判四项实质性议程,仅开始了关于军事分界线问题一项议程的讨论,并且尚未达成协议。在1952年里,抗美援朝战争或者迅速达成停战协议,而志愿军仍需有相当的兵力留在朝鲜,以防敌人破坏协议,并督促双方政治谈判的进行,或者还要再打一个时期,方能达成停战协议。中共中央估计战争至少还要进行半年至一年。因此,支援志愿军作战,保证抗美援朝战争的胜利,在1952年仍然是中国人民的中心任务。①

---

① 参见《周恩来军事文选》,第4卷,250页,北京,人民出版社,1997;《建国以来重要文献选编》,第2册,472页,北京,中央文献出版社,1992。

抗美援朝战争开始以后，全国的各项工作，主要是土地改革、镇压反革命、国防建设、经济建设、文教建设等项工作，围绕抗美援朝这一中心任务，在各方面都取得了巨大成就。

西藏已于1951年5月和平解放，中国大陆出现了历史上从来没有过的统一。人民民主专政已获得进一步巩固。人民解放军的编制、装备、技术、训练正在向现代化迈进。农业和工业生产大部分已恢复到接近于中国历史上的最高水平，一部分已超过或大大超过了历史最高水平；商业有了新的发展；全国物价基本稳定；对外贸易尽管在美国为首的西方国家的封锁下，但在第一年就已超出。文教事业有了普遍显著的进步。新解放区的土地改革，是中国历史上最广泛最健全的一次土地改革运动。在完成了土地改革的地区，农村已经发生了根本的变化。农民的政治热情空前提高，农村生产力获得解放并为工业发展提供了基础。同时，在全国范围内的镇压反革命运动，肃清了大量的反革命分子，全国的社会秩序，呈现出历史上未曾有过的安定局面。志愿军在朝鲜前线的胜利，推动了全国人民爱国运动的高涨，一年前的那股恐美情绪已经烟消云散，全国人民在精神上、政治上的团结得到空前的加强，这是平常时期几十年甚至几百年所不能达到的。①

但是，抗美援朝战争增大了国家的财政支出，特别是增大了军费支出。据1951年11月的统计，因为抗美援朝的需要，1951年中央财政的实际支出将比预算支出增加50%，较1950年增加75%，其中军费支出占财政预算总支出的55%，是1950年的一倍以上。而财政总支出的32%则直接用于朝鲜战场。由于抗美援朝战争的需要，军队的数量也增大了。不但1950年5月确定军队复员150万，将兵员总数减至400万的计划未能完全实现，而且到1951年底，全国军队数量比1950年复员整编时决定保留的数量还增加了50%多，达627万。这对保证抗美援朝战争的胜利起了很大作用，但在财政供应上，也成为国家的重大负担。为支持战争，国家在经济和文化建设上采取了“重点进行和有计划推迟”的方针，1951年经济建设和文化建设费则只占财政总支出的24%。② 战争在未结束以前，仍需国家的大量财政

① 参见周恩来在中国人民政治协商会议第一届全国委员会第三次全体会议上的报告，1951年10月23日。

② 参见《建国以来重要文献选编》，第2册，471～472页，北京，中央文献出版社，1992。

支持。

在国家建设上，建立强大的国防军，建立强大的经济力量，是新中国必须进行的两件大事。[①] 1951 年 2 月中旬，中共中央政治局扩大会议确定："三年准备、十年计划经济建设"，将从 1953 年开始进行有计划的大规模经济建设。[②] 1952 年是计划中的国民经济恢复的最后一年。这一年将基本完成经济建设恢复时期的工作，并为 1953 年开始的大规模计划经济建设，完成必要的准备工作。与此同时，加强国防建设，将人民解放军建设成为现代化的强大国防军。这些也需要国家财政上的巨大开支。

既要支持志愿军在朝鲜取得战争的胜利，建设强大的国防，又要保证国民经济的恢复按时完成，从而为有计划的大规模经济建设创造条件，国家在财政上还面临着严重的困难。因为财力、人力、物力的限制，国防和经济的许多重点建设还未能迅速进行，对战场上的支援和补充也受到限制，特别是志愿军的武器装备落后，不能很快得到改善。

此时，朝鲜战局基本稳定，由于停战谈判的开始，像第一至第五次战役那样大打的形势已经大大变化，精简军队以便将更多的财力用于国民经济恢复和国防建设已有了可能。

此外，国家在政权建设和中国共产党的工作重点从乡村转入城市后的工作中，尚存在着许多缺点，主要是：由于建政经验不足，致使在机构建设方面产生了机关庞大、层次过多、头绪纷繁、人浮于事的现象，而在基层，特别是经济建设和文教建设等方面，却缺乏必需的人员；进城以后，许多干部缺乏警惕，经不起反动统治残余作风的影响和资产阶级糖衣炮弹的袭击，发生了贪污、盗窃和浪费国家财产的严重现象。

这些问题如果不及时解决，则 1952 年度的预算必将继续膨胀，而财政收入无法大量增加，使收支不能接近平衡，物价必然要发生重大波动，从而直接影响志愿军在朝鲜的作战和国内的建设。

在这种情况下，1951 年 10 月上旬，中共中央政治局举行扩大会议，确定了"精兵简政，增产节约"的方针。同月至 11 月 1 日中国人民政治协商会议全国委员会第三次全体会议通过了这一方针。其主要内容是：整编军队，加强国防力量；精简机构，提高工作效率；增产节约，准备国家大规模经

① 参见《建国以来毛泽东军事文稿》，上卷，217 页，北京，军事科学出版社、中央文献出版社，2010。

② 参见《毛泽东文集》，第 6 卷，143 页，北京，人民出版社，1999。

济建设;平衡收支,继续稳定物价。[①] 具体地讲就是:在国内“整编部队,精简机关,厉行节约,增加生产,继续加强抗美援朝的工作,以支持朝鲜战争,保证国内财政状况及市场物价继续稳定和国家建设主要是国防建设加紧进行”。在朝鲜战场上则“节约兵力、物力和财力,采取持久的积极防御的作战方针,坚守现在战线,大量消耗敌人,以争取战争的胜利结束”。采取“这样打法和做法,正是为着在朝鲜谈判中,和固有利,拖亦不怕,而打下去一定能打出一个结果来,国内各项工作均好做,并有把握争取政治和经济的继续稳定和发展”[②]。

中共中央指出:这个方针具有重大的积极意义,“它是既保证朝鲜战争能够胜利又保证国内物价继续稳定的方针,它是积累资金、取得经验、加速国家经济建设的方针,它又是整肃党纪,提高工作效率和转移社会风气的方针,总而言之,它是带动我们国家在政治、军事、经济、文化各方面的全局都将迅速进步、并奠定将来伟大建设基础的方针”[③]。

10 月 23 日,毛泽东在中国人民政治协商会议第一届全国委员会第三次全体会议的开幕词中指出:“抗美援朝的伟大斗争现在还在继续进行,并且必须继续进行到美国政府愿意和平解决的时候为止。……为了继续坚持这个必要的正义的斗争,我们就需要继续加强抗美援朝的工作,需要增加生产,厉行节约,以支持中国人民志愿军。这是中国人民今天的中心任务,因此也就是我们这次会议的中心任务。”[④]

根据这个精神,这次政协全体会议于 10 月 24 日作出了《关于抗美援朝工作的决议》。鉴于美帝国主义还没有停止它对朝鲜民主主义人民共和国的侵略,还没有把它的侵略的武装力量撤出中国领土台湾,还没有停止对中国领空的侵犯,并且正在武装日本和继续占领日本,继续对中国实行封锁、破坏和其他敌对活动,会议认为“必须继续加强全国人民的抗美援朝保家卫国的斗争”,并作出如下决定:

---

① 参见《中共中央关于实行精兵简政、增产节约、反对贪污、反对浪费和反对官僚主义的决定》,1951 年 12 月 1 日。

② 《周恩来军事文选》,第 4 卷,250 ~ 251 页,北京,人民出版社,1997。

③ 《建国以来重要文献选编》,第 2 册,475 页,北京,中央文献出版社,1992。

④ 《建国以来毛泽东军事文稿》,上卷,555 页,北京,军事科学出版社、中央文献出版社,2010。

一、继续动员人力、物力和财力，支援朝鲜前线的中国人民志愿军和朝鲜人民军；

二、继续发展和深入抗美援朝的爱国主义教育；

三、彻底肃清美帝国主义在中国的一切特务间谍分子和一切侵略活动；

四、大规模地开展爱国增产节约运动，加强抗美援朝和国家建设的力量；

五、完成和继续扩大捐献武器运动；

六、加强优待军人家属、烈士家属的工作；

七、普及和深入爱国公约运动。

根据“精兵简政，增产节约”的方针，为保证抗美援朝战争的胜利和国民经济恢复的完成，国内开展“三反”“五反”运动，人民解放军进行了精简整编，在朝鲜的中国人民志愿军也对精简和开展“三反”运动进行了部署。

国内开展“三反”运动和人民解放军实行精简整编

国内在开展增产节约运动中，各地揭露出一些官员贪污腐化的问题。东北局率先在本地区开展了反贪污蜕化、反官僚主义的运动。这个问题立即引起毛泽东和中共中央的警觉。中国共产党进城两年来，严重的贪污案件不断发生，这证明 1949 年春季中共七届二中全会曾严肃指出的资产阶级侵蚀的必然性和防止克服此种危险的必要性，是完全正确的。

1951 年 11 月 20 日，毛泽东在中共中央向各中央局转发东北局经验的文件上批示，明确提出“在此次全国规模的增产节约运动中进行坚决的反贪污、反浪费、反官僚主义的斗争”①。华北天津地委前书记刘青山及现书记张子善贪污案揭露以后，11 月 30 日，毛泽东又在中共中央转发华北局报告的文件上批示：“必须严重地注意干部被资产阶级腐蚀发生严重贪污行为这一事实，注意发现、揭露和惩处，并须当做一场大斗争来处理。”②同日，毛泽东又在起草给西南局第一书记邓小平并告各中央局的电报中指出：“我们认为需要来一次全党的大清理，彻底揭露一切大中小贪污事件……

① 《建国以来毛泽东文稿》，第 2 册，513 页，北京，中央文献出版社，1988。

② 《建国以来毛泽东文稿》，第 2 册，528 页，北京，中央文献出版社，1988。

才能停止很多党员被资产阶级所腐蚀的极大危险现象，才能克服二中全会所早已料到的这种情况，并实现二中全会防止腐蚀的方针，务请你们加以注意。"①

12月1日，中共中央作出《关于实行精兵简政、增产节约、反对贪污、反对浪费和反对官僚主义的决定》。随后，于12月8日，中共中央又发出《关于反贪污斗争必须大张旗鼓地去进行的指示》。12月29日，中国人民政治协商会议全国委员会发出《关于增产节约运动与反贪污、反浪费、反官僚主义斗争的指示》。此后，一场大规模的精兵简政，增产节约，反对贪污、反对浪费和反对官僚主义的运动在全国展开。

在"三反"运动进行中，中共中央同时对不法的私营工商业者开展了"五反"（反对行贿、反对偷税漏税、反对盗骗国家财产、反对偷工减料和反对盗窃经济情报）运动。

抗美援朝战争开始后，军需激增，国内一些私营工商业者认为赚钱的机会到了，原来即存在于私人资本经济中的痼疾，如行贿、偷税漏税、盗骗国家财产、偷工减料和盗窃国家经济情报（当时称为"五毒"）等现象愈加泛滥了。在运往抗美援朝前线的军需物资里，有不法厂商制造和贩卖的变质罐头食品、伪劣药品、带菌急救包等，在志愿军中造成一些致病、致残甚至致死的情况。当时揭发出的大案有：上海大康药房经理王康年骗取志愿军购药巨款11亿元（旧币）；武汉福华药棉厂经理李寅廷用从垃圾箱中捡来的，甚至是死人衣服里的烂棉花充作志愿军的急救包；上海肉贩子张新根、徐苗新用坏肉充作好肉牟取暴利，坑害志愿军，变成了大资本家；天津40多家私营铁工厂在承制志愿军订货时，由于严重偷工减料，以次充好，致使做出来的铁锹铁镐发到前线后根本无法使用。② 干部的腐化堕落与不法私营工商业者的行贿是紧密相关的，偷税漏税在私营工商业者中是普遍现象，在承建国家工程、完成加工订货中，偷工减料、弄虚作假、营私舞弊，严重损害了国家和人民的利益。

这些事实揭露出来以后，舆论为之哗然。有的地区在"三反"运动中，已经开始对确有证据的不法商人进行惩处。在这种情况下，1952年1月5日、毛泽东在看了北京市关于"三反"运动情况的报告后，为中央起草批语，指出：一定要使一切贪污、行贿、偷税、盗窃等犯法行为的私人工商业者坦白

① 《建国以来毛泽东文稿》，第2册，524页，北京，中央文献出版社，1988。

② 参见《新华月报》，1952年3月，40～42页。

或检举其一切违法行为，特别是在各大城市和各省省城，“用大力发动这一斗争，借此给资产阶级三年以来在此问题上对于我党的猖狂进攻（这种进攻比战争还要危险和严重）以一个坚决的反攻，给以重大的打击，争取在两个月至三个月内基本上完成此项任务。请各级党委对于此事进行严密的部署，将此项斗争当做一场大规模的阶级斗争看待”①。

1952年1月26日，中共中央发出《关于在城市中限期开展大规模的坚决彻底的“五反”斗争的指示》，要求在全国大中城市，依靠工人阶级，团结守法的资产阶级及其他市民，针对违法的资产阶级开展一个大规模的坚决的彻底的反对行贿、反对偷税漏税、反对盗骗国家财产、反对偷工减料和反对盗窃经济情报的斗争，以配合党政军民内部的反对贪污、反对浪费、反对官僚主义的斗争。2月上旬，“五反”运动首先在各大城市展开，随后扩展到中小城市。

“三反”、“五反”作为一个广泛的、大规模的群众运动，在1952年6月相继结束。经过这场运动，全国人民的觉悟和生产积极性有了很大的提高。

1952年7月，中央适时发出指示，推动增产节约运动的深入发展。要求“在‘三反’运动胜利的基础上，依靠广大职工的空前的觉悟程度和劳动积极性，不仅要努力完成今年的生产财务计划和增产节约计划，而且要改进生产管理，改善劳动组织和提高技术……使我们能掌握成套的新的经营管理的经验，以迎接即将到来的大规模的经济建设任务”②。根据不完全统计，1952年全国增产总值为11660万元，生产成本、基本建设成本降低节约和流动资金节约共为20117万元。③从而有力地促进了国民经济的恢复和发展，至1952年底，国民经济恢复胜利完成，并有力地增强了抗美援朝的力量和国防建设的力量。毛泽东主席曾说过：“‘三反’‘五反’清理出来的钱，可以打一年半。增产节约出来的钱，就可以完全用在国内建设上。”④

根据中共中央关于贯彻“精兵简政，增产节约”的方针和“整编要以军事部门为重点”⑤的指示，在国内开展“三反”“五反”运动的同时，人民解放

① 《建国以来毛泽东文稿》，第3册，21页，北京，中央文献出版社，1989。

② 《建国以来重要文献选编》，第3册，279页，北京，中央文献出版社，1992。

③ 此处两个数字为新币值。参见《当代中国丛书·当代中国财政》，上，75页，北京，中国社会科学出版社，1988。

④ 《建国以来毛泽东军事文稿》，中卷，51页，北京，军事科学出版社、中央文献出版社，2010。

⑤ 《建国以来重要文献选编》，第2册，476页，北京，中央文献出版社，1992。

军也开始进行了精简整编。

中共中央指出："不管朝鲜战争结束的快慢，我们现在就着手整编。这不仅不会削弱在朝鲜的作战力量，相反地，还会节约出更好的人力和相当的财力、物力去支援人民志愿军。"①朱德总司令也明确指出了军队精简整编与国家建设的关系，他说："军队减少一分开支，国家就会增加一分建设力量。""我们军队是国家的主人翁，每个人都要对国家负责，每件事都要照顾到国家的建设。"②

人民解放军实行精简整编的基本原则是：规定一定编制和一定数目的部队、机关和院校，保留一定的基干，减少现役的人员，以加速人民解放军现代化正规化的过程；同时发动大批人员进行转业建设，并参加组训民兵工作，以便参加增产节约运动，并便于积蓄力量，为准备实行义务兵役制打基础。③

在周恩来的主持下，经过两个月的反复研究论证，中央军委于1951年12月24日完成了《军事整编计划》方案。计划规定，1952年，将全军由627万人缩编为341万人（其中编制人数为285万，非编制人数为56万）。然后，根据加强装备的可能及特种兵的扩大，按3年计划，到1954年把全军的总员额控制在300万人左右。其中：国防军特种兵由61万人增至84万余人；学校由10.7万余人增至12.7万余人；机关由112万余人减到38万余人；国防军正规部队步兵由274万余人减到134.8万人；地方部队95万人，到1952年缩编为7万人，到1954年移交给公安部队；公安部队64万人，到1952年缩编为53万余人，以后视情况逐步减少。④ 1952年1月5日，毛泽东批准了这一计划，下发执行。

遵照毛泽东的指示，人民解放军与全国其他部门一样于1952年2、3月份首先开展了"三反"运动，4月起，全军按整编计划开始整编。

到1952年10月底，全军共精简19个军部、73个师，近200万人，其中有41个整师另11个整团共46.5万人转为各种工程部队和屯垦部队（新疆屯垦部队15万人未计算在内）。全军队列人员减到420万人左右。撤销了

① 《建国以来重要文献选编》，第2册，478页，北京，中央文献出版社，1992。

② 转引自洪学智在志愿军第三届后勤会议上的总结报告，1952年6月3日。

③ 参见《建国以来重要文献选编》，第4册，476～477页，北京，中央文献出版社，1992；《周恩来军事文选》，第4卷，254页，北京，人民出版社，1997。

④ 参见《周恩来军事文选》，第4卷，261～263页，北京，人民出版社，1997。

野战军和绝大部分兵团一级领导机构（参加抗美援朝的部队暂保留兵团机构）。军区体制由原来的四级军区统一整编为大军区、省军区、军分区三级军区体制。

整编后，陆军包括 4 个兵团部、34 个军部、110 多个师，共 376.5 万余人，占全军员额 89.74%；海军 12.6 万余人，占全军比例由 1.46% 上升到 3.01%；空军 20 万余人，加上防空部队 10 万余人，共 30.4 万余人，占全军比例由 4.34% 上升到 7.25%。全军的军兵种结构进一步趋向合理。

此次精简整编，是在 1950 年整编基础上的继续和发展，适应朝鲜战争形势和国内经济建设、国防建设的需要，压缩了军队规模，节约了军费开支，减轻了人民负担，为国家生产建设增添了生力军；调整改革了体制编制，加强了空军、海军和技术兵种的建设，提高了人民解放军的合同作战能力。这次整编改善了军队的武器装备，实行了严格训练和管理，官兵素质得到提高，为人民解放军现代化、正规化建设奠定了良好的基础。整编后，许多陆军的军和空军的师及炮兵部队等轮换志愿军部队，参加了抗美援朝战争。

志愿军实施精简整编和开展“三反”运动

根据中共中央“精兵简政，增产节约”的方针，中国人民志愿军在朝鲜也进行了精简整编和开展了“三反”运动。

1951 年 10 月，中共中央确定“精兵简政，增产节约”的方针时，志愿军副司令员邓华正在北京，毛泽东将中央的有关精神和为志愿军确定的方针，告诉了邓华，由邓华回去传达。10 月 14 日，毛泽东致电志愿军党委，指出：“邓华同志现来北京，中央已将最近关于志愿军战略方针，节约兵力，节约资材，节约经费……等项决定告诉了他，由他向你们传达。希望你们联系实际情况规定具体执行办法，争取朝鲜战争的最后胜利。”①

1951 年 10 月 25 ~ 29 日，志愿军召开党委会议，由邓华传达中央的方针。会议一致认为中央的方针是正确的，并就落实志愿军的编制问题、节约问题作了布置，决定：裁并志愿军的兵团、军、师直属机关；减少机关人员和勤杂人员；严格限制车、马配备；减少在朝人员，多余民工、徒手炮兵、老弱残

① 《建国以来毛泽东军事文稿》，上卷，553 页，北京，军事科学出版社、中央文献出版社，2010。

疾人员精简回国；严密重视防空，改善运输、装卸、保管及分配方法，减少途中与终点的损失；要求全体指战员注意爱护物资，节约使用，并尽可能利用缴获的物资装备；提高射击技术，克服弹药浪费现象。11月8日，志愿军党委将精简节约的布置电告毛泽东并军委总政治部。

11月11日，毛泽东复电彭德怀、邓华、陈赓并志愿军党委，指出："志愿军党委决定各项是正确的，望即照此施行。如此，你们在朝鲜，我们在国内，一致配合进行大规模的切实可行的精简节约，加上国内的增产运动，明年的一切工作就很好做了，就确有把握完成任务了。我们和敌人进行的谈判能成功固好（成功的可能性较大），即使不成功，我们也确有把握使战争继续打下去，直到争取胜利为止，同时毫不妨碍国内的国防建设和其他建设，各项工作均可蓬蓬勃勃地发展下去了。"①

据此，志愿军于1951年11月中旬开始，对部队和机关进行了精简。

为配合停战谈判的进行，志愿军在计划第六次战役时，战场上已有132万兵力，但仍感不足，仍需从国内增调部队（第11、第16、第66军），并且由于朝鲜暴发了40年来罕见的特大洪水，美国空军又发动了"绞杀战"，加上志愿军运输能力本来就弱，因此，物资供应极为困难。贯彻积极防御的方针，经过1951年夏秋季防御作战，特别是秋季防御作战表明，不但可以用小的代价换取更大的胜利（第一至第五次战役时，敌我伤亡对比为1.3∶1，而在秋季防御作战中，敌我伤亡对比为3∶1），而且可以大量节约兵力，减轻供应的负担。这样，志愿军实行精简既有可能性，也有必要性。

到12月底，志愿军司令部直属部队、各兵团直属部队、各军按时整编完毕，志愿军后方勤务司令部、铁道兵团、军管局及各特种兵部队因为组织机构复杂、精简任务重，延至1952年1月陆续完成了整编。

志愿军的精简整编，大致分为以下四种情况：

第一种情况，建制上归属志愿军，人员返回国内，以减轻前线运输供应的压力。这类人员包括各种教导队、教导团的机构、待装的徒手炮兵、坦克部队等。

第二种情况，回国学习及处理回国的人员，如当时在朝鲜见习的各种学员、老弱病残不适宜作战的人员、编余人员等大多安排回国学习。一部分作战中犯有错误及组织背景、思想成分复杂的人员也在整编中被安排回国。

① 《建国以来毛泽东军事文稿》，上卷，558页，北京，军事科学出版社、中央文献出版社，2010。

随后进行的“三反”运动中清理出来的犯错误人员，大部被送回国处理或回国学习。

第三种情况，裁并多余机关，精简机关人员充实战斗部队，压缩战勤人员和民工。

第四种情况，部分部队成建制从志愿军中拨出，调返国内。这一类主要是第23兵团和第16军的第47师。原计划第23兵团完成修建机场任务后担任西海岸的防御任务，第16军的第47师已在东海岸担负防御任务。由于计划的第六次战役根据战场形势的变化已撤销，加之，人民军第5军团已从第一线撤出担任了东海岸的防御任务，这样战场兵力已有富余，同时为了减轻供应上的负担，第23兵团和第47师便在这次整编中成建制调回国内。

至1951年12月底，志愿军共计精简输送回国内的人员约为19万人，另外，在精简整编中，将第50军全部调至清川江以北，直接由国内供给，一定程度上减轻了前线供应的压力。

志愿军经过精简整编，基本上达到了精干机关，充实连队，提高部队质量，增强部队战斗力的目的，改变了过去志愿军机关中普遍存在的勤务部队多，见习人员多，勤杂人员多的“三多”状况。平均每军精简约5000人，但基层连队普遍得到充实，以第47军为例，整编前，全军有5.5万余人，步兵连队平均人数为160人。该军经过整编，精简老弱残疾及勤杂人等、教导队机构与学员、待装的徒手炮兵共7200人回国，全军总人数减为4.6万人，但由于团以上各级机关编余的勤杂、警卫、通信人员及一部分勤务部队中的战士共约5000人，拨补到战斗连队，每个步兵连队平均已达190人以上，部队总人数减少了，而战斗力大大增强了。志愿军后方勤务司令部，在整编前，拟再增调2万人，在整编中落实了分区供应与建制供应相结合的体制，将朝鲜境内的前线和后方划分为5个供应区，将原来的7个分部缩编为5个分部，每个供应区设1个分部，负责对辖区内的部队实施供应，理顺了供应关系，节约了人员，提高了效率。经过整编，不但未增加人员，反而减少人员4.6万余人，后勤的各项保障工作得到顺利进行。

志愿军在整编工作基本完成以后，根据中共中央的统一部署，从1952年元月开始，分批在部队中开展了“三反”运动，经过半年时间，到6月底基本结束。

志愿军各级领导均接受了同级党委的审查，积极开展批评与自我批评，检查纠正了一些浪费现象。生活一贯艰苦朴素的彭德怀司令员，首先对自己进行了严格的自查。他在志司党员小组会上，请警卫员给他提意见，检查有哪些方面的浪费现象,并自我检查。他说:“我吸烟就是个浪费,每月 3 条烟就得几十万元(旧币)。从此,你们不要再领烟了。”1952 年 1 月 1 日,在志愿军司令部机关直属队干部开展“三反”运动动员大会上,彭德怀宣布戒烟,棉衣还可再穿一冬,并严格检查了自己其他浪费的地方。彭德怀率先垂范,极大地推动了志愿军“三反”运动的进行。

志愿军的“三反”运动,整顿了各级组织,改进了领导作风,清洁了队伍,从思想和组织上为抗美援朝战争提供了保证。志愿军的精简整编和“三反”运动是在战斗环境下进行的,节约了兵力、物力和财力,并精干了机关,充实了基层连队,增强了作战能力,既减轻国家经济负担又保证了作战的胜利。但是,也存在消极影响,在紧张的战场上搞政治运动,不利于集中精力完成战场任务。

第四十四章

坚守防御思想的确立和巩固阵地的斗争

（参见序列表14）

坚守防御思想的确立

1951年6月，中共中央根据战争相持局面的形成，对战争方针进行战略调整时，更充分地看到了战争的长期性，志愿军依靠落后的武器装备，虽然取得了战争的重大胜利，但难以歼灭美军重兵集团，并且受国家经济力量和技术水平的限制，志愿军的武器装备不可能在短期内得到根本改善，因此，不可能在短期内解决朝鲜问题，迅速结束战争。当时确定的战争总方针是“充分准备持久作战和争取和谈达到结束战争”。对志愿军部队来说，主要是“充分准备持久作战”，在部队中进行了普遍深入的持久作战教育，树立了持久作战的思想。在作战上，确定在三八线和38.5度线之间地区，进行运动防御与反击相结合的拉锯战，也就是积极防御与短促突击相结合的作战方式。随着停战谈判的开始，金日成和毛泽东研究确定，争取以三八线为界实现停战撤军。据此，志愿军在筹划进行第六次战役时，准备“再有几次胜利战争，打至三八线以南，然后再撤回三八线为界进行和谈，按比例逐步撤出在朝外国军队”①。

---

① 彭德怀关于组织战役反击以配合谈判问题致毛泽东的电报，1951年7月24日。

双方转入战略防御以后,在正面战线都修筑了防御工事,双方的攻防作战都是依托阵地进行的。1951 年 8 月中旬至 9 月初,双方在北汉江以东地区的攻防作战,更充分地表明了这一点。所以在 9 月 8 ~ 10 日的志愿军党委扩大会议上,明确了阵地攻坚和阵地防御的作战思想,同时,停战谈判进入关于军事分界线问题的讨论以后,美方不但蛮横拒绝以三八线为军事分界线,而且无理要求将军事分界线划在志愿军和人民军战线后方。在这种情况下,志愿军和人民军在防御作战中,实行坚守防御已越来越必要。8 月中旬至 9 月中旬人民军的夏季防御作战,9 月底至 10 月下旬志愿军的秋季防御作战,实行的都是依托野战工事,带有坚守性质的防御作战。10 月初,志愿军总部明确指示第一线各部,"所有重要之点,必须准备坚守,不得随便放弃"①。但这时志愿军仍在准备进行第六次战役,夏秋季作战实行带有坚守性质的防御,特别是坚守某些要点,其中很重要的考虑,也是为有利于尔后进行第六次战役。

经过秋季防御作战看到,实行积极防御的方针更有利,不但可以大量歼灭敌军,而且可以减少自己的伤亡,还可较好地保持阵地和节约作战兵力,并且由此大大提高了部队士气。加之,进行第六次战役的条件仍不充分,主要是空军不能直接支援作战和作战物资运输困难。鉴于此种情况,志愿军放弃了第六次战役计划。

与此同时,于 8 月 23 日中断的停战谈判,正在酝酿复会。在谈判中断之前,李克农、邓华、解方、乔冠华就分析认为,美方关于军事分界线的最后底盘,可能就是现地停战或加上若干不大的调整。李克农等并从政治、经济、军事各方面对现地停战于朝中方面的利弊进行了权衡,认为总体上利多弊少,为打破谈判的僵局,争取主动、争取谈判解决问题,建议可分步提出现地停战的方案。毛泽东和周恩来对此进行了全面的分析和考虑,并征得了金日成的同意后,同意志愿军代表团的建议。这样,志愿军实行坚守防御,坚守现在战线,不但成为军事上的必要,而且成为政治上的必要。

中共中央在 1951 年 10 月确定"精兵简政,增产节约"方针的同时,即为志愿军在战场的作战确定了坚守防御的方针。指出:"目前的任务,是用一切努力争取最后胜利。"②"作战方针应是在现在规模上进行持久的防御

① 志愿军司令部致各兵团并第 26、第 42、第 47 军的电报,1951 年 10 月 8 日 14 时。

② 《建国以来毛泽东军事文稿》,上卷,553 页,北京,军事科学出版社、中央文献出版社,2010。

战,以大量消耗敌人,争取就地停战的胜利。”[①]在11月14日由周恩来起草以毛泽东名义发给斯大林的电报中,对志愿军在战场上的作战方针的表述是:“节约兵力、物力和财力,采取持久的积极防御的作战方针,坚守现在战线,大量消耗敌人,以争取战争的胜利结束。”[②]

当时志愿军在粉碎“联合国军”的秋季攻势后,为配合谈判,又进行了战术反击,收复了一些放弃的阵地。

1951年11月27日,停战谈判达成了以双方实际接触线为军事分界线的协议,并规定当时校订的实际接触线有效期为30天。如停战协议在30天以后达成,届时则按双方接触线的实际变化重新校订军事分界线。

此后,志愿军贯彻坚守防御的思想,展开了巩固阵地的斗争。

构筑以坑道为骨干的坚固阵地防御体系

志愿军在第一次战役东线长津湖以南的阻击作战中,以及第四次战役西线汉江南岸的阻击作战中,就已看出,武器装备落后,依托野战工事,面对“联合国军”飞机、大炮和坦克的猛烈火力攻击,组织坚守防御是相当困难的。“联合国军”在进攻中,对志愿军1个连至1个团防守的阵地,在1天之内即可发射炮弹和炸弹数百发(枚)至上万发(枚),志愿军伤亡极大,多数连排阵地只能坚持数小时,许多阵地在弹药耗尽,人员大部或全部伤亡的情况下失守。但这时志愿军实行的是运动战,在战略全局上主要是反攻性质的战役作战,带坚守性质的机动防御作战属于局部性和辅助性的作战,其在战略全局上还不起决定性的作用。

转入阵地战以后,特别是关于军事分界线问题的谈判开始以后,如何守住战线,在战略全局上已具有决定的性质。中朝军队显然大力加强了阵地工事,但基本上还是野战工事。1951年夏秋季防御作战,志愿军打得英勇顽强,予“联合国军”以惨痛打击,但“联合国军”往往向志愿军的一个阵地就倾泻炮弹和炸弹数千发甚至数万发,一些阵地工事被毁,人员伤亡而失守。这就给志愿军提出了能不能坚守,如何坚守的问题。

在1951年6月中旬,第47军第140师接替第65军第一线防务后,就

---

① 《中央军委关于精简节约的计划(草案)》,1951年10月19日。

② 《周恩来军事文选》,第4卷,250~251页,北京,人民出版社,1997。

在阵地上大量构筑“猫耳洞”式的防炮洞，在交通沟内每人构筑 2 个宽 0.8 ~1米、深1 米多、顶厚2 ~3 米的“猫耳洞”，这样构筑的1 个连或1 个营的阵地，可以抗住“联合国军”1000 ~2000 发炮弹的轰击和美军 10 架飞机用轻型炸弹的轰炸。1951 年 7 月 3 日，志愿军司令部曾将第 47 军的经验向各军作了通报。志愿军党委扩大会议后，9 月 16 日，又以联司名义向志愿军和人民军发出指示，要求“以后我重要阵地必须是隧道式的据点，特别是核心阵地。……要求能抵御榴弹炮炮弹的浸澈”。第一线各部在要点上构筑坑道式坚固工事刚刚开始，“联合国军”即发动了秋季攻势，志愿军第一线部队转入了艰苦紧张的防御作战，但已有的坑道式工事，在防御作战中显示了巨大的优越性。特别是第 64 军第 191 师坚守马良山和 216.8 高地的战斗，从 10 月 4 日至 7 日，英联邦师平均每天向这两个阵地发射炮弹 1 万 ~2 万发，但志愿军防守该两阵地的分队，顽强抗击 4 昼夜，阵地始终屹立未动。其中坚守 216.8 高地的 1 个连，从 5 日至 7 日，依托坑道式掩蔽部，顽强抗击 3 昼夜，击退英第 29 旅先后共两个营兵力的 21 次冲击，毙伤敌 700 余名，自身仅伤亡 26 人。

鉴于此，在秋季防御作战结束时，志愿军总部于 10 月 21 日指示第一线各部，“主要工事最好是隧道式的，厚度要达五米以上”。

这样，在停战谈判达成关于军事分界线的协议后，从 1951 年 12 月开始，志愿军和人民军利用战场上相对平静的机会，在正面全线，展开了构筑以坑道为骨干的坚固防御阵地的大规模筑城活动；

这时，志愿军在第一线的部队，西起礼成江口东至北汉江以东文登里一线，依次为：第 65、第 63、第 64、第 39（1951 年 11 月底接替第 47 军防务）、第 42、第 26、第 12、第 68 军共 8 个军，文登里以东至东海岸，展开人民军 3 个军团。志愿军第 15、第 60、第 67 军为第二线部队。

当时，正值严冬，天寒地冻，土石坚硬，缺乏炸药，缺乏作业工具，缺乏作业经验，志愿军构筑坑道工事，遇到了许多困难。各部队便积极发动官兵想办法，发扬创造精神，自力更生解决问题。作业工具数量缺，就自设小铁匠炉，搜集各种废弹、弹片和废铁，打造及修理工具。仅第 12 军就设铁匠炉 42 盘，打制各种作业工具 1.06 万把（个），修理作业工具 3.25 万把（个）。无煤则自烧木炭，无运土工具就自制手推车，自编土筐，自搓草绳。缺乏炸药，就组织有经验的工兵拆卸“联合国军”投射后未爆炸的炮弹和炸弹。仅第 15 军的 1 个师即拆卸炮弹 200 余发、炸弹近百枚，取炸药近 1 万公斤，一定程度上缓解了炸药缺乏的困难。在工兵部队的指导下，逐步摸索和掌握了许多有效的施工方法，如打锤法、掌钎法、放群炮、空心爆炸法等。政治机关也深入构筑工事的现场做鼓动工作，组织相互参观学习。各部队及时总结，讲评技术，交流施工经验，改进作业办法，提高工效，保证工事构筑的进行。

志愿军在“联合国军”飞机大炮袭扰下作业，为了不影响工事构筑，各部队采取了许多有效措施，如第63军为避免日间运土遭“联合国军”空军和炮火袭击，便在白天把土运至洞口处，夜间再将土运到山脚，拂晓前进行彻底伪装，大大提高了工事构筑的速度。该军在施工中还发明了炭灯，用铁筒钻上若干个小孔，内燃木炭代替油灯，取得了同样的照明效果，并节省了照明用油。

根据工事构筑进展情况和逐步暴露出的问题，志愿军总部和联司不断发出指示，提出新的要求。1952年1月21日，经检查第一线工事后发现，某些要点尚未构筑坑道工事，各军、师接合部组织不严密，志愿军总部遂指示各部队，“立即进行检查，各要点必须构筑坑道工事，各接合部必须加强火力组织”。2月中旬，根据春暖化冻，工事可能出现坍塌的情况，志愿军总部于14日发出指示，要求各部普遍检查工事，对于坍塌和不坚固者，进行修补，特别是土质松软的坑道工事，必须加顶柱。2月18日，联司对工事构筑又进一步提出了战术要求：“重新普遍检查一次各种工事（露天的、半掩盖的、轻重掩盖的、坑道及交通沟等），是否能很好地结合运用，特别是轻火器，宜采用轻掩盖（或半掩盖）工事，便于发扬火力，但必须结合露天工事，使其射界（射击与投弹）广阔，达到侧射阵地前沿（数十米处）的全部或大部，消灭前沿死角。……重掩蔽工事要能抵抗十五榴[①]以上炮弹，坑道工事必须与上述各种工事相结合。……达到在各种情况下，在各种火器有效射程以内，真正构成多层火网，特别是在阵地前沿，真正构成浓密的交织火网，大量地杀伤敌人于阵地前”。“从军到连之间的接合部，各级参谋长必须亲至现地解决尚未解决的问题，如阵地衔接、火力相互支援。兵团之间亦须从右至左约期相互协商解决”。[②] 根据上述指示，各部队普遍对工事进行重新加工和改造。

随着前线主要阵地坑道式工事的完成，“联合国军”开始使用重磅炸弹、汽油弹及投放毒气，以远射程大炮使用延期信管等方式，重点对志愿军

① “十五榴”指口径155毫米的榴弹炮。

② 联司给各兵团、各军及朝鲜人民军各军团的电报，1952年2月18日。

和人民军前沿坑道及各种掩体工事进行破坏，杀伤人员。3 月 12 日，人民军第 3 军团防区的 467 高地，1 个排的坑道式掩蔽部被飞机轰炸，4 个洞口被炸塌 3 个，另一个则被毒气弹封锁，造成了 13 人死亡，据不完全统计：2 月 1 日至 4 月 10 日，志愿军和人民军第一线部队受空袭 1406 次，造成伤亡 337 名；2 月 27 日至 4 月 9 日，"联合国军"向志愿军和人民军一线阵地施放毒气 32 次（其中以飞机投放 4 次，炮击 28 次），志愿军和人民军中毒 216 人，其中死亡 50 人。

根据这些情况，志愿军总部及联司于 3 月中旬至 4 月中旬，连续发出指示。3 月 15 日，联司指示各部：坑道工事在不影响抗力的情况下，多开洞口和多开通气孔，在出入口加 1 ~ 2 层门帘，洞口部通道多拐弯，以防毒气侵入。[①] 4 月 13 日，志愿军总部指示各部："一、各种工事应严密进行符合地貌的伪装，特别注意新挖工事洞口及取出的新土的伪装。二、坑道工事屯兵部位应选在顶厚坚固处，如受地形限制，则应在顶厚不足处加遮弹层，增强其抗力，同时在受空袭时坑道内人员应适当疏散，以减少损失。三、加强阵地防空管理，白天应禁止闲人随意游逛，以减少目标。四、普遍进行防毒常识教育，并使每人都能熟用各种防毒装具。"[②]4 月 17 日，又进一步要求：机关部队营舍和掩蔽工事"必须严格做到七防，即防空、防炮、防雨、防潮、防毒（疫）、防火、防洪。这七防必须兼备，缺一都不行"[③]。

4 ~ 5 月，志愿军组织第二线和在西海岸的共 3 个军，接替了第一线 3 个军的防务：即 4 月 9 ~ 20 日，以第 15 军接替了第一线第 26 军防务（平康以南发利峰、西方山至金化东北上甘岭、中贤山，正面 27 公里）；5 月 16 ~ 19 日，第 40 军接替了第 64 军防务（西起高浪浦里以北青廷里东至临津江西岸，正面 14 公里）；5 月 16 ~ 21 日，第 38 军接替了第一线第 42 军防务（铁原以北地区，东与第 15 军相接，西与第 39 军相接，正面 15 公里）。

在这种情况下，为总结工事构筑经验，统一工事标准并适合战术要求，志愿军于 4 月 26 日至 5 月 1 日召开了各兵团和各军参谋长会议，进一步明确了长期作战、阵地防御的思想，探讨了坑道工事的战术运用，强调了技术

---

① 参见联司致各部关于防敌炸我坑道工事及防瓦斯毒气的指示，1952 年 3 月 15 日。

② 志司关于防空、防炮的补充指示，1952 年 4 月 13 日。

③ 志司致各兵团、各军、各特种兵指、各炮司、志后、军委的电报，1952 年 4 月 17 日。

工程与战术要求的结合，坑道工事必须与各种野战工事相结合，必须与防御兵力相适应，使之成为能打（消灭敌人）、能防（保存自己）、能机动、能生活的完整的体系。规定每个连的阵地至少打两个坑道，但也不宜过多反为敌人所利用；每条坑道有3个以上出入口，并进一步落实“七防”要求；坑道顶部厚度15～30米，指挥所、卫生所、仓库和各种生活设施，均要能抗御榴弹炮和重磅炸弹的轰击。还对各军接合部的火力支援、兵力策应、交通连接、通信联络、作战指挥作了规定，并对第二线工事构筑作了部署。此后，志愿军的工事构筑逐渐由初期的应急性向系统化、规范化发展。

至1952年5月底，志愿军共构筑坑道7789条，长度达198.7公里，人民军构筑坑道1730条，长度为88.3公里；志愿军修筑各种坑道式、掩盖式、露天式掩体工事（均包括东西海岸构筑的工事）75.29万个，人民军3.17万个；志愿军构筑掩蔽及露天式堑壕3420公里，人民军263公里；志愿军构筑避弹所、指挥所、观察所、掩蔽部、地堡等8.5万个，人民军1.6万个。在西起临津江口东至东海岸的杆城，正面233公里、纵深15～20公里的第一线阵地，形成了以坑道工事为骨干、同各种野战工事相结合的支撑点式的坚固阵地防御体系，这是志愿军在抗美援朝战争中的一个伟大创举。

随着坑道工事的构筑，阵地日益巩固，志愿军和人民军的伤亡也大大减少。在1951年夏秋季防御中，“联合国军”平均发射40～60发炮弹即杀伤志愿军和人民军1人。而1952年1月，志愿军和人民军前沿阵地落炮弹94.5万余发，伤亡3939人（内人民军874人），约240发炮弹伤亡1人。2月，前沿阵地落炮弹59.1万发，伤亡2239人（内人民军640人），约264发炮弹伤亡1人。到4月，“联合国军”平均发射646发炮弹才杀伤志愿军和人民军1人。据志愿军作战处的统计，1952年1月和2月，“联合国军”以小部队发动攻击共273次，仅成功11次；志愿军和人民军发动攻击6次，成功6次。3～5月，“联合国军”以小部队发动攻击90次，无一成功；志愿军和人民军发动攻击16次，成功10次。1～5月，“联合国军”进行袭击活动154次，无一成功；志愿军和人民军进行袭击活动120次，成功73次。① 以坑道为骨干的坚固防御阵地体系经受了初步检验，坑道工事的优越性进一步得以体现。

---

① 参见志愿军作战处：《1952年各种统计》，1953年1月20日。

志愿军召开兵团干部会议，进一步贯彻坚守防御方针

在停战谈判开始以后，中共中央认为"谈判的中心问题，是确定军事分界线"，并估计在军事分界线问题达成协议后，其他议程的谈判，有可能在1951年内达成协议，但也准备敌人拖延甚至谈判破裂，准备"朝鲜战争拖延半年甚至一年"。①

然而，1951年11月27日，在关于军事分界线问题的谈判达成协议，其他3项议程的谈判相继开始以后，美方代表仍是蛮不讲理，百般拖延，不时表现出霸权主义和强权政治的嘴脸。按美国当局的意图，美方代表在第三项议程（关于实现停火与休战的具体安排问题）的讨论中，蛮横干涉朝鲜内政，限制朝鲜在停战后修建机场；在第四项议程（关于战俘的安排问题）的谈判中，又借口保护战俘人权，违反有美国参与签署的1949年《关于战俘待遇之日内瓦公约》中战争结束后全部遣返战俘的规定，提出所谓"自愿遣返"，并荒唐地提出"一对一"交换战俘的原则，企图强行扣留志愿军和人民军被俘人员。而在战俘营中，他们又粗暴地完全践踏战俘的人权，采取屠杀、殴打、恐吓、强行刺字、侮辱等种种法西斯手段，强行"甄别"战俘，威迫他们放弃回国或回家的意愿。

由于朝中方面本着早日实现朝鲜停战的愿望，以极大的耐心和努力，进行驳斥和斗争，使谈判于1952年2月17日和5月2日，先后就第五项议程（关于向双方有关各国政府建议事项）、第三项议程达成了协议。至此，停战谈判的5项议程，已有4项议程达成了协议。美方在已达成协议的谈判中，均未能实现其无理要求，便在战俘问题的谈判中，大做文章，顽固坚持所谓"自愿遣返"原则，企图强行扣留朝中战俘，致使这个问题自1951年12月11日开始谈判以来，5个月没有明显进展。1952年4月底以来，美方代表在谈判中的态度更加变坏，在4月28日的谈判会上，美方提出了解决战俘的所谓"一揽子"方案，即在停战后只遣返经过"甄别"以后愿意遣返的战俘，宣布美方收容的11万战俘中，只有7万战俘愿意遣返。美方代表并开始以一种流氓无赖的态度对待谈判。因此，谈判实际上已陷于停顿状态。

根据美方在谈判中的这种态度看，停战何时能实现还难以判定，战争可

① 《周恩来军事文选》，第4卷，249、250页，北京，人民出版社，1997。

能要长期拖延下去。中共中央分析形势决定,对谈判“作拖过今年的准备,并决心坚守已经巩固起来的现时朝鲜前线阵地,加修第二线坚固工事,准备应付今年夏秋两季可能到来的敌人新的攻势”①。1952 年 5 月 15 日,由周恩来主持的中央军委会议,讨论了战争拖到年底需解决的各种问题。

据此,5 月 16 日 18 时,中央军委代总参谋长聂荣臻、副总参谋长粟裕致电志愿军副司令员陈赓、宋时轮和副政治委员甘泗淇(此时,彭德怀因前额长了个小瘤子,在中央的一再催促之下,于 4 月 7 日回国治病,其一切工作暂由陈赓代理),内容如下:

朝鲜战场防御不论和战或拖,均需构筑一些永久工事,否则经过几次雨季与春季,工事即将坍垮,我们初步意见:

甲、第一线工事,除土木工程外,坑道式工事择要以钢筋水泥支撑,个别改为永久性工事。

乙、第二线工事,择要构筑钢筋水泥筑城,提议 1. 沙里院,2. 金川,3. 市边里至兔山线,4. 洗浦里、剑不里线,5. 昌道里、县里线,6. 末辉里,7. 淮阳,8. 马息岭、马转里线。在上述地区择要构筑。依图上研究,交通较便利,亦便利敌装甲部队展开,但为照顾材料困难,可分缓急施工。

丙、目前必须解决的问题,1. 你们对永久性筑城地区(如选择在第一线与第二线之间)有何意见,及部队与火器配备;2. 阵地编成要与顾问研究设计,需要多少器材,雨季以前如有钢筋水泥供应,能完成哪些;3. 如国内运进钢筋水泥,施工有无困难,在技术上能否解决(如人民军元山要塞经验)。

以上望你们迅速研究电复,以便呈报主席决定。

随后,经志愿军工兵与苏联工兵顾问考察后,认为军委的措施正确可行,并提出了工程保障建议。认为朝鲜战场上的野战或永久筑城必须具备以下特性,即:连续性,即能够连续不断地发扬火力,保护防御者与火器免遭敌人杀伤;闭塞性,即有坚固的正面和翼侧,防止敌人迂回和包围;牢固性,即构筑纵深、梯队阵地,具有层层抗击敌人的能力。②

鉴于第一线以坑道为骨干的坚固阵地防御体系基本完成,为贯彻中共

---

① 由周恩来起草毛泽东致菲利波夫的电报,1952 年 5 月 29 日。见《周恩来年谱(1949 ~ 1976)》,上卷,240 页,北京,中央文献出版社,1997。

② 参见李迎希:《关于朝鲜战场建立第二防线的初步研究报告》,1952 年 5 月 20 日。

中央和中央军委意图,6 月 6 日至 9 日,由陈赓和邓华主持,召开了志愿军兵团以上干部会议,邓华副司令员在会上作了重要讲话。会议重点研究解决了以下三个问题。

第一,进一步明确了坚守防御的方针,并提出了新的战术要求。会议根据美方在谈判中的拖延态度和在战场上的表现,指出"我们在思想上、组织上必须坚决地准备打下去。而我们的指导方针,就是坚持持久作战与贯彻积极防御的两条基本原则"。因为我军工事形成了以坑道为骨干的坚固阵地防御体系,装备有了加强,运输状况有了改善,部队也有了相当丰富的防御经验,因此,我军"现在的积极防御,内容上是带坚守性的",在不举行战役攻势的情况下,"必须在战术上采取积极活动的方针……总使敌人处于一种防我进攻的态势,迫使敌人处于被动地位"。战争如果长期拖延下去,敌人可能向朝鲜大举增兵,有可能在东西海岸实施登陆进攻,并以正面进攻相配合,对此,我们必须要有充分的准备。在作战指导上要以"打击敌人两翼同时登陆,再加天上空降,正面进攻及细菌、原子等最严重的情况来作准备",并根据这种精神来调整志愿军的部署,建立整个防御体系。

第二,决定调整部署,加强打击敌人的机动力量。由于以坑道为骨干的坚固防御阵地体系的形成,已有可能节约防御兵力。会议决定,从第 19 兵团防御正面抽出第 63 军,置于礼成江西岸,作为该兵团的第二梯队,及防止敌人从西海岸海州登陆,保证该兵团翼侧安全。另建议人民军从第一线或第二线抽出 1 个师,担负东海岸通川以北至安边海防(该区无兵防守)。同时调整了指挥关系,确定正面战线由西而东,第 19 兵团(司令员杨得志、政治委员李志民)指挥第 65、第 40、第 39、第 63 军,第 63 军为第二梯队;第 3 兵团(副司令员王近山、副政治委员杜义德)指挥第 38、第 15、第 60 军,第 60 军为第二梯队;第 20 兵团(政治委员张南生、司令员杨成武回国治病)指挥第 12、第 68、第 67 军,第 67 军为第二梯队;与人民军商定,人民军前线指挥部(司令员金雄)指挥人民军第 1、第 2、第 3 军团,均为第一线;东海岸联合作战司令部(由志愿军第 9 兵团司令部兼,司令员兼政治委员宋时轮)指挥志愿军第 20、第 27 军和人民军第 5、第 7 军团,志愿军第 20、第 27 军为第二梯队;西海岸联合作战指挥部(司令员韩先楚)指挥志愿军第 42、第 50、第 64 军和人民军第 4 军团,志愿军第 42、第 64 军为第二梯队;志愿军第 47 军为总预备队。这样,志愿军各兵团和东西海岸联合作战指挥部,均有 1 ~ 2 个军的机动力量,可以自如地应付各种可能发生的情况。

第三,决定加强海岸工事,完成整个防御体系。会议确定,在朝鲜建立一条西起鸭绿江口东达图们江口、东西海岸同正面战线相连接的马蹄形、有纵深的坚固防线，阵地工事“要由野战筑城向永久筑城方面发展”，首先选择要点，构筑一些永久性工事，然后再逐渐联贯成为完整的防御体系。不论战争是停或是拖下去，都必须完成，以作为长期战略的准备。①

这次会议明确的方针和部署，对后来的战争指导直至朝鲜停战，具有重要的意义。

7月，各部队完成了部署调整。人民军从第一线抽出第2军团，置于化川里、末辉里、蓬岘里地区。同月，中共中央决定，彭德怀留北京，接替周恩来主持中央军委日常工作，仍兼志愿军司令员和政治委员，由邓华代理志愿军司令员和政治委员。同月中旬，中央军委任命陈赓为军事工程学院院长，回国筹建军事工程学院；杨得志为志愿军第二副司令员，协助邓华主持志愿军工作；韩先楚为志愿军第19兵团司令员；郑维山为第20兵团代司令员；梁兴初为西海岸指挥部副司令员。（参见序列表14）8月17～20日，志愿军召开工程会议，对东西海岸构筑永久性工事问题作了具体部署。

至1952年8月底，志愿军和人民军在横贯朝鲜半岛正面250公里，纵深20至30公里的整个战线上形成了以坑道为骨干的支撑点式的防御体系。同时，第二梯队军的要点工事及朝鲜东西海岸永久性工事也开始紧张地构筑。

中央军委从国家长治久安的需要出发，决定结合志愿军在朝鲜战场的筑城实践，在国内沿海选择要点建筑国防工事。1952年8月25日，中央军委发出命令，决定在东北区以晖春、图们江及安东到貔子嵩段为重点；华东区以胶东半岛与上海地区（如嵊泗列岛、崇明岛、金山卫、乍浦）为重点；华北区以塘沽、大沽及秦皇岛为重点；中南区以海南岛为重点进行战役和战术的勘察工作，作出整个重点设防计划，达到独立遂行作战的程度，派出筑城专家组协助各地区设计，解决技术问题，并确定轻重缓急，分步骤实施。

军事分界线协议达成后，“联合国军”的战场活动

停战谈判于1951年11月27日达成关于军事分界线的协议后，朝鲜战

① 以上会议明确和决定事项，均见邓华在志愿军兵团干部会议上的讲话，1952年6月6日至9日。

场形势相对平静。由于“联合国军”发动的1951年夏季攻势和秋季攻势，得不偿失，遭到美国国会和参谋长联席会议的指责。美国参谋长联席会议和“联合国军”总司令李奇微，均认为继续以很大的伤亡发动这种攻势是不值得的。经参谋长联席会议批准，“联合国军”在战场上采取了“积极防御”的方针，只允许第8集团军进行维持现防线所必需的小规模的进攻和巡逻行动，以进攻行动夺取前哨阵地使用兵力最多不得超过1个师。在军事分界线问题的谈判达成协议的当天，美第8集团军司令范佛里特，训令其各军军长：把作战行动减少到仅能保持目前态势的最低限度，进攻仅限于收复被敌人占领的主要地形，而且必须减少不必要的伤亡。这被新闻媒体认为是“结束了朝鲜战争，至少是暂时结束了这场战争”，并认为这可能是美国白宫的命令。于是，美国总统杜鲁门为消除影响，遂于1951年11月29日发表声明，宣称：现在战争没有结束，在停战协定没有签字以前，联合国军的责任是继续向敌人施加压力，直至达到联合国的目标为止。①

到1951年12月27日，关于军事分界线的30天临时期限届满时，李奇微又要求范佛里特提出发动攻势的报告。本来在这期间，范佛里特曾经计划，如果谈判不能按美方的意愿进行，则从1952年1月开始，发动一系列的攻势，其中包括他在1951年9月下旬就曾计划的将东部战线推进到平康—通川一线，区别只在于不实施两栖登陆，而只是从正面推进。但鉴于志愿军和人民军已经加强了阵地工事，作这样的进攻将付出重大伤亡（可能会伤亡20万人），是不值得的。因此无论范佛里特还是远东空军和海军的司令官，均反对进行这种攻势行动，但认为空军和海军可继续对志愿军和人民军保持强大的军事压力，并且不会受到重大损失。②

这样，“联合国军”除了海军和空军的飞机继续实施“绞杀战”，并于1952年初秘密实施细菌战，对朝中方面保持强大压力外，其地面部队采取了侦察、袭扰、小部队进攻和运用炮兵火力等战术手段，同志愿军和人民军保持接触，破坏志愿军和人民军的工事构筑。

“联合国军”为了支持长期作战，还采取了一系列措施，巩固后方，增强

---

① 参见[美]沃尔特·G.赫姆斯：《朝鲜战争中的美国陆军——停战谈判的帐篷和战斗前线》，197～198页，北京，国防大学出版社，1988；《参考消息》，1951年11月30日。

② 参见[美]沃尔特·G.赫姆斯：《朝鲜战争中的美国陆军——停战谈判的帐篷和战斗前线》，198～199页，北京，国防大学出版社，1988。

军力。

1951年11月底至1952年1月底，抽调了南朝鲜军第8师和首都师，对在其后方智异山（庆尚南道）、云长山、回文山（全罗北道）地区活动的朝鲜人民游击队，进行了“清剿”。

1951年12月，以在日本的美第45师同在朝鲜的美骑兵第1师进行了轮换；1952年1月，又以在日本的美第40师与在朝鲜的美步兵第24师进行了轮换。参加“联合国军”行动的其他国家的部队，如法国、埃塞俄比亚、澳大利亚的部队，在3月底和4月间也进行了轮换。此外，在战场上，还组织了第一线与第二线的部队的换防，并于1952年3月下旬，将原在东线归美第10军指挥的美陆战第1师，调至西线，归美第1军指挥，接替了南朝鲜第1师的防务。

美军除了建制部队的轮换以外，还采取了人员记点轮换的制度。规定在前线战斗区执行任务的每月记4点，在支援战斗区执行任务的每月记2点。由于兵员不敷使用，从1952年4月开始，又改取三种记点地区，即在原基础上增加了中间区，在该区的人员每月记3点，累计达到36点的美军官兵便可离开朝鲜回国。美军还将其原来专门的黑人建制单位拆散，将黑人士兵和白人士兵混合编组，以缓和军队中存在的种族歧视，提高士兵的战斗精神。①

此外，美军加紧了对南朝鲜军队的训练和扩编。1952年1月，将南朝鲜的步兵学校、炮兵学校和通信学校合并，组织南朝鲜陆军训练中心，每期可培训1500名学员；仿照美国的西点军校的课程设置，在南朝鲜开办了一所军事学院，在美军的帮助下培训初级军官，为培养校级军官开设了参谋学校。还从南朝鲜军队中选派军官到美国受训，1952年3月，第一批250名学员完成在美国的训练，补进南朝鲜军队，同时，第二批250人去美国接受训练。从1952年1月开始，对南朝鲜军已有的10个师，每师组建4个榴弹炮兵营（3个105毫米口径榴弹炮营和1个155毫米口径榴弹炮营），以增强南朝鲜军的作战能力，准备逐步以南朝鲜军队担负第一线主要的作战任务。南朝鲜陆军部还增设了政训机构，各师也建立了政训部，团设政训科，目的是鼓励士气，强化思想训练，以图巩固部队，提高斗志。

1952年2月和4月，范佛里特又多次提出进攻计划，其中包括以在西

---

① 此前，美军中黑人士兵与白人士兵分别列编，远东美军中即有全部由黑人士兵组成的第24步兵团。

线的美第1军向北推进，夺取开城并破坏志愿军以市边里为基地的补给系统，同时，在东线发动登陆佯攻进行配合；以南朝鲜军在东线的1~2个师，在美军空军和炮火的支援下，攻占南江东南的人民军阵地。后一个计划于4月16日得到李奇微的批准。但由于4月底美方在谈判中提出所谓“一揽子”解决方案，而进攻计划被无限期搁置。

巩固阵地的战斗活动

志愿军在展开大规模筑城活动的同时，贯彻坚守防御思想，未举行大的战役行动，但在战术上则实行了积极活动的方针，第一线部队开展各种作战活动打击“联合国军”，杀伤、消耗其有生力量，以保证构筑阵地的安全，改变战场态势和有力地配合停战谈判斗争。

1951年12月至1952年3月底，为了掩护主力部队的筑城活动，主要是开展小部队战斗活动。以连以下的分队，多是以班、组为单位，采取侦察与反侦察、伏击与反伏击、偷袭、强袭等手段，袭扰打击“联合国军”。

1951年11月底，关于军事分界线问题的谈判达成协议后，志愿军总部即指示第一线各部，组织小分队进行侦察、捕俘和袭扰活动，消耗敌人，打击敌人的破坏活动。12月19日，根据关于军事分界线30天临时限期即将届满，美方在谈判第三、第四项议程上拖延，美第45、第40师向朝鲜开动，美骑兵第1师和步兵第24师尚未离朝等情况，判断“联合国军”有可能向金城西南、金化以北、铁原以北及以西、开城地区发动进攻，对志愿军和人民军实施军事压力，遂指示第一线各部：“须提高警惕，注意侦察敌之各种征候，及时掌握情况，加强工事，准备坚守阵地，不得随便放弃。各部应设想各种情况，订出各种方案，准备给进犯之敌以大量杀伤，并歼其一部，使敌知难而退。”

各部根据志愿军总部的指示，制定了迎击“联合国军”可能进攻的方案，同时在全线广泛展开了小分队战斗活动。其中第39军和第12军活动得比较出色。该两军均是1951年11月接替第一线的防御任务。第39军接替第47军担负铁原西北至临津江东岸的防务，在1951年12月1个月中，即主动进袭31次，并粉碎当面美第3师1个排至1个加强营的进攻15次，共毙伤敌1224名，自身伤亡仅相当于敌人的1/4，阵地寸土未失。第12军担负北汉江以西金城东西地区的防务，在1951年11月上旬至1952年1

月下旬的两个多月中，即组织小部队活动850次，平均每晚出动12个班组，每天捉住1个俘虏，共毙伤俘敌525名，自身伤亡114名，敌我伤亡对比为3.7:1，并缴获各种枪56枝，受到志愿军司令部的通报表扬。第63军为占领有利地形、拔除敌突出据点，于1951年12月28日，以1个营兵力在炮兵支援下，攻占了高浪浦里以西智陵洞北山南朝鲜第1师1个连防守的阵地，并击退南朝鲜第1师以2个营以下规模的兵力连续11天的反扑，共毙伤敌2700余人，于1952年1月8日，巩固占领了该阵地。

在第一线的其他各军也积极进行了战斗，据统计，1952年1～3月，志愿军进行小部队战斗活动共118次，志愿军和人民军共歼敌2.37万余人，自身伤亡9000人，敌我伤亡对比为2.6:1，有力地消耗了敌军和掩护了筑城活动的顺利进行。①

这期间，范佛里特在前线组织了一次军事欺骗行动。1952年2月10日至16日，"联合国军"前沿全线突然沉寂，步兵停止动作，炮兵停止射击，空军不临空活动，并在一些地段拆除了铁丝网，炸毁地堡，汽车停运，坦克回撤，企图以此迷惑志愿军和人民军，诱惑志愿军和人民军脱离阵地，出击或巡逻，以便其乘机予以杀伤和捕获俘虏。彭德怀和中央军委当即判断，这"可能系给我方造成一种错觉，达到其军事阴谋"。"1.自知攻我不易，而放弃前沿极小部分据点，诱我出击，予我杀伤，乘机反扑。2.麻痹我们，乘我疏忽，出其不意突然攻击。""现时敌人在前线的沉寂和移动状态，可能带试探与引诱性质，企图给我以打击，好增加其谈判的压力。"据此，指示部队"务须百倍地提高警惕，严防敌人的突然袭击"，"我们应严阵以待，切勿冒昧出击或暴露我前线弱点，致中其计"。② 因而，"联合国军"的计策未能得逞。美军在战史中写到这事时也说："事实上，敌人并未中计，并利用这个喘息期加固他们的防御工事。"③

1952年3月18日零时10分，志愿军第63军在经过精心计划和准备的基础上，共以8个排，在榴弹炮2个连、野炮1个连、山炮2门、坦克5辆的

① 参见志愿军作战处：《1952年各种统计》，1953年1月20日；战争经验研究处：《朝鲜战场防御作战几个数字的对比》，1954年6月9日。

② 彭德怀、邓华致各兵团、各军首长并报军委电，1952年2月12日22时；中央军委致彭德怀电，1952年2月14日。

③ [美]沃尔特·G.赫姆斯：《朝鲜战争中的美国陆军——停战谈判的帐篷和战斗前线》，206页，北京，人民出版社，1997。

支援下，攻击上金谷西南无名高地的南朝鲜第1师1个加强连，仅20分钟，歼南朝鲜第1师该加强连大部，共歼敌156人，后主动撤回。志愿军总部于3月19日向各兵团各军作了通报，同时指出："我们认为这种有准备、有计划、有节制的主动攻击和歼敌的办法是很好的。在三月底四月间，每军能组织一两次这样的小战斗，对板门店谈判是有帮助的，望前线各作战部队依照空情妥善仿效为盼。"3月26日、彭德怀司令员又明确指示："我们目前作战方针，应采取积极手段，巩固现阵地，不放过任何有利战机，歼击运动的、暴露的敌人，相机挤地方。"

根据这些指示，志愿军在坑道工事初具规模后，从4月初起，即开始有组织有计划地进行挤占敌我中间地带和攻取敌军突出的个别的连、排支撑点的作战活动。

4月1日，第65军以1个加强连，在炮兵支援下，向砂川河以东、西场里以南的楸村发起攻击，一举歼灭南朝鲜陆战第1团1个连大部。到5月份，随着第一线阵地的巩固，这种作战活动在全线普遍展开。

5月，第一线仅第63、第39、第12军，即挤占阵地14处，其中第63军挤占10处，第39军挤占2处，第12军挤占2处，共20~30平方公里；另第68、第39军和人民军第3军团共组织4次攻击作战。

7月下旬至8月底，第一线的第40、第39、第15、第68军和人民军第3军团又挤占了10处阵地，此外，组织排以上兵力在炮兵和坦克支援下的主动攻击作战17次。8月6日，第12军第104团副排长杨春增，在为巩固已占领的座首洞东南无名高地的战斗中，率1个班连续击退南朝鲜军14次冲击，大量杀伤了敌军，在敌军再一次拥上阵地的危急时刻，他举起一枚反坦克手雷扑进敌群，与敌同归于尽，被追记特等功，授予一级战斗英雄。朝鲜最高人民会议常任委员会授予他"朝鲜民主主义人民共和国英雄"称号和一级国旗勋章、金星奖章。7月和8月志愿军和人民军共歼敌4.1万余人，自身伤亡8600余人，敌我伤亡对比为4.7∶1。这些作战活动有力地打击了"联合国军"，并将斗争的焦点推向"联合国军"阵地前沿。

1952年6月，"联合国军"惧怕志愿军和人民军在朝鲜战争爆发两周年之际发动攻势作战，为了破坏志愿军可能的进攻准备，并对志愿军4~5月间挤占阵地活动进行报复，配合谈判对朝中方面施加压力，遂于6月12日开始，以美第45师和南朝鲜第6师为主，前线其他各师配合，向志愿军前沿阵地发动了名为"回击行动"的进攻。其重点攻击目标是志愿军第39军5月份挤占的铁原以西190.8高地和第12军5月份挤占的金城以南官垈里西山。志愿军该两阵地均由一个连防守。6 月 12 日晨,美军和南朝鲜军在大量飞机、坦克和炮兵的支援下,以营团规模的兵力向志愿军该两阵地发动进攻。志愿军阵地守军依托坑道和野战工事顽强抗击,经过激战,两阵地均有一部分表面阵地被敌占领,志愿军转入坑道坚守。

这时,志愿军首长分析认为,敌人进攻部队的兵力、兵器暴露于志愿军阵地面前的火网内,“送肉上砧”,造成了志愿军过去所难找到的有利战机。6 月 15 日,邓华代司令员、宋时轮副司令员、甘泗淇副政治委员和联司朴一禹副政治委员联名,向第一线志愿军和人民军下达了指示,指出:“目前应是速即集中我们的力量,坚决利用现有阵地,适切加强前方各基本防御地区的火力及兵力,充分准备歼灭敌人任何进犯的部队,求达大量杀伤敌人有生力量,消耗其技术兵器,加速敌士气的颓丧,以更加巩固我防御阵地。”指示要求:一、各部应加强侦察警戒,加强值班部队,认真注意研究掌握敌情,以争取主动有计划地歼敌。二、各部应根据当面情况判断敌人可能向我攻击的各个目标。事先组织严密的火网,使敌进入我火网内予以歼灭性打击,同时各部必须要有足够打垮敌连续冲锋的力量,并能不放松有利的战机主动地反击敌人,各友邻之间应互通情况主动积极地配合作战,以打破敌人的任何进攻。三、各部队必须特别注意节省弹药,以便在最紧张最激烈的情况下仍有足够的弹药使用,同时各坑道必须囤积一定的弹药、足够食用的干粮、饮水,以便在敌万一进占我阵地其他工事时,我仍能在坑道内与敌坚持作战,最后歼灭进犯之敌以恢复阵地。四、加强对空射击,各高炮部队应准备进行广泛的机动作战,坚决及时地打击敌机轰炸。同时各级指挥所、炮兵阵地、仓库囤积处,应特别注意防空伪装,及搜山捕特。五、最近敌炮击中常夹有毒气弹,各前沿部队均应配备有防毒面具,坑道口应迅速加强防毒措施。

根据这一指示,志愿军展开了有组织有计划的反击,6 月 15 日,第 39 军组织 8 个步兵连在 112 门各种火炮(包括坦克炮)支援下、反击 190.8 高地,毙伤敌 500 余人,夺回一部表面阵地。该阵地原退守坑道部队坚守坑道作战 5 昼夜。6 月 18 日,第 12 军先后各以 2 个步兵排,分别在 36 门和 44 门各种火炮支援下,反击官垈里西山阵地,全部夺回表面阵地。该阵地原退守坑道部队坚守坑道作战 7 昼夜。志愿军该两阵地的坚守坑道作战,使坑道工事经受了作战的考验,并积累了坚守坑道作战的重要经验。除该两阵地作战外,“联合国军”还以一个营至一个团的兵力向其他阵地进攻 7 次,均被志愿军击退。“联合国军”的“回击行动”被粉碎,整个 6 月,志愿军和人民军共毙伤俘敌军 2 万余人。

从1952年1月开始，志愿军还有组织地开展了冷枪冷炮杀敌的狙击活动。1月29日，志愿军司令部指示各兵团各军和炮兵部队，“在与敌对峙状态中，对敌之小群及一般目标，每日指定值班的轻重机枪不失时机地寻求射击，对于单个目标，也应组织以班的特等射手，专门寻求射击目标，这将给敌人甚大杀伤”。

根据这一指示，志愿军第一线各军在构筑坑道工事和开展其他作战活动的同时，迅速展开了狙击活动。选择优秀射手组成狙击组，以单枪、单炮、单辆坦克，采取游动的方式经常变换阵地，杀伤“联合国军”阵地上暴露的目标，有时还设置假目标，诱惑敌人上钩。第65军狙击手们的口号是“不准敌人自由”，仅第585团1个营，在1个月中即狙击歼敌83人。第15军开展了冷枪冷炮杀敌立功运动，在4月下半月至7月底即狙击歼敌3541名，占这期间歼敌总数的42%、狙击手仅伤亡14名。其中第130团1个连仅7月5～15日的10天内，即狙击歼敌87名，而自身未伤亡1人。第68军从8月1日至25日，25天中即狙击歼敌1935名。第12军从7月下旬至10月底，以5843发子弹，狙击歼敌2506名，平均每2.3发子弹即毙伤敌1人。据不完全统计，志愿军和人民军在5～8月的狙击作战中，即歼敌1.36万人。

此外，志愿军还有组织、有计划地组织火炮和坦克射击，4月30日至8月10日，先后组织7次炮击，参战火炮166门。7月1日至9月18日，组织坦克游动射击等17次，参战坦克80辆。

狙击活动有效地打击和杀伤了敌军，限制了“联合国军”昼间在基本阵地活动的自由，迫使其不得不龟缩到工事内。

这期间还有组织地进行了对空射击，打击美军飞机，据统计，1952年1～8月，仅志愿军地面部队即击落“联合国军”飞机679架、击伤1683架。①

此外，还开展了战场政治攻势和对第二线部队组织进行了战场训练。

在8月中旬至10月中旬，公历和农历两个“八月十五”期间，志愿军有组织有计划地在第一线开展了两次较大规模的政治攻势。据不完全统计，全线共使用24部扩音机，播音280次，阵前喊话810次，散发宣传品127万多张，用宣传弹发射宣传品10万份，送还敌军尸体41具，释放10名南朝鲜军俘虏。中秋节前后，向敌方发送礼品袋800多个，并发送一批月饼、糖果、米糕等。战场政治攻势，在敌军中产生了重大影响。这期间志愿军共俘敌

① 参见中国人民志愿军司令部作战处：《中朝部队总战果》(1950年10月25日至1952年7月31日、1952年8月1日至1953年7月27日)。

293名,其中有151名是经志愿军阵前喊话后主动缴械的。另在中秋节期间有46名南朝鲜军官兵投诚。俘虏的思想转弯也较快,主动提供有价值的情报和协助志愿军进行敌军工作。这项工作,有力地配合了第一线的作战行动。

1952年1月21日,志愿军专门下达了半年教育计划的指示,经修改后,于24日又重新下达,对第二线部队的训练提出要求。干部主要是学习步兵、炮兵、坦克协同战术和阵地进攻与防御的兵力、火力组织,战士主要是学习射击、投弹、爆破、反坦克和单兵战术等。二线部队据此进行了训练。

1月2日晨,志愿军第47军第141师侦察连文书罗盛教,在驻地成川郡栎沼河边进行投弹练习时,几名朝鲜少年滑冰,其中一名叫崔莹的少年不慎落入冰窟。罗盛教发现后,毫不犹豫地跳下冰窟,在零下20度的严寒中,3次潜入冰水中,找到了崔莹,几次将其托上冰面,均因冰窟周围冰面太薄,而未能成功,待终于将崔莹托上冰面后,他自己已将全身力气耗尽,沉入水底,光荣牺牲。罗盛教的事迹在朝鲜产生了强烈的反响,他被朝鲜人民誉为"不朽的国际主义战士"。中央军委总政治部给罗盛教烈士追记特等功,追授一级爱民模范。朝鲜民主主义人民共和国最高人民会议常任委员会追授他一级国旗勋章、一级战士荣誉勋章。

经过1951年12月至1952年8月巩固阵地的斗争,形成了以坑道为骨干的支撑点式的坚固阵地防御体系,并开展积极的作战活动,将斗争的焦点推向"联合国军"阵地,积累了依托坑道进行攻防作战的经验,不但巩固了阵地,而且在战场上越来越处于主动地位。1952年8月,毛泽东说,能不能守的问题也解决了,"办法是钻洞子。我们挖两层工事,敌人攻上来,我们就进地道。有时敌人占领了上面,但下面还是属于我们的,等敌人进入阵地,我们就反攻,给他极大的杀伤。我们就是用这种土办法捡洋炮。敌人对我们很没有办法"①。

志愿军在这期间的作战,特别是6月间粉碎"联合国军""回击行动"的作战中,初步形成了坑道战术。主要是:

在指导思想上,依托坑道,组织好步兵和炮兵的协同,力争在坑道外杀伤消耗敌军,击退敌军的连续进攻,以免退守坑道后陷入被动。在不得已的情况下,为避免人地两亡,才退守坑道。退守坑道后,仍是积极利用一切可能的机会打击敌军,组织坑道内外的反击,绝不是单纯的藏身等待解救。

① 《建国以来毛泽东军事文稿》,中卷,51页,北京,军事科学出版社、中央文献出版社,2010。

在具体实施上，办法是：1. 在事前要有明确具体的战斗方案，包括退守坑道后每个人的任务区分、战斗位置、通信联络、伤员处置、节约粮弹和饮水等；

2. 兵力使用上，一般坑道外为1/3，坑道内为1/3，另1/3作为机动；

3. 坑道内要有7天以上的生熟食品和饮水，要有充足的弹药，特别是手榴弹，有对外通信联络工具，有急救卫生设备；

4. 退守坑道的时机为，弹药耗尽，供应不上，就是动用一部分坑道内的弹药也不能击退敌军进攻；或者敌军兵力多并几路攻击，我应接不暇，如不退守坑道，则坑道将被敌军占领；

5. 主阵地或友邻注意观察，发现部队退守坑道后，以炮火轰击占领表面阵地之敌，以火力封锁坑道口周围，不使敌军接近坑道口，使退守坑道人员坚定坚守信心；

6. 退守坑道的指挥员，充分发挥共产党员和共青团员的作用，鼓励士气，有序组织一切能战斗的人员继续战斗；

7. 利用通信工具与坑道外保持联系，配合坑道外部队组织反击。坑道外部队则迅速组织，及早发起反击，恢复阵地；

8. 退守坑道的部队，乘敌在表面阵地未构筑工事，立足未稳，迅速组织反击；如敌军进入坑道，也要乘其立足未稳组织反击，先打坑道内之敌再打坑道外之敌；

9. 如与坑道外部队失去联络，弹药饮水已断绝，坑道外的反击又未开始，应利用夜暗和恶劣天气，有组织、有准备地坚决拼杀，果敢突围。

第四十五章

粉碎美国的细菌战

（参见附图 17、18）

美军在朝鲜北方和中国部分地区秘密实施细菌战

“联合国军”为配合谈判实施的飞机大炮辩论，未能达到将军事分界线划在志愿军和人民军战线后方的企图。其 1951 年夏秋季局部攻势失败以后，不得不在谈判中同意以双方实际接触线为军事分界线，达成了关于军事分界线的协议，但是霸权主义的本性决定了美国不愿公平合理地解决朝鲜问题，在接着开始的其他议程的谈判中，美方代表仍是蛮不讲理，特别是在战俘问题上大做文章，拖延谈判。同时，美国还有新的战争手段尚未在战争中使用。

1952 年初，美国当局违反国际公法，违背人道主义，在美军继续实施“绞杀战”的同时，在整个朝鲜北方和中国的部分地区实施了细菌战。企图以此残害朝中军民、削弱志愿军和人民军的防御力量，增加对朝中方面的压力，以影响停战谈判，同时试验其细菌武器的性能。美国为了掩盖罪行，其细菌战是在秘密状态下进行的。

在第二次世界大战期间，美国即设立了专门的机构，着手研究细菌武器。在马里兰州佛列德利克附近的狄特里克兵营设研究中心，名为“特别计划科”，建立了大型实验室，在该地和印第安纳州的维哥建立一批生产细菌武器的工厂，至少有 3900 人参加了那里的工作，并在密西西比州的巴斯卡高拉和犹他州的得格威设立了野外试验站。[1]

第二次世界大战结束后，美国包庇、纵容石井四郎、若松次郎、北野政藏[2]等一批罪大恶极的日本细菌战犯，阻止世界人民对他们的正义审判，并利用他们为美国研究细菌武器服务。

1950 年 12 月，美军在朝鲜战场上遭到中国人民志愿军的严厉打击，从三八线以北撤退时，曾在平壤市、江原道、咸境南道、黄海道等地撒布天花病菌，一度在这些地区造成这种恶性传染病的流行。1951 年间，美军还多次在志愿军和人民军被俘人员中秘密进行细菌性能试验。

据曾在美军高层决策部门任职，后来在朝鲜执行细菌战任务被击落俘虏的美军飞行员的供词称，在 1950 年 12 月，美军向三八线败退时，美国参谋长联席会议就希望用细菌武器挽救朝鲜战场上的败局。参谋长联席会议的主要成员，都认为细菌武器有效而便宜，应加以发展，并批准了在朝鲜使用细菌武器的准备工作计划，限令 1951 年底以前完成准备。1951 年冬，参谋长联席会议决定在朝鲜实施细菌战。细菌战的目的，是要在朝鲜战场试验其效果，不同类型的飞机所能携带的容器均将予以试验，在各种不同的地形和不同气候条件下试验，也希望谈判可能会受此影响，而产生一个满意的结果。[3]

1952 年 1 月 28 日，志愿军第 42 军第 375 团战士李广福在美军飞机过后的驻地金谷里雪地上发现有大量苍蝇、跳蚤等昆虫和蜘蛛，散布的面积长约 200 米、宽约 100 米。随后该团在外远地、龙沼洞、龙水洞也发现了蜘蛛和形似虱子、黑蝇的昆虫，面积约 6 平方公里。该军认为："此虫发生可疑，数地同时发生，较集中密度大，可能是敌人散布的细菌虫"，该军卫生科无法确认这些昆虫是否带有病菌。[4] 这是志愿军部队首次发现美军散布的昆虫。

---

① 参见《新华社新闻稿》，1952 年 3 月 17 日。

② 在第二次世界大战期间，古井四郎和北野政藏曾任日军进行细菌战大本营 731 部队的部队长，在苏联、中国和蒙古人中进行细菌试验，屠杀了 3000 多人；若松次郎曾任日军进行兽瘟细菌试验大本营 100 部队的部队长。这 3 人是 1950 年 2 月 1 日苏联政府照会中提议设国际特别军事法庭要求审判的日本五大细菌战犯中的三大战犯。

③ 参见瓦克·麦·马胡林的供词，1953 年 8 月 10 日，载《人民日报》，1953 年 11 月 14 日；小安德烈·杰·爱文斯的供词，1953 年 8 月 18 日，载《人民日报》，1953 年 11 月 13 日。

④ 参见第 42 军给志愿军司令部的报告，1952 年 2 月 2 日。

志愿军总部接到第42军的报告后,指示该军采取坚决措施消灭昆虫。志愿军后方勤务司令部并要求该军上送昆虫标本,以培养化验。2月6日志愿军司令部向各部转发了第42军发现异常昆虫的报告,要求各部查看驻地有无同类可疑昆虫,各岗哨严密注意敌机投掷物品,发现可疑情况立即报告。① 中共中央和中央军委接到志愿军报告后,除指示志愿军采取有力措施进行防疫外,并派出专家到朝鲜战场了解情况,对昆虫标本培养化验和指导志愿军防疫工作。

从1月29日到2月17日,志愿军第42、第12、第39军和第19兵团部队,又连续在伊川、铁原、市边里、朔宁、平康、金化等地,发现美军投撒的小蜘蛛和苍蝇、蚊子、跳蚤、蟋蟀、蚂蚁等昆虫,密度最高的达1平方米500~600只(到3月则达1000多只)。② 这些昆虫的出现比每年正常出现的时间平均提早了两个月以上。1月底到2月中旬是朝鲜一年中气温最低的季节,日平均气温均在零下4~6℃,2月的日最低平均气温在零下19~22.5℃,这种寒冷的气温,完全不适于昆虫的生存,并且这些昆虫都是在美军飞机过后发现的。

在这种情况下,中国人民志愿军和朝鲜人民军联合司令部于2月17日下达指示,要求各部队必须高度警惕敌人投掷细菌昆虫的阴险行为,发现敌人投放细菌昆虫或其他可疑物品,除收集标本上送外,立即采取严格防疫措施进行消毒扑灭,同时作出详细报告。就在这天下午,4架美军飞机经过平康西北下甲里志愿军第26军第234团阵地,投下一物品,爆炸后,几名干部当场被熏倒,周围雪地立即布满苍蝇,阵地官兵目睹了这一过程,证实雪地昆虫系美军飞机投掷。18日,志愿军通报全军,指出:此前各部在驻地发现可疑昆虫,“为敌机投掷后而散布者已无疑”,要求各部必须加强对空警戒,发现敌机投下昆虫,立即扑灭,以免蔓延。

自1952年1月28日至3月31日,两个月时间内,在朝鲜北方就发现美军布撒的带有病菌病毒的昆虫等804次之多。其布撒的范围遍及朝鲜北

---

① 参见志愿军后方勤务司令部给志愿军司令部、军委总后勤部、东北军区后勤部的报告,1952年2月4日;志愿军司令部给各兵团、各军司令部、志愿军后方勤务司令部、装甲兵指挥所、空军指挥所、铁道军管总局并报东北军区司令部和中央军委电报,1952年2月6日。

② 参见志愿军后方勤务司令部给军委总后勤部卫生部的报告,1952年2月27日;志愿军后方勤务司令部给军委总参谋部、总后勤部卫生部、东北军区司令部、志愿军司令部并转金首相的报告,1952年3月14日。

方的7个道44个郡,主要是平壤以北几条铁路干线的沿线及人口密集的城镇。2月底以后,在中国东北和青岛地区也发现了美军飞机布撒的带有病菌病毒的昆虫等。

后经检验查实,美军布撒的昆虫所带病菌病毒,主要有鼠疫杆菌、霍乱弧菌、炭疽杆菌、伤寒杆菌、副伤寒杆菌、痢疾杆菌、脑膜炎双球菌、脑炎滤过性病毒、家禽和猪霍乱菌、植物炭疽菌等10余种。这些病菌病毒经过了人工变异培养,一般具有高度的感染性、毒性和抵抗力,有广泛的宿主。在检验时,这些病菌与正常状态下所呈现的反应也不完全相同。美国将其制成细菌弹或细菌粉剂,有的附在苍蝇、蚊子、跳蚤等昆虫和小蜘蛛等媒介物上,利用飞机进行投掷和布撒。

为保密,美军飞机投放细菌,一般在夜间或夹杂在轰炸任务中同时进行。而对他们的飞行员诡称"宣传弹"或"不爆炸的炸弹"。美远东空军第5航空队、远东轰炸机指挥部各联队及海军陆战队第1航空联队,均执行过撒布细菌的任务。在其投下的媒介物中,也并非都带有病菌病毒,有时带菌昆虫与非带菌昆虫混杂投撒,有时同一类昆虫又带有多种病菌病毒,以引起朝中方面的错觉,并增加检验和防疫的难度。

美军实施的细菌战,给志愿军和人民军及朝中人民造成了一定的危害。美国海军部印发的朝鲜流行病报告承认,鼠疫在朝鲜历史上已绝迹多年,1946年由美国船舶传来霍乱,1947年以后朝鲜再未发生霍乱。[①] 这些在朝鲜已绝迹的烈性传染病,在美军实施细菌战后重又发生。1952年2月20日至3月9日,在朝鲜北方的居民中,有13人被传染患了霍乱,其个9人死亡;2月25日至3月11日,朝鲜安州附近的发南里,由于美军在该地区撒布了带有鼠疫杆菌的跳蚤,致使这个约600人的村庄中有50人患了鼠疫,其中36人死亡;3月份,在中国人民志愿军中,患鼠疫者16人,患脑炎与脑膜炎者44人,其中死亡16人,患其他急性病症者43人,其中20人死亡。

中共中央、中央军委反细菌战的决策

1952年1月28日,志愿军首次发现美军在朝鲜战场布撒带有病菌病

① 参见《"美帝国主义细菌战罪行调查团"关于美帝国主义在朝鲜撒布细菌罪行调查报告书》,载《人民日报》,1952年4月25日。

毒昆虫后,中共中央、中央军委即给予了高度重视,处理也非常慎重,立即指示志愿军继续收集有关情况以查明美军企图,采集昆虫标本以培养化验。同时要求志愿军采取有力措施,迅即扑灭美军布撒的带菌昆虫,以防扩散,并迅速派遣国内有关专家赴现地调查了解情况,及时化验确认。

从1月29日到2月17日,志愿军又连续在伊川、铁原、市边里、朔宁、平康、金化等地,发现美军投撒的小蜘蛛和苍蝇、蚊子、跳蚤、蟋蟀、蚂蚁等昆虫,密度最高的达1平方米1000多只。这些昆虫的出现比每年正常出现的时间平均提早了2个月以上。中央军委判断美军是在进行细菌战。

2月18日,聂荣臻代总参谋长就美军投撒带菌昆虫及处理意见,呈报毛泽东并刘少奇、朱德、周恩来、林彪,报告中说:朝鲜前方敌人投撒昆虫有三种:一为蜘蛛,二为苍蝇,三为跳蚤,投撒面积甚大。“除已派专家前往现地了解外,现已将各种昆虫送往北京,进行培养化验,究竟带何种病菌,尚须两日后得出结论。据专家估计,以霍乱、伤寒、鼠疫、回归热四种之可能性较大。如化验证实、防疫与灭疫工作,即须火速以大力进行(总后卫生部正计划中),并需要苏联在人力物力予以援助。”

毛泽东2月19日在聂荣臻的报告上批示:“请周总理注意此事,并予处理。”朱德总司令还特别批示“不宜送回,以免传染”。接到毛泽东的批示后,当晚,周恩来即拟出了反细菌战要办的事情,并呈报毛泽东:

主席批示已悉,现在计划要办的事情为:一、加紧试验前方业已送回的昆虫细菌,据初步化验含有鼠疫、霍乱及其他病菌,一二日内当可全部判明;二、前送防疫队和疫苗、粉剂及其他器材;三、先请朴宪永发表声明(即电告),中国外长继起向全世界控告,以新闻舆论配合,并要美国对后果负责;四、由和大向世界和大[①]建议,发动世界反对美国进行细菌战罪行的运动;五、电前方进行防疫动员,东北亦加戒备;六、将此事电告苏联政府,请其予以帮助。

此6项措施,得到毛泽东的批准。至此,中共中央和中央军委已判明,美国在朝鲜投撒各种昆虫,系进行细菌战的行动,“其目的是意图进行恫吓

① “和大”,指中国人民保卫世界和平反对美国侵略委员会;“世界和大”,指世界和平大会理事会。

和威胁，并试验细菌武器的效能”[①]。

2 月 19 日晚，军委代总参谋长聂荣臻和副总参谋长粟裕就与外交部副部长章汉夫、军委总后勤部卫生部部长贺诚研究确定：将国内现存的全部 340 万份鼠疫疫苗、9000 磅消毒粉剂和其他防疫用具连夜装运，3 天内全部空运安东然后转送朝鲜前线，并立即赶制 1000 万份鼠疫疫苗分批送到朝鲜；贺诚负责拟定防疫计划；章汉夫负责草拟新闻稿、社论和与朝鲜政府协调。[②]

20 日上午，聂荣臻、粟裕、贺诚与苏联驻华军事总顾问克拉索夫斯基、卫生顾问阿萨杜良举行紧急会议，向苏联顾问通报了有关情况。苏联顾问表示同意中方的判断和处置。阿萨杜良肯定美军是在实行细菌战，认为其目的可能在试探志愿军对细菌战的防御能力和细菌的作用。如果志愿军暴露出弱点，敌人必将对中国大量使用。苏联顾问建议中方必须大力进行此次防疫工作，成立由政府重要负责人领导的非常防疫委员会，处理有关防疫事宜。克拉索夫斯基责成卫生顾问阿萨杜良协助中方制定防疫计划。聂荣臻、粟裕当场决定，总后勤部卫生部集中力量领导此次防疫工作，与苏联顾问一起办公，形成指挥所性质的机关。当日，将会议情况及苏联顾问建议成立由政府重要负责人领导的非常防疫委员会事，呈报毛泽东并朱德、刘少奇、周恩来、林彪。

2 月 21 日，中共中央向各中央局、分局并各省市区党委、各大军区党委，发出了反对美帝细菌战的宣传工作指示，指出：

朝鲜前线我军阵地及后方，自一月二十八日起，连续发现美帝侵略者用空军大量施放和传布细菌。这是美帝国主义者所加于中朝两国人民的新的灭绝人性的罪行。对于美帝国主义这一新的罪行，必须加以揭露和打击，动员全国人民加强抗美援朝工作，支援中国人民志愿军。中央已决定由新华社于二十二日起，发布新闻和人民日报社论；我国外交部和朝鲜外交部均将就此事发表声明，向全世界提出控告；中国人民保卫世界和平反对美国侵略委员会亦将就此事向世界和平大会提出控诉，并建议世界和大发起反对美

---

① 中央军委致志愿军和东北军区关于加强防疫工作的指示，1952 年 2 月 21 日；中共中央关于反对美帝细菌战宣传应注意的事项，1952 年 3 月 7 日。

② 参见聂荣臻、粟裕关于苏联顾问对反细菌战问题意见给毛泽东主席并朱德、刘少奇、周恩来林彪副主席的报告，1952 年 2 月 20 日。

帝进行细菌战罪行的运动。各地党委在新华社发布这一新闻之后,即应发动一个控告和反对美帝这一新罪行的宣传运动。

中央在指示中,对各地开展这一运动规定了若干办法。

同一天,中央军委发出了由周恩来主持起草的给志愿军和东北军区的指示,指出:

据许多征候看来,敌人最近在朝鲜散放的各种昆虫显系进行细菌战的行动,应引起我们各级领导的高度注意。现在虽然还不能最后确定敌人所散放者为何种病菌(因需经过培养和反复检验,故时间上需两日),但事不容迟。为争取时间,除已令贺诚①与苏联顾问和其他专家务于今日(廿一)提出防疫计划外,并自昨日(廿)起已将现有鼠疫疫苗三百四十万份、消毒粉剂九千磅及喷雾器、防疫衣物等,分三日用飞机运到安东,由志愿军留守处速转前方。此外,在国内再赶制一千万份鼠疫疫苗,分批送入朝鲜。防疫人员除部队的防疫队和卫生人员应进行紧急动员外,已令东北防疫队待命出动,并已电请苏方派遣专家指导。现在的重要问题是必须抓紧每一分每一秒钟的时间,进行细菌散布区的消毒和隔离,克服麻痹大意和侥幸心理。但在部队中则亦应特别注意不要造成惊慌和恐怖。为便于掌握敌人继续散放细菌和我们防疫的情况,请志司务应每日作一简报。至于前方尚需何种药品和用具,亦望随时电告,以便筹送。

同日,以毛泽东名义将这一电报有关内容,发给金日成和李克农。

2 月 23 日,周恩来审阅由贺诚组织拟制的反细菌战防疫计划大纲,认为"原则可用",同时呈报毛泽东,建议反细菌战工作可分两阶段实施:第一阶段为准备和预防阶段,即在目前病菌尚未发展的情况下,中央先在中央军委机构内部组织总防疫办公室,领导后方进行防疫准备和在前线采取防疫措施(战区先由联司组织防疫指挥处,东北军区组织防疫办公室,各大军区由军区卫生部负责此项工作),目前尚不忙在国内作大规模动员和边境检查。如果美国在我公开控诉后仍继续进行细菌战,则我将立即进入全面采取紧急措施的第二阶段。当日得到毛泽东的批准。②

---

① 贺诚,时任中央人民政府卫生部副部长兼中央军委卫生部部长。

② 参见《周恩来年谱(1949～1976)》,上卷,219 页,北京,中央文献出版社,1997。

2月25日，中央军委再次给志愿军发出防疫指示，指出：

根据许多事实（许多部队看到敌人用飞机撒下昆虫；很多昆虫朝鲜人民过去从未见过。且季节上亦过早。朝鲜专家的化验报告，敌人所撒昆虫和投掷方法都与敌人以前准备细菌战时所研究的一样。敌军内在一月中旬集训军医进行瓦斯、细菌、原子力等训练等），都肯定地证明了敌人是在进行细菌战。……因此，目前在朝鲜的防疫工作，首先应是统一对敌人进行细菌战的认识，克服各种右倾思想（大意麻痹、侥幸和不相信敌人会撒放细菌等）。各级领导干部和机关，必须把防疫工作当作目前部队和居民工作中的首要任务。为此，除在外交上、宣传上中央另有布置外，现将有关前方防疫工作的具体措施规定如下：

（一）防疫工作分两个步骤进行。第一阶段即在目前前线病菌不发展的情况下，中央先在军委机构内部由总参、总政、公安部、卫生部等派代表组成中央防疫办公室，战区则由联司组织防疫指挥处，东北先由军区组织防疫办公室，以便分别掌握防疫的情况，交换疫情，研究和指导前方的防疫工作和后方的支援工作。如果敌人在我公开控诉它的罪行后，仍继续撒下细菌昆虫，而前方化验中又更加证实为传染病菌，并不断发现病员和死亡，且数目又日益增多，则我们便应宣布进入第二阶段紧急措施阶段。那时战区和国内都必须组织包括各方面的防疫委员会，以加强对防疫工作的全面领导。

（二）立即动员前方的防疫队和卫生人员速将已送到前方的三百四十万份鼠疫疫苗在部队和防疫区居民中进行强迫接种，并进行疫区的消毒和隔离工作，此事应毫不犹豫地进行。五联疫苗（霍乱、伤寒、副伤寒A、B及破伤风混合疫苗），现正开始包装，约于三月中旬可送去二百五十万份（供党、政、军工作人员用），及霍乱疫苗五百万份（疫区和交通要道居民用）。鼠疫疫苗仍在按计划赶制中，防毒口罩亦在布置赶做。

（三）应加强防疫的情报工作，除各级防疫组织和卫生机关必须随时将防疫情况报告外，在战区的适当地点必须组织若干化验室与检疫站，并由志卫[1]组成若干机动的化验组和防疫队。为此中央正在组织京、津及其他大城市的化验专家成立若干化验组前往志司。东北防疫队已抽一百五十人分赴安东、长甸河口、辑安、临江、图们设站外，另三百五十人已集中长春训练待命入朝。

---

① 志卫，即志愿军卫生部。

（四）指定几个专门医院作为防传染的预备医院，准备收容和隔离病人。

（五）部队中和居民中的防疫教育极为重要，必须认真地进行，但同时应特别注意不要造成惊慌和混乱。

总之，我们不管敌人的细菌战进行到何种程度，也不管有无病员发生，都必须迅速而坚决地进行防疫工作，不容有任何的犹疑和动摇，否则即易发生损失，陷于被动。至于具体措施，则请彭酌情处理并告。

根据上述决定和指示，在国内和在志愿军中全面展开了反细菌战斗争。2月底3月初后，美国将细菌战的范围扩大到中国东北地区后，3月14日，成立了以周恩来为主任，郭沫若、聂荣臻为副主任和以贺诚为办公室主任的中央防疫委员会，统一领导反细菌战的全面工作。

中朝两国政府和人民控诉美国细菌战罪行

2月22日，朝鲜民主主义人民共和国政府外相朴宪永代表朝鲜政府首先发表声明。声明指出："朝鲜民主主义人民共和国政府在1951年5月8日曾就美帝国主义干涉者在侵略朝鲜的战争中使用细菌武器一事，向联合国提出过严重抗议。但是美帝国主义侵略军在今年年初再度使用了大量屠杀人民的细菌武器，制造了人类史上最严重的罪恶行为，凶暴地违反了有关战争的一切国际法规。"声明历数了1952年1月28日以来，美军飞机在朝鲜大量撒布带有传染病菌昆虫的罪恶事实，以及美国与日本细菌战犯石井四郎、若松次郎、北野政藏合作研究细菌武器，并派他们到朝鲜进行细菌试验的事实后，表示"朝鲜人民在今后将继续和全世界人民一起，为反对蹂躏着国际公法和人类道德的美帝国主义者的凶恶暴行而斗争。我们坚决抗议干涉者在朝鲜制造的传布有毒细菌的新的罪恶行为，并号召全世界人民制止干涉者的暴行，追究使用细菌武器的组织者的国际责任"。

2月24日，中国外交部长周恩来代表中国政府发表声明，支持朝鲜民主主义人民共和国政府的正义主张，并指出："远在1950年12月至1951年1月的期间，美国侵略军在朝鲜人民军和中国人民志愿军联合打击下，从三八线以北撤退时，就曾在平壤市、江原道、咸镜南道、黄海道以及其他几个地区散布天花细菌。这次美国侵略军又在朝鲜人民军和中国人民志愿军前线阵地和后方连续用飞机撒下大批昆虫细菌的罪恶行动，更加证明美国政府是在继续有计划地、有准备地进行灭绝人性的细菌战。全世界人民，只要正视这一事实，都不能不承认美国政府是目前世界上为了进行侵略战争，不惜破坏任何国际公约而首先使用细菌武器的战争罪犯。”“美帝国主义……在朝鲜战场上利用石井四郎、若松次郎、北野政藏等等手上早已染有中朝两国人民鲜血的日本细菌战犯，进行各种致命细菌的试验和制造。成百成千的朝鲜人民军和中国人民志愿军被俘人员，在这些细菌武器的试验下，都已成了牺牲者。”声明呼吁世界爱好和平的人民共同制止美国进行的细菌战的罪行，并进一步指出，美国进行细菌战的目的，在于“不甘心其在朝鲜战争中的失败，于是一面使用各种无耻的拖延战术，来阻挠谈判的进行。另一方面又进行灭绝人性的细菌战，来希图延长并扩大朝鲜战争，以实现其破坏中华人民共和国和远东的和平安全的侵略阴谋。对于美帝国主义这一无耻阴谋和罪恶行为，中国人民是有决心也必然要将其粉碎的，美帝国主义将不仅不能达到它的罪恶目的，并且必然将要在全世界和平人民正义愤怒下，自食其可耻的恶果”。声明表示“中国人民将和全世界人民一道，为制止美国政府这一疯狂罪行而坚决斗争到底”。

为控诉抗议细菌战的罪行，国内的各种新闻舆论工具密切配合。从2月22日起，新华社和中央人民广播电台，连续报道了1月28日以来美军在朝鲜战场上用飞机撒布细菌毒虫的情况；23日，《人民日报》发表了题为《全世界人民团结起来，制止美国侵略者进行细菌战争的滔天罪行!》的社论。

2月24日，中国人民保卫世界和平反对美国侵略委员会主席郭沫若发表声明，号召全国人民动员起来，坚决声讨并制止侵朝美军撒布细菌的罪行。25日，郭沫若又致电世界和平理事会主席约里奥·居里，控诉侵朝美军进行细菌战的罪行。26日，中国人民志愿军司令部发言人就美国侵略军在朝鲜大范围使用细菌武器进行细菌战争一事发表谈话。中国各民主党派、各人民团体先后发表声明、宣言或谈话，抗议美国细菌战的罪行。

然而，美国不但不收敛其细菌战行动，反而从2月29日开始，将细菌战的范围扩大到中国东北境内。对此3月8日，外交部长周恩来代表中国政府发表声明，严重抗议美国政府使用细菌武器屠杀中国人民，侵犯中国领空，再次呼吁“全世界爱好和平的人民起来制止美国政府这种疯狂的罪恶行为”。

3月13日，沈阳市16万群众举行大规模游行，对美军在沈阳等城市投撒细菌表示极大义愤，同声指责美国破坏国际公法，残杀中朝人民企图扩大侵略的暴行,要求惩办美国细菌战的组织者和执行者。

对朝中两国政府的声明及对美国细菌战的控诉抗议活动,美国当局始则沉默,继而抵赖。2月26日,由美第8集团军一位“负责军官”出面,否认美军的细菌战行为。3月4日,美国国务卿艾奇逊发表声明,否认美军进行细菌战,他说“共产党正力图通过共产党宣传中所有的各种手段来使朝鲜人民和世界人民相信联合国军正在朝鲜使用细菌战”。他声称:“我们从前已听到过这种关于朝鲜的细菌战的消息。如果不是因为共产党选在他们拖延停战谈判的当儿向全世界散布这种指责,我们原用不着再加否认。因此,我愿明白地、毫不含糊地声明:这些指责是完全不真实的;联合国过去没有进行过现在也没有进行任何种类的细菌战。”还进一步反诬说,“共产党无力照顾他们控制下的人民的健康,其结果似乎已造成了严重的鼠疫流行病。共产党不愿承认和承担其应负的责任,正在企图归咎于某种想入非非的联合国军的阴谋。”并提出由红十字国际委员会这样的国际机构来调查。东京的“联合国军”总部和美国驻联合国代表也纷纷否认美军细菌战的行为,并说这是“共产党的宣传”。

针对艾奇逊的声明,3月7日,中共中央就反对美帝细菌战宣传应注意的事项发出指示,指出“敌人在制造这一滔天罪行以后,一面矢口否认曾使用细菌武器,并诬赖我方的抗议和揭露为我方故意推卸无力对付在北朝鲜及我国发生疫病的责任,另一方面又多方探听他们使用细菌的效果”。为了打击敌人的阴谋,在进行反细菌战的宣传时,要注意保密,并要求“广泛宣传我们能够打败敌人细菌战的思想,介绍一般防疫知识及对付敌人细菌战的常识,并揭露敌人进行细菌战的罪证”。据此,《人民日报》和《时事手册》等报纸和刊物,在刊载控诉、抗议文章的同时,也发表了有关专家撰写的如何认识细菌和反细菌战知识的文章。

美国政府为了遮人耳目,提出由红十字国际委员会组成调查团“实地调查”。对此,中朝方面认为这不过是一种政治欺诈。美国此举的目的是企图掩盖其为全人类所共同反对的细菌战罪行,并借以缓和世界人民对其愤怒的指责。事实上,红十字国际委员会一直受美国政府操纵,其主要负责人对美国政府言听计从,根本失去了这一国际组织正义和人道主义的立场。美军侵略朝鲜后,这个组织即以奉行日内瓦公约的名义在南朝鲜为美军服务。他们对美军在朝鲜战场上滥炸红十字会医院,屠杀红十字会工作人员的暴行竟拒绝加以谴责。在这场战争中,红十字国际委员会明显偏袒一方,朝中方面理所当然对其所谓的“公正调查”表示不信任。

3 月 19 日,《人民日报》发表题为《坚决斩断美国侵略者撒布细菌的罪恶血手》的社论,24 日,发表《艾奇逊抵赖不了细菌战罪行》的专题文章,用大量事实揭露了“红十字国际委员会”已成为美国任意指使和为美国侵略服务的实质,指出艾奇逊要求由“红十字国际委员会”调查,其目的是要这个组织为美国收集细菌战效果的情报。

5 月和 6 月,中国政府还在北京和沈阳举办了美国细菌战罪行的实物、图片展览,以大量事实无可辩驳地揭露了美国的细菌战罪行。12 月,又在奥地利的维也纳举办了展览会,许多国家的代表团和和平人士参观了这些展览。

中朝两国政府和人民对美国细菌战罪行的揭露和抗议活动,在国际社会引起了极大反响,尤其是通过细菌战罪行展览,使参观者在事实面前认清了真相,对美军的罪行表示极为愤慨,并认为必须采取行动来制止这种灭绝人性的战争活动。世界和平理事会、世界工会联合会、国际民主妇女联合会、世界民主青年同盟、国际学生联合会等世界性的民主组织都发表声明,抗议美国违反人道主义和国际公法的暴行。世界和平理事会主席约里奥·居里 3 月 8 日发表声明,呼吁舆论起来斥责细菌战的罪行,指出:“这是继用原子弹在几秒之内毁灭广岛和长崎的几十万人民那种同样穷凶极恶的罪行之后的又一罪行。”[①]4 月 1 日,世界和平理事会还发布《反对细菌战告全世界男女书》,号召全世界人民“采取强有力的行动,把那些使用最卑鄙龌龊,最骇人听闻的武器的罪犯们,作为罪犯归案法办”。1952 年的亚洲及太平洋区域和平会议和美洲和平大会分别通过决议,谴责美国进行细菌战,要求立即停止细菌战。1952 年 2 月至 4 月间,先后有 13 个国家和国际组织在国际讲坛上发表声明,反对美国进行细菌战。世界许多国家的群众举行集会、游行、示威等活动,要求制止美国的细菌战。

当时加拿大的和平大会主席、曾在中国当过 22 年传教士的文幼章(中文名字)博士,在中国沈阳附近进行了现地调查了解后,用他亲眼所见事实,于 4 月 25 日在伦敦记者招待会上说,美国不但在朝鲜,而且在中国进行了细菌战。[②] 40 多年后,在他过世之前,嘱托他的儿子加拿大约克大学历史系退休教授史蒂芬·艾迪科特(中文名字:文忠志),写一本有关美国在朝鲜战争中进行细菌战的书。史蒂芬·艾迪科特自费到美国和中国收集有关

---

① 《人民日报》,第 1 版,1952 年 3 月 10 日。

② 文幼章的谈话,参见《中美关系资料汇编》,第 2 辑,上册,801～802 页,北京,世界知识出版社,1960。

资料和访问当事人。他说他到美国去收集这方面的资料,“虽然没有抓住老虎,但已抓住了老虎尾巴”,得知美国官方的档案部门有十几箱与美军在朝鲜进行细菌战有关档案没有解密。他遵从父亲的嘱托,根据收集到的有关材料和访问,撰写完成《美国与细菌战:来自冷战早期和朝鲜的秘密》一书,1998 年 11 月由加拿大印第安纳大学出版社出版(英文)。

英国坎特伯雷教长修勒特·约翰逊,1952 年夏到中国访问,奉坎特伯雷大主教的意旨,与中国教会领袖接触,并向英国侨民布道。他到中国接触的所有基督教(包括天主教)的领袖们,异口同声地向他讲述了美国细菌战的事实。他在北京和沈阳参观了美国的细菌战罪行展览,并在中国东北亲自调查了受到美国细菌战侵害的 70 个地点中的 3 个地点,听了两名被击落的美国飞行员关于执行细菌战情况的录音证词。回到英国后,写了《我的呼吁》一书,表示“我确信美国飞机在中国东北曾投掷过细菌弹”。他呼吁“再也不能把这些关于细菌战的叙述仅仅当做是来自莫斯科的共产党的宣传”①。

美国政府的细菌战暴行,违反了人民的意志,同样在美国国内引起了强烈反对。美国科学工作者协会致函美国总统要求禁止制造和使用细菌武器。爱好和平的人民纷纷呼吁停止细菌战,要求美国政府批准禁止细菌战的日内瓦议定书。然而,当苏联代表于 6 月 18 日在联合国安全理事会上提出“号召各国参加并批准 1925 年签订的禁止使用细菌武器的日内瓦议定书”的议案时,美国代表于 26 日却无理地予以否决。

组织调查美国细菌战事实,公布美国飞行员供词

为了彻底戳穿美国的抵赖,揭露美国进行细菌战的真相,由中国人民保卫世界和平反对美国侵略委员会发起,3 月中旬,组成了以中国红十字总会会长李德全为团长,中华全国民主青年联合总会主席廖承志、中国人民救济总会监察委员会主任陈其瑗为副团长,由中国红十字总会、各人民团体、各民主党派、基督教界的代表以及昆虫学、细菌学、寄生虫学、病毒学、病理学、临床医学、流行病学、公共卫生学、化学、生物学、农学及兽医

① 坎特伯雷教长的呼吁,见《中美关系资料汇编》,第 2 辑,上册,828～832 页,北京,世界知识出版社,1960。

学等各方面专家70余人参加的“美帝国主义细菌战罪行调查团”。调查团于3月15日从北京出发，于3月20日到达朝鲜。抵沈阳时组成一个分团留东北各地调查。至4月上旬，先后完成调查，4月25日，《人民日报》公布了调查报告。

调查报告在结论中指出：“2月间美国飞机所散布的昆虫，俱在零下八九度到十几度之气温下被发现的。在雪地上昆虫的散布面积，具有一定长度宽度与密度；或积聚在背向太阳之阴面，或竟有一部冻僵，有的只略能飞动。而且在敌机投下的昆虫中，竟发现大量种类完全不相同的昆虫如花蝇、黑跳虫、跳蚤、摇蚊、蜘蛛等混杂在一起，这正是证明这些昆虫与蜘蛛绝不是自然发生，而是由飞机撒下来的。”“美国飞机撒下来的昆虫、动物及带毒物品，经检验后发现鼠疫杆菌、伤寒杆菌、痢疾杆菌、霍乱弧菌、炭疽杆菌，及某种病毒等。”“朝鲜在很多年来并没有发生过鼠疫。从1947年以来，也没有发生过霍乱。现在鼠疫和霍乱又突然在冷天发生。这可以肯定，都是美国政府进行细菌战的直接结果。”“情况十分明白，美国侵略者在朝鲜进行细菌战，是完全没有疑问的，完全肯定的，因此美国政府对其进行细菌战的一切罪行，是无可抵赖的。”

中朝两国政府还接受了国际机构组织的调查。

3月3日至19日由奥地利、意大利、英国、法国、中国、比利时、巴西、波兰等八个国家著名的法学家组成的“国际民主法律工作者协会调查团”，在朝鲜依照法律程序对美军实施细菌战情况进行了实地调查，随后转赴中国东北进行调查，分别于3月31日和4月2日完成调查报告，4月6日和7日，中国《人民日报》全文刊载。

6月23日至8月6日，由瑞典、法国、英国、意大利、巴西、苏联、中国等国的著名科学家组成的“调查在朝鲜和中国的细菌战事实国际科学委员会”，到中国和朝鲜对美国细菌战事实进行实地调查，9月16日，完成调查报告。9月17日，中国《人民日报》全文刊载。

“国际民主法律工作者协会调查团”和“调查在朝鲜和中国的细菌战事实国际科学委员会”的成员们，虽然国别不同、政治观念不同、宗教信仰不同，甚至语言也各不相同，但是，他们“本着良心”，“以最高度的客观态度，遵循他们所知道的最严格的科学原则”公正而独立地开展调查。他们分析案例、鉴别实物、访问人证（包括当地军民，美军俘虏以及被派遣到朝鲜北方刺探细菌战情报的特务）、现场勘察，甚至亲自对昆虫毒物进行检验认证。分别从不同的角度进行了科学的分析研究，严密的逻辑推理。两个调查团在调查报告中,一致确认美军在朝鲜和中国部分地区大规模地施用了细菌武器,对两国人民及整个人类犯下了严重的细菌战罪行。

"国际民主法律工作者协会调查团"的报告认为,"朝鲜美军蓄意向朝鲜人民军并在北朝鲜平民中撒布苍蝇及其他人工感染细菌的昆虫,意图散布死亡和疾病,是违反1907年关于陆战法规和惯例的海牙公约的规定,和违反普遍承认的、1925年日内瓦议定书重申的禁止细菌战法律的极严重的可怖的罪行",同时犯有纽伦堡国际军事法庭所规定的反人类的罪行。在中国东北地区发现的带菌昆虫等"只能是美国飞机运入这些地区来的,而美机既无权利,亦无任何理由飞入中国东北领土"[①]。

"调查在朝鲜和中国的细菌战事实国际科学委员会"在调查报告中得出如下结论:

> 朝鲜及中国东北的人民,确已成为细菌武器的攻击目标;美国军队以许多不同的方法使用了这些细菌武器,其中有一些方法,看起来是把日军在第二次世界大战期间进行细菌战所使用的方法加以发展而成的。
>
> 委员会是经过逻辑的步骤而后达到这些结论的。这种遭各国人民一致谴责的灭绝人性的手段,竟见诸施用,此为本委员会的委员们过去所不易置信;现在本委员会迫于事实,必须下这些结论。[②]

调查团的报告公布以后,世界各地反应强烈。许多国家人民举行集会和示威游行,要求美国立即停止细菌战,要求联合国"立即严惩这些罪犯,并公开斥责这种反对和平和人道的罪行",希望联合国敦促美国政府批准禁止细菌武器的日内瓦议定书。美国政府在世界舆论面前更加孤立。

从1952年5月6日开始,新华社陆续公布了凯尼斯·伊纳克、约翰·奎恩、弗兰克·许威布尔、小安德烈·杰·爱文斯、瓦克·马胡林等25名被俘美军飞行员,关于执行细菌战情况的供词。这25名飞行员在被击落俘虏前,分别属于美第5航空队第3、第4、第8、第17、第18、第51、第58、第67

---

① 国际民主法律工作者协会调查团:《关于美国在朝鲜的罪行的报告和关于美国军队在中国领土上使用细菌武器的报告》,分别载《人民日报》,1952年4月6日和7日。

② 《国际科学委员会调查在朝鲜和中国的细菌战事实报告书》,1952年9月16日。载《人民日报》,1952年9月17日。

联队和美国海军陆战队第1航空联队。他们被击落俘虏后，在志愿军优待俘虏政策的感召下，尤其是看到细菌战给朝中和平居民带来无辜伤害时，心灵受到震动，主动坦白其执行细菌战任务的罪行，揭露了美国政府和军方策划细菌战的经过。

所有这些俘虏的供词有两个共同特点，即都谈到了上级的保密要求，都谈了自己执行细菌战任务情况的具体细节。其中瓦克·马胡林、小安德烈·杰·爱文斯、弗兰克·许威布尔职务和军衔较高，均为上校军衔，分别任大队长、副联队长、联队参谋长，特别是瓦克·马胡林和小安德烈·杰·爱文斯，在到朝鲜服役前，1951年期间分别在美国空军部长办公室和美国空军参谋长办公室任职，曾接触过美国参谋长联席会议关于决策在朝鲜实施细菌战的内幕，他们供述了有关美国细菌战企图及决策的情况。

被俘美国飞行员的供词表明，当1950年12月，朝鲜战争发生逆转，美军在中国人民志愿军和朝鲜人民军打击下仓皇败退时，参谋长联席会议即“批准关于在朝鲜可能使用细菌战及其准备工作的计划。研究与发展指挥部已奉命在1951年底要完成这个计划”。参谋长联席会议主席布莱德雷及联席会议其他主要成员认为“细菌武器既有效，又便宜，故应加以发展，使其在武器这个范畴中，占有一定的地位”。1951年10月，美国参谋长联席会议发给远东司令部总司令（当时是李奇微将军）一个书面指示，“命令在朝鲜开始细菌战”，12月里，参谋长联席会议作出进一步的决定，“把在鸭绿江以北使用细菌武器的任务也包括在细菌战计划中。这个决定于1952年1月付诸实施”。其时，美军正感到其“绞杀战”计划没有达到预期目标，因而寄望于细菌战的效果。“这样的指示，既然牵涉到国家的和政治上的政策，就必须由国务院通过并得到总统的赞同。”①确凿证据表明，美国政府和军方最高统帅部直接策划了细菌战，他们是细菌战的罪魁。

细菌战计划的目标，“是要在朝鲜实际战场的情况下使用此类武器，以试验其效果。此外，在朝鲜战争中，使用此种武器的规模，也可能根据以后的情况，予以扩大。不同类型的飞机所能携带的容器均将予以试验，并且将在各种不同的地形上及在各种不同气候下投掷此类武器”。“高级当局希望通过这个办法能够影响和谈，并产生一个完满的结果”，“在鸭绿江以南

① 小安德列·杰·爱文斯供词，1953年8月18日；瓦克·麦·马胡林供词，1953年8月10日。分别载《人民日报》，1953年11月13日和14日。

所执行的投掷细菌武器任务的目的,是使铁路一带充满带有细菌的跳蚤、苍蝇和蚊子。结果,就使企图修复铁路的工人们的工作受到阻碍。这些突然出现的跳蚤、苍蝇和蚊子,会使人们惊惶,因为在季节上说,这是反常的。袭击安东及大东沟附近的目的是要使该地充满了细菌,以防止由中国东北向朝鲜运输物资。”①

美军实施细菌战,在开始时带有试验性质,但在1952年夏即扩大为正规作战行动中的一部分,第5航空队“所有单位都参与这个[细菌战]计划了……海军陆战队也包括在这些活动里面”。美军投撒在朝鲜和中国东北地区的细菌毒物“是在东京附近的一个工厂里制造的,然后用飞机运到朝鲜,再装到弹壳和油箱式容器内,以供使用。用得最多的是那种与500磅和1000磅普通炸弹大小相似的细菌弹,可是F-86型飞机也使用一种可投掷的油箱式容器,并且有些单位……使用一种喷射容器,内装液体溶液,和化学战用的喷射容器相似”。②

美军将施用细菌战作为高度的军事机密,即使在空军内部也禁止私下议论。为了保密,美军称细菌弹为“不爆炸的炸弹”。飞行员被迫执行这种不人道的飞行任务。他们被威胁说,如果拒绝执行命令,将受到军法审判。“大队的士气因细菌战的任务,而变得低落了,因为我深知每一个驾驶员都不愿意执行细菌战任务。”③

被俘的美军飞行员表达了对美国政府发动细菌战不满的态度,16万余字的供词,包含了美国细菌战从策划、准备、实施到检验效果的全过程和各个方面,内容详尽完备,高度可信。

尽管美国官方一直抵赖和否认美军在朝鲜战场上实施了细菌战,并直到战后的现在也未公布其有关在朝鲜战争中实施细菌战的档案。但事实胜于雄辩,美国实施细菌战的罪恶行径和丑恶嘴脸,在世人面前已暴露无遗,其细菌战的罪行在世人面前昭然若揭,遭到了国际舆论的谴责。美国政府更加陷于被动难堪的境地。

---

① 瓦克·麦·马胡林供词,1953年8月10日,载《人民日报》,1953年11月14日。

② 小安德列·杰·爱文斯供词,1953年8月18日,载《人民日报》,1953年11月13日。

③ 弗罗依德·白利兰特·奥尼尔的供词,1952年6月18日,载《人民日报》,1952年9月16日。

反细菌战的防疫治疗和开展爱国防疫卫生运动

在抗议、控诉和揭露美国细菌战罪行的同时，国内和战场上进行了科学有效的反细菌战防疫工作，并在全国开展了爱国防疫卫生运动。

根据中共中央和中央军委的指示，第一步在志愿军和东北行政区成立了反细菌战防疫委员会，部署和指导志愿军的反细菌战防疫工作，和在东北地区准备对志愿军防疫的支援工作。

1952 年 3 月 1 日，志愿军成立了总防疫委员会，并下达了反细菌战防疫措施的命令。志愿军总防疫委员会，是志愿军防疫领导的最高机构，以副司令员邓华为主任，联司副政治委员朴一禹、西海岸指挥部司令员韩先楚、志愿军卫生部长吴之理为副主任。根据志愿军首长意图，并接受朝鲜中央非常防疫委员会的指示，统一组织领导志愿军的反细菌战防疫工作。

由彭德怀、邓华、朴一禹、甘泗淇签署下达给志愿军的防疫命令中要求：

一、各兵团、军、师以及分部成立防疫委员会。各级防疫委员会以不超过 5 人为限，各级行政首长正职或副职首长一人为主任，卫生部长为副主任，其他有关部门选派人员参加；团、营、连按上述原则以 3 ~ 5 人组成防疫委员会或领导小组。各级防疫委员会的职责为：1. 收集上报疫情，并研究贯彻上级防疫委员会的指示；2. 检查下级防疫卫生工作，总结防疫经验并上报；3. 检查预防消毒器材和疫苗注射；4. 密切与所驻朝鲜地方政府进行联系，并帮助朝鲜居民的防疫和治疗工作；5. 利用各军办的小报和举行小型集会，进行防疫卫生宣传工作。

二、建立疫情报告制度：1. 军以上利用最快的通信工具，每日 18 时向上一级防疫委员会报告新发现的疫情，收集美军飞机或大炮投撒毒虫地点、时间、面积、虫类和疫病情况；2. 收集美军投撒的各种毒虫和容器，特别注意收集跳蚤，送志愿军卫生部化验。各兵团和军卫生机关化验结果及玻璃片注意保存上送。

三、防疫对策为：1. 已下发的鼠疫疫苗、牛痘疫苗、斑疹伤寒疫苗、五联疫苗，全体人员必须注射，不得有一人例外；2. 以战斗精神扑灭苍蝇、跳蚤、老鼠等传染毒菌的媒介物，并须成为经常性的工作；3. 保持环境清洁，必须每日打扫一次，野外厕所坑深一米以上并加盖；4. 禁止喝生水、吃生菜，送往阵地的菜饭和开水都要加盖；5. 管制水源，水井加盖；6. 伙房远离厕所，并注意炊事员健康和伙房的清洁；7. 发生急性高热病必须立即隔离，给以磺胺服用，迅即送往医院，其居所予以打扫消毒。

据此，志愿军各级均成立了防疫委员会或防疫领导小组；根据作战或驻防区域划分了防疫责任区并建立了疫情侦察勤务；普遍进行了反细菌战的防疫动员和防疫卫生知识教育，按规定注射了鼠疫、霍乱、五联等各种疫苗，至6月底鼠疫疫苗注射两次，霍乱、五联疫苗注射一次，注射率达100%，对主要交通线两侧3华里内及部队驻区大部分朝鲜居民共450万人次，也注射了鼠疫疫苗等；开展了扑鼠、灭蝇、保护水源、清理驻区卫生的运动。志愿军共指定7个传染病医院，军以下单位也建立了专门的传染病医院、医疗收治组或临时隔离室，以收治、隔离被美军施放菌毒传染的病人。志愿军总防疫委员会还制定了反细菌战个人、团体、伙房三大“卫生守约”，下发到每班2份；对卫生防疫人员2393人进行了短期训练。

为加强志愿军的反细菌战检验和防疫治疗工作，国内先后向前线派出了3批昆虫学、细菌学、流行病学、毒物化学、病理学、营养学等50余名专家和数百名防疫人员，为前方提供1598. 3万人份鼠疫疫苗，651万人份四联疫苗、284. 5万人份五联疫苗，32. 3万人份斑疹伤寒疫苗，80万余人份痢疾疫苗，滴滴涕和六六六粉共38万余公斤，其他消毒粉剂4. 29万公斤。

采取这些措施，前方很快控制了疫情的发展。

1952年2月底3月初，美国将细菌战的范围扩大到中国东北地区，中共中央按预定部署，进入反细菌战全面采取紧急措施的第二阶段。

3月4日，周恩来召集聂荣臻等有关负责人开会，讨论部署东北及沿海地区全面进行反细菌战防疫的措施。5日，毛泽东在聂荣臻和粟裕关于反细菌战措施问题与苏联顾问商谈情况的报告上批示：“应严重注意这个问题，应用一切有效办法，进行防疫工作。”[①]经苏联驻中国军事总顾问与苏联政府协商后，3月11日，毛泽东致电斯大林，请苏联增派一个“能在复杂天气及夜间条件下作战斗飞行的一个苏联喷气式驱逐机师（两个团）进驻中

① 《建国以来毛泽东军事文稿》，中卷，15页，北京，军事科学出版社、中央文献出版社，2010。

国东北”，担任拦击散布细菌之敌机。[①] 3 月 12 日，斯大林复电毛泽东，同意增派一个喷气式驱逐机师进驻中国沈阳地区。同日，中央军委决定，为防止细菌和病疫的传播，除在志愿军部队中和东北地区进行消毒、注射、化验和必要的隔离外，对铁路交通也急需管制。规定：

（一）凡由朝鲜进入东北和由东北进入关内的车辆，必须进行消毒，鸭绿江各口岸车站和山海关均分别设立防疫检验站，专门负责来往车辆和人员的消毒和注射。

（二）凡由关内进入东北和朝鲜的人员，均须强制注射。凡由东北进入关内和由朝鲜进入东北的人员中，发现有疫状时，应进行隔离治疗。

（三）凡非十分必要的物资应暂停运回，必须运入朝鲜的物资应妥为包装。

（四）凡非十分必要的人员和部队，应暂停来往和减少调动。

（五）凡疫情严重的车站与地段，车辆经过时应禁止停车和装卸。

3 月 14 日，成立了以周恩来为主任的中央防疫委员会后，16 日，成立了山海关防疫总指挥部。19 日，周恩来以中央防疫委员会主任名义，向各大行政区人民政府或军政委员会、各大军区及志愿军等，发出《反细菌战指示》，对全国的反细菌战防疫工作的防疫对象、区域划分、各区任务、紧急措施、防疫运动、研究工作、宣传工作、防疫组织等 8 个方面，作出全面部署。规定朝鲜为疫区，东北为紧急防疫区，华北、华东、中南沿海地区为防疫监视区，华北、华东、中南内地及西北、西南为防疫准备区。在疫区的主要任务为继续进行卫生侦察，普遍实行预防注射，杀灭媒介动物，指定医院准备收容传染病人，有疫情立即报告，进行疫区封锁。在紧急防疫区应加强对朝鲜国境江口检疫工作，严格交通管理；进行卫生侦察，在重要城市、交通线上敌人散布昆虫区域实行普遍预防注射。在防疫监视区应加强与紧急防疫区之间交通要口的检疫工作，严格交通管理，重点进行预防注射，并应与防空部队协同监视敌机活动，对防疫运动提出 12 项工作，要求各区根据不同情况，有选择、有重点地进行。在防疫组织上，除东北已成立防疫委员会外，要求华北、华东、华南各大行政区和山东、江苏、浙江、福建各省及所属县、市、区、

---

① 参见《建国以来毛泽东军事文稿》，中卷，17 页，北京，军事科学出版社、中央文献出版社，2010。

村,有负责同志参加分别成立防疫委员会,以利防疫工作的进行。华北、华东军区各成立1000人的防疫队,华南军区和北京、天津、上海三个城市各成立500人的防疫队,关内沿海各省成立300人的防疫队,所属各县成立30人的防疫队,并组织必要的防疫预备队等。指示要求各地区和有关部门立即实行,并将进行情况随时上报。

同月,政务院发出春季防疫工作指示,号召全国人民采取广泛的防疫措施,进行杀虫灭毒,在全国范围内开展群众性的爱国防疫卫生运动。中共中央并要求把它当做“全国人民的一个严重的斗争任务”①。

至3月底,除西南地区外,全国各大行政区和沿海各省市,也都成立了防疫委员会;除志愿军已组织防疫队外,在国内共组织129个防疫大队,2万余防疫人员;在沈阳、北京、天津、青岛等地设立了细菌研究中心;苏联派来流行病学、细菌学、昆虫学、动物学等专家9人,在东北协助检疫工作;在东北地区国境线上、海港、交通要道设立检疫站66个,并在山海关设立了防疫总指挥部,负责过往人员、车辆、物品的检疫和消毒;4月中旬,在东北地区完成480万人的疫苗注射,在北京、天津、河北、山东、华东、中南、华南地区,也进行了重点注射。② 这些措施,有效地控制了传染病的发生和流行。至1952年冬,志愿军共确诊和疑似与美军细菌战有关的传染病患者384人,死亡126人。③

4月25日,中央防疫委员会在北京召开了全国各大行政区防疫委员会办公室主任会议,在总结两个月反细菌战工作的基础上,对夏季来临之际深入开展反细菌战的防疫工作进行了周密的部署,确定“必须有长期打算,至少要经过夏秋季节,准备做到今年十一月,到那时才能看出作战结果,得出比较全面的经验”④。中央规定5月份为“防疫卫生运动突击月”,要求把群众性的防疫运动彻底发动起来,组织机动防疫队并加以训练,根据各地区具体情况,完成一定的环境卫生和个人卫生要求,实行严格的监督与检查并做出总结。中央要求:“各区经过今年的防疫部署,不仅取得反细菌战的胜

① 中共中央宣传部:《关于防疫宣传工作的指示》,1952年3月27日。

② 参见中央防疫委员会主任周恩来、中央防疫委员会办公室主任贺诚关于两个月来反细菌战工作总结给毛泽东主席并中共中央的报告,1952年4月15日。见《周恩来军事文选》,第4卷,276～279页,北京,人民出版社,1997。

③ 参见中国人民志愿军抗美援朝战争经验总结编写委员会:《战争简史》,77页,1956。

④ 《周恩来军事文选》,第4卷,281页,北京,人民出版社,1997。

利，而且要取得卫生建设上的胜利，把我们的卫生工作水平大大提高一步，使我国的卫生情况大大有所改进。”①

据此，除在东北全境和关内重点地区进行反细菌战的防疫疫苗注射，对东北地区实施交通管制外，在全国展开了全面清洁卫生运动，普遍进行了有关防疫卫生知识的宣传教育。中央防疫委员会印发了《防御细菌战的常识》和《防疫常识》等材料，供各地宣传学习。各地订立了爱国防疫卫生公约，定期检查公约条文的执行程度，总结经验，展开爱国防疫卫生工作的竞赛。这场运动是由美国发动细菌战所激起，又结合了广大人民切身的卫生要求，密切地配合了生产任务，因此，群众参与热情很高。北自东北，南到海南岛，东自沿海，西到新疆，全国都轰轰烈烈地开展了防疫卫生运动。

这一运动，在1952年取得了空前的成绩。各地清除了多年堆积的垃圾，据不完全统计，全国清除垃圾达7465万多吨。沈阳清除了封建军阀、日本和国民党统治时期的垃圾；北京故宫清除了明清以来的垃圾。据东北区的统计，该区约90%的人民进行了室内大扫除，农村50%以上的人民进行了定期环境卫生清理，较大城市都实行了“人民卫生日”的定期清扫制度。全国改善和新挖水井130多万个，许多饮用河水的地方修建了取水码头，设置了药物饮水消毒站；疏通的臭水沟渠长达28.3万多公里，填埋污水坑4056万多立方米，改建和新修厕所492万多个。群众以很高的热情扑灭苍蝇、老鼠，大大减弱了媒介物传播疾病的能力。

经过这场运动，科学卫生知识在全国大为普及，全国人民的卫生水平和健康水平大为提高，乡村和城市到处呈现出清洁卫生的新气象，疾病在全国范围内显著减少，有些传染病几乎绝迹。给新中国的卫生事业打下了广泛的群众基础。

1952年12月8日，第二届全国卫生会议在北京开幕，总结1952年爱国防疫卫生运动的经验，志愿军和国内展开的大规模的反细菌战防疫工作和全国爱国防疫卫生运动即告一段落。由于决策及时，措施得当，组织周密，反细菌战的防疫工作取得了重大成效。美国发动细菌战，不仅在政治上、道义上均遭到了可耻的失败，而且在军事上也未达到其预期的目的。与此相反，经过反细菌战，进一步激起了中国人民爱国热情，促进了中国人民爱国卫生运动的开展。

---

① 中央防疫委员会办公室主任贺诚：《关于4月25日召开各大行政区防疫委员会办公室主任会议所作决定给周恩来的报告》，1952年5月1日。

第四十六章

停战谈判在第三、第四、第五项议程上的斗争和在第四项议程上陷入僵局

在停战谈判关于军事分界线问题即将达成协议时，毛泽东、周恩来即对第三、第四、第五项议程的谈判有所考虑。1951年11月14日，毛泽东发出由周恩来起草的致斯大林的电报，将中国方面的考虑向斯大林作了通报，并征求斯大林的意见。电报中说：

谈判中关于监督问题，我们原来只拟提出成立双方停战机构，专门处理停战条款的实施和非军事地区的监察工作，但敌人一定会要求扩大监察范围到双方后方，以限制双方增兵和输入军火。我们拟只同意监察双方后方的一两个口岸，并遵照您原来指示，提议由中立国家（实际是非交战国家）担任监察，我方并准备提请苏联、波兰、印度三国担任，美国可能先是反对，后提出加入瑞典及一拉丁美洲国家。

关于遣俘问题，我们反对一对一的原则而主张有多少遣多少的原则，估计这一问题不难达成协议。

关于建议有关各国政府召开高一级的会议问题，方案可能有三个：一个是以目前谈判双方的政治代表召开高一级会议，美国可能提此方案；一个是由苏、中、美、英召开四国会议，南北朝鲜均派代表参加；一个是由苏、中、美、英、法、印度、埃及召开七国会议，南北朝鲜亦均派代表参加。……

我们现正根据上述各点，努力争取停战谈判在年内达成协议，但对敌人

的拖延甚至破裂谈判，也作充分的准备。①

1951 年 11 月 19 日，斯大林回电，完全赞成毛泽东在电报中的考虑，他指出：

我们认为你们……在一两个口岸建立监督问题上的立场是正确的。我们也同意您关于执行监督职务的委员会成分的意见。你们在交换俘虏问题上的立场是完全正确的，并且这是敌人很难反对的。关于在停战协定签订后召集继续解决朝鲜问题的会议的几个可能的方案，我们觉得最好是召集目前进行谈判的双方的政治代表的会议，但必须有北朝鲜和南朝鲜的代表参加。②

1951 年 11 月 27 日，停战谈判就第二项议程（关于军事分界线问题）达成协议后，于当天即转入第三项议程（关于在朝鲜境内实现停火与休战的具体安排问题）的谈判。此后，在第三项议程仍在谈判过程中，双方于 12 月 11 日和 1952 年 2 月 6 日，又相继开始了第四项议程（关于战俘安排问题）和第五项议程（关于向双方有关各国政府建议事项问题）的谈判。

关于停战安排的谈判

1951 年 11 月 27 日，停战谈判双方代表团大会批准关于军事分界线问题协议，当天便以双方代表团大会的形式，转入第三项议程——关于在朝鲜境内实现停火与休战的具体安排，包括监察停火休战条款实施机构的组成、权力与职司问题的讨论。朝中代表团成员为南日、边章五、李相朝、解方、郑斗焕；美方代表团成员为乔埃、滕纳、霍治、勃克、李亨根。

此前，11 月 19 日，毛泽东即致电李克农，对第三项议程的谈判提出了朝中方面的 5 条原则，要求代表团根据这些原则拟出具体条文。这 5 条原则是：

① 《周恩来军事文选》，第 4 卷，250 页，北京，人民出版社，1997。
② 《周恩来军事文选》，第 4 卷，251 ~ 252 页，注释[1]，北京，人民出版社，1997。

（一）双方陆、海、空军自停战协定签字之日起，停止一切敌对行动；

（二）双方武装部队，应于停战协定签字后三天内自非军事地区撤出；

（三）双方陆军、海军部队，应于停战协定签字后五天内以军事分界线为界自对方的后方和沿海岛屿及领海内撤走，如过期不撤，又无任何延期撤走的理由，则对方有权予以处理；

（四）在非军事地区内，双方均不得驻扎武装部队，亦不得对该地区进行任何武装行动；

（五）双方各派同等人员组成停战委员会。共同负责根据停战协定进行具体安排和监督。

电报同时指示志愿军谈判代表团，对于双方部队、军火许出不许进和许向后送不许向前送的问题，关于组织视察小组的机构问题，关于监督对方的后方进出口岸问题等等，暂不提具体意见，待对方表明态度后再定对策。① 11月25日，毛泽东致电李克农，再次指出，关于第三项议程，不管我方提得如何周密，对方都会提出许多不同的修正意见，因此，我方应先提出原则建议，待对方提出自己的意见后，再提对策较为有利。②

据此，志愿军代表团拟出了关于第三项议程的原则条文，电告毛泽东，并建议在11月27日讨论第三项议程时主动提出。经毛泽东同意后，27日，在停战谈判转入第三项议程讨论的代表团大会上，南日即提出了朝中方面关于停火与休战的具体安排的5条原则建议：

首要问题是要定期停止一切敌对行为。我们建议，双方的武装力量，包括陆海空军的一切正规与非正规部队与武装人员，应自停战协议签字之日起停止一切敌对行为。

其次，非军事区以内的武装力量必须在一定限期内撤出，以隔离双方的部队，而避免任何可能发生的冲突。我们建议，双方武装力量应于停战协议签字后3天内全部从非军事地区撤出。

第三，为了彻底停止一切敌对行动，双方一切武装力量必须在一定期限内撤出对方的后方和沿海岛屿及海面。我们建议，双方一切武装力量应于停战协议签字后5天以内，以军事分界线为界，自对方的后方和沿海岛屿及

① 参见周恩来为毛泽东起草的给李克农的电报，1951年11月19日。

② 参见《周恩来年谱(1949～1976)》，上卷，197页，北京，中央文献出版社，1997。

海面撤走。如逾期不撤,而又没有任何延期撤走的理由,则对方为了维持治安对于这一类的武装人员有权采取一切必要的行动。

第四,为了使非军事地区确能产生隔离双方部队、避免敌对行动再度发生的作用,我们建议,在军事停战期间双方一切武装力量均不得进入非军事地区,亦不得对非军事地区进行任何武装行动。

第五,为了保证双方遵守军事停战协议,我们建议双方各指定同等数目的委员组成停战委员会,在军事停战期间共同负责具体安排和监督停战协议的实施。

在随后的谈判中,南日并对朝中方面的5条原则作了解释,特别强调,朝中方面认为,军事停战只是向和平解决朝鲜问题的短暂的过渡阶段。停战监督是为了保障迅速召开高一级政治会议、撤退一切外国军队、彻底和平解决朝鲜问题的临时军事安排,最终目的是彻底解决朝鲜问题,消除敌对行动再次爆发的可能性,保证朝鲜的持久和平。南日对第三条原则明确指出,朝中方面主张,在分界线西端以外的海面上,应以军事分界线西端从临津江口,沿汉江中心和黄海、京畿两道的分界线延伸到海上为界,凡位于军事分界线及此道界以北的所有岛屿,对方的武装力量必须撤出。

美方代表团认为朝中方面的5条原则没有涉及重要问题,即在停战期间任何一方都不得在朝鲜集结军事补给、装备或人员,不得修建或修复军事设施。为确保双方遵守这些限制,美方建议设立监察机构和联合观察小组,在朝鲜全境视察监督。

在同一次会上,美方代表团也提出了一个7项一般原则的建议:

(一)停战协议应于签字后的24小时内生效,并为双方控制下任何种类的军队所遵守。

(二)应建立一监察机构,由双方同等数目的人员共同组成,以执行停战协议条款。

(三)停战协议签字后,双方均不得增加军事力量、供应、装备与设备。

(四)军事停战委员会在执行其监察职司时,其本身及向其负责的联合观察小组可自由出入朝鲜的一切部分。

(五)双方正规与非正规的空、陆、海军应从对方所控制的领土撤出。

(六)除双方特别共同协议者外,非军事地区内不得有任何武装部队。

(七)双方军事司令官应按照军事停战协议条款而各自管理其一部分

的非军事地区。

其实早在这项议程开始讨论之前,李奇微就得到了华盛顿方面的指示:在停战期间不得增加部队人数和装备,但不排除数量对等的人员轮换和装备更新;军事停战委员会及其视察小组要不受限制地视察朝鲜的所有地方,以保证对执行停战条款的监督。这两条“是联合国军司令部对第三条款之态度的核心”。李奇微坚持要限制北朝鲜建立空军基地,否则他认为联合国军就会受到来自北朝鲜空军基地的巨大空中威胁。华盛顿方面同意李奇微的立场。① 美方代表团的上述7条原则就是根据这些精神提出的。

乔埃在解释其7条原则时,非常明确地说,“不增加军事力量、供应、装备与设备”,就是在停战期间北朝鲜不能修复和重建飞机场,因为这是属于“为进攻而使用的军事设备”,因此必须要加以限制,认为公路、铁路、港口设施及电气交通系统“对平民也同样重要”,因此不在此条款限制之内。为对此进行监督,停战委员会及联合观察小组“自由出入朝鲜的一切部分”。同时强调,允许用补充和轮换的办法维持其在朝鲜的军力水平。

比较双方的原则提案,在监督停战的一般程序上基本一致,但在监督内容上存有重大差别。美方第三、第四条原则明显是在干涉朝鲜内政,其第五条原则仅含糊地表示“应从对方所控制的领土撤出”,意欲停战后在朝中后方沿海海面及岛屿保留其海军舰艇和其他部队。这样,第三项议程的谈判从一开始,双方便展开了激烈的争论。

美方在讨论中,坚持在停战后用补充和轮换的办法保持其军力,坚持限制朝鲜修复和新建机场,坚持在停战委员会下组成视察小组进行自由视察,并企图在停战后其海军仍赖在朝鲜北方海面和岛屿不走。

对此,毛泽东自11月28日至12月2日,多次致电李克农,指出:对美方的无理主张必须坚决予以驳斥。“双方海军必须从对方沿海的岛屿和海面撤走”。“至于限制双方军事设备,并进行自由视察,那是干涉对方内政,且涉及政治性的问题,这是超过军事停战的范围,我方绝对不能同意。”②据此,朝中代表在谈判中义正词严地驳斥了美方的无理要求。

---

① 参见[美]沃尔特·G.赫姆斯:《朝鲜战争中的美国陆军——停战谈判的帐篷和战斗前线》,129~130页,北京,国防大学出版社,1988。

② 《周恩来年谱(1949~1976)》,上卷,198、200页,北京,中央文献出版社,1997。

针对美方坚持在停战后用补充和轮换的办法保持其军力，以及要求全面视察的主张，12月2日，周恩来起草毛泽东致李克农的电报，按预先设想，指示代表团在12月3日的会议上，在已提出的5条建议之外再提出两条补充建议：

第六，为保证军事停战的稳定，以利双方高一级的政治会议的进行，双方应保证不从朝鲜境外以任何借口进入任何军事力量、武器和弹药。

第七，为监督第六条规定的严格实施，双方同意邀请在朝鲜战争中的中立国家的代表成立监察机构，负责到非军事区以外双方同意的后方口岸进行必要的视察，并向双方停战委员[会]提出关于视察结果的报告。

……

如果对方拒绝我方补充建议，仍要求由双方作自由视察，应予坚决反对。①

12月3日，南日代表朝中方面提出了这个补充建议。美方完全没有料到朝中方面提出中立国监察的问题，遂提议第三项议程的讨论以小组会的形式继续进行。美军战史中说："共产党的新建议一下子便将联合国军司令部置于被动的地位，因为他们对共产党提出的严格限制一切军事力量和装备以及邀请中立国家执行检查任务没有任何思想准备。短暂休会后……建议将第三条款移交给副代表团②解决。由于联合国军代表要研究共产党这一行动的意图，因此有时间得到华盛顿的指示。"③

经双方同意后，从12月4日开始，第三项议程转入小组会进行讨论。参加小组会的朝中方面代表为李相朝（12月11日由张春山接替。李相朝参加第四项议程的谈判）、解方；美方代表为滕纳、霍治（12月17日以后为费伦堡陆军少将）。另外，双方各有参谋、译员和记录员数人。

12月6日，美方在小组会上提出了所谓"全部提议"共8条。与其11月27日所提7条原则的主要不同是，在监督问题上增加了"军事停战委员会有权对朝鲜全境进行空中侦察及摄影侦察"的内容。美方内部确定，这

① 《周恩来年谱（1949～1976）》，上卷，198、200页，北京，中央文献出版社，1997。

② 副代表团即指小组会。这里是翻译上的差异。

③ [美]沃尔特·G.赫姆斯：《朝鲜战争中的美国陆军——停战谈判的帐篷和战斗前线》，133页，北京，国防大学出版社，1988。

一条是准备在讨价还价中放弃的。①

周恩来、毛泽东分析美方的8条原则,认为虽然"停战谈判拖的可能性又增长了",但是,这8项建议"是带有暗示让步和讨价还价的性质的,同时也还夹着对中立国视察的戒心"。② 12月8日,周恩来起草的毛泽东致李克农的电报指出,从美方的发言中,"可以充分看出敌人的恐惧心理,他们既怕我们增加兵力和修建机场而要求限制我方设备和自由视察,又怕自己的兵力、装备和物资由于冻结而得不到补充和轮换,使其力量更加削弱,士气更加低落,不能维持其军队长驻朝鲜的要求;他们既不好公开反对中立国的监督和视察,又怕因苏联参加中立国而难于应付,故乃想以发[指]挥中立国视察小组的办法来控制中立国,并要求停战委员会仍能直接进行空中视察。至从岛屿撤走问题,敌人是企图以此作为讨价还价的资本的。对敌人这种矛盾和狼狈的心理,正好用来进行揭露并给以全面驳斥"③。另外,根据敌人的恐惧心理,在轮换和补充问题上,我方可作有限让步,以换取敌人从我方岛屿撤走,并承认我方提出的只能邀请中立国视察双方同意的后方口岸的建议。④

此时,国际舆论纷纷指责美方干涉朝鲜内政的无理主张,对美方很不利,李奇微感到联合国军必须有一个明确的立场,遂于12月7日,请示参谋长联席会议,究竟应该坚持哪些原则,哪些可以让步。参谋长联席会议做不了主,必须与美国国务院协商,并经美国总统批准。直至11日,才对李奇微的请示作出答复,明确如下4点:1. 坚持对兵力补充和调动的立场不变;2. 坚持不得修复和新建机场,如果在这一点上不让步将成为实现停战的最后障碍时,必须经华盛顿批准才可改变;3. 同意撤出军事分界线以北岛屿和组成中立国观察小组;4. 中立国的选择必须经双方同意,中立国观察小组必须向停战委员会负责并归其指挥。⑤

据此,美方在12月12日的小组会上,按上述明确的4点,提出了所谓该项议程"一揽子建议"。在岛屿问题上,美方提出:在一定期限内,"双方

① 参见[美]沃尔特·G. 赫姆斯:《朝鲜战争中的美国陆军——停战谈判的帐篷和战斗前线》,129页,北京,国防大学出版社,1988。

② 《周恩来年谱(1949~1976)》,上卷,201~202页,北京,国防大学出版社,1988。

③ 《周恩来军事文选》,第4卷,257页,北京,人民出版社,1997。

④ 参见《周恩来年谱(1949~1976)》,上卷,202页,北京,中央文献出版社,1997。

⑤ 参见[美]沃尔特·G. 赫姆斯:《朝鲜战争中的美国陆军——停战谈判的帐篷和战斗前线》,135页,北京,国防大学出版社,1988。

自对方的领域和领海包括领海内的岛屿，撤出其控制下的陆海空武装力量”①。随后，提出领海的范围为3英里，意图停战后，仍占有3英里领海外的军事分界线以北的岛屿。美方代表滕纳并蛮横地提出，对美方的方案，朝中方面要么全部接受，要么根本不接受。对美方的蛮横态度，解方进行了针锋相对的驳斥，并坚决反对限制修建机场的干涉朝鲜内政的无理主张。

鉴于美方已一定意义上同意从军事分界线以北岛屿和海上撤出，接受了组成中立国观察小组，朝中方面于12月14日的小组会上，对部队轮换问题作了适当让步，建议“双方的任何一方如需要对其在朝鲜的军事人员进行轮换，应向军事停战委员会提出请求，取得批准。此项轮换的人数，每月不得超过5000人，并应经过中立国监察机构的实地监督，在双方同意的后方口岸进行”。同时，建议对中立国监察机构的职责，规定“当违反停战协议的事件在非军事地区以外发生时，中立国观察小组即到该肇事地点进行必要的视察”。但美方一则认为每次轮换的人数太少，二则认为双方在停战委员会中各占一半的成员，只要朝中方面不批准，就不能实现轮换，三则关于中立国监察委员会的组成、职责及与停战委员会的关系等细节问题尚待解决。因此他们做贼心虚，对朝中方面的让步表示极大的戒心，而不感兴趣，并顽固坚持限制北朝鲜在停战期间修建机场，致使该项议程的小组会讨论仍很艰难。

此时，军事分界线的30天临时限期即将届满，李奇微于12月17日要求华盛顿当局对限制北朝鲜机场问题，或者坚持或者放弃有一个明确的态度。但美国当局只想在朝鲜建立长期的停战，而不想在停战实现后举行政治会议讨论朝鲜和平问题，认为长期限制修建机场是不现实的，但又不愿放弃这一原则；此时美国国内关于通过缔结停战协定结束这场战争的压力越来越大，但美国军方考虑一旦停战实现，就要脱离战斗，美军军事力量就难以保持目前的水平。因此美国当局处在一种非常矛盾的举棋不定的状态，参谋长联席会议于12月18日答复李奇微时，对于限制北朝鲜机场问题未作明确的肯定或否定，只是说可以允许修复和保养机场。②

据此，在12月23日第三项议程小组会上，美方在继续强调停战后不增加在朝鲜的军事人员、作战飞机、装甲车辆、武器与弹药的数量的同时，对限

① 《朝鲜停战谈判会议记录》，第三项议程小组委员会，1951年12月12日。

② 参见[美]沃尔特·G.赫姆斯：《朝鲜战争中的美国陆军——停战谈判的帐篷和战斗前线》，137～143页，北京，国防大学出版社，1988。

制朝鲜修建机场问题的说法，略微作了改变，即"特定的有限数目的民用航空机场的修复应予同意，此项修复不得包括跑道的延长。任何其他机场不得修复或兴筑"。在同一次小组会上，解方对此作了严厉的驳斥，指出：我再次告诉你们，作为独立国家，朝鲜有权建设任何设备，你们甚至无权提出这一点来讨论。朝中方面不需要要求你方准许做任何事情。

为打破该项议程在机场修建问题上的僵局，根据毛泽东的指示，在 12 月 24 日的小组会上，朝中方面同意在停战后，除双方协议的轮换外，不从朝鲜境外进入任何军事人员、作战飞机、装甲车辆、武器与弹药。并提议在监察问题上规定：在非军事区以内，由军事停战委员会利用其直接派遣的联合小组负责；在非军事区以外的双方同意的口岸及报告发生违反停战协议事件的地点，则委托中立国监察机构负责。

至 1951 年 12 月 29 日，该项议程的原则，除机场问题外，其他基本取得一致。而在修建机场问题上，美方根据美国当局的既定方针，顽固坚持干涉朝鲜内政的立场，限制朝鲜修建机场。第三项议程小组会的讨论已经陷入僵局。

在关于军事分界线的 30 天临时期限届满后，12 月 28 日，周恩来为毛泽东起草电报指示李克农，"不要怕拖，要准备再拖一个较长的时期才能解决问题。只要我们不怕拖，不性急，敌人就无所施其伎了"①。

对美方在谈判中的拖延态度，志愿军代表团和毛泽东、周恩来都有分析。周恩来在与毛泽东交换意见后，于 1952 年 1 月 7 日致电李克农、乔冠华，指出：关于目前形势，"敌人在战场上打不动了，其本身困难增加，国内国外要求停战的压力增加，特别是敌人的拖延政策及无理要求在美国人民中，甚至在美国资产阶级报纸中都引起不满。因此，敌人对于谈判是较前性急。但由于其目前在联合国大会中处于不利形势，英、法希望在停战后解决远东问题，尤其是美国要保持世界紧张局势，以利其扩军备战获取军火利润等原因，如谈判迅速达成协议，于彼国内国外政策将蒙不利，因此，美国可能再拖一两月，你们应作此准备"。"根据这种形势，我们的对策，一方面应该是不怕拖，只有我们不怕拖，并且予敌人的无理要求以猛烈的打击，敌人的敲诈勒索就要失败。……另一方面……就应该与适时地提出对案相结合，扭转拖延局面，取得政治主动，表示我们是要

① 《建国以来毛泽东军事文稿》，上卷，573 页，北京，军事科学出版社、中央文献出版社，2010；《周恩来年谱（1949～1976）》，上卷，207 页，北京，中央文献出版社，1997。

达成协议，以便和平解决。”①

1952年1月中旬，美军故伎重施，在战场上炫耀武力，14日，其飞机侵入中国的沈阳、本溪、抚顺、通化、宽甸等地；17和18日，违反中立区协议，其空军轰炸扫射开城中立区和带有标识的朝中代表团的车队。

至1月27日，该项议程的谈判，仍在机场问题上僵持，毫无进展。经双方协议后，决定小组会休会，同时召开参谋人员会议根据已达成的原则协议讨论有关细节问题。27日，双方开始举行参谋人员第一次会议。参加参谋人员会议的成员朝中方面有张春山、浦山等，美方为戴罗、肯尼等。

1月31日，由周恩来起草以毛泽东名义致电斯大林，对谈判情况向斯大林作了通报，并指出：由于美国在停战谈判中处心积虑地拖延，至今未能达成最终协议，虽然“最后达成协议的可能性已在增长”，但“我们从来没有、现在依然没有只从这一种可能出发，我们随时都警惕着美国统治者由于其国内外矛盾的发展，仍有利用谈判拖延甚至破裂以紧张国际局势的某种可能”。对于后一种可能，无论在军事或者在政治上，“我们都准备予以坚决的打击，不使敌人得逞”。② 2月3日，斯大林回电，同意毛泽东对谈判形势的估计。

参谋会议上，双方陆续就一些细节问题达成协议。朝中方面拒绝了美方关于领海为3英里的提议，但双方同意停战后美方继续控制军事分界线以北三八线以南至汉江口的白翎岛、大青岛、小青岛、延坪岛、隅岛5个岛屿。③ 除此之外，军事分界线两侧海面延伸线以北其他一切岛屿全部归朝鲜北方控制。④ 关于武器装备的轮换，人员每月不超过3.5万人，武器装备在同样性能、同样类型的基础上一对一替换，并经过协议的口岸在中立国观察小组监督下进行；双方协议由中立国视察小组派驻的口岸为10个，朝鲜北方为：新义州、清津、兴南、满浦、新安州，朝鲜南方为仁川、大丘、釜山、江陵、群山。

但是在中立国提名上，双方又出现了严重的分歧。2月16日，在参谋

---

① 《周恩来军事文选》，第4卷，265～266页，北京，人民出版社，1997。

② 《周恩来年谱（1949～1976）》，上卷，213页，北京，中央文献出版社，1997。

③ 参见《朝鲜停战谈判记录会议》，第三项议程双方参谋会议，1952年2月3日。

④ 按这一协议，朝鲜停战后，美方应自军事分界线以北区域退出的岛屿有西海岸的椒岛、席岛、月乃岛、麒麟岛、昌麟岛等；东海岸的丽岛、熊岛、薪岛等。当时，这些岛屿尚在美军和南朝鲜军的占领下。

人员会议上，朝中方面提名苏联、波兰、捷克3国为中立国。美方表示坚决反对苏联为中立国，声称“奉命声明苏联是不能接受的”，却拒绝说明理由。[①]对方认为中立国应出自不与朝鲜邻近而且没有过去参与朝鲜问题记录的国家。朝中方面坚决反对对方毫无理由而排除邻近朝鲜的国家为中立国。2月24日，周恩来致电李克农，指示说，在目前的谈判中，我方在限制机场的修建和苏联参加中立国监察机构等问题上，绝对不能让步。如果对方坚持其不转变的立场，我们宁可让它僵持下去。“世界舆论，不会在这样一个问题上同意美国破裂或长期拖延谈判的”[②]。

4月3日，第三项议程小组委员会复会。朝中方面代表以解方为首，“联合国军”方面以哈里逊为首，双方各有代表和其他工作人员10人左右参加。小组委员会首先批准了参谋人员已达成的协议，然后继续就修建机场问题和中立国提名问题进行争论。双方各自坚持其原来观点，无任何松动迹象，因此，小组委员会会议毫无进展，经常是刚刚开会就宣布结束。4月11日至16日，6天内6次开会时间总计仅5分钟，最短一次开会时间为25秒，创下了最短会议的纪录。

鉴于美方毫无转变的迹象，4月19日，朝中方面建议，停开小组会，双方组成参谋会议，继续讨论该项议程剩余问题，即中立国提名和修建机场问题。20日，小组委员会休会，复由双方参谋人员会议讨论第三项议程的剩余问题。

4月28日，美方提出代表团大会以行政性会议的形式进行。行政性会议不发布新闻，双方可就分歧问题自由发表意见。按美国代表的说法“就是秘密会议，不把所说的话发表给新闻界”[③]。在会上，美方对谈判中尚未达成协议的第三、第四项议程中双方主要分歧点，提出一个“一揽子”解决方案。这个方案根据华盛顿当局3月中旬的决定，提出：以朝中方面在战俘问题上接受美方“自愿遣返”主张和不提名苏联为中立国为条件，美方放弃对朝鲜修建机场的限制。5月2日，朝中方面对应地提出一个一揽子解决方案：以全部遣返战俘和在机场修建问题上美方放弃干涉朝鲜内政为条件，同意只提双方均能接受的波兰、捷克、瑞士、瑞典为中立国。

---

① 参见《朝鲜停战谈判记录会议》，第三项议程双方参谋会议，美方参谋戴罗的发言记录，1952年2月16日。

② 《周恩来年谱（1949～1976）》，上卷，220页，北京，中央文献出版社，1997。

③ 朝鲜停战谈判双方代表团大会第44次会议上乔埃的发言，1952年4月28日。

双方议案的提出表明，第三项议程的谈判美方在限修机场问题上可以接受朝中方面的主张；朝中方面在中立国提名的问题上亦可满足美方的要求。至此，使第三项议程的谈判拖延不决的最后两点分歧实际上已得到解决。由于第四项议程战俘遣返问题的谈判仍在僵持中，双方各将己方的让步与战俘遣返问题相联系，因此，第三项议程条款的文本尚未通过代表团大会正式批准。但第三项议程的谈判历时5个多月，至此已全部结束。

关于向双方有关各国政府建议事项的谈判

自1951年11月27日和12月11日，第三、第四项议程的谈判相继开始以后，至1952年1月底，双方在这两项议程上实质性的分歧较大，一时间还难有明显进展。1952年1月31日，美方提议同时召开讨论第五项议程的小组会议。朝中方面同意进行第五项议程的讨论，同时建议以代表团大会的形式进行。

1952年2月6日，双方代表团大会复会，讨论第五项议程（向双方有关各国政府建议事项）。出席代表团大会的朝中方面代表为南日、李相朝、郑斗焕、边章五、解方；对方代表为乔埃、滕纳、李比、哈里逊、刘载兴。其中，美军的哈里逊和南朝鲜军的刘载兴是新任代表，分别接替费伦堡、李亨根。

根据双方会前协商，由朝中方面提出第五项议程的原则草案。南日在2月6日双方代表团大会上发言说：鉴于在其他各项议程的讨论中，双方都曾一再表示在朝鲜的停战应该是导向和平解决朝鲜问题的桥梁，双方也明确同意，在朝鲜的停战一旦实现之后，双方有关各国政府即应迅速召开高一级的政治会议，着手朝鲜问题的和平解决。由此，朝中方面认为，第五项议程的目的是为彻底和平解决朝鲜问题铺平道路，应该在建议中规定出明确的办法、步骤和内容。南日并代表朝中方面提出如下建议：

由朝中两国政府为一方，联合国有关各国政府为另一方，在停战协定签字并生效后3个月内，各指派代表5人举行政治会议，协商：

（一）从朝鲜撤退一切外国军队问题；

（二）和平解决朝鲜问题；及

（三）与朝鲜和平有关的其他问题。

在经过休会 3 天后,美方提出 3 条修改建议。

美国根本不想举行有关和平解决朝鲜问题的政治会议。在 1951 年 7 月,同意将这一问题列入谈判议程时,美方就抱着一种敷衍态度。在第五项议程的双方代表团大会举行之前,美国当局通知李奇微,在此项议程的谈判中,可以就军事停战尚未解决的问题的具体步骤向有关各国政府提出建议,可以采取灵活态度,不作任何许诺,在达不成协议时,就千方百计地寻求权宜之计。①

根据这些精神,美方首席代表乔埃在 2 月 10 日的代表团大会上,提出 3 条建议时,没有明确规定在 3 个月内举行政治会议,也没有提双方各指派 5 名代表举行政治会议,而只是说在 3 个月的期限内,"采取步骤"举行政治会议或"适当的政治方法"。在其所提 3 条建议中,将朝中方面所提第一条中的"外国军队"改为"非朝鲜军队",将第三条改为"与和平有关的其他朝鲜问题"。

显然,美方既不想举行政治会议或不想在 3 个月内举行政治会议,也不想在政治会议上讨论与朝鲜问题直接相关的其他远东问题,如从台湾撤出美国军队问题等。

对此,朝中方面进行了严辞驳斥。南日在 2 月 10 日双方代表团大会上的书面发言中指出:美方的修正建议以含糊而空洞的措辞虚化第五项议程的实际内容,是企图使这项议程失去意义。军事停战谈判的目的就是要终止双方在朝鲜的敌对行为,从朝鲜撤出一切外国军队,使朝鲜人民得以自主解决内部问题,并且在军事停战开始时,双方已明确地达成谅解,朝鲜问题的政治解决应留待双方高一级的政治会议中实现。美方仅仅是建议采取所谓"适当的政治方法",事实上是否定政治会议确定召开的说法,以"采取步骤"之类不确定的语言,实际是否定 3 个月的期限,"将这一会议的举行拖到漫长的岁月中,从而把彻底和平解决朝鲜问题放在无限期的拖延的基础上"。

南日还曾指出:朝鲜问题不是孤立的,朝鲜问题的解决有助于与朝鲜问题有关的其他问题的解决;朝鲜和平的巩固也有赖于解决与朝鲜和平有关的其他问题。1950 年 6 月 27 日,美国总统宣布干涉朝鲜战争时,即将朝鲜战争和东方的其他问题联系起来,并在东方采取了一系列战争措施。只有

① 参见[美]沃尔特 · G. 赫姆斯:《朝鲜战争中的美国陆军——停战谈判的帐篷和战斗前线》,171 ~ 172 页,北京,国防大学出版社,1988。

同时解决这些与朝鲜和平有关的其他问题，朝鲜和平才能巩固，因朝鲜战争而受到破坏的东方和平才能恢复，因朝鲜战争而陷于极度紧张的世界局势才能好转。①

双方经过一周的辩论，美方仍坚持政治会议不讨论朝鲜问题以外的其他和平问题。2 月 16 日，朝中方面提出新的修正案，一方面坚持提议 3 个月期限内召开政治会议，另一方面对政治会议的内容也作了灵活调整，用“和平解决朝鲜问题等问题”代替了“与朝鲜和平有关的其他问题”。

朝中方面修正案的全文如下：

为保证朝鲜问题的和平解决，双方军事司令官兹向双方有关各国政府建议在停战协定签字并生效后三个月内，分派代表召开双方高一级的政治会议，协商从朝鲜撤退一切外国军队及和平解决朝鲜问题等问题。

这样既照顾了美方的立场，同时又保留了在政治会议上讨论朝鲜之外其他相关问题的可能。

2 月 17 日，美方表示接受此案，但仍将“等问题”解释为并非是有关朝鲜以外的事项。对此，朝中方面答复说，“等问题”的含义“是很清楚的。它既不约束将来的政治会议讨论某些特定问题，也不排除这一政治会议讨论其他问题的可能”。对方未再置辩。至此，第五项议程实际上获得了最后的解决。

美方本来就不想在朝鲜停战后举行政治会议根本解决朝鲜的和平问题，所以在这一议程的谈判中没有作过多的争执。因此，这项议程的谈判，是朝鲜停战谈判所有 5 项议程谈判中，所用时间最短，进展最顺利的一项谈判。

关于战俘问题的谈判和陷入僵局

1951 年 11 月，关于军事分界线的谈判还在进行时，朝中方面即开始着手有关战俘问题谈判的准备。11 月 19 日，在周恩来为毛泽东起草的给李克农的电报中，即指示，“三、四两项议程，如对方在代表团会中提议组成两个小组同时讨论，我方可以同意。”12 月 4 日，关于停战谈判的第三项议程

① 参见南日在朝鲜停战谈判会议上的发言，1952 年 2 月 6 日。

正在紧张进行之际,美方建议另开一个平行的小组委员会讨论第四项议程(关于战俘安排的问题)。朝中方面按照预先安排即表示同意。12 月 11 日,关于战俘问题的第四项议程,以小组委员会的形式开始进行谈判。参加此项谈判的朝中方面代表是李相朝少将以及参谋柴成文上校等人,美方出席的代表是李比海军少将以及参谋希克曼陆军上校等人。

关于战俘处理问题,依据既有国际法,又有国际惯例。1929 年缔结、1949 年修订的《关于战俘待遇之日内瓦公约》第 118 条规定:"战事停止后,应立即释放或遣返战俘,不得迟延。"第 7 条规定:"在任何情况下,战俘不得放弃本公约所赋予彼等权利之一部或全部。"日内瓦公约还规定,其条文适用于一切战争和武装冲突,即使其中一方或双方不承认存在战争状态时也适用。因此,该公约完全适用于朝鲜战争,况且美国是日内瓦公约的缔约国之一。因此,朝中方面曾经估计"这一问题不难达成协议"[1]。

然而,早在朝鲜停战谈判开始之前,美国当局就已经在战俘问题上打了主意,以保护战俘人权为幌子,利用中国人民志愿军被俘人员中个别存在思想顾虑而不愿回中国大陆的心理,企图强迫扣留大批志愿军被俘人员,将他们送到台湾去,认为尽管这"不符合"《关于战俘待遇之日内瓦公约》的条款,"与日内瓦公约相矛盾",但可以丑化中国共产党的统治,"好处是显而易见的"。[2] 因此,关于战俘问题谈判一开始,美方就反对按《关于战俘待遇之日内瓦公约》规定全部遣返战俘,进而主张所谓"对等遣返",并荒唐地提出"一对一"的交换和所谓"自愿遣返"。

1951 年 12 月 11 日,谈判战俘问题的小组会开始举行,李相朝代表朝中方面提出,确定停战以后迅速遣返全部战俘的原则,指出:只要双方同意这一原则,其他问题都属细节问题,也都比较容易解决。然而,美方代表按照美国当局的既定方针。不打算全部遣返战俘。美方代表李比不谈战俘遣返的具体原则,只是含糊其辞地说,企求在公平与平等的基础上,在适当的监督下,实现一个早日的、有规定的俘虏交换;为使俘虏受到人道的待遇和对俘虏的安全与应有的福利得到保证,在俘虏交换时及交换前,应有适当的规定。[3] 要求首先交换战俘资料,包括全部俘虏的姓名、国籍及其他证明材

---

① 《周恩来军事文选》,第 4 卷,250 页,北京,人民出版社,1997。

② [美]沃尔特·G. 赫姆斯:《朝鲜战争中的美国陆军——停战谈判的帐篷和战斗前线》,144~147 页,北京,国防大学出版社,1988。

③ 美方代表李比在朝鲜停战谈判第四项议程小组委员会上发言,1951 年 12 月 11 日。

料、俘房营的位置、每一俘房营里每一国籍的俘房人数,允许国际红十字会的代表视察战俘营,并声称,在没有得到战俘资料以前,美方不准备对战俘问题进行实质性讨论。

针对美方这种含糊其词,12月12日,朝中方面以书面形式提出了5点建议:

一、确定双方释放现在收容的全部战俘的原则。

二、商定在停战协议签字后最短可能的期间内,双方分批释放及遣送完毕其所收容的全部战俘,并确定重伤病战俘应先在第一批内释放及遣送的原则。

三、建议双方交接战俘的地点,定在开城、板门店。

四、建议在停战委员会下,双方各派同等数目人员组成遣俘委员会,遵照上述协议负责处理战俘的交接事宜。

五、上述各项一经双方同意确定后,即行交换双方现有的全部战俘名单。

同时,朝中方面表示可以在停战后10天内遣送所有伤病战俘,一个月内遣送完毕其他战俘。

朝中方面认为,红十字国际委员会不是一个公正的国际组织,而是美国操纵下的敌视、排斥中华人民共和国和朝鲜民主主义人民共和国等社会主义国家的国际组织,因此坚决反对在战争状态仍然存在的情况下由红十字国际委员会派员进入朝鲜北方。并且朝中方面收容的战俘,受到宽待,不杀不辱,不没收私人财物,伤者救治,饮食、被服、居所或娱乐方面都得到完全合乎人道的待遇,不需要红十字国际委员会的监督和检查。但美方仍在交换战俘材料和要求同意红十字国际委员会访问战俘营上纠缠,致使该项议程的谈判进行一周毫无进展。

朝中方面为打破僵局,在掌握了所拘留的全部战俘材料之后,李克农致电毛泽东,建议于12月17日下午谈判的小组会上,向美方表明可以交换战俘材料。

12月17日,由周恩来起草毛泽东致电李克农,指出:“你们既已掌握了准备交换的全部外俘和伪俘的名单,同意你们在十七日下午会议中答应对方先行交换俘房材料,并就材料的编制交换意见,以便十八日正式交换全部材料。”“材料交出后,敌人必有一番反宣传,我们应准备反击,并将外俘伪俘名单广播发表。”①

18 日，双方交换了战俘材料。朝中方面提交的战俘资料中，南朝鲜军俘虏 7142 人，美英等“联合国军”各国俘虏 4417 人，共计 11559 人，分别按照其国籍使用他们所通用的文字详细列出了军号、级别、部队番号和战俘营地点，名单一目了然。美方提交的志愿军和朝鲜人民军被俘人员名单中，朝鲜人民军 111774 人，志愿军为 20700 人，共计 132474 人。这一数字比美方曾报告日内瓦红十字国际委员会的朝中被俘人员数少 44259 人（后核实为 44205 人）。对方提出的名单中除了英文拼写的姓名以外，没有开列任何可资识别的材料。朝中方面要求对方尽快提出完整的战俘资料并交代 4.4 万余人的情况。一个多月后，美方才将完整的战俘材料送交朝中谈判代表，而 4.4 万余人的下落则始终没有一个确切的答复。

双方交换战俘资料后，朝中代表建议立即确定在停战后迅速释放并遣返全体战俘的原则。美方仍然以种种借口拖延，声称如按朝中方面原则全部遣返战俘，则双方俘虏人数相抵以后，中朝方面净增 11 万余人，将显著增加朝中方面军队的军力；又以朝中收容的战俘数与美方所宣布的失踪数不成比例为由，指责朝中方面未提交全部的战俘名单，称朝中提出的战俘数字尚差 5 万人；称中国曾将战俘送往中国的东北地区，将朝鲜籍战俘编入朝鲜人民军，企图以此拒不遣返全部战俘。朝中谈判代表据理驳斥，严词指斥对方的诡辩和荒诞的推论，明确指出，美方所说朝中方面提供的战俘数与美方掌握的数字不符，是因为朝中方面在作战过程中就释放了大批战俘，这一点国际社会上都是清楚的，另有一些人因病死亡。

1952 年 1 月 2 日，进入此项议程的谈判已 22 天，美方才提出一个战俘遣返方案，共有以下 6 条：

一、选择遣送的战俘应在一对一的基础上进行交换，直至一方已将该方所拘留之全部该项战俘交换后为止。

二、交换后仍拘有战俘一方应将选择遣送的全部战俘与他方所拘留之外国平民、以及在停战签字时正在他方所控制之领土内的选择遣送的本方平民及其他人员按一对一进行交换。如此交换之战俘应向对方部队宣誓，此项宣誓应具有之条件为各该人员个人不得再以武器反对释放其本人之一方。

① 《周恩来年谱（1949～1976）》，上卷，204 页，北京，中央文献出版社，1997。

三、所有不选择遣送的战俘应解除其战俘的身份，并应宣誓，宣誓应具有之条件为各该人员个人不得再以武器参加朝鲜战争。

四、所有在停战签字时在他方控制的领土内的任何一方的其余的平民，如其选择遣送时，应予以遣送。

五、为保证关于遣送的选择不致出于强迫起见，应允准红十字国际委员会代表在交换地点，与所有战俘及所有在停战签字时在他方控制领土内的任何一方的平民进行谈话。

六、第二、四、五各节中任何一方的“平民及其他人员”系指在1950年6月25日时的大韩民国或朝鲜民主主义人民共和国的真正居民。

这个方案既违反《关于战俘待遇之日内瓦公约》的规定，又非常荒唐，所谓“自愿遣返”原则自此而出。朝中方面断然拒绝了美方的提案，李相朝1952年1月3日在小组会上驳斥美方方案说：“你们应该知道，战俘的释放与遣返不是人口的买卖，二十世纪的今天更不是野蛮的奴隶时代。但是你们的提案却还把战俘的释放与遣送，放到了这种野蛮和可耻的基础上。你方的提案不能不令人怀疑你方是否确有诚意获致双方战俘的释放与遣送。”

围绕遣俘原则问题，双方小组委员会经过一个多月的会谈仍无进展。参加第四项议程谈判的中方参谋人员反复研究后，提出一个扫清外围、孤立重点、迫使对方在遣俘原则上让步的方案，这一方案既坚持了中朝方面的一贯原则，又在一些问题上灵活处置，不予对方狡辩的借口。经批准后，1952年2月3日，朝中谈判代表在小组委员会上提出了这个方案：

（一）双方同意在军事停战协定签字并生效后，立即释放并遣返各自所收容的全部战争俘虏。

（二）双方同意保证其全部被俘人员，在被遣返后应恢复和平生活，不再参加战争行动。

（三）双方同意优先遣返重伤重病战俘；双方在遣返此类战俘时，应在可能范围内同意遣返被俘的医务人员与之随行，以便照顾。

（四）双方同意应在军事停战协定签字并生效后的两个月的期间内，分批遣返双方所收容的除第三条优先遣返者以外的一切战俘。

（五）双方同意以非军事区内的板门店为双方交接战俘的地点。

（六）双方同意在军事停战协定签字并生效后，即各派校级军官3人成立战俘遣返委员会,在军事停战委员会的督导之下,负责具体计划并监督双方实施本军事停战协定中有关战俘遣返的一切规定,该委员会如对其有关任务的任何事项不能达成协议,应即提交军事停战委员会决定之。战俘遣返委员会的会址设在军事停战总部所在地附近。

(七)双方同意在军事停战协定签字并生效后,立即分别邀请红十字国际委员会代表及朝鲜民主主义人民共和国与中华人民共和国红十字会代表,组成联合访问团,到双方战俘营进行就地访问,并在双方交接战俘地点,协助遣返工作。

(八)双方同意在可能的范围内,应尽速并至迟在本军事停战协定签字并生效的10天以内,将所有的被俘期间死亡的战俘姓名、国籍、级别及其他有关材料提交对方。

(九)双方同意在军事停战协定签字并生效后,应协助因战争而流离失所的平民返回家乡,恢复和平生活。

甲、联合国军应准许并协助原住于现有军事分界线以北而在军事停战协定签字并生效前、流落于现有军事分界线以南的平民返回其家乡。朝鲜人民军及中国人民志愿军应准许并协助原住于现有军事分界线以南而在军事停战协定签字并生效前、流落于现有军事分界线以北的平民返回其家乡。

乙、双方最高司令官负责将上述协议之内容,在其所控制的地区内广为发布,并责成其有关民政机关,对所有上述愿意返乡的平民予以必要的指导与协助。

丙、双方在军事停战协定签字并生效后,即各派校级军官2人,成立协助失所平民返乡委员会,在军事停战委员会督导之下,负责办理协助上述返乡平民通过非军事区及其他有关事宜。该委员会如对其有关任务的任何事项不能达成协议时,应即提交军事停战委员会决定之。协助失所平民返乡委员会的会址设在军事停战委员会总部所在地附近。

该方案吸收了美方提案中的一些合理因素,对第四项议程的所有细节问题都作了合乎情理的规定。国际舆论也积极赞成。据此,2月7日开始,第四项议程转入参谋会议,以朝中方面上述提案为基础展开讨论。参加参谋人员会议的朝中方面代表有柴成文、李平一等人,美方有希克曼、穆莱等人。参谋会议经过22天的讨论,对战俘遣返议程的各条款,除遣返原则外,基本上达成了一致意见。2月29日,第四项议程小组委员会复会,继续讨论有关战俘遣返原则问题。

为了继续推动谈判的进展，3 月 5 日，朝中方面表示可以以双方 1951 年 12 月 18 日交换的战俘名单为基础，确定全部遣返的原则，同意将对方列为平民的 4 万多人的遣返问题，留待停战协议达成后再行协商解决。但美方拒绝接受朝中方面的建议，仍坚持“自愿遣返”原则。3 月 16 日，第四项议程再次转入参谋人员会议。3 月 27 日，朝中方面又提出关于遣返战俘的调整方案，即原籍在收容一方地区的朝鲜籍战俘如本人愿意返回家乡、恢复和平生活，可不遣返，双方所收容的非朝鲜籍战俘及原籍不在收容一方地区的朝鲜籍战俘应全部遣返。

但美方仍坚持“自愿遣返”原则，企图扣留战俘。

4 月 1 日，美方提出一项有关遣俘原则的修正条文：

交战双方应释放并遣返停战协定签字生效时所收容的全部战俘。其实施则以停战协定签字前经双方校正并接受的名单为基础。

同时还提出以下两点“谅解”：

> 一、每方所收容的一切战俘及被拘留平民，在 1950 年 6 月 25 日居住于收容一方地区者，除愿留原居住地者外，应予遣返；
>
> 二、其他战俘，除不以强力即不愿遣返者，予以释放并使其定居于所选定之地点外，应予遣返。

美方的提案放弃了“一对一交换”的无理主张，名义上肯定了全部遣返战俘的原则，而在其谅解条文下继续坚持“自愿遣返”原则，实质上仍是反对全部遣返原则。为了证明有大量被俘人员不愿遣返，4 月 4 日开始，美军对朝中被俘人员进行所谓“甄别”①，使用威胁利诱，甚至用刺刀和刑具逼迫战俘表示不愿遣返。4 月 19 日，美方宣称经过“甄别”，有 42100 名朝鲜籍战俘和 15599 名志愿军战俘“拒绝遣返”，遣返概数约为 7 万人。这 7 万人概数的准确性连美方自己都表示不能相信。美方在战史中说：“提供给敌人的大概数字是根据既不全面又不准确的情报所估计的。”②后来发生在巨济岛战俘营和釜山战俘营朝中方面被俘人员的反“甄别”斗争，更清楚地说

① 美方对志愿军和人民军战俘的所谓“甄别”最早始于 1951 年 12 月。1952 年 4 月开始第二轮“甄别”。

② [美]沃尔特 · G. 赫姆斯：《朝鲜战争中的美国陆军——停战谈判的帐篷和战斗前线》，190 页，北京，国防大学出版社，1988。

明了“甄别”的实质。美方意在扣留朝中战俘的主张，理所当然地遭到朝中方面的坚决拒绝。

4月28日，根据美方提议，双方开始举行代表团大会行政性会议（不对外发表消息）。当天，美方代表乔埃在大会上，提出了早已准备好的“最后通牒”性的所谓“一揽子方案”，在战俘遣返问题上，继续坚持只遣返朝中方面7万战俘的原议，并说，这是联合国军“最后”的“不可更改”的立场，要求朝中方面全盘接受。此后，大会休会4天。5月2日，南日代表朝中方面提出对案，在战俘遣返问题上坚持全部遣返的主张，拒绝接受美方关于遣返7万人的数字。

5月5日，周恩来总理会见印度驻华大使潘尼迦及印度来华访问的文化代表团团长潘迪特夫人时，谈到朝鲜停战谈判，指出：朝鲜谈判有两种可能，一种是美国继续拖延并使用细菌战，甚至破裂谈判。这一点我们不怕，而且有力量消灭细菌战。另一种是美国遵守日内瓦公约，同意释放11万多俘虏，和平就可以实现。因此，目前朝鲜谈判能否达成协议，决定于美国政府是否有诚意。我们的立场是，我们认为必须坚持的，我们一定坚持；我们认为可以妥协的，我们就妥协。但是，我们的妥协也有一个限度，那就是公平合理。①

5月7日，李奇微和杜鲁门分别发表声明，支持“联合国军”代表团提出的所谓“一揽子方案”。此后，虽然该议程的谈判仍在进行，但由于美方坚持扣留朝中战俘，谈判已完全陷入僵局。

志愿军的战俘管理

战俘管理是中国人民志愿军在朝鲜战场上遇到的新问题。中国人民志愿军跨出国门，进行的是国际性的战争，战俘除南朝鲜军人外，还有美国、英国、土耳其等“联合国军”人员，对战俘问题的处理有日内瓦公约为依据，战后还要交换战俘。因此，中央军委和志愿军总部都极为重视战俘的管理问题。中国人民志愿军及时适应战争的新情况，以人道主义精神对待战俘，引起了良好的国际反响，并有力地配合了战场作战和停战谈判的斗争。

优待俘虏是中国人民解放军政治工作的重要内容，并将其列为人民解

① 参见《周恩来年谱（1949～1976）》，上卷，237页。

放军“三大纪律八项注意”之一，是人民解放军一贯的优良传统。中国人民志愿军继承了人民解放军的优良传统。中国人民志愿军组成后，志愿军政治部即及时确定了优俘政策，要求部队做到对战俘不杀、不辱、不搜腰包。第一次战役结束后，又在全军进行了一次俘虏政策教育，并就战场纪律与俘虏政策的执行情况进行检查。以后，每次战役动员时都要重申有关俘虏政策，使之得到贯彻。

在第一次战役结束后，志愿军政治部即开始在朝鲜北方中朝交界的碧潼组建战俘营，负责管理“联合国军”（即除南朝鲜军以外）的战俘。随着战争的发展，战俘增多，也开始收容和管理南朝鲜军战俘。

中央军委于1951年3月13日决定，由在朝鲜的志愿军第9、第13、第19兵团各组织一个外俘管训团，另国内西北、西南、华东、中南等地区再组织5个外俘管训大队，去朝鲜参加外俘管训工作。根据这一决定，志愿军政治部于1951年3月18日就加强战俘管理工作发出通知，要求将俘管工作当做严重的政治任务来看待。并指出：“鉴于朝鲜人力、物力的困难，今后无论美俘、伪俘一律由我志愿军负责管理、训练，并请朝方派人参加。但美俘、伪俘必须分别收容，以便管理教育。”1951年4月24日，志愿军政治部根据志愿军党委的决定，向中央军委总政治部建议组成志愿军战俘管理处，得到批准。志愿军战俘管理处由东北军区敌工部长王央公为主任、总政治部的干部徐元甫为副主任。志愿军俘管处的干部，一部分来自于中央军委机关和各大军区的军政干部，一部分来自于国家机关的干部和国内各高校的外语师生。俘管处下设4个俘管团另2个俘管大队，其中2个团负责收容管理南朝鲜军战俘；另2个团和2个大队负责收容和管理“联合国军”战俘，先后共收容有美国、英国、法国、土耳其、菲律宾等10余个国家的战俘。

志愿军俘管处成立初期，由于“联合国军”的飞机日夜狂轰滥炸，志愿军的基本物资供应都难以保障。给养、医药、人力均严重缺乏，因此，曾出现过个别俘虏严重营养不良突然死亡的现象。鉴于这种情况，志愿军立即设法改善俘虏生活，突击治疗，防止病亡，安定俘虏的思想情绪。战俘管理的情况逐步走向好转。

在志愿军总体供应十分困难的情况下，战俘管理处对战俘在生活上尽量予以照顾，为战俘确定的伙食标准高过志愿军战士。日常生活中努力按战俘所在国家的习惯调剂好伙食。为了给战俘在生活上表达意见的机会，俘管处成立了战俘伙食委员会，战俘营的管理人员与战俘代表定期共同开会，研究改善伙食，并为战俘提供条件，让他们自己动手制作烤箱等器具。

伙食的改善使战俘感到满意,战俘体重普遍有所增加。

战俘的日常生活用品也得到比较好的保障。开始时,俘管处即为俘虏每人特地定制一套大号的新棉衣、一床新毛毯、一双棉鞋,以后每年分两次按时发给战俘全新的冬夏全套制服,定期配发牙膏、牙刷、毛巾等日用品,还供应烟丝、糖果、点心等。被俘人员中有一位美联社的随军记者弗兰克·诺耳。他以在战俘管理处的亲见亲闻,经常拍摄照片或撰文反映在志愿军战俘营的生活。他写道:

……冬季每人都发到了棉袄制服,并配有护耳棉帽,对抵御严寒是最理想的,不管什么季节都提供适合季节气候的衣服、内衣、鞋子、寝具、肥皂、毛巾、牙刷和其他必需品,都是定期发放,每个人都分到了生活用金,并注射了传染病预防剂,这都是营中已建立的日常生活所必要的制度①。

战俘管理处还设立了医院与伤病战俘休养所,负责战俘的医疗保健,受伤生病的俘虏均能得到及时救治与妥善的保养。美军一等兵威廉对战俘营的医院作了这样的描写:

在医院,我们的食物很好,能吃到我们要吃的东西,而且就像在美国吃的一样,包括牛肉、猪肉、鸡、土豆、甘薯、萝卜、土豆沙拉、各种卤菜。一天里不同的时间,我们有小甜饼、苹果、梨子、糖果。每天早上都有甜的热牛奶,而在晚上有糖茶,病重者还有特别食谱,如煎鸡蛋、点心、甜饼、烤土豆,全天供应,同时还有特护……

医生、护士对器械、绷带都进行了严格消毒。而且你能发现,他们做事都很尽心尽力。他们干得很漂亮,而且始终面带笑容……②

战俘管理处制订了俘管人员守则、警卫人员守则,并对管理人员进行了严格的教育,要求在管理中尊重俘虏的人格,禁止打骂,对俘虏一律称学员。

由于各国军队传统和民族风俗不同,"联合国军"俘虏之间存在着严重的种族歧视和军官欺压士兵的现象,如白人围着火盆烤火,却把黑人赶到一边挨冻;军官克扣兵粮,多吃多占,而士兵吃不饱。为了制止这种恶劣现象,

① 转引自徐一朋:《直弧》,91页,南京,江苏人民出版社,1997。
② 转引自杜平:《在志愿军总部》,500页,北京,解放军出版社,1989。

战俘管理处将战俘重新编队,军官与士兵分开,士官与兵分开,黑人与白人分开,使黑人与士兵人身自由和生活得到保障。

志愿军战俘管理处除了在物质上尽量满足俘虏们需要以外,还给战俘安排了丰富的精神生活和文化娱乐活动。俘虏营中建立了俱乐部,备有棋类、扑克等,还有各种版本的外国书籍,供战俘随时取用。还针对不同国家的战俘开展他们各自喜好的项目,如美俘的橄榄球、英俘的足球等。夏天有游泳,冬天有滑冰、摔跤等活动。战俘管理处开辟了一个可容纳 300 多人的平台,这是战俘们开展拳击活动的场所。① 营中还定期放电影、举办运动会、晚会,让俘虏自己排练表演节目,使俘虏营的生活轻松愉快。圣诞节是西方人重要的节日,战俘管理处尊重他们的民族传统,并努力为之营造欢乐的节日气氛。其间,给战俘们摆酒、会餐,每人发了两包香烟,还有花生、巧克力、咖啡、苹果等。俘虏们围绕圣诞老人唱歌、跳舞、念经、做祷告。

志愿军战俘管理处尽力为战俘提供方便,支持俘虏写家信,至战争结束时,共寄发战俘家信 13 万封,照片 6 万余张。此外还编印了 4 种反映战俘营生活的纪实性书籍、画册,在国外出版发行,产生了良好的国际影响。

志愿军俘管处人员在工作中平等待人、热情负责,使战俘们感觉在这里受到了良好的人道主义待遇。他们亲眼所见志愿军和人民军本身生活十分艰苦,却尽最大努力改善他们的生活,保证他们的健康,深受感动。俘虏中有一部分人参加过第二次世界大战,当过德国或日本的俘虏,他们一致认为任何国家的俘虏营都比不上志愿军的俘虏营好,称俘虏营更像休憩所、像一所学校而不像俘虏营,特别是伤病战俘,起初他们认为进医院就等于去送死,但在医院中却受到出乎意料的照顾和救治,医生护士们都像朋友一样对待他们,很多战俘感动得流了泪,感谢志愿军救了他们的性命,表示要永志不忘。

志愿军宽待俘虏的政策在国际上也产生了很大的影响。美、英官方及新闻媒体都有报道。李奇微在其回忆录中也承认:"中国人是坚强而凶狠的斗士,他们常常不顾伤亡地发起攻击。但是,我发现……他们是更加文明的敌人。有很多次,他们同俘虏分享仅有的一点食物,对俘虏采取友善的态度。中国人要讲人道得多。"②

战俘管理处在保障俘虏的生活之外,还对俘虏们进行了以拥护和平,反

① 参见杜平:《在志愿军总部》,496 页,北京,解放军出版社,1989。

② [美]马修·李奇微:《朝鲜战争》,73、217 页,北京,军事科学出版社,1983。

对战争为中心内容的教育。用事实使战俘明白,谁发动了战争,战争对谁有利,对谁是灾难,为什么和平是中朝两国人民和美国人民的共同利益,并介绍停战谈判中朝中方面的合理主张和美方的破坏行为。经过教育,多数战俘认识到朝鲜战争的性质,认为志愿军是正义之师、仁义之师,因而积极响应志愿军的号召,参加和平反战宣传。有的在反战宣言上签名,有的写家信呼吁和平,甚至自动要求上前线帮助志愿军喊话,宣传志愿军的宽待俘虏政策。美国有些俘虏的家属,接到要求美国人民制止朝鲜战争的集体签名信后,即将这些信件印成传单散发。一个美俘的家属在3个星期内竟征集到近百万人的签名,并将请愿书送给杜鲁门。在英国,战俘的母亲和妻子们会聚伦敦要求和平,并向下议院请愿,使政府官员承受了强大的舆论压力。[①]朝中方面希望俘虏们参加和平反战运动,但对俘虏的行为坚持不强迫、不欺骗、不利诱的原则,战俘们的行动完全出于自觉自愿。战俘的和平要求在国际上产生了积极的反响。

中国人民志愿军的宽待俘虏政策,打破了"联合国军"对志愿军的污蔑和欺骗宣传,使美、英等国人民和军队相当普遍地了解了志愿军不但是正义之师,也是仁义之师,扩大了中国在国际上的影响,有力地支持了军事上的胜利和配合了关于战俘问题的谈判。

美方战俘管理当局残酷迫害朝中战俘和朝中战俘在战俘营的斗争

美军在朝鲜南部的巨济岛、釜山等地分别设立了一些战俘营,收容朝中被俘人员。战俘营四周架设多层(多者达5层)铁丝网,四个角上设有岗楼,高高耸立,哨兵荷枪实弹,一有动静即可射击。每个战俘营中都排列着数十顶帐篷,被俘人员即住在帐篷中,坐卧都在里面潮湿的地上。战俘营里及其周围都驻有大批人员执行管制和"教化"的任务,其中有美军宪兵司令部的宪兵和南朝鲜的军队,还有美军远东军事情报局、美第8集团军情报处、美国远东民众心理调查局的人员及南朝鲜政府的特务机关和蒋介石集团的特务机关派出的人员。美国战俘管理当局不仅要管住朝中被俘人员,

① 参见《当代中国丛书·当代中国军队的政治工作》上,203页,北京,当代中国出版社,1994。

还图谋用这些人充当反击中华人民共和国和朝鲜民主主义人民共和国的工具,以及充当秘密武器试验品等。

美方的釜山战俘营,是用于关押伤病战俘和准备向别处转运的战俘营。美方在战场上俘虏的人员首先要羁押在这里,但是有许多战俘未及来到釜山即在途中被杀害。据被志愿军俘虏的美军第2师士兵奥托·贝尔供述,美军士兵奉上级命令不要收容零星的俘虏,而要把他们杀死。南朝鲜军对待俘虏更是肆意虐杀。1950年11月30日,这位士兵曾亲眼见有200余名朝中俘虏在顺川和军隅里间被南朝鲜军人残杀而死。①

志愿军和人民军被俘人员被送入战俘营后,等待他们的就是长期的审讯、酷役、酷刑,死亡的阴影始终笼罩在他们头上。美军强迫朝中被俘人员做苦工,稍不如意即拷打或枪杀。1950年12月,釜山第11号战俘营人员被强行拉到飞机场修工事。28日,美军以战俘动作迟缓为理由,当场用棍棒打死1名朝鲜人民军被俘人员,另有1人因饥饿无力,不能工作被美军当场枪杀。②

为了加强对战俘的控制,美军战俘管理当局采用了"以俘制俘"的手段。美军将一部分战场投敌的叛徒送往日本东京进行特工训练,之后将他们送回战俘营,充当其管制战俘的代理人,发给他们匕首、棍棒,成立起营内的警备队,任命他们充当战俘营的联队长、大队长、警备队长等俘虏官。美国战俘管理当局唆使这些人在战俘营里采用欺骗、利诱、恐吓等手段发展特务组织,镇压战俘们的反抗。

1951年间,美军为了准备进行细菌战,还用战俘做细菌效果试验。一个时期,美军给不知情的战俘们吃带有病菌的副食品,致使战俘一批批病亡,战俘营中每天都要运出一卡车尸体。美军还在巨济岛第64野战医院内设立了细菌实验所,因感染细菌而发病的战俘都被送到这里专门处理。停战谈判关于战俘安排的议程开始后,美方交给朝中代表的朝鲜人民军被俘人员死亡名单有9000多人(仅为部分名单,并非全部),其中有40%以上约3900人死于痢疾,其余也多死于传染病。而中朝方面战俘营中因痢疾而死亡者只占2%。③

美方为了给其"自愿遣返"的主张提供证据,达到扣留朝中被俘人员的

① 参见《新华社新闻稿》,1951年11月26日。
② 参见《朝鲜人民军总司令部的报告》,1953年6月26日。
③ 参见《朝鲜停战谈判会议记录》,1951年12月28日。

目的,早在1951年12月开始,就采取屠杀、毒打、刺字等残酷的法西斯手段,对战俘进行所谓的“甄别”,遭到战俘的反抗,美方战俘管理当局则进行残酷镇压。美军战史上说:1951年12月18日,有14名战俘被打死、24名战俘被打伤;1952年2月18日,美军开枪镇压反抗“甄别”的战俘,当场打死战俘55人、送医院后死亡22人,另有140多人受伤。①

1952年4月4日,美方进行第二轮“甄别”时,继续残害战俘。据朝鲜人民军总司令部1953年6月26日的报告:4月6日,巨济岛第96号战俘营朝鲜人民军被俘人员被强行“甄别”时,共有3000余人遭到殴打;4月8日,30余名战俘遭杀害;4月14日,有1500多人被打伤。同日,第93号战俘营要求遣返的战俘70余人,被集合到广场上列队,遭到美军枪杀。

美方战俘管理当局,在战俘营地设有专门用来拷问朝中被俘人员的刑讯室,美军称之为“猴子房(Monkey house)”。里面有囚笼和蒸气室(steam chamber)以及皮鞭、木棍等刑具,如果朝中被俘人员拒绝接受“甄别”或表示反抗时,即被拉到这里毒打,刺指甲或用蒸气蒸,许多人就在这个地方被折磨死了。②

巨济岛上每个战俘营在反抗美国战俘管理当局的“甄别”时,都发生过类似的惨案。美军对坚持遣返的战俘施用各种酷刑折磨,有的被用刺刀割去嘴、鼻,被剪掉舌、耳,或被拔掉指甲和头发,或被烧、烙、蒸、煮、冻、冰,至于遭毒打、饿饭、枪杀的事件几乎每天都要发生。这与美国代表在谈判桌上,为其“自愿遣返”的主张辩护时声称的,不能用刺刀逼着战俘们回到共产党那里,完全是两回事。

美国战俘管理当局还指使叛徒们用政治陷害的手段压制战俘,强迫战俘检举共产党员、共青团员、干部,强迫党、团员集体写退党、退团声明,强迫战俘集体唱反动歌曲、喊反动口号,强迫写血书要求去台湾或留在南朝鲜,以至强行在战俘身上刺上反共字样,阻断战俘回国、回家的愿望。

美军为了造成朝中战俘主动拒绝遣返的假象,在对战俘营进行“甄别”前还唆使叛徒们搞假甄别,他们对敢于表态回国的战俘施以酷刑,甚至惨杀,制造紧张的恐怖气氛,使许多战俘在正式的“甄别”时,不敢表达回国、

① 参见[美]沃尔特·G.赫姆斯:《朝鲜战争中的美国陆军——停战谈判的帐篷和战斗前线》,266~267页,北京,国防大学出版社,1988。

② 参见志愿军政治部敌工部:《敌伪政治情况调查参考资料(7)——敌对我被俘人员迫害情况》。

回家的意愿。

美方残酷虐待朝中战俘，引起朝中战俘的强烈反抗。不堪忍受凌辱的朝中战俘的愤怒之火终于爆发出来。

1952年5月初，第76号战俘营中的朝鲜人民军战俘举行示威游行，抗议美军的“自愿遣返”主张和对战俘的酷刑与屠杀，要求美军战俘营长官杜德准将亲自前来与战俘谈判。5月7日，杜德在全副武装的军警护卫下来到第76号战俘营，杜德对战俘们提出的美方战俘管理当局违反日内瓦公约的种种罪行百般狡辩，拒不答复战俘们的正当要求。战俘们为了维护自身生命权利，被迫采取了极端措施。他们趁警卫不注意的时机，将杜德抓入战俘营。杜德成了“战俘的战俘”，这就是震惊世界的“杜德事件”。

朝中被俘人员活捉杜德并无恶意，杜德在朝中战俘手中也未受到任何虐待。他们要求美方战俘管理当局考虑朝中被俘人员的呼声，停止强制性的“甄别”，改善战俘待遇。5月8日，由于杜德被控制在朝中战俘手中，美方不得不同意朝中被俘人员推举出各个战俘营的代表，在第76号战俘营举行代表大会。代表巨济岛上17个战俘营的10余万战俘的43名朝中代表，控诉了美方迫害、虐杀战俘，强迫战俘背叛自己的祖国，图谋扣留大批朝中战俘，以及秘密利用战俘做化学战、细菌战、核子战试验品的罪行。代表大会向美军战俘管理当局提出了4项条件：

（一）你方司令部立即停止野蛮行为、侮辱、酷刑、强迫写血书抗议、威逼、禁闭、集体屠杀、枪杀和机关枪扫射、使用毒气、细菌武器、原子弹实验对象。你方应当保证让战俘享受国际法所规定的人权和个人生活。

（二）立即停止对朝鲜人民军和中国人民志愿军战俘实行非法而无理的所谓“自愿遣返”。

（三）立即停止强迫调查（甄别）——这种措施是要把数以千计的朝鲜人民军和中国人民志愿军战俘重新武装起来，使他们受到永远而非法的奴役。

（四）你方司令部立即承认朝鲜人民军和中国人民志愿军战俘组成的战俘代表团（委员会），并与之密切合作。①

代表们还起草了《朝中战俘代表大会向全世界人民控诉书》和《美方战

① 《新华社新闻稿》，1952年5月14日。

俘管理当局认罪书》，杜德在认罪书上签了字。

杜德将军被捉后，美方立即任命柯尔森准将接替杜德。5月10日，柯尔森代表美国战俘管理当局，同意了朝中战俘代表提出的4个条件，并与战俘代表达成协议，承诺今后按国际法原则给战俘以人道待遇，立即将代表们送归各战俘营，不进行任何报复。当日，朝中战俘代表将杜德释放。

5月8日，人民日报发表题为《坚决反对美国扣留战俘》的社论，抗议谴责美军当局残酷迫害战俘的罪行。不久，在板门店谈判中，朝中谈判代表向全世界公布了经杜德签字的认罪书，并向美方提出了严厉的谴责。文件一出，世界舆论为之哗然，包括美国的盟国在内的世界各国纷纷抗议美国的战俘政策，引起美国政府和军方的惊恐和混乱。美方撤销了对战俘处理所谓"不力"的两任战俘营司令官杜德和柯尔森的职务，并将其军衔由准将降为上校。5月10日，美方任命波特纳准将接替柯尔森为巨济岛战俘营总管。

美国政府认为，杜德事件"使美国在这个紧要的时候，在整个东方丢脸"①。美方不甘心在手无寸铁的战俘面前认输，伺机对战俘进行报复。5月8日，即将离任的"联合国军"总司令李奇微曾发出指令，要求使用一切必要的武力建立并维持秩序；接替李奇微任"联合国军"总司令的马克·克拉克同样决定对战俘采取强硬措施。美方彻底撕毁了朝中战俘与柯尔森签订的协议，首先将战俘代表，除女战俘代表外，其余全部扣留在第76号战俘营，后来又将这些代表作为"战犯"单独关押、审讯。之后，即开始了对战俘营的血腥镇压。

5月15日、17日，美军在战俘营连续枪杀朝中战俘；

5月20日，美方在釜山战俘营屠杀朝中战俘，朝中战俘伤亡86人；

5月21日，釜山第3伤病战俘收容所的战俘反对甄别，升起五星红旗表达他们回国的愿望，美军出动坦克武装镇压，打伤朝中战俘190人，打死35人；

5月29日，永川战俘营3名战俘被打死，10人重伤；

5月30日，巨济岛战俘营打死打伤7名战俘；

6月2日，美军打伤巨济岛战俘营4名战俘。

……

6月10日，美军调集大量坦克和武装士兵包围了巨济岛第76号战俘

① 合众社华盛顿1952年5月14日电。见《新华社新闻稿》，1952年5月16日。

营。美军命令全体战俘集合于广场上，之后即用火炮、坦克、步枪、卡宾枪、手榴弹、毒瓦斯、火焰喷射器等一齐发起攻击，当场打死战俘 31 人、打伤 139 人。①

美军对朝中战俘的迫害，可与第二次世界大战期间德、日法西斯集中营中的暴行比肩。从美军战俘营归来的朝中战俘都称美军战俘营为“集中营”。这一切均是由自称为民主、自由典范的美国在人道主义的幌子下，以保护战俘人权的名义所做的。美方残酷迫害战俘的罪行不但遭到朝中方面的强烈抗议和谴责，而且遭到国际舆论的普遍谴责。血的事实表明，美方的“自愿遣返”就是“强迫扣留”。美军战史说：对于朝中方面的指责，“联合国军司令部是很难加以反驳的，在国际上，就其在对待遣返和庇护战俘的问题上，联合国军司令部的声誉受到严重的破坏”。“可能会使联合国军关于不使用武力遣返战俘的原则黯然失色”。②

---

① 参见[美]沃尔特·G. 赫姆斯：《朝鲜战争中的美国陆军——停战谈判的帐篷和战斗前线》，289 页，北京，国防大学出版社，1988。另张泽石：《战俘手记》第 155 页中记载伤亡 300 余人，西宁，青海人民出版社，1995。

② [美]沃尔特·G. 赫姆斯：《朝鲜战争中的美国陆军——停战谈判的帐篷和战斗前线》，294、291 页，北京，国防大学出版社，1988。

第四十七章

“联合国军”谋求“体面停战”的新举动和停战谈判再次中断

“联合国军”新任司令官的“挑战性措施”

1952 年是美国总统大选年,担任北大西洋公约组织盟军最高司令的美国五星上将德怀特·D. 艾森豪威尔,宣布退出现役,参加美国第 34 届总统竞选。4 月,美国总统杜鲁门任命马修·李奇微接替艾森豪威尔任北大西洋公约组织盟军最高司令官,4 月 28 日,任命美国陆军野战部队司令马克·克拉克上将接替李奇微,担任美国远东军总司令兼“联合国军”总司令。5 月 12 日,克拉克正式接任。

克拉克接任时,“联合国军”在战场上的形势并不乐观。自 1951 年夏秋季局部攻势失败之后,“联合国军”在战场上,除以空军继续实施“绞杀战”和实施了细菌战外,地面部队一直没有大的战斗行动,并且在正面战线上,越来越处于不利的地位;停战谈判除关于战俘遣返问题外,其余均已达成协议,而在战俘遣返问题上由于美方顽固坚持所谓“自愿遣返”原则,企图强迫扣留志愿军和人民军战俘,而陷入僵局,并且由于美国在朝中被俘人员中的强制性“甄别”,引起战俘的激烈反抗,发生“杜德事件”,使美国在国际上大失体面;同时国际和美国国内要求停战、和平的呼声越来越高,美国当局承受了强大的压力。

面对这种形势，克拉克的任务是以战场上的现有力量，取得军事上的主动，对朝中方面实施军事压力，打破谈判僵局，以尽快实现所谓“光荣的停战”。克拉克与他的两位前任麦克阿瑟和李奇微一样，对美国当局限制他在战场上的军事力量和军事行动，表示不满，并且对完成他的使命缺乏信心。尽管如此，他一上任便制定了他的行动计划。

克拉克在其回忆录中说：这时美国关于朝鲜战争的政策，“不是寻求一次决定性的军事胜利，不得已而求其次，最好的办法是使僵持对共产党比对我们更不合算，打击他们的弱点，困扰他们的心志，迫使他们相信停战对他们的价值是在上涨而不会降低”。克拉克说：

我决定尽我力之所及这样的去做，心里总是记着我们在韩国作战的基本军事与政治条件，这些条件影响我的计划作为。

在军事上，我们是与共产党的次等伙伴作战，人力是他们之所长，技术是我们的优越。我不会，也不能以联合国军的生命，一个对一个的去交换共产党人的生命。……

政治上，我是以我使命的基本条件为依据，即采取守势。政府既没有授我权力，也没有给我军事资源以获致胜利，却训令我尽一切努力尽速实现停战。

克拉克到任后，根据美国当局给他的指示，计划了他在朝鲜的行动措施。他在回忆录中写到：

军事上，在已有的权力范围之内，我发现我可以：

一、轰炸尚未遭战火触及之水电区，水丰水坝及发电机①除外，后者供应共产党在东三省战争机器所需之大部分电力，及维持北韩之剩余工业。华盛顿保留攻击水丰之最后决定权。这些水坝与发电机之所以能获幸存，首先是因为我们在仁川登陆后，直趋北韩，希望利用它们，后来则因为停战似乎即可实现之故。

二、轰炸北韩首都平壤之军事目标，那里已有一年没有遭受攻击了。我们获知共产党在那里驻满部队及存储作战物资，并把那里作为最高司令部及通信中心。

---

① 水丰电厂是朝鲜北方最大的一个发电厂，位于新义州以北、鸭绿江边，距鸭绿江口约50公里。

三、轰炸共产党的主要补给线，从平壤一直到开城，后者是共产党停战谈判代表团本部的所在地。在停战谈判的头一天，我们曾同意对有适当标志运送人员与补给至共产党停战谈判代表团本部之车队，不予空中攻击，但是实际上我们几已完全停止对该公路之轰炸。

四、轰炸无数小的目标物，这些目标加起来，成为一个很可观的数量，有各种的装备，修好的车头，载重车与战车，小型疏散有掩盖的军事器材库与隐蔽的部队，以及军官训练学校等。

另有其他四项挑战性的行动，不完全是军事性质的，我相信我可能获得允许去实施它们。

一、释放反共战俘，尤其是韩国人。……

二、假若事态变得很明显，停战谈判没有进展，而共产党只利用谈判作为一个宣传的论坛时，我希望以眼还眼，有权停止会议。

三、建立大韩民国之陆军，使它成为一个较大及较有效率之战斗部队。

四、请蒋总统[1]派两师陆军到韩国来参战，向共产党表示我们的决心。

我完全赞同这八项措施，因为我相信惟有藉有力的行动，才能使共产党同意一项美国认为光荣的停战。我也不真的希望这些行动的本身已够使共产党屈从，但是它们至少可使共产党明了我们已准备采取有力行动，因为有力行动才是共产党所了解的惟一事物。[2]

克拉克的8项措施，除请蒋介石军队到朝鲜作战一项始终未得到批准，以及加强南朝鲜陆军一项晚些时候被批准外，其余均迅速得到美国当局的批准，并允许其轰炸水丰电厂。此后，克拉克即在战场和谈判会场两个方面采取了行动，对朝中方面施加军事压力和实施政治挑战，企图实现其“光荣的停战”。

“联合国军”对朝鲜北方的大轰炸

克拉克制定的4条军事措施，无一例外全是空中轰炸，这并非新的战

① 指蒋介石。

② ［美］马克·克拉克：《从多瑙河到鸭绿江》，63～65页，台北，台湾黎明文化出版公司，1956。

术,美军侵朝以后一天也未放弃空军的狂轰滥炸,只是轰炸目标有所改变而已。至1952年5月,美国空军实施的“绞杀战”已进行近10个月,并未达到预期目的。克拉克认为,“到目前为止,停战谈判之所以未能达成协议,其主要原因在于我们没有施加足够的军事压力来迫使敌人接受我们对停战的要求”。而联合国军地面部队除非发动一次攻势,消灭数量上占优势的并有良好的坑道防御的志愿军和人民军地面部队,并胜利地推进到鸭绿江边,才能有可能迫使志愿军和人民军谋求停战。他赞成在谈判僵持的形势下,对朝中方面保持强大的军事压力,“如何施加这种压力而又无需付出巨大的代价,还有赖于航空兵去完成”。美国参谋长联席会议同意从空中施加压力的战略。参谋长联席会议主席布莱德雷说:“为了保持能够迫使共军最后同意我们的停战条件的一定程度的军事压力,目前可供联合国军使用的最有效的手段就是他的空中威力。”①在克拉克的军事行动计划被批准后,美国空军的“绞杀战”即以宣告失败而收场,转而按克拉克的计划,把美国空军在朝鲜战场上的“空中活动的重点从阻滞和切断交通的活动转为摧毁活动”。除保持制空权外,美国在远东的航空兵大部分都用于摧毁活动。美国远东空军对摧毁的具体目标,按优先顺序作了如下几种排列:飞机、可用的机场、电力设备、各种制造厂、交通枢纽、军队的司令部、铁路修理厂、汽车修理厂、机车、补给品、军械和石油产品、铁路车辆、汽车、军事人员、铁路桥梁和隧道、调车场和公路桥梁。② 根据这种顺序,美军便从1952年6月开始,对朝鲜北方进行了一系列大规模的轰炸。

因在朝鲜北方已没有可用的机场和飞机,因此,按照顺序,“联合国军”首先对水电设施进行了大轰炸。6月17日,克拉克命令美国远东空军和海军,协同轰炸朝鲜北方除水丰电厂以外的所有重要发电设施,同时将轰炸计划上报美国参谋长联席会议。参谋长联席会议在审议克拉克的计划时,决定将水丰电厂也包括在轰炸范围之内,并于1952年6月19日得到杜鲁门的批准。③

---

① [美]劳伯特·F.富特雷耳等著:《朝鲜战争中的美国空军》,中译本参考资料第3册,602、603页,空军党委条令教材编审小组办公室译,1963。

② 参见[美]劳伯特·F.富特雷耳等著:《朝鲜战争中的美国空军》,中译本参考资料第3册,609页,空军党委条令教材编审小组办公室译,1963。

③ 参见[美]劳伯特·F.富特雷耳等著:《朝鲜战争中的美国空军》,中译本参考资料第3册,597页,空军党委条令教材编审小组办公室译,1963。

6月23日下午,美国远东海军从“拳师”号、“普林斯顿”号和“菲律宾海”号3艘航空母舰上,起飞35架AD型攻击机,在35架喷气式舰载战斗机和空军84架F-86战斗机的掩护下,对水丰电厂进行了猛烈轰炸。接着美国远东空军的79架F-84和45架F-80战斗轰炸机,又进行了轰炸。仅这一天下午,美国远东空军和海军即出动各种飞机305架,向水丰电厂投掷炸弹145吨。同一天下午,美第5航空队和舰载航空兵的飞机,还轰炸了长津、赴战、虚川等地的发电厂。

从6月23日至27日,美国远东空军和舰载航空兵,先后共出动1514架次飞机,对朝鲜北方4处水电系统共13个电厂,连续进行了4天的大轰炸。[1] 使朝鲜北方的水电系统遭到严重破坏。美国官员声称,他们打算继续使用类似的军事压力,“直到中国和北朝鲜谈判代表接受联合国军的‘最后’停战建议为止”[2]。

美军对非军事目标的狂轰滥炸,引起了中朝人民的强烈愤怒。中国《人民日报》于6月28日发表社论,对此表示了强烈的抗议,并指出:“这是美国破坏朝鲜停战谈判,进一步对亚洲和世界和平的一个极大的挑衅;这是美国侵略者违反人道的又一次最大的犯罪行为。”朝鲜中央通讯社指出:美方的轰炸行动是“旷古未闻的野蛮的罪行”,是“对停战谈判毫不表示诚意,蓄意破坏停战谈判,企图扩大战争”。这次轰炸行动,遭到国际舆论的严重谴责。由于事前未向英国人通报,况且6月18日英国国防部长还在东京,因而引起英国当局的极大愤慨。6月24日英国下议院就美机轰炸水电站事举行辩论,工党议员猛烈抨击了这种挑衅行动。英国对在朝鲜战争中作为美国的“小伙计”的地位十分不满,要求在“联合国军”中拥有发言权。

早在克拉克到任的第二天,美国远东空军司令就请求对平壤市内的所谓“军事目标”进行一次大规模的空袭,得到克拉克的同意。7月3日,得到美国参谋长联席会议的批准。7月5日,克拉克命令美国远东空军和海军航空兵,对“平壤市特定军事目标进行攻击”。

7月11日,美第5航空队、第7舰队的舰载航空兵、英国舰载航空兵和南朝鲜空军,从上午10时至下午6时,对平壤市进行了轮番轰炸。当晚,远东轰炸机指挥部的50架B-29战略轰炸机,再次对平壤进行了轰炸。“联

---

① 参见[美]劳伯特·F.富特雷耳等著:《朝鲜战争中的美国空军》,中译本参考资料第3册,600页,空军党委条令教材编审小组办公室译,1963。

② 新华社新闻稿,1952年6月28日。

合国军”轰炸平壤共出动飞机1254架次。美国空军称,“这是朝鲜战争开始以来最大的一次空中攻击”①。这次轰炸,对平壤市造成严重破坏和重大人员伤亡。据平壤7月13日广播,有1500座建筑物被摧毁,7000人伤亡。同时,位于平壤近郊的一个战俘营(第9号战俘营)也遭到轰炸,“联合国军”方面被俘人员死伤110名。8月29日,“联合国军”先后出动飞机1403架次,从上午9时30分至下午5时30分,轮番出动,对平壤市进行了第二次大规模轰炸。② 美军对平壤的轰炸,完全是屠杀和平居民,毁灭和平城市的战争罪行。中朝两国和国际舆论对此进行了强烈谴责。

除此以外,“联合国军”从6月下旬至9月中旬,还对朝鲜北方其他78个城镇和他们选定的目标进行了轰炸。7月4日,出动70架战斗轰炸机,轰炸位于新义州东北约80公里的朝鲜陆军学校;7月8日,出动125架战斗轰炸机,轰炸江界和军隅里之间的铁路桥和长津水库的发电厂、变电所、引水渠;7月15日,出动171架次战斗轰炸机,轰炸胜胡里的水泥厂及其附近的机车修理厂;7月19~21日,出动舰载航空兵和B-29战略轰炸机,两次轰炸长津水库的发电厂;7月21日夜,出动轻轰炸机,轰炸南川店物资补给基地;7月27日,出动63架B-29飞机,轰炸新义州附近的轻金属工厂;8月4日,出动273架次战斗轰炸机,轰炸平壤郊外的一个建筑区;8月5日,出动111架战斗轰炸机,轰炸朝鲜北方一个钨矿;8月11日,出动145架战斗轰炸机,轰炸仁兴里;8月18日夜,出动14架B-29飞机,轰炸新义州;9月1日和13日,出动舰载航空兵轰炸位于朝苏边界的阿吾地和会宁;9月12日夜,出动B-29飞机,再次轰炸水丰电厂大坝。7~8月,还加剧了对志愿军和人民军前线阵地的轰炸。

针对美国空军的疯狂轰炸,志愿军空军和苏联空军于6月底至7月中旬,共同研究制定了保卫重点目标的协同作战计划,主要是保卫水丰电厂、鸭绿江桥及平壤、元山线以北铁路线上的重点目标。7月4日,发现美军机群飞向水丰电厂,志愿军空军和苏联空军出动拦截,将美军的掩护机群冲散,迫使其战斗轰炸机改变方向。8月4日,美军机群在轰炸平壤郊区时,以一部轰炸熙川地区的交通线,志愿军空军第3、第12师24架飞机出击,

---

① [美]劳伯特·F.富特雷耳等著:《朝鲜战争中的美国空军》,中译本参考资料第3册,640~641页,空军党委条令教材编审小组办公室译,1963。

② 参见[美]劳伯特·F.富特雷耳等著:《朝鲜战争中的美国空军》,中译本参考资料第3册,650页,空军党委条令教材编审小组办公室译,1963。

将其击退。8 月上旬，志愿军空军共出动飞机 442 架次，击落击伤美机 21 架。除此，志愿军总部于 5 月至 8 月多次下达对空作战的指示。6～9 月，志愿军和人民军地面部队，共击落美军飞机 489 架、击伤 770 余架。

美方单方面宣布停战谈判无限期休会

"联合国军"对朝鲜北方实施大轰炸的同时，在停战谈判的会场上，也按照克拉克"挑战性"的措施行动。

5 月 22 日，威廉·哈里逊接替乔埃任"联合国军"谈判代表团首席代表。无论乔埃还是哈里逊，均主张如朝中方面不接受美方 4 月 29 日的所谓"一揽子"方案，就无限期休会，直至朝中方面全部接受这一方案。克拉克也完全赞成他们的态度。但此时，美方对朝中战俘的"甄别"尚未最后完成，因此，克拉克认为，在完成"甄别"以后，向朝中方面公布新的遣俘数字，如果朝中方面仍不接受，"联合国军"就中断谈判会议。

哈里逊接任美方首席代表后，虽然谈判仍在进行，但美方既拒绝讨论"自愿遣返"以外的任何提议，又不宣布谈判破裂，并以流氓无赖的态度对待谈判，企图逼使朝中方面宣布谈判破裂。在此之前的谈判中，哈里逊就不断提议休会和逃会，接任首席代表后，故态复萌，从接任的第二天起，就连连提议休会，每次休会 3 天，故意拖延谈判。6 月 7 日，美方为表示在战俘遣返问题上的顽固立场，再次提议休会，并称"唯一能够说服你们的一个办法就是我们站起来，离开这个地方"。说完径自离开谈判帐篷。

朝中方面对哈里逊的流氓无赖表现进行了严厉斥责，对谈判表现了极大的克制和忍耐。6 月 9 日，金日成与彭德怀致函克拉克，指出：现在阻碍朝鲜停战谈判达成协议的只有一个遣返战俘问题，对方坚持的所谓"自愿遣返"和"甄别"是不合国际公约的；对方片面宣布休会 3 天，中途退出会场，是双方对等的谈判中不能容忍的无理挑衅，只表示对方畏惧真理与事实；如对方意欲借此破裂谈判，就应公开宣布，承担责任；朝中方面认为为使唯一剩余问题得到公平合理的解决，会议的正常进行是必要的；对方如尚有谈判诚意，就应命令其代表按正常程序来板门店开会。6 月 11 日，代表团大会复会。在此后的几天，谈判仍无进展，但美方代表尚能坚持天天到会。6 月 17 日、27 日，美方重施故伎，又两次到会即宣布休会数天，不待朝中方面表明态度即退出会场。

与此同时,美方于6月下旬至8月中旬在战俘问题上做出了另一个“挑战性”的行动,单方面将朝鲜人民军被俘人员2.7万余人,宣布为平民“释放”,移交给南朝鲜当局。后于10月初至11月中旬,又片面“释放”了1.1万人。朝中方面对此表示了强烈指责和抗议,要求美方立即停止片面处理战俘的行动。

至6月底,美方对战俘的强行“甄别”全部结束。就是经过美方采取法西斯手段进行“甄别”,要求遣返的战俘也不是美方于4月19日宣布的7万人,而是8.3万人。7月13日,在双方代表团大会上,美方将这一新数字通知了朝中方面。在这8.3万人中,有朝鲜人民军战俘7.66万人,约占应遣返人民军人数的80%;中国人民志愿军战俘6400人,约占应遣返志愿军人数的32%。二者比例极不相称。美方声称这是最后的、坚定的、不可更改的方案。①

本来朝中方面在3月27日即提出:双方所俘获的外国武装人员即联合国军或中国人民志愿军被俘人员应全部遣返回家;双方所俘获的朝鲜武装人员即南朝鲜军或朝鲜人民军的被俘人员,其家在原属于一方地区者应全部遣返回家,其家在收容一方地区者,可以允许其就地回家,不必遣返,并于7月3日再次表明了这一态度。朝中方面甚至考虑,如果美方真愿停战,那么在其承认收容的11.6万战俘中,至少应提出遣返9万上下的数字。“这个数目虽还不是全部遣返,但已经是绝大部分遣返。”“我们准备与其达成协议,而将其余两万多人保留到停战后继续解决。”至于朝中方面收容的对方被俘人员1.2万余人,则准备全部予以遣返。② 但美方对朝中方面的方案不屑一顾,竟以其空军优势对朝鲜北方的电力系统和平壤市进行大规模的轰炸,向朝中方面施加军事压力,并且在美方的这个方案中,朝鲜人民军的遣返人数和志愿军的遣返人数,占各自应遣返人数的比例相差如此之大。

鉴于这种情况,当李克农将美方13日的方案电告毛泽东并请示我方对策后,毛泽东、周恩来经两日考虑,由周恩来起草了以毛泽东名义致金日成并告李克农的电报,于7月15日发出。电报指出:

---

① 参见[美]沃尔特·G.赫姆斯:《朝鲜战争中的美国陆军——停战谈判的帐篷和战斗前线》,301~304页,北京,国防大学出版社,1988;《周恩来军事文选》,第4卷,290~291页注[1],北京,人民出版社,1997。

② 1952年7月15日,毛泽东致菲利波夫电报。参见《周恩来年谱(1949~1976)》,上卷,249页,北京,中央文献出版社,1997。

此事经两日考虑，此间同志一致认为在目前接受敌人这一挑拨性引诱性的并非真正让步的方案，并在敌人狂轰滥炸之后接受，显然对我极为不利。从正反两方面看，不接受的害处，只有一条，即朝鲜人民和中国志愿军继续遭受损失，但战争既已打响，中国既已援朝，朝鲜人民已光荣地站在保卫世界和平阵营的前线，其牺牲的代价已换来三八线附近阵地的巩固，保卫了北朝鲜和中国的东北，使朝中人民尤其是武装力量得到了与美帝国主义作战的锻炼，并愈战愈强，使世界爱好和平的人民得到了反对侵略战争的鼓舞并推动了世界的和平运动，使美帝国主义的主要力量陷在东方继续遭受损失，而世界和平堡垒苏联加强建设并影响各国人民革命运动的发展，因而也就推迟了世界大战的爆发。这一切伟大成绩的造成，使朝鲜人民再不是孤立的了。首先中国人民愿尽一切可能保证解决朝鲜人民的困难，并请您不再客气地提出目前朝鲜急需解决的一些问题，如超过中国力之所及，我当与您共同请求菲利波夫[①]同志予以帮助。至于接受敌人这一方案的害处则甚多，首先是在敌人轰炸压力之下而接受其挑拨性引诱性的方案，在政治上军事上我已处于不利地位，敌人必将利用我方这一弱点，继续采取攻势，并启其扩大挑衅之念。届时我已处被动，即令转取攻势而劣势已成，损失反会更大。上述的各种好处，也会同受影响。这就是一着错满盘输的道理。故在现时形势下，接受敌人这一方案必然要长他人志气来灭自己威风。不接受，并准备敌人破裂，我们具此决心，敌人倒不一定破裂。如继续拖延，我坚持不退，敌人仍有让步可能。如不让或破裂，我应决心与敌人战下去，从敌人不得解决的战争中再转变目前的形势。[②]

同日，毛泽东将对这一问题的分析电告斯大林，并指出：美方宣布的遣返人民军和志愿军战俘的数字，“两者比例极不相称。敌人企图以此来挑拨朝中人民的战斗团结”。“在这种形势下，我们认为绝对不应接受敌人这种具有挑衅性和引诱性的方案，而且在敌人压力之下屈服，对我极为不利。”“如果敌人拒不让步，继续拖延，我们即扩大宣传，揭破敌人企图破坏停战谈判，扩大侵略战争的阴谋，动员世界人民舆论，并配合我们在朝鲜前线的坚持，使敌人不断损伤，以逼使敌人最后让步。如敌人竟敢于破裂谈判，扩大战争，我们亦有所准备。因为这个问题是个政治问题”。16 日，斯

① 菲力波夫，即斯大林。

② 《周恩来军事文选》，第 4 卷，289 ~ 290 页，北京，人民出版社，1997。

大林复电,认为“你们在和平谈判中所持的立场是完全正确的。”①

8月15日至9月22日,周恩来率中国政府代表团出访苏联,主要讨论中国第一个五年计划问题。这期间也多次与斯大林讨论了朝鲜的形势问题,9月初,金日成、朴宪永和彭德怀也前往莫斯科,中、朝、苏三国领导人共同讨论了朝鲜的形势和停战谈判问题,并取得了一致的意见。

朝中方面拒绝了美方7月13日的方案。从7月下旬开始,美方代表由每次到会提议休会3天,变成每次到会提议休会一周。美国五角大楼授权克拉克和哈里逊:“假如他们俩人认为有必要,只要时机成熟,随时可以在全体会议上宣布休会。”②

至此,朝鲜停战谈判已进行整整一年,停战谈判5项议程中的第一、第二、第三、第五项,已基本达成协议并形成草案的文本,其中除第三项议程以外均经过代表团大会批准。正在谈判中的第四项议程,双方在遣俘步骤及方式等方面也没有本质的分歧,只有遣返原则是惟一争论中的议题。朝中方面为打破谈判的僵局,推动谈判进展,使已达成的协议条文化,7月25日,在双方代表团大会上建议召开双方参谋会议,讨论整个停战协定草案的文字与翻译问题,并逐款对比、校正停战协定草案。

早在4月28日,美方提出解决第三、第四项议程的“一揽子”方案时,就提出了一个全部停战协定草案。因此,7月26日,美方表示,同意召开双方参谋人员会议,讨论停战协定的草案文本。

7月26日,参谋人员会议开始。朝中方面张春山、浦山等参加;美方由索莫维尔、麦卡塞等参加。在参谋会议上,双方对仍然存在的一些细节上的分歧进行了协商,并很快取得一致。至8月5日,参谋会议结束,全部停战协议的草案文本已达成协议。之后,经译员会逐条核对、校正,8月底,双方交换了停战协议草案的朝、中、英3种文本。

停战协定草案共有5条63款:第一条,军事分界线与非军事区,11款;第二条,停火与停战的具体安排,39款;第三条,关于战俘的安排,9款;第四条,向双方有关政府的建议,1款;第五条,附则,3款。整个文本只余第63

① 军事科学院军事图书馆藏,军事科学院军事历史研究部第二研究室编印:《关于朝鲜战争的俄国档案文件》,276页,1996;《周恩来年谱(1949~1976)》,上卷,250页,北京,中央文献出版社,1997。

② [美]沃尔特·G.赫姆斯:《朝鲜战争中的美国陆军——停战谈判的帐篷和战斗前线》,306页,北京,国防大学出版社,1988。

款关于停战协定生效的年、月、日、时,尚留待日后填空。

草案中,第三条(关于战俘的安排)的第一款(在整个停战协议草案中为第51款)规定:

本停战协定生效时各方所收容的全部战俘须尽速予以释放与遣返。此项战俘的释放与遣返须按照本停战协定签字前双方所交换并校正的名单执行之。

此时,在谈判中双方争论的焦点就是战俘遣返的原则问题。朝中方面主张按日内瓦战俘公约第118条的规定,在战争结束后释放与遣返全部战俘。而美方主张"自愿遣返"即所谓不强迫遣返,实际上是企图强迫扣留朝中战俘。双方僵持不下。美方不便于公开反对日内瓦战俘公约关于释放与遣返全部战俘的规定,因此同意在草案中作这样的规定。但在起草该条款时,美方参谋索莫维尔声称:同意这一规定是"有意使得可以被解释成为两种意思,以便各方可以按其愿望片面地使用第51款的条文"①。美方的真实意图仍然在于坚持"自愿遣返"。这是中朝方面坚决反对的。因此,虽然停战协定草案已全部完成,但由于美方企图扣留战俘,双方仍在战俘遣返的原则上处于僵持状态。

周恩来在对此作评论时说:虽然停战协定条款已达成协议,"但是,问题还没有解决,为什么呢?就是因为美帝国主义总想拖延朝鲜战争,并且企图在最后占上风来结束这场战争。也就是说,美国要在对它有利的时候、有利的条件下来停战。同时,因为它在整个朝鲜战争中是失败了,于是就企图在停战的条件下来挽回它的失败。结果它选择了一个所谓自愿遣返俘虏的问题,也可以说它选择了一个最不讲理的条件。因为,在国际条约上,在国际惯例上,以及在停战条款上②,都规定了战俘应该全部遣返。所以,它在条约上是找不到根据的。另外,在人情道理上讲,在停战之后,全部战俘也都是应该遣返回家的,根本没有扣留的道理。俘虏是失掉自由的人,俘虏是在敌人武力控制之下的人,他们没有可能来表示他们自己的意志,也决不会拒绝回家。假如有人这样表示的话,那也是胁迫的,那也是伪造的"③。

① 美方参谋索莫维尔在参谋会议上的发言,1952年7月28日。
② 指停战协议草案。
③ 《周恩来军事文选》,第4卷,301~302页,北京,人民出版社,1997。

从7月下旬到9月底，由于美方一再片面休会，致使两个多月间，双方只举行过8次代表团大会，停战谈判实际上处于停顿状态。

9月下旬，杜鲁门写给克拉克一封信，在这封信里，他希望“联合国军”司令部的提案，必须“措词最强硬不留任何讨价还价的余地”。如果共产党不接受，联合国军司令部代表将无限期休会，最重要的是“不能减少军事压力”。①

9月28日，哈里逊在谈判会上作了最后摊牌，宣布了经杜鲁门批准的“自愿遣返”战俘的3种选择：一是停战生效后，将一切战俘带至非军事区交换地点，按名单验明，但任何战俘在验明时如声称愿回曾拘留他的一方，应立即准许，并给以平民身份；二是停战生效后，迅速交换愿遣返的战俘，将反对遣返的战俘分批送至非军事区，解除双方的军事控制，由中立国征询战俘选择愿意去的一方；三是停战生效后迅速交换愿遣返的战俘，将反对遣返的战俘分批送至非军事区，解除双方的军事控制，任其自由前往愿去的一方，不加征询等。美方称这一方案是“最后的、坚定的、不可改变的”。然后哈里逊建议休会10天。②

朝中方面认为该提案是美方一贯坚持的“自愿遣返”主张的翻版，显然又是一项欺骗性方案，因为朝中战俘在美国指使的李承晚、蒋介石集团特务的控制下，根本不可能自由表达其要求遣返的意愿（这在停战后的遣返中更得到了证明）。朝中方面表示不能接受任何一种实质上仍然是强迫扣留战俘的选择。10月7日，毛泽东致电李克农，指示在8日的会议上揭露美方提案的欺骗性，并予以坚决拒绝。周恩来亲自拟定了朝中代表在大会上的发言提纲。

10月8日，南日根据周恩来起草的发言大纲，对美方所谓“自愿遣返”原则3种选择作了揭露和驳斥，表示坚决拒绝后，提议在停战后将所有战俘送到非军事区由对方接管，然后对战俘进行访问，按国籍、地区进行分类和遣返。但美方代表对这一努力不予理睬，哈里逊宣读了早已准备好的发言稿，把谈判僵局的责任强加于朝中方面，然后宣布了早在5月克拉克和乔埃就主张宣布的无限期休会，不等朝中方面发言，就退出会场。从此，停战谈

① ［美］沃尔特·G. 赫姆斯：《朝鲜战争中的美国陆军——停战谈判的帐篷和战斗前线》，312页，北京，国防大学出版社，1988。

② 参见［美］沃尔特·G. 赫姆斯：《朝鲜战争中的美国陆军——停战谈判的帐篷和战斗前线》，312～313页，北京，国防大学出版社，1988。

判再次中断。

对此,10 月 9 日,中国《人民日报》发表社论,谴责美方断然拒绝协商,破坏谈判,片面宣布无限期休会的行为,并指出,美方必须对拖延和破坏谈判的行为负严重责任。中朝人民绝不会为美帝国主义的任何威胁所吓倒。他们将继续坚持谈判,为粉碎美方的破坏阴谋,实现朝鲜停战奋斗到底。

第四十八章

国内秩序稳定，战场力量增强

国民经济恢复工作顺利完成

抗美援朝战争开始后，中共中央调整了七届三中全会确定的以恢复国民经济为中心任务的工作方针。中共中央、中央人民政府、中央军委、全国各行各业、各族人民，以抗美援朝为中心，全力支援和保证中国人民志愿军在朝鲜战场上的作战。围绕这个中心，实行边打、边稳、边建的方针，积极采取措施，恢复国内秩序和国内建设。合理调整工商业，加速进行新解放区农村土地改革，大力恢复和发展农业生产，通过工矿企业的民主改革和生产改革，恢复和发展工业生产。

1951 年 2 月中旬，中共中央政治局扩大会议提出，在以抗美援朝为中心的同时，明确"'三年准备、十年计划经济建设'的思想，要使省市级以上干部都明白。准备时间，现在起，还有二十二个月，必须从各方面加紧进行工作"①。

为贯彻上述精神，1951 年 2 月和 3 月，召开了中央财政工作会议、第一次全国工业会议、中国共产党第一次全国组织工作会议以及政务院各部门的专业会议，进行了各方面工作部署。

3 月 3 日，周恩来在向出席工业会议、财政会议和其他专业会议的代表

① 《毛泽东文集》，第 6 卷，143 页，北京，人民出版社，1999。

作报告时指出：三年准备、十年建设，是党的总方针。我们各部门的工作要与这个总方针相配合。抗美援朝战争是长期的、曲折的，但是，我们可以在进行战争的同时进行恢复经济和准备建设的工作。抗美援朝打开了我们中国的局面，土地改革给了我们建设的基础。在这样一个环境和基础之上来进行准备工作，我们是处在有利条件之下的。①

陈云4月4日，在中国共产党第一次全国组织工作会议上的讲话中指出："毛主席讲，三年准备，十年建设。三年准备是指一九五〇、一九五一、一九五二这三年，十年建设在这三年之后进行。……三年准备剩不到二十一个月了，时间不长，而我们需要准备的事情多得很。土地改革、剿匪、镇压反革命、抗美援朝这些工作，都是建设的准备。"在保证抗美援朝战争同时，1951年经济建设投资"超过历史上清朝、北洋军阀、蒋介石三个时期任何一年的建设投资。今年投资的重点，集中在水利、铁路和纺织这几个主要部门。总之，国防开支，稳定市场，经济建设，都是重要的"。②

在第一次全国工业会议上，确定在抗美援朝战争仍在进行的情况下，基本建设"必须是从全国布局着眼（整体观点），从发展国民经济与巩固国防的需要出发，有计划、有重点地采取分工合作、稳步前进的方针，首先集中力量搞好几件国防和民生最需要的基本建设工程，积累经验，并为今后的长期建设准备必要的条件"。1951年基本建设"投资的重点，首先放在钢铁、燃料、动力与铁路方面，使这些工业能够走在其他工业的前面，从而保证其他工业的发展"。会议经过反复论证，确定了1951年主要工业产品的发展指标和工业投资分配比例。主要工业计划产品指标，均比1950年有较大幅度增长，其中生铁增长28%、钢材增长43%、铜增长20%、铅增长22%、锌增长98%、煤增长10%、电力增长31%、原油增长22.6%、水泥增长31%、棉纱增长30%、棉布增长31%、纸张增长33%等。工业投资分配比例为：重工业52.2%、燃料工业18%、纺织工业16.2%、轻工业及食品工业6.2%、资源勘察5%、其他2.4%。③

为既能保证抗美援朝战争的需要，又能保证国民经济恢复按时完成，1951年10月，中共中央确定了"精兵简政，增产节约"的方针。12月1日，又进一步作出《关于实行精兵简政，增产节约，反对贪污，反对浪费和反对

① 《周恩来年谱（1949～1976）》，上卷，136页，北京，中央文献出版社，1997。

② 《陈云文选（1949～1956）》，135、127页，北京，人民出版社，1984。

③ 参见李富春：《在第一次全国工业会议上的结论》，1951年3月16日。

官僚主义的决定》。在全国开展了增产节约和“三反”运动，后来又开展了“五反”运动。

1951年的实际财政收支和经济生产，都“出现了远比原来预计良好的情况”。在编制1952年财政预算时，除继续支援战争、巩固国防和稳定物价外，“已经有可能以全面恢复及重点建设作为编制预算的基本方针了”。预算支出计划，国家建设费已占第一位，占计划总支出的49.26%，国防费已降至第二位，占计划总支出的27.93%。主要工业计划生产指标比1951年又有较大幅度的增加，其中生铁增产31%、钢增产29.64%、铜增产57%、煤增产31%、发电量增产26.7%、棉纱增产21%、棉布增产34%、纸张增产100%。①

与此同时，在全国开展的抗美援朝运动和中国人民志愿军在朝鲜战场上作战的胜利，极大地激发了全国人民的爱国热情和生产积极性，极大地鼓舞了全国人民支援战争、建设祖国的民族士气。前方与后方互相支持，紧密配合，互相促进。战场作战捷报频传，后方建设凯歌高奏。正如1952年1月1日《人民日报》社论所指出的那样，“过去十四个月的事实证明，抗美援朝不但是我们一切工作的目的，而且又是我们一切工作的动力。同我们的敌人所预料的相反，这个斗争不是推迟了而是加速了我们国内的建设工作和建设的准备工作的进行”。

采取上述措施，经过全国党政军各级组织和全国各族人民同心协力的奋斗，至1952年底，不但有力地保证了中国人民志愿军在朝鲜作战的需要，而且全面顺利地完成了国民经济恢复工作。

工农业生产得到全面恢复和发展。按当年价格计算，1952年，工农业总产值810亿元人民币，比1949年的466亿元人民币增长73.8%，其中工业总产值增长149.3%，农业总产值增长41.4%。工业总产值占整个工农业总产值的比重由1949年的30%提高到43.1%，重工业产值在整个工业中所占的比重由1949年的26.4%提高到35.5%。② 国营工业产值在工业总产值中的比重由1949年的34.7%上升到56%，公私合营和加工订货工业产值比重由1949年的9.5%上升到26.9%，国营商业的零售额占全国商业零售额的比重由14.9%上升到42.6%。

---

① 参见薄一波在中央人民政府委员会第16次会议上《关于一九五一年度国家预算的执行情况及一九五二年度国家预算草案编成的报告》，1952年8月6日。

② 参见国家统计局：《光辉的三十五年》，9、11页，北京，中国统计出版社，1984。

国民经济结构已发生可喜的变化,国营经济和受国家控制的国家资本主义经济已在整个工业中占绝对优势。主要工农业产品的产量都超过新中国成立以前的最高水平。钢产量达135万吨,比新中国成立以前最高年产量增加46.3%。生铁产量达193万吨,比新中国成立以前最高年产量增加7.2%。棉布产量达38.3亿米,比新中国成立以前最高年产量增加37.3%。粮食产量达16392万吨,比新中国成立以前最高年产量增加9.3%。棉花产量达130.4万吨,比新中国成立以前最高年产量增加53.6%。大牲畜头数达7646万头,比新中国成立以前最高水平增加6.9%。生猪存栏数达8977万头,比新中国成立以前最高水平增加14.3%。①

工农业的装备水平和技术水平有明显提高,开始制造拖拉机、汽车。成渝铁路铺设的钢轨全部是中国自己生产的,治淮工程中重达1400多吨的整套钢铁闸门,也是中国自己制造的。随着生产技术水平的提高和生产资料、大型工业的优先发展,中国工业基础薄弱的状况开始发生改变,初步奠定了工业、农业、交通运输和国防事业进一步发展的基础。

交通运输得到恢复和发展。长期的战争使铁路和公路遭到严重破坏。铁道兵团指战员和铁道职工,克服敌特骚扰和寒冬酷暑等诸多困难,积极投入了抢修和新建铁路的工作中。1950年,全国原有的铁路网就基本得到修复。3年来,全国共新建铁路1255公里。到1952年,全国铁路营运里程达2.29万公里,客运量为16352万人次,货运量为13217万吨。3年来,全国共整修公路3.24万余公里,新建1.1万余公里,通车里程由1949年的8.077万公里增至12.67万公里,客运量为4559万人次,货运量为13158万吨。内河航运里程由1949年的7.36万公里增至为9.5万公里,客运量为3605万人次,货运量为5141万吨。民用航空,解放初没有航线,到1952年航线达1.31万公里,客运量为2万人次,货运量为0.2万吨。除铁路运输量稍低于新中国成立以前最高水平外,其余各项指标都超过历史最高水平,有力地支援了国民经济的恢复和发展。②

国内外贸易得到恢复和发展。到1952年底,在全国范围内,基本形成从上至下的包括各种门类的统一的国营商业体系。1952年社会商品零售总额达276亿元,国营商业商品零售额和合作社商品零售额达95.3亿元,

① 参见国家统计局:《光辉的三十五年》,53~58、71~74页,北京,中国统计出版社,1984。

② 参见国家统计局:《光辉的三十五年》,84~87页,北京,中国统计出版社,1984。

已占全国商品零售总额的34.4%。在美国为首的西方国家对新中国实行全面经济禁运、封锁的情况下,新中国进出口贸易额逐年增长,1950年达41.6亿元,超过1931年“九一八”事变以来的任何一年。1952年达64.6亿元,比1950年增加55%。①

教育和文化事业有很大发展。1952年全国大中小学在校学生比1949年增加1倍多,其中大学生增长65.5%,比新中国成立以前最高年份增加3.6万人。

国家财政状况根本好转,收支平衡。1952年国家财政收入为183.7亿元,比1950年的65.2亿元增长181.7%,比1951年的133.1亿元增长38%。1950年的财政赤字为4.4%,1951和1952年,财政上都有结余,没有赤字。② 在既保证了抗美援朝战争的需要,又完成了国民经济恢复的情况下,国家的财政状况迅速好转,这是新中国创造的一个奇迹。

1952年12月11日,周恩来在全国卫生工作会议和几个专业会议上作报告时指出:“现在,三年的时间快走完了,我们的恢复工作也完成了。不论从经济上或从其他方面看都是如此。我们的经济恢复工作,不论农业、工业、交通运输的生产和业务所达到的水平,一般都超过了抗战以前最高年代的水平,只有极少数的还需要继续努力。这种恢复,就给了我们一种条件,使我们可以在进行抗美援朝的同时又可以进行国家的建设。”

在中共中央和中央人民政府的领导下,全国各族人民齐心协力、同仇敌忾,克服政治、经济、外交各方面的严重困难,一面进行抗美援朝战争,一面恢复国内建设。至1952年下半年,中华人民共和国建立3周年的时候,由国民党的暴政、帝国主义的掠夺和长期战争破坏,造成中国千疮百孔的社会已经得到根本治理,政治混乱、经济崩溃、民不聊生的社会面貌发生了根本变化,在进行抗美援朝战争的同时,国民经济恢复的顺利完成,使新中国渡过了一个最困难的时期,新中国的建设取得第一个具有战略意义的重大胜利,为大规模经济建设的进行准备了条件。

国内政治秩序稳定

新中国用短短3年时间,在胜利进行抗美援朝战争的同时,既成功地恢

① 参见国家统计局:《光辉的三十五年》,102、122页,北京,中国统计出版社,1984。
② 参见国家统计局:《光辉的三十五年》,131页,北京,中国统计出版社,1984。

复了国民经济，打了一场漂亮的经济仗，也成功地经受了政治方面的考验，巩固了新生的人民政权。

抗美援朝战争开始后，在以抗美援朝为中心任务的同时，中共中央、中央人民政府和中央军委加速了土地改革的步伐，加大了剿匪和镇压反革命的力度。

至1952年底，除台湾尚未解放，新疆、西藏等少数民族地区土地改革尚未进行外，新解放区的土地改革已全部胜利完成，约有3亿农民分到7亿亩土地和其他生产资料。广大农民免除了过去每年向地主缴纳的约700亿斤粮食的地租。完成土地改革地区的农业人口占全国农业人口总数的90%以上。土地改革的胜利完成，标志在中国统治了几千年的封建制度被摧毁。广大农民由土地的奴隶变成为土地的主人，他们的生产和革命积极性空前高涨，农业生产迅速恢复和发展，工农联盟和人民民主专政得到进一步的巩固。

全国规模的镇压反革命运动，至1951年底已基本结束。至1952年底，经过严厉打击和镇压，反革命的公开活动基本绝迹，国民党遗留下来的反革命分子基本被肃清，还清除了一批外国间谍。

由于加大剿匪力度，华东、中南、西南、西北、华北地区的剿匪工作，至1951年上半年即已基本剿灭了股匪。1951年底，华北地区的匪患已被肃清。至1952年6月，中南地区所属河南、湖北、湖南、江西、广东、广西等6省，胜利完成肃清全区匪患的历史任务，共歼灭匪特115万余人。华东、西南、西北地区，绝大部分土匪也已歼灭、正在加紧进行清剿残匪工作。剿匪工作最后于1953年完成，令人深恶痛绝的匪患被彻底根除。

通过剿匪和镇压反革命，旧社会遗留下来的残余反动势力被摧毁、新民主主义的社会秩序得到巩固，全国范围的安定局面达成，这在旧中国是没有过的。

由于工农业生产得到恢复和发展，国家财政状况的根本好转，通货恶性膨胀、物价飞涨的局面一去不复返了。职工平均收入比1949年提高70%左右，农民收入一般增长30%以上。400多万城市失业人口中有200多万得到工作，其他人员也得到妥善安排。社会福利事业得到发展，在国营大企业职工中普遍实行劳动保险制度，全国公教人员普遍实行公费医疗制度。政府和企业还举办托儿所、疗养院、休养所。

全国人民在中国共产党的领导下，通过工会、供销合作社、新民主主义青年团、妇女联合会、学生联合会、工商业联合会以及科学界、文学艺术界的各种人民团体和社会组织，进一步组织起来，一改旧中国时处于一盘散沙的状态。据新中国成立3周年时的统计，全国工会共有730万会员，中国新民主主义青年团有630万团员，中国学生联合会有217万会员，参加妇女联合会活动的有7600万人，供销合作社有1.06亿万社员，中苏友好协会有2650万会员。各民主党派在国家政治和经济生活中都发挥了应有的积极作用。“这就形成了人民政府的极为广大坚强的社会支柱。”①

由于上述各项工作的顺利进行和顺利完成，新生的人民民主政权已经获得巩固，新中国成立之初，作为中央人民政府的代表机关又是地方政权最高机关的大行政区人民政府或军政委员会，已经完成了历史使命。为适应大规模计划经济建设即将开始的形势，1952年11月15日，中央人民政府委员会第19次会议通过了《中央人民政府委员会关于改变大行政区人民政府（军政委员会）机构与任务的决定》，决定将大行政区人民政府或军政委员会一律改为行政委员会，仅是中央人民政府的代表机关，而不再作为地方的最高政权机关。1953年1月13日，中央人民政府委员会第20次会议又通过了《中央人民政府委员会关于召开全国人民代表大会及地方各级人民代表大会的决议》，以制定宪法、选举新的中央人民政府和各地人民政府。

总之，到1952年下半年，人民民主专政已经巩固，社会政治稳定。1952年8月由周恩来主持起草的《中国经济状况和五年建设的任务》中说：“新民主主义的社会秩序已经安定，工人阶级及其先锋队中国共产党的领导已经加强，人民民主专政已经巩固。”同年8月4日，毛泽东在第一届政协全国委员会常务委员会第38次会议上说：“朝鲜战争的局势，去年七月以后定下来了，但是国内的财政经济状况，能不能稳下来，那时还没有把握。”经过增产节约，“三反”、“五反”等，形势清楚了，中国现在已“天下大定”。② 这为支援抗美援朝战争和进行大规模经济建设，提供了稳固的社会基础。

志愿军作战能力增强

由于国民经济恢复的全面胜利完成，使支援战争的能力增强，虽然

① 薄一波：《中华人民共和国三年来的成就》，《人民日报》，1952年10月1日。

② 《建国以来毛泽东军事文稿》，中卷，50页，北京，军事科学出版社、中央文献出版社，2010。

1952年国防费支出占国家财政总支出的比例降低，但实际数量比1950年和1951年都有增加，1950年为28.01亿元，1951年为52.64亿元，1952年则为57.84亿元。[①] 加上全国人民开展的捐献飞机、大炮运动，使志愿军的武器装备有了明显改善。

到1952年9月，志愿军主要武器同1951年7月相比，均有明显增加。山炮、野炮、榴弹炮总计从1141门增加到1493门，其中野炮从388门增加到507门，榴弹炮从347门增加到578门，山炮数量基本无变化。另高射机枪从2291挺增加到2462挺（到1952年6月），高射炮从805门增加到988门，火箭筒从752具增加到3028具（到1952年6月），轻迫击炮从4717门增加到4899门（到1952年6月），重迫击炮从208门增加到241门（到1952年6月），无坐力炮从443门增加到1030门，火箭炮从73门增加到162门。可以出动掩护平壤以北交通运输的歼击航空兵，由2个师100架飞机增加到9个师450架飞机。1952年10月，志愿军空军又开始改装性能更加优良的米格-15比斯歼击机。坦克由125辆增加到160辆。运输车辆从1951年7月6860辆增加到1952年6月的10323辆，其中配属各军的运输车辆均超过150辆以上。尽管志愿军的武器装备与美军相比仍处于悬殊的劣势状态，但作战条件已经有了明显的改善。

与此同时，志愿军取得反"绞杀战"的胜利，建成了"钢铁运输线"，在朝鲜境内的交通运输大大得到改善，后勤保障特别是物资供应能力有很大提高，第一线部队的粮食、弹药充足。以坑道为骨干的坚固阵地防御体系的形成，使阵地更为巩固。

至1952年8月底，志愿军在朝鲜的作战部队共有16个军、4个榴弹炮师、1个战防炮师、1个火箭炮师、4个坦克团、4个高射炮师和5个城防高射炮团，还有以国内机场为基地的9个歼击航空兵师。

志愿军不但兵力充足、士气高昂，而且都经过了作战的锻炼，取得了作战经验。作战时间最长的部队已近2年，既取得了在朝鲜进行运动战的经验，也取得了在朝鲜进行阵地战的经验。入朝最晚的第20兵团，在朝鲜作战也已近1年。步兵中、高级指挥员作战指挥水平和能力均有明显提高，已经善于指挥多兵种作战，在1951年夏秋季防御作战和1952年春夏巩固阵地的斗争中，较充分地发挥了炮兵的作用，步兵与炮兵之间的作战协同已经

---

① 参见《当代中国丛书·当代中国财政》下，540页，附录四，表10，北京，中国社会科学出版社，1988。

走向成熟，初步总结了坚守防御特别是依托坑道作战的防御战术，积累了依托坚固阵地进行攻防作战的经验。坦克兵也已取得了初步的作战经验，部队对坚守战线充满了信心。高射炮兵在掩护后方运输和掩护前线炮兵阵地及各级指挥机关的作战中，也都形成了适合朝鲜作战特点的对空作战战术。志愿军空军从1952年1月开始，即由作战经验比较丰富的部队带领新部队作战，并主要是同美军F－86飞机作战，先后参战的9个师，取得了作战经验，均可独立担负作战任务。从1952年1月开始，志愿军即由陈赓、宋时轮两位副司令员主持，组织专门班子，总结志愿军在朝鲜作战的经验，编写《抗美援朝战争的几个战术问题》，经征求意见修改后，于当年7月下发师以上机关作为作战指导的参考。此外，从1952年初开始，志愿军有计划地对在第二线的部队进行了作战训练。

这些均使志愿军的作战能力有了明显地增强，在1952年春夏季巩固阵地的作战中，志愿军在正面战线的作战，已将斗争的焦点推向了“联合国军”阵地前沿。

对于志愿军作战能力的增强，“联合国军”方面也有反应。据路透社报道说：“现在的中国军队有着比朝鲜战争开始以来任何时期都为优良的训练，并且有着多得多的武器，特别是大炮。这是英联邦与美国的参谋人员共同的意见。”“盟军的军官说，中国军队的战斗技术与效率已经有了显著的改进，他们并认为共军的编制、技术、部署与火力的使用都是第一等的。中国军队一向被视为顽强能吃苦、个人技术优良的敌人，现在他们的前线士兵似乎有着各种类型口径的野炮的充分支援，并且有着在战争初期几乎完全没有的行政管理……中国军队似乎也改善了他们的交通体系……”①1952年3月，范佛里特说：共产党“现在进行攻势作战和防御作战的能力比以前大了”。大炮是他们从前的重大弱点，现在他们的大炮比联合国军的大炮多一倍。② “联合国军”军官认为，“现在共军在朝鲜拥有的战争潜力比以往任何时候都大”③。战后，美国军方编写的战史中说：“也许更引人注目的是在1952年春季，敌人在稳步增加他们的炮兵力量。从4月到6月，敌人的

① 志愿军司令部：《参考资料汇编》，第3辑，1951年10月至1951年12月31日。

② 参见《参考消息》，1952年3月25日。志愿军的火炮数量确有明显增加，但范佛里特在这里明显夸大了志愿军大炮的数量，这是为“联合国军”在正面战场上的被动，作一个婉转的辩解。

③ 《参考消息》，1952年5月23日。

大炮从 710 门增加到 884 门。……另外，使人印象深刻的是投放在联合国军阵地上的炮弹也越来越多。从 4 月到 6 月，敌人平均每天发射的炮弹从 2388 发增加到 6843 发”①。

志愿军越战越强，越战越主动。不但有力量成功地进行防御作战，而且有了主动打击坚守防御之敌的必要条件，阵地进攻能力增强。能不能打、能不能守、有没有饭吃，这三大问题都基本解决了。

1952 年 8 月，毛泽东在政协常委会议上讲话说：

现在我们的部队减少了，但是装备加强了。我们过去打了二十几年仗，从来没有空军，只有人家炸我们。现在空军也有了，高射炮、大炮、坦克都有了。……

这次战争，我们本来存在三个问题：一、能不能打；二、能不能守；三、有没有东西吃。

能不能打，这个问题两三个月就解决了。敌人大炮比我们多，但士气低，是铁多气少。

能不能守，这个问题去年也解决了。办法是钻洞子。我们挖两层工事，敌人攻上来，我们就进地道。有时敌人占领了上面，但下面还是属于我们的。等敌人进入阵地，我们就反攻，给他极大的杀伤。我们就是用这种土办法捡洋炮。敌人对我们很没有办法。

吃的问题，也就是保证给养的问题，很久不能解决。当时就不晓得挖洞子，把粮食放在洞子里。现在晓得了。每个师都有三个月粮食，都有仓库，还有礼堂，生活很好。②

现在是方针明确，阵地巩固，供给有保证，每个战士都懂得会坚持到底。③

1952 年 8 月 15 日，周恩来率中国政府代表团访问苏联。8 月 20 日，在

① ［美］沃尔特·G. 赫姆斯：《朝鲜战争中的美国陆军——停战谈判的帐篷和战斗前线》，317 页，北京，国防大学出版社，1988。

② 《建国以来毛泽东军事文稿》，中卷，51 页，北京，军事科学出版社、中央文献出版社，2010。

③ 《建国以来毛泽东军事文稿》，中卷，50～51 页，北京，军事科学出版社、中央文献出版社，2010。

与斯大林谈到朝鲜局势时，转达了毛泽东对志愿军作战能力的看法。周恩来说，毛泽东提出了三个问题：第一，我们能不能打退敌人，我们坚信能。第二个问题，我们能不能守住现有阵地。今年的情况证明，我们能够守住这些阵地。第三个问题，我们能不能发动进攻，攻击敌人。过去我们想，我们不一定能进行 7 天以上的进攻作战。现在我们有足够的把握，可以进行更长时间的作战，经得住轰炸，建立了坚固的坑道工事。[①]

① 参见周恩来与斯大林会谈记录，1952 年 8 月 20 日。军事科学院军事图书馆藏，军事科学院军事历史研究部第二研究室编印：《关于朝鲜战争的俄国档案文件》，284 页，1996。

第四十九章

1952年秋季战术反击作战

（参见附图19）

志愿军和人民军决定发起全线战术反击作战

朝鲜停战谈判至1952年5月初，除战俘问题尚未达成协议外，其余议程已全部达成协议。而在战俘问题上，由于美方违反《关于战俘待遇之日内瓦公约》规定，坚持实质是强行扣留朝中被俘人员的所谓“自愿遣返”原则，致使这一问题的谈判陷入僵局。从5月下旬起，美方代表团一到会就提议休会3天，并不顾外交场合的礼节，不等朝中代表团作出答复就退出会场。到了7月下旬，美方代表团则变本加厉，由每次到会提议休会3天，变成每次到会提议休会一周。美国五角大楼并于此时授权克拉克和哈里逊，“假如他们两人认为有必要，只要时机成熟，随时可以在全体会议上宣布休会”①。从1952年5月初至8月底，4个月的时间，停战谈判没有任何进展，实际上已处于停顿状态。

在战场上，“联合国军”除以空军对朝鲜北方进行狂轰滥炸和实施细菌战，对朝中方面施加军事压力外，其正面战线自1951年秋季攻势被粉碎后，一直没有大的动作，并且由于志愿军采取在战术上积极活动的方针，“联合

① ［美］沃尔特·G. 赫姆斯：《朝鲜战争中的美国陆军——停战谈判的帐篷和战斗前线》，306页，北京，国防大学出版社，1988。

国军”在正面战线已经越来越被动。无论华盛顿当局还是远东“联合国军”总部,对改变战场局面都表示无能为力和没有信心。①

然而,随着 1952 年下半年美国总统换届选举的开始和每年一次的联合国大会即将召开。“联合国军”在战场上又活跃起来。

1952 年 8 月,“联合国军”在第一线共展开 15 个师。其具体部署从西至东是:

美第 1 军指挥的美陆战第 1 师、英联邦第 1 师、美第 3 师、第 2 师位于高栈洞、长湍、高旺山、方席洞地区;

美第 9 军指挥的南朝鲜第 9 师、美第 7 师、南朝鲜第 2 师位于药山洞、铁原、金化、后川里地区;

南朝鲜第 2 军团指挥的第 6 师、首都师、第 3 师位于城后里、科湖里、通先谷地区;

美第 10 军指挥的南朝鲜第 7 师、美第 25 师、南朝鲜第 8 师位于北汉江以东 1090 高地、加七峰、591. 5 高地地区;

南朝鲜第 1 军团指挥的第 11 师、第 5 师位于沙泉里、新岱里至东海岸江亭地区。

第二线有 3 个师,南朝鲜第 1 师位于富坪里附近地区,美第 40 师位于加坪附近地区,美第 45 师位于杨口附近地区。

1952 年 7 月 13 日,美国陆军参谋长柯林斯到朝鲜前线视察。18 日,美国海军作战部长威廉·费克特勒上将、美国远东海军司令罗伯特·布里斯柯中将、太平洋舰队参谋长海尔少将、第 7 舰队司令杰塞普·柯拉克等,在朝鲜东海面主力舰“依阿华”号上举行会议。8 月 12 日,美国远东军总司令、“联合国军”总司令马克·克拉克偕美国第 8 集团军司令范佛里特和美国第 1、第 9、第 10 军军长等人,视察金化地区美第 7 师防区。接着,范佛里特和南朝鲜总统李承晚又到美第 7 师、南朝鲜第 9、第 2 师视察,并在美第 7 师师部召开高级军官会议。然后,范佛里特等又到西线汶山地区视察美陆战第 1 师防务。

“联合国军”地面部队和海军舰只活动也频繁起来。在中线,“联合国军”调动、运输和战斗演习增多,在巨济岛的美空降第 187 团,于 8 月中旬前调归美第 7 师指挥。在西线,位于汶山地区的美陆战第 1 师从 8 月 9 日至

① 参见[美]沃尔特·G. 赫姆斯:《朝鲜战争中的美国陆军——停战谈判的帐篷和战斗前线》,369 ~ 373 页,北京,国防大学出版社,1988。

20日有局部调动,汽车往返频繁,每日在800辆次以上;20日,美第90特种混合舰队与陆1师建立了联络,尔后进行了两栖登陆演习,并与在日本休整的美骑兵第1师建立了通信联络;美国"独角兽"号、"西西里"号航空母舰和"依阿华"号主力舰相继驶抵朝鲜西海面。美国空军除对朝鲜北方主要城镇和工业设施进行大规模轰炸外,也加剧了对志愿军和人民军前线阵地、部队集结地的轰炸。南朝鲜特务加紧收集延安、白川地区志愿军和人民军情报,并称其"有左右时局之重要性"。

根据上述情况,志愿军总部(代司令员兼代政治委员邓华、副司令员杨得志)判断,"联合国军"似在酝酿大的动作。其意图是在准备进行登陆作战,或是准备局部攻势,或是轮换部队,尚难预料。遂于8月24日10时,向各军、各兵团和东西海岸指挥部发出指示,要求各部队"严密注视各该正面敌情发展与变化,迅速切实布置侦察,以战斗手段捕获俘虏,尤其六十五军、十五军[①]立即组织侦察战斗,查明美陆一师、美七师部队调动情况,西海指切实加强西海岸防务监督工作",及时报告各地敌情征候。

此时,志愿军在正面第一线共展开7个军,从西至东部署是:

第19兵团(司令员韩先楚、政治委员李志民)指挥的第65、第40、第39军,担负礼成江口、九化里、马良山、上浦防地区防御任务,第63军置于延安、白川、漏川里地区,为该兵团预备队,并有支援西海岸防御任务;

第3兵团(副司令员王近山、副政治委员杜义德)指挥的第38、第15军担负将军洞、晓星山、西方山、忠贤山地区防御任务,第60军置于谷山附近地区,为该兵团预备队;

第20兵团(代司令员郑维山、政治委员张南生)指挥的第12、第68军担负牙沈里、金城、文登里北汉江东西地区防御任务,第67军置于洗浦里、淮阳地区,为该兵团预备队。

人民军前线司令部(司令员金光侠[②])指挥的第3军团和第1军团主力位于论里、鹰峰、砂器店至东海岸浦外津里地区的防御任务,另以4个团担负高城、通川地区海岸防御任务,第2军团位于蓬岘里、化川里地区,为预

① 志愿军第65军位于开城地区,当面之敌为美陆战第1师;第15军位于金化地区,当面之敌为美第7师。

② 1952年7月6日,金日成致信邓华、宋时轮、甘泗淇、朴一禹并转彭德怀,告知朝鲜劳动党中央政治委员会决定:调金雄为民族保卫省副相,协助崔庸健工作,人民军前线司令部司令员由金光侠充任,联司副司令员由崔庸健承接。

备队。

西海岸联合指挥部（副司令员梁兴初、郑哲宇）指挥的志愿军第50、第42、第64军和人民军第4军团，担负北起龙岩浦南至海州地区的海岸防御任务。

由志愿军第9兵团司令部兼任的东海岸联合司令部（副司令员陶勇、李离法）指挥的志愿军第20、第27军和人民军第7、第5军团，担负库底、元山、退潮地区海岸防御任务。

志愿军第47军位于江东、成川地区为总预备队。

根据各方情报，志愿军总部判断，“联合国军”为了配合板门店谈判，在其空中压力迫我就范之阴谋失败后，估计有集中两个师左右兵力在海空军配合下，选择延安半岛实行登陆之可能，其企图，一为迂回我西部战线之侧背，一为占领延安、白川地区造成包围威胁开城之势。为了配合其登陆作战，并有可能向我正面实行牵制性的进攻，并可能以平康方向为牵制重点。据此判断，8月28日22时，邓华、朴一禹、杨得志、甘泗淇联名致电志愿军第19兵团、西海岸指挥部并第63、第64、第65军和各兵团，要求“绝不能让敌轻易登陆，必须坚决予登陆之敌以有力打击，求得大量杀伤敌人于海中及沿海地带，以滞阻敌人的进攻，迫其拉长战线，便于我主力展开歼敌”，同时作出下述部署：

第63军应停止整训，立即作战斗部署，以两个师展开，另一个师为二梯队，制定各种作战计划，选择要点要道加强工事，布置反坦克区，并确定火箭炮和炮兵第2师各1个团及人民军第21旅归该军指挥。人民军第21旅应加强海岸警备和工事，严阵以待，坚决予登陆之敌以有力的打击，求得大量杀伤登陆之敌，不能轻易后撤，以争取时间便于主力展开。第64军第191师海州以北阵地必须固守，确保第63军右翼安全，并准备策应第63军作战。正面各军应加强侦察警戒，严阵以待，如敌进攻，必须坚决予以打击，求得大量杀伤；第65军应加强开城以西和西南方向工事，防止敌人侧后攻击，坚决保卫开城。东西海岸部队亦应做必要准备，并注意海面情况。

于是，第19兵团和西海岸的部队做了重点准备，正面各军和东海岸部队也做了准备。至9月上旬，志愿军防敌局部进攻的准备工作基本完成。而“联合国军”除中线部队仍活动频繁外，其他方向转向沉寂。

此时，志愿军已是阵地巩固，给养有保障，武器装备特别是炮兵火力有了增强，部队士气很高。同时，志愿军第68军在第一线担任防御已有1年时间，第12、第39军在第一线担任防御也已10个月，都需要换防休整。但是这3个军有的师还缺乏在第一线防御作战的经验,其他各军也需要锻炼。

1952年9月10日,邓华、朴一禹、杨得志、甘泗淇、张文舟联名致电中央军委,建议:

我为争取主动,有力打击敌人,使新换部队取得更多经验,我们拟乘此换防之前,以三十九军、十二军、六十八军为重点,各选三至五个目标,进行战术上的连续反击,求得歼灭一部敌人,并在敌反复争夺中大量地杀伤敌人。其他各军亦应各选一两个目标加以配合,估计我各处反击,敌必争夺,甚至报复进行局部攻势,这就更有利于我杀伤敌人。反击战斗拟在本月二十日至十月二十日中进行,十月底进行换防。以上可否请速示,以便各军进行准备。

9月12日,中央军委回电同意志愿军3个军的换防计划和换防前的战术行动。

9月14日23时20分,邓华、杨得志、朴一禹、甘泗淇、张文舟联名下达关于举行战术反击命令:

(一)最近判明美骑一师仍在日本,陆一师仍守原防,似此敌在雨季后在我翼侧登陆的可能性还不大,但敌向我发动局部进攻之可能性仍然存在。

(二)目前我正面第一线工事已完成,我六十三军及六十四军一部已展开延安白川海州地区,正在积极构筑工事,即使敌在该方面登陆我已有准备,同时我东西海岸正着手建立部分永久工事。另一方面我拟于十月底将六十八、十二、三十九军换下休整,在防御期间三十九、十二军曾积极地进行了若干次的战术反击,但还有一个师是最近换上去的,其余各军反击也少。

(三)为粉碎敌人可能的局部进攻计划,争取主动有利打击与求得大量杀伤敌人,取得更多的经验,故决定乘此换防之前,以三十九、十二、六十八军为重点,各选择三至五个有利的目标,进行战术性的连续反击,求得歼灭一部敌人并在反复争夺中大量地来杀伤敌人。为配合该三军作战,其他各军亦可以各选一两个目标进行反击之。估计我各处反击,敌必反复争夺,甚至举以报复性的攻势,这就更利于我大量杀伤敌人。

(四)反击战斗发起时间决于九月二十日至十月二十日之间,各部可根据具体情况选定目标及准备程度自行确定战斗时间。但应以准备好为原则,要做到攻必克。

（五）为使各反击战斗达到攻必歼的目的，特提出以下几点：

（1）必须要准备好才打，仓促发起攻击，不仅不能成功，必遭致过大的伤亡，因此担任反击部队的各级步炮指挥员（主攻部队步兵的战斗小组长）对预攻目标、敌情、地形，必须进行反复侦察，甚至派遣精干的小组潜入敌侧后观察，以求得将敌人工事构筑、兵力部署、各种火器（特别是曲射炮火）位置、副防御设置等确实了解，然后下定决心，制定作战部署，确定主攻方向（两三个攻击箭头即可，最好选择在侧后攻击）、兵力使用（二梯队必须紧随一梯队以免为敌炮火隔断，以便及时投入作战）、组织火力、选定与构筑炮兵阵地、构筑冲锋出发地屯兵处，同时进行沙盘作业及选择相似地形进行演习，及进行各种通信联络工具与方法的准备训练，以保证战斗中顺畅的通信联络，调整人员武器及准备各种弹药物资。

（2）在战斗中步炮协同的好坏对胜负能起决定性作用，因此，必须制订周密的步炮协同计划，及有统一的指挥与集中多种通信工具以保证顺畅的联络。炮兵要根据对敌情、地形的了解，制订准确的射击计划，加强前沿观察，阵地尽量前推，要提倡有效的射击（视情况还可先期破坏射击）。要节约弹药（尤其苏式炮弹进口很少，库存亦将用完），特别要发挥迫击炮以下火炮的作用（十二军在这一方面做的还好），各部必须将各阶段各种火炮射击消耗预算报本部审查批示。

大批的炮火集中使用，必须组织各种火器加强对空射击，以求得使我火炮能较完全的进行作战。同时可打下更多的敌机。

（3）各军都配属有一定的坦克，各部可根据地形条件发挥坦克的机动攻击能力，配合步兵冲锋或迂回敌之侧后断敌之逃路和堵击敌步兵、坦克的来援，以锻炼我们年轻的坦克部队。但因都无协同作战经验，必须很好协商计划，要给坦克克服出击道路上的障碍和消灭敌反坦克火器，坦克部队则应大胆、勇敢、机智作战，只有如此，新的兵种才可能逐渐锻炼成熟。

（4）攻击成功后，必须充分预有击退敌人连续反扑与敌反复争夺数天的准备，要知道这正是我诱敌脱离工事，大量杀伤敌人有生力量的良好机会，这样才划算得来，要提倡打阵地前的歼灭战。因此事先必须准备充分的弹药及预备队，占领阵地后，迅速构筑工事改造地形。同时，炮兵在反击成功后亦不宜撤出战斗，而应积极协同步兵击退和消灭敌之连续反扑（事先应有计划）。如果一旦攻击不成，一、二梯队遭受过大伤亡，即不应恋战，应迅速撤出战斗。

以上仰各部研究贯彻执行，并将作战计划电告。

各部队按照上述命令，由原准备防敌局部进攻转为准备反击作战。志愿军首长对反击作战相当重视，邓华亲自计划反击作战炮弹的使用。志愿军首长在未接到中央军委对举行战术反击的批复前，即于9月12日，给第12、第39、第68军下达了准备组织局部反击的预先命令，要求该3个军在换防前，“各选择三至五个目标，进行局部反击战斗，以求得歼敌一部，并争取于敌反扑中，大量杀伤敌人有生力量”。“先进行准备……具体目标自定，以准备打好为原则。”第12、第39、第68军分别作出计划和进行了准备。

第39军早在8月24日的军党委扩大会议上就确定，9月份选择当面敌军连以下兵力防守的几个突出阵地实施攻击，决定由第115师攻击222.9东无名高地（美第2师1个连）和198.6高地（榆岘东南1公里，希腊营1个加强排），由第116师攻击水郁市北山（美第3师1个加强排）和高阳岱西山（美第3师约2个排）。此后，即紧张地进行了战前准备。攻击部队各级干部和战斗组长，进行了实地侦察或潜入敌侧后观察，对敌工事构筑、兵力火力等部署及地形情况有较详细的了解；针对敌情和地形进行了战术演习；还构筑了集结隐蔽部、屯兵点，以缩短冲锋距离，减少出击伤亡。9月12日16时向志愿军总部报告了具体攻击计划，并决定18日开始攻击，除198.6高地攻克后迅即撤离外，其余3点攻克后，均准备以适当兵力控制，诱敌反扑，待将敌杀伤到一定程度后，再决定撤离或固守。

第12军决定以第35师攻击栗洞东南1公里无名高地（南朝鲜首都师1个加强连）和690.1东北无名高地（南朝鲜首都师1个连），以第34师攻击官岱里西1.5公里无名高地（南朝鲜第6师1个加强连），此3点为主要攻击点，攻克后准备打敌反扑，反复争夺，予敌大量杀伤后，视情况决定弃守。为配合该3个点的攻击，以第31师和第34师再选择敌军1个排防守的阵地2~3点实施攻击。于9月25日完成攻击准备，9月底或10月初发起攻击。

第68军决定以第203师于9月底或10月初攻击572.4高地，10月5日至10日间攻击883.7高地，该两高地均为南朝鲜第3师各1个营防守，攻克后均力争固守；视情况攻击949.2高地。以第202师配合第203师作战，攻击1089.6及以南无名高地（南朝鲜第7师1个加强连）。

第65、第40、第38、第15军也作出了攻击计划，第一批共选择11个攻击目标，第二批共选择12个攻击目标，两批攻击目标，均各有1点是敌军1个营或加强营阵地，其余均为连以下兵力防守的阵地。上述两批攻击目标，有1点准备攻克后固守，其余均为攻克后打敌反扑，视情况决定弃守。各军还作出了攻击作战炮弹消耗计划。

各部队在精心准备的基础上，从9月18日开始，陆续展开反击作战。全线反击作战至10月31日结束，历时44天，共分两个阶段。

战术反击第一阶段作战

从9月18日至10月5日，志愿军按照统一的部署和方针，以第39、第12、第68军为主，对“联合国军”展开战术反击，第65、第40、第38军和人民军第3、第1军团，也选择目标进行了反击，从而形成遍地开花的全线性战术反击。

由于第39军战术反击准备工作抓得早，各方面的准备都做得比较好，该军提前于9月18日，同时向222.9东无名高地和高阳岱西山两个阵地发起攻击，拉开了志愿军全线性战术反击作战的帷幕。

222.9东无名高地（即上浦坊东山，美军称之为“老秃山”）是个标高260米高的小山头，原是敌我缓冲区的一个重要制高点，1952年5月末为美军控制。6月以来，志愿军第39军曾先后4次攻击该点，歼美军2个连另1排，但阵地仍为美军控制。阵地守军为美第2师1个步兵连另1个火器排，配有坦克3辆、无坐力炮2门。

9月18日，志愿军第39军以第115师2个连另2个排，在迫击炮以上各种火炮56门、坦克6辆配合下，强攻222.9东第一无名高地，并相机攻击第二无名高地。

17时50分，炮火开始准备。由于两天前就开始对反击目标进行破坏射击，破坏美军工事75%。17时54分，步兵发起冲锋。至18时30分，先后占领第一、第二无名高地，全歼守敌1个加强连。尔后，从19日2时至21日2时，美军以1个连至2个营的兵力，在坦克和炮火掩护下，多次进行反扑。志愿军第115师步兵、炮兵密切协同，均将敌击退。从20日23时至21日1时，美军以密集炮火和夜航轰炸机，向该阵地倾泻炮弹、炸弹10000余发，工事大部被毁，已不利继续坚守，志愿军遂主动撤离。此次战斗，第39军共歼敌1300余人，击毁坦克4辆，击落飞机1架，缴获轻重机枪16挺、自动步枪和卡宾枪35枝。第39军伤亡400余人，达到了预计的目的。

高阳岱西山（即194高地，美军称之为“克利山”）位于马良山东侧、朔宁东南10公里，原为敌我双方的中间地带，7月下旬美第3师占领该地。

志愿军第39军曾一度占领该地，并与美军反复争夺5天，后主动撤离。据守此高地的是美第3师2个步兵排，1个火器排，共135人。

9月18日夜，志愿军第39军以第116师共5个排兵力，在35门野炮、榴弹炮支援下，分4路向高阳岱西山发起强袭。此前，16日至18日，即以炮兵对高阳岱西山美军阵地进行破坏射击，摧毁地堡40余个。

18日20时5分战斗打响。经过20分钟的激烈战斗，全部占领阵地，全歼守敌。尔后以1个连在8个炮兵连组成的炮兵群火力支援下，坚决困守，以求大量杀伤敌人。20日至24日，美军以两个连至1个营的兵力，在炮兵和坦克支援下连续组织反扑，24日，美军以榴弹炮向该高地炮击达半个小时之久，接着步兵发起冲锋。志愿军第39军步兵、炮兵密切配合，均将美军反扑击退。至24日下午，美军停止反扑。这次战斗，第39军伤亡53人，共歼敌600余名，击毁坦克3辆、击伤2辆，缴获轻重机枪25挺、步枪60余枝，巩固地占领了阵地。

9月23日，以第116师1个排袭击水郁市北第二无名高地，将敌逼退，巩固控制了该阵地。26日晚，以第115师2个连强攻198.6高地，12分钟即占领阵地，全歼美第3师2个排后，即主动撤回。

志愿军总部于9月20日，向各兵团、各军和人民军，通报了第39军18日晚攻击222.9东无名高地和高阳岱西无名高地战斗情况，并赞扬第39军“打得很好”。

9月18日晚，第38军为配合第39军第115师反击222.9东无名高地，先后以第113师各两个排，向美军第2师2个排防守的石岘洞北山（美军称之为“猪排山”）进行袭扰性攻击，只用了14分钟，即全歼该阵地守敌两个排，整个战斗打得干脆利落。后美军以1个连兵力进行反扑，连续冲锋6次，均被击退。20时10分，志愿军第38军反击部队主动撤离该地。这次战斗共毙伤敌181名，缴获各种枪140枝（挺）。志愿军伤42人，亡15人。9月19日，志愿军总部向第一线各部通报这次战斗情况，赞扬打得“干脆”，“打得很好”。

第12军早在战术反击开始前的9月6日，就组织第34师1个排和第35师5个班，向690.1东北500米无名高地（狐岘西1公里，编号618，“联合国军”称之为“指头岭”）和座首洞南偏东700米无名高地（编号541，“联合国军”称之为“京畿山”）进行了反击，攻占阵地，尔后陆续投入兵力与南朝鲜首都师进行反复争夺，战至14日，共投入6个连，歼敌1080余人。志愿军战术反击开始后，南朝鲜首都师于18～21日，以2个排至2个连的兵力,连续发动反扑。从6日至21日,志愿军第12军先后击退南朝鲜首都师1个班至1个营的反扑50余次,全歼南朝鲜首都师7个建制排,毙伤敌1952名,自身伤亡582人,在予南朝鲜首都师大量杀伤后,撤出阵地。

9月22日,邓华、杨得志、朴一禹、张文舟联名致电第12军并各兵团、各军及人民军总部,嘉勉第12军:此次作战"予伪首都师以严重打击,打得很好,达到了大量杀伤敌人的目的,望你们再接再厉,不骄不躁,很好总结与吸取经验,争取更多胜利"。

9月底,第12军按计划对官垈里西1.5公里无名高地发起反击。官垈里西1.5公里无名高地,是该军于5月间挤占的阵地,后敌我双方多次争夺,被南朝鲜军占领,由南朝鲜第6师1个加强连防守。

9月29日黄昏,志愿军第12军,利用当面南朝鲜军纵深炮群被吸引到其他方向的有利时机,在南朝鲜第2师正面实行佯动,制造进攻假象,同时以第34师7个班,在轻迫击炮33门、山炮野炮榴弹炮21门、自动推进炮4门和6辆坦克支援下,向官垈里西1.5公里无名高地(金城东偏南3公里)发起攻击。仅仅经过10余分钟的激战,守敌就被全歼。攻占阵地后,在炮兵的有力支援下,连续打退南朝鲜军1个班至1个营兵力的20余次反扑。10月1日20时结束战斗,后主动撤出阵地。此次战斗,第12军共歼敌760余人,自身伤94、亡11人(包括运输部队伤亡在内)。在战斗中,第100团2连班长伍先华,率全班连续炸毁4个暗火力点。当突击分队被南朝鲜军坑道口机枪火力点封锁,难以前进的关键时刻,伍先华毅然决然,抱起炸药包,奋不顾身地冲进敌方坑道,与敌40余人同归于尽,打开了部队前进的通道。战后,志愿军领导机关为他追记特等功,追授一级爆破英雄称号。朝鲜最高人民会议常任委员会授予他"朝鲜民主主义人民共和国英雄"称号和一级国旗勋章、金星奖章。

10月2日,邓华、杨得志、朴一禹、张文舟联名致电各军、各兵团和人民军总部,通报表扬第12军此次战斗,指出:"这个战斗打得很好,其特点是以少胜多,特通报表扬,并望再接再厉,予敌以更多的杀伤。"第二天,联司又转发了该军这次反击作战的经验。

第68军经准备后,于9月28日晚开始,同时向572.4高地和方形山(位于662.0高地东、949.2高地北)发起反击。

572.4高地位于北汉江东岸,为第68军前沿翼侧南朝鲜军的突出阵地,由南朝鲜第3师4个连防守,方形山由南朝鲜第3师2个排防守。这里的工事比较坚固,尤其是572.4高地南朝鲜军已经营10个月,工事更坚固一些，并且是志愿军这次战术反击选择目标中敌军防守兵力最大的一个阵地。9 月 23 日，志愿军总部指示第 20 兵团，必须精心组织，力争能从侧后攻击，确实做到准备充分才打，务求攻必歼。

在有充分准备的情况下，9 月 28 日夜，志愿军第 68 军以第 203 师 4 个连兵力发起反击。经过 7 分钟的火力准备之后，步兵于 21 时 30 分发起冲锋，仅 19 分钟即占领 572.4 东 1、2、3 号阵地。接着，炮火转向 4、5 号阵地(572.4 高地主峰)。22 时 5 分，步兵发起冲锋。南朝鲜军用猛烈炮火进行封锁，两架飞机彻夜助战，步兵以班或排兵力连续进行 11 次反扑，均被击退。志愿军向主峰发起的第一次攻击没有成功。志愿军第 68 军重新组织兵力火力后，于 29 日零时 40 分开始攻击。经过 25 分钟的激战，一举占领整个高地，全歼守敌。

在反击 572.4 高地发起十几分钟后，第 68 军以第 203 师 1 个连，在炮火支援下向方形山发起攻击，只用了 3 分钟就一举占领前沿阵地。尔后采取逐洞逐堡爆破的办法，至 29 日 3 时全歼南朝鲜第 3 师两个排。

9 月 30 日，邓华、杨得志、朴一禹联名致电第 68 军并各兵团、各军和人民军总部，通报表扬第 68 军攻击上述两个阵地的战斗“均打得很好，望在与敌反复争夺中，大量杀伤敌人，争取将阵地守住”。

第 68 军攻占以上 2 个阵地后，从 9 月 29 日至 10 月 2 日 6 时，南朝鲜军在大量炮火(平均每日发射炮弹 2.2 万余发)、数辆坦克和飞机(最多每日达 80 架次)支援下，以 1 个班至 2 个营兵力连续反扑达 65 次。第 68 军在志愿军总部表扬的鼓舞下，以步兵和炮兵密切配合，英勇抗击，成功地击退了南朝鲜军的反扑，巩固地占领了 572.4 高地，前推阵地约 4 平方公里。在这近 5 天的连续战斗中，志愿军第 68 军共毙伤敌 2685 名，予南朝鲜第 3 师 2 个团以歼灭性的打击，缴获炮 7 门、火箭筒 3 具、轻重机枪 24 挺、其他枪支 147 枝，击落敌机 3 架、击伤 10 架。自身伤 383 人、亡 161 人，敌我伤亡比为 5∶1。

除上述反击作战外，从 9 月 19 日至 10 月 2 日，第 65 军对西场里北山、67 高地、86.9 高地 3 个阵地进行 4 次攻击，全歼守敌，巩固占领了西场里北山、67 高地。第 40 军对坪村南山、柞木洞北山 2 个阵地进行了攻击，全歼守敌，巩固地占领了柞木洞北山。人民军第 3 军团和第 1 军团也对 854.1 高地、351 高地进行了攻击。

第一阶段反击作战，历时 18 天，共对“联合国军”1 个班至 4 个连兵力防守的 18 个阵地，攻击 19 次，歼灭美军 1 个连(美第 38 团 8 连)9 个排(美第 38 团 3 营 1 个火器排、第 65 团 2 连 2 个排及 1 个火器排、第 7 团 2 连 2 个排、美 2 师 2 个排、美陆 1 师 7 团 1 个排)，歼灭南朝鲜军 1 个营指挥所(第 10 团第 3 营)、1 个营大部(第 1 团第 1 营)、3 个整连(第 22 团第 7 连和第 8 连、第 2 团第 11 连)、两个连大部(第 27 团第 9 连、第 22 团第 5 连)、17 个排(第 22 团 2 个排、第 2 团第 10 连 3 个排、第 2 团第 3 营通信排和火器排、机甲团 2 个排、第 26 团 2 个排、陆 1 团第 1 连 2 个排、第 6 连 2 个排、第 8 连 1 个火器排另 1 个排)，共毙伤俘敌 9000 余人(内美军约 2000 余人)，志愿军共伤亡 2000 余名，敌我伤亡比为 4∶1，巩固占领了高阳岱西山、水郁市北山、572. 4 高地、西场里北山、67 高地、柞木洞北山等 6 个阵地。

战术反击第二阶段作战

从 10 月 6 日至 31 日，志愿军和人民军进行了第二阶段战术反击作战，这一阶段作战改变了第一阶段各军根据准备情况不等没有统一发起攻击的做法，而于 10 月 6 日晚统一开始动作。

志愿军和人民军第一阶段的战术反击作战，使“联合国军”颇受震动。一位日本记者从汉城发出的报道中写道：“共产党最近差不多在整个战线展开积极进攻，这是值得注意的。部分人士甚至谣传可能会发动全面攻势。共产党的战力已有显著增加，这是一个明显的事实，特别是火力的加强非常显著。”①

9 月 24 日，“联合国军”总司令克拉克飞到朝鲜前线视察，亲自检查战术情况。26 日，克拉克召集“联合国军”战地司令官开会，研讨最新的战场形势及其对策。9 月底，“联合国军”将预备队美第 45 师和南朝鲜第 1 师前调，分别接替南朝鲜第 8 师和美第 3 师防务。但是整个战场部署没有大的变化。

鉴于敌情没有太大的变化，并且志愿军各军预定的第一步反击计划至 10 月 2 日已全部完成。志愿军和人民军联合司令部决定按原定计划，实施第二步反击作战。10 月 3 日 12 时 25 分，邓华、杨得志、朴一禹、甘泗淇、张文舟联名致电志愿军和人民军第一线各部，指出：

---

① 《参考消息》，1952 年 10 月 13 日。

为了分散敌人火力、兵力而予敌更有力的打击，决定第一线各军（军团）之第二步反击作战，统于六日开始动作（具体时间自定），如果没有准备好亦应佯攻，以资配合，望遵照执行，并特别注意保密与节省弹药。

据此，志愿军第一线各军在原准备的基础上，于10月6日晚，在西起临津江口东至北汉江以东文登里，180公里的正面战线上全线动作、遍地开花，开始了第二阶段的反击作战。

志愿军第一线7个军，共组织了1个团另13个连又23个排、35个班的兵力（按使用的建制单位计算），在760门火炮的支援下，同时向“联合国军”防守的23个阵地发起攻击。

第39军对高阳垈（朔宁东南9公里）北山、东北山、东山3个点，198.6高地（朔宁东南5.5公里），上浦防南山南无名高地，共5个阵地进行了攻击，均攻克阵地，全歼守敌。其中，攻克高阳垈北山、东北山、东山后，控制北山和东北山，从10月7日至10日，击退南朝鲜第1师1个排至1个连的21次反扑，巩固地占领了阵地；攻克上浦防南山南无名高地后，7日起控制阵地，10月11日至22日，南朝鲜第1师以1至2个排兵力，进行几次反扑，均被击退，也巩固地占领了阵地。

第12军对栗洞东山（编号611）、690.1东北1.5公里无名高地、座首洞南700米无名高地、官垈里西1.5公里无名高地共4个阵地进行了攻击，全部攻克阵地，全歼守敌。其中，攻克栗洞东山后，经过3昼夜的打敌反扑，巩固地占领了阵地。

第68军对1089.6北200米3个小高地，883.7东山、西北山，938.2东北无名高地共4个阵地进行了攻击，均按计划反击成功，并巩固地占领了1089.6北高地。

此外，第15军对上佳山西北山、381东北无名高地、399.8高地，第38军对394.8高地和281.2高地，第40军对松隅村北山、项洞里西山、坪村南山、201西北山，第65军对86.9高地等10个阵地进行了攻击，其中巩固地占领了上佳山西北山、松隅村北山、项洞里西山和86.9高地4个阵地。

在10月6日晚统一开始的第二阶段战术反击作战中，规模最大、争夺最激烈的，是第38军反击394.8高地和281.2高地的战斗。

这两个高地是“联合国军”在铁原西北的前哨阵地，是其在驿谷川北岸的桥头堡。394.8高地（美军和南朝鲜军称“白马高地”）以东是铁原平原，南面有通往汉城的主要补给线。“联合国军”如果失去394.8高地，在铁原就很难站住脚。因此，在此构筑了相当坚固的防御工事。防御设施层层密布，特别是394.8高地西侧的281.2高地有坑道和钢筋水泥地堡群。这两个高地既是“联合国军”发动进攻的依托，又是志愿军进攻的一大障碍。参加第二阶段反击作战的第38军，决定啃掉这两块硬骨头。

这两个高地均由南朝鲜第9师防守，其中394.8高地为2个营，281.2高地为2个连。由于第38军一文化教员于10月3日叛变投敌，南朝鲜第9师从其口供中得知第38军将要进攻这两个高地，而预先做了防备，控制1个团另1个营作为预备队。除该师属3个榴弹炮营、1个重迫击炮连和1个坦克连外，美第9军为其加强了3个美军炮兵营和1个坦克连，另加强1个南朝鲜军炮兵营。美第5航空队和远东轰炸机指挥部为其提供支援作战的飞机，并专门提供1架用于夜间照明的飞机。这大大增加了志愿军第38军反击的难度。

10月6日晚，志愿军第38军以第114师6个连另2个排，在山炮野炮榴炮116门、自动推进炮4门、坦克8辆的支援下，分5路向394.8高地发起攻击。同时，以第113师3个连另1个排在15个炮兵连的支援下，向281.2高地发起攻击。

攻击394.8高地的部队，于当夜夺取了主峰以北几个山头。但因遭对方炮火猛烈轰击，伤亡过大，加之弹药消耗殆尽，而进攻不很顺利。此后，第38军又先后投入第114师3个营和2个连，战至8日1时27分攻占主峰，歼灭南朝鲜第9师第30团大部。

此后，双方在此展开了激烈的争夺。南朝鲜第9师先后将其3个团全部投入战斗，并得到美国空军和强大炮火的支援，仅美第5航空队即出动战斗轰炸机749架次，发射火箭炮弹750枚，投掷炸弹2700枚、凝固汽油弹358枚；美第9军支援火炮即发射炮弹18.5万发。[①] 在对方猛烈火力的轰击下，志愿军第38军部队英勇顽强，拼力争夺，主峰阵地多次易手。战至10月14日，志愿军第38军已使用5个多团的兵力，军第二梯队已全部用上，继续争夺将会不利。第3兵团请示志愿军总部批准，第38军于10月15日3时全部撤出战斗。第38军与南朝鲜第9师在该高地争夺8天9夜，共毙伤俘敌9300余名（美军战史说南朝鲜第9师损失3500余人，南朝鲜战史

---

① 参见[美]沃尔特·G.赫姆斯：《朝鲜战争中的美国陆军——停战谈判的帐篷和战斗前线》，341页，北京，国防大学出版社，1988。

说伤亡、失踪3422人[①]），击落敌机26架，击伤32架，毁伤敌坦克5辆。志愿军第38军损失也相当重，共伤亡5372名（内亡1748人，伤3062人，伤亡不明562人）。

反击281.2高地的战斗打得也不顺利，10月6日至7日，第38军陆续以第113师6个步兵连、2个机枪连投入战斗，没能夺取预定目标。为配合反击394.8高地和281.2高地，第38军派出5个排攻击凤树洞北山，全歼荷兰营1个排。

反击394.8高地和281.2高地战斗失利的主要原因，是急于求战，反击目标选择不当，地形不利，反击计划泄露等。

志愿军10月6日晚，对“联合国军”两个营以下兵力防守的23个阵地的攻击，除上述两个阵地失利外，其余21个阵地全部攻克，其中有16个阵地全歼守敌、有3个阵地大部歼灭守敌，有两个阵地守敌害怕被歼而自行撤逃。打得“联合国军”，顾此失彼，应接不暇。

10月7日至21日，志愿军第65、第39、第15、第12、第68军又先后反击了“联合国军”11处阵地：第65军7日反击29.5高地。第39军12日反击向阳垈东山、高阳垈北山南小高地。第15军12日反击391高地，21日反击391高地南峰。第12军18日反击栗洞南山、灰古介东北无名高地。第68军10日反击883.7东山腿、方形山东山腿和西山腿、902.8高地东山腿，13日反击1089.6高地西山腿。其中7处反击成功，另有4处反击失利。

反击391高地，是志愿军第15军的预定计划，为配合第38军394.8高地争夺战而发起。391高地（“联合国军”称之为“铁马山”）位于铁原东北10余公里处，东西狭窄，南北两峰耸立，地势险要，工事较坚固，是“联合国军”在第15军阵地右翼的最突出阵地，由南朝鲜第9师1个加强连（计3个步兵排、1个火器排）防守。南朝鲜军占据该高地，可控制周围近10平方公里面积的开阔地带，既可屏障铁原，又可作为向志愿军平康接合部进攻的依托。

志愿军第15军的前沿阵地与391高地之间有3000米宽的开阔地带。为缩短冲击距离，减少发起攻击时的伤亡，增加战斗的突然性，第15军在战斗发起的前一天夜晚，将第29师1个营部率2个连400多名指战员秘密潜

① 参见［美］沃尔特·G.赫姆斯：《朝鲜战争中的美国陆军——停战谈判的帐篷和战斗前线》，341页，北京，国防大学出版社，1988；韩国国防部编：《朝鲜战争》，第4卷，298页，牡丹江，黑龙江朝鲜民族出版社，1988。

入距391高地前沿60米的开阔地。

10月12日晚，在支援火炮70余门、坦克7辆的支援下，突然向391高地发起攻击。炮火准备8分钟后，步兵发起冲锋，仅18分钟，即全部解决战斗，全歼南朝鲜守军，计毙伤俘敌170余名，同时，来援的南朝鲜军2个连也被志愿军预伏部队击退。从第二天起，南朝鲜军不断来反扑。双方激烈争夺至11月29日，第15军先后打退南朝鲜军7个营兵力的数次反扑，歼敌2700余人，巩固地占领了阵地。

在这次攻击发起前的潜伏中，10月12日下午2时许，南朝鲜军的纵深炮火对潜伏区试射了数百发烟幕弹。顿时浓烟四起。烈火烧着了志愿军第15军第87团9连战士邱少云的伪装物和衣服。邱少云疼痛难忍。在他的身后就有一条小水沟，只要他滚向水沟，身上的火就会扑灭，但这样做就会暴露目标。为了潜伏在草丛中的战友的生命安全，为了保证整个战斗的胜利，他严格遵守潜伏纪律，忍受着常人无法忍受的痛苦，硬是一声不响、一动不动，直到英勇牺牲，保证了战斗的顺利发起。战后，志愿军领导机关给邱少云追记特等功，追授一级战斗英雄称号。朝鲜最高人民会议常任委员会追授他“朝鲜民主主义人民共和国英雄”称号和一级国旗勋章、金星奖章。

10月21日，志愿军司令部致电各兵团各军指出：

> 本部九月十四日发布自九月二十日至十月二十日的战术反击令，经一月来第一线各军积极作战，已给美伪敌军以重大打击，我军已在反击中取得很多经验。目前预定秋季接防各军均已开进，敌人经此次打击后，也可能举行报复，为按预定步骤交接防务，迅速完成冬季防寒准备工作，并准备打击敌人可能的报复，即自十月二十二日起，转入正常积极防御作战。

原本第二阶段战术反击已结束，但由于10月14日“联合国军”向上甘岭地区发起“金化攻势”，争夺日趋激烈。为配合上甘岭地区的防御作战，志愿军首长决定战术反击延续到10月底。

从10月23日到31日，志愿军第39军对高旺山西及西北山腿等4个阵地，第12军对690.1北无名高地、芳坪里东北山、科湖里东南山、690.1西北山、芳坪里东偏北无名高地、746.5南山棱线等7个阵地，第40军对坪村南第一、第二无名高地两个阵地，第15军对381东北无名高地、391南峰、275东无名高地3个阵地，第38军对198.3高地，第65军对29.5高地、45.4高地、50高地、七井洞南山4个阵地，进行了反击，除个别目标反击未成功外，大部分目标都被攻克，全歼守敌。至10月31日，全线性战术反击胜利结束。

从10月6日至31日的第二阶段反击作战，志愿军共对“联合国军”的48个目标攻击58次，其中美军防守的9处，法国、荷兰、加拿大军防守的3处，南朝鲜军防守的36处；巩固地占领11处；共毙伤俘敌18900人。

1952年秋季的全线战术反击，是志愿军在转入阵地战以来向“联合国军”发动的有组织有计划的进攻行动，给“联合国军”以沉重打击，使整个战线上的“联合国军”部队穷于应付，疲于奔命，打乱了其行动步骤。

据不完全统计，在整个秋季战术反击期间，志愿军和人民军先后对“联合国军”连、排防御阵地和个别营防御阵地共60个目标反击77次（人民军对3个目标攻击3次），打退“联合国军”排以上兵力的反扑480余次。经过与敌反复争夺，巩固地占领17个阵地。整个战术反击作战，全歼“联合国军”2个营指挥所、10个连、69个排、8个班，大部歼灭其2个团、1个营、7个连、8个排、5个班，共计毙伤俘敌27000余人，缴获各种炮32门、各种枪2373枝（挺），击毁各种炮57门、坦克67辆、汽车74辆，击落敌机183架、击伤241架。志愿军也付出了伤亡10700余人的代价。

志愿军胜利完成战术反击任务后，第39、第12、第68军按计划，于11月初撤出第一线，其防务分别由第47、第67、第60军接替。

这次战术反击作战带有战役的规模，是转入阵地战阶段以来，志愿军贯彻“零敲牛皮糖”、打小歼灭战指导方针最为典型的作战，在1952年春夏巩固阵地作战的基础上，依托坚固防御阵地向“联合国军”有坚固设防的阵地发动攻击，取得了阵地攻坚的新经验。这次反击作战，志愿军在兵力火力的使用上有了很大变化，一般攻击敌军1个连，使用步兵1个连，而使用炮兵则为8～10个连，火炮30～40门，步兵、炮兵间的协同密切，炮兵发挥了重要作用。正如1952年12月16日，由周恩来起草以毛泽东名义给斯大林的电报中所说：“今年秋季作战，我取得如此胜利，除由于官兵勇敢、工事坚固、指挥得当、供应不缺外，炮火的猛烈和射击的准确实为致胜的要素。”①

在志愿军出国作战两周年之际，10月24日，中共中央和中央军委发出由毛泽东起草的贺电，祝贺志愿军战术反击作战取得的胜利，对志愿军战术反击作战给予高度评价。贺电说：

---

① 《周恩来军事文选》，第4卷，310页，北京，人民出版社，1997。

我志愿军协同人民军从九月十八日开始对全线敌军的战术性的反击作战，在一个月内，歼灭和击伤敌军三万人以上，获得重大胜利，中央和军委向你们及全体指挥员战斗员同志致以热烈的祝贺。此种作战，在若干个被选定的战术要点上，集中我军优势的兵力火力，采取突然动作，对成排成连成营的敌军，给以全部或大部歼灭的打击；然后在敌人向我军举行反击的时机，又在反复作战中给敌以大量的杀伤；然后依情况，对于被我攻克的据点，凡可以守住者固守之，不能守住者放弃之，保持自己的主动，准备以后的反击。此种作战方法，继续实行下去，必能制敌死命，必能迫使敌人采取妥协办法结束朝鲜战争。自从去年七月我军采取坚强的阵地作战以来，给予敌军损失的数量，远远地超过去年七月以前在各次运动战中给予敌军的损失数量。而我军的损失则大为减少，其中人员损失，单就志愿军来说，从去年七月以来的十五个月中，比较以前的八个月，平均每月减少三分之二以上（前八个月平均每月为二万五千人，后十五个月平均每月为八千人），这种情况，就是依靠阵地实行上述作战方法的结果。而在九月十八日开始的这一段期间内，则此种作战方法表现为更有组织性和更带全线性，所以特别值得重视。现当志愿军出国作战两周年之际，希望你们总结经验，更加提高组织性，提高战术和节省弹药，更加亲密地团结朝鲜同志和朝鲜人民，在今后的作战中取得更大的胜利。①

① 《建国以来毛泽东军事文稿》，中卷，75～76 页，北京，军事科学出版社、中央文献出版社，2010。

第五十章

上甘岭战役

（参见附图20，序列表15、16）

1952年以来“联合国军”的战场状态

“联合国军”1951年发动的夏季攻势和秋季攻势被粉碎以后，自1951年底以来，在战场上，除以空军和海军的航空兵继续对朝鲜北方进行狂轰滥炸和实施细菌战，企图以空中压力迫使朝中方面接受其在谈判中的无理条件外，其地面部队一直没有大的作为。尽管从1953年12月到1952年4月，美第8集团军司令官范佛里特多次制定发动地面攻势的计划，但由于1951年夏秋季攻势的得不偿失，遭到美国国会和参谋长联席会议的指责，因此，范佛里特的计划都未能得到李奇微的批准。只有1952年4月中旬提出的“筷子16”攻势计划获得了例外。范佛里特的“筷子16”计划，是以南朝鲜军在东线的2个师，在美军空军和炮兵的支援下，攻占南江东南的人民军阵地。李奇微对这一计划没有完全否定，他将是否实施该计划的决定权交给了范佛里特，条件是不得使用美军地面部队。但由于1952年4月底美方在谈判中提出所谓“一揽子”解决方案，又使“筷子16”进攻计划被无限期搁置。①

---

① 参见［美］沃尔特·G. 赫姆斯：《朝鲜战争中的美国陆军——停战谈判的帐篷和战斗前线》，209页，北京，国防大学出版社，1988。

在克拉克接替李奇微任“联合国军”总司令后，范佛里特寄希望于新上任的“联合国军”司令官，于1952年6月10日向克拉克提出发起攻势的建议。范佛里特提出，在美第9军正面以南朝鲜军发起攻势，推进至平康以北新的阵地，以全部控制“铁三角”地区。“这样做，就可以获取有关敌阵地编成的新情报；破坏敌人的补给和储备物资：还给美军火力与韩军山地机动力以相配合的机会，取得协同作战经验”。但克拉克认为，这样做：第一，有可能给正在进行的停战谈判带来不利的影响；第二，该作战计划的预计损失将超过战果利益，得不偿失；第三，假如敌人转入全面反攻，第8集团军目前没有足够的预备兵力；第四，就是进至平康不再扩大战果，那也仅仅多占点死地盘而已，改变不了现状。因此他和他的前任一样顽固，于6月25日否决范佛里特的计划。克拉克主张，在志愿军和人民军兵力占优势、火力加强、后勤补给改善、阵地更为巩固的情况下，“歼敌方法只有一个，即敌人从阵地出来采取进攻时予以决定性打击，他主张，必须待敌进攻，我决不可先敌进攻”。①

进入1952年7～8月间，停战谈判的前景更加暗淡。华盛顿和远东的美国策划者及情报部门专家一致认为，军事压力对共产党没起作用，板门店谈判不可指望。在他们看来，“敌人已经牢牢地站稳了脚跟，他们已经扩充了空中和地面力量，没有任何迹象表明他们准备接受联合国军司令部的有关停战条件”。“情报官员们认为，除非联合国军司令部发动大规模的进攻，扩大这场战争的范围，否则，即使使用足够的军事压力，也不能使敌人迅速结束这场战争。鉴于联合国军司令部并没有扩充军备力量的可能，在未来的时间里发动大规模进攻是不可能的，战斗仍只能限制在一些小范围内，由此可见，要想使这场战争的局势发生一个戏剧性的变化，前景仍是渺茫的。”②

与“联合国军”的情况相反，志愿军和人民军在构筑以坑道为骨干的坚固防御阵地的同时，1952年在战场上采取战术上积极活动的方针，特别是1952年3月底以后，营连规模的不断主动出击、抢占阵地、狙击活动

① 见韩国国防部编：《朝鲜战争》，第4卷，3～4页，牡丹江，黑龙江朝鲜民族出版社，1988；［美］沃尔特·G.赫姆斯：《朝鲜战争中的美国陆军——停战谈判的帐篷和战斗前线》，326～327页，北京，国防大学出版社，1988。

② ［美］沃尔特·G.赫姆斯：《朝鲜战争中的美国陆军——停战谈判的帐篷和战斗前线》，329～330页，北京，国防大学出版社，1988。

等等,战场上非常活跃,并将正面战线斗争的焦点推向“联合国军”阵地。由于运输的改善、阵地的巩固、武器装备的加强,而越战越强,越战越主动。

面对这种形势,美国参谋长联席会议与克拉克协商,寻找战场上军事胜利的方法,结果认为所有颇具规模的作战计划都是行不通的,克拉克表示,他在地面战线上已无能为力了。美国陆军战史写道:“我们面临着士气高昂的敌人,他们力量相当雄厚,他们占领了第一流的、结构完善的有防御纵深的阵地,并且源源不断地得到后勤力量的支援。显而易见,在这些情况下,以目前有限的力量去指挥当前这场战争,要想发动积极的进攻,谋求军事上的胜利,以我们的条件达成停战协定是行不通的。只有增加兵力,解除某些限制,远东司令部才能发动强化战争,才能在不‘付出很大生命代价的同时有希望获得成功’。克拉克认为,除非远东司令部打算把这场战争打到鸭绿江,否则,它不应该在决定性进攻时承受固有的损失。他觉得,攻打不大不小的目标将使美军损耗很大,况且是没有意义的。”①

总之,无论美国参谋长联席会议,还是东京的“联合国军”总部均认为,以重大伤亡代价换取山头是不合算的,即使打下一些山头对谈判结局也无决定性影响。“联合国军”总部抱怨有限战争束缚了他们的手脚,限制了他们在战场上的行动。而且,美国在世界各地驻军,战线太长,兵力分散,弹药供应不足,装备生产跟不上,经费预算紧张。在这种情况下,美国当局和战场指挥官都感到无可奈何,打无力痛快地打,不打又难以忍受,从上到下都处于一种无可奈何的悲观状态。

志愿军和人民军发起的全线性战术反击作战,几乎是攻则必克,攻则必歼。“联合国军”在正面战线陷入更加被动的局面。

《韩国战争史》中写道:共军“从 1952 年 4 月至 9 月,在整个战线的前沿不断挑衅,到 10 月初,全面发起高地争夺战”。“被我 1951 年秋季攻势迫居守势的敌人,过了一年,从 1952 年入秋开始,反而转入积极进攻”。“相反,我军却一如既往,采取守势,因而不可避免地在作战上丢失先机之利,在战争精神上处于萎靡状态。”②美国陆军战史也承认:1952 年“9 月底

① ［美］沃尔特·G. 赫姆斯:《朝鲜战争中的美国陆军——停战谈判的帐篷和战斗前线》,372 页,北京,国防大学出版社,1988。

② 韩国国防部编:《朝鲜战争》,第 4 卷,308 页,牡丹江,黑龙江朝鲜民族出版社,1988。

10月初,种种迹象表明,共产党已经越来越明显地掌握了地面作战的主动权"①。

"联合国军"发动金化攻势

1952年10月6日,美国陆军参谋长柯林斯偕"联合国军"总司令克拉克等人,再次到南朝鲜视察,与在朝鲜的美军高级将领范佛里特等人及南朝鲜总统李承晚会面,分析志愿军和朝鲜人民军发起全线性战术反击后的形势。他们认为志愿军和人民军战术反击的目的,是想迫使"联合国军"方面接受朝中方面在谈判中提出的关于全面遣返战俘的方案,在志愿军和人民军的打击下"联合国军"在战场上已失去先攻之利。

为了政治上的需要,同时也为鼓舞一下部队的士气,并对志愿军的战术反击进行报复,"联合国军"地面部队指挥官、美第8集团军司令范佛里特,建议采取行动,在美第9军前线发动一场有限目的的进攻。

10月5日,他在给克拉克的信中说:"为了扭转局势,我们必须首先采取小规模的进攻行动,使敌人陷于被动的防守地位;目前我们都是为应付敌人的进攻而采取防守行动,致使我们遭到了1951年10月和11月以来所有战斗中最惨重的伤亡。"为扭转当前战局,范佛里特建议采纳美第9军名为"摊牌"的行动计划。范佛里特说,在金化以北不到3英里的地方,美第9军和敌人的军队都设有工事,双方间隔只有200米。在598高地(即597.9高地,美军也称"三角山")和该高地东北面大约1英里多的地方有一条从西北伸向东南的狙击兵岭山脉(指537.7高地北山),那里的敌人正好卡住了我方的咽喉,故此死伤就相应要大得多。假如能把敌人驱逐出这些山头,他们将不得不后撤到1250码(合1143米)以远的另一个防守阵地。考虑到目前弹药库存所能提供的最大火力以及空中力量的最大近战支援,美第8集团军司令对"摊牌"计划的实现是乐观的。②

虽然克拉克过去曾反对夺取高地的冒险行动,但现在情况不同了。第

① [美]沃尔特·G.赫姆斯:《朝鲜战争中的美国陆军——停战谈判的帐篷和战斗前线》,346页,北京,国防大学出版社,1988。

② 参见[美]沃尔特·G.赫姆斯:《朝鲜战争中的美国陆军——停战谈判的帐篷和战斗前线》,346~347页,北京,国防大学出版社,1988。

七届联合国大会即将于10月14日开幕，朝鲜问题将要提交新一届联合国大会讨论，美国当局需要“联合国军”在朝鲜军事行动的配合，以占据政治上的有利地位。同时，给参加“联合国军”的其他国家一点“胜利”刺激，让他们投入更多的金钱和生命。在停战谈判中美方迫使朝中方面接受其企图强迫扣留战俘的“自愿遣返”原则，遭到坚决拒绝的情况下，9月27日，杜鲁门写给克拉克一封信，在这封信里，指令克拉克，如果共产党仍不接受“自愿遣返”原则，那么联合国军司令部代表将无限期休会，最重要的是“不能减少军事压力”①。

鉴于此，克拉克认为军事上的压力是必须的。“摊牌”将可以非同寻常地创造一个好机会，可以不付出过大的牺牲就能拿下一些阵地。假如一切按计划行事，仅美国第7师和南朝鲜第2师各1个营就可以圆满完成这一使命。野战司令官们估计，此行动将进行5天，由于有200多架次飞机和16个炮兵营280余门大炮的支援，步兵不会遇到很大的障碍，只要付出200人的伤亡代价就可达到目的。按照杜鲁门的指令，10月8日，美方代表单方面中断谈判会议，宣布无限期休会。同一天，克拉克批准了“摊牌”计划。②

范佛里特“摊牌”计划的攻击目标，是志愿军在上甘岭地区防守的597.9高地和537.7高地北山。

上甘岭是志愿军中部战线战略要点五圣山的前沿阵地，位于五圣山主峰南4公里处。五圣山位于金城、金化、平康这一三角地区的中央，主峰海拔1061.7米，是战线中部地区的最高峰。它西临平康平原，东扼金化经金城到东海岸的公路，南距“联合国军”占据的金化只有7公里。

597.9高地和537.7高地北山，均位于上甘岭以南，537.7高地北山在东，597.9高地在西。这两个高地互为犄角，是五圣山的屏障，可直接瞰制金化东北“联合国军”防守的鸡雄山阵地和金化以南开阔地带，总面积3.7平方公里，由志愿军第15军第45师第135团各1个连防守。

537.7高地北山和“联合国军”占据的537.7高地共处一条山梁，两个阵地相距只有150米。该阵地位置极为重要，是志愿军防御的要点，它可直

① ［美］沃尔特·G.赫姆斯：《朝鲜战争中的美国陆军——停战谈判的帐篷和战斗前线》，312页，北京，国防大学出版社，1988。

② 参见［美］沃尔特·G.赫姆斯：《朝鲜战争中的美国陆军——停战谈判的帐篷和战斗前线》，347页，北京，国防大学出版社，1988。

接控制金化至金城的惟一公路，控制“联合国军”中线与东线的连接点。在志愿军开展“冷枪冷炮”狙击活动中，“联合国军”过往车辆和人员成为志愿军狙击的目标，故“联合国军”称 537.7 高地北山为“狙击兵岭”。

597.9 高地由 3 个小山头组成，最高峰在南面，“联合国军”称之为“三角形山”。该高地与“联合国军”占据的鸡雄山北南对峙，中间仅隔有一条公路。志愿军将山上重要无名高地分别编号，以便使用炮火和作战指挥。597.9 高地共编为 14 个阵地：沿两条山脊，形成一个前三角形，编为 8 个阵地，即西北方向山脊从后到前分别编为 6、5、4、0 号阵地，东北方向山脊从后到前分别编为 2、8、1、3 号阵地，3 号阵地是前三角的顶点，是主峰。在 3 号阵地西南是 10 号阵地，在 3 号阵地正面是 9 号阵地，再往东南是离“联合国军”最近的 7 号阵地。山脚东面是 11 号阵地，其西南是 14 号阵地、东南是 15 号阵地。第 11、第 15 号阵地东北面就是小村庄上甘岭，其东面有一条山间公路，公路以东就是 537.7 高地北山。

10 月 2 日，南朝鲜第 2 师一个参谋投诚，供称将向这一地区发动攻势，志愿军第 45 师遂将防守该两高地的兵力分别增加到 1 个营。

志愿军占据五圣山及前沿上甘岭 597.9 高地和 537.7 高地北山，使“联合国军”倍感难受。志愿军上甘岭地区的这两个阵地因向“联合国军”战线突出约 12 公里，受到“联合国军”西面阵地、南面鸡雄山、东北面注字洞南山三面火力夹击，防守起来也很不容易。上甘岭有失，五圣山就直接受到威胁；五圣山若失，“联合国军”居高临下，志愿军在平康平原就很难立足。因此志愿军必须守住上甘岭。上甘岭成为两军必争之地。

范佛里特决定由美第 9 军指挥的美第 7 师和南朝鲜第 2 师担负“金化攻势”的任务。在进攻开始前，调整了部署，由美第 7 师第 31 团接替鸡雄山南朝鲜第 2 师 1 个连的阵地，作为其进攻集结地；将美第 9 军预备队美第 40 师从加平调至金化西南芝浦里、云川里地区；将原属美第 1 军指挥的美第 3 师调至铁原西南归美第 9 军指挥。为隐蔽进攻上甘岭的企图，利用夜间增兵，白天用汽车载少量兵员后运，在坦克上插上旗子沿金化、铁原公路向西开，给人以将进攻西方山的假象。

范佛里特经过准备后，于 10 月 14 日发起了“金化攻势”，以美第 7 师攻击 597.9 高地，以南朝鲜第 2 师攻击 537.7 高地北山。

从 10 月 14 日至 11 月 25 日，志愿军为粉碎“联合国军”的“金化攻势”，进行了著名的上甘岭坚守防御作战，与“联合国军”持续争夺 43 昼夜，粉碎了“联合国军”的进攻，取得了坚守防御的胜利。整个战役，共分 3 个阶段。

上甘岭战役第一阶段作战

从10月14日至10月20日，为上甘岭战役第一阶段，志愿军顽强抗击“联合国军”的进攻，不断进行反击，表面阵地昼失夜反，反复争夺。双方争夺的重点在597.9高地。

从10月12日起，“联合国军”以大量空军和炮兵，对志愿军五圣山主阵地、上甘岭和597.9高地、537.7高地北山，进行了持续两天的火力轰击。10月14日，在经过了两个小时的直接炮火准备后，“联合国军”于当日5时开始，以美第7师第31团全部、南朝鲜军第2师第32团全部、第17团1个营，共7个营的兵力①，在300余门大炮、27辆坦克、40余架飞机的支援下，分6路向志愿军第45师135团防守的两个高地，发起猛烈进攻。

“联合国军”的来势很凶，第一天即向志愿军的两个阵地及其周围发射了30余万发炮弹，投掷500余枚炸弹，并分别以1个排至1个营的兵力多路多梯次地发起冲击，企图一举拿下两个高地。每一次冲击，都以强大炮火对阵地进行压制和破坏，并以航空兵集中封锁压制志愿军纵深指挥所、观察所和炮兵发射阵地。高地上的野战工事全部被摧毁，阵地的石土被炸松，变成了一片焦土。这是朝鲜战争中单位面积火力密度的最高纪录。

为配合对上甘岭的进攻，分散志愿军的注意力，美军第7师和南朝鲜军第9师共4个营的兵力，分别向上甘岭附近志愿军第15军第44、第29师正面的几个高地发起进攻；第二天，“联合国军”6艘航空母舰、4艘巡洋舰、30余艘驱逐舰和驻日美军骑兵第1师一部，在朝鲜东海岸高城以东海面举行近于实战性质的“敌后实战演习”。美军舰炮和航空兵对东海岸人民军阵地进行猛烈轰击，还有30余架运输机从正面战线飞过，配合演习。但是志愿军没有上当。

防守上甘岭地区的志愿军第15军（军长秦基伟、政治委员谷景生、副军长周发田、参谋长张蕴钰）配属有榴弹炮第20团、第11团1个营、第60军炮兵营、火箭炮第209团、坦克独立第1团3个连。其右邻为第38军，左

① 这里使用7个营的说法是根据志愿军的材料。美军战史和南朝鲜军战史说，美军和南朝鲜军各使用2个营的兵力，这已大大超过克拉克预先的用兵计划。

邻为第12军。

在1952年8月底9月初,志愿军进行防敌进攻准备时,第15军判断,如果当面敌军进攻,可能指向西方山或五圣山两个方向,于是在兵力部署上以这两个方向为重点。以第44师并指挥第29师第87团守备发利峰、王在峰、西方山、斗流峰地区;第45师守备五圣山、忠贤山地区;第29师(欠2个团)守备灵台、甄峰地区;第29师的第86团为军预备队。其中,五圣山及以南的上甘岭地区由第45师第135团防守。与此同时,加强了防御工事的构筑,前沿各支撑点都构筑有坑道、明暗火力点、堑壕和交通壕等,形成了环形防御阵地。在597.9高地和537.7高地北山两个支撑点,即构筑了48条长10米以上坑道和大量防坦克壕,设置了障碍物,埋设大量地雷。坑道内部的战斗设备得到加强,囤集了粮弹等物资。

根据志愿军总部和第3兵团关于战术反击的指示,第15军参加了战术反击作战,从10月6日开始,先后对上佳山西北山、381东北无名高地、399.8高地、391高地、275东无名高地等进行了反击,并准备以第45师于10月18日,向注字洞南山南朝鲜第2师1个加强营的阵地实施反击,准备参加反击的炮兵(榴弹炮24门、野炮11门、山炮8门、火箭炮24门、高炮7门)于10月8日已进入阵地。

10月14日,"联合国军"向上甘岭发起进攻的当天,志愿军第45师准备反击注字洞南山的炮兵来不及变换阵地,能够支援步兵作战的只有榴弹炮3门、山炮6门、野炮6门。因此,志愿军第135团担任防守的两个营,主要依靠步兵火器依托各个暗火力点,抗击密集冲锋之敌,击退敌军多次冲锋,予敌严重杀伤。到中午时,两个阵地的地面工事已全部被毁,激战至17时,表面阵地大部被敌占领,守备的志愿军2个营伤亡较大,遂全部退守坑道作战。下午,第45师及时调整炮兵部署,当晚全部投入战斗。

当晚7时,志愿军第15军首长和第45师首长,以第135团3个连另2个排,在炮兵的支援下分4路展开反击。经3个小时的战斗,在转入坑道部队的有力配合下,全部恢复阵地。在这次反击中,第135团第7连2排排长孙占元率领突击排反击597.9高地2号阵地,亲自带领1个班开辟反击道路。他沉着组织爆破,很快拿下2个火力点,歼敌80余人。在两条腿被炸断的情况下,仍然坚持战斗。当美军冲到他身边时,他勇敢地拉响手榴弹,将冲上阵地的敌人炸死,自己也壮烈牺牲,保证了反击战斗的胜利。第15军党委追认孙占元为"中国共产党模范党员"。志愿军领导机关为孙占元追记特等功并追授一级战斗英雄称号。朝鲜最高人民会议常任委员会授予孙占元"朝鲜民主主义人民共和国英雄"称号和一级国旗勋章、金星奖章。

为迎击"联合国军"对上甘岭地区更大的进攻，14 日晚志愿军第 15 军和第 45 师除将准备反击注字洞南山的炮兵支援上甘岭作战外，并调第 134 团和第 133 团各 1 营，作为 597.9 高地和 537.7 高地北山的预备队，增加两阵地防御力量。

当日晚，志愿军第 15 军后勤部也召开党委常委会、根据战况和军首长的作战决心，对后勤部署进行了调整，将主要力量用于五圣山方向。后勤第 2 分部根据志愿军总部的指示，决定除第 9 大站继续供应第 15 军外，第 6 大站、第 17 大站、第 28 兵站医院、第 13 兵站医院均有保障第 15 军作战之任务。为缩短运输距离，由后勤第 2 分部将供应第 15 军的弹药物资送至该军第 2 兵站。同时为保障运输安全，对防空哨部署进行了调整。

10 月 15 日 14 时 30 分，志愿军总部指示第 15 军并第 3 兵团：

根据三十八军反击三九四点八高地的经验教训，在目前要打敌人一个加强营的阵地所付的代价太大(伤亡与消耗)，敌必拼死夺回，最后亦难控制。目前敌经我连续反击后，均已加倍准备，且敌正在向你军正面发动局部进犯，因此你军应集中力量，准备粉碎敌人的任何进犯，并组织不断的小反击作战，求得大量毙伤敌人，多取得经验。反击注字洞南山暂不进行为宜。

克拉克和范佛里特大大高估了"联合国军"部队的作战能力，也大大低估了志愿军的防守能力。"摊牌"作战"一开始就挨了中国军队当头一棒"。[1] 第一天的进攻，什么也没有捞到，可伤亡已达 2000 多人。但范佛里特不甘心第一天进攻的受挫，继续投入力量进行争夺。

从 15 日起，范佛里特又先后投入两个团又 4 个营的兵力，在炮兵、坦克和飞机的支援下，轮番进攻。志愿军第 15 军也不断投入兵力火力，以顽强抗击和适时反击相结合，与"联合国军"展开激烈争夺。双方激战至 17 日，两个高地的表面阵地多次被"联合国军"占领，志愿军第 15 军又多次组织反击夺回。至 18 日晚，两个高地的表面阵地再次被"联合国军"占领。志愿军第 15 军秘密向两个高地的坑道内输送了兵力，准备 19 日反击，恢复表面阵地。

① ［美］沃尔特·G. 赫姆斯：《朝鲜战争中的美国陆军——停战谈判的帐篷和战斗前线》，347 页，北京，国防大学出版社，1988。

19日晚，志愿军第45师组织第134和第135团共3个连，在火箭炮第209团一次齐放和其他炮火支援下，对占领597.9高地的美军发起反击。在坚守坑道部队的配合下，至20日1时，全歼占据597.9高地表面阵地的美第7师共5个连，全部恢复了表面阵地。与此同时，以3个连在炮火的支援下，于19日晚，全部恢复了537.7高地北山阵地。

在反击597.9高地的战斗中，反击部队在夺回该高地西北山脚后，被美军占领的“0”号阵地火力所阻。志愿军第135团第2营副参谋长几次组织爆破手爆破，但都没有成功。这时，离上级要求攻上高地的时间只剩下40分钟。时间紧迫，不歼灭“0”号阵地美军火力点，就不能全部夺回失去的阵地。该营通信员黄继光挺身而出，要求去炸掉这个火力点。他带领两名战友吴三羊、肖登良执行爆破火力点任务。当前进到离该火力点三四十米时，黄继光的两名战友先后牺牲或负重伤，黄继光自己也负了重伤，但他继续向美军火力点爬去。在距离美军火力点5米时，他挣扎着用左臂支撑起身体，用力将最后一颗手雷掷向美军火力点。随着手雷的炸响，“0”号阵地美军狂吼的机枪顿时成了哑巴。突击队发起冲锋，突然，“0”号阵地美军残存下来的两挺机枪又响了起来，突击队的指战员被压在山坡上。此时黄继光手里已经没有武器了。他瞄了一眼还在吼叫的火力点，以顽强的毅力爬到机枪口，并突然站起来用自己的身体堵住狂喷的火舌，为部队前进开辟了道路，保证了反击的胜利。为表彰黄继光烈士的英雄事迹，根据他生前的志愿，志愿军第15军党委追认黄继光为中国共产党党员，授予“模范团员”称号；志愿军领导机关给他追记特等功，并追授他特级战斗英雄称号；朝鲜最高人民会议常任委员会授予他“朝鲜民主主义人民共和国英雄”称号和一级国旗勋章、金星奖章。黄继光的名字和光荣事迹，被刻在上甘岭背后五圣山的石壁上。他的英名与日月同辉，与上甘岭和五圣山同在。

10月20日5时，“联合国军”在30架飞机和强大炮火支援下，以美军和南朝鲜军各1个营，向志愿军阵地进行拼命反扑。激战一日，志愿军因伤亡过大，弹药消耗殆尽，除继续控制597.9高地西北山脚4、5、6号阵地外，其余表面阵地先后被“联合国军”夺去，两个高地的志愿军部队全部转入坑道坚守。

至此，上甘岭战役第一阶段作战结束。这一阶段作战的特点是，“联合国军”白天进攻，志愿军夜间反击，双方都不断增加兵力，在两个高地上进行反复激烈争夺。“联合国军”先后投入17个步兵营的兵力（美军9个营、南朝鲜军8个营）。志愿军第45师也先后投入21个步兵连兵力。志愿军有组织有计划的夜间反击进行了7次,其中3次全部恢复阵地,4次部分恢复阵地,共歼敌7000余人,自身也伤亡3200余人。

10月26日,邓华、杨得志、朴一禹、张文舟、王政柱(志愿军副参谋长)、杜平联名致电第15军并转第45师全体同志,同时通报各军各兵团和人民军总部,嘉奖第15军上甘岭作战。电报说:

十月十四日,敌纠集美七师、伪二师及大量空、坦、炮的配合下,向金化以北我十五军四十五师防守之五九七点九高地及五三七点七以北高地进攻。敌人吹嘘为一年来的"最大攻势"。但在我四十五师及炮兵部队坚决顽强的防御与积极反击作战下,至今激战十三昼夜,杀伤敌军八千余人,予进犯之敌以迎头痛击,虽山头阵地已变为焦土,但我仍始终坚守着坑道。我坑道部队不仅每次都主动有力地配合了反击作战,还独立自主地反击敌人。你们这种坚决顽强的积极作战,殊堪嘉奖。除通令表扬外,并望继续努力,再接再厉,彻底粉碎敌人的进犯。

上甘岭战役第二阶段作战

从10月21日至10月29日,为上甘岭战役第二阶段,转入坑道的志愿军第15军部队在极其艰苦的环境中与"联合国军"继续展开斗争,坑道外的志愿军第15军部队积极为决定性的反击做准备。

本来"联合国军"发动这次攻势,是为了扭转被动局面。但是,结果却是付出如此重大伤亡。志愿军的战术反击几乎是攻无不克,攻无不歼。而"联合国军"集中了那么多兵力和火力,只是攻击两个小小的山头,连攻7天都不能解决问题。无论作战的时间、使用的部队和人员的伤亡,都大大超出了克拉克和范佛里特的原定计划。这不免使克拉克和范佛里特觉得大失"联合国军"的面子。为了挽回面子,只好硬着头皮,继续干下去。克拉克后来说:"这个开始为有限目标的攻击,发展成为一场残忍的挽救面子的恶性赌博。"①

① [美]马克·克拉克:《从多瑙河到鸭绿江》,72页,台北,台湾黎明文化出版公司出版,1956。

10月21日以后,“联合国军”一面以各种手段围攻坚守坑道的志愿军部队,一面为继续实施进攻而调整部署。10月25日将遭受严重打击的美第7师撤出战斗(美军战史说,该师9个步兵营中有8个营参加了为期12天的战斗,死伤达2000人①),将夺取上甘岭两个高地的任务全部交给南朝鲜第2师,并调南朝鲜第9师作为预备队。

对此,南朝鲜人非常恼火。《韩国战争史》这样写道:“此次战线调整的实质是,在军团‘摊牌作战’同一计划下,美第7师同第2师并肩作战,进攻并占领,‘三角’高地。然而,因敌人顽强反击,截至25日的12天内,先后投入9个步兵营作战,伤亡2000多人,战斗演变成持久战,因而将美7师的防线交给了韩第2师。结果,第2师单独担负了中部前线的要地。当时军团的这一措施立刻激起舆论,给人一种只顾减少美军伤亡的印象”②。

当时任南朝鲜第2师师长的丁一权战后回忆说:“美第7师尽管受到重大损失,都始终未能坚守住三角高地群。美军感到束手无策,请求我师担任此项任务,我师下属第17、第31、第32、第37等4个团,就答应下了。”接替丁一权任师长的姜文奉说:“那本来是预定由美第7师担任的进攻任务。可是它每天付出200多人的伤亡也夺不回来,受到报纸的抨击。因此,把此项任务交给了我师。换句话说,是叫我们当美国兵的替身。所以在接受换班命令时,我就感到美国人、南朝鲜人同样都是人,这不是叫我们替他们牺牲吗?”③

面对“联合国军”的“赌博”,志愿军也决心打下去,决心全部恢复上甘岭地区的两个阵地。为此,志愿军首长决定,将原定于10月20日结束的战术反击作战延续到10月底,以配合上甘岭地区防御作战。

20日,志愿军第15军军长秦基伟、副军长周发田、参谋长张蕴钰,请示第3兵团首长:决定以第44师1个团接替第29师1个团的防务,以第29师接替第45师除597.9高地和537.7高地北山以外的全部防务,而集中第45师“全力执行反击作战,直到全部恢复原有阵地为止”。从军直属单位抽调400人补充第45师。同时建议兵团再调1个榴弹炮兵营参加反击作战。

① 参见[美]沃尔特·G.赫姆斯:《朝鲜战争中的美国陆军——停战谈判的帐篷和战斗前线》,354页,北京,国防大学出版社,1988。

② 韩国国防部编:《朝鲜战争》,第4卷,333页,牡丹江,黑龙江朝鲜民族出版社,1988。

③ 丁一权会见日本记者的谈话,1976年7月30日和8月5日。

第3兵团首长(副司令员王近山、副政治委员杜义德、参谋长王蕴瑞)当天就作了批复,同意第15军的决定,除决定再调1个榴弹炮兵营配属第15军作战外,并根据志愿军首长的指示,令刚刚撤出第一线从第20兵团归建准备到谷山地区休整的第12军,以第91团调平康地区作为第44师预备队,后又决定第12军第31师全部返回前线,归第15军指挥,第34师也做好参战准备。

10月21日晚,志愿军代司令员邓华在电话里勉励第15军,并指出:目前敌人成营成团地向我阵地冲击,这是敌人用兵上的错误,是歼灭敌人的良好时机。应抓住这一时机,大量杀伤敌人。我继续坚决地战斗下去,可置敌于死地。

根据上述精神,10月25日,志愿军第15军召开作战会议,研究敌我情况,检讨前一段作战的战术,确定继续争夺的措施。决定10月30日首先对597.9高地实施决定性的反击,击退敌人,恢复并巩固阵地。为此,决定将第29师第86团除担任第一线防御的部队外,抽5个连和第85团担任防御第二梯队的营,投入597.9高地的决定性反击;第29师第87团也抽5个连投入537.7高地北山的作战。第12军第91团从第44师方面调来,作为597.9高地的预备队。同时决定加强粮食弹药的运输和囤积。因第45师力量消耗较大,第3兵团和第15军共抽调1200名新兵补充第45师。

为增强火力,确保决定性反击的成功,从10月23日至11月2日,第3兵团增调炮兵第7师2个营,炮兵第2师5个加榴炮连,第60军野炮2个连。上甘岭地区志愿军山炮、野炮、榴弹炮数量增加到133门。志愿军总部又调高炮第610团和1个工兵营配属第15军。

为保证反击所需粮食弹药,志愿军后方勤务司令部和第15军组织力量进行了火线运输,第15军从机关中动员大批人员和军后勤部4个汽车连(队),全部投入上甘岭方向的运输。第45师组织3000多人、500多匹牲畜、40多辆马车参与运输。第29师也抽调3个营突击抢运弹药。

第44师和第29师第85团加强正面反击作战,以牵制敌人。从10月20日至30日,两次反击381东北无名高地,与“联合国军”激烈争夺391高地,第85团进行6次小型反击和袭击。这些活动有效地牵制了当面敌军,有力地配合了上甘岭地区的决定性反击准备。

10月27日,第3兵团首长王近山、杜义德、王蕴瑞发出关于准备长期打下去,争取全部恢复阵地的指示。该指示对上甘岭地区作战进行了全面分析后指出:

朝鲜战场上敌二线目前仅有美四十师可机动使用，如果我们能把美七师打残。迫使美四十师接替其防务，这样敌人在朝鲜战场上的二线机动部队只有三个遭受我严重打击进行整补的师，如果我们同时也给伪二师以惨重打击，那就再没有部队来接替它了。这样就会使敌人逐步转入被动，因此这一战斗对朝鲜战局意义很大。……这次战斗最后的结果，估计两个可能：一、经过再给敌人以大量杀伤将敌击退，阵地全部恢复，但还需要经过一段艰苦困难的斗争。二、敌将我……阵地占去……使我五圣山主阵地暴露，这样对我极为不利，尔后则困难更多。因此，我们决心坚决打下去，力争第一个前途。……根据目前情况看来，这个战斗是要持续下去，我们首先必须树立长期打下去的思想，绝不可操之过急，应准备与敌进行多次的反复争夺，逐渐的消耗杀伤敌人，达到大量杀伤敌人。一个坑道，一个山头的争夺，达到恢复阵地，有机会则大反击，无机会则小反击，以小反击创造大反击的条件。总之要持续地打下去。因此，部队应采取轮番使用，四十五师应加速整补，待九一团用上后，四十五师仍准备继续作战，明确树立边补边打的思想。

第3兵团的这个指示，还对在敌优势火力下兵力的使用、炮火的组织以及坑道战术问题提出具体要求，提出："兵力使用上应恰当地解决大小结合的问题，发扬小兵群战术动作，夜间组织多次的班排小组的反击，以减少伤亡，扰乱敌人疲劳敌人，不使其做工事，适时再组织连营兵力向敌举行反击，恢复阵地，但必须注意讲究战术，在反击时间及出击道路、兵力大小等，不要形成规律为敌掌握。"

在进行上述各种决定性反击准备的同时，第15军令第45师重点转入坚守坑道作战，以争取时间，为决定性反击创造条件。

这期间，敌我双方在两个高地上的战斗主要是坑道争夺战。"联合国军"采取了种种残酷的手段，破坏坑道，企图歼灭坑道内的志愿军部队：用飞机、大炮对主要坑道进行狂轰滥炸；在坑道口上面挖掘深沟，用炸药爆破；向坑道口内投掷炸弹、炸药包、爆破筒、手榴弹、汽油弹、硫黄弹、毒气弹，或用火焰喷射器喷；用石土、麻袋、成捆铁丝、铁丝网封堵坑道口；组织兵力、火力封锁坑道口，或在坑道口建碉堡、设障碍，断绝坑道内外交通，等等。无所不用其极。

志愿军退守坑道部队的坚守作战极其艰苦。有的坑道被炸塌，坑道口被堵，坑道空间缩小，人员行动极为困难；坑道内空气极度污浊，硝烟、毒气、血腥、粪便和汗臭充满坑道，常引起人员窒息；粮弹缺乏，特别是饮水困难，有时要以饮尿止渴，甚至连尿都没有……坑道内志愿军忍受着种种常人无法忍受的困难，特别是伤员更加痛苦。留在坑道内的卫生员，想方设法克服困难，护理伤员。第135团卫生员任祥带领另2名卫生员，坚持坑道斗争9昼夜，抢救护理伤员270人。

在这样令人难以想象的困难条件下，坚守坑道的志愿军各部队，依靠坑道内党组织的坚强领导和强有力的思想政治工作，顽强地坚守着坑道，并频频出击，不断给阵地上敌人以杀伤。

志愿军第134团第3营8连，坚守597.9高地1号坑道14昼夜。该连原参战人数135人，在艰苦的坑道战中，先后补充了来自16个建制连的335人。8连（连长李保成、指导员王士根）党支部充分发挥战斗堡垒作用和党团员干部的模范带头作用，及时整顿组织，反复宣传动员，以8连的光荣历史教育战士，使该连保持了高昂的斗志。坚守坑道期间，进行大的反击13次，班、排小反击80次，小部队出击12次，以伤亡254人的代价，歼敌1760余人，缴获轻、重机枪53挺、枪600余枝，为巩固和恢复597.9高地作出重要贡献。战后经志愿军政治部批准，为该连记特等功。

坚守坑道的志愿军第134团第4连也有一个坚强的党支部。10月19日，597.9高地的2号坑道坑道口被南朝鲜军用手榴弹和炸药包破坏、封锁。志愿军该连转入坚守坑道的第3天，坑道又被炸毁20多米，被毁坑道占整个坑道长度的1/3。坑道内的80名指战员来自4个单位，大多是勤杂人员，缺少战斗经验，其中又有伤员35人。坑道内没有水和干粮，弹药极度缺乏。第134团第4连政治指导员赵毛臣立即召集党员，决定建立临时党支部，由他担任支部书记，并将干部和党团员组成3个小组。在坚守坑道期间，党支部和党团员起了核心和骨干作用，他们在战士中进行细致的思想政治工作，使战士们保持坚强的战斗意志和高昂的士气，顽强地克服各种困难，坚持坑道斗争，守住了坑道，并不断给封锁坑道的南朝鲜军以打击。

在艰难的火线运输中，志愿军第135团第5连一位年轻的运输员在将弹药运进坑道的同时，带进来一个苹果。运输员将苹果送给在坑道内的第7连连长张计法。张连长接过苹果，他舍不得吃，让坚守坑道的战士们用这个苹果润润喉咙。但是战士们谁也舍不得吃这个宝贵的苹果，又完整地传回到连长手里。最后在连长命令下大家才一人一小口分吃了这个苹果，充分体现出革命战士伟大的友爱互助精神。这就是后来广为流传的“一个苹果”的故事。

坚守坑道的部队团结一致，克服困难，并在坑道外炮兵火力支援下，积极组织反击,袭扰占领表面阵地的敌军。从 10 月 21 日到 29 日,共组织班组兵力,以突击手段出击 158 次,除 9 次未奏效外,均获得成功,共计歼敌 2000 余人,并恢复 7 处阵地。

志愿军第 15 军和第 45 师针对“联合国军”对两个阵地坑道的封锁和破坏,为支援坚守坑道部队的斗争,专门部署炮兵负责保护两个阵地的各主要坑道口,指定炮兵群分别支援两个阵地坑道部队的反击。与此同时,组织坑道外的部队在坑道内部队的配合下进行反击,10 月 21 日至 29 日,以一个班至一个多连的兵力,对 537.7 高地北山,举行 7 次反击,于 21 日、24 日、28 日,曾 3 次全部恢复阵地。但 30 日午后,又沦入敌手。以两个班至 9 个排的兵力,于 21 日、22 日、23 日、26 日、28 日,对 597.9 高地举行 5 次反击,23 日曾一度夺回主峰。他们还利用反击的机会,部分轮换坚守坑道部队,向坑道内送水、送水果、弹药和祖国慰问团带来的慰问品、慰问信,将上级作战计划和外面的情况报告给坑道内的战友,鼓励他们顽强坚守到胜利。每次反击都使坑道内条件得到改善,使坚守坑道的部队深受鼓舞。

坑道内外部队互相配合,有效地坚持了两个阵地的坑道斗争,为决定性反击的准备赢得了宝贵的时间,创造了有利条件。

上甘岭战役第三阶段作战

从 10 月 30 日至 11 月 25 日,为上甘岭战役的第三阶段,即决定性反击和巩固阵地阶段。

志愿军第 15 军在完成决定性反击准备后,决定首先反击 597.9 高地,于 10 月 28 日和 29 日,以野炮、榴弹炮进行了预先炮火准备,猛烈轰击“联合国军”在 597.9 高地表面阵地上构筑的地堡和副防御设施,并以迫击炮进行监视射击,阻止“联合国军”恢复工事。

10 月 29 日夜,志愿军第 15 军以第 86 团和第 134 团各 1 个连,越过“联合国军”炮火封锁区,神不知鬼不觉地进入 597.9 高地坑道,与原坑道部队一起作为反击的第一梯队。以第 86、第 134、第 135 团的共 7 个连作为反击的第二梯队;第 91 团集结于五圣山前 1000、700、511 等高地一线,作为反击部队的后梯队。

10 月 30 日晚 9 时,志愿军第 15 军 104 门火炮,突然发出怒吼,炮弹飞向 597.9 高地和敌军炮兵阵地,开始了决定性反击的直接炮火准备。

先是由野榴炮开始急袭,10 分钟后炮火实行假延伸,诱敌进入战斗位置。阵地上的南朝鲜步兵跳出工事,在山背后隐蔽的预备队也冲上阵地,准备对付志愿军步兵的冲击,志愿军火箭炮 1 个团实行全团的一次齐放,野榴炮又转回原目标,进行 5 分钟的火力急袭,接着火箭炮全团又一次齐放,最后又是急袭 5 分钟。志愿军的炮火准备,摧毁了阵地上南朝鲜军的大部工事,杀伤其大部人员,“联合国军”炮兵被压制 2 个小时没有做出反应。

炮火准备过后,志愿军第 15 军突击队在迫击炮火力的支援下,数路数波依次发起冲锋,后梯队源源投入战斗,经 5 个小时激战,将南朝鲜第 2 师第 31 团 1 个营又 1 个连全部歼灭,并击退南朝鲜军 1 个营的多次反扑,歼其一部,恢复了该高地除东北山腿(第 2、第 8、第 11 号阵地)外的全部阵地。

为配合 597.9 高地的反击战斗,志愿军第 15 军以第 85 团同时对 275 高地进行反击,歼美 7 师 1 个连部和 2 个排,吸引“联合国军”3 个榴弹炮群和一个化学炮群,有力地配合了 597.9 高地的反击作战。

10 月 31 日 4 时,南朝鲜军第 31 团残部和第 32 团一部,趁志愿军恢复阵地不久,发起猛烈反扑。阵地上的志愿军指战员在无工事依托的情况下,利用山缝石坎和弹坑隐蔽,击退南朝鲜军的连续进攻。中午,南朝鲜军曾一度占领第 9 号、第 10 号两个阵地,但经志愿军两个班的反冲锋即夺回阵地。志愿军第 86 团 2 个排坚守第 7 号阵地,战斗打得相当惨烈,在 13 个小时之内打退了南朝鲜军 40 余次冲锋,最后只剩下一个人,守住了阵地。全天共歼敌 1500 余名。

当晚,志愿军又恢复了高地东北山腿上的 2 号、8 号阵地,全歼南朝鲜军 1 个连,歼敌 300 余人。至此,597.9 高地只剩下一个前哨班阵地(第 11 号)尚未恢复(后在反击 537.7 高地北山时,同时将第 11 号阵地收回)。第 15 军以第 86、第 134、第 135 团各 1 个连坚守阵地。

11 月 1 日,“联合国军”以 100 架次飞机,连续轰炸志愿军炮兵阵地,以 300 余门大炮向志愿军阵地进行猛烈的轰击,当日“联合国军”发射炮弹 12 万发。9 时半,南朝鲜第 9 师第 30 团、第 2 师 1 个营和埃塞俄比亚营共 5 个营的兵力,在炸弹、炮火烟幕的掩护下发起攻击。志愿军炮兵部队不怕敌机威胁,准确及时地支援步兵作战。南朝鲜军虽曾一度突入志愿军阵地,但在志愿军的反冲锋下,很快又败下阵去。

入夜,志愿军第 15 军调整部署,将苦战了 19 天的第 45 师第 135 团、第 134 团撤出战斗整补;以第 12 军第 91 团投入战斗,坚守 597.9 高地主峰及其以南（第9、第10号）、以北（第4、第5、第6号）阵地；以第86团2个连坚守东北山腿（第2、第8号）阵地和东南山腿（第7号）阵地。11月2日，志愿军炮兵第2师主动提出加强上甘岭地区炮兵力量，支援步兵作战。经志愿军首长批准，于11月4日调6个榴弹炮连参战。

11月2日晨，“联合国军”以持续4个小时的猛烈的炮火，企图压制志愿军纵深炮火和摧毁597.9高地防御工事，发射炮弹15万发以上，并出动飞机100余架次轰炸、扫射阵地前沿。接着，南朝鲜第9师第30团、美第7师2个营和空降第187团一部共5个营的兵力，对597.9高地攻击40余次。志愿军第91团和第86团1个连，采取灵活的战斗动作，并与炮兵密切协同，顽强抗击，将一度突入阵地的敌人击退。以伤亡190余人的较小代价，歼敌1500余人。

在战斗中，坚守在最前沿东侧9号阵地的志愿军第91团1个班，打得既英勇顽强又灵活机智，他们巧妙地利用弹坑、岩石和残存的工事，分两个小组，轮流作战。在纵深炮火的合力支援下，激战一天，打退了“联合国军”1个排至2个多连的7次攻击，歼敌400余人，自己仅有3人受轻伤，创造了小兵群作战的范例，受到中朝联合司令部首长的表扬。

11月3日至5日，“联合国军”又进行反扑，但同样以失败告终，597.9高地岿然不动。

在11月5日的战斗中，志愿军第12军第91团第5连新战士胡修道，在战友都伤亡的情况下，他一人顽强作战。从上午打到黄昏，打退了敌41次冲锋，歼敌280余人，在后续力量的增援下，守住了阵地。战役结束后，胡修道荣立特等功，获一级战斗英雄称号。朝鲜最高人民会议常任委员会授予他“朝鲜民主主义人民共和国英雄”称号和一级国旗勋章、金星奖章。

11月5日夜，志愿军第12军第93团第1营接替第15军第86团的防务，与第91团一道，抢修工事，准备迎击“联合国军”新的进攻。

“联合国军”在597.9高地吃尽了苦头，从11月5日以后，停止了对这一阵地的进攻。《韩国战争史》这样写道：“停止进攻‘三角’高地，是军团长①决定的。自从‘摊牌作战’开始以来，美第7师打了12天，韩第2师打了11天，只是增加伤亡，加上‘狙击’棱线②连日不断的血战，继续进攻也无

① 指美第9军团军团长。

② 指537.7北山。

所作为。因此,决定从即日起结束'三角'高地战斗。"①

11月6日,美军无可奈何地宣布:"到现在为止,联军在'三角形山'是打败了。"美军战史说:11月下旬双方的整个争夺结束,"至此,6个星期的艰苦奋战过去了,联合国军司令部所属部队控制了狙击岭的一部分,但失去了整个'三角山'。在'三角山'5天的战斗中,他们由最初的2个营的兵力发展到2个师以上的兵力,死伤人数由200人增加到9000人。……'三角山'之战,中国军队以他们不屈不挠的斗争……迫使联合国军停止进攻"②。

11月5日,杨得志、朴一禹、张文舟、王政柱、杜平(此时,邓华回国请示汇报工作)联名致电第15军转全体指战员,祝贺收复和坚守597.9高地战斗取得的胜利。电报指出:

你军与敌血战二十余日,敌虽集中了空前优势的炮火飞机坦克及大量步兵集团冲锋,不仅不能夺去我阵地,而且丧失了一万五千余人的有生力量及大量炮弹。你们则高度发挥了坚韧顽强的战斗作风,愈打愈强,战术愈打愈灵活,步炮协同愈打愈密切。我军伤亡亦逐渐减少,特别是二日,毙伤敌一千五百余,我仅伤亡一百九十余名。这样打下去正如中央军委指出"必能制敌死命"。我们特向你们祝贺,望激励全军再接再厉,坚决战斗下去,直至将敌人的局部进攻完全彻底粉碎,预祝你们胜利。

11月4日,中央军委总参谋部根据对朝鲜战场敌情的分析,认为上甘岭地区"敌虽然攻势受挫,但仍有可能抽调力量继续向我攻击,特别是集中炮火、坦克及飞机向我轰击",因此,指示志愿军总部"注意火炮的调配,加强该方面的作战"。

根据军委、志愿军总部的指示精神,为取得战役全胜,第3兵团首长在第15军11月4日23时部署调整的基础上,于11月5日对上甘岭地区部队部署进行调整,由第12军部队接替第15军的上甘岭地区防务。具体部署是:

由第12军第31师担任597.9高地和537.7高地北山的防务,其中第

① 韩国国防部编:《朝鲜战争》,第4卷,347~348页,牡丹江,黑龙江朝鲜民族出版社,1988。

② [美]沃尔特·G.赫姆斯:《朝鲜战争中的美国陆军——停战谈判的帐篷和战斗前线》,355页,北京,国防大学出版社,1988。

91、第93团担任597.9高地守备任务,第92团担任537.7高地北山反击任务;着第35师第103团即返回平康以北地区,接替第31师第92团作为第15军第44师预备队,并归第44师指挥;着第34师率第106团集结于文岩里地区,第100团集结于洗浦里、后坪里之间地区,进行动员,准备继第31师之后,投入五圣山前沿阵地的反击作战;

为便于指挥,决定组织五圣山战斗指挥所(第15军前指),由第12军副军长李德生负责统一指挥第31、第34师的反击作战和第15军第29师的配合动作,该指挥所归第15军秦基伟军长直接指挥;

为统一炮兵的指挥,决定组成炮兵指挥所,由炮兵第7师师长颜伏负责统一指挥支援五圣山前沿作战的各配属炮兵。

第3兵团首长在部署调整命令中专门就战术问题作了指示,指出:

(一)争取战术上的主动。敌攻我守在战术上是被动的,今天已形成拉锯争夺。我有坑道作为基点,在战术上我可以争取主动的。因此在该两个连的阵地上我反击成功之后,除主峰基点必守之外,应该是不可不守;不可全守;有利则守;无利则收。敌占去之后我准备好了再反,我准备不好则不勉强反,有时机则反,无机会则创造条件。总之,打与不打,打的时机和地点把它掌握在我们手里,为此就要发挥各级指挥员的机动性。

(二)坑道内外的利用。我们必须明确,坑道以内保存自己,坑道以外(地面上)杀伤敌人。今天是完全退入坑道,时间长了不行,完全脱离坑道,同样的支持时间长不了,使两者相结合,各取其长。这就是坑道内屯兵休息,坑道外就战斗,非万不得已时不全部退守坑道。这就达到了杀伤敌人守住了阵地的目的。

(三)大小反击的结合,夜间白天的渗[穿]插,利用偷袭、强攻的交换,运用反击方向和道路,不断地变换火力杀伤敌人时,我也可以不反击,敌人以为反击了而跳出来,我火力又打或者我不进行火力准备而突然发起冲锋,总之,我之一切战术手段均不要形成规律,造成敌人紧张慌乱,我之战机就越多。

(四)在炮火的射击指挥上,曲射炮与远射炮火使之相互交织,能高度地急速地集中一点,又可加大射面(多开射口)突然的火力袭击与逐段杀伤结合起来,又必须注意节约弹药。

(五)恰如其分地使用兵力。地面上放兵守伤亡大,存站不住,敌人一个排炮就没有了。不放兵守,敌人占去又要反击。反击时用的兵力多了伤亡很大,用的兵少了接近了敌人后自己无力量把敌人打下去,这就给我们提出了一个恰当的使用兵力的问题。地面上放的兵决不可多(在一点上可用一个组至一个班)打退敌人几次冲锋,我之力量消耗快完时,再由坑道内派相等的兵力去增加上,因为这样我可以小的代价换取敌人大的伤亡。反击时我用之兵力只能少于敌人守备兵力(不可多,也不可过少),反击时采取加大横宽(阵地已成秃山,无副防御物),缩短纵深的队形一打而上,在兵力使用上可番不可续。

(六)在地面上仍要多做工事,不要认为做了一天的工事一个排炮什么都没有了。实际上挖一个坑也还有它的作用。在战斗中,我之力量能保存一分钟就会发挥其很大的作用。所以不管在什么地方如有时间就应抓紧时间多做工事,这一点决不可忽视。

11月6日,志愿军首长杨得志、张文舟向中央军委报告了坚决与“联合国军”争夺下去的决心和第3兵团的上述部署。7日,毛泽东拟稿以中央军委名义回电,指出:“你们对加强十五军作战地区之决心和部署是正确的。此次五圣山附近的作战已发展成为战役的规模,并已取得巨大的胜利。望你们鼓励该军,坚决作战,为争取全胜而奋斗。”

11月8日,毛泽东将上甘岭地区的作战情况和作战部署批转全军。

11月10日,杨得志、张文舟、王政柱、杜平致电第3兵团首长和第15军首长,告知:对于上甘岭战役已取得的巨大胜利“军委及总参谋部迭电嘉许,毛主席并于十一月八日将志司对十五军等部作战嘉奖批转全国各大军区各特种兵、军事学院、总高级步兵学校”。补充第15军及第12军31师的7000余人正向指定地区集结,“望你们鼓励十五军与十二军参战部队,坚决作战,为争取全胜,恢复与巩固全部阵地,再予敌以更大杀伤而奋斗”。

中央军委领导和志愿军总部首长的关心、鼓励,极大地鼓舞了上甘岭地区作战的志愿军部队。参战部队纷纷表示,坚决在已得胜利的基础上,再接再厉,争取最后胜利。

随着597.9高地争夺战的结束,敌我双方将争夺的焦点转到537.7高地北山。

志愿军第15军在10月30日晚反击597.9高地的同时,即以第87团的5个连协同坚守坑道的第133团,对537.7高地北山进行了反击。由于此时重点保证597.9高地的作战,而537.7高地北山的战斗是处于辅助地位,缺乏大口径火炮的支援。第87团在该阵地坚持10天,直到第12军第

31 师第 92 团全部接替，不断组织小反击，歼敌 800 余名。有力地配合了 597.9 高地的反击作战，同时为第 92 团对该高地进行决定性反击创造了条件。

根据中央军委和志愿军总部关于坚决作战，争取全胜的指示，11 月 11 日 9 时，第 15 军作出了对 537.7 高地北山进行决定性反击的计划，决定以第 12 军第 31 师第 92 团全部，于 11 日 19 时半起、在榴弹炮 10 个连（50 门炮）、火箭炮 1 个团（24 门炮）和迫击炮 20 门支援下，实施反击。同时，以第 15 军第 87 团和第 12 军第 91 团各 1 个排，向注字洞南山方向和在 597.9 高地以南积极活动，以为配合。

当日 16 时，杨得志、张文舟批准了这一计划，并指出："望你们在炮兵与坑道部队的配合下，坚决将五三七点七高地北山表面阵地恢复，争取将伪二师守备该阵地之一个营歼灭，并必须充分准备与敌进行反复争夺，将敌打败，最后巩固阵地。"

11 日 16 时，第 12 军第 92 团 2 个连又 1 个排，在榴弹炮 52 门、迫击炮 20 余门和火箭炮 1 个团的支援下，分两路反击 537.7 高地北山。至 17 时，全部恢复 537.7 高地北山表面阵地，歼灭据守阵地的南朝鲜第 2 师 1 个营大部。当晚，坚守 597.9 高地的第 93 团以 1 个排向东北山腿第 11 号阵地发起攻击，经 5 分钟战斗全歼守敌，恢复阵地。至此，597.9 高地表面阵地全部恢复并得到巩固。

11 月 12 日，志愿军第 3 兵团副司令员王近山、副政治委员杜义德、参谋长王蕴瑞、政治部主任刘有光，致电第 12 军副军长李德生并第 31 师首长及第 31 师全体同志，表扬第 31 师作战。指出：第 31 师部队在战斗中"打得英勇顽强，工事修得又快又好，战术技巧灵活，这种战斗作风颇堪嘉奖。现战斗正在激烈进行，敌人被我打得叫苦连天，困难更加增多，损失日益惨重，最后终将逃脱不了失败的命运。望你们继续发扬这种小群孤胆的战斗作风，既能以小的代价坚守了表面阵地，又能大量地杀伤敌人，亦将战斗坚持到全部恢复我原有阵地，直到敌不敢轻易向该地进犯为止。希再接再厉，创造更大的战绩，争取更大的光荣"。

11 月 12 日，南朝鲜军投入第 17 团和第 32 团残部反扑，占去 537.7 高地的第 7、第 8、第 5、第 6 号高地。尔后双方继续争夺。14 日，志愿军第 12 军以第 93 团 2 个营接替第 92 团，投入该高地战斗。至 17 日晚，7 天中，第 92 团和第 93 团，击退南朝鲜军百余次反扑，歼敌 2000 余人。但南朝鲜军仍占据着第 7、第 8 号阵地。

11 月 18 日，志愿军第 12 军以第 106 团接替第 93 团，投入 537. 7 高地北山战斗。此时，南朝鲜军重点放在争夺主峰东北山腿（第 4、第 5、第 6 号阵地）。志愿军第 106 团连续打退南朝鲜军的进攻，至 20 日，南朝鲜军已无力进行营以上兵力的攻击，改以 1 个排至 1 个连的兵力进行连续的小型进攻。但“联合国军”空军和炮兵的火力丝毫未减。志愿军决定减少兵力，发扬迫击炮和步兵火力予敌杀伤，并尽一切力量构筑地面和坑道工事。至 11 月 25 日，第 106 团共歼敌 1400 余人，牢牢控制住 537. 7 北山主峰及东北山腿北侧阵地。

11 月 25 日，南朝鲜第 2 师南撤整补，其防务交南朝鲜军第 9 师接替，从此，停止了向 537. 7 高地北山的反扑。

同日，志愿军第 3 兵团首长决定，第 15 军第 29 师和第 45 师于 28 日至 12 月上旬，全部接替上甘岭地区的第 12 军防务，李德生的指挥所撤销，第 12 军部队交防后情况无大变化即行归建休整。

至此，上甘岭战役宣告结束，志愿军转入正常防御状态。

从 10 月 14 日至 11 月 25 日，“联合国军”发动的“金化攻势”在上甘岭这个不足 4 平方公里的阵地上，先后投入 3 个多师 6 万余人、300 余门火炮、近 200 辆坦克、3000 余架次飞机，发射炮弹 190 多万发，投掷炸弹 5000 多枚，然而志愿军的上甘岭阵地屹立未动，“联合国军”以彻底失败而告终。志愿军也陆续投入 3 个多师 4 万余人，参战各种炮计有山炮、野炮、榴弹炮 133 门，火箭炮 24 门，高射炮 47 门，迫击炮 292 门，共发射 35 万余发炮弹。此战兵力火力之密集，在世界战争史上是罕见的。“联合国军”方面称此役是“继 1951 年‘伤心岭’之后最大的一次攻势”，“以人与炮的比例来算，我们现在在这个战线上所用的大炮火力，是与在德国胡特林根森林战斗中所用的火力相等，那一次是第二次世界大战中我军所进行的最猛烈的炮战”。他们还称“这是共军炮火最强大最猛烈的一次”。①

上甘岭战役持续 43 天，志愿军防守部队依托以坑道为骨干的坚固防御阵地，在炮兵火力的支援下，发扬革命英雄主义精神，机动灵活地运用战略战术，以伤亡 1. 1 万余人的代价，胜利击退了“联合国军”的进攻，打退“联合国军”营以上冲击 25 次，营以下冲击 653 次，守住了阵地。共毙伤敌 2. 5 万余人，击落击伤飞机 274 架，击毁击伤大口径火炮 61 门、坦克 14 辆。上

① 见志愿军第 15 军：《上甘岭战役总结》，1952 年 12 月。

甘岭山头被炮弹、炸弹削低2米,石土被炸成1米多厚的粉末,但志愿军部队像钉子一样牢牢地扎在了那里,创造了坚守防御的范例。通过上甘岭战役的坚守防御作战,志愿军更加完善了依托坑道进行作战的战术。

上甘岭战役打出了"上甘岭精神",这就是:为了祖国,为了人民,为了胜利的奉献精神;不屈不挠,团结战斗,战胜困难的拼搏精神;英勇顽强,坚决战斗,血战到底的胜利精神。"上甘岭精神"在国内广为传扬,在20世纪50年代,是中国人民战胜困难,取得胜利的同义语。

参与策划这次进攻的美国军事专家悲叹道:即使用原子弹也不能把狙击兵岭和爸爸山(指五圣山)上的共军部队全部消灭。[①] 美联社从朝鲜报道说:"联军的军官们预算这是一次激烈的但是典型的有限的山头攻击。而这次战役实际上却变成了朝鲜战争中的凡尔登。"[②]美国新闻舆论说:"美军的伤亡率达到一年来的最高点","金化攻势已经成了一个无底洞,它所吞食的联合国军军事资源要比任何一次中国军队的总攻势所吞食的都更多"。"联合国军"总司令克拉克说:"我们死伤的人数8000以上,大部分为大韩民国之官兵,得不偿失。……我认为这次作战是失败的。"[③]

上甘岭战役的巨大胜利,是中国人民志愿军英勇作战的结果,广大指战员勇敢顽强、工事坚固、指挥得当、供应及时、炮火猛烈均是制胜的要素。同时,这次战役的胜利与祖国人民和朝鲜人民的大力支援也是分不开的。

上甘岭战役开始后,祖国的报刊、广播天天报道来自朝鲜前线上甘岭的战况。祖国人民的心始终与在上甘岭浴血奋战的志愿军指战员相通,他们关注着志愿军部队战斗的消息,为每一个战斗胜利而欢呼,为坑道部队暂时的困难而忧虑。他们是上甘岭将士最大的后盾。中国人民第二届赴朝慰问团部分团员到达上甘岭地区,来自祖国的大批慰问品和慰问信被送入坑道。这些慰问品、慰问信带来了祖国人民的关怀,使坚守坑道的指战员备受鼓舞。他们纷纷表示要坚守住坑道,用胜利报答祖国亲人,用胜利作为给毛泽东主席和祖国人民的礼物。

上甘岭战役开始后,五圣山及附近地区的朝鲜人民迅速组织了8200余人的支前队伍,织成1800余副担架,转运伤员1760名。还设立茶水站、水

① 《参考消息》,1952年11月23日。

② 《参考消息》,1952年11月3日。

③ [美]马克·克拉克:《从多瑙河到鸭绿江》,72页,台北,台湾黎明文化出版公司,1956。

果站和鼓动站，并组织群众到野战医院服务，为伤员输血，送慰问信、慰问品。在担架队中涌现出舍身救护伤员的国际主义战士朴在根。一天夜里，朴在根和另一位农民抬着志愿军伤员向后方转移。在去后方野战医院的路上，他们躲过了"联合国军"炮火的严密封锁，又遇到"联合国军"飞机的轰炸。为了志愿军伤员的安全，朴在根用自己的身体护住伤员。志愿军伤员得救了，可朴在根却被一片弹片击中，因流血过多而牺牲。人们称誉这位国际主义战士为朝鲜的"罗盛教"。

上甘岭战役的胜利，使志愿军和人民军在整个正面战场完全掌握了主动权。而"联合国军"对在正面战线取得胜利，完全失去了信心。南朝鲜战史承认："在整个冬季，无论防御或进攻，主动权均被以优势兵力为后盾的敌人所夺去。"①

① 韩国国防部编：《朝鲜战争》，第4卷，6页，牡丹江，黑龙江朝鲜民族出版社，1988。

第五十一章

志愿军实行轮换作战制度。第二届赴朝慰问团赴朝慰问

轮换计划的提出

早在1951年2月中央军委确定志愿军在朝鲜实行轮番作战方针之后，随着第19、第3兵团入朝参战，志愿军副司令员邓华于1951年4月16日，就曾致电中央军委和毛泽东主席建议：

由于战争的长期性，部队轮番应与换班相结合。……轮番是很好的，但因朝鲜战争伤亡大而体力消耗亦特别厉害，尤其伤了元气的部队短期休整很不容易恢复……长期坚持下去是很困难的（部队再精锐，也必成强弩之末，何况补的主要是新兵）。另一方面，与这种高度现代装备的敌人在朝鲜作战是有许多新的经验，故全国军队和干部来轮流实践学习，根据今后形势的发展和我军建设来说都是很必要的，同时照顾运输情况，故建议在朝部队视情况每满十月至一年则大换一次，干部亦应如此，这样，各方面都有好处。

1951年6月，中共中央确定在朝鲜实行边打边谈的方针，中央军委和志愿军总部同时也确定了在兵力使用上，采取"轮番与换班相结合"的方针。当时，志愿军入朝作战才8个月，时间并不算太长，加之7月10日开始

了停战谈判。中央军委没有立即作出部队换班的计划。

停战谈判开始以后，中央领导认为，这次谈判的核心问题，是关于军事分界线的问题。在关于军事分界线问题的谈判即将达成协议时。11 月中旬，周恩来起草以毛泽东名义给斯大林的电报中，指出："谈判的中心问题，是确定军事分界线"，虽然谈判双方对这个问题还有争论，但估计不会争得很久。对于其他议程的谈判，争取年内达成协议，但也准备敌人拖延甚至破裂，因此，我们准备"朝鲜战争还要拖延半年甚至一年"。[①] 由于这种估计，加之没有进行像运动战阶段那样大规模的战役，这时中央军委也没有作出部队换班的计划。

然而，1951 年 11 月 27 日，在关于军事分界线问题的谈判达成协议，其他 3 项议程的谈判相继开始以后，美方代表仍是蛮不讲理，百般拖延，不时表现出帝国主义强权政治的嘴脸。至 1952 年 5 月初，虽然第五项议程（关于向双方有关各国政府建议事项）和第三项议程（关于停火与休战的具体安排问题）已先后达成了协议或基本达成协议。但美方在战俘问题上做起文章，无理坚持所谓"自愿遣返"原则，企图强迫扣留朝中战俘，致使这个问题自 1951 年 12 月 11 日开始谈判以来，5 个月没有明显进展。1952 年 4 月 28 日，美方代表在谈判中提出了所谓"一揽子"方案，仍坚持强迫扣留战俘的"自愿遣返"原则，并宣布经过"甄别"以后，在美方承认收容的 11 万战俘中，只有 7 万战俘愿意遣返，并说，这是联合国军"最后"的"不可更改"的立场，要求朝中方面全盘接受。此后，美方代表便开始以一种流氓无赖的态度对待谈判。因此，谈判实际上已陷于停顿状态。

根据美方在谈判中的这种态度看，停战何时能实现还难以判定，战争可能要长期拖延下去。中共中央对谈判做了拖过 1952 年底的准备，"并决心坚守已经巩固起来的现时朝鲜前线阵地，加修第二线坚固工事，准备应付今年夏秋两季可能到来的敌人新的进攻"[②]。

中央军委总参谋部对战争形势作了分析，认为，根据朝鲜停战谈判的进展情形看来，停战协议短期内很难达成。但由于"联合国军"在军事上、政治上困难都很多，志愿军和人民军的力量比以前要强大得多，故美国方面采取完全破裂或进行大打的可能性也很小。朝鲜战场将是拖的局面；在拖的过程中，不断的战术性的小打和个别的战术性的局部攻势都可能出现。总

① 《周恩来军事文选》，第 4 卷，249 ~ 250 页，北京，人民出版社，1997。

② 《周恩来年谱（1949 ~ 1976）》，上卷，240 页，北京，中央文献出版社，1997。

之,朝鲜战争可能长期下去,暂时还不能结束。

此时,志愿军在朝鲜作战已19个月,入朝较晚的部队,在朝鲜作战也已近一年。这些部队长期过着艰苦紧张的战争生活,已很疲劳,需要很好休整,同时也需按国内国防军的编制进行整编。而国内已有一部分部队按照中央军委精简整编方针,完成了整编,并统一改装苏式装备。已整编完毕的这部分部队,虽然也是富有战争经验的,但还没有经过现代化战争的考验,没有与现代化敌人进行现代条件下作战的经验,因此也需要到朝鲜经受现代战争的锻炼,取得经验。

1952年5月15日,周恩来主持中央军委会议,讨论了战争拖到年底需解决的问题,其中包括部队的轮换问题,并责成总参谋部与在北京治病的彭德怀研究后提出方案。

总参谋部与彭德怀商量后,5月16日,代总参谋长聂荣臻、副总参谋长粟裕,向毛泽东、朱德、刘少奇、周恩来、彭德怀、林彪作出了报告。关于部队和干部的轮换问题,提出:“为了使参战部队能得到较好的休整条件,并给国内部队以实战锻炼的机会,除决将二十六军调回山东休整外,今后拟有计划地抽调参战较久的部队回国休整(每次抽一二个军),而同时国内已改装的部队则可入朝接替(因弹药补充等限制,数目不能太大。未改装的部队尚不宜轮换),具体计划则由总参谋部与志司具体商定之。”“为了国内的部队和机关的干部能及时得到朝鲜作战的经验,遵照主席的指示,已组织了全国两批干部入朝参观。惟因人数太少和许多业务单位尚未组织,故今后拟据彭总意见,再有计划地组织全国部队团以上主要干部和参谋、后勤、政工、铁路等机关干部轮流入朝参观,俾使朝战经验能普及全军。另在朝干部因长期得不到休息,住宿营养等条件限制,故许多干部身体很差,不能持久,应调回国内休息治疗。因此需要组织干部的轮换。此事应由总干部管理部拟定具体方案,交军委审查批准后执行。”

总参谋部的报告经中央军委批准后,中央军委于1952年6月29日,制定了第一期部队轮换计划,即以国内华东军区的第23、第24军和中南军区的第46军轮换在朝鲜的第20、第27、第42军,对入朝轮换部队的编制人数、武器配备以及入朝和回国部队的交接,都作了明确规定。这一计划于9月上旬开始实行。

7月22日,志愿军代司令员兼代政治委员邓华致电彭德怀(彭已于7月9日起接替周恩来主持军委日常工作)并转呈毛泽东主席和中央军委,建议不仅轮换3个军,而应全部轮换。他说:“如只部分轮换,其他便有影响,虽可解释,但麻烦是很多的,主要是干部中的问题。我想如战争拖下去,为使全国部队都能亲身取得朝战经验,而在朝部队又能休整改装,准备将来反攻,在不减弱战斗力的原则下,采取分期达成全部轮换的方针,对国防建设似更有利。在战线比较稳定的情况下,是可行的。"

邓华提出了轮换的三条原则:(一)照顾战场情况,轮换与战场第一线的换防相结合;(二)新入朝部队的战斗力不弱于被轮换回国的部队;(三)在朝部队,以入朝时间先后为轮换回国顺序的先后,特殊情况另行考虑,被换部队均留顾问。根据这三条原则,邓华又提出了从 1952 年 9 月至 1953 年底分四期全部轮换在朝部队的方案,每期轮换时,到第一线接防的部队为 3~4 个军,入朝部队为 4 个军,回国部队为 4 个军。

邓华还提出了各特种兵、各特种兵指挥所、各兵团指挥员和兵团机关的轮换设想。特种兵的轮换:除高炮(城防高炮)与装甲部队已轮换外,在朝鲜的工兵团可分两期轮换完,炮兵部队分三期轮换完,如国内炮师不够,可组织回国待装的军属炮团经短期训练,入朝接替配属各该兵团的炮兵部队。铁道兵团任务繁重,而国内的铁道师又是新从步兵中改行的,除了铁道部调配一些工程技术人员进行一些基本训练之外,他们轮换可采带徒弟的分批换法,即国内各师先来 1/3 实习,待第二期 1/3 来到,铁道兵团才走 1/3,如此四期也可换完,而不影响抢修。机关的轮换:各兵团机关可分批由各大军区组织轮换。志后由总后组织轮换,下属 5 个分部由东北、华北、华东、中南、西南军区组织轮换,军管局则由铁道部组织轮换,公安纠察部队由公安司令部组织轮换,炮兵办公室、工兵指挥所由军委炮兵司令部、工兵司令部组织轮换。干部的轮换:根据兵团级干部身体和精力情况,尤其为使全国高级干部都能亲身体验朝鲜战争经验,更有利于国防建设,似有分期轮换之必要,但也可以采取配双套干部轮流休息的办法。邓华从自身资历、能力和身体状况考虑,还在电报中提出由资历能力都比他高的军队将领接替他主持志愿军全面工作。他在电报中说:"志司任务繁重,且关系全局,个人德才资体均很不够,实在费力挑不动。目前虽无大的战斗,但工作上是有损失的,为加强志司领导,彭总不能回时,粟裕同志来此很好,副总长职陈赓同志很可胜任。工程学院可另选人,我则到兵团去再锻炼一下能取得一点前线的经验是有益的,如仍需我留志司则只能搞一部分工作,请另派一人任党委书记,负责全面领导才不致贻误。"

中央军委原则同意了邓华提出的全部轮换的设想。8 月 4 日,毛泽东在全国政协常委会上说:"我们过去打了二十几年仗,从来没有空军,只有人家炸我们。现在空军也有了，高射炮、大炮、坦克都有了。抗美援朝战争是个大学校，我们在那里实行大演习，这个演习比办军事学校好。如果明年再打一年，全部陆军都可以轮流去训练一回。”①

8 月 6 日，副总参谋长粟裕提出部队全面轮换的方案。轮换的目的和原则是：“使国内百分之八十以上部队，均能取得对美帝国主义作战的经验，及在朝多数的军得到休整、改装，并完全适应整编情况，对朝鲜作战及国内防务均无大影响等。”在此目的与原则下，粟裕提出步兵部队轮换的 3 个方案供中央军委决策。第一方案：以军为单位轮换，从 1952 年 8 月开始至 1953 年 12 月，分 4 期以国内的 14 个军轮换在朝鲜的 14 个军，另以国内 1 个军（2 个师）入朝后与第 50 军合编。按此方案，志愿军除有两个军无部队轮换外，其余都可轮换回国。这个方案完全适应国内整编情况，只是入朝各军的兵员及武器的补充有困难，但也有解决办法。第二方案：以师为单位轮换。国内整编好的师即可逐一地入朝轮换，每期由各军区根据整编情况提出具体数目，初入朝的师可配属一预定轮换的军指挥，并先作为该军的二线部队，吸取经验及锻炼，该军之 1 个师即可返国，入朝的师待一二个月后即可换一线的师。国内的军部大部则随第二个师入朝，直到第三个师轮换时，指挥权移交入朝的军部，朝鲜的军部回国。这一方案的好处是对朝鲜作战，及国内防务均无影响，完全适应国内部队和志愿军之整编。其坏处是配属关系乱，对部队不熟悉，对指挥及作战均不无影响。第三方案：即邓华所提方案，该方案很具体，志愿军可控制有强大的预备队，但对国内整编改装影响很大，且对国内防务有影响。关于机关的轮换，因各大军区的兵团机构已取消，故不轮换为宜，可采取干部交流或多设副职的办法来解决。

8 月 7 日，彭德怀将粟裕的报告转报毛泽东。毛泽东于 11 日批示，此事由彭德怀处理，开会讨论一下，然后再作决定。“关于轮换问题，整个时间似不宜延长到明年下半年才毕，似应从今年八月起，在十二个月内轮换完毕。轮换办法似以军为单位为宜。”

彭德怀主持军委开会研究后，出访苏联（粟裕也出访苏联），8 月 30 日，聂荣臻代总参谋长向毛泽东呈报了轮换计划，除第一期轮换计划 9 月初开始执行外，再将国内的第 11 军编为两个师换回在朝鲜的第 50 军，也作为第一期计划。待第二期轮换时，将国内的第 16 军和在朝鲜的第 60 军各编为

① 《建国以来毛泽东军事文稿》，中卷，50 页，北京，军事科学出版社、中央文献出版社，2010。

两个师,将第 11 军的两个师分别编入第 16、第 60 军。第二期轮换 7 个军,即以国内的第 1、第 16、第 45(后第 44、第 45 两军合编为第 54 军)、第 23 兵团(3 个师)、第 21 兵团(3 个师)、第 21、第 41 军入朝,分别换回在朝鲜的第 38、第 39,第 40、第 63、第 64、第 65、第 47 军。为免冬装改换的困难和浪费,拟于 1953 年 3 月开始,每月轮换 2 个军,6 月底前轮换完毕。这样将在朝鲜的 16 个军分两批共轮换 12 个,还有 4 个军入朝较晚,暂不轮换。由于第二期轮换时,将第 11 军分别编入第 16、第 60 军,所以在朝鲜的实际有 15 个军。毛泽东于 9 月 2 日作出批示,同意这个计划,但“明年三至六月四个月内换七个军,似觉得太紧一点,而需延长时间,可到那时再定”。

得到毛泽东的批准后,聂代总长于 9 月 10 日就入朝部队轮换问题致电邓华、杨得志、甘泗淇,告之分两批轮换志愿军 16 个军中的 12 个军的计划,除第一期轮换计划已开始实施外,并要志愿军领导人考虑以下问题,提出意见:一是实施该轮换计划对朝鲜战场有无影响,对从 1953 年 3 月起每月轮换部队与实施时间有何具体意见。二是依国内部队来看,进行这两期轮换后,未轮换的部队即行战地休整为好,国内部队不再轮换,因海防部队均需先行接替始能北调。这样办有何困难。三是依数量上来说朝鲜减少一个军,但质量上加强了,对作战有无影响。四是其他如特种兵除坦克、高射炮兵采取换人不换装备外,其余可否不轮换。

4 天后,邓华、杨得志、甘泗淇向聂荣臻报告,表示完全同意军委轮换计划,同时就轮换的实施步骤、轮换部队之选择与顺序及返国分布位置、特种兵和后勤部队的轮换、轮换实施的原则等问题提出一些建议。其中许多得到军委和总参谋部的采纳。

部队的轮换

按照中央军委的轮换计划,第一期轮换的第 23、第 24、第 46 军,于 1952 年 9 月 5 日至 15 日先后入朝,轮换第 20、第 27、第 42 军回国。第 11 军的第 33 师于 12 月入朝,准备编入第 60 军。在此之前,第 26 军已于 6 月间回国担负守备任务。

第 23 军入朝时军长钟国楚、政治委员卢胜,下辖第 67、第 69、第 73 师。

第 24 军入朝时军长王必成、政治委员廖海光,下辖第 70、第 72、第 74 师。

第46军入朝时军长萧全夫、政治委员吴保山，下辖第133、第136、第137师。

1952年末德怀特·艾森豪威尔当选美国总统后，美国当局酝酿进行大规模军事冒险。为防备“联合国军”在朝鲜北方实施登陆进攻，志愿军和人民军进行了大规模的反登陆作战准备。根据这一情况，12月9日下午，聂荣臻召集黄克诚、邓华、滕代远、吕正操、王尚荣及各特种兵司令员研究后决定：志愿军现有16个军不作变动，第50军暂不调回国，另调西北第1军第一步即开东北，第二步与在东北的第16军入朝；调中南第54军、华东第21军于1953年1月下旬开东北，作为机动。这样，对原定从1953年3月开始的第二期轮换计划进行了调整，并提前实施。第1、第16、第21、第54军部队于1952年12月至1953年5月陆续入朝，加强志愿军在朝鲜的作战力量。原计划第二期轮换回国的第39、第38、第40军暂不回国，全力进行反登陆作战准备工作。直至反登陆作战准备结束后，第39、第38、第40军才分别于1953年5月、7月、8月回国。

第1军入朝时军长黄新廷、政治委员梁仁芥，下辖第1、第2、第7师。

第16军入朝时军长尹先炳、政治委员陈云开，下辖第32(第11军的第32师调入，后改称48师)、第46、第47师。

第21军入朝时军长吴泳湘、政治委员谢福林，下辖第61、第62、第63师。

第54军是1952年10月由原第45军军部、直属队、第134师(欠1个团)、第135师和原第44军第130师、第131师1个团等部组成。合组为第54军后，下辖第130、第134、第135师。该军入朝时军长丁盛、政治委员谢明。

在部队轮换过程中，入朝各军都先派一定数量的各级指挥员，提前两个月左右到被轮换各军参观见学，熟悉情况；被轮换部队交防后都留一定数量的各级指挥员为新入朝部队充当二三个月的顾问。在轮换的同时，战场上志愿军也组织一定数量的第一线部队与第二线的换防。

1953年7月27日，朝鲜停战协定签字，抗美援朝战争胜利结束。此后，轮换计划即停止执行。

除了步兵的轮换外，志愿军空军和特种兵部队，也进行了轮换。

志愿军空军的轮换：志愿军空军自1951年9月大规模参战以来，一直以师为单位轮番作战，从当年11月开始，每番作战部队3～4个师，每师作战3个月左右，经受锻炼，取得作战经验后，即行轮换。至1952年5月，完成作战准备，能够参战的第3、第4、第6、第12、第14、第15、第17、第18师共8个歼击机航空兵师(每师编制2个团,50架飞机),及第2师第6团,均已先后参战。其中第3、第4两师,作战经验比较成熟,负责带领新部队作战,均已打了两轮(两番)。根据谈判形势,战争还不能迅速结束,中共中央决定做拖过1952年底的准备。军委空军决定,已经参战的歼击机师再"加打一番",并于5月作出了"加打一番"的计划。1953年1月,第16师也参加了作战。至7月27日朝鲜停战止,第4师共打了四番;第2、第3、第6、第14、第15师各打两番;第12、第16、第17、第18师各打一番,但打的时间均较长,其中,第12师12个月、第16师6个月、第17师16个月、第18师6个半月。1953年4月,空军党委决定选调掌握米格-15飞机技术的飞行干部和教员共84人,分三批编入志愿军空军部队参加实战锻炼,以便取得空战经验,提高教学质量。第一批11名如期完成实战锻炼计划,第二、第三批因朝鲜停战而未能实施。此外,自1951年12月至1953年7月,分批共组织1727名空军各级机关、没有参战部队、航校的干部和战勤人员,到志愿军空军见学实习。志愿军空军还接受总参谋部、海军航空兵部和防空军部队各级机关干部共331名到安东实习。

志愿军炮兵的轮换:志愿军参战一开始,炮兵就参加了作战。在参战初期,因统一更换苏联装备,即以师或团为单位,进行过轮换改装。在运动战期间,炮兵第1、第2、第8师均参加了作战。第5次战役时,炮兵第7师、火箭炮第21师、战防炮第31师及第33师1个团,也入朝参战。另有高炮第61、第62、第63、第64师,从第四次战役开始后,陆续入朝参战。1952年11月28日,军委炮兵司令部作出炮兵轮换计划,12月12日,又对计划进行了调整。1953年1~3月有6个炮兵团入朝。全朝鲜停战,炮兵第3师师部轮换了炮兵第7师师部,火箭炮第22师师部轮换了第21师师部,先后共轮换了11个团,另战防炮第33师师直入朝,加强战防炮部队的组织领导。4个野战高炮师未轮换。

志愿军装甲兵的轮换:志愿军装甲兵于1951年3月开始,以坦克第1师师部为基础,组成装甲兵指挥所,率5个团入朝,7月开始参加作战。1952年6月1日,军委装甲兵司令部下达了轮换命令,以坦克第3师师部为基础组成指挥所,率4个坦克团,从1952年6月中旬至10月底先后轮换完毕。1953年反登陆作战准备期间,又以坦克第1师师部和第2师师部部分机关干部为基础,组成1个装甲兵指挥所率3个坦克团入朝,其中2个团是第二次入朝。

志愿军工兵的轮换:从志愿军入朝参战开始,志愿军工兵部队即同时入朝担负工程保障任务。至1952年9月,已有11个工兵团在朝鲜担负工程保障任务。1952年10月27日,总参谋部作出工兵部队轮换计划方案,计划1953年6月和年底分两批先后轮换7个工兵团。1952年年底前轮换了2个团,至朝鲜停战时又有1个团另2个营入朝轮换。后由于停战实现,轮换计划即行停止。

志愿军防空部队的轮换:从志愿军入朝参战开始,志愿军防空部队即入朝作战。从1950年10月至1952年5月,志愿军防空部队有8个高射炮团又6个高射炮营,1个探照灯营又2个连,4个雷达连在朝鲜作战。1952年2月23日,军委防空司令部向总参谋部建议,组织防空部队分批赴朝轮战,并作出具体计划。经批准后,从1952年4月开始了轮换。至1953年7月,参加轮战的志愿军防空部队有13个高射炮团又4个高射炮营,4个探照灯营,2个对空监视团,1个雷达营。1953年4月6日,中央军委决定成立安东防空司令部,在志愿军空军司令部的直辖下,统一指挥平壤,元山线以北,大孤山、凤城、通化线以南的所有防空部队,由成钧兼任司令员。从1952年4月至1953年1月,军委防空部队副司令员谭家述、成钧和司令员周士第曾分批率防空部队领导机关干部662人赴志愿军防空部队和安东防空司令部进行参观实习。

公安部队的轮换:公安部队自1950年11月中旬以公安第18师师部率6个团,开始入朝,担负后方剿匪、警卫、物资押运、装卸和防空哨任务。1952年10月9日,公安部队首长提出轮换在朝鲜战场执勤之公安部队的建议,经总参谋部批准后,于1952年12月至1953年2月,以公安第1师率5个团,对在朝鲜的公安部队进行了轮换。

高级指挥机关和高级指挥员的轮换

1951年6月,志愿军司令部向军委总参报告,以第13兵团司令部为基础的志司机构不大充实,部队多,业务繁重,中南、华东派往志司的参谋组,加强了志司的工作,同时派出这种参谋组又能更好地达到吸取经验的目的。志司建议,为便于更全面了解不同时期的情况,各大区参谋组延长在志司的时间,由原派出单位采取半年轮换制。担任轮换的第二个参谋组应在前一个月到志司,以便熟悉情况,以利志司工作。1951年6月8日,军委总参谋部同意志司的建议,并令西南军区派出参谋组前往志司实习并参加工作。

至1952年12月初,总参谋部已派出4期赴朝实习干部,团以上干部共24名,每期实习时间为3个月。

遵照毛泽东的指示,为使国内军队高级机关干部取得朝鲜战场的实战锻炼,组织机关干部实行分批轮换,中央军委代总参谋长聂荣臻于1952年12月5日提出军队机关干部轮换具体计划。由总参谋部各部负责轮换志愿军司令部各处以下干部,具体分配:由作战部换志司作战处之作战科,军务部换志司军务处,情报部换志司作战处之情报科,通信部换志司通信处(包括报务员),由中央机要局换志司机要处(包括译电员)。各兵团直属机关处以下干部分别由华北、中南、西南、华东各军区司令部负责轮换,具体分配:由华北军区司令部换第20兵团司令部,中南军区司令部换第19兵团司令部,西南军区司令部换第3兵团司令部,华东军区司令部换9兵团司令部。轮换时间为1953年1月至5月,分2~3批轮换完毕。政治干部及后勤干部的轮换由总政治部和总后勤部分别拟制计划。

1952年12月6日。毛泽东在聂荣臻的这个报告上批示:"同意这个计划。政治、后勤两系统,请聂告两处负责人拟出一个计划来。"①12月9日,总参谋部将上述轮换计划,以指示的形式下达志愿军总部并各兵团、西南、中南、华东、华北各大军区。

12月18日,中央军委总政治部提出轮换志愿军政治干部的计划,决定由总政治部和东北军区政治部选派干部负责轮换志愿军政治部部以下的干部。具体分配:第一批30名由总政治部组织,第二批30名由东北军区政治部组织,第三批30名由总政治部组织,原则上政治部抽调干部相互对换。如:总政组织部去的干部与志政组织部对换,去志政能当正副部长的人,每批必有1/3。各兵团政治部的干部分别由有关军区政治部组织干部去轮换,即由西南军区政治部组织干部轮换第3兵团政治部;由华东军区政治部组织干部轮换第9兵团政治部;由西北、中南军区政治部组织干部轮换第19兵团政治部(第一批西北、第二批中南,数目各半);由华北军区政治部组织干部轮换第20兵团政治部。轮换时间:志政的分3批,各兵团的分两批,第一批1953年1月底达朝鲜,第二批1953年4月底到达朝鲜,第三批1953年8月底到达朝鲜,每批各30名。12月19日,毛泽东在萧华上报的这个

① 《建国以来毛泽东军事文稿》,中卷,88页,北京,军事科学出版社、中央文献出版社,2010。

计划上批示："同意这个计划，只是数目还觉小一点。"①

12 月 25 日，中央军委总后勤部发出《关于全军后勤干部轮番赴朝计划的指示》。总后勤部决定，为更好地、有系统地吸收朝鲜战场后勤工作经验，使全军后勤干部在对美军作战中普遍得到锻炼，业务水平得到提高，全军各级后勤部门及仓库、医院等附属单位的干部，均将先后分批轮番赴朝。为密切结合后勤干部本身业务，全面地、有计划地学习，确定总后及总后各部、各大军区后勤及各业务部门的干部，轮番调往志后及志后各业务部门工作；省军区及大军区后勤附属单位的干部，轮番调往志后所属各分部工作。具体确定：华东轮换第 1 分部、中南轮换第 2 分部、西南轮换第 3 分部、华北轮换第 4 分部、西北轮换第 5 分部。总后勤部决定第一批先抽调 329 名后勤营、团以上干部赴朝轮换。

按照总参谋部、总政治部、总后勤部上述轮换计划方案，于 1953 年上半年，对志愿军总部和各兵团的司令部、政治部、后勤部进行了轮换。

从 1952 年下半年开始，对志愿军高级指挥员也进行了轮换。

1952 年 8 月，中央军委调王建安接替宋时轮任第 9 兵团司令员，宋时轮回国任总高级步兵学校校长。7 月，第 38 军军长梁兴初任西海岸指挥部副司令员；第 64 军军长曾思玉任第 19 兵团副司令员；1953 年 1 月，第 19 兵团政治委员李志民任志愿军政治部主任。

1953 年 4 月 18 日，毛泽东签署命令，决定将国内部队与志愿军部分高级干部实行轮换，并要求调赴朝鲜担任工作的同志应分别于 5 月上旬到职。李达调任志愿军参谋长仍兼西南军区副司令员和参谋长，志愿军参谋长解方调任军委军训部副部长；许世友调任志愿军第 3 兵团司令员仍兼山东军区司令员，志愿军第 12 军军长曾绍山升任第 3 兵团副司令员，志愿军第 3 兵团副司令员王近山调任山东军区副司令员暂代司令员；志愿军第 15 军军长秦基伟升任云南军区副司令员；中南军区副司令员兼参谋长黄永胜调任志愿军第 19 兵团司令员，志愿军第 19 兵团司令员韩先楚调任中南军区参谋长；第二高级步兵学校校长杨勇调任志愿军第 20 兵团司令员，志愿军第 20 兵团代司令员郑维山调任第二高级步兵学校校长；王必成调任第 9 兵团副司令员（陶勇因身体不好此前已回国）；志愿军第 20 军军长张翼翔调任浙江军区副司令员；志愿军第 24 军军长兼政治委员皮定均调任福建军区副司令员；志愿军第 39 军军长吴信泉调任东北军区副参谋长。后又任命王平

① 《建国以来毛泽东文稿》，第 3 册，630 页，北京，中央文献出版社，1989。

接替张南生任志愿军第20兵团政治委员，张南生为志愿军政治部副主任。根据上述命令，除第20兵团因组织金城战役交接较晚外，其余均于5月份进行了交接。

志愿军空军、炮兵、装甲兵、工兵指挥机构的主要指挥员也进行了轮换。1952年6月，赵杰接替黄鹄显任志愿军装甲兵指挥所主任；1952年8月，谭善和接替陈正峰任志愿军工兵指挥所主任；1952年10月，华东军区空军司令员聂凤智接替刘震任志愿军空军代司令员，1953年4月为司令员，华东、华北、中南军区空军以完全换班的形式进行实战指挥锻炼，西南、西北军区空军采取见学的形式进行实战指挥锻炼；1953年初，高存信接替匡裕民任志愿军炮兵指挥所主任，刘何任政治委员。

此外，根据毛泽东指示，总参谋部和各大军区还组织了数批高级指挥员到朝鲜代职和参观见学，其中张震代理第24军军长兼政治委员、李成芳代理第15军军长，王尚荣代理第46军副军长。

据中央军委作战部的统计，在2年零9个月的抗美援朝战争期间，人民解放军步兵部队受到朝鲜战争锻炼者共25个军76个师，约占步兵部队34个军108个师的70%。人民解放军公安部队17个师中有2个师经过了朝鲜战争锻炼，铁道兵10个师全部经过朝鲜战争锻炼。40%的空军部队得到了朝鲜战争锻炼。陆军各特种兵中73%的炮兵部队，30%的坦克部队，60%的防空部队，57%的工兵部队得到了朝鲜战争的锻炼。①

轮番作战与轮换作战主要区别在于，轮番作战主要是解决作战和战场休整的矛盾，保持持续进攻的作战力量。而轮换作战除有上述作用外，其侧重点主要是锻炼部队，使更多的部队、指挥机关和指挥员，取得现代化作战经验。采取轮番和轮换相结合的做法，既解决了作战部队的休整和保持作战力量的问题，也使更多的部队、指挥机关和指挥员得到了朝鲜战争的锻炼，积累了现代条件下作战和指挥的经验。这一做法是在抗美援朝战争中的一个创造。后来的保卫国防作战也借鉴了这一经验。

中国人民第二届赴朝慰问团赴朝慰问

正当志愿军举行1952年秋季战术反击作战及进行上甘岭战役期间，在

① 参见军委作战部：《朝鲜战争几个基本数字的初步总结》，1953年9月8日。

中国人民志愿军出国作战两周年即将到来之际,中国人民组成第二届赴朝慰问团,到朝鲜战地慰问。

中国人民第二届赴朝慰问团总团长刘景范(中国共产党),副总团长陈沂(中国人民解放军)、李明灏(无党派民主人士)、胡厥文(中国民主建国会)、周钦岳(无党派民主人士),秘书长李颉伯(中华全国铁路工会),副秘书长严仁赓(北京大学教授)、马仪(中国新民主主义青年团)。慰问团下设9个分团。第一分团团长吴觉农(中国民主建国会),第二分团团长辛树帜(西北农学院院长,无党派民主人士),第三分团团长王文彬(中国民主建国会西南办事处),第四分团团长胡厥文(兼),第五分团团长张轸(中国人民解放军中南军区),第六分团团长张明河(中国共产党北京市委员会),第七分团团长陈先舟(中国民主同盟东北总支部临时工作委员会),第八分团团长王向立(中国人民解放军中南军区),第九分团团长宁武(中国国民党革命委员会东北临时工作委员会)。

这届慰问团规模大,有广泛代表性。成员由各民主党派、各人民团体、人民解放军、各民族代表,各地区的烈军属、工农业劳动模范,妇女、青年、文化、新闻、工商、宗教各界和海外华侨的代表及文艺工作者共1091人组成,除担任慰问团总团和各分团的领导许多是知名人士外,慰问团成员中也有许多知名人士,如:马恒昌、叶盛兰、杜近芳、小白玉霜、常香玉、金焰、赵丹、高元钧、董存瑞烈士的父亲董全忠、志愿军空军英雄张积慧的父亲张本周等。

除第九分团到东北地区慰问回国治疗、休养的志愿军伤病员外,慰问团总团和其余8个分团于9月18日离开北京,10月上旬先后到达朝鲜前线。他们在朝鲜共进行了40余天的慰问活动。11月中旬,赴朝慰问团总团和各分团先后回到沈阳,12月5日回到北京。

慰问团带去了大批慰问品,有锦旗700面,各界人士写的慰问信5万余封,抗美援朝总会和慰问团的慰问信14万封,抗美援朝两周年纪念册、纪念信笺、信封,有关祖国建设成就的书报、图片,及搪瓷杯、手帕、香烟、糖果、土特产等,总重量约6000吨。在有些慰问品上,印有"赠给最可爱的人"的字样和抗美援朝纪念章的图案。

第一分团一行169人,到朝鲜沙里院以北一带地区。慰问了志愿军高射炮兵部队、工兵部队、后勤部队、铁道兵团、铁路运输部队,并慰问了朝鲜人民军部队、朝鲜铁路职工、朝鲜地方政府。

第二分团和第五分团,到朝鲜西部战线,慰问中、朝人民部队和朝鲜人民,并到开城慰问了朝鲜停战谈判朝中代表团和当地人民。

第三、第六分团共152人,到中部前线分别向志愿军和人民军各部队进行慰问,并派代表慰问了朝鲜人民军的两个战地医院,江原道政府,金化、淮阳、安边、平康等4个郡政府和淮阳中学等。

第四分团,到朝鲜东海岸的前线和后方,广泛地慰问了中朝海防部队、后勤部队,朝鲜地方政府和人民,并祭扫了杨根思烈士墓。

第七分团一行92人,在朝鲜西海岸慰问了坚守海防的志愿军和人民军,黄海道地方政府和人民。

第八分团一行48人,在朝鲜时曾向守备在东部战线的朝鲜人民军部队进行亲切的慰问,转达中国人民抗美援朝和保卫远东及世界和平的坚强意志。他们慰问了朝鲜人民军指挥机关、战斗连队和野战医院共32个单位,其中有坚守"伤心岭"、歼灭大量敌人的"姜健近卫师"的英雄部队,有生俘美军第24师师长的英雄部队。

据第一、二、五、六、七等5个分团的统计,共举行慰问会、报告会、访问会、座谈会2530次,文艺工作队的慰问演出和放映电影共1400余场。代表团转达了全中国人民对中朝人民部队的关怀和中国3年来取得的建设成就,向中朝人民部队献旗和赠送各种礼品。同时,代表们广泛收集了中朝人民战士的英雄事迹。

各分团的代表们为完成全国人民所托付的神圣使命,不怕困难,不惧危险,圆满完成了慰问任务。第一分团代表、全国特等劳动模范、天津造纸第一分厂副厂长宋春化,带病涉过海滩上一尺多深的烂泥,到海岛上慰问海防战士;天津铁路管理局王省三、吉林铁路管理局田忠林等8人,冒雨步行10余里到铁道部队慰问。第二、第五分团的代表,为了和战斗在前线的战士们握手,有的到了使英军遭重创的马良山下,有的到了美军遭惨重打击的砂川河畔的"红山包"(45.4高地)。第三分团的代表,冒着大雨,翻越20余里的大山,通过敌炮火封锁线,到白马山附近的高崖山、晓星山前沿阵地慰问志愿军英雄部队。有些代表还到上甘岭前线慰问顽强进行6昼夜坑道战、打退敌20次冲锋的机枪班长卢何等英雄们。第六分团代表深入到文登公路一带前沿阵地慰问坚守400天的某部功臣团(第68军第610团),并写信向坚守鱼隐山阵地的英雄们致敬。第七分团全体代表、文艺工作团的工作人员,在朝鲜期间一起紧张地工作着。文艺工作团团员、民间艺人伶雨田跌伤了脚,血流不止,不下舞台,让人搀扶着,坚持把一段相声说完。有些代表在慰问期间走了5000多里路。有的代表到过著名的道峰山营、马良山英雄连、三八线尖刀英雄连、守备英雄连、牛角峰英雄连、遵纪爱民模范排等单位，并且访问了特等功臣黄丑和、刘继和、关崇贵、胡金华和人民军的一些英雄模范。慰问团文艺工作团到达朝鲜后，即在志愿军各机关和部队展开慰问演出。为使战斗在最前线的指战员们也能看到节目，文工团又分成许多小组分散到阵地上。评剧演员小白玉霜，京剧演员叶盛兰、李和曾、杜近芳，曲艺演员高元钧等一批著名演员和歌舞团的一部分演员，把精彩的节目送到了前沿阵地，受到指战员们的热烈欢迎。

志愿军官兵热烈欢迎来自祖国的亲人，战斗在火线上的志愿军战士们，在坑道口上扎上松门，贴上“迎接亲人”、“以战斗的胜利迎接祖国人民的使者”等标语。战士们敲打着用炮弹壳制作的锣、钹等乐器迎接代表团。志愿军各部队还用战斗的胜利，欢迎祖国人民的代表。

在上甘岭前线志愿军指战员击退“联合国军”无数次冲锋后，祖国人民的慰问品送进了坑道。指战员们激动地站在慰问品前宣誓：“坚决为和平战斗到底，回答祖国人民的关怀！”当晚，坑道部队与反击部队配合，将盘踞在坑道四周的“联合国军”的一个加强连全部歼灭。坚守坑道的指战员写信给祖国慰问团亲人。他们在信中写道：

> 我们处在距敌50米、上下相持的情况下，也遭受了不少的困难，但是，我们想了办法，发扬了艰苦的精神。为了保卫光荣阵地，为了保卫祖国，为了保卫世界和平，我们忍受和战胜了困难。十天的战斗生活，是紧张而愉快的，我们不分昼夜地警戒敌人和出击敌人，前仆后继地战斗。如青年团员赖发均同志，在反击战斗中，连续负伤两次，不下火线，裹好伤口，继续战斗，打掉敌地堡一个，歼敌50多名，最后他光荣壮烈地牺牲了。又如班长崔含弼同志，负伤4次，仍在继续战斗，打退了敌人5次反扑，歼敌38名，破坏敌人火力点一个……像这样勇敢顽强的事例是举不胜举的。
>
> 我们除了战斗以外，就是说笑和娱乐，谈着我们的胜利，谈着祖国的伟大，还唱着歌曲。我们的心情永远都是愉快的。丝毫没有因被敌人封锁和破坏坑道口而感到恐惧，因为我们知道任务的重大，明确战斗的意义，坚信我们一定胜利。

慰问团员们看到这封信后激动万分，他们感慨地说：只有中国共产党培养出来的英雄儿女才能具有这种伟大的英雄气概。

第二届赴朝慰问团的到来，对志愿军广大官兵和战斗的朝鲜军民，是巨大的精神鼓舞，激发起他们更大的战斗热情和坚持到最后胜利的决心。

慰问团回国后,周恩来总理主持政务院政务会议,听取总团长刘景范关于第二届赴朝慰问团工作报告。周恩来在听取汇报后指出:我们要进行国家建设,但不应忽略抗美援朝,而要把抗美援朝与国家建设等量齐观。现在虽然我们已经挡住了敌人,并给予敌人很大杀伤。但还没有打到使它非停战不可的程度。美国之所以破坏停战谈判,就是这个原因、因此,明年的抗美援朝斗争还应加强。继续实行"边打、边稳、边建"的方针,一直打得它不得不罢手为止。我们应该借慰问团回国向人民作汇报这个机会,加强抗美援朝的宣传,以继续引起全国人民的注意。①

慰问团按照周恩来的指示,从 1952 年 12 月起即以分团和小组为单位,分赴全国各地进行传达,走访英雄和烈士的家属,宣传志愿军的英雄壮举和伟大功勋。慰问团向全国人民作传达报告 3300 余次,直接听众 1080 余万人。志愿军的英雄事迹,特别是刚刚创造了上甘岭战役巨大胜利的英雄们的可歌可泣的事迹,深深打动了每一个听众。人们纷纷表示要加倍努力工作,建设好祖国,给志愿军以更大的支持。

① 参见《周恩来年谱(1949~1976)》,上卷,272~273 页,北京,中央文献出版社,1997。

第五十二章

在和平解决朝鲜问题上的斗争

在朝鲜停战谈判因美国在战俘问题上违反日内瓦公约有关规定，顽固坚持所谓“自愿遣返”原则，企图强迫扣留朝中被俘人员，并以流氓无赖的态度，故意拖延谈判和单方面无限期中断谈判会议的时候，亚太和平会议召开和联合国第七届大会开幕。爱好和平的国家和人民，在和平解决朝鲜问题上，在争取亚太及世界和平问题上进行了努力和斗争。与此同时，“联合国军”方面继续残酷迫害战俘，遭到中朝两国政府和人民以及国际舆论的强烈谴责。

亚太和平会议召开，国际和平阵线扩大

美国大规模武装干涉朝鲜内战，使朝鲜问题成了国际上关注的热点。与此同时，美国海军侵入台湾海峡，在亚洲及太平洋地区建立和强化军事基地，并违反第二次世界大战后对日本问题处理的有关国际协议，企图片面与日本签订“和约”，对日单独媾和和重新武装日本，使亚洲、太平洋地区及世界和平受到严重破坏和威胁。

在这种情况下，1951 年 2 月，世界和平理事会第一届会议决定召开亚洲及太平洋区域和平会议，争取亚太地区的和平。中国人民为反对美国侵略朝鲜与台湾，为保卫亚洲和世界和平作出了巨大努力和贡献。1952 年初，印度和平理事会建议亚洲及太平洋区域和平会议在北京召开。

中国接受了这个建议。为了亚洲及太平洋沿岸各国人民的团结，共同

努力保卫和平及制止新的侵略战争的阴谋，中国致力于和平事业的著名人士宋庆龄、郭沫若、陈叔通、彭真、李四光、马寅初、张奚若、刘宁一、蔡畅、茅盾、廖承志等11人，于1952年3月21日发起筹备。他们联名致电邀请亚洲和太平洋沿岸各国爱好和平与正义的人士，共同发起“亚洲及太平洋区域和平会议”，就亚太地区的和平，尤其是制止日本复活军国主义和立即停止朝鲜战争、恢复朝鲜和平问题，进行磋商，为亚太地区的和平贡献一份力量。他们的倡议得到亚太地区各国爱好和平人士的热烈响应。

当时美国正在朝鲜大规模使用细菌武器；在朝鲜停战谈判中违反日内瓦战俘公约的规定，企图强迫扣留朝中战俘，并以对朝鲜北方的狂轰滥炸向朝中方面施加军事压力；已经于1951年9月，片面签订了对日“和约”，允许重新武装日本，美军仍留驻日本；操纵联合国，联合西方国家，正在对中国和朝鲜实行经济禁运和封锁。针对这种情况，在周恩来的直接过问下，由外交部、中共中央宣传部和中共中央联络部协助，拟定了亚太和平会议的4项议题：（一）保障亚洲及太平洋区域人民的独立、自由与和平，反对扩军备战。禁止关于战争的叫嚣及种族仇恨的宣传；取消一切对和平宣传的压制，要求和平运动的自由。禁止使用原子、细菌及化学武器；反对对于非战斗人员及和平居民的轰炸与屠杀，加强对于国际法的遵守。（二）发展平等互利的正当国际经济关系与文化交流，反对封锁和禁运，改善人民生活，增进妇女儿童的福利。（三）反对日本重新军国主义化，反对将日本作为侵略基地，以消除对于亚洲及太平洋区域和平的严重威胁。（四）在公平合理的基础上和平解决朝鲜问题，并合理地解决亚洲及太平洋区域包括越南、老挝、马来亚等地在内的一切有关和平的问题。1952年6月3日至6日，有20个国家45名代表在北京举行的筹备会议上，通过了这4项议题。

1952年10月2日至13日，亚洲及太平洋区域和平会议在北京隆重举行。来自46个国家和9个国际民主组织的400余人，出席了会议，其中亚太地区37个国家正式代表367名。

大会执行主席宋庆龄致题为《动员起来！为亚洲、太平洋区域与全世界的和平而斗争！》的开幕词。她指出，这次会议的召开充分证明，人类是一定能创造和平的。我们的任务就是要动员人民，为和平而奋斗；要求停止目前正在进行的一切战争，并且用真诚协商的办法谋得和平解决；要求所有曾经参加战争的国家，根据国际协定，合法地结束以前的战争，并以此向全世界保证，过去的敌对国家今后将为和平而工作，为和平而生活；要求禁止一切集体屠杀的武器并宣布这些武器为非法，对于在目前战争中曾经使用这种武器的人们，必须按照国际公法加以审判；要求扫除对于国际贸易与文化交流的一切障碍；要求争取有助于和平共居的道德条件，争取健康空气，以消除仇恨与战争，建立全世界人民之间的友爱和谅解。

郭沫若作题为《团结一心，保卫和平》的总报告：郭沫若在报告中根据筹备会议确定的4项议题向大会提出5项要求，请求大会讨论并加以采纳。这5项要求的内容是：

（一）要求全面解决日本问题，制止日本军国主义的复活。按照联合国宪章、开罗宣言、雅尔塔协定、波茨坦公告和协定所规定的原则，缔结对日和约；撤退驻留日本的一切外国占领军；支持日本人民取得独立、和平、民主的权利，在这样的条件之下，并同意日本人民享有自卫的武装力量。（二）要求采取必要的步骤，使朝鲜等地的战争得到公平合理的结束。按照日内瓦各项公约，无条件地遣返全部战俘，实现朝鲜停战；停止一切对和平城市、和平建设与和平居民的滥施轰炸；撤退在朝鲜的一切外国军队，包括中国人民志愿军在内，让朝鲜人民自己解决朝鲜的内政问题。在越南、老挝、柬埔寨、马来亚等地的冲突，在近东、中东及其他地区的不安，也必须在公平合理的原则之下求得和平解决。任何国家都不得干涉别国的内政，这些国家的民族独立应该受到尊重，他们的国内问题应由他们自己解决。（三）要求美、英、法、苏、中五大国缔结和平公约，实行国际裁军，禁止使用原子武器、细菌武器、化学武器及其他大量杀人武器，要求一切国家的政府批准并切实履行1925年6月17日在日内瓦订立的《关于禁用毒气或类似毒气及细菌方法作战议定书》；并要求谴责虐待与屠杀战俘及平民的罪行。（四）要求保障各国人民的民族独立，任何国家不得侵犯别国的领土、领海、领空等主权，不得在别国建立军事基地，各国人民都有自由选择自己认为满意的政治制度和生活方式，并能在平等互利的基础上，充分发展各国人民之间的全面贸易与文化交流。各种社会制度不同的国家是可以和平共处的，是应该相互尊重的。我们要求立即停止任何国际的封锁、禁运与垄断政策的执行。（五）要求禁止关于战争的叫嚣和种族仇恨的宣传，取消对于有色人种的歧视，取消一切对和平运动的压制。各国人民都应有参加和平运动的自由权，各国因参加和平运动而遭受迫害的人们，应获得公开申诉和享受自由的保证。

朝鲜问题是此次和平会议的重要议题。朝鲜代表团团长韩雪野作了《关于在合理的基础上和平解决朝鲜问题的报告》，朝鲜代表团在报告中提出:为了恢复和维护亚洲及太平洋区域的和平,制止亚洲现存侵略战争的继续延长与可能扩大的危险,首先就得立即制止正在朝鲜进行着的美军的灭绝人性的轰炸与细菌战的罪行,并在公平合理的基础上立即结束朝鲜战争。朝鲜代表团提出3点要求:

第一,要求遵守国际法与国际惯例,特别是1949年日内瓦公约的规定,并根据双方已经达成协议的停战协定草案,全部遣返双方的俘虏,迅速实现朝鲜停战。

第二,要求立即谴责和制止美国干涉者在朝鲜所进行的毁灭人类的细菌战和对和平城市与乡村的破坏性的滥炸;对这些罪行的组织者,以战争罪犯惩处。

第三,要求一切外国军队,包括中国人民志愿军,在朝鲜停战协定成立后,从朝鲜撤走,让朝鲜人民自己来解决朝鲜自己的内政问题。①

美国代表团在会上关于朝鲜问题作了补充报告,报告由美国代表塞尔奈夫人宣读。美国代表团谴责侵朝美军对朝鲜人民犯下的罪行,指出:"我们的将军们无法在战场上打败朝鲜人民和中国人民志愿军,只好阴险地卑鄙地龌龊地滥用现代的科学,发动了细菌战。""至于停战谈判和战俘问题,全世界都看到,我们的将军和外交官们控诉人家违反了尊严的协定,然而他们自己却拒绝遵守明文规定所有战俘必须遣回本国的条约。更加恶劣的是,这些先生们声言他们对战俘要顾到更高的人道主义要求,因而不能履行他们自己的协定,但正是这些先生们在杀害被囚禁在铁丝网里的战俘。"塞尔奈夫人在报告中谈及美国代表团成员参加北京和平会议,心灵所受到的震撼。她说:

参加这次伟大的会议的人们都了解,我们这些从美国来的代表们,也是和许多人一样自始就反对美国干涉朝鲜的。我们也和许多人一样高声谴责假借我国人民的名义干野蛮的勾当;我们也曾经积极地设法停止这个毫无意义、毫无正义、毫无理性的战争。

但是直到我们来到这里——直到我们看见朝鲜妇女的眼睛——这样充

① 朝鲜代表团:《关于在合理的基础上和平解决朝鲜的报告》,《人民日报》,1952年10月4日。

满着痛苦和骄傲——直到我们与朝鲜男人的坚强有力的手相握之前，我们还没有充分理解这次战争的全部恐怖。

那天晚上，看见印度妇女和她们的朝鲜姐妹们在这个讲台上拥抱，我们才开始懂得——比我们过去可能懂得的深刻得多——两年多以来，这些无辜的人民遭遇到怎样的一种罪行，多少母亲失去了孩子，多少孩子变成了孤儿，多少人家[被]恣意破坏。

我们在这里已看到了整个亚洲怀着多么痛恨的心情来看待从老远的地方带给它的这么长久的战争。

这次会议始终分清美国政府和美国人民，这深深地感动了我们。这样的分清界限使我们有了希望。

塞尔奈夫人宣读的报告中呼吁美国人民加入反战行列，制止侵略战争。指出：

我们还必须在这个讲台上向千百万正直善良的美国人，向他们的儿子在朝鲜战场上的美国人，向接到华盛顿宣布他们的亲人死亡的电报的美国人，向现在正接到征募几十万青年的通知书的美国人说话，我们向他们说对于用我们的名义所作了的这种事情，我们也分担重大的责任，除非我们及时站起来，加入制止这个战争的斗争。①

美国代表团表示，同意朝鲜代表团的提议，要求美国在遣返战俘问题上达成协议，立即完成停战谈判，必须制止细菌战和对朝鲜和平城市乡村的轰炸，并将进行这些行为的人当做战争罪犯来惩办。

哥伦比亚代表团也提出了关于朝鲜问题的补充报告。与会者在发言中就朝鲜问题发表了许多意见和看法，谴责了美国对亚太地区和平的破坏和其在朝鲜犯下的种种暴行。

10 月 6 日下午，美国代表团将象征着和平与友谊的鲜花和一棵常青树，作为礼物献给朝鲜代表。美国代表团团长惠吞发表献词说：“我们美国人民，赞美勇敢，憎恨残暴；我们请求你们把这一棵小树，种在朝鲜的土地上，那块因染上英雄人民的血而变得神圣的土地上。愿这棵小树像我们两国人民的友谊一般成长；愿这棵小树和受着阳光与雨露滋长的生命的绿叶

① 美国代表团：《关于朝鲜问题的补充报告》，《人民日报》，1952 年 10 月 8 日。

一起常青,用它的绿荫,在安全、美好与和平的环境中,庇护着你们的子子孙孙。”

惠吞献词后,和韩雪野亲切握手拥抱。美国代表上前为朝鲜代表佩戴上和平纪念章,两国代表紧紧拥抱在一起。接着,3 名澳大利亚女代表走上主席台,把鲜花和澳大利亚母亲们送给朝鲜儿童的衣服献给朝鲜女代表。

会议于 10 月 12 日通过了《告世界人民书》、《致联合国书》和《关于朝鲜问题的决议》、《关于日本问题的决议》、《关于民族独立问题的决议》、《关于经济交流问题的决议》、《关于文化交流问题的决议》、《关于拥护召开世界人民和平大会的决议》、《关于争取五大国缔结和平公约运动的决议》等一系列文件。

《告世界人民书》指出:“在朝鲜,残酷的战争已经进行了两年多。细菌武器、凝固汽油弹、滥肆轰炸及其他大规模屠杀方法,正被肆无忌惮地使用着。和平的城市和乡村被焚烧和毁灭了;无辜的妇女和儿童遭到可怕的暴行。这一个战争已经夺去了无数人的生命和幸福。美国政府拒绝依照国际法原则遣返战俘,阻碍着朝鲜停战的实现。美国军事指挥部再三破坏和谈,使用非法的战争方法,以及侵犯中国主权,都是有扩大战争的危险的挑衅行为。”

会议就朝鲜问题通过的决议,内容如下:

朝鲜战争仍在继续。亚洲及世界人民所渴望早日获得协议的停战谈判,已因美国代表拒绝遣返全部战俘并片面决定无限期休会而遭受重大阻挠。以毁灭和平城市与和平居民为目的的大规模轰炸正在广泛进行。毒气弹、凝固汽油弹仍被大量使用。屠杀与虐待战俘的事件愈益频繁。在朝鲜所进行的细菌战给世界人民带来了极大的威胁,同时中国人民也成为细菌武器所攻击目标。这些事实业已为国际科学委员会的调查所证实。中国的领土台湾仍被占领,中国的边境和领海、领空继续受到直接挑衅的侵犯。日本的军国主义势力正被加紧复活。这些情况,使朝鲜战争有延长和扩大的危险,并使远东局势更加严重。

鉴于上述危险情势,亚洲及太平洋区域和平会议认为,为了本区域十六万万人民的利益,有必要号召全世界人民一致起来要求:

一、美国停战谈判代表应根据协商解决国际纠纷的原则,立即停止破坏朝鲜停战谈判的无理行动。

二、朝鲜交战双方应根据国际公法及国际惯例,特别是一九四九年日内瓦公约的规定和达成协议的停战协定条款,遣返全部战俘,立即停止敌对行动。

三、立即禁止和停止美军使用一切大规模毁灭性的武器,包括细菌武器、毒气弹、凝固汽油弹在内,以及对朝鲜和平城市与居民的滥肆轰炸。一切国家的政府应批准并宣布遵守一九二五年日内瓦议定书。

四、在朝鲜停战实现之后,一切外国军队,包括中国人民志愿军在内,应立即从朝鲜撤退。

亚洲及太平洋区域和平会议,为了恢复朝鲜的和平,并为了维护亚洲及太平洋区域的和平,认为有关国家的政府包括南北朝鲜的代表在内,应即进行协商,以谋进一步在停战的基础上和平解决朝鲜问题,并让朝鲜人民自己解决朝鲜的内政问题。

朝鲜人民所作的艰苦的斗争,业已赢得了并将继续赢得全世界人民的热烈同情与支持。本会议号召亚洲及太平洋区域全体人民和全世界人民积极支持上述要求,尽早使朝鲜问题在公平合理的基础上获得解决,以便英勇的朝鲜人民能在和平中生活。①

参加亚洲及太平洋区域和平会议的各国科学家和医生27人,包括美国核物理学家琼辛顿和中国科学家周培源、华罗庚、李四光、钱三强等,发表谴责美国使用大规模杀伤性武器的声明。他们在声明中说:"以使用原子武器、细菌武器和化学武器这类大批屠杀的方法进行侵略战争,是一种穷凶极恶的反人类的罪行。我们宣布:所有的科学家都应努力设法制止这种祸害,并阻止这种祸害重演。""我们要求所有各国无例外地立即批准一九二五年六月十七日签订的禁止使用一切毒气武器和细菌武器的日内瓦议定书。"②

亚洲及太平洋区域和平会议决定建立名为"亚洲及太平洋区域和平联络委员会"的常设联络机构,总部设在北京,宋庆龄当选为主席,伊·伊·阿尼西莫夫(苏联)、文幼章(加拿大)、那齐姆·希克梅特(土耳其)、维克多·詹姆斯(澳大利亚)、赛福丁·克其鲁(印度)、郭沫若、松本治一(日本)、巴勃罗·聂鲁达(智利)、朴正爱(朝鲜)、保罗·罗伯逊(美国)、毕尔·沙哈布·曼基·沙里夫(巴基斯坦)等任副主席。

亚洲及太平洋区域和平会议受到国际社会的普遍关注。中国人民政治协商会议主席毛泽东,世界和平理事会主席约里奥·居里,该理事会副主

① 《关于朝鲜问题的决议》,《人民日报》,1952年10月13日。

② 《人民日报》,1952年10月14日。

席、意大利全国和平理事会主席彼特罗·南尼，世界工会联合会总书记路易·赛扬向大会发了贺电，有许多国家的有关组织也向大会发了贺电。

世界上许多国家的报刊、广播对此次会议作了报道。会议结束后，参加北京和平会议的各国代表陆续返回各自的国家，通过各种途径对会议的情况和会议所通过的决议进行宣传，扩大了会议的影响。

亚太和平会议的召开，扩大了亚太和平运动的基础，为亚太地区和平运动制定了共同遵守的纲领，建立了亚太和平运动的经常的联络机构，促进了亚太地区人民之间的信任和友谊，扩大了国际和平阵线，有力地推动了亚太地区和平运动的进一步高涨。会议对美国在朝鲜的野蛮侵略，滥用大规模杀伤武器，滥杀战俘进行了揭露和严厉抨击。

第七届联合国大会上关于朝鲜问题的斗争

1952 年 10 月 8 日美方单方面宣布朝鲜停战谈判无限期休会后，关于解决朝鲜问题的斗争重点由板门店的谈判桌上转到了联合国大会的会场。

1952 年 10 月 14 日，第七届联合国大会在纽约开幕。大会选举加拿大外交部长皮尔逊为本届联大主席。

10 月 17 日，朝鲜民主主义人民共和国外务相朴宪永致电第七届联大主席皮尔逊，要求派代表参加联合国大会关于朝鲜问题的讨论。指出，联合国会员国在讨论朝鲜问题时，必须听取朝鲜人民代表对于侵略者在朝鲜民主主义人民共和国领土上所制造的野蛮轰炸、破坏和平城乡及细菌战、化学战等非法的罪恶暴行真相的意见。朴宪永在电报中声明：没有朝鲜代表参加的有关朝鲜问题的任何讨论，或是联合国大会的任何决议，都将被认为是非法的。同日，朴宪永致电联合国秘书长赖伊，并随电附去金日成和彭德怀 1952 年 10 月 16 日给克拉克的信[①]及朝鲜停战协定草案全文，要求联合国

① 金、彭给克拉克的信重申了 10 月 8 日朝中方面提出的解决战俘问题的新建议，即，按照日内瓦战俘公约规定全部遣返战俘，在遣返的方式上，提议在停战后将所有战俘送到非军事区由对方接管，然后对战俘进行访问，按国籍、地区进行分类和遣返。同时，该信提出三项要求：一、立即停止你方代表团中止停战谈判的无理行动；二、必须根据国际惯例、1949 年日内瓦公约和双方业已达成协议的朝鲜停战协定草案实行全部遣俘，其具体实施方法与步骤可在谈判中进行协商；三、根据朝鲜停战协定草案，迅速实现朝鲜停战。

秘书长在收到该两份文件后将其分发给联合国各成员国代表团。18 日下午赖伊复电说没有收到金日成和彭德怀给克拉克的信，于是朴宪永在 21 日又将金日成、彭德怀给克拉克的信电告赖伊。同时将给联合国秘书长赖伊的信和金日成、彭德怀给克拉克的信以及朝鲜停战协定草案全文公开发表，使朝中方面的正义呼声为世人所知。

苏联代表团提出了建议邀请朝鲜民主主义人民共和国代表列席联大第一委员会会议以参加朝鲜问题讨论的提案；要求朝鲜代表出席会议列举细菌战证据的提案；向联大资格审查委员会提出关于联合国除名台湾代表的提案；关于开除国民党政府接纳中华人民共和国为联合国会员国的提案。这些提案都被美英集团无理地拒绝。联大第一委员会拒绝朝鲜代表参加会议，却通过泰国提出的邀请南朝鲜代表出席会议以听取当地实际情况的提案。由于朝中方面代表不能出席联大会议，朝中方面只能通过苏联等国和其他途径反映自己的要求，而不能直接在联合国讲坛上面对面地与美国方面进行斗争。

1952 年 10 月 17 日下午，波兰政府代表团团长斯克列杰夫斯基发言，揭露美国的侵略政策和战争准备，着重指出联合国必须成为一个促进和平的工具，并提出一个旨在使联合国能履行其职责的提案——“关于消除另一次世界大战威胁加强国际和平与友好”的提案。提案建议：立即在朝鲜停止陆上、海上与空中的军事行动；按照国际准则将全部战俘遣送还乡；所有外国军队，包括中国志愿部队在内，在两三个月之内一律撤出朝鲜；和平解决朝鲜问题，使朝鲜人民能在一个委员会的监督下统一朝鲜，这个委员会应由直接有关的国家和其他国家，包括没有参加朝鲜战争的国家组成之。

波兰提案主张：联合国大会应敦促美国、苏联、英国、法国和中国政府（安全理事会的常任理事国）签订一个和平公约，目的在裁减大国军备，巩固国际和平；联合国大会同时应敦促所有其他国家参加这个公约；应立即通过决议以实现无条件禁用原子武器和其他大规模毁灭的武器，并对于各国执行这个决议的情况建立一个严格的国际监督制度；联合国大会应要求：所有没有参加 1925 年 6 月 17 日关于禁用细菌武器的日内瓦议定书的国家以及没有批准这个议定书的国家参加并批准这个议定书。

10 月 18 日，苏联代表团团长维辛斯基在联大全体会议上发表演说，支持波兰代表团所提出的和平建议，要求立即制止可耻的朝鲜战争，制止美国使用灭绝人性的细菌武器。

维辛斯基在演说中指出,艾奇逊在大会上说,在停战协定根据公正的条件达成的时候,美国将在朝鲜停战。但是迄今为止,在朝鲜的美军司令部在美国政府的同意下提出的所有条件根本就不能称作是公正的。“因为它显然是非法的,而且与所有举世公认的国际法和国际道德的标准背道而驰。应该说美国的所谓‘甄别’战俘的要求就是这样的,他们的所谓‘甄别’便是不惜使用恫吓甚至屠杀的手段挑出美军司令部愿意遣返的和打算继续拘留的战俘。美军在巨济岛上和其他地方为中朝战俘所设的战俘营中的情况就是这样”。维辛斯基说,苏联代表团认为有必要特别详细讨论在朝鲜的美国军队使用细菌武器问题。必须特别着重指出,波兰代表团敦促所有尚未参加或批准日内瓦议定书的国家参加并批准这个建议的重要性。这个建议首先就是针对仍然拒绝批准日内瓦议定书的美国。

在苏联等代表团的支持下,波兰代表团坚持将其提案列在联大第一委员会(政治委员会)议程的第一项,首先加以讨论。但是美国为首的一些国家不愿讨论波兰提案中的和平建议,因此政治委员会决定首先讨论“关于朝鲜统一复兴委员会的报告”,而将波兰的提案搁置起来,作为最后一项议程。

联大第一委员会关于朝鲜统一复兴委员会的报告的讨论很快变成了整个朝鲜问题的讨论,朝鲜停火和遣返战俘问题成为辩论的焦点。

10 月 24 日,美国国务卿艾奇逊在联大第一委员会上作了近 3 个小时的发言,把美国拖延和破坏朝鲜停战谈判的记录说成是美国“竭尽所能来求得朝鲜和平”的记录,把美军以屠杀暴行甄别战俘并企图实行强迫扣留战俘的无理要求说成是所遵循的“人道原则”。推卸美国在朝鲜问题上的责任,为美军残酷迫害朝中战俘的罪行进行辩解,诬蔑中朝以及其他国家。美国企图利用联大迫使中朝方面接受所谓“自愿遣返”的原则。艾奇逊在发言中提出由美、英等 21 国发起的关于朝鲜问题的提案。要求第一委员会和朝中方面同意美国政府违反日内瓦战俘的遣俘规定的提案,即所谓“避免在遣返当中使用武力”。

针对艾奇逊的发言,10 月 29 日,苏联政府代表团团长维辛斯基在联大第一委员会上发言,揭露美国阻挠朝鲜统一、破坏停战谈判的事实,全面批驳美国在朝鲜问题上的观点,其中着重驳斥了美国提出的所谓“自愿遣返”原则。

维辛斯基指出,在 1949 年的日内瓦国际会议上,在讨论到奥地利代表所提出的承认战俘有权拒绝遣返的建议时发生争论。苏联、美国、英国代表团及参加会议的多数代表团都反对奥地利的建议。维辛斯基列举了若干国际法公约中关于遣返战俘问题的规定之后，指出：国际法和国际惯例的主要原则是必须无条件地、无限制地、完全地交换战俘，就是：俘虏战俘的一方必须保证遣返一切战俘，不许以任何借口推诿，不得采取任何人为的手段，尤其不许采取凭借拷打和杀害战俘等野蛮暴力，企图强力阻挠这些战俘回国的手段；不许采取用战俘的“自由意志”“自愿遣返”之类骗人的、伪善的词句来掩饰他们的非法行动的措施。美国参与缔结的许多协定，如1898年美国和西班牙之间的条约、1918年凡尔赛和约、美国在第二次世界大战期间所签订的多个和约，都规定必须全部遣返战俘。

维辛斯基说：“交换战俘问题目前是使朝鲜问题不能和平解决、使已经进行了两年多的朝鲜战争及其所造成的困苦和苦难不能结束的惟一障碍。冷静而客观地研究一下交换战俘的问题，就必然可以看出朝中方面所采取的态度的公正。一切爱好和平的善良人民都必须支持这种态度，因为这种态度为尽早停止朝鲜战争并和平解决朝鲜问题开辟了道路。”由于美国准备的21国提案不能满足这种要求，维辛斯基主张“拒绝这个完全不能令人满意的提案”。维辛斯基提出苏联政府关于和平解决朝鲜问题的提案。内容如下：

大会研究了朝鲜统一复兴委员会的报告，认为有必要：

设立一个由直接有关的各方以及其他国家——其中包括没有参加朝鲜战争的国家——参加的和平解决朝鲜问题委员会。

责成上述委员会立即采取措施，本着由朝鲜人自己在上述委员会的监督下统一朝鲜的精神来解决朝鲜问题。

后来，苏、中、朝三国政府就这一提案进行了磋商，11月10日和23日，苏联代表团对这一提案又作了两次修正、补充，最后提出的内容如下：

建议朝鲜的交战双方按照双方已经同意的停战协定草案，立即完全停火，就是说，双方停止一切陆、海、空军事行动，战俘遣返的问题应交给苏联提案所规定的和平解决朝鲜问题委员会去解决，在这个委员会中一切问题要经全体成员三分之二的多数赞成决定。

设立一个由直接有关的各方以及其他国家——其中包括没有参加朝鲜战争的国家——参加的和平解决朝鲜问题委员会。这个委员会由美国、联合王国、法国、苏联、中华人民共和国、印度、缅甸、瑞士、捷克斯洛伐克、朝鲜民主主义人民共和国和南朝鲜组成。

责成上述委员会本着由朝鲜人自己在上述委员会的监督下统一朝鲜的精神，立即采取解决朝鲜问题的措施，其中包括尽量协助双方遣返全部战俘的措施。①

这一提案对解决朝鲜问题有新的创意。按照这个提案去做，既可迅速实现朝鲜停战，又可在停战后妥善地解决战俘遣返问题。11 月 28 日，中国外长周恩来和朝鲜外相朴宪永分别发表声明，赞同苏联政府代表团的提案。但是由于遭到美国的反对，苏联的提案在 11 月 29 日被联大第一委员会拒绝。而美国牵头的 21 国提案坚持的所谓“自愿遣返”原则，遭到维辛斯基的有力批驳，连艾奇逊也感到可能引起其盟国的动摇。

在美苏在朝鲜问题上僵持不下的时候，11 月 1 日、3 日和 17 日，墨西哥、秘鲁和印度代表团分别提出了几个所谓“折衷”方案。其中印度提案引人注目。

在第七届联大开幕前，美国驻印度大使切斯特·鲍尔斯在新德里和印度外交部官员进行过多次谈话，表示：除非立即找到令人满意的解决办法，否则朝鲜战争继续打下去是不可避免的。他曾非正式地建议印度在即将召开的联合国大会上应采取主动。

11 月 17 日，印度政府代表团团长梅农提出解决朝鲜战俘问题的方案。印度方案的主要内容是：为了促进遣返全部战俘回家的工作，成立由捷克斯洛伐克、波兰、瑞典和瑞士的代表所组成的遣返委员会，或由战争双方各指定两个安全理事会常任理事国以外、未参加朝鲜战争的国家，由四国组成停战协定草案所规定的中立国监察委员会；全部战俘应由拘留的双方解除其军事管制，并以双方同意的数目在双方同意的非军事区中的交换地点交与遣返委员会；然后应按照金日成和彭德怀在 10 月 16 日致克拉克的信中所建议的那样，按照战俘的国籍和原籍立即把战俘加以分类；在分类之后，战俘立即可以自由返回他们的家乡，有关各方应协助把他们迅速遣返；根据遣返委员会所规定的有关办法，交战的双方有自由和便利去向他们手中的战俘解释他们的权利，并告诉战俘任何有关他们回家的事情，特别是他

① 《联大全会在美英集团操纵下通过印度提案并否决苏联提案　维辛斯基指出印度提案旨在继续朝鲜战争》，《人民日报》1952 年 12 月 6 日。

们有充分自由可以回家这一点；双方的红十字会应协助遣返委员会执行工作，同时应根据停战草案的规定，当战俘暂时受遣返委员会管辖时，与他们接近；根据遣返委员会所规定的有关办法，战俘应自由和便利去向遣返委员会及在遣返委员会属下工作的组织和机构表达他们的意见和投寄书信，并且向任何或所有这些组织陈述他们对任何与他们自己有关的事情的希望；不得对战俘使用武力，以阻止或强使战俘回家，同时不得为了任何目的以任何方式伤害他们的人身或损害他们的尊严或自尊心，无论何时均应按照日内瓦公约的具体条款和公约总的精神给战俘以人道的待遇；在90天后，凡尚未按照上述步骤被送回国的战俘的处理问题，应由遣返委员会提交按照停战协定草案第60款的规定而召开政治会议解决。印度总理尼赫鲁在国会发表讲话，呼吁各国在印度提案基础上实现朝鲜停战。

11月24日，在联合国第一委员会结束一般性辩论。艾奇逊在会议结束时发表的演说称，他以感激的心情欢迎印度提案，并且对印度提案的提案人表示感谢。艾奇逊说，总的说来，印度提案直截了当地指出了主要而基本的一点，那就是不得用武力来扣留或遣返战俘的原则。艾奇逊说，如果印度提案能够做重要修正，美国代表团将"衷心支持"。

印度提案较之美国等21国提案有其进步和合理的一面，但是它最大的问题是赞同美国的所谓"不强迫遣返"即"自愿遣返"原则，这是违反有关战俘问题的国际规定的，是朝中方面所不能接受的。维辛斯基在当日的发言中分析了美英集团的代表在政治委员会历次会议上对苏联建议提出的反对意见，指出这些反对意见都是不能成立的。维辛斯基说，美英集团的首脑们，正企图在印度、墨西哥和秘鲁提案的旗帜下，设法使委员会通过美国原先的那些要求：支持美军司令部在朝鲜的态度，批准美军对朝中战俘的野蛮暴行，并同意美国继续在朝鲜进行侵略。苏联对印度提案提出了多处修正，但被美国等否决。

11月26日，印度提案又增加了如下内容：如果120天以后（即在将战俘交政治会议30天以后），遣返委员会和政治会议还没有对那些拒绝遣返的战俘达成一致的处理意见，那么这些战俘就应移交给联合国负责处理。

11月27日，美国发言人表示，该案符合美国遣返原则，美国代表团决定支持这个方案。在美国操纵下，12月2日，联合国大会第一委员会以53票对5票通过印度提案。尽管遭到苏联等国的反对，但12月3日，联合国大会第399次全体会议仍通过印度提案。

1952年12月14日和17日,中国外交部长周恩来、朝鲜民主主义人民共和国外务相朴宪永,分别致电联合国大会主席皮尔逊,坚决反对并要求取消这一决议,再次呼吁立即停火,将全部遣返战俘问题交由“和平解决朝鲜问题委员会”去解决。周恩来明确表示:联合国第七届大会通过的印度提案,是以美国一贯坚持的“自愿遣返原则”或“不强迫遣返原则”为核心内容的,是美国等21国提案的改装。此外,美国操纵的“联合国”是交战的一方,将战俘交联合国处理显然是非法的。联大通过这个决议,是“一个支持美国政府违反国际公约、强迫扣留战俘的立场以利其继续和扩大朝鲜现行战争的决议案,这一行动显然是非法的、无效的,中国人民坚决表示反对”。周恩来指出:“将全部遣返战俘回家这个任务交给中立国所组成的遣返委员会去做,也是不能解决问题的,因为……美国方面曾派大批李承晚和蒋介石的特务冒充朝中战俘,混杂在朝中战俘当中,利用战俘已被强迫刺上背叛祖国字样或盖上拒绝遣返血书指印后所产生的耻辱、顾虑等心理失常的状态,经常对他们进行胁迫行为,如果不把这些特务从朝中战俘中隔离开或孤立起来,那么,一切访问和解释都不可能顺利进行,而那些被刺过字或打过血指印的朝中战俘们仍有被特务胁迫拒绝回家以至带走的可能。因此,要从朝中战俘中隔开或孤立特务分子,这在遣返委员会管理战俘的情况下,是根本无法办到的,只有将战俘直接交给对方保护,然后才能办到。”后来的事实完全证明了这一点。

12月16日,中国人民政治协商会议全国委员会、中国共产党、中国国民党革命委员会、中国民主同盟、中国民主建国会、中国人民政治协商会议无党派民主人士、中国农工民主党、中国致公党、九三学社、台湾民主自治同盟、中国新民主主义青年团发表联合声明,坚决支持和拥护中国政府的严正立场和正义主张,反对联合国大会关于朝鲜问题的非法决议。

联大通过符合美国“自愿遣返”原则的提案,使美军更加肆无忌惮地迫害、屠杀战俘。12月14日,美军在蜂岩岛战俘营制造了打死朝中方面战俘87人,打伤120人的大屠杀案。鉴于此,12月21日,联大总务委员会以10票对0票决定将苏联代表团关于谴责蜂岩岛战俘营事件的提案作为正式议题提交联大讨论。但在美国操纵下,12月22日,联合国大会全体会议否决了苏联的提案。同一天,大会主席皮尔逊宣布第七届联合国大会秋季会议结束。尽管如此,美国违反日内瓦战俘公约规定,坚持“自愿遣返”原则和残酷迫害战俘的行为,仍遭到了国际舆论的普遍谴责。

朝中方面揭露和抗议“联合国军”残酷迫害战俘的罪行

1952年6月，美军残酷屠杀巨济岛战俘的行径受到中朝两国政府和人民以及世界爱好和平人民的强烈谴责。但是美方继续对战俘进行所谓“甄别”，对朝中战俘的迫害一直没有停止，朝中战俘被殴打、杀戮的事件不断发生，屠杀战俘的借口也很荒唐。

8月29日，美军在巨济岛战俘营打伤朝中战俘12人，其原因仅仅是由于战俘“唱歌和聚集在一起”。9月19日，又有11名战俘被打伤，罪名是在操场上“来回溜”。23日和26日，中国人民志愿军被俘人员53人在济州岛被打伤，理由是他们举行“示威”和“拒绝服从命令”。

对此，朝中代表团首席代表南日多次致函“联合国军”代表团首席代表哈里逊，提出严重抗议。但是美方屠杀战俘事件仍连连发生。

10月1日又发生新的暴行。

济州岛上有两个战俘营，一个是设在慕琴浦的第3号A，另一个是设在济州城的第3号B。被拘留在这两个战俘营中的都是中国人民志愿军被俘人员。而第3号A战俘营是美方称为拘留所谓“合作反共”的战俘的地方。就在这个战俘营，10月1日清晨，所有营场中都升起五星红旗，高唱歌曲，以庆祝祖国母亲的生日，表达对祖国的忠诚。这说明志愿军被俘人员并不是像美方所说的“宁愿自杀也要拒绝遣返”，而是坚决要求遣返的。美方向手无寸铁的志愿军被俘人员开火，杀害52人，打伤113人。在被打死打伤者中“多数都是被枪弹击中的”，还有一些战俘是“被刺刀刺死或刺伤的”。美联社报道说，美方在一个月之前就利用非法存在于战俘营中的“情报人员”，已经知道志愿军被俘人员将在10月1日纪念祖国的国庆。“这样，联军战俘营的第二次大流血的日子就安排好了。”①

10月2日，朝中代表团首席代表南日致函“联合国军”代表团首席代表哈里逊提出强烈抗议。南日在抗议书中说：“这一重大屠杀事件揭穿了你方拒绝遣返战俘的一切欺骗借口，显示你方蓄意破坏朝鲜停战谈判，再一次证明已在朝鲜犯下滔天战争罪行的你方决心与亚洲人民和世界人民为敌到

① 《新华社新闻稿》，1952年10月6日，10月合订本，205页。

底。你方必须对此次严重事件所产生的一切后果负全部的责任。”①

济州岛屠杀战俘事件不仅遭到朝中方面的强烈抗议，而且受到主持正义的世界各国人民的抨击。除了各国媒体的谴责外，在意大利许多城市，和平拥护者派代表前往美、英、法国领事馆，递交反对再行屠杀战俘的抗议书。

但美方屠杀战俘仍未停止。10月12日在济州岛杀害朝中被俘人员2人，13日和14日在巨济岛打伤朝中被俘人员26人。23日，在釜山战俘营打伤朝中方面被俘人员9人。据美军战俘营当局宣布，美方26日又在巨济岛打死打伤朝中方面被俘人员76人，27日在永川战俘营打伤朝中方面被俘人员5名。美方曾谎称永川战俘营的战俘“宁死不愿遣返”，而美方屠杀该战俘营志愿军和人民军被俘人员的举动，说明美方的说法与事实恰恰相反。

对此，中国新华社10月30日的电讯评论说：“层出不穷的屠杀事件，使美方杜撰掩饰的理由都已感到困难。26日巨济岛的血案，据说是因为战俘在‘上操’，两排美国军队就冲上去‘恢复秩序’。即使战俘真在‘上操’，日内瓦公约第三十八条也明白规定：‘战俘应有作健身活动之机会，包括运动、游戏及户外停留。’按美国侵略者的说法，战俘‘上操’就是没有秩序，两排兵冲上去打死打伤七十六个赤手空拳的战俘就‘恢复了秩序’。”“美方在巨济岛和永川屠杀我方战俘的血淋淋的事实，揭穿了在庄严的联合国讲坛上侈谈‘人道原则’、‘个人自由’的艾奇逊之流，是披着羊皮的豺狼，同时也进一步证明了艾奇逊所谓‘好几千个俘虏说除非强迫遣返他们，他们不想回共产党地区去’是彻头彻尾的扯谎。”②

联合国大会于12月初通过符合美方所谓“自愿遣返”或“不强迫遣返”原则的印度提案，纵容了美军对朝中方面被俘人员的迫害和屠杀行为，美军更加肆无忌惮，并由不时出现的小屠杀演变为蜂岩岛的大屠杀。

1952年12月14日，美军在蜂岩岛战俘营制造打死朝中战俘87人、打伤120人的大屠杀案。这次屠杀战俘事件被屠杀的战俘人数之多，达到了美方长期以来历次被迫承认的屠杀战俘数字的最高纪录。

在大屠杀开始前几日，美军已布下警戒。12月14日，全副武装的美军和南朝鲜军在6个营场同时行动，用机关枪、卡宾枪、手枪屠杀赤手空拳的朝鲜人民军被俘人员。当天即打死82人，打伤120人，几天后死亡人数增

① 《新华社新闻稿》，1952年10月3日，10月合订本，86页。

② 《新华社新闻稿》，1952年10月31日，10月合订本，833页。

加到87人。美方曾经在8月23日宣称,设在蜂岩岛上的是“被拘平民营”。在大屠杀发生前的一个多月,蜂岩岛上有21名战俘被打伤。当时,美方战俘营司令部的解释就自相矛盾。他们说:这21名“北朝鲜战俘”之所以被打伤,是因为“被拘平民”举行“示威”。12月14日美方屠杀这里的战俘,又将“被拘平民示威”改为战俘“暴动”。这又一次暴露出美方硬将战俘列为“平民”加以扣留、移交给南朝鲜的阴谋。

美军对朝中方面被俘人员再次犯下的罪行,遭到中朝两国政府和人民的强烈抗议和谴责。12月16日,朝中代表团首席代表南日致函哈里逊,严重抗议美方大批屠杀战俘的行径。21日,中国外交部长周恩来致电联合国大会主席皮尔逊,强烈抗议美国在蜂岩岛残酷迫害朝中被俘人员的罪行。周恩来指出,美军在蜂岩岛的罪行又一次充分证明了美国所谓“自愿遣返”或“不强迫遣返”,就是用惨无人道的集体屠杀来威胁战俘表示“不愿遣返”,以便达到强迫扣留战俘的目的。全中国人民对于美国军队有计划地灭绝人性地屠杀战俘的暴行表示极端愤慨。我代表中华人民共和国中央人民政府对于美国军队这种彻底摧毁人道原则、根本破坏日内瓦公约的罪恶行为,提出严重抗议,并要求联合国大会立即采取有效措施,制止美国军队杀害朝中战俘的野蛮暴行。严厉惩处对这次以及过去历次血腥屠杀事件负有全部责任的美国官员。周恩来指出,鉴于联合国大会通过的关于朝鲜问题的非法决议已造成了这样严重的罪恶结果,“中华人民共和国中央人民政府认为,联合国大会应该接受我在一九五二年十一月十四日给你的复电中所提出的建议,取消上述非法决议,责成美国政府立即恢复板门店停战谈判,并根据已经达成协议的朝鲜停战协定草案,实行全面停战,然后再将战俘全部遣返问题交给苏联代表团所建议的‘和平解决朝鲜问题委员会’去解决。只有这样,才能使战俘屠杀事件立即终止,朝鲜停战立即实现”①。

同一天,朝鲜民主主义人民共和国外务相朴宪永也致电联大主席皮尔逊,谴责美方在蜂岩岛大批屠杀战俘的罪恶暴行。朴宪永在电报中指出,在蜂岩岛所发生的血腥事件“证明了美军司令部没有受到任何惩罚,对俘虏们继续进行着可耻的虐待和暴力政策,并意味着美军司令部的目的不是要停止而是企图扩大他们在朝鲜进行着的流血战争,美国在这样的目的下连板门店会议也中止了。受到联合国大会决定的鼓舞、没有受到任何应得惩罚的美国刽子手们,正为此种目的在更加残忍地、残酷地、有系统地屠杀我

① 《新华社新闻稿》,1952年12月22日,12月合订本,546页。

们祖国的爱国者”[①]。

中国《人民日报》于12月18日发表评论，抗议美方在蜂岩岛战俘营的血腥罪行。《人民日报》的评论指出：“美国侵略者这种越来越频繁、越来越残暴的屠杀战俘的罪行，分明是‘对人类所共有的基本人道本性的一个挑战’，然而在美国操纵之下的联合国大会，竟在本月三日根据印度提案通过了关于朝鲜问题的非法决议，支持美国强迫扣留战俘的荒谬主张，这是无论如何不能容忍的。在联合国大会上，美国侵略者为了要迫使大会通过以强迫扣留战俘为目的的关于朝鲜问题的决议案。曾口口声声侈谈什么‘人道原则’与‘战俘自由意志’，它以为玩弄这一套骗人的把戏就可以遮盖它的滔天罪行，然而蜂岩岛大屠杀事件，却把美国侵略者的所谓‘人道原则’与‘战俘自由意志’的谎言和所谓‘不强迫遣返’的招牌摔得粉碎了”。23日《人民日报》又发表题为《蜂岩岛惨案是联合国非法决议的恶果》的社论，指出是“联合国大会的非法决议纵容与鼓励了美国杀人犯”。

中国人民保卫世界和平委员会、中国红十字总会、中国人民外交学会、中国人民救济总会、中华全国民主妇女联合会和中国人民保卫儿童全国委员会等团体纷纷发表声明，抗议美军暴行。

朝鲜中央通讯社和《民主朝鲜》等报刊纷纷发表社论、评论和文章，痛斥美国屠杀战俘的暴行。朝鲜祖国统一民主主义战线中央委员会、朝鲜民主青年同盟中央委员会等团体的负责人发表谈话，要求取消联合国通过的非法决议案，立即制止美军屠杀战俘的暴行，严厉惩办流血事件肇事者。国际舆论也普遍对“联合国军”迫害战俘的罪行进行了严厉谴责。

一贯高唱“人道”、“人权”的美国当局受到世界人民正义的道德审判。尽管这种抗议和谴责，不足以使美军放下屠刀，而继续残酷杀害朝中战俘，但其在世界人民心中形象尽失，声名狼藉。

① 《新华社新闻稿》，1952年12月23日，12月合订本，557页。

第五十三章

防备美国进行最后军事冒险的决策和部署

美国当局寻找尽快结束朝鲜战争的出路

上甘岭硝烟散后,朝鲜战场又出现了暂时的平静。战争已进入第三个冬天,停战谈判也已进行了16个月。然而战场仍处于相持状态,停战谈判自1952年10月8日美方单方面宣布无限期休会以来已处于中断。

美国当局的决策者们内心十分清楚,要想使已经处于被动状态的"联合国军"地面部队有什么大的作为,不再是一件容易的事。尽管美军在武器装备上占有巨大优势,但战争打了两年多,除原子弹外,美国所有的现代化武器都用上了,而战争的结果却仍不能如意。不但武装占领全朝鲜的军事目标,早已无望实现而被迫放弃,而且就是停战谈判开始以后,为对朝中方面施加压力,倚仗武器装备优势发动的各种军事攻势和细菌战,也无一得以如愿。相反,却距离美国的愿望越来越远。克拉克说,自停战谈判开始以来,联合国军在战场上只是不断增加伤亡和丢失阵地,而毫无收获。① 按照艾森豪威尔的说法,到此时美军在朝鲜战场上的伤亡和失踪减员,已达12.5万人,成为美

---

① 参见[美]马克·克拉克:《从多瑙河到鸭绿江》,62页,台北,台湾黎明文化出版公司,1956。

国历史上仅次于内战和两次世界大战的第四次代价最大的战争。[1]

由于军事上的被动和停战谈判的中断，朝鲜战争结束时日仍遥遥无期，不但美国人民和在战场上的美国士兵，早已厌倦和不满，企盼战争早日结束，美国的盟国早就想从这场战争中脱身。而且美国当局也认为，不能再这样令人难以忍受地无限期地拖下去了，要么通过谈判，老老实实地按照国际法和国际惯例解决战俘问题，签署停战协定；要么孤注一掷，不惜进行最后的军事冒险，结束这场战争。何去何从，美国决策当局必须做出选择。

时值美国第 34 届总统大选。如何结束朝鲜战争，是这次大选活动中的突出话题，是否有能力解决这一棘手问题，对于候选人能否登上美国第 34 届总统宝座至关重要。因此，不论是民主党候选人阿拉德·史蒂文森，还是共和党候选人德怀特·艾森豪威尔，在大选中都信誓旦旦要结束朝鲜战争。

在第二次世界大战中曾经担任过欧洲盟军总司令的艾森豪威尔，10 月 24 日在底特律的竞选演说中公开许诺，如果他当选总统，他要亲自去朝鲜努力赢得朝鲜战争。他说："新政府面临的首要任务之一就是，重新审查使朝鲜战争早日光荣的结束的可能的方针"。"要完成这个工作，就需要亲自到朝鲜，我本人就愿意亲自去。只有这样，我才能够知道怎样为人民服务是最好的——是进行战争还是实现和平。我一定去朝鲜"。[2] 这一许诺，对他击败对手赢得大选，起了决定性的影响。

艾森豪威尔当选美国总统后，履行竞选时许下的诺言，于 11 月 29 日，开始朝鲜之行，期待着找出迅速解决朝鲜问题的出路。与艾森豪威尔同行的有内定的新内阁国防部长查尔斯·E. 威尔逊、司法部长赫伯特·布劳内尔、参谋长联席会议主席奥马尔·布莱德雷。在硫磺岛停留时，美国太平洋舰队司令、内定接替布莱德雷任参谋长联席会议主席的阿瑟·雷德福海军上将加入他们一行。12 月 2 日，他们到达南朝鲜。

在朝鲜的 3 天当中，艾森豪威尔与克拉克、范佛里特等美军高级将领及李承晚进行了一系列的会谈，视察了美陆战队第 1 师、美第 2 师、英联邦师、南朝鲜首都师和第 1 师等部队，还到前线巡视，用双筒望远镜观察一场炮战，观察志愿军阵地情况。在会谈中，美军的高级军官们都主张，在一定时间内，谈判还不成功，惟一的办法是全力发动一场进攻。李承晚更是极力主

---

① 参见［美］德怀特·艾森豪威尔：《白宫岁月（上）》，203 页，北京，生活·读书·新知三联书店，1977。

② 合众社底特律 10 月 14 日电，转引自《参考消息》，1952 年 10 月 27 日。

张扩大进攻,并且要把战争扩大到鸭绿江以北,对中国境内的补给基地进行攻击。面对美军高级将领和李承晚的鼓噪,当时艾森豪威尔未表示明确意见。他在后来的回忆录中说:“在我离开朝鲜时我的结论是,我们不能永远停留在一条固定的战线上,继续承受着看不到任何结果的伤亡。小山丘上的小规模进攻是不能结束这场战争的”。“我们不能容忍朝鲜冲突无限期地继续下去。”①

12 月 5 日,艾森豪威尔一行离开汉城回国,抵达威克岛时,新任命的国务卿杜勒斯、财政部长汉弗莱、内政部长麦凯等新内阁成员与他会合。在威克岛和“海伦娜”号巡洋舰上,艾森豪威尔主持召开了新政府内阁主要成员会议,确定了对朝鲜战争政策的基调,即一个目的、两种手段。一个目的,就是谋求所谓“光荣停战”。两种手段:一是利用一切可利用的途径,让中朝方面了解美国政府打算以扩大化的军事手段解决朝鲜问题的企图,争取在精神上和心理上压倒对方,以求得中朝方面屈服,从而实现以停战谈判结束战争的目标,这是最理想的结局。二是加强军事准备,一旦无法通过谈判解决问题,就诉诸武力,以大规模的军事行动来打破僵局,达到按“美国条款”来解决朝鲜问题的目的。两种手段双管齐下。

艾森豪威尔采纳了杜勒斯提出用“三齿耙捕龙”遏制中国的战略,给中国施加全方位的压力,迫使中国在谈判桌上让步。按照杜勒斯向马克斯韦尔·泰勒(1953 年 2 月接替退休的范佛里特任美第 8 集团军司令官)讲述的这一战略是:一根齿从朝鲜出来,另一根从台湾出来,第三根从印度出来。② 从台湾出来这根齿,即利用逃到台湾的蒋介石的力量给新中国制造麻烦。在“海伦娜”号巡洋舰上,艾森豪威尔就决定,解除杜鲁门政府的所谓“台湾海峡中立化”的规定,鼓励蒋介石对中国大陆发动牵制性的进攻,即所谓“放蒋出笼”。艾森豪威尔 1953 年就职后宣布了这一决定。他说这一决定的目的,是“提醒中国共产党注意,僵持的日子不长了,朝鲜战争或结束,或者扩大到朝鲜以外”③。所谓第三根齿,是通过印度方面警告中国,

---

① [美]德怀特·艾森豪威尔:《白宫岁月(上)》,114 页,北京,生活·读书·新知三联书店,1977。

② 参见[美]马克斯韦尔·泰勒:《剑与犁——泰勒回忆录》,163 页,北京,商务印书馆,1981。

③ [美]德怀特·艾森豪威尔:《白宫岁月(上)》,147 页,北京,生活·读书·新知三联书店,1977。

如果再不让步就要大打,甚至要使用原子弹。

艾森豪威尔回到美国以后,在 12 月 14 日举行的记者招待会上声称:"对我们所面对的一个敌人,我们不能期望用言语打动它,无论言语是怎样娓娓动听;而只能用行动——在我们自己选择的情况下实行的行动。"①

然而,10 月 8 日,美方已单方面中断停战谈判。10 月 14 日联合国第七届大会召开,美国把朝鲜问题搬到联合国大会上,企图通过联合国对中国和朝鲜施加压力。参加大会的美国国务卿艾奇逊,仍然顽固坚持美国的所谓"自愿遣返"原则。10 月 24 日,美英等 21 个国家提出了他们坚持"自愿遣返"原则的提案,提请大会通过。这个方案遭到苏联的反对。苏联于 11 月 10 日提出一个方案,建议先在朝鲜停战,然后由美国、英国、法国、苏联、中华人民共和国、印度、缅甸、捷克斯洛伐克、朝鲜民主主义人民共和国和南朝鲜,组成"和平解决朝鲜问题委员会",责成该委员会采取措施,本着由朝鲜人民自己统一朝鲜的精神来解决朝鲜问题,包括依照日内瓦公约的原则"尽量协助双方遣返全部战俘的措施在内"。苏联方案又遭到美国反对。17 日,印度提出了一个所谓"折衷"的方案。印度方案几乎是美国方案的翻版,因此在辩论中,遭到苏联等民主国家的反对,但得到美国的支持。12 月 3 日,美国操纵联合国大会通过了这个提案。这表明美国并没有恢复谈判的愿望。

关于军事手段,艾森豪威尔在其回忆录中讲到:

一是"通过常规途径进攻北方,取得军事上的全面胜利"。但由于中国人民志愿军和朝鲜人民军在横跨半岛的战线上已建立起犬牙交错的坚固地下工事,并有纵深防御阵地,联合国军"金化攻势"的失败表明,突破这样的阵地"是战术上的大问题"。志愿军和人民军克服了后勤工作中的缺陷,在前线储备了大量弹药,军队数量也大大超过了联合国军方面。在这种情况下,联合国军"任何这类进攻都将付出极大的代价"。当然,同时配合以两栖登陆也有将战线推进到朝鲜蜂腰部的可能,但这并不具有"决定性作用",并且战线越靠近中国东北地区,越会使联合国军处于极端困难的境地。因此,艾森豪威尔认为这一方案是"最不诱人"的。

二是"采取除了常规的地面进攻以外的行动",即不惜进行一次大规模的军事冒险:发动大规模的攻势,把战争扩大到朝鲜以外,"同时打击中国

---

① [美]德怀特·艾森豪威尔:《白宫岁月(上)》,114 页,北京,生活·读书·新知三联书店,1977。

在满洲的机场,封锁中国海岸,还要采取其他类似措施”。这需要增加至少3个美国师的兵力,再扩充南朝鲜军两个师的兵力。为了“避免进攻时付出过分高昂的代价”,还要使用原子弹。但是原子弹对于具有坚固地下工事的中朝军队作用不大,并且要取得盟国主要是英国的赞同,否则会“和盟国之间造成分裂情绪”。美国最担心的还是苏联可能作出反应,担心美国占领的日本遭到苏联报复攻击。①

此外,美国国家安全委员会计划署主任秘书詹姆斯·赖伊向委员会提交了题为《在朝鲜可能采取的行动方案分析》的国家安全委员会第147号文件。计划署提出6个供选择的作战方案,其中第5个方案为:在解除目前对中国东北和中国大陆的作战限制条件下,可考虑“在朝鲜发动一次对蜂腰部的协同进攻,直接对‘满洲’和共产党中国实施海军封锁和海、空攻击,目的是最大限度地消灭共产党在朝部队与物资,建立蜂腰部新防线,使朝鲜战争有一个令人满意的结局”。

在此方案的基础上,美国参谋长联席会议向国防部长威尔逊提出具体行动计划。参联会认为,根据美国在朝鲜所要达到的目标,新的军事作战行动应主要从符合以下准则来考虑:“对敌军采取扩大化和激烈化的军事行动,包括对中国和‘满洲’直接进行空中和海上作战,通过一次联合进攻在朝鲜蜂腰部建立一道防线,并准备根据下列要求实施进一步的行动:1.有效地消灭共产党在朝鲜的军事力量。2.削弱敌军在朝鲜和远东发动进一步侵略的能力。3.增大敌军按美国、联合国条款达成停战的可能性。4.为大韩民国部队承担起不断增大的在朝作战义务创造有利的条件。”根据这些目标,参联会建议采取以下主要军事行动:1.使用原子弹。2.对中国实施强度的游击战。3对鸭绿江以北的共产党空军基地和其他目标发动一次全力以赴的空中攻击,以消灭中共空军;并视力量的增长,对北朝鲜、中国和“满洲”的共产党运输线实施海、空攻击。4.把空战及追击范围扩大到中国东北。5.做好对中国实施海军封锁的准备。6.采取包括两栖和空降佯动与袭击的欺诈措施,使共产党军队踌躇不定,搞不清联合国军的真实意图。7.抓住共产党的弱点,以强有力的协同一致的两栖进攻与空降包围相配合,发动一次突然性的登陆战役,目的是合围、消灭共军主力部队或使之失去战斗力,占领并巩固兴南至新安州防线。随后根据需要在北朝鲜实施追击和扫

---

①　参见[美]德怀特·艾森豪威尔:《白宫岁月(上)》,210~213页,北京,生活·读书·新知三联书店,1977。

荡作战。8.拟订支援国民党军作战的计划,以分散共军在朝作战力量。

美国国家安全委员会第145次会议讨论通过了参谋长联席会议提出的军事方案。决定:一旦停战谈判再次破裂或者陷于无限期的拖延状态,那时就朝鲜问题采取更强硬的措施的时机即已成熟。届时,应把参谋长联席会议提出的行动方案付诸实施,并作为一项解决朝鲜问题的基本准则。在此之前,军事部门要立即着手进行各种准备,国务院则应依此方案制定相应的外交政策。

进行大规模军事冒险行动,是美国当局试图以自己的条件解决朝鲜僵局的一个构想,是艾森豪威尔登台前后重点考虑的方案。

克拉克的军事冒险计划

在朝鲜战场上,范佛里特和克拉克对“联合国军”处于被动的守势状态,既忧虑又无奈,早就想打破种种限制、要求增加兵力大干一场。为此,在美国总统换届大选之际,1952年10月中旬前后,克拉克组织了一个专门的小组,制定了包括正面进攻、联合登陆和轰炸中国东北在内的大规模军事冒险计划,即“8-52作战计划”。以便为美国新政府登台后在朝鲜寻求军事胜利做准备。

克拉克在其回忆录中对该计划的出笼有详细的叙述。他写道:

我设立了一个三军联合计划组,谨慎地制订一项为求军事胜利的计划大纲。这项计划作为非常秘密,我仅与“需要知道”的高级司令官讨论。这就是说这项计划是如此的超级机密,除那些需要知道的军官之外,不告知任何人。需要知道的军官,也只有少数几个。

我首先与我的空军司令魏南德①将军及远东海军司令布利斯科将军研讨此计划。从此展开工作,组成一个超级机密的计划组,包含三军的人员。整个工作限制在我东京的司令部内。

计划作为的一个目的,是决定能使我们发动一次全面攻势,以赢得战争所需要的陆、海、空军兵力。

---

① 由于中文翻译的版本不同,对人名的音译也不完全一致,在有的版本中将其译为“威兰”。

计划的全部构想是一个攻势作战，其中我们取消了我们作茧自缚的“场地规则”。这项规则剥夺了我们轰炸鸭绿江以北目标之权利。假若我们让敌人有一个自由的国内基地，从那里出动对我们的空中攻击，则我们的此种作战不会有成功的希望。制空是始于破坏敌人的空军基地。倘若我们不能取消我们自己规定的战术限制，致我们不能将美国轰炸机的全部破坏力量投在敌人的国内基地上，以完全支援我们的地面部队，则我将不主张这样的一个攻势作战，也不愿作这样的一个总司令。

我们的计划作为开始不久后，我去到韩国与符立特①商讨此计划，他衷心地赞成一个全面攻势。

该项计划之作为至为缜密，俾一旦政府决心赢得战争时，我即可将我之要求告知联合参谋首长。该计划脱稿后，即送呈联合参谋首长。

在远东曾与我讨论的每一位指挥官，不论是陆军的、海军的或空军的，都衷心赞同这种行动的路线，并且希望我们的政府会批准这项计划，满足我们的需要，并让我们在韩国与共产党周旋。

……

我知道胜利必然会带来严重的损失，但是我亦相信，现在仍然相信，我们在韩国获致胜利所遭受之损失，将较我们终有一天要遭受的远为减少，假若我们不能在韩国获得军事胜利，而坐待共产党准备依照他们自己的条件作战的话。

即令不实行攻击，我认为我们只要集中较大的兵力于远东，并让敌人知道，也会对我们有利。对至今被保护的东三省避难所实施大规模空中攻击的威胁，其本身当可产生一更为有利与更为迅速之停战协定。②

克拉克这项军事冒险计划的主要内容是：发动一场大规模的陆、海、空军联合的攻势作战，把战线推进至元山—平壤一线。整个进攻作战分为三个阶段，每个阶段大约需要 20 天的时间，包括地面部队的合围性攻击，大规模的两栖突击和在时机成熟时的空降作战，并从空中和海上对中国境内的目标实施突击。为实施这一计划，除联合国军在朝鲜的 20 个师外，需要增加 3 个美军师或其他联合国成员国部队组成的师（其中包括 1 个步兵师、1

① 符立特，即范佛里特。

② ［美］马克·克拉克：《从多瑙河到鸭绿江》，73 ~ 74 页，台北，台湾黎明文化出版公司，1956。

个空降师、1个海军陆战队师)、2个南朝鲜军师、2个蒋介石国民党军师、12个地面炮兵营和20个高射炮兵营。[①]

克拉克将计划交给参谋长联席会议,布莱德雷也向艾森豪威尔作了汇报。

与此同时,自1952年10月份以来,克拉克还频繁组织了登陆作战演习。据统计,10月份美军进行了4次演习,11月份进行3次,12月份则进行15次。有的演习相当逼真,致使美军士兵以为真的在进行登陆作战。10月15日,美军集中6艘航空母舰、4艘巡洋舰、30多艘驱逐舰及美骑兵第1师一部,在朝鲜东海岸库底以东海面举行了一次大规模的联合两栖登陆演习,美军称"吉他演习"。空军和海军对滩头目标进行了轰炸,并有载运空降部队的30余架飞机从正面战线通过,直到登陆部队抢滩前的最后一刻,参演的士兵才知道是演习。1952年12月至1953年1月,美国空军也频繁进行两栖作战演习。美国海军第90特混舰队,美陆战第1师、骑兵第1师、步兵第24师都进行过两栖作战训练。

1952年11月底以来,"联合国军"还以空投、海上登陆、陆地派遣等手段,大量派出特务,到中朝军队后方和朝鲜东西海岸刺探情报,搜集地理、水文资料等,为登陆作战做准备。据12月底的统计,派遣特务57次,410余人。由海岸登陆的特务多为零散便衣谍报人员,潜伏地下活动,其重点是西海岸的安州、平壤、沙里院、海州之线地区。[②] 空降特务多以小组、小队形式进行,进行侦察、破坏活动。

1952年底,美国为南朝鲜新建的第12和第15两个步兵师及6个独立团、28个炮兵营,基本完成组训工作。美国空军增调第1战斗截击机联队到日本。

1952年底至1953年初,"联合国军"调动频繁,经调整后,地面部队在第一线共有17个师,其中美军4个师,英联邦军1个师,南朝鲜军12个师;在第二线,有美军3个师、南朝鲜军2个师另3个团的机动兵力。[③] 在朝鲜战场,美军保有3个师作为机动后备部队,这是自朝鲜战争爆发以来的第

---

① 参见[美]沃尔特·G. 赫姆斯:《朝鲜战争中的美国陆军——停战谈判的帐篷和战斗前线》,410页,北京,国防大学出版社,1988。

② 参见中朝联合司令部:《十二月份敌特空降及登陆活动显著增加》,1952年12月29日。

③ 参见中央军委作战部:《朝鲜战场敌情综合》,1952年11月~1953年1月。

一次。

中共中央、中央军委和志愿军总部的分析判断

在美国当局寻找结束朝鲜战争出路的同时，中共中央、中央军委和志愿军总部，对美国当局可能在朝鲜进行军事冒险，也作了分析和判断。认为在停战谈判搁浅、美军在正面战线无所作为的情况下，美国要打破僵局，很有可能进行最后的军事冒险。军人出身的艾森豪威尔出任新一届美国总统，主战的杜勒斯出任新一届政府的国务卿，增大了美国在朝鲜进行最后军事冒险的可能性。美国在朝鲜已到了山穷水尽的地步，其手中的王牌只剩下原子弹和侧后大规模登陆这两招了。尽管美国军政要员中有人不时想通过使用原子弹改变战场被动局面，有时这种叫嚣还比较厉害。但是，美国不敢轻易使用原子弹，有付诸实施可能性的，只剩下侧后大规模登陆冒险的最后一手了。

1952 年 11 月，中央军委副主席兼中国人民志愿军司令员彭德怀在视察辽东海防期间，专门派人实地考察了朝鲜西海岸设防情况。11 月 23 日，致电杨得志并贺晋年转邓华，就朝鲜战争发展趋势和志愿军防敌从翼侧登陆和布防问题提出意见。彭德怀指出："敌军秋季损失较大，冬寒逼临，美新旧总统正处交接时期，今冬大举进攻可能性较少，朝战长期拖延，美军事重点陷在东方，时间愈长美将愈不利，过去多次妄以军事压力，逼我就范，企达停战，均遭失败，最近向五圣山前沿进攻遭我严重打击，仍系此种妄图，敌不会因此次损失而死心。必须预防来春从我翼侧登陆，配合正面进攻。根据敌方现有兵力，从朝鲜、日本抽集美军两个师、伪一个师，依托白翎岛、椒岛在梦金浦半岛登陆，向东进攻长渊、沙里院，威胁我军翼侧可能性是存在的。"彭德怀指示志愿军迅速加强西海岸防御。

与此同时，根据彭德怀的指示，中央军委作战部对艾森豪威尔上台后，可能在朝鲜采取的政策进行了研究。11 月 24 日，作战部长张震、副部长王尚荣在给彭德怀的报告中认为，在美国新旧总统交接前和交接中，民主党和共和党为互相推脱责任，加上朝鲜正处于严冬不利作战的情况下，"估计美帝对朝政策不会有大的变化"。但在艾森豪威尔上台后，为解决朝鲜问题，可能采取两种办法：一是在停战谈判上作某种妥协，使谈判成功。二是在军事上进行某种行动。"从目前许多情况看来，敌似正准备后一种可能。根据目前敌军兵力情况，亦是有可能的。敌要进行这种行动估计需在明年三

月下旬解冻以后。”①

志愿军总部对朝鲜战局的前途、美军可能采取的行动也作了分析。并据此提出了志愿军在1953年工作设想。1952年12月4日，回国述职的邓华代司令员向毛泽东做了书面报告，并在晋见毛泽东时对工作计划作了详细解释。邓华在报告中分析说：

朝鲜战争目前面临两种情况，一种是停下来，一种是拖延下来，继续打，而打又有小打、大打两种可能，小打基本是僵持局面，战争仅限于正面，仍像今年这种形势，大打则是敌人在我侧后登陆，战争更激烈的进行，而登陆又有两种可能，一为小登陆，在靠近正面的翼侧，是战役性的。一为大登陆，是在我后方，战略性的。……当前敌人的考虑是或者小打，维持目前战线，而逐渐以李伪军担负更多的阵地，减少自己的损耗。或者是大打，从侧后大登陆把我们赶向鸭绿江西岸，迅速结束朝鲜战争，前者是稳健的办法，后者则比较冒险，但敌人想可能很快解决问题。因为他们对于一九五〇年仁川登陆的迷梦是未放弃的，这就要看敌人的方针如何？民主党、共和党的政策是一致的，但在做法上后者可能要来得生硬急进一些，华尔街用艾森豪威尔上台这就标明美帝更积极的准备战争，杜勒斯为国务卿也就象征着美帝远东政策会更积极一些，虽然敌人全球重点在欧洲不会改变。但亚洲比重更会提高一些是可以想得到的……共和党登台想露两手，想来硬的，如麦克阿瑟之流，老早就想大干一下，而直接指挥作战的如克拉克、范佛里特等曾请求增兵，对于侧后登陆也是很感兴趣的，因为他们拣过便宜，而认为这是取得胜利，结束朝鲜战争的最好方法。……所以战争拖延下去，维持现状是肯定的，而登陆的可能性是存在的，因为他野心不死，迟早总要来一回，这一点，在思想上要有明确的认识。……大登、小登，什么时候登，在哪里登，则须看敌人决心大小、能抽出兵力多少及其准备的程度而定。……如果只能抽出两三个师，则在通川或海州登陆的可能性大，能取得正面配合，只能起战役作用，而通川又较海州的可能性大，因为那边人民军阵地比较突出，且敌人今秋已演习过了，如果能抽出四五个师，由在元山或镇南浦登陆就有可能了，而元山又较之镇南浦的可能性大。因为他还能取得平康方面的配合，当然也还有可能选我薄弱之处，以更多的兵力在咸兴、兴南方面登陆。如果小

---

① 张震、王尚荣关于对艾森豪威尔上台后对朝政策的估计及我军调整部署意见的建议，1952年11月24日。

登，明春就有可能，如果大登可能还要迟一些，也可能先小登而后大登，先通川而后元山，或者先海州而后镇南浦，前者又较后者可能大，不管小登、大登，都需要正面配合，也还需要一定的空降部队配合，现在朝鲜的兵力至多只能抽两个师。从日本和国内抽有困难，即使能抽几个师的兵力，能否解决问题也是值得考虑的。如果不动用蒋介石部队则明年维持战线，配合正面，进行小登陆的可能性大。但也要预见到敌人的冒险，尤其是共和党军人上台想大干一下，大登陆是也有可能的……①

根据上述判断，志愿军党委对1953年工作的基本安排是：巩固正面阵地，加强东西海岸和纵深的工事；加强战略二梯队，保持力量上的优势，争取主动；轮换部队，调整机构；在坚守阵地的基础上，积极进行作战准备，以稳扎稳打、逐点蚕食、同时开刀、连续攻歼的办法，在1953年的春、夏、秋季各组织一次战术反击作战，整排、整连并争取整营的消灭敌人。

毛泽东看了邓华的报告后，同意邓华的分析，并指出，对美军可能登陆，我们要做最坏的准备。他在报告上批示："应肯定敌以五至七个师在汉川鸭绿江线大举登陆，并在我后[方]空降，时间应准备在春季，也可能更早些，我应十分加强地堡和坑道，部署五个军于这一线，其中要有四个有经验的军，划定防区，坚决阻敌登陆，不可有误。""第二个登陆危险区是通川元山线，第三个危险区是镇南浦汉川线。""决不能许敌在西海岸登陆，尤其不能许其在汉川鸭绿江线登陆。"②

在接见邓华时，毛泽东强调指出；志愿军应从肯定敌人登陆，肯定敌人要从西海岸登陆，肯定敌人在清川江至汉川间登陆这一基点出发，来确定我之行动方针；并指出时间应准备在春季，也可能更早些。

12月9日，毛泽东致电刚刚离开北京的邓华，再次强调："应估计敌已决策在汉川至清川江线登陆，并在积极准备中，我方必须火急准备对敌，粉碎其登陆计划。"③

---

① 邓华关于朝鲜战局形势与明年的方针、工作任务以及防御战术问题向主席的报告及主席的指示，1952年12月4日。

② 《建国以来毛泽东军事文稿》，中卷，85页，北京，军事科学出版社、中央文献出版社，2010。

③ 《建国以来毛泽东军事文稿》，中卷，89页，北京，军事科学出版社、中央文献出版社，2010。

此时，总参谋部接到苏联通报的情况：“据美国驻日本军队的军官们最近传出的消息：美军将在一九五三年二月，在朝鲜发动大规模的攻势，准备占领全部北朝鲜，直抵鸭绿江。”通报中还列举了驻日本的美军总部索要北朝鲜东西海岸地图、11 月中旬以来“联合国军”在朝鲜的调动部署和范佛里特要求美国再增派 4 ~ 5 个师来朝的情况。12 月 12 日，毛泽东起草电报，以总参谋部名义将此情况发给志愿军代司令员邓华和副司令员杨得志，要求志愿军“提起严重注意，加紧准备打敌在我后方登陆，务必完成任务。明年二三两月是紧急时间，我军应在本月及一月加紧准备作战，特别注意汉川江、清川江、鸭绿江一线”①。

12 月 16 日，由周恩来起草以毛泽东名义发给斯大林的电报中，将中国领导人对朝鲜战争局势的分析，告诉了斯大林。电报指出：

朝鲜战局由于停战谈判已告停顿，而美军在朝鲜的损失还没有达到它非罢手不可的程度，估计今后一定时期内（假定为一年），会趋向于激烈化。艾森豪威尔正为其上台后的朝鲜军事行动做准备。单就朝鲜战场的军事行动做估计，敌人从正面向我较坚固的纵深工事施行攻击的可能性不如向我后方两侧进行登陆作战的可能性大。各种迹象证明，目前敌人正在以大力加强和扩编李承晚伪军，敌海军不断在北朝鲜海面进行演习，敌特亦积极在北朝鲜东西海岸搜集情报。从兵力上计算，敌人在朝鲜现有兵力为十九个师、四个旅和七个独立团。其中，美军七个师，英、土等军四个旅，李承晚伪军十二个师和七个独立团。在第一线有十四个师、四个旅和五个团。敌人如向北朝鲜两侧进行登陆作战，从南朝鲜后方至多只能抽出四五个师，从日本和美国需要再抽出四个美国师，如此，方能组织一次大的登陆战役，否则，兵力不足，只能在我战线的近后方，进行战术性的登陆牵制战。战术性的登陆地点，可能在东海岸的通川及西海岸的瓮津半岛和梦金浦里半岛。战略性的登陆地点，可能在东海岸的元山和咸兴及西海岸的镇南浦、新安州地区和铁山半岛。对我威胁最大的是西海岸的战略性登陆，因为我主要运输线是经过这个地区的。登陆作战的时间可能在明年春季，但也可能提早在明年二月开始。为配合这一登陆作战计划，敌人可能采取对中国大陆的牵制行动，例如，轰炸中国安东地区的机场，纵容台湾蒋介石匪军侵扰中国沿海

① 《建国以来毛泽东军事文稿》，中卷，92 页，北京，军事科学出版社、中央文献出版社，2010。

地区，协助在缅甸的中国李弥匪军窜扰中国边境。但战争的关键仍在朝鲜，我如能坚守北朝鲜东西海岸，使敌人的登陆计划失败，并以正面战线的战术出击作配合，给敌人以更多更大的杀伤，那么，朝鲜战局就能更加稳定，而向着更加有利于我们的方向发展。①

12 月 27 日，斯大林复电毛泽东，指出："您根据美国人进攻的可能性考虑到事情的最坏方面，这样做是正确的。"②

中共中央、中央军委的决策和部署

美军在第二次世界大战中和在朝鲜战争的初期，都有过大规模侧后登陆的成功经验。志愿军参战以来，特别是第二次战役将美国为首的"联合国军"打到三八线以后，如何防止美军利用其强大的海、空军优势，以及朝鲜半岛三面环海、南北狭长有利其实施侧后登陆的地理特点，重演仁川登陆的旧梦，一直是志愿军的后顾之忧。中央军委和志愿军首长始终将这个问题，作为抗美援朝战争军事战略指导上的一个重大问题来考虑和解决的。

从第三次战役开始，志愿军每次部署战役，都指定后方部队担负防止美军侧后登陆和在后方空降的任务，第五次战役的直接目的之一，就是破坏美军可能的登陆企图。停战谈判开始以后，经中央军委同意，彭德怀与金日成协商后，于 1951 年 9 月，在中朝联合司令部之下，成立了朝鲜东西海岸两个联合指挥机构，并分两个梯队部署了专门的海岸防御部队。

1952 年 6 月，志愿军和人民军对整个战场部署进行了调整，加强了东西海岸的防御兵力。同时确定"要建立一条从鸭绿江口沿朝鲜海岸及横贯半岛直至图们江口的坚固的有纵深的防御阵地"。

但这时，正面战线能不能守的问题尚未最后解决，中央军委和志愿军的主要精力，均用于解决正面战线的巩固问题，没有更多精力彻底解决侧后海岸的防御问题。经过 1952 年秋季的战术反击和上甘岭防御作战后，志愿军和人民军已经完全掌握了正面战场的主动权，解决了能不能守的问题。从

① 《周恩来军事文选》，第 4 卷，308 ~ 309 页，北京，人民出版社，1997。

② 军事科学院军事图书馆藏，军事科学院军事历史研究部第二研究室编印：《关于朝鲜战争的俄国档案文件》，303 页，1996。

而有可能集中精力解决后顾之忧了。

鉴于艾森豪威尔登台前后美国当局和“联合国军”在战场上的种种动向,为粉碎美国进行最后军事冒险的企图,彻底解决志愿军长期以来存在的“后顾之忧”,争取战争的胜利,中共中央作出了反登陆作战准备的决策。

12月20日,中共中央给志愿军党委发出了由毛泽东起草的指示,要求“准备一切必要条件,坚决粉碎敌人登陆冒险,争取战争更大胜利”。中共中央的指示说:

(一)根据种种情况(艾森豪威尔登台,谈判的中断,联合国通过印度提案),判断敌人有从我侧后海岸线特别是西海岸汉川江、清川江、鸭绿江一线以七个师左右兵力举行冒险登陆进攻的充分可能。

(二)我志愿军协同朝鲜人民军有坚决粉碎敌人登陆进攻、争取战争更大胜利的任务。

(三)为此目的,我军必须:

甲、尽一切可能的力量去极大地增强海岸及其纵深的坚固防御工事;同时增强三八线正面的纵深防御工事以为配合。

乙、在对我侧后威胁最大的海岸线及其纵深部署充分的兵力和火力,保证粉碎敌人从海上的进攻及其大量空降部队的进攻。在其他可能遭受敌人登陆进攻的地区(通川、元山地区,瓮津半岛地区,镇南浦、汉川江地区及咸兴以东地区)则部署可能有的兵力和火力,同样要用其全力争取粉碎敌人的进攻。

丙、坚决地迅速地采取加修新铁路线、改善旧铁路线(满浦球场间),加宽许多公路线,加设仓库场站以及预先运储大量粮弹物资等项措施,保证不论在何种情况下我正面侧面全军(包括人民军)的运输畅通,供应不缺。

丁、我正面各军过去作战成绩很大,在一九五三年应争取更大的成绩,消灭更多的敌人。

戊、政治工作保证全军指战员都具有粉碎敌人进攻争取更大胜利的坚强斗志和高昂士气。

己、特别注意从目前起到一九五三年四月这一段时间内的准备工作,这是战胜敌人的关键所在。

庚、以代理司令员和政治委员邓华同志兼任西海岸指挥部司令员和政治委员,以梁兴初同志为西海指副司令员,西海指的其他干部应予加强。

(四)两年多以来,我志愿军协同朝鲜人民军,在对美帝国主义及其帮凶军的英勇顽强的战斗中，取得了伟大的辉煌的胜利，已经摸清了敌人的底子，克服了很多的困难，积累了丰富的经验。美帝国主义采用了很多办法和我们斗争，没有一样不遭到失败。现在剩下从我侧后冒险登陆的一手，它想用这一手来打击我们。只要我们能把它这一手打下去，使它的冒险归于失败，它的最后失败的局面就确定下来了。中央坚决相信我志愿军协同朝鲜人民军是能够粉碎敌人的冒险计划的。希望同志们小心谨慎，坚忍沉着，动员全力，争取时间，完成一切对敌登陆作战的准备工作，只要准备好了，胜利就是我们的了。①

为保证在朝鲜把仗打好，尽一切力量赢得战争，中共中央把抗美援朝战争，作为1953年国家三大任务的第一项任务，决定继续深入开展增产节约活动，调整国内经济建设项目，削减或缓建一批工程，集中财力、物力保障朝鲜前线作战需要，准备解决因战事扩大而引起军费增多的问题。并请求苏联提供各种火炮和不同型号的炮弹，苏联政府根据可能，同意于1953年1~2月提供火炮332门，1~4月提供各种炮弹60万发。

与此同时，中央军委和总参谋部为志愿军的反登陆作战准备和国内防务，也作了必要的计划和部署。

遵照毛泽东对朝鲜今后战局发展的判断和决心，12月9日下午，代总参谋长聂荣臻召集副总参谋长黄克诚、志愿军代司令员邓华、铁道部长兼铁道兵团司令员滕代远、军委运输司令员吕正操、军委作战部副部长王尚荣及各特种兵司令员，研究讨论了防范美军于朝鲜实施侧后登陆的各项战备工作。12月10日，聂荣臻将讨论的各项计划呈报彭德怀并报毛泽东、朱德、周恩来和林彪。这些计划主要是：

（一）除志愿军已在朝鲜的部队外，从西北、中南、华东各抽调1个军开往东北，加上已在东北的1个军，共4个军为志愿军预备队。

（二）拟抽调36门122毫米口径榴弹炮装备1个炮团入朝；抽调2个坦克团入朝部署在清川江南北两岸；空军正在加紧训练3个轰炸机师，训练完毕后可有90架轰炸机参战；海军组织干部赴安东和清川江两岸勘察地形，准备以1个鱼雷艇大队置于安东，2个海岸炮连置于清川江口两岸。

（三）朝鲜铁道的修建与改善，拟先修龟城至球场段（87公里）和球场

① 《建国以来毛泽东军事文稿》，中卷，95~96页，北京，军事科学出版社、中央文献出版社，2010。

至德川段(27.5公里),同时改善辑安至球场原有线路。为尽速完成此一艰巨工程,拟由志司筹1个军力量(4万人)帮助及铁道部调3个铁道公安师(2.7万人)和干部技术员工3000人,合计7万人。另由志司抽调1个高射炮师掩护施工。

(四)1953年动员50万名新兵,其中西南和华东各16万、中南10万、华北5万、西北2万、东北1万。

(五)在辽东半岛的安东至庄河一线和山东半岛也选择重点地区修建国防工事。拟派1个师驻威海、烟台、蓬莱之线,并以1个团驻长山列岛。海军加紧长山列岛及山东半岛的海岸炮设备。

毛泽东、周恩来、朱德等完全同意这个计划部署。毛泽东12月11日批示:"同意这个部署,抓紧检查,务必完成任务。"还在第三项计划上批注:

> 铁路争取四月底完成龟城球场德川线,并于球场、德川间高山修汽车路及大量仓库,先行捣[倒]运通车。龟城球场间另需保持一条宽的公路。熙川德川间争取加修一条宽的公路。原有两条公路争取加宽。满浦球场间线路争取大大改善。①

12月15日,总参谋部还向各大军区发出了指示,指出:来自各方的情况以及敌方的公开舆论,均显示敌人似正在准备明年春季向朝鲜我军侧后进行冒险登陆。有消息说,台湾蒋介石集团已叫嚣定明年为"反攻年",逃往缅甸的李弥残部也令其部队12月积极准备,明年1月开始行动等。据此,台湾蒋介石集团"有极大可能为配合美帝在朝鲜登陆之行动,于明年向我沿海某些地区实施突袭","各大军区应严密注意敌可能进犯之沿海及滇缅边地区,以及内部潜伏匪特趁机活动,均应作一详细研究,作出预定的作战方案"。各大军区根据这一指示,作了研究部署。

12月28日,中共中央和中央军委,还发出了由毛泽东起草的给华东局、华东军区、福建省委、福建军区的电报,指示:福建军区必须准备以现有兵力,不要依赖任何外援,粉碎台湾、金门的国民党军可能以1个军向福建沿海岛屿和福建大陆的进攻。在必守岛屿上,必须做永久的坚固的工事,预储粮弹饮水,准备长期坚守,并做好增援计划。福建军区司令员叶飞立即抽

① 《建国以来毛泽东军事文稿》,中卷,90页,北京,军事科学出版社、中央文献出版社,2010。

出身来专任军事，“全神贯注于对敌作战方面。从目前起两个月内是最关重要的时机，务必唤起福建全军及沿海要地党政及人民群众充分注意对敌斗争，不得疏忽大意”①。此外，毛泽东还指示加强上海的防空部署，确保上海一带的安全。

1953 年 1 月 17 日，总参谋部又发出《关于加强防空战备的指示》，要求各防空部队加强战备，进一步组织和发挥现有防空力量，使之更好地适应战争需要，给予可能向中国大陆进行空中轰炸或袭扰的美国和国民党军飞机以有力打击。

① 《建国以来毛泽东军事文稿》，中卷，第 101 ~ 102 页，北京，军事科学出版社、中央文献出版社，2010。

第五十四章

反登陆作战准备

（参见序列表 17）

按照中共中央、中央军委的决策和部署，从 1952 年 12 月下旬起到 1953 年 4 月，志愿军以打好“过关仗”的姿态进行了规模空前的反登陆作战准备。

志愿军部署反登陆作战准备，确定反登陆作战的指导方针

根据中共中央、中央军委反登陆作战准备的决策，邓华回到志愿军总部后，于 12 月 17 日至 21 日，与杨得志共同主持，连续召开志愿军党委会和军以上干部会议，传达中共中央、中央军委的决策和毛泽东的指示，部署反登陆作战准备。

12 月 17 日，志愿军召开党委会议，各兵团、志愿军后方勤务司令部、前方运输司令部首长，以及人民军崔庸健、朴一禹、金光侠，苏联驻志愿军首席顾问西蒙诺夫中将参加了会议。会议一致赞同和拥护毛泽东关于肯定“联合国军”要登陆，而且肯定在西海岸登陆的判断和决心，并讨论确定了反登陆作战准备的初步方案，“决心不惜任何牺牲，克服任何困难，坚决贯彻主席指示，将敌人歼灭在海上或海滩，绝对不准敌人在侧后站住脚。不仅西海岸如此，而且东海岸元山、通川及海州方面均应做充分准备，正面则积极主动地打击敌人，不断地歼灭敌人，抓住敌人，破坏敌人的登陆计划，并在明年

内达到能成营地歼灭敌人”①。

会议以西海岸的部署准备为重点，对整个战场的兵力部署调整、指挥关系调整、东西海岸和正面战线的工事构筑等，作了初步决定，并确定一切准备工作务于1953年3月15日以前完成。

紧接着，志愿军于12月18日至21日又召开军以上干部会议，传达了毛泽东对邓华关于朝鲜战局与志愿军一九五三年的方针任务的报告所作的批示，传达了中共中央12月20日给志愿军关于进行反登陆作战准备的指示，进一步研究和部署了反登陆作战准备工作。邓华在会议上作了报告。

会议指出：“今后的任务是在继续贯彻持久作战，积极防御这个总的方针下，要以最大的决心和努力，来加强两翼海防，特别是西海岸的防御，要准备打击敌人的登陆、空降和丢原子弹。……要不惜任何牺牲，克服任何困难，坚决不准敌人登陆，敌人登上要坚决消灭它，绝对不准敌人在我们侧后建立一条战线。正面部队则必须准备打击敌人的进攻，并应积极主动地打击敌人，不断地歼灭敌人来抓住敌人，破坏敌人的登陆计划。”

会议要求：第一，必须“在我们部队中进行广泛而深入的政治动员，说明加强两侧海防，特别是西海岸的防御，是朝鲜战争胜负的关键，对国内与国际上均有极重大的影响。只要把敌人这一手制服了，最后的胜利便是我们的”。我们有胜利的条件，我们应该有胜利的信心。当然也“必须估计到敌人登陆时的战斗是很激烈的，首先是狂轰滥炸，尔后天上空降，海上登陆，因此，全体指战员应有高度的国际主义与爱国主义的精神，要有无比的战斗热情，能克服与忍受任何困难，不惜任何牺牲，要发扬死打硬拼，独立作战的精神，要有与阵地共存亡的决心。尤其是守岛部队任务更为光荣，要坚决歼灭敌人于海上，决不准敌人登陆，万一敌人先头突入我海岸阵地，则以强大火力与连续反击坚决将其歼灭，决不准敌人站住。只要我们工事做得好，火力组织得好，部队勇敢顽强，是一定能够胜利的”。

第二，必须做好工事，防止敌人登陆的“关键首先是在于工事的坚固，要能够抗住敌人的重磅炸弹与海军大炮的轰击。因此，我们应立即加修海防工事，山地一定要按标准加挖坑道，向正面阵地看齐。平地……水泥工事要多，要厚……‘把平地变为山丘’，一定要打不垮。……同时在平地凡能

① 邓华、杨得志关于反登陆作战准备的部署给毛泽东主席并彭总、中央军委的报告，1952年12月17日24时。

空降的地方要构筑对空工事……为了防原子弹,各部亦须加固自己的住地与掩蔽部”。

第三,必须很好研究战术。我们没有反登陆作战的经验,“这种作战的特点是首先敌以大量空军疯狂轰炸,尔后以空降部队在海防后方交通要地或我指挥机关驻区进行空降,两栖部队则以登陆艇,水陆两用之战车,在空炮掩护下进行登陆”。所以,“反空降反坦克与连续反击,是反登陆作战的三个基本的战术问题,也就是我们能否完成任务的关键,各部队应很好的来研究布置”①。

邓华在报告中还对加强海防部署、抢修道路与加强运输和正面积极作战问题提出了具体要求。

12 月 21 日,邓华在对会议作总结时,又强调:“动员工作:根据部队不同的任务,要有重点和不同的分寸,动员内容不仅说明敌人的阴谋,还须说明我们有办法、有力量、有把握、有许多条件可以粉碎敌人的阴谋,不要把敌人说得了不起。但也不能说轻。要从一般的动员联系到自己的任务与完成任务的办法,要号召全体干部,把腰杆硬起来,积极负责地进行准备工作,务必把这一关过好。”

会后,邓华、杨得志于 12 月 23 日向各部队下达了反登陆作战准备的部署,根据毛泽东关于要把在朝鲜有作战经验的军部署于东西海岸特别是西海岸的指示,决定以第一期轮换入朝的第 23、第 24、第 46 军,分别接替正面第一线的第 38、第 15、第 40 军的防务,而将第 15、第 38、第 40 军部署于东海岸或西海岸;将西海岸大同江以南地区统由第 19 兵团指挥;以东海岸第 9 兵团司令部与正面第 3 兵团司令部对调,以第 3 兵团司令部兼东海岸指挥部。同时对构筑工事,对反坦克和反空降提出了要求。要求部队部署的调整立即开始,至 1953 年 1 月 20 日前调整完毕,一切准备于 2 月底至迟 3 月 15 日以前完成。

同日,对西海岸反登陆作战准备下达了部署令,对步兵部署、特种兵部署、反坦克和反空降部署、工事构筑部署作了具体指示。

当晚,邓华前往平壤,向金日成汇报了中共中央、毛泽东对战局的分析和今后作战的指示,以及志愿军党委执行中央指示的具体措施,请示需要朝鲜政府解决的几个问题包括人民军的反登陆部署问题。12 月 24 日,金日成主持召开朝鲜劳动党中央政治局会议,邓华到会介绍了有关情况。朝鲜

① 邓华在志愿军军以上干部会议上的报告,1952 年 12 月 18 日。

劳动党中央和金日成“完全同意中共中央对朝鲜形势的看法和决定，并同意志愿军党委的具体措施”[①]。朝鲜劳动党和朝鲜政府还决定派金雄任东海岸指挥部副司令员、方虎山为西海岸指挥部副司令员；在全国动员大批工人参加构筑海岸工事，尽力满足反登陆作战准备的土木材料需要。12 月 25 日，邓华将此情况电告毛泽东和中央军委。12 月 27 日，毛泽东复电邓华，同意与金日成商定的各事，同意志愿军的各项军事部署。[②]

根据中共中央的指示和朝鲜劳动党中央政治局的决定，志愿军和人民军对东西海岸指挥机构进行了充实调整。

以志愿军司令部和政治部的部分人员加强西海岸指挥部。志愿军代司令员兼代政治委员邓华兼任西海岸联合指挥部的司令员和政治委员，梁兴初、方虎山（人民军）、吴信泉任西海岸指挥部副司令员，杜平任副政治委员兼政治部主任，王政柱任参谋长。在西海岸指挥部下设立炮兵主任办公室（后改为指挥所，司令员高存信、政治委员刘何）、装甲兵第二指挥所（主任罗杰）、空军前方指挥所和海军作战办公室。

东海岸联合司令部（东海指）由志愿军第 3 兵团司令部兼任，兵团副司令员王近山兼任东海岸指挥部副司令员代司令员，兵团副政治委员杜义德兼任东海岸指挥部政治委员，人民军金雄任东海岸指挥部副司令员，志愿军第 3 兵团参谋长王蕴瑞兼任东海岸指挥部参谋长，志愿军第 3 兵团政治部主任刘有光兼任东海岸指挥部政治部主任。

关于反登陆作战的方针，后来又进一步明确为“‘积极防御，坚决歼灭’。首先以一部兵力组织顽强而有纵深的海岸防御，坚决阻击敌人的登陆，不准敌人上来，力求歼敌于海边滩头；我主力则应控制于纵深机动位置，坚决迅速歼灭敌之空降部队。保证我后方和交通的安全，尔后支援第一线部队作战。采取层层阻击，连续反击的方法不断杀伤消耗敌人到一定程度，尔后以主力与敌决战，进行战役反攻，来最后消灭敌人，把敌人打到海里去”[③]。

---

① 邓华关于会见金首相所谈几个问题给毛泽东并中央军委的报告，1952 年 12 月 25 日。

② 参见《建国以来毛泽东军事文稿》，中卷，98 页，北京，军事科学出版社、中央文献出版社，2010。

③ 邓华在西海岸指挥部高级干部会议上关于反登陆作战战术问题的报告，1953 年 2 月 9 日。

深入进行政治动员,做好反登陆作战的思想准备

根据志愿军党委的部署,从1953年1月开始,东西海岸两个指挥部对所指挥的部队,普遍进行了深入的政治动员。1月16日,经毛泽东批准,中央军委总政治部给志愿军和全军各大军区等政治部发出《关于积极准备,坚决粉碎敌人登陆冒险的政治动员要点》。《动员要点》指出:

……实行登陆进攻,是敌人在朝鲜战场运用了各种阴谋手段以及细菌战都失败后的更狂妄的一次冒险,企图以此挽救他失败的命运,改变其国内和仆从国家中笼罩着的悲观空气,继续和扩大侵略战争,制造国际紧张局势……并要妄图实现灭亡朝鲜的计划,进一步威胁我祖国的安全,破坏我国的建设计划……我们必须彻底粉碎,决不许其得逞。

……战斗将是非常紧张激烈的,也将是带有决定性的。如果我们打败了敌人的登陆进攻,美国侵略朝鲜最后失败的命运就确定了。这就进一步保障了朝鲜民主主义人民共和国的独立和我们祖国大规模建设的安全,而且会更加打乱美帝国主义发动世界大战的部署,促成帝国主义内部更加分裂,大大鼓舞与坚定世界人民反对美国侵略的信心和决心,使东方与世界和平得到更进一步的保障。如果我们不彻底粉碎敌人的阴谋,那么朝鲜战局就要恶化,朝鲜人民的苦难就要延长,我们祖国的伟大建设事业就要遭受严重的威胁。这是绝对不能容许的。因此,我们必须尽最大的努力,集中一切力量,迅速作好一切准备。我们准备工作做得十分充分,胜利就有了保障。当敌人冒险进犯的时候,我们就要不惜任何代价和牺牲,抱定有我无敌的决心,坚决、勇敢、顽强地战斗,誓死粉碎敌人的进攻。

《动员要点》分析了敌我双方的有利和不利条件后指出:“只要我们积极准备、坚决勇敢作战,就一定能够彻底粉碎敌人的登陆进攻,争取光荣伟大的胜利。”

“我们必须充分估计到:这一战斗将是空前紧张激烈和艰苦的。敌人在意外的时间和意外的地点,都有发动登陆的可能。每一个部队的胜败得失,都关系着整个战局的前途。我们虽在朝鲜战争中积累了现代化作战经验,学会了阵地的攻坚战和守备战,但对粉碎敌人登陆作战经验还是缺乏

的。因此，我们绝不能有任何的轻敌大意。切不可对准备工作有丝毫疏忽；任何轻敌和疏忽都将造成最危险的错误。我们必须十分谨慎小心，坚忍沉着，保持高度警惕，毫不松懈，并立即紧张动员起来，积极准备，坚决彻底粉碎敌人的登陆进攻，为争取朝鲜战争的彻底胜利而斗争。”

《动员要点》还针对部队和人员执行任务的不同，分别对担任海岸作战的部队，担任三八线作战的部队，空军部队和防空部队，炮兵部队和坦克部队，工兵部队，铁道工程部队，后勤运输部队，各级侦察、通信人员，各级司令机关和参谋人员，各级政治机关和政治工作人员，全体医疗卫生工作人员，战斗英雄模范工作者、共产党员、青年团员，提出了不同的具体要求。号召：

全体同志们：你们立大功的机会到来了。祖国人民在召唤着你们，全世界人民在瞩望着你们。百倍奋起，全力动员，抓紧每一分钟的时间，充分准备，加强训练，加强工事构筑，多一分准备，就多一分胜利把握！坚决执行统一的战斗准备计划和作战计划，服从统一的指挥，准确地执行命令，准备克服一切困难，不顾一切牺牲，坚决歼灭敌人！为祖国争光！为毛主席争光！胜利一定是我们的！

在西海岸，指挥部召开师以上干部会议进行动员部署，杜平在会上讲话，对动员的办法、动员的目的、动员的内容、动员达到的标准作了具体要求，为使动员教育的内容便于记忆，将其归纳为：三个肯定（肯定敌人要登陆，肯定敌人要在西海岸登陆、肯定敌人要大规模空降）、一个决心（坚决不准敌人上来，上来就消灭它）、敌有四个不利（兵力不足，士气不振，更加孤立，登陆困难很多）、我有七个条件（坚强的工事，强大的力量，高度的士气，祖国人民的支援，朝鲜人民的支援，世界人民的同情，领袖的英明领导）、三反战术（反空降，反坦克及登陆艇，连续反击）、两个要求（做好工事，任务包干）。动员成熟的标准为：没有空白，个个知道；执行任务无顾虑，人人愉快；体会到党中央和志愿军党委的决心，积极想办法。①

在东海岸，第3兵团政治部及各军、师在1953年1～2月间，召开不同形式的会议进行了动员部署。经过动员，部队对打好“过关仗”决心大，信心足，情绪高，同时也促进了工事构筑。

---

① 参见杜平在西海岸指挥部师以上干部军事工作会议上的讲话，1953年2月10日。

正面部队也进行了动员部署。

各部队首长亲自动员，特别是军委总政治部发布政治动员要点后，志愿军全军绝大部分人员都已明确认识了战争的形势和自己的任务，树立了粉碎敌军冒险登陆及任何进攻、打好"过关仗"的决心和信心，部队的战斗意志普遍高昂起来。许多部队纷纷表示，美国在历史上几次的登陆作战都是成功的，但这次决不许它成功。打出"名堂"、"过好关"成为全军指战员的共识。

2月26日，志愿军政治部又发出指示，要求各部队以军委总政治部政治动员要点为依据，进一步广泛深入地做好思想政治动员工作。经过政治动员，为反登陆备战工作打下了坚实的思想基础，广大指战员以极大的热情投入到各项紧张的备战工作。

全面调整战场部署

调整战场部署是志愿军和人民军进行反登陆作战准备的主要一环。经过1952年春夏巩固阵地的斗争、1952年秋季的战术反击作战和上甘岭战役，志愿军和人民军的正面战场已经巩固，几乎是攻则必克，守则必固，完全掌握了作战的主动权。"联合国军"对正面战场已经无可奈何。因此，志愿军反登陆作战准备战场部署的总体原则是，在保证正面作战力量的同时，重点加强东西海岸的防御力量，而海岸防御又是以西海岸为重点；海岸防御部署与正面部队换防同时进行，将从国内新调入的第1、第16、第21、第54共4个军，先用于作为海岸防御的第二线部队，熟悉情况，将第一期入朝轮换的第23、第24、第46军，调至正面第一线经受作战锻炼，而将在朝鲜作战较有经验的几个军从正面第一线调出，加强东西海岸的防御。地面炮兵6个团另4个营、海岸炮2个连，高射炮兵1个团又1个营，先后入朝，加强东西海岸和正面的防御火力。

根据上述原则和1952年12月志愿军党委会议、志愿军军以上干部会议确定的部署，从12月底即开始战场部署的调整，至1953年1月下旬基本完成，后又进行部分调整，至4月中旬全部调整部署完毕。

第一线的换防和部署：第一期入朝轮换的第23、第24、第46(欠1个师，指挥第40军第120师)军，于1月14、15日，已先后接替了正面第一线第38、第15、第40军防务，第15、第38、第40(欠第120师)军，于1月20日前也分别到达东海岸和西海岸布防。第1军于1月20日开始入朝，先在谷山地区为志愿军总预备队，后于 4 月初接替正面第一线第 47 军防务。第 47 军撤出第一线为志愿军总预备队。调整后的正面战场共有志愿军 10 个军，地面炮兵 14 个团另 28 个营，高射炮兵 24 个营，坦克 4 个团；人民军 3 个军团和 2 个旅。第一线西起礼成江口东至北汉江以东文登里，依次为志愿军第 19 兵团（司令员韩先楚、副政治委员陈先瑞）指挥的第 65、第 46、第 1 军（另第 63、第 64 军为该兵团第二梯队，并与人民军 2 个旅担任大同江口以南西海岸防御）；第 9 兵团（司令员兼政治委员王建安）指挥的第 23、第 24 军；第 20 兵团（代司令员郑维山、政治委员张南生）指挥的第 67、第 60 军（第 68 军为该兵团第二梯队）。文登里以东至东海岸为人民军第 3、第 7 军团（第 1 军团为第二梯队）。

西海岸的防御部署：担任西海岸防御的部队共为志愿军 6 个军，地面炮兵 14 个团又 9 个营，高射炮兵 2 个团又 13 个营，坦克 6 个团；另人民军 1 个军团又 1 个旅。第一线部署志愿军 2 个军又 1 个师，人民军 1 个军团和 1 个旅。南起大同江口北岸北至古军营，依次为人民军第 4 军团另 1 个旅（镇南浦至汉川江）、志愿军第 38 军并指挥第 137 师和第 138 师 2 个团（汉川江至清川江）、第 50 军并指挥第 137 师 1 个团（清川江至古军营），铁山半岛至中国境内的大孤山，为志愿军第 54 军第 130 师。除第 54 军第 130 师于 1953 年 2 月上旬部署完毕外，其他于 1 月 20 日以前全部完成部署，并开始构筑工事。第二线部署志愿军 4 个军（欠 1 个师），其中第 39 军位于平壤以西、顺川、成川、殷山地区，第 16 军位于安州、价川、球场地区，第 40 军（欠第 120 师）位于纳清亭、博川地区。第 54 军（欠 1 个师）位于中国境内的安东、本溪地区。第二线除第 54 军只负责支援第一线作战外，其他 3 个军，在作战上都有反空降和支援第一线作战的双重任务，并且反空降是第一位的任务。上述第一、第二线志愿军 6 个军中，第 38、第 39、第 40、第 50 军，都是从抗美援朝战争一开始即在朝鲜作战，都参加了第一至第四次战役，第 39、第 40 军还参加了第五次战役。转入阵地战以后，第 50 军即在西海岸担负防御任务，并进行了攻占西朝鲜湾海岛的作战；第 38、第 39、第 40 军都参加了 1952 年秋季的战术反击作战。这 4 个军都是在朝鲜作战较有经验的军。

东海岸的防御部署：担任东海岸防御的部队共为志愿军 2 个军另 1 个师，地面炮兵 2 个团另 3 个营，高射炮兵 5 个营，坦克 1 个团；人民军 2 个军团和 2 个旅。总的部署是人民军位于海防第一线，志愿军位于第二线（第 15 军第 44 师部署在第一线慈山里至南大川口）。人民军第 5 军团担负咸兴及以南地区、第 2 军团担负元山地区第一线海岸防御任务。志愿军第 12

军及其指挥的第33师部署于元山西北文川、梨洞、榆峰山、箭滩、高原、永兴、长者里、上面洞地区，第15军部署于元山以南长林洞、龙岘里、大寺峰、新高山、安边、松岘里等地区为东海岸防御的第二线部队。第12、第15军除都有支援第一线作战任务外，均部署1～2个师担负反空降作战任务。该两军都是从第五次战役开始入朝作战，转入阵地战以后，都参加了1952年秋季的战术反击作战和上甘岭战役，也是在朝鲜作战较有经验的军。

战场预备队为志愿军第47军（位于谷山地区）和地面炮兵4个团另2个营（位于成川地区）。另在东海岸担任修工事和在朝鲜北部筑路任务的第21军第61、第63师以及在东北通化的第62师，有支援东海岸作战的任务。

志愿军担负东西海岸防御的部队，装备和兵员都得到了补充和加强，特别是反坦克和曲射火器较前有较大的增强。西海岸部队除第16军外，每个步兵连增加90火箭筒1具，每个步兵营增加57无坐力炮1门、82迫击炮2门，团属的75无坐力炮连均改换为57无坐力炮，另增加90火箭筒3具，迫击炮连迫击炮由6门增至9门。总计每军共增90火箭筒108具，较前编制增加61%；57无坐力炮81门，增加一倍；82迫击炮81门，增加50%。另外给担负重点防御任务的第38军装备了8个反坦克连，配90火箭筒72具，给第54军第130师装备了2个反坦克加强连，配57无坐力炮18门。仅为西海岸各部队即补充新兵23153名，充实了部队的有生力量。经过调整部署，海岸防御部队兵强马壮，兵力和火力密度大大提高，防御力量大大增强。特别是西海岸，其第一线平均每公里迫击炮以上火炮密度为7.6门、反坦克火炮为5.8门，高射炮平均每18.5平方公里为1门。另共有坦克219辆。

此时，志愿军在战场上的兵力达到最高峰，共计20个军，连同各特种兵部队、铁道兵团和后方勤务部队等，达135万人。

志愿军空军和海军也参加了反登陆作战准备。

1953年1月3日，彭德怀召集军委空军副政治委员吴法宪、副司令员常乾坤、王秉璋开会，专门研究了空军反登陆作战准备问题。就思想准备、飞行员和飞机的准备、战术技术训练等提出要求。同月，毛泽东在听取军委空军司令员刘亚楼关于志愿军空军作战情况的汇报后指示：加紧战斗锻炼，加紧抗登陆作战准备工作，多多培养有战斗经验的飞行员，注意保存有战斗经验部队的战斗实力。

据此，空军对参加反登陆作战进行了部署和准备。从1953年1月至4月，志愿军空军在第一线始终保持5个师作战，这期间先后在第一线作战的有第3师（至1月25日止）、第4师（从3月21日起）、第6师（从1月25日起)、第16师(从1月28日起)、第12师(至3月21日止)、第15、第17师。此外,歼击机第18师(米格－15飞机)、第9师及第2师1个夜航大队(拉－9、拉－11飞机),冲击机第5、第11师(含第22师一部,依尔－10式飞机),轰炸机第10、第20师(图－2式飞机),也做了参加反登陆作战的准备,连同当时参战的部队,空军共有14个师630架飞机准备参加反登陆作战。

根据志愿军司令部的要求,1953年1月15日,军委空军副司令员王秉璋和空军苏联顾问到安东,与志愿军西海岸指挥部参谋长王政柱共同拟制了陆空协同作战计划。

海军派出快艇基地勘察组、水下障碍设置组、岸防炮设置勘察组,前赴安东和朝鲜西海岸进行勘察,海军1个布雷队在西朝鲜湾航道布设了4个雷区,并派出2个海岸炮兵连进入西海岸阵地,还有1个鱼雷艇大队和1个海上巡逻大队,参加了反登陆作战准备。

整个战场部署调整的完成,使志愿军和人民军无论东西海岸的防敌登陆,还是正面战线防御,都有了充足的作战力量。

在1953年1月下旬部署调整基本就绪后,1月30日,志愿军司令部对反登陆作战训练发出了指示,要求各部队根据担负任务的不同,利用构筑工事的间隙,以训练干部为主,有计划有重点地进行训练。据此,担任东西海岸防御的各部队,在构筑工事的间隙,重点进行了反登陆(打军舰、岛屿要塞守备、海岸防御)、反空降、反坦克的基本战术和步、炮、坦协同战术训练。西海岸还进行了陆、空协同战术训练。正面部队进行了以阵地阻击、坚守坑道、连续反击、反空降、小部队活动为中心内容,贯穿步、炮、坦协同作战的训练。西海岸各军至4月20日止,共组织干部战术训练64期,火器使用训练10期,轮训班以下干部18900余名。至4月底,志愿军全军共分期分批轮训排以上干部54500余名,排以上干部基本轮训一遍,训练主要武器射手19500余名,先后训练两批新兵98200余名。各部队根据预定作战方案,进行了实兵战术演习。志愿军司令部还专门组织了合同作战组织指挥的参谋业务学习。经过训练,使干部提高了组织指挥能力,军事素养有了显著提高,为后来的作战奠定了良好的基础。

以东西海岸为重点全面加强防御工事

西海岸北起铁山半岛南经镇南浦、沙里院、新院里、延安、白川至礼成江口共约 565 公里，除镇南浦方向和汉川方向马耳山至黄甲山段地形较好外，其他地段均不利于防守，特别是石秀山以北至清川江口段，地形开阔，无险可守；东海岸南起沛川里北至赴战岭共约 286 公里，第一、第二线几乎均没有工事，虽多为山地，有险可依，但元山港、兴南港便于敌军登陆；正面西起礼成江口东至高城共约 264 公里，防御工事有了相当的基础，已经受实战的考验，但平康地区地形平坦、工事较弱，另有个别军的坚固阵地纵深不够大。因此，全面加强防御工事，特别是在东西海岸构筑坑道和永久性的工事，是反登陆作战准备的一项重大工程和艰巨任务。

据此，志愿军司令部确定：以西海岸为筑城第一重点方向，器材供应和运输保障上也以其为重点，要求西海岸在工事构筑上是反登陆、反坦克、反空降，以坑道工事、水泥工事为主，结合野战工事和副防御设施（水网区、地雷区、反坦克壕等），构成多线大纵深的强固阵地防御体系；以东海岸为第二重点方向，在工事构筑上，主要以坑道工事为骨干结合野战工事和必要的反坦克水泥工事，构成反登陆、反坦克、反空降的纵深的防御体系；以正面为较次要方向，对平康接合部工事进行加固，个别的军阵地加大纵深。

按照志愿军司令部的部署，1953 年 1 月至 4 月，志愿军突击构筑坚固防御工事。志愿军工兵第 6、第 9、第 18 团和第 21 团 1 个营配属给西海岸的第 64、第 38、第 50 军构筑坑道和钢筋混凝土工事。对东海岸的第 12、第 15 军和正面第 24 军由工兵指挥所抽调干部担任技术指导。各军根据总体作战意图，由军首长亲自组织师团和特种兵指挥员进行防御地带地形的战术勘察，确定师团指挥所位置及阵地编成、兵力布置、火力配系等诸原则。

在西海岸，邓华、梁兴初和各军首长共同视察沿海地形，各军也以军或师为单位由干部组成先遣队，勘察地形，了解第一手资料，确定构工部署与阵地编成，以便争取时间，使部队进入防区后即能投入构工作业。为加强对构工作业的领导，从军至连各级都建立了筑城领导机构。军、师、团各级均以 6 至 8 人组成筑城办公室（下设工程指导、器材筹划、运输等小组），营、连两级组成工程指导、器材管理、工程测量登记 3 个领导作业小组（各由 3 至 5 人组成）。在施工中，永久工事所用器材和炸药、作业工具由国内统一筹供，采石、采沙、伐木、工具修理、器材倒运等都由各军自行解决，备料用的汽车、火车等由志愿军后勤部、铁路军事管理总局及朝鲜政府帮助解决。

西海岸于 1953 年 1 月初，东海岸于 2 月初，先后开始动工筑城。为完成这一重大而艰巨的工程，志愿军动员了一切可能的力量，从前方到后方，从部队到机关，从步兵到特种兵，都参加了艰苦的构筑坚固防御工事作业。

共有17个军另2个步兵师、9个炮兵师、2个坦克师、3个工兵团，平均每天有50万人参加构工作业，从1月初到4月底，全军共出动6000万个人工日。志愿军后方勤务司令部出动运输器材的汽车共99257台次，占其全部运输力的30%。

施工期间正是朝鲜最寒冷的时节，气温很低，一般都在摄氏零下20度至30度；冻土层厚达1米左右。但是参加筑城作业的广大指战员，不怕天寒地冻，不怕流血流汗，昼夜突击施工。他们只有一个念头，就是要赶在“联合国军”登陆前，建立起一条坚固防线。

各级政治机关派出文工团、宣传队深入工地，宣传鼓劲。有的军要求各连队广泛开展办洞口报、活动连报，演唱，创作工地快板等文化活动。这些给部队紧张的筑城作业增添了轻松的内容，活跃了部队生活，鼓舞了干劲。

据志愿军工兵指挥所统计，1953年1月至3月，共拨给各军、师和装甲兵指挥所等构工炸药210万公斤，但也只能基本满足重点单位的要求。炸药不够用，部队指战员们就自己动手拆除“联合国军”投下和发射的未炸炸弹和炮弹，据6个军、1个步兵师和1个炮兵师的统计，即拆弹取药10.96万公斤；施工工具不足，就用废钢铁自己打造。据3个军不完全统计，自造各种工具30余种9.16万件。

中朝两国政府和人民为构筑防御工事筹集了大量的器材和物资。从中国国内向朝鲜调运了大量的钢筋、水泥、木材、炸药等物资和施工工具。1953年1月至3月，国内供应构工炸药210余万公斤、炮兵工事木料4800立方米、铁锹20.69万把、镐20.99万把、铁锤3.75万把、铁钎14.16万把。1至3月份，朝鲜政府供给志愿军筑城木料17.8万余立方米。朝鲜政府还命令矿工停工两个月，自带工具与志愿军一起挖坑道。防区内的朝鲜群众还帮助志愿军修桥、筑路，支援筑城作业。

1月至4月，仅志愿军构筑防御工事即消耗水泥28085吨、钢筋4290吨、木料33万余立方米（部队自行解决的尚未统计在内）、炸药360万公斤。

经过数月艰苦努力，至1953年4月底，东西海岸和正面战线，共挖掘坑道8090条，总长720余公里，等于开凿中国境内从天水到成都或朝鲜境内从永兴到釜山的一条石质隧道；挖堑壕、交通壕3100余公里，相当于从新义州到汉城距离的6倍；构筑600余个永备工事和10.9万个各种掩体。加上在此之前构筑的工事，坑道总长达1250余公里，堑壕和交通壕总长6240公里，接近于中国的万里长城的长度（6700公里）。在东西海岸均构筑了反空降和反坦克阵地。完全改变了东西海岸阵地工事脆弱的局面。东西海岸和正面战线形成了绵亘1130公里、纵深20～30公里的以坑道和永备工事为骨干的完整防御体系，东西海岸和正面战线都形成了“铜墙铁壁”，海岸防御和正面战线一样，都有了坚固可靠的阵地依托。

“联合国军”总司令克拉克对志愿军构筑的坚固防御体系感到头痛。他在回忆录中说：“沿海滩的防御体系和前线的防御体系一样，纵深的距离甚长，并且它的效力大部分依靠地下设施。但是除开地下工事外，还有一道道的明壕从滩头向后分布，因此，任何从海上攻击的部队，一旦他们在岸上获得立足点，即被迫着去攻击一道又一道的战壕。他们沿着水际张着有刺铁丝网。雷区到处都是。大部分稻田地区被水淹没，使它们变成战车的大陷阱，使我们的装备在泥淖中进退两难。”①

改善交通运输条件和准备作战物资

改善交通运输条件，储运作战物资，也是反登陆作战准备的一个重要任务，主要是由志愿军铁道工程部队、铁道抢修和运输部队、后方勤务部队等完成。

1952年12月上旬，中央军委即将改善朝鲜境内铁路交通状况，作为反登陆作战胜利的一个重要任务，决定新建龟城—球场—德川线，同时改善辑安至球场原有线路，以防备万一靠近西海岸的京义线遭到破坏时，在朝鲜内陆仍保证运输畅通。

为完成此项任务，1952年12月中旬，在沈阳成立了志愿军新建铁路指挥局，郭维城任局长，在前方铁道运输司令部领导下负责新建铁路的指挥。经中朝双方协商后，次年1月，又以志愿军新建铁路指挥局为基础成立了中朝新建铁路指挥局。郭维城任局长，金相仁（朝方）任第一副局长。同时组成以朝鲜内阁铁道相朴义完为主席、中朝联合铁道运输司令部前方运输司令员刘居英为副主席的中朝新建铁路理事会，负责监督新建铁路工作。

1952年12月和1953年1月，中央军委命令铁道工程第5、第6、第7、第9、第10（原农业建设第3师）、第11（原农业建设第5师）师入朝，军委铁

① ［美］马克·克拉克：《从多瑙河到鸭绿江》，87页，台北，台湾黎明文化出版公司，1956。

道部抽调铁路员工和技术干部共5000人，朝鲜人民军最高司令部调铁道司令部第3旅，在中朝新建铁路指挥局的统一指挥下，担负新建铁路工程。朝鲜政府并调90余名干部参加新建铁路指挥局工作。

新建龟城—球场—德川铁路，工程量巨大，为争取时间，满足反登陆作战时满浦、平北两线的运输需要，经新建铁路指挥局研究并呈请中朝新建铁路理事会批准，决定先抢建龟殷线（龟城至殷山）龟城至八院里段，再由八院里接通至价川，并在价川、殷山间再修建一条平行线，全长129公里。

1953年1月31日，新建铁路指挥局召开临时党委扩大会议，确定施工计划，决定确保龟城至殷山新线于4月底前通车。在兵力部署上，划分管区，分段负责由有修铁路经验的第6、第7师担负最困难的地段施工。2月1日，全线正式开工。铁道新建部队克服美军飞机经常空袭、冬季气候寒冷和施工地形多为山川的困难，于4月5日全线竣工通车。经中朝新建铁路理事会派员验收，工程质量达到战时抢建良好标准。

在完成第一期工程后，除铁道工程第9师2个团的兵力负责龟殷线的维护和抢修、第7师调东海岸修工事外，根据中朝双方的协定，铁道工程部队主力东移，担负德川至八院里段新建及复旧工程任务。德八段总长85.044公里，其中德川至长上里15.074公里是复旧工程，长上里至八院里70公里是新建工程，另利用满浦线一部分。长上里至球场间由于多山，工程难度非常大。第二期工程于1954年4月底竣工，5月3日举行通车典礼。

新建铁路的完工，使朝鲜北方京义（汉城至新义州）、满浦（满浦至西浦）、平元（平壤至元山）三大铁路干线在纵深地区连为一体。这样，减轻了西海岸平壤以北新安州、价川、西浦三角铁路的运输压力，即使在西海岸京义线被切断时，仍能保证运输不间断。1953年4月，彭德怀致函中朝铁路修建部队，祝贺第一期工程胜利完工，表彰指战员们“对抗美援朝战争的巨大贡献”和建立的“不可磨灭的功勋”。①

与此同时，铁道抢修部队在满浦线和平北线修建了大量的便线、便桥；增修迂回线12条、安全线8处；增设许多信号场、备用站、转车设备；铺设通信线路等。使铁路运输条件得到改善，提高了战时运输能力。

根据中央军委和毛泽东关于改善公路交通状况的指示，志愿军抽调力量改善和维护公路交通网络。抽调工兵第4、第7、第10、第22团和第21团

① 彭德怀：《慰勉我第一期工程胜利完工》，1953年4月。

1个营,担负维护整修公路、桥梁的任务。1953年2月中旬调工兵第12团入朝担负龟城至价川公路改线和拓宽工程。2月末调第21军第63师,加宽朔州至昌城至妙香山线。

至3月底,对公路和桥梁进行了普遍整修,对公路进行了加宽,还在主要地段加修预备路、迂回路。此外,新修8条公路,连同整修、加宽的公路,总长共566公里。到4月底共新建桥梁137座,使每个桥位都保持有2座桥同时通车,在主要交通枢纽如安州等渡口有5座桥通车。使朝鲜北方的公路运输网络得到改善。在东线后勤第2分部区域内,先后加修了纵横公路各4条,使之与保障正面中部战线的第1分部、西部战线的第3分部和保障西海岸的第5分部、保障东海岸的第4分部联贯起来,增强了保障能力。

公路经过新建和改建,在分部所属兵站之间都有一至两条纵深公路,分部与分部之间有一至两条主要公路,分部兵站至各军、各军至各师各有一至两条汽车路,师到团至少有汽车路和马车路各一条,团到营和营到阵地有马车路和不少于两条人力运输路。各部队左右邻之间至少有一条横贯路。这样,使整个战区的公路交通有了很大改善,形成了一个前后贯通、左右衔接、此断彼通、彼断此通的运输网络,有力地保证了运输。

为保证反登陆作战准备的物资储运,志愿军铁路抢修、运输部队和志愿军后勤系统作了很大努力。

在反登陆作战准备期间,特别是1953年第一季度,"联合国军"飞机对铁路的轰炸共破坏985处次,比上年第四季度减少262处次,但是对桥梁的轰炸几乎没有减少,对车站轰炸的次数反而增加。

志愿军铁道前方运输司令部及铁路抢修指挥部,根据任务和铁路受损情况,多次调整部署,积极抢修铁路桥梁、车站和线路,保证铁路运输的畅通。

在抢修部队的保障下,在空军和高炮部队的掩护下,1953年第一季度的铁路运输创造了战时朝鲜铁路运输的最高纪录。这个季度共从国内接入37755车,等于1951年第一季度的3倍,等于1952年第四季度的2倍。1953年第一季度部队调动输送,也达到了战时朝鲜境内人员运输的最高纪录,从国内接运4934车,等于1952年第四季度的3倍。朝鲜境内部队调动运输2459车,合计7393车。1953年第一季度保证朝鲜国民经济运输,共接入3140车,比上年第四季度增加881车。

进行反登陆作战准备期间,后勤保障任务异常繁重。在朝志愿军部队增加了约1/3,物资囤积量与需要量大为增加,尤其物资要按铁路运输线可能被切断的情况进行准备。如此繁重的任务要求在短时间内完成,困难很大。为保证任务的完成,志愿军后方勤务司令部于1952年12月23日至25日召开党委扩大会议。志愿军后方勤务司令部司令员洪学智、副司令员张明远、副政治委员李雪三,均在会上作了讲话,部署志愿军后勤系统反登陆作战准备。要求既要保证供应,又要保证囤积任务的完成,在1953年2月底前,切实完成全军足够使用4个月的作战物资和粮食抢运囤积任务,在时间上只准提前不准推后,在任务上只准超过不准减少。1953年1月14日,并以中共志愿军后方勤务司令部委员会名义,专门发出《关于一九五三年第一季度中心工作指示》。为加强志后领导力量,1953年1月,中央军委任命吴先恩为志愿军后方勤务司令部副司令员。

中央军委从国内的西北、华东、中南军区抽调4个汽车团入朝,另给志后增加9个汽车修理排。志后直属的汽车团达到17个,汽车运力有了明显增强。志后抽调1个汽车团、2个医院和4个分站,加强第5分部保障力量,以重点保障西海岸6个军的供应和物资囤积。第4分部兵站供应线向东作了延伸,以保证东海岸防御部队的供应。中央军委还调3个医院和14个医疗队入朝,部署在西海岸地区。

在物资运输和囤积方面,志愿军铁路运输部门和后勤系统采取了如下一些措施:其一,重点囤积,前沿优先,弹药等主要物资优先,参战部队物资囤积优先。其二,火车运输前伸运输终点、分段甩车、主副食等非危险物品直达离前沿最近点;对汽车运力集中使用,合理调配,对西海岸地区进行重点支援,同时提高汽车运力强度,发挥运输潜力。其三,发动群众,提高装卸效率。其四,弹药、被服、医疗器材等重要物资做到安全入库,主副食采取野垛保存,高度分散伪装。由于措施得力,组织严密,在第一季度火车运输和抢装抢卸过程中,物资没有损失。汽车运输,损失的主副食仅占全军运输量的0.009%,弹药仅损失40箱。

在铁道工程部队、铁路抢修和运输部队、后勤系统的共同努力下,至1953年3月底,基本上完成了全部战备物资储备。弹药总囤积量已达12.38万余吨,超过1952年12月末弹药囤积量的65.2%,其中各军共储备4.36万余吨,每个炮师平均储备1074吨;粮食总囤积量达24.8万余吨,可供志愿军食用8个半月;马料囤积可供全军马匹食用5个半月;食油囤积可供全军食用6个半月,食盐8个半月,菜类5个半月,肉类3个月零5天;汽油储备了4个月的消耗量。各部队给养储备量均在2个月以上。这为后来志愿军进行的夏季反击战役提供了充足的作战物资。

志愿军空军和防空部队的作战

志愿军和人民军反登陆作战准备开始以后,美国空军发现志愿军和人民军在纵深地区大量调动,认为这可能是一次酝酿中的攻势准备,于是,从1953年1月至4月,对朝鲜北方进行了一系列的轰炸破坏活动。

1月10日至15日,美军空军采取混合大机群的方式共出动战斗轰炸机1166架次,轰炸新安州附近的铁路桥梁和其他铁路设施,此外9日至14日的每天晚上,都有4至6架B－29轰炸机用于轰炸新安州附近的铁路调车场。2月份,美国远东空军重点对拉古哨水力发电站①和清川江以北主要桥梁进行轰炸,对西海岸防御地带进行侦察袭击。3月利用春融季节,又发动了名为"春融"的"短促而猛烈的空中封锁交通线的突击"。②

反登陆准备开始后,志愿军空军按照毛泽东、彭德怀的指示精神,除完成空军自身的反登陆作战理论和各项实际准备工作外,组织第一、第二线部队协同作战,灵活贯彻"一域多层四四制"战术原则,积极与美空军展开斗争。

1953年1月是朝鲜战场空战最多的一个月。志愿军空军战斗出动144批1566架次,其中有117批1326架次是反击美空军大机群。

1月13日,志愿军空军成功地组织了第一、第二线部队协同作战,击退向清川江桥突击的美空军大机群。

是日下午13时22分至15时27分,美空军出动4个梯队172架战斗轰炸机,在100余架F－86飞机的掩护下,突击清川江桥。志愿军空军指挥所立即以在第一线的第3、第12、第15师组成两个梯队,实行分进合击;以在第二线的第4、第6师各一个团组成第三梯队,担任掩护。志愿军空军突破美机群前锋部队的拦阻,穿插至宣川、龟城、昌城一带,对美机展开激烈攻击。第3师第9团首先将1架F－86飞机击伤,随后第12师第34团又击落2架。美机见势不妙,纷纷南逃。

在1953年1月份的空战中,志愿军空军第15师第45团1大队副大队

---

① 拉古哨水力发电站,即水丰发电厂。

② 参见[美]劳伯特·F.富特雷耳等著:《朝鲜战争中的美国空军》,中译本参考资料第3册,779、783页,空军党委条令教材编审小组办公室译,1963。

长李世英和阎清水、宋义春、蒋道平组成的飞行中队，创造了长僚机同时击落美机的范例。

3 月 13 日，美空军、海军出动 168 架飞机，编成混合机群，以两个梯队向北进袭。当第一梯队 F－86 战斗机进至水柔、F－84 战斗轰炸机进至镇南浦时，志愿军空军先后起飞 5 批 64 架飞机，插入美混合机群。担任攻击任务的第 17 师第 49 团（起飞 16 架飞机）在其他部队的配合下，以灵活机动的战术动作，穿梭于美军机群中，击落 F－84 型战斗轰炸机 3 架，迫使美军其他战斗轰炸机盲目投弹，匆忙回窜。担负掩护任务的志愿军空军第 12 师第 36 团和担负钳制任务的第 17 师第 45 团，与美军 F－86 型飞机的战斗也告捷，击落美机 2 架。这是志愿军空军第一、第二线部队协同作战的成功战例。美军混合机群强袭鸭绿江沿线重要目标的企图被挫败。之后，美军又故伎重演，但同样以失败而告终。

1～3 月，志愿军空军采取多层次多梯队混合编队，插入进犯鸭绿江沿线上空的美混合机群，打击战斗轰炸机的战法，有效地保卫了鸭绿江一线重要目标。

志愿军空军在反击美军大机群的同时，乘美大机群活动的间隙，以小编队多批连续出动的方法，远出到镇南浦和大同江口一带，打击美军小机群，掩护地面部队部署和工事构筑及物资囤积活动。

2 月 17 日，志愿军空军第 17 师起飞 3 个中队，远出镇南浦和大同江口一带作战，击落美海军飞机 4 架。26 日，志愿军空军第 16 师首次空战即取得击落、击伤美机各 1 架的战绩。

年轻的志愿军空军在战斗中迅速成长，不断给美国空军以出乎意料的打击。美国空军不敢小视对手，于是调集一些飞行时间长达一二千小时的所谓“王牌驾驶员”，组成“猎航组”，专门偷袭正在起飞或降落的志愿军飞机，曾使志愿军吃过几次亏。

4 月 7 日下午，志愿军空军第 15 师第 43 团的 12 架米格－15 比斯飞机在楚山、碧潼地区上空与美 F－86 机群战斗后返航时，又遇到了“猎航组”。美空军飞机击伤并紧追一架正在下滑着陆的志愿军飞机。志愿军飞行员韩德彩见此情景，不顾自己的安危，向美机冲去。经过一番角逐，韩德彩一举将这架美机击落。驾驶这架 F－86 飞机的是美国空军“双料王牌”飞行员、美国空军第 51 联队上尉小队长哈罗德·爱德华·费席尔，他跳伞后被守卫机场的高炮部队活捉。

据统计，1953 年 1 至 3 月，志愿军空军共出动战斗飞行 399 批 4093 架次,共击落美机50架,击伤16架。美军进袭机群123个,有97个被志愿军空军阻截于清川江以南,有效地保卫了鸭绿江至清川江一线的一些重要目标,掩护了地面部队的反登陆作战准备。4月份志愿军空军又取得击落美机20架、击伤5架的战绩。其中,1953年4月12日,志愿军空军第15师第45团中队长蒋道平击落美国远东空军“三料首席王牌”飞行员、第51联队第16中队上尉小队长约瑟夫·麦克康奈尔的驾机。①

随着装备的改善和作战经验的丰富,到1953年志愿军空军逐渐能够在夜间和复杂气象条件下遂行作战任务。志愿军空军第2师拉-11型歼击机夜航大队,于1953年1月由上海转至辽阳机场参战。3月第4师组建的一个米格-15比斯歼击机夜航大队进驻东沟机场参战。5月29日夜,志愿军空军第4师第10团副团长侯书军在安州地区上空击落美机1架。这是志愿军空军第一次在夜间击落敌机。

反登陆作战准备开始后,志愿军防空部队在统一的计划下,制定了反登陆、反空降作战方案及与野战部队协同作战计划,采取了必要的措施,加强了志愿军防空部队和中国东北地区的防空力量,对高炮部队、探照灯部队和对空监视部队的部署进行了调整,并在美军可能空降地区构筑了反空降阵地。与中朝空军联合司令部组建了联合情报站,集中指挥空军和防空部队的对空勤务部队,组成了完整的对空勤务警戒。1953年6月份成立防空指挥部后,指挥关系更加顺畅,协同性有所增强。

在美军1月份的空中突击行动中,志愿军防空部队受到了严峻的考验。1953年1月10日至15日,美军飞机对安州地区实施规模空前的连续空袭,有时一天即出动飞机300余架次。在志愿军铁道高射炮兵指挥所(空军夜航歼击机指挥所设于铁道高炮指挥所内)的指挥下,志愿军5个高射炮团又3个营和1个探照灯营,与美军飞机展开艰苦的斗争,力保安州这一连接前后方的重要交通枢纽的畅通。这是志愿军防空部队与美空军进行的持续时间最长的一场战斗,也是整个抗美援朝战争期间所进行的规模最大的防空战斗。经过7昼夜的苦战,志愿军高射炮兵部队共击落美机55架,②迫

① 20世纪90年代查明,蒋道平1953年4月12日击落的美机,是美国远东空军“三料首席王牌”飞行员、第51联队第16中队上尉小队长约瑟夫·麦克康奈尔的驾机。2001年10月29日得到中国人民解放军空军领导机关确认。麦克康奈尔被击落后跳伞,被美军救护直升机救走。

② 参见《当代中国丛书·当代中国空军》,227页,北京,中国社会科学出版社,1989。

使美机于 15 日停止大规模空袭。

此后,志愿军防空部队根据敌情变化及战斗中暴露出来的问题,要求各部队在不妨碍保卫目标的原则下,展开机动作战,积极主动地寻敌作战。同时,进一步明确了各部队防御的重点和保卫的目标,划分了机动作战的区域,并对部队部署作了必要的调整。2 至 4 月间,志愿军高炮部队战斗频繁。由于志愿军和人民军在通往南部的公路上增加了高射炮的配置,第 5 航空队对公路的轰炸转向新安州至元山一线以北地区。整个 4 月份,美国第 5 航空队只摧毁了 8 台机车。

在此期间,美军加强了对雷达的电磁干扰,志愿军探照灯部队战斗连续失利。后通过动员指战员发挥主观能动性,出主意,想办法,终于找到了反干扰的办法,扭转了局面,提高了照中率。在照射小型飞机的技术上也有显著提高。

志愿军空军和防空部队在反登陆作战准备期间的作战,有力地保证了志愿军及人民军的反登陆准备。

正面战场的作战

志愿军总部在部署反登陆作战准备时,于 1952 年 12 月 18 日,要求“正面部队必须准备打击敌人的进攻,并应积极主动地打击敌人,不断地歼灭敌人来抓住敌人,破坏敌人的登陆计划”。中共中央在 1952 年 12 月 20 日关于要求志愿军进行反登陆作战准备的指示中,要求正面部队“在一九五三年应争取更大的成绩,消灭更多的敌人”。中央军委总政治部在 1953 年 1 月 16 日关于反登陆作战准备的政治动员要点中,也要求“担任三八线作战的部队,要加强巩固阵地,适时举行坚定的反击,要大量地杀伤敌人与消耗敌人,拖住敌人的兵力,使敌人不易调动兵力实行登陆的阴谋计划”。

根据这些指示,正面部队进行了积极的作战活动。

在志愿军进行反登陆作战准备期间,“联合国军”在正面战线没有大的作战行动,只在 1953 年 1 月底发动了一次很不成功的“空军、坦克、炮兵、步兵协同作战实验”。

“联合国军”在上甘岭的进攻失败后,克拉克提出在正面战线进行“空中地面协同作战实验”。美国空军采纳了这个建议,并制定了实验计划。第一个实验选择的攻击目标是志愿军第 23 军 1 个排防守的、位于铁原西北芝山洞南侧的205高地。这个小高地又被称为“丁字山”或“T形山”。它的形状像一枚钉子，钉子的尖直指向南边的美军190.8阵地。美军将这次实验称为“斯麦克行动”。这是范佛里特在朝鲜担任美第8集团军司令官期间，进行的最后一次，也是最不光彩的一次作战。

从1953年1月12日至20日，美军支援步兵作战的1个野战炮兵营，即向这个目标发射105毫米榴弹炮炮弹10000发。24日，美空军向这个目标投下13.6万磅炸弹和14枚凝固汽油弹。25日，美空军先后出动100余架次飞机对这个目标进行了轮番轰炸，经过猛烈的炮火准备后，以美第7师的1个步兵连发起攻击。志愿军第23军防守阵地的1个排，依托坑道工事隐蔽，直到美军冲击山脊时，才突然开火。美军在一天之内向这个阵地投下22.4万磅炸弹和8枚凝固汽油弹，炮兵和坦克发射各种炮弹17万余发，始终未能攻下阵地，只好败阵收兵。志愿军第23军于1952年9月入朝后，于1953年1月中旬刚刚接防第一线，第一次接受在朝鲜作战的考验。防守阵地的这个排，打得英勇顽强，彻底粉碎了美军的进攻，牢牢守住了阵地，以伤亡11人的代价，毙伤美军150余人（美军战史说伤亡77人），经受了作战的考验。

美军这次进攻，有美第1军军长和参谋长、第5航空队司令、远东空军作战处长前来观战，并邀请了12名记者。在进攻开始前，发给他们三种颜色的精制“作战方案”，以为此次作战可以给他们一些光彩。然而，结果却以“惨败”而收场，遭到美国国会和舆论的严厉谴责。

美军战史对这次作战评论说：“总的来说，斯麦克行动是一次惨败。”“这是一次代价高昂的教训，再次证实了无论是从空中或是从地面上的火力都不足以将躲藏在挖得很好的战壕里的敌人消灭。这场有限战争的优势是在防守的一方。”①

1953年2月10日，范佛里特退休回国，美第8集团军司令一职，由美陆军助理参谋长马克斯韦尔·泰勒接任。泰勒到前线视察后向克拉克报告说，除非得到大规模进攻的命令，否则他将安于现状，决不再冒险向前沿的小山头发起任何进攻。克拉克批准了这一要求。从此，在朝鲜战场上，直至战争结束，美军再也没有发动类似规模的攻击行动。

除上述205高地的防御战斗比较激烈外，在1953年1月和2月份，志

---

① ［美］沃尔特·G.赫姆斯：《朝鲜战争中的美国陆军——停战谈判的帐篷和战斗前线》，427～433页，北京，国防大学出版社，1988。

愿军正面第一线交接防务较多，需要熟悉情况，因此也未进行大的作战行动，主要以小部队进行侦察袭扰活动和开展冷枪冷炮狙击活动。据统计，1～2月，志愿军和人民军进行各种作战活动344次，歼敌2.1万余人，其中冷枪冷炮狙击歼敌1.2万余人，占两个月歼敌总数的57%。

随着新接防部队已经熟悉情况，进入3月以后，志愿军在正面战线更加活跃起来。

2月的最后一天，志愿军第67军攻占南朝鲜第6师两个排据守的官垈里西南山阵地。从3月3日至13日，击退南朝鲜军的多次反扑，共歼敌460余人，尔后志愿军主动撤离。3月21日，第46军攻占高浪浦里以北的坪村南山，全歼美军1个排，接着又歼灭反扑之敌近300人。3月23日夜，第23军攻占石岘洞北山（美军称"猪排山"）。同夜，第47军攻占上浦坊东山（美军称"老秃山"），全歼美军第31步兵团附属的哥伦比亚营1个加强连。3月26日夜，第46军指挥的第120师攻占马踏里西山—梅岘里东山（美军称"织女星山"），全歼美军3个排另南朝鲜军1个班。

上浦坊东山、马踏里西山—梅岘里东山、石岘洞北山这3处阵地，是敌我双方多次争夺过的阵地，美军对这3处阵地相当重视。上任不久的美第8集团军司令泰勒亲自到前线督战，美军进行猛烈反扑。经过数日反复争夺，志愿军暂时撤出石岘洞北山和马踏里西山，巩固地占领上浦坊东山和梅岘里东山，并在反复较量中歼敌3000余人。

3～4月，志愿军和人民军共进行各种作战活动428次，歼敌2.99万余人，无论作战次数和歼敌人数均比1～2月有了明显增加，作战次数增加24%，歼敌人数增加28%。

1953年1～4月，志愿军和人民军正面部队，共进行大小战斗770余次，共歼敌5万余人，有力地配合了侧后东西海岸反登陆作战准备的部署调整和工事构筑，同时锻炼了部队。

到1953年4月底，反登陆作战准备全面顺利完成。

这次反登陆作战准备，引起美国当局的高度重视。美国国家情报预测说，"目前布置在北朝鲜的部队大约有19个中国军和5个北朝鲜军团，这些部队中的每个步兵师均配备有炮兵、火箭炮兵和坦克部队。其中大约有30万人被布置在可能发生登陆作战的海岸地区，可以立即投入海岸地区的作战。自1951年以来，共产党已极大地加强了他们的海岸与前线防御，建立了一个组织严密、设施完备、纵深可能达20英里的防御体系。在此背后，可以肯定还有一个相对薄弱的第二防御地带。在横贯朝鲜蜂腰部地区还有第三防御地带。……沿目前的战线至东西海岸，一个大纵深的坚固的防御体系已经形成。在上述地区中，后勤储备状况已得到了极大改善。”

美国中央情报局认为，一旦联合国军按计划在朝鲜发动进攻，“共产党马上作出的反应必定是进行拼命的抵抗。中国军队将展开最大限度的地面防御来抗拒联合国军的进攻，并实施坚决的反击”。中国空军将全力以赴地保卫共产党的领空安全，并会对联合国军的登陆部队发动空中进攻，同时很有可能会在联合国军控制的地域展开大范围的空中作战。“我们相信，共产党人将忍受得住在反击或抵抗联合国军进攻作战中所蒙受的人员与装备损失。同时，我们无法断定，这种损失程度是否会迫使共产党去寻求停战”。

美国参谋长联席会议同意这种看法。如果硬是要进行军事冒险，美国军方认为，即使立即开始进行准备最少也需要一年时间。美国国家安全委员会计划署起草的分析报告认为，如果打起来，则至少需要做打两年即打到1955年的准备。作战费用估计需要追加70亿~77亿美元。如果发生这种情况，那么艾森豪威尔尽快结束朝鲜战争和降低财政赤字这两项在竞选总统时许下的主要诺言就无法实现。

在这种情况下，美国艾森豪威尔政府不得不知难而退，其大规模军事冒险计划只好胎死腹中，转而寻求被其单方面中断的停战谈判。

这次反登陆作战准备，规模之大，时间之长，是抗美援朝战争中空前的。经过这次准备，彻底解决了志愿军和人民军的后顾之忧，从而从根本上掌握了整个战场的主动权。反登陆作战准备，不仅仅是为了解决燃眉之急的一次直接战役准备，而更重要的是为了从根本上掌握整个战场主动的重大战略措施，是抗美援朝战争发展到这时的必然步骤，是抗美援朝战争战略指导不可缺少的重要环节和英明一招，为抗美援朝战争的最后胜利铺平了道路。同时对中国的国防建设也具有重要的意义。

清剿匪特，巩固后方

朝鲜战争期间，“联合国军”为了探明志愿军和朝鲜人民军的情况并配合正面战场的作战行动，经常派遣特务到志愿军和人民军的后方进行活动。特务分子往往装扮成普通百姓、政府官员、尼姑、道人或人民军军人，使人难以识别，携带武器、电台等以飞机空降或从海岛登陆，潜入朝鲜北方，有的与当地匪特取得联系。匪特活动范围无孔不入，任务多种多样，如：侦察志愿军和人民军部队驻地、番号、兵种、装备、动态以及师以上主官的姓名；查明中朝军队后勤机关、仓库的具体位置及后方交通情况；策反地方工作人员和军队中的落后分子；查明被俘的“联合国军”人员数量及集中地域；寻找被击落的美飞行员并设法营救；投毒、埋设炸药；捕捉、暗杀当地重要的军政官员；为飞机指示轰炸目标；破坏交通，袭击军政机关等。

自1952年以来，“联合国军”派往朝鲜北方的武装匪特数量和规模比以往都有所扩大。由过去零散无序状态转为有组织、有计划地布置特务，在朝鲜北方统一划分区域，活动更为猖獗。

为确保后方安全，中朝联合司令部多次组织前线和后方各部队与朝鲜各当地政府、公安机关相配合，打击匪特活动。志愿军二线部队和后方机关，根据志愿军司令部的有关指示，在朝鲜人民的积极配合下，先后几次对驻区附近的武装匪特进行清剿。仅1952年1月至9月中旬，即捕获匪特340余人。

为予“联合国军”武装匪特以更大的打击，1952年9月17日，志愿军司令部和政治部决定，在9月下旬至10月底，除担负有战斗任务的部队外，所有前后方部队协同朝鲜各当地政府展开一次更大规模的清剿活动，由各兵团、志愿军后方勤务司令部负责组织指挥防区内所有各步兵、特种兵，统一行动。这次清剿共歼灭匪特272人，有力地打击了敌特活动。

但在志愿军和人民军反登陆作战准备期间，“联合国军”为刺探志愿军和人民军的情况，以空降和登陆的方法派遣的特务数量和规模都显著增大，活动方式更加多样。特务活动的重点地区在西海岸以及后方交通运输干线的各要点。据不完全统计，从1952年12月至1953年2月，共派遣特务82起近千人，其中30至100人左右的大股有4起。1953年1月13日晚，“联合国军”93人空降于妙香山地区。1月25日晚，在谷山地区空降南朝鲜特务“青龙部队”97人，携有步枪、冲锋枪等，任务是破坏公路、铁路，袭击交通运输和指挥机关。2月7日，美军4个分队共48人空降于咸兴、洪原间地区。9日晚，“联合国军”39人空降于谷山附近地区。

鉴于这种情况，1953年2月17日，中朝联合司令部发出《彻底歼灭敌空降部队的指示》。指示指出，“敌系有计划、有布置地在大举进攻前以部分武装部队对我前线不远的后方实行战役的威力侦察，一方面刺探我军情，获得大进攻时的情报；另一方面可能为试探我前线后方及敌预定空降区我兵力虚实情况，并藉此吸取空降部队的经验，作将来大举空降的准备。因此我所有部队要在防区或驻区内坚决捕灭空降部队,不准其一个存在,其斗争意义是很大的。”要求志愿军后方勤务司令部所属及所指挥的一切武装部队,铁路系统所属的部队,高射炮部队,各工兵部队,各修路部队,独立团、各机关及警卫部队,各二线构工及待机部队,都要动员起来,除执行主要任务外,要加强对空监视哨,如发现敌空降部队,要相互配合,坚决彻底地歼灭。志愿军各部队要主动与朝鲜地方政府取得联系,并互通情报,结合地方除奸工作,展开反敌空降小部队和空降特务的斗争。还建议朝鲜人民军总部转令各地方部队、各内务安全机关、各后方机关部队,发现敌空降部队要积极主动配合附近的人民军、志愿军,进行围剿歼灭。此前,中央军委总政治部保卫部要求志愿军兵团、军、师保卫部门,指定专人负责领导地方肃特工作,以便对特务进行及时有效的侦查搜捕。[①]

2 月 21 日,联司对清剿匪特作出具体部署。决定从 3 月 1 日至 10 日,在不妨碍战备构工和作战的情况下,划分苦干清剿区,组织一次全面性的彻底清剿。联司要求各部要把清剿匪特当做一次重要战斗任务来完成。鉴于朝鲜战场空降伞特的情况日趋严重,中央军委结合国内反美蒋空投特务的经验,于 3 月 8 日要求在北朝鲜境内也实行安置反伞降特务据点的办法。军委建议联司与人民军总部商量,由志愿军和人民军分担,在北朝鲜境内各山头上安置多数据点,专任反伞降特务的斗争,定期总结经验,加强技术战术,灭尽一切伞降特务。

同时,朝鲜党和政府决定在北半部整个地区开展反间谍斗争月,清除间谍和暗害分子。地方自卫队和武装自卫队一方面同敌人的武装间谍和暗害分子展开斗争,另一方面加强军事训练,准备歼灭敌人的伞兵部队。

志愿军各部队按照联司的部署、在清剿区内又划分若干分区,有重点地进行全面清剿。3 月 1 日至 10 日,共捕获匪特 66 名、可疑分子 653 名和枪支、电台等物资,有力地配合了规模空前的反登陆作战准备和其他工作的顺利进行。

---

① 参见《志政转总政保卫部加强肃特工作的指示》,1953 年 2 月 14 日。

第五十五章

停战谈判重新恢复

美国试探恢复停战谈判

1953年1月20日,艾森豪威尔入主白宫,就任美国第34届总统。艾森豪威尔上台后,和他的前任一样摆在他面前的最大难题,就是如何结束朝鲜战争。他当选总统后曾到朝鲜前线视察,但并没有找到结束朝鲜战争的“灵丹妙药”。艾森豪威尔在回忆录中写道:“在朝鲜和越南,严重的问题正折磨着我们的国家。在朝鲜,犹豫不决而又耗费极大的战争仍在拖下去。”①

2月2日,艾森豪威尔发表了他就任总统后的第一篇国情咨文,全面阐述了美国新政府的内外政策。国情咨文中最引人注目的是宣布撤销台湾海峡“中立化”,放蒋出笼,唆使台湾国民党当局对中国大陆东南沿海地区发动登陆进攻,以配合美国在朝鲜的军事冒险。在朝鲜问题上,要采取所谓“新的、积极的外交政策”。

艾森豪威尔在国情咨文中说:“在1950年6月大韩民国遭受侵略攻击以后,美国第7舰队奉命防止台湾遭受进攻,并确使台湾不被用作对中共大陆作战的基地。这实际上就是要美国海军充当共产党中国的防御部队。不管1950年的情况如何,在那道命令下了以后,中共军就侵入朝鲜攻击该地

① [美]德怀特·艾森豪威尔:《白宫岁月(上)》,129页,北京,生活·读书·新知三联书店,1977。

的联合国军队。他们一贯地拒绝联合国军司令部的停战建议。最近他们更与苏联一同拒绝了印度政府在联合国提出的停战建议。这个建议已为美国和其他53个国家所接受。因此，这种要美国海军替中共负起防御责任的情况是毫不合乎逻辑，毫无意义了，因为那样就反而使得那些共产党人能更逍遥自在地在朝鲜杀害我们的士兵和我们联合国盟国的士兵。因此，我正下令不要再使用第7舰队来屏障共产党中国。让我把事说得更明白些。这个命令并不暗示我们有侵略意图。但是我们决没有义务来保护一个在朝鲜对我们作战的国家。"

按照艾森豪威尔的说法，国情咨文一个最引人注目的是他宣布已命令第7舰队"不再用于保护共产党中国"。宣布这个决定的价值仅仅在于"提醒中国共产党人注意，僵持的日子为期不长了，朝鲜战争或者结束，或者扩大到朝鲜以外。因此，我深信这样做有助于战争的结束"。①

就在艾森豪威尔发表国情咨文的当天，美国参谋长联席会议发布命令说："现行紧急指令中关于保证澎湖列岛不被用作中国国民党向中国大陆作战的基地的那部分现在予以撤销。"2月3日，艾森豪威尔又亲自同派兵参加"联合国军"的15国代表策划对中国实行经济封锁。

艾森豪威尔新政府的政策一出台，立即遭到美国国内及其盟国的反对。

英国政府在获悉美国新政府修改对台湾政策的决定后，明确表示不同意因使用蒋介石的武装而导致朝鲜战争的扩大。英国外交大臣艾登2月3日、5日在下院发表演说中指出："女王陛下政府事先得到美国政府的通知，立即表示他们对于这个决定的关切。他们忧虑这个决定将引起不幸的政治上的反响而无足资为补偿的军事上的利益。"朝鲜战争爆发后美国政府宣布"台湾中立化是一个片面的政策行动"，"美国新任政府以一个片面的决定来修改其前任政府所作的一个片面的决定"。并认为对中国实行封锁政策"是一个错误"，不会使朝鲜战争尽快结束，而可能扩大战争，对中国战争潜力不会有很大影响，香港会受到危险。意大利也表示反对美国的政策。其实就在艾森豪威尔同参加"联合国军"15国代表当面协商时，在场的多数国家的代表就表示，对中国进行封锁"将有种种困难"。与此同时，美国民主党参议员也激烈抨击此项政策。

对于美国艾森豪威尔当局的嚣张气焰和战争冒险政策，毛泽东和周恩

① [美]德怀特·艾森豪威尔：《白宫岁月（上）》，147页，北京，生活·读书·新知三联书店，1977。

来在1953年2月4日至7日召开的中国人民政治协商会议第一届全国委员会第四次会议上，给予了有力的回答。

2月4日，周恩来在政治报告中针对美国对中国的禁运政策，明确指出："以美国帝国主义者为首的各国对我国的'封锁''禁运'政策，却并未吓倒我们，因为真正受到经济损害的并不是我们，恰好是那些屈从美国帝国主义者的意志而对我国实行着封锁禁运的国家自己。"对于朝鲜问题，周恩来再次表明中国政府和中国人民的立场，指出：

中国人民爱好和平，但是并不惧怕战争。如果美国新政府还有意于用和平方式结束朝鲜战争，那么，它就应该无条件地恢复板门店的谈判。朝中方面准备按照已经达成协议的朝鲜停战协定草案，立即先行停战，然后再由"和平解决朝鲜问题委员会"去解决战俘全部遣返问题。因为这样，既可迅速满足有关战争各国人民及全世界人民对于立即停止现行战争的热望，又可为和平解决朝鲜问题及远东其他有关问题开辟道路。如果美国新政府仍然执行杜鲁门政府的政策，仍然无意于恢复板门店谈判而继续和扩大朝鲜战争，那么，朝中人民在这方面也将继续斗争下去，并且是有了充分准备的。朝中人民深刻地了解，对于帝国主义者的挑衅，只有进行坚决的斗争，使帝国主义者的每一个战争计划都受到粉碎性的打击，每一个侵略行动都遭到彻底的失败，才能迫使敌人罢手，取得人民所热望的和平。

毛泽东在2月7日政协闭幕会上尖锐地指出：

由于美帝国主义坚持扣留中朝战俘，破坏停战谈判，并且妄图扩大侵朝战争，所以，抗美援朝的斗争必须继续加强。我们是要和平的，但是，只要美帝国主义一天不放弃它那种蛮横无理的要求和扩大侵略的阴谋，中国人民的决心就是只有同朝鲜人民一起，一直战斗下去。这不是因为我们好战，我们愿意立即停战，剩下的问题待将来去解决。但美帝国主义不愿意这样做，那么好罢，就打下去，美帝国主义愿意打多少年，我们也就准备跟它打多少年，一直打到美帝国主义愿意罢手的时候为止，一直打到中朝人民完全胜利的时候为止。①

① 《建国以来毛泽东军事文稿》，中卷，121页，北京，军事科学出版社、中央文献出版社，2010。

在艾森豪威尔当选美国总统后，斯大林曾发出了与美国合作以结束朝鲜战争的建议。1952 年 12 月 21 日，斯大林在回答《纽约时报》记者的提问时说，“不能认为美国和苏联之间的战争是不可避免的，我们两国今后也能够和平相处”。斯大林又说，苏联是希望结束朝鲜战争的，苏联愿意在结束朝战问题上同艾森豪威尔合作，欢迎举行首脑级会谈。①

在朝鲜问题上，美国新政府面临三种不愉快的选择。一是进行一场大规模的军事冒险，以取得军事上的胜利，或者至少达成有利于美国的停战；二是准备无限期地僵持下去，打一场旷日持久的有限战争，以期把美国在战争中的物资消耗减少到最低程度；三是在为战俘谋求政治避难问题上认输，求得停战，尽管这样做会使共产党在宣传上获得巨大胜利。

斯大林的建议，毛泽东、周恩来代表中国政府和人民一再表明的立场和态度，不能不引起美国当局的考虑。战争已打了两年多，停战谈判也已进行一年多，战争仍无一个结果，美国朝野和人民以及战场上的士兵，都已不能忍受，并且与美国以欧洲为重点的全球战略极为矛盾。因而第二种选择是不能接受的。由于中国人民志愿军和朝鲜人民军进行了规模巨大的反登陆作战准备，在整个战场上形成了铜墙铁壁，因此，第一种选择也没有成功的希望，况且一旦大打起来，可能引起世界大战，在这方面美国还未做好准备。那么恢复谈判，尽快结束朝鲜战争就成了美国新政府的惟一选择。因而，不得不在谈判问题上试探转弯。

在 4 个月之前，是美方代表在谈判会上单方面宣布无限期休会，此时美国想恢复谈判，但碍于政治脸面，还不便于直接向朝中方面提出。2 月间，美国获悉将于 2 月 24 日开始的第七届联合国大会下半期会议，可能提出朝鲜战争双方交换伤病战俘问题，如果美国建议或支持这类方案，将会处于政治上的主动。并且，国际红十字会 1952 年 12 月 13 日在日内瓦通过一项决议，主张按日内瓦公约有关精神，在停战前先行交换病伤战俘。克拉克当时就建议支持这项决议。

在这种背景下，美国当局指令克拉克，以联合国军司令官的名义，致函朝鲜人民军最高司令官金日成和中国人民志愿军司令员彭德怀，建议双方派出联络官进行协商，先行遣返病伤战俘。克拉克于 2 月 22 日发出信函，

① 参见《斯大林文集（1934～1952）》下，679 页，北京，人民出版社，1962。

建议“按照日内瓦公约第109条的规定①,立即遣返那些身体适于旅行的重病重伤被俘人员”。4月18日,美国国务卿约翰·杜勒斯,在美国报纸编辑协会发表的演说中,明确道出了克拉克建议的用意,他说:“我们在2月22日为了设法探测朝鲜敌人的心理,曾不声不响地建议交换伤病战俘。”

中朝两国政府建议全面解决战俘问题

联合国军总司令克拉克的建议,是一个重要的信号,说明美国希望再次回到谈判桌上来。

早在3天之前,1953年2月19日,回到北京的乔冠华对谈判的前途进行了研究和分析,认为:

(一)根据最近情况,大体可以肯定:美国在战场上要不出什么花样来。解除台湾中立化,只是自欺欺人的拙劣把戏;封锁搞不起来;两栖登陆困难更大。艾森豪威尔本欲借以吓人,殊不知人未吓倒反吓倒自己。但面孔既已板起,要就此转弯,尚非其时,特别他的亚洲人打亚洲人政策行通与否还要看看。

(二)联大对我拒绝印度提案尚未处理,但鉴于美国解除台湾中立化的行动,激怒了很多中间国家,多少抵消了我拒绝印度提案产生的不利影响。联大复会很可能对此案不了了之,拖到下届再说。

(三)美国搁起板门店转到联合国,本来想借此压我们,联大压不成,战场又无多少办法,本可自回板门店,但鉴于美国在联大尚未死心,在战场亦未完全绝望,因此虽有少数国家不反对再回板门店试试,美国今天是不会愿意的。

(四)如果我正式在板门店通知对方无条件复会,美国态度将是拒绝的居多。具体方式可能是1.置之不理;2.以我既未接受其方案又未提出新方案而拒绝;3.反建议以印度方案为基础复会;4.坚持不得强迫遣返战俘的原则解决战俘问题。以2、3两种可能为大。如果我以金日成、彭德怀致函形式,对方可能认为我性急,有些示弱,反易引起对方幻想。

结论是一动不如一静,让现状拖下去,拖到美国愿意妥协并由它采取行

① 1949年在日内瓦签署的《关于战俘待遇之公约》第109条规定:在战事期间,“经过治疗后适于旅行之重伤与重病之战俘,不论其数目或等级如何,遣返其本国”。

动为止。

上述分析以及应采取的措施得到毛泽东、周恩来的同意。

收到联合国军总司令克拉克的来函后，志愿军谈判代表团的丁国钰，于2月24日12时致电毛泽东、金日成、彭德怀，请示如何复函问题。电报认为："我们觉得来函如予答复，可以重申我方立即实现停战的立场，以配合联大的斗争，重伤病俘的遣返问题，六十三款停战协定中早有规定，如果对方确实关心重伤病俘的福利，执行双方协议，即可以解决，同时并可列举对方屠杀战俘等罪行，痛击对方所谓'一贯严谨遵守日内瓦公约的人道主义规定'的无耻谎言。但另一方面答复来函可能反而助长了对方在这一问题上的宣传。而目前尚不能确定联大中斗争发展，为稳妥起见不如在观看发展后再行决定，是否予以答复，在宣传上对来函暂时不作正面表示，但拟组织稿件侧面予以攻击，以上各点是否有当请予指示。"

毛泽东分析，联合国大会决定2月24日复会，在联大复会前2天，美方发来这样一封信件，是否诚心诚意，尚有待事实证明。鉴于美国对联大尚未死心，对战场亦未完全绝望，如果我们通知对方无条件复会，美国将是拒绝的居多，结论仍然是一动不如一静，让现状拖下去，观察一段时间再说。

此时的战场形势对志愿军和人民军很有利，如果再打几个月，军事形势会更加有利，这样就有可能迫使美国在遣俘问题上有所松动。但3月5日，斯大林患脑溢血突然病逝。中国政府派出了以周恩来为团长的代表团，于7日前往莫斯科，参加斯大林的葬礼。3月11日至21日期间，苏联领导人马林科夫、贝利亚、莫洛托夫、赫鲁晓夫等，多次就朝鲜问题同中国代表团进行了讨论，并征求了朝鲜方面的意见。苏联要解决内部问题，不想朝鲜战争再拖下去了，朝鲜也有这种愿望。因此，确定在遣俘方式上作一让步，尽快实现朝鲜停战。

3月19日，苏联部长会议就此作出决定，并致函毛泽东和金日成。信中指出："苏联政府注意到前一时期朝鲜事件发展全过程，全面研究了当前情况下朝鲜战争的问题。苏联政府由此得出结论，在这个问题上，如果继续执行迄今为止推行的路线，如果不对这一路线做一些符合当前政治特点和出自我们三国人民最深远利益的改变，那是不正确的。苏中朝三国人民关心世界和平的巩固，一直寻找尽可能快地结束朝鲜战争的可行途径。""苏联政府认为，对于国际方面的这些情况应该予以重视，正如至今所重视的那样。但这不意味着，在当今情况下，在朝鲜战争问题上只应机械地执行至今一直推行的路线而不试图表现出一种主动精神，或者说，不利用敌方的主动精神，不按照中国人民和朝鲜人民的根本利益，不按照所有其他爱好和平人民的利益，找到使中国和朝鲜脱离战争的出路。”鉴于以上所述并考虑到最近时期有关朝鲜战争的事实，苏联政府认为急需采取一系列措施：请金日成和彭德怀对克拉克的建议作出答复；周恩来发表声明，表明对交换伤病战俘的积极态度，同时指出积极解决整个战俘问题以保证停止朝鲜战争并缔结停战协定的时机已经到来；金日成发表声明，支持中国政府的声明；紧接着，苏联外交部发表声明，表示支持；苏联代表团在联大也采取必要的行动，以支持和推动以上方针政策的实施。[①]

3月21日12时，志愿军谈判代表团的丁国钰致电毛泽东，报告美方露骨威胁要撤销板门店的联络机构，并在板门店附近加修工事等情况，请示我方对策。3月23日，毛泽东复电丁国钰并告金日成、彭德怀，指出：“对方最近在板门店的行动，带有明显的挑衅和威胁的性质，因此应该提高警惕，设想坏的情况，并作必要准备，但另一方面，对方这些行动的目的则显然是逼我谈有关停战的主题，实质上表示对方着急。艾森豪威尔上台后在亚洲采取一系列措施，企图从杜鲁门造成的束缚中解脱出来，争取主动，其建议交换伤病俘可能是对方有意在板门店转弯的一个试探行动。在分析对方具体行动时，必须注意问题的这两个侧面。”关于克拉克建议先行交换病伤战俘一事，“我方准备同意讨论此事，复文尚须数日才能拟好，暂时不要向外面透露”。[②]

3月26日周恩来返回北京后，向毛泽东汇报了在莫斯科与苏联领导人共同协商关于解决朝鲜停战问题方案的情况，并确定了中国政府应采取的方针和行动。

27日，毛泽东致电金日成，指出：“现拟以金、彭名义复克拉克一信，表示我方完全同意关于在战争期间先行交换双方病伤战俘的建议，以重开谈判之门，然后再由北京、平壤、莫斯科相继发表声明，准备在遣返战俘问题上作一让步，以争取朝鲜停战，但也准备在争取不成的情况下继续打下去。”[③]

3月28日，以朝鲜人民军最高司令官金日成和中国人民志愿军司令员

---

① 参见军事科学院军事图书馆藏，军事科学院军事历史研究部第二研究室编印：《关于朝鲜战争的俄国档案文件》，311页，1996。

② 《建国以来毛泽东军事文稿》，中卷，134页，北京，军事科学出版社、中央文献出版社，2010。

③ 《周恩来年谱（1949～1976）》，上卷，291页，北京，中央文献出版社，1997。

彭德怀的名义，向克拉克发出了由周恩来起草的复函，阐明了对克拉克2月22日来函的态度，指出：

关于优先遣返双方重病重伤战俘问题，双方谈判代表本已根据人道原则达成朝鲜停战协定草案第五十三款的协议。只因朝鲜停战谈判中断，此项协议无法实现，致双方重病重伤战俘至今未能遣返。

现在你方既然表示准备对双方收容下的病伤战俘实施日内瓦公约的规定，我方为表示同一愿望起见，完全同意你方所提出的关于在战争期间先行交换双方病伤战俘的建议。这个建议应按照日内瓦公约第一百零九条的规定处理。同时，我们认为关于在战争期间交换双方病伤战俘的问题的合理解决，应当使之引导到全部战俘问题的顺利解决，使世界人民所渴望的朝鲜停战得以实现。因此，我方建议：双方谈判代表应即恢复在板门店的谈判，我方联络官并准备与你方联络官进行会晤，以商定恢复谈判的日期。

3月30日，周恩来以政务院总理兼外长的名义，就关于朝鲜停战谈判问题发表声明。声明内容如下：

中华人民共和国中央人民政府和朝鲜民主主义人民共和国政府在共同研究了联合国军总司令克拉克将军于一九五三年二月二十二日提出的关于在战争期间先行交换双方病伤战俘的建议之后，一致认为根据一九四九年日内瓦公约第一百零九条的规定，这一问题完全可以得到合理的解决。关于交换病伤战俘问题的合理解决，对于顺利解决全部战俘问题显然具有极重大的意义。因之，我们认为，解决全部战俘问题以保证停止朝鲜战争并缔结停战协定的时机，应当说是已经到来了。

中华人民共和国政府和朝鲜民主主义人民共和国政府一致主张，朝鲜人民军和中国人民志愿军的停战谈判代表应即与联合国军停战谈判代表开始关于在战争期间交换病伤战俘问题的谈判，并进而谋取战俘问题的通盘解决。

过去一年多的朝鲜停战谈判，已经奠定了在朝鲜实现停战的基础。在开城和板门店的谈判中，双方代表除对战俘一项问题外已对所有问题达成协议。首先，对于举世关心的朝鲜停火问题，双方已经同意，“双方司令官命令并保证其控制下的一切武装力量，包括陆、海、空军的一切部队与人员，完全停止在朝鲜的一切敌对行为，此项敌对行为的完全停止自本停战协定签字后十二小时起生效”（朝鲜停战协定草案第十二款）。其次，双方还曾商定各项重要停战条件。在关于确定军事分界线和建立非军事区问题上，双方已经同意，以停战协定生效时双方实际接触线为军事分界线，“双方各由此线后退二公里，以便在敌对军队之间建立一非军事区……作为缓冲区，以防止发生可能导致敌对行为复发的事件”（草案第一款）。在关于监督停战协定的实施及处理违反停战协定事件的问题上，双方已经同意由朝鲜人民军最高司令官与中国人民志愿军司令员所共同指派的五名高级军官和由联合国军总司令所指派的五名高级军官组成军事停战委员会，负责监督停战协定的实施，包括对于战俘遣返委员会的督导，并协商处理任何违反停战协定的事件（草案第十九、二十、二十四、二十五、五十六各款）；双方并同意由朝鲜人民军最高司令官与中国人民志愿军司令员所共同提名的波兰、捷克斯洛伐克指派两位高级军官作代表和由联合国军总司令所提名的瑞典、瑞士指派两位高级军官做代表组成的中立国监察委员会，并在其下配备由上述各国派出的军官为组员组成中立国视察小组，分驻于北朝鲜的新义州、清津、兴南、满浦、新安州和南朝鲜的仁川、大丘、釜山、江陵、群山各口岸，以监督与视察双方对于停止自朝鲜境外进入增援的军事人员和作战飞机、装甲车辆、武器与弹药的条款的实施（条款中准许轮换和替换者除外），并得至非军事区以外据报发生违反停战协定事件的地点进行特别观察与视察，以保证军事停战的稳定（草案第三十六、三十七、四十、四十一、四十二、四十三各款）。此外，双方还商定“双方军事司令官兹向双方有关各国政府建议在停战协定签字并生效后的三个月内，分派代表召开双方高一级的政治会议，协商从朝鲜撤退一切外国军队及和平解决朝鲜问题等问题”（草案第六十款）。

如上所述，在朝鲜停战谈判中，只有一个战俘问题阻碍着朝鲜停战的实现。而且就在战俘问题上，除战俘遣返问题外，双方在停战协定草案中对于有关战俘的安排问题的一切条款亦均已达成协议。如非朝鲜停战谈判中断五个多月之久，则这个战俘遣返问题可能早已找出解决的办法来了。

现在联合国军方面既然建议按照日内瓦公约第一百零九条的规定，解决在战争期间先行交换病伤战俘问题，我们认为，随着病伤战俘问题的合理解决，只要双方都真正具有互相让步以促成朝鲜停战的诚意，全部战俘问题的顺利解决，是完全应当的。

关于战俘问题，中华人民共和国政府和朝鲜民主主义人民共和国政府一向认为、现在仍然认为，只有根据一九四九年日内瓦公约的规定，特别是该公约第一百一十八条的规定，停战后战俘即予释放并遣返，不得迟延，才是合理的解决。但是鉴于双方在这个问题上的分歧是目前达成朝鲜停战的惟一障碍，并且为满足世界人民的和平愿望，中华人民共和国政府和朝鲜民主主义人民共和国政府本着一贯坚持的和平政策，本着一贯努力于迅速实现朝鲜停战，争取和平解决朝鲜问题，以维持和巩固世界和平的立场，准备采取步骤来消除在这个问题上的分歧，以促成朝鲜停战。为此目的，中华人民共和国政府和朝鲜民主主义人民共和国政府提议：谈判双方应保证在停战后立即遣返其所收容的一切坚持遣返的战俘，而将其余的战俘转交中立国，以保证对他们的遣返问题的公正解决。

必须指出，我们这一提议，并非放弃了日内瓦公约第一百一十八条关于停战后战俘即予释放并遣返，不得迟延的原则，也非承认了联合国军方面所说的战俘中有所谓拒绝遣返的人，只由于终止朝鲜流血战争及和平解决朝鲜问题是关系到远东及世界人民的和平与安全问题，所以我们才采取这一新的步骤，准备将在对方恐吓和压迫下心存疑惧、不敢回家的我方被俘人员，提议在停战后转交中立国，并经过有关方面的解释，以保证他们的遣返问题能得到公正解决，而不致因此阻碍朝鲜停战的实现。

我们相信，中华人民共和国政府和朝鲜民主主义人民共和国政府为了结束朝鲜战争所采取的这一新的步骤，完全符合于有自己子弟在朝鲜作战的双方人民的切身利益，也完全符合于全世界人民的根本利益。如果联合国军方面对于谋取和平具有诚意的话，我方这个建议是应该能够被接受的。①

4月3日，周恩来在政务院第173次政务会议上，就这个声明作了说明，指出：停战谈判进行快两年了。美方在谈判中采取拖延政策，凡是对他有利的就谈，不利的就拖。而我们在全部谈判中一贯坚持了和平解决朝鲜问题的方针。因为美方蛮横无理地坚持其“自愿遣返”的原则，所以我们不能与他妥协。当他虚张声势，吓唬人的时候，我们必须坚决地顶回去。我们坚持原则是对的，但是不能老僵着，因此在时间上让了一步，分成两个步骤来实现。我们提出的这个遣俘方案，与美国方案和印度方案不同，我们这个方案是将战俘交中立国。在这种情况下，恢复谈判是定了的，结束战争的可

① 《周恩来军事文选》，第4卷，314～317页，北京，人民出版社，1997。

能性是大大增强了，但打的可能性还存在。我们还是两句话，争取和平，但是也不怕战争。

周恩来的声明，在坚持全部遣返战俘原则的前提下，在遣返方式上表明了灵活性，提出在停战后立即遣返一切坚持直接遣返的战俘，而将其余战俘转交中立国，以保证对他们遣返问题的公正解决。这样就排除了实现朝鲜停战的最后一个障碍，打破了双方在战俘遣返问题上的僵局。

3 月 31 日，金日成发表声明，完全支持周恩来提出的建议。4 月 1 日，苏联外长莫洛托夫发表声明，支持周恩来、金日成的声明。

在第七届联大政治委员会上，苏联代表团团长维辛斯基于 4 月 9 日发表演说，并郑重声明，“苏联支持中华人民共和国和朝鲜民主主义人民共和国在这个问题上的崇高举动。苏联热烈支持关于恢复朝鲜谈判，以达成交换病伤战俘和解决全部战俘问题的协议，并从而解决朝鲜停战和缔结停战协定问题的建议。”①

周恩来的建议，得到了包括英国、法国在内的国际舆论的支持。美国也就此下了台阶。美军战史说，周恩来的声明“展现出自 1952 年 4 月以来解决朝鲜战争最光明的希望”②。

双方交换病伤战俘，停战谈判复会

朝中方面提出交换病伤战俘、恢复停战谈判的建议后，“联合国军”方面很快作出反应。根据华盛顿当局的指示，3 月 31 日，克拉克致函金日成、彭德怀，同意朝中方面的建议，并建议双方派联络官在板门店举行会议，对交换病伤战俘和恢复停战谈判作出安排。4 月 1 日，金日成、彭德怀致函克拉克，同意他的建议，并建议 4 月 6 日举行联络组会议。克拉克 4 月 5 日回函，表示同意。

朝鲜停战谈判自 1952 年 10 月 8 日无限期休会后，志愿军代表团的大多数成员都陆续离开谈判代表团，有的重新分配了工作，有的回到国内。随着停战谈判出现转机，根据周恩来的指示，1953 年 3 月底 4 月初，志愿军代

① 《人民日报》，1953 年 4 月 13 日。

② ［美］沃尔特·G. 赫姆斯：《朝鲜战争中的美国陆军——停战谈判的帐篷和战斗前线》，461 页，北京，国防大学出版社，1988。

表团成员陆续返回开城,进行交换病伤战俘和恢复停战谈判的准备工作。乔冠华也由北京回到开城,李克农待谈判重开时返回,李克农返回前,志愿军谈判代表团的工作由党委副书记杜平主持。

4 月 6 日,朝鲜停战谈判双方联络组会议开始举行。出席会议的朝中方面联络组组长是李相朝将军,美方联络组组长是美国海军少将丹尼尔。经过 5 天的谈判,到 11 日,双方签订了遣返病伤战俘协定,双方在规定期限内交换病伤战俘,联合国军方面每日约遣送 500 人,朝中方面每日约遣送 100 人,并规定在该协定签字后的 10 天内开始病伤战俘的交换活动。

为切实做好病伤战俘的遣返工作,朝中代表团经过认真研究,确定如下方针:要求对方对中朝病伤战俘分批交回,并应按重伤、重病,轻伤、轻病、传染病(急性)分批遣返。遣返前,双方应先交换名册和伤病员简单情况,以便对方做准备。并确定美国的细菌战犯及其嫌疑犯缓交。

对交换病伤战俘,朝中方面做了大量的准备工作。对需要遣返的美方病伤战俘,逐一将病历档案材料整理清楚。为迎接、接待朝中被俘人员,志愿军司令部抽调工兵部队整修了 9 座残存的建筑物,搭建了数百个帐篷;抽调两个兵站医院、1 个医疗队、1 个汽车团到开城执行任务;还抽调西南军区文工团、志愿军政治部文工团、越剧团,朝鲜人民军抽调协奏团等,准备对归来的伤病人员进行慰问。

4 月 20 日,病伤战俘遣返工作(美方称“小交换”、“小开关”)正式开始。在交换过程中,朝中被俘人员以亲身经历揭露了美方假“人道”真迫害的事实,他们以可歌可泣的行动表达了心向祖国的强烈愿望。在板门店接收区,当运载朝中伤病战俘的救护车开过来时,车窗内伸出一面面红旗,伤病人员情不自禁在车内唱起了昂扬的战歌,下车后他们将美方发的呢料军服,赠送的打火机等物品狠狠地扔在美方人员面前。相反,美方归俘穿着志愿军赠送的蓝色制服,满面含笑向朝中方面遣送人员挥手告别。这形成了鲜明的对照,使得美方非常狼狈。

朝中方面至 4 月 26 日遣返完毕,共遣返美方病伤战俘 684 人。美方至 5 月 3 日遣返完毕,共遣返朝中方面病伤被俘人员 6670 人。

在周恩来声明的基础上,双方交换病伤战俘的实施,导致了停战谈判的恢复。

周恩来的声明发表后,美国当局表示欢迎,但也心怀疑窦。美国方面尤其想知道周恩来声明中所指的中立国是谁?中立国在什么地方接管战俘?

是在朝鲜还是在朝鲜以外的地方？谁来决定对未被遣返回国的人员作出最后安排？4月5日，克拉克致函金日成、彭德怀，要求朝中方面提交一个解决整个遣返战俘问题建议的详细说明。

4月9日，以南日名义发出了由周恩来起草的致哈里逊的信，对朝中方面的建议作了说明：一、停战后双方战俘应予全部遣返，使之回家过和平生活的原则是不可动摇的；二、鉴于双方在战俘遣返问题上的分歧，朝中方面的建议对于遣返战俘的步骤、时间和方法，作了明显的让步，主张将战俘的遣返分两个步骤来进行，即停战后立即遣返一切坚持遣返的战俘，将其余的战俘转交中立国，以保证他们的遣返问题公正解决；三、朝中方面的让步绝不是放弃了战俘全部遣返的原则，坚持拘留方应保证不得对所收容的所有的战俘采用任何强制手段来阻挠他们回家以实行强迫扣留。同时应保证将未直接遣返的战俘释放出来转交中立国，使他们的遣返问题得到公正解决；四、主张将一部分因遭受恐吓和压迫而心存疑惧、不敢回家的朝中方面被俘人员转交中立国，经过解释使他们逐步解除疑惧，从而在遣返问题上得到公正解决；五、至于建议的具体实施办法，只能在双方代表的谈判会议上去讨论商定。

哈里逊4月16日致函南日，提出联合国军关于解决战俘问题的3点建议：一、中立国为诸如瑞士这样传统上被认为适合于这类事项的一个国家；二、为求切实可行未被直接遣返的战俘释交中立国在朝鲜收容；三、在诸如60天的合理时间内，中立国给予有关各方以机会来确定在其收容下的人员对于他们的地位和态度，在此期间后中立国将作出安排以和平处理仍在其收容下的人员。

4月18日，第七届联合国大会休会。会议根据巴西的提案通过决议，“希望病伤战俘的交换迅速完成，并希望在板门店的进一步的谈判导致在朝鲜早日实现停战，以符合联合国的原则和宗旨”。“深信在朝鲜的公正光荣的停战将大有助于缓和目前的国际紧张局势。”待联合国军司令部将停战协定的签订通知安理会时，或是当朝鲜问题有其他发展而大多数会员国要求讨论这个问题时，即重新召开本届大会。

朝鲜停战谈判双方商定，于4月25日（后推迟至4月26日）恢复双方代表团大会。

为适应这一形势的需要，周恩来主持研究制定了《关于解决全部战俘问题的具体实施方案》。这个《实施方案》包括第一、第二两个方案。4月23日，毛泽东致电金日成，征求他对实施方案的意见。当天，金日成复电毛泽东:“对来电所示形势、估计及方案步骤,我们完全表示同意。”①

4 月 24 日凌晨,毛泽东将经金日成同意的具体实施方案电告乔冠华,并围绕 3 个问题提出两个方案,“希望邀集朝中双方负责同志加以研究”。3 个问题是:“一、未被直接遣返的其余战俘交给中立国,是送到中立国去,还是由中立国在朝鲜接收和看管。二、这批战俘在中立国管理下的时间上有无限制。三、这批战俘经过有关方面解释后,仍未解决的如何安排。”对这 3 个问题的第一方案是:将不直接遣返的战俘,送到几个亚洲的中立国去(如印度、缅甸、印尼、巴基斯坦),有关中立国当局即指定地区加以收容和看管,在规定的时间内(譬如半年或者三个月),朝中方面派人前往解释,使战俘由于心怀疑惧而不敢回家的顾虑得以解除,然后由有关中立国当局负责将其遣返,使之各回祖国。在规定期满后如尚有在中立国看管下的战俘,其处理办法应由停战协定草案中规定的政治会议协商解决。第二方案与第一方案的主要区别在于:将不直接遣返的战俘转移到经双方协议的南朝鲜一个岛上,交给停战协定草案中规定的 4 个中立国委员会接收和看管(对方可能要求印度做公断人,如仅限于遣返问题可同意)。其余与第一方案完全相同。毛泽东在电报中对两个方案进行了分析比较,认为第二方案较第一方案简便易行,且易为中立国所接受。第二方案与 4 月 16 日哈里逊所提的办法相比,在交由中立国在朝鲜看管、规定时间和进行解释三点上,双方意见大体相同。在中立国数量和派武装看管上对方会同意我方提议,只有战俘最后安排上对方可能不愿交政治会议协商解决,存在着惟一而难决的危险,但因有印度提案在前美国也难反对到底。毛泽东指示:为了在谈判桌上有进退余地,在谈判恢复后,先提出第一方案,估计对方接受这个方案的可能性较小,在弄清对方全部意图后,可准备以第二方案与之妥协。②

当天深夜,毛泽东再次致电乔冠华,电告两个方案的执行步骤,望代表团研究执行。电报要求:谈判开始后我方即以书面形式一次提出第一方案,以便取得谈判的主动和国际舆论的同情。如对方坚持不肯将战俘送到中立国去,而要求中立国到朝鲜接收和看管,在弄清对方全部意图之后,可以第二方案与之妥协。电报对可能出现的争议问题确定了如下具体原则:关于不直接遣返的战俘,还是留在拘留地由中立国接收和看管好;负责接收和看

① 《周恩来年谱(1949～1976)》,上卷,295 页,北京,中央文献出版社,1997。

② 参见毛泽东给乔冠华并告金日成、彭德怀的电报,1953 年 4 月 24 日 2 时。

管战俘的中立国决不能是瑞士，而是按停战协定规定的4个中立国家加上印度组成的中立国遣返委员会；关于解释期限，争论到最后可让步为3个月；关于经过解释后尚有在中立国看管下的战俘，如对方要求交联合国处理，则坚决反对到底；如对方坚决反对将尚在中立国看管的战俘交政治会议协商解决，可改为将这批战俘由中立国遣返委员会解除他们的战俘身份，负责转送至一个或几个中立国家去等。①

4月25日，李克农动身离开北京前往开城，直接领导谈判斗争。

4月26日，由美方单方面中断了6个月零18天的朝鲜停战谈判重新复会。

此时，双方谈判代表均有变动：朝中方面除南日仍为首席代表、李相朝为代表未变外，丁国钰将军代替边章五将军、柴成文将军代替解方将军为志愿军代表，张春山将军代替徐辉将军为人民军代表；"联合国军"方面除哈里逊为首席代表、丹尼尔为代表未变外，美空军准将格莱恩、陆军准将奥斯保恩分别代替美空军准将摩里斯与陆军准将麦康纳尔，南朝鲜少将崔德新代替准将李翰林为"联合国军"代表。

双方代表重新走进设在板门店的帐篷，进行解决全部战俘问题的谈判。

在会上，朝中首席代表南日提出了解决全部战俘问题的6条方案(即朝中方面确定的第一方案)。该方案主张在停战生效后两个月内，应将一切坚持遣返的战俘分批遣返，不得阻挠，送交给战俘所属一方；直接遣返的战俘遣返完成之后的一个月内，将不直接遣返的其余战俘送到一个由双方协商决定的中立国家去，由该中立国当局指定地点加以接收和看管；在6个月的期限内由战俘所属国家派人前往中立国对战俘进行解释，消除他们的顾虑，通知他们有遣返的权力；经解释后，凡是要求遣返的一切战俘应由中立国协助遣返；6个月期满后仍在中立国看管下的战俘，其处理办法应交由停战协定所规定的政治会议协商解决；战俘在中立国家的一切费用，应由战俘所属国家负担。

正如朝中方面所预料的那样，联合国军首席代表哈里逊在会上，认为朝中方面的方案不能接受，仍坚持其4月16日信中所提的3点意见。反对将战俘送出朝鲜境外，主张将战俘送至非军事区内由中立国接管。认为6个月的解释期太长，主张缩短至两个月。建议瑞士为临时收管非直接遣返战俘的中立国。关于战俘的最后处理，主张在解释期满后交由政治会议处理，

① 参见毛泽东给乔冠华并告金日成、彭德怀的电报，1953年4月24日24时。

30天后仍未遣返的战俘应予释放或交由联合国大会处理。

双方的主要分歧点是：一、对不直接遣返战俘的看管地点，朝中方面要求将不直接遣返的战俘送往中立国家，以摆脱拘留方的军事控制和影响，而美方反对将战俘送往中立国，主张在朝鲜交由中立国接收和看管；二、对不直接遣返战俘的解释时间，朝中方面主张解释时间为6个月，美方主张2个月；三、中立国问题，美方坚持瑞士为中立国的理想选择，朝中方面对此尚未提出具体建议。

美国在选择中立国问题上是煞费苦心的。美国国务院和参谋长联席会议指示克拉克准备两种选择：如朝中方面提名印度，则联合国军方面可提名印度与瑞士（或瑞典）；如朝中方面提名印尼，联合国军可提名印尼与瑞士，在谈判时与朝中方面讨价还价。

经过十余天的谈判，在全面解决战俘问题上仍无进展。但朝中方面已弄清了美方的全部意图，遂按原定步骤，于5月7日提出8条新建议（即第二方案）。这一方案采纳了美方建议中合理的部分，建议成立中立国遣返委员会，由波兰、捷克斯洛伐克、瑞士、瑞典、印度组成。双方不直接遣返的战俘，应在原拘留地点从拘留一方的军事控制和收容下释放出来，交由中立国遣返委员会接收和看管。中立国遣返委员会在接管以后，应立即进行遣返战俘的安排。新方案坚持战俘所属国有权向战俘解释，并将解释期限从6个月缩短为4个月。经过解释后，凡是要求遣返的战俘，中立国遣返委员会应负责协助他们迅速返回祖国。解释期满后仍在中立国遣返委员会看管下的战俘，应交政治会议协商解决。

在此前一天，周恩来根据毛泽东的指示，接见印度驻华使馆参赞高伯登，将朝中方面的第二方案交其转达印度政府，并指出：我方提出新方案后，仍保留4月26日的方案。如果美方对我方新方案态度恶劣，我方仍然回到老方案上。

朝中方面的新方案，受到国际舆论的普遍赞扬。印度总理尼赫鲁于5月15日发表声明，主张以朝中建议作为朝鲜停战谈判的基础，并赞成召开大国最高会议讨论和平问题。缅甸政府也发表声明赞成以朝中建议作为朝鲜停战谈判的基础。

美国总统艾森豪威尔及其一些政治军事顾问们，也认为朝中方面的这一方案表现了让步精神，为谈出一个可接受的停战协定提供了基础。克拉克也承认"共产党在八点计划中最重要的让步是同意俘虏留在韩国，而不须运到一个中立国去。……共产党的五国委员会的提议不单是一个中立国的建议，而是一项打开协定可能性的新鲜观念”①。但美方却节外生枝，于5月13日突然提出26条反建议，要求在停战后将不直接遣返的全部朝鲜人民军被俘人员“就地释放”。中国人民志愿军被俘人员交给中立国遣返委员会后，60天解释期满后“就地释放”，同时遣返委员会停止工作予以解散，并对中立国遣返委员会临时看管和协助遣返战俘的工作，以及战俘所属国向不直接遣返的战俘进行的解释工作，提出了种种无理的限制。据美军战史说，这是克拉克为了迁就李承晚的“强烈情感”和立场而提出的建议，并经华盛顿当局同意后，由谈判代表团提出的。②

美方这一方案，是继续强迫扣留战俘。较哈里逊4月16日的3点建议是个倒退。朝中方面对美方这一毫无诚意、强迫扣留战俘和出尔反尔的倒退行为，进行了严厉谴责，表示坚决不能接受，并建议双方通过朝中方面公平合理的方案，以便进行具体细节的讨论。

美方鉴于这一方案引起朝中方面的强烈反对，并且志愿军在正面战线的作战又活跃起来（开始了夏季战役第一阶段的进攻），为了进一步研讨对策，哈里逊遂于5月16日建议，停战谈判休会至5月20日（后又提出延至25日）。朝中方面表示同意。由于美方立场的倒退，破坏了全部解决战俘问题的谈判基础，致使谈判再次出现僵局。

---

① ［美］马克·克拉克：《从多瑙河到鸭绿江》，233～234页，台北，台湾黎明文化出版公司，1956。

② 参见［美］沃尔特·G.赫姆斯：《朝鲜战争中的美国陆军——停战谈判的帐篷和战斗前线》，474页，北京，国防大学出版社，1988。

第五十六章

为促进停战实现，志愿军举行 1953 年夏季反击战役

（参见附图 21，序列表 17）

夏季反击战役的提出

1953 年 4 月 26 日，中断了 6 个半月之久的停战谈判重新复会，朝鲜战争停下来的可能性比过去增大，但拖的可能性仍然存在。

艾森豪威尔政府玩弄两手政策，一面继续谈判，一面继续扩充南朝鲜军，做长期战争的准备。在如何结束朝鲜战争的问题上，美国并没有彻底放弃军事冒险的计划。就在准备恢复停战谈判期间，美国参谋长联席会议、国家安全委员会还在讨论和制订在朝鲜采取军事行动的方案，其中包括把战争扩大到中国境内、使用原子武器等。

3 月 2 日，美国参谋长联席会议主席布莱德雷发表关于美国在朝鲜的策略演说，对美国在朝鲜采取军事行动提出 4 种途径：第一种是撤回军队并退出朝鲜；第二种是在朝鲜继续保持现有压力，使联合国军的伤亡保持在最低限度，使朝中方面遭受最大的伤亡；第三种较第二种范围为大，在朝鲜继续保持现有压力，在军事上有利可图时，采取一些军事步骤，迫使共产党中国最后退出战争；第四种是不惜冒引起与共产党中国全面战争的危险，同时采取一种或几种军事步骤，如轰炸鸭绿江彼岸的空军基地、封锁中国的旅顺

港、使用原子弹等，以求在朝鲜决一胜负。他排除了第一种途径，对第四种途径担心会把美国大部分的军事力量牵制在亚洲大陆，且最后会发展为第三次世界大战。4月2日，美国国家安全委员会提出了题为《美国在朝鲜的行动方针》的报告，探讨在使用原子弹和不使用原子弹的不同条件下，美国“体面”结束朝战的不同策略。报告提出在不使用原子弹的情况下可以奉行的两种战略：第一种战略是维持目前的军事行动，将战争局限在朝鲜境内；第二种战略是将战争扩大到中国。报告还仔细权衡了使用原子弹在政治、军事上的利弊得失。

虽然美国对解决朝鲜问题的军事战略和计划没有形成最后决定，但不难看出美国对以军事手段解决朝鲜问题仍存有幻想，甚至不惜冒险扩大战争。此外，美国朝野仍有一些人公开反对妥协，竭力鼓吹发动进攻，“取得军事上的胜利”。

美国在寻求结束朝鲜战争途径的同时，采取了一些遏制中国的长远战略措施。如：加强对日和约，重新武装日本；改善同台湾国民党的关系，加强对台军事援助；增加对法国政府在印度支那殖民战争的军事和经济援助，以扑灭民族独立解放战争；联合英、法等盟国，加紧对中国实行经济封锁等。用杜勒斯的话说：总之，“从日本、朝鲜、台湾到印度支那与马来西亚——面对同一敌人、为了同一目的而努力，并加强自由组成部分彼此之间的合作”，以对付共产党人。①

南朝鲜李承晚集团更是极力反对在没有取得完全统一的情况下的任何停战，叫嚷要向鸭绿江进行一次全面的军事进攻，“在必要时单独作战”。4月9日，李承晚在写给艾森豪威尔的信中说：“如果达成一项容许中国人留在朝鲜的和平协议，则南朝鲜将认为他有理由要求，除了那些愿意参加把敌人驱逐到鸭绿江以北的国家外，所有盟国都要离开这个国家。”“如果美国武装部队要留下，那么他们就得跟随前沿阵地的战士，支持他们，并用飞机、远程大炮和在朝鲜半岛两边的舰炮来掩护他们。”②

这些情况表明，停战谈判恢复后，美国仍可能在战俘遣返、停战监督等问题上节外生枝，并以军事压力相配合。另一方面，美国从其全球战略考

① ［美］约翰·杜勒斯：《在美国报纸编辑会议的演说》，《参考消息》，1953年4月18日。

② ［美］德怀特·艾森豪威尔：《白宫岁月（上）》，213页，北京，生活·读书·新知三联书店，1977。

虑,为了完成某些战略措施,也可能需要一些时间。因此,战争拖下去的可能依然存在。即使停下来,在一段时间内也将会保持一种紧张局势。

因此,停战谈判恢复以后,志愿军和人民军只有以有力的作战相配合,才有可能使谈判顺利进行。

此时,朝鲜战场的形势对中朝军队更加有利。"联合国军"在正面战场上,已是只有招架之功,而无还手之力了。志愿军同人民军基本完成了反登陆作战准备,解除了后顾之忧,在战略上更趋主动。可攻可守,正面部队可以放胆作战。此外,自1952年9月以来,志愿军入朝的第1、第16、第21、第23、第24、第46、第54军和第33师,多数尚未得到朝鲜实战的锻炼,一旦停战,便失去了这个机会。

随着朝中方面对克拉克来函的回复及恢复谈判建议的提出,3月31日,志愿军第9兵团司令员王建安致电邓华、杨得志并报中央军委、彭德怀,建议在5月上旬发动一次战役反击。电报指出:

根据二、三月份正面作战情况,特别是在"丁字山"、"老秃山"、"织女星山"等战斗后,已使敌人内部相当恐慌,目前敌人守备兵力分散,一个排一个连以至一个营阵地守备为最多。建议如果敌人在四月份内不在正面发动进攻和在东西海岸登陆作战时,我正面各军应在五月上旬发动一次反击战。在有充分组织准备和周密的计划部署的条件下,我一个军攻歼敌人一个营的阵地是有条件有把握的。我正面各军一齐动手发动一次战役反击,就能给敌人更沉重的歼灭性的打击,造成敌内部更大的恐慌。如果敌人在四月份发动向东西海岸登陆时,我正面各军应该发动战术性出击,每一个军选一到两点进行反击也是有条件的。只要全线在统一部署、统一号令下于统一时间一齐动手,就可以造成敌人的错觉,使我更易于取得反击的胜利。只要弹药充足,新兵补齐,发动一次全线的战役反击或战术反击是完全可以的。

当时志愿军代司令员兼代政治委员邓华在西海指主持反登陆的准备工作。副司令员杨得志接到电报后,于4月1日,立即给王建安复电,同时将王建安的建议上报中央军委并转邓华。电报如下:

建安同志并报军委、彭总转邓:

三月三十一日电悉。建议发功一次战役反击甚好。如敌五月十日前不向我进攻时，我同意经军委批准后发动一次反击作战。惟我们认为最近二十三军、四十六军、四十七军在“丁字山”、“老秃山”、“织女星山”等战斗，是经过较长时间周密组织与充分准备的，因而战斗较为顺利，达成预期目的，且均为敌一个连以下兵力，而对敌一个营阵地的反击，根据过去的经验要更为慎重，歼敌一个营的战例尚不多。关于反击时间，因新兵目前东北只集结四万七千人，西南十万新兵要在六月底才能开抵东北完毕，且均未经过一定训练。为保证战斗发起有持续的兵员补充，至早应在五月下旬，而现在战备工作尚未全部完成，各军四月份仍须以战备为中心任务，目前不得牵扯部队这方面的精力。反击的准备则依前电①在五月上旬进行。请充分准备意见与材料，届时志司准备专门召集会议研究。以上是否有当，请军委指示。

中央军委收到王建安、杨得志的电报后，由彭德怀拟稿毛泽东审定后，于4月3日23时，复电杨得志、王建文，指出：

根据目前情况，在我确有充分准备下，举行小规模的歼灭战，每次歼灭敌一两个排至一两个连，例如丁字山、老秃山、织女星山一类的作战，使我九兵团及其他兵团取得新的战斗经验及促进停战谈判均有利。如确有把握，发动时间亦可提早，请杨根据实际情况决定之。至于一次同时在全线打毁十个据点之敌的战役性的作战则以待至五月中旬或下旬为宜。

4月20日，朝鲜停战谈判双方开始交换病伤战俘。同一天，志愿军代司令员兼代政治委员邓华，致电杨得志、崔庸健②、解方、李志民并报军委，对谈判恢复后战场形势的可能发展作了分析后，提出“我们必须遵照主席指示的方针：‘争取停，准备拖，而军队方面则应做拖的打算，只管打，不管谈，不要松劲，一切仍按原计划进行。’所以，我们仍应加强各种准备，不能

① 1953年3月25日，志愿军司令部在关于当前战备工作指示中指出，“四月份仍继续集中精力进行积极防御的准备工作”，目前“正面全线暂不向敌举行大点进攻”，“正面各军在五月上旬可作些进攻敌人的准备”。3月28日，中央军委同意志愿军司令部的指示。

② 1953年2月5日，金日成决定调朴一禹回平壤工作，由崔庸健参加中朝联合司令部的工作。

麻痹松懈，要继续完成东西海岸防御工事，要能随时粉碎敌人的任何登陆与进攻。同时，我们必须采取‘针锋相对的方针’，以积极行动来配合谈判，也只有胜利才能推进谈判……如果敌人拖延讹诈，而五月又不登陆的情况下，我们就应该举行像去秋那样战役性的反击，给敌人以更严重的打击。并可锻炼部队，吸取经验，还可部分的改善阵地”。经过反登陆战役准备，“我们有力量、有经验来举行夏季反击”战役，“现东西海防的准备已基本完成，正面可放手作战”。

邓华在电报中提出了以打促谈的具体设想方案，包括如下主要内容：1.“正面各军除以一部继续完成加强工事外，应即着手进行反击的各项准备工作，主要是选定攻击目标……查明敌人阵地内的工事情况，研究打法和部署。”2.“目标的选择以地形对我攻歼有利为原则，但应尽量的把打击重点放在美国及其外国仆从军的头上。”3.根据敌人工事已加强和我新接防部队反击经验不多的情况，此次反击“口仍不宜张大，力求全歼、速歼，一口吃不了可分几口，采取积小胜、多胜为大胜的方针。战役初期仍以歼敌一两个排到一两个连为宜，尔后发展争取全歼敌人一个营的范例”。对攻占敌有坑道之阵地，做到“攻必取、守必固”；对敌无坑道的阵地，则采取有利则守，不利给予敌一定杀伤后放弃，保持主动的办法。4.“在兵力部署上，为保持反击的持续力与准备打敌之报复进攻，必须加强正面各军的二梯队。”反击时，可组织二线部队主要指挥员到前面参观，吸取经验。轮换的高级指挥员，“入朝的在五月上旬到达部队正面，回国的最好主持反击，到结束之后才走”。5.“反击时间预定六月初开始到七月下旬结束，一切准备工作须于五月底完成，尔后视情况动作。为了能更好地协同动作，使敌难于应付，采取统一与分散相结合的办法。整个战役划分为两个或三个阶段，大致打十天休息准备五天，再打十天又休息准备五天。战役开始全线统一动作，二三阶段开始，全线或由各兵团统一动作，视情况而定。”战役发起后，各部队应根据实际情况，“抓紧战机，采取多梯队的轮番攻击、连续反击、打敌反扑的办法来消灭敌人，要迅速组织战斗……一个紧接一个的打击敌人，要使敌人喘不过气来”。6.“只要我们准备好了，如果敌人拖延讹诈，我们便可给它一个严重打击，使其知难而止……如果可能停下，我们也应采取不同的方法争取这个打敌取经的机会。”各部队应按照以上方针布置。邓华强调“胜利的关键在于充分的准备工作”。以上请军委指示，并请杨得志、崔庸健、解方、李志民修正补充，发各兵团领导研究，提出具体意见，尔后召开会议决定。

毛泽东收到邓华的建议电报后，于4月23日，批转彭德怀，指出："此件似可批准，使他们好作攻击准备。至于停战得早，或不要打以利谈判，可则于五月间适当时机再行决定。"①

4月30日晨，彭德怀与杨得志通电话，指示志愿军5月份的作战方针：应"增加战术性的出击次数，在有利情况下相机扩大战果，一次消灭敌一至两个连，使新到部队轮番取得经验和促进谈判。战役性的出击照邓华最近电准备。如五月谈判无结果时，六月按计划举行"②。

5月初，按毛泽东4月18日签署的高级指挥员轮换的命令③，国内的高级指挥员开始陆续到达前线。

夏季反击战役的方针和部署

中共志愿军委员会按照预定计划，于4月30日至5月4日召开了会议。会议由志愿军代司令员兼代政治委员邓华主持。参加会议的有志愿军副司令员杨得志、参谋长解方、政治部主任李志民，西海岸指挥部副司令员梁兴初、副政治委员杜平、参谋长王政柱，第3兵团新任司令员许世友（轮换王近山）、副司令员王近山、副政治委员杜义德，第9兵团司令员兼政治委员王建安、参谋长胡炳云，第19兵团新任司令员黄永胜（轮换韩先楚）、副司令员兼参谋长曾思玉、副政治委员陈先瑞，第20兵团代司令员郑维山、政治委员张南生、参谋长萧文玖，炮兵指挥所司令员高存信，工兵指挥所司令员谭善和，前方运输司令部司令员刘居英等。会议根据4月20日邓华的电报，研究制定了战役指导方针和具体部署。会后，以邓华、杨得志、解方、李志民的名义，于5月5日，向各兵团、东西海岸指挥部、第47军下达了战役补充指示，同时电告中央军委。除对战役开始时间，待各部准备好后，另有统一命令外，为便于军以上各级首长进行战役准备，特明确以下主要问题，要求各级切实研究贯彻。

一、战役的目的和方针。"此次战役的目的主要是消灭敌人，锻炼部

---

① 《建国以来毛泽东军事文稿》，中卷，137页，北京，军事科学出版社、中央文献出版社，2010。

② 彭德怀给毛泽东的信，1953年4月30日。

③ 见本卷第五十一章"高级指挥机关和高级指挥员的轮换"。

队,吸取经验,以配合板门店的谈判,同时适当注意改善现有阵地。"战役指导的基本精神是"稳扎狠打"。"狠打",是在侧后已做好了准备,正面可以应付敌军任何进攻的情况下,正面反击可以放手作战,狠狠地打击敌人,打击的重点是美军和其他侵朝军队。"稳扎"一是仍掌握持久作战,不能急于求成,不能轻敌急躁草率,必须有周密细致的准备,必须确有把握然后攻击;二是在反击开始后,要准备敌人在全线进行两至三个"上甘岭"规模那样的报复,军师两级必须掌握一定的预备力量和机动炮火,反击目标以不超过一个营,最好两个连为宜,战况发展有利时可适当扩大,一定做到"不打则已,打则必歼,攻则必克,守则必固"。

二、对攻击目标的选择和对不同目标的不同作战方式。攻击目标的守敌以不少于两个排、不超过一个营为限,再大则不易一口吃掉,再小则浪费了准备。攻击目标要既利于我隐蔽接敌,又便于兵力展开和发挥炮火威力。冲锋出发地距攻击目标不超过200米,并挖好防炮洞,其数目要能容纳第一梯队人数1/3以上。对不同目标采取不同的作战方式:第一种目标是,敌军阵地有坚固工事,有坑道,地形有利的,我攻克后要坚决固守,与敌争夺到底,直到敌无力再攻或不敢再来攻为止;第二种目标是,敌阵地工事坚固,但无好的坑道或地形不十分有利,攻克后,要立即改造工事,利用第二、第三梯队与敌进行拉锯式的反复争夺,直打到敌人不再来攻为止;第三种目标是,敌工事不强,地形不利,又非要点,则采取"咬一口"的方式,攻克后即撤离,然后,另选其他目标攻击,以分散敌人火力,配合重点目标作战。对第一、第二种目标,每军各选择一个,第三种目标,每军根据情况自定。如敌反扑规模较大,其兵力达到一个师时,则每军只保留一个重点目标进行攻击,敌反扑兵力达两个师时,则每个兵团只保留一个重点目标进行攻击,如敌反扑规模再大时,则全线只保留两个重点目标进行攻击。

三、兵力的调整。第一线除第65军因在板门店附近,且地形不利不参加攻击,第1军第一步攻击任务不多,不再增加兵力外,其余从西至东第46、第23、第24、第67、第60军各从第二线部队中增加1个师;第19、第9、第20兵团各掌握1个师作为兵团预备队;志愿军总部掌握2个军为总预备队。第一线各兵团除原已配属坦克和炮兵不变外,为第一线各兵团共加强野炮和榴弹炮兵8个营、火箭炮兵4个团、反坦克炮兵1个团、高射炮兵1个师又2个团、工兵6个营;志愿军总部掌握榴弹炮兵1个团又3个营、火箭炮兵1个团作为机动。

四、各军在战役开始之前,仍积极进行小型攻点作战,吸取经验,创造条件，并掩护战役企图。各部选择目标后，由兵团统一报志愿军总部审核。各兵团首长及司令部切实掌握战役准备，这是战役胜利的关键。

这个补充指示还对战术问题、炮弹的使用及保密问题作了规定。

此时，战场上敌我双方兵力达到了朝鲜战争中的最高峰。志愿军和人民军总兵力已达180万人，其中志愿军地面部队有20个军。连同各特种兵和后勤部队等，兵力为135万人；人民军有6个军团，连同其他部队，兵力为45万人。“联合国军”总兵力为120万人，地面部队有24个师。其中，南朝鲜军已大量增加，达到16个步兵师，连同其海、空军共有64万人，地面部队除没有坦克外装备已接近美军水平。

5月初，“联合国军”在正面第一线展开16个师，预备队6个师，其部署从西至东依次为：美第1军指挥的美陆战第1师（并指挥土耳其旅）、英联邦第1师、南朝鲜第1师、美第7师，展开于汶山以西至铁原西北一线。美第25师位于东豆川地区为预备队；美第9军指挥的南朝鲜第2师、美第3师、南朝鲜第9师和首都师，展开于铁原西北至金城以西一线，美第2师位于抱川地区为预备队；南朝鲜第2军团指挥第6、第8、第5师展开于金城以南至北汉江以东边岩洞一线，南朝鲜第3师位于华川地区为预备队；美第10军指挥的南朝鲜第20师、美第45师、南朝鲜第12师展开于边岩洞至沙泉里一线，美第40师和南朝鲜第7师位于杨口南北地区为预备队；南朝鲜第1军团指挥的第11、第15师展开于沙泉里至东海岸的高城以南一线，南朝鲜第21师位于杆城地区为预备队。

志愿军和人民军在正面第一线共展开7个军和2个军团，从西至东依次为：志愿军第19兵团指挥的第65、第46、第1军展开于礼成江口至朔宁以东阳地村一线，另第63、第64军为二梯队；第9兵团指挥的第23、第24军展开于石岘洞以北至注字洞一线；第20兵团指挥的第67、第60军展开于牙沈里至北汉江以东文登里一线，另第68军为第二梯队。人民军第3、第7军团展开于文登里至东海岸高城以南一线。

志愿军夏季反击战役兵力部署的基本原则是，参加进攻作战的每个军保持有4个师，具体部署是：

第19兵团方向，第65军因靠近板门店谈判会址，且反击目标地形不利，决定该军不参加反击作战；第1军接替第47军新上阵地不久，第一步不担负主要攻击任务，暂时保持3个师作战不变，视将来情况发展再调整；第46军为该兵团作战的重点军，该军原配属第38军在西海岸担负反登陆作战准备的第137师归建，加上指挥的第40军第120师，已有4个师。打击主要对象为英联邦师;第63军或第64军以1个师东调为兵团预备队,视情况支援第46军作战。除原配属该兵团指挥的炮兵第8师外,另调炮兵第2师2个榴炮营,战防炮第406团,火箭炮第208团,高炮第64师第604团,另调2个工兵营配属该兵团方向作战。

第9兵团方向,以第24军为主,重点打击美第3师,第68军第204师支援该军作战;第47军第139师支援第23军作战;第47军第140师位于谷山地区为第9兵团预备队。除原配属兵团指挥的炮兵外,另由第38军抽调1个榴炮营,2个76.2毫米野炮营,火箭炮第205团,六管火箭炮第210团,高炮第61师,炮兵第2师1个营,另2个工兵营配属该兵团作战。

第20兵团方向,第60军在北汉江以东至边岩洞之间地区,第67军在北汉江西岸、座首洞南山、科湖里地区,打击重点为南朝鲜第5、第8师。以配属第12军的第33师前调归第60军指挥,支援该军北汉江以东地区作战;第68军第203师支援第67军作战;第68军第202师为该兵团预备队。除原配属炮兵外,由第50军抽1个榴炮营,1个野榴混合炮营,火箭炮第207团,高炮第63师第607团,另2个工兵营参加该兵团方向作战。

志愿军司令部以第47军1个师、第16、第54军、炮兵第1师、炮兵第2师2个团、火箭炮第21师2个团为总预备队,分别集结于谷山、成川、顺川等地区,视情况使用。

根据志愿军党委会的精神和志愿军司令部的部署,志愿军第一线各兵团均召开党委会,具体研究制定了详细的作战计划。第一线参加反击战役的6个军(第46、第1、第23、第24、第67、第60军),采取上下结合的方法认真选定了攻击目标,共计选定目标56个。按敌军守备兵力区分,其中营的目标7个,连的目标17个,排的目标32个。各参战部队求战心切,士气高昂,尤其是第60军决心在夏季反击战役中打个“翻身仗”。各参战部队对选定的攻歼目标反复进行了侦察和抵近观察,查明了敌人的兵力、火力配备和阵地工事的具体情况,正确地制订了作战方案,并依据作战方案反复进行了沙盘作业和战斗演习。为保持战斗发起的突然性,减少在接敌运动中的伤亡,各部队还普遍在攻击目标前约200~400米秘密构筑了屯兵洞,或在便于隐蔽的地形上选择了潜伏区。各部队充分发扬军事民主,号召大家“提困难,想办法”,从指挥员到战士做到心中有数。至5月上旬,各参战部队除了对重点目标的攻击准备工作尚未全部完成以外,对较小目标的攻击准备工作基本完成。

夏季反击战役第一阶段作战

第20兵团根据志愿军关于夏季战役的部署，于5月9日召开作战会议，决定第67、第60军密切配合，以打击南朝鲜第5、第8师为重点，战役分为两个阶段。第一阶段，攻击连以下目标，于5月10至15日开始，以第67军反击科湖里东南高地为重点，反击成功后应坚决固守。第二阶段分两个步骤：第一步攻击营以下目标，5月20日左右开始，以第67、第60军反击栗洞南山、“方形山”为重点，反击成功后坚决固守打敌反扑，并要求20日前完成反击准备；第二步攻击营以上目标，以第67、第60军反击座首洞南山及883.7高地为重点，反击成功后坚决固守，5月底前完成反击准备。要求各军在战役中连续不间断地打些小仗，采取“抓一把”及“连续抓几把”的办法来消灭敌人，以配合主要方向的作战。5月11日10时30分，第20兵团代司令员郑维山、政治委员张南生、参谋长萧文玖等，根据兵团准备情况，决定第67军于13日晚反击科湖里南山之敌，第60军同时配合作战，反击300棱线628.6高地北山脊之敌。将此作为命令下达给第60、第67军并电告志愿军总部。

鉴于上述情况，为了紧密配合谈判斗争，5月11日13时20分，邓华、杨得志、解方致电各兵团、正面各军、东西海岸指挥部、志愿军后方勤务司令部并报中央军委，指出：

（一）根据目前板门店谈判尚有一些问题未解决，六月份以前停战签字的可能性不大，同时各部队对进攻重点目标的各种准备工作尚未完成，故决定战役开始时间仍为六月一日，各作战部队一切准备工作，务于五月卅日前完成，六月一日开始，按照批准之作战计划同时发起向预定目标进攻。

（二）在反击战役未全线开始之前，各部队对较小目标的攻击应根据你们的准备工作，凡已准备好了的经各兵团审查批准并报志司后即可开始攻击，不必等待统一时间，但战况的发展应随时报兵团并志司。

停战谈判恢复后，朝中方面为了促进朝鲜停战早日实现，在谈判中作了建设性努力，5月7日提出了解决战俘问题的新方案，即将不直接遣返的战俘交由中立国遣返委员会在朝鲜境内看管。世界公正舆论称这一方案为

“在朝鲜实现停战方面具有决定性的重要意义的方案”。但美方不但不接受这一方案，而且于5月13日提出了将一切不直接遣返的朝鲜籍战俘“就地释放”的反建议，企图强行扣留朝鲜人民军被俘人员。美方这一无理主张，遭到了世界公正舆论包括美国人民在内的强烈谴责，英国、加拿大、澳大利亚等国政府也对美国表示不满。

在这种情况下，志愿军第67军按照第20兵团的计划，于5月13日晚开始，对科湖里南山阵地发起攻击，从此夏季反击战役开始。

科湖里南山，是南朝鲜第8师前沿的一个主要阵地，是其座首洞南山的右翼屏障，整个高地有南北走向的“孤山梁”和“江湾高地”，面积约1.9平方公里，阵地上有4条坑道和5个掩蔽部，全长约150米，有明暗地堡和火力点，并以交通沟相连接，工事较为坚固，由1个连另1个搜索排防守。

第67军决定以第201师2个连另1个排攻取该阵地。战斗发起前，第20兵团代司令员郑维山、第67军军长邱蔚等首长，亲临担任主攻的连队检查作战准备，鼓励部队坚决攻下阵地，打响夏季反击战役第一炮。

5月13日晚，第67军2个连另1个排，在120余门82毫米迫击炮以上火炮的支援下，向科湖里南山发起进攻。首先进行火力急袭，发射炮弹5400多发，有效地压制了南朝鲜军炮火，破坏工事达30%～40%，为步兵冲击开辟了道路。步兵发起冲锋后，经25分钟激战，占领了全部表面阵地，随后展开了激烈的坑道战。战士们先将坑道一头的坑道口炸毁，尔后从另一坑道口或扒开通气孔钻进去，4人一组，交替前进，用绑着手电筒的冲锋枪射击。同时，展开政治攻势。经过6个小时的战斗，全歼南朝鲜第8师防守阵地的1个连又1个排，全部占领阵地。此次战斗，共毙俘敌260余人。

为巩固阵地，打敌反扑，第201师迅速调整部署。14日至17日，南朝鲜第8师先后以1个排至2个营的兵力，在20余架飞机和大量炮火支援下，实施反扑27次，企图夺回已失阵地。志愿军部队以阵地出击、反冲击和坑道战，在炮兵支援下，英勇顽强地抗击敌人的反扑，歼敌1300余人，最后巩固地占领了科湖里南山。15日，志愿军司令部通报表扬“六十七军步兵第二〇一师反击科湖里南山战斗打得好”。

为配合第201师方向的作战，第199师于13日至15日以两个连的兵力，连续两次反击直木洞南山之敌，全歼南朝鲜首都师2个连共293人。

与此同时，第60军也先后以4个连又3个排和21个班的兵力，在炮兵火力的支援下，向南朝鲜第5师、第20师前沿连以下兵力防守的7个阵地发动了攻击。

5月15日晚开始，志愿军第9兵团指挥的第23、第24军分别对洪元里北高地、597.9高地东南山、537.7东北高地等连以下兵力防守的3个目标发起进攻。

5月16日，中央军委对志愿军5月5日的电报作了批复，同意对夏季战役各项积极准备措施，同时指出："目前停战谈判仍在拖延，何时能停尚难判定，因此，我们在朝的作战方针仍然是坚持过去所提出的'长期的稳扎稳打'的方针。"鉴于苏制炮弹补充较难，虽已向苏联提出了5、6月份的进口数目，至今未见答复，6、7、8月能进口多少，尚无把握，加之敌人装备、工事均有加强，对我危害加大。"因此，我必须准备粉碎敌较去年十月规模更大的反扑，各种弹药均须作长期打算。为避免反击时开口太大，持续时间拖长，弹药发生困难，陷于被动起见，最好是将战役反击分为三个步骤进行，即每一个步骤大体上以一个兵团范围为单位，于当面之敌中选数点反击之，时间可在七天至十天，然后看情况再动。敌不进行大的反扑，我即由另一兵团在另一地段上反击，敌若进行大的反扑，我则乘敌反扑机会，集中优势兵力，大量歼灭、消耗敌兵力。这样打法使我们更加主动些，更可持久些"。①

同日，志愿军总部鉴于板门店谈判正在进行，并且战役第一阶段的小打业已开始，为赢得世界舆论，决定将原拟6月1日统一开始的战役，改为不统一开始，第20兵团和第9兵团已准备好攻击的各点，可继续打下去，第20兵团第一步计划打到24日。第19兵团要待25日方完成准备，故5月25日以后再将作战重点转向西线。

根据中央军委和志愿军首长的上述指示精神，志愿军第20兵团和第9兵团，继续按准备和计划对敌军连以下兵力防守的目标实施攻击。

16日晚，第60军以第179师1个连，在82毫米迫击炮以上火炮44门的支援下，攻击南朝鲜第20师1个加强连防守的1089.6东南山脊。经1个小时战斗，攻占阵地，全歼守敌，共歼敌180余人，后击退南朝鲜第20师的多次反扑，巩固地占领了这一阵地。

至5月25日，第一阶段进攻作战结束。经过13天的激烈战斗，志愿军先后对"联合国军"20个目标（其中连的5个，排的12个，班的3个）攻击29次。其中第60军对883.7西北及东北高地、1089.6东山脊等7个目标进攻了14次，歼敌1730余人；第67军对科湖里东南高地及直木洞南高地等4个目标进攻了6次，歼敌1790余人；第24军对537.7东北高地等6个

① 中央军委给邓华、杨得志的电报，1953年5月16日。

目标进攻了6次，歼敌540余人；第23军对洪元里北高地等3个目标进攻了3次，歼敌60余人。

志愿军在这一阶段的进攻作战中，由于战前准备比较充分，战斗发起的突然，部队动作迅猛，又多从敌侧翼或后方薄弱部位攻击，加之步兵、炮兵协同密切，炮兵支援的力度比1952年秋季加大，攻击1个连的目标，一般使用步兵1个连，而支援炮兵则达10～15个连。火炮40～60门，致使攻击的20个目标，除对1个排的阵地攻击未成功外，其余19个目标均按预定计划攻克了阵地，歼灭了防守之敌。有12个目标攻克阵地后即主动撤出，有5个目标攻克阵地并连续打敌反扑后主动放弃，科湖里南山和1089.6高地东山脊两个目标，经反复争夺后巩固占领。志愿军共毙伤俘敌4100余人，自身伤亡1608人，敌人与志愿军伤亡对比为2.6∶1。与此同时，朝鲜人民军第3军团攻歼了大房谷（杆城西）东南棱线敌1个排的目标，并打退敌反扑3次，歼敌130余人。

志愿军和人民军的作战，对谈判的进行起了重要的促进作用。

关于战俘问题的谈判取得进展和南朝鲜当局的态度

5月13日，美方在解决全部战俘问题的谈判中，提出将不直接遣返的朝鲜人民军战俘“就地释放”，中国人民志愿军不直接遣返的战俘交给中立国遣返委员会后，60天解释期满也“就地释放”的反建议，遭到朝中方面的强烈反对。与此同时，志愿军在正面战线开始了夏季战役的第一阶段作战。

志愿军开始的夏季反击战役，虽然动作不大，但对美方也是有影响的。美军战史说，“共军则坚持他们过去常常施加的那种压力，即发动地面攻击。5月上半月很平静，此后敌人发动了一连串从连到团规模的有限目标进攻……他们似乎主要是打算集中攻占前线一带的制高点，以改变他们在战场上和板门店谈判帐篷中的形势。”①

鉴于这种情况，美方为了研究对策，于5月16日建议休会至20日，后又延至25日。5月17日，哈里逊即从汶山飞往东京，与克拉克进行研究，并等待华盛顿当局的指示。

① ［美］沃尔特·G.赫姆斯：《朝鲜战争中的美国陆军——停战谈判的帐篷和战斗前线》，519页，北京，国防大学出版社，1988。

5月17日零时30分，李克农致电毛泽东、金日成、彭德怀。认为对方休会的企图在于准备放弃就地释放战俘的方案，以换取朝中方面放弃将不直接遣返战俘由政治会议最后解决的方案。对方可能也知道这种交易不一定能做成，但可以卸掉一个政治包袱，多少缓和一下他们内部矛盾。李克农建议在休会期间，以代表团发言人谈话的形式发表声明，驳斥对方强迫扣留战俘的立场，戳穿美国国务院的欺骗，向世人说明谈判的症结所在。

当天，毛泽东即复电李克农并告金日成、彭德怀，指出：因对方所提方案不得人心，正在想转，对方提出休会3天，"我们应抓紧会外宣传斗争，以配合国际形势来打击敌人的无理立场"。对此，北京已作了布置。"目前正准备一个发言稿，其中心内容是指出双方基本分歧：对方是破坏谈判基础，强迫扣留战俘并瘫痪中立国；我方则是既不许强迫扣留，亦不主张强迫遣返，并尊重和信任中立国。"①

据此精神，《人民日报》于5月16日发表题为《任何强迫扣留战俘的方案都是不能接受的》社论，从17日至23日，新华社和《人民日报》连续发出报道和署名文章，对美方方案和美国的企图进行了驳斥和揭露。朝鲜《劳动新闻》、《民主朝鲜》、《朝鲜人民军》等各报也发表社论斥责美方的反建议。与此同时，包括美国在内的世界舆论，纷纷要求美方放弃反建议，而接受朝中方面5月7日的方案。

5月23日，以朝中首席代表南日的名义发表声明，阐述了朝中方面全面解决战俘问题的立场和观点。指出，双方对立的方案所包含的基本方针存在着严重分歧。朝中方案的基本方针是："在停战后，将全部不直接遣返的其余战俘转交中立国，以保证对他们的遣返问题的公正解决。"而联合国军方案的基本方针是："在停战后，将联合国军所拘留的不直接遣返的其余战俘分裂为二，其中朝鲜人民军被俘人员将在联合国军控制地区就地释放而不转交中立国，这就是直接的强行扣留；中国人民志愿军的被俘人员则交给一个受着种种限制而被瘫痪了的中立国委员会，经过六十天拖延之后，仍然在联合国军的控制区内就地释放，这就是变相的强迫扣留。"分歧的关键"就在于交战双方是否愿意将全部不直接遣返的其余战俘真正转交中立国，并尊重和信任他们对战俘的遣返问题求得公正解决，而不受交战双方的任何干涉和压迫"。声明指出："朝中方面为了消除在战俘遣返问题上的障碍，曾经作了明显的让步和重大的努力，先后提出了两个建设性的方案，其

① 《周恩来年谱(1949~1976)》，上卷，301页，北京，中央文献出版社，1997。

方针就是主张将全部不直接遣返的其余战俘转交中立国,不管送到中立国去,或是中立国委员会到朝鲜来,都须使他们真正具有执行其合法职务和责任以控制在其管辖下的战俘的权力,以确实'保证全体战俘在停战后都有机会行使其被遣返的权利'。""但是让步必须来自双方,协议方可达成。联合国军方面在其二十六条方案中不仅没有表现出让步,而且还从其四月二十六日的三点建议的立场上倒退了。"美方"只要放弃……各种无理主张,而真正同意将全部不直接遣返的朝中其余战俘交给中立国委员会去接管,使他们的遣返问题得到公正解决。那么,朝鲜停战便可立即实现。这就是朝中方面所提的方案可以达成光荣协议的基础"。①

志愿军在战场上的作战,朝中方面的揭露和驳斥,以及国际舆论的敦促。促使美国当局不得不作出妥协。

美国国务卿杜勒斯在访问印度期间,于5月21日与印度总理尼赫鲁讨论了朝鲜停战问题。在此期间,美国政府还多次和英国政府交换了朝鲜停战的意见。

5月23日,华盛顿当局通过参谋长联席会议给克拉克下达训令,主要内容是:同意印度担任中立国遣返委员会主席并提供看守部队。放弃停战后立即释放不直接遣返的朝鲜籍战俘的建议,同意将这些战俘同中国战俘一样全部移交给中立国遣返委员会。按印度方案进行协商,坚持自愿遣返原则,保证在解释时不得对战俘进行威胁。需由中立国遣返委员会决定的问题,接受朝中方面提出的少数服从多数的原则。对不直接遣返战俘的解释时限以90天为限。90天解释期满后的其余战俘提交30天时限的政治会议协商解决,120天看管期满后尚未处理的战俘,或释放为平民,或由联合国大会决定其命运。艾森豪威尔要求由美方代表在25日板门店谈判复会时提出上述方案。实际上美国当局的这一决定,基本上接受了朝中方面5月7日的方案。

其实,美方关于停战谈判的一切决定,都是由美国当局单独作出的,只是在决定作出之后才同李承晚当局"会商",迫使其接受美国的决定。在谈判代表团中美方代表和南朝鲜代表之间是互相戒备的,因南朝鲜当局反对停战,美国担心有关谈判的一些决定过早泄露给南朝鲜,会遭到他们的干扰,因此尽量对他们保密,直至即将在谈判中宣布之前,才告诉他们。南朝鲜则担心美国为了早日停战会出卖所谓"韩国利益",而想方设法企图早些

---

① 《人民日报》,1953年5月24日。

时候得知美国有关谈判的一些决定。据参加谈判的南朝鲜军代表崔德新说，哈里逊17日飞往东京时，他也找借口一同去了东京，以探得有关情况，并始终与哈里逊等保持联系。然而，直至24日，美方代表返回汶山，崔德新竟对美国关于谈判的新决定一无所得。美国的新决定将于25日11时的板门店谈判会上宣布，而直到25日10时，克拉克才同美驻南朝鲜大使布里格斯将美国的新决定告诉李承晚。为了安抚李承晚，求得他的配合，克拉克转交了艾森豪威尔给李承晚的私人信件，同时转达了美国政府向南朝鲜的如下保证：

一、如果共方破坏停战协定，那么在韩国作战的16国将保证团结对敌，那时16国所采取的报复将不仅限于韩国国土之内。

二、将南朝鲜军队扩充到20个师，并援建相应的海军和空军。

三、美国政府保证最少提供10亿美元的经济援助。

四、直到朝鲜真正实现和平，保持在朝鲜和沿海的战备态势。

对于美国的决策酝酿过程，李承晚一直蒙在鼓里。当克拉克将美国的最后方案通知他时，李承晚就像遭到了"惊雷轰顶"一样。他说："我非常失望。你们政府常常改变它的立场，你们对大韩民国政府的意见全不理会。""我们必须坚持的一件事情，是从我们国土撤退'中共'军队，不做到这一点，没有和平解决的可能。你们的威胁不能影响我。我们要生活，我们要生存，我们将决定自己的命运。对不起，在此种情况下，我不能向艾森豪威尔总统保证我的合作。"①

会见后，李承晚紧急通知南朝鲜参加板门店停战谈判的代表崔德新，不再出席谈判会议。此后，直至朝鲜停战实现，南朝鲜代表再未出席谈判会议。

美方没有理会李承晚的行为，按预定计划于5月25日，在谈判会议上宣布了新方案，放弃了5月13日方案的立场，除对战俘的最后处理（即120天看管期满后尚未协商处理的战俘，或释放为平民身份同时解散中立国遣返委员会，或将其最后处理交由联合国大会决定）外，在主要方面均采纳了朝中方面5月7日方案的建议。南朝鲜代表不参加会议，则由一名泰国将军顶替。

朝中方面为仔细研究美方方案作出全面评论，建议休会至5月29日。美方建议休会至6月1日，以便充分考虑。

---

① ［美］马克·克拉克：《从多瑙河到鸭绿江》，239页，台北，台湾黎明文化出版公司，1956。

夏季反击战役第二阶段作战

5 月 25 日,美方撤回了无理要求扣留朝鲜人民军被俘人员的方案,基本上接受朝中方面 5 月 7 日所提方案,停战谈判有了较大的进展,可望很快达成全部协议。然而,南朝鲜李承晚集团阻挠、破坏停战谈判的活动加剧。李承晚及其政府官员公开申明:不能接受联合国军的新方案;韩国坚决反对不规定国土统一的任何国际协定。① 叫嚣"反对任何妥协",要"进军鸭绿江","单独打下去",仍要强迫扣留朝鲜人民军被俘人员,并指使其谈判代表退出谈判,还在汉城、釜山等地导演了反对停战的所谓"群众游行"。

根据这种形势,6 月 1 日,邓华、杨得志、解方、李志民致电各兵团、东西海岸指挥部、有关各军、志愿军后方勤务司令部等并报中央军委,指出:"根据目前的形势和板门店的谈判,为使此次战役打得更策略一些,和使我新入朝的部队迅速开赴一线得到锻炼",决定调整作战部署和调整作战打击的重点对象。确定"目前反击作战打击对象主要是李伪军,应坚决打击,求得大量歼灭其有生力量,对英国等仆从军队暂不攻击,对美军亦不作大的攻击(只打一个连以下的)。但原定之作战准备仍应进行,以便必要时再打,不管任何敌人,凡是向我们进攻,就应该坚决地彻底粉碎之,请各兵团、各军根据原作战计划适当修正并报志司审核"。命令第 16 军即开第一线,归第 9 兵团指挥,于 6 月 10 日前,以两个师接替第 23、第 24 军平康接合部各 1 个师的防务,参加第一线作战。同时解除第 139 师、第 204 师支援第 23、第 24 军的任务归建。第 54 军前调淮阳以南地区,于 6 月 20 日前集结完毕,归第 20 兵团指挥,准备接替第 67 军防务。第 21 军集结谷山地区,为志愿军预备队。第 47 军调到西海岸担任防御,待第 54 军集结完毕后第 68 军也调到西海岸担任防御。从此,东线第 20 兵团方向便成为夏季反击战役作战的主要方向。

在此之前,第 20 兵团指挥的第 60、第 67 军按照预定计划,于 5 月 27 日、第 19 兵团指挥的第 46 军于 28 日,已开始了第二阶段进攻作战。作战规模扩大到敌军营级兵力防守的阵地。

① 参见韩国国防部编:《朝鲜战争》,第 5 卷,673～674 页,牡丹江,黑龙江朝鲜民族出版社,1988。

5月27日晚，第67军第201师以4个连的兵力，在200余门火炮支援下，向南朝鲜第8师3个连据守的栗洞南山及其比邻的690.1高地东北、西北两山腿发起进攻。经过激战，歼敌1个连另8个排。从28日至6月4日，先后打退南朝鲜第8师1个排至5个连的反扑41次，共歼敌1700余人，并巩固占领了栗洞南山和690.1东北山腿。

同日晚，第60军第180师以4个连兵力，向南朝鲜第5师2个步兵连及配属分队共450余人防守的"方形山"阵地发起进攻。"方形山"位于949.2高地以北，是949.2高地向北伸出的一条山脊上最北端的一个无名高地，距949.2高地约2公里，志愿军称之为"方形山"。它像屏风一样掩护着南朝鲜第5师主阵地949.2高地。

志愿军第180师为缩短接敌距离，保持体力，减少伤亡，战前构筑了一条长125米前进坑道，通向"方形山"，并在敌前沿构筑了3条临时屯兵坑道。为达成战斗发起的突然性，侧翼进攻部队3个连提前一天进入870高地及949.2高地西沟松林内潜伏，正面进攻部队进入前进坑道。攻击开始时，突然以82毫米迫击炮以上火炮108门猛烈射击，摧毁"方形山"阵地表面工事达60%。步兵分队分9路同时对敌9个点发起攻击，将南朝鲜第5师防守部队分割成数点，使其首尾不能相顾，经21分钟战斗，即全部占领阵地，全歼南朝鲜第5师防守的2个连及配属分队。5月28日至6月4日，志愿军第180师击退南朝鲜第5师先后以2个团以上兵力在飞机、坦克支援下的58次反扑。巩固了阵地，共歼敌2400余人。南朝鲜第5师第36团遇到歼灭性打击，撤至949.2高地以南休整，由其第35团接替防务。

5月28日，第19兵团指挥的第46军，以第120师2个连、第133师4个排的兵力，在82毫米迫击炮以上火炮170余门的支援下，同时向长湍以北马踏里西山—梅岘里东南山土耳其旅1个连另2个排和坪村南山英联邦师1个连发起进攻。仅经过10分钟战斗，即将上述几处守敌全歼，尔后又击退敌人23次反扑，巩固了马踏里西山—梅岘里东南山阵地。第46军此次战斗共歼敌1320余人。这场战斗非常激烈。美军战史在评论这场战斗时说："为了顶住中共军的顽强攻势，共发射了117000多发炮弹和进行了67次近距离空中支援，以支援联合国军地面部队。敌人发射了65000多发火炮和迫击炮弹，这是敌人在朝鲜战争中发射炮弹最多的一次。"①

---

①　[美]沃尔特·G.赫姆斯：《朝鲜战争中的美国陆军——停战谈判的帐篷和战斗前线》，523页，北京，国防大学出版社，1988。

志愿军总部于6月1日发出指示后,各兵团、各军对作战计划作了适当调整。第20兵团于6月4日召开作战会议,参加会议的有即将离任的兵团代司令员郑维山、政治委员张南生和到任的兵团司令员杨勇、政治委员王平,兵团参谋长萧文玖、副参谋长赵冠英,以及归兵团指挥的各军军长和第3兵团司令员许世友、副政治委员杜义德等。会议研究了部署调整,制订了下一步的作战方案。决定继续扩大作战规模,攻占敌军团级兵力防守的阵地,以第60、第67两个军互相配合,集中力量进一步打击金城以东北汉江两侧的南朝鲜第8、第5两个师,分别攻击其各1个团的阵地,并准备粉碎"联合国军"从纵深机动2个师以上兵力的反扑。为避免两个军同时作战与敌形成僵持,根据地形条件,会议决定第60军首先在北汉江东岸发起进攻,尔后视战况的发展,第67军再发起攻击。第60军于6月10日对883.7高地及其以东以南诸高地发起进攻,尔后适时攻取949.2及其以西高地。第67军于6月15日前完成反击座首洞南山的准备工作,在第60军对883.7高地发起进攻的同时,应对当面前沿阵地进行反击以牵制分散敌人的兵力火力。为保证该兵团扩大作战规模的需要,志愿军司令部先后抽调近3个炮兵团支援作战。

根据第20兵团的部署,第60、第67军在原有准备的基础上,进一步做了准备。第60军决心以第181师、179师夺取北汉江东侧883.7高地、973高地、902.8高地等南朝鲜第5师第27团主阵地,歼灭守敌并坚决固守阵地。具体部署:第542团主攻973高地、第543团主攻883.7高地、第535团主攻902.8高地。"方形山"战斗后,南朝鲜第5师以为志愿军要乘势进攻949.2高地,而加强了对949.2高地的防守。但志愿军并没有进攻949.2高地,而是利用其错觉,进攻883.7高地、973高地及902.8高地。

北汉江以东883.7高地、973高地、902.8高地等是南朝鲜军防御的突出部,山势崇峻,地形复杂,不便通行。南朝鲜军阵地高于志愿军阵地,可以居高临下,可实施严密的炮火封锁。志愿军若以通常的手段接近敌人,必然拖长接敌时间,增大部队伤亡,难以保持突击力量,也容易失掉战机。为了缩短攻击距离,减少伤亡,保持发起进攻的突然性。9日晚,第60军将13个步兵连、4个机炮连、4个营部、1个团指挥所共3000余人,秘密运动至距敌前沿300米的有利地形和森林内隐蔽潜伏。这么大量的部队在敌人眼皮底下潜伏,是相当困难的,他们进行了非常严密细致的组织实施工作。战士们为了避免锹镐、水壶碰响,便缝了布套。潜伏时不能抽烟,大家都把卷烟纸和烟丝上交。进入潜伏区时,后面的人踏着前面人的脚步前进。上坡先把活动的石头搬掉，再回过头轻轻地拉第二个人，下坡一个挨着一个地坐在地上，慢慢往下溜。衣服挂破了，脸手刺出了血，都忍耐着。在敌前潜伏下来更是难熬，嗓子多痒也不能咳嗽，困倦了轮番休息，遇到打鼾和说梦话的都赶忙推醒。特别是当敌人炮火打到潜伏区，身体被炸着的时候，战士们自觉遵守铁的纪律，顾全大局，忍受剧烈的疼痛，甚至直到流尽最后一滴血。在潜伏过程中，出现了15名邱少云式的英雄战士。就这样，3000余人的庞大队伍在敌人的眼皮底下潜伏了19个小时而未被敌人发觉，创造了战争史上的奇迹。

这是志愿军在进入阵地战以来，首次进攻敌军1个团的阵地。志愿军从上到下均很重视，进行周密的部署和严密的组织，特别是步炮协同和潜伏部队的实施，而潜伏的成功与否直接关系到战斗能否胜利。第60军在龙门山组成临时指挥所。第20兵团在靠近军指挥所的一条坑道开设了前进指挥所。6月10日第60军发起进攻时，第20兵团原任代司令员郑维山、政治委员张南生和新任司令员杨勇、政治委员王平，副参谋长赵冠英，均亲临前线指挥作战。志愿军司令部亦派作战科长等到第60军帮助指导。

6月10日晚，第60军集中82毫米迫击炮以上火炮259门向敌人阵地实施了20分钟的火力急袭，将敌人70%的工事摧毁。接着，在敌阵地前潜伏的部队如离弦之箭，步兵分13个箭头同时向预定目标发起进攻，很快突破了敌人的前沿阵地。在向纵深挺进的过程中，遇到了敌人的炮火拦阻和步兵的顽强抵抗，但进攻部队勇猛穿插，奋力攻击，势不可当。经1小时零10分钟的激战，担任主攻任务的第一梯队3个团即全歼了883.7高地、973高地、902.8高地一线守敌，占领南朝鲜第5师第27团主阵地约10平方公里地区，首创志愿军进入阵地战以来一次进攻作战歼敌1个团大部的范例。

6月12日，中朝联合司令部即发电祝贺并嘉奖第60军。电称："此次战斗是我从敌一个团正面同时突破，并占领了敌团的主阵地，仅经一小时又十分钟战斗，即歼敌一个团大部的先例。这说明了只要我们战前真正做到充分周密的准备和细致的组织，步炮协同得好，并把指挥的技巧与部队的英勇顽强相结合，同时冲锋突破敌一个团的防御阵地，是完全可以的。该军这一战斗，首创我军防御作战反击以来一次歼敌一个团大部的范例，特予通报表扬。望再接再厉，继续稳扎狠打，争取更大胜利。"

从6月11日起，南朝鲜军纠集第5师和预备队第3师各一部共3个团，在大量炮兵和航空兵的支援下，连续进行猛烈反扑。这时，志愿军第20兵团首长抽调兵团预备队第68军两个师加强第60军的力量。至14日，第

60军共击退南朝鲜军反扑190余次,巩固地占领了既得阵地。

第60军攻占"方形山"、883.7高地、973高地后,使949.2高地之敌失去了右翼屏障和前沿支撑点,陷于孤立和背水作战的状态。按照预定计划,14日晚第60军乘敌无力继续反扑之际,以第180师3个团和配属该军指挥的第68军第203师1个团,在82毫米迫击炮以上火炮408门支援下,分别向949.2高地、628.6高地发起进攻。为配合第180师正面作战,第181师以2个连的兵力插入水洞里、三幕谷敌之侧后,第179师以4个连的兵力攻击902.8高地以南之敌。第180师、第179师攻占预定目标后,继续向南扩大战果。经过1小时20分钟的战斗,占领了南朝鲜第5师第27团、第35团全部和南朝鲜第3师第22团2个营的阵地。其中仅第180师即歼敌1400余人,缴获敌各种火炮50余门,汽车60辆,坦克3辆。

为配合949.2高地的进攻作战,第60军指挥的第33师于14日晚以3个连的兵力,在82毫米迫击炮以上火炮123门的支援下,向据守在1089.6高地之南朝鲜第20师1个营的主阵地发起攻击。当夜除1个连攻占敌阵地外,其余均受阻。15日晚,第33师复以3个连又4个排,并加强2个火箭炮连,组织第二次攻击。经过1个多小时的激战,全部占领1089.6高地及其东西山脊,歼敌2个连全部和1个火器连大部。第33师占领阵地后,从15日至18日连续打退敌人多次反扑,主峰曾一度被敌占领,但最终被夺回。美第10军畏惧志愿军向东卷击,威胁其文登里南北公路,急调预备队南朝鲜第7师增援南朝鲜第20师。

到15日8时,第60军全部占领了南朝鲜第5师和第3师共两个多团防守的西起加罗峙沿北汉江北岸经三幕谷、水洞里,东到广石洞以北的全部阵地,约30平方公里地区。在第二阶段进攻作战中,第60军共毙伤俘敌14800余人。

继第60军之后,第67军于6月12日夜以第200师2个团、第201师1个团,在82毫米迫击炮以上火炮308门、坦克8辆的支援下,向南朝鲜第8师第21团据守的金城以东北汉江西侧座首洞南山(十字架山)发起进攻。该地工事坚固,每个支撑点都有坑道2~3条,地面有2~3道环形堑壕和与坑道连接的发射点、掩蔽部、地堡等,在山腰山顶之间构成3~4层明暗火力点,形成环形防御。南朝鲜军称之为"模范阵地"、"京畿堡垒",不断组织军官到此参观。第67军为保证战斗发起的突然性,参战各团在敌前沿前秘密构筑了屯兵洞700余个,炮兵和坦克发射阵地100余个。在进攻开始前一天夜间,将9个步兵连秘密开进潜伏区和屯兵洞内。战斗发起后,进行了

28分钟的炮火准备，然后，迅速发起冲击，激战1小时30分钟，全部占领了表面阵地，并立即转入肃清坑道残敌的战斗，战至13日5时全歼守敌2个营又1个连另1个营大部。接着，又连续打退了敌人1个连至2个营兵力的50余次反扑。14日乘胜扩大战果，占领了龙虎洞以北，松室里北山，狐岘公路以东南朝鲜第8师第21团全部阵地，向敌纵深推进了4公里。第67军在第二阶段反击作战中共毙伤俘敌13500余人，缴获坦克8辆，击落击伤敌机21架。座首洞南山战斗，是志愿军继883.7高地战斗之后，又一次突破敌1个团主阵地，一次全歼敌1个团大部的胜利战斗。6月14日，中朝联合司令部通报表扬“六十七军反击座首洞南山战斗打得好”。

在志愿军第20兵团向北汉江两侧之敌发起进攻的前后，中线第9兵团指挥的第23，第24军，于6月10日至15日，共对当面敌军营以下兵力防守的12个阵地进行了攻击。其中，第23军攻击南朝鲜第2师防守的4个阵地，第24军攻击美第3师防守的3个阵地和南朝鲜第9师防守的5个阵地。除第23军有1个阵地攻击未成功外，其余全部成功，共歼敌6200余人，第24军并巩固占领了399.8高地和597.9高地东山阵地。另东线朝鲜人民军第3，第7军团也先后向当面南朝鲜军营以下兵力防守的11个阵地进行了攻击，巩固占领2个阵地。

6月8日，停战谈判双方关于战俘问题达成协议。至此，停战谈判所有议程全部达成协议。6月15日，按照双方实际控制线划定军事分界线的工作即将完成，签署停战协定在即。

6月15日18时，彭德怀致电邓华转人民军各军团，志愿军各兵团首长并告李克农：

顷据我停战谈判代表团电话称：军事分界线基本上已达成协议，以今晚（六月十五日）二十四时为准，在本晚二十四时以前，敌我双方攻占之阵地均为有效。在此时以后（零时起），即作为十六日计算，敌我所攻夺之阵地均属无效。我志愿军和朝鲜人民军为促进停战实现，应从明十六日起，坚守现阵地，不再主动出击。但须提高警惕，严阵以待，对敢于向我军阵地侵犯之任何敌军，坚决给以歼灭之打击。切不可有任何疏忽。

据此，中朝联合司令部当日19时，电示各部队：

根据目前板门店谈判进展较快的情况，并为保持我政治上的主动，故决定自六月十六日起，各部队一律停止主动地向敌攻击，但对敌人向我发动的任何进攻，则应坚决给以打击来消灭他。我各部队必须加强阵地警戒，不得丝毫疏忽松懈。望遵照为要。

6月16日，夏季反击战役第二阶段作战遂告结束。在第二阶段作战中，志愿军和人民军先后对“联合国军”团以下兵力防守的51个阵地攻击65次。除4次因遭敌炮火拦阻伤亡过大，或事先暴露企图，攻击未成，或攻占敌阵地时敌人逃窜外，其余61次均获成功，全部或大部歼灭了守敌，共毙伤俘敌4.1万余人。特别是在金城以东北汉江两侧给了南朝鲜第5、第8师以歼灭性打击，占领了南朝鲜军3个团正面12公里、纵深3~6公里的防御阵地，连同其他各军、各军团巩固占领的阵地，共扩大阵地面积58平方公里。志愿军伤亡1.7万余人。

这一阶段进攻作战的特点是：紧密配合停战谈判，精确选择打击目标，作战规模逐渐扩大，由攻击连排阵地发展到攻击营团阵地，团的阵地有3处，营的阵地有9处。炮兵火力更为增强，步炮协同更加密切。每次反击敌团的阵地，集中使用火炮250~400门，火力密度每公顷平均落炮弹200~400发，有的达800发。在作战的组织实施上，大都在敌阵地前挖了屯兵洞和选择了潜伏区，将攻击部队提前进入冲击出发地域潜伏掩蔽。有的屯兵洞距敌前沿仅80米，故战斗发起后能迅速突破敌人阵地。加之进攻中多采取重点突破多路穿插、多梯队跟进的战法，将敌分割成若干小块各个歼灭，因而做到了速战速决。攻占敌人阵地后与敌争夺十分激烈。打敌反扑的兵力要比攻占阵地所用的兵力大数倍，共打退敌反扑达733次。

中朝联合司令部在6月21日通报夏季反击战役第二阶段作战情况时指出：“这一阶段反击作战，我们获得巨大的胜利，达到了大量歼灭敌人、锻炼部队、改善阵地和配合谈判的目的，尤以反击八八三点七及座首洞南之作战，创造了我军防御作战以来一举攻占敌一个团阵地、一次歼灭一个团大部并能继续扩张战果的范例。”这阶段作战对坚固阵地防御之敌实施较大规模进攻的经验，为后来举行金城战役提供了重要借鉴。

停战谈判达成全部协议

在板门店谈判会场，美方于5月25日提出新方案后，经双方同意，谈判休会至 6 月 1 日，后又延至 6 月 4 日。

鉴于美方的新方案基本上接受了朝中方面 5 月 7 日方案的建议，因此，朝中方面准备接受美方的新方案，但还须对美方方案作些技术上的修正。在朝中方面未对此作出明确表态之前，美方心中没底。于是，美方又通过多种途径表达他们的愿望。

5 月 26 日，美国总统艾森豪威尔发表声明，指出，现在"自由世界的注意力都集中在板门店的停战谈判上面"，"联合国军司令部于 5 月 25 日再一次努力谋求给朝鲜带来光荣的和平，并谋求战俘问题的公正与人道的解决"。但是，联合国军方面主张的有些根本原则，是不可改变的，那就是"没有一个俘虏可以被强迫遣返。不得对任何一个俘虏加以任何强迫或恫吓。同时，他们被拘留的时间必须要有一定的限度。处理战俘的程序必须符合这些原则"。在所有这些方面，盟国的意见是完全一致的，并符合参众两院的多数意见，是和联合国 54 个会员国所正式通过的原则完全一样的。①

5 月 27 日，联合国军总司令克拉克致函金日成、彭德怀。在信中，克拉克希望朝中方面接受联合国军的方案，并说新方案迎合了朝中方面公正解决问题的条件，是美方以完全的诚意所能提出来的最高限度。信的最后，迫切恳请朝中方面利用现在的机会，能给以紧急与最严重的考虑。

5 月 28 日，美国驻苏联大使波伦受美国政府的委托，拜会苏联外交部长莫洛托夫，通报了"联合国军"在朝鲜谈判中提出的新建议。指出美方新方案放弃了"就地释放"朝鲜籍战俘的主张，在解释时间、移交政治会议解决和中立国遣返委员会工作原则等方面做出了让步。但不直接遣返战俘的最后解决办法，应移交联合国大会处理。表示这是美方为达成停战协定，作出的最大让步，已无法再作让步。他希望苏联政府能注意"联合国军"的新提案，在促进朝鲜停战谈判中发挥应有的作用。莫洛托夫表示将尽快研究这些问题。5 天之后，6 月 3 日，莫洛托夫会见波伦时，表示解决朝鲜谈判问题不取决于苏联政府，同时向他传递了一个明确的信息："可以满意地断定，顺利地完成板门店谈判的途径已初步确定。"波伦感谢莫洛托夫的通报，并表示立即向美国政府通报这一消息。②

---

① 参见美国国务院公报，1953 年 6 月 8 日。

② 参见莫洛托夫关于接见美国大使波伦的日记摘录，1953 年 6 月 3 日。军事科学院军事图书馆藏，军事科学院军事历史研究部第二研究室编印：《关于朝鲜战争的俄国档案文件》，318 页，1996。

5月27日,周恩来接见印度驻华大使,阐明中国对美方5月25日新方案的意见。5月30日晚,毛泽东主持召开中共中央书记处会议,研究讨论了朝鲜谈判问题。6月1日,毛泽东致电金日成,指出:“我们同意关于敌方新方案可以接受的意见。”“我们准备指示开城在六月四日复会时,表示基本同意对方的新方案,只在各项条文中作若干必要的和技术上的修改。”① 同一天,毛泽东将朝中方面准备提出的《关于战俘遣返问题的协议草案》电告李克农。

6月4日,双方代表团大会复会。在会上,朝中首席代表南日全文宣读了朝中方面拟定的《关于战俘遣返问题的协议草案》。南日在发言中表示基本同意美方5月25日的新建议,愿意接受美方的新方案,并以此作为双方达成关于战俘遣返问题协议的基础。同时,对美方新方案中的各项条款提出修正,并建议以朝中方面的修正案为双方关于战俘遣返协议草案。朝中方面的修正案,除对不直接遣返战俘的最后处理、对不直接遣返战俘的解释人数、解释代表所需通信设备和人员等有关条款外,其余同意美方的新方案。在战俘处理条款中,朝中方面建议:在中立国遣返委员会120天看管内未被行使遣返权利,又未经政治会议为他们协议出任何其他处理办法者,应由中立国遣返委员会宣布解除他们的战俘身份使之成为平民,然后根据各人的申请,其中凡有选择前往中立国者,应由中立国遣返委员会和印度红十字会予以协助。这一工作应在30天内完成,完成后中立国遣返委员会即停止工作并宣告解散。对此,哈里逊提出异议,希望作进一步的解释。总的来讲,美方认为朝中方面提出的方案是令人满意的。

6月6日、7日,双方代表团继续开会,就最后几个有争议的技术问题进行谈判。关于解释人数问题,双方互有让步,最后同意每1000名不直接遣返战俘的解释人员不得超过7人。关于解释代表所携带的通信设备和人员,美方同意朝中方面的建议,如全部战俘集中一个地点,应准许携带两个通信组,如战俘分散几个地点,每一个点,应准许携带1个通信组,每组不超过6人。哈里逊建议举行双方参谋会议,讨论关于战俘遣返问题协议草案的文字,以便把协议准备好,8日签字。

6月8日,谈判双方最终就战俘问题达成协议,并签订了《中立国遣返委员会的职权范围》文件。至此,一年多来惟一阻碍停战达成协议的战俘遣返问题获得解决,停战谈判各项议程全部达成协议。根据这一协议,一切

① 《周恩来年谱(1949~1976)》,上卷,304页,北京,中央文献出版社,1997。

不直接遣返的战俘，应于停战生效后60天内由拘留一方的军事控制下释放出来，在朝鲜境内交给由波兰、捷克斯洛伐克、瑞士、瑞典、印度5国代表组成的中立国遣返委员会看管。战俘所属国家应有自由与便利，自中立国遣返委员会接管战俘之日起派遣代表向一切依附于该国之战俘进行90天的解释。90天之后如尚有未行使遣返权利的战俘，其处理问题应交由政治会议在30天之内解决。在此以后尚有未行使遣返权利的战俘，而政治会议又未为他们协议作出处理办法者，应由中立国遣返委员会在30天之内宣布解除其战俘身份，使之成为平民，并协助他们前往他们申请要去的地方。

关于战俘遣返问题达成协议后，双方即转入重新校订军事分界线的工作。自1951年11月27日谈判双方达成关于军事分界线协议以来，虽然当时校订的军事分界线没有大的变动，但志愿军越战越强，在许多局部地区均有推进。因此，美方企图仍按当时校订的军事分界线不作变动，遭到朝中方面的反对。朝中方面坚持按双方达成的军事分界线协议的规定，如果停战协议在30天后签字，届时则按双方接触线实际变化重新修正军事分界线。而这一条，正是美方坚持要加上的。同时，考虑到在签订停战协定前，双方实际接触线是不稳定的，为使停战早日实现，朝中方面建议停战后再划定军事分界线。但是美方不同意朝中方面的建议，主张要么承认原来划定的军事分界线，要么重新划定军事分界线。既然美方不愿意停战后划定军事分界线，朝中方面同意在停战前按照协议的原则重新校订军事分界线。这时志愿军夏季反击战役第二阶段作战已经开始，特别是第60军和第67军在北汉江东西地区攻占南朝鲜军第5、第8师共3个团的阵地，使美方感到紧张，于是要求以6月16日零时双方控制的阵地为界进行重新校订。

6月10日后，谈判双方代表团大会休会，由双方参谋人员重新校订军事分界线和进行停战协定最后的文字修改。

15日，志愿军和人民军停止了夏季反击战役第二阶段的作战。经过谈判双方参谋人员卓有成效的工作，于6月16日完成了军事分界线重新校订工作，17日在双方代表团大会上获得通过。这次校订的军事分界线较1951年11月27日时的军事分界线，志愿军和人民军共向南推进了140平方公里。

准备签订停战协定的其他各项工作也都在紧锣密鼓地进行。

朝鲜停战协定草案早在上年8月已写成，现在只是对协定草案的一些具体细节和文字进行某些校正和补充。双方参谋人员经过逐段逐句逐字的协商，于6月18日，对停战协定文本条款和文字最后达成协议。

按照双方达成的协议，中立国监察委员会由朝中方面提名的波兰、捷克斯洛伐克和联合国军方面提名的瑞典、瑞士等中立国指派的军官组成；中立国遣返委员会由波兰、捷克斯洛伐克、瑞典、瑞士与印度5国指派的委员组成。根据《朝鲜停战协定》和《中立国遣返委员会的职权范围》的规定，双方向参加中立国遣返委员会的国家发出了正式邀请，以便停战后立即开展工作。

朝中方面经过协商，决定由中国政府全权向捷克斯洛伐克、印度、瑞典、瑞士、波兰等国驻华使节发出邀请。6月10日，中国政府外交部副部长章汉夫在北京分别接见捷克斯洛伐克、印度、瑞典大使，瑞士公使，波兰临时代办，正式邀请5国参加中立国遣返委员会的工作。11日至13日上述5国先后接受中国政府邀请，同意参加中立国遣返委员会的工作。

美国方面在发出邀请时，瑞典政府很快于6月9日接受美国的邀请，同意参加遣返委员会的工作，但在邀请瑞士时遇到点麻烦。瑞士对南朝鲜能否遵守停战协定持怀疑态度。瑞士政府提出，除非包括南朝鲜在内的所有参战国保证遵守停战协定的条款，才会考虑派人到朝鲜充任中立国遣返委员会的成员。美国连忙作出解释：南朝鲜军队是受联合国军指挥的，联合国军有权同朝中方面进行谈判。另外，所有战俘都是由联合国军司令部收容，而不是由各参战国收容。经过交涉，6月13日，瑞士答应美国的邀请，并要求对方必须提供充分行使职能的条件。此外，因为南朝鲜反对印度作为中立国成员和反对印度部队进入南朝鲜，即将担任中立国遣返委员会主席和提供武装部队的印度将面临着巨大困难。尽管如此，印度政府仍然于6月13日接受了美国的邀请，6月15日，波兰和捷克斯洛伐克也向美国表示，愿意担任中立国遣返委员会的成员。

中立国接受双方邀请后，美方多次要求，参加两个委员会的中立国成员尽快到朝鲜，以便停战协定签字后能立即开展工作。

与此同时，双方还对停战协定签字的时间和程序问题进行了协商。至6月18日，停战前的各项准备工作均已完成，停战协定签字在即。当时双方心照不宣地计划将签字日期定在朝鲜战争爆发三周年的6月25日。就在这时，李承晚集团单方面释放朝鲜人民军被俘人员，公然破坏关于战俘遣返问题的协议，使朝鲜停战笼罩着一层阴影。

第五十七章

南朝鲜当局破坏谈判协议及引起的反应

南朝鲜当局公然破坏战俘遣返协议

停战谈判在1953年4月下旬重新恢复以后,李承晚集团就极力主张扣留北朝鲜战俘,公开反对停战,并在部分城市组织反对停战的游行。5月25日美方接受朝中方面5月7日的遣俘方案后,南朝鲜代表拒绝出席谈判会议,李承晚反对停战的行为愈演愈烈。6月8日,停战谈判达成关于战俘遣返问题协议后,李承晚集团更是千方百计地阻挠和破坏停战的实现。李承晚十分清楚,一旦朝鲜停战实现,将使他以武力"统一"朝鲜的计划成为泡影。同时他更担心,一旦停战,美国对他的援助就可能减少。因此,他大肆叫嚷签订停战协定"意味着自由世界的败北","共产党的胜利",坚决反对"不规定朝鲜统一的任何国际协议"。一方面表示反对停战,另一方面借此向美国提出要价。

当美方在5月25日谈判会议上接受朝中方面5月7日方案后。5月30日,李承晚便迫不及待地再次给艾森豪威尔写信反对停战。李承晚在信中说,接受任何一项允许中国共产党人留在朝鲜的停战安排,必将"意味着朝鲜甘愿接受判处死刑"。他建议有一种办法可供选择,那就是,在大韩民国和美国之间首先签订共同防御条约的条件下,共产党中国和联合国军同时从朝鲜撤退。他要求增加南朝鲜的武装力量,供应足够的武器弹药和后勤物资,要求美国海空军原地待命,以防止敌人的侵略。进而他威胁说,如不接受这一建议,南朝鲜军队将继续战斗,因为南朝鲜人民宁愿战斗,也不要那种形成分裂的停战或和平。

为在停战问题上取得李承晚的配合,艾森豪威尔立即给李承晚复信,向他保证:一、美国将不放弃他的努力,用一切和平的方式实现朝鲜的统一;二、在缔结一项可以接受的停战条件时,我准备立即按照过去美国与菲律宾、澳大利亚和新西兰等国缔结条约的原则,同大韩民国谈判缔结一项共同防御条约;三、美国政府在取得必要的国会拨款条件下,将继续向大韩民国提供经济援助,用以恢复其饱受摧残的国土。

6 月 4 日,朝中方面在谈判中表示基本同意美方的最后方案。李承晚彻底失望了,阻止停战的种种努力对美国没有产生影响。艾森豪威尔虽然答应签订共同防御条约,但前提条件必须是接受停战。于是 6 月 6 日,李承晚公开发表声明,重申 5 月 30 日给艾森豪威尔信中提出的接受停战的条件,声称:如果不能满足上述条件,韩国军队就继续战斗下去。

针对李承晚的声明,艾森豪威尔于 6 月 6 日致函李承晚,进行劝说和安抚。艾森豪威尔在信中写道:“我们必须决定是继续通过战争来争取朝鲜的统一呢,还是以政治和其他方法来实现这一目标。”“现在,这一时刻已经到来。”“我深信……美国和大韩民国都需要接受停战。我们没有理由拖延这场战争,在一心希望通过武力来实现朝鲜统一的过程中,这场战争给我们带来了深重的灾难。”①同时,艾森豪威尔在信中再次重申,美国将保证在停战后继续给予南朝鲜政治、军事和经济上的援助。美国将尽一切和平手段为实现韩国的统一而努力,希望韩国能参加停战后举行的政治会议;关于美韩于停战后缔结共同防御条约问题,愿意同李承晚进行谈判。

当克拉克于 6 月 7 日将艾森豪威尔的信转交给李承晚时,李承晚表示,他和他的人民是决不会接受停火的,而且从现在起他将按自己的意志采取他认为必要的行动。克拉克感到李承晚反复无常,几乎达到歇斯底里的程度。他不知道李承晚会走多远,“但毫无疑问,他会将这种讹诈一直坚持到最后”。

艾森豪威尔的信对李承晚没有产生任何影响。6 月 7 日,李承晚宣布对整个南朝鲜实行所谓的“临时戒严”,召回在美国的全部官员。在南朝鲜

---

① [美]马修·李奇微:《朝鲜战争》,278 页,北京,军事科学出版社,1983。

各地组织更大规模的反停战运动。

6月9日,美第8集团军司令泰勒拜访李承晚,明确告诉他,韩国军队编制严重不足,无力单独发动大规模进攻。只有依靠美国的军事援助,才能使韩国的军事力量得到充实,才能担负起保卫韩国的任务。这时,李承晚又提出了条件:一、限定政治会议的会期为60天;二、和美国签订共同防御条约;三、将韩国的陆军编制增加到20个师,并发展海、空军力量;四、不准印度和共产党国家的代表进入南朝鲜。但李承晚仍重申准备单独打下去。

朝鲜停战在即,而南朝鲜当局的态度令美国担心。6月12日,美国国务卿杜勒斯致函李承晚,邀请他到美国与艾森豪威尔进行高级会谈,推心置腹地交换意见。但李承晚以需要控制南朝鲜局势离不开为由加以拒绝,反提出邀请杜勒斯访问南朝鲜。美国迫切需要李承晚尽快接受停战。既然他不愿到美国,那么美国就派人到朝鲜去,与之交换意见。杜勒斯向艾森豪威尔建议,他专程赴汉城,就共同防御条约以及随后的政治会议中协调行动问题向李承晚作出特殊保证。艾森豪威尔没有接受这项建议,他认为在李承晚对停战没有采取赞成态度之前,国务卿不要去,而由一位较低级别的官员带一个代表团前往就够了。为此,杜勒斯推荐负责远东事务的助理国务卿沃尔特·罗伯逊率团去与李承晚谈判。

直到6月17日,李承晚才给艾森豪威尔回信。在信中,他一方面对美方提出的军事经济援助和签订双边安全条约表示感谢,一方面又提出如果以此为条件要他接受停战的话,他是不能接受的。当天下午,李承晚向南朝鲜第2军团司令部的部分美军和南朝鲜军官发表讲话,对停战协定进行了猛烈地抨击,并叫嚣南朝鲜准备单方面继续打下去。

这一切均表明,李承晚将采取行动阻止签订停战协定,决定铤而走险。李承晚曾多次向克拉克表示要释放不直接遣返的朝鲜人民军被俘人员,克拉克也知道李承晚随时可能采取这种行动。但美方并未采取有力措施加以制止,一味对李承晚姑息迁就,致使酿成了李承晚集团破坏谈判刚刚达成的协议,强行扣留北朝鲜战俘的震惊世界的事件。

经过秘密策划和精心布置,6月17日深夜,李承晚下令"释放"不直接遣返的朝鲜人民军被俘人员。"释放"战俘由南朝鲜宪兵总司令元容德具体组织实施。元容德命令看守战俘营的南朝鲜保安部队打开战俘营大门,武装警察在战俘营外接应,通过汉城中央电台广播,号召当地居民收容战俘并加以掩护。从6月17日深夜开始至6月19日,论山、马山、釜山、尚武台等战俘营中的2.5万名朝鲜人民军被俘人员(其中有志愿军被俘人员50

名)，在南朝鲜保安部队、武装警察和特务的胁迫下陆续离开战俘营，至6月底，共"释放"即强迫扣留人民军战俘2.7万余人。

李承晚集团以"就地释放"为名，强行扣留朝鲜人民军被俘人员，并公开表示将他们强行编到南朝鲜军队中去。这一行动破坏了停战谈判刚刚达成的战俘遣返问题的协议，使停战协定无法签字，执行停战协定失去了保证。

国际舆论对李承晚破坏行为的谴责

李承晚集团公然破坏朝鲜停战实现的行径，立即引起强烈的国际反响，遭到国际舆论的强烈谴责。各国舆论指出，李承晚集团扣留战俘是"背信弃义的行动"，是"一种企图破坏停战谈判的不负责的，孤注一掷的做法"，"危害了全世界不耐烦地期待着的和平"。谴责李承晚是"出卖和平事业的国际叛徒"、"不负责任的乖戾小人"、"世界上最为危险的人"，是"中世纪的暴君"。[①] 正如美国人罗伯特·莱基在其撰写的《冲突——1950～1953年的朝鲜战争》一书第四部分第7章中所写的："在整个世界上，李承晚的名望一落千丈，降到了最低点，世界上谴责之声四起。"

派兵参加"联合国军"行动的一些国家政府，也对李承晚集团"释放"战俘的行动表示了强烈的不满和不安。

6月18日上午，英国各部大臣为此事紧急接触，研究它所引起的新危机。英国要求东京的美军总部，立即就此事提出报告。同时外交部向外界正式宣布已就此事与美国进行"紧急商谈"。当天，英国首相丘吉尔在下院发表谈话称，李承晚"释放"战俘"是一件性质很严重的事情。这个消息使我深为震动，并大为伤心"。[②] 6月22日，丘吉尔在下院继续谴责李承晚。他说："事态显然非常严重充满着危险。""照我看来，我们必须表示坚定的态度。""现在看来，追回被释放的战俘——像中国与北朝鲜共方所要求的——是十分明智之举。"并在下院宣读了英国政府给李承晚当局的抗议照会。照会指出："……作为一个有军队参加朝鲜战争的联合国成员，女王政府强烈谴责这种侵犯联合国军司令部的权限的背叛行为，这种权限是韩

① 《人民日报》，1953年6月30日。

② 法新社伦敦电，1953年6月18日。载《新华社新闻稿》，1953年6月20日，6月合订本，520页。

国在 1950 年曾同意的”。“除非韩国有一个愿意和联合国军司令部忠诚合作的政府”，否则一切成果将遭受危害。① 丘吉尔还致电艾森豪威尔，明确表示他个人的看法，“李承晚必须离开官方职务或撤职，英国将从埃及增派 1 个旅到朝鲜”。

与此同时，法国、澳大利亚等国政府也相继给南朝鲜当局发出照会，抗议它侵犯了“联合国军”的权限。澳大利亚外交部长说，澳大利亚“不赞成危及停战的行动。释放战俘是和迄今达成的谅解冲突的”。加拿大外交部发言人说，“释放战俘不是一个国家单独行动的事情。这件事情可能在达成停战的问题上引起严重的拖延”。②

联合国大会主席、加拿大外交部长莱斯特·皮尔逊 6 月 22 日写信给李承晚，指责他扣留战俘的行为违背了“把韩国军队交给联合国军指挥的责任”，“极其令人遗憾”，并指出：“作为联合国大会主席，我认为我负责任地提请你注意这种情况的严重性。我希望并相信你将与联合国军司令部合作，使他能继续并坚决地努力求得早日实现光荣的停战”。③

接替特里格夫·赖伊任联合国秘书长的达格·哈马舍尔德（瑞典人，1953 年 4 月 10 日当选第二任联合国秘书长）也发表声明说，“这是一件令人感到遗憾的事”，这种“局势的严重的发展”，是“显然违反联合国立场”的。联合国人士普遍对南朝鲜局势“感到忧虑”。④

某些西方驻联合国的代表对联合国军“容忍南朝鲜军看守战俘一事感到惊讶”，认为“应该叫李承晚在两条道路中任择其一，一条是完全服从联合国的命令，另一条是解除职务”。⑤

6 月 19 日，印度总理尼赫鲁的发言人说，这是一件“很遗憾而极其令人反对的事”。尼赫鲁并于 25 日致电联合国大会主席，要求立即召开特别紧急会议，讨论因李承晚释放战俘而引起的严重局势。7 月 7 日，尼赫鲁在印度国大党会议上强调指出，如果南朝鲜出现新的混乱，那么战争不仅将在朝鲜继续进行，还将会导致其他地区爆发战争。

李承晚集团“释放”战俘的行动，在美国国内也引起强烈反响。美国国

① 转引自《人民日报》，1953 年 6 月 24 日。
② 转引自《人民日报》，1953 年 6 月 20 日。
③ 转引自《人民日报》，1953 年 6 月 28 日。
④ 转引自《人民日报》，1953 年 6 月 20 日。
⑤ 转引自《人民日报》，1953 年 6 月 24 日。

会内部议论纷纷，一部分议员甚至也认为美国应追回被劫夺的战俘。有的参议员说："我们应尽我们可能尽的力量追回一切战俘，这样我们就表示了我们的诚意，然后，我们应该坚持立即停战。"有的众议员指责李承晚是"老牌的、失败的、变化无常的统治者"。①

美国的一些资产阶级报纸，也谴责李承晚是"出卖和平事业的国际叛徒"，要美国政府对李承晚"采取强硬态度"，建议美国总统对李承晚发出最后通牒，要求立即取消释放战俘的命令，并把他们追回，另一种办法，实行戒严，逮捕任何破坏分子，包括李承晚在内。华盛顿《明星报》说，美国应当"强迫南朝鲜接受停战条件，即使这意味着撤换李（承晚）总统也在所不惜"。②

杜勒斯在一次公开的谈话中，也怒斥李承晚的行动是对联合国军司令部"权威的侵犯"，他担心这样下去，"会使再过几小时似乎就唾手可得的停战协定毁于一旦"。③

李承晚集团"释放"战俘的行动，更是遭到在朝鲜作战的美国士兵的激烈反对。他们对李承晚集团的行动，普遍"感到失望"。他们担心会因此"在朝鲜的日子延长"。李承晚集团的行动将危害停战谈判，将葬送朝鲜的和平，而"和平对大多数的士兵具有重大的意义"。④

美国的盟国政府认为，李承晚集团敢于破坏朝鲜停战，完全是美国姑息迁就的结果，纷纷向华盛顿提出抗议和质询，表示对美国政府和"联合国军"司令部不满。有的国家政府和舆论指出，"李承晚的破坏行动的责任，大部分应由联合国军司令部来担负"。"联合国军"司令部"犯了玩忽职守罪"。法国对朝鲜前途表示担忧。瑞士、瑞典公开表示对承担中立国义务问题需要重新考虑。这就进一步加深了美国与其盟国之间的矛盾，加深了美国与李承晚集团之间的矛盾。

中朝方面的抗议、谴责和毛泽东的决策

其实，李承晚集团敢冒天下之大不韪，公然破坏战俘遣返协议，完全是

① 转引自《人民日报》，1953 年 6 月 22 日。
② 转引自《人民日报》，1953 年 6 月 30 日。
③ 转引自《参考消息》，1953 年 6 月合订本，485 页。
④ 转引自《参考消息》，1953 年 6 月合订本，485 页。

美国姑息纵容的结果。美方对这一事件负有不可推卸的责任。李承晚集团的倒行逆施,使它陷于十分孤立的地位,也使美国处境十分尴尬。美方深知李承晚破坏战俘遣返协议的行动性质十分严重,6 月 18 日,遂即由美方首席代表哈里逊致函朝中方面首席代表南日,通报情况并为美军推脱责任。信中写道:

今天午夜与拂晓之间,约二万五千名曾拒绝于停战后被遣返的北朝鲜战俘越出联合国军第五、第六、第七与第九号战俘营。

出自大韩民国高级官员的声明,显示这一行动曾经秘密筹划,并由韩国政府的最高一级加以缜密的配合。战俘们集体越营时,曾获得外来的援助。派驻在战俘营作为警卫的大韩民国军保安部队,没有设法阻止这一越营事件。一切证据证明大韩民国军的警卫与战俘间是实际串通的。

……

已经离开其在不遣返者战俘营的岗位的大韩民国军保安警卫部队正由美军予以接替。

正在尽力追回现在在逃的战俘。截至今天下午一时为止,逃亡战俘九百七十一名已被追回。

李承晚破坏停战实现的行为不能容忍。与此同时,形势对朝中方面非常有利,必须在政治上、军事上有重大表示,给美方以压力,才能使朝鲜停战得以真正实现。6 月 19 日,毛泽东致电李克农并告金日成、彭德怀,对形势进行了分析,并指示我方对策。电报内容如下:

美军总部明知故犯地纵容李承晚破坏战俘协议,引起全世界严重注意和纷纷责难。丘吉尔在下院声明这是"性质很严重的事件",他"深为震动","大为伤心";法国亦极表担忧;瑞士表示对承担中立国义务问题须考虑;印度也正在开会。帝国主义阵营内部的争吵和分歧正在扩大。鉴于这种形势,我们必须在行动上有重大表示方能配合形势,给敌方以充分压力,使类似事件不敢再度发生,并便于我方掌握主动。因此,我们决定以朝鲜人民军最高司令官和中国人民志愿军司令员的名义写一封严厉的信给克拉克,并于今日通知对方停会一天,大小例会均停止,通知对方下午开联络官会议。在会议上告以南日同志在二十日有重要事要召开大会。此信即由南日同志在二十日大会中宣读。估计这样将能引起全世界更大注意,使其阵营内部矛盾加剧,使中立国对美更加大压力(我们即准备与五个中立国接触,以便促进此种压力的实施),使美国陷入更深窘境。信的内容大体如下(全稿今晚发去):美军纵容李承晚破坏战俘协议,强扣战俘,性质异常严重。美方此种行为证明敌人所一贯宣传的所谓“防止强迫遣返战俘”完全是无中生有,而强迫扣留的威胁则已成为事实,证明我方反对完全有据。我方要进一步质问对方,联合国军是否能够控制李承晚政府和军队?现事实证明联合国军是不能控制他们的。既如此,则朝鲜停战是否包括李承晚?如果不包括,则朝鲜停战如何才有保障?如果联合国军包括李承晚,那么对方必须负责将此次所谓“逃跑”的战俘实即强迫扣留并准备编入李伪军的战俘全部捉回。

这样把难题提到美方面前,然后经过大会把信发表,并组织中、外记者将美国“释放”战俘及我方给克拉克的信与世界反应作广泛报道,以逼使美方作有利于我的答复,俾停战得以顺利实现。

在全世界同声责难李承晚继续捣乱的情况下,估计可能有两种发展。第一种,美国继续纵容李承晚捣乱,如此,则停战签字将可能延缓,但世界的责难愈大,美国更窘,而世界人民所受教育也愈深,美国这种行动将很难持久。因之,这个可能性较小。第二种可能是美国为了挽回其在旧世界的影响,而对李承晚施以压力。哈里逊已经来信表示撤换李承晚军的看守俘虏部队,并表示在“追捕”战俘。他们“追捕”回来的数目可能不多,但我们将可以随时利用对方这个弱点在遣返问题上对之使用压力。这对于保证停战协定的实施是极为有利的。

同一天,周恩来接见印度驻华大使,表明了中国政府的态度。指出:李承晚胁迫不直接遣返的朝鲜人民军被俘人员离开战俘营一事,是美国纵容李承晚集团干的,性质非常严重。

同时,朝中方面在板门店也采取了行动。6月19日,通知对方,取消原定的翻译人员会议。19日上午,将修建签字场所的工人撤出会场区。20日,召开双方代表团大会,南日按事前计划在大会上宣读了金日成元帅、彭德怀司令员6月19日致克拉克的信。

金日成、彭德怀在给克拉克的信中严正指出:

仅仅在十天之前,双方才签订了关于战俘遣返问题的协议,而在你方直接控制下的南朝鲜政府和军队,却已悍然地公开破坏了这个协议,在所谓

“释放”的命令之下，经过特务、警卫部队和外界的里应外合的行动，胁迫占全部不拟直接遣返的战俘总数一半以上的二万五千人离开战俘营，并公开表示准备把他们编入南朝鲜军队里去，以达到其强迫扣留战俘的目的。并且这一情况还在继续发展……因此，我们对于这次事件的性质，不能不认为是极端严重。

南朝鲜李承晚集团好久以来即在叫嚷着要“反对朝鲜停战”，“向北进攻，统一全国”，“释放所有‘拒绝’遣返的朝鲜战俘”。你方对于这一问题，不是不知道的。可是你方并未采取任何实际措施，来预防并制止这次事件的发生。这就证明你方是有意纵容李承晚集团去实现其久已蓄意的破坏战俘协议、阻挠停战实现的预谋。我们认为，你方必须负起这次事件的严重责任。

我方早就一再提请你方注意：你方所一贯宣传的所谓“防止强迫遣返战俘”，完全是无中生有，根本不会发生的；相反的，强迫扣留战俘的可能性却是时刻存在着和增加着的，因而是我们所必须坚决反对的。现在发生的这次李承晚“释放”和胁迫战俘事件，证明我们所反对的强迫扣留已经进一步地成为不容置辩的事实。而你方在这个问题上历来所表现的错误立场和纵容态度，不能不直接影响这次事件的爆发和即将签字的停战协定的实施。

鉴于这次事件所产生的异常严重的后果，我们不能不质问你方：究竟联合国军司令部能否控制南朝鲜的政府和军队？如果不能，那么，朝鲜停战究竟包括不包括李承晚集团在内？如果不包括在内，则停战协定在南朝鲜方面的实施有什么保障？如果包括在内，那么，你方就必须负责立即将此次所有“在逃”的、亦即被“释放”和胁迫扣留并准备编入南朝鲜军队中去的二万五千九百五十二名战俘，全部追回，并保证以后绝对不再发生同类事件。

我们等待着你方的回答。

美军战史在对此作评论时说：他们“提出了好几个真正击中要害的问题：即联合国军司令部能够控制南朝鲜政府及其军队吗？如果不能的话，朝鲜停战协定还包括李承晚集团吗？如果不包括李承晚集团，又怎样保证南朝鲜方面遵守停战协定呢？共产党方面有权要求对上述问题做出答复，但联合国军司令部方面根本回答不了这些问题”①。

① ［美］沃尔特·G.赫姆斯：《朝鲜战争中的美国陆军——停战谈判的帐篷和战斗前线》，507页，北京，国防大学出版社，1988。

南日在双方代表团大会上宣读金日成、彭德怀致克拉克的信后,建议将此次大会的内容公开,并建议代表团大会休会,直至美方作出保证。美方表示同意休会。6月20日以后,停战谈判休会。

同时,为了加深美国和李承晚集团之间的矛盾,给以更大的压力,争取实现稳定可靠的停战,经彭德怀建议,毛泽东于21日决定在停战前再给南朝鲜以军事打击。据此,志愿军进行了部署,组织进行了夏季反击战役第三阶段的进攻作战(金城战役),狠狠惩罚了李承晚。

6月21日,《人民日报》发表题为《美方必须对强迫扣留战俘事件负责》的社论,指出:"朝鲜停战谈判双方签订了关于战俘遣返问题的协议才不过十天,美方竟发生了纵容李承晚集团严重地破坏这一协议的事件。……这一事件的极端严重的性质,是不言而喻的。""李承晚集团蓄意实行强迫扣留战俘的全部过程,显然是美国军事当局所早已知道的。……但是,美国军事当局不但不采取任何措施,反而继续纵容李承晚集团任意胡作非为。""无论如何,美军当局对于李承晚集团强迫扣留战俘的事件,必须担负完全的和绝对的责任。"

朝鲜《劳动新闻》于20日发表了题为《美方想停战呢？还是想继续战争呢?》的社论,指出:"当关于战俘遣返问题的协议墨迹未干的时候,美方却纵容李承晚于6月18日拂晓'释放'了大批所谓'不愿被遣返的战俘',破坏了业已签订的关于战俘遣返问题的协议,暴露了美方强迫扣留战俘的企图,使朝鲜停战谈判重新遭到危机。""艾森豪威尔到底是愿意世界人民所一致期待的朝鲜停战早日实现呢？还是破坏已签订了的协议而继续和扩大战争呢?""假如美方真正希望朝鲜停战早日实现,和平解决朝鲜问题的话,就应该立刻收回它强迫扣留战俘的无理行动,而采取早日达成停战协定的紧急措施。"

中朝两国人民、中国人民志愿军和朝鲜人民军,对美方纵容李承晚集团破坏关于战俘遣返问题的协议,表示了极大愤慨和强烈谴责。

6月21日,联合国军总司令克拉克发表声明,极力推卸责任,为美国纵容李承晚集团破坏战俘协议辩护。声明指出,"朝鲜反共战俘的大批逃跑不但得到大韩民国政府的官员与军队的协助,而且实际上也是他们制造出来的"。"联合国军司令部也根本没有参加这个完全未经许可的行动。全部责任全然应该由李总统和韩国政府来担负。"联合国军和他本人,对李承晚释放战俘的片面行动,感到"惊讶与失望",显然直接侵犯了联合国军总司令所具有的权利。同时,克拉克在声明中也承认,他知道南朝鲜政府有能力采取释放战俘的片面行动,他也知道有些人曾私下和公开地鼓吹采取这种行动。他曾考虑是否用联合国军部队替换看管战俘营的南朝鲜保安部队。之所以未采取措施加以制止,是因为李承晚曾多次保证不经预先磋商不会采取片面行动,是因为怕替换南朝鲜保安部队削弱前线的作战力量,怕引起南朝鲜军队的怀疑,使战俘营出现骚乱。而这些都是得到华盛顿同意的。从克拉克的声明中可以看出,李承晚所采取的行动正是美国纵容的结果。

在停战谈判休会期间,朝中谈判代表团对谈判的形势、前途以及应采取的策略进行了讨论。认为目前美国的方针仍然是停战,它的盟国更想停战。美国在军事上没办法,不能不停,虽然李承晚的捣乱超出美国的估计之外,但美国仍然是有办法使他就范的。朝中方面也是争取停战的。所以朝鲜停战的前途是肯定的。谈判虽然目前会拖一下,但准备停战的实际工作不应受影响。我们要利用有利形势,争取一个比较稳定的停战。那就看美国如何答复,这是原则问题,不能含糊。[①]

美国当局对南朝鲜当局施加压力

在即将签订停战协定的关键时刻,李承晚公然破坏战俘遣返协议,给美国造成了很大的麻烦,使美国陷入了困境。世界舆论纷纷谴责李承晚破坏停战协议的罪行。美国同盟国要求美国真正负起朝鲜战争的责任,履行联合国军的职责。朝中方面指责这一事件是美国纵容的结果,要求美方对能否控制南朝鲜政府和军队,保证停战协议的实施作出答复。对于朝中方面的责问,连艾森豪威尔也承认"是有理由的——美国究竟是否能保证执行任何有南朝鲜人参加的协议"。朝中方面完全有理由中断停战谈判。

艾森豪威尔对于李承晚的行动非常恼火,认为李承晚在停战谈判中不断设置障碍,"完全不善于合作,甚至独行其是","令人失望"。他怀疑"即使达成了停战协议,到底会有什么巨大意义"。他进而对美国侵朝政策提出了疑问,今后美国有没有必要去干涉别国的内政。他感慨参加朝鲜战争"是一次旷日持久和惨痛的经历"。"要不是因为从南朝鲜撤退会严重影响日本的安全,在那里作战的多数联合国国家早就想撤兵了"。他认为"李承

① 参见李克农给毛泽东电报,1953年6月28日。

晚这位盟友也实在太不争气了,确实非得严词训斥他一番不可”。[①]

对此,克拉克与艾森豪威尔有同感。他在回忆录中写道:在朝鲜停战前的最后4个月中,“联合国总部几乎是一天遇到一个危机。据我看,从来没有比这一次更彻底的证明赢得一次满意的和平,即令是暂时的,是比赢得一次战争更困难”。具有讽刺意味的是,这种危机恰恰来自李承晚。克拉克说他成了李承晚“愤恨和沮丧的出气筒”。[②]

在李承晚集团“释放”战俘的当天,艾森豪威尔一方面指示美方首席代表向朝中方面作出交代,另一方面给李承晚发出一封急电:

我怀着严重关注获悉,你已下令释放被联合国军司令部拘押在它管辖的集中营里的北朝鲜俘虏。看守这些俘虏的责任部分地被联合国军司令部托付给大韩民国武装部队。你的命令是由你们公开使用暴力而得以执行的,从而违抗了联合国军司令部的指挥。

1950年7月15日,你正式通知联合国军总司令,鉴于联合国为大韩民国而采取的联合军事行动,你授命他和在朝鲜境内或附近海区行使联合国军司令部的那些司令官们,“有权在目前处于敌对状态期间指挥大韩民国海、陆、空三军”。克拉克将军和泰勒将军报告我,在最近几天内,你已给了他们无条件的保证,即你在没有和他们磋商之前,将不会采取与以上所谈相抵触的片面行动。

你目前的命令和根据这个命令所采取的行动明显地违反了这一保证,并且给联合国军司令部造成困境。这种局面如果继续下去,只会牺牲联合国精锐部队用鲜血和勇敢为朝鲜赢得一切。

要是你坚持目前的行动方针,就无法使联合国军司令部继续同你一致行动。除非你准备立即毫不含糊地接受联合国军司令部的指挥,处理并结束目前的敌对行动,否则就将另行安排。因此,联合国军司令部现已授权将根据你的决定而相应采取必要的步骤。

作为你个人的朋友,我希望你将会找到一个立即纠正这一局面的方案。因此,如今我不公布这封电报。我本人仅发表一项简短声明对你的行动表

---

① [美]罗伯特·费雷尔:《艾森豪威尔日记》,328~329页,北京,新华出版社,1987。

② [美]马克·克拉克:《从多瑙河到鸭绿江》,228页,台北,台湾黎明文化出版公司,1956。

示遗憾，因为我感到不得不对我国人民和我们的盟国恪守信用。①

同一天，克拉克紧急致函李承晚，指责李承晚违背了1950年夏天“把在战事期间对大韩民国的一切陆、海、空军部队的指挥权交给联合国军总司令”的承诺，侵犯了联合国军总司令的指挥权。警告李承晚：“目前我不能估计您这种突然的、令人震惊的行动最后后果如何，现在也不能预测这种行动对于我们在过去几年中曾为之作了这么大的牺牲的共同事业的影响。”

6月19日，美国参谋长联席会议召开会议，研究拟订一个指导克拉克行动的政策文件。文件要求克拉克对李承晚采取强硬态度，“在必要时，撤换李承晚”，而且认为撤换李承晚不会有太大问题，联合国军完全可以控制南朝鲜局势。实际上，艾森豪威尔在6月18日给李承晚的急电中已有这个意思。如果李承晚不接受联合国军司令部的指挥，处理并结束目前的敌对行动，“将另行安排”。但国务院不同意这样做，认为撤换他国的领袖，有损美国的形象，主张还是与李承晚谈判，直至达成协议。后艾森豪威尔改变原来的想法，同意国务院的意见。

6月20日，美国国家安全委员会专门讨论这一问题。在会议上，艾森豪威尔说：“我们似乎获得了另一个敌人，而不是获得了一个朋友。李总统违背了他不与联合国军司令部磋商决不单方面采取行动的诺言。他释放25000名北朝鲜战俘的行动是蓄谋已久，精心策划的。”艾森豪威尔担心“停战的可能性受到全面的破坏”。国务卿杜勒斯说，“从现在起，就正确处理的话，灾难并不是不可弥补的”。最后会议决定，对李承晚的片面行动采取严厉谴责态度，决不纵容姑息。

华盛顿授权克拉克，不管李承晚对停战的态度如何，应尽快签订停战协定。6月22日，克拉克拜会李承晚。克拉克单刀直入地对李承晚说，他必须接受停战协定，不得单方面作战。在谈到李承晚6月9日向泰勒提出的4点要求时，克拉克说：第一，不应该限定政治会议的时间；第二，美国可以同韩国签订共同防御条约。但如果韩国侵略别国，美国决不同意对其进行援助；第三，同意扩充韩国军队；第四，对战俘协议可进行修改。这时李承晚已老实多了。

同时，美国减少了对南朝鲜军队的物资供给，特别是弹药和石油的供

① ［美］德怀特·艾森豪威尔：《白宫岁月（上）》，218页，北京，生活·读书·新知三联书店，1977。

应,停止了扩建南朝鲜军20个师中最后4个师所需装备的装运工作。7月5日,泰勒向新闻界发表谈话时表示,如果在签署停战协定后,韩国军队还决心打下去的话,他就从战线上把联合国军的部队撤下来。给李承晚一个明确的信息:如果他继续抵制停战,一切援助计划将取消,南朝鲜政府和军队离开美国的支援,是无力发动大规模进攻的。

6月25日,美国又派出助理国务卿沃尔特·罗伯逊以总统特使身份到汉城对李承晚进行劝说和施压。

第五十八章

金城战役

（参见附图 21、22，序列表 18）

战役的部署和准备

李承晚集团破坏战俘遣返协议事件发生后，彭德怀按原定计划于 1953 年 6 月 19 日由北京起程，前往朝鲜，准备参加朝鲜停战协定签字。临行前，与毛泽东、周恩来就此事进行了磋商。20 日 21 时，彭德怀抵达平壤中国大使馆，与李克农、邓华分别通了电话后，22 时致电毛泽东，建议：

根据目前情况，停战签字需推迟至月底似较有利，为加深敌人内部矛盾，拟再给李承晚伪军以打击，再消灭伪军一万五千人（六月上半月据邓华说消灭伪军一万五千人），此意已告邓华妥为布置，拟明廿一日见金首相，二十二日去志司面商停战后各项布置。妥否盼示。

次日，毛泽东复电同意彭德怀的建议，指出：

停战签字必须推迟，推迟至何时为适宜，要看情况发展方能作决定。再歼灭伪军万余人，极为必要。①

① 《建国以来毛泽东军事文稿》，中卷，148 页，北京，军事科学出版社、中央文献出版社，2010。

同日,彭德怀也商得了金日成的同意。

邓华、杨得志和轮换解方任志愿军参谋长的李达,根据彭德怀20日晚的电话指示,于20日晚23时半即给第一线各部下达了指示,并告人民军前线指挥部和开城谈判代表团,指出:

李承晚匪帮破坏遣返战俘协议,释放大批北朝鲜战俘。这一无理行动,势将拖延停战协定的签字,在世界舆论上已造成极大震动。为给敌以更大压力,配合板门店谈判,并经彭总同意,决在军事上继续予李伪军以狠狠地打击。为此,各军应即根据原预选目标,如已准备就绪者应即坚决攻歼之;如新选目标,应抓紧时间进行准备,并在有坑道之新占阵地上应坚决扼守,求得在打敌反扑中大量杀伤敌人。对美军及外国帮凶军,仍不作主动攻击,但对任何向我进犯之敌,均必须予以坚决打击。

据此,第一线各部队对当面敌情地形分别进行了分析研究,并制定了作战计划,准备发起夏季战役第三阶段作战。

这时,在志愿军第20兵团防守的战线当面,西起金化东至北汉江的金城以南地区,由美第9军指挥的南朝鲜首都师和南朝鲜第2军团指挥的第6、第8、第3师共4个师防守,态势向北突出,并在志愿军夏季进攻战役第一、第二阶段的作战中,分别受到不同程度的打击,其原有的防御体系被破坏,重新调整后的防御结构尚未稳固。志愿军第20兵团已掌握了南朝鲜军的防御特点,取得了进攻其营、团坚固阵地的经验,查明了其纵深阵地的工事情况。志愿军第20兵团指挥第67、第68、第60、第54军共4个军另第33师,有82毫米迫击炮以上火炮约1000门,其中山炮、野炮、榴弹炮约400门,在兵力、火力上都占有优势,具备了组织更大规模反击作战的有利条件。

遵照志愿军首长6月20日23时的指示,第20兵团于6月22日,召开了作战会议,对情况进行了分析,决定发起金城战役,研究确定了战役的部署。决心"以北汉江西岸地区为重点,继续给伪八师残部及伪六师、三师、首都师主力以歼灭性打击,攻取轿岩山及金城川以北地区,并准备打敌一至二个二线师的反扑,同时于伪首都师正面攻占若干点,坚决固守打敌反扑,尔后依情况东西夹攻伪首都师、伪六师各一个团的阵地,歼灭守敌,力争拉平金城正面之战线"。"战役开始先小打,创造条件,尔后大打,最后实现上述目标。”①

6月23日17时，第20兵团新任司令员杨勇、原代司令员郑维山（准备轮换回国）、新任政治委员王平、参谋长萧文玖、副参谋长赵冠英给所指挥的各军发出指示，同时报志愿军总部和中央军委，决定将所指挥的4个军另1个师编成西、中、东3个作战集团，预定6月30日前完成小打任务，7月5日完成战役大打准备，7月10日前后发起进攻。指示中对各集团的编成和任务区分作了明确，要求各部队要有连续作战和打恶仗的思想，预先进行充分的准备工作，防止因前一阶段进攻作战的胜利而可能出现的轻敌、麻痹、疏忽大意的倾向，贯彻“稳扎狠打”的精神，先小打，后大打，做到“打必歼、攻必克、守必固”。此外，对战场准备、指挥通信、战术协同等问题也作了明确的规定。

与此同时，志愿军第9兵团、第19兵团以及第1、第24、第60、第67军也都作出了作战计划并报志愿军总部。

根据各部计划和准备情况，6月25日19时，志愿军代司令员邓华、副司令员杨得志、参谋长李达，再次指示第一线各部（同时报中央军委），狠狠打击南朝鲜军，并指示第20兵团在战役任务达成后，以2～3个军向纵深有限度扩张作战。指示内容如下：

（一）根据目前朝鲜政治、军事形势都对我有利，故一线之一军、廿四军、六十七军、六十军可根据志司六月廿日作甲巳一七六号作战命令②，放手对李伪军作战，要加速准备，周密组织，一切准备完毕后，放手狠狠地向李伪军打击。其他正面各军目前基本采取守势，只作进攻准备，如敌人（不管李伪军、美军及其他仆从军）胆敢向我进攻，则坚决歼灭之。廿兵团方向，依兵团六月廿三日第二步战役反击部署作战，六十七军、六十军反击成功后，在有利的情况下，拟以二至三个军向敌纵深华川方向作有限度的挺进扩张作战，请廿兵团即按现指挥之五个军（包括廿一军），拟定战役第一步作战计划及第二步向敌纵深扩展挺进的作战准备计划，报志司审核。故六十军第一步作战告一段落后，应由廿一军迅速接替，六十军调至兵团二线地区，迅速准备执行向敌纵深扩张战果。

① 杨勇、郑维山、王平、萧文玖、赵冠英，关于夏季战役第二步战役部署，致第20兵团各军并报志愿军总部、中央军委的电报，1953年6月23日17时。

② 指6月20日23时半给各部的指示。

（二）为加强廿兵团方向的作战，故决定由廿三军方向高炮第六一师抽一个中高炮团及其他方向抽二个工兵营配属廿兵团作战，具体任务由廿兵团指定。

以上望各兵团掌握，并将布置执行情形电告。

据此，第20兵团于6月26日，制订了向纵深发展作战的预定方案，报告志愿军总部。27日18时，邓华、杨得志、李达致电杨勇、郑维山、王平、萧文玖、赵冠英并第9兵团，同时报军委总参谋部，基本同意第20兵团的作战方案，并对向纵深发展的部署提出了具体意见。同时指示第24军有配合第20兵团作战的任务，“在廿兵团向敌纵深扩展作战时，廿四军能控制上下九井以南金化通金城之一段公路，坚决打击金化方向可能增援之敌及坦克部队，以保证廿兵团右翼之安全”。

7月5日、6日，第20兵团召开由其指挥的5个军的师以上干部会议，志愿军炮兵司令员高存信、后方勤务司令部副司令员张明远参加了会议。这次会议检查了各部作战准备情况，研究了战役的具体方案，对3个作战集团的组成和任务作了部分调整。预定7月13日晚发起攻击，战役时间为5～10天。同时建议志愿军总部在第20兵团发起战役时，令第一线友邻各军选择若干点进行小打，予以配合。7月6日，将具体作战方案报志愿军总部并中央军委。同日21时，志愿军总部将第20兵团、第1、第24军配合谈判、打击南朝鲜军的预计作战情况报告中央军委并通报给开城志愿军代表团。7日16时批准了第20兵团的作战方案和战役开始时间，并告：第24军可以同时配合行动，其他各军依准备情况而定。

7月10日19时30分，第20兵团司令员杨勇、政治委员王平、参谋长萧文玖、副参谋长赵冠英向各军、各作战集团下达了正式作战命令：

根据当面敌情和志愿军首长的作战意图，兵团“决心以中东西三个作战集团攻歼金城西南梨实洞、北亭岭至梨船洞、金城川线以北地区之敌伪六师全部、八师主力、首都师一个团另一个营、三师一个团，并坚决巩固所占领阵地，打敌反扑，求得在打敌反扑中给敌二线团师及可能增援之敌以严重杀伤”。攻击部署为：

中央集团以第67军、第54军第135师、第68军第202师的两个团组成，并配属炮兵2个团又5个营、反坦克歼击炮兵1个营、高射炮兵1个团又1个营、坦克1个连、工兵2个营，统由第67军军长邱蔚、第54军军长丁盛、第67军政治委员旷伏兆、第54军政治委员谢明等指挥。第一步展开2

个师，由西起金城东至松室里9公里的地段上发起攻击，以1个师由轿岩山北山腿、栗洞南山、690.1东山攻歼轿岩山南朝鲜第8师1个团和第6师1个营，得手后，一部协同右翼部队攻击商山里一带之敌，另一部配合左翼东集团歼灭585.2高地一带之敌；另以1个师攻歼官岱里西南南朝鲜第6师1个营，并迅速南向东山里、开野里发展，协同左翼部队歼灭东山里、商山里一带之敌，并有配合右翼西集团切断烽火山之敌南逃退路、歼灭开野里之敌的任务。第二步乘胜协同东、西集团由北面攻歼梨船洞一带之敌。

东集团以第60军、第68军第202师的1个团、第21军（欠1个师，并指挥第33师）组成，并配属炮兵3个营、高射炮兵1个营、工兵2个营，统由第60军军长张祖谅、副军长王诚汉、副政治委员赵兰田、副军长兼参谋长邓仕俊指挥。其中第21军担负北汉江以东加罗岭至文登里的守备任务，在战役开始后，选择当面敌军排以下兵力防守的数点进行攻击，以牵制美第10军向西增援。以第60军全部和第68军第202师第605团组成攻击集团，第一步以1个师由北汉江以西松室里西山至金城川间2.5公里的地段上，由东向西发起攻击，尔后迅速攻占广大洞、细岘里、551.6高地，控制金城川桥梁、渡口及华川至金城公路；分兵一部向北发展，攻歼585.2高地之敌。第二步，协同中、西集团由东及东南方向攻歼梨船洞之敌。

西集团以第68军（欠第202师）和第54军第130师组成，并配属炮兵2个团另8个营和4个连、反坦克歼击炮兵1个营、坦克1个连、高射炮兵1个团又1个营、工兵2个营又2个连，统由第68军副军长宋玉琳、第54军副军长吴瑞山、第68军副政治委员李致远、副参谋长廖鼎祥指挥。第一步展开2个师又1个团，由牙沈里至金城约10.5公里的地段上发起攻击，以2个师歼灭522.1、552.8高地南朝鲜首都师1个团主力，尔后1个师在右邻第24军配合下，迅速向南发展，歼灭476.8高地、上枫洞、二青洞及梨实洞以北之敌，坚决固守阵地，1个师向东南发展，歼灭月峰山、南屯里一带之敌；另以1个团歼灭424.2高地南朝鲜第6师1个加强连，尔后攻歼烽火山之敌。第二步协同中、东集团攻歼梨船洞一带之敌。

第54军第134师为兵团预备队，位于洗浦里附近。

命令各部于12日晚完成一切攻击准备，预定13日19时统一发起攻击（11日18时将攻击时间改为13日21时）。

志愿军首长于7月12日16时，对第20兵团部署提出如下两点意见：一、西集团在突破同时以一精干部队迅速插至下榛岘及北亭岭以北高地，断敌退路，歼灭或打乱敌炮兵；二、中、西集团于突破后须以有力部队乘敌混乱之际,迅速插至豆栗洞并抢占梨船洞西及西北各高地,对于第二步向纵深扩张极为有利。当日23时,第20兵团首长将上述两点意见作为补充命令下达各作战集团。

在第20兵团部署准备的同时,第9兵团第24军根据志愿军首长6月27日18时的指示,也进行了部署和准备。28日,该军代军长张震主持召开作战准备会议,确定了配合第20兵团作战的基本部署。7月7日,又召开团以上干部会议,确定了最后部署,经第9兵团和志愿军总部批准后,于7月11日20时,作为命令下达部队。第一步以第74师全部和第72师2个团,由金化东北的阳地村至杏亭间约3公里的地段发起攻击,歼灭注字洞南山南朝鲜首都师约2个营,尔后向桥田里、杨谷线以西、芦洞以北高地攻击,保证第20兵团右侧的安全,并视情况向岊峰方向发展。

为了保证战役的胜利,志愿军从6月下旬即开始进行了如下主要准备。

第一,完成了部队调动部署。第16军于6月25日接替了第23、第24军平康接合部各1个师的防务;同日第54军1个师接替了第67军右翼师牙沈里至金城地区的防务,第68军于6月27日全部到达战役集结位置;第21军于7月9日接替了第60军北汉江至文登里地区的防务,第60军于7月初接替了第67军北汉江以西1个师的防务。志愿军司令部为第20兵团方向加强了高射炮兵、火箭炮兵各1个团,榴弹炮兵1个团另1个营,反坦克炮兵3个连,工兵4个营。这样,金城正面志愿军共有6个军,82毫米迫击炮以上火炮1483门,兵力对比志愿军以3∶1占优势,火炮对比志愿军以1.7∶1占优势。

第二,抢修道路、配发渡河器材。为保障战役中的交通运输和部队运动特别是炮兵的运动,第20兵团于6月28日下达了工程保障指示,共抽调步兵13个团、各军建制工兵和配属的工兵50多个连加修道路452公里、急造军路61公里、架桥72座(长1320余米),为防雨季到来河川涨水,志愿军总部为第20兵团配发了各式门桥47副、苏式浮桥2套、中型橡皮舟和折叠舟36只、橡皮浮桥200米、苏式浮水衣1240余件。

第三,抢运作战物资。为保障物资供应,第20兵团于7月2日召开了各军和炮师后勤部(处)长、各军参谋长会议,专门进行了研究部署。志愿军后方勤务司令部派出副司令员吴先恩会同第2分部,全力进行保障,共抽调10个汽车团连同参战炮兵运输汽车共2700余辆汽车保证运输,赶运物资1.5万吨,准备各种炮弹130万发、炸药23.4万公斤,至7月11日止,除第60、第68军所需主副食、油料可用到7月20日外,其他均可用到7月底。

第四，加修作战工事和各种战术准备。在前沿增构坑道 520 余米、防炮洞 2850 余个、各种发射工事 3540 余个。第 20 兵团各作战集团和第 9 兵团第 24 军对敌情、地形均进行了周密的侦察，制定了详细的作战计划和协同方案，进行了各种战术演练，炮兵进行了试射。第 20 兵团司令部于 7 月 3 日下达了通信保障指示，对电话线路的架设、使用和作战中的通信保障作了具体部署，提出了要求。

第五，政治工作准备。6 月 30 日和 7 月 2 日，志愿军后方勤务司令部政治部和第 20 兵团政治部先后发出了保证金城战役胜利的政治工作指示。

志后政治部的指示指出：李承晚集团破坏战俘问题的协议，强迫扣留战俘，阻挠停战实现的行为说明，“不仅实现和平解决朝鲜问题还需要我们百倍提高警惕，坚持持久的斗争，就是要实现朝鲜停战，也还需要我们加紧作战，继续给敌人以重大打击，只有打下了敌人的猖狂气焰，才有可能实现朝鲜停战”。志愿军后方勤务司令部政治部要求第 2 分部“切实做好自己所担负的具体工作，团结一致，互相支援，群策群力，再接再厉，给前线部队以百分之百的供应保证”，为争取金城战役完全胜利而奋斗。提出的口号是：“为了争取实现朝鲜停战，要继续狠狠地打击敌人！”“全力保证前线供应，争取反击战的完全胜利！”“保持光荣、发扬光荣、再接再厉、功上加功！”①

第 20 兵团政治部 7 月 2 日的政治工作指示要求围绕金城战役的目的、意义和特点，战役胜利的条件和可能遇到的困难，当前部队中的思想倾向等三个问题为中心，广泛深入地做好战役动员工作。强调防止因战役前两阶段胜利而产生轻敌麻痹、疏忽大意情绪，树立打前所未有的大规模攻坚战的思想；强调做好各种战前准备，提高战术和协同水平；强调在作战中开展宣传攻势，瓦解敌军。7 月 7 日，志愿军政治部给第 20 兵团发出政治工作指示，同意第 20 兵团的政治工作指示，并特别指出这次战役的重大意义：“这一战役任务的胜利完成，不仅在军事上会给敌人以更惨重的打击，取得大规模阵地攻击作战的经验（这种经验是十分宝贵的），并且在政治上会沉重地打击李承晚和美国的反停战分子，用事实教训敌人，谁反对停战，谁就要遭到惨重的失败，从而促进停战的实现。因此，就必须有最大的决心完成这一战役任务。号召指挥员、战斗员、各种工作人员，在这个有重大意义的战役中立大功。”

---

① 志愿军后方勤务司令部政治部，关于夏季战役第三阶段动员教育工作指示，致各分部并报志愿军政治部的电报，1953 年 6 月 30 日。

第六，以小打隐蔽大打企图和掩护战役准备。遵照先小打，后大打的指导思想，为了迷惑敌人，造成战役的突然性，在战役发起前，第60、第67军继续向原定的南朝鲜军营以下目标实施小规模的进攻。第67军于6月25日攻占529.3高地，歼灭南朝鲜第3师1个营（欠2个排）；6月30日攻占690.1高地，歼敌1个排；7月10日攻占轿岩山北山腿4个无名高地，歼敌1个多连。第60军6月26日攻占了938.2高地及广石洞以西高地，各歼敌1个营。各军在新占阵地上分别同敌军展开反复争夺，先后击退南朝鲜军排至营规模兵力在航空兵配合下的反扑达200余次，共毙伤俘敌1.2万余人。同时，其他兵团所属的部队在有利情况下也向当面敌人阵地发动了小规模的进攻，掩护了战役准备工作的顺利实施，隐蔽了战役企图。

战役第一步作战

战役发起前，轿岩山方向南朝鲜军对志愿军的进攻企图有所察觉，抽调二梯队的1个营加强了轿岩山地区的防守兵力，并将位于史仓里地区的预备队南朝鲜第11师前调。在其他方向，敌情基本未变。因此，志愿军仍按原定计划发起进攻。

7月13日21时，夜幕下的天空，阴云密布，大雨将至。志愿军第20兵团3个突击集团和第9兵团第24军，在东起北汉江西岸西至阳地村25公里的正面上同时发起了攻击。

隆隆的炮声首先拉开战幕，1100多门火炮，对金城以南南朝鲜军阵地进行猛烈轰击。这是志愿军入朝以来，集中火炮数量最多、火力最强的一次战役。经7～28分钟的火力急袭，将1900余吨炮弹倾泻到南朝鲜军阵地上，破坏了南朝鲜军阵地表面工事30%以上，在开辟通路地段上破坏障碍80%～90%。炮火准备结束后，步兵迅速发起攻击。在1个小时内全部突破了南朝鲜军4个师的防御前沿阵地。

西集团以第68军第203、第204师和第54军第130师1个团，从西起牙沈里东至金城一线实施突破，突破后迅速发展进攻。

该集团右翼第203师于13日23时52分占领了522.1高地及其以北诸高地，歼灭守敌1个营。之后，该师主力向芳通里方向推进。同时，该师穿插分队（第609团第2营及配属该营的第607团1个侦察班），沿522.1高地以东公路向南直插上枫洞、下枫洞。14日2时，穿插支队的先头侦察班在副排长杨育才率领下，化装成南朝鲜军，巧妙地通过南朝鲜军数道哨卡，进至二青洞地区南朝鲜首都师第1团(白虎团)团部附近，袭击了“白虎团”团部，歼敌一部，打乱了该团的指挥体系，使部署于周围的南朝鲜军失去指挥，为志愿军第203师顺利完成战役第一步任务创造了条件。这就是后来在国内广为流传的“奇袭白虎团”。战后，该侦察班荣立集体特等功，杨育才个人被志愿军首长记特等功，授予一级战斗英雄称号。朝鲜最高人民会议常任委员会授予他“朝鲜民主主义人民共和国英雄”称号和一级国旗勋章、金星奖章。

“白虎团”团部被捣毁后，其部队很快发生溃乱。士兵丢弃武器弹药，四散奔逃。穿插支队在夜暗的掩护下乘机将位于该团部附近的美军第555榴弹炮兵营大部歼灭，并将来援的南朝鲜首都师机甲团第2营大部歼灭，击毙机甲团团长。于14日3时占领梨实洞、北亭岭以北诸高地。穿插支队在3个多小时时间内穿插前进9公里，进行大小战斗11次，打破了南朝鲜首都师第1团的防御体系，为西集团顺利完成作战任务立下第一功。至14日6时，第203师全部占领下榛岘、北亭岭、梨实洞、杨谷一线以北地区，完成了第一步作战任务。

该集团第204师突破敌前沿后，在炮火支援下，集中力量进攻552.8高地及附属阵地。14日3时40分，全部占领552.8高地表面阵地，残敌转入坑道及盖沟内顽抗。之后第204师以少部兵力肃清残敌，以主力向南追歼逃敌，并活捉南朝鲜首都师一名副师长。14日，天降大雨，志愿军第204师乘美军飞机活动困难之机迅速向南发展。14日15时30分，向月峰山之敌发起攻击，经过5分钟炮火袭击后，以步兵1个多团分3路冲锋，至17时40分占领月峰山及其以南诸高地。至此，第204师占领了豆栗洞至间榛岘以北阵地，完成了第一步作战任务。

该集团第130师1个团在攻击发起后，迅速占领了424.2高地表面阵地，残敌转入盖沟顽抗。该团先后组织多次爆破，因爆破筒、手雷失效而未成功，最后终将盖沟出入口炸毁堵塞。尔后，以主力向南发展，进攻烽火山之敌，因途中迷失方向，部队于14日10时进至烽火山，敌人已经弃守逃走。

至此，西集团全部达成第一步战役任务，占领了芳通里、梨实洞、北亭岭、间榛岘、豆栗洞一线以北阵地，给南朝鲜首都师以歼灭性打击。全歼其1个团又1个营和2个连及2个炮兵连，另歼灭配属该团的美军第555炮兵营和1个坦克连大部。

中央集团以第67军第199师和第200师，从东起狐岘以南西至金城一线实施突破。

第199师突破后的首要攻击目标为轿岩山。轿岩山由西、中、东3个毗连的山峰组成,海拔700多米,瞰制金城川以北、北汉江以西的大片地方,是南朝鲜军在该地区的核心阵地。如果轿岩山失守,则其金城川以北阵地即全部动摇。该地有南朝鲜第6师、第8师共计2个团兵力据守。阵地上构筑了大量坚固工事,火力网交叉密集,加之山势陡峻,路窄难行,是易守难攻之所。

火力急袭后,7月13日23时,志愿军第199师5个营向轿岩山发起冲锋。敌军踞险顽抗,战斗十分激烈,志愿军第199师冲击受阻。至14日零时44分方攻上中峰、东峰。后又投入第199师1个团和第201师1个营,至14日10时攻占主峰(西峰),全部占领了轿岩山阵地。随后,以第199师1个团和第201师2个营向敌纵深猛插,歼灭逃敌。至14日16时,进至商山里、585.2高地一线,并继续向南发展。在攻击轿岩山主峰的战斗中,当部队冲击距主峰约200米时,突然遭敌机枪火力点封锁。第199师第595团1连战士李家发主动担当起爆破敌火力点的任务。他将身上仅有的两颗手榴弹投出后,见仍有一个火力点在射击,便奋不顾身地用自己的胸膛堵住了碉堡的枪眼,献出了年轻的生命,掩护部队冲上了主峰。这又是一个黄继光式的英雄战士。战后,志愿军领导机关给李家发追记特等功,追授一级战斗英雄称号。朝鲜最高人民会议常任委员会授予他"朝鲜民主主义人民共和国英雄"称号和一级国旗勋章、金星奖章。

当攻击轿岩山的火力延伸后,中央集团将一部炮火转移到第200师方向。13日23时35分,第200师开始15分钟的炮火准备,之后,以步兵1个团向官垈里西南高地发起攻击,迅速歼灭守敌1个营,并继续向峙尾岘、泗川里方向进攻。以另1个团沿鸡岩以东公路向南猛插,歼敌1个营大部,至14日6时占领金城川以北的龙渊里、362.9高地、东山里地区,将南朝鲜第6师防御阵地东西分割,使烽火山和轿岩山之敌侧后受到威胁发生动摇。至此,第200师进攻方向的金城川以北守敌,除少数逃窜外、大部被歼。14日8时、第200师投入二梯队2个团南渡金城川,向梨船洞方向突进,沿途追歼逃敌。此时,南朝鲜军梨船洞以西及西北诸高地的防御尚未部署就绪,志愿军第200师迅速全部占领梨船洞以西及西北地区,并缴获敌满载物资的卡车29辆、飞机1架。

战斗至14日18时30分,中央集团全部达成了第一步作战任务,占领梨船洞以西高地、602.2及巨里室以北阵地,共歼敌4个整营又3个整连,另歼2个团又2个营大部。

东集团第181师配属第202师第605团,分多路由侧翼进攻据守斩岩山东南陵洞、竹洞以东,松室里、龙虎洞以西,金城川以北地区的南朝鲜第3师阵地。由于该集团作战地区狭窄,又是横越山脊进攻,因而13日当夜未能全部解决战斗。14日6时,沿金城川向西发展的一部攻占472.3高地;14日15时,沿汝文里方向向西进攻的部队占领585.2高地。两部会合后于14日16时占领551.6高地,至18时,金城川以北残敌被肃清,并以部分兵力向南渡过金城川,攻占了金城川与北汉江汇合处的461.9高地。达成了第一步作战任务。

13日21时,第20兵团右邻第24军以第72师和第74师向当面南朝鲜军发起进攻。18分钟的火力急袭后,第一梯队突击部队分20多路向敌前沿发起冲锋,在6至25分钟内分别突入南朝鲜军阵地。南朝鲜军阵地被突破后,即用105毫米榴弹炮、化学迫击炮猛烈轰击,直到炮身打红无法继续发射火力才转弱。志愿军第24军第一、第二梯队的各路突击部队冒着敌人炮火勇猛突进,经过约3个小时的激战,全部占领了注字洞南山、杏亭西山、424.2高地,开始肃清阵地内残敌。至14日9时,除少数残敌逃窜外,均被歼灭。尔后以2个营沿后岘向桥田里、杨谷方向追击前进。14日午后占领杨谷、432.8高地及芦洞以北诸高地,并打退敌数次反扑,控制了金化之敌向东增援的去路,有力地保证了第20兵团右翼的安全。

志愿军发起金城战役后,南朝鲜军害怕被歼,狼狈撤退。外电纷纷作了报道。合众社的报道描述说:"金化东北南朝鲜部队已经'有秩序地撤退'。有些南朝鲜部队被中国军队浪潮切断,中国军队包围了它们,打到后方,其他部队仍在'四面八方'作战,这些地方现已成了中国军队的'后方'。"然而,被打乱的南朝鲜军的"撤退"实在称不上"有秩序",当时美联社记者爱德华兹报道:南朝鲜军撤退时,"有的坐着卡车和吉普,有的攀在坦克上,有的骑在大炮的炮身上。但是还有成千的人用那穿着帆布胶底鞋而且起了水泡的一双脚向南步行。这些人一拐一拐地向前走,到了精疲力竭的时候就在路旁的泥地里倒头就睡,顾不得倾盆大雨了"。"在退却的韩军中间还夹杂一些美军的大炮和坦克,它们也被迫向南转移,因为韩军步兵的撤退使他们暴露在敌军的炮火下。有的美国兵撤退时没有携带装备,有的在撤退以前来不及把装备破坏。"①

---

① 《参考消息》,1953年7月21日,7月合订本,522页。

志愿军经过21小时的战斗，至14日18时，全部达成了战役第一步任务，占领了西起新木洞向东经芳通里、梨实洞、间榛岘、豆栗洞、巨里室、沿金城川至461.9高地一线以北地区，向南最远推进9.5公里，共歼敌1.4万余名，拉直了金城以南战线。南朝鲜首都师、第3师和第6师均被打残，撤出第一线进行整编。①

战役第二步作战

志愿军发起金城战役后，南朝鲜军在金城以南的战线迅速崩溃。志愿军顺利达成了战役第一步任务。鉴于此，志愿军首长决定乘敌溃散之际，迅速扩大战果。7月14日17时，彭德怀、邓华、杨得志、李达致电第20、第9兵团，第60、第67、第68、第24军，志愿军后方勤务司令部，下达了第二步作战指示，同时报中央军委。电报指出：

金城以南地区我战役第一步发展顺利，已将敌主阵地突破，打乱其部署，根据稳扎狠打的方针，为巩固既得阵地，乘敌溃乱之际，迅速扩大战果，特作如下部署，望即研究执行。各军将登大里、广大洞、细岘里、梨船洞、豆栗洞、间榛岘、梨实洞、四三二点八高地、回隅一线及以北之敌肃清后，主力即巩固该线，迅速构筑工事，修通至我后方之公路，将炮兵转移至该线占领阵地(充分利用缴获的坦克和火炮)，将物资弹药前运，支援巩固该线作战，各军均以若干有力支队乘敌溃乱时机分别向南发展。具体任务：

一、六十军巩固金城川以北登大里、广大洞、细岘里以北各高地，并负责控制金城通华川公路，打敌增援(注意防坦克)，另以有力部队分别向黑云吐岭、白岩山方向发展，相机占领该线阵地。

二、六十七军巩固四一三点六高地、芦洞里、梨船洞、豆栗洞(含)、南[大]川及以北各高地，另以有力部队分别向五六六点七、赤根山方向发展，相机占领该线阵地。

三、六十八军巩固豆栗洞(不含)、间榛岘、梨实洞、杨谷(不含)、南[大]川以北高地。另以有力部队分别向三天峰、峃峰方向发展，相机占领

① 参见[美]沃尔特·G.赫姆斯：《朝鲜战争中的美国陆军——停战谈判的帐篷和战斗前线》，537页，北京，国防大学出版社，1988。

该线阵地。上述三军具体部署及作战分界线由二十兵团决定,特别注意加强要点的控制,并注意纵深配备,加强接合部。

四、二十四军巩固四三二点八、回隅、四二四点二一线各高地,控制金化通金成公路,打敌反扑(注意防坦克),另以部队分别向松洞、四五七点零高地方向发展,相机占领四五七点零及以东高地,配合六十八军作战。另以主力一部按原作战计划向五三七点七之敌攻击,成功后相机攻占鸡雄山。

接到志愿军司令部命令后,第 20 兵团和第 24 军迅速确定部署,采取行动,巩固和发展胜利成果。

第 20 兵团司令员杨勇、政治委员王平、参谋长萧文玖、副参谋长赵冠英于 14 日 21 时 40 分,向各集团首长下达指示,同时报志愿军总部并中央军委,指出:

我已按预定计划攻占金城川以北及金城西南一带阵地,在梨船洞全部攻占后,确定部署如下:

坚决巩固杨谷、梨实洞、北亭岭、榛岘里、六三二点五、六零二点二、巨里室北高地、金城川、四六一点九之线及以北阵地,各集团成梯次纵深配备,迅速抢修工事,打扫战场,肃清阵内残敌,沟通通信联络,调整组织,转进炮兵阵地,修筑运输道路,布置反坦克,随时打敌大规模反扑。各集团并以有力支队(不少于一个团的兵力)继续向南占领有利阵地。西集团向三天峰、杜木方向,中央集团向赤根山、注波里方向,东集团向黑云吐岭、八一八点九方向发展,相机控制之。

电报对各集团及与第 24 军的战斗分界线作了重新明确。

第 24 军代军长张震、副军长李家益、陈仁洪于 15 日 2 时 30 分,也根据志愿军首长 14 日 17 时的指示向各师下达了部署令。

根据上述指示和部署,第 20 兵团各集团和第 9 兵团第 24 军即开始行动。

东集团早在 14 日 14 时 40 分,即根据志愿军总部和第 20 兵团关于达成战役第一步任务后,乘势扩张战果的意图,对战役第二步作战作了部署。在达成第一步作战任务后,紧接着从 14 日 18 时开始,以集团二梯队第 180 师两个团分别从小城洞、登大里以北地区向南渡过金城川,分两路向黑云吐岭、818.9 高地攻击前进。此时,南朝鲜军在志愿军打击下,正在慌乱溃逃。

志愿军第180师乘势冒雨轻装前进。15日12时，占领黑云吐岭及818.9高地一线，并打退敌1个连兵力3次反扑。至16日15时，全部占领1118高地、白岩山、949.5高地、867高地向东直达北汉江西岸一线以北地区，将战线又向南推进了约8公里，胜利完成了第二步作战任务。

东集团第21军指挥的第33师，于14日23时，以1个连又2个班，在82毫米迫击炮以上火炮83门支援下，向防守1089.6以南无名高地美第45师1个连发起攻击，经20分钟战斗，全部占领阵地，全歼守敌。至15日12时，又击退美军2个班至2个连兵力的3次反扑，巩固了阵地，配合了金城以南地区的作战。

中央集团以第54军第135师1个团担任发展进攻任务。该部受命向后洞里、注坡里方向穿插，准备消灭南朝鲜第8师师部并占领阵地。14日夜，部队由鸡岩附近冒雨出发。因夜暗下雨，地形生疏，地图被雨淋不堪使用，先头分队进至巨里室北山即误认为到达后洞里，就地布防，准备打敌反扑。后上级发现位置不对，于15日2时继续向后洞里搜索前进，进至后洞里时，与南朝鲜第6师1个团的前哨接触，将其击溃，并查明后洞里南北山均有南朝鲜军防守，遂返回巨里室北山，占领阵地，构筑工事，准备打敌反扑。

在西集团方向，15日9时至19时，美第3师和南朝鲜首都师残部以1个排至2个营兵力，在坦克20余辆、飞机130余架次及强大炮火支援下，向北亭岭、梨实洞、杨谷一线志愿军新占阵地反扑21次，均被击退。志愿军西集团以一部兵力继续向南发展，至15日22时，全部控制了芳通里、梨实洞、北亭岭公路线以北地区。16日7时30分，以1个多营攻击632.5高地，至7时55分攻占该高地主峰以北无名高地，后几次攻击主峰均未成功，遂主动撤出。

在第24军方向，于14日占领杨谷、432.8高地后，15日3时又占领了新木洞和梨实洞。后坚守432.8高地至杨谷东山一线。15日14时30分至18时30分，南朝鲜第9师以1个营至1个团兵力，连续向432.8高地反扑数次，均被击退。志愿军第24军部队牢牢控制了该阵地。16日，志愿军第24军乘当面敌军调整防务之机，以第72师及第70师各一部攻占了537.7高地、葛洞北山和597.9高地以东、东南、以南各无名高地。同日，还以第74师1个团向松洞北山发动了攻击，后主动撤回。

至此，志愿军在金城以南全部达成了进攻任务。由于连日来天降大雨，河水上涨，道路泥泞，敌机乘机轰炸，前线地区桥梁被毁，使运输供应受到阻碍,炮兵难以及时跟进支援。加之,美第8集团军在金城以南的反扑部署调整基本就绪。志愿军遂决定转入防御,抗击敌人的反扑。

粉碎“联合国军”的反扑和战役的胜利

南朝鲜军在金城以南遭到严厉打击,防线崩溃后,7月14日晨,美第8集团军司令泰勒即命令南朝鲜首都师、第6师、第8师、第3师和第5师,从金城以南突出部撤回到底部金城川一线以南布防,以阻止志愿军的进攻势头。同时调整部署,将仓促从日本空运到朝鲜的空降第187团配属给美第2师,并将美第2师从抱川地区前调接替金化以西美第3师防务,其空降第187团接替金化以北南朝鲜第9师部分防务,南朝鲜第9师向东延伸,缩小南朝鲜第2军团的正面;美第3师东移至南朝鲜首都师背后的宂峰、三天峰布防,并准备向梨实洞、北亭岭反扑;以美第8集团军预备队南朝鲜第11师,调归南朝鲜第2军团指挥,接替伤亡惨重的南朝鲜第6师投入战斗。15日,布防调整基本就绪,并令南朝鲜第2军团从16日开始反攻,收回金城川防线。[①] 16日,“联合国军”总司令克拉克和第8集团军司令泰勒飞抵朝鲜前线,在南朝鲜第2军团部召开高级军官会议组织反攻部署,宣称要发动最大规模的反攻,企图夺回金城以南失地。20日,南朝鲜第7师也加入了反扑。

对此,志愿军早有准备,第20兵团在14日21时40分给各集团的指示中就有部署。在金城以南作战完成第二步进攻任务时,第20兵团首长于16日16时30分致电各集团,又要求坚决执行兵团14日电令,并指示:

(一)各集团除巩固已占阵地外,应继续以精干部队在机动灵活之指挥员率领下与火炮支援下,积极向南有限度发展,歼灭小股敌人,占领战术上的有利阵地,以便我基本阵地之体系更加完整,与争取时间使我主阵地之巩固,击退敌大规模之反扑。

(二)目前,除积极抢修工事外,在工事未形成体系之前,应特别注意周

① 参见[美]沃尔特·G.赫姆斯:《朝鲜战争中的美国陆军——停战谈判的帐篷和战斗前线》,537页,北京,国防大学出版社,1988;韩国国防部编:《朝鲜战争》,第5卷,6、434页,牡丹江,黑龙江朝鲜民族出版社,1988。

密部署兵力，组织火力，加强警戒，不仅控制山顶、山腰，而且注意山腿、山沟之控制，防敌夜间偷袭。

（三）加强反坦克布置，设置、构筑反坦克区（特别公路线），严密组织反坦克火力，准备击退敌大批坦克之渗入。

（四）各二线部队应大力支援一线作战，保障粮弹、物资及时供应。各集团除排除一切困难积极抢修金城川桥梁及后方公路线外，应迅速于金城川以南囤积足够的粮弹。

（五）很好组织接合部之兵力、火力协同，制订协同作战方案。

17日18时，彭德怀、邓华、杨得志、李达致电第60、第67、第68、第24军、第20、第9兵团，并第一线各军，指出：

“敌酋克拉克、泰勒昨日飞赴前线，召集高级军官会议，布置并声言发动最大的反攻，企图夺回金城以南失掉阵地。”正在组织遭到打击的南朝鲜首都师、第3、第6、第8师和南朝鲜第9师、第11师、美第3师部署反扑，另在杨口地区的美第40师也可能前调增援。“故在三至五天内敌必大规模的反扑。估计此次敌人反扑的规模之大和程度，当会超过去秋上甘岭。”我金城以南作战已将敌正面20余公里、纵深10余公里的阵地全部突破，打垮了敌人4个师，缴获大批军用物资，第一步任务已胜利完成。“目前为争取更大的胜利，粉碎敌人的任何反扑，在第二步作战中，望我全体指战员更紧张加紧动员起来，抢修新占阵地工事，组织炮火，拟订作战方案，加强交通运输，做好各种准备工作，要在敌人大规模反扑中予以更大的杀伤与歼灭性的打击，争取战役的全部胜利。”

电报要求第20兵团和第24军“要坚决巩固金城以南之登大里、广大洞、细岘里及芦洞里、梨船洞、豆栗洞、间榛岘、梨实洞、432.8高地、537.7高地一线以北阵地，作为我主阵地，该线以南即作为我前进阵地。现已占领之各前进阵地亦应加强构筑工事，组织火力坚决打敌反扑，不轻易放弃。同时以精干小部队积极向敌活动，迫使反扑之敌过早展开，迟滞行动。我应利用各前进阵地与敌作战，争取时间，使我上述主阵地构筑工事、巩固阵地，打敌更大的反扑”。

电报对金城正面各军的任务作了具体明确。同时，要求各军在主阵地上作纵深配备，建立两道防御地带，以巩固主阵地的防御。“主阵地以南我前进阵地各部队，应停止对敌人既设阵地较大的攻击，以便集中力量打敌反扑，但不放松小部队的积极活动”。“各军应迅速修筑道路，加强运输，使我各种炮火及粮弹迅速前推,有力地支援打敌反扑作战。同时要大量地使用此次缴获敌之武器和弹药,以补助我运输之不足。”“西线中线我各军,应积极作攻击准备,待敌人向我金城以南地区大规模反扑时得本部命令即向敌人攻击。”

各部队依此进行了部署。

“联合国军”反扑的重点首先指向东集团新占阵地黑云吐岭、白岩山、949.5高地一线。该线对敌呈凸出态势,直接威胁南朝鲜第2军团防区的南北交通干线金城至华川公路。志愿军第180师占领阵地后,东集团根据志愿军总部和第20兵团的指示,决定第180师主力于17日撤至金城川以北,金城川以南留置1个营坚决控制金城川与北汉江汇合处的461.9高地。

7月17日,南朝鲜军以6个团的兵力在飞机100多架次,大口径火炮200余门支援下,分路对志愿军第180师新占的金城川以南阵地连续轮番反扑。以3个团向黑云吐岭南1公里的569.5高地、黑云吐岭、1118高地;2个团向白岩山、949.5高地、867高地;1个团在5辆坦克配合下沿949.5高地以西公路突进。

志愿军第180师所部在工事不完备、无纵深炮火支援,粮弹供应不足的情况下,面对数倍于己的优势之敌,进行了顽强艰苦的抗击。在争夺867高地作战中,敌投入2个营发动正面进攻,同时以直升机在侧后机降进行夹击。守卫该高地的志愿军第180师1个连在敌包围中拼死奋战,终因众寡悬殊,阵地被敌占领,该连除2人突围外其余全部壮烈牺牲。从17日3时至20时,激战竟日,除867高地失守外,其他各处经与敌反复争夺,均将敌击退,阵地屹立不动。毙伤南朝鲜军3000余人。当晚21时至18日6时,志愿军第180师按东集团部署将金城川以南部队全部撤至金城川以北和461.9高地坚守。19日和20日,南朝鲜军以1个排至1个营兵力在坦克和炮兵支援下,向461.9高地发动17次反扑,炮击1.7万余发。志愿军第180师1个营顽强坚守,均将敌军反扑击退,两日共毙伤敌1000余人,牢固控制了阵地。

东集团刚刚接替第一线防务的第21军,为牵制当面敌军,配合金城正面部队打敌反扑,以第33师和第61师各1个连的兵力,采取抓一把就走的战术,在战前,抵近敌阵地前沿潜伏一昼夜,于7月17日23时许,在炮火支援下对美45师1个连防守的1219.8高地西北山梁发起攻击,半小时内攻占了阵地,打敌反扑后,主动撤出战斗,毙伤美军266名。

18日开始,“联合国军”反扑的重点转移至中央集团正面。18日凌晨,志愿军中央集团以第67军2个排于2时25分攻占了602.2高地，歼南朝鲜第11师200余人。从18日上午10时开始，敌军约1个团的兵力分3路向后洞里地区运动，随即以连至营为单位同时向602.2及其以西无名高地、巨里室东北山发动连续反扑，均被志愿军击退。19日、20日敌人的反扑达到高潮。

19日，在中央集团6公里的正面上，敌军展开3个团的兵力，在飞机150架次、坦克16辆配合下，分3路继续向602.2及以西无名高地、巨里室东北山反扑。一日内反扑达106次。中央集团进行了顽强抗击，602.2高地几度失手，均乘敌立足未稳迅速夺回。志愿军的炮火在打敌反扑中发挥了巨大作用，不仅有力地支援了步兵作战，还直接打退了敌多次反攻。在步炮密切协同下，坚守602.2高地的志愿军第67军1个团一天内即毙伤敌1450余人。坚守巨里室东北山的第54军1个团击退敌30余次反扑，毙伤敌700余人。

为了支持中央集团坚守阵地，20日，第20兵团将兵团预备队第134师投入中央集团方向，并指示各集团对第一线各点“必须坚决固守，凡丢失者一定要夺回，寸土必争”。

20日，敌军再次调集5个多营兵力，在飞机420架次、坦克22辆掩护下向602.2高地及以西无名高地反扑48次，被志愿军步兵击退28次，其余均在运动中被志愿军炮火击溃。敌再次付出1450多人伤亡的代价。敌人两天的疯狂反扑，伤亡惨重，却无所收获。21日后，敌军反攻的势头开始转弱。23日，李承晚与泰勒等众多高级将领视察前线，鼓励士气。南朝鲜军叫嚷：“夺回三黄山（即602.2高地），向总统献礼。”[1] 23日、24日，南朝鲜军再度鼓起勇气发动反攻，两日内反扑107次，仍然劳而无功，不能扭转大局。至此，敌已无力再攻。

在西集团和第24军方向上，敌军反扑动作不大。19日、20日，敌人先后以1个排至1个连的兵力及坦克数辆，对志愿军西集团防守的间榛岘北山腿、梨实洞东北发动偷袭性进攻10余次，均被击退。

从7月17日直至27日朝鲜停战止，志愿军在金城以南先后击退美军和南朝鲜军1个排以上规模兵力的反扑1000余次，除巨里室北山被敌军占去外，志愿军巩固地占领了东起461.9高地向西沿金城川、602.2高地、间榛岘、北亭岭、梨实洞、芳通里至新木洞、537.7高地、597.9南高地一线以北阵地。

---

① 国新社汉城24日广播。

至此，金城战役胜利结束，共歼敌5.3万余人，将南朝鲜军4个师打残，收复阵地160余平方公里，有力地配合了停战谈判。

1953年7月25日，中共中央和中央军委致电志愿军总部，祝贺志愿军取得夏季战役的重大胜利，贺电说：

我志愿军和朝鲜人民军自入夏以来，向敌展开有重点的战役性的反击作战，迄今已获得重大胜利。自五月十三日至七月十八日两个多月中，共毙伤俘敌九万余人，尤其自七月十三日开始的战役，在金城东西三十余公里的正面，向敌四个多师所据守的阵地，同时进行突破，截至十八日止，五天中共毙伤俘敌二万八千余人，击溃敌四个多师，共攻占纵深十公里约一百七十平方公里的阵地，缴获了许多装备和物资，给了李伪军以严重打击，有力地配合了停战，大大提高了我军对敌斗争经验，使我军在突破敌坚固设防地带的作战中获得极宝贵的经验，特电祝贺。

第一线其他各军的配合作战及国内粉碎蒋介石集团对美军的策应行动

在志愿军第20兵团和第24军发起金城战役前后，志愿军正面战线第1、第46、第23、第16军，遵照志愿军总部的指示，惩罚李承晚，配合停战谈判，根据“稳扎狠打”的原则，抓住有利时机分别组织了小规模进攻作战，配合金城以南作战。

志愿军第19兵团指挥的第1军，从6月25日至7月23日，先后对当面南朝鲜军和美军连以下兵力防守的6处阵地进行了攻击。

6月25日，志愿军第1军第7师攻击桂湖洞东北198.6高地南朝鲜第1师1个连和1个排的阵地，全歼守敌，随后连续6个昼夜打敌反扑，予南朝鲜军第1师以重大杀伤，最终巩固占领了桂湖洞东北198.6高地。6月28日，第1军第7师攻击笛音里西北无名高地南朝鲜军1个连另两个排的阵地，该军第1师攻击高阳岱东山南朝鲜军1个排的阵地，均攻克阵地，全歼守敌。7月13日晚，第1军第2师攻击鱼积山里西南高地南朝鲜军1个排的阵地，攻克阵地，全歼守敌；同时，第1军第1师攻击高阳岱东无名高地南朝鲜军1个连阵地，攻克阵地，敌军逃窜，歼其一部。7月23日，第1军第7师攻击上浦坊东第二无名高地美军第7师1个排的阵地，攻克阵地，全歼守敌。上述阵地攻克后,共打退敌班至营规模反扑180多次。巩固了桂湖洞东北198.6高地、笛音里西北无名高地、高阳岱东山等4处阵地,扩展阵地面积5.43平方公里,共计毙伤俘敌7000余名。1953年6月27日,志愿军总部对第1军攻击198.6高地战斗予以通报表扬,指出:“我们认为该军初上阵地,由于战前积极准备和周密组织,此战斗打的较好,特予通报表扬。望继续努力,争取更大胜利。”

第19兵团指挥的第46军从6月24日至7月27日期间,对马踏里东山、柞木洞南山、草绿洞西北山美陆战第1师防守的阵地进行5次攻击,共歼敌2000余人,并巩固地占领了马踏里东山阵地。

第9兵团指挥的第23军,于7月6日晚,以第67师1个团向美第7师1个多连防守的石岘洞北山发起攻击,为配合此点作战,同时以第73师一部向南朝鲜军第2师1个营防守的281.2高地发起攻击。当晚,在炮兵火力支援下,攻占石岘洞北山阵地,全歼了美第7师1个连另2个排;攻占281.2高地1号阵地。此后,在石岘洞北山阵地,从7月7日拂晓至11日10时许,打退美军1个班至1个多营兵力的反扑80余次,巩固占领了阵地。共歼敌3300人(不含炮火杀伤敌人)。在281.2高地曾几次攻击2号阵地主峰均未成功,从7月8日至10日,利用1号阵地先后打退南朝鲜军20余次反扑,10日晚主动撤出战斗,共歼敌1700余人。在7月6日晚攻击石岘洞北山主峰时,突击排为敌暗堡机枪火力所阻,爆破手爆破未成功,英勇牺牲。第67师第200团战士许家朋从牺牲的爆破手身边拿起炸药包向敌暗堡扑去,在距敌10余米处双腿负伤,他抱着炸药包继续爬行。当逼近敌暗堡后,发现炸药包受潮失效,便猛然挺立起来扑向敌机枪眼,用胸膛紧紧抵住枪口,阻止了敌人机枪的发射,保证了攻击部队迅速攻占主峰。战后,志愿军领导机关给许家朋追记特等功,追授一级战斗英雄称号。朝鲜最高人民会议常任委员会追授他为“朝鲜民主主义人民共和国英雄”称号和一级国旗勋章、金星奖章。中朝联合司令部于1953年7月10日对该军攻击石岘洞北山战斗予以通报表扬,指出:“此战斗打的较好,特予通报表扬。”

第9兵团指挥的第16军于6月下旬刚刚接防第一线阵地,为锻炼部队,牵制敌人,也积极进行了攻点作战。7月17日晚,第16军以第46师1个连在炮火支援下攻击527.7以南无名高地之敌。歼灭美第2师1个连全部另1个连大部。19日,又以7个班攻歼荷兰营1个连大部和美第2师工兵营2个班。21日,以第32师4个半班的兵力向守卫248.8高地的南朝鲜第2师1个排发起进攻，攻克阵地后又打退敌4个班兵力的反冲锋，尔后撤出战斗，歼敌81人。第16军在上述攻击作战中，共毙伤俘敌520余名。

在此期间，人民军第3、第7军团也对当面南朝鲜军防守的811.7南第一、第二无名高地、854.1高地、351高地、345.4高地进行了5次攻击作战，共歼敌1300余人，巩固占领了811.7南第一、第二无名高地和345.4高地。

从6月24日至7月27日，志愿军第1、第46、第23、第16军和人民军第3、第7军团，共对敌连以下目标进攻27次，连同打敌反扑共歼敌1.7万余人，这些积极作战，既有力地配合了金城战役的顺利进行，又锻炼了部队和改善了阵地。

在此期间，国内人民解放军粉碎了台湾蒋介石集团为策应“联合国军”在朝鲜战场的行动，对福建沿海东山岛的登陆进攻。

艾森豪威尔就任美国总统后，放蒋出笼，怂恿台湾蒋介石集团对中国大陆进行袭扰活动，以动摇中国人民志愿军在朝鲜作战的决心。蒋介石集团也企图利用这个机会，攻占福建大陆二三个县，为“反攻大陆”做准备。首先选择了位于福建沿海最南端闽粤两省交界处的东山岛，发动登陆进攻。该岛与大陆有500米宽的海峡相隔，全岛面积为165平方公里，是闽南沿海的屏障，人民解放军守岛部队只有1个公安团。

7月16日，蒋介石集团集中了4个步兵团、22辆水陆两用坦克，13艘舰艇，30余架飞机，由金门岛出动。另有1个伞兵大队由台湾新竹出发配合作战，采用“以大吃小，速战速决”的手段，企图一举歼灭守备东山岛的人民解放军。7月16日5时，分3路登上东山岛，将人民解放军守岛部队公安第80团包围。

对于蒋介石集团的登岛进攻，中央军委早有防备，总参谋部和福建军区制定了作战预案。在蒋介石军队登岛后，福建军区立即按预定作战方案，调第31军第272团、第28军第82师及军榴炮团，增援东山岛作战。中央军委还调驻广东黄岗的第41军第122师增援作战。以上部队由第31军首长统一指挥。各路增援部队于16日10时30分至当夜，先后登上东山岛参战。至17日18时30分，共歼敌3028人，其中毙伤敌2258人、俘敌770人，击落敌机2架，击沉小型登陆艇3艘，自身伤亡1324人。全部夺回该岛。

毛泽东对这次战斗十分重视。7月17日在中央军委副总参谋长兼总后方勤务部部长黄克诚关于歼灭东山岛登陆之敌处置的报告上批语：“处置很好”。据《罗瑞卿传》记载，毛泽东曾亲临总参作战室询问前线作战情况，给予具体指示。毛泽东对战斗作出了高度评价，指出：“此次反击战，打破了国民党‘反攻大陆’的梦想,美帝国主义也挨了当头一棒。”①

金城战役连同正面其他各军和人民军各军团的作战,共毙伤俘敌7.8万余人,缴获坦克45辆,汽车279辆,飞机1架,各种炮423门,各种枪7400余枝,收复土地192.6平方公里。志愿军和人民军伤亡3.3万余人。敌我伤亡对比为2.3∶1。这次战役给南朝鲜李承晚集团以沉重打击,有力地配合了停战谈判,加深了美国同南朝鲜当局的矛盾,促进了朝鲜停战的实现,对停战后维护朝鲜局势的稳定起了重要作用。

金城战役及此前的夏季战役第一、第二阶段的作战,是抗美援朝战争中军事服从政治,作战与谈判紧密配合,以打促谈的典型杰作。打是为了谈,打服从谈,打促进谈。同时,谈为打规定任务,谈为打提出要求,打击重点目标的选择,打的时机的确定和打的规模大小,均根据谈判的需要而定。志愿军作战和谈判的主要对手是美军,因此谈判能否有所进展,关键决定于美国的态度。因此,志愿军确定以打促谈,首先决定以美军为重点打击目标;待美方在谈判中的态度有所好转,而南朝鲜李承晚集团不愿停战时,则将打击的重点目标改为南朝鲜军,并扩大了打击的规模,而对早已主张停战的英、法等国军队不作主动攻击,对美军也只选择连以下兵力防守的目标进行攻击;待停战谈判全部达成协议,李承晚集团破坏协议时,则将作战目标改为专打南朝鲜军,并更加扩大了打击的规模,直至打得李承晚集团也不得不同意停战。整个作战显得有理、有力、有节。

金城战役是抗美援朝战争的最后一次战役。这次战役本来是不该发生的,如果没有李承晚集团破坏战俘遣返协议,阻挠朝鲜停战实现,那么朝鲜停战在1953年6月底以前即可实现。由于李承晚的破坏活动,使他受到惩罚,他才被迫同意停战。克拉克在回忆录中说:“在我的心中毫无疑问认为这次共产党攻势的主要原因,假使不是惟一原因的话,是给大韩民国陆军一个迎头痛击,并向他们及全世界表示‘北进’是说易行难的事。”艾森豪威尔在其回忆录中,也表明了同样的看法。②

金城战役的胜利充分表明了志愿军作战能力大大增强。1951年“联合国军”发动秋季攻势时,志愿军在金城以南虽予“联合国军”以重大杀伤,但

---

① 转引自《罗瑞卿传》,291页,北京,当代中国出版社,1996。

② 参见[美]马克·克拉克:《从多瑙河到鸭绿江》,258页,台北,台湾黎明文化出版公司,1956;[美]德怀特·艾森豪威尔:《白宫岁月(上)》,221页,北京,生活·读书·新知三联书店,1977。

阵地被其突进6~9公里,战线在此形成了向北的突出部。到了1952年夏季以后,志愿军不但可以守住阵地,而且可以攻占"联合国军"连以下兵力防守的坚固阵地。到了1953年夏季又可以攻占"联合国军"营、团兵力防守的坚固阵地。而金城战役则一举攻占南朝鲜军4个师防守的正面25公里、纵深10余公里的坚固阵地,向南最远突进18公里,全部夺回了1951年秋季被美军和南朝鲜军突进的阵地,并予南朝鲜军4个师以歼灭性打击。毛泽东在1953年9月讲到这次战役时曾说:"我们的军队是越战越强。今年夏天,我们已经能够在一小时内打破敌人正面二十一公里的阵地,能够集中发射几十万发炮弹,能够打进去十八公里。如果照这样打下去,再打它两次、三次、四次,敌人的整个战线就会被打破。"①

美军战史在评论这次战役时说:"共军在7月两次创了炮弹发射纪录,一次是月最高纪录;另一次是10天最高纪录,即他们在7月11~20日共发射了197550发炮弹。敌军部队随意使用火炮和迫击炮炮弹清楚说明,他们的补给形势已经有了很大的改善,而且愿意发射必要的炮弹支援他们的进攻。即使经过6、7两月的大量消耗后,除了局部地方外,他们并不缺少弹药。""因此,在热战接近结束时,从军事上说,共产党方面的形势是很好的。虽然他们6、7月的伤亡很大,但在朝鲜还有100多万中国军队和北朝鲜军队。在战争初期,他们一天只能吃上两餐饭,现在能一日三餐,服装也很充裕。虽然在战争期间敌人的交通运输系统不断遭到轰炸和扰乱,但他们一方面大量利用人力,另一方面通过伪装和采取各种阴谋诡计,因此不但使其部队继续保持在前线,而且能不断地增加储备。如果一旦需要,敌军就能够在相当长的时间内继续打一场类似于1951~1953年期间的这种有限战争。"②

金城战役是志愿军转入阵地战以来规模最大的一次战役,也是志愿军对坚固设防之敌实施的规模最大的一次进攻战役,不但在中国人民志愿军抗美援朝战争的历史上,而且在中国人民解放军的战史上都具有重要的意义,特别是提供了进行大规模攻坚战役的宝贵经验。这次战役在组织实施上有以下几个显著特点:

---

① 《建国以来毛泽东军事文稿》,中卷,173~174页,北京,军事科学出版社、中央文献出版社,2010。

② [美]沃尔特·G.赫姆斯:《朝鲜战争中的美国陆军——停战谈判的帐篷和战斗前线》,541页,北京,国防大学出版社,1988。

第一，这次战役的指导方针是“稳扎狠打”，是在1953年夏季进攻战役第一、第二阶段作战已取得对敌军坚固设防的营、团阵地进攻经验的基础上进行的。选择的突击方向就是取得上述作战经验的地区，并且是敌军的突出部。

第二，作战目标明确、有限，作战决心坚定。作战目标是打掉敌军在金城以南的突出部，占领金城川以北一线阵地，拉平战线，予这一地区南朝鲜军4个师以歼灭性打击。无论第20兵团还是志愿军总部的决心都是做到“打必歼、攻必克、守必固”，上述目标实现后，迅速构筑工事，坚决固守，视情况做有限度的发展，如敌大规模反扑，则控制上述实现的目标线固守到底。

第三，准备充分。决心确定后，从部队部署调动，到战术准备，打敌反扑的准备，物资准备，道路准备，对雨季到来的交通准备，以及思想政治动员等都做得较为充分，并以小打掩护大打准备的进行，从而有力地保证了金城战役的胜利。

第四，志愿军火炮和炮火的密度达到了志愿军抗美援朝战争中的最高水平。在金城以南25公里的正面上，第20兵团和第24军集中82毫米口径以上各种火炮共1000余门，平均每公里45门。其中，中集团正面9公里，火炮385门，平均每公里42门；西集团正面10.5公里，火炮343门，平均每公里32.6门；东集团正面2.5公里，火炮210门，平均每公里84门；第24军正面3公里，火炮221门、平均每公里73.7门。仅战役开始时，7月13日晚的一次火力急袭即消耗炮弹1900余吨。整个金城战役消耗炮弹1.9万吨，相当于志愿军在第一至第五次战役中消耗弹药总和的2.2倍。尽管与第二次世界大战中苏联军队作战平均每公里需100～120门火炮的标准还无法相比，但这已达到了志愿军的最高水平，并且在这次战役中充分发挥了作用。在突破中的炮火准备，破坏敌军工事达30%～40%，在打敌反扑中，敌军的冲锋40%左右是被志愿军炮火击退的。

第五十九章

朝鲜停战实现和第三届赴朝慰问团赴朝慰问

“联合国军”作出停战保证

美国当局已经清楚地看到,战争越拖下去,联合国军的阵地丢失得越多,战争早停一天,阵地就可少丢一点。在朝中方面政治上强烈抗议、谴责和军事上严厉打击的双重压力下,一贯骄横的美国也不得不软了下来,一方面对李承晚进行威胁利诱,迫使他在停战问题上作出配合,另一方面向朝中方面作出了关于遵守停战协定的保证。

为使李承晚能接受停战,并使克拉克能向金日成、彭德怀于6月19日提出的问题作出答复,从6月26日开始,艾森豪威尔的特使、美国助理国务卿沃尔特·罗伯逊同李承晚举行会谈,对李承晚,一方面威胁恐吓,晓以失去美国帮助的利害,另一方面,又给以利诱抚慰,使这个美国人并不喜欢,但又没有别人能代替的老家伙能够听从美国的指挥。罗伯逊告诉李承晚,“独断独行是无益的”,如果“采取合情合理的态度,美国将保证提供援助”。

与此同时,华盛顿当局在6月25日指示克拉克,不管李承晚的态度如何,都要努力加速停战协定谈判的进程。在志愿军惩罚李承晚的夏季战役第三阶段作战开始后,克拉克根据美国当局的上述指示,于6月29日,以“联合国军”总司令的名义致函金日成、彭德怀,对金日成、彭德怀6月19

日信中提出的质问一一作出回答和保证,作出了服软的表示。

克拉克在信中虽一再解释和推脱美方在李承晚破坏战俘遣返协议,“释放”战俘问题上的责任,但承认李承晚“释放”战俘“是一个严重的事件”。他解释说,“由于大韩民国所作的承诺,联合国军的确统率大韩民国军。”但联合国军司令部“并不对大韩民国行使权力”。对于朝鲜停战究竟包括不包括李承晚集团在内?如果不包括在内,则停战协定在南朝鲜方面的实施有什么保障?克拉克解释并作出保证说:“停战协定中某些规定需要大韩民国当局的合作,这一事实是被认识到的。兹向你们保证:联合国军与利害相关的各国政府将尽一切努力以取得大韩民国政府的合作。遇有必要之处,联合国军将尽其所能建立军事上的防卫措施,以保证停战条款将被遵守。”对于朝中方面要求追回被“释放”即被强迫扣留的战俘,克拉克表示联合国军正在继续努力予以追回,但追回相当数目的战俘是“不现实的”,要把这些战俘全部追回,是不可能的。希望朝中方面能够理解。同时,强调“这封信是联合国军的一种真诚的努力”,建议双方代表团恢复会晤,交换关于中立国监察委员会的准备工作的材料,以便确定停战生效日期,使双方达成的停战协定得以即行签字。

接到克拉克的来函后,7月上旬,由周恩来主持起草了《目前停战谈判情况及关于克拉克来信的对策》和以金日成、彭德怀名义给克拉克的复函。周恩来在《目前停战谈判情况及关于克拉克来信的对策》中,对美国当局和李承晚的心态进行了分析,认为美国在国内外各方的压力下,愿意尽快停战。李承晚深知这一点,不会就此结束,无论在停战前或停战后,都还可能进行破坏活动。鉴于此,我方的对策是:(一)准备于7月7日以金、彭名义复函克拉克,表示同意恢复谈判,对美方加以批评,并指出由于美国纵容政策而会产生的种种可能;(二)准备在停战协定签字前再给李承晚军队以打击,向南推进战线,并在谈判复会后向美方指出,由于李承晚的破坏,战场态势已发生变化,应按照协议,根据实际情况对军事分界线再行修正;(三)准备谈判复会后,提出有关停战的实施问题进行讨论。在征得了金日成的同意后,7月7日,以毛泽东名义,将上述两个文件发给李克农执行。[1]

7月8日,在板门店双方联络官会议上,朝中方面向美方递交了7月7日以金日成、彭德怀名义给克拉克的复函。复函指出:克拉克“对于这件事

① 参见《周恩来年谱(1949~1976)》,上卷,312页,北京,中央文献出版社,1997。

件的解释和处理,是不能令人满意的”。“一切昭彰的事实都证明联合国军是不能推卸对于这次事件的责任的。”美方“对于这次‘在逃’的战俘,在任何时候,都负有全部追回的责任”。

复函向美方提出警告:“李承晚集团现在还在叫嚣要继续‘释放’亦即强迫扣留剩余的八千五百多不直接遣返的朝鲜人民军被俘人员,并正在勾结蒋介石特务企图胁迫中国人民志愿军被俘人员离开战俘营,以图彻底破坏双方已经签订的战俘协议。我们认为,你方对此,必须负起绝对责任,保证这类事件不再发生。”“你方对于南朝鲜政府和军队在遵守停战协定及其一切有关协议上必须采取有效步骤,方能保证朝鲜停战不受破坏。”

复函最后指出:“虽然我方对于你方的答复不能完全满意,但鉴于你方表示了努力达成早日停战的愿望及所提供的保证,我方同意双方代表团定期会晤,商谈有关停战协定的实施问题及停战协定签字前的各种准备工作。”

7月8日深夜,周恩来接见印度驻华大使,说明朝中方面对签订朝鲜停战协定的立场:我们的态度是很明朗的。我们愿意停战。我们的目的就是达成停战,召开政治会议求得和平解决朝鲜问题,然后为远东问题的和平解决而努力。现在尽管克拉克来信说明愿意给予保证,但他的保证是不完全的,也是不够明确的。必须要有完全的保证,使停战协定的文字和精神都充分得到实施,而不是尽力之所及。因此,停战复会后,首先要弄清楚:美国代表所称代表其签订停战的联合国军是否包含李承晚军在内,现在必须使美国给一个明确的毫不含糊的答复,否则就无法停战或停战后还会遭到破坏。我们认为,要求这种保证是公平的,否则就失去停战的意义。①

同一天,毛泽东致电彭德怀并告金日成、李克农,要求谈判代表团在复会后暂不向对方提修正军事分界线问题,“而推迟到十八日左右看军事进展情况再定”。尽可能取得对方对实施停战协定的具体问题作出肯定的回答。“停战签字日期如无新的变化亦须推迟到七月二十日以后。”“我们的方针仍然是掌握主动,争取停战。如果能争取停战签字,则不论李承晚参加停战与否或参加了而在停战后还是破坏,我们均可以停战协定的签字来瓦解联合国军阵营和美、李军队的士气。如果不能签字,则主动权仍在我们手中,可以继续在政治上、军事上打击敌人。”9日,毛泽东致电李克农,再次指示:“此次复会后的谈判应分两个步骤进行。首先应讨论有关停战协定实

---

① 参见《周恩来年谱(1949~1976)》,上卷,313页,北京,中央文献出版社,1997。

施的各种保证,然后再谈签字前的准备工作。”“应表示在停战协定的实施保证尚未妥商前,无法进行签字准备工作。”①

7月10日,停战谈判代表团大会休会20天后复会。

此时,美方首席代表哈里逊,虽然还未得到李承晚关于同意停战的保证,而按美国当局的指示,在回答问题时躲躲闪闪含糊其辞,但也一改过去那种傲慢无礼的姿态,认真听取朝中方面提出的问题。

美国总统特使罗伯逊从6月26日开始,同李承晚共举行14次会谈,至7月11日,会谈结束。美国为换取李承晚在停战问题上的配合,对李承晚提出如下保证:一、停战后签订美韩安全条约;二、提供长期经济援助,第一次提供两亿美元;三、如果政治会议在90天内未达成协议,美国和韩国将退出会议;四、按既定计划将韩国军队增加到20个师,并增强其海、空军;五、在召开政治会议之前,举行美韩高级会谈,磋商共同的目标。②

对于李承晚来说,就此停战不是他的愿望,但他也非常清楚,如果失去美国的帮助,他将一事无成,甚至整个南朝鲜和他这个傀儡总统的宝座也将失去。他也尝到了破坏停战遭到惩罚的利害。本来,他的不得人心的破坏行为,一方面是表示不愿停战,另一方面也是就此向美国要价。既然美国满足了他的要价,闹剧就不能继续演下去了。他向罗伯逊表示,无意承认停战协定,但不再做反对停战的活动。7月9日,李承晚在给罗伯逊的亲笔信中表示,他不会阻挠停战协定的签署。12日,罗伯逊与李承晚发表了联合声明,大致内容为:一、美韩两国政府同意缔结相互防卫条约,目前正在磋商;二、韩国同意业已签订的战俘协议;三、美韩在政治、经济和防卫方面将继续进行合作。李承晚在罗伯逊12日回国时,给罗伯逊的信中,向艾森豪威尔保证:“尽管他对签署停战协定会引起什么长期后果表示担心,但他不会在落实停战协定条款的过程中设置障碍。”③

哈里逊在得知李承晚的保证后,从7月12日开始,至16日,对朝中方面提出的问题逐条作出了答复和保证。美军战史在写到这一情况时所用的

---

① 《建国以来毛泽东军事文稿》,中卷,149、151页,北京,军事科学出版社、中央文献出版社,2010。

② 参见[美]沃尔特·G.赫姆斯:《朝鲜战争中的美国陆军——停战谈判的帐篷和战斗前线》,513页,北京,国防大学出版社,1988。

③ [美]沃尔特·G.赫姆斯:《朝鲜战争中的美国陆军——停战谈判的帐篷和战斗前线》,512页,北京,国防大学出版社,1988。

题目就是“再三保证”①。

此时,志愿军惩罚李承晚进行的金城战役,已全部达到了预定目标,正在巩固已占阵地,准备粉碎“联合国军”的反扑。7 月 16 日,朝中方面建议休会到 18 日,后又推迟到 19 日,美方同意。

朝中方面对美方从 7 月 11 日至 16 日所作的各项保证,综合归纳为 10 个问题。7 月 19 日 14 时,双方代表团大会继续举行。朝中代表团首席代表南日在大会上宣读了《关于美方保证朝鲜停战协定实施问题的声明》。声明指出:

南朝鲜政府及其军队的破坏行动引起了朝中人民以及全世界爱好和平人民的最大警惕。为了取得对于实施停战协定各项条款的明确保证,以使能够在朝鲜实现真正的停战,朝中方面认为有必要向联合国军方面提出了一系列的问题要求澄清。现在,为使世界人民得以共见你方的保证,我们根据记录将你方对于我方所提各项问题的答复综述如下:

一、关于朝鲜停战究竟包不包括南朝鲜政府及其军队在内的问题,哈利逊将军在 1953 年 7 月 11 日答复说:“联合国军在提出执行停战协定时,已表示愿意受停战协定草案各项余款的约束。”在 7 月 16 日哈利逊将军说:“我在 7 月 12 日说过:‘你们被保证联合国军包括大韩民国军队在内准备实施停战协定的条款。’……我再次向你们保证,我们已从大韩民国政府获得必要的保证,即:它将不以任何方式阻挠停战协定草案余款的实施。”

二、关于南朝鲜军队是否将在停战协定签字十二小时内完全停火,并将在协定生效七十二小时内全线自军事分界线后撤二公里以成立非军事区,以实现在朝鲜真正的停火与停战的问题,哈利逊将军在 7 月 12 日和 7 月 15 日先后作了同样的回答:“大韩民国军将停火并后撤。”

三、关于联合国军方面如何保证南朝鲜军队能够遵守停战协定各有关条款的问题,哈利逊将军在 7 月 11 日回答说:“一旦停战协定的条款受到一方或另一方的破坏,停战协定中规定将事实向军事停战委员会提出……最后如果停战委员会为保证停战条款的遵守而作的努力结果无效,如果任何一方的安全因另一方不遵守停战的规定而受到威胁,则受害一方有正当和充分的理由可以取消停战协定的条款,并采取在该情况下为其所认为必要

① ［美］沃尔特·G. 赫姆斯:《朝鲜战争中的美国陆军——停战谈判的帐篷和战斗前线》,542 页,北京,国防大学出版社,1988。

的军事行动。大韩民国进行任何破坏停战的侵略行为时，联合国军将不予以支持。”

四、关于如果南朝鲜军在停战后破坏停战协定、采取侵略行动，而朝中方面采取必要行动抵制侵略、保障停战时、联合国军是否仍保持停战状态的问题，哈利逊将军在7月13日说：“回答是是的。”

五、关于如果南朝鲜军在停战后破坏停战协定、采取侵略行动，而我们采取必要行动抵抗侵略、保障停战时，联合国军方面所谓不予以任何支持是否包括不给予南朝鲜以装备和供应上的支持的问题，哈利逊将军在7月13日说：“回答是是的。”

六、关于联合国军首席代表曾说在“敌对行为停止后的期间”，南朝鲜政府将与联合国军紧密合作实施停战协定草案各项规定的问题。朝中方面曾指出“敌对行为停止后的期间”的约束语显然与停战协定不合，因为停战协定的有效性并无时间限制，而联合国军方面这句约束语与李承晚所表示的他只不过在九十天内不阻挠停战的话有暗合之嫌。后来哈利逊将军在7月13日回答说：“停战没有时间限制。”7月16日哈利逊将军说：“你方曾要求保证大韩民国政府与军队将在整个停战有效期间，而不是到某一个期限为止的暂时期间遵守停战协定的所有规定。……联合国军已明白而不含糊地向你们说过，它准备缔结并遵守该停战协定的全部规定，包括第六十二款。”

七、关于联合国军方面是否保证按照停战协定前往南朝鲜地区工作的中立国人员和朝中方面人员的安全和他们工作上的便利的问题，哈利逊将军在7月12日回答说：“任何按照停战协定被准许进入大韩民国的人员将受到保护。”7月13日哈利逊将军进一步答复：“回答是是的。按照停战协定所派遣到我方地区的中立国监察委员会、中立国遣返委员会及你方人员将被保护和给予他们工作上的便利。”

八、关于如何保障按照协定进入南朝鲜地区执行任务的中立国人员及朝中方面人员的安全，并使他们得到工作上的便利的问题，克拉克将军在1953年6月29日给金日成元帅彭德怀将军的复信中称：“遇有必要之处，联合国军将尽其所能建立军事上的防卫措施，以保证停战条款将被遵守。”哈利逊将军在7月10日也说：“联合国军将对中立国监察委员会、中立国遣返委员会及联合红十字小组提供警察保护。”

九、关于南朝鲜政府及其军队破坏了关于战俘问题的协议，强迫扣留了二万七千余名我方被俘人员的问题，我方认为，联合国军方面负有将这些人全部追回的无可推卸的责任。克拉克将军在上述6月29日的回信中曾说：“联合国军正继续努力以追回已逃亡的战俘。”但哈利逊将军却对此事拒绝作进一步的交代。

十、关于联合国军方面是否准备保证对其余的朝中方面被俘人员不再采取强迫扣留行动的问题，哈利逊将军在7月12日回答说：“剩下的战俘在被送交中立国遣返委员会之前将不被释放。”7月15日哈利逊将军说：“拒绝被直接遣返的剩余的你方被俘人员将被按照中立国遣返委员会职权范围送交给中立国遣返委员会。”

以上除第九个问题外，就是停战谈判复会以来联合国军方面关于保证朝鲜停战实施所作的答复。我们认为这些问题的澄清是十分必要的。

但是，关于追回被南朝鲜政府及其军队强迫扣留的二万七千余名战俘问题，联合国军方面在实际上并没有作过任何努力，也没有向我方作出进一步的交代。……我方对于你方关于战俘问题的保证，认为不能满意，并保留我方要求你方保证完全实施战俘协议的权利。

鉴于联合国军方面关于朝鲜停战协定实施问题所作的保证，尽管我方对你方关于战俘问题部分的保证尚不满意，我方仍然准备与你方即行讨论停战协定签字前的各项准备工作。朝中方面声明：你方对于被强迫扣留的战俘在任何时候都负有全部追回并向我方提出交代的责任。如果在停战后，你方尚不能将这批战俘追回交给中立国遣返委员会，我方将保留将这个问题提交停战协定第六十款规定的政治会议讨论。……

美方对上述各项保证均表示确认，并同意尽快讨论停战协定签字前的各项准备工作。朝中方面于7月19日将南日宣读的《关于美方保证朝鲜停战协定实施问题的声明》，全文公布。

军事分界线的最后校订和停战协定签字准备就绪

（参见附图23）

7月19日，双方代表团大会商定：召开双方参谋会议，组成3个参谋小组，分别校订停战协议文本和校订军事分界线；讨论战俘遣返细节问题；讨论军事停战委员会的筹备工作。其具体开会日期由双方联络官安排；双方代表团大会暂时休会，直到任何一方认为有必要召开大会或有必要审议参谋人员的工作时再行复会。

至此，朝鲜停战谈判双方代表团大会，历时2年多，共举行了158轮会谈，完成了在主要问题上的会谈，剩下的只是停战协定签字的问题了。

7月20日，由朝中方面朱然、浦山、李平一、王健和美方凯恩斯、默里、路易斯·费里德斯多夫、约翰逊·韦伯等参加，分成军事分界线和停战协定文本校订参谋小组，战俘遣返细节的讨论参谋小组，军事停战委员会筹备工作讨论参谋小组，相继展开工作。

至7月22日22时30分第三次校订军事分界线和非军事区工作全部完成，次日1时45分双方首席参谋在协议上签字。7月24日，双方代表团予以核准。

最后校订的军事分界线自东海岸高城东南6公里之江亭起，向西南至高城以南之德山里，沿南江东岸经白日浦、新岱里、九万里，然后沿南江向西南至新炭里，再向西南经杆城以西21公里半之獐项、长承里南1公里、西希里南1公里半、加七峰北半公里、沙汰里向西至文登里，然后经鱼隐山南3公里向西在磨石严北1公里处入北汉江，向西北经科湖里以南近5公里处又向西，在登大里与金城川会合，沿金城川向西至细岘里东南1公里继续向西经金城以南9公里半，再稍向西南经桥田里以南3公里、上甘岭以南1公里半又向西经金谷里以南、平康以南11公里半之沙器幕、铁原以北8公里之桧井里，再向西南经铁原以西15公里之薪岘里、朔宁以东7公里之陶渊里，又以更大的角度向西南经桂湖洞入临津江，沿江至高阳岱以东半公里再向西转西南经九化里东6公里之基谷里，向南经青廷里东半公里，在高浪浦里西北2公里之桂堂村越过三八线以南向西南经板门店东南之板门桥，然后向南沿砂川河以东入临津江，然后入汉江直至西海岸。

这次校订的军事分界线，与1953年6月17日校订的军事分界线相比，中国人民志愿军和朝鲜人民军将战线又向南推进了192.6平方公里，同一时间内，“联合国军”的阵地一点也没有向北推进。同1951年11月27日的军事分界线相比，中国人民志愿军和朝鲜人民军将战线共向南推进332.6平方公里。

至1953年7月25日，关于停战协定文本的校订，关于军事停战委员会筹备工作的讨论，关于遣俘细节问题的讨论，也都相继完成，在7月25日下午双方综合参谋会议上，达成的《关于停战协定的临时补充协议》规定，在停战协定生效60天内，双方将不直接遣返的战俘移至板门店附近双方各自控制的非军事区，交给中立国遣返委员会及印度武装力量看管。

至此,仅剩朝鲜停战协定签字时间和签字方式问题尚未最后确定。美方最初曾建议签字时间为7月24日。但双方在签字方式问题上未达成一致;考虑根据双方代表团大会于7月24日批准的军事分界线,美方印刷签字用的军分线图所需时间;另签字大厅尚未修建完毕,被洪水冲坏的板门店至开城公路上的桥梁也需修复,故朝中方面建议签字日期为26日下午或27日上午。关于签字方式,朝中方面基于对李承晚集团可能会破坏签字仪式的分析,而于7月20日提出送签建议,即:协定文本准备就绪后,可由双方最高司令官先签字,然后送至板门店,由双方首席代表主持签字仪式,予以签署,与此相联系的双方参加签字仪式的人员数量限制在150人。至7月26日,双方联络官会议对签字方式问题达成协议,即,由双方首席代表于朝鲜时间7月27日上午10时在板门店签署停战协定文本,并以此作为停战协定签字时间,然后送双方司令官签字;双方首席代表在签字仪式上将不发言;双方首席代表在板门店签字时,每方进入会场区人数为350人,进入签字场所人数为150人(包括新闻记者);会场区每方安全人员为75人,其中有10名军官将进入签字场所;双方于7月26日16时在板门店同时公布关于达成停战协定签字协议的消息。

7月26日晚,由朝中方面承建的签字大厅,在人民军代表团秘书长朱然的现场指挥下,100多名建筑工人奋战通宵,全部完成。一座具有朝鲜民族风格的、1000多平方米的飞檐斗拱的凸字形签字大厅,矗立在板门店的会场区。同时,从开城至板门店之间几条江河上的桥梁也全部完成修复。签字前的一切准备工作就绪。

朝鲜停战协定签字,朝鲜战争结束

历史的时针指向1953年7月27日。这天上午,朝鲜战争敌对双方将在板门店新建起的凸字形大厅内,举行庄严的停战协定签字仪式。

从清晨开始,双方的工作人员在签字大厅内和会场区,忙于为签字仪式进行最后的准备工作。上午9时起,会场区内的气氛顿显活跃,到处可以看到三五聚谈的各国新闻记者,有的记者对刚刚矗立起来的奇迹般的大厅赞不绝口。而大厅内,也已按双方事先的商定布置得庄重朴素。在大厅正中,东西向并列摆放着两张长方形会议桌,两长方形桌中间的方桌上,摆放着用朝、中、英3种文字书写的《关于朝鲜军事停战的协定》及其附件《中立国遣返委员会的职权范围》和《关于停战协定的临时补充协议》3 个准备签字的文本 18 份。其中朝中方面准备的 9 份文本用深棕色皮面装帧，美方准备的 9 份文本蓝色封面，并印着联合国的徽记。两张长方形会议桌为双方首席代表签字桌，上面分别立着朝鲜民主主义人民共和国国旗和联合国旗帜。在签字桌的两侧，西部为朝中方面人员的座席，东部为“联合国军”方面人员的座席，北面是与会采访的新闻记者活动区域。大厅四周由双方安全军官担任警卫。

9 时 30 分后，双方出席签字仪式的人员分别由指定的东西两门进入大厅就座（南朝鲜未派代表或观察员出席）。10 时整，朝中代表团首席代表南日和“联合国军”代表团首席代表哈里逊从大厅南门进入大厅，在签字桌前就座，各由本方助签人协助下，开始在本方《关于朝鲜军事停战的协定》及其附件《中立国遣返委员会的职权范围》和《关于停战协定的临时补充协议》文本上签字，之后，相互交换签字。

签字仪式于上午 10 时 10 分结束，一切均按预定计划顺利进行。按事先约定，仪式中，双方首席代表均未发言。

是日下午 1 时和晚上 10 时，“联合国军”总司令马克·克拉克于汶山、朝鲜人民军最高司令官金日成于平壤也在《关于朝鲜军事停战的协定》和《关于停战协定的临时补充协议》上签了字。27 日下午，中国人民志愿军司令员兼政治委员彭德怀在朝鲜人民军副司令官崔庸健次帅的陪同下到达开城，下榻在来凤庄。28 日上午 9 时 30 分，彭德怀于志愿军代表团新修建的会议室里在《关于朝鲜军事停战的协定》和《关于停战协定的临时补充协议》上签了字。双方并于 7 月 29 日下午在板门店交换了签字文本。

签字后，双方同时公布了内容包括 5 条 63 款的《关于朝鲜军事停战的协定》及其附件《中立国遣返委员会的职权范围》和《关于停战协定的临时补充协议》全文。

停战协定规定：双方控制下的一切武装力量，包括陆、海、空军的一切部队与人员，于双方首席代表签订停战协定后 12 小时起，即朝鲜时间 7 月 27 日晚上 10 时起，完全停止在朝鲜的一切敌对行为；停战协定的附件及其临时补充协议的一切其他条款，亦一律于停火的同时开始生效。一切军事力量、供应和装备将于停战协定生效后 72 小时内从非军事区撤出。

在停战协定签字的当天，朝鲜人民军最高司令官金日成和中国人民志愿军司令员彭德怀联名向朝鲜人民军和中国人民志愿军发布了停战命令，全文如下：

朝鲜人民军全体同志们：

中国人民志愿军全体同志们：

朝鲜人民军和中国人民志愿军，经过三年抵抗侵略、保卫和平的英勇战争，坚持了两年争取和平解决朝鲜问题的停战谈判，现在已经获得了朝鲜停战的光荣胜利，与联合国军签订了朝鲜停战协定。

停战协定签订是以和平方式解决朝鲜问题的第一步，因而是有利于远东及世界和平的。它获得了朝中两国人民的热烈拥护，使全世界爱好和平人民受到了莫大的鼓舞。但是，在联合国军方面尚有一部分好战分子尤其是李承晚集团对朝鲜停战的实现深感不满，因而对停战协定的签订极表反对。为此，朝鲜人民军和中国人民志愿军全体同志必须提高警惕。

在停战协定开始生效之际，为了坚决保证朝鲜停战的实现和不遭破坏，并有利于政治会议的召开以便进一步和平解决朝鲜问题起见，我们发布命令如下：

一、朝鲜人民军和中国人民志愿军的陆军、空军、海军、海防部队全体人员应坚决遵守停战协定，自一九五三年七月二十七日二十二时起，即停战协定签字后的十二小时起，全线完全停火；在一九五三年七月二十七日二十二时起的七十二小时内，即停战协定生效的七十二小时内，全线一律自双方已经公布的军事分界线后撤二公里，并一律不得再进入非军事区一步。

二、朝鲜人民军和中国人民志愿军的陆军、空军、海军、海防部队全体人员应保持高度戒备，坚守阵地，防止来自对方的任何侵袭和破坏行动。

三、凡为执行停战协定而进入我方控制地区的军事停战委员会及其联合观察小组所属人员、中立国委员会及其所属人员以及联合红十字会小组所属人员，朝鲜人民军和中国人民志愿军全体人员均应对之表示欢迎，负责保护其安全并在其工作上予以积极协助。

朝鲜人民军最高司令官
朝鲜民主主义人民共和国元帅　金日成
中国人民志愿军司令员　彭德怀[①]

同日，“联合国军”总司令马克·克拉克和美第8集团军司令官马克斯

① 《人民日报》，1953年7月28日。

韦尔·泰勒,也发表声明和发布了停战令,命令所属部队"不再开枪","除非得到停战委员会的许可,否则任何情况下都不得进入非军事区"。

朝鲜时间1953年7月27日22时,这是一个具有重大历史意义的时刻——在朝鲜的一切战斗行动完全停止,全世界人民渴望已久的朝鲜停战终于实现了,历时3年1个月的朝鲜战争和中国人民2年9个月的抗美援朝战争至此结束。

据朝中方面1953年8月14日公布的战绩,自1950年6月25日至1953年7月27日,朝鲜人民军和中国人民志愿军共毙伤俘敌军109.3万余人,其中美军39.7万余人,南朝鲜军66.7万余人,英、法等其他国家军队2.9万余人。[①] 同一时期,朝鲜人民军和中国人民志愿军共伤亡、失踪和被俘62.8万余人(人民军的损失是本书作者统计的)。按朝中方面公布的歼敌数字计算,志愿军和人民军与"联合国军"人员伤亡损失对比为1∶1.7。

朝鲜人民军和中国人民志愿军共缴获飞机11架、坦克374辆、装甲车146辆、汽车9239辆、船只20只、各种炮6321门、各种枪119710枝、火焰喷射器117具;击毁击伤飞机12213架(击落5729架、击伤6484架)[②]、坦克2690辆(击毁1849辆、击伤841辆)、装甲车45辆(击毁42辆、击伤3辆)、汽车4111辆(击毁3600辆、击伤511辆)、各种炮1374门。击沉击伤各种舰艇257艘(击沉164艘、击伤93艘)、各种船295只(击沉163只、击伤132只)。

自1950年10月25日至1953年7月27日,中国人民志愿军在2年9个月的抗美援朝战争中,共毙伤俘敌71万余人,自身作战减员36.6万余人,(其中包括志愿军第39军副军长吴国璋、第50军副军长蔡正国、第23

---

① 美国官方公布,美国阵亡3.36万余人、战伤10.32万余人、失踪和被俘0.51万余人,共14.2万余人(可能未计美军编制中伤亡的南朝鲜人,每个美军师编2500南朝鲜人);韩国国防部公布南朝鲜军阵亡22.78万余人、战伤71.71万余人、失踪被俘约4.3万余人,共98.84万余人。美国和南朝鲜官方公布的各自减员数的总和为113万余人(不包括英、法等其他国家军队的损失),即超过了朝中方面公布的歼敌数字。另1953年10月23日,美联社发表的"联合国军"和南朝鲜军的人员损失为1474269人。

② 击毁击伤飞机数包括苏联空军的战果。据[美]劳伯特·F.富特雷耳等著:《朝鲜战争中的美国空军》,中译本参考资料第3册,(空军党委条令教材编审小组办公室译,1963)第869页记载,整个朝鲜战争期间美国远东空军、海军陆战队航空联队、参加"联合国军"行动的其他国家空军共损失飞机1986架(不包括美国舰载航空兵的飞机),其中受对方攻击损失1041架,非战斗损失945架。

军参谋长饶惠潭和毛泽东的长子毛岸英等长眠于朝鲜的土地上)[①]敌我伤亡损失对比为1.9:1;共击毁和缴获飞机4268架、坦克1492辆、装甲车92辆、汽车7949辆,缴获(不含击毁)各种炮4037门。志愿军损失飞机231架、坦克9辆、汽车6060辆,各种炮(含被击毁)4371门。

美国开支战费400亿美元[②]、消耗作战物资7300余万吨。中国开支战费62.5亿元人民币(相当于当时25亿美元),消耗作战物资560余万吨。

中国人民志愿军和朝鲜人民军取得了这场战争的伟大胜利。世界霸主、自由世界的"领袖"——"山姆大叔",在朝鲜战场上失去了光彩与威风——在中国人民志愿军和朝鲜人民军面前输了,而且输得很惨。

克拉克后来回忆朝鲜战争的情况时说:"1952年5月,我受命为联合国军统帅,代表17个国家,在韩国抵抗共产党侵略。15个月以后,我签订了一项停战协定,这协定暂时停止了……那个不幸半岛上的战争。对我来说这亦是表示我40年戎马生涯的结束。他是我军事经历最高的一个职位,但是他没有光荣。在执行我政府的训令中,我获得了一项不值得羡慕的荣誉,那就是我成了历史上签订没有胜利的停战条约的第一位美国陆军司令官。我感到一种失望和痛苦。我想我的前任麦克阿瑟和李奇微两位将军一定具有同感。"[③]

美国知名的政论著作家约瑟夫·格登,在他所者的《朝鲜战争——未

① 此处系根据1953年8月15日志愿军作战处关于志愿军作战减员统计:阵亡115786人,战伤221264人,失踪、被俘和投降29095人,共计366145人。另,抗美援朝卫生工作统计资料1950年10月25日至1953年7月27日(无统计时间):阵亡114084人,负伤383218人,失踪及被俘等25621人,共计522923人(其中伤员治愈归队217149人)。(这个统计与1953年8月15日志愿军作战处关于志愿军作战减员统计主要在负伤的数字上相差较大,判断这个统计中的负伤数字计算的是人次)。据1958年9月20日志愿军军务处关于志愿军非作战减员统计,事故伤25215人,事故亡20929人,病亡4909人,病送177317人,掉队40713人,其他38458人,共计307541人(原表统计为307601人,与各分项统计对不上)。以上统计阵亡、事故亡、病亡共计为141624人或139922人。

② 此数字见[美]阿伦·米利特、波得·马斯洛斯金:《美国军事史》,508页,北京,军事科学出版社,1989;另[美]沃尔特·G.赫姆斯:《朝鲜战争中的美国陆军——停战谈判的帐篷和战斗前线》,第567页说,至1956年止美国开支战费830亿美元。

③ [美]马克·克拉克:《从多瑙河到鸭绿江》,1页,台北,台湾黎明文化出版公司,1956。

透露的内情》一书的引言中，一开篇就说："美国政坛老手艾夫里尔·哈里曼谈到朝鲜战争时，称它是'一场苦涩的战争'。""在美国不甚愉快的经历中，朝鲜战争算是其中的一个；当它结束之后，大多数美国人都急于把它从记忆的罅隙中轻轻抹掉。出于某一原因，朝鲜战争是美国第一次没有凯旋班师的战争。美国使朝鲜处于僵持状态，同共产党中国这个庞大而落后的亚洲国家打成了平手。"①

中朝两国人民庆祝战争胜利

朝鲜停战的实现，迈出了以和平方式解决朝鲜问题的第一步。同时也标志着中朝人民反抗强权、打击侵略的伟大胜利。朝鲜人民和军队经过3年多和中国人民志愿军经过近3年的英勇作战，终于赢来了胜利的这一天。中朝两国人民和军队沉浸在胜利的喜悦之中，以各种方式庆祝这一来之不易的伟大胜利。

朝鲜停战实现的1953年7月27日当晚，朝鲜停战谈判朝中代表团即为庆祝达成停战举行盛大宴会。朝鲜民主主义人民共和国内阁副首相兼民族保卫相、人民军最高司令部副司令官崔庸健，中国人民志愿军司令员彭德怀，志愿军政治部副主任杜平，朝鲜停战谈判朝中代表团各代表，开城前线人民军和志愿军的高级将领，以及各国新闻记者等90多人参加了宴会。崔庸健、彭德怀即席发表了讲话，庆祝朝中人民的伟大胜利。

7月28日，彭德怀关于朝鲜停战发表谈话，庆贺英雄的朝鲜人民以及中国人民志愿军和朝鲜人民军并肩作战取得了战争的胜利。指出："这个战争证明，一个觉醒了的爱好自由的民族，当它为祖国的光荣和独立而奋起战斗的时候，是不可战胜的。"同时指出："当前最重要的严重问题是严格履行停战协定的义务。中国人民志愿军和朝鲜人民军一道，保证遵守并履行停战协定的一切规定。……中国人民志愿军和朝鲜人民军一道将不会忘记应有的警惕，并将以最大的决心为保卫停战协定的彻底实现而坚决奋斗。"彭德怀代表中国人民志愿军向在金日成领导下的朝鲜人民和人民军致敬，中国人民志愿军在朝鲜作战期间，受到了朝鲜人民衷心的爱护和热情的支

① ［美］约瑟夫·格登：《朝鲜战争——未透露的内情》，1～2页，北京，解放军出版社，1990。

援;向热烈支援前线的祖国同胞致谢,祖国人民的支援大大地鼓舞了战士们的战斗意志,增强了我们的战斗力量;向以苏联为首的和平民主国家致敬,由于他们的屡次创议和不懈努力,朝鲜停战才终于实现。

同日,平壤市各界人民 11 万人举行了盛大的集会和示威游行,热烈庆祝朝鲜停战的实现。

朝鲜民主主义人民共和国首相金日成,朝鲜民主主义人民共和国最高人民会议常任委员会委员长金枓奉,朝鲜劳动党中央委员会书记朴正爱、朴昌玉、金一,朝鲜内阁副首相崔庸健、崔昌益、郑一龙、朴义琓等出席了庆祝大会。金日成在大会上发表了演说,祝贺保卫祖国、保卫和平的英勇斗争的伟大胜利,向朝鲜人民军将士和游击队员及全体朝鲜同胞表示感谢,向英雄的中国人民志愿军指战员和伟大的中国人民表示感谢！他指出:“朝鲜停战的实现,是抗击外来帝国主义联合势力和反对美帝国主义走狗李承晚卖国匪帮、保卫自由独立的朝鲜人民三年来英勇斗争的结果,是我们国家和人民争取的具有伟大历史意义的胜利。”“是朝鲜人民在祖国解放战争中取得的巨大胜利。”朝鲜战争的结果证明了“现在帝国主义者已经不能像从前似地可随意侵犯他国的领土而得到成功;而且懂得自由独立是宝贵的人民,如果抱着反对侵略者而战斗到底的决心,并以和平民主阵营为依靠的话,那么,这样的人民是不会被征服的”。在朝鲜战场“关于‘美国强大’的传说被粉碎了”。“军队和全体人民在政治、道德方面和前线及后方的人民的战斗精神,是在战斗中取得胜利的最重要因素之一。”“特别要指出的是:在我们祖国解放战争最艰苦的时期,向朝鲜前线派送自己英雄的人民志愿军部队的伟大的中国人民抗美援朝运动。具有崇高的国际主义道义的兄弟的友谊和正义的目的的英雄的中国人民志愿军指战员,和我们人民军并肩携手,克服各种困难,在朝鲜前线进行英勇的斗争。……中国人民志愿军的参加朝鲜战争,是朝鲜人民在反对美帝国主义武装侵略者的斗争中争取胜利的最重要的决定性因素之一。”金日成号召全朝鲜军民提高警惕,严防敌人重新进行军事冒险,蹂躏和平,在“一切为了加强民主基地,恢复和发展战后人民经济”的口号下前进,为早日取得朝鲜的和平统一而向前迈进。

朝鲜内阁决定,为庆祝胜利,1953 年 7 月 28 日放假一天、人民军并于当日 21 时在平壤用 124 门炮鸣炮 24 响。

28 ~30 日,在开城、元山、清津、咸兴、江界、沙里院、新义州等城市也都举行了庆祝朝鲜停战实现的群众集会,收听和宣读金日成 28 日在平壤庆祝大会上的演说。

朝鲜《劳动新闻》、《民主朝鲜报》等各大报刊也发表社论，庆祝朝鲜停战的实现。

7月30日晚，志愿军领导机关举行庆祝大会，庆祝停战协定的签订和纪念“八一”建军节。志愿军代司令员邓华、副司令员杨得志、参谋长李达、政治部主任李志民、副主任张南生及志愿军领导机关各部门代表等共700多人出席庆祝大会。朝鲜劳动党中央委员会社会部部长金敏山率领的朝鲜人民代表团也参加了庆祝大会。邓华代司令员在会上讲话。他叙述了3年来朝中人民部队在反侵略战争中所获得的伟大胜利，并热烈祝贺朝鲜停战实现的光荣胜利，号召志愿军全体指战员保持高度警惕，继续加强朝中两国人民的战斗团结，为实现停战协定的全部条款，争取朝鲜问题的和平解决而奋斗到底。朝鲜人民代表团团长金敏山讲话后，平壤市人民代表和朝鲜人民军代表在会上分别向中国人民志愿军领导机关献旗。大会并通过了致中国人民抗美援朝总会和朝鲜人民军最高司令官金日成的贺电。

7月31日，朝鲜民主主义人民共和国最高人民会议常任委员会在平壤隆重举行授勋典礼，将朝鲜最高荣誉——“朝鲜民主主义人民共和国英雄”称号和一级国旗勋章、金星奖章授予中国人民志愿军司令员彭德怀，以表彰他率领和指挥中国人民志愿军为协助朝鲜人民抗击美国侵略所作出的杰出贡献。当授勋典礼由朝鲜最高人民会议常任委员会书记长康良煜宣读政令后，金科奉委员长把一枚灿烂辉煌的金星奖章戴在彭德怀司令员胸前时，全场热烈鼓掌。金日成与彭德怀热烈握手祝贺。接着，彭德怀致谢词。他在谢词中代表中国人民志愿军，感谢朝鲜人民和英勇顽强的朝鲜人民军，感谢朝鲜人民对志愿军的热情支援和爱护，感谢朝鲜劳动党对志愿军在各方面的关怀，感谢朝鲜政府对志愿军全体指挥员、战斗员和他本人的经常照顾，使中国人民志愿军和朝鲜人民军并肩作战获得了胜利。在此前后，朝鲜最高人民会议常任委员会并将“朝鲜民主主义人民共和国英雄”称号及一级国旗勋章、金星奖章授予志愿军战斗英雄杨根思、黄继光、孙占元、杨连第、邱少云、伍先华、许家朋、胡修道、杨春增、杨育才、李家发，将勋章、奖章授予志愿军其他领导人和23万余名英雄、模范及有功人员，以表彰志愿军所建立的伟大功勋。

在中国，中共中央于7月27日发出了关于朝鲜停战的宣传指示，对宣传的基本内容、宣传指导思想和宣传形式等作了明确规定。指示指出：“人民日报将发表社论，全国各地报纸和广播电台均应及时转载和广播上述文件，并根据上述基本内容和上述文件，进行宣传。”“停战协定签字后，北京将由抗美援朝总会负责召集群众代表集会，各大城市亦可由抗美援朝分会主持召开群众代表集会，各中等城市则可由抗美援朝分会主持召开有各界代表参加的座谈会，在会上应以‘拥护朝鲜停战协定争取和平解决朝鲜问题’为口号，动员和教育群众。”

据此，在国内展开了朝鲜停战的宣传和庆祝活动。

7 月 28 日，《人民日报》、《光明日报》和天津《大公报》等均发表社论，庆贺朝鲜停战实现。

同日，中国人民抗美援朝总会为庆贺朝鲜停战协定签订，分别打电报给金日成、彭德怀，向金日成、朝鲜人民军及朝鲜人民和彭德怀及中国人民志愿军全体同志致敬。

7 月 29 日，中国人民政治协商会议全国委员会、中国人民抗美援朝总会、北京市抗美援朝分会及首都各界人民代表 4500 余人，在北京中山公园音乐堂联合召开了首都各界庆祝朝鲜停战协定签字大会。中国人民政治协商会议全国委员会副主席陈叔通致开幕词。中国人民抗美援朝总会主席郭沫若发表讲话。应邀参加大会的中国人民志愿军副政治委员甘泗淇，在热烈的掌声中走向主席台，向大会宣读了中国人民志愿军司令员彭德怀 7 月 28 日在开城关于朝鲜停战协定签字后发表的谈话。应邀参加的朝鲜民主主义人民共和国驻中国大使馆临时代办徐哲讲话。大会在经久不息的掌声中，通过了向英勇的朝鲜人民军和中国人民志愿军的致敬电。

7 月 30 日和 8 月 1 日，上海、天津、沈阳、西安、武汉、重庆等各大城市也分别举行了各界代表参加的 1000 多人至 10000 人的庆祝大会，庆祝朝鲜停战协定签字。

与此同时，全国各民主党派、各人民团体、各地人民、各少数民族、各阶层人士、归国华侨、志愿军伤病员及家属、中国人民解放军各部队和在朝鲜前线志愿军各部队，均采取不同形式，组织各种活动，庆祝朝鲜停战的胜利。

8 月 11 日上午 10 时，由朝鲜前线胜利归国的彭德怀回到北京。中国人民政治协商会议全国委员会、中国人民抗美援朝总会、北京市抗美援朝分会，联合在车站举行了盛大的欢迎仪式，“欢迎中国人民志愿军彭德怀司令员胜利归国”。林伯渠、邓小平、郭沫若等领导人和各界代表 2000 多人到车站迎接。朝鲜民主主义人民共和国驻中国大使馆临时代办徐哲和使馆人员也到车站欢迎。郭沫若致欢迎词，朝鲜驻中国大使馆临时代办徐哲致词，向彭德怀和中国人民志愿军表示感谢。彭德怀致答词，感谢中朝两国人民的支援，庆贺朝鲜停战的胜利。

9月12日,毛泽东主席主持召开中央人民政府委员会第24次会议,听取志愿军司令员彭德怀关于中国人民志愿军抗美援朝工作的报告。彭德怀在报告中回顾了抗美援朝战争的历程和取得的伟大的胜利,阐述了这种胜利的伟大意义和取得胜利的根本原因,提出朝鲜停战协定签字以后,中国人民志愿军应当继续努力进行的各项重要任务。彭德怀在报告中高度赞扬了英雄的朝鲜军民和英勇的中国人民志愿军,指出"英雄的朝鲜人民经受了严重的战争考验,坚决地打击了以美国为首的'联合国军',保卫了自己祖国的独立自由。英勇的中国人民志愿军进行了正义的斗争,捍卫了祖国的安全,援助了朝鲜的人民,从而保障了我国经济恢复和建设工作的顺利进行。在三年激战之后,资本主义世界最大工业强国的第一流军队被限制在他们原来发动侵略的地方,不仅不能越雷池一步,而且陷入日益不利的困境"。朝鲜战争的胜利,打破了美国"不可战胜"的神话。彭德怀庄严宣告:朝鲜战争"雄辩地证明:西方侵略者几百年来只要在东方一个海岸上架起几尊大炮就可霸占一个国家的时代是一去不复返了,今天的任何帝国主义的侵略都是可以依靠人民的力量击败的。它雄辩地证明:一个觉醒了的、敢于为祖国的光荣、独立和安全而奋起战斗的民族是不可战胜的。"彭德怀对3年来中国人民开展抗美援朝运动给予志愿军的巨大支持和鼓舞表示衷心的感谢和敬意,并指出:"我国人民的热情的支援,将与我军英勇斗争并列史册,在保卫远东和世界和平事业中建立了辉煌的功勋。"彭德怀要求中国人民志愿军"巩固朝鲜停战,保证严格遵守停战条款以严防侵略战争的再起,促成政治会议的顺利召开以进一步谋求朝鲜问题的和平解决"。①

毛泽东在会上发表了重要讲话。他指出:抗美援朝取得了伟大的胜利,"领导是一个因素,没有正确的领导,事情是做不好的。但主要是因为我们的战争是人民战争,全国人民支援,中朝两国人民并肩战斗"。"我们方面发生的问题,最初是能不能打,后来是能不能守,再后是能不能保证给养,最后是能不能打破细菌战。这四个问题,一个接着一个,都解决了。我们的军队是越战越强。""美国人攻不动我们的阵地,相反,他们总是被我们吃掉。""没有这一条,同他们讲和是不容易的。美帝国主义者很傲慢,凡是可以不讲理的地方就一定不讲理,要是讲一点理的话,那是被逼得不得已了。""我们的经验是:依靠人民,再加上一个比较正确的领导,就可以用我们劣势装

① 彭德怀:《关于中国人民志愿军抗美援朝工作的报告》,见《彭德怀军事文选》,440~461页,北京,中央文献出版社,1988。

备战胜优势装备的敌人。”毛泽东指出：

抗美援朝战争的胜利是伟大的，是有很重要意义的。

第一，和朝鲜人民一起，打回到三八线，守住了三八线。这是很重要的。如果不打回三八线，前线仍在鸭绿江和图们江，沈阳、鞍山、抚顺这些地方的人民就不能安心生产。

第二，取得了军事经验。……这一次，我们摸了一下美国军队的底。对美国军队，如果不接触它、就会怕它。我们跟它打了三十三个月，把它的底摸熟了。美帝国主义并不可怕，就是那么一回事。我们取得了这一条经验，这是一条了不起的经验。

第三，提高了全国人民的政治觉悟。

由于以上三条，就产生了第四条：推迟了帝国主义新的侵华战争，推迟了第三次世界大战。

帝国主义侵略者应当懂得：现在中国人民已经组织起来了，是惹不得的。如果惹翻了，是不好办的。

今后，敌人还可能打，就是不打，也一定要用各种办法来捣乱，比如派遣特务进行破坏。……可是，我们在抗美援朝中得到了经验，只要发动群众，依靠人民，我们是有办法来对付他们的。[①]

会议最后一致通过了中央人民政府委员会致中国人民志愿军的慰问电。慰问电说：“中央人民政府委员会第24次会议，听取了彭德怀司令员关于中国人民志愿军抗美援朝工作的报告，对于中国人民志愿军协同朝鲜人民军抵抗侵略、保卫和平的辉煌战绩及在这个基础上坚持争取和平解决朝鲜问题的停战谈判，并获得朝鲜停战的光荣胜利，表示完全满意。”中央人民政府感谢志愿军在这一正义战争中的卓越贡献，并对志愿军致以热烈的祝贺和慰问。同时，表示深信：中国人民志愿军全体同志在祖国人民的鼓舞和支援之下，必将不负祖国人民的期望，为保障朝鲜停战协定的彻底实施，为争取朝鲜问题的和平解决，为保卫远东及世界和平而继续努力！

此外，中共中央决定：为对人民进行长期教育，庆祝抗美援朝斗争胜利，

---

① 《建国以来毛泽东军事文稿》，中卷，173～175页，北京，军事科学出版社、中央文献出版社，2010。

纪念抗美援朝斗争中的英雄烈士，加深中国人民对美帝国主义的仇恨和对于自己力量的认识，由中央文化部会同军委总政治部负责搜集抗美援朝纪念品，筹设抗美援朝纪念馆。[1]

7月底、8月初，苏联等各人民民主国家和世界其他许多国家及知名人士，也以不同方式祝贺、欢迎朝鲜停战实现。

中国人民第三届赴朝慰问团赴朝慰问

7月27日，中共中央发出的关于朝鲜停战的宣传指示，要求："停战协定签字后，抗美援朝总会将会同军委总政治部，组织规模较过去为大的慰问团，前往朝鲜慰问志愿军、人民军和朝鲜人民。"

根据这一指示，为向志愿军广泛传达祖国人民对他们的敬意和慰问，传达国内各项建设的伟大成就及全国人民抗美援朝的坚强意志，鼓舞他们继续努力，提高警惕，以争取朝鲜停战协定的确切实现，为和平解决朝鲜问题而奋斗，同时，也为向朝鲜军民表达中国人民的亲切敬意，以及中国人民积极支援他们医治战争创伤和支持他们争取和平、统一与独立的伟大事业的决心，中国人民抗美援朝总会于9月23日召开常委扩大会议，决定组织中国人民第三届赴朝慰问团，代表全国人民慰问在反抗侵略、保卫和平事业中建立伟大功勋的中国人民志愿军和朝鲜军民。会议推选贺龙为第三届赴朝慰问团总团长。

经过筹备，中国人民第三届赴朝慰问团组成。邢西萍、章伯钧、蔡廷锴、章乃器、朱学范、陈沂、吴晗、刘芝明、康克清、梅兰芳、老舍、赵寿山、王维舟、吴克坚、邵式平、平杰三、张维桢、哈丰阿、周信芳共19人担任慰问团副总团长，陈沂兼秘书长。

总团下设8个总分团，第一总分团团长邢西萍，第二总分团团长赵寿山，第三总分团团长王维舟，第四总分团团长吴克坚，第五总分团团长邵式平，第六总分团团长平杰三，第七总分团团长张维桢，第八总分团团长哈丰阿。

这届慰问团的规模最大，总人数达5448人。其中代表1994人，包括了全国各民族、各民主党派、各人民团体和人民解放军的代表；战斗英雄、工农

---

① 中共中央关于朝鲜停战的宣传指示，1953年7月27日。

业劳动模范、革命烈士家属和革命军人家属、社会知名人士、科学工作者和文教工作者的代表。其中有罗盛教烈士的父亲罗迭开、杨连第烈士的父亲杨玉璞、邱少云烈士的弟弟邱少华等。慰问团还有由全国40个剧团组成的文艺工作团,约3100人,几乎包括了全国著名的主要剧种和这些剧种中最负盛名的演员。其中有著名京剧演员梅兰芳、周信芳、程砚秋、谭富英、裘盛戎、马连良、言慧珠,著名评剧演员新凤霞,著名音乐家马思聪、时乐濛,歌唱家喻宜萱、周小燕、王昆、郎毓秀等。

中国人民精心选制了慰问品,中国人民志愿军和朝鲜人民军每位战士均可得到几种礼物。这些慰问品包括刻有“中朝友谊万岁”或“抗美援朝战争胜利纪念”的金笔、印有天安门图案的搪瓷杯、封面上有毛泽东浮雕像的手册、铭刻有“和平万岁”字样的纪念章和彩色明信片等,慰问品中还有中国最著名的土产和工艺品、近百万封慰问信、800多面锦旗,以及新中国建设图片。中国人民还特地为朝鲜人民选制了大批礼物。有专门献给金日成和彭德怀的礼品。

10月4日下午,第三届赴朝慰问团开始离京赴朝,10月11至21日,先后全部到达朝鲜展开慰问。按照中国人民抗美援朝总会的要求,慰问团每到一地,首先慰问朝鲜人民和人民军,再慰问中国人民志愿军;慰问团总团首先到平壤进行慰问工作。

10月21日上午10时,以贺龙为总团长的慰问团总团和第一总分团全体人员及总团的5个文工团共1000多人,乘专车抵达朝鲜首都平壤市,受到平壤市各界的热烈欢迎。22日下午,平壤市各界1000多人又在牡丹峰露天电影院举行盛大集会,欢迎中国人民慰问团赴朝慰问。朝鲜党政军领导朴正爱、金一、崔庸健等参加大会。

10月23日晚,中国人民赴朝慰问团在平壤市朝鲜劳动党中央本部大礼堂举行慰问大会,慰问朝鲜党政领导、人民军高级将领及各民主政党、社会团体的负责人。朝鲜党政领导朴正爱、金一、崔庸健等共800多人应邀参加。慰问团总团长贺龙在热烈的掌声中致慰问词。他首先代表中国人民和毛泽东主席向英雄的朝鲜人民和金日成首相致崇高的敬礼和亲切的慰问。他热烈祝贺朝鲜人民的伟大胜利,热烈祝贺朝鲜人民军和中国人民志愿军的伟大胜利,转达中国人民对朝鲜人民的热爱、敬意和感谢,并表达了中国人民对朝鲜人民继续援助的决心。贺龙在慰问词中最后说:“我再一次地向朝鲜人民表示亲切的慰问,我们不单是血凝在一起,朝中两国人民的心也是连在一起的。我们反对美帝国主义和争取世界和平的事业也是连结在一起的。"慰问团向朴正爱、金一、崔庸健等朝鲜领导人和朝鲜党政机关、社会团体代表献赠礼单和纪念章,并进行了精彩的慰问演出。

10 月 25 日下午,中国人民慰问团在平壤市朝鲜内阁事务局礼堂,举行隆重献礼仪式,向朝鲜人民的领袖金日成、朝鲜最高人民会议常任委员会委员长金枓奉敬献锦旗和礼单。金日成、金枓奉会见了中国人民慰问团总团长贺龙和各位副总团长。当晚金日成举行盛大宴会招待慰问团总团及第一总分团全体人员。慰问团还在平壤市进行了广泛的慰问活动。

此后,慰问总团及第一总分团慰问了志愿军总部和在开城的朝鲜军事停战委员会朝中代表团、开城地区的朝鲜人民和朝中部队。在慰问志愿军总部时,受到志愿军首长邓华、杨得志、洪学智和志愿军总部机关的热烈欢迎。在志愿军总部机关举行隆重慰问大会,向志愿军总部和机关赠送了锦旗和礼品,还听取了志愿军代司令员邓华关于三年来抗美援朝战争情况的介绍。

贺龙率慰问总团还先后慰问了人民军空军司令部、坦克部队、高炮部队、金日成的故乡万景台,慰问了中西部战线的志愿军部队,到了五圣山前线,慰问了在上甘岭战役中为掩护志愿军伤员而牺牲的朴在根烈士的家属,慰问了朝鲜东海岸的人民军和志愿军部队。

在朝慰问期间,第一总分团除随总团活动外,还分别慰问了在上甘岭战役中建立功勋的志愿军部队,驻守在西海岸的志愿军某指挥机关,志愿军空军、炮兵、工兵部队等单位。

第二总分团分别慰问了西线朝中人民部队和朝鲜人民。共举行慰问大会 124 场次,座谈会 168 次,所属文工团慰问演出 461 场,观众达 56 万余人次。

第三总分团先后慰问了咸镜北道的朝鲜人民和守卫在东海岸的朝中部队。共举行慰问报告大会 461 次,举行座谈会 840 次,所属文工团慰问演出 260 多场,观众达 30 多万人次。

第四总分团分别慰问了江原道平康、洗浦、伊川等 6 个郡的朝鲜军民和守卫在上甘岭和"丁字山"前线的志愿军部队及炮兵部队。在各地共举行慰问大会 80 多次,座谈、访问 640 多次,参加大会、观看演出的朝鲜军民和志愿军指战员达 38 万多人次。

第五总分团慰问了东线人民军部队和咸镜南道、江原道的朝鲜人民,以及志愿军领导机关。共举行慰问会 322 次,座谈会 718 次,会见和访问了 26371 位英雄和模范。所属文工团作了 259 场慰问演出,观众达 55 万多人次。

第六总分团在东线共举行报告会255次，分组进行慰问、访问和联欢500多次，举行各种座谈会150多次，文艺工作团作了371场慰问演出。

第七总分团向安州、顺川、价川等20多个城市和广大农村的朝鲜人民和朝中部队进行了慰问。共举行慰问大会227次，举办报告会、座谈会和图片展览会340次，所属文艺工作团作了467场慰问演出，观众达56万多人次。

第八总分团深入慰问了朝中铁道部队的指战员和铁道沿线的朝鲜人民。

12月14日，第三届赴朝慰问团总团长贺龙和他率领的慰问团总团胜利完成了在朝鲜的慰问工作，乘专车离开平壤返国。至12月24日，中国人民第三届赴朝慰问团除个别慰问团的文工团外，已经全部完成慰问离开朝鲜返回祖国。

两个月的慰问，慰问团在朝鲜从城市到农村，从工厂到矿山，从后方到前线对朝鲜军民和中国人民志愿军进行了广泛的慰问，慰问了朝鲜所有道、市，大部分郡，一部分里的党政机关，对人民军和志愿军广大官兵基本上做到了人人见面，深入到了前沿、海岛、分散的后勤单位，据不完全统计，召开慰问会、座谈会和慰问演出，共7600余次，受到慰问的人数达500万以上，祭扫了人民军和志愿军烈士墓。胜利完成了中国人民交给的慰问任务。

1954年1月8日下午，中国人民抗美援朝总会举行第17次常委扩大会议，听取中国人民第三届赴朝慰问团总团长贺龙关于第三届赴朝慰问团的工作报告和副总团长朱学范，第五总分团团长邵式平、第一总分团副团长洪深、副总团长陈沂等的发言。会议完全同意贺龙总团长关于中国人民第三届赴朝慰问团的工作报告。会议对于慰问团胜利地完成了全国人民所委托的慰问朝鲜军民和中国人民志愿军的任务，表示完全满意，并向慰问团全体同志表示感谢；会议一致通过了关于中国人民第三届赴朝慰问团工作报告的决议，决定向全国人民再一次进行关于抗美援朝斗争伟大胜利意义的宣传，并由赴朝慰问团各总分团，分赴全国各地向人民群众和部队、机关、学校作关于这次慰问工作的传达报告。

1954年1月下旬至2月下旬，中国人民第三届赴朝慰问团各总分团代表，先后在全国各地向各界人民作了传达报告。

这次慰问，进一步巩固和加强了中朝两国人民的团结和友谊，密切了祖国人民与志愿军的血肉联系，极大地鼓舞了志愿军维护朝鲜停战协定，帮助朝鲜人民恢复家园，保卫祖国、保卫和平的决心和斗志。同时也将朝鲜军民和中国人民志愿军英雄业绩带给祖国人民，促进了中国人民进行经济建设和国防建设的热情。

第六十章

维护朝鲜停战协定的斗争

朝鲜停战实现后抗美援朝的方针和任务

朝鲜停战的实现,标志着朝鲜战争在事实上已经结束。朝鲜形势已经发生了新的变化。朝鲜人民的中心任务已由战争转变为“恢复和发展战后人民经济”,争取停战协定全部条款的实现和朝鲜问题的最后和平解决。根据朝鲜形势的这一新变化,中共中央对抗美援朝的方针和志愿军的任务及时进行了调整。

1953 年 7 月 27 日,中共中央在关于朝鲜停战的宣传指示中指出:“朝鲜停战是朝中人民保卫和平反对侵略斗争的重大胜利……也就是美帝国主义侵略政策的严重失败。”“朝鲜停战协定的签订,为和平解决朝鲜问题并以协商方式解决国际争端造成了有利条件。”“但斗争尚未结束,帝国主义好战分子和李承晚集团尚在继续阴谋破坏停战,我国人民必须为确切实施朝鲜停战协定,争取和平解决朝鲜问题而继续努力;为支援志愿军保障停战协定不受破坏,拥护解放军保卫国防而继续努力;为援助朝鲜人民进行恢复工作,巩固中朝两国人民的战斗友谊……而继续努力。”“由于停战协定仅属于军事性质,我国人民抗美援朝任务尚未完成。在停战协定没有彻底实现,政治会议召集并获得结果,志愿军没有回国以前,‘抗美援朝’的口号仍不改变,但亦不要宣传继续加强抗美援朝,而应宣传争取确切实施停战协定和争取和平解决朝鲜问题。解放台湾的口号亦暂时不提,但应提反对美国继续侵略台湾。”

为贯彻中共中央的上述指示，7 月 30 日，中央军委总政治部在给志愿军和全军各大军区等单位政治部关于宣传朝鲜停战的指示中指出：“现在签订的停战协定是属于军事性质的，还只是和平解决朝鲜问题的第一步，并不等于朝鲜问题的全部解决。帝国主义好战分子和李承晚集团尚在继续阴谋破坏停战，我们仍肩负着严重的斗争任务。志愿军全体人员在保证停战协定的确切实施中，务必保持高度戒备，坚守阵地，防止敌人任何破坏和捣乱，并应积极帮助朝鲜人民进行恢复和建设工作，进一步严肃群众纪律，以巩固和发展中朝人民的战斗友谊。”

据此精神，志愿军党委对朝鲜停战后志愿军的工作任务进行了部署。9 月志愿军党委确定了“争取和准备打”的方针。在政治上着重于前者，而在军事上则应着重于后者，为导向朝鲜问题的和平解决，切实遵守“人不犯我，我不犯人”的原则，只要敌人不向我进攻，我决不向敌人发一炮，决不逾越分界线一步。但必须提高警惕，准备敌人卷土重来。

为适应维护停战协定斗争形势的需要，朝鲜停战后，朝中方面将原谈判代表团改为停战代表团，经中朝双方商定，停战代表团和停战委员会的业务工作仍主要由志愿军代表团负责，受中共中央领导，重大问题由中共中央与朝鲜劳动党商量决定，再指示停战代表团执行。停战代表团仍由李克农负总责，一切问题由朝中双方代表集体协商解决。

李克农具有丰富的谈判斗争经验，从朝鲜停战谈判一开始，就坐镇开城指挥朝中代表团的谈判斗争。疲劳久病经常困扰他，肺病越发严重，常咯血不止。中共中央曾派伍修权到朝鲜接替他的工作。当时，谈判斗争正处于紧张关头，他认为中途换人不利于谈判斗争，一直战斗在开城第一线。在维护停战协定的各项工作逐步就绪后，1953 年 11 月初，经党中央毛泽东同意，调李克农回国休养。中共中央决定，李克农回国后，由杜平、乔冠华、丁国钰、柴成文、黄华组成志愿军代表团党委，杜平代理书记，乔冠华为副书记。具体分工，杜平负责代表团的全面工作，乔冠华负责对外谈判事务，黄华负责政治会议双方会谈工作，丁国钰、柴成文负责有关军事停战委员会及观察小组与后方口岸工作。关于对外谈判的请示报告各电由李相朝、杜平、乔冠华签署分发平壤及北京，复电仍由北京发出。

维护停战协定的斗争主要包括：停战监督问题，战俘遣返问题，维护军事分界线和非军事区的安全问题，召开政治会议问题。

停战初期，由于组织各种停战机构，安排停战监督，遣返对方战俘，接收朝中战俘，对不直接遣返战俘进行解释等，任务复杂艰巨。根据任务的需要，志愿军方面从中国党、政、军和学校各系统抽调人员充实和加强了停战代表团的力量，使代表团的人数达到 7883 人，是停战以前代表团人数最多时的 10 倍。

1954 年，随着战俘等重大问题已处理完毕，日内瓦会议关于解决朝鲜问题未能达成协议，军事停战委员会和中立国监督委员会的工作已走向轨道，有长期化的趋势，人民军代表团在共同的对外斗争中积累了经验，完全有条件有能力负起停战委员会的责任。基于上述情况，1954 年 11 月 24 日毛泽东致电金日成，建议“开城工作今后交由朝鲜同志负责”，由金日成“直接领导较为适宜”。考虑到“由朝鲜同志负责时的若干具体困难”，建议“采取互相协助的办法求得解决”。[①] 金日成同意毛泽东的建议，朝中双方并协商了具体执行办法。12 月 6 日，周恩来、彭德怀致电志愿军停战代表团，“决定将军停会朝中代表团工作关系加以调整，中国人民志愿军代表团机构加以缩编，以后停战工作即交由朝方负主要责任”。并随电下发了经中共中央批准的《关于调整军停会朝中代表团的关系及缩减志愿军代表团的机构的方案》。方案确定：军事停战委员会的一切事务，统由朝鲜人民军代表团主持办理，归平壤直接领导，如遇重大问题可由平壤与北京商量。为减少朝方的困难，移交工作在 3 个月内完成。军停会志愿军代表团缩减机构，改为志愿军驻开城联络处，对外名称不变，由志司直接领导，负责与志司和北京保持联系，办理有关军停会与志愿军方面的联络事宜，不直接处理有关军停会的事务。[②] 到 12 月 14 日，志愿军代表团全部移交工作基本完成，从 15 日起有关军停会各项工作由人民军代表团主持办理。志愿军驻开城联络处人员减至 100 余人。

朝鲜停战的实现，缓和了朝鲜半岛的紧张局势。但停战状态还不是朝鲜和平的最后实现，仅仅是和平解决朝鲜问题的第一步。朝鲜问题的和平解决，还有待于停战双方对停战协定全部条款的切实遵守和执行。因此，停战后是否遵守和维护停战协定，进一步谋求朝鲜问题的和平解决，便成了停战双方斗争的焦点。美国不甘心在朝鲜战争中的失败，想方设法破坏停战

① 《建国以来毛泽东军事文稿》，中卷，251 页，北京，军事科学出版社、中央文献出版社，2010。

② 参见周恩来、彭德怀给开城代表团、志司、志后并中央组织部、外交部、军委、总参、总政、总后的电报，1954 年 12 月 6 日。

协定的实施,阻挠朝鲜问题的和平解决,力图继续保持朝鲜半岛的紧张局势。据此,停战后朝中方面的历史使命是:严格遵守和维护停战协定的实施,巩固朝鲜停战,严防侵略战争再起,进一步谋求朝鲜问题的和平解决。在停战后至中国人民志愿军撤出朝鲜回国的5年间,朝中方面为维护停战协定,同美方进行了针锋相对的斗争,从而保证了朝鲜半岛局势的相对稳定。

在监督停战协定实施问题上的斗争

维护停战协定的第一件大事是成立军事停战委员会。根据停战协定的规定,停战委员会由双方司令官各指派1名首席委员和4名委员组成,是双方司令官委派的监督停战的最高机构,负有总的监督停战协定的执行及处理任何违反协定事件的责任,并对各停战机构(除中立国家遣返委员会和中立国监察委员会外)均负有总的督导之责。朝中方面参加停战委员会的人员:首席委员为朝鲜人民军李相朝中将,委员为朝鲜人民军的崔龙汉少将与朴一英少将,中国人民志愿军丁国钰将军与柴成文将军,秘书长、助理秘书长为朱然、徐鸣上校。"联合国军"首席委员为美国陆军勃里安少将,委员为泰国陆军开特卡契恩少将、英国陆军白斯汀少将、美国海军门登豪少将、美国空军恩德希尔准将,秘书长、助理秘书长为柯尔曼、柯菲尔德上校。

军事停战委员会于1953年7月28日在板门店举行第一次会议。会议中,双方原则同意将非军事区连同汉江口共分为10个地段,并配备10个联合观察小组分别驻扎,协助军事停战委员会监督停战协定条款的执行。联合观察小组于7月30日分别出发前往各自的监督地段执行任务。

为具体执行停战协定中有关条款的规定,便于各种停战机构工作,监督双方执行停战协定的情况,军事停战委员会先后批准了《军事停战委员会试行办事细则》、《秘书处试行组织规则》、《自非军事区内清除危险物的办法》、《关于联合观察小组的组织、管理与支援的试行办法》、《关于新闻机构进入非军事区的规定》、《关于军事停战委员会及其附属机构及各该机构人员的证明文件、徽记和识别标志的协议》、《汉江口民用航运规则及有关事项》、《关于监督与报告到达与离开朝鲜的军事人员与替换物件的办法》等10项协议。

在军事停战委员会的监督下,停火初期的具体安排比较顺利。按照停战协定的规定,朝鲜时间 1953 年 7 月 27 日 22 时,双方武装力量完全实现了停火。7 月 30 日 22 时前,双方一切武装力量已全部撤离了非军事区。8 月 4 日,美军部队按规定从朝鲜北部后方及沿海岛屿撤离完毕。在联合观察小组的监督下,9 月 1 日,军事分界线和非军事区南北缘的竖标任务全部完成。停战双方要在 245 公里的军事分界线上,共竖立 1293 个规格文字完全相同的标志。其中朝中方面负责的 541 个,仅用 13 天的时间即完成了任务,后经双方检查核实无一差错。9 月 13 日,停战双方对非军事区内危险物的撤除工作已全部完成。

中立国监察委员会于 1953 年 8 月 1 日成立。其组成人员为;捷克斯洛伐克委员布莱希中将、波兰委员翁格洛夫斯基少将、瑞典委员格拉夫斯特鲁少将、瑞士委员莱钠少将。中立国监察委员会的主要任务,是按照停战协定,对双方军事人员和军用物资的轮换、替换,进行监督与视察,并将调查结果报告军事停战委员会。它与军事停战委员会是平行的独立机构,可以自行作出判断,向军事停战委员会提出建议,但它无权直接处理有关实施停战协定的事宜。8 月 10 日,由中立国监察委员会 4 国成员组成了 10 个固定视察小组。8 月 12 日,视察小组开始分赴朝鲜南北双方特定口岸,即北方的新义州、清津、兴南、满浦、新安州;南方的仁川、大丘、釜山、江陵、群山,常驻那里对军事人员和武器装备的进出进行视察。8 月 19 日,南北固定视察小组开始工作。同时还组织了 10 个机动的视察小组,驻在中立国监察委员会总部附近以备用。

为了便于工作,中立国监察委员会曾提请双方保证视察小组人员的安全,小组人员在双方地区内移动自由,小组有自备电台、携带自卫武器与拍摄纪录性照片的权利等。朝中方面对这些都作了肯定的答复。为与中立国监察委员会视察小组保持联系,朝中方面向新义州、清津、兴南、满浦、新安州等口岸派出联络官。志愿军司令部还专门颁发了《规定出入口岸手续》的命令,强调指出:"一切通过口岸之人员无论其职位高低,均须服从检查、指挥。如有违抗或不按规定执行者,检查者有权停止其通过并扣压惩处。必要时,对该部队之主管首长也给以处分。"与此相反,美方对中立国监察委员会提出的上述有关小组工作的条件,则采取回避或拒绝的态度。对视察小组安全问题只给含糊的保证。对携带自卫武器问题一直不表态。对视察小组人员的移动自由问题,则借口安全难以保证,又不给足够的车辆,企图加以限制。对电台问题,开始不答应,后来说可以,又不肯指定一定的波长,以保证不受干扰。

停战初期，美方的朝鲜南方口岸的管理紊乱，漏洞很多，违反协定事件不断发生。在朝中方面的揭露下，美方政治上陷于被动。美方初步改善了对南方口岸的管理后，便对视察小组的工作进行阻挠和破坏，甚至对人身进行侮辱和威胁。

1953 年 9 月 1 日，驻大丘中立国视察小组瑞典人员拉尔逊遭到美方士兵阿姆斯特朗的殴打，下颚受伤，唇齿出血。9 月 8 日，中立国监察委员会向军事停战委员会报告了这一严重事件，并要求撤换驻大丘的美方联络官。波兰、捷克斯洛伐克代表团人员，由于坚持公正立场，不断揭露美方违反停战协定的事件，则处处受到美方的限制。驻江陵中立国视察小组波、捷人员在饭厅吃饭时，美国宪兵携带武器站在旁边，或在一边随便打枪示威，并以安全为借口限制他们外出。在釜山等地，美方还通过特务分子，唆使一些妓女用色情引诱波、捷人员背叛祖国。这些下流卑鄙的破坏活动，均遭到波、捷人员的当场斥责。9 月 9 日，竟发展到美国宪兵公开将波兰译员绑架到美军军营。波兰委员先后多次向"联合国军"总司令克拉克提出强烈抗议，指出这是有计划的绑架行为，破坏了中立国监察委员会人员不受侵犯的权利。

更为严重的是，中立国监察委员会视察小组的行动安全得不到保证。1953 年 9 月 19 日，波兰候补委员斯利温斯基上校等 3 人乘美国飞机从群山至釜山。在起飞前，驾驶员报告飞机有故障，但美方仍命令起飞，结果刚起飞不久即坠落在群山附近，斯利温斯基等人受伤。1955 年 11 月 7 日，3 名波兰人员乘坐美国飞机，在群山至金浦途中坠毁，机上人员全部遇难。中立国监察委员会组成特别委员会前往调查，但美方不提供飞行方面的材料，并借口中监会无权调查美方的飞行事宜加以种种限制。12 月 17 日，捷克斯洛伐克和瑞典人员乘坐美国直升机，在仁川飞往金浦机场途中因机器故障被迫降落。1956 年 1 月 7 日，瑞典代表团爱力克逊上校，被美军卡车撞死。1 月 27 日，波兰和瑞士人员搭乘的一架美国直升机在釜山坠毁，其中 1 名波兰大尉被烧伤。美方对上述事件除表示遗憾和道歉外，极力推卸责任。中立国监察委员会波、捷委员，要求美方立即采取措施不使类似事件发生，赔偿人员伤亡的损失，谴责美方对中监会人员的安全不负责任，以致造成危害人员生命的事件，并指出这是政治问题。朝中方面致函美方，指出 1 月 27 日的事件不是偶然的，敌视和平的人很可能诉诸卑鄙的暗害手段，要求美方作出交代。在中立国监察委员会和朝中方面的压力下，美方被迫对交通安全问题采取措施，决定以美国空军的多引擎飞机的定期飞行代替陆军单引擎飞机的不定期飞行，并表示中监会人员享有优先权，并派1名军官护送，但对赔偿问题以不属于军事停战委员会的权力为借口，一直没有作出肯定的答复。

1954年4月日内瓦会议前后，美方对中立国监察委员会由不合作、限制活动发展到危害他们的人身安全，直至要解散中立国监察委员会。同时，中立国监察委员会中的瑞典、瑞士委员，也极力贬低中监会的作用，主张结束中监会或缩减中监会人员，撤回各口岸视察小组。对此，朝中方面则在维护中立国监察委员会工作的方针问题上，与美方进行了限制和反限制、破坏和反破坏的斗争。

1954年4月15日，军事停战委员会中的美方首席委员，无理指责中立国监察委员会已丧失了它的作用。7月30日，南朝鲜军宪兵司令元容德发表声明，威胁中立国视察小组"立即撤出"在"联合国军"控制下的南朝鲜，否则要采取"必要措施"。7月31日，李承晚在华盛顿公开表示支持元容德"对中立国监察委员会所采取的行动"，并说"早就应采取这种行动"了。当天下午，釜山竟发生暴徒向中立国视察小组人员开枪射击事件。8月1日，群山又发生暴徒向中立国视察小组住所投掷手榴弹的事件。此后，在朝鲜南方各口岸连续发生暴徒有组织的示威游行。到8月下旬，南方各口岸的示威游行才平息下去。他们妄图用恫吓的手段迫使视察小组离开南朝鲜。8月3日，美国国务卿杜勒斯在记者招待会上说："美国赞同终止中立国监察委员会活动。"对上述行为，中朝两国政府坚决反对，并发表声明强烈谴责，使美方没有达到赶走中立国视察小组的目的。

1955年8月，李承晚集团再度组织暴徒在朝鲜南方各口岸举行游行示威，威胁中立国视察小组人员的安全。8月5日，南朝鲜当局公然向中立国监察委员会提出最后通牒，要求中监会人员于1955年8月13日24时以前撤出南朝鲜，否则对发生的后果不负责任。中立国监察委员会将该通牒转交军事停战委员会，表示中监会的工作将不受外来干涉的影响，要求军停会采取适当的行动。美方表示将保证视察小组的安全。8月11日，中国外交部和朝鲜外务省分别就南朝鲜在美国的纵容下破坏中监会的严重局势发表声明，提出严重警告，并建议召开远东国家会议讨论撤退一切外国军队和和平解决朝鲜问题。美国的妄想未能得逞。

此后，美方又变换手法限制视察小组的活动，以保证小组人员安全为借口，让小组人员乘直升机在空中视察，或把物资撤到小组住所来让其视察，使小组不能进行有效的视察活动，而变成了有名无实的视察。为达到彻底破坏中立国视察小组,美方竟于1956年5月31日片面宣布不再遵守停战协定中关于中监会在南方口岸活动的条款,公然要求中立国监察委员会停止在南朝鲜执行任务。对美方这一行为,中国外交部于6月1日发表声明指出:美方无理宣布中立国监察委员会停止在南朝鲜活动,是公然破坏停战协定的行为。朝中方面对其提出了强硬抗议和严重警告后,考虑到为了停战协定不在视察小组问题上遭到破坏,和视察小组在此工作的实际困难,同意暂时撤回视察小组。但在声明中指出:一、中立国监察委员会及其视察小组的职权不变;二、这一措施是暂时性的,在一方提出有根据的指控时,中立国监察委员会有权再派出小组驻特定口岸行使监察工作。6月8日,美方通知中监会,南方口岸各小组须于6月9日撤至非军事区。中监会当日举行特别会议。波兰、捷克委员对美方的通知表示愤怒和抗议。连瑞典的委员都认为美方缺乏对中监会应有的礼貌和尊重。中监会通知南北口岸各小组于6月9日零时停止工作并撤回板门店。南北各小组分别于6月9日和12日回到板门店。停战协定明文规定的条款,因美方的破坏而无法执行。6月10日,中国外交部和朝鲜外务省分别发表声明,谴责美方公然破坏停战协定的行为。波兰和捷克外交部也于6月15日发表声明,指出中监会今后仍有权派出小组。后朝中方面多次提请中监会派视察小组前往北方视察,均被中监会瑞典和瑞士代表拒绝。

停战协定中第13款卯项规定,停战双方不得从朝鲜境外进入增援的作战飞机、装甲车辆、武器与弹药,停战期间毁坏耗损的作战飞机、装甲车辆、武器与弹药,只能在同样性能同样类型一件换一件的基础上进行替换。并规定中立国视察小组在特定口岸,对武器与弹药的替换进行监督和视察。

美方违背这一规定,在运进作战物资时采取化整为零,以多报少,在运出时则采取以零报整,以少报多的办法,把各种作战武器非法运入南朝鲜,加强美军和南朝鲜军队的装备。1953年9月4日,驻釜山视察小组发现美国从朝鲜境外运入了106门迫击炮拆散件。美方在军事停战委员会上,不承认这是破坏协定的行为,还为自己辩护,说什么作战飞机、装甲车辆、武器弹药的零件及拆散件不受该规定的限制。朝中方面对美方的破坏行为和无理狡辩表示坚决反对,并于10月3日发表公报揭露与驳斥了美方上述破坏协定的行为。但美方仍继续破坏停战协定的规定,到1954年2月底,中立国视察小组发现的美方经由朝鲜南方特定口岸运入的武器拆散件与零件,就可以装配成火箭筒6400具、迫击炮145门、榴弹炮及其他类型的炮465门、机关枪1365挺。到同年4月15日止,为中立国视察小组所发现的美方私自运进南朝鲜的作战飞机达177架之多。朝中方面对美方这些行为,都及时在军事停战委员会的会议上予以揭露和抗议。

1957年以后,美方破坏停战协定的行动达到肆无忌惮的程度。6月21日,在军事停战委员会第75次会议上,片面宣布他们将不受停战协定第13款卯项的约束,要以"新武器代替旧武器"。6月22日,朝中方面就此事致函中立国监察委员会,表示坚决反对美方这一严重违反停战协定的行为,指出:美方的片面行动是完全非法和无效的。6月25日,中立国监察委员会讨论了此函,委员们在会上指出美方违反停战协定,企图运入新武器的危险性,中立国监察委员会应设法制止美方的违反协定行为。6月26日,朝中方面致函中监会,表示中监会对制止美方违反停战协定会作出相应的贡献。6月26日和27日,朝鲜政府和中国政府先后就美方破坏停战协定的行为发表声明,表示抗议。美方不但不收敛,反而变本加厉。6月29日美方致函中监会,声明美方解除根据停战协定第13款卯项所承担的义务,并通知中监会自1957年6月21日以后美方将不向中监会提供作战物资的报告。从7月3日至7月25日,中监会数次开会讨论朝中方面和美方的信函,在复信问题上引起了激烈的争论。由于瑞典、瑞士委员以中监会无权过问为由拒绝表态,最后中监会只好将皮球踢给军停会,交军停会处理。

为进一步制造朝鲜半岛的紧张局势,美国在南朝鲜建立导弹基地。7月,美方将"联合国军司令部"从日本移至南朝鲜,并将新式武器运入南朝鲜。1958年1月,美军和南朝鲜军等,在靠近非军事区的地带组织大规模军事演习。7月4日,美军在春川附近成立了"第四导弹司令部",建立了导弹基地。在7月14日军事停战委员会上,朝中方面向美方提出抗议,要求美方将非法运进的新式武器撤出朝鲜,撤销导弹基地。同日,朝中方面写信给中监会,转交南日外务相声明的副本,希望中监会注意美方的挑衅性敌对行为。

对美方破坏停战协定的严重事件,朝中方面在军事停战委员会上进行了有力的斗争。朝中两国政府不断发表声明,抗议美国的行动,向全世界揭露美国破坏停战协定的行为。在中立国监察委员会上,波兰、捷克委员不断谴责美方破坏停战协定的行为,要求中监会发挥应有的作用。而瑞典、瑞士委员极力偏袒美方,对美方破坏停战协定的行为采取姑息迁就的态度。中监会由于4国委员意见不统一,在监督双方严格执行停战协定问题上难于发挥作用。

1958年10月,中国人民志愿军全部撤离朝鲜后,留在朝鲜停战委员会的志愿军代表，与朝鲜人民军代表一起，继续为维护停战协定进行斗争。志愿军主动撤离朝鲜后，“联合国军”实际上已不存在，其他国家军队陆续撤出，只有美国军队继续留驻在南朝鲜。虽然军事停战委员会照例每年开几次会，但停战协定大部分条款已被美方破坏了。中立国监察委员会早已名存实亡，仅仅是个形式。尽管如此，由于朝中方面和有关方面的不懈努力，朝鲜半岛的紧张局势逐渐趋于缓和。

斗转星移，到20世纪90年代初国际关系和朝鲜半岛的形势发生了重大变化。朝鲜政府为适应这一形势，以便在朝鲜半岛建立新的和平保障机制，于1994年召回朝鲜停战委员会朝方代表团。中国政府考虑到朝鲜方面的要求，根据朝鲜方面已召回军事停战委员会中的朝方代表团以及军事停战委员会实际上已停止运转的现状，于同年9月1日，宣布调回军事停战委员会中的中国人民志愿军代表团，并希望有关方面为缓和朝鲜半岛局势继续做出建设性努力。朝鲜政府对志愿军代表团多年来为维护朝鲜半岛的和平与稳定所发挥的重要作用，给予充分评价。朝鲜民主主义人民共和国中央人民委员会于当年12月5日颁发政令，授予志愿军代表团首席参谋郑道根少将和参谋金德福大校以朝鲜民主主义人民共和国一级国旗勋章，授予代表团其他4名成员二级国旗勋章和二级友谊勋章。12月15日，中国人民志愿军代表团奉调离开平壤回国。

在战俘遣返问题上的斗争

战俘问题在停战谈判中是双方斗争的焦点。正因为美方企图扣留朝中战俘，致使关于战俘安排问题的谈判，拖了一年半的时间才达成协议。停战以后，这个问题在军事停战委员会上斗争仍然十分尖锐。尤其是在不直接遣返战俘问题上，美方以法西斯手段多方刁难、阻挠，不惜以破坏停战协定来达到其扣留朝中战俘的目的。在军事停战委员会上，朝中方面进行了坚决的斗争，迫使对方未敢走得太远。

停战协定及其附件《中立国遣返委员会的职权范围》中规定：在停战协定生效后的60天内，双方应将其收容下的一切坚持遣返的战俘分批直接遣返，交给他们被俘前所属的一方，不得加以任何阻难；未予直接遣返的其余战俘，则从拘留一方的军事控制和收容下释放出来，统交由中立国遣返委员会，以求得对他们遣返问题的公正解决。

1953年7月28日，根据停战协定的规定，成立了战俘遣返委员会。朝中方面委员为李平一上校、王健上校、崔学崇上校；美方委员为费莱德斯达夫上校、毕陶夫上校、爱德华兹上校。该委员会是在军事停战委员会的督导下负责战俘遣返工作。同日下午该委员会在板门店举行第一次会议，决定从8月5日开始，进行直接遣返战俘的移交工作。

为协助战俘的移交工作，双方于1953年8月3日成立了联合红十字会小组，并签订了《联合红十字会小组工作协议》。联合红十字会分南北中3个小组，南北小组共120人，每方出代表60人，分别访问双方战俘营；板门店小组共20人，每方出代表10人，在战俘交接地点协助双方交换战俘，受战俘遣返委员会支配。联合红十字会小组的任务主要是，为战俘提供人道主义服务，协助双方执行停战协定有关一切坚持遣返战俘的规定。

朝中红十字会的代表带着两国人民的深情厚谊，慰问朝中被俘人员。他们向被俘人员赠送慰问品，分发慰问信。慰问信中写道："我们代表全朝鲜人民和全中国人民欢迎你们，慰问你们，并且派了朝鲜红十字会和中国红十字会的代表们来看望你们。自从你们被难以后，我们两国人民都在关怀你们。知道你们在精神上、肉体上受尽了折磨，知道你们时时想念着自己的祖国，并为实现你们重返各自的祖国的愿望作了英勇的努力。你们这种真诚的愿望，不仅使我们祖国人民更加怀念你们，而且一直为两国人民所支持。为了使你们脱离苦难，重返各自祖国的怀抱，两国人民作了最大的努力。现在朝鲜停战已经实现。按照停战协定的规定，你们在两个月内，就可以全部回到自己的祖国的怀抱了。你们苦难的生活马上就可以结束了。你们恢复自由的日子已经来到了。全朝鲜人民和全中国人民都在热烈地欢迎你们，欢迎你们回来和久别的父母妻子团圆，欢迎你们回来参加伟大的和平建设工作。我们已经为你们重返家园做好了安排。"

朝中方面恪守停战协定，给联合红十字会小组以充分的合作，在交通、居住、饮食等方面提供便利条件。然而美方却违反协定，处处刁难、限制与阻挠朝中红十字会人员的活动。他们不按规定在翻译和通信问题上提供方便。设置种种障碍，限制接近战俘。巨济岛战俘营无理规定，联合红十字会小组不得进入任何营地。朝中红十字会代表只能隔着100米的铁丝网观看战俘；限制参观战俘营设施，有战俘在场时不准参观宿舍、伙房及运输设备。在临津江桥上的朝中红十字会代表，只能隔着铁丝网与战俘谈话。在釜山，美方强令战俘离开谈话现场，使朝中红十字会代表的访问工作被迫停止。阻挠分发慰问品和慰问信。在巨济岛战俘营，美方以战俘示威为借口，停止朝中红十字会代表分发慰问品。更为严重的是，美方竟威胁朝中红十字会代表的人身安全。8月9日，朝中红十字会代表在巨济岛遭到美方催泪性毒气的袭击。8月13日，美军士兵在临津江桥用枪撞击中国红十字会代表潘芳的胸部和腿部，蛮横地阻止对朝中被俘人员的慰问。8月21日，朝中红十字会代表在巨济岛向战俘分发慰问品时，遭到美方武装人员的殴打。

对上述违反停战协定的事实，朝中方面要求进行调查。美方却矢口否认，进行抵赖。8月21日，军事停战委员会决定邀请中立国监察委员会派小组进行调查。中立国监察委员会接受邀请，随即派出3个视察小组进行调查。同时联合红十字会小组协调组也进行调查，情况完全属实。对此，中立国遣返委员会和联合红十字会均向美方提出了严重抗议。正如中立国监察委员会在小组调查报告中指出的，美方所以对联合红十字会工作加以种种阻挠与破坏的一个重要原因，是出于美方深恐战俘与朝中红十字会代表接触后，将进一步暴露美方违反停战协定和日内瓦公约，虐杀迫害朝中被俘人员，并强力阻止他们要求遣返的不可告人的事实真相。

此时，美方已认识到联合红十字会小组的活动，不利于他们强行扣留朝中战俘。9月7日，美方指使美方红十字会代表奈德林片面宣布解散联合红十字会小组协调组，终止联合访问。这再一次暴露了美方所谓人道主义的假面具。

从1953年8月5日起，双方开始在板门店交换坚持遣返的战俘。朝中方面恪守停战协定，本着人道主义精神，将坚持遣返的战俘全部遣返。其中包括，朝鲜人民军在大田战役俘虏的美24师师长迪安少将，中国人民志愿军在第五次战役中俘虏的英第29旅营长卡恩中校。在遣返的前一天晚上，朝中方面还在开城设便宴招待迪安。关于遣送迪安的情况，李克农在9月4日给毛泽东的电报中是这样叙述的："今日送出之外俘中有前美24师师长迪安……遣送的很顺利，迪安由我派两人护送。吉普车前往敌区，迪安情绪很好，表现很愉快，遣送途中与我遣送英文干部谈笑自如，到板门店前并与护送人员握手。"①这是美方根本没想到的。美第8集团军司令泰勒在回忆录中这样写道："素来沉默寡言的比尔（迪安），整个晚上都没有住嘴，沉浸在和朋友们用英语谈话的欢乐中。"②

① 李克农给毛泽东、金日成、彭德怀的电报，1953年9月4日24时。

② ［美］马克斯韦尔·泰勒：《剑与犁——泰勒回忆录》，179页，北京，商务印书馆，1981。

对犯有罪行的战俘，朝中方面实行了宽大政策，予以全部遣返。9月6日，将犯有细菌战罪行的25名美国飞行员全部遣返。朝鲜人民军总政治局在公报中说，美国空军人员许威布尔等25人，曾在朝鲜境内参加过美军所进行的大规模的细菌战，罪行重大，依法应受处罚。朝鲜人民军总政治局鉴于他们均系执行上级命令，并非策划和发动对我进行细菌战的主要负责者，且能坦白认罪，因此，特根据人民军的宽大政策，予以从宽处理，一律免予法办。同时，还遣返了美远东空军第91战略侦察中队RB－29机组机长哈立斯等11人。朝中战俘管理处在公告中说，1952年7月，哈立斯等被朝中方面俘虏，在拘留中，他们自己供认曾侵犯中国上空，并投掷细菌弹和空投特务。因此，朝鲜政府将他们引渡到中国，交由东北政府审查。根据考查，东北政府决定免予追究，送还朝鲜政府。据此，他们按一般战俘处理，予以遣返。

到9月6日在33天中，朝中方面就将收容的"联合国军"方面一切坚持遣返的战俘12760人全部遣送完毕。9月19日，又将经多次劝说后愿意回家的13名战俘遣送给了美方。至此，朝中方面共直接遣返了"联合国军"方面被俘人员12773人(其中南朝鲜军被俘人员7860人，"联合国军"被俘人员4913人)。[1]

为接收朝中归来的被俘人员，朝中方面做了大量的准备工作。在板门店接收场地中央搭了一座朱红色的彩门楼，牌楼横额上用中朝两国文字书写的"祖国怀抱"四个大字鲜艳夺目。在牌楼两侧设立了十多个接收站和许多供战俘休息的帐篷。同时，还从国内调运崭新的被服等日用品及大量的副食品到开城。各临时医院做好了接收病伤归俘的准备工作。

1953年8月5日，朝中方面在板门店迎来了第一批归来人员共2757人，其中志愿军归来人员600人。朝中被俘人员为争取返回祖国的权利，在美方战俘营进行了英勇不屈的斗争。这一天来得太不容易了。汽车尚未到接收区，他们就高声唱歌呼口号，挥舞着自制的旗帜和标语。当他们即将见到亲人的时候，抑制不住内心的激动和对美方的满腔怒火，将美方发的衣服脱下，扔到美方交接人员脚下，互相搀扶着，扑到亲人的怀抱。他们哭诉着在美方战俘营受到的非人待遇，愤怒控诉美方虐待战俘的罪行。由于受到

① 美军战史统计为遣返南朝鲜战俘7862人。参见[美]沃尔特·G.赫姆斯:《朝鲜战争中的美国陆军——停战谈判的帐篷和战斗前线》,587页,北京,国防大学出版社,1988。

美方的残酷的迫害,他们身体十分虚弱,骨瘦如柴。与此形成鲜明的对照,被遣送回去的"联合国军"方面战俘,个个穿戴整齐,身体健康。在板门店进行交接时,他们与朝中方面俘管人员依依不舍,挥手告别。

8 月 14 日,美方未加任何说明就突然停止遣返志愿军被俘人员,并宣布志愿军被俘人员已经遣返完毕。但在 8 月 13 日,美国防军部长斯蒂文斯还声明有 250 名志愿军被俘人员尚未遣返。据朝中归来人员反映,美方正企图杀害某些应予直接遣返的朝中被俘人员。朝中代表多次在战俘遣返委员会上,具体提出吴成德、王芳、魏林、李炎、孙振冠、李德才等人的名单,要美方交待下落。

在 8 月 14 日到 9 月 4 日的 21 天中,美方一直未交待这些人的下落,也未遣返一名志愿军被俘人员。直到 9 月 5 日,美方代表才通知朝中方面,6 日将遣返志愿军被俘人员 138 名。9 月 6 日,吴成德(被俘前为志愿军第 180 师政治部主任)、王芳、魏林、李炎、孙振冠、李德才等 138 名志愿军被俘人员回到板门店。这是志愿军最后一批直接遣返的归来人员。同时回到板门店的还有朴相贤等 2256 名朝鲜方面被俘人员。朴相贤曾是朝鲜劳动党道委书记,轰动世界的"杜德事件"就是他直接组织和领导的。

美方在朝中方面的坚决斗争下,到 1953 年 9 月 6 日为止,共遣返了朝中被俘人员 75801 名(其中朝鲜人民军被俘人员 70161 名,中国人民志愿军被俘人员 5640 名)①。在遣返战俘的过程中,美方百般阻挠朝中方面被俘人员归来,对此,朝中方面多次予以揭露。据朝中方面掌握的材料,美方至少还扣留了坚持遣返的朝中被俘人员 300 余人(人民军 228 人,志愿军 112 人)。

直接遣返战俘的遣返工作相对还较顺利,而不直接遣返战俘的遣返工作就复杂得多,斗争也最为尖锐。美方对朝中战俘实施"甄别"活动,强迫战俘拒绝遣返,以所谓的"自愿遣返"原则为借口,企图达到扣留朝中战俘的目的。战俘问题谈判迟迟不能达成协议的原因就在于此。停战以后,美方仍蓄意达到强迫扣留这部分战俘的目的。解决不直接遣返战俘的问题,已远远超出战俘问题本身,而是一场艰巨的政治斗争,涉及意识形态政治方面等问题。美军心理战专家公开对战俘营特务说:"你们到非军事区后,如能保证没有一个人回到共产党去,就是给美国争了面子。"

---

① 美军战史统计为遣返朝中被俘人员共 75823 名,其中志愿军 5640 名,人民军 70183 名(包括 23 名儿童)。参见[美]沃尔特 · G. 赫姆斯:《朝鲜战争中的美国陆军——停战谈判的帐篷和战斗前线》,587 页,北京,国防大学出版社,1988。

正因为考虑到不直接遣返战俘问题的复杂性,停战协定才规定邀请中立国组成遣返委员会,使不直接遣返战俘问题得到圆满解决。1953 年 9 月 9 日,中立国遣返委员会正式成立。印度的蒂迈雅中将为主席,捷克斯洛伐克的衔西莫维茨上校、波兰的衔加耶夫斯基先生、瑞典的斯坦斯特鲁先生、瑞士的邓尼克先生为委员。按照停战协定的规定,停战后双方将不直接遣返的战俘移交给中立国遣返委员会的印度部队看管,双方派代表对本方的战俘进行解释 90 天,凡愿回家者立即遣返;90 天期满后,有关尚未要求遣返战俘的问题,交由双方政治会议在 30 天内予以处理;30 天后尚留存战俘,则由中立国遣返委员会宣布解除他们的战俘身份,使之成为平民,然后根据个人申请分别处理。

1953 年 9 月 10 日,美方开始将所谓不直接遣返的朝中方面被俘人员送至非军事区板门店东场里(称为南营)移交给中立国遣返委员会的印度部队看管,到 9 月 23 日共移交朝中被俘人员 22604 名。朝中方面于同年 9 月 24 日,将收容的不直接遣返的“联合国军”方面战俘 359 名,送至非军事区板门店松谷里(称为北营)移交给中立国遣返委员会的印度部队看管。美方交出的人数,同朝中方面根据各种有关材料得出的实际数字相差很多。1953 年 9 月 21 日,朝中方面提交美方一份 98742 人的朝中被俘人员名单,要求对方交待这些人员的下落,而美方一再拖延,经再三催促,直至 1954 年 5 月 13 日才作了个不负责任的交待。美方交待,其中 27000 人在停战前“逃亡”,22000 余人移交给中立国遣返委员会,37900 余人已作为平民处理。朝中方面表示不能接受,并要求美方对此作出诚实的交代。此后,一直没有下文。

在向中立国遣返委员会印度看管部队移交朝中被俘人员时,美方战俘营早就存在着一个严密的法西斯组织。设在汉城南朝鲜宪兵司令部的反共青年团总部,便是李承晚的特务机构,它接受李承晚的指令,受宪兵司令元容德指挥。反共青年团总部下辖 4 个团,团以下又分分团、大队、中队,职务大都由混在战俘中的特务担任。他们企图通过李承晚和台湾国民党特务,达到控制朝中被俘人员的目的。中立国遣返委员会 1953 年 12 月 27 日在“临时报告”中指出:“毫无疑问,在接管时战俘已被完善地组成许多集团,而这一组织形式现仍在营中保持下去,在印度看管部队接管以前即已存在于战俘中的领导,继续对战俘施行其影响。这些战俘受到程度甚为可观的压力。在若干事例中曾牵涉暴力行为。”报告说,战俘组织的“总部地点在汉城,受大韩民国宪兵总司令官的控制。这一总部与控制六个战俘围场的四个分支组织是相联系的。分支组织则控制着所有五十五个营场中的营场组织。在这三层组织之间有一个有效的通讯系统在工作,联合国军第六十四野战医院在这一通讯系统中构成了最重要的一环”。“这种组织的主要目的是抗拒遣返和阻止那些愿意遣返的战俘行使此项权利。”

同时,美方还妄图利用李承晚和台湾国民党特务破坏解释工作。早在8月份,国民党特务就在战俘营分发蒋介石“文告”,胁迫志愿军被俘人员拒绝遣返,前往台湾。并下了一道命令,要各大队列出动摇可疑分子的名单,在到达非军事区前把他们全部杀掉;建立核心秘密小组,严密监视战俘;到中立国看管营地后,用警犬、吹号、旗子及出差、看病等机会进行联络。美方公开声明将与国民党特务合作。同时,还派心理战专家到朝鲜,召集战俘营特务及担负行政工作的被俘人员开会。美方预谋在战俘移交中立国遣返委员会印度部队看管过程中,将许多李承晚和国民党的特务,混入中立国看管的战俘营,进行破坏活动。

尽管美方对战俘控制得极严,朝中被俘人员只要一有机会,就坚决要求返回祖国。在美方移交战俘的第二天,就有9名人民军被俘人员要求遣返。16日,又有1名志愿军被俘人员,突破特务分子的控制,回到祖国怀抱。9月25日,又有65名志愿军被俘人员突破国民党特务的控制,向印度部队表达了要求遣返的愿望,回到了祖国的怀抱。从移交工作开始到10月15日朝中方面解释工作开始,共有127名战俘冒着生命危险逃出战俘营要求遣返。中立国遣返委员会在临时报告中说:“战俘在表达愿望时所必须采取的这种不正常方式,使人们很自然地怀疑到全体战俘都不是自由的个人。”

朝中方面充分意识到解释工作将是一场艰巨而复杂的政治斗争。早在1953年6月份,停战谈判关于战俘问题达成协议后,志愿军即开始组建解释代表团,由第68军政治委员李呈瑞担任团长。8月份,朝中代表团专门成立了一个委员会来处理不直接遣返战俘的问题。该委员会由杜平负责。朝中被俘人员的解释工作由李呈瑞、金日负责。同时,朝中代表团还确定了如下解释方针:讲清道理,解答问题,说明情况,揭露阴谋,既往不咎,消除顾虑,进行慰问,欢迎归来。10月6日,毛泽东在给李克农并告金日成、彭德怀的电报中指出,解释工作“是一个严重斗争”,“在斗争上则必不可放松”。希望志愿军代表团“切实掌握,步步抓紧”。“对解释代表须作充分教育,使之彻底领会他们去到东场里即是走向战场,绝不要激动惹事,更不能胆怯退却,或对外示弱。他们是我方的代表,必须坚持斗争,不能随便撤退,更不许擅自撤退。"①

《中立国遣返委员会的职权范围》明确规定,中立国遣返委员会在接管全部未行使其遣返权利的战俘之后应立即进行安排,使战俘所属国家有自由与便利,在自中立国遣返委员会接管之日起的90天内,向战俘进行解释工作,以保证全部战俘有机会行使其被遣返的权利。同时规定,对全部未行使遣返权力的战俘不得使用武力或以武力威胁阻挠或强使其遣返,不得允许以任何方式或为任何目的对战俘人身施以暴力或侮辱其尊严或自尊。在1953年9月26日,中立国遣返委员会通过的"解释和访问工作细则"中也明确规定:"禁止任何以武力或以武力威胁以阻挠或强使战俘遣返的行动","任何战俘不得对其他战俘施以暴力","禁止任何侵犯战俘根据本委员会议职权范围而享有的权利之行动","禁止战俘任何阻碍解释与访问工作的行为"。

但是,美方违反规定,千方百计地阻挠和破坏朝中方面的解释工作。根据规定,对不直接遣返的战俘的解释工作应在9月25日开始,但由于美方拖延修建解释营场,致使解释工作推迟到10月15日才开始。解释工作开始以后,美方又指使混杂在朝中被俘人员中的特务分子进行破坏和捣乱,用暴力阻挠战俘出营场听取解释,甚至还冒充"战俘代表",对中立国遣返委员会和印度的看管部队进行威胁,拒绝将听过解释的战俘隔离,阻挠他们行使合法职权,以致朝中方面的解释工作无法正常进行。美方人员还在解释现场,当着中立国遣返委员会的面,公开阻挠和破坏朝中方向的解释工作。同时,美方与战俘营中的特务密切配合,向特务发指示直接指挥特务破坏解释工作,并提供通信器材、武器等,以加强对朝中被俘人员的控制和迫害。10月3日,志愿军被俘人员张子龙惨遭台湾国民党特务的杀害,因为张子龙坚决要求遣返,特务们先是对他吊打、火烧,最后竟剖腹,挖出他的心肝,强迫战俘们和他们一起吃,并威胁战俘说,谁要求遣返就和他一样下场。11月12日,李承晚集团特务又杀害4名坚决要求遣返的朝鲜人民军被俘人员。美国、李承晚集团、台湾国民党特务对要求遣返的战俘的迫害达到丧心病狂的程度,仅中立国遣返委员会印度看管部队就发现9起类似谋杀案;据美国陆军战史的记载,在中立国遣返委员会印度部队看管期间,朝中被俘人员共死亡38人。②

① 毛泽东给李克农并金日成、彭德怀的电报,1953年10月6日。

② 参见[美]沃尔特·G.赫姆斯:《朝鲜战争中的美国陆军——停战谈判的帐篷和战斗前线》,588页,北京,国防大学出版社,1988。

张子龙惨遭杀害的消息传出来以后，朝中代表团坚决要求印度看管部队逮捕杀人凶手。印度看管部队于11月1日、2日进行了调查，确认张子龙惨遭凶杀案属实，逮捕了7名凶犯。在印度军事法庭审讯时，他们对谋杀志愿军被俘人员的事实供认不讳。11月13日，印度看管部队又逮捕了17名谋杀坚决要求遣返的朝中被俘人员的凶手。1954年1月6日，印度军事法庭开始审讯上述凶手。由于中立国遣返委员会允许美方为凶手提供辩护律师，以致审讯受到阻挠和破坏。在审讯过程中，被告和被告方面的证人都承认朝中被俘人员没有要求遣返的自由，并且证实了被告谋杀战俘。1954年2月18日中立国遣返委员会在“最后报告”中说：“军事法庭的审判经过及提起公诉一方与辩护一方证人的证词，皆明白无误地说明战俘组织的存在，并暴露了战俘组织的基本性质与目的。南营战俘组织及主持这些组织的首领否定了关于自由选择的一切假设或妄言。”遗憾的是，中立国遣返委员会主席蒂迈雅不顾朝中方面的抗议，2月18日将谋杀要求遣返的朝中被俘人员的17名特务凶手交给了美方。

早在美方将不直接遣返的朝中被俘人员移交中立国遣返委员会看管之初，朝中方面即要求中立国遣返委员会提供一份完整的战俘名单，以便将混在战俘中特务清除或隔离，打散战俘营中的特务组织。1953年9月21日，毛泽东在给李克农并告崔庸健、彭德怀的电报中，即尖锐地指出：“如果一切都按美方原有安排，保持特务控制，解释工作将极难进行，职权范围将无法实施，中立国的中立性与公正立场将受到极大影响。”随着朝中方面解释工作的开始，美方阻挠和破坏解释工作的活动越来越猖狂。朝中方面坚决要求中立国遣返委员会隔离战俘解散特务组织，将经过解释的战俘与未经过解释的战俘隔离看管。但中立国遣返委员会以解散特务组织有困难，“战俘代表”拒绝隔离等理由，拒绝朝中方面的合理要求。

在这种情况下，朝中方面一面揭露美方阻挠战俘解释工作的行径，一面抓紧时间向被俘人员进行解释工作，尽量使更多的被俘人员得以行使被遣返的权利。朝中解释代表利用广播，播送《金日成元帅、彭德怀司令员告被俘人员书》、《朝中解释代表向志愿军被俘人员的讲话》，打消被俘人员的顾虑，使他们知道有行使遣返的权利。金日成、彭德怀《告被俘人员书》中表明：“现在朝鲜停战已经实现，你们返回祖国的时机已经到来。根据中立国遣返委员会的职权范围的规定，任何人都不容威胁你们并阻挠你们实现返回祖国的愿望。我们深切了解你们对于祖国的想念和被俘以后的不幸遭遇。你们之中有些人在被拘留期间，被迫在臂上刺字，写过某种文件，参加过某种组织,在对方战俘营中担任过某种职务或有其他类似行为。我们认为这些都不是出于你们的自愿,不应由你们自己负责。我们特此郑重负责宣布:凡我方被俘人员,不管他在对方战俘营中有何种上述行为,回到祖国后,一律不咎既往;一切归国人员,均将与家人团聚,参加祖国建设事业,并过和平生活。兹派代表前来慰问你们,通知你们返回祖国的有关事项,并迎接你们返回祖国。我们和朝中两国全国人民都在关怀着你们,切望你们归来。”解释代表在《向志愿军被俘人员的讲话》中说道:“你们自从被俘以后,受到很大的苦难与折磨,祖国人民、志愿军的全体战友、你们的父母亲人时时刻刻都在挂念你们,知道你们受了最大的苦难,都在盼望着你们早日回来。……你们都是祖国人民的儿女,祖国人民对你们是无限关怀,无限爱护的,你们在抗美援朝战争中出了力、流了血,对于保证朝鲜独立,保卫祖国安全与保证东方和平的事业是有贡献的,朝中两国人民是不会忘记的。我们诚恳地希望大家打消顾虑,发扬团结互助的精神,勇敢坚决地行使你们神圣不可侵犯的返回祖国的权利。全国人民都在欢迎你们,你们的亲人都在等待你们。”经过解释,第一天就有 10 名志愿军被俘人员要求遣返回到祖国的怀抱。

因美方拖延解释营场的修建,致使朝中解释工作推迟了 20 天。朝中方面开始解释以后,又因美方阻挠和破坏,致使解释工作连续中断多次。朝中方面要求补足 90 天的解释时间。12 月 22 日,朝中方面首席代表李相朝在军事停战委员会上强烈抗议美方破坏解释工作,指出:“你方在东场里战俘营的特务及其组织必须彻底予以肃清,我方解释工作必须保证其按照‘职权范围’与‘工作细则’进行,90 天的解释时间必须予以补足,未行使其遣返权利的战俘的处理问题必须交由政治会议讨论和解决。”

然而美方无视朝中方面的抗议和要求,已于 1953 年 10 月接替克拉克任“联合国军”总司令的赫尔,在 12 月 23 日发表声明,终止对战俘的解释工作。12 月 24 日,中立国遣返委员会印度、瑞士、瑞典委员通过决定,拒绝朝中方面提出的继续解释的要求。同一天通知朝中方面,自 12 月 24 日起将不允许解释代表为进行解释而与战俘接触,朝中方面的解释工作被迫中止。

对此,朝中方面表示了强烈谴责和抗议。12 月 23 日,朝中方面致函中立国遣返委员会,要求补足“职权范围”所规定的 90 天解释期限。并指出朝中方面在解释日期上所遭受的重大损失。“虽然应由联合国军方面负其主要责任,但委员会由于未能坚决施行‘职权范围’而引致了这种损失,也是不能不负有直接责任的”。12 月 26 日朝中方面首席代表李相朝发表声明,认为中立国遣返委员会多数委员的决定“是完全违反‘职权范围’的精神和实质的”,“是和中立国主持公道的正义立场完全不相容的”。中立国遣返委员会波兰、捷克委员坚决主张延长解释期限,继续进行解释,12 月 25 日发表声明,反对多数委员终止解释工作的决定。印度总理尼赫鲁 12 月 23 日在印度人民院发表演说时,也认为对战俘的解释期限应予延长。尼赫鲁说,如果多几个星期就可以比较圆满地解决这个问题的话,那么坚持不能延长的意见,就是“一种非常呆板的、死扣条文的和颇为心胸狭窄的解释”。

朝中方面要求继续解释的主张,完全符合《中立国遣返委员会的职权范围》的规定。这点连中立国遣返委员会主席蒂迈雅都表示认同。1954 年 1 月 2 日,他在给朝中方面的备忘录中说:“解释工作没有完成,绝大多数战俘甚至尚未经过解释手续。……本委员会认为解释期限的延长是合法和必要的,但联合国军方面不能接受。本委员会大多数委员的意见,仍然认为解释应予继续。”但备忘录又说:“只有双方同意,解释才能继续。”

由于美方蓄意阻挠和破坏,加之中立国遣返委员会未能行使合法的职权采取有效措施,以致朝中方面在规定的 90 天解释时间内,实际只进行了 10 天解释,并且每天不足 8 小时,有机会听到解释的朝中被俘人员还不到总数的 15%。而听过解释的战俘也由于继续处于美方特务的恐怖影响下,绝大多数未能自由表达其要求遣返的愿望。中立国遣返委员会在其临时报告中承认,甚至那些经过了个别解释的战俘也未能“完全免予来自战俘营组织与其领导的、并与战俘营组织与其领导有密切联系的武力或武力相威胁”。尽管如此,仍有 136 名朝中被俘人员经过解释回到祖国的怀抱。

美方阻挠和破坏朝中方面对不直接遣返战俘的解释工作,其目的仍是扣留朝中战俘。早在 1953 年 10 月,克拉克离职前就为扣留朝中战俘列了一个日程表:12 月 23 日终止解释,30 天后恢复战俘的平民身份,中国人到台湾去,朝鲜人到南朝鲜去。再过 30 天后中立国遣返委员会即行解散。11 月 17 日,美国国务卿杜勒斯宣称,美国将坚持在 1954 年 1 月 22 日午夜将所有尚未遣返的战俘释放成为平民。同时,李承晚到台湾与蒋介石会谈,策划扣留不直接遣返的战俘。“联合国军”也在紧锣密鼓地拟订劫持朝中被俘人员的计划,第一步是先将战俘从汶山以北的非军事区运走,然后将朝鲜战俘交给南朝鲜政府,将中国战俘运到台湾。12 月 23 日,“联合国军”总司令赫尔在声明中公开宣布:自 1954 年 1 月 22 日起,这些战俘将有权得到作为平民的自由。印度部队将不再有权力看管他们。“大韩民国”、“中华民国”政府代表已公开声明邀请他们去。“现在通知这两个国家的代表们，我的司令部将使用一切可利用的便利来加速运送”这些人。

1954 年 1 月 2 日，中立国遣返委员会主席蒂迈雅致函停战双方，说中立国遣返委员会迄今只能有限度地实施“职权范围”所规定的那些办法，要求双方就继续解释，政治会议能否于 1 月 22 日前召开，协商解决未遣返战俘的程序，印度部队继续负责看管等问题作出决定。1 月 3 日，“联合国军”总司令赫尔在复函中宣称，解释和看管战俘不允许延长和继续，印看管部队的看管职权应于 1954 年 1 月 23 日结束，将战俘交给“联合国军”司令部，没有理由讨论战俘的处理问题。金日成和彭德怀在 1 月 7 日的复函中阐明了朝中方面的立场：解释期限应予延长，解释应予恢复；未遣返的战俘问题应于政治会议召开后提交政治会议加以处理；中立国遣返委员会与印度看管部队应继续履行其尚未完成的合法职务。

1 月 14 日，中立国遣返委员会主席蒂迈雅致函朝鲜停战双方，指出：由于停战协定规定的政治会议在规定的时间内没有召开的希望，停战双方又未对继续由中立国遣返委员会看管战俘达成协议，因此，中立国遣返委员会必须于 1954 年 1 月 23 日终止对战俘的看管，中立国遣返委员会必须于 2 月 22 日或在此前解散。惟一的出路是在 1 月 23 日以前将未遣返的战俘交还他们的原拘留各方，建议原拘留一方自 1 月 20 日 9 时开始恢复看管的工作，并尽速予以完成。同时他还声明，将战俘交还原拘留方看管，并不是要对战俘身份的改变，对战俘的最后处理。改变战俘身份，都需要经过实施解释工作和政治会议的步骤，除非双方关于战俘身份与处理商定其他步骤或做法，任何有关方面的任何片面行动将不符合于“职权范围”。

1 月 16 日，“联合国军”总司令赫尔复函蒂迈雅，表示美方将于 1 月 20 日收容和处理这些战俘，同时强调这绝不影响美方在 1 月 23 日零时 1 分将战俘释放成为平民。1 月 19 日，金日成和彭德怀复函蒂迈雅，指出：蒂迈雅认为改变战俘身份，都需要经过实施解释工作和政治会议的步骤，任何有关方面的任何片面行动将不符合于职权范围，这样的论点是正确的。但决定于 1 月 23 日以前将未遣返的战俘交还原拘留各方，则是违背“职权范围”的规定的，“我们对此不能同意”。“将未予直接遣返的战俘交给中立国遣返委员会接管和处理是朝鲜停战协定的重要前提之一。”根据停战协定规定，“在战俘被交到中立国遣返委员会看管之后，停战双方对这些战俘是无权处理的，尤其是不能对他们作片面的最后的处理”。中立国遣返委员会有权根据“职权范围”进行处理，无须停战双方再作协议。中立国遣返委员会主席这个决定,“剥夺战俘行使其被遣返权利的机会”,“损害了停战协定的前提,并有利于美国方面强迫扣留战俘的阴谋的实现”。中立国遣返委员会当然知道,美国军事当局早就完成了武力劫夺朝中战俘的部署,并公开表示将他们移交给李承晚集团和蒋介石匪帮。因此,“我们对于中立国遣返委员会主席和执行人这种有害的决定不能不表示坚决反对”。“我们要求中立国遣返委员会主席收回这个建议,切实负起‘职权范围’所规定的责任和义务,并按照委员会本身所作的正确解释,决定继续看管战俘,恢复解释工作,补足90天的解释期限,并等待政治会议在召开后30天内对战俘问题加以处理。”

从1月20日上午8时50分起,印度看管部队将21805名朝中被俘人员非法移交给美方,至21日上午3时移交结束。美方一意孤行,不惜冒重新挑起战争的危险,破坏停战协定和“职权范围”的规定,在从印度看管部队手中接过这些战俘的同时,就将他们交给南朝鲜和台湾当局,并公开宣布,自1954年1月23日朝鲜时间零时1分起解除上述战俘的战俘身份、恢复为平民,将其交给南朝鲜和台湾当局。

美方为劫持这些战俘,在非军事区南部布置了大批陆军、宪兵和警察,并出动大批飞机,对朝中战俘进行威胁。在战俘营通往汶山的公路两边布置了铁丝网和严密的岗哨。混在战俘中的美方特务则以暴力押着战俘走出营场。“联合国军”总司令赫尔,美第8集团军司令泰勒,美陆军部长斯蒂文斯,以及南朝鲜国务总理、国防部长、参谋总长、台湾国民党特务头子都亲自到场监督。人民军被俘人员被押往浦项和群山的李承晚的新兵补充站。志愿军被俘人员则从仁川港登船,在美海空军的“监护”下押运到台湾,关进集中营。美方强行扣留人民军被俘人员近8000名、志愿军被俘人员14000余名。连同1953年6月李承晚集团以“逃亡”名义强行扣留27000名朝鲜人民军被俘人员在内,美方共公开强行扣留朝中被俘人员达48000余人。这是美国政府欠下朝中人民的一笔血淋淋的人权债。

朝中方面对美方公然违反停战协定,强行扣留朝中被俘人员的行动,提出了强硬抗议。1月29日和30日,中国外长周恩来和朝鲜外相南日,先后发表强硬声明。历数了美方在战俘遣返中设置障碍,重重阻挠的各种破坏活动,并最后实现了他们强迫扣留战俘的罪恶阴谋。对中立国遣返委员会未能采取措施维护和实施“职权范围”的规定表示遗憾。周恩来在1月29日的声明中指出:“美国方面对于这次被强迫扣留的二万一千九百余名朝中战俘和1953年6月18日至22日被强迫扣留的二万七千余名朝中战俘在任何时候都负有全部追回、并向朝中方面提出交待的责任；我们并保留把这个问题提交朝鲜政治会议及其他有关国际会议讨论的权利。并且不论政治会议何时召开，不论这些战俘被强迫扣留在什么地方，只要美方一天不把他们追回，我们就一天不放弃对美方这种罪行进行追究！”全世界正义舆论也普遍对美方强迫扣留战俘的行为进行了谴责。在中立国遣返委员会由波兰和捷克委员提议，于 1 月 21 日，经委员会多数通过决议：“声明在实施解释程序和经过政治会议讨论之前，用宣布成为平民身份或用任何其他方式，来对已经交还的或准备交还的战俘的身份作任何改变，都是违反《职权范围》和停战协定的。”

美方在强迫扣留朝中战俘问题上的全部活动，完全暴露了他们大肆践踏战俘人权的强盗嘴脸。在停战谈判期间，美方提出所谓“自愿遣返”原则，以各种残暴手段对朝中战俘大肆进行所谓“甄别”活动。尽管如此，朝中被俘人员在战俘营里，进行可歌可泣的斗争，拘留美军战俘营长官杜德准将长达 3 天之久，这在世界战争史上是绝无仅有的，表明了返回祖国的坚强决心。在美方将战俘移交印度部队看管期间，朝中被俘人员的行动进一步戳穿了美方强迫扣留战俘的真面目。在朝中方面未开始解释之前，就有 127 名朝中被俘人员冒着生命危险回到祖国怀抱。10 月 15 日至 12 月 23 日，又有数百名返回朝中方面。12 月 31 日，131 名志愿军被俘人员趁印度看管部队查点战俘人数之机，脱离特务的控制要求遣返。就在印度看管部队将朝中被俘人员非法移交美方的最后时刻，又有 92 名战俘冒险逃脱特务的控制，回到朝中方面，从 1953 年 9 月 10 日至 1954 年 1 月 21 日，共有 629 名（其中志愿军被俘人员 441 名，朝鲜人民军被俘人员 188 名）[①]冒着生命危险要求遣返而回到祖国怀抱。另有 74 名人民军被俘人员和 12 名志愿军被俘人员随印度部队被送往印度。美方口口声声坚持“自愿遣返”、“人道主义”、“尊重人权”，实际上是对日内瓦公约的亵渎、践踏人权自由，摧残人道主义的原则。

朝中方面将不直接遣返的“联合国军”战俘移交给中立国遣返委员会后，美方清楚地知道这些战俘拒绝遣返是完全出于自愿，所以美方很长时间

---

① 美军战史统计为遣返朝中被俘人员 628 名，不含逃跑和失踪的 13 名（[美]沃尔特·G. 赫姆斯：《朝鲜战争中的美国陆军——停战谈判的帐篷和战斗前线》，588 页，北京，国防大学出版社，1988。）；瑞典和瑞士委员附在临时报告的个别报告中为 638 名；瑞典和瑞士委员附在最后报告的结果为 726 名，含到中立国的人数。

不去对这些战俘做解释工作。直到12月2日,美方才开始进行解释工作。战俘们平静地听取美方的解释,没有任何暴力的表现。但美方剥夺战俘听取解释的权力,不肯给予战俘更多的解释,拒绝回答战俘提出的有关他们回家过和平生活的问题,并对战俘进行侮辱和威胁。12月11日,战俘向中立国遣返委员会提交了一份备忘录:在美方改变态度前拒绝走出营场。美方不能为战俘的和平生活提供保证,解释工作遂于12月12日起停止。经过解释的224名战俘,全部拒绝遣返。在中立国遣返委员会印度部队看管期间,仅有10名战俘改变决定要求遣返,2名南朝鲜战俘希望到中立国,绝大部分战俘拒绝遣返。

朝中方面要求中立国遣返委员会履行"职权范围"的规定,反对中立国遣返委员会关于在1月23日以前将印度部队看管的战俘交还原各拘留方的决定,要求印度部队继续看管北营战俘,以便军事停战委员会与政治会议得以解决他们的问题。并声明:在这个问题未协商解决前,如有战俘被劫持和跑散,概由委员会主席负责。

然而,中立国遣返委员会不顾朝中方面的极力反对,印度部队于1月22日午夜撤出了对北营战俘的看管,致使北营战俘处境困难,处于无人过问的状态。1月26日,拒绝遣返的南朝鲜、美国、英国战俘在板门店举行记者招待会,说明他们拒绝遣返的理由,并要求中立国遣返委员会协助他们解决在朝中方面居住的权利。在这种情况下,朝鲜和中国红十字会请求朝中方面给予他们居住的权利。对这一请求,朝中方面表示同意。1月28日,中立国遣返委员会将325名南朝鲜战俘、21名美国战俘、1名英国战俘移交给中国和朝鲜的红十字会,由红十字会协助他们安居于中国和朝鲜。其中21名美国战俘和1名英国战俘,获得了在中国的居住权利。他们开始了自由的生活。朝中红十字会代表表示,当将来朝鲜政治会议或其他相关国际会议讨论战俘问题时,朝中红十字会将负责对这批战俘作出交待。

2月18日,中立国遣返委员会印度、瑞典、瑞士委员不顾波兰、捷克委员的反对,决议在1954年2月21日24时解散中立国遣返委员会。对此,2月20日,朝中方面首席代表李相朝致函中立国遣返委员会主席蒂迈雅,表示了严重抗议。李相朝指出:

举世皆知,中立国遣返委员会没有完成朝鲜停战协定《中立国遣返委员会的职权范围》所赋予的重要职责,中立国遣返委员会多数委员在1953

年12月24日决定停止解释工作是非法的，在1954年1月20日将朝中被俘人员送还联合国军更是非法的，如今又宣布解散中立国遣返委员会，使这一系列的非法行为臻于绝顶。应该指出，为了扣留朝中被俘人员，联合国军曾延长朝鲜战争达一年以上，而中立国遣返委员会则是为了保证所有战俘在停战后都有遣返权利由双方协议产生的。但朝中被俘人员的绝大多数并未得到遣返的机会，他们依然遭受了联合国军的强迫扣留。在这种情况下，中立国遣返委员会竟然被宣布解散，其主使者不能不负起由此而产生的一切后果的历史责任。①

至此，由于美方的阻挠、破坏和中立国遣返委员会未能完全履行职权，关于战俘遣返工作全部中止。

整个战俘遣返过程，更加暴露了美方为了达到强迫扣留战俘的目的，而不惜采取政治流氓和法西斯等各种手段，不讲信义，任意破坏协议的丑恶嘴脸。正如周恩来在1954年1月29日的声明中所指出的："现在，任何人都可以看清，美国方面对于国际公约和国际协议是随意破坏的，对于公理正义和人道原则是根本抹煞的，对于人类尊严和自由是横加蹂躏的。"②

在军事分界线与非军事区反入侵反挑衅的斗争

在军事分界线与非军事区反入侵反挑衅斗争，是朝中方面维护停战协定斗争的一个重要方面。美方虽然被迫在停战协定上签字接受了停战，但不愿意完全履行停战协定，不愿意从根本上和平解决朝鲜问题。停战以后，美国政府多方阻挠双方高一级政治会议的召开；强行扣留朝中被俘人员；积极训练和武装南朝鲜军队。美国为了继续制造朝鲜的紧张局势、在军事分界线和非军事区不断制造事端，使朝鲜停战处于极不稳定状态。停战以后，朝中方面为巩固朝鲜停战的胜利成果，保证朝鲜局势的稳定，在军事分界线和非军事区问题上同美方进行了尖锐复杂的斗争。

停战协定有关军事分界线和非军事区的条款中明确规定：确定一军事分界线，双方各由此线后撤2公里，以便在敌对军队之间建立一非军事区，

① 《人民日报》，1954年2月21日。
② 《人民日报》，1954年1月30日。

以防止发生可能导致敌对行为复发的事件。在军事分界线与非军事区南北缘竖立标志物。双方不得在非军事区内,或自非军事区,或向非军事区进行任何敌对行为。非经军事停战委员会特许,任何军人或平民不准越过军事分界线。朝中方面和"联合国军"方面分别派出不超过1000名的民政警察和民政救济人员,维持军事分界线南北各自非军事区的秩序。停战协定还规定:敌对双方自停战协定签字后12小时起,完全停止在朝鲜的一切敌对行为。为保证军事停战的稳定,以利双方高一级政治会议的进行,并规定双方在停战协定生效后72小时内自非军事区撤出一切军事力量、供应与装备。在双方撤出非军事区后的45天内,自非军事区撤除所有知悉的危险物并清除安全通道。同时,在协议生效后10天内自对方后方的沿海岛屿及海面撤出其一切军事力量、供应与装备。

但是,停战以后美方有计划地破坏停战协定,不断派遣军用飞机和武装人员越过军事分界线进行各种破坏活动,在军事分界线和非军事区违反停战协定的事件经常发生。特别是停战初期、战俘遣返和朝中方面准备政治会议会谈期间,这类事件更多,几乎天天发生,非军事区的局势相当紧张。美方破坏的主要手段:一是派遣武装人员越界,绑架和杀害民政警察,制造摩擦,挑起事端;二是军用飞机入侵朝中部队地区上空侦察、骚扰;三是通过非军事区和海上派遣特务刺探朝中方面军事情报和进行破坏活动;四是向非军事区或朝中部队阵地打枪打炮,进行挑衅活动,威胁朝中部队的安全;五是偷偷地移动军事分界线标志物,破坏军事分界线现状,等等。仅停战后的第一个月,美方即7次派遣特务和武装人员越过军事分界线,进入朝中方面的非军事区以至军事控制区,进行特务活动和武装袭击。1953年12月30日,竟有8架军用飞机两次侵犯朝中军事控制区上空。据不完全统计,1953年7月27日至1958年7月26日,美方在非军事区和东西海岸违反停战协定的事件共2630起,其中飞机侵入1713起4866架次,派遣特务477起809人,武装袭击35次325人,越过军事分界线131起526人、车辆28台次,枪炮射击90起,枪弹323发、炮弹132发,不带识别标志进入非军事区127起352人、车辆133台次,其他事件57起。朝中方面向美方提出违协事件792起,美方百般抵赖仅承认60起。面对美方的破坏和挑衅,朝中方面一方面严格遵守和履行停战协定的各项条款,努力维护朝鲜停战的稳定;一方面同美方一切违反停战协定的行为作坚决的斗争,使其阴谋不能得逞。

早在停战协定签字前,金日成首相和彭德怀司令员就发出指示,要求中朝部队时时刻刻高度警惕敌人破坏停战协定的阴谋，随时准备粉碎敌人可能的挑衅和袭击。并规定：地面一切部队应该严守非军事区北缘以北的我军阵地，决不主动地进行任何足以引起军事冲突和违反停战协定的行动，若遇敌人进行冷枪冷炮挑衅时，除迅速报告联司向停战委员会提出控告外，不得采取同样的报复行动，凡遇敌人少数人员违反停战协定，进入非军事区越过军事分界线时，我派驻非军事区的警察部队应迅以逮捕扣压并迅速报告停战委员会，若其拒绝扣压进行武装抵抗或袭击时，则警察部队有权自卫解除其武装，但追击行动不得越过军事分界线。我空军部队不得以任何理由越过非军事区。我海军部队除对侵入领海以内或在公海内向我进行攻击之敌方舰艇得以采取坚决的自卫行动外，不得对在公海内活动之敌方舰艇进行攻击活动。

1953 年 9 月 12 日，彭德怀司令员在《关于中国人民志愿军抗美援朝工作的报告》中明确指出："朝鲜停战协定的签订，不过是和平解决朝鲜问题的开端。当前的任务是巩固朝鲜停战，保证严格遵守停战条款以严防侵略战争的再起，促成政治会议的顺利召开，以进一步谋求朝鲜问题的和平解决。""中国人民志愿军全军将士将百倍警惕美国好战分子和李承晚集团的阴谋和挑衅，严守自己的阵地，准备随时粉碎敌人任何可能的突然侵犯，完成我们光荣的自卫任务。"①

停战以后，志愿军在"争取和准备打"和"坚持抗美援朝持久作战"的方针指导下，积极调整部署，构筑工事加强阵地建设，进行军事、政治和文化训练，努力提高军政素质，严阵以待，随时做好应付敌人突然袭击的准备。第一线部队广大指战员，保持高度的警惕，日夜巡逻放哨，严密监视敌人，随时准备战斗。

1953 年 8 月 10 日，朝中方面按照停战协定派出 800 名民政警察进入非军事区，担负维护非军事区的秩序和停战协定的任务。民政警察的职责包括：1. 严守停战协定中有关军事分界线及非军事区的各项条款，对进出非军事区人员按照停战条款规定检查其证明文件。2. 随时戒备防止敌方部队、特务在非军事区内进行阴谋煽动、挑衅行为和制造突然事件。3. 保护联合视察小组及民政人员安全。4. 发现违反停战协定事件时立即报告联合视察小组朝中方面人员，并收集保存现场的人证和物证，以便提供联合视察小组调查的充分材料。5. 服从联合视察小组朝中方面组员之指导，严密监视防

① 《彭德怀军事文选》，458、460 页，北京，中央文献出版社，1988。

止联合视察小组中敌方人员的非法活动。6. 经常检查军事分界线及非军事区北缘线之标志物，防止敌方特务移动，兼管分界线以北我主要阵地坑道工事防止泄密和敌特利用。7. 协助民政人员进行社会调查、户口检查，组织群众性保安组织等。民政警察是朝鲜停战在非军事区的特殊产物，也是一个新的问题。由于美方不断破坏停战协定，在非军事区制造紧张局势，使得民政警察处于对敌进行政治、军事斗争的前沿。

朝中民政警察在非军事区严格遵守停战协定，认真履行其职责，日夜坚守在军事分界线上，严密监视美方的一举一动，以坚决的斗争打击敌人的挑衅和破坏活动；不惹事，严格按照规定慎重处理美方违协事件，以维护停战协定，巩固和稳定朝鲜的停战局势。同时，及时为军事停战委员会提供了美方违协事件材料，有力地配合了同美方的政治斗争。

向非军事区派遣武装特务，是美方破坏停战协定的主要手段之一。朝中民政警察为了及时打击潜入的美方特务和小股武装的袭击等破坏活动，采取了如下措施：一是设立固定观察哨所，昼夜观察，及时掌握敌人的活动情况，熟悉境内的地形地貌，及时发现可疑情况，采取措施给以打击；二是昼夜巡逻，检查军事分界线的标志物，检查进入非军事区的一切人员和车辆，监视敌民政警察的活动，捕捉渗入非军事区的特务和小股敌人，严防敌人的渗透和破坏活动。巡逻是控制非军事区的主要方法，它可以弥补观察警戒的不足。1953 年底，美方在南大川向朝中方面移动军事分界线标志物，企图掠占这一地区。朝中方面巡逻民警及时发现，并立即对敌提出严重抗议，迫敌不得不将标志物挪回原来位置；三是根据观察、巡逻掌握敌特的活动情况和规律，在敌特可能潜入的地区设伏待机，制敌渗透；四是民警与前沿分队间，各民警点之间以及与敌工组织之间密切配合，全面控制非军事区，使敌无隙可乘。采取这些措施，沉重地打击了对方的破坏活动，有效地保卫了军事分界线。据统计，1953 年 7 月 27 日至 1958 年 7 月 27 日，朝中方面捕获了美方特务和武装人员达 700 余人，其中仅停战第一年即捕获 238 人；美方在非军事区或通过非军事区违反停战协定的 792 起挑衅活动均被击破。

为了揭露美方破坏停战协定的阴谋活动，朝中方面及时抓住对方违反停战协定的重大事件，在军事停战委员会的会议上予以揭露和抗议，并且提请中立国监察委员会派出视察小组进行调查，使美方在人证物证面前往往不得不表示“遗憾”，处于十分尴尬的境地，在政治上陷于被动。1954 年 4 月 3 日，美方一小股军事人员在板门店附近越过军事分界线，向朝中方面民政警察进行武装袭击，朝中方面民政警察立即进行有力还击，击毙 1 名，生俘1名。军事停战委员会第2联合观察小组曾到现场进行调查,美方组员在铁的事实面前无法辩解,只得默认。共同调查后,美方命令其派遣机关停止派遣特务两个星期。1956年8月30日,美方武装特务3人越过军事分界线进行破坏活动,当即被朝中民政警察抓获。对此事,军事停战委员会第4联合观察小组于9月1日进行共同调查。在铁的事实面前,美方不得不表示"遗憾"。1955年8月17日和1956年11月7日,中朝军队先后击落2架侵入朝中方面军事控制区上空的美方军用飞机,并将飞机残骸和两名驾驶员的尸体、1名生俘的驾驶员移交给了美方。美方只得狼狈地加以接收。在朝中方面的军事打击和政治揭露下,使得美方对破坏停战协定不能不有所顾忌。纵观美方在军事分界线和非军事区违反停战协定的情况,基本上是违协事件逐年减少。

停战初期,双方民政警察敌对情绪严重。朝中方面对渗入朝中非军事区进行侦察破坏的美方武装特务采取坚决歼灭和捕捉的方针,对非武装人员越界不论其有无标志均予扣留。1955年以后,朝中方面在处理方法和态度上逐步有所改变。对美方非武装人员越界如无武装和破坏活动则令其退回,对有武装行动予以捕捉拘留,对武装特务和小股武装人员的骚扰活动,则待其深入非军事区后,采取迂回包围捕捉歼灭之,避免在军事分界线附近发生武装冲突。并主动采取友好态度,与对方民警交谈、赠送礼品,宣传朝中方面的和平政策和主张,揭露美国侵略战争的实质。在可能的情况下,还做些敌军工作。南朝鲜部分士兵和下级军官表示不要战争,愿意同朝中民警接触交朋友,有的投诚到北朝鲜,有的还主动介绍其本部的部署、换防等情况。这样不仅消除了双方的敌对情绪,还进一步缓和了非军事区的紧张气氛。

由于中朝军队保持高度警惕,积极备战和进行军事训练,做好了随时应付敌人突然袭击的准备,使得美方未敢贸然重新挑起战争。又由于朝中方面严格遵守停战协定,同美方违反停战协定的事件作坚决的斗争,并主动采取友好态度,缓和了军事分界线和非军事区的紧张气氛,从而保证了停战局势的相对稳定。

在和平解决朝鲜问题上的斗争

朝鲜停战协定第4条第60款规定:"为保证朝鲜问题的和平解决,双方军事司令官兹向双方有关各国政府建议在停战协定签字并生效后的三个月内,分派代表召开双方高一级的政治会议,协商从朝鲜撤退一切外国军队及和平解决朝鲜问题等问题。"

按照停战协定,政治会议主要协商解决从朝鲜撤退一切外国军队及和平解决朝鲜问题。早在停战谈判讨论议程时,朝中方面就提出谈判不但应该讨论停战问题,而且应该讨论撤退一切外国军队问题,主张将"从朝鲜撤退一切外国军队问题"列入谈判议程。但美方反对在议程中列入该项内容,强调这是政治问题,不属于停战谈判的范围,应在停战实现后由有关各国政府去讨论。当时毛泽东在给志愿军代表团的电报中即指示驳斥美方的论调,指出,"各国派兵到朝鲜是来作战的,不是来旅行的,为什么停战会议有权讨论停战,却无权讨论撤兵呢?显然这种理由是不能成立的"。撤退一切外国军队"是保证停战的必要条件"。[①] 朝中方面为不使停战谈判一开始即在议程上搁浅、遂作出让步,同意将"撤退一切外国军队问题"留待停战实现后由另一会议去解决,但为了对这一主要问题作一明确交代,要求在议程中列入"向双方有关各国政府建议事项",以便"在停战协定实施后一定时期内召开高一级代表会议,协商从朝鲜分期撤退一切外国军队问题"。美方同意列入此议程。最后达成上述协议。

朝鲜停战协定签字的墨迹未干,1953 年 8 月 8 日、美国国务卿杜勒斯在汉城与李承晚签订了《美韩共同防御条约》(草案)。《条约》规定:"大韩民国给予美国在双方商定的大韩民国领土以内及其附近部署美国陆、海、空军部队的权利,同时美国加以接受。"同一天,他们还发表了联合声明。声明说,"朝鲜的重新统一"是美国和大韩民国友好合作的共同目标,是美国第二次世界大战期间的既定目标。在按停战协定规定召开的政治会议上,美国代表将与大韩民国的代表合作,"设法实现和平统一历史悠久的朝鲜,使其成为一个自由与独立的国家"。如果在政治会议召开 90 天之后,将朝鲜统一在李承晚的统治下的目标无法达到的话,"我们那时将准备同时退出会议。然后,我们待进一步磋商关于实现一个统一、自由与独立的朝鲜的问题"。但"在双方同意的政治会议期间,不采取用军事手段来统一朝鲜的片面行动"。这就向世人明确宣布了美国政府对朝鲜问题和政治会议的总方针:一、美军将无限期地占领南朝鲜,不仅如此,还将在南朝鲜周围部署海、空军等军事力量。二、参加政治会议的目的就是要达到由李承晚统一全

① 《周恩来军事文选》,第 4 卷,200 页,北京,人民出版社,1997。

朝鲜,否则,美、李将共同退出会议。三、在美军占领南朝鲜的同时,不排除李承晚恢复战争,向北进军的可能,因为李承晚仅仅保证政治会议期间不用军事手段来统一朝鲜。10月1日,《美韩共同防御条约》在美国签字。南朝鲜国民议会和美国参议院分别于1954年1月14日、1月26日批准了该条约。

根据美方在撤军问题上的一贯立场,以及美方在停战后的表现,朝中方面估计在和平解决朝鲜问题上的斗争将是艰苦的。如何使停战协定条款得以落实,高一级政治会议能如期召开,同时又能最大限度地发挥作用,促进朝鲜问题的和平解决,这是朝中方面需要认真研究和对待的。为此,中国政府同朝鲜政府进行了磋商,并征求了苏联政府的意见,认为根据停战谈判的经验,仅由交战双方讨论,不易形成解决问题的和谐气氛,还是以开成圆桌会议为好;停战谈判时所有重大障碍都是以邀请中立国家参与才达成协议的;更重要的是关心朝鲜问题和平解决的国家很多,特别是亚洲国家,把它们排除在会议之外是不应该的;而且停战协定第60款规定的"向有关各国政府建议事项",本应包括同朝鲜问题有关的非参战国家。

1953年8月17日,第七届联合国大会第三期会议召开,讨论朝鲜政治会议问题。8月18日,苏联代表团在会上提出提案,主张政治会议应为圆桌会议,由美国、英国、法国、苏联、中华人民共和国、印度、波兰、瑞典、缅甸、朝鲜民主主义人民共和国和南朝鲜参加。会议的决定只有得到签订停战协定双方的同意,才被认为通过。苏联并建议邀请中、朝两国代表参加联大的讨论。但是,苏联的提案遭到否决。以美国为首的15国提出的提案,主张政治会议应为停战双方的会议。

8月24日,周恩来总理发表声明,指出:"为了使政治会议能够和谐进行,以便在国际事务中给和平协商解决争端建立典范,政治会议应采取圆桌会议的形式,即朝鲜停战双方在其他有关国家参加之下共同协商的形式,而不采取朝鲜停战双方单独谈判的形式,但会议的任何决议,必须得到朝鲜停战双方的一致同意,才能成立。""政治会议的职权范围,应根据朝鲜停战协定第六十款的规定,先行协商从朝鲜撤退一切外国军队,包括联合国军及中国人民志愿军在内,及和平解决朝鲜问题,然后再讨论其他问题。"中国政府支持苏联政府的提案,并指出:"联合国大会关于政治会议问题的讨论,竟拒绝邀请中华人民共和国和朝鲜民主主义人民共和国的代表参加,这是不合理的。""为了促成政治会议的顺利召开,联合国大会有责任将一切有关政治会议问题的各项提案和建议随时通知中朝两国政府。”[①]8月25日，朝鲜民主主义人民共和国发表声明，完全支持中国政府的声明。

然而，联合国大会在美国操纵下于8月28日通过不合理决议，拒绝圆桌会议形式，把参加政治会议的成员限于朝鲜交战双方的国家。建议政治会议在双方满意的地点和日期尽速召开，但不迟于1953年10月28日。并规定参加会议的各会员国在达成协议时应通知联合国。同时还建议苏联参加政治会议。当天，联合国秘书长哈马舍尔德将联大会议的决议转送中国政府外交部长周恩来。

9月13日，周恩来外长复电联合国秘书长，指出政治会议在形式上，不应该是板门店谈判形式的重复，应该采取圆桌会议的形式；成员不应该局限于在朝鲜的交战双方，应该还有其他有关国家，特别是苏联和其他亚洲国家参加。只有这样，才能使政治会议在和谐的空气下进行，从而保证会议有成功的可能。联大拒绝以圆桌会议形式为基础的苏联提案，而通过以交战双方举行谈判为基础的15国提案，把参加政治会议的成员限于交战双方的国家，这是对朝鲜停战协定第60款的曲解，只能有助于美国政府和李承晚集团破坏这个会议的预谋。对联大的决议中国政府表示不能完全同意。为使政治会议得以迅速召开，周恩来外长建议：（一）参加会议的成员国应为在朝鲜交战双方的全体国家，以及被邀请的有关中立国家苏联、印度、印度尼西亚、巴基斯坦和缅甸。（二）政治会议应采取圆桌会议形式，会议的任何决议必须得到朝鲜交战双方的一致同意。（三）第八届联合国大会在讨论扩大政治会议成员问题时，应邀请中朝两国政府派代表出席，共同协商。（四）协商解决成员问题后，朝鲜交战双方应即对会议的地点和时间进行商洽和安排。

9月19日、24日和10月9日，美国政府根据联合国决议，通过瑞典政府驻华大使馆转给中国政府三封信件，建议政治会议于1953年10月15日在旧金山、檀香山或日内瓦召开，表示准备立即派遣一位代表在上述任何一地就政治会议的安排与中朝方面的代表进行会晤。10月10日，周恩来外长经瑞典政府通知美国政府：政治会议不应该是板门店谈判形式的重复，而应该有除朝鲜交战双方之外的其他有关中立国家参加，以利会议的顺利进行；经与朝鲜民主主义人民共和国政府协商，同意由朝中两国政府指派代表与美国代表进行关于政治会议问题的会谈，会谈地点以板门店为宜。10月

① 《人民日报》，1953年8月25日。

19 日,周恩来外长就美国政府转来的 10 月 14 日复函再次通知美方:中朝两国政府同意共同派遣代表于 10 月 26 日在板门店与美国代表进行会谈。中国政府认为会谈的内容可包括美方提出的解决政治会议的地点、时间等其他问题,但更主要的应是解决政治会议的成员问题。

1953 年 10 月 26 日,朝中方面代表奇石福、黄华同美方代表阿瑟·迪安,就如何召开政治会议一事开始在板门店进行会谈。美国根本不想召开政治会议,不愿意从朝鲜撤出自己的军队,所以在板门店的会谈中采取种种拖延手法,企图使政治会议会谈流产。会谈一开始就不顺利,仅讨论议程就用了 18 天。11 月 14 日,双方就会谈议程和讨论方法达成协议,即:(一)政治会议的成员与地点;(二)政治会议的时间;(三)政治会议的程序;(四)政治会议的行政安排;(五)政治会议的经费。

议程达成协议后,在分组讨论成员、时间、地点时又争论了 12 天毫无进展。为了打破僵局,11 月 30 日朝中方面就五项议程提出全面建议。主张政治会议的成员应为朝鲜交战双方有关国家。会议一切决定必须取得双方有关国家的一致同意,并对每一签字国有约束力。为推动和保证政治会议的顺利进行,应邀请 5 个中立国家——苏联、印度、印度尼西亚、巴基斯坦和缅甸参加。中立国家不参加表决。会议地点在印度新德里。会议时间为 1953 年 12 月 28 日。会议议程:甲、战俘问题;乙、从朝鲜撤退一切外国军队问题;丙、和平解决朝鲜问题;丁、其他有关问题。然而,美方顽固地坚持自己的立场,拒绝以朝中方面的全面建议为基础进行协商和讨论。直到 12 月 8 日才提出一项关于政治会议问题的 17 点建议。其中对中立国参加政治会议仍坚持其一贯立场,否认苏联为中立国,限制中立国的权限,反对朝中方面的提名,拒绝确定中立国提名。在朝中方面对其建议的荒谬和欺骗性加以揭露和驳斥后,美方竟恼羞成怒以休会相威胁。12 月 12 日,美方代表片面宣布会谈无限期休会,粗暴地中途退出会场。整个会谈共用了 48 天,举行 23 次代表会议,最后因美方的破坏而未能达成任何实质性问题协议。

1953 年 12 月 14 日,朝中两国代表发表联合声明,指出美方中断会谈的行径,暴露了美方“希图破坏政治会议,使朝鲜问题不得和平解决,以便借此保持国际紧张局势”。12 月 23 日,美方又片面宣布停止对战俘的解释工作。1954 年 1 月 9 日,周恩来外长发表声明,坚决主张立即恢复双方会谈,迅速召开政治会议,来设法解决战俘的处理问题。同时,朝中方面的会谈代表要求双方联络秘书立即进行会晤,商定恢复合谈的日期。由于中朝政府的努力,1954 年 1 月 14 日开始举行双方联络秘书会议。但美方仍采取拖延态度,对朝中方面四次提出的复会日期的建议,一概加以拒绝。这样,朝鲜停战协定中明文规定的高一级政治会议未能召开。

1954 年 2 月 18 日,在苏联的推动下,苏、美、英、法四国外长在柏林会议上达成协议:"建议由苏维埃社会主义共和国联盟、美国、法国、联合王国、中华人民共和国、大韩民国、朝鲜民主主义人民共和国及其他有武装部队参加朝鲜战争并愿意参加会议的国家的代表于 1954 年 4 月 26 日在日内瓦举行会议,以期对朝鲜问题取得和平解决。"同时还要讨论恢复印度支那和平的问题,届时将邀请有关国家的代表参加。但是,美国坚持在协议中加上一项谅解:"无论是邀请参加上述会议或举行上述会议,都不得被认为含有在任何未予以外交承认之情况下予以外交承认之意。"以表明美国在外交上不承认中华人民共和国政府的立场和态度。

中国政府接受了苏联政府的邀请。中共中央和中国政府对参加日内瓦会议十分重视,做了大量的准备工作。特别是周恩来,从 2 月份即开始收集、熟悉、研究有关召开日内瓦会议的文件、电报、情报以及印度支那各国的情况。2 月 27 日,周恩来在召集中国参加日内瓦会议筹备工作的干部会议上指出:(一)日内瓦会议对缓和国际紧张局势具有重要作用,中国应积极参与。(二)由于美国政府会多方阻挠,和平解决朝鲜问题估计难有大的进展,但我们仍应力争解决一些问题。① 周恩来并主持起草了《关于日内瓦会议的估计及其准备工作的初步意见》和《关于和平统一朝鲜方案的初步意见》,3 月 2 日、3 月 8 日,经中共中央书记处会议和政治局扩大会议先后批准。同时,中国政府还在北京与朝鲜和越南两国政府代表交换了意见。4 月间,周恩来受中共中央委托访问苏联,与苏共中央商谈出席会议的有关事宜,并出席有苏联、中国、朝鲜、越南领导人参加的日内瓦会议预备会议,共同磋商参加日内瓦会议的方针、政策和谈判方案,以及中、苏、朝、越代表团之间的配合协调等问题。经过充分交谈和酝酿,一致认为,根据国际环境出席这样的会议,只能边走边看,随机应变,寻找对策,以争取最有利于国际和平的结果。

4 月 19 日,中央人民政府主席毛泽东正式任命周恩来(国务院总理兼外交部长)为中国出席日内瓦会议首席代表,张闻天(驻苏联大使)、王稼祥(外交部副部长)、李克农(外交部副部长)为代表。4 月 24 日,中国政府代

---

① 《周恩来年谱(1949~1976)》,上卷,355 页,北京,中央文献出版社,1997。

表团到达日内瓦。

4 月 26 日，日内瓦会议如期在国际联盟大厦开幕。会议由泰国、苏联和英国首席代表轮流担任主席，首先讨论朝鲜问题。出席讨论朝鲜问题会议的除中、苏、美、英、法、朝鲜民主主义人民共和国和大韩民国代表团外，还有澳大利亚、比利时、加拿大、哥伦比亚、埃塞俄比亚、希腊、卢森堡、荷兰、新西兰、菲律宾、泰国和土耳其等国的代表团。

根据中国、苏联、朝鲜三国事前商定，4 月 27 日首先由朝鲜代表发言。南日外务相一开始就提出了关于恢复朝鲜统一和组织全朝鲜自由选举的方案，主张：一、举行国民议会的全朝鲜选举，以组成朝鲜统一政府；为筹备和举行自由选举，由南北朝鲜议会各选派的代表组成全朝鲜委员会，其任务之一是草拟一个全朝鲜选举法草案，并采取措施保证朝鲜居民的各种自由。二、一切外国武装力量在 6 个月内撤出朝鲜。三、对维护远东和平具有最大关心的相应国家有必要保证朝鲜的和平发展，并为朝鲜的和平统一创造条件。在当天的会议上，南朝鲜代表卞荣泰提出：由联合国监督在北朝鲜举行自由选举，选举南朝鲜议会中留给北朝鲜代表的约 100 个席位，要求美国军队继续留在南朝鲜。卞荣泰的这种主张无异于南朝鲜吞并北朝鲜。

4 月 28 日和 29 日，周恩来外长和苏联外长莫洛托夫先后发言，支持南日外务相的三项建议，并驳斥了南朝鲜代表的无理主张。4 月 28 日美国国务卿杜勒斯发言，反对南日外务相的建议，对苏联、中国、朝鲜进行大肆攻击和诬蔑。甚至以美国离朝鲜太远，中国距离朝鲜太近，作为美国不愿从朝鲜撤军的理由。并主张按 1950 年 10 月 7 日联合国大会的决议设立的联合国朝鲜统一复兴委员会，①在朝鲜尚未举行过选举的地区进行观察，以便完成朝鲜的统一。企图将联合国的非法决议强加给会议。

会议关于和平解决朝鲜问题的讨论，进行得非常尖锐、激烈。两种截然不同的建议摆在与会者的面前。正如会前中国政府所预料的那样，关于和平解决朝鲜问题的讨论将是艰难的。4 月 28 日，周恩来在给毛泽东、刘少奇并报中共中央的电报中指出：“根据三天会场情况看来，朝鲜问题的讨论

---

① 1950 年 10 月 7 日，联合国大会通过非法决议。决议称大韩民国政府是朝鲜境内惟一合法政府。建议在联合国主持下举行选举，以便在主权的朝鲜国家内建立一个统一、独立和民主的政府；决议设立一个由澳大利亚、智利、荷兰、巴基斯坦、菲律宾、泰国和土耳其组成的委员会，定名为联合国朝鲜统一复兴委员会，担任由联合国朝鲜委员会执行的职务，代表联合国以实现全朝鲜统一、独立和民主的政府之建立。

形成敷衍局面，因美国不打算解决问题，法国对朝鲜问题又不便发言，英国也表示不想发言。”①

在以后的讨论中，周恩来于5月3日，有力地驳斥了美国和南朝鲜关于由联合国主持朝鲜统一的主张，指出美国发动武装干涉朝鲜的战争后，操纵联合国“非法地追认了美国这一侵略行动。这就将联合国置于朝鲜战争中交战一方的地位，因而使它失去公平处理朝鲜问题的资格”。还同时揭露了美国和南朝鲜严重违反日内瓦公约和朝鲜停战协定，先后强迫扣留4.8万余名朝中被俘人员的行为，指出本会议不能避开战俘问题，并提出了解决这一问题的具体建议。5月22日，又就南日4月27日的方案提出补充建议：“为了协助全朝鲜委员会根据全朝鲜选举法在排除外国干涉的自由条件下举行全朝鲜选举，成立中立国监察委员会，对全朝鲜选举进行监察”。南日和莫洛托夫均表示赞成。6月5日，苏联外长莫洛托夫综合了与会多数国家代表所提意见的共同点，提出了在全朝鲜举行自由选举、建立由北南朝鲜代表组成的全朝鲜委员会、选举前撤退一切外国军队、建立监督选举的国际委员会、有关国家承担义务保证朝鲜和平发展等五项建议。然而美国代表和南朝鲜代表反对这些建议。

为争取会议对解决朝鲜问题能达成某些协议，6月11日，周恩来发言指出：我们既然已经有了不少一致和接近一致的意见，我们就应该把已经一致和可以取得一致的意见肯定下来，然后对分歧之点继续讨论，以便对各项问题达成完全的协议。成立包含北南朝鲜双方代表的全朝鲜机构是完全必要的，因为全朝鲜选举是朝鲜人民自己的事情，谁都不能替他们办理。朝鲜中立国监察委员会的工作是有成绩的，由中立国组成国际委员会监督全朝鲜选举这一原则应该肯定下来。我们没有任何理由停止前进，我们没有理由不根据莫洛托夫的建议继续讨论，寻求协议。这是本会为了和平解决朝鲜问题所应遵循的合理道路。

6月14日晚，针对美国等散布15日将结束对朝鲜问题的讨论，以及美国正在胁迫参加“联合国军”的国家酝酿起草一个宣言，准备在6月15日会议上抛出这一情况，中国、苏联、朝鲜三国代表召开会议，商讨对策，一致认为中、苏、朝方面必须争取在最后一次会议上把全部牌都打出来，即使不能挽救会议于马上破裂，亦足以使对方处于不利地位。中、苏、朝方面对会议要求的建议案提得愈低，就使对方愈被动，使对方破裂愈困难，愈无理由，

---

① 《周恩来年谱（1949～1976）》，上卷，363页，北京，中央文献出版社，1997。

并使对方对破裂负更大的责任。

由于各代表团对如何解决朝鲜问题存在原则分歧，主要是美国和南朝鲜坚决反对撤军，坚持由联合国机构监督全朝鲜的选举，不想在联合国以外谋求解决的途径，致使会议难于达成协议。

在6月15日最后一次会议上，朝鲜、中国、苏联按事前商定的方案作最后的努力。朝鲜外务相南日首先发言，他指出，如果会议不能在通过自由选举实现朝鲜统一的问题上谅解，那么我们也应当在其他一些重要问题上，首先在维护朝鲜和平问题上取得谅解。他提出了保证朝鲜和平状态的六点建议：一、建议各有关国家的政府采取措施，遵照按比例的原则尽速从朝鲜境内撤退一切外国军队。二、在不超过一年的期限中，缩减朝鲜民主主义人民共和国和大韩民国的军队力量，双方军力不得超过十万人。三、由朝鲜民主主义人民共和国和大韩民国的代表组成一个委员会，来研究创造逐步解除战争状态的条件、将双方军队转入和平时期状态等问题，并建议朝鲜民主主义人民共和国和大韩民国缔结相应的协议。四、认为不论南北朝鲜，和其他国家订有牵涉到军事义务的条约，是和和平统一朝鲜的利益不相容的。五、为了创造使南北朝鲜接近的条件，成立一个全朝鲜委员会来拟定建立和发展朝鲜民主主义人民共和国和大韩民国之间的经济和文化关系的措施，并执行已取得协议的措施。六、认为日内瓦会议的参加国有必要保证朝鲜的和平发展，并从而为尽速解决把朝鲜和平统一为一个统一、独立和民主的国家的任务创造有利的条件。接着周恩来外长发言，认为南日外务相的建议提供了保证朝鲜和平发展的基本条件。并建议"召开中、苏、英、美、法、朝鲜民主主义人民共和国和大韩民国七国参加的限制性会议，讨论巩固朝鲜和平的有关措施"。苏联外长莫洛托夫在发言中指出，除南日外务相的建议外，建议与会各国发表一共同宣言，"参加日内瓦会议的各国已同意：在等待朝鲜问题在建立一个统一、独立、民主国家的基础上最后解决期间，不得采取任何可能足以对维护朝鲜和平构成威胁的行动。与会者表示相信，朝鲜民主主义人民共和国与大韩民国将为了和平的利益依照本宣言而行动"。

朝鲜、中国、苏联代表的三个发言和三项建议，打乱了美国强行结束会议的部署。苏联外长莫洛托夫发言后，会议休息40分钟。复会后，会场更加活跃，包括参加"联合国军"行动的一些国家代表对朝、中、苏三国的建议也表示赞成。澳大利亚代表在反对南日的建议的同时，又认为莫洛托夫的建议在总的方面是可以接受的。比利时代表表示不希望结束会议，如果

“不能达成任何协议,全世界将大为失望”。对苏联代表的建议“很满意”,认为“这个宣言将会在全世界产生很好的效果”,如不是美国代表反对,早就投票赞成了。美国在会上非常被动,遂由泰国代表旺亲王代表参加“联合国军”行动的国家提出了16国宣言,声称共产党国家代表拒绝承认联合国在朝鲜的权威与职能并拒绝在联合国的监督下举行自由选举,因此,本会议继续考虑和研究朝鲜问题是无补于事的。

16国宣言的提出表明会议的破裂。为挽救会议的失败,周恩来再作最后一次努力。他指出:16国宣言断然表示要停止我们的会议,“这不能不使我们感到极大的遗憾”。美国代表和它的一些附和者们不仅蓄意阻挠朝鲜的和平统一,而且要阻挠日内瓦会议对于维护和巩固朝鲜和平的问题达成任何协议。情况虽然如此,与会国仍有义务对和平解决朝鲜问题达成某种协议,建议“日内瓦与会国家达成协议,它们将继续努力以期在建立统一、独立和民主的朝鲜国家的基础上达成和平解决朝鲜问题的协议。关于恢复适当谈判的时间和地点问题,将由有关国家另行商定”,他说:“如果这样一个建议,都被联合国军有关国家所拒绝,那么,各位代表先生这种拒绝协商和和解的精神将为国际会议留下一个极不良的影响。”

南日和莫洛托夫支持周恩来的建议。周恩来再次发言强调,如果我们今天提出的最后一个建议案都被参加会议的联合国军方面的有关各国所拒绝。我们将认为这是最大的遗憾。周恩来的发言,引起许多国家代表的同情。许多国家的代表对会议未能取得进展也表示遗憾。比利时外长斯巴克表示接受中国代表的建议,并准备表决。因此,作为会议主席的英国外相艾登说,我们面前有一个中国代表团的建议,比利时的代表说得很对,这个建议反映了这个会议的工作精神,如果大家都同意,我能否认为这个建议已被会议所普遍接受?会场一片寂静,没有人反对主席的意见。这时美国副国务卿史密斯慌了,仓皇站起来说,我不准备在未向美国政府请示的情况下同意这个建议。南朝鲜代表接着说,比利时不能代表出兵参加联合国军的全体国家,也不能代表大韩民国。这时,作为主席的艾登只好提议,这次会议不通过任何已经提出的文件作为会议的集体协议。但是,这些会议文件和发言将成为会议记录的一部分。最后他无可奈何地说,这是我们惟一可以做的事。①

举世瞩目的日内瓦会议关于朝鲜问题的讨论,从4月26日起至6月15

① 日内瓦会议关于朝鲜问题最后一次会议记录,1954年6月15日。

日,在 51 天中开了 15 次大会,最后却没有达成任何协议而结束。美国虽然达到了破坏会议的目的,但他不愿从朝鲜撤退军队以和平解决朝鲜问题的真面目,进一步暴露在全世界人民面前。

日内瓦会议以后,朝中方面继续为和平解决朝鲜问题而努力,多次建议召开有关国家参加的国际会议,讨论朝鲜的和平统一问题。1954 年 9 月 23 日,周恩来总理在第一届全国人民代表大会第一次会议上所作的政府工作报告中,提出了具体建议,主张依照日内瓦会议解决印度支那问题的榜样,召开由亚洲中立国参加的会议,从速解决朝鲜的和平统一问题。10 月 12 日,中苏两国政府在其联合宣言中表明:“两国政府认为有必要在最近的将来召开讨论朝鲜问题的会议,由有关各国广泛参加。”并指出,中苏两国政府“在自己方面,将尽一切力量促进各项悬而未决的国际问题的解决,其中包括有关亚洲的各项问题的解决”。1955 年 8 月 11 日,中国外交部和朝鲜外务省分别发表声明,建议有关国家举行由亚洲国家广泛参加的远东会议,来谋求朝鲜问题的和平解决。1956 年 4 月 9 日,中国政府并受朝鲜政府的委托向英国政府并通过它向参加“联合国军”有关各国政府建议,召开有关国家参加的国际会议,商讨一切外国军队撤出朝鲜与和平统一朝鲜问题。但是,1956 年 5 月 28 日英国政府代表“联合国军”方面的各国政府拒绝了上述建议。

朝鲜停战后,由于美国不愿意从朝鲜撤退军队、不愿意公平合理地解决朝鲜问题,致使朝鲜南北处于长期分裂对峙的局面,朝鲜和平统一问题长期得不到解决。

第六十一章

帮助朝鲜人民医治战争创伤，重建美好家园

中国政府无偿提供经济援助

在朝鲜战争中，由于美国侵略者的狂轰滥炸，朝鲜北部城镇被炸成废墟瓦砾一片，基本上被夷为平地。工厂和铁路设施严重被毁，农田荒芜，使朝鲜经济遭受严重破坏，给朝鲜人民带来深重的灾难。

据不完全统计，在战争中共有8700余幢工厂企业的厂房和生产设施被毁，有些工业产品的生产则接近于完全停止。1953年停战时工业产值只有战前1949年的64%，其中电力工业降为26%，燃料工业降为11%，冶金工业降为10%。农作物收成剧减，1953年农业生产总值只及1949年的76%，粮食产量减为88%，棉花和烟草产量减为23%，水果产量减为72%，蚕茧产量减为58%。交通运输、城市住宅及其他方面的损失也相当严重，2800万平方米的居民住宅、5000余所学校校舍、1000余所医院和诊疗所、2600余幢影剧院及数千所其他文化服务设施化为瓦砾。①

战后的朝鲜满目疮痍，真可谓百废待兴，百业待举。朝鲜人民面临着医治战争创伤，迅速恢复国民经济，重建美好家园，迅速安定并逐步改善人民

---

① 《朝鲜国民经济史》，第2册，270页，平壤，朝鲜高等教育图书出版社，1963。

生活的艰巨任务。

1953年7月28日,在平壤市举行庆祝朝鲜停战实现的群众大会上,金日成就发出了“一切为了加强民主基地,恢复和发展战后人民经济”的号召。8月5日,朝鲜劳动党中央委员会召开第六次全体会议。金日成在会上作了题为《一切为了战后国民经济的恢复和发展》的报告。他号召全党和全体人民“要最大限度地利用停战后的和平时期,动员一切力量来进行战后的恢复建设工作,以加强民主基地。”①会议制定了战后恢复和发展国民经济的总路线,确定了国民经济各部门恢复发展的基本方针。会议决定,整个国民经济恢复和发展分三个阶段进行。第一阶段为准备阶段,用半年至一年的时间,稳定局面,摸清情况,做好恢复国民经济的准备工作。第二个阶段,制定并执行恢复和发展国民经济的三年计划,使国民经济的各部门恢复到战前的水平;第三阶段,制定并执行国民经济发展五年计划,奠定国家工业化的基础。确定国民经济发展的基本任务:不仅要医治战争创伤,而且要改善工业的布局,消除殖民地畸形性和国民经济各部门间的不平衡状态,为社会主义工业化奠定完备的基础。为此,朝鲜劳动党和政府确定了战后经济建设的基本路线:“优先发展重工业,同时发展轻工业和农业”。

朝鲜人民响应朝鲜劳动党发出的“一切为了加强民主基地,恢复和发展战后人民经济”的号召,立即以饱满的热情和冲天的干劲,投入了恢复和发展国民经济的斗争。

在抗美援朝战争期间,中国人民把抗美援朝作为全国一项中心任务来完成,除直接派遣志愿军入朝参战外,还在全国范围内开展了轰轰烈烈的抗美援朝、保家卫国运动,竭尽全力支援志愿军作战。除此之外,中国人民还尽最大的努力给予遭受战争灾难的朝鲜人民以经济援助。从1950年6月至1953年底,中国政府向朝鲜政府无偿提供了大量战争急需和人民生活必需的物资,总值为人民币72952万元。② 中华救济总会向朝鲜人民运送了大批粮食等物资。中国政府从苏联进口的60个步兵师的武器装备中,无偿地拨出3个师的全部装备送给朝鲜人民军。中国政府和人民的援助有力地支持了朝鲜人民的抗美斗争。中国人民为赢得抗美援朝战争的胜利,作出了巨大的民族牺牲。朝鲜停战后,中国人民在刚刚开始有计划国民经济建设的同时,一如既往,尽力帮助朝鲜人民医治战争创伤,恢复和发展国民经

① 《金日成著作选集》,第1卷,369~370页,平壤,朝鲜外国文出版社,1970。

② 参见《当代中国的对外经济合作》,24页,北京,中国社会科学出版社,1989。

济,重建美好家园。

1953 年 11 月 12 日,应中华人民共和国政府的邀请,金日成率领朝鲜政府代表团到中国访问。11 月 13 日,周恩来总理设宴招待朝鲜政府代表团。他在欢迎词中说:"中国人民和朝鲜人民在历史上,尤其是近半个世纪以来,一向是唇齿相依,休戚与共。""现在,中朝人民反抗帝国主义侵略的斗争业已取得了伟大的胜利。"朝鲜停战实现后,"中国人民将继续进行抗美援朝运动,尽力支持和援助渴望恢复国家统一、渴望和平和进步的朝鲜人民医治战争创伤,进行经济恢复,并严防侵略战争的再起"①。在朝鲜政府代表团访问期间,毛泽东主席亲切会见了金日成首相,以周恩来总理为首的中国政府代表团同朝鲜政府代表团进行了多次谈判。在谈判中,双方肯定了要更进一步巩固和发展两国之间传统的、牢不可破的友好关系,以保障两国人民的切身利益并保卫远东和世界的持久和平;交换了关于召开政治会议谋求和平解决朝鲜问题的意见,两国政府愿意为实现和平统一朝鲜的事业而与一切有关国家合作;商定了如何援助朝鲜人民医治战争创伤、恢复国民经济和更加增进两国的文化交流的问题。

11 月 23 日,中朝两国政府签订了《中华人民共和国和朝鲜民主主义人民共和国经济及文化合作协定》、《关于朝鲜技术人员在中国实习及中国技术人员在朝鲜工作条件的协定》、《关于朝鲜学生在中国高等学校及中等学校学习的协定》、《关于中国政府同意朝鲜政府提议在中国东北地区的朝鲜战时难童由中国政府继续抚养的换文》、《关于朝苏航空公司民航飞机经过中国境内的换文》、《关于 1954 年以物资和现金援助朝鲜民主主义人民共和国的议定书》、《中朝贸易议定书》、《关于停战后援助朝鲜铁路恢复和发展的议定书》等项协议。

在签字仪式上,周恩来总理和金日成首相分别发表讲话。周恩来盛赞中朝经济及文化合作协定的签订"具有重大意义"。"协定是根据国际主义精神和平等互惠原则而签订的。它把中朝两国人民传统的战斗的友谊和两国之间的合作关系,用条约的形式固定下来。这是完全符合我们两国人民的根本利益的。"它"表现了中国人民……把朝鲜人民当前恢复国民经济、改善自己生活和争取和平统一朝鲜的任务,看做是与我国利益休戚相关的事业,而愿意尽力进行援助"。它"表现了亚洲人民之间的一种坚强团结的力量。……表现了和平民主阵营国家间为坚持和平友好政策的新的合作关

① 《人民日报》,1953 年 11 月 14 日。

系。我们的协定是和平的协定,是符合于远东及世界和平利益的"。金日成首相说:我们签订的协定,"将更加巩固和发展朝中两国人民间传统的、牢不可破的友谊团结,扩大和加强两国间经济及文化方面的长期合作关系,保证两国人民生活上的切身利益,同时在保卫远东及世界和平事业中具有重大意义"。中国人民在朝鲜最困难时期给了朝鲜人民以血肉援助,现在恢复经济时期又给以巨大援助,"将成为鼓舞我们走向新胜利的力量源泉"。"我深信这一切援助对于面临着人民经济恢复建设的朝鲜人民,将予以更大的勇气和信心,使我们能够克服一切困难和障碍,来争取复兴与发展人民经济与和平统一祖国事业上的胜利,正如在战争中取得光辉胜利一样。"①

当天,发表了两国政府代表团的谈判公报。公报宣布:"鉴于朝鲜民主主义人民共和国在医治战争创伤和恢复国民经济的事业中,开支巨大,中华人民共和国政府决定将 1950 年 6 月 25 日美国政府发动侵略朝鲜战争时起、截至 1953 年 12 月 31 日止这一时期中中华人民共和国政府援助朝鲜的一切物资和用费,均无偿地赠送给朝鲜民主主义人民共和国政府。同时为了更进一步援助朝鲜,中华人民共和国政府决定于 1954 年至 1957 年四年内,再拨人民币 8 万亿元②,无偿地赠送给朝鲜民主主义人民共和国政府,作为恢复其国民经济之费用。"双方协议:为了满足朝鲜经济恢复时期的迫切需要,中国政府将用上述款项供应朝鲜以有关恢复工农业生产和改善人民生活的各种物资。为了恢复交通运输,中国政府将协助朝鲜政府修建遭受侵略战争严重破坏的铁路系统并供应机车、客车和货车。中国政府接受朝鲜政府的提议,同意朝苏两国联合经营的朝苏航空会社的航线经过中国东北境内,以便早日恢复朝苏之间的民用航空事业。两国政府还商定:由朝鲜派遣技工和技师前来中国某些生产部门进行实习;并由中国派遣技工和技师去朝鲜某些生产部门协助工作,以促进技术合作。中国政府并同意接受朝鲜政府派遣学生前来中国各大学和各专科学院学习。③

中朝两国政府认真履行协议,在经济、技术、文化等方面进行了有效的合作。中国政府向朝鲜政府提供了粮食、棉花、棉纱、纺织品、文化用品、医疗器械和药品、煤炭、建筑器材、木材、水泥、钢材、机械、通讯器材、化工原料

① 《人民日报》,1953 年 11 月 24 日。

② 此为旧币值,等于新币值 8 亿元人民币。

③ 参见《人民日报》,1953 年 11 月 24 日。

以及其他生活必需品等。中国政府帮助朝鲜修复遭战争破坏的铁路系统，并向朝鲜供应机车、客车、货车以及通讯信号等器材。在战争期间，中国为朝鲜抚养了1万多名战争受难儿童。停战后，根据朝鲜政府的要求，其中2500人继续留在中国学习技术。此后又接受1万名朝鲜实习生来华学习各种专业技术。中国向朝鲜派遣了数千名建筑工程技术人员和工人，帮助朝鲜进行战后恢复城市建设，并在施工过程中，向朝方人员传授技术，为朝鲜培养了建筑施工技术力量。中国人民志愿军广大指战员积极参加了朝鲜的战后恢复建设，帮助朝鲜人民重建家园。中国多方面的援助，对恢复朝鲜经济，改善人民生活，起了重要的作用。朝鲜也尽力帮助中国，如利用水丰发电厂，向中国东北地区供电，支援东北工业建设。中国和朝鲜还互派各类专业考察团，相互学习交流经验。

此外，以苏联为首的各社会主义国家也提供相应的经济和技术援助，帮助朝鲜恢复国民经济。苏联政府决定拨款10亿卢布作为恢复朝鲜经济之用。捷克斯洛伐克、保加利亚、波兰等国政府都与朝鲜民主主义人民共和国政府签订了帮助朝鲜恢复国民经济的协定。

中国人民志愿军帮助朝鲜人民恢复家园

朝鲜停战以后，中国人民志愿军遵照中共中央、中央军委的指示，在维护停战协定严防侵略战争再起的同时，抽调力量满腔热情地投入帮助朝鲜人民医治战争创伤重建美好家园的行列。志愿军广大指战员一如既往，把朝鲜人民的事当成自己的事，把朝鲜人民的困难当成自己的困难，像建设祖国一样来帮助朝鲜人民建设朝鲜。

停战初期，志愿军各部队主要是帮助朝鲜人民恢复家园。当朝鲜人民安居以后，志愿军各部队按照朝鲜各级政府的安排，开始有计划地协助朝鲜人民重建平壤、咸兴、新义州等重要城市，修复遭美军破坏严重的铁路公路桥梁，兴修农田水利设施和大型水库等。志愿军铁道兵部队主要承担修复铁路运输系统的任务，而修复公路桥梁和重要城市的重建任务则由工兵部队完成。

朝鲜停战后，流离失所，背井离乡的朝鲜人民陆续返回故乡，重建美好家园。志愿军广大指战员，无论是在前线还是在后方，均积极协助各当地朝鲜人民清除废墟、修建房屋、填平弹坑、清除定时炸弹以及地雷等残留爆炸物，帮助他们尽快安居，恢复生产。金城地区的志愿军部队在20多天时间内，帮助当地人民修建了1400多间房屋。志愿军的一支部队在7天内帮助昌道郡水泰里人民修建了300多幢房屋，还将节约下来的粮食救济当地缺粮的人民。驻在淮阳郡的志愿军部队经过55天紧张劳动，帮助当地人民盖起了一座能容纳1200多人的大礼堂，比战前淮阳郡原有的礼堂还大。在朝鲜东西海岸的志愿军部队，帮助朝鲜渔民修补渔船，织补渔网。驻东海岸的一支志愿军部队，专门建立了一个铁匠炉，为附近的4个渔业生产合作社修理了800多件工具。这支部队还把渔港附近6000米长的道路改修成公路，改善了鲜鱼出港的交通条件。志愿军所属的13个工兵团，在停战后2个月内即新建民房2万多间、校舍10余栋。在博川中学迁移校址、重建校舍时，志愿军工兵第14团专门派出人员和汽车，协助师生们搬运桌椅、教具和建校器材，参加建校劳动，使全校师生在2个月内全部返校复课。到1957年底，志愿军各部队帮助朝鲜人民共修建民房27394间、学校283所、公共建筑432座及其他小型工厂和砖瓦厂等。

志愿军各部队还在朝鲜各级政府统筹规划下，利用紧张的军事训练间隙，集中一部分兵力，组成施工队伍，积极参加水利灌溉工程建设和农事劳动，帮助朝鲜人民恢复和发展农业生产。

1954年3月29日，志愿军司令部、政治部联合发出《关于帮助朝鲜人民进行恢复与重建工作的指示》，要求各部队帮助朝鲜人民进行水利建设、参加季节性农业劳动、修建房舍和公共场所，并规定连队应有70%的人员、机关应有20%～40%的人员，全年帮助朝鲜人民劳动的时间应达到7个劳动日。此后，志愿军党委每年均把帮助朝鲜人民进行恢复与重建工作列入年度计划，作为志愿军各部队一项重要的任务来完成。

据此，志愿军投入大量的劳动力，帮助朝鲜人民修复被毁的水利工程，并且兴修了一批新的水利工程。广大指战员凭借战争期间挖坑道的技术，开山削岭，搬土运石，完成了一个个水利工程。在昌道郡歧城里有一条在1950年即被敌军破坏的水渠，在大白里、板桥里各有一个被毁的贮水池。因为当地人民缺乏劳动力，在短期内无力修复，志愿军立即组成修渠队，用20天时间把水渠和贮水池全部修复，使荒芜3年多的土地得到灌溉而变成良田。驻肃川的志愿军部队，帮助当地人民修筑了艾山江的堤防，这条蜿蜒9300多米、积土248万多立方米的长堤，可使500多公顷土地受益，从而保障每年5000吨粮食的收获量。驻安州的志愿军部队，帮助当地人民修筑了大桥川改变河道工程，共挖河道长约2800米，出土16万立方米，并修整了两岸5条水渠和3条河堤。这个地区河流改道后,可使500公顷稻田免除水患,并增加耕地面积10公顷,每年可增产粮食475吨。志愿军某部在朝鲜西海岸,帮助当地人民在慈母贮水池下游新开辟了一条440米长的河道,并重挖和整修了贮水池系统内的2道长堤和14条水坝,总长45公里。驻开城的志愿军部队为当地人民修建了90条河堤、120多道水坝。东线志愿军某部在20多天内,帮助当地人民修建了一条12公里长的水渠。驻安边郡的志愿军部队,派出1500名战士,帮助当地人民修复了一项水利工程,共挖水渠13条长20公里。这项工程修复后,使7500多亩荒地变成了良田,每年可增产粮食1500多吨。

1956年1月7日,志愿军党委作出了《关于进一步增进志愿军与朝鲜人民团结的决定》。决定强调指出:"我们决不可满足于已有成绩,而应继续贯彻执行毛主席历次关于团结朝鲜人民的指示,为进一步增进我军与朝鲜人民的团结而努力。我军和朝鲜人民团结的进一步增进,对于巩固和发展中朝两国人民的友谊,对于我军坚持持久的抗美援朝斗争和应付敌人可能发动的突然事变,均有极其重要的意义。各级党委必须将这一任务长期地放在极其重要的位置。"要求志愿军"全体官兵必须处处关怀朝鲜人民的利益,爱护朝鲜的一山一水一草一木。要继续积极地帮助朝鲜人民进行生产建设"。"在全体官兵中普遍地开展为朝鲜人民做一件好事的运动。"并将积极帮助朝鲜人民进行生产建设,作为增进志愿军与朝鲜人民团结的一项重要内容。同时志愿军党委还决定1956年全军计划以60万个劳动日帮助朝鲜人民进行生产建设。① 此后,志愿军各部队参加了较大规模的水利工程建设。

1956年,志愿军第21军以12万个劳动日参加了平南灌溉工程,第1军参加了梅上川河道的整修工程,并在谷山等地修筑了13条水渠、3条堤坝、2个小水库,第16军帮助朝鲜8个里修水渠2条、堤坝2条、加固水池3个、水闸1个,第23军参加了黄江大桥的修建工程,志愿军后勤部队帮助朝鲜人民完成了胜湖郡地区的灌溉工程。到年底,志愿军超额完成了原定计划,达到72万余个劳动日,共帮助朝鲜人民修筑大小堤坝、水渠506条。1957年,志愿军计划以30万个劳动日帮助驻地朝鲜人民进行生产建设。仅第21军即以8.4万个劳动日帮助朝鲜人民修建肃川、殷山两个郡的10余条水渠。

---

① 参见志愿军党委给中央军委、总政治部并中共中央的报告,1956年1月24日。

从朝鲜停战到1957年底，志愿军指战员先后帮助朝鲜人民修复和新建了见龙、泰川等8座水库，修筑了艾山江等大小堤坝1300余条，全长310多公里，修治了梅上川、南川江等河道7条，全长11公里。其中有些工程如见龙水库、艾山江堤坝、平南灌溉等工程巨大，对朝鲜经济发展具有重要作用。1958年，志愿军又参加了修建定州、谷山等水库工程。在施工中，指战员以高度的劳动热情，有时在齐腰深洪水中搏斗，有时在冰水中施工，有的战士在施工中献出了宝贵的生命，表现了无私的高尚的国际主义精神。

1954年志愿军指战员节省粮食350万公斤，衣物、用品10万多件捐献给朝鲜人民，帮助朝鲜人民渡过当年灾荒。1956年，志愿军指战员又自动募捐集资购买500部当时中国生产的双轮双铧犁，捐献给朝鲜农业合作社。此外，志愿军还抽出时间帮助朝鲜人民进行耕种、收割、开荒、植树等农业劳动，以及挑水、打柴、修补房屋等家务劳动。有些部队提出精耕细作，不误农时，为群众抢种抢收。到1957年底，共帮助田间劳动5.3万余亩，送粪320万担，植树550余万棵。

朝鲜北方铁路是战争期间美军轰炸破坏的重点之一，朝鲜人民恢复经济，很重要的任务就是对铁路进行全面复旧和改建。停战以后，志愿军在朝鲜的铁道兵部队共10个师，其中抢修指挥局指挥第1、第2、第3、第4师；新建铁路指挥局指挥第5、第6、第7、第9、第10、第11师，全力以赴地投入到朝鲜北方铁路复旧和改建工作。

1953年8月上旬，前运司集中抢修指挥局指挥的第1、第2、第3、第4师和新建指挥局指挥的第7、第9师，由抢修指挥局统一指挥、担负朝鲜北方铁路的第一期复旧和部分改建工程，即京义线新义州至开城段，元罗线元山至高原段，京元线高山至元山段和满浦、平北、平元、平德等主要铁路干线的复旧工程，以及殷龟线（殷山至龟城）复旧和局部改建工程。要求对大型建筑物作永久性复旧，对其他建筑物作半永久性复旧，除大宁江、西清川江正桥因工程量大，允许延至1953年11月完成外，其他工程一律于10月底以前竣工。

8月份正值朝鲜雨季，志愿军铁道兵各部队立即投入抗洪抢险斗争。战胜洪水后，即全面进行复旧和新建工程，首先按标准突击完成了修补线路和增设车站股道等工程，从9月中旬起陆续将完成的工程交由朝鲜铁路部门管理和维修。到10月底，除西清川江正桥外，其他桥梁、线路、隧道、给水等复旧工程全部按计划完成。

西清川江大桥全长1198米，是连接新义州到平壤的铁路交通的主要桥梁。在战争期间,它一直是美军飞机重点轰炸的目标,仅从 1953 年 1 月到停战时止,美军就出动飞机 1200 多架次,在桥的周围投下了 3170 多枚各种类型的炸弹,使大桥遭到了严重的破坏。抢修指挥局决定用 3 个月时间修复这座大桥。担任该桥修复任务的志愿军铁道兵第 2 师部队,于 9 月 7 日正式开工。在工期紧任务重的情况下,部队放弃节假日,延长劳动时间,开动脑筋,研究改进操作技术,提高了工作效率,工程比原计划提前 14 天完成,并节约了价值 40 万元人民币的材料。11 月 27 日举行通车典礼。朝鲜内阁铁道省副相参加了剪彩,他代表朝鲜铁道省向志愿军表示衷心的感谢,高度赞扬"志愿军铁道战士在修建中表现的英雄主义精神,将鼓舞我国人民努力进行经济建设,并将在我国铁道史上留下光辉的一页"。他还向志愿军修桥部队指战员赠送了"感谢状"、锦旗、奖金和其他礼品。

至此,经过 3 个月的紧张劳动,志愿军铁道兵部队圆满完成了对朝鲜北方铁路的第一期复旧和部分改建工程,共修复、改善和新建桥梁 282 座,延长 1.5 万多米,并修复线路 19 处,延长 6000 多米,车站 34 处,延长 1.5 万多米,给水设施 37 处,隧道 21 座,完成土石方 21.9 万多立方米。朝鲜北部原有铁路线全部恢复通车,并提高了各主要铁路干线的质量,桥梁行车时速达到 20 公里以上。

第一期复旧工程完成后,志愿军铁道兵团机关和第 1、第 3、第 4、第 7、第 10 师及直属桥梁团、工程总队,奉中央军委及志愿军司令部的命令,于 1953 年 10 月至 11 月撤出朝鲜回国。在朝鲜的志愿军铁道兵部队统由以新建指挥局为基础成立的铁道兵指挥所指挥。

1954 年初,转入第二期复旧和新建工程。由铁道兵第 2、第 9 师及由各师抽调人员组成的直属桥梁工程营继续完成朝鲜铁路复旧的剩余工程;第 5、第 6、第 11 师继续完成德(德川)八(八院里)线 86 公里新建工程。① 工程费用从中国政府援助朝鲜政府的经费中支出。1954 年,中国政府援朝修建铁路的工程费高达 1000 万元人民币。

铁道兵直属桥梁工程营于 1954 年 1 月担负平壤大同江双线南桥的复旧工程。部队克服了资料、材料不足等困难,于 5 月全部修复。德八线新建工程于 1954 年 4 月全部竣工。工程完成后,铁道工程第 5、第 6、第 11 师先后于当年 3 月至 6 月撤出朝鲜回国。由于朝鲜铁路复旧任务基本完成,经

① 德川至八院里铁路是 1953 年春反登陆作战准备期间按战时需要应急抢建的,1953 年 5 月已能应急通车。

中朝双方商定,中朝联合运输司令部于1954年3月1日撤销。

铁道兵第2师至12月底先后共完成了京义、平元、平德、满浦等9条线路的48项复旧工程,第9师曾派4个连支援。完成任务后,铁道兵第2师于1954年9月和1955年1月,先后全部回国。

根据中朝两国政府《关于停战后援助朝鲜铁路恢复和发展的议定书》,中国在1954年内帮助朝鲜新建西平壤、定州、高原3个机务段。每个机务段工程包括车库、附属房屋、给水、线路股道、转车盘、水暖、电力等设施共20余项。中央军委和志愿军司令部决定,该项工程由铁道工程第9师完成。1954年8月,西平壤、定州、高原机务段的新建工程全面开工。到1955年1月,新建工程全部竣工。志愿军铁道工程第9师保质保量地完成了任务。工程从设计到全部竣工一切均由中国方面负责,工程费合计人民币600万元。朝方在验收时,对3个工程质量均表示满意。在西平壤机务段举行落成典礼时,朝鲜铁道相特为参加施工的部队授勋。第9师完成任务后,除留下3个连队继续完成大宁江桥2个桥墩的加固任务外,其他部队和机关于1955年2月回国。留下的3个连队完成任务后,于5月回国。

至此,志愿军铁道兵部队圆满完成了帮助朝鲜人民进行铁路复旧和新建全部任务,并全部撤出朝鲜回国。1955年9月25日志愿军铁道兵指挥所撤销。

志愿军工兵部队在朝鲜停战以后,继续以战斗姿态,积极帮助朝鲜人民修复公路、桥梁和重要城市的重建工作。驻守在公路沿线的工兵部队,及时填平弹坑,排除定时炸弹,迅速修复被毁的路基,加修防洪排水设施,全面整修公路,保证在各种气象条件下都能顺利通车。驻守在各个渡口的工兵部队,在与洪水搏斗的同时,积极修复被敌人严重破坏的桥梁。

安州清川江公路大桥,长1200余米,朝鲜停战时,该桥已千疮百孔,中间跨度最长的两孔钢筋混凝土桥面斜插江中,桥墩也被炸飞了半截。志愿军工兵第14团1个连协同朝鲜人民军工兵的1个中队,顶烈日战洪水,团结奋战,于停战后40天,即1953年9月7日,全部修复通车。

在停战后的1个月时间内,志愿军工兵部队新架永久性桥梁32座,修复永久性桥梁18座,整修公路176公里。1954年夏天,他们又协同朝鲜人民军工兵部队新架桥梁10座,修补桥梁10余座。这些桥梁的及时通车,对朝鲜城乡经济的恢复和繁荣发挥了重要作用。

志愿军还以大量人力参加了平壤、咸兴、元山、新义州等城市的重建工作。其中工兵第12团承担重建平壤的任务最为艰巨。平壤原是一座美丽的城市。在战争中遭到美军飞机的狂轰滥炸，破坏严重，全市没有剩下一座完整的建筑物。平壤市建设规划委员会根据重建工作的总体部署，要求志愿军工兵第12团从1953年8月到12月底，架设沟通东西平壤的大同江人道桥1座，新建大成、江南两个窑厂的两座烧成炉，制作850栋民房屋架，修复5栋工人宿舍大楼、内阁事务局大楼和外务省、贸易省大楼，并新建部分职工住房，为第二年大规模的重建工作创造必要的条件。

面对繁重艰巨的任务，志愿军工兵第12团在朝鲜国家建设委员会的统一指挥下，和朝鲜人民军工兵部队、平壤市民一起，积极参加了平壤市的重建工作，为建设繁荣美丽的平壤贡献一切力量。他们的口号是："以建设祖国首都北京的劲头建设平壤"。当时，施工条件很差，困难重重。没有住房，他们就将一些残垣断壁稍事修整聊以栖身；施工工具、器材缺乏，他们便四处寻找炸弹残骸，以弹壳作原料，做成烘炉，打制铁钉、角铁、两爪钉等工具器材；工地上需要大量的碎石、沙子，他们就到大同江里去捞，在河滩上建起沙石选料场和建筑材料加工厂，以保证施工的需要。

经过广大指战员的日夜奋战，工兵第12团按时或提前完成了任务。负责架设大同江人道桥的2个连，两岸对进，轮番突击，奋战56天，使这座长518.3米、宽9米的桥梁提前竣工。11月7日，朝鲜劳动党中央委员会副委员长金一等朝鲜领导人和中国人民第三届赴朝慰问团总团长贺龙等亲临桥头剪彩，庆贺志愿军工兵第12团参加平壤建设取得的第一个重要成就。与此同时，负责建设窑厂两座烧成炉的2个连，一边加劲劳动，一边钻研技术，很快将每人每天的砌砖数由200～300块提高到1600～1700块，战士每天都超额完成任务120%～150%，到10月份就完成了新建两座烧成炉的任务。11月26日，两座窑厂的烧成炉全部点火生产，每天出窑60万块砖，保证了平壤市各重建工程用砖的需要。平壤市人民政府特将其中1座烧成炉命名为"志愿军"号，作为永久的纪念。在这期间，这个团担负建设的职工住房等其他各项工程也相继完工。

1954年，志愿军工兵第12团参加了一大批规模更大、技术要求更高的工程建设任务。主要有新建朝鲜内阁各省综合办公大楼，牡丹峰艺术剧场，试验研究所大楼和革命遗族子弟学院、金策工业大学、人民经济大学等5所院校的校舍、3座工厂的厂房、1座仓库的库房；修复平壤市综合医院和大同江公路铁桥。其中大同江公路铁桥的修复工程最为艰巨。

大同江公路铁桥连接平壤市的中区和东区，是驼背式钢架桥，长620米，宽12.32米，距水面高10米，由14孔钢架连接而成，是平壤市最重要的大桥。战争期间，它有4孔钢架被美军飞机炸毁塌在江心。其他各孔也是弹痕累累。担负修复任务的志愿军工兵第12团第1营，于1953年12月份开工后，在寒冬季节破开冰层，潜入五六米深的水中勘察桥墩，清除废墟，将炸落江中的钢梁卸开，打捞上岸。在水中作业的指战员手脚和脸都冻裂了口，仍毫不懈怠。经1个月的奋战，即从江中打捞出钢材936吨。1954年2月，朝鲜方面为加强施工力量，抽调一支朝鲜人民军的工兵部队来到工地。在施工中，中朝军队两支工兵部队并肩作战，亲密无间。志愿军工兵第12团第1营的指战员遇到技术难关，便虚心向朝鲜工程技术人员和中国援朝的工人师傅请教，边学边干，提高了工效，节省了材料。全营与朝鲜人民军工兵部队和中国援朝工程大队一起，提前一个半月完成了大桥的修复任务，节省了6万个人工和价值3200多万元朝鲜币的资材。

1954年6月30日，大同江公路铁桥剪彩通车时，朝鲜内阁副首相兼民族保卫相崔庸健在庆祝会上宣读了金日成元帅给志愿军工兵第12团的贺信。贺信说："当此在我们共和国人民经济恢复发展和民主首都平壤市居民的生活中具有重要政治、经济意义的大同江桥恢复，举行竣工典礼之际，我以共和国政府、朝鲜劳动党和我个人的名义，高度赞扬你们在大同江桥恢复工程中发挥的劳动伟勋，并致以深深的祝贺与感谢。""英雄的中国人民志愿军指挥员、战斗员……在战后时期的巩固我们共和国革命的民主基地的庄严恢复建设事业中，也以自己忘我的劳动达成光辉的成就，鼓舞和勉励了我国的人民。""在大同江桥恢复工程中，你们和朝鲜人民军部队一起，勇敢地克服和打开一切困难和障碍，建立非常的劳动伟勋，取得把恢复工程期限缩短一个月的巨大成就，从而再次显示了朝中两国人民兄弟般的友谊团结的无穷尽的力量。"7月13日朝鲜民主主义人民共和国最高人民会议常任委员会委员长金枓奉又亲临志愿军工兵第12团驻地，给在修复大桥中立功的126名干部战士和9名援朝工人授勋，盛赞："同志们的这一功绩，已成为奋起参加恢复建设事业的全体朝鲜人民的很好的范例。"

在修复大同江公路铁桥的同时，志愿军工兵第12团参加修复的平壤市综合医院和新建平壤市最雄伟庄严的朝鲜内阁各省综合办公大楼，均提前竣工。此外，与中国援朝工人一起精心建造的牡丹峰剧场，金碧辉煌，像一颗灿烂的明珠闪耀在大同江畔，被朝鲜人民称誉为"中朝友谊的结晶"。从1953年8月14日至1955年10月，志愿军工兵第12团在重建平壤中，共新建和修复了38项较大工程，修建完成各种建筑面积达20余万平方米。

中国人民志愿军在朝鲜8年间，主要是战后的5年多时间里，共帮助朝鲜人民修建公共场所881座、民房45412间，恢复和新建大小桥梁4263座，修建堤坝4096条全长约430公里，修建大小水渠2295条全长1218公里，运输粮食物资6.3万多吨。志愿军对朝鲜人民的疾苦，就像对待自己亲人的疾苦一样关心，8年来，特别是战时志愿军官兵节衣缩食，以粮食1000多万公斤，衣物58万余件，帮助部分驻地人民渡过灾荒。为朝鲜人民治病188万余人次。

中国人民志愿军帮助朝鲜人民重建家园的行动，受到了朝鲜劳动党、朝鲜民主主义人民共和国政府和中朝人民的热情鼓励和称赞。以金日成为首的朝鲜党政领导人多次到工地看望和慰勉志愿军。朝鲜内阁副首相兼重工业相郑一龙在纪念停战一周年时，撰文指出："中国人民志愿军在与朝鲜人民一道反对共同敌人的战争中所建立的功勋和在为援助朝鲜人民的建设事业而获得的劳动成就，将永远牢记在朝鲜人民的胸怀里，并将永远地传颂于子孙后代。"[①]朝鲜最高人民会议常任委员会还给在重建工作中成绩卓著的志愿军指战员授予勋章、奖章。朝鲜各地政府和群众向志愿军赠送锦旗和礼品，有的并以"志愿军"、"中朝友谊"等命名志愿军帮助修建的工程，以表示永久纪念。

朝鲜停战以后，中国政府给予朝鲜政府经济上的无私援助，中国人民志愿军广大指战员以实际行动帮助朝鲜人民进行医治战争创伤，重建朝鲜美好家园，为朝鲜的经济恢复和发展贡献了自己的力量，同时，也进一步加深了中朝两国人民牢不可破的战斗友谊，充分体现了中国人民无私的崇高国际主义精神。

朝鲜人民在朝鲜劳动党、朝鲜政府和金日成首相的领导下，在苏联、中国等社会主义国家的援助下，以勤劳的双手和无比顽强的精神，克服了种种困难，医治了战争的创伤，重建了和平的生活，在政治、经济、文化等建设方面均取得了巨大成就。1956年，朝鲜人民完成了战后三年经济恢复计划，工农业产量恢复和超过了战前1949年的水平，为进行大规模的经济建设奠定了基础。从1957年起，朝鲜人民根据朝鲜劳动党第三次代表大会所确定的任务，开始执行发展国民经济第一个五年计划。朝鲜人民的经济建设进入了一个新的阶段，掀起了社会主义建设的新高潮。

---

① 《人民日报》，1954年7月28日。

第六十二章

中国人民志愿军主动全部撤出朝鲜回国

中朝两国政府协商中国人民志愿军全部撤出朝鲜

1953年朝鲜停战实现时，中国人民志愿军在朝鲜的部队计有第1、第12、第15、第16、第21、第23、第24、第46、第47、第50、第54、第60、第63、第64、第65、第67、第68共17个军和第33师，另有炮兵、高射炮兵、装甲兵、工兵、铁道兵、后勤部队、后方警卫部队、志愿军总部和各兵团机关及直属队等共约120万人。

中国政府和中国人民一贯主张和平解决朝鲜问题，一贯主张一切外国军队撤出朝鲜，让朝鲜人民在不受外来干涉的条件下，自己解决朝鲜问题，实现自由和平统一。朝鲜停战实现以后，中国政府同朝鲜民主主义人民共和国政府一起，为此而进行了不懈的努力。由于美国政府的阻挠和破坏，停战协定规定的政治会议未能召开，日内瓦会议在和平解决朝鲜问题上未达成任何协议。为了推动朝鲜问题的和平解决和进一步缓和远东的紧张局势，中国人民志愿军在1954年9月到1955年10月的一年多时间内，先后分三批公开主动从朝鲜撤出19个师的部队：1954年9月16日至10月3日撤出第47、第67军及第33师共7个师；1955年3月31日至4月20日撤出第50、第68军共6个师；1955年10月10日至10月26日撤出第24、第46军共6个师。这一主动行动，受到朝中人民的一致拥护和国际舆论的普遍赞扬。

另外，自朝鲜停战至1955年底，中国人民志愿军还先后从朝鲜秘密撤出了第60、第63、第64、第65、第12、第15军等6个军，炮兵第2、第3、第7、第21、第22师，高炮第61、第63、第64、第65师，公安第1师，铁道兵第1、第2、第3、第4、第5、第6、第7、第9、第10、第11师以及其他特种兵部队。第3兵团领导机关和第9兵团领导机关分别于1955年1月、4月初撤出朝鲜。1955年底以后，仍在朝鲜的志愿军仅有第1、第16、第21、第23、第54共5个军，另有炮兵、高射炮兵、装甲兵、工程兵、后勤等部队。

朝鲜停战以后，志愿军领导人有所变化。1954年9月，彭德怀辞去其志愿军领导人的职务，由邓华接任志愿军司令员兼政治委员。此后，杨得志、杨勇先后继任志愿军司令员，李志民、王平先后继任政治委员，梁必业任副政治委员兼政治部主任，王蕴瑞任参谋长。

通过朝鲜战场上的较量，充分显示了中国人民、朝鲜人民、社会主义阵营力量的强大。中朝两国人民战胜了不可一世的美帝国主义，对世界形势产生了深刻的影响，极大地鼓舞了全世界各国人民反抗侵略争取民族独立解放运动的信心。同时对美国也是个教训，使其不敢轻易发动侵略战争。朝鲜停战以后，中朝两国人民、政府和军队经过不懈努力，使朝鲜的局势逐步趋于稳定。朝鲜人民在社会主义建设中取得了巨大成就，到1956年完成了经济恢复计划，使工农业产量恢复和超过了战前的水平。经过战争锻炼的朝鲜人民军，日益强大，军事素质和政治素质都有很大的提高。朝鲜人民完全可以依靠自己的力量来解决民族内部事务。

中国人民志愿军已没有必要继续留在朝鲜。志愿军已出色地完成了抗美援朝保家卫国的使命。虽然朝鲜和平统一问题，由于美国和李承晚集团的阻挠和破坏，一时难以实现。但志愿军如主动撤出朝鲜，等于给美国出了一个难题，可以促使某些国家从"联合国军"撤出自己的部队，使美国陷于孤立，有利于缓和朝鲜和国际紧张局势。中朝两国人民既然有能力在战争中战胜以美国为首的"联合国军"，同样有能力制止美国再次发动的战争，并将其打败。

鉴于上述考虑，中共中央准备从朝鲜撤出中国人民志愿军。1957年11月2日至20日，毛泽东主席率领中国代表团访问苏联，参加十月革命40周年庆祝典礼，并出席各社会主义国家共产党和工人党代表会议。在莫斯科期间，毛泽东和金日成谈到从朝鲜撤出中国人民志愿军的问题。金日成完全同意毛泽东的意见。

金日成从苏联访问回国后，于 1957 年 12 月 16 日和 25 日，给毛泽东写信，先后对志愿军撤出朝鲜问题提出了两个方案。一是由朝鲜政府发表声明，提出从朝鲜撤出一切外国军队的主张，中国政府积极响应；一是由朝鲜最高人民会议写信给联合国，要苏联在联合国提出主张，以推动联合国采取行动。

中共中央对此十分重视。12 月 30 日，中共中央政治局常委和书记处对此事专门进行了研究，在讨论的基础上由张闻天拟订了关于《从朝鲜撤出中国人民志愿军的方案》。方案提出，中国政府发表声明，支持朝鲜政府关于“联合国军”和中国人民志愿军撤出朝鲜的主张，并正式表示准备就志愿军分批撤出朝鲜问题同朝鲜政府协商，要求“联合国军”方面有关各国政府也采取同样步骤。撤军办法是，志愿军在 1958 年底以前分三批全部撤完。当天，周恩来审阅了方案稿，并批送刘少奇、朱德、邓小平、彭德怀并转送毛泽东核阅。31 日，毛泽东在方案上批示：同意。随后，中国政府将从朝鲜撤出志愿军的方案，通报给苏联政府并征求他们的意见。

1958 年 1 月 24 日，毛泽东将中国方面关于中国人民志愿军撤出朝鲜的考虑电告金日成。电报指出：“我们觉得，由朝鲜民主主义人民共和国主动提出外国军队撤出朝鲜的要求，然后由中国政府响应朝鲜政府的要求，是比较适宜的。……对于这个方案，我们提出一些具体意见。这些意见，我们已经同苏联政府商量过，他们表示完全同意”。具体意见如下：

1. 建议由朝鲜政府发表公开声明，提出“联合国军”和中国人民志愿军应同时撤出朝鲜，同时提出实现南北朝鲜和平统一的几项措施。

2. 朝鲜政府发表声明后，“中国政府接着发表声明，支持朝鲜政府的主张，并且正式表示准备同朝鲜民主主义人民共和国政府协商分批定期撤走中国人民志愿军的问题，同时要求联合国军方面有关各国政府采取同样的步骤。”

3. “苏联政府接着也发表声明，支持朝、中政府的声明，强调联合国军方面各国政府应该像中国政府那样响应朝鲜民主主义人民共和国政府的要求，并且建议召开有关国家的会议讨论和平解决朝鲜问题。”

4. 2 月中旬，周恩来代表中国政府访问朝鲜期间，“朝中两国政府可以在联合公报中宣布，中国政府已经商得中国人民志愿军的同意，中国人民志愿军决定在一九五八年年底以前分批撤出朝鲜。在联合公报中，朝、中两国政府可以声明，中国人民志愿军在联合国军之前撤出朝鲜，是为了和缓紧张局势，便于朝鲜南北双方在对等的基础上协商朝鲜的和平统一。因此，联合国军应该采取同样的行动。同时,中国人民志愿军发表声明表示:中国人民和朝鲜人民是唇齿相依、患难与共的,中国人民志愿军撤出朝鲜决不是对朝、中人民休戚相关的利益置之不理。如果李承晚和美国重新进行挑衅,越过停战线,那么,中国人民志愿军在朝鲜政府提出要求的情况下,将毫不犹豫地再一次同朝鲜人民军并肩击退侵略。"

5. 志愿军撤出朝鲜的时间表初步拟订为:1958 年 3 至 4 月撤回 1/3,7 至 9 月撤回第二个 1/3,年底以前撤回最后的 1/3。[①] 朝鲜政府同意中国政府的方案和具体意见。

1958 年 1 月 13 日,中央军委举行例会,专门研究了中国人民志愿军撤军问题。根据中央军委的决定,总参作战部和志愿军总部对志愿军撤军工作进行了部署和安排。2 月上旬,总参作战部研究上报了志愿军领导机关和部队回国后的具体部署方案。1 月 28 日,志愿军司令员杨勇在给国防部长彭德怀的信中指出,鉴于从朝鲜撤走志愿军的形势已定,行动时间近迫,在不放松战备而又节约经费开支的精神下,志愿军已初步采取了以下措施:停建营房、仓库和医院;压缩一线永备工事的构筑,但纵深永备工事则加速进行;结合动员家属还乡生产,决定今年上半年军官家属一律不准入朝;军需物资凡今年用不着的,不再运往朝鲜;交接防务的一切有关资料正在进行准备。信中对部队撤出的时间、方法及各军回国后的驻防位置,兵团、志愿军领导机关的处理等问题,提出了意见和建议。[②] 同时志愿军还制定了撤军计划。

按照中、朝、苏三国政府协商的方案,1958 年 2 月 5 日,朝鲜民主主义人民共和国政府就撤退一切外国军队与和平统一朝鲜问题发表声明。声明中建议:"为了缓和朝鲜的紧张局势以及和平解决朝鲜问题,美军和包括中国人民志愿军在内的一切外国军队应当同时撤出南北朝鲜。为此,在朝鲜派有军队的国家应当迅速采取相应措施,把本国的军队立刻撤出朝鲜。"声明还建议,在一切外国军队全部撤出南北朝鲜以后,应当在一定时期内在中立国机构的监督下实行全朝鲜的自由选举;应当在对等的基础上早日实现南北朝鲜之间的协商,讨论经济、文化交流和全朝鲜的选举问题;应当在今后尽量短的时期内把南北朝鲜军队的人数缩减到最低限度,以实现朝鲜的

---

① 参见《建国以来毛泽东军事文稿》,中卷,373 ~ 374 页,北京,军事科学出版社、中央文献出版社,2010。

② 参见杨勇给彭德怀的报告,1958 年 1 月 28 日。

和平统一。①

2月7日，中华人民共和国政府发表声明。指出：朝鲜政府的声明是“朝鲜民主主义人民共和国政府为和平解决朝鲜问题所作的又一次重大努力。这些建议不仅完全符合全朝鲜人民对于和平统一祖国的深切愿望，而且也将为和缓远东紧张局势开辟新的现实的途径。中国政府完全赞同并且全力支持朝鲜民主主义人民共和国政府这一重大的和平倡议”。声明郑重表示：“中国政府为促进朝鲜问题的和平解决从不吝惜自己的力量。……为了打开在朝鲜问题上的僵局，并且推动朝鲜问题的和平解决和和缓远东的紧张局势，中国政府认为，一切外国军队，应该定期撤出朝鲜；中国政府并且准备就中国人民志愿军从朝鲜撤出的问题同朝鲜民主主义人民共和国进行磋商。”声明同时要求“美国政府和参加联合国军的其他各国政府同样采取措施，从南朝鲜撤出美国军队和其他一切外国军队。中国政府希望一切关心远东和世界和平的国家采取积极的步骤，促使一切外国军队撤出朝鲜，为和平解决朝鲜问题和维护远东和世界的和平创造有利的条件”。② 这个声明，再一次表明了中国政府和中国人民谋求和平解决朝鲜问题的真诚愿望。对于打开美国在朝鲜所造成的僵持局面，促进朝鲜的和平统一，以及缓和远东的紧张局势，都具有重大的意义。

应朝鲜民主主义人民共和国政府的邀请，2月14日，由国务院总理周恩来率领的中国政府代表团到达平壤，开始对朝鲜民主主义人民共和国进行友好访问。代表团成员有副总理兼外交部长陈毅、外交部副部长张闻天、中国人民解放军总参谋长粟裕，以及总理办公室副主任张彦、外交部亚洲司司长章文晋和中国驻朝鲜大使乔晓光等。在访问朝鲜期间，以周恩来为首的中国政府代表团，同以内阁首相金日成为首的朝鲜政府代表团进行了亲切、友好的会谈，就中国人民志愿军撤出朝鲜的问题达成了完全一致的意见。

2月16日晚，以周恩来为首的中国政府代表团，到达中国人民志愿军总部所在地桧仓。17日上午，周恩来、陈毅、张闻天、粟裕在志愿军司令员杨勇、政治委员王平的陪同下，冒着大雪到志愿军烈士陵园敬献花圈，并瞻仰烈士陵园。中午，周恩来等代表团成员接见了志愿军将领和军官，听取了他们对主动撤出朝鲜的意见，志愿军全体官兵一致拥护中朝两国政府的声明。下午，周恩来等出席了志愿军为他们举行的欢迎大会。周恩来在志愿

① 参见《人民日报》，1958年2月6日。

② 《人民日报》，1958年2月8日。

军团以上干部大会上作了重要讲话。首先,他代表党中央、中国政府和中国人民,向志愿军全体指战员表示亲切的问候。分析了国际形势和亚洲形势,深刻地阐述了撤军的道理,并介绍了国内社会主义建设情况。他勉励全军干部戒骄戒躁,努力学习,把自己培养成亦文亦武、又红又专的军事专家,号召广大指战员发扬高度的国际主义精神,虚心学习勤劳的朝鲜人民和英勇的朝鲜人民军的优点,要求在撤军过程中,对朝鲜政府、朝鲜人民军、朝鲜人民应该交待好,各种事情都交待得一清二楚,除随身携带的武器外,凡是可以留的都应该留下,使中朝两国人民用鲜血凝成的友谊之花,在最后一年开得更好,结出丰硕之果。志愿军不仅在朝鲜是最可爱的人,回国后也要做最可爱的人。陈毅、张闻天、粟裕也先后在大会上讲了话。晚上,代表团和志愿军将领及军官聚餐联欢,欢度中国的传统节日春节除夕。18 日,周恩来在志愿军干部大会上再次作重要讲话,重点讲社会主义革命和建设问题。

2 月 19 日,中华人民共和国政府和朝鲜民主主义人民共和国政府发表《联合声明》。《联合声明》中说:“中国政府本着一贯积极促进朝鲜问题和平解决的立场,除了在 1958 年 2 月 7 日的声明中完全支持朝鲜政府的各项建议以外,现在经过同朝鲜政府协商后,又向中国人民志愿军提出了主动撤出朝鲜的建议。中国人民志愿军完全同意中国政府的这一建议,并且决定在 1958 年年底以前分批全部撤出朝鲜,第一批将在 1958 年 4 月 30 日以前撤完。朝鲜民主主义人民共和国政府对于中国人民志愿军的这一决定表示同意,并且愿意对中国人民志愿军的全部撤出朝鲜给予协助。”①

2 月 20 日,中国人民志愿军总部发表声明,表示:“中国人民志愿军全体官兵完全赞同我国政府的建议,决定于 1958 年底以前分批全部撤出朝鲜。”声明“要求美国和参加联合国军的其他各国,同样采取措施,毫不拖延地把自己的军队全部撤出南朝鲜,以利于朝鲜问题的和平解决和远东紧张局势的和缓”。并表示:“如果美帝国主义和它的追随者胆敢破坏朝鲜停战协定的尊严,再一次发动侵朝战争,那时只要朝鲜人民和朝鲜政府认为需要,中国人民将会毫不迟疑地派出自己的优秀儿女,再一次跨过鸭绿江来,同朝鲜人民军一起为粉碎敌人的侵犯而共同战斗。”②

中国人民志愿军全部撤出朝鲜的决定,不仅获得了中朝两国人民的热烈拥护,而且受到国际舆论的重视和欢迎。

---

① 《人民日报》,1958 年 2 月 20 日。

② 《人民日报》,1958 年 2 月 21 日。

2月20日，苏联政府发表声明，完全支持朝鲜民主主义人民共和国和中华人民共和国关于中国人民志愿军全部撤出朝鲜的建议。认为“这一新的倡议具有极其重大的意义，并且也认为这是旨在缓和国际紧张局势、加强国际信任和巩固和平的极其重要的措施之一”。同时希望“有军队驻扎在南朝鲜的美国和其他国家政府给予朝鲜民主主义人民共和国和中华人民共和国两国政府的倡议以应有的重视，把他们的军队撤出南朝鲜，从而促使远东局势进一步健康化，促进朝鲜地区和平的巩固，以及为在和平民主基础上恢复朝鲜的民族统一创造先决条件”。

其他各社会主义国家的报纸全文刊载了中朝两国政府联合声明并作了高度评价，一致认为中国人民志愿军决定全部撤出朝鲜的主动措施，是对和平解决朝鲜问题，缓和远东紧张局势作出的重大贡献。同时，敦促美国军队也从南朝鲜全部撤走。亚洲国家的舆论，普遍欢迎中国人民志愿军将从朝鲜撤出的决定，认为这一决定“对促进朝鲜的统一和亚洲和平将起很大作用”。就连美国在侵略战争中的主要盟国的舆论，也不能不承认中国人民志愿军决定从朝鲜撤出的主动措施，对缓和远东局势的积极意义。美国的公正舆论也认为，中国采取从朝鲜撤出中国人民志愿军的行动是“大胆地掌握了主动”，“并且使美国陷于难堪的境地”。①

然而，美方对于朝中方面撤出一切外国军队，和平统一朝鲜的建议，以种种理由加以拒绝。

2月19日，美国国务院发言人怀特一方面假惺惺地表示，中朝两国政府的决定“如果执行的话”，将“会受到欢迎”；一方面要求中国采取进一步步骤，同意在“联合国的监督下”，在全朝鲜举行“自由选举”。再次重申美国不考虑全部撤退它在南朝鲜的美国军队。②

2月24日，在朝中方面的建议下，朝鲜军事停战委员会举行会议。在会议上，朝中方面首席代表将中国人民志愿军总部关于主动从朝鲜撤出的声明交给美方，并且要求美方从朝鲜撤出美国军队以及一切外国军队。美方在会上无理拒绝志愿军总部的声明，并且拒绝讨论朝中方面提出的要求。

同时，中国政府通过外交途径，建议美国政府和参加“联合国军”的其他各国政府采取积极措施，从朝鲜撤出其军队。在中国政府2月7日发表声明的当天下午，中华人民共和国外交部副部长罗贵波，接见了英国驻华代

① 《人民日报》，1958年2月21日。

② 参见《人民日报》，1958年2月21日。

办处代办,面交中国政府的声明,请他转达英国政府,并请英国政府将中国政府的声明转交参加“联合国军”的其他各国政府。

迟至4月9日,参加“联合国军”的各国政府才通过英国驻华代办处对中国政府2月7日的声明作出答复。照会除对中国人民志愿军将全部撤出朝鲜的声明表示欢迎外,避而不谈美国军队和参加“联合国军”的其他国家的军队撤出朝鲜的问题,反强调为“建立一个统一的、独立和民主的朝鲜”,希望南北朝鲜成立一个国民议会“在联合国的监督下举行自由选举”,这种选举“应该在联合国主持下举行”,并对“预备工作”“选举本身应有充分的监督”,“新国民议会的代表名额应按当地人口比例计算”。①

中国政府并受朝鲜政府的委托,于5月6日再次照会英国驻华代办处。指出:“美国和联合国军方面其他各国政府如果不想证明他们是一贯阻挠朝鲜的和平统一和阻碍远东紧张局势和缓的话,就应该用实际的撤军行动来表示他们的诚意。任何寻找借口来回避这个问题的做法,都是无济于事的。朝中两国政府乐于知道,美国和联合国军方面其他各国政府究竟打算在什么时候从南朝鲜撤出他们的全部军队。联合国军是否迅速全部撤出朝鲜是测验参加联合国军的各国政府对和平解决朝鲜问题是否具有诚意的试金石。”“朝中两国政府始终认为,只有一切外国军队撤出朝鲜,才能为和平解决朝鲜问题包括自由选举问题提供必要条件。只要美国和联合国军方面其他各国政府能够像朝中两国政府所建议的那样,明确地决定限期从南朝鲜撤出全部联合国军,并且予以实施,朝中两国政府准备建议召开有关国家会议,就一切外国军队撤出朝鲜后和平解决朝鲜问题进行协商。”②

英国驻华代办处7月2日代表联合国军方面各国政府复中国政府的照会,再次强调在朝鲜问题没有按照联合国决议得到真正解决之前,有关各国政府不准备从朝鲜撤走他们的军队。这充分暴露了美国当局不愿缓和远东局势,企图长期赖在朝鲜不走。

中国人民志愿军全部撤出朝鲜回国

中国人民志愿军宣布撤军回国,是具有重大国际意义和历史意义的事

① 《中美关系资料汇编》,第2辑,2593~2594页,1960。

② 《人民日报》,1958年5月7日。

件。搞好撤军，善始善终地完成抗美援朝任务，对于巩固中朝两国军队并肩奋战所取得的伟大胜利，对于促进中朝两国人民用鲜血凝成的战斗友谊，具有深远的影响。因此，这是一项重大的政治任务。

为圆满完成撤军任务，志愿军党委根据中央军委和周恩来总理的指示，对撤军工作作了具体部署，向全军发出了“不骄不懈，善始善终；军队撤出，友谊长存”的号召。要求部队“交好、走好、到好”。交好，就是除了武器装备和个人随身携带的物品以外，其余东西一律移交给朝鲜人民军；走好，就是要圆满安全地撤出；到好，就是回到祖国后不居功，不骄傲，服从祖国需要。

2 月 13 日，中国人民志愿军司令员杨勇、政治委员王平颁发训令，要求全军在撤军过程中切实做到交好走好到好并严格遵守下列各项规定：一、应提高警惕加强戒备，增强阵地警戒，防止敌人的突然袭击，严防斗志松懈，麻痹大意的情绪产生。二、各部队必须把敌情、地形、我军任务、阵地工事、作战方案等情况向人民军部队作详尽的交待，所有的营房、营具，及规定移交的物资器材，必须毫无保留地向人民军或地方政府移交清楚，不准任意带走，交防前应将营房营具进行一次修缮，凡有损坏者应加修理，严禁任何破坏行为发生，并进行一次卫生大扫除运动，保持营区整洁。三、尊重朝鲜政府，爱护朝鲜一山一水，一草一木，虚心学习朝鲜人民勤劳勇敢的品质和艰苦朴素的作风，学习朝鲜人民军正规的建军经验和一切优良作风。四、消灭车辆肇祸、走火伤人、违法乱纪、滥伐树木等事故。行动前应彻底检查一次政策纪律，对损害人民利益的事件要进行赔偿道歉，对违法乱纪的行为要严肃处理，做好善后工作。五、部队行动时要向地方政府和人民告别，遇有朝鲜人民欢送时应热情答礼，不得怠慢。六、严密车运组织，力求节约运输力，深入进行乘车教育，严格遵守铁路规章，加强车运中的管理教育，做好车运中的生活保障工作，防止发生事故和病号。七、加强车运中的组织纪律观念，坚决执行命令，听从指挥，严格遵守时间，不得影响整个车运计划。八、各级干部特别是领导干部在撤军期间，应随队行动，不得擅离职守单独行动。九、行动中保持军容整洁，精力充沛，礼节周到，并注意保守军事秘密，十、回国后应严格遵守三大纪律八项注意，做好拥政爱民工作，防止居功骄傲贪图享受的情绪发生，凡对地方政府和祖国人民蛮横无理或肇事者以纪律论处。十一、到达新驻地后应即执行新任务或投入训练，虚心学习国内兄弟部队正规训练和建军的经验，以加速我军正规化的建设。十二、继续发扬艰苦奋斗的作风，厉行节约反对浪费，克服可能遇到的一切困难，大力支援祖国的社会主义建设。

2月20日，中国人民志愿军总部在发表声明的当天召开大会，热烈拥护中朝两国政府的联合声明。志愿军副政治委员梁必业在会上详细阐述了中朝两国政府联合声明和志愿军总部声明的内容，并就做好撤军工作问题向广大官兵提出了要求。梁必业说，志愿军在撤出朝鲜之际，要做到交好走好到好，必须不骄不躁做到善始善终以及军队撤出，友谊长存。志愿军总部的官兵代表在会上一致表示：我们主动撤出朝鲜，是世界和平力量强大的表现。现在我们即将回国了。我们同朝鲜人民和军队有着深厚的感情，我们英雄的血流在朝鲜国土上，我们的烈士埋在朝鲜的土地上，这一切我们都不会忘记。如果美国侵略者把我们主动撤出看做软弱的表现，以为有机可乘，那么，他们必然会遭到更可耻的失败。

2月21日，中国人民志愿军政治部发出了《关于志愿军撤出朝鲜的政治工作指示》。第一批部队撤出朝鲜后，6月，志愿军政治部又专门制定了《撤军工作三十条》，强调必须做到交好走好到好的思想，要求部队善始善终，军队撤出，友谊长存，号召全体官兵掀起一个为中朝友谊而劳动的高潮。

在撤军过程中，最重要的任务就是把防务交好。2月24日，中国人民志愿军与朝鲜人民军经过充分协商，确定了交接的部署和交接的组织。25日，志愿军司令员杨勇上将和人民军总参谋长李权武上将，在双方防务交接的联合命令上签字。

根据志愿军总部的指示，各部队都把前沿的坑道、战壕、掩体和其他各种工事、道路，进行了彻底的修整、清扫和加固，并组织力量把一切未完成的工事全部突击完成。战士们说："多挖一尺坑道，多加固一个工事，就是给中朝人民的对敌斗争多增添一分力量，这是给朝鲜人民军战友留下的最好礼物。"仅据前沿一个团统计，就修整了坑道42条、掩体494个、炮兵工事13个、战壕10300米，还新挖了两条坑道。许多部队为了利用撤军前的有限时间整修工事，使阵地更加巩固，争分夺秒、夜以继日地苦干。各级指挥员和指挥机关，都对地形、作战方案，重新认真地进行了研究，修正了战斗文书和各种图表，然后以主官对主官、部门对部门，逐级对口的方式，仔细地向朝鲜人民军接防部队办理移交，把敌情、地形、工事和作战方案交待得一清二楚。

2月27日，中国人民志愿军总部发布命令，对物资器材的移交作出了具体的规定，决定将志愿军情报、通信、军训、工程器材，以及营房、营具、仓库和各种弹药等移交给朝鲜人民军，并要求各部队切实遵照执行，凡按规定移交的弹药物资器材，均应查点清楚，完整无损地移交，如有破坏行为以纪律论处。

在移交防务时，志愿军各部队都自觉地严格遵照志愿军总部的规定，把营房、营具和大量物资器材、各种弹药以及成套的医院设备，无偿地移交给朝鲜人民军。部队对各种仓库，都进行了认真的清理，对移交赠送的物资器材反复检查核对，进行整理登记。移交前各部队普遍粉刷了营房，对门窗和营具进行了整修。并美化环境，平整操场，维修体育器材，整修营区周围的道路，加种了许多花草树木，有些单位还新修了花园、花坛、养鱼池和友谊亭。精心布置礼堂和俱乐部，贴上用中朝文字写的欢迎标语和反映中朝友谊的大幅彩画。各伙食单位饲养的猪羊鸡鸭，自己生产的粮食蔬菜，节余的煤炭、马草等，全部赠送给接防的部队和当地群众。许多部队为了多留细粮给人民军，宁可自己多吃粗粮；为了多剩柴火给人民军，宁可自己用冷水洗脸。接防部队到达时，烧好火墙和暖炕，煮好饭，烧好水，敲锣打鼓夹道欢迎人民军战友。人民军接防部队来到志愿军驻地，各部队把最好的房子让给人民军住，把细粮送给人民军吃，把自己最心爱的东西如纪念章、照片、钢笔、日记本等送给人民军战友作为纪念。据不完全统计，志愿军干部战士赠送给朝鲜人民军和朝鲜人民的纪念品就有20余万件，写慰问信、感谢信3.3万余封。

10月17日，中国人民志愿军司令员杨勇上将和朝鲜民族保卫相金光侠大将在志愿军总部和朝鲜民族保卫省联合公报上签字。联合公报指出："为了响应中朝两国政府关于一切外国军队从南北朝鲜撤出和促进朝鲜问题和平解决的建议，中国人民志愿军总部在1958年2月20日已经发表声明，决定于1958年年底以前，分批地全部撤出朝鲜。在即将从朝鲜全部撤出的时候，中国人民志愿军总部决定将自己的营房、营具、营房设备、物资、器材，全部无偿地移交给朝鲜人民军。交接工作已经在1958年10月16日顺利完成。双方对此表示满意，并且认为这一事实，是中朝两国人民之间的战斗友谊的又一次表现。"①

据不完全统计，从3月15日开始至10月25日为止，中国人民志愿军移交朝鲜人民军的各种物资，其价值折合人民币1.57亿元。总之，志愿军在移交工作中，充分体现了"一切从中朝团结的利益出发"的思想，圆满地达到了"交得愉快，接得满意"的要求，大大地增进了中朝两国人民军队的

---

① 《人民日报》，1958年10月18日。

战斗友谊。

中国人民志愿军各部队按照计划分三批撤离朝鲜，返回祖国。对于部队的撤出顺序，中央军委确定："先前沿，再西海岸，后中间"的方针。先撤出第一线部队能迅速扩大志愿军的撤军影响，同时可以观察敌人的动态，最后撤出中间的部队以便应付意外情况。

第一批撤出的部队为陆军第23军、第16军共6个师及部分炮兵、坦克、工程兵、汽车部队，工程兵指挥所和第19兵团领导机关，共8万人，于3月15日开始至4月25日撤出朝鲜。另第20兵团领导机关先于3月12日撤出朝鲜。

第二批撤出的部队为陆军第54军、第21军共6个师及部分坦克、炮兵、高炮、后勤、工程兵部队和坦克指挥所，共10万人，于7月11日开始至8月14日撤出朝鲜。

第三批撤出的部队为志愿军总部、陆军第1军3个师、炮兵指挥所及志愿军后勤部、后勤保障部队，共7万人，于9月25日开始至10月26日撤出朝鲜回国。

从3月15日开始至10月26日志愿军分三批全部撤出朝鲜。

中国人民志愿军撤出朝鲜不仅是一次军事行动，更是一次具有重大意义的政治行动。这次撤军规模大，持续时间长，经过春、夏、秋三季，并是一次公开行动，沿途还要进行友谊、联欢、告别活动。组织如此规模的大部队撤军行动，是一项复杂繁重的工作。但由于中朝两国铁路部门的大力协助，提供充足的车辆，由于各部队充分准备，精心计划，周密组织车运，克服了春暖、夏暑、雨季等困难，使部队安全顺利地撤出了朝鲜，达到了"走好"的要求。

志愿军各部队遵照志愿军党委和志愿军政治部的指示，利用归国前短暂时间，掀起了一个帮助朝鲜人民生产建设的高潮。在"多流一把汗，多留一分友谊"的口号下，全体指战员千方百计地为朝鲜人民的社会主义建设多做一些贡献。部队根据当地人民的需要，帮助挖渠、打井、修堤、筑坝、修桥、筑路、播种、收割、植树造林、修房舍等等。据不完全统计，全军共帮助朝鲜人民播种插秧970多万坪[①]，锄草1190多万坪，收割37万坪，平整土地185万坪，植树460万株，送粪积肥5568万余斤，运送物资2302万斤，修堤坝329条（长8.3万米），修水渠533条（长27.1万米），修桥156座，修建房

① 坪，朝鲜的计量单位，1坪=6平方朝鲜尺，1朝鲜尺=0.303米。

屋996间，修建公共场所166处，打井47眼，修路13.5万多米。部队的医务人员除为驻地居民看病外，还帮助培训了部分医务人才。后勤部门和修理分队，则积极为当地农业社修理和打造各种农具。

广大干部战士都把撤军前帮助朝鲜人民多做好事，作为自己应尽的义务和无上光荣。在助民劳动中，干部带头，人人动手，个个争光，真是“不到时间早上工，到了时间不收工，脏活累活抢着干，不用指挥打冲锋”。许多部队在撤离前的最后一天，最后几个小时，直至撤军途中，都在尽一切可能地抓紧时间，为朝鲜人民的生产、建设多做贡献。全军在分批撤出的情况下，帮助朝鲜人民劳动的计划一再被突破，自宣布撤军到撤完为止的8个月时间内，全军出工总数达154万余人次。

与此同时，各部队还广泛开展了向朝鲜人民和朝鲜人民军学习的活动。各级政治机关通过报纸、刊物、广播、幻灯等各种宣传工具，并印发了大量宣传材料，宣扬勤劳勇敢的朝鲜人民为争取独立自主而英勇斗争的光荣历史及其在反侵略战争中的英雄事迹，宣扬朝鲜人民军的光荣传统和优良作风，宣扬朝鲜党政军民对志愿军巨大的支援和无微不至的关怀爱护，组织部队座谈讨论。各部队还选派代表由领导干部带领，到部队附近的党政机关和人民军部队访问，到附近的工厂、矿山、建设工地参观学习，或者把当地党政机关和人民军部队的负责人请进来作报告，介绍他们的先进经验。

在离开驻地前，各部队均对照志愿军总部制定的《尊重朝鲜政府、爱护朝鲜人民公约》，检查执行情况。各级政治机关还分别邀请当地党政机关负责人和当地居民开座谈会，诚恳地征求他们的意见。同时，各级都组织了纪律检查组，通过当地政府，挨门挨户地进行调查访问，切实做到借物送还，损物赔偿，不欠一笔账，不留一个有损于志愿军声誉的问题。

中国人民志愿军各部队分批撤出朝鲜后，按照中央军委的部署开赴祖国各地，积极投身到建设和保卫社会主义祖国的行列。各部队到达新驻地，受到当地党政军和人民群众的热烈欢迎。他们不居功自傲，坚决服从祖国的需要，保持和发扬了“最可爱的人”的荣誉。中国人民志愿军圆满出色地完成了撤出朝鲜的任务。

朝鲜政府和人民盛情欢送志愿军光荣回国

中国人民志愿军在朝鲜的8年间，同朝鲜人民和朝鲜人民军结成了深厚的战斗友谊。1950年10月，在朝鲜人民处于极其困难的情况下，中国人民派出自己的优秀儿女——中国人民志愿军，开赴朝鲜战场与朝鲜人民军一道，共同抗击美帝国主义的侵略。经过2年9个月的浴血奋战，将以美国为首的侵略军从鸭绿江边打退到三八线附近地区，终于迫使其在停战协定上签字，赢得了抗美援朝战争的伟大胜利。朝鲜停战以后，中国人民志愿军提高警惕，加强战备，维护停战协定，防止侵略战争再起，为朝鲜半岛局势的稳定作出了重要贡献。

在战争期间，中国人民除派遣志愿军直接参加作战外，还组织成千上万的农民、铁路员工、汽车司机和医务工作者，志愿奔赴朝鲜前线，担任战地各种勤务工作，为志愿军和人民军服务。朝鲜停战以后，除了志愿军直接帮助朝鲜人民重建家园以外，中国人民还无偿地给予朝鲜人民经济援助。在整个抗美援朝斗争中，中国人民为了争取战争的胜利付出了极大的民族牺牲。

在朝鲜战场上，志愿军遵照毛泽东主席的教导，发扬崇高的国际主义精神，模范地执行了各种军事纪律和政治纪律。他们切实做到了处处尊重朝鲜劳动党、朝鲜人民及其领袖金日成首相，恪守朝鲜政府的政策法令，尊重朝鲜民族的风俗习惯，不拿朝鲜人民的一针一线，爱护朝鲜的一山一水一草一木。志愿军除出色地完成作战任务外，还冒着生命危险，抢救朝鲜人民的生命财产。其中国际主义战士罗盛教便是他们当中的杰出代表。他们还利用战斗间隙，积极帮助朝鲜人民春耕秋收、修渠治水、建房盖屋。他们与朝鲜人民患难与共，节衣缩食救济朝鲜人民，为朝鲜人民防病治病。在战争期间，志愿军救济朝鲜灾民的粮食共计1411万余斤，衣服33万余件。朝鲜停战后，志愿军更是把朝鲜人民的事情当着自己的事情来做，以极大的热情帮助朝鲜人民重建家园，医治战争创伤，积极投身到朝鲜人民经济恢复和社会主义建设的行列。

志愿军以自己的实际行动，赢得了朝鲜人民的支持，受到了朝鲜人民的爱戴。朝鲜劳动党、朝鲜政府和金日成首相，给了志愿军无微不至的关怀和崇高的荣誉，经常派慰问团进行慰问，颁发各种勋章、奖章。朝鲜人民军在同中国人民志愿军长期并肩作战中，密切协同，相互配合。朝鲜人民忍受着帝国主义侵略造成的苦难，以坚持生产、筹措粮食、修桥筑路、运送物资、救护伤员、担任向导、防奸防特等积极行动，有力地支援了志愿军作战。在战争中，朝鲜人民共派出担架、战勤人数达30万人次以上，运送志愿军伤员1.8万名。涌现出许多感人的英雄事迹。他们当中有在上甘岭战役中为保护志愿军伤员而献出自己生命的共产主义战士朴在根，有为抢救志愿军伤员而不顾自己亲生儿子安危的支前模范方兴福，有打开冰窟窿，为志愿军洗了700件血衣的咸在福，有为了挖野菜支援志愿军而身负重伤的朝鲜姑娘石吉荣，有为救志愿军侦察员与敌人同归于尽的安玉姬等等。朝鲜人民不但在战时全力支援志愿军，而且在战后仍然无微不至地关怀和支援志愿军。

中国人民志愿军正是在中朝两国人民的全力支援下，夺取了抗美援朝斗争的胜利，圆满完成了祖国人民赋予的光荣使命。在反抗侵略的共同事业中，中朝两国人民和军队用鲜血凝成了牢不可破的战斗友谊，这友谊比山高比海深。当中国人民志愿军1958年2月宣布全部撤出朝鲜以后、中朝两国人民的团结友谊出现了新的高潮。志愿军虽然魂牵梦绕着投入祖国的怀抱，日思夜想着回到亲人的身边，当与朝夕相处、患难与共的朝鲜人民分别的时候，同样难舍难分。朝鲜人民依依惜别之情更是难以言表。朝鲜人民可以承担一场战争的灾难，却承受不了如此沉重的离别之情。朝鲜的山川原野沉浸在惜别的歌舞、鲜花和泪水之中。

1958年2月27日金日成首相签署了朝鲜民主主义人民共和国政府《关于永远纪念中国人民志愿军的伟大业绩和欢送他们从共和国北半部撤出的决定》。这个决定对中国人民抗美援朝的行动和中国人民志愿军的光辉业绩作了高度评价。决定中指出：

在朝鲜人民正义的祖国解放战争最困难的时候，伟大的中国人民将以自己的优秀儿女组成的志愿军部队派遣到朝鲜。中国人民志愿军的参战，使朝中两国人民之间结下的传统友谊通过反对美帝国主义的共同斗争得到了进一步加深，树立了无产阶级国际主义友好团结的新榜样。

他们高举抗美援朝、保家卫国的旗帜，同全体朝鲜人民和她英雄的人民军队一起，在反对共同敌人的斗争中发扬了无比的英雄主义和勇敢精神，不仅打败了入侵的敌人，捍卫了我国的自由和独立，而且为亚洲和世界和平事业也作出了光辉的贡献。战后，中国人民志愿军在巩固朝鲜停战成果的工作中作出了巨大贡献，并积极地帮助了朝鲜人民战后恢复国民经济建设的斗争。

英雄的中国人民志愿军官兵在激烈的祖国解放战争中和战后在我国所建树的不朽功勋和光辉业绩，将永远铭刻在朝鲜人民心中，与我国的繁荣发展共放光辉。

在反对共同敌人的斗争中用鲜血凝成的朝中两国人民之间兄弟般的友好团结将永世长存。

朝鲜政府决定:向中国人民和中国人民志愿军致由全体朝鲜人民签名的感谢信;于1958年10月10日以前在平壤市建成“中国人民志愿军友谊塔”;整修各地的中国人民志愿军烈士墓,并采取永久的保护措施;将在战争中同中国人民志愿军结下深厚情谊的黄海北道的沙里院市中央大街命名为中国人民志愿军街;向参加朝鲜战争的中国人民志愿军全体官兵授予“祖国解放战争纪念章”;以中国人民志愿军在帮助朝鲜人民进行解放战争和经济恢复建设中的伟大功绩为内容,制作故事片和纪录片;将中国人民志愿军抗美援朝8周年的1958年10月定为朝中友好月,组织和举行各种盛大的纪念和庆祝活动,宣扬和赞颂中国人民志愿军的丰功伟绩,进一步加强朝中两国人民的友谊和团结。

根据上述决定,朝鲜政府组成了中央欢送委员会,各道、市、郡也分别组成了欢送委员会,展开了欢送中国人民志愿军的全民性的活动。从中央到地方,先后组成的有各界代表人物参加的代表团即达310多个,他们走遍了前沿和后方,深入到志愿军各个部队和机关,热情亲切地进行慰问和送别。朝鲜政府还派出许多艺术团,到各部队巡回演出达1000余场。朝鲜政府和人民为志愿军的撤军工作给予了全力支援,他们整修了撤军部队要通过的所有公路、小路,抽调优秀的火车司机驾驶撤军列车,采取各种措施,保证归国志愿军的行车安全。

全体朝鲜人民根据朝鲜政府的决定,开展了在感谢信上签名的活动。6月11日,朝鲜第二届最高人民会议第三次会议,一致通过了《朝鲜人民给中国人民志愿军官兵和中国人民的感谢信》。感谢信中写道:“朝鲜人民同在反对朝中两国人民的共同敌人——美帝国主义侵略者的正义斗争中建立了不朽伟大功勋的中国人民志愿军官兵告别。当送别在硝烟弹雨中生死与共的中国人民志愿军官兵的时候,我们情不自禁地对中国人民志愿军官兵和兄弟般的中国人民表示最大的感谢。”“在朝鲜人民面临着最艰苦的考验的时候,中国人民就派遣由自己的宝贵的儿女组成的中国人民志愿军,以鲜血援助了我们。”“硝烟已经消散的我国的山峰和平原,城市和村庄,无名小河和树木都记载着中国人民志愿军官兵同朝鲜人民军官兵一道为守卫着每一寸土地进行战斗而建立的功勋,无论是什么地方,都像传奇一样流传着关于中国人民志愿军官兵的高贵道德品质的各种故事。”“为了反对侵略者和维护和平而参加朝鲜战争的中国人民志愿军,为了促进和平的巩固和朝鲜的和平统一,返回自己的祖国。他们在这块土地上立下的许许多多的伟大功勋,将成为不朽的史诗,永远地流传下去,感动着我们的子孙后代。怀着国际主义的志向来到朝鲜土地上的战士的故事和友谊的诗歌，将同穿流在两国边境上的鸭绿江水一起长流不息。上甘岭的峰峦将作为一个铭刻着和平战士辉煌的功勋的纪念塔而世世代代矗立在那里。”①感谢信字里行间充溢着朝中两国人民的深情厚谊。

与此同时，中国人民志愿军也开展了在向朝鲜人民告别信上签名的活动，广大指战员和工作人员纷纷在告别信上签名。中国人民志愿军在向朝鲜人民告别信中写道：“中国人民志愿军全[illegible]撤出朝鲜，是中朝两国人民八年来反抗侵略、维护和平业已获得决定性[illegible]标志；是整个国际形势东风继续压倒西风的标志；是朝鲜人民争取祖国[illegible]平统一的斗争进入一个新的阶段的标志。”“中国人民志愿军受六亿中国人民的托付，在朝鲜为和平和社会主义事业尽了一份力量；如果说，我们在抗美援朝保家卫国的斗争中取得了一些成就的话，那么，这是同朝鲜人民的全力支援，同朝鲜人民对我们子弟般的热爱与关怀分不开的。”“我们志愿军在朝鲜的八年时间中，始终是生活、呼吸在崇高的国际主义友谊的阳光里，这种山不能比其高，海不能比其深的友谊，真使河川也要歌颂，木石也要动心。这种珍贵的国际主义友谊，正是志愿军取得胜利和成就的重要因素。光荣属于英雄的朝鲜人民。”“亲爱的朝鲜党和国家的领导同志们，亲爱的朝鲜父老兄弟姊妹们，我们就要同你们分别了，但是我们的心永远不会离开你们。金日成元帅对我们的亲切的勉励，共和国政府给予我们的崇高的荣誉，千千万万‘志愿军妈妈’和父老兄弟姊妹们对我们的热爱”，“这一切，将连同朝鲜人民军战友们塞在我们口袋里的、那从共同战斗过的阵地上拾起来的带弹片的泥土，连同朝鲜农业社员们装在我们水壶里的、那从共同抢修起来的水库里汲上来的清澈的泉水，连同朝鲜矿工们送来的、那从战争时期一起生活过的矿井里新挖出来的灿烂的矿石，连同朝鲜老大娘戴在我们手指上的古老戒指，连同朝鲜小姑娘系在我们颈上的鲜艳的红领巾，连同一切表示着永世不忘的友谊的礼品，一起带给鸭绿江那边的六亿祖国人民，传给我们的子孙后代！再见吧，英雄的朝鲜人民。在此时此刻，我们千万颗跳动着同一个声音的心，蕴蓄着多少惜别的依恋，满怀着多少胜利的欢欣。纵有千言万语，又怎能在这告别信上诉说净尽！只有那连接着我们两国国土更联系着我们两国人民的长流不息的鸭绿江水，才能永远地歌唱这人世间最崇高的友情！”②

---

① 《人民日报》，1958 年 10 月 26 日。

② 《人民日报》，1958 年 10 月 19 日。

3月15日，中国人民志愿军开始分批撤出朝鲜。当志愿军部队分批撤出朝鲜时，金日成首相和朝鲜党政其他领导人，不顾国事的繁忙，分别亲自到撤军部队驻地看望、慰问和欢送志愿军，亲自出席欢送大会和欢送宴会，给了志愿军以巨大的鼓舞。在这些会议上，金日成等朝鲜党政领导人，以全体朝鲜人民、朝鲜劳动党和共和国政府的名义感谢中国人民志愿军在朝鲜人民反侵略战争中所作出的贡献，称赞他们“在朝鲜战争中所建立的丰功伟绩，将同朝鲜美丽的山河一[illegible]万古长存”[①]，赞扬中国人民志愿军“是真正的人民军队，是真正的马克[illegible]宁主义党的军队，是真正的国际主义的军队”，中国人民志愿军“同朝[illegible]民之间结成的深厚友谊，将永远留在朝鲜人民子子孙孙的心中”。[②] 在这些集会上，朝鲜党政领导人还向志愿军撤军部队授予巨幅锦旗，亲自为撤军官兵佩戴朝鲜祖国解放战争纪念章和朝中友谊纪念章。

当分批撤出的志愿军部队登程时，驻地朝鲜人民穿上节日的盛装，举着朝中两国的国旗，前来为志愿军送行。长期与志愿军并肩战斗的人民军部队，也依依不舍地送别战友，处处响起喧天的锣鼓声，处处是载歌载舞欢送的人群。老大娘拉着战士的手，儿童们拽着战士的衣襟，姑娘们给战士戴上大红花，青壮年牵着牛、马抢着给战士扛背包、运行李。惜别的话说了一遍又一遍，送行的人送了一程又一程，热情的泪流了一次又一次。下注里400多名群众，其中包括几位70多岁的老大娘，深夜打着灯笼火把，一直把志愿军部队送到5公里外的火车站。有一支1000多人的志愿军队伍，通过500多名群众的送行行列，居然走了3个小时才通过。撤离部队所经之处，村村都有茶水站，站站都有洗脸水。只要部队一到，妇女们就把热毛巾送到战士们的手里，把糖水送到战士们的嘴中。很多地方还准备了鸡蛋、苹果、栗子和蜂蜜，送给战士在旅途上食用。从铁路登车站起到沿途各个停车站，从朝鲜首都平壤到各道、郡所在地，每当志愿军归国部队经过时，都有几万到十几万人的盛大迎送。每支归国部队在离开驻地前和行进途中，都收到朝鲜人民赠送的礼物。其中有老太太珍藏几十年的结婚戒指，有祖传几代的宝剑，有用布口袋装着的战场上的泥土，有小学生的作业本，有姑娘的绣花荷

---

① 金日成首相在欢送志愿军首批撤出朝鲜部队大会上的讲话，1958年3月11日。载《新华月报》，1958年4月。

② 金日成首相在欢送志愿军第二批撤出朝鲜部队宴会上的讲话，1958年6月26日。载《新华月报》，1958年7月。

包，件件物品都凝结着朝鲜人民对志愿军的深情厚谊。紫霞洞66岁的老大娘尹明俊，她的3个儿子都在战争中牺牲了，停战后志愿军战士长期住在她家里，一年四季帮助她劳动，后来部队移防了，她每年都要到部队看望。当她听到志愿军要回国的消息后，特地带了4只鸡、9公斤栗子、2.5公斤糖，走了3天来看望战士们，见面后泣不成声，战士们也都感动得流下了眼泪。一位朝鲜老人无限深情地唱到："白头山呀白头山，白头山再高，也没有中朝人民的友谊高；鸭绿江呀鸭绿江，鸭绿江再深，也没有中朝人民友谊深。"

1958年10月，是朝鲜政府规定的"朝中友好月"，朝鲜党政军民欢送志愿军归国活动达到了高潮。活动内容广泛多样，隆重热烈。朝鲜美术家同盟在平壤车站广场上举办的以朝中友谊为内容的画廊，展出50多幅画，描绘了中国人民志愿军从入朝参战到撤离朝鲜的8年间反抗侵略、维护和平的业绩。朝鲜北部各地电影院举行了"中国电影周"。元山市举行了800多人的文学晚会，朝鲜作家们在会上介绍了歌颂朝中友谊和志愿军功绩的小说和诗篇。文化部门出版了一批以朝中友谊为主题的文学作品。朝鲜国立交响乐团在平壤举行了盛大的音乐晚会。朝鲜作家同盟中央委员会在平壤主办诗歌晚会，除了有朝鲜的著名诗人朴八阳等参加外，当时在朝鲜访问的中国人民代表团团长、著名诗人郭沫若等也应邀参加。郭沫若登台朗诵了他在访问朝鲜期间写的四首诗，其中一首是："两国旌旗夹道红，火轮驰过鸭江东。山川碧血遗痕在，土壤膏腴秋获丰。一片鼓声通皓日，几圆龙舞漾和风。站头小驻犹难别，八载并肩自不同。"朝中两国诗人在会上朗诵了自己的作品，热情歌颂朝中两国人民在共同反抗美国侵略的斗争中所创造的伟大业绩和兄弟般的战斗友谊。

在这个月内，志愿军总部派出10个代表团，分别到朝鲜各地，向党政机关和当地人民告别，感谢他们8年来对中国人民志愿军的亲切关怀和热情支持。各代表团举行了隆重的告别大会，随行的艺术团和电影放映队也举行了告别晚会。在告别期间，各代表团广泛地拜访了著名的支前模范和为支援志愿军而光荣牺牲的烈士家属，转达志愿军全体官兵的怀念和谢意，并赠送了礼品。各代表团还在各地党政军领导的陪同下，向志愿军烈士陵园和人民军烈士墓敬献了花圈。志愿军总部在撤出朝鲜前夕，将从全军各部队搜集来的2477件抗美援朝珍贵历史文物，赠送给朝鲜人民军，作为永久纪念，其中有邱少云烈士的照片、黄继光烈士的遗物，彭德怀司令员和南日大将在停战签字时使用的文具，志愿军使用过的武器装备、沙盘模型、作战地图以及战场上缴获的战利品等。

10月17日，中国人民志愿军总部和直属部队在桧仓举行告别大会，向多年朝夕相处、亲密无间的朝鲜人民告别。志愿军总部代表在告别讲话中说：多年来，我们和朝鲜人民共同度过了烽烟弥漫的战争岁月，在战后又共同进行着和平建设的劳动和维护停战协定的斗争。在这些难忘的岁月里，我们结成了患难之交的友谊。你们的无微不至的关怀和支援，成为我们取得胜利和完成各项工作任务的保证。志愿军总部和直属部队，还向桧仓郡党政机关学校等赠送了锦旗和礼品。

中国人民志愿军有成千上万的烈士长眠在朝鲜的土地上，其中就有中国人民领袖毛泽东的儿子毛岸英。当志愿军即将撤出朝鲜回到祖国的时候，他们没有忘记向曾并肩战斗的战友作最后的告别。10月21日，志愿军总部全体人员到桧仓志愿军烈士陵园，向长眠在那里的志愿军烈士们作最后一次悼念。22日，志愿军总部人员告别桧仓到达平壤。

10月23日，中国人民志愿军司令员杨勇、政治委员王平，在朝鲜首都平壤市举行盛大的告别宴会，向朝鲜党政军领导人和朝鲜军民告别。以金日成为首相的朝鲜党和国家领导人出席了宴会。以郭沫若为团长的中国人民代表团也出席了宴会。杨勇代表志愿军全体官兵，向8年来给予志愿军亲切关怀的朝鲜劳动党、朝鲜民主主义人民共和国政府、金日成首相和兄弟般的朝鲜人民、朝鲜人民军，致以衷心的感谢和崇高的敬意。朝鲜最高人民会议常任委员会委员长崔庸健在宴会上致词时，向中国人民志愿军表示感谢。郭沫若代表中国人民抗美援朝总会和全体中国人民，向以金日成为首的朝鲜劳动党、共和国政府和全体朝鲜人民8年来对志愿军的关怀和爱护，表示衷心的感谢。

10月24日上午，朝鲜最高人民会议常任委员会在平壤举行隆重授勋仪式，授予中国人民志愿军司令员杨勇、政治委员王平以朝鲜民主主义人民共和国最高勋章——一级国旗勋章，并授予志愿军副政治委员梁必业、参谋长王蕴瑞以二级国旗勋章。下午，平壤市各界人民在国立艺术剧场隆重集会，欢送即将离朝回国的中国人民志愿军总部官兵。金日成等朝鲜党和国家领导人出席了大会。会上，朝鲜劳动党中央委员会副委员长朴正爱把《朝鲜人民给中国人民志愿军官兵和中国人民的感谢信》交给了中国人民代表团团长郭沫若和中国人民志愿军司令员杨勇。同这封信一起交给中国人民和中国人民志愿军的是228册签名簿，共有684.7439万朝鲜人民在上面签名。在第一册签名簿上，第一个签名的就是朝鲜人民领袖金日成。会上，志愿军政治委员王平也将由志愿军首任司令员兼政治委员彭德怀亲笔题名的《中国人民志愿军向朝鲜人民告别信》和志愿军全体官兵的签名册，交给了朝鲜最高人民会议常务委员会委员长崔庸健。朝鲜人民的感谢信和中国人民志愿军的告别信，是中朝两国人民伟大战斗友谊的生动体现。晚上，金日成首相还在平壤举行盛大国宴，欢送即将离朝返国的志愿军总部官兵。志愿军司令员杨勇、政治委员王平和志愿军总部的将军们、官兵代表共450多人应邀出席了宴会。

1958年10月25日，是中国人民志愿军抗美援朝8周年纪念日，也是中国人民志愿军总部官兵乘坐最后一列撤军列车离开平壤回国的日子。朝鲜内阁首相金日成等党和政府的领导人亲自到车站送行。这天，平壤全城到处飘扬着朝中两国国旗。在宏伟的平壤车站大楼上，高悬着金日成和毛泽东的巨幅画像。大楼两旁悬挂着用朝中两国文字书写的标语："英雄的中国人民志愿军官兵们建立的伟大功勋，在我们祖国历史上永放光芒。"上午10时，中国人民志愿军总部官兵从金日成广场整队出发前往车站，志愿军司令员杨勇和政治委员王平走在队伍的最前面。在志愿军步行经过的约两公里长的街道两旁，站满了热情欢送的平壤市民。他们手执鲜花和彩旗，把整个街道组成一条彩色的"河流"，许多人从行列里跑出来向志愿军献花献礼，依依不舍地拉着志愿军话别，还把新收获的苹果、栗子和人参酒送给志愿军官兵。志愿军的队伍整整用了一个小时才穿过热情无比的群众行列，到达车站广场。在车站广场上，杨勇向30万平壤市人民致告别词。他首先感谢朝鲜人民8年来对志愿军的支援和无微不至的关怀，感谢朝鲜人民给予志愿军的崇高荣誉和如此热情的欢送。接着，他说："在这八年共同斗争日子里，我们两国人民的兄弟友谊大大巩固和发展了。……我们每个指战员，都将如同爱护自己的眼睛一样，珍视这种团结和友谊。我们虽然离开了朝鲜，但我们的心永远同你们在一起。现在，中国人民志愿军全部撤出朝鲜了。我们用行动向全世界有力地说明了中朝两国人民对于维护和平、促进朝鲜问题和平解决的真诚愿望。美国军队必须从朝鲜南部撤出去。如果它继续霸占朝鲜南部，人为地制造南北朝鲜的分裂，那就只会使它受到全世界人民更加强烈的谴责而更加陷于孤立。我们相信，朝鲜人民统一自己祖国的意志，是任何力量也不能阻挡的。朝鲜三千里锦绣山河，是一定会得到统一的。"[①]登车的时间到了，车站上奏起了《中国人民志愿军战歌》。杨勇、王平等人向前来欢送的金日成等朝鲜党政领导人，热情握手告别。12时整，

① 《人民日报》，1958年10月26日。

志愿军总部官兵乘坐的列车，驶离了平壤车站。在沿途和新义州，志愿军又受到各地朝鲜人民的热烈欢送。

当天，平壤各报以大部分篇幅发表赞扬中国人民志愿军功勋的文章和图片，并发表社论欢送志愿军总部回国。其中《劳动新闻》的社论说，"今天，中国人民志愿军已经结束了先后三批的撤军。朝鲜的母亲在战争中丧失了儿子也没有流泪，但是，今天在送别志愿军回国的时候，却热泪满眶，就连朝鲜的山水草木听到志愿军归国列车的汽笛声，也不禁摇动起来。朝鲜人民个个满怀惜别激动之情。"①

10 月 26 日，中国人民志愿军总部官兵满载着朝鲜人民的深厚情谊，越过鸭绿江大桥，穿过"凯旋门"，回到祖国的怀抱。当天，志愿军司令员杨勇和政治委员王平在安东致电朝鲜内阁首相金日成，再次对朝鲜人民、朝鲜人民军表示感谢，盛赞中朝友谊像鸭绿江的流水一样长流不尽，像长白山的松树一样万古长青。

1958 年 10 月 26 日，中国人民志愿军总部发表撤军公报。公报称："中国人民志愿军第三批部队：志愿军总部、3 个师和后勤保障部队共 7 万人，于 9 月 25 日至 10 月 26 日返回祖国。至此，中国人民志愿军已全部撤离朝鲜。留在朝鲜军事停战委员会内的中国人民志愿军代表，仍将同朝鲜人民军代表一道，继续执行监督朝鲜停战协定实施的任务。"②

至此，除留在朝鲜停战委员会内的中国人民志愿军代表，仍同朝鲜人民军代表一起，继续执行监督朝鲜停战协定实施的任务外，中国人民志愿军已按 1958 年 2 月 20 日发表的声明，全部撤出了朝鲜。

中国人民热烈欢迎志愿军凯旋

1958 年 2 月 19 日中朝两国政府发表联合声明，宣布了中国人民志愿军将于 1958 年年底以前分批全部撤出朝鲜的决定后，全国人民就日夜盼望着祖国的优秀儿女胜利归来。

为了欢迎首批归国的志愿军部队，3 月 12 日，在中国人民抗美援朝总会主席郭沫若的主持下，在北京召开了中国各民主党派、人民团体负责人的

① 《人民日报》，1958 年 10 月 26 日。

② 《人民日报》，1958 年 10 月 26 日。

联席会议。会议决定组织中国人民欢迎志愿军归国代表团，前往中朝边境城市安东欢迎志愿军首批归国部队。代表团团长由中国人民抗美援朝总会副主席陈叔通担任，副团长是王维舟、邵力子、高崇民和李烛尘。安东市人民也紧张地进行了欢迎志愿军归来的各项准备工作。在一座面对鸭绿江的高大建筑物的墙上，写着很远能看得见的两个大字——“欢迎”。在鸭绿江的桥头，耸立起高大的凯旋门。从鸭绿江北岸到安东火车站，到处贴满了欢迎标语。车站站台装饰一新。车站前面的广场上搭起了巨大的彩牌楼。市内的高大建筑物上披上了节日的盛装。主要街道两旁的机关、商店和娱乐场所，张灯结彩，悬挂着巨幅的欢迎标语。各工厂企业的职工、学校的学生和全市的文艺工作者，积极排练歌颂志愿军和祖国建设事业的文艺节目，准备同英雄的志愿军指战员联欢。

3 月 16 日，中国人民志愿军首批归国部队的先头部队回到安东市。当志愿军官兵乘坐的列车驶过鸭绿江大桥，穿过凯旋门时，锣鼓喧天，鞭炮齐鸣，欢呼声、口号声，响彻云天。胜利归来的志愿军官兵，在车站上受到了以陈叔通为首的中国人民欢迎志愿军归国代表团和辽宁省、安东市党政军负责人以及安东市各界人民 2000 余人的热烈欢迎。当天下午，中国人民欢迎志愿军归国代表团在安东举行盛大的中国人民欢迎志愿军归国大会。当志愿军官兵进入会场时，全场响起鞭炮声、锣鼓声、欢呼声和歌声，此起彼落。会场上放出无数的彩色小气球，升起了挂有“欢迎中国人民志愿军光荣归国”等大字标语的大气球。陈叔通在大会上致欢迎词，他代表中国共产党、各民主党派、各人民团体和全国人民，向劳苦功高的志愿军英雄们，表示热烈的欢迎，并致以崇高的敬意、衷心的感谢和亲切的慰问。陈叔通说：抗美援朝是中国人民应尽的义务，中国人民志愿军是中华民族最优秀的儿女，是中国人民最可爱的人。你们过去为了反对侵略、保卫和平而英勇奔赴朝鲜前线。今天，你们又为了和平而光荣返回祖国。你们这种高度的国际主义和革命英雄主义精神永远是祖国人民学习的榜样。志愿军首批归国部队负责人张天云在致答词中说：祖国人民对自己胜利归来的儿女举行这样盛大热烈的欢迎，使我们万分感动。但是，我们也感到非常不安，因为我们只不过是尽了一个普通中国公民应尽的义务。他代表全体归国官兵表示：祖国需要我们到哪里去，我们就到哪里去，祖国需要我们做什么我们就去做什么，我们一定保持祖国人民所给予我们的“最可爱的人”的荣誉，在建设和保卫社会主义祖国的事业中，继续毫无保留地贡献出自己的一切。

从 3 月 16 日首批归国部队的先头部队到达安东后的 40 天内，安东市人民先后有 10 万人不分昼夜、不避风雨地到车站欢迎志愿军归国官兵的到来,并且和归国官兵举行了近百次座谈会,互相介绍击败美国侵略军的胜利和祖国社会主义建设的伟大成就。在安东车站站台上的“友谊之花”墙报,刊载了寄自祖国各地的各界人民的大批慰问信。归国的志愿军官兵也写了大批感谢信,感谢祖国亲人们对他们的热情欢迎,表达自己保卫和建设祖国的坚强决心。

7 月 11 日志愿军部队第二批归国部队回到安东市。当天下午,辽宁省各界人民及中国人民解放军沈阳军区欢迎志愿军归国部队代表团和安东市各界人民 8000 余人,举行盛大的欢迎大会。代表团团长、辽宁省副省长张雪轩在大会上致欢迎词,代表辽宁省各界人民向归国的志愿军官兵致以亲切慰问和热烈欢迎。他说:今天你们为了促进朝鲜问题的解决,为了缓和远东和世界的紧张局势,高唱凯歌,回到了祖国的大地。这使全世界爱好和平的国家和人民,又一次看到了中朝两国政府和人民对于和平的真诚愿望。志愿军第二批归国部队代表汪易致答词,表示要保持荣誉,发扬光荣,虚心向祖国人民学习,用积极参加保卫祖国和建设祖国的实际行动,来报答祖国人民的希望和关怀。

到 8 月 14 日止,志愿军第二批归国部队全部到达安东并随即转赴全国各地。在一个多月中安东市一直处在热烈的欢腾气氛中。全市有 4 万多人夜以继日地赶到车站,迎接志愿军归国部队的到来。每当志愿军官兵乘坐的列车驶过鸭绿江铁桥的时候,守候在大桥北端的安东市民,就燃起鞭炮,敲起锣鼓,纷纷涌向前去,争着同志愿军指战员握手、问好。欢迎的人们还把战士们夹道迎接到鸭绿江边的草坪上,冒着烈日,迎着江风,进行热情的联欢活动。安东市文工团和许多工厂、学校的业余文艺工作队,在联欢会上演出了精彩的文艺节目,慰问胜利归来的“最可爱的人”。归国官兵们还收到来自祖国各地人民写的 6000 多封慰问信和各界人民寄送的大批慰问品。

9 月、10 月,是志愿军总部和最后一批部队撤出朝鲜的日子。为了隆重欢迎志愿军全部凯旋,中国各民主党派、各人民团体于 9 月 20 日在北京举行联席会议,决定组成以中国人民抗美援朝总会副主席廖承志为团长的中国人民欢迎志愿军归国代表团,赶赴安东欢迎志愿军最后一批归国部队。

9 月 26 日,志愿军第三批归国部队的先头部队回到安东,受到辽宁省各界人民及中国人民解放军沈阳军区欢迎志愿军归国代表团以及安东市 5000 余人的热烈欢迎。随后,一列列满载志愿军归国官兵的列车相继抵达安东,都受到全市人民热烈的欢迎。全市的京剧团、评剧团和文工团在晚间结束演出以后还赶到车站为归国官兵进行慰问演出。各工厂、学校和街道也排练了许多文艺节目，工人、学生、市民同归国的志愿军官兵进行了多次联欢活动。

10月26日12时10分，志愿军总部官兵乘坐最后一列列车回到安东。至此，中国人民志愿军即全部撤回到祖国。在车站上，志愿军总部官兵受到以廖承志为团长的中国人民欢迎志愿军归国代表团和安东市各界人民的热烈欢迎。当列车徐徐驶进车站时，从鸭绿江桥头到站台上的欢迎人群，高举花束，摇动彩旗，欢呼跳跃起来，锣鼓声、鞭炮声响彻云霄。志愿军司令员杨勇、政治委员王平等人步出车厢后，同廖承志等人热烈握手、亲切拥抱。站台上到处都是亲切的问候声，孩子们把一束束鲜花献给志愿军官兵。廖承志陪同杨勇、王平等志愿军代表走出车站，徒步通过高大的彩牌楼，穿过4000人的夹道欢迎队伍，前往住所休息。当晚，中国人民欢迎志愿军归国代表团在安东举行盛大的宴会，欢宴中国人民志愿军总部官兵，庆祝抗美援朝的伟大胜利和志愿军胜利归来。

10月27日，中国人民欢迎志愿军归国代表团在安东举行1万多人的欢迎大会，热情欢迎最后归国的中国人民志愿军总部官兵。廖承志在大会上致欢迎词。他说："我们代表祖国六亿五千万人民，向我们最可爱的人——劳苦功高的中国人民志愿军英雄们，致以最崇高的敬意、最热烈的欢迎和最亲切的问候。"廖承志说："建设伟大祖国和完成祖国统一大业的光荣岗位，在等待着你们，全国人民将要努力学习和发扬你们的不怕艰苦、不怕困难的大无畏精神，学习和发扬你们的英雄气概和伟大的国际主义和爱国主义精神。"志愿军司令员杨勇在致答词时，代表中国人民志愿军全体官兵，感谢祖国亲人的盛大欢迎。他说："志愿军能够在八年抗美援朝的斗争中作出任何一个微小的贡献，归根结底，无一不是来自祖国人民的支援和鼓舞。"他表示："在今后保卫和建设社会主义的事业中，像执行抗美援朝任务一样，继续毫无保留地贡献出自己的一切，永远保持祖国人民赠给我们'最可爱的人'的光荣称号。"①

中国人民志愿军第三批归国部队的绝大多数指战员，同前两批一样，在回到安东以后即转赴全国各地。以司令员杨勇、政治委员王平为首的中国人民志愿军代表团，在廖承志等陪同下，于10月27日从安东动身前往北京，准备向中共中央、全国人民代表大会常务委员会、国务院和中国人民政

① 《人民日报》，1958年10月28日。

治协商会议全国委员会常务委员会汇报志愿军出国8年来执行抗美援朝斗争任务的情况，表达志愿军全体指战员回国后的坚强决心。这个150人的代表团中，有身经百战的高级指挥员，战功卓著的战斗英雄，有各项工作中作出贡献的模范。随同前往北京的，还有一个200多人的志愿军文工团，他们准备向首都人民作汇报演出。中国人民志愿军代表团乘坐的列车在开往北京的途中，在沈阳、锦州、唐山、天津作短暂停留时，均受到当地党政军负责人和各界人民的热情迎送，他们高度赞扬志愿军在抗美援朝战争中所建立的光辉业绩，表达各地人民对志愿军的热爱和感激之情。

10月28日，中国人民志愿军代表团到达北京。这一天的首都，到处披上了节日的盛装。从北京车站到志愿军代表团的住所北京饭店，沿街挂满了彩旗、彩带和横幅标语，还搭起了许多标语塔。在前门箭楼一个个巨大的红色标语牌上，写着醒目的金色大字："欢迎中国人民志愿军代表团"。在北京饭店，两幅巨大标语从楼顶直贯楼下，上面写着："向英雄的中国人民志愿军致敬！""伟大的抗美援朝运动胜利万岁！"由首都著名画家创作的两幅巨大的油画竖立在北京饭店大门两旁，描绘了中朝两国人民以鲜血凝成的友谊万古长青和祖国人民热烈欢迎从朝鲜胜利归来的英雄们。当中国人民志愿军代表团乘坐的列车徐徐驶进北京站时，军乐队奏起充满战斗激情的《中国人民志愿军战歌》，前来欢迎的中国领导人和各界群众一起，合着乐曲兴高采烈地唱起这支英雄的战歌。在站台上，志愿军代表团受到中共中央副主席、国务院总理、中国人民政治协商会议全国委员会主席周恩来和彭真、陈毅、郭沫若、李济深、程潜、张治中以及党政军各部门负责人的热烈欢迎！周恩来紧紧握着志愿军司令员杨勇和政治委员王平的手，激动地说："我代表党中央和毛主席，代表政府和全国人民，最热烈地欢迎你们——胜利归来的英雄们！"几百名少年儿童向志愿军代表献了鲜花。代表团乘坐的汽车由车站驶向北京饭店，在街道两旁有20万人夹道欢迎。在汽车经过的30分钟时间内，这条宽阔的马路上，鞭炮声一直不断，各种乐器一直在鸣奏，彩旗如林，彩花飞舞，歌声和口号声此伏彼起，响彻云霄。

10月28日下午，首都各界人民1万多人在北京体育馆举行盛大集会，热烈欢迎中国人民志愿军胜利归来。中共中央和国家领导人周恩来、朱德、陈云、彭真、陈毅、郭沫若等出席了欢迎大会。当志愿军代表团和文工团全体人员，在《中国人民志愿军战歌》的乐曲声中进入会场时，全场起立热烈鼓掌，掌声和口号声持续了20分钟。郭沫若在致开会词中说："让我们的大会，代表祖国六亿五千万人民，向祖国的英雄儿女——中国人民志愿军全体指战员，向中国人民志愿军代表团全体同志，表示最热烈的欢迎、最崇高的敬意和最衷心的感谢！”彭真在大会上讲了话，他说：“中国人民志愿军是我们祖国的荣誉。你们体现了中国人民无比英勇的大无畏精神，体现了中国人民高度的爱国主义和国际主义。没有中国人民志愿军在抗美援朝战线上的胜利，我们伟大祖国的安全就不会得到像今天这样的保障，我们的一切建设工作也不会像今天这样的顺利。同志们，今天祖国的一切，是同你们在朝鲜战场上的斗争胜利分不开的。”志愿军司令员杨勇在讲话中，首先向祖国人民报告志愿军已全部回到祖国的怀抱，回到了亲人的身边。他强调志愿军的“力量来自祖国，胜利和荣誉来自毛主席”。[①] 杨勇讲话结束后，志愿军代表向朱德、周恩来等党和国家领导人献花，彭真和郭沫若代表全国人民向中国人民志愿军献旗。巨幅锦旗上写着：“你们打败了敌人，帮助了朋友，保卫了祖国，拯救了和平。你们的勋名万古存！”

10月29日下午，毛泽东主席以及中共中央和国家的其他领导人周恩来、朱德、彭真、陈毅、李富春、薄一波等，在中南海怀仁堂接见了以杨勇、王平为首的中国人民志愿军代表团和志愿军文工团的全体人员，并和大家合影留念，给了中国人民志愿军最高的荣誉和莫大的鼓励。毛泽东主席非常关心志愿军，见到志愿军司令员杨勇和政治委员王平的第一句话就问：“都回来了吗？”当听到“人民志愿军全部回到祖国”时，毛泽东主席高兴地说：“好，热烈欢迎你们。”同日晚上，全国人大常委会、政协全国委员会、中国人民抗美援朝总会和北京市人民委员会、市政协、市抗美援朝分会联合举行宴会，欢宴中国人民志愿军代表团的全体人员。周恩来、朱德、陈毅、郭沫若以及首都工农兵学商各界代表欢聚一堂，畅饮胜利酒，畅谈抗美援朝的伟大胜利和祖国建设的伟大成就。周恩来在宴会上讲话。他说：“中国人民志愿军去朝鲜已经整整八年了，你们胜利地完成了中国人民、中国共产党和毛主席交给你们的任务。我代表全国人民、我们的党、政府和毛主席，感谢你们。……我们在今天的宴会上所以如此高兴，如此欢欣鼓舞，这决不是偶然的。这是因为抗美援朝的精神鼓舞了我们。今天一千多人的宴会，代表着全国六亿五千万人民的感情。我们要永远学习志愿军的榜样。”[②]

转赴全国各地的中国人民志愿军部队，也都分别受到各当地政府和人民的热烈欢迎。

---

① 《人民日报》，1958年10月29日。

② 《人民日报》，1958年10月30日。

10 月 30 日下午,全国人民代表大会常务委员会和中国人民政治协商会议全国委员会常务委员会,在中南海怀仁堂举行扩大的联席会议,听取中国人民志愿军司令员杨勇作《中国人民志愿军八年来抗美援朝工作报告》。杨勇在报告一开始就说:"中国人民志愿军全部撤出朝鲜,标志着祖国人民给予志愿军抗美援朝这一伟大历史任务已经胜利完成了。"报告系统地汇报了中国人民志愿军 8 年来抗美援朝的经过,阐述了抗美援朝战争取得胜利的伟大意义,歌颂了中朝两国人民用鲜血结成的深厚友谊,叙述了志愿军指战员可歌可泣的英雄业绩。杨勇说:"八年来,志愿军的广大官兵,为祖国、为人民、为中朝友谊,为远东与世界和平,尽到了他们应尽的义务。为此而献出了自己生命的烈士们和他们的英雄事迹将永垂史册!""抗美援朝斗争的伟大胜利,是党和毛主席英明领导的结果,是祖国人民全力支援的结果。""志愿军的全体同志,都将牢牢记住:光荣属于党和毛主席,光荣属于祖国人民。"①全场响起一阵阵暴风雨般的掌声,向"最可爱的人"表示由衷的敬意。

杨勇报告以后,会议通过了《关于中国人民志愿军八年来抗美援朝工作报告的决议》决议指出:会议一致认为:"中国人民志愿军卓越地完成了祖国人民所赋予的光荣使命。他们同英勇的朝鲜人民军一道,经过了三年艰苦卓绝的战斗,打退了美帝国主义的侵略。在朝鲜停战以后,他们又对巩固朝鲜停战和支援朝鲜人民的和平建设,作出了贡献。中国人民志愿军在抗美援朝、保家卫国和拯救和平的崇高事业中所建立的丰功伟绩,将永远与日月增辉。中国人民志愿军不愧为伟大中国人民的优秀儿女,在抗美援朝的战斗中贡献出宝贵生命的烈士们,永垂不朽!""朝鲜人民军和朝鲜人民在反对美国侵略的卫国战争中,捍卫了自己国家的独立,同时也保障了我国的安全,支援了我国人民的和平建设。会议对于朝鲜政府、朝鲜人民军和朝鲜人民八年来给予中国人民志愿军的无微不至的照顾和关怀,表示衷心地感谢。中国人民志愿军全部撤出朝鲜,为朝鲜的和平统一创造了有利条件。但是,美国侵略军还赖在朝鲜南部不走,美国还在阻挠朝鲜问题的和平解决。美国军队必须从朝鲜撤退,让朝鲜人民自己用和平的方式统一自己的国家。中国人民将继续关怀和支持朝鲜人民的正义斗争。"决议最后表示中国人民必须再接再厉,为解放台(湾)、澎(湖列岛)、金(门)、马(祖),完成统一祖国的神圣事业而奋斗到底。

中国人民志愿军全部撤出朝鲜的第二天,10 月 27 日,美国国务院发表

① 《人民日报》,1958 年 10 月 31 日。

声明，发誓美国不打算撤军，理由是使朝鲜问题“永久解决”的条件尚未实现，并认为“问题的中心”不是撤军，而是“自由选举”。次日，美国国务卿杜勒斯在记者招待会上又把这些话重复了一遍。杜勒斯在记者招待会上，还提出另一个拒绝从南朝鲜撤军的“理由”。他说，中国人民志愿军撤出朝鲜“只是撤到鸭绿江的那一边而已”，“以后还可以很快地重新调回朝鲜”。而美军一撤退，“就不是撤退五十英里的问题，而是要撤退一万英里这样一个距离”。“有美国参加的联合国部队到朝鲜执行的任务现在还没有完成，那就是在自己选举的条件下实现朝鲜的重新统一。”①这就进一步暴露了美国企图永远分裂朝鲜，继续霸占南朝鲜，作为它的殖民地和军事基地的阴谋。

10 月 28 日，朝鲜政府就中国人民志愿军全部撤出朝鲜发表声明。声明中指出：“中国人民志愿军截至 1958 年 10 月 26 日止，已经全部撤出了朝鲜。”“中国人民志愿军的主动从朝鲜撤出，为缓和朝鲜的紧张局势，促进朝鲜问题的和平解决打开了新的局面。在这种新的局面下，美国政府应该从南朝鲜撤出它的军队。”“朝鲜停战以来已经五年多了，中国人民志愿军已经首先撤走，今天美国侵略军队没有任何借口再留在南朝鲜。”“朝鲜民主主义人民共和国政府强调指出，联合国和它的会员国应对美国军队盗用联合国名义继续强占南朝鲜阻碍朝鲜和平统一的行动，给予应有的注意。再不应该容许美帝国主义对朝鲜进行侵略了。”②对于朝鲜政府的声明，苏联政府 11 月 8 日发表声明完全支持。认为：现在应当是联合国采取适当措施促使打着联合国旗号的美国军队撤离朝鲜的时候了。

12 月 8 日，中朝两国政府发表联合声明，“强烈谴责美国继续阻挠朝鲜问题的和平解决，并且坚决要求美国和参加联合国军的其他国家从朝鲜撤出它们的一切武装力量，让朝鲜人民在不受任何外来干涉的情况下和平统一自己的国家”③。

中国人民志愿军单方面主动全部撤出朝鲜后，美国政府仍拒绝从南朝鲜撤出其军队。不但如此，反而系统地破坏停战协定，大力增强南朝鲜的军事力量，甚至将原子武器和导弹运入南朝鲜，建立导弹基地，不断举行军事演习。美国军队长期赖在南朝鲜不走，严重地阻碍了朝鲜问题的解决，妨碍了南北朝鲜的和平统一。

---

① 《中美关系资料汇编》，第 2 辑（下），2915 页，北京，世界知识出版社，1960。
② 《人民日报》，1958 年 10 月 29 日。
③ 《中美关系资料汇编》，第 2 辑（下），2983 页，北京，世界知识出版社，1960。

全书结束语

抗美援朝战争从1950年10月开始，至1953年7月结束，历时2年9个月。此后，中国人民志愿军又进行了维护朝鲜停战协定的斗争和帮助朝鲜人民恢复家园的工作，直至1958年10月全部撤出朝鲜回国。中国人民取得了抗美援朝战争的伟大胜利，谱写了新中国历史上的光辉篇章。这场战争具有许多新情况和新特点，中国人民取得这场战争的胜利具有十分重大的深远意义，并且积累了许多极为宝贵的经验。深入研究这场战争，总结其基本经验，是十分必要的，它有助于为探索以劣势装备战胜优势装备之敌，寻求现代技术特别是信息技术条件下战争的指导规律提供重要的历史借鉴。

抗美援朝战争的基本特点

抗美援朝战争无论是在人民解放军的战争史上，还是在世界战争史上，都具有许多鲜明的特点。基本特点如下：

第一，抗美援朝战争，是在新中国成立伊始面临各方面严重困难的情况下，美国当局强加给中国人民的一场战争，是新中国历史上的第一场反侵略战争。新中国成立后，中共中央就确定中国人民的中心任务是用3~5年的时间治理战争创伤，恢复国民经济，为大规模经济建设创造条件。为此，要争取一个和平的国际环境。在中国大陆基本解放后，中共中央于1950年6月刚刚就此作出部署。然而，美国当局公然武装干涉朝鲜内战和侵略中国台湾，中国主权受到严重侵犯。8月27日开始，美国侵略朝鲜的飞机不断侵犯中国东北边境领空，对中国边境城乡轰炸扫射，严重危害中国边境地区城乡居民的生命财产。特别是侵朝美军在仁川登陆后，其地面部队越过三八线大举向中朝边境进犯，严重威胁了中国大陆的安全，朝鲜劳动党和朝鲜政府请求中国直接出动军队援助朝鲜人民作战。美国在朝鲜的侵略迫使中共中央不得不在国内十分困难的情况下，决策组成中国人民志愿军抗美援朝、保家卫国，进行新中国历史上的第一场反侵略战争。新中国进行这场战争是被迫的，面临的困难是艰巨的，但可以依靠新生的国家政权调动全国力量保证战争的胜利和以国家名义争取外援。这是这场战争区别于中国共产党战争史上其他战争的首要特点。这一特点，规定了中国人民进行这场战争的正义性、艰巨性和长期性，也规定了取得胜利的可能性。

第二，抗美援朝战争，是中国人民以志愿军名义参加的第二次世界大战后第一场较大规模的国际性局部战争。中国是这场战争的主要参战国之一，但中国不是以国家和政府的名义而是以中国人民志愿军的名义参战。这场战争的战场在朝鲜，但参战国之多在以往战争史上仅次于两次世界大战，美国打着联合国的旗号，组成以美国为首的所谓“联合国军”干涉朝鲜内战。以美国为主的16个国家和地区的军队组成“联合国军”并指挥南朝鲜军为战争的一方，中国以志愿军名义和朝鲜军民以及苏联秘密出动空军为战争的另一方，还有5个国家为“联合国军”提供了医疗和其他服务。这场战争具有国际性，不可避免地受到国际政治斗争的约束，除了美国一些好战分子极力主张扩大战争外，战争双方皆力争将战争限制在朝鲜境内。中国以“志愿军”的名义参战的一个重要考虑就是力争避免战争扩大到中国境内，“联合国军”其他参战国更惧怕战争扩大到朝鲜以外。因此，战争双方既都全力以赴，又都对战场范围作了严格的限制。战场的局部性和参战国的国际性，是这场战争区别于以往世界战争史上其他战争的重要特点。这一特点规定了这场战争政治上的错综复杂性。

第三，抗美援朝战争，是新中国与美国互为主要对手进行的一场军事、政治、经济、外交的全面较量。中国虽然是以志愿军名义参战，但战争双方都清楚，中国是以正规的建制部队在朝鲜同美军作战，中国和美国都没有公开向对方宣战。尽管如此，中国人民志愿军参战后，这场国际性的局部战争实际上变成了中、美双方互为主要对手的一场战争。中美双方进行了军事、政治、经济、外交等方面的全面较量。双方的主要较量是军事较量，集中地表现在战场上的两军对抗。围绕战场上的军事较量，双方展开的政治较量主要表现在两国的舆论宣传和停战谈判中的唇枪舌剑；经济较量主要表现在美国通过联合国操纵西方国家对中国实行封锁、禁运和中国的反封锁、反禁运；外交较量主要是围绕美国侵略朝鲜和台湾问题在各种外交场合和以各种外交形式展开的斗争，同时，美国操纵联合国，将新中国排除在联合国之外，美国在联合国内外对中国进行孤立和限制，中国则进行反孤立、反限制，争取国际朋友，建立反美国际战线。中美双方互为主要对手，以军事较量为主，展开军事、政治、经济、外交的全面较量，是这场战争区别于中国共产党战争史上其他战争的重要特点。这一特点规定了中国人民进行这场战争的艰巨性，同时也规定了进行这场战争的复杂性。

第四，抗美援朝战争，是双方经济力量和军队武器装备对比优劣悬殊，极不对称的一场战争。在这场战争中，美国为首的“联合国军”方面无论经济力量还是军队的武器装备都占有绝对的优势，中国和朝鲜的经济力量、中国人民志愿军和朝鲜人民军的武器装备都处于悬殊的劣势状态。这是这场战争的突出特点。以美国为首的“联合国军”实行的是陆海空军联合的全方位的立体作战，而志愿军和人民军则基本上是以陆军为主体的地面作战，是以陆军一军对美军的陆海空三军，以平面对立体。美国在这场战争中使用了除原子弹以外的当时所有的新式武器和战争手段。战争的激烈程度和残酷程度都是世界战争史上罕见的。这不但规定了志愿军进行这场战争的长期性和极端困难性，而且规定了战争的极端残酷性。

第五，边打边谈，作战和谈判交织进行，也是这场战争的一个突出特点。抗美援朝战争共历时2年9个月，而从停战谈判开始，到朝鲜停战协定签字，即历时近2年1个月。这种边打边谈，打谈交织进行的战争局面，是中外战争史上所罕见的。并且朝鲜停战谈判，是在双方经过战场较量，力量趋于均势打成相持局面的情况下进行的，双方都有讨价还价的资本，而志愿军和人民军谈判的主要对手又是推行强权政治、妄图称霸世界的美国军队的代表，因此，这场谈判本身就具有极强的政治性，具有特殊的艰巨性和复杂性。

抗美援朝战争的这些基本特点，构成了这场战争的基本舞台，这个舞台对新中国是一场全面的严峻考验。在中共中央、中央人民政府和中央军委的领导下，中国人民在这个舞台上导演出了威武雄壮的活剧，经受住了考验。特别是中国人民志愿军打败了美国侵略者，取得了抗美援朝战争的伟大胜利。

抗美援朝战争的主要经验

抗美援朝战争从战略准备、决策出兵、战略指导到战场作战，都提供了

许多宝贵的经验,主要是:

第一,根据形势的变化,权衡利弊得失作出最有利的战略决策。新中国成立后,中共中央和中央人民政府就决心治理战争创伤,恢复国家建设。1950 年 4 月,海南岛解放,除台湾等少数沿海岛屿和大陆的西藏尚未解放外,全国解放战争基本结束,新解放区县级以上各级政权相继建立,集中精力治理战争创伤,恢复国家建设已经有了可能。6 月上旬,中共中央刚刚对此作出决定和部署。然而,6 月下旬,美国就武装干涉朝鲜内战,同时派海军舰队侵入台湾海峡,霸占中国领土台湾。形势发生了突然变化。美国武装侵略朝鲜,对中国东北地区的安全构成了威胁,美国海军舰队侵入台湾海峡,是对中国主权的直接侵犯。中国政府和人民不能不作出强烈的反应。

此时,中国军事斗争准备的重点,是解放台湾。中共中央考虑,美国是企图在朝鲜打开一个缺口,准备世界大战的东方基地。美国是利用朝鲜战争,将联合国的旗帜拿到手以对付和平阵线,对内进行战争动员。朝鲜已成了世界斗争的东方焦点。朝鲜问题已不单是朝鲜问题,连带的是台湾问题,美国与中国人民为敌,把它的国防线已放到台湾海峡。朝鲜与中国东北相连有利害关系,朝鲜是中国的兄弟国家,同时朝鲜问题也是重要的国际斗争问题。我们要用朝鲜战争揭破美国的阴谋。如果朝鲜能够获得胜利,我们的台湾问题也就容易解决了。中共中央和中央军委决定,推迟解放台湾,保卫东北边防和准备必要时援助朝鲜人民抗击美国侵略,及时组建了东北边防军,进行战略上的防范准备。①

美军仁川登陆后,地面部队越过三八线,中国东北地区直接面临着美国侵略的威胁,并且美国侵略朝鲜的飞机已经侵犯中国领空危害中国人民的生命财产。美国地面部队打到鸭绿江边,就是不直接侵入中国境内,而站在边境上跃跃欲试,中国东北地区就不会得到安宁,况且中国工业的半数在东北,而东北的工业半数在辽南。此时,是抗美援朝、保家卫国还是埋头恢复国内建设? 中共中央面临着重大的战略抉择。抗美援朝,必然会影响国内建设的恢复;而按兵不动,埋头恢复国内建设,总有一种不安全感,美国推行霸权主义和强权政治的侵略扩张政策,占领整个朝鲜后,随时都可能对中国进行战争挑衅,因此,中国不可能安心搞建设。如果消极防御如修建必要的机场、在 1000 多里的边防线上布兵并需进行必要的装备、工厂搬家等等,年

① 参见《周恩来军事文选》,第 4 卷,43 ~ 44 页,北京,人民出版社,1997。

复一年，也要花许多钱，最后还要难免一战。[①] 如果对于帝国主义的战争挑衅忍让退缩，只能给国家和民族带来更大的耻辱和更加助长帝国主义的贪心。同时，朝鲜是中国的友好邻邦，与中国同属社会主义国家，并且提出了由中国直接出兵援助的请求。唇亡则齿寒，户破则堂危，友邻危急，中国不能坐视不管。因此，中国采取积极政策，出兵参战，对中国，对朝鲜，对东方，甚至对于整个世界都极为有利；而不出兵，让美国压至鸭绿江边，国际国内反动气焰增高，对各方都不利，首先是对中国东北更不利。中国应当参战，必须参战，参战利益极大，不参战损害极大。[②] 据此，中共中央作出了"抗美援朝、保家卫国"的战略决策，决定以中国人民志愿军名义出动一部分部队到朝鲜作战。最终结果充分表明，这一决策是最有利的选择。

第二，从敌我双方的实际情况出发，考虑到各种可能，争取最好的战争结果。中国是个弱国，美国是世界头号强国，两国的经济力量强弱悬殊。中国人民志愿军的武器装备落后，并且基本是单一地面部队作战，美国军队武器装备高度现代化，并且是陆海空三军联合作战，双方的作战条件也悬殊。但是，中国国家大，人口多，兵力资源雄厚，民族凝聚力强，尤其刚刚翻身做了国家主人的中国人民，爱国热情极高；中国共产党和新生的人民民主国家政权在全国人民中享有极高的威望，具有强大的组织力和号召力；改编为中国人民志愿军的部队经受了国内长期革命战争的考验和锻炼，有国内作战的丰富经验，作战意志顽强；抗美援朝战争是反侵略的正义战争，会得到世界爱好和平国家和人民的支持和援助，特别是苏联的支持和援助。而这些恰恰是美国的弱点。

建立在双方这样的客观基础上，中共中央对志愿军参战后可能出现的战争局势作了三种估计：一是在朝鲜境内歼灭和驱逐美国及其他侵略军，根本解决朝鲜问题；二是在朝鲜打成僵局，甚至被迫撤回，美国公开对中国宣战，从而影响整个国家的恢复和建设计划；三是志愿军灵活指挥，充分发挥战术特长，能够攻打除大、中城市以外的地区，则可迫使美国通过谈判解决问题，但条件是美军必须首先撤至三八线以南。中共中央分析认为第一种可能性很小，第二种情况虽然有可能出现，但美国也不敢轻易将战争扩大到中国境内，最有可能出现的是第三种情况。中共中央的态度是争取第三种

① 参见《周恩来军事文选》，第4卷，73～74页，北京，人民出版社，1997。

② 参见《建国以来毛泽东军事文稿》，上卷，252～253页，北京，军事科学出版社、中央文献出版社，2010。

情况的出现,并且相信有力量实现这种情况。对可能出现第二种局面,也必须有所防范和准备。[①] 究竟会出现哪种结局,只能经过一段战争实践才能确定。总的方针是,从稳当的基点出发,不做办不到的事。在稳当可靠的基础上争取一切可能的胜利。[②] 事实证明,整个战争的发展没有超出这些预先估计,因此,中共中央和中央军委对战争的发展变化能够从容应对,驾驭战争向预想的有利方向发展。

第三,以保证战争胜利为中心,进行全面筹划和部署。抗美援朝战争开始后,中共中央、中央人民政府和中央军委,以保证志愿军在战场上的胜利为中心,对全国的军事战略计划和部署,对恢复国内建设的计划和部署,作了全面调整,既保证战场有充足的作战部队,又兼顾国内防务的万无一失;既保证战争需要的物力、财力,又采取边打、边稳、边建的方针兼顾国内建设的恢复;既保证前方的作战,也建立巩固的后方;既靠党政军各级组织解决问题,也充分动员全国人民广泛深入地开展抗美援朝运动(这是人民战争的一种新形式),帮助国家克服困难,为支援战争和恢复国内建设做贡献。这样,战场内外,为了实现战争胜利这个目标,拧成一股劲,不但志愿军在战场上取得了胜利,而且国内建设也按原定计划得到恢复和发展,并按预定计划,从1953年开始了国民经济建设的第一个五年计划。

第四,根据战争形势的变化,适时调整战场指导方针。根据志愿军的作战条件,在志愿军出动前,中央军委为志愿军确定的第一期作战方针是,在平壤、元山铁路线以北,德川、宁远公路线以南,建立防御阵地,组织防御战,站稳脚跟,待6个月后,苏联装备到达,完成训练,在空中和地上均具有压倒优势时,再配合朝鲜人民军实行战略反攻。

然而,志愿军入朝后,战场形势的变化,使志愿军已不可能按原计划实行防御作战,并且出现了歼敌的有利时机。中央军委和志愿军总部遂审时度势,果断放弃了原来的防御作战方针,而根据战场形势采取了在运动中歼敌的方针,立即发起了战略反攻,争取了战场主动,打出了战争的有利形势。

到1951年夏,战争在三八线地区出现了相持局面,美国当局调整了朝鲜战争政策,寻求通过谈判实现朝鲜停战。同时,就志愿军和人民军的力量看,能够将美国军队打回到三八线,却难以将其赶出全朝鲜,并且已经实现

① 参见《周恩来军事文选》,第4卷,107~109页,北京,人民出版社,1997。

② 参见《建国以来毛泽东军事文稿》,上卷,279页,北京,军事科学出版社、中央文献出版社,2010。

了中共中央决策出兵时预想争取的战争情况。根据这种形势，中共中央经与朝鲜协商，适时确定了“充分准备持久作战和争取和谈达到结束战争”的指导方针，在军事上则采取“持久作战、积极防御”的作战方针，作战与谈判紧密配合。

当停战谈判双方达成关于军事分界线的协议后，志愿军坚守战线不但是军事作战上的需要，而且成了政治上的需要。于是，中共中央则为志愿军确定了坚守防御的作战方针。

当正面战线已经巩固，而侧后的海岸防御仍是薄弱环节时，中共中央又决定志愿军协同人民军，集中力量解决侧后海岸防御问题。

在停战谈判达成全部协议，停战协定即将签字，南朝鲜当局破坏谈判已达成的协议时，毛泽东、彭德怀又决定再给李承晚以惩罚，以使停战协定在停战实现后得以被遵守。

抗美援朝战争的战场指导，完全适应了战争形势的发展变化。而美国除了不敢使用原子弹外，使用了它所有的现代化战争武器和所有战争手段，但是在战场上也只能无可奈何。

第五，围绕作战中的新问题，研究对策，采取措施。由于敌我双方武器装备优劣悬殊，志愿军武器装备落后，特别是没有制空权和制海权，因此遇到了以往作战中从未遇到过的困难，主要问题是能不能打、能不能守、能不能保证给养运输。可以说，抗美援朝战争在战场上的全部军事指导，都是围绕解决这三个问题进行的。

除向苏联订购武器装备，保证志愿军在战场上的急需，国内突击扩建、组建空军和炮兵（含高射炮兵）、装甲兵部队，改善志愿军的作战条件，增强志愿军的作战能力外，也灵活运用和创新战法，在战场上采取了很多有效对策和措施，基本的原则仍是你打你的，我打我的，避强击弱，扬长避短。

一是抓住和利用美军作战中难以克服的弱点予以打击。美国空军在夜间不能像昼间那样大规模出动和充分发挥作用，美军部队怕夜战，志愿军则充分发挥夜战特长，将夜战提到战役和战略的高度加以运用，利用夜间组织部队运动和组织运输，在夜间发起攻击；美军摩托化和机械化装备对后方和道路依赖性大，怕离开道路和切断与后方的联系，志愿军在战役上则采取迂回包围战术，切断其后路，动摇其战役决心；美军步兵战斗精神差，怕失去空中和地面火力支援，怕近战，志愿军则经常采取战役上的迂回包围和战术上的分割包围相结合的战法，隔离美军步兵与坦克的联系，派小分队直捣敌军团、营指挥所和炮兵阵地，实行近战，集中力量打其步兵。在前期的运动战中尤其如此，并打出了有利的战争形势。

二是根据自身装备特点和作战能力确定打法。志愿军攻击火力弱，对美军实现战役包围后难以全歼，遂改变战略战役性大迂回大包围的战法，实行战术性的小包围，打小歼灭战，“零敲牛皮糖”。以军或师为单位，选择美军营以下建制单位为目标，集中兵力、火力达到局部优势，一举包围歼灭之，向打大歼灭战过渡。在后期的阵地战中，采取此种战法，取得了理想的歼敌效果。志愿军没有摩托化装备，实行战役追击困难，遂只进行相应追击。志愿军运输补给困难，持续进攻的作战能力弱，遂每次进攻作战更加强调速战速决。志愿军实行坚守防御困难，遂在前期运动战中采取“兵力前轻后重，火力前重后轻”的部署原则，依山傍水节节抗击；而在后期则创造了地面战场上以坑道为骨干的坚固阵地防御体系，并采取相应的坑道战术。还在第一线展开了冷枪冷炮狙击歼敌活动，杀伤昼间出没前沿阵地的敌军，致使越战越主动。

此外，还充分发挥中国兵力优势，在战场上采取轮番作战的方针，解决部队的休整问题和保持战场上充裕的作战力量。

采取这些对策，有效地限制了美军优势武器装备的作用，较好地发挥了志愿军的优势和特长，从而解决了能不能打、能不能守的问题。

三是建立打不烂、炸不断的钢铁运输线。国内和战场共同努力，志愿军后勤系统与在后方的各军兵种部队共同努力，交通运输线上的防空作战与抢修、抢运相结合，火车运输与汽车运输及人畜力运输相结合，并创造了抢修和运输的许多有效办法，形成了此断彼通，彼断此通，纵横交错的交通运输网，即打不烂、炸不断的“钢铁运输线”，解决了物资的补给运输问题。

第六，在政治、外交和军事上，始终以孤立和打击美国这个主要敌人为目标。抗美援朝战争中，中国的主要对手是美国，因此在政治、外交指导上，包括停战谈判中，始终以孤立和打击美国这个主要敌人为目标。利用美国与参加“联合国军”行动其他国家之间的矛盾和参战国的不同心态，加以区别对待，提出“抗美援朝，保家卫国”的口号，利用各种国际场合和国内新闻舆论工具，集中揭露、谴责美国的侵略政策和侵略罪行，巩固发展当时与中国建交的十几个国家的关系，并积极争取未与中国建交的国家甚至未参加“联合国军”行动的西方国家的同情和支持。这些也都有力地配合了战场上的作战行动。

在战场上也始终把孤立和打击美军作为战略上的主要目标。虽然在有些具体战役战斗，主要是打击南朝鲜军或美军以外的其他“联合国军”，但这在战略上都是为孤立和打击美军这个主要目标服务的，是为孤立和打击美军创造条件的。

这样就分化了敌人内部，增加了敌人内部矛盾，有力地打击了主要敌人。

第七，依靠强有力的思想教育和政治工作，深入动员和组织人民群众，激发人民群众的高度爱国热情，深入教育志愿军官兵，保持旺盛的战斗意志。抗美援朝战争开始后，中共中央和中央人民政府通过中国人民抗美援朝总会和各地总分会、分会，迅速在全国展开了以“仇视、鄙视、蔑视”（简称“三视”）为中心内容的抗美援朝爱国宣传教育活动。在此基础上，为克服国家困难，支援战争，保证胜利，广泛深入地开展了抗美援朝运动，这种教育和运动普及到全国的每个城市和乡村，普及到厂矿、机关、学校和部队，普及到全国的各界各行各业，甚至落实到每一户每一人。充分动员和组织了人民群众，充分激发了全国人民的爱国热情，充分调动了全国人民的工作和生产积极性，有力地支援了战争和保证了国家建设的恢复。在战场上，志愿军则充分发挥了思想政治工作的保证作用，充分教育官兵认识抗美援朝的伟大意义，针对战场上的实际困难和战争的艰苦性残酷性，树立战胜困难的信心，发动广大官兵群策群力出主意，想办法克服困难，激励官兵的作战积极性和创造性，保持部队的旺盛战斗意志。发挥思想政治工作的强有力的保证作用，是我军特有的一个巨大优势，同“铁多气少”的美军形成了鲜明的精神反差。这是志愿军依靠劣势的武器装备取得战场胜利的重要因素。

抗美援朝战争胜利的意义和影响

中国人民取得了抗美援朝战争的伟大胜利，达到了“抗美援朝、保家卫国”的目的，支援了朝鲜人民，保卫了朝鲜民主主义人民共和国，稳定了朝鲜的局势，保卫了中国大陆的安全，维护了亚洲及世界的和平。无论对中国，对朝鲜，对东方，乃至对于整个世界都具有十分重要的深远意义。

第一，这场战争极大地提高了中华人民共和国的国际威望，奠定了新中国在亚洲和国际事务中的重要地位，并产生了深远的影响。自1840年以来的近代中国，除1931年至1945年的抗日战争取得反法西斯侵略的胜利外，只有遭受帝国主义列强侵略和掠夺的挨打受欺历史，只有任人宰割、割地赔款的屈辱历史。1949年10月，中华人民共和国成立，中国人民站起来了。

但无论当时的资本主义阵营还是社会主义阵营，都没有正视已经站起来的中国人民。帝国主义仍然认为中国软弱可欺。美国当局无视中国政府的一再抗议和警告，命令其侵略朝鲜的地面部队越过三八线向中朝边境进攻，就是最好的证明。

刚刚建立的中华人民共和国，面对着长期战争造成的千疮百孔的烂摊子，面对着各方面极为严重的困难。在国家安全受到威胁、领土主权受到侵犯和朝鲜民主主义人民共和国处境危急请求中国出动军队进行支援的情况下，以毛泽东为主席的中共中央毅然做出"抗美援朝、保家卫国"的战略决策，组成中国人民志愿军，同朝鲜人民军一起与世界上最强大的资本主义国家的军队——美国军队作战，充分体现了中国人民反抗侵略的决心和力量，充分体现了中华民族的正气。这一举动本身就在国际上产生了巨大影响，尤其中国人民志愿军依靠那样落后的武器装备，打败了完全现代化装备的美国侵略军，极大地震动了全世界，不但使美国而且使整个世界，包括当时的社会主义国家都不得不对中国刮目相看了。中国人民志愿军在朝鲜战场上打出了中国人民军队在国际上的威望，打出了新中国在国际上的威望。抗美援朝战争的胜利，一扫中国近代历史上的屈辱，使中国人民真正地扬眉吐气了，中国真正屹立于世界民族之林了。正如毛泽东所说的："现在中国人民已经组织起来了，是惹不得的。如果惹翻了，是不好办的。"[①]刚刚解放了的中国人民以及在世界各国的华人、华侨作为中国人和中国人的后裔都感到从未有过的骄傲和自豪，许多人纷纷回到国内参加新中国各项建设事业。美国人沃尔特·G. 赫姆斯在 20 世纪 60 年代著带有美国陆军官方性质的《朝鲜战争中的美国陆军——停战谈判的帐篷和战斗前线》一书，在评论朝鲜战争时说："在远东，从朝鲜战争中出现了两个比过去越来越强大的国家。其一便是韩国……另一个在战争中提高了地位的国家是共产党中国。从中国人在整个朝鲜战争期间所显示出来的强大攻势和防御能力中，美国及其盟国已经清楚地看出，共产党中国已成为一个可怕的敌人，它再也不是第二次世界大战时的那个软弱无能的国家了。由于共产党中国有取之不尽的人力资源和坚强有力的领导，因此它也在朝鲜战场上赢得了自己的声誉，而且看来会成为远东与西太平洋地区共产党的领袖。"正是抗美援朝战争中中国人民志愿军打疼了美国侵略军，打疼了美国侵略当局，从此美国

① 《建国以来毛泽东军事文稿》，中卷，175 页，北京，军事科学出版社、中央文献出版社，2010。

当局不敢再轻视中国人民，在亚洲和国际事务中不得不把中国摆到适当的位置。美国高层总结朝鲜战争的重要教训之一，就是当初不相信中国人民的决心和力量，没有重视中国政府的一再警告。正是总结了这一教训，在20世纪60年代的越南战争中，美国的约翰逊政府才没把中国政府的警告当做耳旁风，其地面部队才未敢越过北纬17°线。[①] 是抗美援朝战争改变了中国在国际上的形象，是抗美援朝战争奠定了中国在世界上的大国地位。1955年4月第一次亚非会议能在万隆召开和中国代表团能在会议上发挥主导作用，1958年台海危机中为台湾国民党军舰护航的美国军舰一遇人民解放军炮击就退入公海，1971年中国恢复在联合国的合法席位，1972年美国第38届总统理查德·尼克松访华，1979年美国同中国建立外交关系，以致今天中国在国际社会中发挥重大作用等，都有中国人民取得抗美援朝战争胜利这个重要因素的影响。

第二，这场战争打破了美国不可战胜的神话。美国在两次世界大战中发了横财，是第二次世界大战后资本主义世界经济上和军事上最强大的国家。它到处侵略扩张，恃强称霸，不可一世。然而侵略朝鲜时，在中国人民和朝鲜人民的共同反抗面前，却碰得头破血流，遭到了惨重的失败。这场战争是美国自独立战争以来历史上第一次没有胜利班师的战争。毛泽东说："这一次，我们摸了一下美国军队的底。对美国军队，如果不接触它，就会怕它。我们跟它打了三十三个月，把它的底摸熟了。美帝国主义并不可怕，就是那么一回事。"[②]彭德怀也说：这场战争"雄辩地证明：西方侵略者几百年来只要在东方一个海岸上架起几尊大炮就可霸占一个国家的时代是一去不复返了，今天的任何帝国主义的侵略都是可以依靠人民的力量击败的"[③]。这对中国具有"恐美病"的人是极大的教育，对亚洲和世界人民反对帝国主义和殖民主义的民族解放斗争也是极大的鼓舞。

第三，这场战争为中国赢得了和平建设的环境，同时也极大地激发了中国人民的生产积极性。战争本身要付出消耗，也必将对经济建设正常进行带来不利影响，但得到人民拥护的正义战争，也会激发人民群众的工作生产积极性，从而刺激和促进经济增长。

---

① 参见李奇微：《朝鲜战争》，256～257页，北京，军事科学出版社，1983。

② 《建国以来毛泽东军事文稿》，中卷，175页，北京，军事科学出版社、中央文献出版社，2010。

③ 《彭德怀军事文选》，445页，北京，中央文献出版社，1988。

进行抗美援朝战争，中国共开支战费62.5亿元人民币，相当于当时的25亿美元，几乎等于中国1950年全年的财政收入（1950年中国的财政收入相当于26亿美元），消耗各种作战物资560余万吨，中国靠近朝鲜边境的城乡和交通等经济设施也遭到破坏。为满足胜利进行抗美援朝战争的需要，中共中央和中央人民政府对刚刚确定的全面恢复国民经济的计划进行了调整。战争期间，苏联提供给中国的贷款和中国进口的武器装备主要用于朝鲜战场。抗美援朝战争的确对国内经济建设有不利影响。

抗美援朝战争的主战场在朝鲜，中国虽倾全国之力保证抗美援朝战争的需要，但主要是将东北地区转为战时生产，全国的其他地区仍是以平时生产为主。中共中央和中国政府在满足抗美援朝战争需要的同时，积极采取措施恢复国民经济，边打边建。1951年2月，中共中央确定，仍按原计划在1952年底前完成国民经济恢复，为大规模经济建设做好准备。为此采取的有效措施之一，就是充分发挥中国共产党和各级人民政府的强大号召力与组织力，通过中国人民抗美援朝总会，组织动员全国人民开展了既轰轰烈烈，又扎扎实实的抗美援朝爱国运动，最大限度地发挥工作生产能力。美国武装干涉朝鲜内战和武装占领中国领土台湾，激起了中国人民的极大义愤和高度的爱国热情，全国各族人民充分发挥了工作生产积极性，订立爱国公约，开展生产竞赛，踊跃捐献财物，为中国人民志愿军的战场需要，为国家建设的恢复和发展做出自己最大的努力。因此，中国原定的国民经济恢复计划，虽因抗美援朝战争而进行了调整，但仍按原计划于1952年底前全面完成了国民经济恢复，1953年，即开始了中国历史上第一个五年经济建设计划。这是中国人民在中国共产党和中央人民政府领导下，在抗美援朝战争期间，边打边建，创造的一个奇迹。

抗美援朝战争对中国经济布局和经济结构也产生了积极影响。抗美援朝战争开始后，中国为保证工业生产安全，对东北南部地区的工业基地部分向北做了迁移，后来建设的工业基地在布局上也都考虑了战争的影响问题。同时，经过这场战争，使中国领导人进一步看到，要改变中国经济落后的面貌，必须发展工业，而首先应该发展重工业。从1953年开始的中国国民经济第一个五年发展计划，就把发展重工业作为重点。经过抗美援朝战争，中国在苏联等社会主义国家支援帮助下，建立了以重工业为代表的现代工业基础。

总之，在抗美援朝期间，中国社会凝聚力，全国人民的民族自信心、民族自豪感、生产积极性都极大提高，国内经济建设非但没有受到大影响，而且还迅速得到恢复。正如1952年1月1日《人民日报》社论所指出的那样：

“抗美援朝不但是我们一切工作的目的，而且又是我们一切工作的动力。……这个斗争不是推迟了而是加速了我们国内的建设工作和建设的准备工作的进行。”尤为重要的是抗美援朝战争的胜利，为中国的经济建设赢得了和平的环境。毛泽东在讲到抗美援朝战争的意义时曾指出：“和朝鲜人民一起，打回到三八线，守住了三八线。这是很重要的。如果不打回三八线，前线仍在鸭绿江和图们江，沈阳、鞍山、抚顺这些地方的人民就不能安心生产。”[①]中国至今已赢得了近60年和平建设的环境。

第四，这场战争使中国人民志愿军经受了现代战争的锻炼，特别是取得了现代条件下依靠劣势装备战胜优势装备强敌的宝贵经验。这场战争是一场现代条件下的局部战争，是中国人民解放军历史上现代化程度最高和依靠劣势装备战胜优势装备强敌最为典型的一场战争。志愿军虽然武器装备处于劣势，但参战军兵种之多是中国人民解放军历史上空前的，先后参战的有：步兵27个军又1个师，直接参加过第一线作战的为25个军又1个师；地面炮兵10个师又18个团；高射炮兵5个师又10余个团和60余个独立营；装甲兵坦克3个师；空军歼击机航空兵10个师又1个团，轰炸机航空兵3个大队；还有雷达、探照灯部队为空军和高炮部队作战服务。另有铁道兵10个师和1个援朝铁路总队，工兵15个团担负铁路、公路的抢修、新建和各种工程保障任务，有2个公安师担负后方警卫和公路线上的防空哨任务。在这场战争中先后参加志愿军经受锻炼的部队累计共达290万人。毛泽东说：“抗美援朝战争是个大学校，我们在那里实行大演习，这个演习比办军事学校好。”“我们中国人民志愿军的陆军、空军、海军，步兵、炮兵、工兵、坦克兵、铁道兵、防空兵、通信兵，还有卫生部队、后勤部队等等，取得了对美国侵略军队实际作战的经验。”[②]这场战争的作战经验，对于后来中国人民解放军在训练和保卫国防作战及援外作战中发挥了重要作用，对于研究打赢现代高技术条件下的局部战争也具有重要的借鉴价值。特别是，这场战争极大地推动了中国军事学术的发展，有力地促进了20世纪50年代中国的军事变革，使人民解放军作战观念发生了许多重要转变，主要是：由单一步兵作战向现代多军兵种协同作战的转变；由单纯地面作战向现代立体作战

---

① 《建国以来毛泽东军事文稿》，中卷，175页，北京，军事科学出版社、中央文献出版社，2010。

② 《建国以来毛泽东军事文稿》，中卷，50页，北京，军事科学出版社、中央文献出版社，2010。

的转变；由主要实行运动战向既注重运动战又注重阵地战的转变；由单纯前方作战向现代前后方全面作战的转变；后勤保障由“小米加步枪、仓库在前方”向组织现代后勤保障的转变等等。

第五，中国人民经过这场战争创造了伟大的抗美援朝精神。在抗美援朝战争中，中国人民创造了伟大的抗美援朝精神。2000 年 10 月 25 日，当时的中共中央总书记、国家主席、中央军委主席江泽民在首都各界纪念中国人民志愿军抗美援朝出国作战 50 周年大会上的讲话中，从志愿军角度归纳了如下精神：“在党中央和毛泽东同志的英明领导下，志愿军充分发挥政治优势和我军的光荣传统，与朝鲜人民军一道，面对世界上最强大的敌人，在极为艰难的条件下，扬长避短，以灵活机动的战略战术和一往无前的英雄气概，进行了艰苦卓绝的作战。志愿军指战员始终发扬祖国和人民利益高于一切、为了祖国和民族的尊严而奋不顾身的爱国主义精神，英勇顽强、舍生忘死的革命英雄主义精神，不畏艰难困苦、始终保持高昂士气的革命乐观主义精神，为完成祖国和人民赋予的使命、慷慨奉献自己一切的革命忠诚精神，以及为了人类和平与正义事业而奋斗的国际主义精神，这也就是伟大的抗美援朝精神。这种精神永远是中国人民的宝贵财富。”中国人民在抗美援朝战争中，不畏强敌、敢于斗争、敢于胜利，上下一致、同心协力、团结对敌，为抗击帝国主义侵略，保证战争胜利，空前地表现了中华民族的强大凝聚力，表现了中华民族反抗侵略的决心和力量。

抗美援朝精神是一种非常宝贵的民族精神，表现了中华民族的传统美德。在中国后来的社会主义革命和社会主义建设中发挥了巨大的作用，直至现在仍被广为传颂。

前事不忘，后事之师，中国人民伟大的“抗美援朝、保家卫国”的战争，是中国人民不畏强暴反抗侵略的伟大壮举，创造了震撼世界的光辉业绩，是新中国的光荣和骄傲，是中华民族的光荣和骄傲。她与日月同辉，永久地载入了中华人民共和国和中华民族的光辉史册。

序列表 13

1951 年 10 月志愿军部队序列表

- **中国人民志愿军**
  - 司令员兼政治委员 彭德怀
  - 副司令员兼副政治委员 邓　华
  - 第二副司令员 陈　赓
  - 第三副司令员 宋时轮
  - 副司令员 洪学智
  - 副政治委员兼政治部主任 甘泗淇
  - 参谋长 解　方（参加谈判）
  - 代参谋长 张文舟
  - 副参谋长 王政柱
  - 政治部副主任 杜　平
  - 后方勤务司令部
    - 司令员 洪学智（兼）
    - 政治委员 周纯全
    - 副司令员 张明远
    - 副政治委员 杜者蘅
    - 政治部主任 漆远渥
      - 第1分部
      - 第2分部
      - 第3分部
      - 第4分部
      - 第5分部
      - 第6分部
      - 公安第18师
  - 空军司令部
    - 司令员 刘　震
    - 副司令员 常乾坤
    - 参谋长 沈启贤
    - 政治部副主任 李世安
      - 第2师
      - 第3师
      - 第4师
      - 第8师
      - 第10师
  - 炮兵指挥所 — 主任 匡裕民
    - 榴弹炮第2师
    - 榴弹炮第7师
    - 榴弹炮第8师
    - 战防炮第31师
    - 火箭炮第21师
    - 高射炮第61师
    - 高射炮第62师
    - 高射炮第63师
    - 高射炮第64师
  - 装甲兵指挥所（坦克第1师司令部兼）— 主任 黄鹄显
    - 坦克第1团
    - 坦克第2团
    - 坦克第3团
    - 坦克独立第6团
    - 摩托步兵团

- 工兵指挥所——主任 陈正峰
  - 第1团
  - 第3团
  - 第4团
  - 第7团
  - 第10团
  - 第14团
  - 第15团
  - 第16团
  - 第17团
  - 第18团
  - 第21团
  - 第22团
- 铁道运输司令部——司令员 贺晋年；政治委员 张明远；副司令员 刘居英、李寿轩、叶林；副政治委员 崔田民
  - 抢修指挥局
    - 铁道兵第1师
    - 铁道兵第2师
    - 铁道兵第3师
    - 铁道兵第4师
- **正面防御部队序列**
  - 第9兵团——司令员兼政治委员 宋时轮；副司令员 陶勇；参谋长 覃健；政治部主任 谢有法；副参谋长 王彬、曾辐元
    - 第26军——军长 张仁初；政治委员 李耀文；副军长 张屵秀；参谋长 冯鼎三；政治部主任 王直
      - 第76师
      - 第77师
      - 第78师
  - 第19兵团——司令员 杨得志；政治委员 李志民；副司令员兼参谋长 郑维山；政治部主任 陈先瑞；副参谋长 康博缨
    - 第63军（二线）——军长 傅崇碧；政治委员 龙道权；副政治委员兼政治部主任 黄振棠；参谋长 杜瑜华
      - 第188师
      - 第187师
      - 第189师

- 第20兵团
  - 司令员 杨成武
  - 政治委员兼政治部主任 张南生
  - 参谋长 萧文玖
  - 第一副参谋长 邱蔚
  - 第二副参谋长 赵冠英
  - 第64军
    - 军长 曾思玉
    - 政治委员 王昭
    - 副军长 唐子安
    - 参谋长 马卫华
    - 政治部主任 袁佩爵
    - 第190师
    - 第191师
    - 第192师
  - 第65军
    - 军长 萧应棠
    - 政治委员 王道邦
    - 参谋长 阮平
    - 政治部主任 陈宜贵
    - 第193师
    - 第194师
    - 第195师
  - 第47军
    - 军长 曹里怀
    - 政治委员 李人林
    - 副军长 刘贤权
    - 政治部主任 陈发洪
    - 第139师
    - 第140师
    - 第141师
  - 第67军
    - 代军长 李湘
    - 政治委员 旷伏兆
    - 副军长 刘儒林、李水清
    - 参谋长 刘苏
    - 政治部主任 钟华农
    - 第199师
    - 第200师
    - 第201师
  - 第68军（二线）
    - 军长 陈坊仁
    - 代政治委员 李呈瑞
    - 副军长 宋玉琳
    - 参谋长 宋学飞
    - 政治部主任 严庆堤
    - 第202师
    - 第203师
    - 第204师
- 第42军
  - 军长 吴瑞林
  - 政治委员 周彪
  - 副军长 胡继成
  - 副政治委员 郭成柱
  - 参谋长 廖仲符
  - 政治部主任 丁国钰
  - 第124师
  - 第125师
  - 第126师

- **西海岸防御部队序列**
  - 西海岸指挥所 — 司令员 韩先楚
    - 第38军（二线）
      - 军　长　梁兴初
      - 政治委员　刘西元
      - 副军长　江拥辉
      - 副军长兼参谋长　王良太
      - 副政治委员、副政治部主任　吴　岱
      - 第112师
      - 第113师
      - 第114师
    - 第39军（二线）
      - 军　长　吴信泉
      - 政治委员　李雪三
      - 副军长　吴国璋
      - 副军长兼参谋长　张竭诚
      - 副政治委员　贺大增
      - 政治部主任　石　瑛
      - 第115师
      - 第116师
      - 第117师
    - 第40军（二线）
      - 军　长　温玉成
      - 政治委员　袁升平
      - 副军长兼参谋长　邓　岳
      - 副军长　徐国夫
      - 政治部主任　李伯秋
      - 第118师
      - 第119师
      - 第120师
    - 第50军
      - 军　长　曾泽生
      - 政治委员　徐文烈
      - 副军长　蔡正国
      - 参谋长　舒　行
      - 政治部主任　何运洪
      - 第148师
      - 第149师
      - 第150师
- **东海岸防御部队序列**
  - 东海岸司令部 — 司　令　员 宋时轮；副司令员 陶　勇
    - 第20军（二线）
      - 军　长兼政治委员　张翼翔
      - 副军长　廖政国
      - 副政治委员　谭右铭
      - 参谋长　俞炳辉
      - 第二参谋长　余光茂
      - 政治部主任　邱相田
      - 第58师
      - 第59师
      - 第60师

- 志愿军总预备队
  - 第3兵团：司令员兼政治委员 陈赓；副司令员 王近山；副政治委员 杜义德；参谋长 王蕴瑞；政治部主任 刘有光；副参谋长 李懋之
    - 第27军（二线）：军长 彭德清；政治委员 曾如清；副军长 詹大南；参谋长 李元；政治部主任 张文碧
      - 第80师
      - 第79师
      - 第81师
    - 第16军：军长 尹先炳；政治委员 陈云开
      - 第47师
    - 第12军：军长 曾绍山；副军长兼参谋长 萧永银；副政治委员 李震；政治部主任 李开湘
      - 第31师
      - 第34师
      - 第35师
    - 第15军：军长 秦基伟；政治委员 谷景生；副军长 周发田；参谋长 张蕴钰；政治部主任 车敏樵
      - 第29师
      - 第44师
      - 第45师
    - 第60军：军长 韦杰；政治委员 袁子钦；副军长 查玉升；参谋长 邓仕俊；政治部主任 李哲夫
      - 第179师
      - 第180师
      - 第181师
- 志愿军担任修建机场任务部队
  - 第23兵团：司令员 董其武；政治委员 高克林；副司令员 姚喆；政治部主任 裴周玉；副参谋长 袁庆荣
    - 第36军：代军长 王建业；政治委员 康建民；副军长 张惠源；参谋长 樊折桂；政治部主任 李远
      - 第106师
      - 第107师
    - 第37军：军长 张世珍；政治委员 帅荣；副军长 卫景林、冯梓；政治部主任 张逊之
      - 第109师
      - 第110师

注：

1. 此时，中朝联合司令部司令员兼政治委员为彭德怀，副司令员金雄(朝方)、邓华，副政治委员朴一禹(朝方)。

2. 空军司令部、铁道运输司令部、东海岸司令部和西海岸指挥所均为志愿军和人民军联合指挥机构，朝鲜方面的王琏为中朝空军联合司令部副司令员，南学龙、金黄一为中朝联合铁道运输司令部副司令员，苏尚贤为中朝联合铁道运输司令部副政治委员，朴正德为西海岸联合指挥所副司令员，李离法为东海岸联合司令部副司令员。

3. 此时，人民军在正面战线的部队有人民军前线司令部总指挥金雄指挥的4个军团，即第2、第3、第5、第6军团；西海岸有2个军团，即第1、第4军团；东海岸有1个军团另2个旅，即第7军团、海防第24、第25旅。

序列表 14

1952 年 8 月中国人民志愿军部队序列表

- **中国人民志愿军**
  - 司令员兼政治委员　彭德怀
  - 代司令员兼代政治委员　邓　华
  - 第二副司令员　杨得志
  - 副司令员　洪学智
  - 副政治委员兼政治部主任　甘泗淇
  - 参谋长　解　方（参加停战谈判）
  - 代参谋长　张文舟
  - 副参谋长　王政柱
  - 政治部副主任　杜　平
  - 干部部副部长　袁升平
  - **后方勤务司令部**
    - 司令员　洪学智(兼)
    - 政治委员　周纯全
    - 副司令员　张明远
    - 副政治委员　杜者蘅
    - 政治部主任　李雪三
    - 政治部副主任　贺大增
    - 第1分部
    - 第2分部
    - 第3分部
    - 第4分部
    - 第5分部
    - 公安第18师
  - **空　军司令部**
    - 司令员　刘　震
    - 政治委员　周赤萍(兼)
    - 副司令员　常乾坤(兼)
    - 参谋长　黄炜华
    - 政治部副主任　李世安
    - 后勤部（由东北军区空军后勤部兼）
      - 部长　戈　江
      - 政治委员　王海清
    - 第3师
    - 第4师
    - 第6师
    - 第12师
    - 第15师
    - 第17师
    - 第18师
  - **炮兵指挥所**
    - 主　任　匡裕民
    - 榴弹炮第1师
    - 榴弹炮第2师
    - 榴弹炮第7师
    - 榴弹炮第8师
    - 火箭炮第21师
    - 战防炮第31师
    - 高射炮第61师

- 装甲兵指挥所
  - 主任 赵杰
  - 副主任 孙三
  - 副主任兼参谋长 王超
  - 坦克第1团
  - 坦克第2团
  - 坦克第3团
  - 坦克独立第1团
- 工兵指挥部
  - 司令员兼政治委员 谭善和
  - 参谋长 苏旺
  - 政治部主任 严宗三
  - 工兵第4团
  - 工兵第7团
  - 工兵第10团
  - 工兵第12团
  - 工兵第14团
  - 工兵第15团
  - 工兵第16团
  - 工兵第17团
  - 工兵第18团
  - 工兵第21团
  - 工兵第22团
- 前方铁道运输司令部
  - 司令员兼政治委员 刘居英
  - 副司令员 李寿轩
  - 副政治委员 崔田民
  - 铁路抢修指挥所 司令员 彭敏
    - 铁道兵第1师
    - 铁道兵第2师
    - 铁道兵第3师
    - 铁道兵第4师
  - 高射炮兵指挥所 司令员 吴昌炽
    - 高射炮第62师
    - 高射炮第63师
    - 高射炮第64师
- 第39军
  - 军长兼政治委员 吴信泉
  - 副军长兼参谋长 张竭诚
  - 政治部主任 石瑛
  - 第115师
  - 第116师
  - 第117师

- 正面战线
  - 第19兵团
    - 司令员 韩先楚
    - 政治委员 李志民
    - 副司令员兼参谋长 曾思玉
    - 副参谋长 陈先瑞
    - 政治部主任 薛克忠
    - 第40军
      - 军长兼政治委员 温玉成
      - 第一副军长兼参谋长 邓岳
      - 第二副军长 徐国夫
      - 副政治委员兼政治部主任 李伯秋
      - 第118师
      - 第119师
      - 第120师
    - 63军（第二梯队）
      - 军长 傅崇碧
      - 政治委员 龙道权
      - 副军长 易耀彩
      - 副政治委员 黄振棠
      - 参谋长 杜瑜华
      - 政治部主任 路扬
      - 第187师
      - 第188师
      - 第189师
    - 第65军
      - 军长 萧应棠
      - 政治委员 王道邦
      - 参谋长 阮平
      - 政治部主任 陈宜贵
      - 第193师
      - 第194师
      - 第195师
  - 第3兵团
    - 副司令员 王近山
    - 副政治委员 杜义德
    - 参谋长 王蕴瑞
    - 政治部主任 刘有光
    - 第38军
      - 代军长 江拥辉
      - 副政治委员代政治委员 吴岱
      - 副军长兼参谋长 王良太
      - 政治部主任 王树君
      - 第112师
      - 第113师
      - 第114师
    - 第15军
      - 军长 秦基伟
      - 政治委员 谷景生
      - 副军长 周发田
      - 参谋长 张蕴钰
      - 政治部主任 车敏樵
      - 第29师
      - 第44师
      - 第45师
    - 第60军（第二梯队）
      - 军长 张祖谅
      - 副政治委员 赵兰田
      - 参谋长 邓仕俊
      - 第179师
      - 第180师
      - 第181师

- 第20兵团
  - 代司令员 郑维山
  - 政治委员兼政治部主任 张南生
  - 参谋长 萧文玖
  - 副参谋长 邱蔚、赵冠英
  - 第12军
    - 军长 曾绍山
    - 政治委员 李震
    - 副军长兼参谋长 萧永银
    - 政治部主任 李开湘
    - 第31师
    - 第34师
    - 第35师
  - 第67军（第二梯队）
    - 军长 邱蔚
    - 政治委员 旷伏兆
    - 副军长 刘儒林、李水清、马辉
    - 参谋长 刘苏
    - 政治部主任 钟华农
    - 第199师
    - 第200师
    - 第201师
  - 第68军
    - 军长 陈坊仁
    - 政治委员 李呈瑞
    - 副军长 宋玉林
    - 参谋长 宋学飞
    - 政治部主任 严庆堤
    - 第202师
    - 第203师
    - 第204师
- 东海岸司令部（第9兵团兼）
  - 司令员兼政治委员 王建安
  - 副司令员 陶勇
  - 参谋长 覃健
  - 政治部主任 谢有法
  - 第20军（第二梯队）
    - 军长兼政治委员 张翼翔
    - 副军长 廖政国
    - 副政治委员 谭右铭
    - 参谋长 黄朝天
    - 政治部主任 邱相国
    - 第58师
    - 第59师
    - 第60师
  - 第27军（第二梯队）
    - 军长 彭德清
    - 政治委员 曾如清
    - 副军长 孙端夫
    - 副政治委员 张文碧
    - 参谋长 李元
    - 政治部主任 张英勃
    - 第79师
    - 第80师
    - 第81师

- 西海岸指挥部 副司令员代司令员 梁兴初
  - 第42军（第二梯队）
    - 军长 吴瑞林
    - 政治委员 周彪
    - 副军长 胡继成、彭龙飞
    - 副政治委员 郭成柱
    - 参谋长 廖仲符
    - 政治部主任 丁国钰
    - 第124师、第125师、第126师
  - 第50军
    - 军长 曾泽生
    - 政治委员 徐文烈
    - 副军长 蔡正国
    - 参谋长 舒行
    - 政治部主任 何运洪
    - 第148师、第149师、第150师
  - 第64军（第二梯队）
    - 军长 唐子安
    - 政治委员 黄文明
    - 第一副军长兼参谋长 马卫华
    - 第二副军长 谢正荣
    - 政治部主任 袁佩爵
    - 第190师、第191师、第192师
  - 总预备队第47军
    - 政治委员 李人林
    - 副军长 刘贤权
    - 副政治委员 陈发洪
    - 第139师、第140师、第141师

注：

1. 中朝联合司令部司令员兼政治委员彭德怀、副司令员邓华，副政治委员朴一禹（朝方）。

2. 彭德怀在国内主持中央军委日常工作，仍兼任志愿军司令员和政治委员。

3. 空军司令部、前方铁道运输司令部、东海岸司令部、西海岸指挥部均为志愿军和人民军联合指挥机构，朝鲜方面的王琏为中朝空军联合司令部副司令员，金黄一为前方铁道运输司令部副司令员，李离法为东海岸司令部副司令员，郑哲宇为西海岸指挥部副司令员。

4. 此时人民军在正面战线的部队有人民军前线司令员金光侠指挥的第1、第2、第3军团，在西海岸的有第4军团，在东海岸的有第5、第7军团。

序列表 15

上甘岭战役志愿军参战部队序列表

1952 年 10 ~ 11 月

中国人民志愿军总部

- 司令员兼政治委员 彭德怀
- 代司令员代政治委员 邓 华
- 第二副司令员 杨得志
- 副司令员 洪学智
- 副政治委员兼政治部主任 甘泗淇
- 参谋长 解 方(参加谈判)
- 代参谋长 张文舟
- 副参谋长 王政柱
- 政治部副主任 杜 平

- 第15军
  - 军 长 秦基伟
  - 政治委员 谷景生
  - 副 军 长 周发田
  - 参 谋 长 张蕴钰
  - 政治部主任 车敏樵
  - 第45师
    - 第133团
    - 第134团
    - 第135团
  - 第29师
    - 第85团(1个连)
    - 第86团(欠1个连)
    - 第87团(5个连)

- 第3兵团
  - 副司令员 王近山
  - 副政治委员 杜义德
  - 参谋长 王蕴瑞
  - 政治部主任 刘有光
  - 后勤部部长 张乃川
    - 炮兵指挥所
      - 军炮兵第9团
      - 炮兵第11团(2个营)
      - 炮兵第20团(2个营)
      - 炮兵第28团(1个营)
      - 炮兵第29团(1个营)
      - 炮兵第30团(1个营另1个连)
      - 火箭炮第209团
      - 第60军野炮团(2个连)
      - 高射炮兵
        - 第35营
        - 第20营
        - 第610团(3个连)
        - 第601团(2个连)
    - 第12军 副军长 李德生
      - 第31师
        - 第91团
        - 第93团
        - 第92团
      - 第34师
        - 第106团(7个连)
    - 预备队
      - 第15军第44师
      - 第12军第34师(欠第106团)

注：

11月5日组成五圣山战斗指挥所(第15前指),由李德生统一指挥志愿军参战部队。参加上甘岭作战的炮兵,在战役的前两个阶段,由第45师炮兵指挥所统一指挥。在第三阶段成立前指炮兵指挥所,由炮兵第7师师长颜伏统一指挥。

序列表 16

“联合国军”“金化攻势”参战部队序列表

1952 年 10～11 月

“联合国军” 总司令 马克·克拉克—— 美第 8 集团军 司令 詹姆斯·范佛里特

- 美第9军 军长 詹金斯
  - 美第7师 师长 史密斯
    - 第17团
    - 第31团
    - 第32团
    - 空降第187团
    - 埃塞俄比亚营
    - 哥伦比亚营
  - 南朝鲜第2师 师长 丁一权(前) 姜文奉(后)
    - 第17团
    - 第31团
    - 第32团
    - 第37团(配属)
  - 南朝鲜第9师 师长 金钟五
    - 第30团
    - 第28团
    - 第29团
  - 加强炮兵
    - 美第9军炮兵群 群长 科尔克兰
      - 南朝鲜炮兵第93营
      - 炮兵第980营
      - 炮兵第75营
      - 美炮兵第92营
      - 炮兵第143营
      - 美炮兵第955营
      - 美炮兵第424营
      - 炮兵第981营
      - 炮兵第140营
      - 第2火箭炮营
      - 美第140坦克营(1个连)
      - 军炮兵化学迫击炮营(1个连)
      - 第86工兵照明连(1个排)
      - 军对空射击队(1个排)
    - 第1炮兵群
      - 南朝鲜炮兵第18营
      - 南朝鲜炮兵第51营
      - 南朝鲜炮兵第52营
      - 南朝鲜炮兵第30营
  - 支援航空兵 美第5航空队1个大队

序列表 17

1953 年 4 ~5 月中国人民志愿军部队序列表

- **中国人民志愿军**
  - 司令员兼政治委员 彭德怀
  - 代司令员兼代政治委员 邓华
  - 第二副司令员 杨得志
  - 副司令员 洪学智
  - 副政治委员 甘泗淇(至4月)
  - 参谋长 解方(至4月) 李达
  - 政治部主任 李志民
  - 副参谋长 王政柱
  - 副主任 张平 张南生(5月)
  - 干部部副部长 袁升平
  - **后方勤务司令部**
    - 司令员 洪学智
    - 政治委员 周纯全
    - 副司令员 张明远 吴先恩
    - 参谋长 罗文
    - 政治部主任 李雪三
    - 副主任 贺大增
      - 第1分部
      - 第2分部
      - 第3分部
      - 第4分部
      - 第5分部
      - 公安第1师
  - **炮兵指挥所**
    - 司令员 高存信
    - 政治委员 刘何
    - 参谋长 朱光
    - 政治部主任 佘积德
      - 炮兵第1师(配西海指)
      - 炮兵第2师
      - 炮兵第7师(配 9 兵团)
      - 炮兵第8师(配19兵团)
      - 炮兵第10师(配46团)
      - 火箭炮第21师
      - 火箭炮第22师(师部在国内)
      - 战防炮第33师
      - 高射炮兵第61师

- 装甲兵第一指挥所（坦克第3师司令部兼） 主任 赵杰
  - 坦克第4团
  - 坦克第5团
  - 坦克第6团
  - 坦克独立第2团
- 空军司令部
  - 司令员 聂凤智
  - 副司令员 段苏权
  - 成钧
  - 参谋长 吴肃
  - 政治部主任 王学武
  - 副参谋长 叶泰清
  - 后勤部部长 戈江
  - 后勤部政治委员 王海清
    - 第3师
    - 第4师
    - 第6师
    - 第12师
    - 第14师
    - 第15师
    - 第16师
    - 第17师
- 安东防空区司令部 司令员 成钧
  - 前方指挥所（铁路高炮指挥所兼） 主任 吴昌炽
    - 高射炮兵 第62师
    - 高射炮兵 第63师
    - 高射炮兵 第64师
    - 城防高炮部队4个团
- 铁路运输司令部
  - 前方运输司令部 司令员 刘居英 政委 崔田民
    - 抢修指挥所 代司令员 刘克（铁道兵团）
      - 铁1师
      - 铁2师
      - 铁3师
      - 铁4师
      - 工总
    - 高建铁路指挥局 局长 郭维城
      - 铁5师
      - 铁6师
      - 铁9师
      - 铁10师
      - 铁11师
    - 铁道军事管理总局 局长 刘居英（兼）
      - 第1分局
      - 第2分局
      - 第3分局
      - 第4分局
      - 第5分局

- 工兵指挥所
  - 司　令　员
    兼政治委员　谭善和
  - 参　谋　长　苏　旺
  - 政治部主任　严宗三
    - 工3团
    - 工4团
    - 工6团
    - 工7团
    - 工9团
    - 工10团
    - 工12团
    - 工14团
    - 工18团
    - 工21团
    - 工22团
    - 工17团(1个营)
    - 工26团(1个营)
- 西海岸指挥部
  - 司　令　员
    兼政治委员　邓　华(兼)
  - 第一副司令员　梁兴初
  - 第二副司令员　吴信泉
  - 副政治委员
    兼政治部主任　杜　平(兼)
  - 参　谋　长　王政柱(兼)
    - 第16军(二线)
      - 军　长　尹先炳
      - 政治委员　陈云开
      - 副军长
        兼参谋长　杨俊生
        - 第32师
        - 第46师
        - 第47师
    - 第38军
      - 代军长　江拥辉
      - 代政治委员　吴　岱
      - 副军长　王良太
      - 参谋长　李际泰
      - 政治部主任　王树君
        - 第112师
        - 第113师
        - 第114师
        - 第137师(配属)
    - 第39军(二线)
      - 军　长
        兼政治委员　吴信泉
      - 副军长　张竭成
      - 副政治委员　石　瑛
      - 副参谋长　沈铁兵
      - 政治部主任　杨启轩
        - 第115师
        - 第116师
        - 第117师

- 第40军(二线)
  - 军长兼政治委员　温玉成
  - 第一副军长　邓岳
  - 第二副军长　徐国夫
  - 副政治委员兼政治部主任　李伯秋
  - 参谋长　叶荫庭
  - 第118师
  - 第119师
- 第50军
  - 军长　曾泽生
  - 政治委员　徐文烈
  - 副军长　曾雍雅
  - 副政治委员　何运洪
  - 参谋长　蒋克诚
  - 政治部主任　杨中行
  - 第148师
  - 第149师
  - 第150师
- 第54军(二线)
  - 军长　丁盛
  - 政治委员　谢明
  - 副军长　吴瑞山
  - 政治部主任　谢家祥
  - 第130师
  - 第134师
  - 第135师
- 炮兵第1师
- 装甲兵第二指挥所(坦克第1师司令部兼)主任罗杰
  - 坦克第1团
  - 坦克第2团
  - 坦克独立第3团
- 海军办公室——海军快艇大队
- 空军前方指挥所

- 东海岸司令部（第3兵团兼）
  - 司　令　员　许世友
  - 副 司 令 员　王近山（至4月）
  - 　　　　　　曾绍山
  - 副政治委员　杜义德
  - 参　谋　长　王蕴瑞
  - 政治部主任　刘有光
  - 第12军（二线）
    - 政 治 委 员　李　震
    - 副　军　长 兼 参 谋 长　萧永银
    - 副　军　长　李德生
    - 副 参 谋 长　宗书阁
    - 第31师
    - 第34师
    - 第35师
    - 第33师（至4月）
  - 第15军（二线）
    - 代　军　长　李成芳
    - 政 治 委 员　谷景生
    - 副　军　长　周发田
    - 参　谋　长　张蕴钰
    - 政治部主任　车敏樵
    - 第29师
    - 第44师
    - 第45师
- 正面部队
  - 第19兵团
    - 司　令　员　韩先楚（至4月）
    - 　　　　　　黄永胜
    - 副 司 令 员 兼 参 谋 长　曾思玉
    - 副政治委员 兼政治部主任　陈先瑞
    - 副 参 谋 长　薛克忠
    - 第1军
      - 军　　　长　黄新廷
      - 政 治 委 员　梁仁芥
      - 副　军　长　徐国贤
      - 参　谋　长　杨文安
      - 政治部主任　吴融峰
      - 第1师
      - 第2师
      - 第7师
    - 第46军
      - 军　　　长　萧全夫
      - 政 治 委 员　吴保山
      - 副　军　长　王尚荣
      - 副政治委员 兼政治部主任　张秀川
      - 参　谋　长　张万春
      - 第133师
      - 第136师
      - 第120师（配属）
    - 第63军（二线）
      - 军　　　长　傅崇碧
      - 政 治 委 员　龙道权
      - 副　军　长　阮　平
      - 副政治委员　黄振棠
      - 参　谋　长　杜瑜华
      - 政治部主任　路　扬
      - 第187师
      - 第188师
      - 第189师

- 第64军（二线）
  - 军长 唐子安
  - 政治委员 黄文明
  - 第一副军长兼参谋长 马卫华
  - 第二副军长 谢正荣
  - 副政治委员兼政治部主任 袁佩爵
  - 第190师
  - 第191师
  - 第192师
- 第65军
  - 军长兼政治委员 王道邦
  - 副军长 赵文进
  - 副政治委员 陈宜贵
  - 参谋长 郑三生
  - 政治部主任 陈亚夫
  - 第193师
  - 第194师
  - 第195师
- 炮兵第8师

- 第9兵团
  - 司令员兼政治委员 王建安
  - 副司令员 王必成
  - 参谋长 胡炳云
  - 政治部主任 谢有法
  - 第23军
    - 军长 钟国楚
    - 政治委员 卢胜
    - 副军长 杜屏
    - 参谋长 贾若瑜
    - 政治部代主任 张孤梅
    - 第67师
    - 第69师
    - 第73师
  - 第24军
    - 代军长兼代政治委员 张震
    - 副军长 梁金华
    - 副政治委员兼政治部主任 李彬山
    - 参谋长 李家益
    - 第70师
    - 第72师
    - 第74师
  - 炮兵第7师

- 第20兵团
  - 代司令员 郑维山
  - 司令员 杨勇
  - 政治委员 王平
  - 参谋长 萧文玖
  - 副参谋长 赵冠英
  - 第60军
    - 军长 张祖谅
    - 副军长 王诚汉
    - 副政治委员 赵兰田
    - 副军长兼参谋长 邓仕俊
    - 第179师
    - 第180师
    - 第181师
    - 第33师
  - 第67军
    - 军长 邱蔚
    - 政治委员 旷伏兆
    - 副军长 刘儒林
    - 李水清
    - 马辉
    - 参谋长 刘苏
    - 政治部主任 钟华农
    - 第199师
    - 第200师
    - 第201师
  - 第68军
    - 军长 陈坊仁
    - 政治委员 李呈瑞
    - 副军长 宋玉林
    - 副政治委员 李致远
    - 参谋长 宋学飞
    - 政治部主任 严庆堤
    - 第202师
    - 第203师
    - 第204师
- 志愿军总预备队
  - 第21军
    - 军长 吴泳湘
    - 政治委员 谢福林
    - 副军长 周长胜
    - 参谋长 胡炜
    - 政治部主任 严政
    - 第61师
    - 第62师
    - 第63师
  - 第47军
    - 军长 张天云
    - 政治委员 刘贤权
    - 副军长兼参谋长 叶建民
    - 副政治委员 陈发洪
    - 政治部主任 彭清云
    - 第139师
    - 第140师
    - 第141师
  - 铁道兵第7师

注：

1. 中朝联合司令部司令员兼政治委员彭德怀，副司令员邓华、崔庸健（朝方）。

2. 空军司令部、铁路运输司令部、西海岸指挥部、东海岸司令部均为志愿军和人民军联合指挥机构。朝方王琏任中朝空军联合司令部副司令员，金相仁任新建铁路指挥局副局长，方虎山任西海岸指挥部副司令员，金雄任东海岸司令部副司令员。

3. 朝鲜人民军前线总司令部司令员金光侠指挥正面第3、第7军团和第1军团（二线），在西海岸有第4军团，在东海岸有第2、第5军团。

序列表 18

金城以南地区进攻战役志愿军参战部队序列表

1953 年 7 月

- **中国人民志愿军**
  - 司令员兼政治委员　彭德怀
  - 代司令员代政治委员　邓　华
  - 副司令员　杨得志
  - 洪学智
  - 参谋长　李　达
  - 政治部主任　李志民
  - 政治部副主任　张南生

- 第20兵团
  司令员　杨　勇
  政治委员　王　平
  参谋长　萧文玖
  副参谋长　赵冠英
  - 西集团
    第 68 军副军长　宋玉琳
    第 54 军副军长　吴瑞山
    第68军副政治委员　李致远
    第 68 军副参谋长　廖鼎祥
    - 第68军第203师
    - 第68军第204师
    - 第54军第130师
    - 炮兵
      - 第135师野炮营
      - 第199师野炮营
      - 第198师炮兵营
      - 第200师2个榴炮连
      - 第130师山炮营
      - 第134师山炮营
      - 第134师野炮营
      - 第135师山炮营
      - 第203师山炮营
      - 坦克第3师炮兵团1个营1个连
      - 炮兵第6团第2营
      - 炮兵第30团第1营
      - 炮兵第20团1个连
      - 炮兵第201团
      - 炮兵第404团第2营
      - 高射炮兵
        - 第601团
        - 第50团
        - 第49团
        - 第135师独立高射炮兵营
    - 工兵第4团2个营
    - 坦克独立第2团1个连
    - 57毫米防坦克炮1个营

- 中集团
  第67军军长 邱蔚
  第54军军长 丁盛
  第67军政治委员 旷伏兆
  第54军政治委员 谢明
  - 第67军第199师
  - 第67军第200师
  - 第67军第201师
  - 第54军第135师
  - 第68军第202师2个团
  - 炮兵
    - 第201师野炮营
    - 第199师山炮连
    - 第200师山炮连
    - 第201师山炮连
    - 第196师炮团第3营
    - 炮兵第29团第2、3营
    - 炮兵第28团第1、2营
    - 炮兵第41团
    - 炮兵第207团
    - 高射炮兵
      - 第607团
      - 第45营
      - 第46营
      - 第47营
      - 第22营
  - 工兵
    - 第10团1个营
    - 第20团1个营
  - 坦克独立团1个连
  - 57毫米防坦克炮1个营
- 东集团
  第60军军长 张祖谅
  第60军副军长 王诚汉
  第60军副军长兼参谋长 邓仕俊
  第60军副政治委员 赵兰田
  - 第60军第179师
  - 第60军第180师
  - 第60军第181师
  - 第68军第202师第605团
  - 第21军第61师
  - 第21军第63师
  - 第33师（归第21军指挥）
  - 炮兵
    - 第60军野炮团
    - 炮兵第20团第1、2营
    - 第179师山炮营
    - 第180师山炮营
    - 第181师山炮营
    - 第33师1个榴炮连
    - 第196师炮团第2营
    - 高射炮兵
      - 第48营
      - 第53营
  - 工兵
    - 第10团1个营
    - 第18团1个营
- 预备队第54军第134师

- **第9兵团**
  - 司令员兼政治委员 王建安
  - 副司令员 王必成
  - 参谋长 胡炳云
  - 政治部主任 谢有法
  - 第24军
    - 代军长兼代政治委员 张震
    - 副军长 李家益 陈仁洪
    - 政治部主任 李彬山
    - 第70师
    - 第72师
    - 第74师
    - 炮兵
      - 建制炮兵
        - 第70师炮兵团
          - 野炮1个营
          - 山炮2个营
        - 第72师炮兵团
          - 山炮3个营
        - 第74师炮兵团
          - 野炮2个营
          - 山炮1个营
      - 配属炮兵
        - 炮兵第11团第2营
        - 炮兵第21团第1营
        - 炮兵第205团第1营
        - 炮兵第210团第1营
        - 炮兵第405团
        - 炮兵第29团第1营
        - 坦克第2师炮兵团第2营
        - 第38军第112师炮兵团榴炮营
        - 第16军第47师炮兵团榴炮营
        - 炮兵第47团第1营1连
        - 第16军第32师炮兵团榴炮营
        - 第66军独立战防炮营
        - 坦克第2团（欠1个连）
        - 高射炮兵
          - 高炮第602团
          - 高炮第16营
          - 高炮第17营
          - 高炮第20营
          - 坦克第2团高炮连
          - 炮兵第29团高炮连

后　　记

为纪念中国人民志愿军抗美援朝出国作战50周年，经中央军委常务会议1996年3月20日批准，由军事科学院军事历史研究部具体承担编写多卷本《抗美援朝战争史》的任务，从1996年起列入军事科学院年度科研计划，并列为中国人民解放军“九五”科研计划的重点课题之一。军事科学院成立了编写领导小组，确定了编写指导思想和基本原则。军事科学院军事历史研究部组成了编写组，在当时部长林登泉，副部长曾庆洋、支绍曾的领导下完成编写。

编写组由齐德学、曲爱国、邓礼峰、鲍明荣、王成志、郭志刚、丁伟、徐金洲、姚莲瑞9人组成，齐德学任组长。由鲍明荣、曲爱国起草编写纲目，共分为三卷，经编写组集体研究修改报领导小组同意后进行编写，具体编写分工（按修订后两卷本的统一编章）是：

齐德学为主编，撰写第十、第十一、第十六、第三十三、第三十四和第六十三章；

曲爱国为副主编，撰写第一、第二、第三、第七章全部和第六、第八、第十七、第二十八、第二十九、第三十、第三十一、第三十二章的各一部分；

邓礼峰撰写第四、第十八、第二十二、第二十三、第二十四、第二十五、第二十六、第二十七章；

鲍明荣撰写第五十五、第五十六、第五十七、第六十、第六十一、第六十二章；

王成志撰写第三十五、第三十六、第三十七、第三十八、第三十九、第四十、第四十一、第五十九章；

郭志刚撰写第五、第四十八、第四十九、第五十、第五十一、第五十二、第五十三、第五十四章；

丁伟撰写第九、第十三、第十四、第十五、第十九、第二十、第二十一章；

徐金洲撰写第十二、第四十二、第四十三、第四十四、第四十五、第四十六、第四十七、第五十八章；

姚莲瑞撰写第六、第八、第十七、第二十八、第二十九、第三十、第三十

一、第三十二章的各一部分。

个人撰写完成后,在讨论修改的基础上,分别由曲爱国对第一至第十九章和第二十八至第三十二章,齐德学对第二十至第二十七章和第三十三至第六十三章进行了统改。

由当时军事历史研究部领导主持,邀请当时军事科学院科研指导部学术调研处副处长黄星研究员及皮明勇研究员为评委会主任;军史部原部长沈宗洪研究员、该部原第四研究室主任孟照辉研究员、该部原第四研究室吴晨、于若平研究员,该部原百科编研室王汉鸣、李荣耀研究员,中共党史研究室第三研究部主任章百家研究员,中央文献研究室第三研究部副主任熊华源研究员,军事科学院学术调研处何仁学助理研究员为成员,共11人组成评审委员会,对书稿进行了评审。根据评审意见,编写组对书稿又进行了一次全面修改,全书由齐德学最后定稿。2000年9月由军事科学出版社出版。

这部著作是根据中外有关历史档案,参考中外权威性的历史著作和权威当事人的回忆录,在军事科学院军事历史研究部编著的《中国人民志愿军抗美援朝战史》和《当代中国丛书·抗美援朝战争》两书的基础上编写的,是中国第一部以军事斗争为主线,从政治、经济、外交等多方面全景式反映中国人民抗美援朝战争的历史著作。

在编写过程中,吸收了20世纪90年代国内外有关研究成果。解放军档案馆、军事科学院军事图书资料馆为本书编写提供了大量资料,在此一并表示感谢。

此次修订由齐德学、曲爱国、郭志刚主持,主要做了以下工作:一是将第一版三卷本合并为两卷本统一编章;二是根据进入21世纪以来新发现的历史档案并吸收有关研究成果,对第三、第十、第十一、第四十二、第四十五、第五十一、第五十三、第五十四、第五十九、第六十三章等作了个别内容增补或修订;三是对全书引文注释尽量作了统一规范,将原引自《建国以来毛泽东文稿》、《毛泽东文集》、《毛泽东军事文集》中的引文,凡已收入《建国以来毛泽东军事文稿》中的,均改注为《建国以来毛泽东军事文稿》,并按《建国以来毛泽东军事文稿》进行了核对;四是对全书文字进行了认真校订。

由于编写组和修订人水平有限,书中难免有疏漏和不当之处,欢迎有关当事人、专家和广大读者批评指正。

主　编　齐德学

2010年10月

附图12

1951年7月27日在关于军事分界线问题的谈判中美方所提军事分界线图

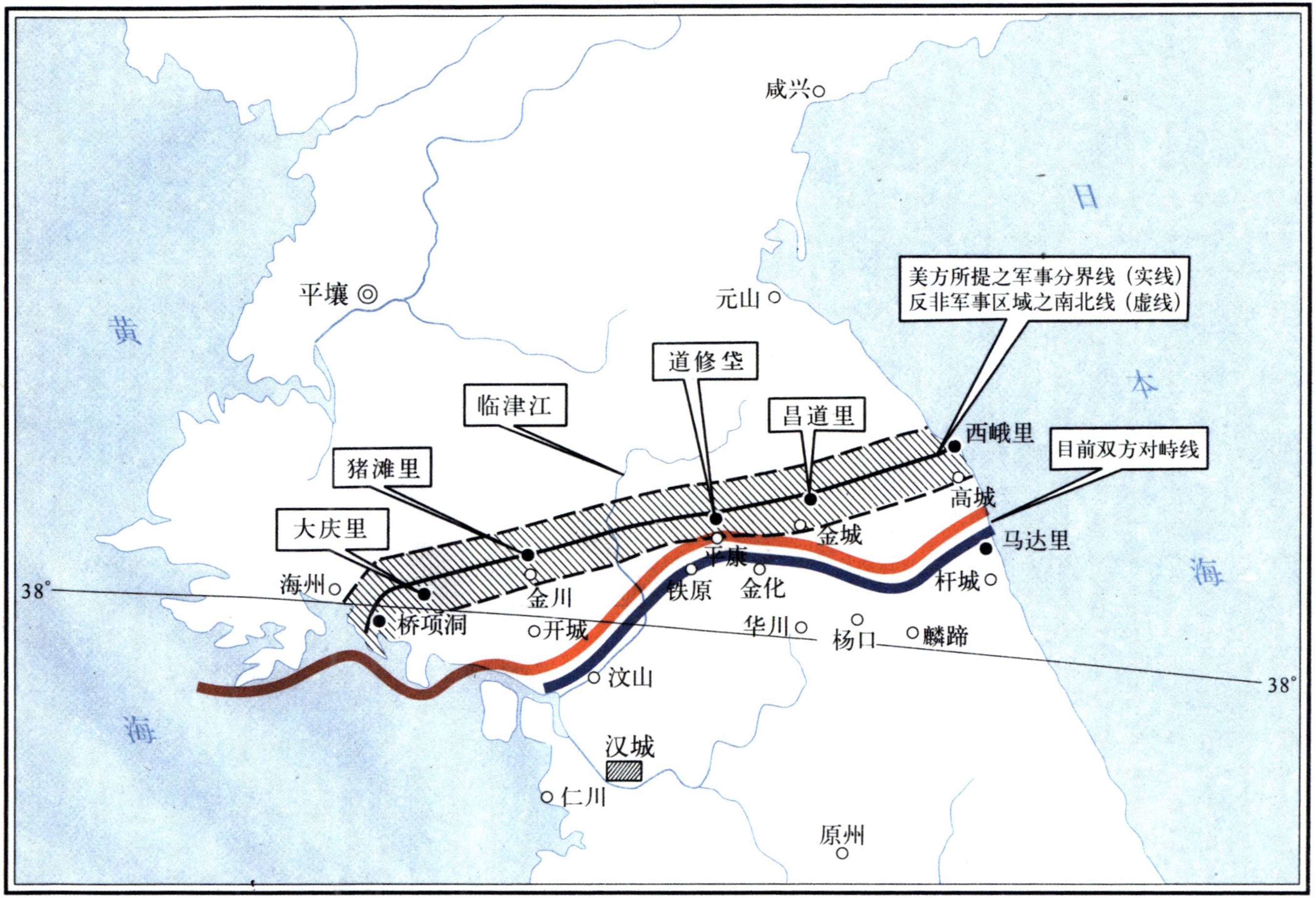

1951年粉碎敌人夏季攻势经过要图

（8月18日—9月18日）

附图13

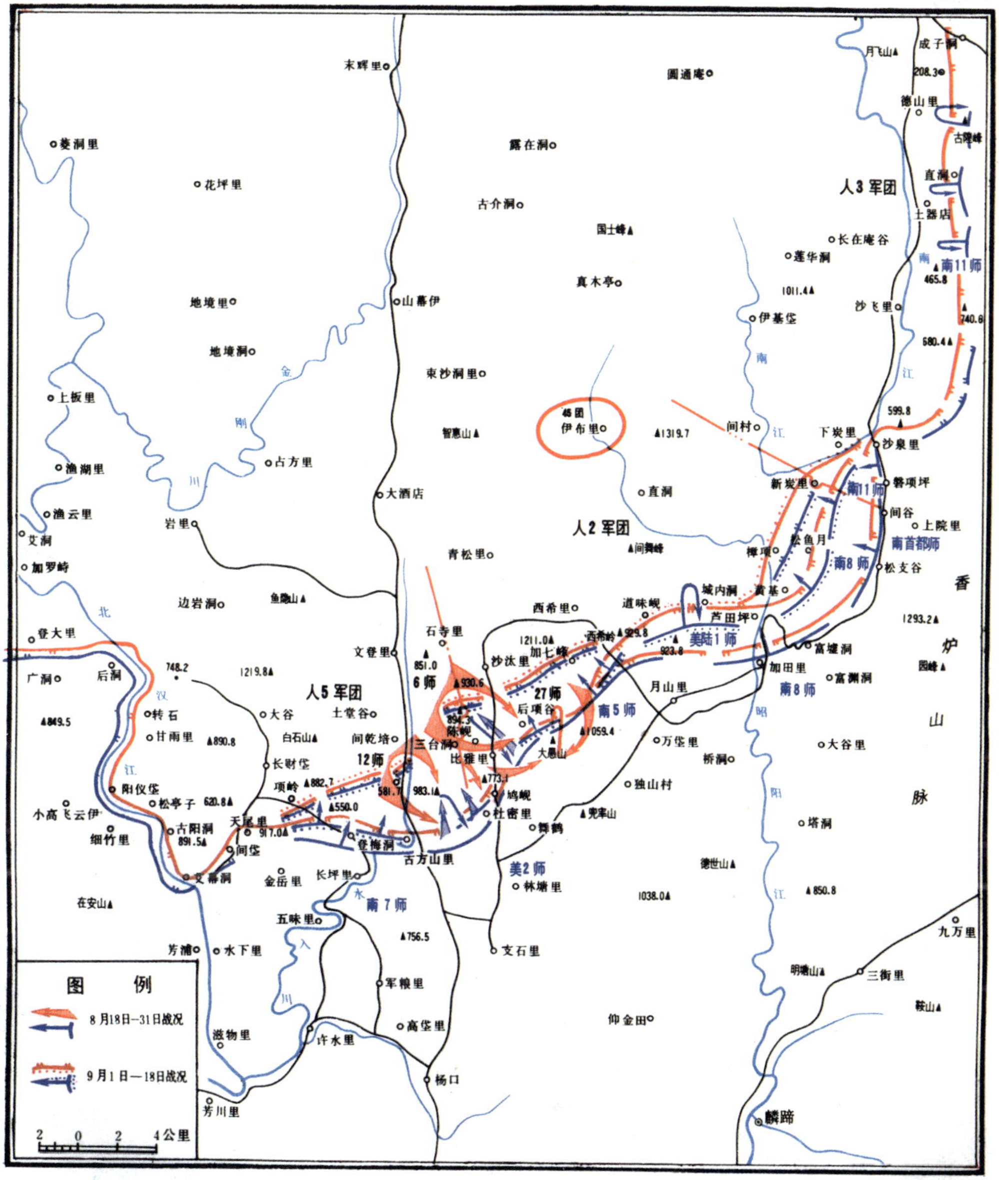

1951年粉碎敌人秋季攻势(西线)经过要图

(9月29日—10月18日)

附图14

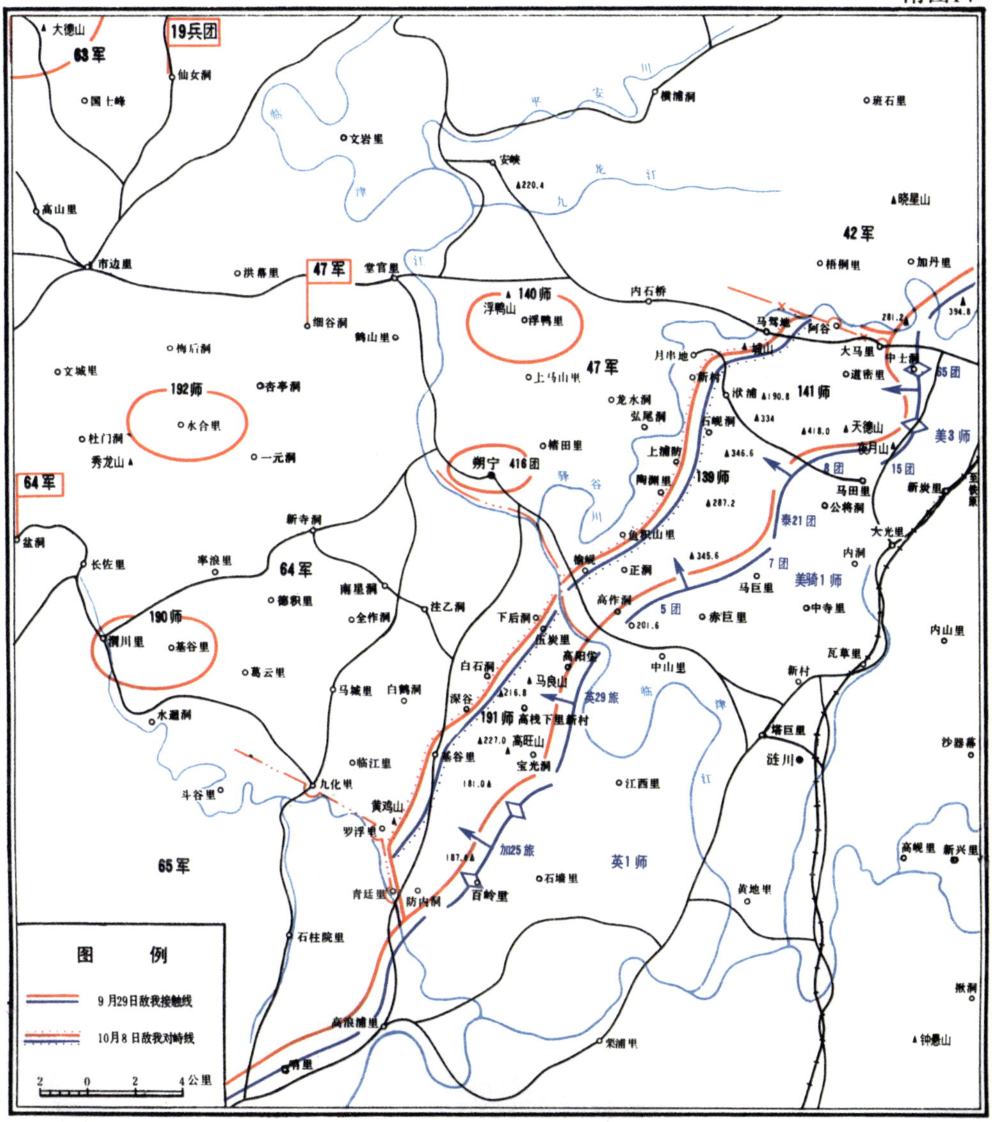

反"绞杀战"期间我军对空防御示意图

附图16

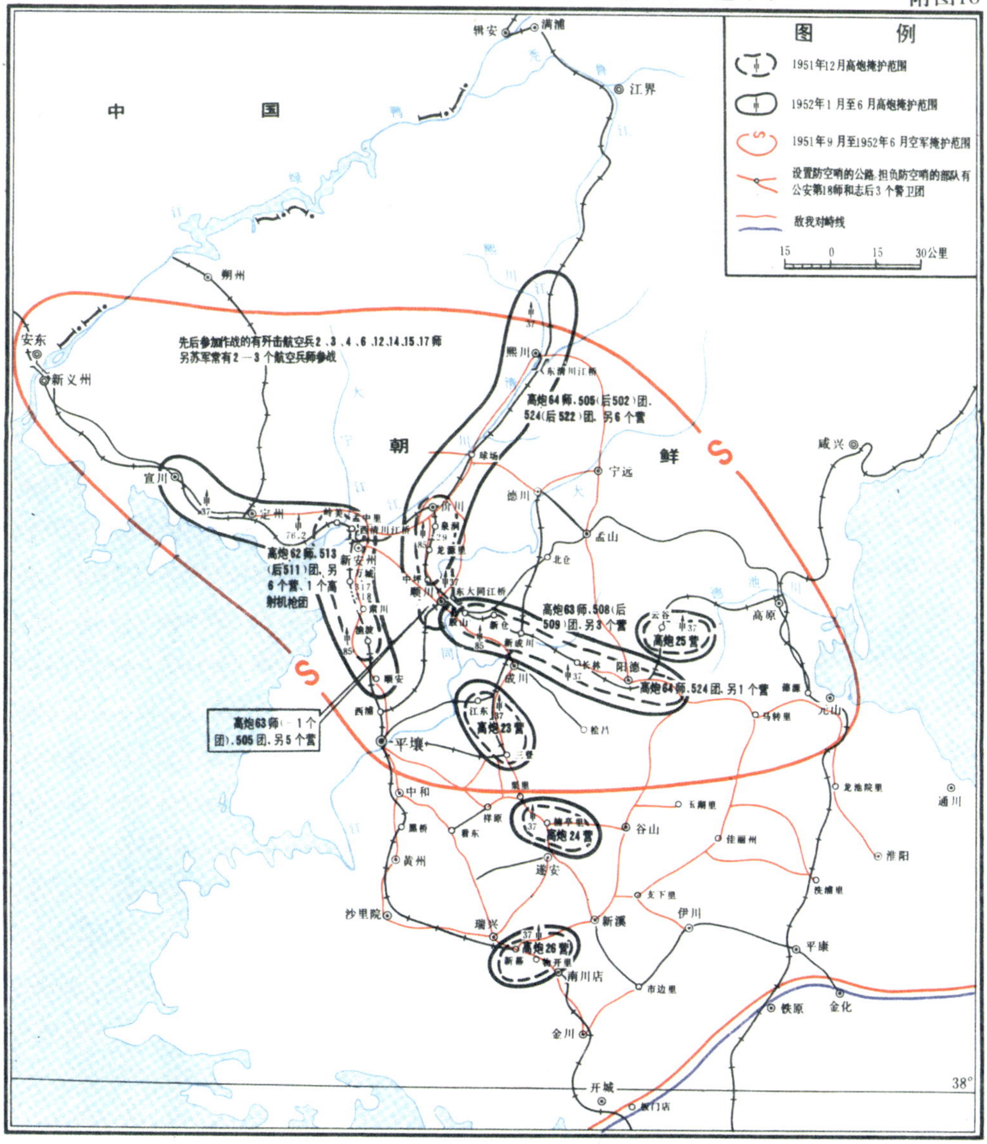

1952年美军在我国东北地区撒布细菌地域略图

附图18

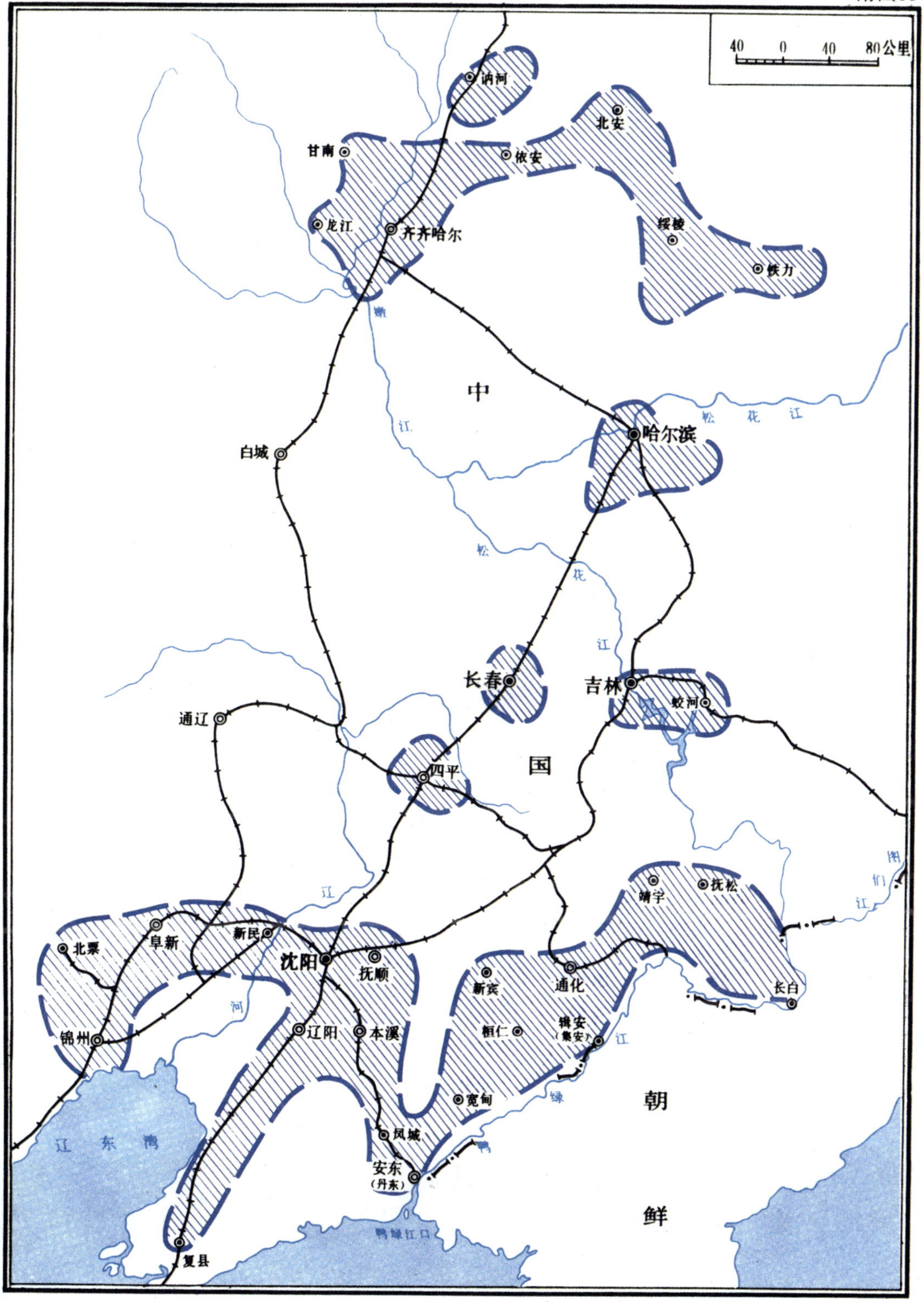

1952年秋季战术反击作战要图

（9月18日—10月31日）

附图19

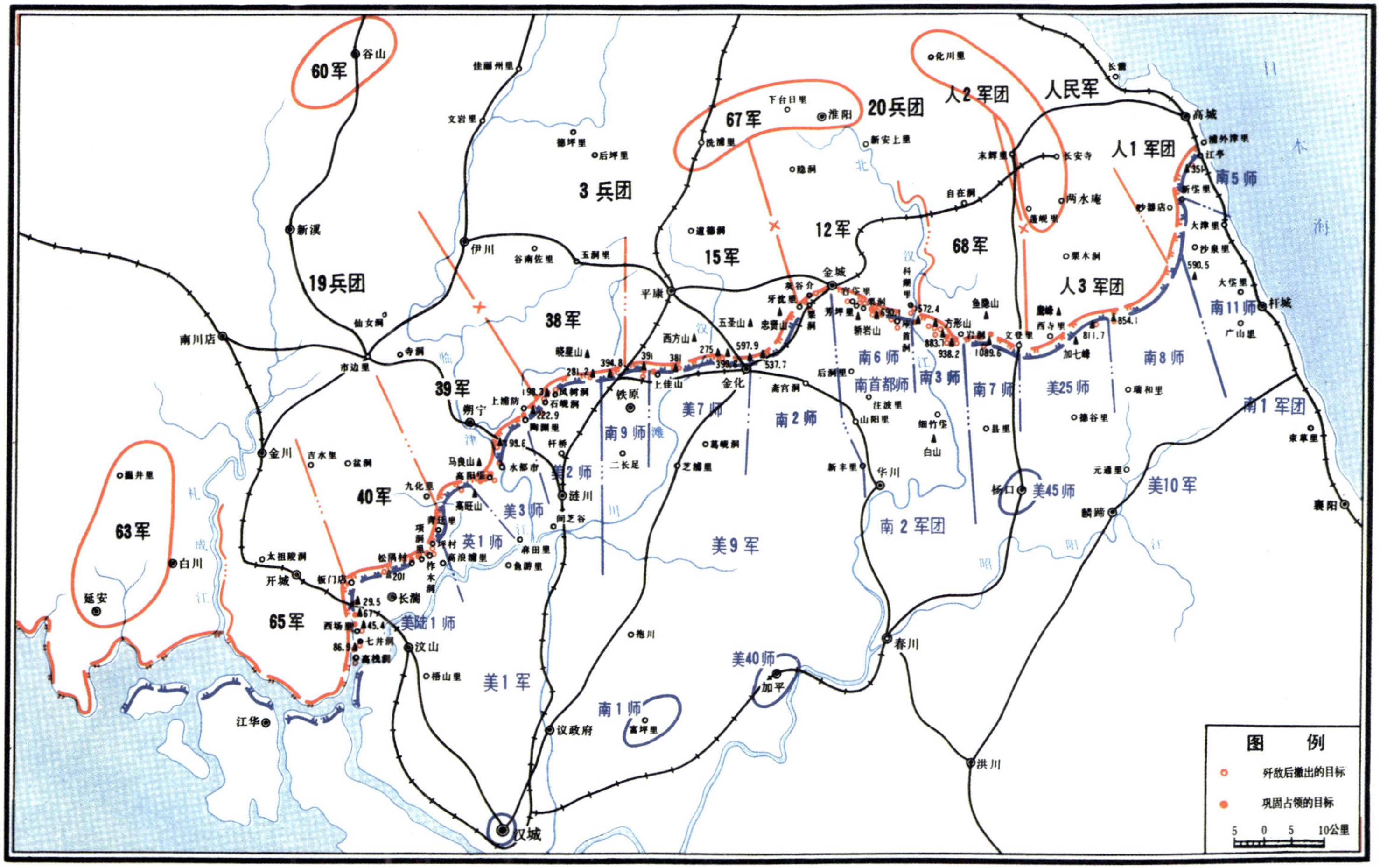

上甘岭战役要图

(1952年10月14日—11月25日)

附图20

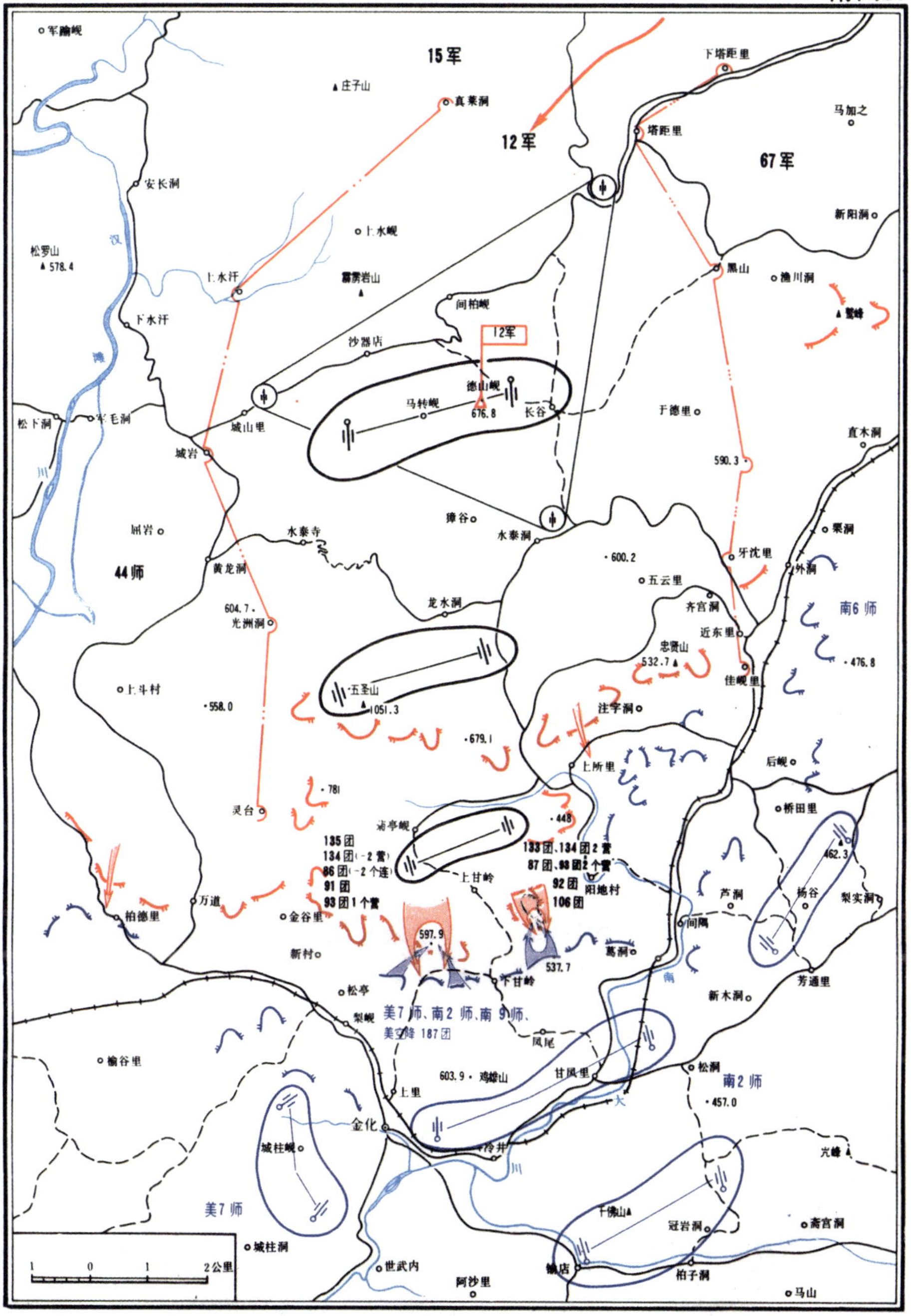

1953年夏季反击战役第三次进攻（金城战役）经过要图

（7月13—27日）

附图22

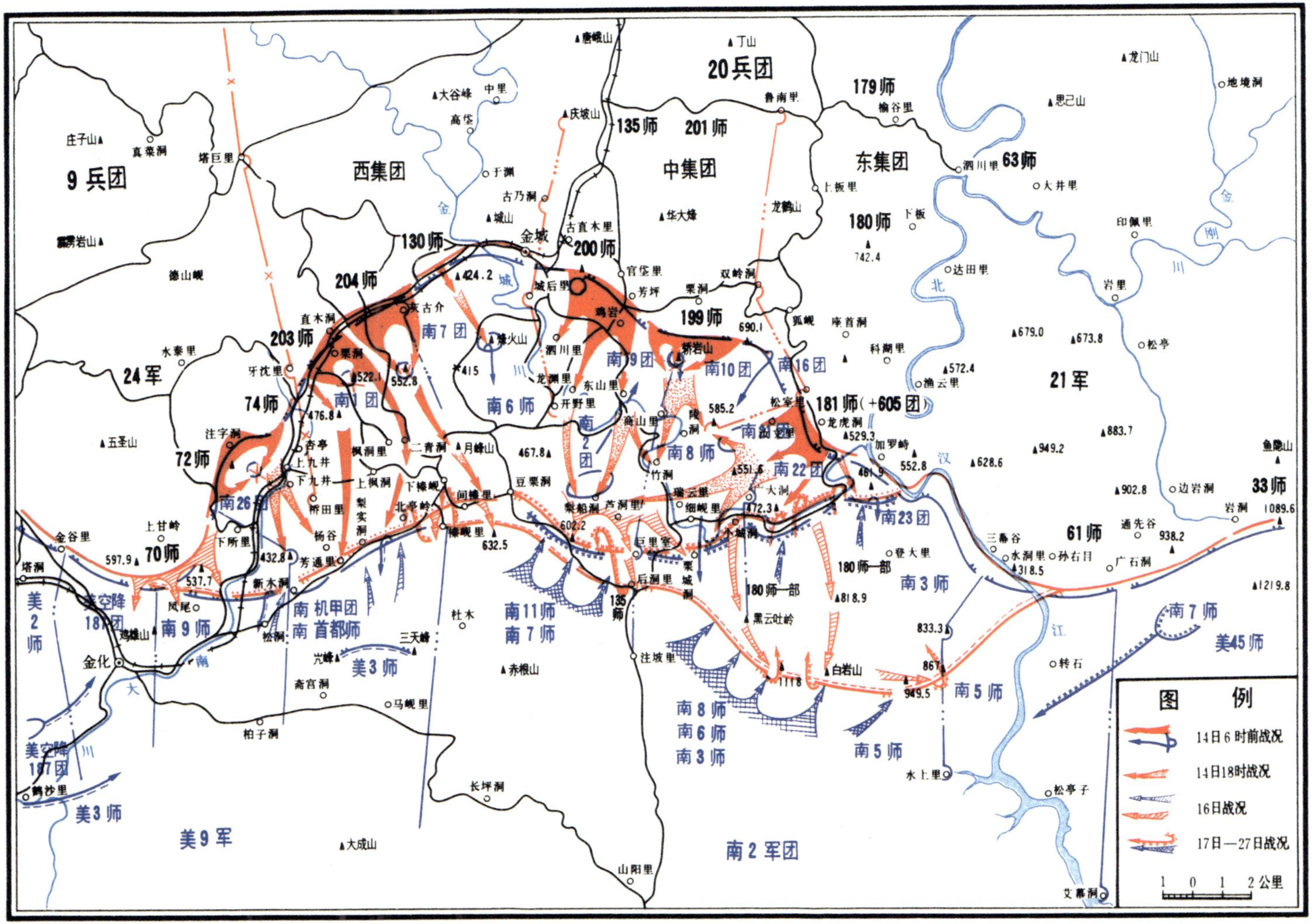

朝鲜停战军事分界线略图

附图23

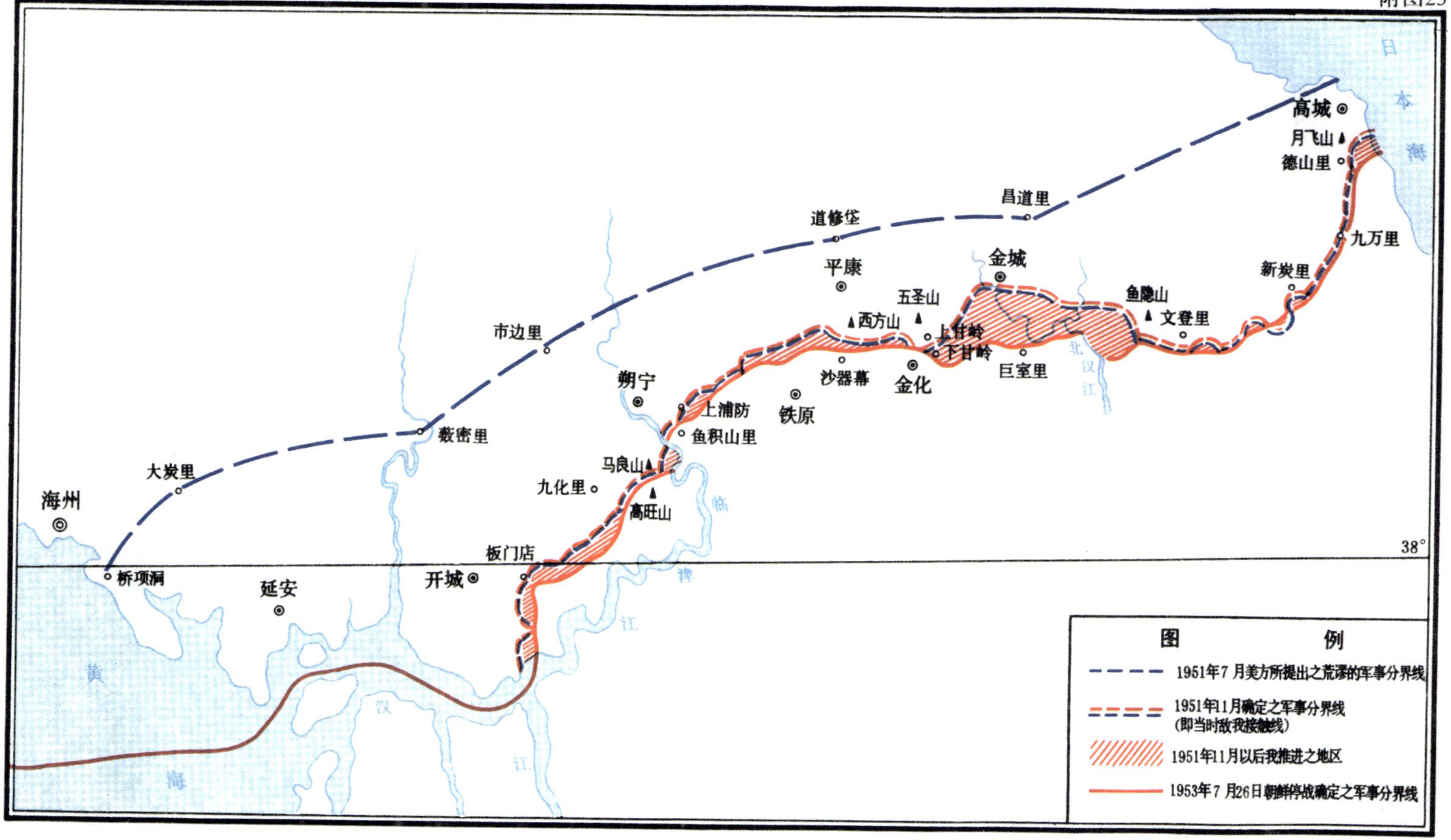